धर्म-दर्शन

ऋषि कान्त पाण्डेय

Pearson

ISBN 978-93-325-5130-5

First Impression, 2015

Published by Pearson India Education Services Pvt. Ltd, CIN: U72200TN2005PTC057128.

Head Office: 15th Floor, Tower-B, World Trade Tower, Plot No. 1, Block-C, Sector 16, Noida 201 301, Uttar Pradesh, India.Registered Office: 7th Floor, SDB2, ODC 7, 8 & 9, Survey No. 01 ELCOT IT/ ITES-SEZ, Sholinganallur,
Chennai – 600 119, Tamilnadu, India.
Phone: 044-66540100
Website: in.pearson.com, Email: companysecretary.india@pearson.com

Printer: Manipal Technologies Limited, Manipal

विषय-सूची

पुरोवाक्

आज का समाज पहले से कहीं अधिक विकसित है। विज्ञान एवं तकनीकी का विकास अपने चरम पर है, आर्थिक विकास दर में भी प्रत्याशित अभिवृद्धि हुई है, साथ ही व्यक्ति के जीवन स्तर में भी अभूतपूर्व विकास हुआ है, परन्तु विकास की इन ऊँचाईयों को छूने के बावजूद भी आज मनुष्य पहले से कहीं अधिक दु:खी है। यद्यपि विकास के परिणामस्वरूप निश्चितत: हमारी सुख-सुविधाएँ बढ़ी हैं, परन्तु जिस अनुपात में हमारी सुख-सुविधाएँ बढ़ी हैं उसी अनुपात में हमारी अशांति भी बढ़ी है। आज समाज में चतुर्दिक घृणा-विद्वेष, हिंसा-रक्तपात, बलात्कार, भ्रष्टाचार आदि कुप्रवृत्तियाँ व्याप्त हैं अर्थात् मूल्यों का क्षरण अपने चरमोत्कर्ष पर है। ऐसा प्रतीत होता है कि मूल्य-क्षरण का सर्वाधिक महत्त्वपूर्ण कारक है: 'आध्यात्मिक एवं नैतिक मूल्यों की उपेक्षा'।

मानव व्यक्तित्व के मूलत: दो पक्ष हैं: पहला, बाह्य पक्ष जो मूलत: भौतिक (Material) है एवं दूसरा, आंतरिक पक्ष जो स्वरूपत: आध्यात्मिक (Spiritual) है। बाह्य पक्ष का सम्बंध भौतिक जगत् से है, जबकि आंतरिक पक्ष का सम्बंध आध्यात्मिक जगत् से। विकास का वास्तविक अर्थ है: 'सम्पोष्य अथवा समग्र विकास' (Sustainable or Holistic development) अर्थात् बाह्य एवं आंतरिक दोनों ही पक्षों में संतुलन, परन्तु आज विकास का जो मॉडल अपनाया गया है वह एक आयामी (One dimensional) है, क्योंकि विकास का मानक है: भौतिक विकास, यथा - 'आर्थिक विकास दर', 'विज्ञान एवं तकनीकी का विकास' एवं 'जीवन स्तर का विकास'। विकास के इस मॉडल ने जितना 'बाह्य विन्यास' (External order) उत्पन्न किया है, उतना ही 'आंतरिक व्यतिक्रम' (Internal disorder) भी, जिसका भयावह रूप मूल्यों के क्षरण के रूप में हमारे समक्ष आ रहा है।

विज्ञान और तकनीकी के विकास ने हमें भौतिक संसाधनों के साथ ही यंत्रों से भी सम्पन्न कर दिया है। आज हमारे पास यंत्र तो हैं, परन्तु इन यंत्रों का प्रयोग मानवता के कल्याण की अपेक्षा उसके विनाश के लिए ही अधिक हो रहा है। पुनश्च, भौतिक विकास ने एक उपभोक्तावादी समाज को जन्म दिया है, जिसका उद्देश्य एक ऐसे बाजार को विकसित करना है, जहाँ उसके द्वारा बनाये गये माल की अधिकतम खपत हो सके। इस प्रकार उपभोक्तावादी समाज 'आवश्यकता पर आधृत' (Need based) न होकर 'लोभ पर आधृत' (Greed based) होता है। आवश्यकता की तो एक सीमा है, परन्तु लोभ की कोई सीमा नहीं है। इस लोभ के वशीभूत होकर व्यक्ति उचित-अनुचित का विवेक खो देता है। उद्देश्य केवल यह होता है कि येनकेनप्रकारेण् उसकी स्वार्थ सिद्धि होती रहे। अस्तु, वह प्रकृति के साथ-साथ मानव का भी शोषण करना आरम्भ कर देता है। शोषण की इस प्रवृत्ति ने मूल्य-संकट उत्पन्न करके मानव जीवन को दु:खों से आक्रांत कर दिया है। तभी तो महात्मा बुद्ध ने बड़ी सरलता के साथ कह दिया कि 'सर्वं दु:खम्'। इसी कारण शोपेनहावर जीवन की अपेक्षा मृत्यु को ही अधिक महत्त्व देते हैं। (It is better not to be born at all; and next to that, it is better to die than to live.)। थॉमस हार्डी भी कहते हैं कि दु:खों

के सामान्य जीवन में आनंद तो एक आकस्मिक घटना मात्र है। (Happiness was but the occasional episode in a general drama of pain.)।

दु:ख, उपभोग का समानुपाती होता है। अस्तु, जितना ही अधिकाधिक हमारा उपभोग बढ़ता जाता है, उसी अनुपात में दु:ख भी बढ़ता जाता है। "अधिकतम उपभोग, अधिकतम दु:ख तथा न्यूनतम उपभोग, न्यूनतम दु:ख" (Maximum consumption, maximum suffering and minimum consumption, minimum suffering.)। यदि हम अपनी शांति एवं आनन्द को बढ़ाना चाहते हैं तो उसी अनुपात में हमें अपने उपभोग को भी सीमित करना होगा। अपरंच, हमारा अधिकतम उपभोग दूसरों के शोषण पर ही आधृत होता है। अस्तु, यदि हम दूसरों के दु:ख को कम करना चाहते हैं तो अपने उपभोग को ही सीमित करना ही होगा। स्पष्टत: यदि आवश्यकता में स्वार्थ को जोड़ दिया जाय तो वही लोभ है, किन्तु यदि उसी आवश्यकता में अनासक्ति को जोड़ दिया जाय तो वह लोक कल्याण हो जाता है।

Need + Self-interest = Greed

Need + Disinterest = Well-being for all

'उपभोक्तावादी समाज' का सर्वाधिक दुष्प्रभाव यह रहा है कि इसने व्यक्ति को (1) 'स्व-केन्द्रित' (Self-centered) एवं (2) 'संवेदनाशून्य' (Insensitive) बना दिया है। आज व्यक्ति इतना अधिक स्वार्थलोलुप एवं संवेदनाशून्य हो गया है कि उसे यह सूझता ही नहीं है कि समाज में और भी लोग हैं। वह एक विशेष प्रकार के चश्मे से सम्पूर्ण विश्व को देखता है, जहाँ स्वयं के अतिरिक्त अन्य सभी एक वस्तु (Object) के रूप में ही नजर आते हैं, जिसका वह चाहे जितना दोहन एवं शोषण कर ले। उद्देश्य केवल यह रहता है कि अधिकाधिक धनागम होता रहे, एतदर्थ मूल्यों का क्षरण चाहे जितना ही अधिक क्यों न हो। मानव यह सोच ही नहीं पाता है कि अन्य भी उसी की तरह एक मनुष्य हैं, उनमें भी भावनाएँ होती हैं, उन्हें भी दर्द होता है, उन्हें भी सुख की चाहत होती है, आदि-आदि। इसका सर्वाधिक दुष्परिणाम विभिन्न प्रकार की शारीरिक एवं मानसिक विकृतियों के रूप में सामने आ रहा है।

आज समाज में हिंसा, भ्रष्टाचार, बलात्कार रोकने के लिए शासन के स्तर पर कठोरतम कानून बनाये जा रहे हैं, परन्तु ये घटनाएँ रुकने की अपेक्षा और भी अधिक विकराल रूप धारण करती जा रही हैं। इसका कारण यह है कि गंदगी बाहर नहीं बल्कि अंदर है, बाह्य जगत में तो केवल उसी का प्रक्षेपण (Projection) हो रहा है। यह गंदगी हमारे अंदर इतने गहरे रूप में पैठ बना चुकी है कि वह निकाले नहीं निकलती है। दुर्भाग्य यह है कि हम उसका समाधान बाह्य जगत् अर्थात् कठोरतम कानूनों में खोज रहे हैं। हम यह भूल गये हैं कि कानून तो लोगों में भय पैदा करने के लिए होता है, परन्तु यहाँ तो लोग मरने के लिए भी तैयार हैं। ऐसी स्थिति में केवल कानून बना लेने से कोई विशेष लाभ नहीं होने वाला है, जब तक कि लोगों में आंतरिक भय न पैदा हो। आंतरिक भय का सम्बंध कानून से नहीं, बल्कि आध्यात्मिक एवं नैतिक मूल्यों से है। अध्यात्म हमारे अंदर 'दृष्टि' (Vision) उत्पन्न करता है, जिसके आधार पर हम शुभ-अशुभ, उचित-अनुचित, कर्त्तव्य-अकर्त्तव्य का निर्धारण करने में समर्थ हो पाते हैं। उल्लेखनीय है कि

समस्या जिस स्तर पर है, समाधान भी उसका उसी स्तर पर होना चाहिए। यदि समस्याएँ आंतरिक हैं तो उनका समाधान भी आंतरिक स्तर पर ही सम्भव है, परन्तु आज हो उल्टा रहा है।

महाभारत के "सभा पर्व" में एक प्रसंग आता है कि जब भगवान श्रीकृष्ण दुर्योधन को समझाते हैं कि तुम युद्ध की स्थिति मत पैदा करो। ऐसा करना अधर्म है। इस पर दुर्योधन ने कहा कि हे कृष्ण! मुझे धर्म-अधर्म का उपदेश मत दीजिए। मैं जानता हूँ कि धर्म क्या है, परन्तु उसमें मेरा मन ही नहीं लगता है और मैं यह भी जानता हूँ कि अधर्म क्या है, परन्तु उससे मैं पृथक् नहीं हो पा रहा हूँ। मेरे अंदर एक देवता बैठा हुआ है जैसे-जैसे वह आदेश करता है वैसे-वैसे ही मैं आचरण करता हूँ।

"जानामि धर्मं न च मे प्रवृत्तिः, जानाम्यधर्मं न च मे निवृत्तिः।
केनापि देवेन हृदिस्थितेन, यथा नियुक्तोस्मि तथा करोमि॥"

यहाँ देवता का तात्पर्य अविवेक से है। यही अविवेक अनुचित को उचित, अशुभ को शुभ एवं अकरणीय को कर्त्तव्य के रूप में प्रस्तुत करता है। एक ओर दुर्योधन को प्रेरित करने वाला उसका अविवेकी मामा शकुनि है, जो उसे केवल स्वार्थजनित कार्य करने के लिए प्रेरित करता है तो दूसरी ओर कुरुक्षेत्र का युद्ध आरम्भ होने के ठीक पूर्व विवेकी युधिष्ठिर, भगवान श्रीकृष्ण के पास जाते हैं और उनसे आग्रह करते हैं कि हे कृष्ण! आप मुझे यह बताएँ कि मैं अधर्म के पथ पर तो नहीं हूँ? यदि मैं अधर्म के पथ पर हूँ तो मैं अभी भी वापस चला जाऊँगा और युद्ध नहीं करूँगा। इस पर भगवान श्रीकृष्ण ने कहा कि हे युधिष्ठिर! धर्म क्या है और अधर्म क्या है? इसका निर्धारण तो अब यह युद्ध ही करेगा। जो युद्ध में विजयी होगा, वही धर्म-पथ पर माना जायेगा।

अध्यात्म आंतरिक शुद्धि करके व्यक्ति के अंदर 'विवेक' जागृत करता है, जिसके आधार पर वह उचित-अनुचित, शुभ-अशुभ, कर्त्तव्य-अकर्त्तव्य का निर्धारण करने में सक्षम हो पाता है। विवेक ही हमारे अंदर प्रेम, करुणा, सहानुभूति, सहिष्णुता, सत्यनिष्ठा, कर्त्तव्यनिष्ठा का भाव विकसित करके उनके अनुरूप आचरण करने के लिए प्रेरणा प्रदान करता है। यही भौतिक विकास को 'मूल्योन्मुख' (Value-oriented) बनाने में सहयोग करता है। यही हमारे अंदर प्राणि-मात्र के प्रति संवेदना एवं सहानुभूति की भावना विकसित करता है, जिससे हम अन्य के हितों पर भी सम्यक् विचार करके उनके कल्याणार्थ अपने जीवन का उत्सर्ग कर देते हैं। आवश्यकता है कि आज भौतिक विकास के साथ-साथ आध्यात्मिक विकास पर भी बल दिया जाय, जिससे सम्पूर्ण मानवता को मूल्य-संकट से उबारा जा सके।

इसी भावना से अनुप्रेरित होकर, मैंने इस पुस्तक के प्रणयन का निश्चय किया। यदि यह पुस्तक एक भी व्यक्ति में मानवता के कल्याणार्थ आध्यात्मिक मूल्यों की समझ विकसित करने में सफलीभूत हो सकी तो लेखक का यह लघु प्रयास सार्थक समझा जायेगा। यद्यपि इस पुस्तक को लिखने के प्रारम्भ में ऐसा विचार था कि धर्म-दर्शन पर एक प्रामाणिक संदर्भ-ग्रंथ लिखा जाय, किन्तु जैसे-जैसे विषय की गहनता की ओर उत्तरोत्तर बढ़ता गया, अपनी लघुता का बोध होता गया। आज ऐसा प्रतीत होता है कि अथाह समुद्र के असंख्य रत्न तो अवशिष्ट ही रह गये। सम्भव है, निकट भविष्य में मैं उन असंख्य रत्नों में से कुछेक रत्नों को भी बटोरने का प्रयास करूँ।

किसी भी यज्ञ के सम्यक् समापन में अनेक लोगों का योगदान सम्मिलित होता है, उनके प्रति अपनी कृतज्ञता व्यक्त करना मैं अपना परम कर्त्तव्य मानता हूँ। सर्वप्रथम, मैं अपने परम पूज्य गुरुदेव ब्रह्मलीन परम संत श्री रहस बिहारी माथुर जी के चरण कमलों में कोटिश: नमन निवेदित करता हूँ, जिनकी अलौकिक एवं अहैतुकी कृपा सदैव ही हमारे मन को आत्म-संबल प्रदान करती रही और जिसके बिना इस यज्ञ का यथोचित समापन असम्भव ही था। उनसे विनय है कि आगे भी वे अपनी कृपा एवं दया-दृष्टि बनाये रखें। मैं उन आचार्यों को भी नमन करता हूँ, जिनके ग्रंथों से इस पुस्तक को पूर्णता प्रदान करने में योगदान प्राप्त हुआ। इसी क्रम में, मैं अपने गुरुओं प्रो० संगम लाल पाण्डेय, प्रो० एस० के० सेठ, प्रो० डी० एन० द्विवेदी, प्रो० आर० एल० सिंह के प्रति सादर कृतज्ञता व्यक्त करता हूँ, जिन्होंने मेरे अंदर दर्शनशास्त्र का बीजारोपण किया। विभाग के आचार्यों में, मैं प्रो० जटा शंकर एवं प्रो० हरि शंकर उपाध्याय के प्रति विशेष रूप से अपनी कृतज्ञता एवं आभार व्यक्त करता हूँ, जिन्होंने अनेक बिन्दुओं पर विचार-विमर्श के अवसर प्रदान कर कई महत्त्वपूर्ण सुझाव दिये, जिससे यह पुस्तक इतनी समृद्ध हो सकी। इसके अतिरिक्त मैं दर्शन परिवार के समस्त सहयोगियों के प्रति भी अपना सादर आभार व्यक्त करता हूँ, जिन्होंने प्रत्यक्षत: अथवा परोक्षत: इस पुस्तक के प्रकाशन में योगदान दिया। मैं अपने प्रिय विद्यार्थी अनुराग पाण्डेय के प्रति स्नेहपूर्ण आभार करता हूँ, जिन्होंने इस पुस्तक के प्रकाशन में पूर्ण मनोयोग के साथ कई रूपों में योगदान दिया। उनके अथक प्रयत्नों का ही परिणाम है कि यह पुस्तक इतनी जल्दी प्रकाशित हो सकी।

जब आप किसी अनुष्ठान में पूर्ण तन्मयता के साथ प्रवृत्त होते हैं तो इस तपस्या में परिवार के सदस्यों का किंचित उपेक्षित होना स्वाभाविक ही है। अस्तु, मैं क्षमा के साथ उनके प्रति भी अपना आभार प्रकट करता हूँ।

ऋषि कान्त पाण्डेय

लेखक

ऋषि कान्त पाण्डेय, इलाहाबाद विश्वविद्यालय से एम० ए०, दर्शनशास्त्र (1991) में प्रथम स्थान के साथ प्रथम श्रेणी में उत्तीर्ण हुए, जिसके लिए वे "निर्मल चंद मुखर्जी गोल्ड मेडल अवार्ड" से पुरस्कृत हुए। उन्हें 1999 में "आस्टिन के वाक् क्रिया सिद्धांत का आलोचनात्मक अध्ययन" विषय पर डी० फिल्० की उपाधि प्रदान की गई। सम्प्रति, वे इलाहाबाद विश्वविद्यालय के दर्शनशास्त्र विभाग में एसोसिएट प्रोफेसर के पद पर कार्यरत हैं तथा 'उच्चानुशीलन अध्ययन केन्द्र' के उप-समन्वयक भी हैं। वे दर्शनशास्त्र की दो पत्रिकाओं: (1) संदर्शन और (2) समाज धर्म एवं दर्शन, के सम्पादक हैं। इनके 50 शोध निबंध, दर्शनशास्त्र की सम्मानित पत्र-पत्रिकाओं, यथा - इण्डियन काउन्सिल ऑफ फिलॉसफिकल रिसर्च, इण्डियन फिलॉसफिकल क्वाटर्ली, जर्नल ऑफ बुद्धिस्ट स्टडीज आदि तथा अनेक सम्पादित ग्रंथों में प्रकाशित हैं। पूर्व में इनकी दो पुस्तकें: "Speech Act and Linguistic Communication" एवं "दार्शनिक विमर्श" प्रकाशित हो चुकी हैं। डॉ० पाण्डेय विशेषत: भारतीय दर्शन, धर्म दर्शन, ज्ञानमीमांसा, एवं समकालीन पाश्चात्य दर्शन के अध्ययन-अध्यापन में संलग्न हैं।

धर्म का स्वरूप एवं क्षेत्र (Nature and Scope of Religion)

अध्याय 1

- परिचय
- रिलीजन
- धर्म
- धर्म एवं रिलीजन
- धर्म एवं नैतिकता
- धर्म एवं विज्ञान

परिचय (Introduction)

प्रफ० मैक्समूलर के अनुसार "मानव का इतिहास ... धर्म का इतिहास है।" ("The history of man ... is that of religion." Max Muller, F. (1897): *Contributions to the Science of Mythology*, Longmans, Green & Co., London. Preface, V.) अर्थात् जब से मानव सभ्यता का विकास मिलता है तभी से धर्म का भी इतिहास मिलने लगता है और सभ्यता एवं संस्कृति में विकास के साथ-साथ धर्म के स्वरूप में भी विकास होता जाता है, परन्तु धर्म विनष्ट नहीं होता है बल्कि वह स्वयं को परिष्कृत एवं परिमार्जित करते हुए अपने स्वरूप को जीवन्त एवं गत्यात्मक बनाए रखता है। इस प्रकार धर्म एक गत्यात्मक अवधारणा है जो सभी प्रकार के परिवर्तनों में अपने आप को परिवर्तित, परिवर्द्धित एवं विकसित करते हुए अपने मूल एवं सैद्धांतिक अक्षुण्णता को बनाये हुए है। स्पष्टत: धर्म का व्यक्ति और समाज पर अत्यंत ही गहरा प्रभाव रहा है। सम्भवत: यही कारण है कि किन्सले डेविस लिखते हैं कि "मानव समाज में धर्म वह सर्वव्यापी, स्थायी एवं व्यापक तत्व है जिसे समझे बिना मानव समाज के स्वरूप को ही नहीं जाना जा सकता है।" ["So universal, permanent, and pervasive is religion in human society that unless we understand it thoroughly we shall fail to understand society." Davis, Kingsley (1949): *Human Society*, Macmillan & Co., New York, p. 509.]।

उपर्युक्त मान्यता के प्रतिपक्ष में कुछ दार्शनिकों का कहना है कि रिलीजन कोई सर्वव्यापी, स्थायी एवं व्यापक तत्व नहीं है बल्कि यह मानव मस्तिष्क की उपज होने के कारण दिवा-स्वप्न अथवा भ्रम अथवा कल्पना मात्र है। कार्ल मार्क्स इसे 'गरीबों की अफीम' कहते है।' ["Religion is the *sign* of the oppressed creature, the heart of a heartless world and the soul of soulless conditions. It is the opium of the poor." Marx, Karl (1844): *A Contribution to the Critique of Hegel's Philosophy*, Cambridge University Press, (1970), Ed. Joseph O'Malley, Preface, p. 24.]। मनोवैज्ञानिक सिगमंड फ्रायड इसे 'मनो-व्याधि' (Mental-illness) की संज्ञा देते हुए मानव की स्वाभाविक इच्छा के प्रतिकूल मानते हैं। उनके अनुसार "रिलीजन भ्रम है और इसकी शक्ति इस तथ्य के द्वारा नि:सृत होती है कि यह हमारी नैसर्गिक इच्छाओं के अनुरूप नहीं है।" ["Religion is an illusion and it derives its strength from the fact that it falls in with our instinctual desires". Freud, Sigmund (1933): *New Introductory Lectures on Psychoanalysis*, Quoted from McGrath, Alister E. (1999): *Science & Religion: An Introduction*, Blackwell, Oxford, pp. 178–81.]। इसी प्रकार फायरबाख भी रिलीजन को स्वप्नवत् मानते हैं। उनके अनुसार "रिलीजन मानव मस्तिष्क की कल्पना मात्र है।" ["Religion is the dream of the human mind." Feuerbach, Ludwig A. (1881): *The Essence of Christianity*. Trans. by Marian Evans (George Eliot), John Chapman, London, New York, Preface, xi.]। उनके अनुसार प्रत्येक व्यक्ति अपनी-अपनी कल्पना के अनुरूप ही ईश्वर की रचना करता है। उल्लेखनीय है कि ईसाई धर्म के अनुसार ईश्वर अपने बिम्बों के अनुरूप ही सृष्टि की रचना करता है, परन्तु इस मान्यता के विरोध में फायरबाख कहते हैं कि स्वयं मनुष्य ही अपने बिम्बों के अनुरूप ईश्वर की रचना करता है। अस्तु, वे लिखते हैं कि "मनुष्य ही धर्म का आदि, मध्य एवं अंत है।" ("The beginning, middle and end of religion is MAN." *Ibid.*, p. 148.)।

अपरंच, कुछ ऐसे भी दार्शनिक हैं जो यद्यपि रिलीजन को भ्रम अथवा कल्पना तो नहीं मानते हैं तथापि उनके अनुसार रिलीजन का एक विशिष्ट रूप है और वह है केवल 'सेमिटिक रिलीजन' (Semitic religion) अर्थात् यहूदी, ईसाई एवं इस्लाम धर्म। कुछ अन्य केवल ईसाई धर्म को ही रिलीजन कहते हैं। इसके अतिरिक्त कुछ ऐसे भी हैं जिनके अनुसार रिलीजन ईसाई धर्म नहीं बल्कि केवल प्रोटेस्टेंट रिलीजन है और उसमें भी केवल इंग्लैण्ड का चर्च। इस संदर्भ में पार्सन थ्वाकुम (Parson Thwackum) का सर्वाधिक प्रचलित कथन है कि "जब मैं रिलीजन की चर्चा करता हूँ तो इसका अभिप्राय ईसाई रिलीजन से है; और न केवल ईसाई रिलीजन बल्कि प्रोटेस्टेंट रिलीजन; उसमें भी केवल इंग्लैण्ड के चर्च से है।" [When I mention religion I mean the Christian religion; and not only the Christian religion, but the Protestant religion; but the Church of England." Fielding, Henry (2009): *A History of Tom Jones*, A Digireads.com Book, p. 63.]।

रिलीजन के विविधात्मक स्वरूप एवं इसकी व्यापकता को देखते हुए कुछ दार्शनिकों का कहना है कि रिलीजन को परिभाषित करना अत्यंत ही कठिन है। इसी दृष्टि से जी० मरे लिखते

हैं कि "रिलीजन को कविता तथा अधिकांशत: अन्य जीवित वस्तुओं की भाँति परिभाषित नहीं किया जा सकता है।" ["Religion, like poetry and most other living things, cannot be defined." Murray, G. (1935): *Five Stages of Greek Religion*, Watts & Co. London, p. 5.]। इसी प्रकार जे० बी० प्राट का भी कहना है कि "यह प्राय: एक बेतुका तथ्य प्रतीत होता है कि एक शब्द जो मानव के होठों पर इतनी बार-बार उच्चरित होता है तथा जो मानव जीवन के सबसे बड़े घटक का बोध कराता है, यह इतना जटिल है कि इसे परिभाषित करना अत्यंत ही दुष्कर है।" ["It is a rather odd fact that a word so repeatedly on the lips of men and connoting, apparently, one of the most obvious phenomena of human life should be so notoriously difficult of definition as is the word Religion." Pratt, J.B. (1920): *The Religious Consciousness: A Psychological Study*, Macmillan & Co., New York, p. 1.]।

रिलीजन (Religion)

यद्यपि यह सत्य है कि रिलीजन की अनेक परिभाषाएँ दी गई हैं तथापि जे० एच० ल्यूबा इन सभी परिभाषाओं को तीन वर्गों में विभक्त करते हैं: "ज्ञानात्मक (Intellectualistic), भावनात्मक (Affectivistic) एवं संकल्पनात्मक (Volunteristic)।" [Leuba, J.H. (1912): *A Psychological Study of Religion*, Macmillan & Co., New York, pp. 339–61.]। जॉनसन के अनुसार रिलीजन की उपर्युक्त तीन परिभाषाएँ पर्याप्त नहीं हैं, अत: इन तीनों के साथ तीन अन्य परिभाषाओं को भी शामिल किया जाना चाहिए, जैसे - सामाजिक एवं संस्थागत परिभाषा, ईश्वरमीमांसीय परिभाषा एवं संश्लेषणात्मक परिभाषा। "ल्यूबा इन परिभाषाओं को तीन वर्गों में विभक्त करते हैं, बौद्धिक, भावनात्मक एवं संकल्पनात्मक। इनमें अन्य को भी जोड़ा जा सकता है, जैसे - सामाजिक एवं संस्थागत परिभाषा, ईश्वरमीमांसीय परिभाषा एवं संश्लेषणात्मक परिभाषा, जो एकीकृत रूप से इन सभी पक्षों को विस्तृत परिप्रेक्ष्य में प्रस्तुत करती है।" ["Leuba classified them in three groups as emphasising the intellectual, emotional, or volitional aspect. To these may be added others such as social and institutional definitions, theological definitions, and synthesis definitions that seeks to unite these aspects in the larger view." Johnson, Paul E. (1955): *Psychology of Religion*, Abingdon Press, New York, p. 48.]।

स्पष्टत: ल्यूबा एवं जॉनसन के वर्गीकरण में रिलीजन के दो महत्त्वपूर्ण पक्ष उपेक्षित रहे हैं: पहला, मूल्यात्मक एवं दूसरा, एकाकीपन। अत: उपर्युक्त वर्गीकरण में इन्हें भी शामिल किया जाना चाहिए। इस प्रकार यदि रिलीजन की सभी महत्त्वपूर्ण परिभाषाओं पर सूक्ष्मतापूर्वक विचार किया जाय तो इन्हें मूलत: छ: वर्गों में विभक्त किया जा सकता है:

1. ज्ञान मूलक परिभाषा (Cognition Oriented Definition)
2. भावना मूलक परिभाषा (Emotion Oriented Definiton)
3. संकल्प मूलक परिभाषा (Conation Oriented Definiton)

4. मूल्य परक परिभाषा (Value Oriented Definiton)
5. एकाकी मूलक परिभाषा (Solitariness Oriented Definiton) एवं
6. सामाजिक तथ्यों पर आधृत परिभाषा (Social Facts Oriented Definiton)

ज्ञान मूलक परिभाषा (Cognition Oriented Definition)....................

ज्ञान मूलक परिभाषा के अंतर्गत धर्म को मूलत: 'ज्ञान' या 'बौद्धिकता' के रूप में परिभाषित किया गया है। हेगल के अनुसार "मनुष्य जब सीमित बुद्धि के द्वारा अपने ही स्वरूप का असीमित एवं पूर्ण बुद्धि के रूप में ज्ञान प्राप्त कर लेता है तो यही धर्म है।" ["Religion is the knowledge possessed by the finite mind of its nature as absolute mind." Hegel, G.W.F. (1827): "Lectures on the Philosophy of Religion" (*Vorlesungen uber die Philosophie der Religion*), Felix Meiner Verlog, Hamburg, p. 37.]। मैक्समूलर भी लिखते हैं कि "धर्म वह मानसिक प्रवृत्ति है जो असीमित एवं पूर्ण सत्ता का ज्ञान कराने में सक्षम है।" ["Religion is a mental faculty or disposition which enables man to apprehend the infinite." Muller, Max (1882): *Introduction to the Science of Religion*, Longmans, Green & Co., London, p. 13.]। इसी प्रकार कार्डिनल न्यूमैन का भी कहना है कि "धर्म से मेरा तात्पर्य ईश्वर का ज्ञान, उनके संकल्प तथा उनके प्रति हमारे कर्त्तव्यों से है।" ["By religion I mean the knowledge of God, of His Will, and of our duties towards Him." Newman, J.H. Cardinal (1903): *A Grammar of Assent*, Longmans, Green & Co., London, p. 389.]।

ज्ञान मूलक परिभाषा में दोष यह है कि इसके अंतर्गत धर्म के केवल एक ही पक्ष 'ज्ञान' या 'बौद्धिकता' पर बल दिया गया है। इस प्रकार इसमें भावना, संकल्प, मूल्य, सामाजिक तथ्य आदि सभी पक्ष उपेक्षित हैं। यही नहीं, कुछ दार्शनिकों का तो यहाँ तक कहना है कि आरम्भिक काल के धर्मों में तो ज्ञानात्मक पक्ष का लगभग अभाव ही था, क्योंकि उस समय मनुष्य की बुद्धि इतनी विकसित नहीं थी कि वह प्राकृतिक घटनाओं के रहस्यों को समझ सके। अस्तु, उस समय केवल प्राकृतिक प्रकोपों से बचने के लिए ही देवता या अलौकिक शक्तियों की पूजा की जाती थी।

भावना मूलक परिभाषा (Emotion Oriented Definition)...................

कुछ दार्शनिक धर्म के अंतर्गत 'ज्ञानात्मक पक्ष' की अपेक्षा 'भावनात्मक पक्ष' पर अधिक बल देते हैं। श्यालरमाखर के अनुसार "सभी धर्मों में सामान्य तत्व ... हमारी पूर्ण निर्भरता की चेतना अर्थात् ईश्वर में निर्भरता की भावना है।" ["The common element in all religious affections, ... the consciousness of our absolute dependence, *i.e.*, the feeling of dependence on God." Schleiermacher, Friedrich D.E. (1922): *The Christian Faith*, Trans. by Baillie, D.M., W.F. Henderson, Publisher, Edinburgh, p. 6.]। जब मनुष्य चारों ओर से अपने आप को असहाय एवं असमर्थ महसूस करता है तो उससे वह त्राण पाने के लिए किसी सर्वोच्च सत्ता का सहारा लेता है और उस पर स्वयं को सर्वतोभावेन समर्पित कर देता है। इस प्रकार धर्म का आरम्भ तो भय या अभाव से होता है, परन्तु अंतत: यह समर्पण या निर्भरता

की भावना के रूप में अपनी पूर्णता को प्राप्त करता है जहाँ उसकी भावनाओं को अधिकाधिक आत्म-संतोष एवं संरक्षण मिल सके। इस दृष्टि से इमर्सन ने ठीक ही लिखा है कि "मैं जो अपूर्ण हूँ, पूर्ण की आराधना करता हूँ।" ["I, the imperfect, adore the perfect." Emerson, Ralph Waldo (2009): *Essays and Lectures*, A Digireads.com Book, p. 208.]। गोस्वामी तुलसीदास जी ने भी लिखा है कि "भय बिनु होंहि न प्रीति।"

सम्भवतः यही कारण है कि टील धर्म को परिभाषित करते हुए कहते हैं कि "यथार्थतः धर्म वह शुद्ध एवं श्रद्धामय मनोवृत्ति या मनोभाव है जिसे हम भक्ति कहते हैं।" ["Religion is, in truth, pure and reverential disposition or frame of mind which we call piety." Tiele, C.P. (1899): *Elements of the Science of Religion*, Vol. 2. Reprint, Forgotten Books, London (2013): pp. 198–99.]। जॉन मैक्टैगर्ट के अनुसार "रिलीजन हमारे एवं ब्रह्माण्ड के बीच सामंजस्य पर आधृत एक भावनात्मक मान्यता है।" ["Religion is an emotion resting on a conviction of a harmony between ourselves and the universe at large." MacTaggart, John M.E. (1906): *Some Dogmas of Religion*, Edward Arnold, London, p. 3.]। बोसांके भी धर्म को किसी सर्वोच्च सत्ता के प्रति भक्ति के रूप में परिभाषित करते हैं। उनके अनुसार "जहाँ हमें धर्म-परायणता, अनुरक्ति और भक्ति मिलती है, वहीं धर्म का प्राथमिक रूप प्राप्त हो जाता है।" ["Whenever, we have devoutness, devotedness, devotion, we have the primary features of religion." Bosanquet, B. (1913): *The Value and Destiny of the Individual*, Macmillan & Co., London, p. 25.]। इसी प्रकार ई० बी० टेलर के अनुसार "धर्म आध्यात्मिक सत्ताओं में विश्वास है।" ["Religion is the belief in spiritual beings." Tylor, E.B. (1871): *Primitive Culture: Researches Into the Development of Mythology, Philosophy, Religion, Art, and Custom*. Vol. 1, John Murray, London, p. 424.]। जेम्स मार्टिन्यू के अनुसार "धर्म शाश्वत् ईश्वर में विश्वास है।" ["Religion is a belief in an everlasting God." Martineau, James (1888): *A Study of Religion: Its Sources and Contents*, Vol. 1, Clarendon Press, Oxford, p. 1.]। गीता में भगवान श्रीकृष्ण धर्म को भक्ति एवं समर्पण के रूप में परिभाषित करते हुए कहते हैं कि 'सर्वधर्मान् परित्यज्य मामेकं शरणं व्रज' (गीता - 18/66) अर्थात् हे अर्जुन! तुम सब कुछ छोड़कर मेरी शरण में आ जाओ, यही तुम्हारा धर्म है। इसे ही 'ईश्वर प्रणिधान' या 'समर्पण योग' कहते हैं। स्पष्टतः इन परिभाषाओं में केवल भक्ति या समर्पण पर बल देकर ज्ञान, संकल्प, मूल्य इन सभी पक्षों की उपेक्षा की गई है।

संकल्प मूलक परिभाषा (Conation Oriented Definiton) ....

कुछ दार्शनिक धर्म के अंतर्गत ज्ञान एवं भावना की अपेक्षा 'कर्त्तव्य' पक्ष पर बल देते हैं। काण्ट लिखते हैं कि "अपने सभी कर्त्तव्यों की दैवी आदेश के रूप में स्वीकृति ही धर्म है।" ["Religion is the recognition of all our duties as divine commands." Kant, Immanuel (1793): *Religion Within the Boundaries of Mere Reason*, Trans. Allen Wood & George D. Giovanni (1998): Cambridge University Press, U.K., p. 153.]। उल्लेखनीय है कि काण्ट प्रत्येक कर्त्तव्य को ईश्वरीय आदेश के रूप में मानते हैं। अतः

उनके अनुसार अपने सभी कर्त्तव्यों का निष्ठापूर्वक निर्वहन ही धर्म है। जब व्यक्ति सभी प्रकार की तुच्छ भावनाओं (Lust desires) से रहित होकर केवल कर्त्तव्य चेतना से अनुप्रेरित होकर कर्म करता है तो इसे काण्ट 'कर्त्तव्य के लिए कर्त्तव्य' (Duty for duties sake) का सिद्धांत कहते हैं। इसी प्रकार ब्रेडले भी मानते हैं कि समाज में प्रत्येक व्यक्ति का स्थान निर्धारित है। अत: प्रत्येक व्यक्ति का यह धर्म है कि वह उस निर्धारित स्थान के अनुरूप अपने कर्त्तव्य का सम्यक् अनुपालन करे। इसे वे 'मेरा स्थान एवं तदनुरूप कर्त्तव्य' (My station and its duties) की संज्ञा देते हैं, जिसका प्रतिपादन वे अपनी पुस्तक "*Ethical Studies*" (1876) में करते हैं। पुनश्च, वे अपनी एक अन्य पुस्तक "Appearance and Reality" में लिखते हैं कि "हम समझते हैं कि धर्म हमारी सत्ता के सभी पक्षों के द्वारा शुभत्व की पूर्ण यथार्थता को अभिव्यक्त करने का प्रयास है।" ["We have found that the essence of religion is not knowledge, and this certainly does not mean that the essence consists barely in feeling. Religion is rather the attempt to express the complete reality of goodness through every aspect of our being." Bradley, F.H. (1893): *Appearance and Reality*, George Allen & Unwin Ltd., London, p. 453.]। कार्लाइल (Carlyle) भी धर्म को कर्त्तव्य से सम्बंधित करते हुए कहते हैं कि "मैंने उचित ही कहा है कि सभी सत्य कर्म धर्म हैं। ... कर्म ही पूजा है।" ["I said; for, properly speaking, all true Work is Religion ... *Laborare est Orare*, Work is worship." Carlyle, Thamos (1870): *Past and Present*, Chapman and Hall, London, p. 250.]।

उल्लेखनीय है कि गीता में भी 'कर्म-योग' का उपदेश किया गया है, जहाँ व्यक्ति भावनाओं एवं परिणाम से रहित होकर वर्ण-धर्म के अनुसार अपने कर्त्तव्य का सम्यक् अनुपालन करता है। इसे गीता में 'कर्म में अकर्म' की स्थिति कहा गया है, जहाँ साधक कर्म करते हुए भी अकर्त्ता बना रहता है। गीता में भगवान श्रीकृष्ण कहते हैं कि हे अर्जुन! तुम्हारा कर्म पर ही अधिकार है, फल पर नहीं (कर्मण्येवाधिकारस्ते मा फलेषु कदाचन्। गीता - 2/47)। अत: न तो तुम फल को कर्म का हेतु बनाओ और न ही कर्म का परित्याग करो। उनके अनुसार फल की इच्छा रखने पर व्यक्ति एक तो उचित कर्म का चयन ही नहीं कर पाता है और यदि उसने उचित कर्म का चयन कर भी लिया तो उद्देश्य की प्राप्ति नहीं होने पर या तो वह कर्म का ही परित्याग कर देता है या फिर वह दु:खों से आक्रांत हो जाता है। इसका ये तात्पर्य नहीं है कि कर्म बिना फल के किया जाता है या कर्म करने से फल की प्राप्ति नहीं होगी बल्कि इसका अभिप्राय केवल इतना है कि कर्म करने का हेतु कर्म-फल नहीं होना चाहिए, क्योंकि फलासक्ति से: पहला, कर्म-बंधन दृढ़ होता है (फलेसक्तो निबध्यते - गीता 5/12) एवं दूसरा, फल की इच्छा रखने वाला व्यक्ति कृपण होता है (कृपणा: फल हेतव: - गीता 2/44)।

स्पष्टत: इन परिभाषाओं में धर्म के केवल क्रियात्मक पक्ष को स्वीकार करके ज्ञान एवं भावना पक्ष की उपेक्षा की गई है। अस्तु, यह परिभाषा भावुक हृदय वाले व्यक्ति की सहज भावनाओं के अनुरूप नहीं है, जबकि रिलीजन का एक महत्त्वपूर्ण पक्ष भावना भी है। यदि रिलीजन से भावना को निकाल दिया जाय तो वह नैतिक सिद्धांत हो जायेगा। इसीलिए मैथ्यू अर्नाल्ड लिखते हैं कि "धर्म का यथार्थ अर्थ केवल नैतिकता नहीं है, बल्कि भावनायुक्त नैतिकता है।" ["The true meaning of religion is thus not simply morality, but morality touched by emotion." Arnold, Matthew (1883): *Literature & Dogma*, Macmillan & Co., New York, p. 18.]। अर्नाल्ड के अनुसार यद्यपि धर्म का अनिवार्य पक्ष नैतिकता है, परन्तु यदि नैतिकता से भावना को असम्पृक्त कर दिया जाए तो वह 'धर्मनिरपेक्ष नैतिकता' (Secular morality) है और यदि नैतिकता में भावना को सम्पृक्त कर दिया जाए तो वह 'धार्मिक नैतिकता' (Religious morality) है। यह 'धार्मिक नैतिकता' ही 'धर्म' (Religion) है और 'धर्मनिरपेक्ष नैतिकता' केवल 'नैतिकता' (Morality) है। धर्म की यह परिभाषा प्राचीन धर्मों पर लागू नहीं होती है, क्योंकि उस समय के धर्म में नैतिकता की अपेक्षा 'टोटमवाद' (Totemism) पर ही अधिक बल दिया जाता था। तभी तो हर्बर्ट स्पेंसर लिखते हैं कि प्राचीन काल में देवात्माओं की नहीं बल्कि प्रेतात्माओं की पूजा की जाती थी और इन प्रेतात्माओं का नैतिकता से कोई सम्बंध नहीं था। इस प्रकार स्पेंसर के अनुसार प्राचीन काल का धर्म मूलत: अनैतिक ही था।

मूल्य परक परिभाषा (Value Oriented Definiton) ....

कुछ दार्शनिक धर्म को ज्ञान, भावना एवं संकल्प से पृथक् केवल मूल्य से सम्बंधित करते हैं। उनके अनुसार धर्म का तात्पर्य मूल्यों की सुरक्षा की भावना में ही निहित है। इसी दृष्टि से हेराल्ड हॉफडिंग लिखते हैं कि "मूल्यों के संरक्षण में विश्वास ही धर्म का सारतत्व है।" ["The essence of religion is faith in the conservation of value." Hoffding, Harold (1906): *The Philosophy of Religion*, Translated by Meyer, B.E. Macmillan & Co., New York, p. 244.]। सामान्यत: मूल्य को 'अभिरुचि' (Preference) एवं 'विरुचि' (Aversion) के रूप में परिभाषित किया जाता है। इस प्रकार मूल्य का सम्बंध इससे है कि हम किसका वरण करते हैं अर्थात् किसे पसन्द एवं किसे नापसन्द करते हैं। स्पष्टत: मूल्य कोई निरपेक्ष संप्रत्यय न होकर देश-काल एवं व्यक्ति सापेक्ष अवधारणा है। इसी मान्यता के आधार पर मूल्यों को मूलत: तीन वर्गों में विभक्त किया जा सकता है:

1. स्वत:साध्य मूल्य (Intrinsic Value)
2. साधन मूल्य (Extrinsic Value)
3. वैज्ञानिक मूल्य (Scientific Value)

जब हम धर्म के क्षेत्र में मूल्यों की बात करते हैं तो इसका अभिप्राय मुख्यत: 'आदर्शात्मक मूल्यों' या 'स्वत:साध्य मूल्यों' से ही है, जैसे - सत्य, अहिंसा, ईमानदारी, प्रेम, करुणा, दया, सामाजिक समरसता, प्रभृति। जब हॉफडिंग धर्म को मूल्य के रूप में परिभाषित करते हैं तो उनका मानना है कि मूल्यों को पोषित एवं संरक्षित करना चाहिए। उल्लेखनीय है कि हॉफडिंग 'मूल्यों की अविनाशिता' (Conservation of values) की तुलना 'ऊर्जा की अविनाशिता' (Conservation of energy) से करते हैं। उनके अनुसार जिस प्रकार ऊर्जा का विनाश नहीं होता उसी प्रकार मूल्यों का भी विनाश नहीं होता है, परन्तु यह भी सत्य है कि मनुष्य स्वयं के प्रयास से इन मूल्यों को प्राप्त नहीं कर सकता है। अत: हॉफडिंग के अनुसार जब व्यक्ति किसी अलौकिक शक्ति का सहारा लेकर जीवन में इन मूल्यों को प्राप्त करने का प्रयास करता है तो यही धर्म है। इसी दृष्टि से डब्ल्यू० के० राइट लिखते हैं कि "धर्म वह प्रयास है जिसमें समाज से मान्यता प्राप्त मूल्यों का कुछ विशिष्ट क्रियाओं के द्वारा संरक्षण किया जाता है तथा इन क्रियाओं में किसी

महान शक्ति का आवाहन किया जाता है एवं उस शक्ति पर निर्भरता का भाव निहित रहता है।" ["Religion is the endeavour to secure the conservation of socially recognised values through specific actions that are believed to evoke some agency different from the ordinary ego of the individual or from other merely human beings and that imply a feeling of dependence upon this agency." Wright, W.K. (1922): *A Student's Philosophy of Religion*, Hodder and Stoughton, London, p. 47.]। किन्तु यह परिभाषा भी एकांगी है, क्योंकि इसमें केवल मूल्य पर बल देकर ज्ञान, भावना एवं संकल्प इन तीनों ही पक्षों की सर्वथा उपेक्षा की गई है।

एकाकी मूलक परिभाषा (Solitariness Oriented Definiton)..............

कुछ दार्शनिक धर्म में एकाकीपन के तत्व को ही प्रधानता देते हैं, यथा - ए० एन० ह्वाइटहेड लिखते हैं कि "मनुष्य एकाकीपन में जो कुछ भी करता है वही धर्म है।" ["Religion is what the individual does with his own solitariness." Whitehead, A.N. (1926): *Religion in the making*, Macmillan & Co., New York, p. 16.]। इस परिभाषा में ह्वाइटहेड धर्म के बाह्य पक्ष की अपेक्षा उसके आन्तरिक पक्ष पर अधिक बल देते हैं। उनके अनुसार धर्म में सामाजिक पक्ष उतना अधिक महत्त्वपूर्ण नहीं होता है जितना कि आंतरिक पक्ष अथवा एकाकीपन। उल्लेखनीय है कि धर्म के मूलत: दो पक्ष होते हैं: बाह्य एवं आन्तरिक। धर्म का बाह्य पक्ष कर्मकाण्डों (Rituals), भावनाओं (Emotions), विश्वासों (Beliefs) आदि से सम्बंधित होता है जबकि उसका आंतरिक पक्ष मूलत: अनुभूतियों से। ह्वाइटहेड के अनुसार धर्म के सारतत्व को बाह्य पक्षों अर्थात् सार्वजनिक धर्म-सिद्धांतों, क्रियाओं, संस्थाओं आदि के माध्यम से प्राप्त नहीं किया जा सकता है बल्कि परम सत्ता के समक्ष अनुभूतियों के रूप में खोजा जा सकता है। अस्तु, उनके अनुसार धर्म का बाह्य पक्ष परम सत्ता की अनुभूति में सहायक हो सकता है, परन्तु आत्मानुभूति तो सभी प्रकार के बाह्य आडम्बरों से पूर्णतया असम्पृक्त नितांत व्यक्तिगत अनुभूति है। उल्लेखनीय है कि ह्वाइटहेड धर्म में एकाकीपन पर बल देकर इसे 'साम्प्रदायिक रिलीजन' (Communal religion) से पृथक् करना चाहते हैं। इसपर आक्षेप करते हुए कुछ दार्शनिकों का कहना है कि यद्यपि यह अक्षरत: सत्य है कि धार्मिक अनुभूति नितांत व्यक्तिगत अनुभूति है तथापि यह भी उतना ही सत्य है कि एकाकीपन में तो धर्म ही नहीं बल्कि अधर्म भी होता है। ऐसी परिस्थिति में धर्म एवं अधर्म के बीच भेद कैसे किया जा सकता है? अस्तु, केवल एकाकीपन को धर्म का अनिवार्य पक्ष मानना सुसंगत प्रतीत नहीं होता है।

सामाजिक तथ्यों पर आधृत परिभाषा (Social Facts Oriented Definiton)..

सम्भवत: यही कारण है कि कुछ दार्शनिक धर्म के अंतर्गत एकाकीपन की अपेक्षा 'सामाजिक पक्ष' पर अधिक बल देते हैं। उनके अनुसार धर्म आचरण की एक ऐसी व्यवस्था है जो समाज के अन्य लोगों को एक-दूसरे से जोड़कर उन्हें एक समुदाय के रूप में संगठित करती है। समाजशास्त्री

इमाईल दुर्खाइम लिखते हैं कि "धर्म पवित्र वस्तुओं से सम्बंधित विश्वासों एवं व्यवहारों की वह समग्र व्यवस्था है, कहने का अर्थ है कि, वह पृथक् एवं निषिद्ध वस्तु है - जो इस पर विश्वास एवं आचरण करने वालों को एक नैतिक समुदाय जिसे चर्च कहते हैं, के रूप में संयुक्त करती है।" ["A religion is a unified system of beliefs and practices relative to sacred things, that is to say, things set apart and forbidden – beliefs and practices which unite into one single moral community called a Church, all those who adhere to them." Durkheim, Emile (1915): *The Elementary Forms of Religious Belief*, Translated by Joseph Ward Swain, George Allen & Unwin Ltd., London, p. 47.]। इसी प्रकार टी० पार्सन्स (Talcott Parsons) लिखते हैं कि "धर्म विश्वासों, क्रियाओं एवं संस्थाओं का एक समूह है जिसे मनुष्य विभिन्न प्रकार के समाजों में विकसित करता है।" ("Religion is a set of beliefs, practices and institutions which men have evolved in various societies.")।

उपर्युक्त सभी परिभाषाओं में धर्म के किसी एक ही पक्ष पर बल दिया गया है, जबकि धर्म ज्ञान, भावना, संकल्प, मूल्य, एकाकीपन तथा सामाजिक पक्ष आदि सभी पक्षों को किसी न किसी रूप में अपने आप में समाहित करता है। अस्तु, इनमें 'अव्याप्त परिभाषा का दोष' (Fallacy of too-narrow definition) है। स्पष्टत: धर्म एक व्यापक शब्द है। अत: इसके अंतर्गत किसी एक सर्वगत विशिष्टता की खोज करना असंगत है। इन सभी परिभाषाओं में कुछ-कुछ विशिष्टताएँ मिलती-जुलती हैं, जिसे विट्गेंस्टाइन की भाषा में 'पारिवारिक साम्य' (Family resemblance) कहा जा सकता है। इस दृष्टि से विलियम जेम्स धर्म को परिभाषित करते हुए कहते हैं कि धर्म का अर्थ "व्यक्ति के एकांतिक भावों, क्रियाओं एवं अनुभवों से है, जो व्यक्ति एवं ईश्वर के सम्बंध के ज्ञान से विकसित होते हैं।" ["The feelings, acts, and experiences of individual men in their solitude, so far as they apprehend themselves to stand in relation to whatever they may consider the divine." James, William (1902): *The Varieties of Religious Experience*, Longmans, Green & Co., New York, p. 31.]। इसी प्रकार जार्ज गैलवे भी धर्म की एक व्यापक परिभाषा देते हुए कहते हैं कि "धर्म अपने से परे शक्ति में वह विश्वास है जिसके द्वारा वह अपनी भावनाओं की संतुष्टि और जीवन में स्थिरता प्राप्त करता है तथा जिसे वह पूजा एवं सेवा के माध्यम से प्रकट करता है।" ["Man's faith in a power beyond himself whereby he seeks to satisfy emotional needs and gain stability of life, and which he expresses in acts of worship and service." Galloway, George (1960): *The Philosophy of Religion*, T. & T. Clark, Edinburgh, New York, p. 185.]।

स्पष्टत: यद्यपि जेम्स एवं गैलवे की परिभाषा में धर्म के तीनों ही पक्ष, यथा - ज्ञान, भावना एवं संकल्प समाहित हैं तथापि इसमें धर्म के मूल्यात्मक, व्यक्तिगत एवं सामुदायिक पक्ष उपेक्षित हैं। अस्तु, यह धर्म की अनिवार्य परिभाषा (Necessary definition) होते हुए भी पर्याप्त परिभाषा (Sufficient definition) नहीं है। इन कमियों को देखते हुए यह कहा जा सकता है कि "रिलीजन आदर्शों, मूल्यों अथवा अलौकिक सत्ता में एक ऐसी आस्था है, जो हमारे आचरण में या तो आत्मानुभूति के रूप में या विविध प्रकार के कर्मकाण्डों के रूप में अभिव्यक्त होती है तथा जो

सामाजिक स्तर पर धार्मिक संगठन का निर्माण करती है।" धर्म की यह परिभाषा सामान्यत: सभी धर्मों की मूल मान्यताओं का स्पर्श करती है, यहाँ तक कि जैन एवं बौद्ध जैसे अनीश्वरवादी धर्मों को भी। यद्यपि इन धर्मों में ईश्वर को तो स्थान प्रदान नहीं किया गया है तथापि इनमें आदर्शात्मक मूल्यों को अवश्य ही स्वीकार किया गया है। इस दृष्टि से इसे रिलीजन की 'पर्याप्त परिभाषा' (Sufficient definition) कहा जा सकता है।

धर्म (Dharma)

धर्म शब्द 'धृ' धातु में 'मन्' प्रत्यय लगाकर बना है जिसका धातुगत अर्थ होता है धारण करना (धारयतीति धर्म:) अर्थात् जो धारण करता है वह धर्म है। महाभारत के 'कर्ण पर्व' (69/58) में कहा गया है कि धर्म से ही प्रजा का धारण एवं संरक्षण होता है। इस प्रकार जिससे सम्पूर्ण मानव समाज का धारण एवं संरक्षण होता है, वही धर्म है।

"धारणाद् धर्ममित्याहु: धर्मो धारयते प्रजा:।
यत्स्याद् धारणसंयुक्त: स धर्म इति निश्चय:॥"

इस प्रकार धारण करने के कारण ही किसी वस्तु को धर्म कहा जाता है। अत: शाब्दिक व्युत्पत्ति के दृष्टिकोण से धर्म की निम्न परिभाषाएँ दी जाती हैं:

- 'ध्रियते लोक: अनेन इति धर्म:' अर्थात् जिसके द्वारा लोक को धारण किया जाय, वह धर्म है।
- 'धरति धारयति वा लोकम्' अर्थात् जो लोक को धारण करता है, वह धर्म है।
- 'ध्रियते य: स धर्म:' अर्थात् जो दूसरों के द्वारा धारण किया जाय, वह धर्म है।

स्पष्टत: धर्म का प्रयोग एक विधायक-वृत्ति के रूप में किया गया है, जिसके अनुसार किसी भी वस्तु, व्यक्ति या समाज की जो मूल अभिवृत्ति (Essence or prime tendency) है वही उसका धर्म है, यथा - लेखनी का धर्म है लिखना, शब्द का धर्म है अर्थ-बोधकता, अग्नि का धर्म है दाहकता एवं प्रकाश, व्यक्ति का धर्म विचारशीलता (Thinking) तथा समाज का धर्म सामाजिक सुव्यवस्था एवं सामंजस्य (Social order and harmony) है। यदि उक्त वस्तु, व्यक्ति एवं समाज अपनी मूल अभिवृत्ति का परित्याग कर दें तो वे अपनी संज्ञा खो देते हैं। एक ओर जहाँ समाज अनियंत्रित हो जाता है वहीं दूसरी ओर मनुष्य पशुवत्। सम्भवत: यही कारण है कि हितोपदेश (25) में 'धर्म' के आधार पर ही मनुष्य एवं पशु के बीच विभेद करते हुए कहा गया है कि:

"आहार निद्रा भय मैथुनं च सामान्यमेतद्‌ पशुभि: नराणाम्।
धर्मो हि तेषामधिको विशेष: धर्मेण हीना: पशुभि: समाना॥"

महाभारतकार लिखते हैं कि केवल मानव समाज की ही नहीं, बल्कि सम्पूर्ण जगत की प्रतिष्ठा भी धर्म पर ही आधृत है। इसी कारण 'तैत्तिरीय आरण्यक' में "धर्म को सम्पूर्ण जगत का आधार एवं

उसे विश्व में सर्वनिष्ठ तत्व कहा गया है।" ('धर्मों विश्वस्य जगतः प्रतिष्ठा।' - 10/63/1)। महर्षि कणाद भी "धर्म को लौकिक उन्नति तथा पारमार्थिक कल्याण का साधन मानते हैं।" ('यतोऽभ्युदय निःश्रेयस सिद्धिः स धर्मः।' वैशेषिक सूत्र - 1/1/2)। गीता में धर्म को मूलतः कर्त्तव्य के अर्थ में लिया गया है। ('कर्मण्येवाधिकारस्ते मा फलेषु कदाचन्।' गीता - 2/47)। एक ओर चाणक्य धर्म को सुख एवं शांति का मूल कहते हैं तो दूसरी ओर उपनिषद् इसमें सत्य तथा कर्त्तव्य का समावेश करके अनिवार्यतः नैतिकता का पुट ला देते हैं। गोस्वामी तुलसीदास जी "रामचरित मानस" में दूसरों की सहायता एवं सुख पहुँचाने को ही सबसे बड़ा धर्म कहते हैं। ('परहित सरिस धरम नहिं भाई। पर पीड़ा सम दुःख अधिनाई॥' उत्तरकाण्ड, 40/1)। महाभारतकार (5/15/17) तो यहाँ तक कहते हैं कि "धर्म के सर्वस्व को सुनो तथा उसे सुनकर छोड़ मत दो बल्कि अपने आचरण में धारण करो। वह यह है कि जिसे हम स्वयं ही पसंद नहीं करते हैं उसे दूसरे के साथ व्यवहार न करें।"

"श्रूयतां धर्मसर्वस्वं श्रुत्वाचाप्यवधार्यताम्।
आत्मनः प्रतिकूलानि परेषां न समाचरेत्॥"

इसी प्रकार मनुस्मृति (6/92) में भी धर्म को मूलतः आचरण या नैतिकता से सम्पृक्त करते हुए कहा गया है कि:

"धृतिः क्षमादमोऽस्तेयं शौचमिन्द्रियनिग्रहः।
धीर्विद्या सत्यमक्रोधो दशकं धर्म लक्षणम्॥"

स्पष्टतः भारतीय परम्परा में धर्म को अत्यन्त ही व्यापक अर्थ में ग्रहण किया गया है। यह केवल उपासना, पूजा-पद्धति तथा ईश्वर या अलौकिक सत्ता से सम्बंधित विश्वास मात्र नहीं है, अपितु जीवन के प्रत्येक क्रिया-कलाप को धर्ममय कहा गया है। दूसरे शब्दों में, जन्म से मृत्यु तक मनुष्य जो कुछ भी करता है वह सब कुछ धर्म का ही अभिन्न अंग माना गया है, परन्तु जीवन का प्रत्येक क्रिया-कलाप धर्ममय होते हुए भी उसे संयम के द्वारा नियंत्रित करने की बात की गई। यदि धर्म से संयम को निकाल दिया जाय तो वही धर्म, कुधर्म हो जाता है। अस्तु, यह ठीक ही कहा गया है कि 'अति सर्वत्र वर्जयेत्'। इन्हीं मान्यताओं के परिप्रेक्ष्य में पी० वी० काणे लिखते हैं कि "धर्म कोई सम्प्रदाय या रिलीजन नहीं है बल्कि यह जीवन जीने का एक ढंग या आचार-संहिता है जिसने समाज के एक सदस्य की भाँति मनुष्य के कार्यों एवं उसकी क्रिया-पद्धतियों को नियंत्रित किया है तथा वह मनुष्य में क्रमशः विकास लाने के लिए नियत है तथा मानव अस्तित्व के निर्धारित लक्ष्य तक पहुँचने के योग्य बनाता है।" ["Dharma not a creed or religion but a mode of life or a code of conduct, which regulated a man's work and activities as a member of society and as an individual and was intended to bring about the gradual development of a man and to enable him to reach what was deemed to be the goal of human existence." Kane, P.V. (1941): *History of Dharmashastra*, Vol. II, Part I, Bhandarkar Oriental Research Institute, Pune, p. 2.]। एस० राधाकृष्णन् "धर्म और समाज" में लिखते हैं कि "धर्म की अवधारणा के अंतर्गत हिन्दू ढंगों एवं क्रिया-पद्धतियों को शामिल करते हैं जो मानव जीवन को आकार एवं जीवन प्रदान करते हैं।" ["Under the concept of dharma, the Hindu brings the forms and activities which shape and sustain human life." Radhakrishnan, S. (1947): *Religion and Society*, George Allen & Unwin Ltd., London, p. 105.]। अस्तु, वे लिखते हैं कि "मैं धर्म को चारों वर्णों तथा चारों आश्रमों के लोगों द्वारा जीवन के चार पुरुषार्थों (धर्म, अर्थ, काम एवं मोक्ष) के सम्बंध में मनुष्य के सम्पूर्ण कर्त्तव्यों के रूप में परिभाषित कर सकता हूँ।" ["We may define Dharma as the whole duty of man in relation to the fourfold purposes of life (dharma, artha, kama and moksa) by members of the four groups (caturvarna) and the four stages (caturasrama)." *Ibid.*, p. 107.]।

इसी प्रकार कुछ पाश्चात्य विचारक भी धर्म को आचरण अथवा कर्त्तव्य के रूप में परिभाषित करते हैं। अर्नेस्ट बिन्फिल्ड हावेल लिखते हैं कि "भारत में धर्म मुश्किल से सिद्धांत है बल्कि यह आध्यात्मिक विकास के विविध स्तरों एवं जीवन की विविध अवस्थाओं के लिए आचरण की प्राक्कल्पना को अपनाने की कार्य पद्धति है।" ["In India religion is hardly a dogma, but a working style of hypothesis of conduct adopted to different stages of spiritual development and different conditions of life." Havell, Ernest Bindfield (1918): *The History of Aryan Rule in India*, Frederick A. Stokes Co., New York, p. 170.]। क्राफोर्ड का भी कहना है कि "धर्म को स्पष्टत: निश्चित कर्त्तव्यों एवं दायित्वों के रूप में परिभाषित किया गया है जो विधि के महान ग्रंथों में संहिताबद्ध है।" ["Dharma was explicitly defined in terms of certain duties and obligations which were codefied in the great Law books." Crawford, S. Cormwell (1982): *The evolution of Hindu ethical ideals*, University Press of Hawaii; 2nd edition, p. 80.]।

धर्म एवं रिलीजन (Dharma and Religion)

प्रश्न उठता है कि धर्म एवं रिलीजन में क्या विभेद है? यदि शाब्दिक व्युत्पत्ति के दृष्टिकोण से विचार किया जाय तो Religion के मूलत: तीन अर्थ मिलते हैं। पहला, सिसरो के अनुसार 'Religion', '*Relegere*' से बना है, जिसका अर्थ होता है "ध्यान रखना अथवा सावधानीपूर्वक व्यवहार करना" (*To heed/to have a care for/to treat carefully*)। इस प्रकार "ईश्वर से सम्बंधित सभी चीजों को सावधानीपूर्वक स्वीकार करना ही रिलीजन है।" (Cicero, *De Natura Deorum*, 2, 28, 72)। इस मत का समर्थन मैक्समूलर भी करते हैं। दूसरा, लैक्टेन्टियस के अनुसार 'Religion', '*Religare*' से बना है जिसका अर्थ होता है 'बाँधना'। ('To bind', *Lactantius: Institutiones Divinae*, 4, 28)। इस प्रकार रिलीजन के अंतर्गत हम सभी ईश्वर से पवित्रता के साथ सम्बंधित होते हैं। स्पष्टत: यह बंधन कोई भौतिक बंधन न होकर आध्यात्मिक या वैचारिक या मानसिक बंधन है। अत: रिलीजन वह है जो मनुष्य एवं ईश्वर के बीच सम्बंध स्थापित करता है तथा विभिन्न मनुष्यों को परस्पर पवित्रता के बंधन में बाँधे रखता है। यहाँ पर लैक्टेन्टियस रोमन दार्शनिक कवि ल्युक्रिटस से प्रभावित दिखाई देते हैं, जिन्होंने सर्वप्रथम 'Religion' का अर्थ 'बाँधना' (To bind) किया है। ("*Religionum animum nodis exsolvere.*" Lucretius: *De Rerum Natura*, 1, 931; 4, 7)। स्वयं सिसरो का मानना है कि

'Binding' शब्द ल्युक्रिटस के मस्तिष्क की ही उपज है। तीसरा, संत आगस्टाइन के अनुसार 'Religion', '*Relegio*' से बना है जिसका अर्थ होता है 'पुनः प्राप्त करना' (Recovering) अर्थात् 'ईश्वर जो उपेक्षित है उसे पुनः प्राप्त करना।' (St. Augustine: *City of God*, 10, 3)। हालाँकि आगस्टाइन अपनी पुस्तक "*Refractions*" (1, 13) में इससे सहमत दिखाई नहीं देते हैं। अस्तु, वे "*On the True Religion*" में लैक्टेन्टियस के प्रति सहमति व्यक्त करते हुए कहते हैं कि 'रिलीजन वह है जो हमें असीमित ईश्वर के साथ बाँधता है।' ['Religion binds us (*religat*) to the one almighty God'.]।

यदि रिलीजन के सभी महत्त्वपूर्ण पक्षों पर सूक्ष्मतापूर्वक विचार किया जाय तो इसके अंतर्गत निम्नलिखित विशिष्टताएँ परिलक्षित होती हैं:

- रिलीजन में किसी न किसी रूप में एक अलौकिक सत्ता (Supernatural being) को अवश्य ही स्वीकार किया जाता है तथा उसे गुह्य या रहस्यमयी (Mystical) माना जाता है।
- वह गुह्य या रहस्यमयी सत्ता लोक कल्याणार्थ अपने संदेशों को पैगम्बरों (Prophets) के माध्यम से अभिव्यक्त करती है। अतः प्रत्येक रिलीजन में पैगम्बर भी अवश्य ही होता है जो ईश्वर या खुदा के संदेशों को लोगों के समक्ष अभिव्यक्त करता है।
- पैगम्बर, ईश्वर के संदेशों को या तो मौखिक रूप में (Verbally) अथवा धर्म-ग्रंथों के माध्यम से (Scriptures) प्रस्तुत करते हैं। अस्तु, प्रत्येक रिलीजन का एक अपना विशिष्ट 'धर्म-ग्रंथ' (Scripture) भी होता है, जिसे ईश्वर या खुदा का वचन कहा गया है। ईसाई धर्म में बाईबिल को 'ईश्वर का वचन' ("All Scriptures in the Bible are inspired by God/Bible is the word of God.", 2 *Timothy* 3:16) कहा गया है। इसी प्रकार ईस्लाम में कुरान को खुदा का वचन कहा गया है।
- जब पैगम्बर ईश्वर के संदेशों को लोगों के समक्ष प्रकट करता है तो वह इससे सम्बंधित एक विशिष्ट प्रकार का कर्मकाण्ड (Rituals) भी बताता है। ये कर्मकाण्ड मूलतः ईश्वर की मनुष्यों से अपेक्षाएँ होती हैं। इस प्रकार प्रत्येक रिलीजन में एक विशिष्ट प्रकार का कर्मकाण्ड भी होता है।
- जो भी पैगम्बर के संदेशों में आस्था रखते हैं, वे सभी मिलकर एक पंथ अथवा मजहब अथवा सम्प्रदाय का निर्माण करते हैं, जिसे सामान्यतः 'धार्मिक संगठन' (Religious organization) कहा जा सकता है। अतः प्रत्येक रिलीजन में एक 'धार्मिक संगठन' बनाने की भावना भी प्रबल रूप में दृष्टिगोचर होती है।
- अंततः रिलीजन का प्राण-तत्व मूलतः आस्था है। "यदि रिलीजन से आस्था को हटा दिया जाय तो वह एक नैतिक सिद्धांत बनकर रह जायेगा और यदि नैतिकता में आस्था का समावेश कर दिया जाय तो वह रिलीजन हो जाता है।" ("If faith is attached to morality, it becomes religion and if it is detached, religion becomes morality.")। अस्तु, आस्था वह मूल तत्व है जो 'रिलीजन' को 'नैतिकता' से असम्पृक्त करती है।

इन्हीं मान्यताओं के परिप्रेक्ष्य में 'रिलीजन' एवं 'धर्म' के बीच स्पष्ट विभेद किया जा सकता है जो कि इस प्रकार है:

1. रिलीजन में जहाँ 'बाँधने' की बात होती है, वहीं धर्म में 'स्वतंत्रता' का भाव प्रमुख है। 'बाँधने' में बलात् का भाव परिलक्षित होता है, क्योंकि इसमें व्यक्ति स्वेच्छा से नहीं बल्कि किसी बाह्य शक्ति के द्वारा एक-दूसरे से बँधता है, परन्तु 'स्वतंत्रता' में आत्म-नियंत्रण का। इस प्रकार 'स्वतंत्रता' न तो 'नियंत्रण' (Determinism) है और न ही 'अनियंत्रण' (Indeterminism), बल्कि यह 'आत्म-नियंत्रण' (Self-determinism) की स्थिति है, जहाँ व्यक्ति न तो किसी बाह्य शक्ति से नियंत्रित होता है और न ही वह आंतरिक दृष्टि से उच्छृंखल ही होता है, बल्कि वह स्वयं अपनी आत्मा के द्वारा अनुशासित एवं मर्यादित होता है। इस प्रकार स्वतंत्रता, स्वछंदता न होकर आत्मानुशासन है।
2. रिलीजन में कठोरता या अनम्यता (Rigidity) का तत्व प्रधान होता है, क्योंकि इसमें मान्य विधानों का कठोरतापूर्वक अनुपालन अपरिहार्य है, जबकि धर्म में मृदुलता या नम्यता (Flexibility) का तत्व प्रधान होता है, क्योंकि एक व्यक्ति उस धर्म में विहित विधानों का अनुपालन नहीं करते हुए भी धार्मिक बना रहता है।
3. रिलीजन में परिवर्तन की सम्भावना नगण्य होती है, क्योंकि इसमें मूल 'धर्म-ग्रंथों' को खुदा या ईश्वर का वचन मानते हुए इसे 'पवित्रता' से सम्बंधित कर दिया जाता है, यथा - कुरान में लिखा गया है कि यह खुदा का वचन है, जिसकी मूल प्रति खुदा के पास है और जिसकी छाया प्रति मुहम्मद साहब के द्वारा इस जगत में भेजी गयी है। इसी प्रकार अन्य 'धर्म-ग्रंथों' के बारे में भी कहा गया है। अब यदि हम एक ओर 'धर्म-ग्रंथों' को ईश्वर या खुदा का संदेश मानें और दूसरी ओर उसमें परिवर्तन की भी बात करें तो ऐसा करना न केवल एक-दूसरे का विरोधी है बल्कि यह ईश्वर या खुदा का अपमान भी है। इसी अर्थ में इन्हें 'हठधर्मी' (Fundamentalist) कहते हैं। उल्लेखनीय है कि धर्म को किसी एक व्यक्ति विशेष से सम्बंधित नहीं किया जाता है। यह देश-काल एवं परिस्थितियों के अनुसार स्वतः विकसित होता रहता है।
4. रिलीजन में पैगम्बर का होना आवश्यक है, क्योंकि वह ईश्वर अथवा खुदा का संदेश वाहक होता है, यथा - यहूदी धर्म में हजरत मूसा को, ईस्लाम में मुहम्मद साहब को तथा ईसाई धर्म में जीसस क्राइस्ट को। धर्म में पैगम्बर का होना आवश्यक नहीं है, क्योंकि यहाँ 'धर्म-ग्रंथों' को या तो ईश्वर का साक्षात् वचन कहा गया है या फिर उसे अपौरुषेय कहा गया है, परन्तु किसी ने भी वेद को मनुष्य की कृति नहीं कहा है। यहाँ पर माना गया है कि ऋषि मंत्र के द्रष्टा हुआ करते थे, न कि स्रष्टा (ऋषयोः मंत्र द्रष्टारः)। अस्तु, वेद को शाश्वत् एवं चिर नवीन भी कहा गया है।
5. रिलीजन के लिए किसी न किसी रूप में एक अलौकिक सत्ता में विश्वास आवश्यक है, जबकि धर्म में अलौकिक सत्ता का होना आवश्यक नहीं है, क्योंकि धर्म मूलतः व्यक्ति की जीवन पद्धति अथवा आचार संहिता से सम्बंधित है।
6. रिलीजन में कर्मकाण्ड को आवश्यक तत्व माना गया है। ईस्लाम धर्म में तो स्पष्ट रूप से कहा गया है कि जो रोजा-नमाज नहीं रखते हैं वे काफिर हैं। धर्म के लिए कर्मकाण्ड

आवश्यक नहीं हैं, क्योंकि कोई व्यक्ति कर्मकाण्डों को न करते हुए भी धार्मिक बना रह सकता है।

7. रिलीजन में सम्प्रदाय या संगठन बनाने की भावना प्रबल रूप में दृष्टिगोचर होती है, जबकि धर्म के लिए यह अनिवार्य नहीं है।

इसी दृष्टि से आचार्य बलदेव उपाध्याय अपनी पुस्तक "भारतीय धर्म और दर्शन" में लिखते हैं कि "अँगरेजी शब्द रिलीजन के लिए हमने धर्म को पर्याय मान कर बड़ी गलती की। दोनों में महान अंतर है। रिलीजन का यथार्थ पर्याय मजहब है, न कि धर्म। किसी देश विशेष में किसी विशिष्ट व्यक्ति द्वारा सामयिक उपयोगिता की दृष्टि से एक-दूसरे को विशिष्ट समाज के रूप में बाँधने के लिए जो आचार प्रधान नियम बनाये जाते हैं वे ही रिलीजन के अंतर्गत आते हैं। ... धर्म समस्त विश्व को प्रतिष्ठा देने वाले, स्थिर तथा धारण करने वाले होते हैं। रिलीजन या मजहब या मत या सम्प्रदाय देश तथा काल की परिधि से सीमित होता है। उसका उद्देश्य किसी विशिष्ट देश तथा काल में, व्यक्ति विशेष के प्रयत्नों का परिणत फल होता है। उधर धर्म होता है ईश्वरनिर्मित, नित्य, सर्वदा स्थायी, देश-काल की सीमा का अतिक्रमण करने वाला वस्तुतत्व (धारणाद्ध धर्म इत्याहुर्धर्मो धारयति प्रजा:।)। इसलिए धर्म निरपेक्ष तत्व है, सम्प्रदाय सापेक्ष। ... धर्म तो धर्म ही है, अखण्ड सत्तात्मक नित्य पदार्थ। उसके काल से अपरिच्छेद रूप को सूचित करने के लिए सनातन (सर्वदा स्थायी) विशेषण कभी-कभी जोड़ा जाता है। फलत: धर्म एवं सनातन धर्म एक ही वस्तु है। 'एष धर्म: सनातन:' महाभारत के शांति पर्व में इसके लिए बहुश: प्रयुक्त हुआ है।" [उपाध्याय, बलदेव (2000): "भारतीय धर्म और दर्शन", चौखम्भा ओरियन्टालिया, दिल्ली, पृष्ठ सं० 13–14]।

स्पष्टत: धर्म एक शाश्वत्, स्थायी, चिर नवीन तथा देश-काल की सीमा का अतिक्रमण करने वाला तत्व है जो विभिन्न परिस्थितियों में अपने आपको परिष्कृत, परिमार्जित, परिवर्द्धित एवं समृद्ध करते हुए अपनी मूल एवं सैद्धांतिक अक्षुण्णता को बनाये रखता है। अस्तु, 'धर्म' शब्द का किसी भी अन्य भाषा में हू-ब-हू अनुवाद या रूपांतरण सम्भव नहीं है, क्योंकि धर्म जैसा व्यापक एवं गूढ़ शब्द किसी भी अन्य भाषा में प्राप्त नहीं होता है। धर्म वस्तुत: 'आंतरिक शुद्धता' (Internal purification) है। यह आंतरिक शुद्धता चाहे जिस पद्धति के द्वारा हो। जैसे-जैसे आंतरिक शुद्धता होती जाती है वैसे ही वैसे हमारा आचरण भी सरल, शिष्ट एवं मर्यादित होता जाता है। इस प्रकार व्यापक रूप में धर्म के मूलत: दो आयाम हो जाते हैं: पहला, आंतरिक स्तर पर 'आत्म-शुद्धि' (Internal purification) एवं दूसरा, बाह्य स्तर पर 'सदाचरण' (Right conduct)। अस्तु, केवल सदाचरण को धर्म मान लेना सत्यांश ही है। हम यह भूल जाते हैं कि सदाचरण बिना अंत:करण की शुद्धता के सम्भव ही नहीं है। ऐसा सदाचरण बिना अंत:करण की शुद्धता के ही दृष्टिगोचर हो रहा है, उसमें स्थायित्व की सम्भावना क्षीण हो जाती है। ऐसा व्यक्ति कभी भी अपने सदाचरण से स्खलित हो सकता है, परन्तु जो सदाचरण अंत:शुद्धि पर आधृत है, उसमें स्थायित्व होता है। इस प्रकार आत्म-शुद्धि एवं सदाचरण एक ही सिक्के के दो पक्ष के समान हैं। जो आंतरिक दृष्टि से आत्म-शुद्धि है वही बाह्य दृष्टि से सदाचरण है। सदाचरण साधन है, जबकि आत्म-शुद्धि साध्य। जो सदाचरण को ही धर्म मानते हैं वे साधन को ही साध्य बना देते हैं।

ध्यातव्य है कि रिलीजन में भी बाह्य पक्ष अर्थात् कर्मकाण्ड पर बल दिया जाता है, परन्तु कर्मकाण्ड एवं सदाचरण में महान अंतर है। कर्मकाण्ड का सम्बंध एक विशिष्ट प्रकार की 'पूजा-पद्धति' (Ritual/Cult) से है, जबकि सदाचरण का सम्बंध पूजा-पद्धति से न होकर 'सम्यक् आचरण' से होता है। कर्मकाण्ड तो कोई भी व्यक्ति कर सकता है, परन्तु सम्यक् आचरण के लिए आत्म-शुद्धि परमावश्यक है और आत्म-शुद्धि के अभाव में न तो परम सत्ता का साक्षात्कार सम्भव है और न ही परम शांति, जो सभी धर्मों का नि:श्रेयस है। उल्लेखनीय है कि प्रत्येक धर्म का अंतिम गंतव्य तो आत्म-साक्षात्कार और उसके परिणामस्वरूप परम् शांति को प्राप्त करना ही है (ज्ञानं लब्ध्वा परां शांतिमचिरेणाधिगच्छति। गीता - 4/39)। धर्म की इसी व्यापकता को देखते हुए महाभारतकार (3/313/117) कहते हैं कि धर्म का तत्व अत्यंत ही गूढ़ है।

"तर्कोऽप्रतिष्ठः श्रुतयो विभिन्ना नैकोऋषिर्यस्य मतं प्रमाणम्।
धर्मस्य तत्वं निहितं गुहायां महाजनो येन गतः स पंथाः॥"

अर्थात् तर्क अप्रतिष्ठित है, श्रुतियाँ भी भिन्न-भिन्न हैं, एक भी ऋषि नहीं हैं जिनके मत को प्रमाण माना जाय। धर्म का तत्व अत्यंत गूढ़ अर्थात् रहस्यमयी है; अतः जिससे महापुरुष जाते रहे हैं, वही मार्ग है। इस प्रकार धर्म को मात्र रिलीजन तक सीमित करना सुसंगत नहीं है। इस अर्थ में धर्म तो केवल हिन्दू धर्म ही है, अन्य सभी मात्र रिलीजन हैं। यहाँ रिलीजन का तात्पर्य विशेषकर 'सेमिटिक रिलीजन' से ही है। उल्लेखनीय है कि इन सूक्ष्म विभेदों के बावजूद भी व्यवहारतः 'धर्म' एवं 'रिलीजन' का प्रयोग प्रायः समानार्थक रूप में होता रहा है।

धर्म एवं नैतिकता (Religion and Morality)

धर्म एवं नैतिकता के बीच क्या सम्बंध है? इस प्रश्न पर विभिन्न दार्शनिकों में मतैक्य नहीं है। एक ओर जहाँ पाश्चात्य परम्परा के कुछ दार्शनिक धर्म एवं नैतिकता को पृथक्-पृथक् मानते हुए दोनों के बीच स्पष्ट भेद करते हैं तो दूसरी ओर भारतीय परम्परा में सामान्यतः धर्म एवं नैतिकता को एक ही सिक्के का दो पक्ष मानते हुए दोनों को अवियोज्य माना गया है। इनके अनुसार जो व्यक्ति धार्मिक होता है उसका नैतिक आचरण भी उतना ही परिशुद्ध एवं उत्कृष्ट होता है तथा जिसका नैतिक आचरण जितना ही अधिक उत्कृष्ट होता है उसकी आध्यात्मिक स्थिति उतनी ही ऊँची मानी जाती है, क्योंकि "हमारा आचरण ही अध्यात्म की कसौटी है।" ("Our conduct is the criterion of spirituality.")। हम चाहे जितना जप-तप कर लें, चाहे जितनी समाधि लगा लें, चाहे जितनी सिद्धियाँ क्यों न अर्जित कर लें, परन्तु यदि हमारा आचरण अशिष्ट एवं अमर्यादित है अर्थात् हमारे मन में दूसरों के प्रति कटुता, वैमनस्य एवं घृणा का भाव है तो निश्चित मान लिजिए कि हम अध्यात्म से कोसों दूर हैं। तभी तो संत गोस्वामी तुलसीदास जी "रामचरित मानस" में लिखते हैं कि "निर्मल मन जन सो मोहि पावा। मोंहि कपट छल छिद्र न भावा॥" (सुन्दरकाण्ड - 43/3)। इसका अभिप्राय यह है कि केवल शुद्ध अंतःकरण वाला व्यक्ति ही ईश्वर को प्राप्त कर सकता है। जिसका आचरण अशिष्ट एवं अमर्यादित है अर्थात् जो छल एवं प्रपंच से युक्त है, वह ईश्वर या खुदा के दरबार में पहुँच ही नहीं सकता है। सम्भवतः यही कारण है कि भारतीय

परम्परा में धर्म को किसी अलौकिक सत्ता से सम्बंधित न करके उसे मूलत: व्यक्ति के आचरण से सम्बंधित किया गया है। मनुस्मृति में धर्म के दस लक्षण बताये गये, यथा - धैर्य, क्षमा, दमन, अस्तेय, पवित्रता, इन्द्रिय-निग्रह, बुद्धि, विद्या, सत्य एवं अक्रोध, इनमें से कोई भी लक्षण अलौकिक सत्ता से सम्बंधित नहीं है बल्कि सभी केवल व्यक्ति के आचरण से ही सम्बंधित है। (6/92)।

"धृति: क्षमादमोऽस्तेयं शौचमिन्द्रियनिग्रह:।
धीर्विद्या सत्यमक्रोधो दशकं धर्म लक्षणम्॥"

इसी दृष्टि से पी० वी० काणे लिखते हैं कि "धर्म कोई सम्प्रदाय या रिलीजन नहीं है बल्कि यह जीवन जीने का एक ढंग अथवा आचार-संहिता है।" ["Dharma is not a creed or religion but a mode of life or a code of conduct." Kane, P.V. (1941): *History of Dharmasashtra*, Vol. II, Part I, Bhandarkar Oriental Research Institute, Pune, p. 2.]। डॉ० राधाकृष्णन् के अनुसार भी "मैं धर्म को चारों वर्णों तथा चारों आश्रमों के लोगों द्वारा जीवन के चार पुरुषार्थों (धर्म, अर्थ, काम एवं मोक्ष) के सम्बंध में मनुष्य के सम्पूर्ण कर्त्तव्यों के रूप में परिभाषित कर सकता हूँ।" ["We may define dharma as the whole duty of man in relation to the fourfold purposes of life (*dharma*, *artha*, *kama* and *moksa*) by members of the four groups (*caturvarna*) and the four stages (*caturasrama*)." S. Radhakrishnan (1947): *Religion and Society*, George Allen & Unwin Ltd., London, p. 107.]। इस प्रकार भारतीय परम्परा में प्राय: धर्म को व्यक्ति के आचरण के रूप में परिभाषित किया गया है।

उल्लेखनीय है कि भारतीय संस्कृति में धर्म तो व्यक्ति के आचरण से सम्बंधित है ही, नैतिकता भी व्यक्ति के आचरण से ही सम्बंधित है। जिस प्रकार जगत की गतिशीलता से सम्बंधित शक्तियों का अध्ययन भौतिक विज्ञान करता है उसी प्रकार व्यक्ति एवं समाज की गतिशीलता से सम्बंधित शक्तियों का अध्ययन नीतिशास्त्र करता है। यहाँ गतिशीलता का तात्पर्य 'कार्य-व्यापार' (Function) से है। शुक्रनीति में कहा गया है कि "नीतिशास्त्र के बिना सम्पूर्ण लोक-व्यवहार की स्थिति सम्भव नहीं है।" ["सर्वलोकव्यवहारस्थितिर्नीत्या बिना न हि।" (1/11)]। हितोपदेश के अनुसार भी "नीति के भंग होने पर सम्पूर्ण जगत नष्ट हो जाता है।" ["विपन्नयां नीतौ सकलमवशं सीदति जगत्।" (2/75)]। सम्भवत: यही कारण है कि शुक्रनीति (1/2) में "नीतिशास्त्र को सभी शास्त्रों का उपजीव्य एवं लोक स्थिति का व्यवस्थापक कहा गया है तथा उसे धर्म, अर्थ, काम, मोक्ष इन चारों पुरुषार्थों को प्रदान करने वाला कहा गया है।"

"सर्वोपजीवकं लोकस्थितिकृन्नीतिशास्त्रकम्।
धर्मार्थकाममूलं हि स्मृतं मोक्षप्रदं यत:॥"

मनुष्य एक सामाजिक प्राणी है, परन्तु जब मनुष्य समाज में रहता है तो उसमें एक व्यक्ति के आचरण का प्रभाव स्वभावत: अन्य व्यक्तियों के आचरण पर भी पड़ता है। अस्तु, व्यक्ति के आचरण को मर्यादित करने तथा समाज का सुव्यवस्थित विकास करने के लिए विभिन्न व्यक्तियों ने परस्पर मिलकर कुछ नियमों एवं आदर्शों की स्थापना की जिसके द्वारा जहाँ एक ओर व्यक्तियों की कुप्रवृत्तियों को नियंत्रित किया जा सके वहीं दूसरी ओर 'सामाजिक समरसता तथा उसकी

गतिशीलता' (Social harmony and its dynamism) में भी अभिवृद्धि हो सके, जिससे व्यक्ति एवं समाज दोनों ही असत्य से सत्य की ओर, अशुभ से शुभ की ओर अग्रसर हो सकें। व्यक्ति के आचरण को मर्यादित करने तथा समाज में समरसता लाने एवं उसको गतिशीलता प्रदान करने के लिए जिन नियमों तथा आदर्शों की स्थापना की गई उसे ही 'नीति' कहते हैं तथा उसका अध्ययन करने वाले शास्त्र को 'नीतिशास्त्र' अथवा 'आचारशास्त्र' कहते हैं। इस प्रकार नीतिशास्त्र अथवा नैतिक दर्शन का आरम्भ सदाचरण, सामाजिक परम्पराओं एवं रीति-रिवाजों के साथ ही हुआ है। इन्हीं मान्यताओं के परिप्रेक्ष्य में नीतिशास्त्र को परिभाषित करते हुए शुक्रनीति (1/56) और कामन्दकीय नीतिसार (2/15) में कहा गया है कि "नयनान्नीतिरुच्यते" अर्थात् नीतिशास्त्र 'नयन व्यापार' है। यहाँ 'नयन व्यापार' का अर्थ है ले चलना अथवा ढोना। नीतिशास्त्र वह विज्ञान है जो व्यक्ति एवं समाज को बुराई से अच्छाई की ओर, अशुभ से शुभ की ओर, असत्य से सत्य की ओर, दुराचरण से सदाचरण की ओर तथा कुमार्ग से सन्मार्ग की ओर ले चलने का कार्य करता है। इस प्रकार भारतीय परम्परा में धर्म एवं नैतिकता दोनों ही व्यक्ति के आचरण से ही सम्बंधित हैं।

धर्म एवं नैतिकता का विभेद तो पाश्चात्य परम्परा में वे दार्शनिक करते हैं जो धर्म को तो अतीन्द्रिय सत्ता से जबकि नैतिकता को व्यक्ति के आचरण से सम्बंधित करते हैं। इनके अनुसार रिलीजन मूलत: अतीन्द्रिय सत्ताओं से सम्बंधित है, जबकि नैतिकता व्यक्ति के आचरण से। अंग्रेजी में "Ethics", "Ethica" से बना है जो उसी भाषा के "Ethos" से व्युत्पन्न हुआ है, जिसका अर्थ होता है 'आचरण' (Conduct)। 'आचरण' अनिवार्यत: रीति-रिवाजों एवं परम्पराओं से सम्बंधित होता है। इस प्रकार नीतिशास्त्र सामाजिक रीति-रिवाजों एवं परम्पराओं का अध्ययन करता है। अस्तु, इसे 'नैतिक दर्शन' (Moral Philosophy) भी कहते हैं। "Moral Philosophy" में "Moral" शब्द "Mores" से व्युत्पन्न हुआ है, जिसका अर्थ होता है 'रीति-रिवाज'। इस प्रकार नीतिशास्त्र व्यक्ति के आचरण के साथ ही सामाजिक रीति-रिवाजों, प्रथाओं, परम्पराओं से सम्बंधित वह व्यवस्था है जिसका उद्देश्य मानवीय आचरण का नियमन एवं नियंत्रण करना तथा सामाजिक सुव्यवस्था एवं सामंजस्य स्थापित करना है जिससे व्यक्ति एवं समाज दोनों का अधिकतम कल्याण हो सके।

यदि रिलीजन पर विचार किया जाय तो यह कहा जा सकता है कि यद्यपि इसमें भी आचरण का महत्त्व है तथापि यह आचरण की अपेक्षा अलौकिक पक्ष पर अधिक बल देता है। रिलीजन में मूलभूत विशिष्टताएँ निम्न हैं: पहला, रिलीजन में किसी न किसी रूप में एक अलौकिक सत्ता को अवश्य ही स्वीकार किया जाता है तथा उसे गुह्य या रहस्यमयी माना जाता है। दूसरा, वह लोक-कल्याणार्थ अपने संदेशों को पैगम्बरों के माध्यम से अभिव्यक्त करता है। तीसरा, प्रत्येक रिलीजन का अपना एक पृथक् धर्म-ग्रंथ होता है। चौथा, रिलीजन का एक महत्त्वपूर्ण पक्ष कर्मकाण्ड होता है। पाँचवा, इसमें धार्मिक संगठन बनाने की भावना भी प्रबल होती है। अंतत: रिलीजन का प्राण-तत्व आस्था एवं विश्वास है। इन्हीं मान्यताओं के परिप्रेक्ष्य में रिलीजन एवं नैतिकता के बीच स्पष्ट विभेद किया जा सकता है।

1. रिलीजन एवं नैतिकता इन दोनों का क्षेत्र पृथक्-पृथक् है। रिलीजन मूलत: अतीन्द्रिय सत्ता से सम्बंधित होता है, जबकि नैतिकता व्यक्ति के आचरण, रीति-रिवाजों, प्रथाओं, परम्पराओं आदि से।

2. रिलीजन में कर्मकाण्ड (Ritual/Cult) पर बल दिया जाता है जबकि नैतिकता में कर्मकाण्ड पर नहीं बल्कि कर्म (Action) पर। कर्मकाण्ड तो आध्यात्मिक लक्ष्य की सिद्धि के लिए किया जाता है जबकि कर्म जगत की व्यवस्था को संचालित करने के लिए आवश्यक है, क्योंकि सम्पूर्ण जगत की प्रतिष्ठा कर्म पर ही आधृत है। (लोकोऽयं कर्मबंधनः। गीता - 3/9)। अस्तु, कर्मकाण्ड के बिना तो व्यक्ति रह सकता है, परन्तु इस संसार का कोई भी व्यक्ति क्षण मात्र के लिए भी कर्म किये बिना नहीं हो सकता है। (न हि कश्चित्क्षणमपि जातु तिष्ठत्यकर्मकृत्। गीता - 3/5)।
3. क्योंकि रिलीजन अतीन्द्रिय सत्ताओं से सम्बंधित होता है, अस्तु - यह प्रमुखतः 'व्यक्तिगत' (Personal) होता है, जबकि नैतिकता आचरण, रीति-रिवाजों, प्रथाओं, परम्पराओं से सम्बंधित होती है, अतएव इसमें व्यक्तिगत की अपेक्षा 'सार्वभौमिक' (Universal) तत्व प्रधान होता है। हेयर लिखते हैं कि "सभी मूल्य-निर्णय स्वरूपतः सार्वभौमिक होते हैं जो यह कहने के तुल्य है कि वे एक ऐसे मानक को निर्दिष्ट तथा स्वीकृति को अभिव्यक्त करते हैं जो समान परिस्थितियों में सभी दृष्टांतों पर समान रूप से लागू होती है।" ["All value-judgements are covertly universal in character which is the same as to say that they refer to, and express acceptance of, a standard which has an application to other similar instances." Hare, R.M. (1952): *The Language of Morals*, Clarendon Press, London, p. 129.]।
4. रिलीजन में व्यक्तिगत पक्ष प्रधान होने के कारण व्यक्ति उसे मानने अथवा न मानने के लिए 'स्वतंत्र' है अर्थात् इसमें सदैव ही हमारे समक्ष यह विकल्प बना रहता है कि हम यदि चाहें तो उसे नहीं भी मान सकते हैं, जबकि नैतिकता सार्वभौमिक होती है, अस्तु - इसमें एक प्रकार की 'बाध्यता' होती है अर्थात् हम उसे मानने अथवा न मानने के लिए 'स्वतंत्र' नहीं हैं।
5. रिलीजन का प्राण-तत्व 'आस्था' (Faith) है। टेलर के अनुसार "रिलीजन आध्यात्मिक सत्ताओं में विश्वास है।" ["Religion is the belief in spiritual beings." Tylor, E.B. (1871): *Primitive Culture: Researches into the Development of Mythology, Philosophy, Religion, Art, and Custom*. Vol. 1, John Murray, London, p. 424.]। नैतिकता आस्था पर आधारित न होकर 'बौद्धिकता' (Reason) पर आधृत होती है।
6. आस्था पर आधारित होने से रिलीजन में 'निर्भरता' (Dependency) का भाव प्रमुख हो जाता है। श्यालरमाखर लिखते हैं कि "विशेष रूप से निर्भरता की भावना में ही रिलीजन का सारतत्व निहित है।" ("The essence of religion consists in a feeling of absolute dependence upon God.")। नैतिकता, बौद्धिकता पर आधृत होने के कारण उसमें स्वावलम्बन (Independency) का तत्व प्रधान हो जाता है।
7. रिलीजन में 'निर्भरता' का तत्व प्रमुख होने के कारण इसमें भावनात्मक पक्ष प्रधान होता है, जैसा कि मैथ्यू अर्नाल्ड लिखते हैं कि "रिलीजन केवल नैतिकता नहीं है, बल्कि भावनायुक्त नैतिकता है।" ["Religion is thus not simply *morality*, but *morality touched*

by emotion." Arnold, Matthew (1883): *Literature & Dogma*, Macmillan & Co., New York, p. 18.]। इसकी तुलना में नैतिकता भावना निरपेक्ष होती है।

8. रिलीजन भावना परक होने के कारण इसमें आत्मनिष्ठता (Subjectivity) का तत्व प्रमुख होता है अर्थात् हम धार्मिक क्यों हैं? इस प्रश्न के उत्तर में कोई 'वस्तुनिष्ठ आधार' (Objective ground) प्रस्तुत नहीं किया जा सकता है। नैतिकता में वस्तुनिष्ठता (Objectivity) का तत्व प्रधान होता है अर्थात् हम नैतिक आचरण क्यों करें? इसके पक्ष में एक वस्तुनिष्ठ आधार प्रस्तुत किया जा सकता है।
9. धार्मिक मान्यताओं का बौद्धिक सत्यापन (Rational verification) सम्भव नहीं है, जबकि नैतिक मूल्यों का बौद्धिक सत्यापन किया जा सकता है।
10. रिलीजन, नैतिकता से अधिक व्यापक है, क्योंकि रिलीजन में नैतिकता तो समाहित रहती है, साथ ही यह नैतिकता से परे जाकर अलौकिक सत्ता का स्पर्श भी करती है, परन्तु नैतिकता में रिलीजन भी समाहित नहीं है। यह केवल लोक-व्यवहार तक ही सीमित है। ["सर्वलोकव्यवहारस्थितिर्नीत्या बिना न हि।" शुक्रनीति (1/11)]।
11. नैतिकता केवल 'शिवं' से सम्बंधित होती है, जबकि रिलीजन 'सत्यं', 'शिवं' एवं 'सुन्दरं' इन तीनों से ही सम्बंधित है।
12. "नैतिकता अनन्त की ओर अभिमुख है, जबकि धर्म अनन्त में अभिमुख है।" ("Morality leads to infinite, while religion is situated in infinite.")। नैतिकता अनन्त के चौखट तक तो पहुँचा देती है, परन्तु अनन्त का ज्ञान कराने में वह असमर्थ है। अनन्त का ज्ञान तो केवल धर्म ही करा सकता है।
13. नैतिकता साधन है, इसकी तुलना में धर्म साध्य है। नैतिक आचरण अपने आप में साध्य नहीं हो सकता है। वह किसी साध्य की प्राप्ति का साधन होता है। धर्म ही वह लक्ष्य है जिसकी प्राप्ति के लिए नैतिकता अग्रसर है। यदि सदाचरण के बावजूद भी निःश्रेयस की प्राप्ति न हो सके तो व्यक्ति नैतिक आचरण करे ही क्यों?

इन्हीं मान्यताओं के परिप्रेक्ष्य में आगस्त काम्टे, हरबर्ट स्पेन्सर, जॉन डिवी, जॉन हास्पर्स आदि दार्शनिकों ने धर्म की प्रकृतिवादी व्याख्या करते हुए धर्म एवं नैतिकता के बीच स्पष्ट विभेद किया है। समाजशास्त्री काम्टे अपनी पुस्तक "*Instituting the Religion of Humanity*" (1875–77) में धर्म एवं नैतिकता के बीच विभेद करते हुए मानववादी धर्म की स्थापना करते हैं। उनके अनुसार प्राचीन काल में प्राकृतिक शक्तियों के भय के कारण पूजा-पाठ का आरम्भ हुआ और यहीं से उचित-अनुचित के भेद की शुरुआत हुई, जिसके परिणामस्वरूप नैतिकता का आरम्भ हुआ। जो व्यक्ति उन प्राकृतिक शक्तियों की पूजा-पाठ करने लगे, उन्हें नैतिक तथा जो उसके अनुरूप आचरण नहीं करते थे, उन्हें अनैतिक कहा जाने लगा। काम्टे के अनुसार जैसे-जैसे मनुष्य की बुद्धि विकसित होती गई वैसे-वैसे ही उसने तर्क करना आरम्भ कर दिया, परन्तु जब उसकी बुद्धि परिपक्वता की पराकाष्ठा पर पहुँच गई तो उसने उन सारी मान्यताओं, जो केवल आस्था एवं विश्वास पर आधारित थीं, को स्वीकार करने से इन्कार कर दिया। क्योंकि धर्म का कोई बौद्धिक आधार नहीं था, अत: धर्म खण्डित हो गया, परन्तु नैतिकता बौद्धिकता पर आधारित होने के कारण अवशिष्ट रह गई। इस प्रकार धर्म एवं नैतिकता के बीच स्पष्ट भेद हो गया। काम्टे

के अनुसार इसका अर्थ नहीं है कि नैतिकता निरपेक्ष एवं शाश्वत् है। वस्तुतः नैतिकता भी परिवर्तित होती रहती है। वे लिखते हैं कि "केवल यही निरपेक्ष है कि सबकुछ सापेक्ष है।" ["The only absolute is that everything is relative." Comte, Auguste (1816–28): *Ecrits de Jeunesse, Pierre Arnaud, Paulo E. Berredo Carneiro (Editor)*, p. 71.]। इस प्रकार काम्टे नैतिकता को धर्म से पृथक् करते हुए एक मानववादी धर्म की स्थापना करते हैं।

हरबर्ट स्पेन्सर भी अपने 'प्रेत-सिद्धांत' (Ghost-theory) में दिखाते हैं कि प्राचीन काल में देवात्माओं की नहीं बल्कि प्रेतात्माओं (Ghost) की पूजा होती थी और इन प्रेतात्माओं का नैतिकता से कोई सम्बंध नहीं था। इस प्रकार स्पेन्सर मानते हैं कि आदिम धर्म मूलतः अनैतिक था। [Spencer, Herbert (1900): *The Principle of Sociology*, D. Appleton and Co., New York, Chapt. viii–xvii.]। पुनश्च, वे अपनी एक अन्य रचना "*The Data of Ethics*" में 'योग्यतम के अवशिष्ट' (Survival of the fittest) का सिद्धांत प्रतिपदित करते हैं। उल्लेखनीय है कि 'Survival of the fittest' शब्द का स्पेंसर ने ही 'शब्द-निर्माण' (Coin) किया था, न कि डार्विन ने। स्पेंसर, डार्विन के जैविक विकासवाद के सिद्धांत को स्वीकार करते हुए कहते हैं कि अव्यवस्था से व्यवस्था की ओर, एकता से अनेकता की ओर एवं सरलता से जटिलता की ओर बढ़ना ही विकास है जिससे आंतरिक एवं बाह्य पक्षों के बीच संतुलन स्थापित किया जाता है। "जीवन के बारे में कहा गया है कि यह आंतरिक सम्बंधों का बाह्य सम्बंधों के साथ सतत् रूप में सामंजस्य है।" ["Life is said to be the continuous adjustment of internal relations to external relations." Spencer, Herbert (1882): *The Data of Ethics*, D. Appletion & Co., New York, p. 19.]। स्पेंसर, डार्विन के जैविक विकास के सिद्धांत के आधार पर ही नैतिकता को आधृत कर देते हैं। उनके अनुसार जिस प्रकार जैविक विकास एकता से अनेकता की ओर एवं सरलता से जटिलता की ओर होता रहता है उसी प्रकार नैतिक नियमों का विकास भी होता है। इस विकास में जो नैतिक नियम सुसंगत नहीं हैं, वे समाप्त हो जाते हैं तथा केवल वही नियम अवशिष्ट रह जाते हैं, जो देश-काल एवं परिस्थिति के अनुरूप हैं। इस प्रकार स्पेंसर के अनुसार धर्म का नैतिकता से कोई सम्बंध नहीं है। उल्लेखनीय है कि मानवशास्त्री वाइट्ज एवं टाइलर भी यही मानते हैं कि "आदिम धर्म का नैतिकता से कोई सम्बंध नहीं था।" ["Primitive religion has nothing to do with morality." Quoted from Galloway, George (1960): *The Philosophy of Religion*, T. & T. Clark, Edinburgh, p. 195.]।

अपरंच, जॉन डिवी का भी मानना है कि सामान्यतः नैतिकता के मूल स्रोत के रूप में ईश्वर को स्वीकार किया जाता है जैसा कि काण्ट आदि के दर्शन में देखने को मिलता है, किन्तु वास्तविकता यह है कि ईश्वर जैसी कोई सत्ता है ही नहीं। यद्यपि डिवी ईश्वर शब्द का प्रयोग तो करते हैं, परन्तु इसका तात्पर्य ऐसे ईश्वर से नहीं है जो अति-प्राकृतिक होने के साथ ही व्यक्तित्वपूर्ण तथा सृष्टि का आदि कारण भी हो, क्योंकि वे मानते हैं कि जो आदि कारण है वह पहले से ही है तथा जो पहले से ही है वह आदर्श कैसे हो सकता है। अतः डिवी के अनुसार ईश्वर जैसी कोई वास्तविक सत्ता नहीं है, अतः ईश्वर का विचार अवास्तविक है। वास्तव में जिसे हम ईश्वर कहते हैं, वह आदर्शात्मक मूल्यों का ही नाम है जो हमारी आशाओं एवं इच्छाओं के आदर्शात्मक उद्देश्यों की पूर्ति में सहायक होता है। डिवी के अनुसार इन आदर्शों की जननी हमारी अनुभूति ही

है। ऐसे आदर्श ही पूरी मानवता के लिए उपयोगी हैं तथा इनकी प्राप्ति सम्पूर्ण मानव समाज के सहयोग से होनी चाहिए। ऐसे आदर्श को ही हम ईश्वर कह सकते हैं। इस प्रकार ईश्वर कोई सत्ता नहीं है, बल्कि एक 'मूल्य' का नाम है। अत: मूल्यों के आधार के रूप में किसी अति-प्राकृतिक सत्ता को मानने की कोई आवश्यकता नहीं है। इस प्रकार डिवी 'ईश्वर' का स्पष्टीकरण, कारण के रूप में नहीं बल्कि परिणाम के रूप में करते हैं और वह परिणाम है हमारी अनुभूति। डिवी ईश्वर के सम्बंध में येल विश्वविद्यालय की अपनी व्याख्यानमालाओं (1934) में कहते हैं कि "यह विचार कि 'ईश्वर' आदर्शात्मक मूल्यों की एक एकरूपता का प्रतिनिधित्व करता है, अनिवार्यत: अपनी उत्पत्ति में काल्पनिक है, यदि वह कल्पना हमारे आचरण में घटित होती है तो यह शाब्दिक कठिनाई को आमंत्रित करती है, प्राय: 'काल्पनिक' शब्द का प्रयोग काल्पनिक एवं संशयात्मक सत्ता को निर्दिष्ट करता है। परन्तु आदर्शात्मक लक्ष्य की वास्तविकता आदर्शों की भाँति क्रिया में अनिवार्य शक्ति का आश्वासन देती है। वह आदर्श कोई कल्पना नहीं है, क्योंकि कल्पना वह अंग है जिसके द्वारा उसे समझा जाता है।" ["The idea that 'God' represents a unification of ideal values that is essentially imaginative in origin when the imagination supervenes in conduct, is attended with verbal difficulties, owing to our frequent use of the word 'imagination' to denote fantasy and doubtful reality. But the reality of ideal ends as ideals is vouched for by their undeniable power in action. An idea is not an illusion because imagination is the organ through which it is apprehended." Dewey, John (1934): *A Common Faith*, New Haven: Yale University Press, pp. 42–43.]।

अपनी इसी मान्यता के आधार पर डिवी, 'धर्म' (Religion) एवं 'धार्मिक' (Religious) के बीच भेद करते हैं। उनके अनुसार धर्म के लिए व्यक्तित्वपूर्ण ईश्वर का होना आवश्यक है जो हमारी पूजा एवं आराधना का विषय हो सके, जिसकी कोई सम्भावना नहीं है, परन्तु धार्मिक का तात्पर्य आचरण से सम्बंधित आदर्शात्मक मूल्यों से है। "यदि मैं धर्मों एवं धर्म के सम्बंध में कुछ भी कहूँ तो यह कठोर प्रतीत होता है, परन्तु मैं ऐसा इसलिए कहता हूँ, क्योंकि मेरा यह दृढ़ विश्वास है कि धर्मों के पक्ष से दावा करना आदर्शों एवं अतीन्द्रिय सत्ता के प्रति एकाधिकार स्थापित करना है, जो कालांतर में विशिष्ट धार्मिक मूल्यों जो हमारे प्राकृतिक अनुभवों में समाविष्ट हैं, की अनुभूति के रास्ते में बाधक हो सकता है।" ("If I have said anything about religions and religion that seems harsh, I have said those things because of a firm belief that the claim on the part of religions to possess a monopoly of ideals and of the supernatural means by which alone, it is alleged, they can be furthered, stands in the way of the realization of distinctively religious values inherent in natural experience." *Ibid.*, p. 27.)। इस प्रकार डिवी भी धर्म एवं नैतिकता में स्पष्ट भेद करते हैं।

इसी प्रकार जॉन हास्पर्स लिखते हैं कि धर्म एवं नैतिकता दोनों पृथक्-पृथक् मान्यताओं पर आधारित हैं। धर्म आस्था पर आधारित है जबकि नैतिकता तर्क एवं बौद्धिकता पर। उनके अनुसार ईश्वर को बौद्धिकता के आधार पर सिद्ध नहीं किया जा सकता है, जबकि नैतिकता को तर्क एवं बौद्धिकता के आधार पर सिद्ध किया जा सकता है। अत: हास्पर्स के अनुसार यदि हम नैतिकता को धर्म पर आधृत कर देंगे तो धर्म के साथ-साथ नैतिकता का भी पतन हो जायेगा। उनके अनुसार

कुछ दार्शनिक ऐसा मानते हैं कि धर्म को बचाने के लिए नैतिकता को बचाना आवश्यक है, जबकि वास्तविकता यह है कि नैतिकता को धर्म से बचाने की आवश्यकता है। इस प्रकार ये दार्शनिक धर्म की प्रकृतिवादी व्याख्या करते हुए धर्म एवं नैतिकता में स्पष्ट विभेद करते हैं।

यदि उपर्युक्त मान्यताओं पर विचार किया जाय तो ऐसा प्रतीत होता है कि धर्म एवं नैतिकता एक-दूसरे के विरोधी हैं, परन्तु ऐसा नहीं है। जिस प्रकार धर्म के लिए नैतिकता आवश्यक है उसी प्रकार नैतिकता के लिए धर्म भी आवश्यक है। आर० बी० ब्रेथवेट तो यहाँ तक लिखते हैं कि नैतिकता से पृथक् धर्म का अस्तित्व सम्भव ही नहीं है। "मेरे लिए किसी धार्मिक कथन का अर्थ एक ऐसे अभिप्राय के कथन से है जो एक निश्चित व्यवहार से सम्बंधित हो।" ["A religious assertion, for me, is the assertion of an intention to carry out a certain bevaviour policy." Braithwaite, R.B. (1971): *An Empiricist's View of the Nature of Religious Belief*, In Basil Mitchell, The Philosophy of Religion, Oxford University Press, Oxford, p. 89.]। पुनश्च, "ईसाई धर्म हमेशा से एक व्यक्तिगत धर्म रहा है जो व्यक्तिगत जीवन पद्धति के प्रति व्यक्तिगत प्रतिबद्धता की माँग करता रहा है। ... मैं असंदिग्ध हूँ कि यही ईसाई धर्म का सारतत्व है।" ("Christianity has always been a personal religion demanding personal committment to a personal way of life ... I am certain that it is of the very essence of the Christian religion." *Ibid.*, p. 91.)।

उल्लेखनीय है कि एक ओर ब्रेथवेट धर्म के लिए नैतिकता को आवश्यक मानते हैं तो दूसरी ओर जार्ज गैलवे नैतिकता के लिए धर्म को भी आवश्यक मानते हैं। इनके अनुसार नैतिकता अपने आप न तो मूल्यों की शाश्वतता की व्याख्या कर सकती है और न शुभ के सम्प्रत्यय की ही सुसंगत व्याख्या कर सकती है। इन दोनों की व्याख्या करने के लिए धर्म की आवश्यकता है। इसीलिए वे धर्म एवं नैतिकता को एक-दूसरे का पूरक मानते हैं। वे लिखते हैं कि "अतः दो आधारों पर नैतिक चेतना पूरक एवं पूर्ण की अपेक्षा रखती है: यह न तो मूल्यों की शाश्वतता का आश्वासन दे सकती है और न ही यह परम शुभ की अंततः संतोषजनक व्याख्या ही कर सकती है।" ["On two grounds, therefore, the ethical consciousness requires to be supplemented and completed: it can neither guarantee the persistence of its values, nor can it state the Ultimate Good in a finally satisfying form." Galloway, George (1960): *The Philosophy of Religion*, T. & T. Clark, Edinburgh, p. 202.]। पुनश्च, "जो समस्याएँ नैतिकता के द्वारा उठती हैं उनका समाधान धर्म के द्वारा ही सम्भव है और यहाँ पर दोनों के बीच आंतरिक सम्बंध प्रकाश में आता है।" ("The problems raised by Ethics find their solution in Religion and it is here that the inner connection of the two comes in light." *Ibid.*, p. 202.)। इस प्रकार 'मूल्यों की शाश्वतता' एवं 'शुभ के प्रत्यय' की संतोषजनक व्याख्या करने के लिए धर्म की आवश्यकता है।

इसी प्रकार गाँधी जी भी धर्म एवं नैतिकता को एक-दूसरे से अवियोज्य मानते हैं। उनके अनुसार "सत्य धर्म एवं सत्य नैतिकता एक-दूसरे से अवियोज्य रूप से सम्बंधित हैं। नैतिकता के लिए धर्म वैसे ही आवश्यक है जैसे बीज के लिए जल, जो कि मिट्टी में बोया जाता है।" ["True religion and true morality are inseperably bound up with each other. Religion is to be morality what water is to be seed that is sown in the soil." Narayan,

Shriman (1968): *The Selected Works of Mahatma Gandhi* (Ed.) Navajivan Publishing House, Vol. VI, p. 264.]। पुनश्च, "ज्योंही हम नैतिक आधार को खो देते हैं त्योंही हमारा धर्म भी समाप्त हो जाता है।" ("... As soon as we lose moral basis we cease to be religion." *Young India*, 27.01.1920.)। इसी प्रकार वे "हरिजन" में लिखते हैं कि "आचरण, नैतिकता एवं धर्म परिवर्तनीय पद हैं। बिना धार्मिक निर्देश के नैतिक जीवन वैसे ही है जैसे कोई घर केवल रेत पर खड़ा हो और धर्म का नैतिकता से तलाक निर्लज्जता की भाँति है। ऐसा ईश्वर केवल सिर तोड़ने एवं शोर करने जैसा ही है।" ("Morals, ethics and religion are convertible terms. A moral life without reference to religion is like a house built upon sand, and religion divorced from morality is like 'sounding brass' God only for making a noise and breaking heads." *Harijan*, 03.09.1936.)। इसीलिए गाँधी जी कहते हैं कि "जैसे-जैसे मेरा अंत:करण शुद्ध होता जाता है वैसे-वैसे मैं अपने आप को ईश्वर के सन्निकट पाता हूँ।" ("The purer I try to become, the nearer I feel to be God." *Young India*, 11.10.1928, p. 348.)। इसी प्रकार राबर्ट फ्लिंट भी लिखते हैं भी "वह नैतिकता जो धर्म की उपेक्षा करती है, वह स्वभावत: निर्बल है, क्योंकि वह स्वभावत: आत्म-विरोधी है।" ["The morality which ignores religion is inherently weak because it is inherently self-contradictory." Flint, Robert (1877): *Antitheistic Theories*, W. Blachwood & Sons, Michigan, p. 242.]।

स्पष्टत: धर्म एवं नैतिकता अवियोज्य रूप से जुड़े हुए हैं। धर्म में वे सभी तत्व विद्यमान हैं जो नैतिकता के लिए अपरिहार्य हैं। इसी प्रकार नैतिकता भी बहुत हद तक धर्म को प्रभावित करती है, जैसे 'शुभ का प्रत्यय' (The idea of good)। यह धर्म एवं नैतिकता दोनों से ही समान रूप से सम्बंधित है। दोनों में भेद यह है कि धर्म परम शुभ की अनुभूति पर बल देता है जबकि नैतिकता उसे अपने आचरण में धारण करने पर, किन्तु अनुभूति के बिना आचरण में स्थायित्व का होना अत्यंत ही कठिन है। उल्लेखनीय है कि जब स्पेंसर यह कहते हैं कि 'प्राचीन काल में देवात्माओं की नहीं बल्कि प्रेतात्माओं की पूजा होती थी', तब ऐसा तभी कहा जा सकता है जब यह मान लिया जाय कि प्राचीन काल का धर्म अनैतिक था, परन्तु यह कहना सर्वथा असंगत है कि कोई भी धर्म अनैतिक होता है। धर्म का सारतत्व तो 'पवित्रता' एवं 'शुद्धता' है। यद्यपि यह तो सम्भव है कि विभिन्न धर्मों की क्रिया-पद्धतियों में भेद हो, परन्तु यह कहना कि कोई धर्म अनैतिक है, स्वत: अनैतिक है। इससे भी यही सिद्ध होता है कि प्रारम्भिक धर्म में प्रचलित परिपाटियों से ही नैतिकता का आविर्भाव होता है। इस प्रकार धर्म एवं नैतिकता के बीच भेद करना अनुचित है।

उल्लेखनीय है कि नैतिकता भी दो प्रकार की हो सकती है: पहली, 'धार्मिक नैतिकता' (Religious morality) एवं दूसरी 'धर्मनिरपेक्ष नैतिकता' (Secular morality)। यद्यपि दोनों ही प्रकार की नैतिकताओं का अपना महत्त्व है तथापि "धर्मनिरपेक्ष नैतिकता न तो मूल्यों की शाश्वतता की व्याख्या कर सकती है और न ही इस प्रश्न का संतोषजनक उत्तर दे सकती है कि हमें सदैव नैतिक क्यों रहना चाहिए।" ("Secural morality neither can explain the eternity of values nor it can satisfactorily answer this question that why should I be moral at all time.")। इन प्रश्नों का संतोषजनक उत्तर बौद्धिकता के आधार पर नहीं बल्कि भावना

के आधार पर दिया जा सकता है जो धर्म का प्राण-तत्व है। तभी तो मैथ्यू अर्नाल्ड लिखते हैं कि "अत: धर्म का सही अर्थ केवल नैतिकता नहीं, बल्कि भावनायुक्त नैतिकता है।" ["The true meaning of religion is thus, not simply *morality*, but *morality touched with emotion*." Matthew Arnold (1873): *Literature & Dogma*, Macmillan Company, New York, p. 18.]। यदि नैतिकता से भावना को असम्पृक्त कर दिया जाए तो वह 'धर्मनिरपेक्ष नैतिकता' है और यदि नैतिकता में भावना को सम्पृक्त कर दिया जाए तो वह 'धार्मिक नैतिकता' हो जाती है। इसी 'धार्मिक नैतिकता' के आधार पर ही व्यक्ति सदैव नैतिक बना रहता है। नैतिकता का अनिवार्य सम्बंध कर्म-फल सिद्धांत से है, परन्तु हम प्राय: देखते हैं कि सदाचारी व्यक्ति दु:खी, जबकि दुराचारी सुखी है। धार्मिक व्यक्ति इन दु:खों से विचलित नहीं होते हैं। वे अपनी भावना के आधार पर यह मानते हैं कि ईश्वर एक न एक दिन अवश्य ही न्याय करेगा तथा उसे उसके कर्मों के अनुसार फल अवश्य ही प्रदान करेगा। इस प्रकार धार्मिक नैतिकता ही कर्म-फल सिद्धांत में अटूट आस्था प्रदान करते हुए हमें नैतिकता के पथ से विचलित नहीं होने देती है और हमें सदैव नैतिक बने रहने के लिए बाध्य करती है। धर्मनिरपेक्ष नैतिकता इस प्रश्न का संतोषजनक उत्तर नहीं दे सकती कि 'मैं सदैव नैतिक क्यों रहूँ'। केवल नैतिक आचरण करने वाले के जीवन में एक समय ऐसा भी आता है जब वह निरन्तर होने वाले कष्टों से हताश एवं निराश होकर अंतत: नैतिक आचरण का ही परित्याग कर देता है, क्योंकि उसे न तो अपने से सर्वोच्च किसी शक्ति का सहारा रहता है और न ही आश्वासन, जो उसके मन में यह सम्बल प्रदान कर सके कि कोई न कोई अवश्य ही उसकी रक्षा करने वाला है।

यही नहीं, कभी-कभी तो भक्त दु:ख में भी ईश्वरीय अनुकम्पा को ही महसूस करता है। अत: वह दु:ख को स्वत: आमंत्रित करता है। महाभारत में एक प्रसंग आता है कि भगवान श्रीकृष्ण ने अपने जीवन के अंतिम समय में 'प्रभास क्षेत्र' (गुजरात) में एक यज्ञ का आयोजन किया। यज्ञोपरांत उन्होंने सभी से एक-एक करके पूछा कि आपको क्या चाहिए और जिसने जो कुछ भी माँगा, उन्होंने उसे प्रदान किया। इसी दौरान वे माँ कुन्ती के पास भी गये और उनसे भी पूछा कि बुआ! आपको क्या चाहिए। माँ कुन्ती ने कहा हे कृष्ण! यदि तू मुझे कुछ देना ही चाहता है तो केवल दु:ख देना। इस पर भगवान श्रीकृष्ण ने कहा कि बुआ, यहाँ तो सभी धन-धान्य माँग रहे हैं, जबकि आप दु:ख माँग रही हैं। माँ कुन्ती ने कहा कि हे कृष्ण! सम्भव है कि सुख के क्षण में मैं आपको भूल जाऊँ, परन्तु दु:ख के समय में तो मैं अवश्य ही आपको याद करती रहूँगी और आपको याद करने से बड़ा सुख और क्या हो सकता है। इस प्रकार भक्त दु:खों से विचलित नहीं होता है बल्कि दु:ख में भी ईश्वरीय अनुकम्पा की ही अनुभूति करके उसे सहर्ष स्वीकार करता है। इस प्रकार धार्मिक नैतिकता ही इस प्रश्न का संतोषजनक उत्तर दे पाती है कि 'मैं सदैव नैतिक क्यों रहूँ'। अस्तु, यह कहा जा सकता है कि धर्म का नैतिकता से अवियोज्य सम्बंध है। सम्भवत: यही कारण है कि गैलवे नैतिकता एवं धर्म को एक ही ज्ञान की दो विभिन्न अवस्थाएँ मानते हैं। उनके अनुसार नैतिकता निचले स्तर पर है जबकि धर्म ऊपरी स्तर पर। "हम नैतिकता एवं धर्म को क्रमश: मानवीय अनुभव के निचले एवं ऊपरी स्तर के रूप में स्वीकार करते हैं, निचला, उच्च की ओर अग्रसर है; और हम जानबूझकर केवल तभी उच्च स्तर की ओर बढ़ सकते हैं जब निचले के पूर्ण महत्त्व को पहचान सके। धर्म एवं नैतिकता के बीच हमने जो कुछ भी भेद बताये हैं, हम

उसकी गहन एकता की उपेक्षा नहीं कर सकते हैं: ये मानव के आध्यात्मिक जीवन के विकास की विभिन्न अवस्थाएँ हैं जो अपने दैवीय उद्देश्य के लिए आगे की ओर अभिमुख होती हैं।" ["We may regard ethics and religion as respectively a lower and a higher level of human experience, the lower leading up to the higher, and only when we consciously rise to the higher can we discern the full significance of the lower. Whatever distinctions we draw between morals and religion we must not ignore their deeper unity: they are stages of the developing spiritual life of a man who moves upward to his divine goal." Galloway, G. (1960): *The Philosophy of Religion*, T.&T. Clark, Edinburgh, p. 203.]।

यदि उपरोक्त सभी मतों पर सूक्ष्मतापूर्वक विचार किया जाए तो यह कहा जा सकता है कि यद्यपि धर्म के लिए तो नैतिकता अपरिहार्य है, परन्तु यह आवश्यक नहीं है कि नैतिकता के लिए धर्म भी हो। यदि कोई व्यक्ति धार्मिक है तो उसका नैतिक आचरण अवश्य ही अधिक उत्कृष्ट होगा। यह कहना आत्म-विरोधी होगा कि किसी व्यक्ति की आध्यात्मिक स्थिति तो उत्कृष्ट है, परन्तु उसका आचरण निकृष्ट, क्योंकि हमारा व्यवहार ही अध्यात्म की कसौटी है। अध्यात्म आंतरिक शुद्धता से सम्बंधित है। जैसे-जैसे आंतरिक शुद्धता होती जाती है वैसे-वैसे हमारा आचरण भी शिष्ट एवं मर्यादित होता जाता है। इस प्रकार धर्म के लिए तो नैतिकता अपरिहार्य है, परन्तु नैतिकता के लिए धार्मिक होना आवश्यक नहीं है, क्योंकि नैतिकता का सम्बंध भावना एवं आस्था से न होकर मूलतः व्यक्ति के आचरण से है। अस्तु, कोई व्यक्ति धार्मिक हुए बिना भी नैतिक हो सकता है। अस्तु, यह कहा जा सकता है कि "धर्म के लिए तो नैतिकता आवश्यक है, परन्तु नैतिकता के लिए धर्म आवश्यक नहीं है।" ("Morality is indispensible for religion, but religion is not necessary for morality.")।

धर्म एवं विज्ञान (Religion and Science)

प्रायः ऐसा माना जाता है कि धर्म एवं विज्ञान दोनों एक-दूसरे के विरोधी हैं, क्योंकि दोनों की पद्धतियाँ, स्वरूप एवं क्षेत्र एक-दूसरे से पूर्णतया पृथक्-पृथक् हैं। दोनों में मूलभूत वैषम्य इस प्रकार हैं:

1. वैज्ञानिक ज्ञान की पद्धति निरीक्षण एवं प्रयोग की पद्धति है, जबकि धार्मिक ज्ञान मूलतः अपरोक्षानुभूति पर आधृत है।
2. वैज्ञानिक ज्ञान मन एवं बुद्धि के द्वारा जाना जाता है, अस्तु, यह स्वरूपतः विश्लेषणात्मक होता है। धार्मिक ज्ञान मन एवं बुद्धि से अगम्य होने के कारण ('यतो वाचो निवर्तन्ते अप्राप्य मनसा सह' - तैत्तिरीयोपनिषद् 2/1/9 तथा 'नैषा तर्केण मतिरापनेया' - कठोपनिषद् 1/2/9), तर्क एवं बौद्धिकता का विषय न होकर मूलतः आस्था एवं विश्वास का विषय होता है। अतः धार्मिक ज्ञान विश्लेषणात्मक न होकर संश्लेषणात्मक होता है।
3. वैज्ञानिक ज्ञान वस्तुनिष्ठ होता है, अतः कोई भी व्यक्ति इसकी वैधता को अपने सामान्य अनुभव के आधार पर सिद्ध कर सकता है, जबकि धार्मिक ज्ञान आत्मनिष्ठ होता है, अतः

इसकी वैधता को सामान्य अनुभव के द्वारा न तो सिद्ध किया जा सकता है और न ही असिद्ध।

4. वैज्ञानिक ज्ञान देश-काल निरपेक्ष होने के कारण सार्वभौमिक होता है अर्थात् यह सभी देश-काल में समान रूप से सत्य होता है, जबकि धार्मिक ज्ञान व्यक्तिगत होने के कारण व्यक्ति सापेक्ष होता है।
5. वैज्ञानिक ज्ञान का क्षेत्र व्यावहारिक जगत है, जबकि धार्मिक ज्ञान का क्षेत्र पारमार्थिक जगत है।
6. वैज्ञानिक ज्ञान अनंतिम सत्य (Tentative truth) होता है, जबकि धार्मिक ज्ञान शाश्वत् सत्य (Eternal truth) होता है।
7. धार्मिक ज्ञान अर्थात् मोक्ष शास्त्र का ज्ञान ही एकमात्र ज्ञान है इसके अलावा जो भी ज्ञान है वह सब कुछ विज्ञान है, जैसा कि अमरकोष में कहा गया है कि "मोक्षे धीर्ज्ञानमन्यत्र विज्ञानम्" [अमर सिंह (2011–12): "अमरकोषः" (1/5/6), चौखम्बा सुरभारती प्रकाशन, वाराणसी, पृष्ठ-28] अर्थात् मोक्ष में प्रवृत्त बुद्धि ही ज्ञान है, अन्यत्र प्रवृत्त बुद्धि को विज्ञान कहते हैं। इस प्रकार धार्मिक ज्ञान के अतिरिक्त, अन्य सभी ज्ञान मात्र विज्ञान हैं।
8. वैज्ञानिक ज्ञान सम्प्रत्यात्मक होने के कारण भाषा के द्वारा व्यक्त किया जा सकता है, जबकि धार्मिक ज्ञान को भाषा स्पर्श नहीं कर सकती है। आचार्य दिग्नाग लिखते हैं कि "विकल्प योनयः शब्दाः विकल्पाः शब्द योनयः। कारण कार्यतातेषां नार्थंशब्दाः स्पृशन्त्यपि॥" [Quoted, Pandey, Sangam Lal (1978): *Back to Dignaga* in 'Whither Indian Philosophy', Shubhachintak Press, Daraganj, Allahabad, pp. 36–37.]। रहीम जी के अनुसार भी 'रहिमन बात अगम्य की कहन सुनन की नांहि। जो जानत सो कहत नहि, कहत सो जानत नांहि॥' यही गौड़पादाचार्य का अस्पर्श योग है।
9. वैज्ञानिक ज्ञान एवं धार्मिक ज्ञान के बीच एक अन्य प्रमुख भेद यह है कि वैज्ञानिक ज्ञान शांति प्रदान नहीं करता है, जबकि धार्मिक ज्ञान परम शांतिप्रदायक होता है (ज्ञानं लब्ध्वा परां शांतिमचिरेणाधिगच्छति। - श्रीमद्भगवद्गीता, 4/39)।
10. धार्मिक ज्ञान को जानने के उपरांत कुछ भी जानना अवशिष्ट नहीं रह जाता है, जबकि वैज्ञानिक ज्ञान को जानने के उपरांत भी बहुत कुछ जानना अवशिष्ट रह जाता है।
11. धार्मिक ज्ञान के उपरांत सभी प्रकार की जिज्ञासाओं का अंत हो जाता है, जबकि वैज्ञानिक ज्ञान जिज्ञासाओं का अंत नहीं बल्कि उसकी शुरुआत है।

कुछ दार्शनिकों का अभिमत है कि क्योंकि धार्मिक ज्ञान भाषा एवं बौद्धिकता से परे है, अतः इसे ज्ञान की संज्ञा नहीं दी जा सकती है। ज्ञान तो वह है जो सम्प्रत्यात्मक होने के साथ-ही-साथ शब्दों में अनुस्यूत तथा भाषा के द्वारा अभिव्यक्त हो सके (न सोऽस्ति प्रत्ययोलोके यः शब्दानुगमात् ऋते। अनुविद्धमिव ज्ञानं सर्वं शब्देन भासते॥ - आचार्य भर्तृहरि, *वाक्यपदीय*, 1/23)। इसी प्रकार रसेल भी लिखते हैं कि "जो कुछ भी ज्ञान प्राप्त किया जाता है उसे वैज्ञानिक पद्धति से प्राप्त किया जाना चाहिए और जो विज्ञान की खोज के परे है, मनुष्य उसे नहीं जान सकता है।"

["Whatever knowledge is attainable, it must be attained by scientific method; and what science cannot discover mankind cannot know." Russel, B. (1935): *Science and Ethics*, Oxford University Press, London, p. 243.]। पुनश्च, तर्कबुद्धि को महत्त्व प्रदान करते हुए सैमुअल लिखते हैं कि 'यदि धर्म की युगानुरूप विवेचना करनी है तो तर्कबुद्धि को महत्त्व देना ही पड़ेगा। जब हम आँख मूंदकर अपनी अंत:करण या मूल प्रवृत्ति में विश्वास कर लेते हैं तो परेशानी में पड़ सकते हैं।' [Samual, Viscount Herbert Louis (1952): *Religion in the Modern World*, Allen & Unwin, London, pp. 32–33]। अस्तु, धर्म की युगानुरूप सुसंगत व्याख्या करने तथा ज्ञान में 'वस्तुनिष्ठता' एवं 'सार्वभौमिकता' लाने के लिए तर्कबुद्धि को महत्त्व देना ही पड़ेगा, अन्यथा धर्म रूढ़िवादी होकर अंतत: संशयवादियों के द्वारा उपहास का विषय बन जायेगा।

इलाहाबाद विश्वविद्यालय के चार आचार्यों - पी० एस० बरेल, आर० डी० रानाडे, ए० सी० मुखर्जी और आर० एन० कौल ने बौद्धिक ज्ञान को आभासिक कहकर धार्मिक ज्ञान को ही यथार्थ ज्ञान की संज्ञा दी है। इन्हीं मान्यताओं के परिप्रेक्ष्य में आचार्य संगम लाल पाण्डेय दो प्रकार के ज्ञानों के बीच स्पष्ट विभेद करते हैं: पहला, सतही ज्ञानमीमांसा (Surface epistemology) एवं दूसरा, गहन ज्ञानमीमांसा (Depth epistemology), [Pandey, S.L. (1987): *Problems of Depth Epistemology*, Shubhachintak Press, Daraganj, Allahabad, p. 9.]। इनके अनुसार सतही ज्ञानमीमांसा का तात्पर्य वैज्ञानिक ज्ञान से है जो मन एवं बुद्धि के द्वारा जाना जाता है। क्योंकि ऐसा ज्ञान सतत् परिर्वनशील होता है, अत: इसे यथार्थ ज्ञान की संज्ञा नहीं दी जा सकती है। गहन ज्ञानमीमांसा का तात्पर्य धार्मिक ज्ञान से है जो अपरोक्षानुभूति का विषय है। ऐसा ज्ञान नित्य एवं शाश्वत् होने के साथ ही शांति प्रदायक भी होता है, अत: इसे ही यथार्थ ज्ञान कहा जा सकता है।

यदि धार्मिक ज्ञान एवं वैज्ञानिक ज्ञान पर सूक्ष्मतापूर्वक विचार किया जाय तो यह कहा जा सकता है कि यद्यपि यह सत्य है कि दोनों में कुछ मूलभूत वैषम्य हैं, परन्तु दोनों एक-दूसरे के विरोधी नहीं हैं बल्कि दोनों ही ज्ञान के दो भिन्न आयामों से सम्बंधित हैं। कुछ दूरी तक ले चलने का कार्य बुद्धि करती है, तत्पश्चात् उससे आगे बढ़ाने का कार्य आस्था करती है। अस्तु, पूर्ण ज्ञान के लिए बुद्धि एवं आस्था दोनों की ही महती आवश्यकता है अर्थात् पूर्ण ज्ञान के लिए दोनों ही अनिवार्य हैं, परन्तु दोनों में से कोई भी स्वयं में पर्याप्त नहीं है। बुद्धि को आस्था की आवश्यकता है तथा आस्था को बुद्धि की, क्योंकि सम्भव है कि आस्था अंधविश्वासों पर आधृत हो जाय, अत: उसको परिष्कृत एवं परिमार्जित करने का कार्य तर्कबुद्धि ही करती है, परन्तु यह भी अक्षरश: सत्य है कि बुद्धि एक सीमा पर आकर ठहर जाती है, ऐसी स्थिति में उसे आगे बढ़ाने का कार्य आस्था ही करती है। इस प्रकार बुद्धि एवं आस्था एक-दूसरे के विरोधी न होकर एक-दूसरे के सम्पूरक हैं।

प्रश्न उठता है कि धर्म एवं विज्ञान के बीच क्या सम्बंध है? जब हम धर्म एवं विज्ञान के सम्बंध की बात करते हैं तो यहाँ पर यह स्पष्ट करना आवश्यक है कि धर्म का तात्पर्य रिलीजन से न होकर विशेषत: अध्यात्म से है। रिलीजन की कुछ महत्त्वपूर्ण विशिष्टताएँ निम्नलिखित हैं:

1. रिलीजन में कोई न कोई अतीन्द्रिय सत्ता होती है तथा जिसे गुह्य या रहस्यमयी माना जाता है।

2. रिलीजन में पैगम्बर अवश्य होते हैं।
3. प्रत्येक रिलीजन का अपना एक पवित्र एवं विशिष्ट धर्म-ग्रंथ होता है।
4. रिलीजन में कुछ-न-कुछ कर्मकाण्ड भी होते हैं।
5. रिलीजन में एक धार्मिक संगठन की भावना होती है।
6. अंतत: रिलीजन का प्राण-तत्व तर्क न होकर आस्था है।

इसी अर्थ में रिलीजन को 'रूढ़िवादी' भी कहा जाता है। इसी रूढ़िवादिता के कारण मार्क्स रिलीजन को "गरीबों का अफीम" ("Opium of the poor") की संज्ञा देते हैं। [Marx, Karl (1844): *A Contribution to the Critique of Hegel's Philosophy*, Ed. Joseph O'Malley (1970): Cambridge University Press, Preface, p. 24]।

अध्यात्म में इन विशिष्टताओं का होना आवश्यक नहीं है। अध्यात्म का अर्थ होता है। अधि + आत्मनि अर्थात् आत्मा में अवस्थित होना 'आत्मानं विद्धि'। इस प्रकार अध्यात्म का तात्पर्य आत्मा या परम तत्व के साक्षात्कार से है। स्पष्टत: किसी भी धर्म के दो पक्ष होते हैं: (1) बाह्य पक्ष जो मूलत: कर्मकाण्ड परक होता है और (2) आंतरिक पक्ष जो आत्मा या परमतत्व के साक्षात्कार से सम्बंधित होता है। धर्म का बाह्य पक्ष ही रिलीजन है, जबकि उसका आंतरिक पक्ष अध्यात्म है। इस प्रकार जहाँ एक ओर रिलीजन अधिकांशत: कर्मकाण्ड तक ही सिमट कर रह जाता है वहीं दूसरी ओर अध्यात्म कर्मकाण्ड से ऊपर उठकर आत्म अवस्थित होने की बात करता है। अस्तु, यह कहा जा सकता है कि रिलीजन बहिर्मुखी होता है, जबकि अध्यात्म स्वरूपत: अंतर्मुखी होता है।

अध्यात्म को कम्प्यूटर के उदाहरण से स्पष्ट किया जा सकता है। कम्प्यूटर के मुख्यत: तीन घटक होते हैं: (1) हार्डवेयर (Hardware), (2) सॉफ्टवेयर (Software) और (3) मेमोरी (Memory)। कम्प्यूटर का हार्डवेयर वह है जिसे हम देख और छू सकते हैं। इस हार्डवेयर के अंतर्गत एक सॉफ्टवेयर भी होता है, जहाँ पर प्रोग्रामिंग होती है। कम्प्यूटर का सर्वाधिक महत्त्वपूर्ण पक्ष यही है। अंतत: जो भी कार्य कम्प्यूटर में होता है, वह सब कुछ मेमोरी में संचित होता जाता है। उसी प्रकार मानव व्यक्तित्व के भी तीन मुख्य घटक होते हैं: 'स्थूल शरीर' (Gross body), 'सूक्ष्म शरीर' (Subtle or Astral body), एवं 'कारण या अधिष्ठान शरीर' (Foundation body)। स्थूल शरीर पंचतत्वों से निर्मित है: पृथ्वी, जल, तेज, वायु एवं आकाश। यह कम्प्यूटर के हार्डवेयर जैसा ही है। अध्यात्म में इसका विशेष महत्त्व नहीं है। इस स्थूल शरीर के अंतर्गत एक सूक्ष्म शरीर भी होता है, जो अट्ठारह तत्वों से निर्मित होता है: पंच ज्ञानेन्द्रियाँ, पंच कर्मेन्द्रियाँ, पंच तन्मात्राएँ, मन, बुद्धि एवं अहंकार। कम्प्यूटर की भाषा में इसे सॉफ्टवेयर कहा जा सकता है। इसमें मन का महत्त्वपूर्ण स्थान है। इस स्थूल शरीर के अंतर्गत एक और भी शरीर होता है, जिसे कारण या अधिष्ठान शरीर कहा जाता है। जब परम चेतना अविद्या या माया के आवरण से अवच्छिन्न होती जाती है तो उसे ही कारण या अधिष्ठान शरीर कहते हैं। यह मूलत: अविद्या का रूप होता है। हम जो भी कर्म करते हैं, उसका संस्कार यहीं पर संचित होता जाता है। कम्प्यूटर की भाषा में इसे 'मेमोरी' कहा जा सकता है। मानव व्यक्तित्व के तीन मुख्य घटकों (शरीर, मन और आत्मा) में, जब मन, शरीर अर्थात् बाह्य जगत् से सम्बंधित होता है तो यही संसार है, परन्तु

जब इसी मन को उर्ध्वगामी बनाकर आत्मा से सम्बंधित कर देते हैं तो इसे ही 'अध्यात्म' कहते हैं। इसी कारण कहा गया है कि "मन एव मनुष्याणां कारणं बन्ध मोक्षयो:" (विद्यारण्य स्वामी, 'पञ्चदशी' 6/68) अर्थात् मन ही मनुष्य के बंधन एवं मोक्ष का आधार है।

अध्यात्म को एक वृत्त के उदाहरण से भी स्पष्ट किया जा सकता है। वृत्त के तीन मुख्य पक्ष हैं: केन्द्र, त्रिज्या एवं परिधि। वृत्त का केन्द्र आत्मा है, उसकी त्रिज्या मन एवं उसकी परिधि शरीर है। यदि हम त्रिज्या अर्थात् मन को बढ़ाते जाते हैं तो हमारी परिधि बढ़ती जाती है और हम केन्द्र से उतना ही दूर होते जाते हैं, परन्तु जब हम त्रिज्या को छोटी करते जाते हैं तो परिधि छोटी होती जाती है और इस प्रकार अंतत: परिधि और केन्द्र दोनों एक हो जाते हैं। एक ओर रिलीजन में हम त्रिज्या को बढ़ाते जाते हैं तो दूसरी ओर अध्यात्म में त्रिज्या को कम करते जाते हैं। जैसे-जैसे त्रिज्या छोटी होती जाती है हम उतना ही अधिक केन्द्र के निकट आते जाते हैं और अंतत: हम उस केन्द्र अर्थात् आत्म तत्व की अनुभूति करते हैं। इस प्रकार विभिन्न धर्मों में भेद केवल परिधि अर्थात् कर्मकाण्ड के स्तर पर ही है, अध्यात्म के स्तर पर सभी धर्म एक ही हो जाते हैं, यथा - माउंट एवरेस्ट पर पहुँचने के रास्ते पृथक्-पृथक् हो सकते हैं, परन्तु ज्योंही हम माउंट एवरेस्ट की चोटी पर पहुँचते हैं, सभी एक ही तत्व की अनुभूति करते हैं। स्पष्टत: जहाँ अध्यात्म में कर्मकाण्ड को केवल साधन माना जाता है, वहीं रिलीजन में कर्मकाण्ड को ही साध्य मानकर उसके मूल तत्व की उपेक्षा कर दी जाती है। धार्मिक विवादों का मूल कारण केन्द्र न होकर उसकी परिधि ही है।

जहाँ तक अध्यात्म और विज्ञान के सम्बंध की बात है, दोनों की अपनी-अपनी विशिष्ट पद्धतियाँ हैं। सामान्यत: विज्ञान को एक व्यवस्थित ज्ञान के रूप में स्वीकार किया जाता है, जो निरीक्षण एवं प्रयोग पर आधृत है। अध्यात्म निरीक्षण एवं प्रयोग का विषय नहीं हो सकता है। अस्तु, कुछ दार्शनिक अध्यात्म को निरर्थक कह देते हैं। वास्तविकता यह है कि जिस तरह विज्ञान की अपनी एक विशिष्ट पद्धति है उसी तरह अध्यात्म की भी अपनी एक अनूठी पद्धति है; अपरोक्षानुभूति। इस वैषम्य के बावजूद भी अध्यात्म और विज्ञान को एक-दूसरे का विरोधी नहीं कहा जा सकता है। यथार्थत: दोनों एक ही रास्ते की दो भिन्न अवस्थाएँ हैं। जहाँ पर विज्ञान का अंत होता है वहीं से अध्यात्म की शुरुआत होती है। आज विज्ञान का जिस ढंग से विकास हो रहा है वह शनै:-शनै: अध्यात्म की ही पुष्टि करता जा रहा है। सम्भव है कि निकट भविष्य में विज्ञान भी अध्यात्म की भाषा में यह कहने लगे कि इस ब्रह्माण्ड का मूल तत्व कोई परम चेतन सत्ता है। इसे कई आधारों पर स्पष्ट किया जा सकता है। यदि सृष्टि की उत्पत्ति पर विचार करें तो विज्ञान में इस सम्बंध में मूलत: दो प्रकार के सिद्धांत प्रचलित हैं:

1. परमाणु सिद्धांत (Atomic Theory)
2. बिग-बैंग का सिद्धांत (Big-bang Theory)

परमाणु सिद्धांत (Atomic Theory) ....

प्रारम्भ में विज्ञान में यह माना जाता था कि सृष्टि का मूल तत्व परमाणु है। कालान्तर में इस परमाणु का विभाजन इलेक्ट्रान, प्रोट्रान एवं न्यूट्रान में किया गया। पुनश्च, इलेक्ट्रान, प्रोट्रान एवं न्यूट्रान

का विभाजन न्यूट्रीनो, पॉजीट्रीनो आदि में किया गया और अंततः इनका भी विभाजन ऊर्जा के रूप में कर दिया गया। इसी के आधार पर कालांतर में क्वांटम भौतिकी (Quantum Physics) का विकास हुआ। अंततः आइन्सटीन ने सृष्टि का मूल तत्व ऊर्जा को मानकर $E = MC^2$ का सिद्धांत प्रतिपादित किया। उनके अनुसार यदि द्रव्यमान में प्रकाश का वेग दे दिया जाय तो वह ऊर्जा के रूप में परिणत हो जायेगा। इस प्रकार द्रव्यमान एवं ऊर्जा में कोई भेद नहीं है। एक ऊर्जा का संघनित रूप है, जबकि दूसरा ऊर्जा का सूक्ष्म रूप है। समस्या यह है कि द्रव्यमान में प्रकाश का वेग कहाँ से आयेगा तथा ऊर्जा संघनित कैसे होगी? अपने आप हो नहीं सकता, क्योंकि न्यूटन के गति का प्रथम नियम खण्डित हो जायेगा और यदि कोई बाह्य कारण है तो वह कारण क्या है? आइन्सटीन इस प्रश्न पर विचार नहीं करते हैं।

यदि अध्यात्म की दृष्टि से इस समस्या पर विचार करें तो पाते हैं कि इसका समाधान हजारों वर्ष पूर्व हमारे ऋषियों ने दे दिया है। ऋग्वेद में कहा गया है कि सृष्टि का मूल कारण एक आदि शक्ति है जो चेतन होने के साथ-ही-साथ असीमित ऊर्जा का संघनित रूप है। वही आदि शक्ति अपनी संकल्प शक्ति से अनेक रूपों में अभिव्यक्त होती है 'तदैक्षत बहु स्यां प्रजायेयेति' (छांदोग्योपनिषद्, 6/2/3 और तैत्तिरीयोपनिषद्, 2/4/1) एवं 'अजायमानो बहुधा विजायते' (ऋग्वेद, पुरुष सूक्त) अर्थात् अजन्मा माया के द्वारा ही विविध रूपों में प्रतीत होता है (इन्द्रो मायाभिः पुरुरूप ईयते - ऋग्वेद, 4/3/33)। इसी प्रकार तैत्तिरीय उपनिषद् में आता है कि 'यतो वा इमानि भूतानि जायन्ते' (तैत्तिरीय उपनिषद्, 3/1) अर्थात् ब्रह्म ही सृष्टि की उत्पत्ति, स्थिति एवं लय का कारण है। आचार्य शंकर के अनुसार भी यदि सृष्टि का मूल कारण चेतन सत्ता को न माना जाय तो सृष्टि सर्वथा अनुत्पन्न ही रहेगी (रचनानुपपत्तेश्चनानुमानम् - ब्रह्मसूत्र, 2/2/1)। अस्तु, उनके अनुसार सृष्टि का मूल कारण चेतन ब्रह्म ही है (जन्माद्यस्य यतः - ब्रह्मसूत्र, 1/1/2)। ब्रह्म चेतन होने के साथ-ही-साथ असीमित ऊर्जा का केन्द्र भी है, जो माया का सहारा ले कर जगत् के रूप में अभिव्यक्त होता है।

इसी प्रकार बौद्ध दार्शनिक विज्ञानवादी भी इस सृष्टि का मूल कारण परम चेतना या विज्ञप्तिमात्रता को मानते हैं। परम चेतना अनादि वासना या अविद्या के द्वारा आलयविज्ञान, मनोविज्ञान एवं विषयविज्ञान के रूप में अभिव्यक्त होती है। ऐसा प्रतीत होता है कि विज्ञानवादियों की विज्ञप्तिमात्रता ही भौतिक विज्ञान की ऊर्जा है जो धीरे-धीरे संघनित होकर विभिन्न रूपों में व्यक्त होती है। इस प्रकार आज जो विज्ञान कह रहा है वह कोई नयी बात न कहकर क्रमशः अध्यात्म की ही पुष्टि कर रहा है, क्योंकि दोनों ही मान रहे हैं कि सृष्टि का मूल तत्व कोई भौतिक पदार्थ न होकर असीमित ऊर्जा का केन्द्र है।

पुनश्च, वैज्ञानिक मानते हैं कि यद्यपि यह जगत ऊर्जा का ही संघनित रूप है, परन्तु ऊर्जा दो प्रकार की होती है: गतिज ऊर्जा एवं स्थितिज ऊर्जा। गतिज ऊर्जा, स्थितिज ऊर्जा में परिवर्तित हो सकती है तथा स्थितिज ऊर्जा, गतिज ऊर्जा में, परन्तु इन दोनों का महायोग सदैव ही स्थिर रहता है ($1/2\, mv^2 + mgh = K$)। यही बात तो हजारों वर्ष पूर्व बौद्ध दार्शनिक आचार्य नागार्जुन ने भी कही है। उनके अनुसार व्यावहारिक जगत प्रपंचयुक्त होने के कारण स्वभावशून्य (Devoid of ultimate reality) है, जबकि पारमार्थिक जगत निष्प्रपंच होने के कारण प्रपंचशून्य (Devoid of multiplicity) है। इस प्रकार व्यवहार एवं परमार्थ दोनों ही शून्य हैं। स्पष्टत: यहाँ शून्यता का तात्पर्य रिक्तता (Void) न होकर रहितता (Devoid) है। व्यावहारिक जगत स्वभावशून्य है, जबकि पारमार्थिक जगत निष्प्रपंच होने के कारण प्रपंचशून्य है। आचार्य नागार्जुन के अनुसार यह हमारा आंशिक दृष्टिकोण है, परन्तु समग्रता की दृष्टि से यही स्वभावशून्यता पूर्णता (Absolute) है। इसीलिए आचार्य नागार्जुन कहते हैं कि जो व्यावहारिक दृष्टि से प्रपंचात्मक जगत है वही समग्रता की दृष्टि से परमार्थ है (य: प्रतीत्यसमुत्पादं प्रपञ्चोपशमं शिवम्। - माध्यमिककारिका, मंगलाचरण)। इस प्रकार जो जगत सीमित दृष्टिकोण से परिवर्तनशील है, वही समग्रता की दृष्टि से अपरिवर्तनशील है अर्थात् यदि इस जगत को पृथक्-पृथक् दृष्टिकोण से देखा जाय तो यह परिवर्तनशील है, परन्तु यदि इसी जगत को समग्रता की दृष्टिकोण से देखा जाय तो वही अपरिवर्तनशील है। इस प्रकार परिवर्तन सीमित वस्तुओं के ऊपर आरोपित होता है। समग्रता में कहीं कोई परिवर्तनशीलता नहीं है। यही बात तो विज्ञान भी कहता है कि जो ऊर्जा आंशिक दृष्टिकोण से परिवर्तनशील दिखाई देती है वही समग्रता की दृष्टि से अपरिवर्तनशील है। अस्तु, अध्यात्म, विज्ञान विरोधी कैसे हो सकता है?

बिग-बैंग का सिद्धांत (Big-bang Theory)..

सृष्टि की उत्पत्ति के सम्बंध में एक अन्य महत्त्वपूर्ण सिद्धांत 'बिग-बैंग का सिद्धांत' है। इसके अंतर्गत यह माना जाता है कि आज से 15 अरब वर्ष पूर्व एक आयामरहित बिन्दु, जिसमें असीमित द्रव्यमान, ऊर्जा, देश एवं काल संघनित थे, उसमें अचानक विस्फोट हुआ। यह विस्फोट बम की भाँति न होकर बैलून की भाँति हुआ, जिसके परिणाम स्वरूप इस गैलेक्सी का निर्माण हुआ। इस गैलेक्सी में अभी भी विस्तार हो रहा है और यह तब तक चलता रहेगा जब तक कि यह विस्तार 'अधिकतम सम्भव सीमा' (Maximum extend point) तक नहीं पहुँच जाता है। जब यह विस्तार अधिकतम सम्भव सीमा तक पहुँच जायेगा तब पुन: ब्रह्माण्ड में संकुचन प्रारम्भ हो जायेगा और अंतत: यह सृष्टि उसी आयामरहित बिन्दु में समाहित हो जायेगी।

यदि इस सिद्धांत पर सूक्ष्मतापूर्वक विचार किया जाय तो पाते हैं कि इसमें भी कई दोष हैं जो इस प्रकार हैं:

1. किसी आयामरहित बिन्दु में असीमित ऊर्जा, द्रव्यमान, देश एवं काल संघनित कैसे हो सकता है? पुनश्च, यदि उसमें असीमित द्रव्यमान है तो वह स्थान घेरेगा और जो स्थान घेरेगा, वह तो एक भौतिक बिन्दु होगा, परन्तु जो एक भौतिक बिन्दु है वह आयामरहित कैसे हो सकता है?
2. उस आयामरहित बिन्दु में अचानक विस्फोट का कारण क्या है? स्पष्टत: यहाँ पर न्यूटन के गति का पहला नियम जिसे 'जड़त्व का नियम' (Law of Inertia) भी कहते हैं, का खण्डन हो जाता है। इस सिद्धांत के अनुसार किसी भी वस्तु में कोई भी परिवर्तन तब तक सम्भव नहीं है जब तक कि उस पर कोई बाह्य बल आरोपित न किया जाय अर्थात् यदि वह गत्यात्मक अवस्था में है तो गत्यात्मक ही रहेगी और यदि वह स्थिरात्मक अवस्था में है तो स्थिरात्मक ही रहेगी।

प्रश्न उठता है कि उस आयामरहित बिन्दु में बिना किसी बाह्य कारण के अचानक विस्फोट कैसे हुआ? यदि उसमें अचानक विस्फोट मानें तो वह वैज्ञानिक नियम के विरुद्ध होगा, परन्तु यदि बाह्य कारण माना जाय तो बताना पड़ेगा कि वह कारण क्या है? स्पष्टत: विज्ञान इस प्रश्न का कोई संतोषजनक उत्तर देने में असफल रहता है, क्योंकि वह उस आयामरहित बिन्दु के पूर्व किसी तत्व को स्वीकार नहीं करता है।

अध्यात्म की दृष्टि से इस प्रश्न पर विचार किया जाय तो बिग-बैंग सिद्धांत में अन्तर्निहित दोषों का सन्तोषजनक समाधान किया जा सकता है। जिस आयामरहित बिन्दु की परिकल्पना विज्ञान करता है, सम्भवत: उसकी स्थिति अध्यात्म में वर्णित परमतत्व के समतुल्य है जो सूक्ष्मातिसूक्ष्म होते हुए भी चेतन एवं असीमित ऊर्जा का केन्द्र भी है। वही सृष्टि का आदि कारण है। सम्भवत: इसी को आज वैज्ञानिक 'ईश्वर परमाणु' (God particle) कहने लगे हैं। यदि उस आयामरहित बिन्दु को चेतन मान लिया जाय तो बिग-बैंग सिद्धांत में अन्तर्निहित दोषों को दूर किया जा सकता है। आज जिस ढंग से विज्ञान का विकास हो रहा है, सम्भव है निकट भविष्य में विज्ञान भी अध्यात्म की भाषा में कहने लगे कि परम सत्ता ईश्वर या ब्रह्म ही है।

पुनश्च, यदि हम ऊर्जा के रूपांतरण पर विचार करें तो पाते हैं कि इस सम्बंध में ऊष्मा-गतिकी के मूलत: तीन नियम प्रचलित हैं। ऊष्मा-गतिकी के प्रथम नियम के अनुसार ऊर्जा का प्रवाह एक माध्यम से दूसरे माध्यम की ओर होता है। दूसरा नियम 'ऊर्जा का व्यतिक्रम' (Disorder of energy) से सम्बंधित है जिसे 'इन्ट्रोपी का सिद्धांत' (Theory of entropy) भी कहते हैं। इसके अनुसार यह प्रवाह तब तक चलता रहेगा जब तक पूर्ण साम्यावस्था न आ जाए। पूर्ण साम्यावस्था कब आयेगी, इसके लिए ऊष्मा-गतिकी का तीसरा नियम प्रतिपादित किया गया जिसके अनुसार पूर्ण साम्यावस्था "निरपेक्ष शून्य डिग्री तापक्रम" (Absolute zero degree temperature) अर्थात् –273°C पर ही आयेगी। इस अवस्था में जो चीज जहाँ और जिस रूप में है वह वहीं और उसी रूप में स्थित हो जायेगी। यही बात तो अध्यात्म भी कहता है कि परिवर्तन तब तक है जब तक अभाव या अपूर्णता है। पूर्णता या निरपेक्ष की अवस्था में सभी प्रकार के परिवर्तन विराम ले लेंगे। अस्तु, यह कैसे कहा जा सकता है कि अध्यात्म विज्ञान विरोधी है?

बीसवीं शताब्दी में आइन्सटीन ने सापेक्षता का सिद्धांत प्रतिपादित किया है, जिसके अनुसार किसी भी चीज का मूल्य देश-काल सापेक्ष होता है अर्थात् कोई भी चीज अपने आप में निरपेक्ष रूप से सत्य नहीं हो सकती है। यही बात जैनियों ने आज से ढाई हजार वर्ष पूर्व प्रतिपादित की, जिसे 'स्याद्वाद' के नाम से जानते हैं। इसके अनुसार हमें किसी भी वस्तु पर द्रव्य, रूप, देश, एवं काल के दृष्टिकोण से विचार करना चाहिए। जो चीज एक दृष्टिकोण से सत्य है, वही चीज दूसरे दृष्टिकोण से असत्य भी हो सकती है। ऐसी कोई चीज नहीं है जो सबके लिए सभी परिस्थितियों में समान रूप से सत्य हो। इसी प्रकार दोनों ही मानते हैं कि सापेक्षता का सिद्धांत केवल भौतिक जगत के ऊपर ही आरोपित होता है। स्पष्टत: आइन्सटीन का सापेक्षता सिद्धांत, जैनियों के स्याद्वाद के समतुल्य प्रतीत होता है। पर दोनों में वैषम्य यह है कि आइन्सटीन के अनुसार यद्यपि किसी एक वस्तु में एक ही धर्म होता है, परन्तु उसका मूल्य देश-काल के अनुसार परिवर्तित होता रहता है, जबकि जैनियों के अनुसार किसी एक ही वस्तु में अनन्त धर्म यर्थाथत: विद्यमान

होते हैं ('यथावस्थितार्थ व्यवसायरूपं हि संवेदनं प्रमाणम्।' - प्रभाचन्द्र सूरि, प्रभेदकमल मार्त्तण्ड, पृष्ठ 41)। अस्तु, आइन्सटीन के सिद्धांत को 'प्रत्ययवादी सापेक्षतावाद' के नाम से, जबकि जैनियों के सिद्धांत को 'यथार्थवादी सापेक्षतावाद' के नाम से जानते हैं।

कुछ दार्शनिकों का यह भी कहना है कि अध्यात्म में सर्वप्रथम हम किसी चीज को मान लेते हैं, तत्पश्चात् उसे जानने का प्रयास करते हैं, यद्यपि यह भी सत्य है कि अंततः हम उसे जान नहीं पाते हैं। यहाँ पर दो बातें हैं: पहली, 'जानकर मानना' एवं दूसरी, 'मानकर जानना'। आलोचकों के अनुसार विज्ञान जानकर मानता है जबकि अध्यात्म मानकर जानने का प्रयास करता है। यद्यपि यह अक्षरशः सत्य है कि अध्यात्म में सर्वप्रथम मानने की बात की जाती है, तत्पश्चात् जानने की, परन्तु यह कहना कि विज्ञान में पहले हम जानते हैं, तदुपरांत उसे मानते हैं, सर्वथा सुसंगत नहीं है। यदि हमने पहले ही जान लिया है तो फिर उसे न तो मानने की और न ही सिद्ध करने की आवश्यकता रह जाती है। वास्तविकता यह है कि दोनों ही क्षेत्रों में हम सर्वप्रथम मानते हैं, तत्पश्चात् उसे जानने का प्रयास करते हैं। इस साम्य के बावजूद भी दोनों में मूलभूत वैषम्य यह है कि विज्ञान में हम जो जानते हैं उसे प्रयोग एवं निरीक्षण के द्वारा सिद्ध किया जा सकता है, परन्तु अध्यात्म के ज्ञान को प्रयोग एवं निरीक्षण के द्वारा नहीं बल्कि उसे केवल अपरोक्षानुभूति के स्तर पर ही सिद्ध किया जा सकता है।

स्पष्टतः विज्ञान, गणित एवं अध्यात्म तीनों ही किसी-न-किसी रूप में पूर्वमान्यता पर ही आधृत हैं, परन्तु पूर्वमान्यता भी तीन प्रकार की होती है: (1) Lower level, (2) Higher level और (3) Highest level। Lower level की प्राक्कल्पना पर आधृत सिद्धांत 'अनंतिम सत्य' (Tentative Truth) होता है। Higher level की प्राक्कल्पना पर आधृत सिद्धांत 'अनिवार्य सत्य' होते हैं, जबकि Highest level की प्राक्कल्पना पर आधृत सिद्धांत 'शाश्वत् सत्य' होता है। Lower level की प्राक्कल्पनाएँ प्राकृतिक विज्ञान में मानी जाती है। विज्ञान में सर्वप्रथम हम किसी प्राक्कल्पना को स्वीकार करते हैं, तत्पश्चात् उसे निरीक्षण एवं प्रयोग के द्वारा सिद्ध करते हैं। यदि वह प्राक्कल्पना निरीक्षण एवं प्रयोग के द्वारा सिद्ध हो जाती है तो उसे सिद्धांत के रूप में स्वीकार कर लेते हैं अन्यथा उसके स्थान पर पुनः दूसरी प्राक्कल्पना को स्वीकार करते हैं और यह प्रक्रिया तबतक चलती रहती है जबतक उस प्राक्कल्पना को निरीक्षण एवं प्रयोग के द्वारा सिद्ध न कर दिया जाय, परन्तु विज्ञान की स्थापनाएँ सिद्ध होने के बावजूद भी पूर्ण सत्य न होकर केवल अनंतिम सत्य ही होती हैं, क्योंकि इसकी पूर्णरूपेण सम्भावना रहती है कि विज्ञान में आज जिसे सत्य मान रहे हैं, सम्भव है वह कल असत्य हो जाय। सम्भवतः यही कारण है कि कोई भी वैज्ञानिक कभी भी अपने ज्ञान के पूर्ण सत्य होने का दावा नहीं करता है। इस दृष्टि से वैज्ञानिक रीचर्ड फेमैन का यह कहना ठीक ही है कि "किसी भी वैज्ञानिक के जीवन में कई प्रकार के अनुभव होते हैं, यथा - अज्ञानता, संदेह एवं अनिश्चितता के, जो कि मेरे समझ से बहुत ही महत्त्वपूर्ण हैं। जब वह किसी समस्या का उत्तर नहीं जानता है तो वह अज्ञानता की स्थिति में रहता है। जब वह किसी परिणाम की ओर बढ़ता है तो वह अनिश्चितता की स्थिति में आ जाता है, परन्तु जब वह किसी परिणाम पर पहुँच जाता है तो संशयात्मक हो जाता है। इस प्रकार वह अज्ञानता से शुरू करता है और संशय पर उसकी समाप्ति होती है। इस प्रकार वैज्ञानिक ज्ञान में कई स्तर की अनिश्चितता होती है: कुछ

तो अधिक अनिश्चित होता है, कुछ निश्चितता के निकट होता है, परन्तु कोई भी ज्ञान निरपेक्ष रूप से सत्य नहीं होता है।" ["The scientist has a lot of experience with ignorance, doubt and uncertainty, and this experience is of very great importance, I think. When a scientist does not know the answer to a problem, he is ignorant. When he has a hunch as to what the result is, he is uncertain. And when he is pretty darn sure of what the result is going to be, he is in some doubt. We have found it of paramount importance that in order to progress we must recognize the ignorance and leave room for doubt. Scientific knowledge is a body of statements of varying degrees of uncertainty - some most unsure, some nearly sure, but none is absolutely certain." Feynman, Richard P. (1955): *The Value of Science*. This article is edited in *The Pleasure of Finding Things Out: The Best Short Works of Richard Feynman*, Basic Books, New York, 1999, p. 146.]।

Higher level की पूर्वमान्यता (Supposition) गणित में स्वीकार की जाती है। इस पर आधारित निष्कर्ष अनिवार्य सत्य होता है। यदि हम गणित में पूर्वमान्यता को स्वीकार नहीं करें तो कोई भी निष्कर्ष निगमित नहीं हो सकता है, यथा - अंकगणित (माना कि मूलधन ₹100), बीजगणित (माना कि value X है) प्रभृति। यही नहीं, सामान्य गणित के साथ-साथ उच्चतर गणित (Higher mathematics) भी किसी-न-किसी रूप में एक पूर्वमान्यता पर ही आधृत होता है, यथा - Abstract Algebra, Real analysis, Functional analysis प्रभृति। कभी-कभी तो गणित की पूर्वमान्यताएँ पूर्णतया काल्पनिक होती हैं, यथा - जटिल संख्या थ्योरी (The complex number theory)। इसके अंतर्गत दो प्रकार की पूर्वमान्यताएँ एक साथ स्वीकार की जाती हैं: एक वास्तविक संख्या (Real number) एवं दूसरी काल्पनिक संख्या (Imaginary number)। यहाँ काल्पनिक संख्या का अर्थ यह है कि इसका कहीं कोई वास्तविक अस्तित्व नहीं है, फिर भी हमें इसे स्वीकार करना ही पड़ता है अन्यथा हम इसके निष्कर्ष को स्थापित नहीं कर सकते हैं, जैसे माना कि हम $X^2 + 1 = 0$ को सिद्ध करना चाहते हैं। अब यदि हम X का मान न्यूनतम 0 भी रख दें तो भी $X^2 + 1$ का मान 0 नहीं आयेगा, परन्तु जब हम X को एक काल्पनिक संख्या (i) के रूप में स्वीकार कर लें, जिसका मान $\sqrt{-1}$ होता है तो इसका मान 0 हो जायेगा।

$$X^2 + 1 = 0$$
$$(\sqrt{-1})^2 + 1 = 0$$
$$-1 + 1 = 0$$

विज्ञान एवं गणित की ही भाँति अध्यात्म भी किसी-न-किसी रूप में एक पूर्वमान्यता पर आधृत है, परन्तु अध्यात्म की पूर्वमान्यता उच्चतम स्तर (Highest level) की होती है, क्योंकि वह इस जगत से सम्बंधित न होकर अतीन्द्रिय जगत से सम्बंधित होती है। अध्यात्म में यह कहा जाता है कि ईश्वर को एक पूर्वमान्यता के रूप में मानो और तत्पश्चात् इसे विभिन्न साधनाओं के द्वारा सिद्ध करो। हम देखेंगे कि विज्ञान की भाँति अध्यात्म भी सिद्ध हो जायेगा, परन्तु बिना इस मार्ग पर चले इसे भ्रान्तियुक्त कहना न तो वैज्ञानिक है और न ही तर्कसंगत। हमारा दोष यह

है कि हम किसी अतीन्द्रिय एवं असीमित सत्ता को सीमित बुद्धि के द्वारा जानने का प्रयास करते हैं। हम भूल जाते हैं कि असीमित को जानने के लिए असीमित का तर्क भी होना चाहिए। अस्तु, असीमित सत्ता को सीमित बुद्धि के द्वारा जानने के प्रयास में 'कोटि दोष' (Category mistake) का होना स्वाभाविक है।

यही नहीं, विज्ञान के भी बहुत से सिद्धांत ऐसे हैं जिनको सामान्य अनुभव के द्वारा सिद्ध नहीं किया जा सकता है, यथा - वातावरण में जल (H_2O) है, परन्तु दिखाई नहीं देता है। इसी प्रकार इस कक्ष में बी०बी०सी० लन्दन की ध्वनि है, परन्तु सुनाई नहीं देता है। विज्ञान कहता है कि इसे देखने और सुनने के लिए एक विशेष माध्यम (Specific device) की आवश्यकता होती है। इसी प्रकार अध्यात्म को जानने के लिए एक विशेष माध्यम की आवश्यकता होती है। पुनश्च, भौतिक विज्ञान में ठोस, द्रव एवं गैस के अलावा एक चौथी अवस्था प्लाज्मा मानी गयी है। यद्यपि प्लाज्मा का अनुभव नहीं होता है, परन्तु इसके प्रभाव को देखा जा सकता है। इसी प्रकार विज्ञान में कई ऐसे सिद्धांत हैं जिन्हें आज तक सिद्ध नहीं किया जा सका है, परन्तु जिन्हें विज्ञान आज भी मान रहा है, यथा - बरमूडा ट्रैंगिल। वास्तविकता यह है कि विज्ञान आज तक जितना खोज पाया है वह इस ब्रह्माण्ड का केवल 10 फीसदी ही है, 90 फीसदी तो विज्ञान के लिए आज भी अज्ञात ही है। यदि विज्ञान ने सब कुछ जान लिया होता तो आज विज्ञान का विकास नहीं होता। अस्तु, यह कहना कि केवल विज्ञान का ज्ञान ही प्रामाणिक है, इसका केवल अभिप्राय यही है कि हमें विज्ञान का भी पूर्ण ज्ञान नहीं है, क्योंकि केवल अज्ञानी ही अपने ज्ञान के पूर्ण सत्य होने का दावा करते हैं। एक वैज्ञानिक कभी भी अपने ज्ञान को अंतिम सत्य नहीं कहता है। इसी प्रकार ईश्वर को सामान्य अनुभव के द्वारा सिद्ध तो नहीं किया जा सकता है, परन्तु उसके प्रभाव का अनुभव किया जा सकता है वह है शांति। यदि किसी स्थान पर अपार शांति का अनुभव हो रहा तो निश्चित मानिए कि उस स्थान पर ईश्वर की उपस्थिति है। अस्तु, स्वामी विवेकानन्द, श्री अरविन्द आदि ने तो 'शांति' को ही ईश्वर की संज्ञा दी है।

प्रश्न उठता है कि अध्यात्म को जानने के लिए विशेष साधन क्या है? इसे स्पष्ट करते हुए श्री अरविन्द अपनी पुस्तक "लाइफ डिवाइन" में लिखते हैं कि दो गोलार्द्ध हैं: निचला गोलार्द्ध (Lower hemisphere) और ऊपरी गोलार्द्ध (Upper hemisphere)। इन दोनों गोलार्द्धों के मध्य अतिमन (Over-mind) का पर्दा है, जो निचले गोलार्द्ध को ऊपरी गोलार्द्ध से पृथक् करता है। श्री अरविन्द के अनुसार इसमें निचले गोलार्द्ध का ज्ञान तो मन एवं बुद्धि के द्वारा सम्भव है, परन्तु ऊपरी गोलार्द्ध का ज्ञान प्राप्त करने के लिए इन दोनों के मध्य स्थित अधिमन के पर्दे से ऊपर उठकर अतिमन (Supermind) के स्तर पर जाना ही होगा। जिस प्रकार मन एवं बुद्धि के द्वारा निचले गोलार्द्ध का ज्ञान हो पाता है उसी प्रकार अतिमन के द्वारा ऊपरी गोलार्द्ध का ज्ञान सम्भव हो सकता है अर्थात् जब हम अतिमन के स्तर पर जाते हैं, तभी हमें उस परम सत् का साक्षात्कार होता है, उससे पहले नहीं। इसे ही उपनिषद् में 'ऋतम्भरा प्रज्ञा' कहा गया है।

प्लेटो अपनी पुस्तक "रिपब्लिक" में इसे गुफा सिद्धांत के उदाहरण से स्पष्ट करते हैं। उसके अनुसार माना कि कुछ दास हैं जो जन्म से ही गुफा में कैद हैं। उनके हाथों और पैरों में साँकल बँधी हुई है, अत: वे केवल सामने ही देख सकते हैं। उस गुफा में दासों के ठीक पीछे अग्नि जल रही है जिसका प्रतिबिम्ब उनके सामने दीवाल पर दिखाई पड़ता है। अत: वे उसी

प्रतिबिम्ब को ही वास्तविक मानते हैं। अब माना कि उनमें से एक दास अपनी साँकल को तोड़कर पीछे की ओर देखता है तो वह अग्नि को देखता है, जिसका प्रतिबिम्ब दीवाल पर पड़ रहा था। वह पुनः आगे बढ़ता है और उस गुफा से बाहर आ जाता है तब वह सूर्य का प्रकाश देखता है। वह उस सूर्य के प्रकाश को सहन नहीं कर पाता है, उसे देखकर उसकी आँखें चौंधिया जाती हैं। वह पुनः उसी गुफा में जाता है और अन्य दासों से कहता है कि जो तुम देख रहे हो वह केवल प्रतिबिम्ब है, वास्तविक नहीं है। इस गुफा के बाहर प्रकाश ही प्रकाश है, लेकिन कोई भी दास उसकी बातों को मानने को तैयार नहीं होता है। इसी प्रकार माना कि समाज में किसी व्यक्ति को कोई रहस्यात्मक अनुभव हो रहा हो, तो हमें क्या अधिकार है कि हम उसकी बातों को असत्य कहें। माना कि कोई द्वीप है, जहाँ पर सभी व्यक्ति जन्म से ही अंधे हैं अर्थात् जन्मांध हैं। अब माना कि उसमें कोई एक व्यक्ति आँख वाला पैदा हो जाय तो वह प्रकृति का चित्रण विभिन्न रंगों के रूप में करेगा, परन्तु जितने जन्मांध हैं वे उसकी बातों को बकवास कहेंगे। आँख वाला सही कह रहा है या गलत, इसका निर्धारण तो एक दूसरा आँख वाला ही कर सकता है। इसी प्रकार यदि किसी व्यक्ति को रहस्यात्मक अनुभूति हो रही है तो हम सब अंधों को यह क्या अधिकार है कि उस आँख वाले की बातों को बकवास कहें।

प्रकृतिवादी दार्शनिक अध्यात्म को तर्कबुद्धि के अनुरूप न होने के कारण अंधविश्वास कहते हैं, परन्तु यह आक्षेप भी निराधार है। वास्तव में, ज्ञान की मूलतः तीन अवस्थाएँ होती हैं: पहला, अंधविश्वास (Conjectural knowledge), दूसरा, वैज्ञानिक ज्ञान (Scientific knowledge) एवं तीसरा, आध्यात्मिक ज्ञान (Spiritual knowledge)। अंधविश्वास पर आधृत ज्ञान, ज्ञान नहीं है, क्योंकि हमारे पास इसको मानने के लिए न तो कोई वस्तुनिष्ठ और न ही कोई आत्मनिष्ठ आधार होता है, यथा - स्वप्न, भ्रम, आदि। वैज्ञानिक ज्ञान वह है जो निरीक्षण एवं प्रयोग पर आधारित होता है। आध्यात्मिक ज्ञान न तो अंधविश्वास है और न ही वैज्ञानिक। यद्यपि यह विज्ञान से परे है, परन्तु विज्ञान विरोधी नहीं होता है (Spiritual knowledge is beyond science, it does not mean that it is contradictory to science.)। यह अति-बौद्धिक (Supra-rational) ज्ञान है जिसकी वैधता की परख सामान्य अनुभव के द्वारा न होकर 'ऋतम्भरा प्रज्ञा' या 'अति-मन' के स्तर पर ही सम्भव है, परन्तु इसके लिए हमारे मन में श्रद्धा का होना आवश्यक है। श्रद्धारहित व्यक्ति इसे जान ही नहीं सकता है 'श्रद्धावाँल्लभते ज्ञानं तत्परः संयतेन्द्रियः' - श्रीमद्भगवद्गीता, 4/39। ऐसी श्रद्धा अंधविश्वासी नहीं है, क्योंकि इसके माध्यम से जो ज्ञान प्राप्त होता है वह हमें परम शांति प्रदान करता है ('ज्ञानं लब्ध्वा परां शांतिमचिरेणाधिगच्छति' - श्रीमद्भगवद्गीता, 4/39)। इसके विपरीत श्रद्धारहित संशययुक्त व्यक्ति परमार्थ से भ्रष्ट हो जाता है (अज्ञश्चाश्रद्दधानश्च संशयात्मा विनश्यति। - श्रीमद्भगवद्गीता, 4/40)। स्पष्टतः बिना संशय के ज्ञान नहीं हो सकता है, परन्तु केवल संशय विनाश को प्राप्त होता है (संशयेन विजानाति संशयात्मा विनश्यति)।

इस प्रकार यह कहा जा सकता है कि आज के वैज्ञानिक युग में भी आस्था की अपनी महत्ता है। तभी तो क्वांटम भौतिकी के वैज्ञानिक मैक्स प्लैंक का यह कहना है कि "जब विज्ञान का अगुआ करने वाली विचारों की टोही अंगुलियाँ अपने आप को आगे बढ़ाती हैं तब वह अवश्य ही एक जीवन्त एवं अन्तर्ज्ञात कल्पना के द्वारा, नये विचारों का आविर्भाव निगमन के द्वारा नहीं, बल्कि एक कलात्मक सर्जनात्मक कल्पना के द्वारा ही सम्भव है।" ["When the pioneer in science sets forth the groping feelers of his thought, he must have a vivid, intuitive imagination, for new ideas are not generated by deduction, but by an artistically creative imagination." Planck, Max (1968): *Scientific Autobiography and Other Papers*, Greenwood Press, New York, p. 109.]। वैज्ञानिक सर आर्थर एडिंग्टन लिखते हैं कि "तर्कणा के इस युग में भी आस्था का सर्वोच्च स्थान है।" ["In the age of reason, faith yet remains supreme for reason is one of the articles of faith." Eddington, Sir Arthur (1939): *The Philosophy of Physical Science*, Cambridge University Press, p. 222.]। अल्बर्ट आइंस्टीन लिखते हैं कि "ऐसी सकारात्मक आस्था के बिना तो सच्चे वैज्ञानिक की कल्पना भी नहीं की जा सकती है।" ["I cannot conceive of a genuine scientist without that profound faith." Einstein, Albert (1956): *Out of My Later Years*, Citadel Press, New York, p. 26.]। अब यदि विज्ञान एवं अध्यात्म दोनों ही आस्था की बात करते हैं तो विज्ञान की आस्था को सार्थक और अध्यात्म की आस्था को आत्म-प्रवंचना कैसे कहा जा सकता है।

इसका अभिप्राय यह नहीं है कि तर्कबुद्धि निरर्थक है। इसकी भी अपनी महत्ता है जो निम्नलिखित है:

1. सम्भव है कि धार्मिक ज्ञान अंधविश्वासों पर आधृत हो जाय, तर्कबुद्धि ही उसे अंधविश्वासों से पृथक् करके एक व्यापक आधार प्रदान करती है। इसीलिए आचार्य शंकर लिखते हैं कि यदि श्रुति का अन्य प्रमाणों से विरोध हो तो उसकी विवेचना उस प्रमाण के परिप्रेक्ष्य में ही करनी चाहिए न कि उस श्रुति के परिप्रेक्ष्य में, क्योंकि श्रुति की अपेक्षा युक्ति अनुभव के अत्यधिक सन्निकट है (युक्तिरनुभवस्य सन्निकृष्यते। - शांकरभाष्य, 2/1/4)।
2. धार्मिक अनुभूति क्षणिक होती है। संत टेरेसा ने तो इसकी अवधि भी निर्धारित कर दी है: 'अधिकतम आधा घण्टा'। यदि हम उस क्षणिक अनुभूति में स्थायित्व लाना चाहते हैं तो तर्कबुद्धि का प्रयोग करना ही पड़ेगा।
3. धार्मिक अनुभूति व्यक्तिगत होती है। इसे सार्वभौमिक बनाने के लिए तर्कबुद्धि का प्रयोग आवश्यक है।
4. धार्मिक अनुभूति आत्मनिष्ठ होती है, उसमें वस्तुनिष्ठता लाने के लिए तर्कबुद्धि का प्रयोग अपेक्षित है।
5. यदि विभिन्न धर्मों के बीच परस्पर मत-वैभिन्यता उत्पन्न हो जाय तो उस विरोध को समाप्त करके उसमें एकता तथा सामंजस्य लाने का कार्य तर्कबुद्धि ही करती है। इसी दृष्टि से आचार्य शंकर लिखते हैं कि 'सत् एवं असत् को जानने का एकमात्र स्रोत तर्कबुद्धि ही है' (बुद्धिर्हि नः प्रमाणं सदसतोर्याथात्म्यावगमे। - कठभाष्य, 6/12)।

पुनश्च, उनके अनुसार 'यह कथन कि तर्क अप्रतिष्ठित है, स्वयं तर्क द्वारा ही प्रतिष्ठित किया जा सकता है। यदि सभी तर्कों को अप्रतिष्ठित मान लिया जाय तो हमारा सम्पूर्ण व्यावहारिक जीवन ही असम्भव हो जायेगा' (एतदपि तर्काणामप्रतिष्ठितत्वं तर्केणैव प्रतिष्ठाप्यते, सर्वतर्काप्रतिष्ठाया च लोकव्यवहारोच्छेदप्रसंगः॥ - शांकरभाष्य, 2/1/11)। सम्भवतः यही कारण है कि महर्षि व्यास जी कहते हैं कि 'वही धर्म श्रेष्ठ है जो तर्कसंगत हो'। गीता में भगवान श्री कृष्ण लिखते हैं कि 'हे

अर्जुन! मुझे भक्त तो सभी प्रिय हैं, परन्तु भक्तों में ज्ञानी भक्त सर्वाधिक प्रिय हैं, क्योंकि उसकी मुझमें अनन्य भक्ति होती है' (तेषां ज्ञानी नित्ययुक्त एकभक्तिर्विशिष्यते। प्रियो हि ज्ञानिनोऽत्यर्थमहं स च मम प्रियः॥ - श्रीमद्भगवद्गीता, 7/17)। अस्तु, यह कहा जा सकता है कि "तर्क से रहित आस्था अंधी है तथा आस्था से रहित तर्क पंगु है।" ("Faith without contention is blind and contention without faith is lame.")।

स्पष्टतः अध्यात्म एवं विज्ञान एक-दूसरे के विरोधी नहीं बल्कि एक-दूसरे के पूरक हैं, क्योंकि दोनों ही तर्कबुद्धि के साथ-ही-साथ आस्था को भी महत्त्व प्रदान करते हैं। इस प्रकार यह कहा जा सकता है कि यद्यपि यह सत्य है कि अध्यात्म विज्ञान से परे है, परन्तु वह विज्ञान विरोधी नहीं है। जिस प्रकार गणित में Higher Mathematics है, यथा - Abstract Algebra, Real Analysis, Functional Analysis, The Complex Number Theory प्रभृति। ये सभी शाखाएँ सामान्य गणित नहीं हैं, परन्तु इसका अभिप्राय नहीं है कि ये गणित विरोधी हैं। इसी प्रकार अध्यात्म भी एक प्रकार का उच्च स्तरीय विज्ञान ही है जिसकी अपनी एक विशिष्ट पद्धति है। यदि हमें उसे जानना है तो उसकी विशिष्ट पद्धति का भी अनुसरण करना ही होगा। हमें नहीं भूलना चाहिए कि जिस प्रकार विज्ञान या गणित के किसी सिद्धांत की सत्यता एवं असत्यता की परख कोई वैज्ञानिक या गणितज्ञ ही कर सकता है उसी प्रकार आध्यात्मिक ज्ञान की सत्यता एवं असत्यता की भी जाँच कोई अध्यात्म विद्या का पण्डित ही कर सकता है, सामान्य मनुष्य नहीं। अस्तु, आध्यात्मिक ज्ञान को अंधविश्वास या निरर्थक कहने के पूर्व अच्छा होगा कि हम अपनी ज्ञान की सीमाओं को पहचान कर उससे ऊपर उठने का प्रयास करें। इस दृष्टि से फ्रांसिस बेकन का यह कहना ठीक ही है कि "यह सत्य है कि दर्शन का सतही ज्ञान व्यक्ति को अनीश्वरवाद की ओर झुकाता है, परन्तु जब व्यक्ति दर्शन की गहराइयों में उतरता है तभी वह धर्म का अनुसरण करता है।" ["It is true, that a little philosophy inclineth man's mind to atheism; but depth in philosophy bringeth men's minds about to religion." Bacon, Francis (1909–14): *Essays, Civil and Moral*, The Harvard Classics, XVI, 'Of Atheism']।

ज्ञान तो किसी पर्वत की यात्रा करने के समान होता है। जब हम पर्वत के निचले स्तर पर होते हैं तो हमें एक चोटी दिखाई देती है। हम उसे ही अन्तिम चोटी मानकर उस पर चढ़ने का प्रयास करते हैं, परन्तु जब हम उस चोटी पर पहुँच जाते हैं तब ऐसा लगता है कि हम तो अभी किसी दूसरी चोटी के निचले स्तर पर ही हैं। पुनः जब उस चोटी पर पहुँचते हैं तो वहाँ से एक तीसरी चोटी दिखाई देती है। इस प्रकार जैसे-जैसे हम ऊपर बढ़ते जाते हैं, वैसे-वैसे एक नई चोटी का ज्ञान होता है। इस प्रकार जहाँ एक ओर हमारा ज्ञान तो बढ़ता जाता है, वहीं दूसरी ओर हमें अपनी अज्ञानता एवं लघुता का बोध भी होता जाता है। ऐसी स्थिति में व्यक्ति तर्कबुद्धि की अल्पज्ञता एवं उसकी सीमाओं को समझकर आस्था का सहारा लेता है। जिस प्रकार आकाश में पूरी तरह उड़ान भरने के बाद ही पक्षी के मन में आकाश के प्रति सच्ची श्रद्धा उत्पन्न होती है या जिस प्रकार जब मेंढक कुएँ से समुद्र में छलांग लगाता है तब उसके मन में अपनी लघुता के साथ-ही-साथ समुद्र की व्यापकता का भी बोध होता है, ठीक उसी प्रकार जब बुद्धि तर्क करते-करते थकित होकर विराम ले लेती है, तभी हमारे मन में ईश्वर के प्रति सच्ची श्रद्धा एवं निष्ठा का

भाव जागृत होता है (वादे-वादे जायते तत्वबोध:) और तब उससे आगे ले चलने का कार्य केवल आस्था ही करती है। हमें नहीं भूलना चाहिए कि आस्था के पास स्वयं की बुद्धि या दृष्टि होती है। यद्यपि उस बुद्धि या दृष्टि को तर्कबुद्धि जान नहीं पाती है, क्योंकि वह तर्कबुद्धि की परिधि के बाहर है। इसी दृष्टि से ब्लेज पास्कल का यह कहना ठीक ही है कि "हृदय के पास अपनी बुद्धि है जिसे तर्कबुद्धि नहीं जान पाती है।" ["The heart has its reasons, which Reason does not know." Pascal, Blaise (1669): *Pensees*, Section IV, On the Means of the Belief, (1958), E.P. Dutton & Co., Inc., U.S.A., No. 277.]।

✤✤✤

धर्म-दर्शन का स्वरूप एवं क्षेत्र (Nature and Scope of Philosophy of Religion)

अध्याय 2

- परिचय
- धर्म-दर्शन
- धर्म-दर्शन का स्वरूप
- धर्म-दर्शन का क्षेत्र
- धर्म-दर्शन एवं धर्मशास्त्र

परिचय (Introduction)

धर्म-दर्शन का स्वरूप एवं क्षेत्र क्या है? इस प्रश्न पर विचार करने के पूर्व यह ज्ञान अपेक्षित है कि धर्म एवं दर्शन क्या हैं? यहाँ धर्म का तात्पर्य विशेषत: सेमिटिक धर्मों (Semitic religion) से है, यथा - यहूदी, इस्लाम, ईसाई प्रभृति। इसके अंतर्गत निम्न विशिष्टताएँ हैं: (1) एक अलौकिक सत्ता होती है जिसे गुह्य (Mystical) माना जाता है। (2) वह अलौकिक सत्ता अपने संदेशों को पैगम्बरों के माध्यम से अभिव्यक्त करती है, अस्तु रिलीजन में पैगम्बर (Prophet) भी होते हैं। (3) जब पैगम्बर ईश्वर के संदेशों को लोगों के समक्ष प्रस्तुत करते हैं तो वे उससे सम्बंधित एक विशेष प्रकार का कर्मकाण्ड (Ritual) भी बताते हैं। अत: रिलीजन में कर्मकाण्ड भी होता है। (4) जो उन कर्मकाण्डों को मानते हैं उनमें एक धार्मिक संगठन (Religious organisation) बनाने की भावना भी होती है। (5) प्रत्येक रिलीजन का अपना एक पृथक् धर्म ग्रंथ (Scripture) भी होता है। अंतत: रिलीजन में आस्था एवं विश्वास का तत्व अति महत्त्वपूर्ण है। यही वह तत्व है जो धर्म को नैतिकता से पृथक् करता है।

जहाँ तक Philosophy की बात है, यह दो शब्दों से मिलकर बना है 'Philos' एवं 'Sophia' जिसका अर्थ क्रमशः प्रेम (Love) एवं ज्ञान या प्रज्ञा (Knowledge/Wisdom) होता है। इस

प्रकार Philosophy 'ज्ञान के प्रति प्रेम या अनुराग' (Love of wisdom/knowledge) है। यहाँ ज्ञान के प्रति प्रेम या अनुराग का तात्पर्य है किसी चीज को जानने की जिज्ञासा। सामान्यतः ज्ञान का प्रयोग तीन अर्थों में होता है: (1) परिचय (Acquaintance), (2) कार्य-सम्पादन (Performance) एवं (3) सूचना (Information)। परन्तु दर्शनशास्त्र के अंतर्गत ज्ञान को विशेषतः सूचनात्मक अर्थ में ही लिया जाता है। कहा भी गया है कि 'ज्ञान सूचनाओं में ही विलीन हो गया है' (Where is knowledge, it is lost in information)। पुनश्च, जानने की जिज्ञासा का तात्पर्य चिंतन से है। जहाँ जिज्ञासा होती है वहाँ चिंतन होता है और जहाँ चिंतन है वहीं Philosophy है। इस प्रकार Philosophy एक प्रकार का शुद्ध बौद्धिक चिंतन (Intellectual curiosity) है। यद्यपि चिंतन तो सभी करते हैं, इस दृष्टि से दार्शनिक तो सभी हैं, परन्तु विभिन्न व्यक्तियों के चिंतन-स्तर में स्पष्ट विभेद पाया जाता है। इसीलिए अल्डुअस हक्सले अपनी पुस्तक "Ends and Means" में लिखते हैं कि "मानव का चुनाव दार्शनिक एवं अ-दार्शनिक के बीच न होकर सदैव ही अच्छे एवं बुरे दार्शनिकों के बीच किया जा सकता है।" ["The choice that is given us is not between some kind of metaphysics and no metaphysics; it is always between a good metaphysics and a bad metaphysics." Huxley, A. (1937): *Ends and Means*, Oxford University Press, Toronto, p. 252.]। दार्शनिकों का यह विभाजन उनके चिंतन में विद्यमान तार्किक सुसंगतता (Logical consistency) के आधार पर ही किया जाता है। इस प्रकार Philosophy का अर्थ आत्म-साक्षात्कार (Self-realisation) न होकर शुद्ध बौद्धिक एवं तार्किक चिंतन (Pure logical and rational thinking) से है। अस्तु, इसमें आस्था एवं विश्वास के लिए लेश मात्र भी स्थान नहीं है।

धर्म-दर्शन (Philosophy of Religion)

प्रश्न उठता है कि धर्म-दर्शन क्या है? धर्म का दार्शनिक पद्धति से अध्ययन ही धर्म-दर्शन है (Philosophy of religion is the study of religion by philosophical method.)। दूसरे शब्दों में, धार्मिक मान्यताओं का बौद्धिक या तार्किक दृष्टि से विश्लेषण करना ही धर्म-दर्शन है। इसके अंतर्गत सभी धर्मों की मूल मान्यताओं, विश्वासों, क्रियाओं, मूल्यों, सत्यों, जैसे - ईश्वर, आत्मा, अमरता, मोक्ष, प्रार्थना, पूजा-पाठ, आस्था, विश्वास, दैवी-प्रकाशना, रहस्यानुभूति आदि का दार्शनिक पद्धति से विश्लेषणात्मक अध्ययन किया जाता है। स्पष्टतः धर्म-दर्शन के अंतर्गत मूलतः दो बातें महत्त्वपूर्ण हैं: (1) यह किसी एक विशिष्ट धर्म से सम्बंधित न होकर सभी धर्मों की मूल मान्यताओं, विश्वासों, क्रियाओं, सत्यों तथा उससे सम्बंधित मूलभूत प्रश्नों का व्यापक रूप में अध्ययन करता है। (2) यह अध्ययन किसी भी प्रकार के पक्षपात एवं पूर्वाग्रह से रहित (Impartial and Prejudiceless) होकर शुद्ध बौद्धिक एवं तार्किक होता है। इस प्रकार धर्म-दर्शन सभी धर्मों की मूल मान्यताओं का आस्था एवं विश्वास से पृथक् शुद्ध दार्शनिक अध्ययन है। यहाँ दार्शनिक अध्ययन के अंतर्गत दो विशिष्टताएँ महत्त्वपूर्ण हैं:

- धार्मिक सम्प्रत्ययों का स्पष्टीकरण (Clarification of religious concepts) तथा
- इससे सम्बंधित विश्वासों का समीक्षात्मक मूल्यांकन (Critical evaluation of its concerning beliefs)।

धार्मिक मान्यताएं प्राचीन काल से ही दार्शनिकों के समक्ष चुनौनियों के रूप में प्रस्तुत होती रही हैं। डी० एम० एडवर्ड के अनुसार धर्म-दर्शन इसी प्रकार की चुनौतियों का एक दार्शनिक प्रत्युत्तर है। उनके अनुसार "धर्म-दर्शन धर्म के स्वरूप, कार्यों, मूल्यों एवं सत्यों का दार्शनिक विवेचन है तथा यह इस प्रश्न पर भी विचार करता है कि पारमार्थिक सत्य के स्वरूप को समझने में धर्म कहाँ तक समर्थ है।" ["The philosophy of religion is the response of philosophy to this challenge. It is a philosophical inquiry into the nature, function, value and truth of religious experience, and into the adequacy of religion as an expression of the nature of ultimate reality." Edward, D.M. (1924): *Philosophy of Religion*, George H. Doran Com., New York, p. 12.]। इसी प्रकार जॉन हिक के अनुसार "धर्म-दर्शन धर्म का दार्शनिक विवेचन है।" ["Philosophy of religion is philosophical thinking about religion." Hick, John H. (1988): *Philosophy of Religion*, Prentice-Hall of India Pvt. Ltd., New Delhi, p. 1.]। ब्राइटमैन लिखते हैं कि "धर्म-दर्शन धर्म की बौद्धिक व्याख्या की खोज करने का प्रयास करता है।" ["Philosophy of religion is an attempt to discovery by rational interpretation of religion." Brightman, E.S. (1940): *A Philosophy of Religion*, Prentice-Hall, Michigan, p. 22.]। डब्ल्यू० के० राइट के अनुसार "धर्म-दर्शन धर्म की सच्चाई को जानने का प्रयास है।" ["The Philosophy of religion considers the truth of religion." Wright, W.K. (1922): *A students Philosophy of Religion*, The Macmillan Co., New York, p. 12.]। थॉमस मैकफर्सन के अनुसार "धर्म-दर्शन का कार्य धर्म के क्षेत्र में वस्तुओं को स्पष्टता प्रदान करना है।" ["The interesting part of philosophy and particulary philosphical part, is the activity of getting things clear." Thomas McPherson (1965): *The Philosophy of Religion*, D. Van Nostrand, London, p. 5.]। इसी प्रकार जॉन ए० निकल्सन की दृष्टि में "धर्म-दर्शन का प्रयोजन धार्मिक विश्वासों का उन समस्त विश्वासों के साथ समन्वय स्थापित करना है जो मानव जीवन को दिशा एवं रूप प्रदान कर सकें।" ["Its purpose is to effect an integration of religious beliefs with those other fundamental beliefs that give form and direction to man's life." Nicholson, John A. (1950): *Philosophy of Religion*, The Ronald Press Co., New York, p. 6.]।

धर्म-दर्शन का स्वरूप
(Nature of Philosophy of Religion)

जब हम धर्म-दर्शन के स्वरूप की चर्चा करते हैं तो इसके अंतर्गत धार्मिक तथ्यों (Religious facts) का होना आवश्यक है। धार्मिक तथ्य मूलत: तीन प्रकार के होते हैं:

1. ऐतिहासिक तथ्य (Historical Fact)
2. मनोवैज्ञानिक तथ्य (Psychological Fact)
3. सामाजिक तथ्य (Sociological Fact)

ऐतिहासिक तथ्य (Historical Fact) ....

ऐतिहासिक तथ्य के अंतर्गत इस प्रश्न पर विचार किया जाता है कि धर्म की उत्पत्ति एवं विकास किन परिस्थितियों में होता है। सामान्यत: ऐसा माना जाता है कि धर्म का आविर्भाव भय या अभाव से होता है, परन्तु सभ्यता एवं संस्कृति के विकास के फलस्वरूप यह अपने आप को परिष्कृत एवं परिमार्जित करते हुए आस्था एवं विश्वास के रूप में परिणत हो जाता है। इसी प्रकार कुछ दार्शनिक यह भी मानते हैं कि धर्म की उत्पत्ति दैवी-प्रकाशना (Revelation) से हुई है तो कुछ अन्य के अनुसार धर्म की उत्पत्ति के सामाजिक, मनोवैज्ञानिक या मानवशास्त्रीय कारण हैं। धर्म से सम्बंधित इन सभी प्रश्नों पर ऐतिहासिक तथ्य के अंतर्गत विचार करते हैं।

मनोवैज्ञानिक तथ्य (Psychological Fact) ....

मनोवैज्ञानिक तथ्य के अंतर्गत धर्म का व्यक्ति की मन: स्थिति पर पड़ने वाले प्रभाव का अध्ययन किया जाता है। सामान्यत: ऐसा देखा जाता है कि जो धार्मिक प्रकृति के व्यक्ति हैं उनके मन में अन्य की अपेक्षा दूसरों के प्रति अत्यधिक प्रेम, करुणा, उदारता, सहिष्णुता, समभाव, सदाशयता आदि के भाव परिलक्षित होते हैं। धर्म का आचरण करने वाले व्यक्ति सापेक्षत: निश्छल, निष्कपट एवं छल-प्रपंच से रहित होते हैं। उनके आंतरिक एवं बाह्य पक्षों में समानता होती है, क्योंकि उसकी भेद दृष्टि समाप्त हो जाती है। इसी प्रकार जब अंतर जागृत होता है स्वत: तो बाह्य निष्क्रियता आ जाती है। यही नहीं, आज कल तो चिकित्सा विज्ञान (Medical science) भी यह मानने लगा है कि उच्च रक्तचाप वाले व्यक्तियों के लिए 'भावात्मक ध्यान' (Emotional meditation) अधिक उपयोगी है। इस दृष्टि से प्रो० युंग का कहना ठीक ही है कि 'धर्म न तो मनोव्याधि है और न तो दमनात्मक इच्छा का परिणाम, जैसा कि कुछ दार्शनिक मानते हैं, बल्कि यह मानसिक स्वच्छता का प्रतीक है जिसके द्वारा कई प्रकार के मानसिक रोगों का सफलतम उपचार भी होता है।' पुनश्च, उनके अनुसार 'ऐसे व्यक्ति के मानसिक उन्माद शांत होते हैं, चित्त में स्थिरता आती है, जीवन में आनंद भर जाता है तथा जीवन सार्थक लगने लगता है।'

सामाजिक तथ्य (Sociological Fact) ....

अंतत: सामाजिक तथ्य के अंतर्गत धर्म के समाज पर पड़ने वाले प्रभाव का अध्ययन किया जाता है। यद्यपि धर्म का उद्देश्य तो लोगों में प्रेम एवं सद्भाव विकसित करना है, परन्तु वास्तविकता यह है कि इसने घृणा एवं विद्वेष ही अधिक विकसित किया है। विश्व में जितनी भी महान क्रांतियाँ हुई हैं, वे सभी धर्म के नाम पर ही हुई हैं। इस प्रकार एक धर्म ने अपने अनुयायियों के बीच जितना प्रेम एवं सौहार्द विकसित किया है उससे कहीं ज्यादा अन्य धर्मावलम्बियों के बीच कटुता एवं वैमनस्य ही पैदा किया है। अत: यह कहना अतिशयोक्ति नहीं होगा कि धर्म ने अपने मूल उद्देश्य से स्खलित होकर हिंसा एवं रक्तपात के भाव को ही अधिक विकसित किया है। सैमुअल पी० हटिंगटन अपनी पुस्तक "*The Clashes of Civilizations and the Remaking of World Order*" (1996) में तो यहाँ तक दावा करते हैं कि अगला विश्व युद्ध धर्म के नाम पर ही होगा और वह भी इस्लाम एवं ईसाई धर्म के बीच।

इस प्रकार धर्म-दर्शन के अंतर्गत ऐतिहासिक, मनोवैज्ञानिक तथा सामाजिक तथ्यों के ऊपर व्यापक रूप से विचार किया जाता है, परन्तु धार्मिक तथ्य, दार्शनिक विवेचन के बिना अपूर्ण ही हैं। दार्शनिक विवेचन, धार्मिक तथ्यों में अंतर्व्याप्त विसंगतियों को परिमार्जित करते हुए उसके मूल तथ्य को उजागर करता है तथा यह दिखाने का प्रयास करता है कि धर्म कहाँ तक अपनी सीमा का अतिक्रमण कर रहा है। अस्तु, धार्मिक तथ्यों का सम्यक् मूल्यांकन करने के लिए उनका दार्शनिक विवेचन आवश्यक है। इस प्रकार धर्म-दर्शन के प्रमुखत: दो कार्य हैं: पहला, विभिन्न धर्मों का तथ्यात्मक अध्ययन करना एवं दूसरा, इन तथ्यों से परे जाकर वास्तविकता की दृष्टि से इन तथ्यों का दार्शनिक विवेचन करना। अस्तु, यह कहा जा सकता है कि "दार्शनिक विवेचन के बिना धार्मिक तथ्य अन्धे हैं तथा धार्मिक तथ्यों के बिना दार्शनिक विवेचन पंगु हैं।" ("Religious facts without philosophical studies are blind and philosophical studies without religious facts are empty.")।

धर्म-दर्शन का क्षेत्र (Scope of Philosophy of Religion)

जहाँ तक धर्म-दर्शन के क्षेत्र की बात है, इसके अंतर्गत सभी प्रकार की धार्मिक अनुभूतियों, क्रियाओं, विश्वासों, मूल्यों एवं सत्यों आदि का व्यापक रूप में अध्ययन किया जाता है, यथा - धर्म क्या है? क्या धर्म ही रिलीजन है या धर्म एवं रिलीजन में कुछ विभेद है? क्या विभिन्न धर्मों के बीच सामंजस्य स्थापित हो सकता है? सर्वधर्म समभाव क्या है तथा इसकी स्थापना कैसे सम्भव है? धार्मिक परिवर्तन का आधार क्या है? क्या यह उचित है? क्या धर्म का दार्शनिक विवेचन सम्भव है अर्थात् धर्म का दर्शन क्या है? धर्म एवं नैतिकता के बीच क्या सम्बंध है? क्या धर्म के लिए ईश्वर आवश्यक है या ईश्वर विहीन धर्म की संकल्पना भी सम्भव है? इसी प्रकार ईश्वर का स्वरूप क्या है? वह व्यक्तित्वपूर्ण है अथवा निर्वैयक्तिक अथवा इन दोनों से भिन्न केवल प्राकृतिक शक्तियों के रूप में ही है। ईश्वर एवं जगत के बीच क्या सम्बंध है? क्या ईश्वर जगत का कारण है या जगत ईश्वर से स्वतंत्र है या ईश्वर एवं जगत में तादात्म्य सम्बंध है? क्या ईश्वर के अस्तित्व को सिद्ध करने के लिए कोई प्रमाण दिया जा सकता है।

पुनश्च, धार्मिक विश्वास के आधार क्या हैं? अर्थात् ईश्वर केवल धार्मिक आस्था का विषय है या तर्क का या दैवी-प्रकाशना का या फिर रहस्यानुभूति का। यह समस्या भी धर्म-दर्शन की एक महत्त्वपूर्ण समस्या है। इसी प्रकार अशुभ की समस्या क्या है? यदि ईश्वर सर्वशक्तिमान है, वह दयालु भी है तो जगत में अशुभ क्यों है? क्या वह सर्वशक्तिमान होने के कारण अशुभ को दूर नहीं कर सकता है। यदि वह अशुभ दूर नहीं कर सकता तो क्या वह असमर्थ है? माना कि वह समर्थ है, परन्तु वह दु:ख दूर करना ही नहीं चाहता तो क्या वह अनिष्टकारी है? अब यदि माना कि वह दयालु एवं सर्वशक्तिमान दोनों ही है तो फिर जगत में अशुभ क्यों है? इसी प्रकार आत्मा का स्वरूप एवं नियति क्या है? क्या आत्मा का अमरत्व अर्थात् मरणोपरान्त जीवन सम्भव है? मोक्ष का स्वरूप क्या है? मोक्ष में किस प्रकार की अनुभूतियाँ होती हैं? मोक्ष आनन्द की अवस्था है या जड़वत् या सुख-दु:ख से रहित विशुद्ध चेतना की अवस्था है। मोक्ष प्राप्ति के विभिन्न मार्ग कौन-कौन से हैं तथा इनमें से कौन-सा मार्ग सर्वाधिक सरल एवं सुगम है? धर्म-दर्शन के अंतर्गत इन सभी प्रश्नों पर व्यापक रूप से विचार किया जाता है।

20वीं शताब्दी के प्रारम्भ में दर्शनशास्त्र के क्षेत्र में एक व्यापक परिवर्तन हुआ। अब दार्शनिक यह मानने लगे कि दर्शन का उद्देश्य न तो जीवन एवं जगत की समस्याओं को प्रस्तुत करना एवं उसका समाधान करना है और न ही इसका उद्देश्य सत्यता की प्राप्ति करना है। इनके अनुसार जीवन एवं जगत की समस्याओं का समाधान तथा सत्यता की खोज करना विज्ञान का कार्य है, दर्शन का नहीं। दर्शन का कार्य तो इन सिद्धांतों को प्रस्तुत करने वाली भाषा का विश्लेषण करना है। इसे ही विश्लेषणात्मक दर्शन या भाषायी दर्शन के नाम से जानते हैं। विट्गेंस्टाइन लिखते हैं कि "दर्शन का कार्य भाषा का तार्किक स्पष्टीकरण करना है। दर्शन सिद्धांत का अंग नहीं बल्कि एक क्रिया है।" ("Philosophy aims at the logical clarification of thought. Philosophy is not a body of doctrine but an activity." T-4.112)। इसी प्रकार श्लिक भी लिखते हैं कि "दर्शन वह क्रिया है जिसके द्वारा वाक्यों और कथनों का अर्थ अभिव्यक्त एवं सुनिश्चित होता है। दर्शन कथनों की व्याख्या करता है जबकि विज्ञान उसे सत्यापित करता है। परवर्ती कथनों की सत्यता से सम्बंधित है जबकि पूर्ववर्ती इससे सम्बंधित है कि उसका वस्तुतः अर्थ क्या है।" ["Philosophy is that activity through which the meaning of statements is revealed and determined. By means of philosophy statements are explained, by means of science they are verified. The latter is concerned with the truth of statements, the former with what they actually mean." Schlick, Moritz. *The Turning Point in Philosophy*, p. 56. In A.J. Ayer (1959): *Logical Positivism* (Ed.), The Free Press, New York, p. 53–59.]। कार्नप के अनुसार भी विज्ञानों के प्रत्ययों तथा वाक्यों के तार्किक विश्लेषण को दर्शन का स्थान ले लेना चाहिए। "दर्शन को विज्ञान के तर्कशास्त्र के द्वारा प्रतिस्थपित करना होगा अर्थात् तार्किक विश्लेषण की अवधारणाओं एवं विज्ञानों के वाक्यों के द्वारा, विज्ञान का तर्कशास्त्र विज्ञान की भाषा के तार्किक विन्यासों के अलावा और कुछ भी नहीं है।" ["Philosophy is to be replaced by the logic of science – that is to say, by the logical analysis of the concepts and sentences of the sciences, for the logic of science is nothing other than the logical syntax of the language of science." Rudolf Carnap (2002): *Logical Syntax of Language*, Trans. by Smeaton, A. Open Court Publishing Co., New York, xiii]।

विश्लेषणात्मक दर्शन का प्रभाव धर्म-दर्शन के क्षेत्र में भी पड़ा। अतः धर्म-दर्शन के क्षेत्र में भी एक नवीन विधा का जन्म हुआ, जिसे 'विश्लेषणात्मक धर्म-दर्शन' या 'भाषायी धर्म-दर्शन' के नाम से जानते हैं। भाषायी धर्म-दर्शन का उद्देश्य धर्म से सम्बंधित भाषा का स्पष्टीकरण तथा उसकी सार्थकता एवं निरर्थकता की शर्तें निर्धारित करना है। दूसरे शब्दों में, विश्लेषणात्मक धर्म-दर्शन का उद्देश्य धार्मिक भाषा, यथा - ईश्वर, आत्मा, अमरता, मोक्ष, प्रार्थना आदि का अर्थ स्पष्ट करना है तथा यह बताना है कि किस परिस्थिति में ये शब्द सार्थक हैं एवं कब निरर्थक? अपनी-अपनी भाषा विश्लेषण सम्बंधी अवधारणाओं के आधार पर ही ये दार्शनिक तत्वमीमांसीय कथनों को निरर्थक कहते हैं। इनमें रसेल, विट्गेंस्टाइन, श्लिक, एयर, कार्नप आदि दार्शनिक महत्त्वपूर्ण हैं।

प्रश्न उठता है कि क्या धर्म का दार्शनिक विवेचन सम्भव है? कुछ दार्शनिक इसके पक्ष में तो कुछ इसके विपक्ष में अपना मत प्रस्तुत करते हैं। जो इसके विपक्ष में अपना मत प्रस्तुत करते

हैं, उनके अनुसार धर्म आस्था का विषय है जबकि दर्शन तर्क का, परन्तु आस्था विषयक प्रश्नों का तार्किक एवं बौद्धिक समाधान संभव नहीं है। उपनिषद् इसे 'अमनीभाव' या 'अवाग्ङमनगोचर' कहते हुए तर्क एवं बुद्धि से अगम्य बताते हैं ['नैषा तर्केण मतिरापनेया' (कठोपनिषद् - 1/2/9) अथवा 'यतो वाचो निवर्तन्ते अप्राप्य मनसा सह' (तैत्तरीम उपनिषद् - 2/9/1)]। इसी प्रकार रूडोल्फ ऑटो अपनी पुस्तक 'The Idea of the Holy' में लिखते हैं कि धार्मिक व्यक्ति धर्म के सम्बंध में एक विशेष प्रकार का अनुभव प्राप्त करता है, जैसे - अगाध श्रद्धा, सम्मान, भय, विनम्रता, प्रेम आदि, जिसे मोटे रूप में 'धार्मिक संवेग' कहा जा सकता है, परन्तु इस धार्मिक संवेग का तार्किक विवेचन सम्भव नहीं है। पुनश्च, ऑटो के अनुसार धार्मिक सत्य बुद्धि पर आधारित न होकर साक्षात् अनुभव पर आधारित है। अत: जिस व्यक्ति को ऐसी अनुभूति प्राप्त नहीं हुई है वह इसका ज्ञान भाषा के माध्यम से प्राप्त नहीं कर सकता है। "धर्म एवं धर्म की सम्भावना ... धर्म पर आधृत तत्व से अर्थात् ईश्वरीय अनुभूति के द्वारा ही सम्भव एवं व्याख्यायित हो सकती है। यह हमारे मानसिक स्वरूप का एक प्रमुख तत्व है जो अपने शुद्ध अनूठेपन में ही अनुभूत होता है तथा इसे किसी भी अन्य चीज के द्वारा व्यक्त नहीं किया जा सकता है।" ["... religion and the possibility of religion are ... only made possible and can only be explained from a religious basic element, *viz.*, the feeling of the numinous. This is a primal element of our psychical nature that needs to be grasped purely in its uniqueness and cannot itself be explained from anything else." Otto, Rudolf (1923): *The Idea of the Holy*, Trans. by John W. Harvey, Oxford University Press, Oxford, p. 128.]। स्पष्टत: धार्मिक अनुभूति साधारण अनुभवों से पूर्णतया भिन्न, एक विशिष्ट प्रकार की अनुभूति है। क्योंकि धार्मिक सत्य बुद्धि पर आधृत न होकर साक्षात् अनुभूति पर आधारित है, अत: जिस व्यक्ति को ऐसी अनुभूति प्राप्त नहीं हुई है उसे भाषा के माध्यम से इसका ज्ञान कराया नहीं जा सकता है।

कुछ दार्शनिक तो धर्म-दर्शन को 'हानिकर' भी बताते हैं। उन्हें यह भय है कि यदि दार्शनिक विवेचन से यह सिद्ध हो जाए कि धार्मिक विश्वास वास्तविकता पर आधारित न होकर केवल आत्मनिष्ठ अनुभूति पर आधारित है तो धर्म का जो कुछ भी सामाजिक एवं व्यक्तिगत उपयोग है, वह भी समाप्त हो जायेगा। कुछ अन्य दार्शनिक तो धर्म-दर्शन को 'असम्भव' कहते हुए दर्शन से धर्म को बहिष्कृत करने की बात करते हैं। उनके अनुसार धर्म-दार्शनिक को धर्म की सत्यता एवं असत्यता के निर्धारण का विचार त्याग कर केवल धार्मिक तथ्यों के वर्णन तक ही अपने आप को सीमित कर लेना चाहिए। उदाहरण के लिए, मध्ययुगीन दार्शनिक विलियम ओकम का मानना है कि दर्शन का क्षेत्र तर्क है जबकि धर्म मूलत: आस्था पर आधारित है। तर्क की गति केवल आनुभविक जगत तक ही है। अत: जो विषय आनुभविक जगत से परे अर्थात् अतीन्द्रिय है उसे वे अपने "ओकम का उस्तरा सिद्धांत" (Theory of Occam's Razor) के आधार पर दर्शन जगत से बहिष्कृत करने की बात करते हैं। इस सिद्धांत के अनुसार हमें उन्हीं बातों को स्वीकार करना चाहिए जो अपरिहार्य हैं।

यदि उपर्युक्त सभी आक्षेपों पर सम्यक् दृष्टि से विचार किया जाय तो यह कहा जा सकता है कि ये सभी आक्षेप निराधार हैं। वास्तव में, मानव व्यक्तित्व के तीन महत्त्वपूर्ण पक्ष हैं: ज्ञान

(Cognition), भावना (Affection) एवं संकल्प (Conation)। ज्ञान का सम्बंध बुद्धि (Reason) से, भावना का सम्बंध हृदय (Heart) से, जबकि संकल्प का सम्बंध कर्म (Action) से है। मनुष्य बुद्धि से जिस चीज का ज्ञान प्राप्त करता है, भावनात्मक स्तर पर उससे संतुष्ट होना चाहता है और अंततः संकल्प के रूप में वह उसे अपने आचरण में भी धारण करने का प्रयास करता है। इस प्रकार ये तीनों एक दूसरे के विरोधी नहीं बल्कि एक ही व्यक्तित्व के तीन अवियोज्य पक्ष होने के कारण एक दूसरे के पूरक हैं। जिस प्रकार किसी पक्षी को आकाश में उड़ने के लिए दो पंखों के साथ-ही-साथ एक पूँछ की भी आवश्यकता होती है। यदि इनमें से किसी एक की भी कमी होती है तो वह अपने आप को संतुलित नहीं कर सकता है। इसी प्रकार मानव को संतुलित जीवन जीने के लिए ज्ञान, भावना एवं संकल्प इन तीनों में साम्य का होना आवश्यक है। अस्तु, धर्म का दार्शनिक विवेचन सम्भव ही नहीं बल्कि अपरिहार्य भी है। इसके अतिरिक्त कुछ अन्य कारण निम्नलिखित हैं:

- यद्यपि यह सत्य है कि धर्म आस्था पर आधारित है जबकि दर्शन तर्क पर, तथापि यदि आस्था अन्धविश्वासी हो जाय तो उसे अन्धविश्वासों से मुक्त करने के लिए तर्क एवं बौद्धिकता की आवश्यकता है, अन्यथा धर्म सामान्य लोगों के उपहास का विषय बन जायेगा।
- धार्मिक अनुभूतियाँ नितान्त व्यक्तिगत होती हैं, यदि हम उन्हें सार्वजनिक बनाना चाहते हैं तो तर्क एवं बौद्धिकता का सहारा लेना ही पड़ेगा।
- धार्मिक अनुभूतियाँ आत्मनिष्ठ होती हैं, यदि उनमें वस्तुनिष्ठता लानी है तो तर्क एवं बौद्धिकता का प्रयोग करना ही पड़ेगा।
- धार्मिक अनुभूतियाँ क्षणिक भी होती हैं, उसमें स्थायित्व लाने के लिए तर्क एवं बौद्धिकता आवश्यक है।
- अंततः यदि विभिन्न धर्मों में मत-वैभिन्यता उत्पन्न हो जाय तो तर्क एवं बौद्धिकता के आधार पर ही उनमें सामंजस्य स्थापित किया जा सकता है।

यह सत्य है कि धर्म आस्था पर आधृत है जबकि दर्शन तर्क एवं बौद्धिकता पर, परन्तु तर्क एवं बौद्धिकता आस्था के दुश्मन नहीं हैं बल्कि वह ऐसी आस्था जो मूलतः अंधविश्वासों पर आधारित है, को परिष्कृत एवं परिमार्जित करके एक व्यापक आधार प्रस्तुत करती है जिससे वह लोगों के उपहास का विषय नहीं बन सके। दूसरे शब्दों में, बौद्धिक निर्णय भले ही हमारे हृदय को संतुष्ट नहीं कर सकें, परन्तु बुद्धि को अवश्य ही संतुष्ट करते हैं जिससे व्यक्ति और अधिक दृढ़ता एवं निष्ठापूर्वक धार्मिक मार्ग का अवगाहन करता है। तभी तो गीता में भगवान श्रीकृष्ण कहते हैं कि हे अर्जुन! मुझे भक्त तो सभी प्रिय हैं, परन्तु भक्तों मे ज्ञानी भक्त सर्वाधिक प्रिय है (तेषां ज्ञानी नित्ययुक्त एकभक्तिर्विशिष्यते। प्रियो हि ज्ञानिनोऽत्यर्थमहं स च मम प्रियः॥ - श्रीमद्भगवद्गीता 7/17)। आचार्य शंकर भी मानते हैं कि यदि श्रुति का अन्य' प्रमाणों से विरोध हो जाय तो उसकी विवेचना उस प्रमाण के परिप्रेक्ष्य में ही करनी चाहिए। उनके अनुसार ऐसी श्रुतियाँ त्याज्य हैं जो तर्क विरोधी हों (युक्तिरनुभवस्य सन्निकृष्यते। - शांकर भाष्य 2/1/4)। पुनश्च, उनके अनुसार 'यदि सैकड़ों श्रुतियाँ अग्नि को शीतल एवं अप्रकाश बताएँ तो यह अनुभव विरोधी होने

के कारण प्रामाणिक नहीं माना जा सकता है' (न हि श्रुतिशतमपि शीतोऽग्निरप्रकाशो वेति ब्रुवत प्रामाण्यमुपैति। - गीताभाष्य 18/66)। इसी प्रकार महर्षि व्यास जी भी लिखते हैं कि 'वही धर्म श्रेष्ठ है तो तर्कसंगत हो।' यही नहीं, एक ओर फ्रांसिस बेकन लिखते हैं कि दर्शन की गहराइयों में उतरने पर ही व्यक्ति धर्म का अनुसरण करता है ["It is true, that a little philosophy inclineth man's mind to atheism; but depth in philosophy bringeth men's minds about to religion." Bacon, Francis (1909–14): *Essays, Civil and Moral*, The Harvard Classics, XVI, 'Of Atheism'] तो दूसरी ओर आर० एल० पैटरसन का कहना है कि 'धार्मिक होने का अर्थ है तार्किक होना तथा तार्किक होने का अर्थ है धार्मिक होना' (To be religious is to be rational and to be rational is to be religious.)। स्पष्टत: "तर्क से रहित आस्था केवल दुरास्था है।" ("A faith without contention is sheer bad-faith.")। अस्तु, निष्कर्षत: यह कहा जा सकता है कि "धर्म-दर्शन न तो केवल धर्म है और न ही केवल दर्शन, बल्कि यह धर्म का दर्शन है।" ("Philosophy of religion is neither philosophy nor religion but it is philosophy of religion.")।

धर्म-दर्शन एवं धर्मशास्त्र
(Philosophy of Religion and Theology)

धर्म-दर्शन, दर्शन की वह शाखा है जो सभी धर्मों की मूल मान्यताओं, धार्मिक विश्वासों, क्रियाओं, मूल्यों एवं सत्यों की सुव्यवस्थित, तर्कसंगत एवं निष्पक्ष परीक्षा करता है, जबकि धर्मशास्त्र किसी विशेष धर्म की मूल मान्यताओं की केवल सुव्यवस्थित एवं तर्कसंगत व्याख्या करता है। इस दृष्टि से जॉन हिक "Philosophy of Religion" में लिखते हैं कि "अत: धर्म-दर्शन, धर्मशास्त्र की शाखा नहीं है (धर्मशास्त्र का अर्थ है धार्मिक विश्वासों का व्यवस्थित अध्ययन करना), अपितु यह दर्शनशास्त्र की एक शाखा है। यह धर्म की अवधारणाओं एवं विश्वास पद्धतियों का अध्ययन करता है साथ-ही धार्मिक अनुभूति और पूजा-पद्धतियों एवं प्रार्थना की पूर्व घटनाओं का भी अध्ययन है जिस पर ये विश्वास पद्धतियाँ आधृत हैं तथा जिनके द्वारा वे उत्पन्न होती हैं"। ["Philosophy of religion is, accordingly, not a branch of theology (meaning by 'theology' the systematic formulation of religious beliefs), but a branch of philosophy. It studies the concepts and belief systems of religion as well as the prior phenomena of religious experience and the activities of worship and contemplation on which these belief systems rest and out of which they have arisen." Hick, John H. (1988): *Philosophy of Religion*, Prentice-Hall, India Pvt. Ltd., New Delhi, p. 1.]। हालाँकि, कुछ दार्शनिक धर्मशास्त्र को ईश्वरपरक विज्ञान मानते हुए कहते हैं कि यह ईश्वर के स्वरूप एवं अस्तित्व तथा मनुष्य एवं जगत के बीच ईश्वर के सम्बंध की तर्कसंगत व्याख्या करता है। इसका आधार अंग्रेजी का शब्द "Theology" है जिसका शाब्दिक अर्थ होता है 'ईश्वरपरक विज्ञान' या 'ईश्वरमीमांसा' या 'ईश्वरशास्त्र'। लेकिन यह मत उपयुक्त नहीं है, क्योंकि ईश्वरवादी धर्मों की ही भाँति अनीश्वरवादी धर्मों का भी अपना धर्मशास्त्र होता है, यथा - जैन, बौद्ध तथा मानववादी

धर्म। वास्तविकता यह है कि ईश्वरमीमांसा के केन्द्र में केवल ईश्वर है जबकि धर्मशास्त्र के केन्द्र में ईश्वर नहीं बल्कि धर्म सम्बंधी अन्य मूलभूत मान्यताएँ आती हैं। अब यदि ईश्वरमीमांसा को केवल ईश्वर तक ही सीमित कर दिया जाए तो इसका अर्थ हुआ कि अनीश्वरवादी धर्मों का अपना धर्मशास्त्र नहीं होता है। अस्तु, धर्मशास्त्र को केवल ईश्वरवादी धर्मों तक सीमित करना असंगत है।

प्रश्न उठता है कि धर्मशास्त्र तथा धर्म-दर्शन दोनों एक ही हैं या इनमें कुछ वैषम्य भी है? इस प्रश्न पर दार्शनिकों में मतैक्य नहीं है। कुछ दार्शनिक इसके पक्ष में अपना मत प्रस्तुत करते हैं तो कुछ इसके विपक्ष में। दार्शनिकों द्वारा इसके पक्ष में प्रस्तुत किए गए मत इस प्रकार हैं:

1. प्रारम्भ में धर्मशास्त्र तथा धर्म-दर्शन में कोई विभेद नहीं किया जाता था, क्योंकि धर्मशास्त्री ही धर्म-दार्शनिक भी हुआ करते थे अर्थात् जो धर्म के पुरोधा होते थे वे ही धर्म की व्याख्या भी करते थे। अब यदि दोनों कार्य एक ही व्यक्ति कर रहा है तो उनमें साम्य का होना स्वाभाविक ही है।
2. कुछ दार्शनिक धर्मशास्त्र को दो भागों में विभक्त करते हैं: (i) प्राकृतिक धर्मशास्त्र (Natural theology) तथा (ii) प्रकाशित धर्मशास्त्र (Revealed theology)।

   प्राकृतिक धर्मशास्त्र, धर्मशास्त्र की वह शाखा है जो धर्म का तार्किक या बौद्धिक विवेचन करता है, जबकि प्रकाशित धर्मशास्त्र विभिन्न धर्मों के धार्मिक विचारों को केवल अभिव्यक्त करता है। इस प्रकार प्रकाशित धर्मशास्त्र में आस्था एवं विश्वास को प्रधान मानते हुए तर्क एवं बौद्धिकता को गौण माना गया है। पुनश्च, एडवर्ड मिलर प्राकृतिक धर्मशास्त्र एवं प्रकाशित धर्मशास्त्र में विभेद करते हुए लिखते हैं कि "प्रकाशित धर्मशास्त्र के अंतर्गत ईश्वर स्वयं को हमारे समक्ष प्रकट करता है जबकि प्राकृतिक धर्मशास्त्र में हम ईश्वर की ओर अभिमुख होते हैं।" ["It is a difference between God's movement toward us and our movement toward God." Miller, Ed. L. (1995): *God and Reason*, Prentice-Hall, New Jersey, p. 9.]। इसी मान्यता के आधार पर कुछ दार्शनिक यह तर्क करते हैं कि जिस प्रकार धर्म-दर्शन में तर्क एवं बौद्धिकता को महत्त्व दिया जाता है उसी प्रकार प्राकृतिक धर्मशास्त्र में भी में तर्क एवं बौद्धिकता को महत्त्व दिया जाता है। अस्तु, धर्म-दर्शन एवं धर्मशास्त्र दोनों एक दूसरे के तुल्य हैं। इस मान्यता का समर्थन प्रमुखतः ब्राउन, बेनेट, हार्टन आदि दार्शनिक करते हैं।
3. मध्य काल एवं आधुनिक काल में कुछ उदारवादी धर्मशास्त्री हुए जिन्होंने धार्मिक मान्यताओं, जैसे - ईश्वर, आत्मा, मोक्ष, पूजा-पाठ आदि विषयक प्रश्नों को भी दर्शन की ही भाँति तर्क के आधार पर सिद्ध करने का प्रयास किया है। इनके अनुसार धर्मशास्त्र तथा धर्म-दर्शन में प्रमुख विभेद यह है कि जहाँ एक ओर धर्मशास्त्र में केवल एक ही धर्म का अध्ययन होता है, वहीं दूसरी ओर धर्म-दर्शन में सभी धर्मों की मूल मान्यताओं का अध्ययन किया जाता है।

इस साम्य के बावजूद धर्मशास्त्र तथा धर्म-दर्शन में कुछ मूलभूत वैषम्य भी हैं और यह वैषम्य इनके 'विषय-वस्तु' तथा 'दृष्टिकोण' से सम्बंधित है। जिनका वर्णन आगे किया गया है:

1. धर्मशास्त्र केवल एक ही धर्म से सम्बंधित है। यही नहीं, एक ही धर्म के अंतर्गत भी कई सम्प्रदाय विकसित हो जाते हैं, जैसे - ईसाई धर्म में कैथोलिक एवं प्रोटेस्टेंट, इस्लाम में शिया एवं सुन्नी, जैन धर्म में श्वेताम्बर एवं दिगम्बर, बौद्ध धर्म में हीनयान एवं महायान, हिन्दू धर्म में सगुण एवं निर्गुण पंथी आदि। धर्मशास्त्री अपनी विवेच्य विषय-वस्तु को संकुचित करते हुए इसमें से केवल एक सम्प्रदाय विशेष तक ही अपने आप को सीमित कर लेते हैं। उदाहरण के लिए, जब सम्माननीय थ्वैकम् (Rev. Thwackum) से धर्म के बारे में पूछा गया तो उन्होंने स्पष्ट शब्दों में कहा कि "जब मैं रिलीजन की चर्चा करता हूँ तो इसका अभिप्राय ईसाई रिलीजन से है; और न केवल ईसाई रिलीजन बल्कि प्रोटेस्टेंट रिलीजन; उसमें भी केवल इंग्लैण्ड के चर्च से है।" ["When I mention religion I mean the Christian religion; and not only the Christian religion, but the Protestant religion; but the Church of England." Fielding, Henry (2009): *A History of Tom Jones*, A Digireads.com Book, p. 63.]। धर्मशास्त्र से पृथक् धर्म-दर्शन सभी धर्मों की मूल मान्यताओं का व्यापक रूप में अध्ययन करता है, जैसे - यहूदी, ईसाई, इस्लाम, हिन्दू, जैन, बौद्ध, ताओ, येन, आदि। इस प्रकार धर्म-दर्शन का क्षेत्र धर्मशास्त्र से अधिक विस्तृत है।
2. जहाँ तक दृष्टिकोण की बात है, धर्मशास्त्र श्रद्धा एवं निष्ठा पर आधारित है वहीं धर्म-दर्शन तर्क एवं बौद्धिकता पर। दूसरे शब्दों में, धर्मशास्त्री सदैव ही तर्क एवं बौद्धिकता के प्रयोग से अपने आप को बचाना चाहते हैं तथा अपने धर्म में प्रतिपादित मान्यताओं को बिना इस प्रश्न पर विचार किये कि वे सत्य हैं या असत्य, निःसंकोच एवं दृढ़तापूर्वक स्वीकार करते हैं। धर्म-दार्शनिक बिना तर्क एवं बौद्धिकता के द्वारा परीक्षण किये किसी भी तथ्य को स्वीकार नहीं करते हैं।
3. धर्म-दर्शन का उद्देश्य सभी धर्मों के धार्मिक विश्वासों और मूलभूत मान्यताओं का आलोचनात्मक मूल्यांकन (Critical evaluation) करके उसकी भ्रांतियों को उजागर करना है। इस दृष्टि से धर्म-दर्शन को निष्पक्ष (Impartial) कहा जा सकता है। धर्मशास्त्री अपनी ही धर्म सम्बंधी मान्यताओं का केवल स्पष्टीकरण (Clarification) करके यह प्रदर्शित करना चाहता है कि उसका ही धर्म एकमात्र सर्वोत्कृष्ट धर्म है। इसमें न तो कोई विरोधाभास है और न कोई असंगति ही है। सम्भवतः यही कारण है कि डब्ल्यू० के० राइट 'A student's Philosophy of Religion' में धर्मशास्त्र को पक्षपातपूर्ण (Partial) बताते हैं।
4. धर्म से सम्बंधित जब भी कोई विवाद उत्पन्न होता है तो धर्मशास्त्री अपने मूल-ग्रंथों या श्रुतियों को साक्ष्य या दृष्टांत के रूप में प्रस्तुत करते हैं, क्योंकि वे मानते हैं कि मूल-ग्रंथ या तो ईश्वर या खुदा का वचन है या फिर वह अपौरुषेय है। अस्तु, वह अकाट्य एवं असंदिग्ध है। वहीं धर्म-दार्शनिक आस्था एवं विश्वास से पृथक् हटकर धार्मिक विवादों का केवल तर्क एवं बौद्धिकता के आधार पर समाधान करने का प्रयास करते हैं।
5. धर्मशास्त्र व्यावहारिक तथा प्रयोजनवादी भी है, क्योंकि वह जिन सिद्धांतों को स्वीकार करता है वे उसके धार्मिक लक्ष्य की सिद्धि कराने में सफल होते हैं। इसी व्यावहारिक उपयोगिता

के आधार पर विलियम जेम्स ईश्वर की सत्ता को स्वीकार कर लेते हैं। इस संदर्भ में ब्लेज पास्कल (Blaise Pascal) की वेजर युक्ति (Wager argument) महत्त्वपूर्ण है। पास्कल यह दाँव लगाते हैं कि माना कि ईश्वर है और हम उसे नहीं मानते हैं तो इससे नुकसान हो सकता है, परन्तु माना कि ईश्वर नहीं है फिर भी हम उसे मान रहे हैं तो इसमें नुकसान की कोई सम्भावना नहीं हैं, क्योंकि जब वह है ही नहीं तो नुकसान कैसे पहुँचा सकता है। इस प्रकार दोनों ही स्थितियों में ईश्वर को मानने से फायदा-ही-फायदा है, नुकसान कुछ भी नहीं है। "यदि आप हारते हैं तो कुछ नहीं खोते हैं, परन्तु यदि आप जीतते हैं तो सब कुछ प्राप्त कर लेते हैं।" ("If you lose, you lose nothing and if you gain, you gain all." Pascal, Blaise: *Pensees*, Section III, No. 233, Trans. by W.F. Trotter)। धर्मशास्त्र से पृथक् धर्म-दार्शनिक किसी के लाभ के लिए दार्शनिक विवेचन नहीं करते हैं। उनका उद्देश्य तो धर्मशास्त्रियों द्वारा किये जाने वालों दावों का बुद्धि के द्वारा परीक्षण करके इस बात का निर्धारण करना है कि उसमें कितना सत्यांश है।

6. धर्मशास्त्र, धर्म-दर्शन को सामग्री प्रस्तुत करता है जिसके फलस्वरूप, धर्म-दर्शन, धर्म की विवेचना करने में सफल हो पाता है। इसीलिए धर्म-दर्शन को धर्मशास्त्र की अपेक्षा 'द्वितीय स्तर का अध्ययन' (Second order study) कहते हैं (John Hick, *Philosophy of Religion*, p. 1)। परन्तु श्यालरमाखर का कहना है कि क्योंकि धर्म-दर्शन धार्मिक तथ्यों का तार्किक विश्लेषण करके उनके स्वरूप एवं क्षेत्र का निर्धारण करता है अर्थात् धर्म-दर्शन, धर्मशास्त्र को परिष्कृत और परिमार्जित करके उसे निर्दोष बनाता है, जिससे धर्मशास्त्र अंधविश्वासी होने से बच जाता है, अत: धर्मशास्त्र की अपेक्षा धर्म-दर्शन को ही 'प्रथम स्तर का अध्ययन' (First order study) कहा जा सकता है। हालाँकि कोई भी धर्मशास्त्री यह मानने को कतई तैयार नहीं होगा कि धर्म-दार्शनिक उसके धर्म के स्वरूप एवं क्षेत्र का निर्धारण करे, क्योंकि वह जानता है कि धार्मिक सत्य बुद्धि पर आधारित न होकर अपरोक्षानुभूति पर आधारित हैं। अत: जिस व्यक्ति को इस प्रकार की अनुभूति प्राप्त नहीं हुई है वह उसका बौद्धिक विश्लेषण कर ही नहीं सकता है। इसी दृष्टि से एफ० एच० ब्रेडले का कहना है कि 'जब हमारी बुद्धि आत्म-हत्या कर लेगी तभी हमें निरपेक्ष का अनुभव होगा, क्योंकि बुद्धि सम्बंध के माध्यम से चलती है जबकि निरपेक्ष सभी प्रकार के सम्बंधों से परे है।' इसी प्रकार मार्टिन लूथर का भी कहना है कि 'ईश्वर को जानने के लिए बुद्धि रूपी आँख को मार देना चाहिए, उसे पृथ्वी में दफन कर देना चाहिए।'
7. धर्म-दर्शन, दर्शनशास्त्र एवं धर्मशास्त्र दोनों के मध्य में स्थित है। एक ओर यह धर्मशास्त्र से सामग्री ग्रहण करता है और दूसरी ओर दर्शनशास्त्र से उसकी तार्किक एवं विश्लेषणात्मक पद्धति को। इसी कारण वह धर्म का दार्शनिक विवेचन करने में सफल हो पाता है। इसी दृष्टि से प्राय: यह कहा जाता है कि धर्म-दर्शन न तो केवल धर्म है और न ही केवल दर्शन, बल्कि यह धर्म का दर्शन है। धर्मशास्त्र केवल धार्मिक सत्यों की व्याख्या एवं स्पष्टीकरण तक अपने आप को सीमित कर लेता है।

इस वैषम्य के बावजूद भी यदि उपर्युक्त सभी पक्षों पर सहानुभूतिपूर्वक विचार किया जाय तो यह कहा जा सकता है कि धर्मशास्त्र और धर्म-दर्शन एक दूसरे के विरोधी नहीं हैं। यह

सत्य है कि धर्म-दर्शन तर्क एवं बौद्धिकता पर आधृत है जबकि धर्मशास्त्र श्रद्धा एवं आस्था पर, परन्तु वास्तविकता यह है कि दोनों एक ही गन्तव्य तक पहुँचने के दो भिन्न सोपान हैं। तर्क एवं बौद्धिकता एक सीमा तक आकर रूक जाते हैं उसके आगे ले चलने का कार्य केवल आस्था एवं विश्वास ही करते हैं। इस प्रकार धर्मशास्त्र और धर्म-दर्शन में कोई गुणात्मक विभेद (Qualitative difference) न होकर केवल मात्रात्मक विभेद (Quantitative difference) है। इसी दृष्टि से फ्रांसिस बेकन ठीक ही लिखते हैं कि 'यह सत्य है कि दर्शन का कम ज्ञान व्यक्ति को अनीश्वरवाद की ओर झुकाता है, परन्तु जब व्यक्ति दर्शन की गहराइयों में उतरता है तभी वह धर्म का अनुसरण करता है।' [It is true, that a little philosophy inclineth man's mind to atheism; but depth in philosophy bringeth men's minds about to religion. Francis Bacos. *Essays, Civil and Moral*. The Harvard Classics (1909–14), XVI, Of Atheism]। अस्तु, यह कहा जा सकता है कि धर्मशास्त्र एवं धर्म-दर्शन के विरोधी नहीं हैं बल्कि एक दूसरे के सहयोगी एवं पूरक हैं।

✤ ✤ ✤

ईश्वर के अस्तित्व के लिए प्रमाण (Proof for the Existence of God)

अध्याय 3

- परिचय
- सत्तामूलक/प्रत्ययमूलक युक्ति
- सृष्टिमूलक या कारणमूलक युक्ति
- प्रयोजनमूलक या उद्देश्यमूलक युक्ति
- नैतिक युक्ति

परिचय (Introduction)

प्राचीन काल में ईश्वर के अस्तित्व को कोरी आस्था एवं विश्वास के आधार पर स्वीकार किया जाता रहा है, परन्तु आधुनिक युग में आस्था एवं विश्वास का स्थान तर्क ने ले लिया। अब मनुष्य केवल उन्हीं चीजों को स्वीकार करता है जो तार्किक दृष्टि से सुसंगत हों। अस्तु, कालांतर में ईश्वर के अस्तित्व को प्रमाणित करने के लिए अनेकानेक युक्तियों का प्रयोग किया गया। इनमें से चार अधिक महत्त्वपूर्ण हैं:

1. सत्तामूलक या प्रत्ययमूलक युक्ति (Ontological Argument)
2. सृष्टिमूलक या कारणमूलक युक्ति (Cosmological or Causal Argument)
3. प्रयोजनमूलक या उद्देश्यमूलक युक्ति (Teleological Argument or Argument from Design)
4. नैतिक युक्ति (Moral Argument)

सत्तामूलक/प्रत्ययमूलक युक्ति (Ontological Argument)

ईश्वर के अस्तित्व को सिद्ध करने के लिए जितने भी तर्क दिये गये हैं उनमें से सत्तामूलक तर्क इस अर्थ में भिन्न है कि जहाँ

अन्य तर्क या तो जगत के स्वरूप से सम्बंधित हैं या फिर मनुष्य के अनुभव पर आधारित हैं वहीं सत्तामूलक तर्क विशुद्ध प्रत्यय या विचार के आधार पर ईश्वर के अस्तित्व को प्रमाणित करता है। अन्य युक्तियों की ही भाँति इसकी भी शुरुआत प्लेटो के दर्शन से होती है। प्लेटो के अनुसार दो प्रकार के जगत हैं: पहला, प्रत्ययों का जगत (World of ideas) एवं दूसरा, वस्तुओं का जगत (World of things)। प्रत्ययों का जगत आत्म-निर्भर एवं शाश्वत होने के कारण पूर्णतः सत् है जबकि वस्तुओं का जगत प्रत्ययों के जगत का प्रतिबिम्ब होने के कारण न तो पूर्णतः सत् है और न ही पूर्णतः असत्। प्लेटो उसे अर्द्ध-सत् (Semi-real) कहते हैं। इस प्रकार उनके अनुसार एक मात्र प्रत्यय ही सत् हैं। ईश्वर 'प्रत्ययों का प्रत्यय' (Idea of ideas) होने के कारण पूर्णतः अस्तित्ववान है। इस प्रकार प्लेटो प्रत्यय या विचार के आधार पर ईश्वर का अस्तित्व सिद्ध करता है।

मध्ययुगीन दार्शनिक संत अन्सेलम अपनी पुस्तक 'प्रोस्लोजियन' में इस युक्ति को एक व्यवस्थित रूप प्रदान करते हैं। उनके अनुसार प्रत्येक व्यक्ति यहाँ तक कि अनीश्वरवादी एवं मूर्ख भी यह मानते हैं कि ईश्वर का प्रत्यय श्रेष्ठतर का प्रत्यय है (A being than which nothing greater can be conceived)। अंसेलम 'प्रोस्लोजियन' के दूसरे अध्याय में लिखते हैं कि "मूर्ख भी जब वह सुनता है कि एक सत्ता जिससे श्रेष्ठतर की अवधारणा नहीं हो सकती है तो मानता है कि वह केवल बुद्धि में नहीं हो सकता है, क्योंकि माना कि वह केवल बुद्धि में है, तो भी उसे वास्तविकता में स्वीकार किया जा सकता है, क्योंकि वह श्रेष्ठतर है। अतः यदि जिससे श्रेष्ठतर की अवधारणा नहीं हो सकती है, वह केवल बुद्धि में है, तो यथार्थ सत्ता, जिससे श्रेष्ठतर की अवधारणा नहीं हो सकती है, एक ऐसी सत्ता है, जिससे श्रेष्ठतर की अवधारणा हो सकती है। परन्तु यह स्पष्टतः असम्भव है। अतः असंदिग्ध रूप से एक ऐसी सत्ता का अस्तित्व है, जिससे श्रेष्ठतर की अवधारणा नहीं हो सकती है, और जिसका अस्तित्व बुद्धि एवं वास्तविकता दोनों में ही है।" ["(Even a) fool, when he hears of ... a being than which nothing greater can be conceived ... cannot exist in the understanding alone. For, suppose it exists in the understanding alone: then it can be conceived to exist in reality; which is greater. Therefore, it that, than which nothing greater can be conceived, is one, than which a greater can be conceived. But obviously this is impossible. Hence, there is no doubt that there exists a being, than which nothing greater can be conceived, and it exists both in the understanding and in reality." Saint Anselm: *Proslogian*, Trans. by Deane, Sydney N. (1939), The Open Court Publishing Co., Chicago, pp. 7–8.] हिक के अनुसार "यहाँ श्रेष्ठतर (Greater) का तात्पर्य अधिक पूर्ण (More perfect) होने से है न कि दैशिक रूप से बड़ा (Spacially bigger) होने से है। उल्लेखनीय है कि अन्सेलम 'प्रोस्लोजियन' के अध्याय 14 और 18 में 'Greater' के स्थान पर 'Better' शब्द का प्रयोग करते हैं।" [Hick, John (1988): *Philosophy of Religion*, Prentice-Hall, India Pvt. Ltd., New Delhi, p. 16.)।

अन्सेलम 'प्रोस्लोजियन' के द्वितीय अध्याय में लिखते हैं कि यदि ईश्वर का प्रत्यय श्रेष्ठतर का प्रत्यय है तो उसका अस्तित्व, विचार एवं वास्तविकता दोनों में ही होना चाहिए, अन्यथा वह श्रेष्ठ नहीं रह जायेगा। ऐसी स्थिति में वे सत्ताएँ श्रेष्ठतर हो जायेंगी जो विचार एवं वास्तविकता

दोनों में ही हों। उसके अनुसार यदि हम एक ओर ईश्वर को श्रेष्ठतर कहें और दूसरी ओर उसके अस्तित्व को केवल विचार में ही मानें तो यह एक आत्म-विरोधी (Self-contradictory) अवधारणा होगी। अत: श्रेष्ठतर होने के कारण ईश्वर का अस्तित्व, विचार एवं वास्तविकता दोनों में ही है। माना कि दो प्रकार की सत्ताएँ हैं: पहला, A जिसका अस्तित्व केवल विचार में है और दूसरा, A_1 जिसका अस्तित्व, विचार एवं वास्तविकता दोनों में ही है। स्पष्टत: इन दोनों में A_1 ही श्रेष्ठतर होगा, क्योंकि उसका अस्तित्व, विचार एवं वास्तविकता दोनों में ही है। इस प्रकार अन्सेलम श्रेष्ठतर प्रत्यय के आधार पर ही ईश्वर के वास्तविक अस्तित्व को सिद्ध करते हैं।

पुनश्च, अन्सेलम 'प्रोस्लोजियन' के तीसरे अध्याय में इस युक्ति को दूसरे रूप में प्रस्तुत करते हैं। यहाँ वे 'अस्तित्व' (Existence) एवं 'अनिवार्य अस्तित्व' (Necessary existence) का विभेद करते हुए ईश्वर के अस्तित्व को अनिवार्य अस्तित्व के रूप में स्वीकार कर लेते हैं। उसके अनुसार अनिवार्य अस्तित्व केवल उसी का हो सकता है जिसका निषेध नहीं किया जा सकता है और यदि हम उसका निषेध करें तो आत्म-व्याघात (Self-contradiction) उत्पन्न हो जायेगा। क्योंकि ईश्वर का अनस्तित्व आत्म-विरोधी है, अत: ईश्वर का अस्तित्व अनिवार्य अस्तित्व है। अन्सेलम लिखते हैं कि "ईश्वर का अस्तित्व इतना असंदिग्ध है कि उसके अनस्तित्व को स्वीकार नहीं किया जा सकता है, क्योंकि यह सम्भव है कि एक ऐसी सत्ता को स्वीकार किया जाय जिसके अनस्तित्व को स्वीकार नहीं किया जा सकता है; और वह उससे श्रेष्ठतर है जिसके अनस्तित्व को स्वीकार किया जा सकता है। अस्तु, जिससे श्रेष्ठतर की अवधारणा नहीं हो सकती है, यदि उसके अनस्तित्व को स्वीकार किया जाय, यद्यपि ऐसा नहीं है, तो उससे श्रेष्ठतर को भी स्वीकार किया जा सकता है। परन्तु यह एक असंगत विरोधाभास है। अत: एक ऐसी सत्ता है जिससे श्रेष्ठतर के अस्तित्व को स्वीकार नहीं किया जा सकता है, उसके अनस्तित्व को स्वीकार नहीं किया जा सकता है और वही सत्ता ईश्वर है।" ["It (God) assuredly exists so truly, that it cannot be conceived not to exist. For, it is possible to conceive of a being which cannot be conceived not to exist; and this is greater than one which can be conceived not to exist. Hence, if that, than which nothing greater can be conceived, can be conceived not to exist, it is not that, than which nothing greater can be conceived. But this is an irreconcilable contradiction. There is, then, so truly a being than which nothing greater can be conceived to exist, that it cannot even be conceived not to exist; and this being thou art, O Lord, our God." *Ibid.*, pp. 8–9.]।

अन्सेलम के अनुसार ईश्वर, एक ऐसी सत्ता है जिसका अनस्तित्व तर्कत: असम्भव है और वह सत्ता जिसका अनस्तित्व तर्कत: असम्भव है वह उससे श्रेष्ठ है जिसका अनस्तित्व तर्कत: सम्भव है। यहाँ पर तर्कत: असम्भव अनस्तित्व का तात्पर्य अनिवार्य अस्तित्व से है और अनिवार्य अस्तित्व केवल उसी का हो सकता है जो पूर्ण हो। अत: पूर्ण होने के कारण ईश्वर का अस्तित्व अनिवार्य अस्तित्व है। माल्कम, अन्सेलम के प्रथम एवं द्वितीय तर्कों के बीच भेद करते हुए कहते हैं कि "उनका पहला सत्तामूलक प्रमाण इस सिद्धांत का प्रयोग करता है कि वह सत्ता श्रेष्ठतर है, यदि उसमें अनस्तित्व की अपेक्षा अस्तित्व हो। उसका दूसरा प्रमाण उससे भिन्न

सिद्धांत का प्रयोग करता है कि वह सत्ता श्रेष्ठतर है जो अनिवार्यतः अनस्तित्वान की अपेक्षा अनिवार्यतः अस्तित्वान हो।" ["His first ontological proof uses the principle that a thing is greater if it exists than if it does not exists. His second proof employs the different principle that a thing is greater if it necessarily exists than if it does not necessarily exists." Malcolm, Norman (1960): "Anselm's Ontologocal Argument", *The Philosophical Review*, p. 46.]।

अन्सेलम के समकालिक दार्शनिक गैनीलो (Gaunilo) अपनी पुस्तक "*In Behalf of the Fool*" (Proslogian's Appendix, pp. 145–71.) में अन्सेलम की युक्ति के खण्डनार्थ कई तर्कों का प्रयोग करते हैं जिनमें दो प्रमुख हैं:

पहला, ईश्वर की अवधारणा सबके मन में नहीं है, क्योंकि हमारे मन में केवल उसी की अवधारणा हो सकती है जिससे हम परिचित हों, किन्तु ईश्वर से सभी परिचित नहीं हैं। दूसरा, ईश्वर के सम्प्रत्यय में ईश्वर का अस्तित्व निहित नहीं है अर्थात् केवल सम्प्रत्यय के आधार पर अस्तित्व सिद्ध नहीं किया जा सकता है। यदि केवल सम्प्रत्यय के आधार पर ही अस्तित्व सिद्ध किया जा सके तब तो एक पूर्ण द्वीप (The most perfect Island) या स्वर्ण पर्वत (The Golden Mountain) का अस्तित्व भी सिद्ध किया जा सकता है, परन्तु ऐसा सम्भव नहीं है। अतः विचार मात्र से ईश्वर के वास्तविक अस्तित्व को सिद्ध नहीं किया जा सकता है।

प्रत्युत्तर में अन्सेलम "Proslogian" के परिशिष्ट में लिखते हैं कि गैनीलो की प्रथम युक्ति इसलिए असफल हो जाती है, क्योंकि यदि परिचित होना ही किसी अवधारणा के लिए आवश्यक है तो जिससे हम अपरिचित हैं, हमें उसका खण्डन भी नहीं करना चाहिए। उदाहरणार्थ माना कि इस जगत में जिससे हम परिचित है उसका अस्तित्व है, परन्तु इसका अर्थ यह तो नहीं है कि जिससे हम अपरिचित हैं उसका अस्तित्व ही नहीं है अर्थात् जिससे हम अपरिचित हैं उसका भी अस्तित्व हो सकता है। इस प्रकार अस्तित्व का परिचित-अपरिचित होने से कोई सम्बंध नहीं है। पुनश्च, दूसरे आक्षेप के उत्तर में अन्सेलम कहते हैं कि सम्प्रत्यय के आधार पर केवल ईश्वर का अस्तित्व ही सिद्ध किया जा सकता है, किसी अन्य सत्ता का नहीं, क्योंकि अन्य कोई भी सत्ता ऐसी नहीं है जिससे श्रेष्ठतर की अवधारणा नहीं की जा सके। अतः सम्प्रत्यय के आधार पर केवल ईश्वर का अस्तित्व ही सिद्ध हो सकता है, किसी पूर्ण द्वीप या स्वर्ण पर्वत का नहीं। पुनश्च, अन्सेलम के अनुसार पूर्ण द्वीप या स्वर्ण पर्वत सम्भाव्य जगत (Contigent world) की सत्ताएँ हैं। अतः उनका होना या न होना अनिवार्य नहीं है। यह सम्भव है कि उसका अस्तित्व केवल विचार में हो वास्तविकता में नहीं और इसमें कोई आत्म-विरोध नहीं है, परन्तु ईश्वर अनिवार्यतः सत्तावान है, अतः यदि उसका अस्तित्व केवल विचार में ही माना जाय तो अवश्य ही आत्म-विरोध उत्पन्न हो जायेगा।

आधुनिक युग में रेने डेकार्ट अपनी पुस्तक 'Meditations (V)' में प्रत्ययमूलक युक्ति का प्रयोग दो रूपों में करता है:

1. ज्यामितीय तर्क (Geometrical Argument)
2. न्यायवाक्य पर आधारित तर्क (Syllogism based Argument)

ज्यामितीय तर्क (Geometrical Argument)

डेकार्ट ज्यामितीय तर्क के अंतर्गत कहता है कि किसी भी वस्तु के कुछ अनिवार्य गुण होते हैं जिन्हें किसी भी परिस्थिति में उस वस्तु से पृथक् नहीं किया जा सकता है, जैसे त्रिभुज का अनिवार्य गुण है कि उसके तीनों कोणों का योग दो समकोण (180°) के बराबर होता है, इसे त्रिभुज से पृथक् नहीं किया जा सकता है अथवा जैसे पर्वत को उसकी घाटी से पृथक् नहीं किया जा सकता है वैसे ही ईश्वर का भी अनिवार्य गुण उसका अस्तित्व है। उनके अनुसार ईश्वर के विचार में ईश्वर का अस्तित्व उसी प्रकार निहित है जिस प्रकार त्रिभुज के सम्प्रत्यय में यह निहित है कि उसके तीनों कोणों का योग 180° के बराबर होता है। "मैं केवल ईश्वर को बिना उसके अस्तित्व के स्वीकार नहीं कर सकता हूँ, क्योंकि अस्तित्व उनसे अवियोज्य है और निष्कर्षत: उनकी यथार्थ सत्ता है। ऐसा नहीं है कि यह अनिवार्यता केवल मेरे विचार की अनिवार्यता है; इसके विपरीत, यह अनिवार्यता इसके स्वरूप में ही निहित है अर्थात् यह ईश्वर के अस्तित्व की अनिवार्यता है, जो मुझे इस विचार के लिए बाध्य करती है। मेरे लिए यह असम्भव है कि ईश्वर को बिना उसके अस्तित्व के स्वीकार करें अर्थात् एक सर्वोच्च पूर्ण सत्ता को बिना सर्वोच्च पूर्णता के ही।" ["From the fact alone that I cannot conceive of God except as existing, it follows that existence is inseparable from him, and consequently that he does, in truth, exist. Not that my thought can bring about this result or that it imposes any necessity upon things; on the contrary, the necessity which is in the thing itself – that is, the necessity of the existence of God – determines me to have this thought. For it is not in my power to conceive of a God without existence – that is to say, of a supremely perfect Being without a supreme perfection." Rene Descartes, *Meditations*, Trans. by Lafleur, L.J. (1960), Bobbs-Merrill, Indianapolis, pp. 63–64.]।

इस प्रकार डेकार्ट का मत है कि ईश्वर के सम्प्रत्यय में ईश्वर का अस्तित्व ठीक उसी प्रकार निहित है जिस प्रकार त्रिभुज के सम्प्रत्यय में उसके तीन कोण और जिस प्रकार पहले कथन का निषेध नहीं किया जा सकता है उसी प्रकार दूसरे का भी। पुनश्च, उसके अनुसार जिस प्रकार तीन कोणों के बिना त्रिभुज, त्रिभुज नहीं हो सकता है उसी प्रकार अस्तित्व विहीन ईश्वर, ईश्वर नहीं हो सकता है (A triangle without its defining properties would not be triangle, and God without existence would not be God.)। इस प्रकार डेकार्ट केवल विचार के आधार पर ही ईश्वर का अस्तित्व सिद्ध करता है।

न्यायवाक्य पर आधारित तर्क (Syllogism based Argument)

पुनश्च, न्यायवाक्य पर आधारित युक्ति के अंतर्गत डेकार्ट कहता है कि ईश्वर का सम्प्रत्यय पूर्णता का सम्प्रत्यय है। पूर्णता में अस्तित्व भी निहित है। अत: ईश्वर का अस्तित्व है (The idea of God is the idea of perfect being. Existence is also a form of perfection. Therfore, God exists.)। डेकार्ट कहते हैं कि "मैं अपने भीतर ईश्वर अथवा एक सर्वोच्च पूर्ण

सत्ता का विचार वैसे ही असंदिग्ध रूप से पाता हूँ जैसे किसी आकृति या संख्या का विचार ... और मैं स्वीकार करता हूँ कि उसके स्वरूप में एक यथार्थ एवं शाश्वत अस्तित्व विद्यमान है।" ("Certainly, the idea of God, or a supremely perfect being, is one which I find within me just as surely as the idea of any shape or number ... and I recognize that an actual and an eternal existence belongs to his nature." *Ibid.*, p. 62.)। इस प्रकार डेकार्ट मानते हैं कि हमारे मन में एक सर्वोच्च पूर्ण ईश्वर का सम्प्रत्यय है। पूर्णता में अनिवार्य अस्तित्व भी निहित है। अतः ईश्वर का अस्तित्व अनिर्वाय अस्तित्व है। इसे वह न्याय वाक्य के रूप में प्रस्तुत करता है।

ईश्वर का सम्प्रत्यय पूर्णता का सम्प्रत्यय है।

पूर्णता में अस्तित्व भी निहित है।

अतः ईश्वर का अस्तित्व है।

यहाँ पूर्णता का तात्पर्य अनन्त गुणों से युक्त होना है। अनन्त का तात्पर्य यह है कि इसमें से किसी भी गुण का निषेध नहीं किया जा सकता है। यदि अनन्त गुणों को 100 मान लिया जाय तो यदि 100 में से किसी भी एक गुण का निषेध करेंगे तो वह 99 हो जायेगा, परन्तु 99 को पूर्ण नहीं कहा जा सकता है। इसी मान्यता के आधार पर डेकार्ट कहता है कि क्योंकि अनिवार्य अस्तित्व ईश्वर के अनन्त गुणों में से एक गुण है अतः हम उसका भी ईश्वर से निषेध नहीं कर सकते हैं, अन्यथा वह अपूर्ण हो जायेगा। इस प्रकार डेकार्ट पूर्णता का सम्प्रत्यय के आधार पर ईश्वर के वास्तविक अस्तित्व को सिद्ध करता है।

डेकार्ट और संत अन्सेलम की प्रत्ययमूलक युक्ति में वैषम्य यह है कि जहाँ एक ओर अन्सेलम ईश्वर के विचार के आधार पर ईश्वर के अस्तित्व को सिद्ध करते हैं अर्थात् उसके अनुसार ईश्वर का विचार पहले है और उसका अस्तित्व बाद में, वहीं दूसरी ओर डेकार्ट ईश्वर के अस्तित्व को ईश्वर के विचार का पूर्ववर्ती मानते हैं। डेकार्ट के अनुसार ईश्वर का अस्तित्व पहले से ही है और उसी ने हमारे मन में ईश्वर का विचार उत्पन्न किया है। इसी कारण वह ईश्वर के प्रत्यय को जन्मजात कहता है। दूसरा, अन्सेलम ईश्वर को श्रेष्ठतर (Greater) कहता है जबकि डेकार्ट उसे पूर्ण सत्ता (Perfect being) कहता है।

अन्सेलम की ही भाँति डेकार्ट की युक्ति भी आलोचना का विषय हो गई। डेकार्ट के समकालिक दार्शनिक गैसेण्डी के अनुसार मेरे मन में ईश्वर का सम्प्रत्यय नहीं है और यह भी नहीं कहा जा सकता है कि ईश्वर का सम्प्रत्यय जन्मजात है। यदि ईश्वर का सम्प्रत्यय जन्मजात होता तो दुनिया में न तो नास्तिकों का अस्तित्व होता और न ही ईश्वर के सम्बंध में इतनी मत-वैभिन्यता ही होती।

इनमें से काण्ट की आलोचना सर्वाधिक महत्त्वपूर्ण है। वह अपनी पुस्तक 'Critique of Pure Reason' में इस युक्ति के खण्डनार्थ कई तर्क प्रस्तुत करते हैं। पहला, डेकार्ट का दोष यह है कि वह अस्तित्व को गुण मानता है क्योंकि पूर्णता में सभी गुण विद्यमान हैं, अस्तित्व भी एक गुण है, अतः ईश्वर का अस्तित्व है अन्यथा वह अपूर्ण हो जायेगा, परन्तु काण्ट के अनुसार अस्तित्व गुण नहीं हो सकता है। यदि अस्तित्व को गुण मान लिया जाय तो उसके अधिष्ठान के

रूप में किसी दूसरे अस्तित्व की परिकल्पना करनी पड़ेगी। सिद्धांततः वह अस्तित्व भी एक गुण होगा। अतः उसके अधिष्ठान के रूप में हमें एक तीसरे अस्तित्व की परिकल्पना करनी पड़ेगी। इस प्रकार अंततः अनवस्था दोष आयेगा। अस्तु, अस्तित्व गुण नहीं हो सकता है। ("Being is obviously not real predicate.")।

दूसरा, डेकार्ट के अनुसार ईश्वर के सम्प्रत्यय में ईश्वर का अस्तित्व ठीक उसी प्रकार निहित है जिस प्रकार त्रिभुज के सम्प्रत्यय में तीन कोण अंतर्निहित हैं और जिस प्रकार दूसरे कथन का खण्डन नहीं किया जा सकता है उसी प्रकार पहले का भी। काण्ट के अनुसार यह सत्य है कि यदि हम त्रिभुज के अस्तित्व को स्वीकार करें तो उसके सम्बंध में जो भी कथन किया जायेगा उसका निषेध नहीं किया जा सकता है अर्थात् यदि त्रिभुज है तो उसमें अनिवार्यतः तीन कोण होंगे। लेकिन यह अनिवार्यता इस कथन की अनिवार्यता है न कि त्रिभुज की। क्योंकि यदि त्रिभुज का अस्तित्व ही नहीं है तो उसमें तीन कोण होने का प्रश्न ही नहीं उठता है। इसी प्रकार यदि ईश्वर है तो उसका अस्तित्व अनिवार्यतः है, परन्तु यदि ईश्वर नहीं है तो उसके अस्तित्व का प्रश्न ही नहीं उठता है और इसमें किसी प्रकार का कोई व्याघात नहीं है। दूसरे शब्दो में, "यदि त्रिभुज को मानें और उसके तीन कोणों को न मानें तो अवश्य ही आत्म-विरोध उत्पन्न होगा, परन्तु यदि त्रिभुज एवं उसके तीनों कोणों का एक साथ निषेध करें तो इसमें कोई आत्म-विरोध नहीं होगा। यही बात एक अनिवार्य सत्ता के सम्बंध में भी सत्य है।" ["To posite a triangle, and yet to reject it's three angles, is self-contradictory; but there is no self-contradiction in rejecting the triangle with its three angles. The same holds true of the concept of an abslutely necessary being." Kant I. (1781): *Critique of Pure Reason*, Trans. by Smith, N.K. (1929); Macmillan and Co. Ltd., St. Martin's Press, London, p. 524.]।

इसके प्रतिपक्ष में यह कहा जाता है कि कुछ कथन ऐसे होते हैं जिनका निषेध नहीं किया जा सकता है। 'ईश्वर का अस्तित्व है', एक ऐसा ही कथन है। अतः इसका भी निषेध नहीं किया जा सकता है। काण्ट के अनुसार अस्तित्वमूलक कथन या तो विश्लेषणात्मक होगा या संश्लेषणात्मक। यदि यह एक विश्लेषणात्मक कथन है तो ईश्वर का अस्तित्व उसके सम्प्रत्यय में अवश्य ही निहित है, किन्तु ऐसी स्थिति में हम ईश्वर का अस्तित्व पहले से ही स्वीकार कर लेते हैं, तब तो इसे सिद्ध करने का प्रयास ही निरर्थक है, परन्तु यदि यह एक संश्लेषणात्मक कथन है तो इसका विधेय उसके उद्देश्य में निहित नहीं होगा अर्थात् ईश्वर के सम्प्रत्यय में ईश्वर का अस्तित्व निहित नहीं होगा। अतः केवल सम्प्रत्यय के आधार पर ईश्वर का अस्तित्व सिद्ध नहीं किया जा सकता है।

पुनश्च, काण्ट के अनुसार अस्तित्व वास्तविक विधेय (Real Predicate) नहीं है, क्योंकि वास्तविक विधेय वह है जिससे उद्देश्य में या तो कुछ वृद्धि होती है या कुछ ह्रास, "स्पष्टतः सत्ता वास्तविक विधेय नहीं है अर्थात् यह कोई ऐसी अवधारणा नहीं है जिसमें हम किसी चीज की अवधारणा को जोड़ते हैं। यह केवल एक ऐसी चीज को मानना है या किन्हीं गुणों का आरोपण है जो उसमें स्वरूपतः निहित है।" ("*Being* is obviously not a real predicate; that is, it is not a concept of something which could I be added to the concept of a thing. It is merely the positing of a thing, or of certain determinations, as existing in themselves." *Ibid.*, p. 504.)। यहाँ पर अस्तित्व (विधेय) से उद्देश्य में न तो कुछ वृद्धि हो रही है और न ही कुछ ह्रास, जैसे माना कि हम अपने मन में ₹100 की अवधारणा करते हैं तो हमारी अवधारणा में ₹100 ही रहता है, परन्तु यदि हम उसमें से ₹1 घटाते हैं तो भी ₹100 ही रहता है और यदि उसमें ₹1 जोड़ते हैं तो भी ₹100 ही रहता है अर्थात् अवधारणा के स्तर पर ₹100 के प्रत्यय में कोई परिवर्तन नहीं हो रहा है। काण्ट की महत्त्वपूर्ण व्याख्या यह है कि अवधारणा के स्तर पर 100 काल्पनिक डालर एवं 100 वास्तविक डालर में कोई अंतर नहीं है। अतः अस्तित्व पूर्णता का प्रत्यय नहीं है, क्योंकि अस्तित्व के होने या न होने से पूर्णता के प्रत्यय में न तो कोई वृद्धि होती है और न ही कोई ह्रास। (The existence is not a real or positive attribute. A real predicate as a positive predicate does make a change in the content of the concept, *viz.*, if a real predicate is added to concept; it is enlarged. But existence is not something which can add to the content of the concept. According to his famous explanation, there is no difference between the concept of 100 imaginary dollars and 100 actual dollars.)। कालांतर में इस युक्ति का समर्थन फिण्डले ने भी किया है। फिण्डले भी लिखते हैं कि "वे तर्क जो विचार की अनिवार्यता पर आधृत हैं, सार्वभौमिक रूप से भ्रामक हैं: ऐसा कोई विचार सम्भव नहीं है जो अमूर्त एवं मूर्त अस्तित्व के बीच सेतु का निर्माण कर सके।" ("The proofs based on the necessities of thought are universally regarded as fallacious: it is not thought possible to built bridges between mere abstractions and concrete existence." Findlay, J.N. (1955): *Can God's Existence be Disproved*? (Mind, 1948) In Flew & Macintyre. *New Essays in Philosophical Theology,* SCM Press Ltd., London, p. 47.)।

हेगेल, जान केयर्ड, बोसांके, आदि के मत में काण्ट द्वारा उठाई गई आपत्तियाँ केवल भौतिक वस्तुओं पर आरोपित होती हैं, ईश्वर पर नहीं। निःसंदेह विचार मात्र से अस्तित्व सिद्ध नहीं हो सकता, किन्तु ईश्वर का विचार असाधारण एवं अनूठा विचार है, साधारण एवं अपूर्ण वस्तुओं के समान नहीं। अतः हेगेल के अनुसार "ईश्वर के संज्ञान से ही उसकी सत्ता सिद्ध हो जाती है।" ["His notion involves being." Hegel, G.W.F. (1975): *Hegel's Logic*, Trans. William Wallace, Claredon Press, Oxford, p. 85.]। यही नहीं, काण्ट स्वयं ही स्वीकार करता है कि सम्प्रत्यय अपरोक्षतः या परोक्षतः सत्ता से सम्बंधित होता है अर्थात् ऐसा कोई आत्म-सुसंगत सम्प्रत्यय नहीं हो सकता जिसके अनुरूप कोई सत्ता नहीं हो। ईश्वर भी इसका अपवाद नहीं है। अतः ईश्वर का अस्तित्व है। इसी दृष्टि से प्रिंगल पैटिसन (Pringle Pattison) लिखते हैं कि जो विचार के लिए अनिवार्य है वही सत्ता के लिए भी और वही ईश्वर के लिए भी सत्य है। अतः विचार से ही ईश्वर का अस्तित्व सिद्ध होता है। "सत्तामूलक तर्क वस्तुतः यह अभिव्यक्त करता है कि ... जो विचार के लिए अनिवार्य है वही सत्ता के लिए भी।" ["Ontological argument is really laboring to express ... that necessary implication in thought expresses a similar implication in reality." Pringle-Pattison, A. Seth (1920): *The Idea of God*, Oxford University Press, N.Y., p. 240.]। चार्ल्स हार्टमैन, क्लार्क, कैम्पबेल, रिचर्ड फियूस, आदि ने भी इस युक्ति का समर्थन किया है।

कुछ दार्शनिकों का यह भी कहना है कि अस्तित्व 'वर्णनात्मक विधेय' (Descriptive predicate) नहीं है, क्योंकि इससे किसी वस्तु के गुणों का वर्णन नहीं होता है, यथा - जब हम कहते हैं कि "The table is real.", तब तो हम मेज का वर्णन करते हैं, परन्तु जब हम यह कहते हैं कि "The table exists.", तब मेज का वर्णन नहीं करते हैं। इसी दृष्टि से साधारण भाषा दार्शनिक नार्मन माल्कम का कहना है कि जब मैं यह कहता हूँ कि, 'मेरी पत्नी विश्वविद्यालय से डी० फिल० है', तो मैं पत्नी के बारे में वर्णन करता हूँ, परन्तु जब मैं यह कहता हूँ कि, 'मेरी पत्नी का अस्तित्व है', तो मैं उसके बारे में कोई वर्णन नहीं कर रहा हूँ। अत: 'मेरी पत्नी का अस्तित्व है', इस कथन से 'मेरी पत्नी विश्वविद्यालय से डी० फिल० है', यह कथन अधिक पूर्ण है। इसी प्रकार जब हम कहते हैं कि, 'ईश्वर दयालु है' तब तो हम ईश्वर का वर्णन करते हैं, परन्तु जब हम कहते हैं कि 'ईश्वर का अस्तित्व है', तो हम ईश्वर के बारे में कोई वर्णन नहीं करते हैं। इस प्रकार अस्तित्व 'वर्णनात्मक विधेय' नहीं हो सकता है।

इसी प्रकार ए० जे० एयर तथा जी० ई० मूर 'अस्तित्वात्मक तर्कवाक्य' (Existential proposition) का विश्लेषण करते हुए कहते हैं कि इसकी भ्रामक व्याख्या व्याकरणिक समानता के कारण हुई है। सम्भव है कि किन्हीं दो तर्कवाक्यों का व्याकरणिक आकार तो समान हो, परन्तु इनके तार्किक आकार भिन्न-भिन्न हों। माना कि दो तर्कवाक्य हैं: 'Cats are existent.' और 'Cats are carnivorous.'। यद्यपि इन दोनों के व्याकरणिक आकार समान हैं, परन्तु इनके तार्किक आकार भिन्न-भिन्न हैं, क्योंकि 'Carnivorous' गुण या विशेषता है जबकि 'Existent' गुण या विशेषता नहीं है। अत: 'Cat' से 'Carnivorous' का निगमन तो हो सकता है, परन्तु 'Carnivorous' से 'Cat' सिद्ध नहीं होता है, यथा 'मेज लाल है', में 'मेज' से 'लाल' का अस्तित्व तो सिद्ध होता है, परन्तु 'लाल' से 'मेज' का अस्तित्व सिद्ध नहीं होता है। इनके अनुसार यहाँ हमें वास्तविक विधेय (Real Predicate) और अस्तित्वात्मक विधेय (Existential Predicate) में स्पष्ट विभेद करना होगा। 'अस्तित्व' वास्तविक विधेय नहीं हो सकता है। इस प्रकार यह युक्ति सिद्धांतत: सुसंगत प्रतीत होते हुए भी व्यवहारत: इससे ईश्वर का वास्तविक अस्तित्व सिद्ध नहीं होता है।

इसी प्रकार क्रौम्बी, राईल, स्मार्ट आदि ने भी इस युक्ति का खण्डन किया है। इनके अनुसार अनिवार्य कथन केवल प्रतीकात्मक होता है। अस्तु, कोई भी अस्तित्वपरक कथन अनिवार्य न होकर केवल सम्भाव्य ही होगा। क्रौम्बी लिखते हैं कि "सभी अस्तित्वपरक कथन सम्भाव्य होते हैं। ...अत: इस रूप में हम जगत् के सम्भाव्य अस्तित्व के साथ ईश्वर के अनिवार्य अस्तित्व का भेद नहीं कर सकते हैं।" ["*All* existential statements are contingent… We cannot therefore in this sense contrast the contingent existence of the world with the necessary existence of God." Crombie, I.M. (1955): *Theology and Falsification*, In Flew & Macintyre. *New Essays in Philosophical Theology*, p. 114.]। पुनश्च, राईल लिखते हैं कि "किसी घटना के सम्बंध में किसी कथन की ही भाँति किसी सत्ता के सम्बंध में कोई कथन बिना किसी तार्किक विसंगति के अस्वीकार किया जा सकता है।" ["Any assertion of the existence of something, like any assertion of the occurrence of something, can be denied without logical absurdity." Ryle, Gilbert (1957):

Final Discussion, in Pears, D.F., The Nature of Metaphysics (Ed.), Macmillan & Co. Ltd., New York, p. 150.]। इसी प्रकार स्मार्ट मानते हैं कि तर्कत: अनिवार्य कथन की अवधारणा आत्म-विरोधी है, परन्तु ऐसा आत्म-विरोध केवल प्रतीकों के सम्बंध में ही सम्भव है, जैसे वृत्ताकार त्रिभुज आदि। अत: ऐसी स्थिति में "ईश्वर के अस्तित्व को अस्वीकार करने में कोई तार्किक विरोधाभास नहीं हो सकता है।" ["There can never be any logical contradiction in denying that God exists." Smart, J.J.C. (1955): *The Existence of God*, In Flew & Macintyre. *New Essays in Philosophical Theology*, p. 34.]। अत: विचार से सत्ता प्रमाणित नहीं हो सकती है।

प्रत्युत्तर में माल्कम कहते हैं कि यह कहना असंगत है कि अस्तित्वात्मक प्रतिज्ञप्ति का अस्तित्व नहीं हो सकता है। "क्या यूक्लिडीय प्रमेय के संख्या सिद्धांत में "मुख्य संख्याओं में असीमित संख्याओं का अस्तित्व है", एक अस्तित्वात्मक प्रतिज्ञप्ति है? क्या हम यह नहीं कह सकते हैं कि कुछ अर्थ में यह किसी अस्तित्व का कथन है? इसी प्रमाण के आधार पर समानार्थक रूप में, क्या हम यह नहीं कह सकते हैं कि यह कथन कि "ईश्वर का अनिवार्यत: अस्तित्व है" एक अस्तित्व सम्बंधी कथन है।" ["Is the Euclidean theorem in number theory, "There exists an infinite number of prime numbers", an "existential proposition"? Do we not want to say that *in some sense* it asserts the existence of something? Cannot we say, with equal justification, that the proposition "God necessarily exists" asserts the existence of something, *in some sense*?" Malcolm, Norman (1960): "Anselim's Ontological Arguments", *The Philosophical Review*, p. 53.]।

पुनश्च, नार्मन माल्कम लिखते हैं कि माना कि डेकार्ट की दोनों युक्तियाँ अवैध हैं। अन्सेलम की पहली युक्ति भी अवैध है, परन्तु अन्सेलम की दूसरी युक्ति अवश्य ही वैध है जहाँ 'अस्तित्व' (Existence) एवं 'अनिवार्य अस्तित्व' (Necessary existence) का भेद करते हुए ईश्वर के अस्तित्व को 'अनिवार्य अस्तित्व' के रूप में स्वीकार किया गया है। माल्कम के अनुसार माना कि अस्तित्व का निषेध सम्भव है, परन्तु अनिवार्य अस्तित्व का निषेध सम्भव नहीं है, क्योंकि अनिवार्य अस्तित्व केवल उसी का हो सकता है, जो पूर्ण हो। "अनिवार्य अस्तित्व पूर्ण होता है।" ("*Necessary existence* is a perfection." *Ibid.*, p. 46.)। पुनश्च, अनिवार्य अस्तित्व असीमित भी होता है। यहाँ असीमित का तात्पर्य है कि वह किसी भी सत्ता के द्वारा सीमित नहीं होता है। "ईश्वर को सामान्यत: एक असीमित सत्ता के रूप में स्वीकार किया जाता है। एक ऐसी सत्ता जो किसी चीज के द्वारा सीमित नहीं की जा सकती है अर्थात् एक निरपेक्ष असीमित सत्ता। ...असीमित का सम्बंध उसके अस्तित्व एवं क्रियाओं से है। यह ईश्वर की अवधारणा के विरुद्ध होगा कि असीमित सत्ता का अस्तित्व स्वयं के अतिरिक्त किसी अन्य सत्ता के द्वारा सीमित होता हो और यह आत्म-विरोधी होगा कि वह ऐसा स्वयं ही करता है।" ("God is usually conceived of as an *unlimited* being. He is conceived of as a being who *could not* be limited, that is, as an absolutely unlimited being. ...unlimited in regard to His existence as well as His operation... It would be contrary to the concept of God as an unlimited being to suppose that anything other than God Himself could prevent Him from existing, and it would be self-contradictory to suppose that He Himself could do it." *Ibid.*, pp. 47–48.)। इस प्रकार माल्कम के अनुसार क्योंकि ईश्वर असीमित है, अत: ईश्वर का अस्तित्व अनिवार्य अस्तित्व है। किन्तु आलोचकों का कहना है कि पहले अस्तित्व है या अनिवार्य अस्तित्व? इनके अनुसार पहले तो हमें यह सिद्ध करना चाहिए कि ईश्वर का अस्तित्व है तभी यह सिद्ध हो सकता है कि उसका अस्तित्व, एक अनिवार्य अस्तित्व है। अस्तु, ईश्वर के अस्तित्व को सिद्ध किये बिना ही उसके अस्तित्व को अनिवार्य अस्तित्व के रूप में सिद्ध नहीं किया जा सकता है।

समकालिक दार्शनिक ए० ई० टेलर और अल्विन प्लांटिंगा आदि ने भी इस युक्ति का समर्थन किया है। इनके अनुसार यदि कोई संप्रत्यय आत्म-विरोधी है तो उसके अनुरूप सत्ता का होना आवश्यक नहीं है, परन्तु यदि वह आत्म-विरोधी नहीं है तो उसके अनुरूप अवश्य ही कोई न कोई सत्ता होगी। क्योंकि ईश्वर का संप्रत्यय आत्म-विरोधी नहीं है, अत: ईश्वर की सत्ता का खण्डन नहीं किया जा सकता है। इस सम्बंध में प्लांटिंगा एक 'मॉडल युक्ति' (Modal argument) प्रस्तुत करते हैं। उनके अनुसार यह कहना कि किसी चीज की सम्भावना है, यह कहने के तुल्य है कि कोई सम्भावित जगत है जिसमें उसका अस्तित्व है, किन्तु यह कहना कि कुछ अनिवार्य है, यह कहने के तुल्य है कि सभी सम्भावित जगतों में उसका अस्तित्व है। इसे स्पष्ट करने के लिए प्लांटिंगा दो प्रकार के गुणों के बीच भेद करते हैं: पहला, 'अधिकतम वृहद' (Maximal greatness) एवं दूसरा, 'अधिकतम उत्कृष्ट' (Maximal excellence)। उनके अनुसार "एक सत्ता किसी प्रदत्त जगत में अधिकतम उत्कृष्ट है यदि वह उस जगत में सर्वज्ञ, सर्वशक्तिमान, एवं नैतिक रूप से पूर्ण हो। पुनश्च, एक सत्ता किसी प्रदत्त जगत में अधिकतम वृहद है यदि वह सभी जगतों में अधिकतम उत्कृष्ट हो। अब हमें यह स्वीकार करने में देर नहीं करना चाहिए कि अनिवार्य अस्तित्व पूर्ण होता है; स्पष्टत: कोई सत्ता किसी प्रदत्त जगत में सर्वशक्तिमान नहीं हो सकती है (इस अर्थ में सर्वज्ञ एवं नैतिक रूप से पूर्ण) यदि उसका उस जगत में अस्तित्व नहीं है" [(A) A being has maximally excellence in a given world only if it has omniscience, omnipotence, and morally perfect in that world. (B) A being has maximally greatness in a given world only if it is maximally excellence in every world. And now we no longer need the supposition that necessary existence is a perfection; for obviously a being cannot be omnipotence (or for that matter omniscient or morally perfect) in a given world unless it *exists* in that world." Plantinga, Alvin: *A Contemporary Modal Version of the Ontological Argument*, In Peterson, M. (2001): *Philosophy of Religion*, Oxford University Press, Oxford, p. 180.]। इस प्रकार अधिकतम वृहद वह है जिसका अस्तित्व सभी सम्भावित जगतों में है।

इन समस्त आक्षेपों के उपरांत भी अंतत: यह कहा जा सकता है कि यद्यपि यह सत्य है कि सिद्धांतत: विचार से अस्तित्व को सिद्ध नहीं किया जा सकता है तथापि वास्तविकता यह है कि व्यवहारत: सीमित मनुष्य असीमित ईश्वर को माने बिना नहीं रह सकता है, परन्तु जब वह ईश्वर को स्वीकार करता है तो उसे केवल विचार मात्र न मानकर यथार्थत: सत्य मानता है। अस्तु, ईश्वर हमारे मन की केवल कल्पना न होकर एक वास्तविक सत्ता है।

सृष्टिमूलक या कारणमूलक युक्ति (Cosmological or Causal Argument)

सृष्टिमूलक युक्ति, प्रत्ययमूलक युक्ति से इस अर्थ में भिन्न है कि जहाँ प्रत्ययमूलक युक्ति में केवल प्रत्यय अथवा विचार के आधार पर ईश्वर के अस्तित्व को सिद्ध किया गया है वहीं सृष्टिमूलक युक्ति में जगत को एक कार्य मानकर उसके कारण के रूप में ईश्वर की सत्ता सिद्ध की गई है। सृष्टिमूलक युक्ति की भी शुरुआत प्लेटो की पुस्तक 'फीडोज' से होती है। तत्पश्चात् अरस्तू इसे और भी अधिक विकसित करता है, परन्तु एक व्यवस्थित परम्परा के रूप में इस युक्ति की शुरुआत मध्ययुगीन दार्शनिक संत थॉमस एक्विनॉस की पुस्तक 'Summa Theologica' (Part I, Question - 2, Article - 3) से होती है। एक्विनॉस इस पुस्तक में ईश्वर के अस्तित्व को प्रमाणित करने के लिए मूलत: पाँच युक्तियों को प्रस्तुत करते हैं, जिनमें से प्रथम तीन सृष्टिमूलक युक्ति से ही सम्बंधित हैं जो निम्नलिखित हैं:

1. गतिमूलक तर्क (Argument from Motion)
2. आकस्मिकतामूलक तर्क (Argument from Contigency)
3. कारणमूलक तर्क (Causal Argument)

गतिमूलक तर्क (Argument from Motion)......................................

एक्विनॉस के अनुसार यदि हम इस जगत के ऊपर विचार करें तो पाते हैं कि यहाँ की प्रत्येक वस्तु गतिशील है, परन्तु कोई भी वस्तु स्वत: गतिशील नहीं है। प्रत्येक वस्तु में गति का कारण कोई दूसरी सत्ता है अर्थात् प्रथम वस्तु में गति किसी दूसरी वस्तु से आती है। पुन: उस दूसरी वस्तु में गति किसी तीसरी वस्तु से आती है, तीसरी वस्तु में गति चौथी वस्तु से। इस प्रकार गतियों की अनन्त परम्परा है, यथा - रेल में गति का कारण विद्युत है, विद्युत का कारण परम्परागत एवं गैर-परम्परागत स्रोत हैं, फिर उसका भी कारण कोई अन्य सत्ता है। प्रश्न उठता है कि सर्वप्रथम गति का आरम्भ कहाँ से होता है? यदि गतियों का कोई आदि कारण न माना जाए तो अंतत: अनवस्था दोष (Fallacy of infinite regress) आयेगा। अत: सम्पूर्ण गतियों के आदि कारण के रूप में एक ऐसी सत्ता को स्वीकार करना अनिवार्य है जो सबको गति प्रदान करते हुए स्वयं अगतिशील है। इसी अपरिवर्तित प्रवर्तक (Unmoved mover) को अरस्तू प्रथम चालक (Prime mover) कहकर 'ईश्वर' की संज्ञा देते हैं। इस प्रकार एक्विनॉस गतियों के आदि कारण के रूप में ईश्वर का अस्तित्व प्रमाणित करते हैं।

आकस्मिकतामूलक तर्क (Argument from Contigency)...................

आकस्मिकतामूलक तर्क के अंतर्गत एक्विनॉस कहते हैं कि इस जगत में जितनी भी वस्तुएँ हैं वे सभी आकस्मिक या सम्भाव्य हैं अर्थात् उनका होना या न होना अनिवार्य नहीं है, क्योंकि वे अपने अस्तित्व के लिए किसी दूसरी सत्ता पर निर्भर हैं। एक्विनॉस के अनुसार इन आकस्मिकताओं का

मूल कारण स्वयं कोई आकस्मिक सत्ता नहीं हो सकती है, अन्यथा सब कुछ सम्भाव्य हो जायेगा और एक समय ऐसा भी आयेगा जब किसी भी वस्तु की सत्ता ही नहीं होगी। लेकिन जगत में वस्तुओं की सत्ता है। इससे यह सिद्ध होता है कि कोई-न-कोई सत्ता ऐसी है जो सम्भाव्य नहीं, बल्कि अनिवार्य है। वह अनिवार्य सत्ता ईश्वर ही है। इस प्रकार एक्विनॉस जगत की आकस्मिकता के आधार पर ईश्वर का अस्तित्व सिद्ध करते हैं। "यदि सब कुछ सम्भाव्य था तो एक समय ऐसा भी रहा होगा जब किसी चीज का अस्तित्व नहीं था। यदि कोई चीज अस्तित्वान है, तो इसका अर्थ है कि कुछ न कुछ अवश्य है जो आकस्मिक नहीं है और उसे ही हम ईश्वर कहते हैं।" (If everything were contingent, there would have been a time when nothing existed. Since there are things in existence, there must be something that is not contingent, and this we call God. J. Hick, *Philosophy of Religion*, Prentice-Hall, India Pvt. Ltd., New Delhi, p. 22.)। पुनश्च, एक्विनॉस के अनुसार यदि आकस्मिकताओं के मूल कारण के रूप में किसी अन्य आकस्मिक सत्ता को स्वीकार किया जाय तो अंततः अनवस्था दोष (Fallacy of infinite regress) आयेगा। इस दोष से बचने के लिए एक ऐसी सत्ता को स्वीकार करना अनिवार्य है जो समस्त आकस्मिकताओं का आधार होते हुए भी स्वयं अनिवार्य हो अर्थात् जो सबको अपने आप पर आधारित करते हुए स्वयं आत्म-निर्भर (Self-dependent) हो। वह आत्म-निर्भर सत्ता ईश्वर ही है। अस्तु, ईश्वर का अस्तित्व सिद्ध होता है।

लाइबनीज भी ईश्वर के अस्तित्व को प्रमाणित करने के लिए इस युक्ति का सहारा लेता है। लाइबनीज के अनुसार सत्यता दो प्रकार की होती है: पहला, तर्कणा पर आधृत सत्य (Truth of reasoning) जो व्याघात नियमों पर आधारित होती है, जैसे 2 + 2 = 4 होता है, त्रिभुज में तीन कोण होते हैं, आदि। दूसरा, तथ्यों पर आधृत सत्य (Truth of facts) जो पर्याप्त कारण (Sufficient cause) पर आधारित होता है, जैसे दीवाल सफेद है, पानी बरस रहा है, आदि। इनमें से तर्कणा पर आधारित सत्य तो अनिवार्य सत्य है जबकि तथ्यों पर आधारित सत्य सम्भाव्य सत्य है। लाइबनीज के अनुसार जगत की प्रत्येक वस्तु सम्भाव्य है अतः इसका कोई-न-कोई पर्याप्त कारण अवश्य ही होना चाहिए, क्योंकि इन सम्भाव्यताओं का मूल कारण स्वयं कोई सम्भाव्य सत्ता नहीं हो सकती है। इस प्रकार लाइबनीज जगत के पर्याप्त कारण के रूप में ईश्वर का अस्तित्व सिद्ध करते हैं।

कारणमूलक तर्क (Causal Argument)..

कारणमूलक युक्ति को एक्विनॉस कारण-कार्य सिद्धांत पर आधृत करते हैं। इस सिद्धांत के अनुसार पहला, प्रत्येक कार्य का कोई-न-कोई कारण अवश्य होता है अर्थात् असत् से सत् उत्पन्न नहीं होता (Nothing can come from nothing/*Ex nihilo, nihil fit.*) एवं दूसरा, कारण सदैव ही कार्य से या तो बड़ा होता है या कम-से-कम उसके समतुल्य होता है, परन्तु कारण किसी भी परिस्थिति में कार्य से छोटा नहीं हो सकता है। प्रश्न उठता है कि इस सृष्टि का क्या कारण है? क्योंकि सृष्टि असीमित है, अतः इसका कारण कोई सीमित सत्ता नहीं हो सकती है, अन्यथा कारण-कार्य नियम का उल्लंघन होगा। अतः एक्विनॉस के अनुसार सृष्टि का आदि कारण कोई

असीमित सत्ता ही होगी, जो सभी कार्यों का आदि कारण होते हुए भी स्वयं अकारण है, वही ईश्वर है। जी० एच० जॉयस भी लिखते हैं कि प्रथम एवं मूल कारण के अभाव में गौण कारण की परिकल्पना नहीं हो सकती है, परन्तु गौण कारणों का अस्तित्व है। इससे यह सिद्ध होता है कि सृष्टि का कोई-न-कोई प्रथम कारण अवश्य ही होगा। वह प्रथम कारण ईश्वर ही है। "हमें प्रथम कारण के अस्तित्व को अवश्य ही स्वीकार करना होगा, जो स्व-कारण एवं आत्म-निर्भर हो। ...क्योंकि प्रथम एवं मूल कारण के अभाव में गौण कारण की परिकल्पना नहीं हो सकती है।" ["We must admit the existence of a first cause, itself uncaused and self-existent... It follows that in default of a first cause there can be no secondary causes in existence." Joyce, G.H. (1923): *Principles of Natural Theology*, Longmans, Green & Co., London, p. 65.]।

भारतीय परम्परा में आचार्य शंकर और नैयायिक उदयनाचार्य भी इस युक्ति को स्वीकार करते हैं। शंकराचार्य मानते हैं कि यदि जगत को एक कार्य मान लिया जाए तो इसका कोई-न-कोई कारण अवश्य ही मानना पड़ेगा। सिद्धांततः कारण कोई अचेतन सत्ता नहीं हो सकती है, अन्यथा जगत में व्याप्त चेतना की व्याख्या नहीं हो सकती है। अत: इस सृष्टि का मूल कारण कोई चेतन सत्ता ही होगी, अर्थात् चेतना के अभाव में सृष्टि सर्वथा अनुत्पन्न ही रहेगी (रचनानुपपत्तेश्चनानुमानम। शारीरक भाष्य - 2/1/1)। यह चेतन सत्ता ईश्वर ही है। अत: ईश्वर का अस्तित्व सिद्ध होता है। इसी प्रकार नैयायिक उदयनाचार्य 'न्यायकुसुमाञ्जलि' में ईश्वर के अस्तित्व को सिद्ध करने के लिए कुल 9 तर्क देते हैं, उनमें से पहला तर्क सृष्टिमूलक तर्क ही है। उदयन के अनुसार यदि जगत को एक कार्य मान लिया जाय तो इसके अंतिम कारण के रूप में ईश्वर को मानना अनिवार्य है, अन्यथा अनवस्था दोष आयेगा। अत: ईश्वर का अस्तित्व सिद्ध होता है (कार्यायोजन धृत्यादेः पदात् प्रत्ययः श्रुतेः। न्यायकुसुमाञ्जलि - 5/1)।

स्पष्टतः उपर्युक्त सभी तर्कों में जगत को कार्य मानकर उसके कारण के रूप में ईश्वर का अनुमान किया गया है। इसी कारण सृष्टिमूलक युक्ति को 'कारणमूलक युक्ति' भी कहते हैं, परन्तु अन्य युक्तियों की भाँति सृष्टिमूलक युक्ति भी आलोचना का विषय हो गयी। डेविड ह्यूम अपनी पुस्तक "*Dialogues Concerning Natural Relgion*" (Part IX) में इसके विरुद्ध कई तर्क प्रस्तुत करते हैं जो नीचे वर्णित किए जा रहे हैं:

- अनुभव के आधार पर कारण एवं कार्य की अनिवार्यता को सिद्ध करना असम्भव है। ह्यूम के अनुसार कारण-कार्य सिद्धांत अनिवार्यता पर आधारित न होकर आकस्मिकताओं एवं सम्भावनाओं पर आधारित सिद्धांत है। एक घटना के बाद दूसरी घटना घटती है, उसकी बार-बार पुनरावृत्ति होती है और उस पुनरावृत्ति का समर्थन परम्पराओं एवं प्रथाओं के द्वारा भी होता है। यही सब मिलकर मेरे मन में कारणता के प्रति अनिवार्यता का भाव पैदा कर देते हैं। वस्तुत: यह अनिवार्यता तार्किक न होकर केवल मनोवैज्ञानिक है जो आशा पर आधारित है।
- यदि यह मान भी लिया जाए कि प्रत्येक घटना का कोई-न-कोई कारण होता है तो प्रश्न उठता है कि ईश्वर का क्या कारण है? यदि अनवस्था दोष से बचने के लिए हमें कहीं

रूकना ही है तो ईश्वर तक जाने की आवश्यकता ही क्या है? प्रकृति को ही हम प्रथम कारण क्यों नहीं मान लेते हैं। अनवस्था दोष का निराकरण ईश्वर की अपेक्षा प्रकृति के द्वारा करना अधिक तार्किक एवं वैज्ञानिक है।

- ह्यूम के अनुसार यदि कारण-कार्य शृंखला में ईश्वर भी एक घटना विशेष है तब तो वह सृष्टि का आदि कारण नहीं हो सकता है और यदि वह इस कारण-कार्य शृंखला के बाहर है तब तो वह सृष्टि का कारण ही नहीं हो सकता है।
- यदि कारण-कार्य सिद्धांत को मान भी लिया जाय तो इससे यह सिद्ध नहीं होता है कि वह आदि कारण केवल एक ही होगा। सम्भव है कई कारण मिलकर सृष्टि की रचना करते हों, यथा - जब कोई मकान बनता है तो उसे कोई एक व्यक्ति न बनाकर कई व्यक्ति साथ-साथ मिलकर बनाते हैं। इसी प्रकार सम्भव है कई कारण मिलकर सृष्टि की रचना करते हों।
- प्राय: हम देखते हैं कि जब भी कोई मकान बनता है तो उसे कुछ लोग मिलकर बनाते हैं। इसके आधार पर कोई ऐसा मकान जिसके बनाने वालों को हमने नहीं देखा है तो भी यह मान लेते हैं कि किसी-न-किसी व्यक्ति ने अवश्य ही इसे बनाया होगा, परन्तु सम्पूर्ण जगत का हमें कभी भी अनुभव नहीं होता है। अत: यह कैसे कहा जा सकता है कि इस जगत को बनाने वाला कोई सर्वशक्तिमान ईश्वर है।
- हम कारण में उतने ही गुणों की परिकल्पना करते हैं जितने कि कार्य में। अत: एक सीमित एवं आकस्मिक कार्य के आधार पर हम केवल सीमित एवं आकस्मिक कारण का ही अनुमान कर सकते हैं न कि किसी असीमित एवं सत्ता का। इस प्रकार यदि यह मान भी लिया जाए कि ईश्वर ने जगत की रचना है तो इससे भी यह सिद्ध नहीं होता है कि वह सत्ता कोई पूर्ण ईश्वर ही है।

काण्ट भी प्राय: इन्हीं कमियों की चर्चा करते हैं। वे अपनी पुस्तक "*Critique of Pure Reason*" में लिखते हैं कि:

- तर्क के आधार पर ईश्वर के अस्तित्व को सिद्ध नहीं किया जा सकता है, क्योंकि तर्क के द्वारा ईश्वर के पक्ष में जितना तर्क दिया जा सकता है उतना ही उसके विपक्ष में भी और बुद्धि में यह सामर्थ्य नहीं है कि वह पक्ष एवं विपक्ष के बीच कोई निर्णय कर सके। काण्ट के अनुसार हमारी बुद्धि की रचना ही इस प्रकार हुई है कि हम इसका प्रयोग अतीन्द्रिय सत्ताओं पर नहीं कर सकते हैं और यदि हम बलात् इनका प्रयोग इन पर करते भी हैं तो केवल भ्रम उत्पन्न होता है, जिसे काण्ट अतीन्द्रिय भ्रम (Transcendental Illusion) की संज्ञा देते हैं।
- सृष्टिमूलक युक्ति कारण-कार्य नियम पर आधारित है, परन्तु कारण-कार्य नियम तो आनुभविक जगत पर ही लागू होता है, जो आनुभविक जगत से परे अर्थात् अतीन्द्रिय है उस पर यह नियम कैसे आरोपित हो सकता है? अत: यदि जगत को एक कार्य मान भी लिया जाए तो इसके आधार पर भी ईश्वर को प्रथम कारण के रूप में सिद्ध नहीं किया जा सकता है। पुनश्च, काण्ट के अनुसार माना कि सृष्टि का कोई प्रथम कारण है तो प्रश्न उठता है कि उसका स्वरूप क्या है? यदि वह स्वरूपत: अनिवार्य सत्ता है तो जगत में भी अनिवार्यता

होनी चाहिए, परन्तु जगत में तो सम्भाव्यता है। अत: इसका प्रथम कारण अनिवार्य सत्ता कैसे हो सकती है, क्योंकि कारण एवं कार्य में समानता का होना आवश्यक है।

- इस युक्ति में जगत को आकस्मिक मानकर उसके अंतिम कारण के रूप में अनिवार्य सत्ता को सिद्ध किया गया है, परन्तु काण्ट के अनुसार यदि इन आकस्मिकताओं का मूल कारण अनिवार्य सत्ता को मान भी लिया जाय तो यह कैसे सिद्ध किया जा सकता है कि वह अनिवार्य सत्ता ईश्वर ही है। उस अनिवार्य सत्ता को ईश्वर तभी कहा जा सकता है जब सत्तामूलक युक्ति अकाट्य सिद्ध हो जाए, परन्तु सत्तामूलक युक्ति निर्दोष नहीं है। यदि सत्तामूलक तर्क ही सदोष है तो उस पर आधृत सृष्टिमूलक तर्क निर्दोष कैसे हो सकता है।

रसेल अपनी पुस्तक "*Why I am Not a Christian*" में इस युक्ति का खण्डन कई आधारों पर करते हैं। उनके अनुसार:

- सृष्टिमूलक युक्ति मूलत: कारण-कार्य सिद्धांत पर आधृत है, जबकि यह स्वयं एक विवादित सिद्धांत है। वे अपनी पुस्तक "*Mysticism and Logic*" में लिखते हैं कि 'विकसित विज्ञान में कारण शब्द की कोई चर्चा नहीं मिलती है'। जेम्स वार्ड भी लिखते हैं कि कारण-कार्य सिद्धांत एक भ्रान्त अवधारणा पर आधारित सिद्धांत है, जिसका हमें सदा के लिए बहिष्कार करना चाहिए। हम अपनी आदतवश घटनाओं की सुविधाजनक व्याख्या करने के लिए इसका समर्थन करते चले आ रहे हैं जिससे हमें प्रकृति के रहस्यों को सुलझाने में सहायता मिलती है।
- रसेल उस समय तक इस युक्ति का समर्थन करते रहे जब तक उन्होंने जे० एस० मिल की आत्मकथा को नहीं पढ़ा था। मिल अपनी आत्मकथा में लिखते हैं कि एक बार मेरे पिता ने मुझे यह बताया कि 'मुझे किसने बनाया है?' इस प्रश्न का उत्तर वे नहीं दे सकते, क्योंकि उसके तत्काल बाद दूसरा प्रश्न उठेगा कि ईश्वर को किसने बनाया? रसेल के अनुसार यदि प्रत्येक कार्य का कोई-न-कोई कारण है तो ईश्वर अकारण कैसे हो सकता है? और यदि माना कि ईश्वर अकारण है तो सृष्टि को ही अकारण क्यों न मान लिया जाय। "मैंने मिल की जीवनी को पढ़ा जिसमें यह कथन था: मेरे पिता ने बताया कि यह प्रश्न कि मुझे किसने बनाया?, इसका उत्तर नहीं दिया जा सकता है, क्योंकि यह तुरन्त ही एक नये प्रश्न को उठाता है कि 'ईश्वर को किसने बनाया? ...यदि प्रत्येक कार्य का कारण है तो ईश्वर का भी कारण होगा। यदि कोई चीज बिना कारण के भी हो सकती है तो यह जगत भी ईश्वर के बिना हो सकता है, अत: इस युक्ति में कोई वैधता नहीं हो सकती है" ["I read John Stuart Mill's Autobiography, and I there found this sentence: "My father taught me that the question 'Who made me?' cannot be answered, since it immediately suggests the further question 'Who made God?' ...If everything must have a cause, then God must have a cause. If there can be anything without a cause, it may just as well be the world as God, so that there cannot be any validity in that

argument." Russell, B. (1957): *Why I am Not a Christian*, Simon & Schuster, New York, pp. 6–7.]।

- जिस प्रकार हम गणित में अनन्त तक जाते हैं, जैसे 1, 1/2, 1/4, 1/8, 1/16, ... ∞, उसी प्रकार हमें दर्शन के क्षेत्र में अनन्त तक जाना चाहिए न कि ईश्वर को मानकर इस परम्परा का अन्त कर देना चाहिए। इसी प्रकार ए० जे० एयर का भी कहना है कि विश्व एक प्रवाह है। अत: हमें इस प्रवाह को स्वीकार करना चाहिए, न कि किसी आदि कारण को मानकर इस प्रवाह को खण्डित कर देना चाहिए।
- अंतत: माना कि प्रत्येक कार्य का कोई-न-कोई कारण होता है, परन्तु इसका अर्थ यह तो नहीं है कि सभी कार्यों को मिलाकर एक बड़ा कार्य और उसके एक बड़े कारण का अनुमान किया जाए, जैसे यह सत्य है कि प्रत्येक व्यक्ति की कोई-न-कोई माँ होती है, परन्तु इसका अर्थ यह तो नहीं है कि सभी व्यक्तियों को मिलाकर एक बड़ा व्यक्ति और फिर उसकी एक बड़ी माँ की परिकल्पना की जाए। इसे गिल्बर्ट राईल की भाषा में 'कोटि दोष' (Category Mistake) कहा जा सकता है।

जॉन हास्पर्स भी लिखते हैं कि सृष्टिमूलक युक्ति केवल अवैध ही नहीं है बल्कि इसमें एक प्रकार का आत्म-विरोध भी है। यदि यह मान लिया जाए तो कि इसका आधारवाक्य सत्य है अर्थात् प्रत्येक कार्य का कोई-न-कोई कारण अवश्य होता है तो इसका निष्कर्ष असत्य हो जाता है अर्थात् ईश्वर अकारण है, परन्तु यदि इसके निष्कर्ष को सत्य मान लिया जाए कि ईश्वर अकारण है तो इसका आधार वाक्य असत्य हो जाता है कि प्रत्येक कार्य का कोई-न-कोई कारण होता है। "सृष्टिमूलक युक्ति केवल अवैध ही नहीं बल्कि आत्म-विरोधी भी है: निष्कर्ष के अनुसार कुछ (ईश्वर) अकारण है, यह इस आधारवाक्य का विरोधी है कि प्रत्येक कार्य का एक कारण होता है। यदि आधारवाक्य सत्य है तो निष्कर्ष सत्य नहीं हो सकता है; और यदि निष्कर्ष सत्य है तो आधारवाक्य सत्य नहीं हो सकता है।" ["The causal argument is not merely invalid but self-contradictory: the conclusion, which says that something (God) does not have a cause, contradicts the premise, which says that everything does have a cause. If that premise is true, the conclusion cannot be true; and if the conclusion is true, the premise cannot be." Hospers, John (1994): *An Introduction to Philosophical Analysis*, Allied Publishers Ltd., New Delhi, p. 431.]। इस प्रकर सृष्टिमूलक युक्ति आत्म-सुसंगत नहीं है।

इसी प्रकार हॉन्स राइखेनबाख अपनी पुस्तक "*The Rise of Scientific Philosophy*" में लिखते हैं कि यह युक्ति निरर्थक शाब्दिकता मात्र है। किसी भी कथन की सार्थकता संदर्भ विशेष पर निर्भर करती है। हम एक ही कथन का प्रयोग विभिन्न संदर्भों में भिन्न-भिन्न अर्थों के लिए करते हैं। यदि संदर्भ से पृथक् भाषा का प्रयोग किया जाय तो उसका कोई अर्थ नहीं होता है, यथा किसी संतान वाले व्यक्ति से यह पूछना कि वह किसके पिता हैं, यह तो उचित है, परन्तु किसी संतानहीन व्यक्ति से यह पूछना कि वह किसके पिता हैं, एक निरर्थक कथन है। यही बात जगत के संदर्भ में भी सत्य है। वस्तुत: जगत का कोई कारण नहीं है, क्योंकि कारण शब्द से दो विषयों के बीच सम्बंध व्यक्त होता है, परन्तु यहाँ तो जगत को छोड़कर कुछ है ही नहीं। "कोई शब्द जो

एक संदर्भ में सार्थक है वही दूसरे संदर्भ में निरर्थक भी है। क्या ऐसा पिता सम्भव है जिसकी कोई संतान न हो? ..."कारण" शब्द दो चीजों के बीच सम्बंध को निर्दिष्ट करता है और उस स्थिति में प्रयुक्त नहीं हो सकता है जहाँ केवल एक ही चीज हो। सम्पूर्ण विश्व का अपने आप में कोई कारण नहीं है, क्योंकि परिभाषत: इसके बाहर कोई चीज नहीं है जो इसका कारण हो। इस प्रकार के प्रश्न दार्शनिक युक्तियों की अपेक्षा निरर्थक शाब्दिकता मात्र हैं।" ["Words meaningful in one combination may be meaningless in another. Could there be a father who never had a child? ...The word "cause" denotes a relation between two things and is inapplicable if only one thing is concerned. The universe as a whole has no cause, since, by definition, there is nothing outside of it that could be its cause. Questions of this type are empty verbalisms rather than philosophical arguments. Reichenbach, Hans (1951): *The Rise of Scientific Philosophy*, University of California Press, Berkeley, U.S.A., p. 208.]। अत: सृष्टिमूलक युक्ति तार्किक न होकर निरर्थक शाब्दिकता मात्र है।

पुनश्च, जे० जे० सी० स्मार्ट और जे० एन० फिण्डले लिखते हैं कि केवल तर्कवाक्य अनिवार्य होते हैं न कि वस्तुएँ। अत: 'ईश्वर का अस्तित्व अनिवार्य अस्तित्व है' इस तर्कवाक्य के आधार पर ईश्वर की अनिवार्य सत्ता को सिद्ध नहीं किया जा सकता है। स्मार्ट के अनुसार "सृष्टिमूलक तर्क में 'अनिवार्य सत्ता' का अभिप्राय 'एक तर्कत: अनिवार्य सत्ता' से है अर्थात् 'एक ऐसी सत्ता जिसका अनस्तित्व अस्वीकार्य है जैसे किसी त्रिभुज के चार पार्श्व होते हैं। ...अब क्योंकि 'अनिवार्य' एक ऐसा शब्द है जो प्राथमिक रूप से केवल तर्कवाक्यों के लिए प्रयुक्त होता है, अत: हमें यह सिद्ध करना होगा कि 'ईश्वर एक अनिवार्य सत्ता है' में 'ईश्वर का अस्तित्व है' यह तर्कत: एक अनिवार्य तर्कवाक्य है।" [And by "a necessary being" the cosmological argument means "a logically necessary being," *i.e.*, "a being whose non-existence is inconceivable in the sort of way that a triangle's having four sides is inconceivable" ...Now since "necessary" is a word which applies primarily to propositions, we shall have to interpret "God is a necessary being" as "The proposition 'God exists' is logically necessary." Smart, J.J.C.: *The Existence of God*, In Flew & Macintyre. (1955): *New Essays in Philosophical Theology*, SCM Press Ltd., London, p. 38.]। जे० एन० फिण्डले भी इस मत का समर्थन करता है। परन्तु यह आक्षेप निराधार है। वास्तव में अनिवार्यता दो प्रकार की होती है: पहली, तार्किक अनिवार्यता (Logical necessity) एवं दूसरी, तथ्यात्मक अनिवार्यता (Factual necessity)। तार्किक अनिवार्यता का तात्पर्य है कि जिसका निषेध आत्म-व्याघाती हो, परन्तु ऐसी अनिवार्यता केवल गणित में मिलती है। गणित को छोड़कर अन्य सभी क्षेत्रों में केवल तथ्यात्मक अनिवार्यता मिलती है। ईश्वरशास्त्र में तथ्यात्मक अनिवार्यता का तात्पर्य आत्म-निर्भरता (Self-dependent) से है। क्योंकि ईश्वर आत्म-निर्भर है, अत: उसकी सत्ता अनिवार्य सत्ता है।

इन समस्त आलोचनाओं के उपरांत भी कुछ समकालीन दार्शनिकों ने ईश्वर के अस्तित्व को सिद्ध करने के लिए सृष्टिमूलक युक्ति का समर्थन किया है, जिसमें से 'कलाम तर्क' (Kalam Argument) अधिक महत्त्वपूर्ण है। समकालिक दार्शनिक विलियम लेन क्रेग (William Lane Craig) अपनी पुस्तक "*Philosophical and Scientific Pointers*" में इस युक्ति को वैज्ञानिक

रूप में प्रस्तुत करते हैं। क्रेग के अनुसार यदि इस ब्रह्माण्ड का प्रारम्भ हुआ है तब इसका कोई-न-कोई कारण होना चाहिए और वह कारण कोई व्यक्तित्वपूर्ण ईश्वर ही होगा, परन्तु यदि यह ब्रह्माण्ड अनादि है तब तो इसके कारण के रूप में ईश्वर को मानना आवश्यक नहीं है। इसे वे निम्नलिखित आकृति के द्वारा प्रस्तुत करते हैं:

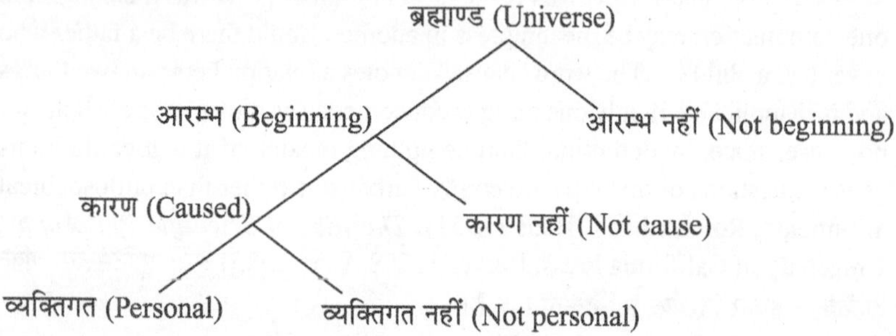

विलियम क्रेग दो तर्कों के आधार पर यह सिद्ध करते हैं कि इस सृष्टि का आरम्भ एक निश्चित समय में हुआ है:

1. बिग-बैंग सिद्धांत (Big-Bang Theory)
2. ऊष्मा गतिकी का दूसरा नियम या/अथवा 'इन्ट्रोपी' (Entropy) का सिद्धांत कहते हैं।

बिग-बैंग सिद्धांत (Big-Bang Theory)

बिग-बैंग सिद्धांत में यह माना जाता है कि आज से लगभग 15 अरब वर्ष पूर्व एक अत्यंत ही सूक्ष्म गणितीय बिन्दु (Mathematical point) जिसमें अनन्त द्रव्यमान, ऊर्जा, देश एवं काल संघनित था, उसमें अचानक विस्फोट के दौरान सृष्टि का आरम्भ हुआ। इस विस्फोट के दौरान इस गैलेक्सी का निर्माण हुआ जिसमें निरंतर विस्तार या फैलाव हो रहा है। जब यह विस्तार अपनी चरम अवस्था पर पहुँच जायेगा तो इसका संकुचन आरम्भ हो जायेगा और अंततः यह सम्पूर्ण गैलेक्सी उस आयामरहित बिन्दु (Dimensionless point) में समाहित हो जायेगी। अभी संकुचन की प्रक्रिया आरम्भ नहीं हुई है। इसका अर्थ है कि अभी विकास अपनी चरम अवस्था में नहीं पहुँचा है। इससे यह सिद्ध होता है कि यह सृष्टि अनादि नहीं है, क्योंकि यदि सृष्टि अनादि होती तो बहुत पहले ही विस्तार अपनी चरम पराकाष्ठा पर पहुँच गया होता। अब माना कि सृष्टि का आरम्भ हुआ है तो इसका कोई-न-कोई कारण अवश्य होगा और वह कारण कोई व्यक्तित्वपूर्ण ईश्वर ही होगा।

ऊष्मा गतिकी का दूसरा नियम या/अथवा 'इन्ट्रोपी' का सिद्धांत

ऊष्मा-गतिकी का दूसरा नियम जिसे 'इन्ट्रोपी (Entropy) का सिद्धांत' कहते हैं ऊर्जा के व्यतिक्रम (Disorder of energy) का सिद्धांत है। इस सिद्धांत के अनुसार यदि किसी पिण्ड में ऊर्जा की अधिकता है तो उसकी ऊर्जा का व्यतिक्रम होता है और यह व्यतिक्रम तब तक होता रहता है

जब तक कि पूर्ण साम्यावस्था (State of equilibrium) न आ जाए। यदि सम्पूर्ण ब्रह्माण्ड के ऊपर विचार करें तो यहाँ अभी भी ऊर्जा का व्यतिक्रम हो रहा है। इसका अर्थ है कि अभी तक साम्यावस्था नहीं आ पायी है। इससे यह सिद्ध होता है कि सृष्टि का आरम्भ एक निश्चित समय में हुआ है, अन्यथा साम्यावस्था बहुत पहले ही आ गयी होती। क्रेग के अनुसार यदि सृष्टि का आरम्भ हुआ है तो इसका कोई-न-कोई कारण होगा और वह कारण कोई व्यक्तित्वपूर्ण ईश्वर ही होगा। अत: ईश्वर का अस्तित्व सिद्ध होता है।

कलाम युक्ति में भी कई विसंगतियाँ हैं, जैसे कि:

- बिग-बैंग सिद्धांत में यह माना गया कि एक आयामरहित बिन्दु जिसमें अनन्त द्रव्यमान, ऊर्जा, देश एवं काल संघनित था, उसमें अचानक विस्फोट से इस गैलेक्सी का निर्माण हुआ है। प्रश्न उठता है कि एक आयामरहित बिन्दु में अनन्त द्रव्यमान कैसे संघनित हो सकता है। द्रव्यमान तो स्थान घेरता है, जो स्थान घेरेगा उसमें विस्तार भी होगा और जिसमें विस्तार होगा, वह आयामरहित कैसे हो सकता है?
- उस आयामरहित बिन्दु में अचानक विस्फोट का क्या कारण है? न्यूटन का गति का दूसरा नियम जिसे 'जड़त्व का नियम' (Law of Inertia) कहते हैं, के अनुसार कोई वस्तु यदि गतिशील है तो वह गतिशील ही रहेगी और यदि स्थिर है तो स्थिर ही रहेगी, तब तक, जब तक कि उस पर कोई बाह्य बल आरोपित नहीं किया जाय। अब यदि यह मान लिया जाय कि उस आयामरहित बिन्दु में अचानक विस्फोट हुआ तो प्रश्न उठता है कि इस अचानक विस्फोट का क्या कारण है? यदि विस्फोट स्वत: है तो न्यूटन की गति का दूसरा नियम खण्डित हो जाता है और यदि कोई बाह्य कारण माना जाय तो बिग-बैंग सिद्धांत खण्डित हो जाता है।

पुनश्च, ऊष्मा-गतिकी के मूलत: तीन नियम हैं। ऊष्मा-गतिकी के पहले नियम के अनुसार ऊर्जा का प्रवाह एक माध्यम से दूसरी माध्यम की ओर होता है। ऊष्मा-गतिकी का दूसरा नियम जो ऊर्जा के व्यतिक्रम से सम्बंधित है जिसके अनुसार यह प्रवाह तब तक चलता रहेगा जब तक पूर्ण साम्यावस्था न आ जाए, परन्तु पूर्ण साम्यावस्था कब आयेगी इसके लिए ऊष्मा-गतिकी का तीसरा नियम यह बताता है कि साम्यावस्था तब तक नहीं आयेगी जब तक निरपेक्ष शून्य डिग्री तापक्रम (–270°C) न आ जाए। यही अवस्था प्रलय की अवस्था है। अब यदि यह मान लिया जाए कि सृष्टि का आरम्भ किसी समय विशेष में हुआ है तो इसका कोई-न-कोई कारण अवश्य होगा, परन्तु तीसरा नियम तो यह कहता है कि –270°C पर इस सृष्टि का स्वत: प्रलय हो जायगा। तब प्रश्न उठता है कि इस सृष्टि के प्रलय में ईश्वर की क्या भूमिका है? ईश्वर को सृष्टिकर्त्ता ही नहीं बल्कि संहारकर्त्ता भी माना जाता है, परन्तु ऊष्मा-गतिकी के तीसरे नियम के अनुसार ईश्वर संहारकर्त्ता नहीं हो सकता है। इससे यह सिद्ध होता है कि सृष्टि एक प्राकृतिक घटना है न कि किसी व्यक्तित्वपूर्ण ईश्वर की रचना।

कुछ दार्शनिकों का यह कहना है कि यदि यह मान भी लिया जाए कि प्रत्येक आरम्भ का कोई-न-कोई कारण है तो भी यह सिद्धांत भी क्वांटम मैकेनिक्स (Quantum Mechanics) में

खण्डित हो जाता है। क्वांटम मैकेनिक्स के प्रख्यात वैज्ञानिक हाइजेनबर्ग ने अपने "अनिश्चितता का सिद्धांत" (The Principle of Uncertainty) के आधार पर यह सिद्ध किया है कि प्रकृति में परमाण्विक स्तर पर अत्यंत ही अनिश्चितता है। यहाँ कारण-कार्य सिद्धांत कार्य नहीं करता है, क्योंकि यहाँ कोई भी घटना अचानक घटती है अर्थात् यहाँ असत् से भी सत् उत्पन्न होता है (Events occur without a cause and entities come into existence from nothing)। इसी आधार पर स्मिथ कहते हैं कि "हाइजेनबर्ग के अनिश्चतता सिद्धांत से तात्पर्य अकारण कार्य से है, जिसके अनुसार संयुक्त परिणाम, जैसे-किसी कण की स्थिति q एवं उसका संवेग p, इन दोनों को सिद्धांतत: एक साथ ठीक से मापना असम्भव है।" ["That there are uncaused events in this sense follows from Heisenberg's uncertainty principle, which states that for conjugate magnitudes such as the position q and momentum p of a particle, it is impossible in principle to measure both simultaneously with precision." Smith, Quentin (1988): "The Uncaused Beginning of the Universe", *Philosophy of Science*, Vol. 55, No. 1, pp. 39–57.]। यदि कारण-कार्य सिद्धांत ही संदिग्ध है तो इस पर आधृत सृष्टिमूलक युक्ति वैध कैसे हो सकती है?

यद्यपि यह सत्य है कि ईश्वर का अस्तित्व न तो तर्क के द्वारा और न ही वैज्ञानिक विधि से सिद्ध किया जा सकता है, परन्तु समस्या यह है कि क्या विज्ञान की स्थापनाएँ ही अंतिम सत्य हैं और यदि अंतिम सत्य हैं तो फिर वैज्ञानिक ज्ञान में इतना परिवर्तन क्यों हो रहा है। आज से पचास साल पहले का जो विज्ञान था, अब उसका स्वरूप अधिकांशत: परिवर्तित हो गया है। परिवर्तन तो अभाव का द्योतक है। इसी कारण वैज्ञानिक अपने ज्ञान को 'अंतिम सत्य' (Final truth) न कहकर 'अनंतिम सत्य' (Tentative truth) कहते हैं।

हाइजेनबर्ग ने जिस अनिश्चतता का सिद्धांत प्रतिपादित किया, वह एक विशेष दृष्टिकोण से एवं विशेष समय में ही सत्य है। यही नहीं, अनिश्चितता का सिद्धांत केवल भौतिक जगत् पर आरोपित होता है न कि अभौतिक जगत् पर। ईश्वर तो अतीन्द्रिय होने के कारण अति सूक्ष्म है। श्वेताश्वतर उपनिषद् में कहा गया है कि सौ भागों में विभक्त किये हुए किसी केश के अग्र भाग का जो सौवाँ भाग है, उसके बराबर आत्मा को समझना चाहिए। जो इतना सूक्ष्मातिसूक्ष्म है उसका परीक्षण किसी यंत्र के द्वारा प्रयोगशाला में कैसे किया जा सकता है? इस प्रकार यद्यपि यह अक्षरत: सत्य है कि युक्तियों के द्वारा ईश्वर को सिद्ध नहीं ही किया जा सकता है, परन्तु उसे असिद्ध भी नहीं किया जा सकता है, क्योंकि तर्क एवं युक्ति का प्रयोग तो केवल सीमित जगत् पर किया जा सकता है, न कि असीमित सत्ता पर।

प्रयोजनमूलक या उद्देश्यमूलक युक्ति (Teleological or Argument from Design)

ईश्वर के अस्तित्व को प्रमाणित करने के लिए दी गयी प्रयोजनमूलक युक्ति, सृष्टिमूलक युक्ति का ही विस्तार है, क्योंकि दोनों ही युक्तियों में जगत के आधार पर ईश्वर का अनुमान किया जाता है। इस साम्य के बावजूद दोनों में मूलभूत वैषम्य यह है कि जहाँ एक ओर सृष्टिमूलक युक्ति

में जगत को एक कार्य मानकर उसके कारण के रूप में ईश्वर का अस्तित्व सिद्ध किया गया है वहीं दूसरी ओर प्रयोजनमूलक युक्ति में जगत को एक व्यवस्था मानकर उसके व्यवस्थापक के रूप में ईश्वर का अस्तित्व प्रमाणित किया गया है।

अन्य युक्तियों की ही भाँति प्रयोजनमूलक युक्ति की भी शुरुआत प्लेटो की पुस्तक 'Timaeus' से होती है। संत थॉमस एक्विनॉस अपनी पुस्तक "*Summa Theologica*" में ईश्वर के अस्तित्व को सिद्ध करने के लिए जो पाँच तर्क देते हैं उसमें से अंतिम युक्ति प्रयोजनमूलक युक्ति ही है। एक्विनॉस लिखते हैं कि "हम देखते हैं कि वे वस्तुएँ जिनमें ज्ञान का अभाव है, ...किसी उद्देश्य की ओर नहीं बढ़ सकती हैं, यदि कोई इनमें ज्ञान एवं बुद्धि प्रदान न करे; जैसे तीर धनुर्धर के निर्देश के बिना। अत: किसी बुद्धिमान सत्ता का अस्तित्व है जिसके द्वारा सभी प्राकृतिक वस्तुएँ अपने उद्देश्य की ओर निर्देशित होती हैं और हम उसी सत्ता को ईश्वर कहते हैं।" ["We see that things which lack knowledge, … cannot move towards an end, unless it be directed by some being endowed with knowledge and intelligence; as the arrow is directed by the archer. Therefore some intelligent being exists by whom all natural things are directed to their end; and this being we call God." Aquinas, St. Thomas (1911): *Summa Theological*, Part I, Question-2, Article-3, Trans. by Fathers of the English Dominican Provinces, Burns Oates & Washbourne Ltd., London]। लाइबनीज भी मानते हैं कि "यह जगत सभी सम्भावित जगतों में सर्वोत्तम है।" ("This world is the best of all possible worlds." Monadologie: 53 & 54)। इस जगत में एक प्रकार का सामंजस्य है, जिसे वे पूर्व-स्थापित सामंजस्य (Pre-stablished harmony) कहते हैं और इस सामंजस्य का व्यवस्थापक ईश्वर ही है।

प्रयोजनमूलक या उद्देश्यमूलक युक्ति की एक व्यवस्थित परम्परा के रूप में शुरुआत आधुनिक दार्शनिक विलियम पेली की पुस्तक "*Natural Theology*" से होती है। पेली के अनुसार माना कि हम किसी बंजर भूमि में जा रहे हों और हमें अचानक कोई चट्टान मिलती है तो उस चट्टान को देखकर यह स्पष्टत: कहा जा सकता है कि यह एक प्राकृतिक पदार्थ है जो हवा, पानी सर्दी, गर्मी, आदि के प्रभाव से स्वत: निर्मित है, परन्तु माना कि वहाँ हमें कोई घड़ी मिलती है तो घड़ी में जिस प्रकार जटिलतापूर्वक यंत्रों का प्रयोग किया गया है, जिसके कारण वह ठीक-ठीक समय बताती है, उसे देखकर यह नहीं कहा जा सकता है कि यह कोई प्राकृतिक घटना है जैसे कि चट्टान। उसमें प्रयुक्त जटिलता एवं उद्देश्यपूर्ण यंत्रों को देखकर ऐसा प्रतीत होता है कि इसके निर्माण में अवश्य ही किसी बौद्धिक सत्ता का योगदान है। इसी प्रकार यदि हम सम्पूर्ण प्रकृति के ऊपर एक साथ विचार करें, जहाँ सौर्य मण्डल में ग्रह-नक्षत्र एक निश्चित दिशा में गति कर रहे हैं, पृथ्वी पर ऋतुओं का परिवर्तन एक नियत क्रम से हो रहा है तो यह सब एक निश्चित प्रयोजन या उद्देश्य का ही परिणाम लगता है। इसी प्रकार यदि हम मनुष्य के ऊपर विचार करें विशेषकर उसकी आँखों पर, जो कि एक अद्भुत कैमरे के समान हैं, जिससे हम सूचनाएँ ग्रहण करते हैं तथा उन सूचनाओं पर निर्भर रहकर हम अपने भविष्य की योजनाएँ बनाते हैं, इन आँखों की जटिलता एवं उद्देश्यपूर्णता को देखकर यह नहीं कहा जा सकता है कि यह कोई प्राकृतिक घटना या संयोग मात्र है। इस प्रकार पेली के अनुसार चाहे हम विशेष वस्तु (आँख)

के ऊपर विचार करें या फिर सम्पूर्ण प्रकृति के ऊपर एक साथ, इसकी व्यवस्था एवं प्रयोजन में अवश्य ही किसी-न-किसी बुद्धिमान सत्ता का योगदान है। इस प्रकार जगत में व्याप्त सामंजस्य एवं व्यवस्था के आधार पर इसके व्यवस्थापक के रूप में किसी बुद्धिमान सत्ता या ईश्वर का अस्तित्व सिद्ध होता है। [Paley, William (1881): *Natural Theology*, American Tract Society, New York, pp. 1–21.]।

भारतीय परम्परा में आचार्य शंकर और नैयायिक उदयनाचार्य भी इस युक्ति का समर्थन करते हैं। उदयनाचार्य अपनी पुस्तक 'न्यायकुसुमाञ्जलि' में लिखते हैं कि 'वाक्यात् संख्याविशेषाच्च साध्यो विश्वविदव्ययः' (न्यायकुसुमाञ्जलि - 5/1)। यहाँ 'संख्याविशेषाच्च' का अर्थ है कि संसार की विभिन्न वस्तुओं की रचना परमाणुओं के संयोजन से हुई है, परन्तु परमाणुओं का संयोजन दो प्रकार से हो सकता है: पहला, परमाणु अपने आप ही इस क्रम से व्यवस्थित हो गये हों जिससे इस प्रकार के जगत का निर्माण हो गया है एवं दूसरा, इन परमाणुओं को किसी ने जान-बूझकर एक निश्चित क्रम में व्यवस्थित किया है। उदयन के अनुसार यदि ये परमाणु अपने आप ही इस क्रम में व्यवस्थित हो गये होते तो ऐसी स्थिति में सृष्टि का कोई प्रयोजन नहीं रह जाता अर्थात् सृष्टि निष्प्रयोजन हो जाती, परन्तु यदि इस संयोजन में एक व्यवस्था या विन्यास (Order) है तो यह विन्यास किसी अचेतन प्रकृति की क्रिया नहीं हो सकती है। इसके व्यवस्थापक के रूप में चेतन सत्ता का होना अनिवार्य है। वह व्यवस्थापक ईश्वर ही है। आचार्य शंकर के अनुसार भी जगत में एक प्रकार का प्रयोजन एवं सामंजस्य दिखाई देता है। इससे यह सिद्ध होता है कि जगत की रचना विवेकपूर्ण ढंग से हुई है। वह विवेकपूर्ण सत्ता ईश्वर ही है (जन्माद्यस्य यतोऽन्वयात्। - भागवत् पुराण)।

अन्य युक्तियों की ही भाँति प्रयोजनमूलक युक्ति भी आलोचना का विषय बन गई। डेविड ह्यूम अपनी पुस्तक "*Dialogues Concerning Natural Religion*" में लिखते हैं कि:

- जगत अनादि है। अतः इसमें जितने भी अणु एवं गतियाँ हैं उनके आधार पर सभी प्रकार के सम्भावित जगत की व्याख्या की जा सकती है, यहाँ तक कि घड़ी एवं मकान की भी, क्योंकि जगत अनन्त काल से विद्यमान है और अनन्त काल में सभी प्रकार का संयोजन सम्भव है। "अनंत समयों में प्रत्येक सम्भावित विन्यास एवं स्थिति का प्रयास अवश्य सम्भव है।" ("Every possible order or position must be tried an infinite number of times." Hume, D. *Dialogues Concerning Natural Religion*, Part VIII)। इसके लिए किसी संयोजक या किसी भी बुद्धिमान सत्ता की आवश्यकता नहीं है। माना कि जगत की वर्तमान व्यवस्था नहीं होती तब भी कोई-न-कोई व्यवस्था अवश्य ही होती। अस्तु, व्यवस्था के आधार पर व्यवस्थापक ईश्वर का अस्तित्व सिद्ध नहीं किया जा सकता है।
- ह्यूम के अनुसार जगत की तुलना बीज और अण्डे से की जानी चाहिए कि न कि मकान और घड़ी से। मकान और घड़ी में स्वतः परिवर्तन नहीं होता है जबकि बीज एवं अण्डे में स्वतः परिवर्तन होता है, जगत में भी स्वतः परिवर्तन होता है। अतः जगत से मकान या घड़ी की तरह ईश्वर का अस्तित्व सिद्ध नहीं होता है। "इस जगत का साम्य घड़ी एवं

करघा-बुनाई की अपेक्षा जानवर एवं सब्जी से अधिक है।" ("The world plainly resembles more an animal or a vegetable than it does a watch or a knitting-loom." *Ibid.*, Part VII.)।

- यदि यह मान भी लिया जाय कि ईश्वर ने जगत की व्यवस्था की है तो इससे भी ईश्वर का ऐश्वर्य व्यक्त नहीं होता है जगत को देखते हुए यह नहीं कहा जा सकता है कि इसका व्यवस्थापक सर्वज्ञ है। सम्भव है कि इससे पूर्व कुछ मूर्ख देवताओं ने मिलकर सृष्टि की रचना कर दी हो। माना कि जगत का कोई कारण है, किन्तु वह कारण एक ही हो, यह कैसे कहा जा सकता है? सम्भव है कई लोगों ने मिलकर सृष्टि की रचना की हो। "बहुत अधिक संख्या में लोग मिलकर किसी घर अथवा जहाज को बनाते हैं, एक राष्ट्र की संरचना करते हैं, क्यों नहीं हो सकता है कि अधिकांश देवताओं ने मिलकर इस जगत की रचना एवं उसका प्रबंध किया हो?" ("A great number of men join in building a house or ship, in rearing a city, in framing a commonwealth; why may not several deities combine in contriving and framing a world?" *Ibid.*, Part V.)।

काण्ट ने भी प्राय: इन्हीं आलोचनाओं का प्रयोग किया है, परन्तु काण्ट अपनी पुस्तक "Critique of Pure Reason" में एक अन्य आलोचना भी प्रस्तुत करते हैं। इनके अनुसार माना कि प्रयोजनमूलक युक्ति वैध है तो भी इससे एक ऐसी सत्ता का अस्तित्व सिद्ध होता है जिसने जगत को केवल एक निश्चित आकार प्रदान किया है न कि सृष्टि को उत्पन्न किया है। इसके लिए यह दिखाना आवश्यक है कि यह सत्ता अनिवार्य सत्ता है तथा अनिवार्य सत्ता पूर्ण सत्ता है। यह तभी सिद्ध किया जा सकता है जबकि सृष्टिमूलक युक्ति एवं प्रत्ययमूलक युक्ति वैध हो, परन्तु वास्तविकता यह है कि दोनों ही युक्तियाँ अवैध हैं। अत: प्रयोजनमूलक युक्ति के आधार पर किसी अनिवार्य सत्ता का अस्तित्व सिद्ध नहीं किया जा सकता है। इसी प्रकार जॉन केयर्ड लिखते हैं कि "एक बाह्य शिल्पकार का विचार कुछ ऐसा है जो पूर्ण अथवा निरपेक्ष बुद्धि एवं शक्ति से बहुत दूर है।" ["The notion of an external designer is something far short of perfect or absolute wisdom and power." Caird, John (1880): *An Introduction to the Philosophy of Religion*, Macmillan, New York, p. 143.]।

रसेल अपनी पुस्तक "*Why I am not a Christian*" में लिखते हैं कि इस जगत में कोई भी व्यवस्था नहीं है। भूकम्प, ज्वालामुखी, बाढ़, अकाल, सुनामी, आँधी-तूफान, आदि को देखकर यह कैसे कहा जा सकता है कि इस जगत का स्रष्टा सर्वशक्तिमान एवं दयालु ईश्वर है जो अनन्त काल के प्रयासों के बावजूद भी इससे बेहतर सृष्टि की रचना नहीं कर सका। रसेल के अनुसार मुझे तो बड़ा आश्चर्य होता है कि इन कमियों के बावजूद भी कैसे कुछ लोग यह विश्वास कर लेते हैं कि इस जगत का स्रष्टा सर्वशक्तिमान एवं दयालु ईश्वर है। उनके अनुसार "ऐसा नहीं है कि उनका पर्यावरण उनके अनुरूप बना है, बल्कि इसे उन्होंने अपने अनुरूप विकसित किया है, और यही इसको अपनाने का आधार है। इस व्यवस्था के पक्ष में कोई प्रमाण नहीं है।" ["It is not that their environment was made to be suitable to them but that they grew to be suitable to it, and that is the basis of adoption. There is no evidence of design about it." Russell, B. (1957): *Why I am Not a Christian*, Simon & Schuster, N.Y., p. 10.]।

इसी प्रकार वॉल्टेयर (Voltair) अपने उपन्यास 'कैन्डिड' (1759) में लाइबनीज के उस कथन पर कि 'यह जगत ईश्वर की सर्वोत्तम रचना है', व्यंग्य करते हुए कहते हैं कि इस जगत को सर्वोत्तम मानना वैसे ही है जैसे यह कहना कि हमारे चेहरे पर नाक है जिससे कि चश्मा पहन सकें अर्थात् "नाक चश्मे के लिए बनी थी, अत: हम चश्मा पहनते हैं।" ["Noses were made to carry spectacles, and so we have spectacles." Voltaire (1918): *Candide*, Boni and Liveright, INC, New York, Introduction.]। (Obviously, the nose was designed to be such as to fit spectacles.)। वास्तविकता यह है कि नाक के अनुरूप चश्मा है, न कि चश्मे के लिए नाक। इसे वॉल्टेयर अपने उपन्यास में एक उदाहरण से स्पष्ट करते हैं। एक बार डॉ० पैनग्लास को निरीक्षकों के द्वारा पकड़ लिया गया और उसे फाँसी की सजा हो गयी। जब उसे फाँसी दी गयी तो वह मरा नहीं बल्कि केवल मूर्च्छित हो गया, परन्तु उसे मरा हुआ समझकर एक डॉक्टर ने अपने प्रयोग के लिए खरीद लिया। डॉक्टर ने जब उसे अपनी प्रयोगशाला में ले जाकर उसका पेट फाड़ा, उसकी चेतना जागृत हो गयी, वह कराहने लगा, तत्पश्चात् उस डॉक्टर ने उसे मरहम पट्टी करके एक सौदागर को बेच दिया। सौदागर ने डॉ० पैनग्लास को नाव घाट पर लगा दिया, जहाँ उसका कार्य एक ओर से सामान को भरकर दूसरी ओर उसे उतारना था। इसी बीच वहाँ 'कैन्डिड' पहुँचता है और डॉ० पैनग्लास को पहचान लेता है तथा डॉ० पैनग्लास से व्यंग्य करते हुए पूछता है कि क्या आप इतने कष्टों के बावजूद अभी भी यह मानने को तैयार हैं कि यह जगत ईश्वर की सर्वोत्तम रचना है? इस प्रकार वॉल्टेयर यह दिखाते हैं कि इस जगत में कोई व्यवस्था नहीं है और यदि कोई व्यवस्था है भी तो यह मनुष्य के कार्यों का प्रतिफल है।

इसी प्रकार रसेल "*Why I am Not a Christian*" में लिखते हैं कि 'यह कहना अनुचित है कि पर्यावरण हमारे अनुरूप है। वास्तविकता यह है कि इसे हमने अपने अनुरूप विकसित किया है। इस प्रकार जगत में एक व्यवस्था है इसके पक्ष में कोई प्रमाण नहीं है।' (It is not that their environment was made to be suitable to them but that they grew to be suitable to it, and that is the basis of adoption. There is no evidence of design about it, p. 10.)। भारतीय दार्शनिक एम० एन० राय भी अपनी पुस्तक "*New Humanism*" में लिखते हैं कि 'यह जगत मनुष्यों के कार्यों का लेखा-जोखा है और किसी भी व्यक्ति को यह अधिकार नहीं है कि वह इस व्यवस्था को ईश्वर पर सौंपकर आश्वस्त हो जाय' (पृ० 36)।

समकालिक जीववैज्ञानिक रिचर्ड डॉकिन्स अपनी पुस्तक "*The Blind Watchmaker*" में डार्विन के प्राकृतिक चयन के सिद्धांत का समर्थन करते हुए कहते हैं कि यही एकमात्र ऐसा सिद्धांत है जो हमारे अस्तित्व के रहस्यों का संतोषजनक समाधान करता है। वे लिखते हैं कि "मैं पाठकों को विश्वास दिलाना चाहता हूँ कि डार्विन का जगत-विचार न केवल सत्य है बल्कि यही एकमात्र ज्ञात सिद्धांत है जो सिद्धांतत:, हमारे अस्तित्व के रहस्य का समाधान करता है। ...डार्विनवाद न केवल इस ग्रह पर सत्य है बल्कि सम्पूर्ण ब्रह्माण्ड में जहाँ भी जीवन सम्भव

है वहाँ भी यह सत्य है।" ["I want to persuade the reader not just that Darwinian world-view happens to be true, but that it is the only known theory that could, in principle, solve the mystery of our existence … Darwinism is true, not just on this planet, but all over the universe wherever life may be found." Dawkins, Richard (1996): *The Blind Watchmaker*, W.W. Norton & Company Ltd., London, p. IX–X.]। उनके अनुसार जीवन का विकास प्राकृतिक चयन के आधार पर बिना किसी चेतन प्रयोजनकर्त्ता के अपने आप हुआ है। इसी प्राकृतिक चयन को डॉकिन्स 'अंधे घड़ीसाज' (The blind watchmaker, *Ibid.*, p. 5.) की संज्ञा देते हैं। उनके अनुसार वे इसे अंधा इसलिए कहते हैं क्योंकि घड़ीसाज में तो एक दूरदृष्टि होती है जबकि प्राकृतिक चयन में कोई भी दूरदृष्टि नहीं है। "प्राकृतिक चयन अंधा घड़ीसाज है, यह अंधा है, क्योंकि यह आगे की ओर नहीं देखता है, यह परिणामों की योजना भी नहीं बनाता है, उसकी दृष्टि में कोई उद्देश्य नहीं है।" ("Natural selection is the blind watchmaker, blind because it does not see ahead, does not plan consequences, has no purpose in view." *Ibid.*, p. 21.)। इस प्रकार डॉकिन्स, विलियम पेली के 'घड़ीसाज सिद्धांत' के प्रतिपक्ष में 'अंधे घड़ीसाज' का सिद्धांत प्रतिपादित करते हुए जगत के व्यवस्थापक के रूप में प्राकृतिक चयन को मानते हैं। इन आलोचनाओं के उपरांत भी वैज्ञानिकों तथा दार्शनिकों ने इस युक्ति के प्रति अपनी सहमति व्यक्त की है। न्यूटन मानते हैं कि इस सृष्टि के मूल में कोई बौद्धिक सत्ता है तो आइन्सटीन के अनुसार ईश्वर ही प्राकृतिक नियमों का स्रोत है। यद्यपि चार्ल्स डार्विन ने अपनी पुस्तक "*Origin of Species*" के प्रथम संस्करण (1959) में 'प्राकृतिक चयन' (Natural selection) का सिद्धान्त प्रतिपादित करते हैं, किन्तु इसके दूसरे संस्करण (1960) के अंतिम परिच्छेद में लिखते हैं कि ईश्वर ने सृष्टि की रचना इस प्रकार की है कि उसमें धीरे-धीरे स्वत: विकास होता रहता है। "जीवन की इस दृष्टि में उत्कृष्टता है, अपनी विविध शक्तियाँ, अपने कुछेक रूपों में, सृष्टिकर्त्ता के द्वारा वस्तुत: श्वांस लेती रही हैं, और यह ग्रह गुरूत्वाकर्षण नियम के द्वारा नियत क्रम से चक्रीय गति कर रहा है, इस सत्ता का आरम्भ सरल शाश्वत् रूपों, अत्यंत सुन्दर एवं अत्यंत आश्चर्यजनक रूप से हुआ है।" ["There is grandeur in this view of life, with its several powers, having been originally breathed by the Creator into a few forms or into one; and that, whilst this planet has gone cycling on according to the fixed law of gravity, from so simple a beginning endless forms most beautiful and most wonderful have been, and are being, evolved." Darwin, Charles (1909): *The Origin of Species*, P.F. Collier & Son, New York, p. 529.]। एक अन्य वैज्ञानिक ए. आई. ब्राउन 'Footprints of God' में इस युक्ति का समर्थन करते हुए कहते हैं कि "पृथ्वी के ऊपरी पर्यावरण में विद्यमान ओजोन परत जिससे समस्त प्राणियों के जीवन की रक्षा होती है, एक उद्देश्य का ही परिणाम है।" "ओजोन गैस की परत सृष्टिकर्त्ता की दूरदर्शिता का महान प्रमाण है। क्या किसी के लिए विकास प्रक्रिया के इस साधन को परिवर्तित करना सम्भव है? एक दीवाल जो सभी जीवों को मृत्यु से सुरक्षा प्रदान करती है, बिल्कुल पतली, और यथार्थत: सही सुरक्षा, इस योजना के लिए समस्त प्रमाण प्रस्तुत करती है।" ["The Ozone gas layer is a mighty proof of the Creater's forethought. Could anyone possibly attribute this device to a change evolutionary process? A wall which prevents death to every living thing, just the right thickless, and exactly the correct defence, gives every evidence of plan." Brown, A.I. (1943): *Footprints of God*, Fundamental Truth Publisher, Ohio, p. 102.]।

इसी प्रकार एफ० आर० टैनेन्ट अपनी पुस्तक "*Philosophical Theology*" में लिखते हैं कि विशेष वस्तुओं की रचना से तो ईश्वर का अस्तित्व सिद्ध नहीं होता है, परन्तु यदि हम सम्पूर्ण सृष्टि पर एक साथ विचार करें तो ईश्वर का अस्तित्व स्वीकार करना अनिवार्य हो जाता है। उनके अनुसार विभिन्न कारणात्मक नियमों तथा संयोगों के 'क्रियाशील' रहने के बावजूद भी सृष्टि की एकता सुरक्षित है। यही नहीं, आज सृष्टि जो कुछ भी उत्पन्न करती है वह वस्तु पहले से अधिक विकसित होती है और यदि कोई अवस्था उपयुक्त नहीं है तो वह वस्तु स्वतः समाप्त भी हो जाती है। सृष्टि के समन्वित विकास से ही प्रकृति में सौंदर्य एवं नैतिक मूल्य विकसित होते हैं। "प्रकृति की सामर्थ्य किसी बुद्धिमान उद्देश्य का प्रतिफल है जो इस जगत में किसी विशेष घटना की स्वीकृति पर निर्भर नहीं है और न ही उनकी विविधता पर। ...इसकी अपेक्षा यह एकीकृत और पारस्परिक क्रियाओं के द्वारा असंख्य कारणों की उत्पत्ति में निहित है तथा जो प्रकृति की सामान्य व्यवस्था को बनाये हुए हैं।" ["The forcibleness of Nature's suggestions that she is the outcome of intelligent design lies not in particular cases of adaptedness in the world, nor even in the multiplicity of them… it consists rather in the innumerable causes to produce, by either united and reciprocal action, and to maintain, a general order of Nature." Tennant, F.R. (1930): *Philosophical Theology*, Vol. 2, Cambridge University Press, London, p. 79.]। इस प्रकार टैनेन्ट प्रयोजनमूलक युक्ति का समर्थन करते हैं।

रिचर्ड टेलर भी अपनी पुस्तक "*Metaphysics*" में एक ऐसी युक्ति का प्रयोग करते हैं जो प्रयोजनमूलक युक्ति के समान है। टेलर के अनुसार माना कि हम किसी शहर के नजदीक हैं और वहाँ पत्थर के टुकड़े इस क्रम में पड़े हुए हैं कि उनसे यह वाक्य बनता है कि 'Welcome to the city' अर्थात् 'शहर में आपका स्वागत है'। इसे हम दो रूपों में ले सकते हैं: पहला, प्राकृतिक कारणों से पत्थरों का यह आकार बन गया है, किन्तु इस स्थिति में इस कथन को सार्थक नहीं माना जा सकता है और दूसरा, किसी व्यक्ति ने जानबूझ कर पत्थरों को इसी क्रम में रखा है। ऐसी स्थिति में यह वाक्य सार्थक हो जाता है। टेलर के अनुसार ऐसा नहीं हो सकता है कि हम किसी वाक्य को सार्थक तो मानें, परन्तु उसके अस्तित्व में विश्वास न करें। "माना कि आप रेल के किसी कोच में बैठे हुए हैं और खिड़की से बाहर किसी एक स्टाप की ओर देख रहे हैं, आप देखेते हैं कि असंख्य सफेद पत्थर एक छोटी पहाड़ी के निकट इस प्रकार बिखरे हुए हैं कि उनसे यह शब्द बनता है: 'ब्रिटिश रेलवे वेल्स में आपका स्वागत करती है।'... आप वस्तुतः पूर्णतया आश्वत महसूस करते हैं कि इसे जानबूझकर बोधगम्य संवाद को सम्प्रेषित करने के लिए इस क्रम से व्यवस्थित किया गया है। ["Suppose, then, that you are riding in a railway coach and glancing from the window at one of the stops, you see numerous white stones scattered about on a small hillside near the train in a pattern resembling these letters: THE BRITISH RAILWAYS WELCOMES YOU TO WALES…

You would, in fact, feel quite certain that they were purposefully arranged that way to convey an intelligible message." Taylor, Richard (1963): *Metaphysics*, Prentice-Hall, U.S.A. p. 96.]। टेलर के अनुसार वास्तव में यही बात हमारे विभिन्न अंगों के लिए भी सत्य है, यथा आँखों के द्वारा हम सूचनाएँ प्राप्त करते हैं और उस पर निर्भर रहकर अपनी योजनाएँ बनाते हैं। यदि आँख केवल आकस्मिक रूप से उत्पन्न हुई है तो हम उसे किसी भी सूचना के लिए विश्वसनीय नहीं मान सकते हैं, परन्तु वास्तविकता यह है कि हम अपनी आँखों को प्रत्येक सूचना के लिए विश्वसनीय मानते हैं। इसका अर्थ है कि उन्हें इसी प्रयोजन के लिए बनाया गया है और इस प्रयोजन के लिए किसी चेतन सत्ता का होना आवश्यक है। अतः ईश्वर का अस्तित्व अवश्य है जिसने आँखों तथा अन्य वस्तुओं की रचना की है।

यदि इस युक्ति पर गहनतापूर्वक विचार किया जाय तो हम पाते हैं कि, यद्यपि यह युक्ति निरपेक्ष रूप में तो ईश्वर के अस्तित्व को प्रमाणित करने में असफल है, तथापि यह ईश्वर के प्रति एक विशेष दृष्टिकोण को व्यक्त करती है। इसके अनुसार यदि हम जगत को सार्थक मानें तो उसकी व्याख्या के लिए ईश्वर को मानना अनिवार्य है, परन्तु माना कि जगत का कोई अर्थ नहीं है अर्थात् यह जगत निरर्थक है और यह अनादि काल से केवल एक वस्तु के रूप में विद्यमान है तब तो यह युक्ति अवैध है। इस प्रकार यदि हम जगत को निरर्थक मानते हैं तो इसके आधार पर ईश्वर का अस्तित्व सिद्ध नहीं किया जा सकता है। यही कारण है कि कुछ समकालिक जीव-रसायनशास्त्रियों ने भी इस युक्ति का समर्थन किया। इनमें मिचल बेहे एवं विलियम डेम्बस्की का महत्वपूर्ण योगदान है। ये दार्शनिक चार्ल्स डार्विन के प्राकृतिक चयन के सिद्धांत का खण्डन करते हैं। डार्विन ने अपने प्राकृतिक चयन के सिद्धांत में कहा था कि जो भी अस्तित्ववान है उसमें किसी सृष्टिकर्त्ता का कोई योगदान नहीं है बल्कि वह प्राकृतिक चयन के द्वारा अपने आप विकसित हुआ है। "यदि यह प्रमाणित कर दिया जाय कि कोई भी जटिल अंग जो अस्तित्ववान है वह बिना किसी असंख्य, निरंतर एवं हल्के रूपांतरणों के सम्भव नहीं हो सका है तो मेरा सिद्धांत निश्चित रूप से खण्डित हो जाता है। परन्तु मुझे ऐसा कोई उदाहरण प्राप्त नहीं हो सका है।" ["If it could be demonstrated that any complex organ existed which could not possibly have been formed by numerous, successive, slight modifications, my theory would absolutely break down. But I can find out no such case." Darwin, Charles (1872): *The Origin of Species*, 6th ed (1988), New York University Press, N.Y., p. 154.]। डार्विन की इस मान्यता के प्रतिपक्ष में इन वैज्ञानिकों ने यह सिद्ध करने का प्रयास किया है कि इस सृष्टि में एक बुद्धिमान सत्ता का उद्देश्य दृष्टिगोचर होता है। इसे स्पष्ट करने के लिए वे दो प्रकार की जटिलताओं के बीच स्पष्ट भेद करते हैं: (1) अपरिवर्तनीय जटिलता (Irreducible complexity) एवं (2) संचित जटिलता (Cumulative Complexity)। बेहे के अनुसार अपरिवर्तनीय जटिलता में किसी तंत्र के घटक इस रूप में आंतरिक रूप से जुड़े हैं कि यदि उसके किसी भी अंग को हटा दिया जाय तो पूरी प्रक्रिया प्रभावित हो जाती है। "अपरिवर्तनीय जटिलता का तात्पर्य ऐसे एकाकी तंत्र से है, जो एक दूसरे को प्रभावित करने वाले कई अंगों का संयोजन है, जो आधारभूत क्रिया में योगदान करते हैं, और जहाँ किसी एक अंग को हटाने पर उस तंत्र की क्रियाएँ प्रभावशाली ढंग से बंद हो जाती हैं।" ["By irreducibly complex I mean a single system which is composed of several well-matched, interacting parts that contribute to the basic function, and where the removal of any one of the parts causes the system to effectively cease functioning." Behe, Michael J. (1996): *Darwin's Black Box*, Touchstone Books, N.Y., p. 39.]। अपरिवर्तनीय जटिलता का उदाहरण शहर है जिसमें लोग आते-जाते हैं, परन्तु शहर के ऊपर कोई प्रभाव नहीं पड़ता है। संचित जटिलता के सम्बंध में डेमबस्की कहते हैं कि इसमें यदि किसी तंत्र से किसी अंग को पृथक् कर दिया जाय तो भी उसकी प्रक्रिया पर कोई अंतर नहीं पड़ता है। "कोई तंत्र संचित जटिल तब है जब उस तंत्र के घटक इस क्रम से व्यवस्थित हों कि उसके घटकों के निरन्तर हटाने से उस प्रक्रिया की पूर्ण हानि न हो।" ["A system is cumulatively complex if the system components may be arranged sequentially such that a successive removal of components not lead to a complete loss of function." Dembski, William A. (2002): *No Free Lunch: Why Specified Complexity Cannot Be Purchased without Intelligence*, Rowman & Littlefield Publisher, U.S.A., p. 248.]। संचित जटिलता का उदाहरण घड़ी, चूहादानी आदि हैं। यदि इनके किसी एक अंग को हटा दिया जाय तो तंत्र प्रभावित हो जाता है।

इस प्रकार दो प्रकार की जटिलताओं का भेद करते हुए बेहे, डार्विन के विकासवाद को अपरिवर्तनीय जटिलता के अंतर्गत रखते हैं। उनके अनुसार संचित जटिलता में सारे अंग साथ-साथ एवं एक दूसरे से इस प्रकार जुड़े होते हैं कि उनमें से किसी एक का विलगाव, तंत्र की सम्पूर्ण कार्य-पद्धति को प्रभावित कर देता है, परन्तु डार्विन के विकासवाद में ऐसा नहीं है। इसमें कुछ अंग अपने आप ही समाप्त हो जाते हैं तथा कुछ अंग अपने आप जुड़ जाते हैं, परन्तु विकास की इस प्रक्रिया पर कोई प्रभाव नहीं पड़ता है। इस प्रकार बेहे डार्विन के विकासवाद को अपरिवर्तनीय जटिलता, जबकि पेली की प्रयोजनमूलक युक्ति को संचित जटिलता के अंतर्गत रखते हुए पेली का समर्थन करते हैं।

यही कारण है कि काण्ट जैसे दार्शनिक भी जिन्होंने ईश्वर के अस्तित्व की सिद्धि के लिए दी गई सभी युक्तियों का खण्डन किया, अंतत: इस युक्ति को बहुत आदर की दृष्टि से देखते हुए कहते हैं कि "दो ही चीजों ने मेरे मन में निरन्तर नूतन तथा श्रद्धा एवं विस्मय को बढ़ाया है, जिस पर हम प्राय: और अधिक तीव्रता के साथ प्रतिक्रिया करते हैं: मेरे ऊपर तारों भरा आकाश और मेरे भीतर नैतिक नियम।" ["Two things fill the mind with ever new and increasing admiration and awe, the oftener and more steadily we reflect on them: the starry heavens above me and the moral law within me." Kant, Immanuel (1788): *Critique of Practical Reason*, Trans. by Abbott, T.K. (1889): Longmans, Green & Co., London, p. 260.]। इसमें प्रथम का सम्बंध इसी युक्ति से है। इस प्रकार कुछ कमियों के बावजूद भी दार्शनिकों के साथ ही साथ अधिकांश वैज्ञानिकों ने इस युक्ति का समर्थन किया है।

नैतिक युक्ति (Moral Argument)

जब ईश्वर के अस्तित्व को प्रमाणित करने के लिए दी गई अन्य परम्परागत युक्तियाँ असफल हो गईं तो इन युक्तियों से पृथक् एक नैतिक युक्ति प्रस्तुत की गई, जिसका सम्बंध तर्क एवं बौद्धिकता

से न होकर मुख्यत: श्रद्धा एवं आस्था से है। इस युक्ति के अंतर्गत नैतिकता की सांगोपांग व्याख्या करने के लिए ईश्वर के अस्तित्व को आवश्यक माना गया है, क्योंकि ईश्वर के अभाव में न तो नैतिकता की रक्षा सम्भव है और न ही नैतिक मूल्यों की शाश्वतता की व्याख्या हो सकती है। इस युक्ति का समर्थन मुख्यत: जर्मन दार्शनिक इमैनुअल काण्ट करते हैं।

काण्ट अपनी महत्त्वपूर्ण पुस्तक "*Critique of Pure Reason*" में ईश्वर के अस्तित्व को प्रमाणित करने के लिए दिये गये समस्त तर्कों का खण्डन करते हैं। उनके अनुसार तर्क के आधार पर ईश्वर के पक्ष में जितना तर्क दिया जा सकता है उतना ही उसके विपक्ष में भी और बुद्धि में यह सामर्थ्य नहीं है कि वह इस पक्ष एवं विपक्ष के बीच कोई निर्णय कर सके अर्थात् तर्क के द्वारा ईश्वर के अस्तित्व को न तो सिद्ध किया जा सकता है और न ही उसे असिद्ध किया जा सकता है। पुनश्च, काण्ट कहते हैं कि हमारी बुद्धि की रचना ही इस प्रकार हुई है कि हम इसका प्रयोग अतीन्द्रिय सत्ताओं के ऊपर नहीं कर सकते हैं और यदि बलात करते भी हैं तो बुद्धि द्वन्द्व में जकड़ जाती है। परिणामत: भ्रमों की सृष्टि होती है, जिसे काण्ट अतीन्द्रिय भ्रम (Transcendental Illusion) की संज्ञा देते हैं। विशेष रूप से ईश्वर के संदर्भ में जो भ्रम उत्पन्न होता है, उसे वे विरोधाभास (Contradiction) कहते हैं।

इस प्रकार काण्ट तर्कबुद्धि के आधार पर अतीन्द्रिय सत्ताओं का खण्डन करते हैं, परन्तु उनके अनुसार इससे यह सिद्ध नहीं होता है कि इनका अस्तित्व नहीं है, इससे तो केवल यह सिद्ध होता है कि ये सत्ताएँ तर्कबुद्धि का विषय नहीं है। उनके अनुसार यदि हम इनका ज्ञान प्राप्त करना ही चाहते हैं तो इसका एकमात्र आधार हमारी आस्था है। इसीलिए वे 'Critique of Pure Reason' में लिखते हैं कि "अत: मैंने आस्था को स्थान देने के लिए ज्ञान को अस्वीकार करना अनिवार्य समझा।" ("I have therefore found it necessary to deny *knowledge*, in order to make room from *faith*." Kant, Immanuel: *Critique of Pure Reason*, Bxxx)। इस प्रकार काण्ट जहाँ एक ओर '*Critique of Pure Reason*' में ईश्वर के अस्तित्व को सिद्ध करने के लिए दिये गये समस्त तर्कों का खण्डन करते हैं वहीं दूसरी ओर "*Critique of Practical Reason*" में उसके अस्तित्व को सिद्ध करने के लिए नैतिकता पर आधारित युक्ति भी प्रस्तुत करते हैं। उनके अनुसार ईश्वर के अस्तित्व को प्रमाणित करने के लिए एकमात्र आधार नैतिक युक्ति ही हो सकती है जो वस्तुत: तर्क पर आधारित न होकर शुद्ध आस्था एवं विश्वास पर आधारित है। अस्तु, वे 'Critique of Practical Reason' में लिखते हैं कि 'अब तक मुझे दो ही चीजों ने अत्यधिक प्रभावित किया है: ऊपर तारों भरा आकाश (The stary heavens above) और अंत:स्थल में नैतिक नियम (The moral law within)। काण्ट इसी नैतिक नियम के रक्षार्थ ईश्वर के अस्तित्व को प्रमाणित करते हैं। "दो ही चीजों ने मेरे मन में निरन्तर नूतन तथा श्रद्धा एवं विस्मय को बढ़ाया है, जिस पर हम प्राय: और अधिक तीव्रता के साथ प्रतिक्रिया करते हैं: मेरे ऊपर तारों भरा आकाश और मेरे भीतर नैतिक नियम।" ["Two things fill the mind with ever new and increasing admiration and awe, the oftener and more steadily we reflect on them: the starry heavens above me and the moral law within me." Kant, I. (1788): *Critique of Practical Reason*, Trans. by Abbott, T.K. (1889): Longmans, Green & Co., London, p. 260.]। काण्ट के अनुसार इसमें से दूसरे का सम्बंध नैतिक युक्ति से ही है।

काण्ट के अनुसार मानव जीवन का सर्वोच्च लक्ष्य सर्वोच्च शुभ की प्राप्ति करना है। सर्वोच्च शुभ में कर्त्तव्य एवं सुख दोनों का ही समन्वय है। कर्त्तव्य का अर्थ है कि कर्त्तव्य की चेतना से अनुप्रेरित होकर कर्त्तव्य करना (Consciousness of duty fulfilled) अर्थात् 'कर्त्तव्य के लिए कर्त्तव्य' (Duty for duty's sake), जबकि सुख का अर्थ है इच्छा तृप्ति (Consciousness of desire fulfilled)। काण्ट के अनुसार ये दोनों ही अर्थात् कर्त्तव्य एवं सुख दो प्रकार के जगत से सम्बंधित हैं। जहाँ एक ओर 'कर्त्तव्य के लिए कर्त्तव्य' पारमार्थिक जगत से सम्बंधित है वहीं दूसरी ओर 'इच्छा तृप्ति' प्रपंचात्मक जगत से। सर्वोच्च शुभ के लिए इन दोनों का समन्वय आवश्यक है, परन्तु इन दोनों का समन्वय वही कर सकता है जिसका सम्बंध दोनों ही प्रकार के जगत से है। काण्ट के अनुसार ऐसी सत्ता केवल ईश्वर ही हो सकती है। अत: सर्वोच्च शुभ की प्राप्ति अथवा कर्त्तव्य एवं सुख में सामंजस्य स्थापित करने के लिए ईश्वर का अस्तित्व सिद्ध होता है।

पुनश्च, काण्ट के अनुसार हम इस जगत में प्राय: यह देखते हैं कि सदाचारी व्यक्ति दु:खी रहता है, जबकि दुराचारी सदैव ही सुखी। क्या यही न्याय है? यदि यही न्याय है तो कोई व्यक्ति सदाचरण करे ही क्यों? काण्ट के अनुसार यह न्याय नहीं है, क्योंकि इन कष्टों के बावजूद भी सदाचारियों के मन में यह दृढ़ आस्था रहती है कि ईश्वर एक-न-एक दिन अवश्य ही न्याय करेगा तथा वह सदाचारियों को पुरस्कृत एवं दुराचारियों को दण्डित करेगा। इसे ही वे 'पुरस्कार एवं दण्ड का सिद्धांत' कहते हैं। ("Principle of Desert." *Ibid.*, p. 127.)। अत: उनके अनुसार एक न एक दिन ऐसा अवश्य आयेगा जब व्यक्ति के कर्मों का मूल्यांकन होगा तथा सदाचारियों को पुरस्कृत एवं दुराचारियों को दण्डित किया जायेगा। इस प्रकार न्याय की स्थापना हेतु ईश्वर का होना आवश्यक है अन्यथा नैतिक नियमों का कोई अर्थ नहीं रह जायेगा। इसीलिए काण्ट 'नैतिकता की पूर्व-मान्यताओं' (Postulates of morality) में ईश्वर के अस्तित्व को भी स्वीकार करते हैं। उनके अनुसार ईश्वर के अभाव में नैतिक मूल्यों की रक्षा सम्भव नहीं है।

उल्लेखनीय है कि भारतीय परम्परा में भी ईश्वर को 'कर्माध्यक्ष' या 'न्यायाधीश' के रूप में स्वीकार किया गया है जो शुभ-अशुभ कर्मों के अनुसार दुष्टों को दण्डित तथा सदाचारियों को पुरस्कृत करता है। इसी दृष्टि से गीता में भगवान श्री कृष्ण कहते हैं कि जब-जब धर्म पर अधर्म हावी होगा तब-तब मैं धर्म के उत्थान के लिए अवतार ग्रहण करूँगा।

"यदा यदा हि धर्मस्य ग्लानिर्भवति भारत।
अभ्युत्थानमधर्मस्य तदात्मानं सृजाम्यहम्॥" (गीता - 4/7)

पुनश्च, भगवान श्री कृष्ण कहते हैं कि दुष्टों के विनाश तथा साधु पुरुषों को मुक्ति दिलाने के लिए मैं प्रत्येक युग में प्रकट हुआ करता हूँ।

"परित्राणाय साधूनां विनाशाय च दुष्कृताम्।
धर्मसंस्थापनार्थाय सम्भवामि युगे युगे॥" (गीता - 4/8)

इस प्रकार नैतिक मूल्यों के रक्षार्थ ईश्वर का होना अनिवार्य है। इसी प्रकार ऋग्वेद में भी 'ऋत' को माना गया है, जो सम्पूर्ण भौतिक एवं नैतिक व्यवस्थाओं का आधार है, परन्तु 'ऋत'

का अधिष्ठाता स्वयं ईश्वर ही है। अत: ईश्वर का अस्तित्व सिद्ध होता है। पुनश्च, न्याय दर्शन में 'अदृष्ट' को माना गया है, जो हमारे कर्मों के अनुरूप उचित-अनुचित कर्म-फल प्रदान करता है, परन्तु अदृष्ट स्वयं अचेतन है। अस्तु, इसमें गति के लिए सर्वज्ञ ईश्वर के निर्देशन एवं संचालन की आवश्यकता है। इस प्रकार अदृष्ट के संचालन हेतु ईश्वर की सत्ता सिद्ध होती है। स्पष्टत: जिस बात को काण्ट आधुनिक दर्शन में स्वीकार करते हैं उसे भारतीय परम्परा में प्राचीन काल से ही स्वीकार किया जाता रहा है।

अन्य युक्तियों की भाँति नैतिक युक्ति की भी कई आधारों पर आलोचना की गई है। जिन्हें नीचे वर्णित किया जा रहा है:

- कवि हाइन लिखते हैं कि काण्ट अपने दर्शन में ईश्वर के अस्तित्व को अपने बूढ़े नौकर लैम्पे की आँखों में आँसू देखकर सिद्ध करता है जिससे उसके जीवन में सुख के प्रति आस्था बनी रहे, अन्यथा क्या कारण है कि काण्ट जब एक बार 'Critique of Pure Reason' ईश्वर के अस्तित्व को खण्डित कर देते हैं तो पुन: 'Critique of Practical Reason' में उसके अस्तित्व को सिद्ध करते हैं। हाइन के अनुसार "बूढ़े लैम्पे के लिए ईश्वर अवश्य होना चाहिए, अथवा वह दु:खी व्यक्ति प्रसन्न नहीं हो सकता है, परन्तु व्यावहारिक बुद्धि कहती है कि इस धरती पर मनुष्य को प्रसन्न होना चाहिए; अस्तु, व्यावहारिक बुद्धि के द्वारा ईश्वर का अस्तित्व सिद्ध होता है।" ["Old Lampe must have a God, or the poor fellow can't be happy – but man ought to be happy on earth – practical reason says so (at least according to me); so let practical reason also disclose the existence of God." Heine, Heinrich (1951): *Zur Geschichte der Religion und Philosophie, in his Gesammelte Werke*, 6 Vols., Aufbau Verlag, Berlin and Weimar, Vol. 5, p. 110.]। हाइन के अनुसार काण्ट का यह प्रयास उनके एक मित्र जो वेस्टफालिया (Westphalia) से हैं, के समान है जो गॉटिन्गान (Gottingen) के ग्रोण्डर गली (Grohnder street) की सारी बत्तियों को तोड़ डालता है और जब हम लोग अंधेरे में खड़े हो जाते हैं तो वह गली की बत्तियों की व्यावहारिक आवश्यकता के बारे में एक लम्बा भाषण देता है कि उसने ऐसा केवल सैद्धांतिक कारणों से किया है, जिससे हम लोगों को यह दिखाया जा सके कि बत्तियों के बिना हम किसी भी चीज को देख नहीं सकते हैं। परन्तु हाइन का यह आक्षेप निराधार है। वास्तव में, काण्ट 'Critique of Pure Reason' में ईश्वर के अस्तित्व का खण्डन नहीं करते हैं बल्कि ईश्वर के अस्तित्व के लिए दिये गये तर्कों का खण्डन करते हैं। अस्तु, बत्तियों को बुझाने का आक्षेप काण्ट के ऊपर आरोपित नहीं होता है।
- काण्ट के अनुसार नैतिकता को बचाने के लिए ईश्वर को बचाना आवश्यक है, परन्तु कुछ आलोचक नैतिकता को धर्म (ईश्वर) से पृथक् करने की बात करते हैं। उनके अनुसार नैतिकता को धर्म तथा ईश्वर से स्वतंत्र किया जाना चाहिए, क्योंकि यदि नैतिकता को अपने अस्तित्व के लिए धार्मिक अंधविश्वासों पर आधारित कर दिया जायेगा तो धर्म के साथ-साथ नैतिकता का भी अंत हो जायेगा। उनके अनुसार नैतिकता वस्तुनिष्ठता पर

आधारित है, अत: उसके पक्ष में तर्क दिया जा सकता है, जबकि धर्म मूलत: आत्मनिष्ठ होता है, अत: उसके पक्ष में कोई तर्क नहीं दिया जा सकता है। ऐसी स्थिति में यदि हम नैतिकता को धर्म पर आधारित करते हैं तो धर्म के साथ-साथ नैतिकता की भी वस्तुनिष्ठता समाप्त हो जायेगी। इसी दृष्टि से आलोचक कहते हैं कि 'ईश्वरवादी मानते हैं कि नैतिकता को बचाने के लिए धर्म (ईश्वर) को बचाना आवश्यक है जबकि वास्तविकता यह है कि आज नैतिकता को धर्म से बचाने की आवश्यकता है।'

- यदि यह मान भी लिया जाय कि नैतिकता को बचाने के लिए ईश्वर का अस्तित्व होना चाहिए, परन्तु इसके आधार पर यह तो नहीं कहा जा सकता है कि 'वस्तुत: ईश्वर का अस्तित्व है' अर्थात् 'ईश्वर का अस्तित्व होना चाहिए' से 'ईश्वर का अस्तित्व है' का निगमन कैसे हो सकता है? यदि 'चाहिए' मात्र से 'है' की सिद्धि होने लगे तो कुछ भी असम्भव नहीं रह जायेगा।
- कुछ दार्शनिकों का यह भी कहना है कि ईश्वर पवित्र संकल्प (Holy will) एवं शुभ संकल्प (Good will) वाला है। पवित्र एवं शुभ संकल्प का अर्थ है कि वह सभी प्रकार की कामनाओं, वासनाओं एवं इच्छाओं से असम्पृक्त है, परन्तु कामनाओं से असम्पृक्त होने का अर्थ है नैतिक मूल्यों अर्थात् शुभ-अशुभ, उचित-अनुचित, आदि के द्वन्द्व से परे होना। समस्या यह है कि जो इन विभेदों से परे है वह इन विभेदों का अर्थात् धर्म एवं सुख का समन्वय कैसे कर सकता है?, और यदि वह समन्वय करता है तो उसे केवल शुभ कैसे कहा जा सकता है? इसी दृष्टि से रसेल अपनी पुस्तक 'Why I am Not a Christian' में लिखते हैं कि 'उचित' एवं 'अनुचित' की अवधारणा ईश्वर से स्वतंत्र है। यदि उचित-अनुचित का विभेद ईश्वर के द्वारा बनाया गया है तो ऐसी स्थिति में ईश्वर के लिए 'उचित' एवं 'अनुचित' का कोई अर्थ नहीं होगा और न ही ईश्वर को केवल 'शुभ' ही कहा जा सकता है, परन्तु यदि हम ईश्वर को 'शुभ' कहते हैं, जैसा कि सामान्यत: ईश्वरवादी मानते हैं तो हमें यह भी मानना पड़ेगा कि 'उचित' एवं 'अनुचित' की अवधारणा ईश्वर से स्वतंत्र है। रसेल लिखते हैं कि "मैं जिस बात से सम्बंधित हूँ वह यह है कि यदि आप पूर्णत: आश्वस्त हैं कि उचित एवं अनुचित के बीच भेद है तो: क्या ऐसा ईश्वर के आदेश से है अथवा नहीं है? यदि ऐसा उसके आदेश से है तो स्वयं ईश्वर के लिए उचित एवं अनुचित के बीच कोई भेद नहीं है और यह कहना बहुत महत्वपूर्ण नहीं है कि ईश्वर शुभ है। यदि आप ईश्वरवादियों की भाँति यह कहते हैं कि ईश्वर 'शुभ' है, तो आप अवश्य ही यह कहते हैं कि 'उचित' एवं अनुचित' का कुछ अर्थ है जो ईश्वर के आदेश से स्वतंत्र है।" ["The point I am concerned with is that, if you are quite sure there is a difference between right and wrong, you are then in this situation: Is that difference due to God's fiat or is it not? If it is due to God's fiat, then for God himself there is no difference between right and wrong, and it is no longer a significant statement to say that God is good. If you are going to say, as theologians do, that God is good, you must then say that right and wrong have some meaning which is independent

of God's fiat." Russell, B. (1957): *Why I am Not a Christian*, Simon of Schuster, New Yorks, p. 12.]।

इस आक्षेप के प्रत्युत्तर में कहा जा सकता है कि यह सत्य है कि जो पवित्र संकल्पी होगा वह सभी प्रकार के विभेदों से परे होगा, परन्तु इसका अर्थ यह तो नहीं है कि उसकी विभेद करने वाली दृष्टि ही समाप्त हो जायेगी। 'विभेदों से परे होना' तथा 'भेद दृष्टि का समाप्त होना', इन दोनों में हमें विभेद करना होगा। यद्यपि यह अक्षरश: सत्य है कि पवित्र एवं शुभ संकल्पी होने के कारण ईश्वर स्वयं शुभ-अशुभ, उचित-अनुचित, आदि के विभेदों से परे है, परन्तु वे इनका भेद तो कर ही सकते हैं, अन्यथा वे किस प्रकार दुष्टों का विनाश तथा साधु पुरुषों को त्राण दिला पायेंगे। यही नहीं, यदि वह इन विभेदों का समन्वय नहीं कर सकते हैं तो पुन: एक नई समस्या उत्पन्न हो जायेगी और आलोचक ईश्वर पर अपूर्ण होने का आक्षेप करेंगे।

- काण्ट अपनी नैतिक युक्ति में नैतिकता को साध्य और ईश्वर को नैतिकता के साधन के रूप में स्वीकार करते हैं। उसके अनुसार मानव जीवन का परम लक्ष्य सर्वोच्च शुभ की प्राप्ति करना है और सर्वोच्च शुभ में कर्त्तव्य एवं सुख दोनों का ही समन्वय है। इनका समन्वय करने के लिए ईश्वर का होना आवश्यक है। इस प्रकार ईश्वर सर्वोच्च शुभ की प्राप्ति का साधन मात्र है, परन्तु यह मत धार्मिक दृष्टि से अत्यंत ही असंगत है। धर्मों में तो एकमात्र ईश्वर को ही परम साध्य और नैतिकता को उसके साधन के रूप में स्वीकार किया जाता है। अस्तु, काण्ट का सिद्धांत नैतिक दृष्टि से भले ही सुसंगत हो, परन्तु धार्मिक दृष्टि से यह एक असंगत सिद्धांत है।
- अंतत: काण्ट की नैतिक युक्ति तर्क एवं बौद्धिकता पर आधारित न होकर शुद्ध आस्था एवं विश्वास पर आधारित है। समस्या यह है कि यदि कोई व्यक्ति काण्ट की नैतिक युक्ति में आस्था नहीं रखता है तो यह युक्ति उसके लिए पूर्णतया निरर्थक हो जाती है। काण्ट स्वयं ही स्वीकार करते हैं कि नैतिक युक्ति ईश्वर के अस्तित्व के पक्ष में कोई वस्तुनिष्ठ प्रमाण प्रस्तुत नहीं करती है। इसके अंतर्गत तो केवल इस बात का समर्थन किया गया है कि यदि कोई नैतिकता की दृष्टि से विचार करना चाहे तो उसे ईश्वर का अस्तित्व स्वीकार करना पड़ेगा। इस प्रकार यह युक्ति वस्तुनिष्ठता पर आधारित न होकर आत्मनिष्ठता पर आधारित है। अस्तु, यह संदेहवादियों की इस समस्या का संतोषजनक समाधान करने में असफल है कि 'क्या यथार्थत: ईश्वर का अस्तित्व है?'

कालांतर में 'वस्तुनिष्ठता' की कमी को देखते हुए भी कुछ नव्य दार्शनिकों विशेषकर हेस्टिंग्स रैशडल (Hastings Rashdall), जे० एच० कार्डिनल न्यूमैन (J.H. Cordinal Newman), डी० एम० बेली (John Baillie), एच० जे० पेटन (H.J. Paton), डेविड ऐल्टन ट्रूबल्ड (D.A. Trueblood), सी० एस० लेविस (C.S. Lewis), डब्ल्यू० आर० सोर्ले (W.R. Sorley) आदि ने नैतिक युक्ति को वस्तुनिष्ठता पर आधारित करने के लिए अनेकानेक युक्तियों को प्रस्तुत किया है। इनके अनुसार 'मूल्यों की वस्तुनिष्ठता' के अलौकिक आधार के रूप में ईश्वर की सत्ता को प्रमाणित किया जा सकता है। यदि हम ईश्वर की सत्ता को न स्वीकार करें तो 'नैतिक मूल्यों' की शाश्वतता,

सार्वभौमिकता एवं वस्तुनिष्ठता की सांगोपांग व्याख्या नहीं कर सकते हैं। यही नहीं, उनके अनुसार यदि नैतिक नियम किसी 'व्यक्ति' या 'मानव समाज' की रचना होते तो वे 'व्यक्ति' या 'समाज' के अनुसार बदलते रहते। ऐसी स्थिति में नैतिक नियम शाश्वत एवं सार्वभौमिक नहीं हो सकते, परन्तु नैतिक नियम तो शाश्वत एवं सार्वभौमिक होते हैं अत: एक ऐसी सत्ता को स्वीकार करना अनिवार्य है जो स्वयं शाश्वत एवं सार्वभौमिक हो। वह ईश्वर ही हो सकता है। इस प्रकार नैतिक मूल्यों की शाश्वतता की व्याख्या करने के लिए ईश्वर का अस्तित्व सिद्ध होता है। इसी दृष्टि से रैशडल लिखते हैं कि नैतिक प्रमाण वस्तुनिष्ठ प्रत्ययवाद (Objective Idealism) पर आधृत है। उनके अनुसार तत्वमीमांसीय विवेचना के आधार पर ही नैतिक नियमों की व्याख्या सम्भव है। यदि तत्वमीमांसा के रूप में 'जड़वाद' को माना जायेगा तो उस पर आधारित नैतिकता तथ्यात्मक एवं भौतिकवादी होगी और यदि तत्वमीमांसा के रूप में 'प्रत्ययवाद' को माना जायेगा तो उस पर आधारित नैतिकता आदर्शात्मक एवं आध्यात्मिक होगी। रैशडल नैतिकता को प्रत्ययवाद पर आधारित करते हैं, क्योंकि उनके अनुसार नैतिकता तथ्यात्मक एवं वर्णनात्मक (Factual and Descriptive) न होकर आदर्शात्मक एवं नियामक (Ideal and Normative) होती है अर्थात् नैतिकता का सम्बंध 'है' (Is) से न होकर 'चाहिए' (Ought) से होता है। अस्तु, रैशडल के अनुसार जड़वाद नैतिक आदर्शों की व्याख्या नहीं कर सकता है। इसकी व्याख्या के लिए एक निरपेक्ष बुद्धिमान चेतन सत्ता की अपेक्षा है। ऐसी सत्ता को ही ईश्वर कहा जा सकता है। "एक निरपेक्ष नैतिक नियम या नैतिक आदर्श भौतिक वस्तुओं में विद्यमान नहीं हो सकता है। यह इस अथवा उस व्यक्ति के मन में भी नहीं हो सकता है। ...एक निरपेक्ष नैतिक नियम केवल उसी के मन में हो सकता है जिससे सभी सत्ताएँ व्युत्पन्न हुई हैं। हमारे नैतिक नियम केवल वस्तुनिष्ठ वैधता का दावा करते हैं, जहाँ नैतिक आदर्श की प्रकाशना शाश्वत रूप से ईश्वर के मन में विद्यमान है, इसको बौद्धिक रूप से स्वीकार किया जा सकता है।" ["An absolute Moral Law or moral ideal cannot exist *in* material things. And it does not exist in the mind of this and that individual... an absolute moral ideal can exist only in a Mind from which all Reality is derived. Our moral ideal can only claim objective validity in so far as it can rationally be regarded as the revelation of a moral ideal eternally existing in the mind of God." Rashdall, Hastings (1907): *The Theory of Good and Evil*, Vol. 2, The Clarendon Press, London, p. 212.]।

जे० एच० कार्डिनल न्यूमैन भी नैतिक नियमों को आत्मनिष्ठ न मानकर वस्तुनिष्ठ मानते हैं। न्यूमैन लिखते हैं कि यदि हम अपनी अंतरात्मा की आवाज की उपेक्षा करते हैं तो अपने आप को उत्तरदायी, लज्जित एवं भयभीत महसूस करते हैं। यद्यपि ऐसी कोई सत्ता दिखाई नहीं देती है, जिसके प्रति हम अपने आप को उत्तरदायी बना सकें। अत: ऐसी सत्ता अवश्य ही कोई अतिप्राकृतिक एवं दैवीय सत्ता होगी। वह ईश्वर ही है। "यदि हम अपनी अंतरात्मा की आवाज का उल्लंघन करते हैं तो अपने आपको उत्तरदायी, लज्जित एवं भयभीत महसूस करते हैं, इसका अर्थ है कि कोई एक ऐसा है जिसके प्रति हम उत्तरदायी एवं लज्जित होते हैं, तथा जो हमारे अंदर भय पैदा करता है।...यद्यपि हमारी भावनाओं का कोई कारण इस दृश्य जगत में दृष्टिगोचर नहीं होता है, अत: हमारा अनुभव जिस सत्ता को निर्दिष्ट करता है वह अवश्य ही कोई अतिप्राकृतिक एवं दैवीय सत्ता होगी।" ["If, as in the case, we feel responsibility, are ashamed, are frightened, at transgressing the voice of consciousness, this implies that there is One to whom we are responsible, before whom we are ashamed, whose claims upon us we fear.... If the cause of these emotions does not belong to this visible world, the Object to which (the conscientious person's) perception is directed must be Supernatural and divine." Newman, J.H. (1909): *A Grammer of Assent*, Green & Co., New York, pp. 109–10.]।

इसी प्रकार ट्रूब्लड नैतिक युक्ति की वस्तुनिष्ठता का समर्थन करते हुए कहते हैं कि नैतिक नियमों की व्याख्या तीन प्रकार से हो सकती है: (1) नैतिक अनुभव सत्ता के स्वरूप की एक यथार्थ प्रकाशना है। (2) वस्तुनिष्ठ नैतिक व्यवस्था के अभाव में नैतिक अनुभव निरर्थक हैं। (3) किसी दैवीय सत्ता के अभाव में वस्तुनिष्ठ नैतिक व्यवस्था निरर्थक है। ट्रूब्लड के अनुसार तीसरा पक्ष अधिक महत्वपूर्ण है जिसके अनुसार नैतिक नियमों की वस्तुनिष्ठता की व्याख्या के लिए एक दैवीय सत्ता का होना अति आवश्यक है। अपने मत के समर्थन में ट्रूब्लड कहते हैं कि हम अपने 'कार्यों (Actions) एवं 'वस्तुत: उचित' (Real right) के बीच स्पष्ट भेद करते हैं, क्योंकि हमारा कार्य सर्दव ही उचित नहीं होता है। इसका तात्पर्य है कि नैतिक नियम किसी व्यक्ति अथवा समूह की रचना नहीं है, अन्यथा हम सदैव ही उचित कार्य करते और ऐसी स्थिति में उचित-अनुचित का भेद समाप्त हो जाता। अस्तु, एक ऐसी सत्ता को स्वीकार करना अनिवार्य है जिसके मन में सदैव ही 'वस्तुत: उचित' का प्रत्यय हो। वह केवल ईश्वर ही हो सकता है। इस प्रकार नैतिक नियमों की वस्तुनिष्ठता की व्याख्या के लिए ईश्वर का होना आवश्यक है अर्थात् ईश्वर के अभाव में वस्तुनिष्ठ नैतिक व्यवस्था की सार्थकता की व्याख्या नहीं हो सकती है। "नैतिक नियमों का एकमात्र आधार अतिमानवीय मन है। जब हम अनुभव करते हैं कि मन के अतिरिक्त इस नियम का कोई अर्थ नहीं है तब हम स्पष्टत: अनुभव करते हैं कि एक मन अवश्य होगा और जब हम अनुभव करते हैं कि वह हमारा मन नहीं हो सकता है तो यह स्पष्ट हो जाता है कि यह आधार अतिमानवीय है। अस्तु, वस्तुनिष्ठ नैतिक नियम, हमें ईश्वर में विश्वास करने के लिए प्रेरित करते हैं जिसके बिना इस नियम का कोई महत्त्व नहीं रह जायेगा।" ["The only locus of the moral law is a superhuman mind. That it must be a mind is clear when we realize that the law has no meaning except for minds, and that it must be superhuman is clear when we realize that it cannot be ours. Therefore, the recognition of an objective moral law drives us to the belief in God, without whom that law would have no significant being." Trueblood, D.T. (1957): *Philosophy of Religion*, Herper & Brothers, N.Y., p. 115.]।

इसी प्रकार डी० एम० बेली भी "*Faith in God and its Christian Consumation*" में लिखते हैं कि "क्या आधुनिक संसार में यह कहना अधिक विरोधाभासपूर्ण होगा कि ईश्वर में आस्था हमारी नैतिक चेतना का ही एक अंश है जिसके बिना नैतिक चेतना निरर्थक हो जाती है? ...या तो हमारे नैतिक मूल्य यथार्थ के स्वरूप एवं प्रयोजन के विषय में हमें कुछ बताते हैं (यथा, ये हमें धार्मिक विश्वास का आधार प्रदान करते हैं) या फिर वे आत्मनिष्ठ होने के कारण निरर्थक हैं।" ["Is it too paradoxical in the modern world to say that faith in God is a very part of our moral consciousness, without which the latter becomes meaningless? ... Either our moral values tell us something about the nature and purpose of reality (*i.e.*, give us the germ of religious belief) or they are subjective and therefore meaningless." Baillie, D.M. (1927): *Faith in God and its Christian Consumation*, T.&T. Clark, Edinburgh, pp. 172–73.]। स्पष्टत: बेली के अनुसार यदि नैतिक मूल्य वस्तुनिष्ठता एवं यथार्थता से सम्बंधित हैं तो ईश्वर को मानना अनिवार्य है, परन्तु यदि नैतिक मूल्यों को आत्मनिष्ठ माना जाय तो ईश्वर को मानना अनिवार्य नहीं है।

जॉन हिक वस्तुनिष्ठ तर्कों के प्रति असहमति व्यक्त करते हुए लिखते हैं कि इस प्रकार की युक्ति यह मानकर चलती है कि नैतिक मूल्यों की मानवीय आवश्यकताओं, मानव स्वभाव के स्वरूप और सामाजिक संरचना के आधार पर प्राकृतिक व्याख्या नहीं की जा सकती है। इस प्रकार हिक के अनुसार इस युक्ति में ऐसा कुछ भी नहीं है, जो प्राकृतिक संशयवादियों को संतुष्ट कर सके। वे लिखते हैं कि "इस प्रकार के सभी तर्कों की आधारभूत मान्यता यह है कि नैतिक मूल्यों की मानवीय आवश्यकताओं एवं इच्छाओं, स्वार्थों, मानव स्वभाव और मानव समाज की संरचना के सम्बंध में अथवा किसी भी प्रकार से जिसमें अतीन्द्रिय सत्ता का आग्रह शामिल नहीं है, प्राकृतिक व्याख्या नहीं हो सकती है। परन्तु इस प्रकार की मान्यता एक प्रश्न उठाती है। अत: ईश्वर मीमांसा से एक अनिवार्य आधारवाक्य का अनुमान विवादित है, और प्राकृतिक संशयवादियों की दृष्टि से कुछ भी स्थापित नहीं हो रहा है।" ["The basic assumption of all arguments of this kind is that moral values are not capable of naturalistic explanation in terms of human needs and desires, selfinterest, the structure of human nature and human society, or in any other way that does not involve appeal to the Supernatural. But make such an assumption is to beg the question. Thus, an essential premise of the inference from axiology to God is in dispute, and from the point of view of naturalistic skeptic nothing has been established." Hick, John H. (1988): *Philosophy of Religion*, Prentice-Hall, India Pvt. Ltd., pp. 28–29.)। पुनश्च, कुछ दार्शनिकों का यह भी कहना है कि 'अंतरात्मा की आवाज' का उल्लंघनं करने पर हम अपने आप को लज्जित, भयभीत, एवं उत्तरदायी महसूस करते हैं, परन्तु ऐसा क्यों होता है? इसका संतोषजनक उत्तर तो कोई मनोवैज्ञानिक ही दे सकता है। यदि इस मान्यता का कोई सैद्धांतिक आधार है तो ऐसा सबके साथ होना चाहिए, परन्तु ऐसा सभी के साथ नहीं होता है। 'अंतरात्मा की आवाज' का उल्लंघन होने पर केवल कुछ लोग ही लज्जित महसूस करते हैं। अस्तु, इस तर्क के आधार पर ईश्वर को मानना अनुचित है।

यदि उपरोक्त सभी पक्षों पर सूक्ष्मतापूर्वक विचार किया जाय तो यह कहा जा सकता है कि इन कमियों के बावजूद भी नैतिक युक्ति अन्य युक्तियों की अपेक्षा सर्वाधिक सुसंगत है। इस युक्ति का महत्त्वपूर्ण पक्ष है नैतिक नियमों की सुसंगत व्याख्या। समस्या यह है कि नैतिक नियम आत्मनिष्ठ हैं या वस्तुनिष्ठ? यदि ये आत्मनिष्ठ हैं तो ईश्वर को मानना अनिवार्य नहीं है, परन्तु ऐसी परिस्थिति में प्रत्येक व्यक्ति अपनी सुविधानुसार नैतिक मूल्यों की व्याख्या करेगा तब तो समाज में अराजकता एवं अव्यवस्था की स्थिति उत्पन्न हो जायेगी। स्पष्टत: नैतिक नियम आत्मनिष्ठ नहीं हो सकते हैं। यदि नैतिक नियमों को वस्तुनिष्ठ माना जाय तो प्रश्न उठता है कि इसकी

वस्तुनिष्ठता का आधार क्या है? जॉन हिक के अनुसार इसकी वस्तुनिष्ठता का आधार 'मानव स्वभाव' एवं 'सामाजिक संरचना' है। यद्यपि यह अक्षरश: सत्य है कि नैतिक नियमों के निर्धारण में मानव स्वभाव एवं सामाजिक संरचना का महत्त्वपूर्ण योगदान है, परन्तु समस्या यह है कि यदि केवल मनुष्य एवं समाज को ही नैतिक मूल्यों का अधिष्ठान माना जाय तो विभिन्न समाजों की नैतिक मान्यताएँ एक-दूसरे से पूर्णतया भिन्न होनी चाहिए, परन्तु ऐसा नहीं है। कुछ नैतिक मूल्य ऐसे भी हैं जो सार्वकालिक एवं सार्वदैशिक हैं, यथा - प्रेम, करुणा, उदारता, सहिष्णुता, समभाव, दया, क्षमा, परोपकार प्रभृति। यदि इन मूल्यों को भी किसी व्यक्ति एवं समाज की संरचना माना जाय तो ये देश-काल निरपेक्ष कैसे हो सकते हैं? अस्तु, इनके अधिष्ठान के रूप में एक ऐसी सत्ता को मानना अनिवार्य है जो देश-काल निरपेक्ष हो। ऐसी सत्ता कोई प्राकृतिक सत्ता नहीं हो सकती है। वह अवश्य ही कोई अतिप्राकृतिक सत्ता होगी। वही ईश्वर है। इस प्रकार नैतिक मूल्यों की 'शाश्वतता' एवं 'सार्वभौमिकता' की व्याख्या करने के लिए ईश्वर को मानना अनिवार्य है।

यद्यपि यह सत्य है कि नैतिक युक्ति भी पूर्णतया निर्दोष नहीं है, परन्तु नैतिक युक्ति के समर्थक इन कमियों से घबराते नहीं हैं, क्योंकि इस युक्ति का आरम्भ ही इसी पूर्वमान्यता के साथ होता है कि यह तर्क पर आधारित न होकर श्रद्धा एवं आस्था पर आधारित है। यदि हमारे मन में ईश्वर के प्रति आस्था है तो हम इस युक्ति को स्वीकार कर सकते हैं, परन्तु यदि हमारे मन में ईश्वर के प्रति आस्था नहीं है तो हम इस युक्ति को स्वीकार करने के लिए बाध्य नहीं हैं। इस प्रकार इस युक्ति का प्रयोग ईश्वर तक पहुँचने के लिए एक सीढ़ी के रूप में किया जा सकता है। जिस प्रकार एक सीढ़ी का प्रयोग छत पर पहुँचने के लिए किया जाता है और छत पर पहुँचने के उपरांत वह सीढ़ी निरर्थक हो जाती है उसी प्रकार नैतिक युक्ति का प्रयोग भी ईश्वर तक पहुँचने के लिए एक सीढ़ी की भाँति किया जा सकता है, परन्तु इसका अर्थ नहीं है कि यह युक्ति हमें ईश्वर का ज्ञान कराने में समर्थ है। ईश्वर श्रद्धा एवं आस्था का विषय होते हुए भी उसका ज्ञान तो केवल और केवल साक्षात अनुभूति के द्वारा ही सम्भव है।

❖❖❖

ईश्वर का स्वरूप
(Nature of God)

- ➡ परिचय
- ➡ प्रकृतिवादी ईश्वर
- ➡ व्यक्तित्वपूर्ण ईश्वर
- ➡ निर्वैयक्तिक ईश्वर

परिचय (Introduction)

ईश्वर का स्वरूप क्या है? इस प्रश्न पर विभिन्न धर्मों एवं दार्शनिकों में मतैक्य नहीं है। कुछ दार्शनिक ईश्वर को प्राकृतिक शक्तियों के रूप में मानते हैं तो कुछ उसे व्यक्तित्वपूर्ण, वहीं कुछ अन्य उसे निर्वैयक्तिक रूप में स्वीकार करते हैं।

प्रकृतिवादी ईश्वर (Naturalistic God)

प्राचीन काल में जब लोगों की बुद्धि पूर्ण विकसित नहीं थी, वे विभिन्न प्राकृतिक घटनाओं, यथा - बाढ़, अकाल, अतिवृष्टि, अनावृष्टि, आँधी-तूफान, भूकम्प, ज्वालामुखी, आकाश में गर्जन, बिजली का चमकना, आदि के रहस्यों को समझने में पूर्णतया असमर्थ थे। अतः वे इन प्राकृतिक शक्तियों के संस्थान के रूप में ही किसी-न-किसी अलौकिक शक्ति को स्वीकार करने लगे। उस समय लोगों के मन में यह अवधारणा हो गई थी कि क्योंकि विभिन्न प्राकृतिक शक्तियाँ भिन्न-भिन्न रूपों में हमारे जीवन को प्रभावित कर रही हैं अतः अलौकिक सत्ता या देवता एक नहीं बल्कि अनेक हैं। इस प्रकार उन्होंने विभिन्न प्राकृतिक शक्तियों को ही देवता/ईश्वर/अलौकिक शक्ति के रूप में स्वीकार कर, उनकी पूजा-आराधना आरम्भ कर दी। सम्भवतः यहीं से धर्म का आविर्भाव होता है। जो इन कर्मकाण्डों को करने लगे उन्हें धार्मिक तथा जो इन कर्मकाण्डों को नहीं करते थे उन्हें अधार्मिक कहा

अध्याय

4

जाने लगा। इस प्रकार प्राचीन काल में प्रचलित परिपाटियों से ही प्रकृतिवादी ईश्वर की अवधारणा का विकास हुआ जहाँ ईश्वर को एक न मानकर अनेक माना गया है।

यदि हम ईश्वर के स्वरूप पर व्यापक रूप में विचार करें तो इस संदर्भ में मूलत: तीन प्रकार के मत दृष्टिगोचर होते हैं:

1. मात्र प्रकृति ही अंतिम सत्ता है और इसके परे कुछ भी नहीं है। स्पष्टत: यह एक निरीश्वरवादी अवधारणा (Atheistic concept) है।
2. यद्यपि प्रकृति तो अंतिम सत्ता नहीं है, परन्तु प्रकृति और ईश्वर दोनों में तादात्म्य सम्बंध है। दूसरे शब्दों में, जो प्रकृति है वही ईश्वर तथा जो ईश्वर है वही प्रकृति (All is God and God is all.) है। यह एक सर्वेश्वरवादी अवधारणा (Pantheistic concept) है।
3. अंतत: कुछ मान्यताएँ ऐसी भी हैं जो सम्पूर्ण प्रकृति को तो परम सत्ता नहीं कहती हैं, परन्तु ये विभिन्न प्राकृतिक सत्ताओं में से कुछ विशिष्ट सत्ताओं को ही देवता अथवा ईश्वर के रूप में स्वीकार करती हैं। इसे ही प्रकृतिवादी ईश्वर (Naturalistic God) कहते हैं।

पाश्चात्य दार्शनिक उसेनर (Usener) के अनुसार प्राचीन काल में देवताओं को मूलत: दो रूपों में स्वीकार किया जाता था:

1. **विशिष्ट देव (Special Gods)** जहाँ सम्पूर्ण प्रकृति को तो ईश्वर नहीं माना जाता था, परन्तु प्रकृति की कुछ विशिष्ट सत्ताओं को ही देवता अथवा ईश्वर के रूप में स्वीकार किया जाने लगा था, यथा - अग्नि देव, पवन देव, जल देव, सूर्य देव, सोम देव प्रभृति। इनका कार्य केवल विभिन्न प्राकृतिक शक्तियों तक ही सीमित था, जैसे - अग्नि देव का अग्नि तक, पवन देव का वायु तक आदि। इस प्रकार इन देवताओं को विभिन्न प्राकृतिक शक्तियों का स्वामी एवं नियंता माना जाता था।
2. **मानवाकृति देव (Personal Gods)** कालांतर में इन विशिष्ट प्राकृतिक सत्ताओं में ही मानवीय व्यक्तित्व का आरोपण करके प्राकृतिक शक्तियों को ही व्यक्तित्वपूर्ण बना दिया गया। इस प्रकार इन प्राकृतिक शक्तियों का मानवीयकरण (Anthropomorphism) कर दिया गया। ऐसे ही ईश्वर को मानवाकृत देव के रूप में स्वीकार किया जाने लगा, यथा - प्रारम्भ में जिस अग्नि देव को प्राकृतिक शक्ति के रूप में माना जाता था, अब उस पर मानव व्यक्तित्व का आरोपण करके उसे व्यक्तित्वपूर्ण बना दिया गया। अस्तु, जो अग्नि निराकार थी, अब वह सगुण, साकार एवं व्यक्तित्वपूर्ण होकर अग्नि देव के रूप में स्थापित हो गई। इसी प्रकार प्रारम्भ में जिस पवन देव को केवल एक प्राकृतिक शक्ति के रूप में माना जाता था, अब उस पर मानवीय व्यक्तित्व का आरोपण करके उसे सगुण, साकार एवं व्यक्तित्वपूर्ण पवन देव के रूप में स्वीकार किया जाने लगा। इसी प्रकार इन्द्र, मरुत, वरुण, आदि देवताओं में भी मानवीय व्यक्तित्व का आरोपण करके उन्हें व्यक्तित्वपूर्ण देवता बना दिया गया, परन्तु ये देव असीमित नहीं थे क्योंकि इनका कार्य एवं क्षेत्र केवल उस विशेष प्राकृतिक शक्ति तक ही सीमित था।

पुनश्च, ऋग्वेद संहिता (10/158/1) तथा महर्षि यास्क के 'निरुक्त' (7/5) में तीन प्रकार के देवताओं को स्वीकार किया जाता था जो इस प्रकार हैं:

1. **पृथ्वी-स्थानीय देव** ऐसे देव जिनका स्थान पृथ्वी लोक था, यथा - अग्नि, सोम, पूषन (पशुओं का रक्षक एवं पालक) प्रभृति।
2. **द्यु-स्थानीय या आकाशीय देव** ऐसे देव जिनका स्थान आकाश था, यथा - द्यौस् (आकाश का देवता), वरुण (रात्रिकालीन सूर्य) और मित्र प्रभृति।
3. **अन्तरिक्ष-स्थानीय देव** ऐसे देव जिनका स्थान अंतरिक्ष था, यथा - इन्द्र (वर्षा के देव) और मरुत् (वर्षा के साथ-साथ बिजली की कौंध) प्रभृति।

महर्षि यास्क के इस वर्गीकरण को मैकडानल (वैदिक मैथालॉजी, पृ० 16–17) तथा कीथ ने भी स्वीकार किया है। वैदिक देवताओं की अनूठी विशेषता यह है कि ये सभी देव दिव्य सत् एवं ऋत के सम्पोषक हैं। इनमें से कोई भी देव अनिष्टकारी नहीं है। ये सभी देव दिव्य एवं कल्याणकारी शक्तियों से युक्त थे साथ ही दुष्टों को दण्ड देने वाले माने जाते थे। ऋग्वेद संहिता में ऐसे देवताओं की स्तुतियाँ मिलती हैं जिनमें धन-धान्य, सुख-समृद्धि, युद्ध में विजयी होने, स्वस्थ एवं दीर्घायु होने की कामना की गई है।

उल्लेखनीय है, कि प्राचीन काल में बेबीलोनिया (इराक) में भी ईश्वर को प्राकृतिक शक्तियों के रूप में स्वीकार किया जाता था। वहाँ त्रिदेव की सत्ता मानी जाती थी, जिसे 'अनु' (Anu), 'बेल' (Bel), 'ईआ' (Ea) कहा जाता था। 'अनु' को स्वर्ग का देवता, 'बेल' को पृथ्वी का देवता तथा 'ईआ' को सागर का देव माना जाता था। कालांतर में इस मान्यता में परिवर्तन करके इन तीनों शक्तियों का समावेश एक ही ईश्वर के अंतर्गत कर दिया गया और उसे 'मारडॉक' (Marduk) के रूप में जाना जाने लगा, परन्तु मारडॉक को मानने के बावजूद भी यहाँ अभी भी त्रिदेव (Trinity of God) की अवधारणा अधिक लोकप्रिय है।

इसी प्रकार इजिप्ट (मिस्र) में भी ईश्वर को प्राकृतिक शक्तियों के रूप में माना जाता था। उस समय वहाँ 'रॉ' (Ra) नामक देव को स्वीकार किया जाता था। 'रॉ', सूर्य देव का ही दूसरा नाम है। कालांतर में सूर्य पुत्र के रूप में 'फरॉव' (Pharaoh) को स्वीकार किया जाने लगा। उन्हें भी सूर्य देव के रूप में ही माना जाता था। अंततः इस मान्यता में परिवर्तन करके एक नूतन देव 'एमन रॉ' (Amon Ra) को माना जाने लगा साथ ही यह भी स्वीकार किया जाने लगा कि 'एमन रॉ' की आँखों से ही मानव तथा अन्य प्राकृतिक सत्ताओं की अभिव्यक्ति हुई है।

कुछ समकालिक दार्शनिकों ने भी ईश्वर को प्राकृतिक सत्ता के रूप में स्वीकार किया है, यथा - टी० एच० हक्सले सृष्टि की आदि से अंत तक की व्याख्या प्रकृति के रूप में करते हैं। इसी प्रकार नीत्शे भी प्रकृति से परे किसी दैवीय सत्ता को स्वीकार नहीं करते हैं। उनके अनुसार 'प्रकृति ही शक्ति पुंज है'। यही नहीं, रसेल भी किसी अति अलौकिक ईश्वर को स्वीकार न करके प्रकृति को ही शक्ति प्रवाह के रूप में स्वीकार करते हैं। आगस्त काम्टे तो मानवता को ही ईश्वर कहते हैं। मानवता का सम्बंध मनुष्य से है तथा इसका मूल्य मनुष्य का मूल्य है। इसी प्रकार समाजशास्त्री दुर्खाइम के अनुसार समाज ही ईश्वर है।

इस प्रकार प्राचीन काल में ईश्वर को विभिन्न प्राकृतिक शक्तियों के संस्थान अथवा उनके अध्यक्ष के रूप में स्वीकार किया जाता था। इसलिए उस समय बहुदेववादी अवधारणा (Polytheism) प्रचलित हुई, जहाँ ईश्वर एक नहीं बल्कि अनेक है। एक प्रचलित किंवदन्ति के अनुसार प्राचीन काल में, भारत में 33 करोड़ देवताओं को स्वीकार किया जाता था, परन्तु बहुदेववाद की सबसे बड़ी कठिनाई यह थी कि यदि अनेक देव हैं तो उन सबकी पूजा-आराधना साथ-साथ कैसे की जा सकती है और यदि उनमें से किसी एक को भी पूजा-आराधना से वंचित कर दिया जाएगा, तो उनका कोपभाजन बनना पड़ सकता है। असमंजस की इसी अवस्था में वैदिक ऋषि यह जिज्ञासा व्यक्त करता है कि हम किसकी आराधना करें। हम किसे हविष् अर्पित करें (कस्मै देवाय हविषा विधेम। ऋग्वेद संहिता - 10/121/1)। इसी दुविधा के कारण कालान्तर में 'बहुदेववाद', के स्थान पर 'एकदाएकदेववाद' (Henotheism) की स्थापना होती है, जहाँ अन्य देवताओं को स्वीकार करते हुए भी किसी समय विशेष पर केवल एक ही देवता की प्रधानता स्वीकार की जाती थी जबकि अन्य को गौण माना जाता था। पुनश्च, 'एकदाएकदेववाद', 'एकेश्वरवाद' (Monism) में परिणत हो गया, जहाँ केवल एक ही ईश्वर को स्वीकार किया जाता था तथा उसे जगत से परे मान लिया जाता था। कालांतर में 'एकेश्वरवाद', 'सर्वेश्वरवाद' (Pantheism) में परिणत हो गया। सर्वेश्वरवाद में ईश्वर को जगत के कण-कण में स्वीकार किया जाने लगा। अंततः अद्वैतवादी अवधारणा विकसित हुई। अद्वैतवाद में 'एकेश्वरवाद' और 'सर्वेश्वरवाद' दोनों का समन्वय हो गया। जहाँ ईश्वर को 'जगत् के परे' एवं 'जगत् के अंतर्यामी' दोनों रूपों में माना जाता था। इसे 'सर्वातिसर्वेश्वरवाद' (Panentheism) के नाम से जाना जाने लगा।

इस प्रकार ईश्वर का प्रकृतिवादी स्वरूप आज लगभग विलुप्त हो गया है। हालाँकि, कुछ जनजातियाँ ऐसी हैं, जो आज भी ईश्वर को प्रकृतिवादी शक्तियों के रूप में मानती हैं।

व्यक्तित्वपूर्ण ईश्वर (Personal God)

ईश्वर का स्वरूप व्यक्तित्वपूर्ण (Personal) है या निर्वैयक्तिक (Impersonal) या दोनों? इस प्रश्न पर दार्शनिकों में मतैक्य नहीं है। एक ओर धार्मिक प्रकृति के व्यक्ति अपनी भावनाओं के आधार पर ईश्वर को व्यक्तित्वपूर्ण मानते हैं तो दूसरी ओर बौद्धिक व्यक्ति अपनी तार्किकता एवं बौद्धिकता के आधार पर व्यक्तित्वपूर्ण ईश्वर को देश-काल से सीमित बताते हुए उसे निर्वैयक्तिक रूप से स्वीकार करते हैं। उनके अनुसार व्यक्तित्वपूर्ण ईश्वर भले ही हमारी धार्मिक भावनाओं को संतुष्ट कर दे, परन्तु वह तार्किकता या बौद्धिकता के अनुरूप नहीं हो सकता है। तार्किक दृष्टि से तो ईश्वर वह है जो आत्म-निर्भर हो और आत्म-निर्भर वही हो सकता है जो असीमित हो। यदि ईश्वर देश-काल से सीमित है तो वह असीमित कैसे हो सकता है? अस्तु, तार्किक एवं बौद्धिक प्रकृति के व्यक्ति ईश्वर को व्यक्तित्वरहित या निर्वैयक्तिक (Impersonal) कहते हुए उसे पूर्ण (Perfect) कहते हैं। उनके अनुसार ईश्वर पूर्ण है, क्योंकि वह सार्व-दैशिक एवं सार्व-कालिक होने के साथ-ही-साथ सर्वगुण सम्पन्न भी है। वह किसी अभाव का द्योतक नहीं बल्कि वह अभावों के अभाव का प्रतीक है। उपर्युक्त दोनों ही मतों से पृथक् कुछ दार्शनिक ईश्वर को व्यक्तित्वपूर्ण एवं निर्वैयक्तिक दोनों ही मानते हैं। एक ओर वे पर-ब्रह्म को निर्गुण, निराकार एवं

निर्विशेष कहते हैं वहीं दूसरी ओर अपर-ब्रह्म को सगुण, साकार एवं सविशेष भी कहते हैं। इस प्रकार वे भावना एवं बुद्धि इन दोनों ही पक्षों का अद्‌भुत समन्वय करते हैं। इसका स्पष्ट उदाहरण आचार्य शंकर का दर्शन है।

जो दार्शनिक ईश्वर को व्यक्तित्वपूर्ण मानते हैं वे भी व्यक्तित्व के प्रश्न पर एकमत नहीं हैं। इस संदर्भ में मूलत: चार प्रकार की अवधारणाएँ मिलती हैं:

1. व्यक्तित्व का तात्पर्य मन एवं शरीर के संगठन से है।
2. व्यक्तित्व का अर्थ है 'आत्म-चेतना' (Self-consciousness)।
3. व्यक्तित्व के लिए 'आत्म-चेतना' (Self-consciousness) एवं 'संकल्प की स्वतंत्रता' (Freedom of will) दोनों ही आवश्यक हैं।
4. व्यक्तित्व में 'आत्म-चेतना' (Self-consciousness) एवं 'संकल्प की स्वतंत्रता' (Freedom of will) के साथ-साथ 'जैव-संगठन' (Biological-organism) भी पाया जाता है।

सामान्यत: व्यक्तित्व का तात्पर्य मन एवं शरीर के संगठन से है, यथा - मनुष्य व्यक्तित्वपूर्ण है, क्योंकि वह मन एवं शरीर दोनों से युक्त है। यहाँ मन का तात्पर्य चेतना से है जबकि शरीर का तात्पर्य भौतिक शरीर से है। इसी के आधार पर हम व्यक्ति की पहचान भी करते हैं, परन्तु कोई भी दार्शनिक इस अर्थ में ईश्वर को व्यक्तित्वपूर्ण नहीं मान सकता है, क्योंकि ईश्वर का व्यक्तित्व भौतिक शरीर से युक्त नहीं हो सकता है।

कुछ अन्य दार्शनिकों का यह कहना है कि ईश्वर इसलिए व्यक्तित्वपूर्ण नहीं है, क्योंकि उसमें मन एवं शरीर का संगठन पाया जाता है बल्कि इसलिए क्योंकि वह आत्म-चेतन है। इनके अनुसार केवल आत्म-चेतना ही व्यक्तित्व के लिए अपरिहार्य है। इसी दृष्टि से मैक्टैगर्ट लिखते हैं कि ईश्वर आत्म-चैतन्य होने के कारण व्यक्तित्वपूर्ण है। उसको अपनी चेतना का ज्ञान वैसे ही है जैसे हमें अपनी चेतना का ज्ञान है। "ईश्वर को व्यक्तित्वपूर्ण कहने का मेरा अभिप्राय यह है कि वह आत्म-चैतन्य है, उसे अपनी सत्ता का उसी प्रकार ज्ञान है जिस प्रकार हमें अपनी सत्ता का।" ["In calling Him (God) personal I mean to assert that He is self-conscious, that he has that awareness of his own existence which I have of my existence." McTaggart, J.M.E. (1969): *Some Dogmas of Religion*, Kraus, Reprint Co., New York, p. 186.]। इसी प्रकार डेविड ऐल्टन ट्रूब्लड भी अपनी पुस्तक 'Philosophy of Religion' (1957) में लिखते हैं कि "पूर्णत: व्यक्तित्वपूर्ण ईश्वर के विचार का अर्थ है कि ईश्वर चेतना एवं आत्म-चेतना का केन्द्र है।" ["The idea of God as fully personal means that God is a center of consciousness and of self-consciousness." Trueblood, D.A. (1957): *Philosophy of Religion*, Harper & Brothers, New York, p. 267.]।

कुछ दार्शनिक आत्म-चेतना के साथ-साथ संकल्प की स्वतंत्रता को भी व्यक्तित्व के लिए आवश्यक मानते हैं। उनके अनुसार ईश्वर में संकल्प की स्वतंत्रता है, क्योंकि ईश्वर किसी बाह्य शक्ति के द्वारा नियंत्रित नहीं होता है, परन्तु इसका तात्पर्य यह नहीं है कि वह अनियंत्रित या उच्छृंखल (Arbitrary) है। यहाँ अनियंत्रित का तात्पर्य मनमौजीपन (Capriciousness) से है।

वास्तव में ईश्वर नियंत्रित (Determinism) और अनियंत्रित (Indeterminism) इन दोनों ही अवस्थाओं से पृथक् आत्म-नियंत्रित (Self-determinism) है। आत्म-नियंत्रित वह होता है जो न तो किसी बाह्य शक्ति से नियंत्रित होता है और न ही वह स्वेच्छाचारी होता है बल्कि वह स्वयं अपने स्वरूप के द्वारा नियंत्रित होता है अर्थात् वह अपने स्वरूप के अनुरूप कार्य करने के लिए बाध्य होता है। इस प्रकार आत्म-नियंत्रण भी एक प्रकार का नियंत्रण ही है, परन्तु नियंत्रण बाह्य न होकर आंतरिक है जहाँ व्यक्ति अपनी आत्मा के द्वारा मर्यादित एवं नियंत्रित होता है, जैसा कि ए० सी० नुडसन (A.C. Knudson) "*The Doctrine of God*" (1930) में लिखते हैं कि 'ईश्वर के स्वरूप में आत्म-निर्धारित सीमाओं के अतिरिक्त अन्य सीमाएँ नहीं हो सकती हैं।' इसी दृष्टि से हर्मन लाट्ज़े लिखते हैं कि ईश्वर व्यक्तित्वपूर्ण है, क्योंकि वह आत्म-चेतना एवं संकल्प की स्वतंत्रता इन दोनों से युक्त है। यद्यपि आत्म-चेतना एवं संकल्प की स्वतंत्रता तो मनुष्यों में भी होती है, परन्तु ईश्वर और मनुष्य के संकल्प-स्वातंत्र्य में विभेद यह है कि मनुष्य के अपूर्ण एवं सीमित होने के कारण उसकी स्वतंत्रता बाह्य नियंत्रित होती है, जबकि ईश्वर पूर्ण एवं असीमित होने के कारण आत्म-नियंत्रित होता है। यही नहीं, उनके अनुसार अहं व्यक्तित्व का सबसे बड़ा बाधक तत्व है। इसी अहं के कारण हमारा व्यक्तित्व सीमित हो जाता है, जबकि ईश्वर अहंकार रहित होने के कारण पूर्ण व्यक्तित्वपूर्ण है। "केवल असीमित सत्ता की अवधारणा के साथ ही पूर्ण व्यक्तित्व का सामंजस्य सम्भव है; सीमित सत्ताओं के लिए यह केवल एक सम्भावना मात्र है।" ["*Perfect* personality is reconcilable only with the conception of an Infinite Being; for finite beings only an approximation to this is attainable." Lotze, Herman (1885): *Outlines of the Philosophy of Religion*, Ginn, Heath, & Co., Boston, p. 69.]।

अंततः कुछ दार्शनिकों ने व्यक्तित्वपूर्ण ईश्वर के अंतर्गत 'आत्म-चेतना' एवं 'संकल्प की स्वतंत्रता' के साथ-साथ 'जैव संगठन' को भी स्वीकार किया है, यथा - ए० एन० व्हाइटहेड ईश्वर की परिकल्पना जीवित शरीर के रूप में करते हैं। उनके अनुसार ईश्वर में व्यक्तित्व की अपेक्षा एक प्रकार का जैव-संगठन है। अतः वे ईश्वर के लिए द्विध्रुवीय शब्द का प्रयोग करते हैं। उनके अनुसार "सर्वाधिक पूर्ण मूर्त सत्ता द्विध्रुवीय है, भौतिक एवं मानसिक।" ["The most complete concrete fact is dipolar, physical and mental." Whitehead, A.N. (1926): *Religion in the Making*, Macmillan, New York, p. 114.]। व्हाइटहेड भौतिक ध्रुव को 'परिणामी प्रकृति' तथा मानसिक ध्रुव को 'आदि प्रकृति' कहते हैं। ये दोनों पृथक्-पृथक् होते हुए भी एक-दूसरे से अवियोज्य हैं। "अतः सभी यथार्थ सत्ताओं के सदृश, ईश्वर का स्वरूप द्विध्रुवीय है। वह है आदि प्रकृति एवं परिणामी प्रकृति।" ["Thus, analogously to all actual entities, the nature of God is dipolar. He has a primordial nature and a consequent nature." Whitehead, A.N. (1978): *Process and Reality*, The Free Press, New York, p. 345.]। पुनश्च, व्हाइटहेड 'आदि प्रकृति' एवं 'परिणामी प्रकृति' के बीच विभेद करते हुए कहते हैं कि "आदि प्रकृति स्वतंत्र, पूर्ण, आदि, शाश्वत, यथार्थतः त्रुटिपूर्ण, एवं अचेतन है। 'परिणामी प्रकृति' कालिक जगत के द्वारा व्युत्पन्न भौतिक अनुभवों से उत्पन्न होती है, तत्पश्चात वह आदि पक्ष के साथ अखण्डता को प्राप्त करती है। यह नियंत्रित, अपूर्ण,

परिणामी, सार्वकालिक, पूर्णतया यथार्थ, एवं चेतन है।" ["This side of his nature is free, complete, primordial, eternal, actually deficient, and unconscious. The other side originates with physical experience derived from the temporal world, and then acquires integration with the primordial side. It is determined, incomplete, consequent, 'everlasting' fully actual, and conscious." *Ibid.*, p. 345.]।

इसी प्रकार पॉल तिलिक भी ईश्वर को 'पुराकथा' (Myth) कहते हैं। उनके अनुसार 'मिथ' शब्द ग्रीक के '*Mythos*' से व्युत्पन्न हुआ है जिसका अर्थ होता है 'देवताओं की कहानियाँ'। इस रूप में ईश्वर मानव व्यक्तित्व के सदृश हो जाता है। "मिथ आस्था का प्रतीक है जो देव-मानव मिलन की कहानियों का सम्मिलन है।" ["Myths are symbols of faith combined in stories about divine-human encounters." Tillich, Paul (1957): *Dynamics of Faith*, Harper & Row, New York, p. 49.]। तिलिक के अनुसार "यदि मिथ को शाब्दिक अर्थ में लिया जाय तो ईश्वर परम सत्ता से निम्नतर हो जाता है, वह परम सत्ता की अनुभूति की विषय वस्तु से न्यून हो जाता है, वह महान ईश्वरीय आदेश के द्वारा निर्दिष्ट असीमित एवं निरपेक्ष ईश्वर नहीं रह जाता है।" ["Where the myth is taken literally, God is less than the ultimate, he is less than the subject of ultimate concern, He is not God in the infinite and unconditional sense of the great commandment." Tillich, Paul (1954): *Religion in Life*, The address was delivered under entitled "*Where do we go from here in Theology?*" at the University of Southern California.]। उल्लेखनीय है कि तिलिक ईश्वर को व्यक्तित्वपूर्ण मानते हुए भी उसे व्यक्ति नहीं कहते हैं। यद्यपि ईश्वर व्यक्तित्व का आधार है तथापि उसे व्यक्ति नहीं कहा जा सकता है, क्योंकि यद्यपि वह परम सत्ता न्यूनतर तो है, तथापि मनुष्य की भाँति सीमित नहीं है।

भारतीय परम्परा में प्राय: सभी वैष्णव वेदान्तियों, यथा - रामानुजाचार्य, मध्वाचार्य, निम्बार्काचार्य, बल्लभाचार्य, आदि ने ईश्वर को सगुण, साकार एवं व्यक्तित्वपूर्ण रूप में स्वीकार किया है। उदाहरण के लिए, रामानुज लिखते हैं कि ईश्वर भी हमारी तरह ही व्यक्तित्वपूर्ण है, परन्तु हमारा व्यक्तित्व भौतिक तत्वों से निर्मित होने के कारण सीमित है जबकि ईश्वर का व्यक्तित्व शुद्ध, सत्व एवं अप्राकृतिक तत्वों से निर्मित होने के कारण असीमित है। इस प्रकार ईश्वर व्यक्तित्वपूर्ण होते हुए भी बंधन का कारण नहीं बनता है। इस तरह भी बंधन का कारण व्यक्तित्व नहीं बल्कि कर्म है और कर्म तो केवल प्राकृतिक देह ही करता है। इसी प्रकार द्वैतवादी मध्वाचार्य अपनी पुस्तक 'मध्वसिद्धांत सार' में भी ईश्वर को व्यक्तित्वपूर्ण मानते हैं। यही नहीं, कभी-कभी तो वे ईश्वर को पंच भौतिक तत्वों से भी निर्मित बताते हैं, जिसे वे स्वेच्छा-स्वीकृत शरीर कहते हैं। हालाँकि, यह शरीर ईश्वर की संकल्प शक्ति से निर्मित होता है। अत: ईश्वर पंच भौतिक तत्वों से युक्त होते हुए भी सीमित नहीं होता है।

आलोचकों के अनुसार यदि ईश्वर को व्यक्तित्वपूर्ण माना जाए तो इस सम्बंध में कई समस्याएँ उठेंगी, जैसे कि:

- व्यक्तित्वपूर्ण ईश्वर देश-काल से सीमित होगा।
- ईश्वर को व्यक्तित्वपूर्ण मानना उसका मानवीयकरण (Anthromorphism) करना है।

- व्यक्तित्वपूर्ण ईश्वर संकल्प एवं प्रयोजन से युक्त होगा। अत: वह आप्तकाम नहीं हो सकता है।
- जो ईश्वर को व्यक्तित्वपूर्ण मानते हैं, वे उसे जगत का स्रष्टा भी कहते हैं। यदि ईश्वर ने जगत की रचना की है, वह सर्वशक्तिमान एवं दयालु भी है, तो जगत में अशुभ क्यों है?

ये आलोचनाएँ सुसंगत नहीं हैं। यद्यपि ईश्वर व्यक्तित्वपूर्ण है तथापि वह देश-काल से सीमित नहीं है, क्योंकि उसका व्यक्तित्व भौतिक तत्वों से निर्मित नहीं है बल्कि संकल्पजनित होने के कारण शुद्ध एवं अप्राकृतिक तत्वों से निर्मित है। अत: वह व्यक्तित्वपूर्ण होते हुए भी देश-काल से सीमित नहीं होता है। इसी दृष्टि से गोस्वामी तुलसीदास जी ने लिखा है कि,

"पग बिनु चलै सुनै बिनु काना, कर बिनु कर्म करै विधि नाना।
आनन रहित सकल रस भोगी, बिनु वाणी वक्ता बड़ योगी॥"

यदि ईश्वर का व्यक्तित्व भौतिक तत्वों से निर्मित होता तो यह कैसे कहा जा सकता था कि बिना पैर के चलता है, बिना कान के सुनता है, आदि-आदि।

आलोचक यह भी कहते हैं कि ईश्वर को व्यक्तित्वपूर्ण मानना उसका मानवीयकरण (Anthromorphism) करके उसे सीमित बना देना है। "मानवता के आध्यात्मिक विकास की तरुणावस्था से ही, मानवीय कल्पना ने ईश्वर को अपने बिम्ब के अनुरूप रचा है ... वर्तमान में, धर्मों में जिस ईश्वर के सम्प्रत्यय की शिक्षा दी जाती है यह उसी प्राचीन ईश्वरीय सम्प्रत्यय का उदात्तीकरण है। यहाँ पर उसका मानवीय चरित्र दृष्टिगोचर होता है, उदाहरणार्थ, मानव वस्तुत: प्रार्थना में दैवीय सत्ता से अपील और कामनाओं की पूर्ति की याचना करता है।" ["During the youthful period of mankind's spiritual evolution human fantasy created gods in man's own image... The idea of God in the religions taught at present is a sublimation of that old conception of the gods. Its anthropomorphic character is shown, for instance, by the fact that men appeal to the Divine Being in prayers and plead for the fulfillment of their wishes." Einstein, Albert (1960): *Ideas and Opinions*, Crown Publishers, Inc., New York, p. 46.]। ऐसी स्थिति में जिस प्रकार मानव में गुण एवं दोष दोनों ही होते हैं उसी प्रकार ईश्वर में भी गुण एवं दोष दोनों ही मानने पड़ेंगे, जो धार्मिक भावना के कदापि अनुरूप नहीं है। धर्म में तो ईश्वर को केवल सद्गुणों से युक्त माना जाता है, यथा - वह अतीव सुन्दर, अपार करुणा तथा अगाध वात्सल्य की प्रतिमूर्ति है। वस्तुत: व्यक्तित्व आत्म एवं अनात्म के विभेद पर आधारित है, जबकि ईश्वर सभी प्रकार के विभेदों से परे है। अस्तु, ईश्वर पर व्यक्तित्व का आरोपण करना अनुचित है। यदि इस आक्षेप पर सम्यक् रूप से विचार किया जाए तो यह कहा जा सकता है कि ईश्वर व्यक्तित्वपूर्ण होते हुए भी मानवीय दुर्गुणों से रहित है। आत्म एवं अनात्म का विभेद तो सीमित सत्ताओं, यथा - मनुष्य आदि पर आरोपित होता है, परन्तु ईश्वर तो असीमित है, अत: वह आत्म एवं अनात्म के भेद से परे होते हुए भी व्यक्तित्वपूर्ण हो सकता है और इसमें किसी भी प्रकार का आत्म-विरोध नहीं है।

आत्म-विरोध तो तब होगा जब उसमें से व्यक्तित्व को निकाल दिया जाय, क्योंकि ऐसी स्थिति में ईश्वर अपूर्ण हो जाएगा और अपूर्ण ईश्वर की अवधारणा निश्चित रूप से आत्म-विरोधी है। पुनश्च, सीमित तो वह होता है जो भौतिक शरीर से युक्त होता है अर्थात् जो प्रकृति के तीनों गुणों (सत्व, रजस एवं तमस) से युक्त है, जबकि ईश्वर का व्यक्तित्व तो शुद्ध सत्व, अप्राकृतिक एवं अभौतिक तत्वों से निर्मित है। इस प्रकार ईश्वर त्रिगुणातीत है। अस्तु, ईश्वर को व्यक्तित्वपूर्ण मानकर उस पर मानवीयकरण का आरोपण करना सर्वथा असंगत है।

ईश्वर संकल्प एवं प्रयोजन से पूर्ण होते हुए भी आप्तकाम हो सकता है, क्योंकि सृष्टि की रचना के पीछे उसका कोई प्रयोजन नहीं है। जिस प्रकार मनुष्य के हाथों एवं पैरों से नख निकलते रहते हैं, जिस प्रकार सूर्य से प्रकाश की किरणें सतत् निकलती रहती हैं तथा जिस प्रकार झरने से सतत् जल प्रवाहित होता रहता है उसी प्रकार यह सृष्टि भी ईश्वर से स्वभावतः निःसृत होती रहती है। इसे विकिरण (Fulguration) कहा जा सकता है जो सृष्टि (Creation) की अपेक्षा निःसरण (Emanation) के अधिक तुल्य है। पुनश्च, यदि यह मान भी लिया जाए कि ईश्वर संकल्प शक्ति से ही सृष्टि करता है तो भी इसका अर्थ नहीं है कि वह एक-एक करके विभिन्न वस्तुओं का निर्माण नहीं करता है बल्कि एक साथ सम्पूर्ण व्यवस्था की सृष्टि करता है। तत्पश्चात्, वह उसे स्वतंत्र रूप से छोड़ देता है जिससे उसमें स्वतः धीरे-धीरे विकास होता रहता है।

यद्यपि ईश्वर सृष्टिकर्ता है फिर भी जगत में दुःख है, परन्तु इसमें भी कोई विरोधाभास नहीं है, क्योंकि हमारी सीमित बुद्धि उस दुःख को पूर्णता में समझने में असमर्थ है। पुनश्च, अशुभ के लिए ईश्वर उत्तरदायी न होकर मनुष्य स्वयं ही उत्तरदायी है, यथा - बरसात की बूँदे बिना किसी भेद-भाव के समान रूप से बरसती हैं, चाहे वह जमीन उर्वर हो या ऊसर, परन्तु किसी जमीन में फसल पैदा होती है और किसी में फसल पैदा नहीं होती है। इसका कारण मेघ नहीं बल्कि भूमि है। इसी दृष्टि से आचार्य शंकर, 'शारीरक भाष्य' में लिखते है कि "वैषम्यनैर्घृण्ये न सापेक्षत्वात्तया हि दर्शयति" (2/1/34) अर्थात् ईश्वर पर विषमता एवं क्रूरता का आक्षेप नहीं हो सकता है, क्योंकि ईश्वर सृष्टि का निरपेक्ष कारण न होकर सापेक्ष कारण है, जैसे - फसल की उपज में मेघ साधारण कारण है जबकि बीज आदि असाधारण कारण हैं। इसी प्रकार इस सृष्टि में ईश्वर तो साधारण कारण है जबकि जीवगत कर्म ही असाधारण कारण हैं। इस प्रकार ईश्वर सापेक्ष कारण होने से उस पर अशुभ का आक्षेप नहीं किया जा सकता है।

इसके बावजूद भी कुछ दार्शनिक ईश्वर को व्यक्तित्वपूर्ण मानने से इन्कार कर देते हैं। आई० एम० क्रौम्बी लिखते हैं कि "हमें तुरन्त ही यह स्वीकार कर लेना चाहिए कि सामान्य अर्थों में हमारे मन में दैवीय स्वरूप की कोई संकल्पना नहीं है। हम ईश्वर को नहीं जानते हैं, और यह दावा करना बेतुका होगा कि हम यह जानते हैं कि वह किस प्रकार की सत्ता है। जब हम उनके विषय में 'सर्वज्ञ', 'शाश्वत' आदि विशेषणों का प्रयोग करते हैं तो ये हमें यह स्वीकार करने में समर्थ नहीं बनाते हैं कि ईश्वर कैसा है।" ["We must acknowledge at once that in the ordinary sense we have no conception of the divine nature. We do not know God, and it would be absurd to claim that we know what kind of being He is. In so far as we use adjective about Him ('omniscient', 'eternal', and so on) they do not enable us to conceive what it is like to be God." Crombie, I.M. (1968):

The Possibility of Theology Statements, In Mitchell, Basil: *Faith and Logic* (Ed.), George Allen & Unwin Ltd., London, p. 55.]। इसी प्रकार जॉन हिक लिखते हैं कि "ईसाई धर्मशास्त्र में ईश्वर का वर्णन विविध निरपेक्ष गुणों, यथा - सर्वशक्तिमान, सर्वव्यापक, पूर्ण शुभत्व, असीमित प्रेम आदि के रूपों में किया गया है जिसे हम ठीक-ठीक उसी रूप में जान नहीं जा सकते हैं। ... स्वयं ईश्वर ही अपने अपरिमित स्वरूप को जानता है।" ["God is described in Christian theology in terms of various absolute qualities, such as omnipotence, omnipresent, perfect goodness, infinite love, etc., which cannot as such be observed by us, ... Only God himself knows his own infinite nature." Hick, John (1971): "*Theology and Verification*" In Basil Mitchell, "*Philosophy of Religion*", Oxford University Press, Oxford, pp. 68–69.]।

इन समस्त आलोचनाओं के बाद यह कहा जा सकता है कि भावुक हृदय के व्यक्ति अपनी भावना के आधार पर ईश्वर को व्यक्तित्वपूर्ण मानते रहेंगे, जैसा कि हीचल लिखते हैं कि "जीवित आत्मा किसी मृत कारण से सम्बंधित नहीं होती है बल्कि वह जीवित ईश्वर से सम्बंधित होती है। हमारा लक्ष्य ऐसे ईश्वर के अस्तित्व को सुनिश्चित करना है जिसके समक्ष हम अपने पापों को स्वीकार कर सकें, ऐसा ईश्वर जो प्रेम करता है, ऐसा ईश्वर जो हमारी जिज्ञासा तथा खोज के ऊपर नहीं है, जो एक परम पिता न होकर पिता हो।" ["The living soul is not concerned with a dead cause but with a living God. Our goal is to ascertain the existence of a Being to whom we may confess our sins, of a God who loves, of a God who is not above concern with our inquiry and search for Him; a father, not an absolute." Heschel, Abraham Joshua (1955): *God is Search of Man: A Philosophy of Judaism*, Farrar, Straus and Groux, New York, pp. 125–26.]। ट्रूब्लड भी लिखते हैं कि "ईश्वर कोई ऐसी वस्तु नहीं है जिसके विषय में केवल बात की जा सके, बल्कि वह एक ऐसी सत्ता है जिससे बात कही एवं सुनी जा सके।" ["God is not an Object merely to be spoken *about*, but One to be spoken *to*, and *listened* to." Trueblood, D.A. (1957): *Philosophy of Religion*, Harper & Brothers, New York, p. 267.]।

इसके लिए ईश्वर का व्यक्तित्वपूर्ण होना आवश्यक है। सम्भवतः यही कारण है कि प्रायः सभी धर्मों में ईश्वर को व्यक्तित्वपूर्ण माना गया है। धार्मिक मान्यता के लिए ईश्वर वही हो सकता है:

- जो सगुण, साकार, सविशेष एवं व्यक्तित्वपूर्ण हो।
- जो प्रेम, दया, करुणा, क्षमा, आदि की प्रतिमूर्ति हो तथा जो भक्तों की पुकार सुन सके।
- जो हमारी पूजा एवं आराधना का विषय हो सके।
- जिस पर भक्त अपने आपको पूर्णतया समर्पित कर सकें तथा जहाँ उनकी भावनाएँ पूर्णतः संतुष्ट हो सकें।

इसके लिए व्यक्तित्वपूर्ण ईश्वर का होना आवश्यक है। तभी तो जी० गैलवे लिखते हैं कि "यदि ईश्वर आत्म-चैतन्य एवं आत्म-नियंत्रित के अर्थ में व्यक्तित्वपूर्ण नहीं है, तो मनुष्य में धार्मिक

चेतना के सम्पूर्ण विकास को भ्रमात्मक कहना पड़ेगा।" ["If God be not personal, in the sense of being self-conscious and self-determining, the whole development of the religious consciousness in man must be pronounced to be an illusion." Galloway, George (1960): *The Philosophy of Religion*, T.&T. Clark, Edinburgh, p. 495.]।

निर्वैयक्तिक ईश्वर (Impersonal God)

ईश्वर की व्यक्तित्वपूर्ण अवधारणा के विपरीत कुछ दार्शनिक उसे निर्वैयक्तिक रूप में स्वीकार करते हैं। उनके अनुसार व्यक्तित्वपूर्ण ईश्वर में कई कमियाँ हैं: पहला, व्यक्तित्वपूर्ण ईश्वर देश-काल से सीमित होता है। दूसरा, ईश्वर पर व्यक्तित्व का आरोपण करना उसका मानवीयकरण (Anthropomorphism) करना है। तीसरा, यदि ईश्वर व्यक्तित्वपूर्ण है तो व्यक्तित्व के सारे गुण एवं दोष भी ईश्वर पर आरोपित हो जाएंगे, जो उपयुक्त नहीं है, क्योंकि ईश्वर को सारे सद्गुणों से युक्त माना जाता है। चौथा, व्यक्तित्वपूर्ण ईश्वर को सृष्टिकर्त्ता भी माना जाता है। समस्या यह है कि यदि ईश्वर सर्वशक्तिमान है, वह दयालु भी है तो जगत में अशुभ क्यों है? एवं पाँचवां, यदि ईश्वर व्यक्तित्वपूर्ण है तो हमें उसका प्रत्यक्ष क्यों नहीं होता है?

इन्हीं कमियों के कारण कुछ दार्शनिक ईश्वर को निर्गुण, निराकार एवं निर्वैयक्तिक रूप में स्वीकार करते हैं। इस मत का समर्थन ग्रीक दार्शनिक जेनोफनिजम, आधुनिक दार्शनिक स्पिनोजा तथा भारतीय दार्शनिक आचार्य शंकर करते हैं। जेनोफनिजम परम्परागत यहूदी धर्म की मान्यताओं का विरोध करते हैं जहाँ ईश्वर को व्यक्तित्वपूर्ण माना गया है। उनके अनुसार ईश्वर पर व्यक्तित्व का आरोपण करना अनुचित है, क्योंकि जब हम ईश्वर में गुणों की परिकल्पना करते हैं तब हम मानव के बुद्धि कल्पित गुणों की ही परिकल्पना करते हैं और इस रूप में ईश्वर सीमित हो जाता है। इसीलिए जेनोफनिजम कहता है कि यदि मनुष्य की तरह बैल, घोड़ा और शेरों के हाथ होते जिनसे वे चित्र बना सकते तो वे ईश्वर को क्रमश: बैल, घोड़ा एवं शेरों के रूप में ही चित्रित करते न कि मनुष्य के रूप में। उनके अनुसार "इथियोप कहते हैं कि उनका ईश्वर चिपटी नाक वाला एवं काला है, जबकि थ्रैसियन कहते हैं कि उनका ईश्वर नीली आँख वाला एवं लाल केश वाला है। हालाँकि यदि गाय-बैलों अथवा घोड़ों अथवा शेरों के हाथ होते जिनसे वे मनुष्य की ही भाँति चित्र बना सकते तो घोड़े अपने ईश्वर को घोड़े के रूप में बनाते, गाय-बैल, गाय-बैल के रूप में और इनमें से प्रत्येक ईश्वर की आकृति को अपनी पसंद एवं अपनी जाति के अनुरूप ही चित्रित करते।" ["The Ethiops say that their gods are flat-nosed and black, while the Thracians say that theirs have blue eyes and red hair. Yet if cattle or horses or lions had hands and could draw, and could sculpt like men, then the horses would draw their gods. Like horses, and cattle like cattle; and each they would shape. Bodies of gods in the likeness, each kind, of their own." Diels-Kranz, B, 16, 15.]। स्पष्टत: इस रूप में ईश्वर सीमित हो जाएगा। अस्तु, जेनोफनिजम ईश्वर को सगुण, साकार एवं सविशेष न मानकर सम्पूर्ण प्रकृति को ही ईश्वर के रूप में स्वीकार करते हैं। इसे ही सर्वेश्वरवाद कहते हैं।

निर्वैयक्तिक ईश्वर की अवधारणा का पूर्ण विकसित रूप स्पिनोजा के दर्शन में मिलता है। स्पिनोजा परम्परागत धर्मों में प्रतिपादित ईश्वर की अवधारणा का खण्डन करते हैं। उनके अनुसार विभिन्न धर्मों में ईश्वर को मूलतः दो रूपों में स्वीकार किया जाता है: 1. ईश्वर व्यक्तित्वपूर्ण तथा संकल्प एवं प्रयोजन से भी पूर्ण है। 2. ईश्वर को जगत का कारण भी माना जाता है।

1. **ईश्वर व्यक्तित्वपूर्ण तथा संकल्प एवं प्रयोजन से भी पूर्ण है** धर्मों में ईश्वर को व्यक्तित्वपूर्ण तथा संकल्प एवं प्रयोजन से पूर्ण माना जाता है, परन्तु स्पिनोजा के अनुसार ये सभी सीमित सत्ता के गुण हैं। अतः उनके अनुसार ईश्वर निर्वैयक्तिक है तथा उसमें संकल्प एवं प्रयोजन का भी सर्वथा अभाव पाया जाता है। स्पिनोजा मानते हैं कि जब हम ईश्वर में किसी भी गुण का विधान करते हैं तो अन्य सभी गुणों का निषेध कर देते हैं, क्योंकि 'प्रत्येक निर्धारण निषेधीकरण होता है' (Every determination is negation)। अतः ईश्वर में किसी भी मानवीय गुण का आरोपण असंगत है। स्पिनोजा के अनुसार जब हम ईश्वर में गुणों का आरोपण करते हैं तो केवल अपने बिम्बों का ही प्रक्षेपण करते हैं। इस रूप में ईश्वर सीमित हो जाता है। इसी कारण वे ईश्वर को निर्गुण, निराकार एवं अनिर्वचनीय कहते हैं, परन्तु यहाँ निर्गुण का अर्थ गुणों के अभाव से नहीं बल्कि सीमित गुणों के अभाव से है अर्थात् 'अभावों के अभाव' से है। ईश्वर पूर्ण होने के कारण अनन्त एवं अपार गुणों से युक्त है। अस्तु, उसमें किसी भी गुण का अभाव सम्भव नहीं है। गोस्वामी तुलसीदास जी कहते हैं कि 'हरि अनन्त हरि कथा अनन्ता।' लेकिन क्योंकि हम सीमित हैं, अतः हमारी भाषा सीमित है। इस प्रकार सीमित भाषा के द्वारा ईश्वर के असीमित गुणों का निर्वचन नहीं किया जा सकता है। अतः असीमित होने के कारण ईश्वर अनिर्वचनीय है।
2. **ईश्वर को जगत का कारण भी माना जाता है** धर्मों में ईश्वर को जगत का कारण माना गया है। स्पिनोजा भी ईश्वर को जगत का कारण मानते हैं, परन्तु धर्मों के अर्थ में नहीं। धर्मों में जहाँ ईश्वर को दूरस्थ कारण के रूप में स्वीकार किया गया है वहीं स्पिनोजा ईश्वर को 'अंतर्यामी कारण' या 'तार्किक कारण' के रूप में मानते हैं। स्पिनोजा के अनुसार ईश्वर उस अर्थ में जगत का कारण नहीं है जिस अर्थ में पूर्ववर्ती घटना, परवर्ती घटना का कारण होती है। यहाँ कारणता का तात्पर्य कार्यों के केवल आधार या अधिष्ठान से है। उसके अनुसार द्रव्य के स्वरूप से पदार्थों की उत्पत्ति वैसे ही होती है जैसे किसी सम्प्रत्यय की परिभाषा से उसके तार्किक गुणों का निगमन होता है। जिस प्रकार त्रिभुज की परिभाषा में यह निहित है कि उसमें तीन कोण होते हैं उसी प्रकार ईश्वर के स्वरूप से ही जगत का तार्किक निगमन हो जाता है। स्पष्टतः ईश्वर एवं जगत के बीच कोई कारण-कार्य सम्बंध नहीं है बल्कि विशुद्ध गणितीय या तार्किक सम्बंध (Mathematical or Logical relation) है। इस प्रकार ईश्वर एवं विश्व दोनों में अभेद है अर्थात् ईश्वर विश्व है तथा विश्व ईश्वर है।

इसे और भी अधिक स्पष्ट करने के लिए स्पिनोजा प्रकृति के ऊपर दो दृष्टियों से विचार करते हैं: पहला, पृथक्-पृथक् रूप में एवं दूसरा, समग्रता के रूप में। स्पिनोजा पृथक्-पृथक् वस्तुओं

की दृष्टि से प्रकृति को सृष्टि प्रकृति (Natura naturata) कहते हैं जबकि समग्रता की दृष्टि से उसे सृजमान प्रकृति (Natural naturans) कहते हैं। इस प्रकार प्रकृति पर चाहे पृथक्-पृथक् रूप में विचार करें या समग्रता के रूप में, सब कुछ ईश्वर का ही रूप है। इससे भी यही सिद्ध होता है कि प्रकृति एवं ईश्वर में अभेद है। ऐसी स्थिति में ईश्वर सगुण एवं साकार कैसे हो सकता है। सम्भवतः यही कारण है कि स्पिनोजा ईश्वर को निर्गुण, निराकार एवं निर्वैयक्तिक मानते हैं।

भारतीय परम्परा में आचार्य शंकर ब्रह्म के दो रूप मानते हैं: पहला, सगुण, साकार, सविशेष एवं व्यक्तित्वपूर्ण है, जिसे वे 'अपर ब्रह्म' या 'सगुण ब्रह्म' (Lower Brahman) कहते हैं एवं दूसरा, निर्गुण, निराकार, निर्विशेष एवं निर्वैयक्तिक है, जिसे वे 'पर ब्रह्म' या 'निर्गुण ब्रह्म' (Higher Brahman) कहते हैं। पुनश्च, वे सगुण ब्रह्म का लक्षण के आधार पर दो भेद करते हैं: तटस्थ लक्षण एवं स्वरूप लक्षण। तटस्थ लक्षण के द्वारा ही ब्रह्म जगत की उत्पत्ति, स्थिति और लय का कारण होता है (यतो व इमानि भूतानि जायन्ते। तैत्तिरीय उपनिषद् - 3/1)। स्वयं आचार्य बादरायण लिखते हैं कि 'जन्माद्यस्य यतः' (ब्रह्मसूत्र भाष्य - 1/1/2)। इस प्रकार ब्रह्म ही जगत का निमित्त एवं उपादान कारण दोनों ही है, परन्तु आचार्य के अनुसार जगत ब्रह्म का आभास या विवर्त है वास्तविक रूप नहीं, क्योंकि ब्रह्म कूटस्थ नित्य होने के कारण सभी प्रकार के परिवर्तनों से रहित है। अतः जो कुछ भी परिवर्तन दृष्टिगोचर होता है वह केवल आभासिक है। इसे ही 'ब्रह्म विवर्तवाद' कहते हैं। इसी तटस्थ लक्षण के आधार पर वे अपने ब्रह्म को सर्वज्ञ, सर्वशक्तिमान, सर्वव्यापक आदि मानते हैं। उनके अनुसार सब कुछ ब्रह्म ही है (सर्वं खल्विदं ब्रह्म। छांदोग्य उपनिषद् - 3/14/1)। पुनश्च, वे तटस्थ लक्षण के आधार पर ही ब्रह्म को व्यक्तित्वपूर्ण मानते हुए उसे भक्ति एवं आराधना का विषय भी मानते हैं। ब्रह्म का स्वरूप लक्षण यह है कि सत्, चित् एवं आनन्द ब्रह्म के गुण नहीं हैं बल्कि उसके स्वरूप हैं अर्थात् जो सत् है, वही चित् है, वही आनन्द है और वही ब्रह्म है। इस प्रकार यह कहा जा सकता है कि सत् ही ब्रह्म है, चित् ही ब्रह्म है एवं आनन्द ही ब्रह्म है। इसी कारण वे ब्रह्म को 'सच्चिदानंद' कहते हैं।

ब्रह्म का वास्तविक रूप यह है कि वह निर्गुण, निराकार एवं निर्विशेष है। सामान्यतः निर्गुण का तात्पर्य गुण रहित या गुणों के अभाव से लिया जाता है, परन्तु यहाँ पर निर्गुण का अर्थ गुण रहित होना नहीं है, क्योंकि ब्रह्म तो अनन्त एवं अपार गुणों से युक्त है, परन्तु हमारी भाषा की सीमा यह है कि वह ब्रह्म के समस्त गुणों का निर्वचन करने में असमर्थ है। हमारी भाषा हमारे विचार को व्यक्त करती है और हमारे विचार की सीमा जगत की सीमा है। अस्तु, जो जगत के परे है उसे भाषा के द्वारा अभिव्यक्त नहीं किया जा सकता है। इसी कारण आचार्य शंकर कहते हैं कि ब्रह्म के बारे में सर्वोत्तम निर्वचन यह है कि वह अनिवर्चनीय है। इसे ही उपनिषदों में 'नेति-नेति' (बृहदारण्यक उपनिषद् - 4/4/22) कहा गया है।

व्यक्तित्वपूर्ण ईश्वर की ही भाँति निर्वैयक्तिक ईश्वर में भी कई दोष हैं, जैसे कि:

- धर्मों के लिए व्यक्तित्वपूर्ण ईश्वर का होना आवश्यक है।
- व्यक्तित्वपूर्ण ईश्वर ही सद्गुणों से युक्त हो सकता है।
- यदि ईश्वर निर्वैयक्तिक है तो अत्यन्त निकृष्टतम पदार्थों में भी ईश्वर को मानना पड़ेगा।
- यदि ईश्वर सर्वत्र है तो मनुष्य स्वतंत्र नहीं हो सकता है।

आलोचकों का कहना है कि ईश्वर को निर्गुण, निराकार एवं निर्वैयक्तिक मानना धार्मिक भावनाओं के अनुरूप नहीं है। धर्म के अंतर्गत भक्त भगवान को सगुण, साकार, सविशेष एवं व्यक्तित्वपूर्ण मानकर उसके समक्ष अपने आप को समर्पित करता है जिससे उसकी भावनाओं को संतुष्टि मिल सके। यह समर्पण निर्गुण ब्रह्म के समक्ष कैसे हो सकता है। इस प्रकार धार्मिक भावना की संतुष्टि के लिए ईश्वर का व्यक्तित्वपूर्ण होना आवश्यक है। प्रत्युत्तर में निर्वैयक्तिक ईश्वर को मानने वाले कहते हैं कि धर्म के लिए ईश्वर की कोई आवश्यकता ही नहीं है, जैसे - जैन, बौद्ध एवं मानववादी धर्म ईश्वरविहीन धर्म की स्थापना करते हैं।

व्यक्तित्वपूर्ण अवधारणा के समर्थक कहते हैं कि व्यक्तित्वपूर्ण ईश्वर में ही सारे नैतिक गुणों, यथा - सत्यम्, शिवम् एवं सुन्दरम् की पराकाष्ठा दिखायी देती है। यदि ईश्वर को नैतिक गुणों से पृथक् कर दिया जाए तो ऐसा ईश्वर धार्मिक व्यक्तियों का आदर्श नहीं हो सकता है। इसी दृष्टि से फ्लिंट लिखते हैं कि "सर्वेश्वरवाद केवल एक अपर्याप्त रिलीजन ही नहीं है बल्कि यह नैतिकता के मूल आधार पर ही प्रहार करता है।" ["Pantheism is not only an inadequate religion, but it strikes at the very roots of morality." Flint, Robert (1879): *Anti-theistic Theories*, William Blackwood & Sons, Edinburgh, p. 396.]। इस मान्यता के विरोध में निर्वैयक्तिक ईश्वर को मानने वाले, ईश्वर को नैतिक गुणों से युक्त नहीं मानते हैं, बल्कि उसे नैतिकता से परे मानते हैं। उदाहरण के लिए निकोलाई हार्टमैन, प्राकृतिक, नैतिक एवं अतिनैतिक इन तीन अवस्थाओं का विभेद करते हुए ईश्वर को अतिनैतिक अवस्था के रूप में स्वीकार करते हैं।

व्यक्तित्वपूर्ण ईश्वर के समर्थकों का यह भी कहना है कि निर्वैयक्तिक ईश्वर जगत के कण-कण में अंतर्व्याप्त है, परन्तु यदि सब कुछ ईश्वर ही है तो अत्यन्त निकृष्टतम पदार्थों में भी हमें ईश्वर की सत्ता स्वीकार करनी पड़ेगी। इस रूप में ईश्वर की पवित्रता, कलुषित हो जायेगी। ऐसे ईश्वर पर किसी व्यक्ति की आस्था कैसे हो सकती है, परन्तु निर्वैयक्तिक ईश्वर के समर्थकों का कहना है कि अच्छा-बुरा, शुभ-अशुभ, पवित्रता-अपवित्रता आदि का विभेद केवल सीमित दृष्टिकोण का प्रतिफल है। जब हम समग्रता में इस सृष्टि पर विचार करते हैं तो पाते हैं कि यहाँ न तो कोई चीज अच्छी है और न ही कोई चीज बुरी है अर्थात् अच्छा-बुरा का विभेद मानव निर्मित है।

पुनश्च, यदि सब कुछ ईश्वर ही है तो मनुष्य स्वतंत्र नहीं है। इस प्रकार यहाँ व्यक्ति का संकल्प-स्वातंत्र्य समाप्त हो जाता है, क्योंकि संकल्प-स्वातंत्र्य के लिए ईश्वर से पृथक् व्यक्तित्व का होना आवश्यक है। इसी कारण हेगेल, स्पिनोजा के ईश्वर को एक ऐसे सिंह की गुफा के समान कहता है जिसके अंदर जाने वाले पशुओं के पद चिन्ह तो दिखाई पड़ते हैं, परन्तु लौटते हुए नहीं (Spinoza's God is like lion's den. One can see the tracks of all animals going into this den but none of any coming out.)। इस प्रकार स्पिनोजा के दर्शन में व्यक्ति का संकल्प-स्वातंत्र्य समाप्त हो जाता है। वास्तविकता यह है कि व्यावहारिक दृष्टि से स्पिनोजा जगत की सत्ता को स्वीकार करते हुए भी पारमार्थिक दृष्टि से ईश्वर एवं जगत में अभेद मान लेते हैं। लेकिन ऐसा करके वे ईश्वर का अवमूल्यन करके प्रकृति तक नहीं लाते हैं बल्कि प्रकृति का उत्थान करके ईश्वर तक ले जाते हैं, जो ईश्वर को जगत के कण-कण में मानता है वह निरीश्वरवादी कैसे हो सकता है? इसलिए व्यावहारिक दृष्टि से स्पिनोजा संकल्प की स्वतंत्रता

को मानता है, परन्तु पारमार्थिक दृष्टि से तो केवल ईश्वर की ही सत्ता है। अस्तु, ऐसा प्रतीत होता है कि यहाँ पर व्यक्ति का संकल्प-स्वातंत्र्य खण्डित हो जाता है जबकि वास्तविकता यह है कि यहाँ पर व्यक्ति का सीमित संकल्प स्वातंत्र्य, ईश्वर के असीमित संकल्प-स्वातंत्र्य में समाहित हो जाता है। इस प्रकार यहाँ संकल्प-स्वातंत्र्य का अवमूल्यन (Downfall) नहीं बल्कि उसका दैवीकरण (Divinity) हो जाता है। जब मनुष्य की इच्छा ईश्वरीय इच्छा में समाहित हो जाय तो वह ईश्वरत्व को प्राप्त हो जाता है। गीता में भगवान श्रीकृष्ण कहते हैं कि हे अर्जुन! तू सब कुछ छोड़कर मेरी शरण में आ जा। मैं तुझे सारे पापों से मुक्त करके मोक्ष प्रदान कर दूँगा (सर्वधर्मान परित्यज्य मामेकं शरणं व्रज। अहं त्वा सर्वपापेभ्यो मोक्षयिष्यामि मा शुचः॥ गीता - 18/66)। स्पष्टतः यहाँ पाप मुक्त होने का अभिप्राय अज्ञान रहित होना है। इस प्रकार यह संकल्प-स्वातंत्र्य का अपहरण नहीं बल्कि उसका दैवीकरण है। अस्तु, नोवलिस ने स्पिनोजा को ईश्वर-उन्मत्त कहा है। ["Spinoza is a God-intoxicated man." Novalis (1799/1800): *Fragmente and Studien*, HKA III, No. 562, p. 651.]।

यदि उपर्युक्त सभी मान्यताओं पर सूक्ष्मतापूर्वक विचार किया जाय तो यह कहा जा सकता है कि ईश्वर व्यक्तित्वपूर्ण है या निर्वैयक्तिक? इस प्रश्न का कोई संतोषजनक उत्तर दे पाना सम्भव नहीं है। इसका कारण यह है कि भावुक हृदय के व्यक्ति ईश्वर को व्यक्तित्वपूर्ण मानते रहेंगे, जबकि तार्किक एवं बौद्धिक प्रकृति के व्यक्ति, व्यक्तित्वपूर्ण ईश्वर में कमियों को देखते हुए उसे निर्वैयक्तिक रूप में स्वीकार करते रहेंगे तथा इस पक्ष एवं विपक्ष के बीच कोई सम्यक् निर्णय करना बौद्धिक स्तर पर सम्भव नहीं है, क्योंकि बुद्धि से ईश्वर के पक्ष में जितना तर्क दिया जा सकता है उतना ही उसके विपक्ष में भी। ऐसी स्थिति में गोस्वामी तुलसीदास जी की भाषा में यही कहना सर्वाधिक उपयुक्त होगा कि "जाकी रही भावना जैसी, प्रभु मूरत देखी तिन्ह तैसी" अर्थात् जो जिस रूप में ईश्वर को देखना चाहता है उसे वे उसी रूप में दिखाई देते हैं। यह शुद्ध रूप से आस्था का विषय है।

✤✤✤

ईश्वर एवं जगत का सम्बंध (Relation between God and World)

- परिचय
- देववाद
- सर्वेश्वरवाद
- ईश्वरवाद
- सर्वातिसर्वेश्वरवाद

अध्याय

5

परिचय (Introduction)

ईश्वर एवं जगत के बीच क्या सम्बंध है? इस पर दार्शनिकों में मतैक्य नहीं है। एक ओर ईश्वरवादी दार्शनिक जगत को ईश्वर से सम्बंधित करते हुए कहते हैं कि या तो जगत ईश्वर की सृष्टि है या फिर ईश्वर एवं जगत के बीच 'तादात्म्य सम्बंध' है, तो दूसरी ओर निरीश्वरवादियों का कहना है कि ईश्वर का जगत से कोई सम्बंध नहीं है। जगत ईश्वर से पूर्णतया स्वतंत्र है। इनके अनुसार यदि ईश्वर को जगत का कारण माना जाय तो समस्या उठती है कि ईश्वरवादी तो ईश्वर को पूर्ण एवं नित्य मानते हैं जबकि जगत अपूर्ण एवं अनित्य है। इस प्रकार पूर्ण एवं नित्य ईश्वर, अपूर्ण एवं अनित्य जगत का कारण कैसे हो सकता है, क्योंकि कारण एवं कार्य में समानता का होना आवश्यक है। परन्तु यदि ईश्वर एवं जगत के बीच कोई सम्बंध नहीं माना जाए तो न तो जगत की संतोषजनक व्याख्या ही हो सकती है और न ही धार्मिक भावना वाले व्यक्ति के हृदय को संतुष्टि ही मिल सकती है। अस्तु, ईश्वर एवं जगत के बीच सम्बंध की व्याख्या करना सभी ईश्वरवादी दार्शनिकों के लिए एक अत्यंत ही रोचक समस्या है।

सामान्यतः ईश्वर के स्वरूप के सम्बंध में तीन प्रकार के तीन मत प्रचलित हैं:

1. अनेकेश्वरवाद (Polytheism)

2. एकैकाधिदेववाद (Henotheism)
3. एकेश्वरवाद (Monism)

अनेकेश्वरवाद (Polytheism)

प्राचीन काल में प्रचलित परिपाटियों के आधार पर ही अनेकेश्वरवादी अवधारणा का विकास हुआ। अनेकेश्वरवाद के अंतर्गत ईश्वर या अलौकिक सत्ता को एक न मानकर अनेक माना जाता है। प्राचीन काल में लोगों की बुद्धि इतनी विकसित नहीं थी। अत: वे प्राकृतिक घटनाओं को समझने में असमर्थ थे। सम्भवत: यही कारण है कि वे प्राकृतिक प्रकोपों से बचने के लिए प्राकृतिक शक्तियों के संस्थान के रूप में ही ईश्वर या किसी अलौकिक सत्ता की परिकल्पना करने लगे, यथा - पृथ्वी, जल, तेज, वायु, आकाश, नदी, पर्वत, वर्षा, आंधी-तूफान आदि। उनके अनुसार विभिन्न शक्तियाँ भिन्न-भिन्न रूपों में हमें प्रभावित करती हैं। अत: ईश्वर एक न होकर अनेक है। कालांतर में इन प्राकृतिक शक्तियों के ऊपर मानव व्यक्तित्व का आरोपण करके इनकी कल्पना नर-नारी के रूप में की गयी। इस प्रकार अनेकेश्वरवाद में ईश्वर का स्वरूप मानवत्वारोपी (Anthromorphic) हो गया।

अनेकेश्वरवाद में दोष यह है कि इनके 33 करोड़ देवताओं की पूजा-पाठ साथ-साथ कैसे हो सकती है और यदि कोई एक देव भी पूजा-पाठ से वंचित रह जाय तो अंतत: उसका कोप-भाजन बनना पड़ेगा। यही नहीं, अनेक देवताओं के साथ परस्पर विरोध एवं संघर्ष की स्थिति उत्पन्न हो जायेगी, क्योंकि कोई व्यक्ति एक का वरदान पाकर दूसरे को कष्ट पहुँचा सकता है। मैकग्रीगर के अनुसार "यदि यह जगत अंशत: न्याय एवं अंशत: उच्छृंखलता के द्वारा नियंत्रित हो रहा है तो यह एक अनियंत्रण की स्थिति है और इसे न्याय कदापि नहीं कहा जा सकता है।" ["If the universe is partly or occasionally controlled by justice and partly or occasionally runs wild, then it is in principle uncontrolled, it is not subject to justice." MacGregor, G. (1959): *Introduction to Religious Philosophy*, Mifflin, Houghton, p. 54.]। अत: कालांतर में बहुदेववाद के स्थान पर 'एकैकाधिदेववाद' (Henotheism) का विकास हुआ। परन्तु इसका अर्थ नहीं है कि अनेकेश्वरवादी अवधारणा पूर्णरूपेण समाप्त हो गई। वास्तव में, धर्म के दो पक्ष हैं: शास्त्रीय या सैद्धांतिक एवं लोकप्रिय या व्यावहारिक। शास्त्रीय पक्ष के अंतर्गत ईश्वर को एक मान लिया गया, परन्तु व्यवहारत: सामान्य मनुष्य अपनी आस्था के आधार पर अभी भी अनेकेश्वरवाद को स्वीकार करते रहे हैं, यथा - ब्रह्मा, विष्णु, महेश (शिव), राम कृष्ण, सीता, राधा, प्रभृति।

एकैकाधिदेववाद (Henotheism)

'एकैकाधिदेववाद' के अंतर्गत अनेक देवताओं में से किसी समय विशेष में केवल एक ही देवता को अध्यक्ष बनाकर अन्य देवताओं को गौण मान लिया जाता था। इस प्रकार उस अध्यक्ष को ही परम सत्ता मानकर अन्य सभी देवताओं का समावेश किसी-न-किसी रूप में उसी के अंतर्गत ही कर दिया गया और यह मान लिया गया कि उस विशेष देवता की पूजा-अर्चना करने से ही अन्य सभी देवताओं की पूजा-अर्चना अपने आप हो जाती है, परन्तु इससे भी लोगों की धार्मिक

भावनाओं को संतुष्टि नहीं मिलती थी, क्योंकि लोगों के मन में यह भय तो सदैव ही व्याप्त रहता था कि अन्य देवताओं की पूजा-अर्चना नहीं करने से वे कभी भी असंतुष्ट होकर हानि पहुँचा सकते हैं। अत: कालांतर में 'एकैकाधिदेववाद' के स्थान पर एकेश्वरवादी (Monism) अवधारणा का विकास हुआ। इसके अंतर्गत केवल एक ही ईश्वर की सत्ता को स्वीकार किया जाता है।

एकेश्वरवाद (Monism)

एकेश्वरवाद के अनुसार केवल एक ही ईश्वर की सत्ता है और विभिन्न देवता उसी ईश्वर के विभिन्न रूप हैं। ऋग्वेद में स्पष्ट रूप से कहा गया है कि 'सत् (ईश्वर) तो केवल एक ही है जिसका विद्वान लोग भिन्न-भिन्न रूपों में निर्वचन करते हैं' (एकम् सद् विप्रा: बहुधा वदन्ति - ऋग्वेद 1/164/46), परन्तु ईश्वर का स्वरूप क्या है तथा ईश्वर एवं जगत के बीच क्या सम्बंध है? इस प्रश्न को लेकर एकेश्वरवाद के अंतर्गत मूलत: चार प्रकार की अवधारणाएं विकसित हो गईं: जिन्हें क्रमश: देववाद (Deism), सर्वेश्वरवाद (Pantheism), ईश्वरवाद (Theism) एवं सर्वातिसर्वेश्वरवाद (Panentheism) के नाम से जानते हैं।

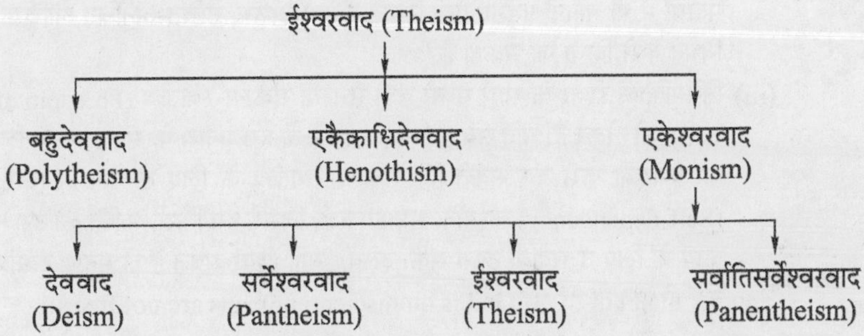

सामान्यत: एकेश्वरवाद में ईश्वर को एक, नित्य, पूर्ण, सर्वज्ञ, सर्वशक्तिमान एवं चैतन्य सत्ता के रूप में स्वीकार किया जाता है, परन्तु इसके विभिन्न सम्प्रदायों में ईश्वर के स्वरूप पर मतैक्य नहीं है। इन सभी अवधारणाओं में मूलत: तीन पक्षों पर पर्याप्त मतभेद हैं जो निम्नलिखित हैं:

1. ईश्वर सगुण, साकार एवं व्यक्तित्वपूर्ण (Personal) है या वह निर्गुण, निराकार एवं निर्वैयक्तिक (Impersonal) है।
   यदि ईश्वर को व्यक्तित्वपूर्ण माना जाए तो उसमें मूलत: तीन प्रकार के दोष आरोपित हो सकते हैं।
   (i) व्यक्तित्व देश-काल से परिच्छिन्न होता है। अस्तु, व्यक्तित्वपूर्ण ईश्वर देश-काल से सीमित होगा, परन्तु सीमित ईश्वर की अवधारणा एक आत्म-विरोधी (Self-contradictory) अवधारणा है।
   (ii) यदि ईश्वर ने जगत की रचना की है, तो प्रश्न उठता है कि उसने जगत की रचना क्यों की? यदि वह किसी इच्छा से जगत की रचना करता है तो वह पूर्ण नहीं हो सकता (आप्तकामस्य का स्पृहा) और यदि बिना किसी इच्छा के ही जगत की

रचना करता है तो यह असम्भव ही है, क्योंकि बिना इच्छा के तो किसी भी चीज का निर्माण कैसे हो सकता है?

(iii) अंततः माना कि ईश्वर सृष्टिकर्ता है, वह सर्वशक्तिमान एवं दयालु भी है तो जगत में अशुभ क्यों है? जगत में अशुभ का होना इस बात का प्रमाण है कि या तो ईश्वर सर्वशक्तिमान नहीं है या फिर वह दयालु नहीं है। इस प्रकार सर्वशक्तिमान एवं दयालु ईश्वर के साथ-साथ अशुभ का होना सुसंगत नहीं है।

पुनश्च, यदि ईश्वर को निर्वैयक्तिक माना जाए तो उसमें भी मूलतः तीन प्रकार के दोष आरोपित होंगे।

(i) निर्वैयक्तिक ईश्वर हमारी धार्मिक भावनाओं के अनुरूप नहीं हो सकता है। धर्म में व्यक्ति अपनी भावनाओं को ईश्वर या किसी अलौकिक सत्ता के ऊपर समर्पित करता है, जिससे उसे अधिकाधिक संतोष मिल सके, परन्तु इसके लिए ईश्वर का सगुण, साकार एवं व्यक्तित्वपूर्ण होना आवश्यक है।

(ii) यदि ईश्वर जगत के कण-कण में अंतर्व्याप्त है तो उसकी सत्ता अत्यंत निकृष्टतम पदार्थों में भी माननी पड़ेगी। ऐसी स्थिति में शुभ-अशुभ, उचित-अनुचित आदि का विभेद कैसे किया जा सकता है?

(iii) निर्वैयक्तिक ईश्वर के साथ सबसे बड़ी समस्या संकल्प-स्वातंत्र्य (Freedom of will) को लेकर है। यदि सब कुछ ईश्वर ही है तो हम मनुष्य के संकल्प-स्वातंत्र्य की व्याख्या कैसे कर सकते हैं? संकल्प-स्वातंत्र्य के लिए तो आत्म-निर्भरता (Self-dependency) का होना आवश्यक है, जिससे हम किसी व्यक्ति को उसके कार्य के लिए उत्तरदायी ठहरा सकें। अस्तु, 'यदि ईश्वर सर्वज्ञ है तो मनुष्य स्वतंत्र नहीं हो सकता है' (If God is omniscient, humans are not free.)।

2. ईश्वर जगत का केवल निमित्त कारण (Efficient cause) है या निमित्त एवं उपादान कारण दोनों ही (Both efficient and material cause) है।
3. ईश्वर केवल जगत में अंतर्व्याप्त (Immanent) है या वह जगत के पार या लोकातीत (Transcendent) या फिर वह अन्तर्व्याप्त एवं लोकातीत दोनों ही (Both immanent and transcendent) है।

देववाद (Deism)

देववाद, एकेश्वरवाद का ही एक रूप है जिसके अंतर्गत ईश्वर को व्यक्तित्वपूर्ण, चेतन, नित्य, पूर्ण तथा निरपेक्ष सत्ता के रूप में स्वीकार किया जाता है। इस सिद्धांत के अनुसार ईश्वर जगत की रचना किसी निश्चित समय में करता है। इसका अर्थ है कि एक समय ऐसा भी था जब सृष्टि नहीं थी केवल ईश्वर था और ऐसा भी सम्भव है कि ईश्वर तो होगा, परन्तु सृष्टि नहीं होगी। इस प्रकार ईश्वर एवं जगत में कोई अनिवार्य सम्बंध नहीं है। पुनश्च, ईश्वर सृष्टि की रचना किसी प्रयोजन से नहीं करता है, बल्कि ऐसा वह स्वेच्छा से अपना साहचर्य व्यक्त करने के लिए करता है। पुनश्च,

इसके अंतर्गत सिद्धांततः तो यह माना गया है कि ईश्वर सृष्टि का केवल निमित्त कारण है, उपादान कारण कुछ भी नहीं है अर्थात् ईश्वर शून्य (Out of nothing) से ही सृष्टि की रचना करता है। हालाँकि, यहाँ शून्य का अर्थ यह है कि ईश्वर ही जगत का निमित्त एवं उपादान कारण दोनों है।

देववाद के अनुसार ईश्वर जगत की रचना करके उससे परे चला जाता है न कि जगत में अंतर्व्याप्त रहकर उसका पालन एवं पोषण करता है। फ्लिंट लिखते हैं कि "यह ईश्वर का जगत से न केवल भेद करता है बल्कि उसे जगत से पृथक् एवं परे भी कर देता है।" ["It not only distinguishes God from the world, but separates and excludes Him from the world." Flint, Robert (1879): *Anti-Theistic Theories*, William Blackwood & Sons, London, p. 339.]। जब ईश्वर सृष्टि की रचना करता है तो उसी समय उसे भौतिक एवं आध्यात्मिक दृष्टियों से पूर्ण कर देता है जिससे यह सृष्टि बिना किसी बाह्य हस्तक्षेप के स्वतः संचालित होती रहती है। दूसरे शब्दों में, सृष्टि आवश्यक नियमों (Necessary laws) के द्वारा स्वतः संचालित होती है। इस प्रकार इसके अंतर्गत ईश्वर को जगत का प्रथम कारण (First cause) जबकि उसके द्वारा प्रदत्त शक्ति एवं नियम को गौण कारण (Secondary cause) के रूप में स्वीकार किया जाता है। इसी दृष्टि से जे० मार्टिन्यू ठीक ही लिखते हैं कि "यह जगत 'द्वितीय कारण' की एक विशाल पत्रिका है जो अपनी आंतरिक शक्ति के द्वारा स्वतः संचालित होती है तथा जो अपने कार्य को सुप्तावस्था में भी कर सकती है।" ["The world is a vast magazine of 'Second Causes' which enable it to go of itself, and would do their duty though he were a sleep." Martinue, James (1988): *A Study of Religion its Sources and Contents,* Macmillan, New York, Vol. 2, p. 135.]।

देववाद के अनुसार यद्यपि ईश्वर जगत की रचना करके उससे परे चला जाता है और वह जगत की क्रियाशीलता में सामान्यतः हस्तक्षेप नहीं करता है, तथापि जब भी जगत में कोई दोष या अव्यवस्था उत्पन्न होती है तो ईश्वर स्वयं उसमें हस्तक्षेप करके उस दोष को दूर करता है, परन्तु जगत में हस्तक्षेप करना, ईश्वर की कोई सामान्य प्रक्रिया नहीं है बल्कि यह एक 'आकस्मिक घटना' (Accidental event) है। इसीलिए उसके हस्तक्षेप को चमत्कार (Miracle) की संज्ञा देते हैं। इस चमत्कार की तुलना घड़ीसाज एवं घड़ी के उदाहरण के द्वारा स्पष्ट की जा सकती है। जिस प्रकार कोई घड़ीसाज किसी घड़ी का निर्माण करके उससे पृथक् हो जाता है, परन्तु जब घड़ी में कोई दोष उत्पन्न होता है तो वह उसे पुनः ठीक करता है उसी प्रकार ईश्वर जगत की रचना करके उससे पृथक् हो जाता है और जब इसमें कोई दोष या अव्यवस्था उत्पन्न हो जाती है, तो वह पुनः इसमें हस्तक्षेप करके उसे ठीक करता है। आर्मस्ट्रांग लिखते हैं कि "ईश्वर मशीन की निगरानी करता है, और कभी-कभी जब वह कोई अवसर देखता है, वह दैवीय शक्ति के विशेष क्रियाओं के द्वारा हस्तक्षेप करता है तथा प्राकृतिक शक्तियों को नियंत्रित करने के लिए अपनी दैवीय शक्ति का आकस्मिक प्रयोग करता है। यह एक चमत्कार तथा विशेष दूरदर्शिता की भाँति है जो मशीन के सामान्य क्रिया-कलापों के परे है।" ["God still watches the machine, and now and then, when he sees occasion, he interferes by a special acts of divine power overcoming the action of natural forces by the introduction for the emergency of his own divine force. This makes miracles and special providences which are outside of the regular working of the machine." Armstrong, R.A. (1896): *God and the Soul*, Philip Green, London, pp. 41–42.]।

इस साम्य के बावजूद ईश्वर एवं घड़ीसाज में विभेद यह है कि घड़ीसाज सीमित है, अत: उसे घड़ी की सामग्री के लिए उपादान कारण पर निर्भर रहना पड़ता है जबकि ईश्वर पूर्ण है, अत: उसे सृष्टि की रचना के लिए किसी अन्य वस्तु पर निर्भर रहने की आवश्यकता नहीं पड़ती है। सम्भवत: यही कारण है कि देववाद में यह माना गया कि ईश्वर शून्य से ही (Out of nothing) सृष्टि की रचना करता है। इस दृष्टि से जार्ज गैलवे लिखते हैं कि "देववाद ईश्वर एवं जगत के बीच उसी प्रकार का सम्बंध मानता है जिस प्रकार मनुष्य एवं उसके द्वारा बनायी हुई वस्तु का सम्बंध है। जिस प्रकार मनुष्य अपने द्वारा किये गये कार्यों से पृथक् हो जाता है उसी प्रकार ईश्वर एवं उसके द्वारा सृष्ट जगत भी है।" ["The deistic conception of God has been formed under the influence of the human analogy. As man is contrasted with his work; so is Diety here set over against his world." Galloway, George (1960): *The Philosophy of Religion*, T.&T. Clark, Edinburgh, p. 458.]।

देववाद के अनुसार ईश्वर जब सृष्टि की रचना करता है तो उस समय वह मनुष्य को संकल्प की स्वतंत्रता (Freedom of will) प्रदान करता है, परन्तु जब मनुष्य संकल्प के स्वातंत्र्य का दुरुपयोग करके अनुचित का वरण करता है तो परिणामस्वरूप अशुभ उत्पन्न होता है। इस प्रकार शुभ-अशुभ परिणाम के लिए ईश्वर उत्तरदायी न होकर स्वयं मनुष्य ही उत्तरदायी है। पुनश्च, सृष्टि की रचना करने के उपरांत ईश्वर जगत से परे चला जाता है और जगत आवश्यक नियमों के द्वारा स्वत: संचालित होता है, न कि ईश्वर उसमें अंतर्व्याप्त होकर शुभ-अशुभ फल प्रदान करता है। इससे भी यही सिद्ध होता है कि अशुभ संकल्प-स्वातंत्र्य के दुरुपयोग का प्रतिफल है।

ईश्वर की देववादी अवधारणा में कई दोष परिलक्षित होते हैं। सर्वप्रथम, ईश्वर शून्य से जगत की सृष्टि कैसे कर सकता है? शून्य का अर्थ है अभाव या रिक्तता (Emptyness)। लेकिन अभाव या रिक्तता का अर्थ है: असत्। प्रश्न उठता है कि असत् से इतनी विशाल जगत की रचना कैसे हो सकती है? दूसरे शब्दों में, शून्य से कुछ भी उत्पन्न नहीं हो सकता है (Out of nothing, nothing comes)। बौद्धों के अनुसार भी 'कुतो असत: सज्जायते' अर्थात् असत् से सत् की उत्पति कैसे हो सकती है? इसी प्रकार गीता (2/16) में कहा गया कि "नासतो विद्यते भावो नाभावो विद्यते सत:।" अर्थात् जो सत् है उसका अभाव नहीं हो सकता है तथा जो असत् है उसका भाव नहीं हो सकता है। इस प्रकार शून्य से सृष्टि की उत्पत्ति मानना निर्विवाद नहीं है।

इसी प्रकर एच० स्टिफैन का कहना है कि 'यदि ईश्वर पूर्ण है और वह कुछ समय के लिए बिना सृष्टि के भी रह सकता है तो यह समझना कठिन है कि वह एक बिंदु पर आकर क्यों सक्रिय एवं सृजनशील हो जाता है? आखिर उसे जगत की रचना की आवश्यकता ही क्यों पड़ी? क्यों नहीं वह अपनी आत्म-पूर्ण एकता का आवरण सदैव के लिए ओढ़े रहता है?' (If God existed from all pre-eternity without a world, it is difficult to understand why he became active and creative at a particular point. What need had God for a world at this point? Why did he not continue wrap up in his own self-sufficient unity for all post-eternity?)। इसी प्रकार यदि ईश्वर जगत की रचना किसी इच्छा से करता

है तो वह पूर्ण नहीं हो सकता है, क्योंकि पूर्ण वह है जिसकी कोई भी कामना अवशिष्ट नहीं रहती है (आप्तकामस्य का स्पृहा) और यदि वह बिना इच्छा के ही सृष्टि की रचना करता है तो यह असम्भव है, क्योंकि बिना इच्छा के तो किसी चीज की रचना ही नहीं हो सकती है। पुनश्च, काण्ट का कहना है कि ईश्वर की इच्छा सदिच्छा (Good-will) है, परन्तु सदिच्छा तो एक ऐसी इच्छा है जो कुछ नहीं चाहती है (Good-will is a will that wills nothing), तब ईश्वर जगत की रचना ही क्यों करता है? अर्थात् एक ओर ईश्वर को पूर्ण मानना और दूसरी ओर उसे सृष्टिकर्ता मानना आत्म-विरोधी है।

कुछ अन्य आलोचकों का यह भी कहना है कि देववाद अंतत: निरीश्वरवाद एवं भौतिकवाद को प्रश्रय देता है, क्योंकि जब ईश्वर जगत की रचना करके इससे परे चले जाता है और जगत अनिवार्य नियमों के द्वारा स्वत: संचालित होता रहता है तब ईश्वर की क्या आवश्यकता है? मनुष्य यह जानता है कि उसे कर्मों के अनुसार ही फल की प्राप्ति होगी। इसमें ईश्वर का कोई हस्तक्षेप नहीं है। वास्तव में, मनुष्य के लिए तो ऐसा ईश्वर होना चाहिए जो उसके समीप रहे, जो उसकी पुकार सुन सके तथा जो उसके सुख-दु:ख में भागीदार बन सके। ऐसे माता-पिता को उसकी संतान कैसे याद रख सकेगी जो उसको पैदा करके अनाथालय में डाल दे। मनुष्य की यह स्वाभाविक प्रवृति होती है वह उसी चीज को याद रखता है जो उसके सन्निकट हो। जो चीज उससे दूर हो जाती है, वह शनै:-शनै: विस्मृत हो जाती है। इस प्रकार यदि ईश्वर जगत की रचना करके इससे परे चला जाता है तो इसकी पूरी सम्भावना है कि मनुष्य ईश्वर को भूलकर पूर्णत: भौतिकवादी एवं निरीश्वरवादी हो जाय। यही नहीं, यदि ईश्वर केवल सृष्टि की रचना करता है, उसका पालन-पोषण एवं संहार नहीं करता है तो ऐसा ईश्वर भले ही बौद्धिक दृष्टि से पूर्ण होगा, परन्तु यह हमारी भावनाओं को संतुष्ट नहीं कर सकता है। इस प्रकार देववाद का ईश्वर धर्म का ईश्वर नहीं हो सकता है। "इसकी (देववाद की) प्रवृत्ति धर्म की शुद्ध बौद्धिक व्याख्या करना थी, जो मनोवैज्ञानिक रूप से असत्य एवं आध्यात्मिक रूप से अपर्याप्त है।...अभिप्राय यह है कि यह आध्यात्मिक की अपेक्षा एक बौद्धिक आंदोलन है।" ["Its tendency was to a purely rational interpretation of religion, and this is psychologically false and spiritually inadequate… It is, that is to say, a critical rather than a spiritual movement." Galloway, George (1960): *The Philosophy of Religion*, T. & T. Clark, Edinburgh, p. 460.]।

पुनश्च, यदि ईश्वर व्यक्तित्वपूर्ण है और उसी ने सृष्टि की रचना की है तो जगत में अशुभ क्यों है? यदि जगत में अशुभ ईश्वर की इच्छा से है तो वह दयालु नहीं है और यदि अशुभ उसकी इच्छा के विरुद्ध है तो वह सर्वशक्तिमान नहीं हो सकता है। जगत में अशुभ या तो ईश्वर की इच्छा से है या उसकी इच्छा के विरुद्ध है। अत: या तो ईश्वर दयालु नहीं है या वह सर्वशक्तिमान नहीं है। अब यदि वह सर्वशक्तिमान एवं दयालु दोनों ही है जो जगत में अशुभ क्यों है? किसी भी ईश्वरवादी के लिए इस विरोधाभास का समाधान करना आवश्यक है, परन्तु वास्तविकता यह है कि कोई भी ईश्वरवादी इस समस्या का संतोषजनक समाधान देने में पूर्णत: असफल है।

इस प्रकार यह कहा जा सकता है कि ईश्वर सम्बंधी देववादी अवधारणा धार्मिक एवं दार्शनिक दोनों ही दृष्टियों से असफल रही है। यही कारण है कि भारतीय परम्परा में तो किसी

भी दार्शनिक ने इस मत का समर्थन नहीं किया है। पाश्चात्य परम्परा में इसका समर्थन 17वीं एवं 18वीं शताब्दी में कुछ दार्शनिक, यथा - जॉन टोलेण्ड (John Toland), मैथ्यू टिण्डल (Mathew Tindal), एवं थॉमस चब (Thomas Cubb) आदि ने किया, परन्तु बहुत दिनों तक इस मत का समर्थन नहीं होने के कारण अल्प काल में ही यह अपनी लोकप्रियता को खोकर मृतप्राय हो गया [Joyce, G.C. (2008): *Deism Encyclopaedia of Religion and Ethics*, Vol. IV, T. & T. Clark, Edinburgh, p. 533–43]।

सर्वेश्वरवाद (Pantheism)

देववाद की ही भाँति सर्वेश्वरवाद भी एकेश्वरवाद का ही एक रूप है, परन्तु यह देववाद का विरोधी सिद्धांत है। दोनों में वैषम्य भी है जिन्हें निम्नलिखित बिन्दुओं में वर्णित किया जा रहा है:

- देववाद में ईश्वर को सगुण, साकार एवं व्यक्तित्वपूर्ण माना गया है, जबकि सर्वेश्वरवाद में उसे निर्गुण, निराकार एवं निर्वैयक्तिक माना गया है।
- देववाद के अनुसार ईश्वर अतीन्द्रिय सत्ता होने के कारण वह जगत के परे (Transcedent) है, जबकि सर्वेश्वरवाद के अनुसार वह जगत में अंतर्व्याप्त (Immanent) है।
- देववाद के अनुसार ईश्वर ने जगत की रचना एक निश्चित समय में की है, जबकि सर्वेश्वरवाद के अनुसार जगत ईश्वर की सृष्टि नहीं है, बल्कि जगत ईश्वर के स्वरूप में ही अंतर्निहित है।
- देववाद के अनुसार ईश्वर एवं जगत में विभेद है, क्योंकि एक समय ऐसा भी था जब केवल ईश्वर था जगत नहीं था। सर्वेश्वरवाद के अनुसार ईश्वर एवं जगत के बीच अभेद या तादात्म्य सम्बंध (Relation of identity) माना गया है अर्थात् 'ईश्वर विश्व है तथा विश्व ईश्वर है' (All is God and God is all)।
- देववाद के अनुसार ईश्वर जगत का निमित्त एवं उपादान कारण दोनों ही है, जबकि सर्वेश्वरवाद में ईश्वर एवं जगत के बीच कोई कारण-कार्य सम्बंध नहीं है, बल्कि ईश्वर जगत का केवल अधिष्ठान है। जिस प्रकार त्रिभुज से परिभाषतः यह निगमित होता है कि उसमें तीन कोण होते हैं उसी प्रकार ईश्वर से भी जगत का तात्विक निगमन होता है।
- सर्वेश्वरवाद एक नियतिवादी (Deterministic) सिद्धांत है, जबकि देववाद में व्यक्ति के संकल्प-स्वातंत्र्य को पर्याप्त महत्त्व दिया गया है।
- देववाद एक धार्मिक सिद्धांत है जबकि सर्वेश्वरवाद एक दार्शनिक सिद्धांत है।

इस दृष्टि से जी० गैलवे ठीक ही लिखते हैं कि, "सर्वेश्वरवाद धार्मिक विचार की वह अवस्था है जो देववाद के ठीक विपरीत एवं ऐतिहासिक रूप से अधिक महत्त्वपूर्ण है।" ["Pantheism is a phase of religious thought exactly opposite to Deism, and historically it is more important." Galloway, G. (1960): *Philosophy of Religion*, T. & T. Clark, Edinburgh, p. 460.]।

सर्वेश्वरवाद, एकेश्वरवाद होते हुए भी एक नियतिवादी (Deterministic) सिद्धांत है। इसके अनुसार एकमात्र ईश्वर की ही सत्ता है तथा जगत भी ईश्वर का ही एक रूप है। अब यदि सब कुछ ईश्वर का ही रूप है तो इसमें संकल्प-स्वातंत्र्य (Freedom of will) के लिए कोई स्थान कैसे हो सकता है? अर्थात् जब ईश्वर सर्वज्ञ है, तो मनुष्य स्वतंत्र नहीं हो सकता है (If God is omniscient, humans are not free.)। यही कारण है कि फ्लिन्ट लिखते हैं कि, "सर्वेश्वरवाद में एकेश्वरवाद एवं नियतिवाद इन दोनों का समन्वय हो जाता है।" ["In order that there may be pantheism, monism and determinism must be combined." Flint, Robert (1879): *Anti-theistic Theories*, William Blackwood & Sons, Edinburg, p. 336.]। चूँकि सर्वेश्वरवाद में सब कुछ ईश्वर का ही रूप है, ईश्वर से भिन्न किसी अन्य की सत्ता ही नहीं है। अस्तु, सर्वेश्वरवाद में जहाँ एक ओर संकल्प-स्वातंत्र्य की उपेक्षा की गई है वहीं दूसरी ओर इसमें जगत अस्तित्व विहीन हो जाता है। इस दृष्टि से सर्वेश्वरवाद को 'अविश्ववाद' (Acosmism) भी कहा जा सकता है।

सर्वेश्वरवाद का उदाहरण ग्रीक दर्शन में जेनोफनीज (Zenophanes), जबकि आधुनिक दर्शन में स्पिनोजा एवं फैकनर, आदि के दर्शनों में प्राप्त होता है। जेनोफनीज सगुण एवं साकार ईश्वर का खण्डन करते हुए निर्गुण एवं निराकार ईश्वर का प्रतिपादन करते हैं। उनके अनुसार ईश्वर में किसी भी गुण का विधान करना उसे सीमित कर देना है, क्योंकि जब हम ईश्वर में गुणों की परिकल्पना करते हैं तो उसमें मानव कल्पित गुणों का ही आरोपण करते हैं और इस रूप में ईश्वर सीमित हो जाता है। इस संदर्भ में जेनोफनीज का एक प्रसिद्ध कथन है कि 'यदि मनुष्य की ही भाँति बैलों, घोड़ों और शेरों के भी हाथ होते, जिनसे वे चित्र बना सकते तो वे ईश्वर को क्रमशः बैल, घोड़ा एवं शेर के रूप में ही चित्रित करते'। अस्तु, जेनोफनीज के अनुसार ईश्वर में किसी भी विशिष्ट गुण का विधान करना अनुचित है, क्योंकि सब कुछ ईश्वर में है तथा ईश्वर सब में है।

सर्वेश्वरवाद का पूर्ण विकसित रूप स्पिनोजा के दर्शन में मिलता है, परन्तु स्पिनोजा का ईश्वर धर्मों में प्रतिपादित ईश्वर की अवधारणा से पूर्णतया भिन्न है। धर्मों में ईश्वर को मूलतः तीन रूपों में स्वीकार किया गया हैं: 1. ईश्वर स्वतंत्र है। 2. वह व्यक्तित्वपूर्ण तथा संकल्प एवं प्रयोजन से भी पूर्ण है। 3. ईश्वर जगत का कारण भी है।

1. **ईश्वर स्वतंत्र है** धर्मों में ईश्वर को स्वतंत्र माना जाता है, परन्तु यहाँ स्वतंत्रता का अर्थ है स्वच्छंदता या मनमौजीपन (Capriciousness) अर्थात् ईश्वर मनमाने ढंग से कुछ भी करने के लिए स्वतंत्र है। स्पिनोजा के अनुसार यदि ईश्वर की स्वतंत्रता का अर्थ उसकी स्वच्छंदता या मनमौजीपन से है तो मैं ऐसे ईश्वर को नहीं मानता हूँ। उसके अनुसार यद्यपि मैं भी ईश्वर को स्वतंत्र मानता हूँ, परन्तु मेरे दर्शन में स्वतंत्रता का अर्थ न तो स्वच्छंदता है और न ही नियंत्रण बल्कि इसका अर्थ है 'अनिवार्यता' अर्थात् ईश्वर न तो किसी बाह्य शक्ति से नियंत्रित है और न ही वह अनियंत्रित है बल्कि वह अपने स्वरूप के अनुरूप कार्य करने के लिए अनिवार्यतः बाध्य है। इस प्रकार स्वतंत्रता का अर्थ है 'अनिवार्यता' (Necessity)। इसे न तो नियंत्रण (Determine) कहा जा सकता है और

न ही अनियंत्रण (Indetermine) बल्कि यह आत्म-नियंत्रण (Self-determined) की अवस्था है। स्पिनोजा के अनुसार आत्म-नियंत्रण ही वास्तविक स्वतंत्रता है।

2. **वह व्यक्तित्वपूर्ण तथा संकल्प एवं प्रयोजन से भी पूर्ण है** धर्मों में ईश्वर को व्यक्तित्वपूर्ण तथा संकल्प एवं प्रयोजन से भी पूर्ण माना जाता है, परन्तु स्पिनोजा के अनुसार ये सभी सीमित सत्ता के गुण हैं। अत: उसके अनुसार ईश्वर निर्वैयक्तिक है तथा उसमें संकल्प एवं प्रयोजन का भी सर्वथा अभाव पाया जाता है। उसके अनुसार ईश्वर में किसी भी एक गुण का विधान अन्य गुणों का निषेध कर देता है, क्योंकि 'प्रत्येक निर्धारण निषेधात्मक होता है' (Every determination is negation)। अत: उसमें किसी भी मानवीय गुण का आरोपण असंगत है। स्पिनोजा के अनुसार जब हम ईश्वर में गुणों का आरोपण करते हैं तो केवल अपने बिम्बों का ही प्रक्षेपण करते हैं। इस रूप में ईश्वर सीमित हो जाता है। इसी कारण वे ईश्वर को निर्गुण, निराकार एवं अनिर्वचनीय कहते हैं। लेकिन निर्गुण का अर्थ गुणों के अभाव से नहीं बल्कि 'अभावों का अभाव' अर्थात् सीमित गुणों के अभाव से है। ईश्वर असीमित होने के कारण अनन्त एवं अपार गुणों से युक्त है। संत तुलसीदास जी कहते हैं कि 'हरि अनंत हरि कथा अनंता'। लेकिन क्योंकि हम सीमित हैं, अत: हमारी भाषा सीमित है। इस प्रकार सीमित भाषा के द्वारा ईश्वर के असीमित गुणों का निर्वचन नहीं किया जा सकता है। संत तुलसीदास जी के अनुसार,

"सारे समुद्र को मसि करूँ, लेखनि सब बनराई।
सब धरती कागद करूँ, हरि गुन लिखा न जाय॥"

स्पिनोजा भी मानते हैं कि निर्वचन सदैव ही सीमित गुणों का ही होता है। अत: असीमित होने के कारण ईश्वर अनिर्वचनीय है। सम्भवत: यही कारण है कि उपनिषद् में ब्रह्म को 'नेति-नेति' या 'अनिर्वचनीय' कहा गया है।

3. **ईश्वर जगत का कारण भी है** धर्मों में ईश्वर को जगत का कारण माना गया है। स्पिनोजा भी ईश्वर को जगत का कारण मानते हैं, परन्तु धर्मों के अर्थ में नहीं। धर्मों में जहाँ ईश्वर को दूरस्थ कारण के रूप में स्वीकार किया गया है वहीं स्पिनोजा ईश्वर को 'अंतर्यामी कारण' या 'तार्किक कारणता' के रूप में मानता है। स्पिनोजा के अनुसार ईश्वर उस अर्थ में जगत का कारण नहीं है जिस अर्थ में पूर्ववर्ती घटना, परवर्ती घटना का कारण होती है। यहाँ कारणता का तात्पर्य कार्यों के केवल आधार या अधिष्ठान से है। उसके अनुसार द्रव्य के स्वरूप से पदार्थों की उत्पत्ति वैसे ही होती है जैसे किसी सम्प्रत्यय की परिभाषा से उसके तार्किक गुणों का निगमन होता है। जिस प्रकार त्रिभुज की परिभाषा में यह निहित है कि उसमें तीन कोण होते हैं उसी प्रकार ईश्वर के स्वरूप से ही जगत का तार्किक निगमन हो जाता है। स्पष्टत: ईश्वर एवं जगत के बीच कोई कारण-कार्य सम्बंध नहीं, बल्कि विशुद्ध गणितीय या तार्किक सम्बंध (Mathematical or Logical relation) है। इस प्रकार ईश्वर एवं विश्व दोनों में अभेद है अर्थात् ईश्वर विश्व है तथा विश्व ईश्वर है। स्पिनोजा प्रकृति के ऊपर दो दृष्टियों से विचार करता है, पृथक्-पृथक् रूप में तथा समग्रता के रूप में।

- पृथक्-पृथक् वस्तुओं की दृष्टि से वह प्रकृति को 'सृष्टि प्रकृति' (Natura naturata) कहता है, जिसे शंकराचार्य 'तूलाविद्या' कहते हैं।
- समग्रता की दृष्टि से वह प्रकृति को 'सृजमान प्रकृति' (Natura naturans) कहता है, जिसे शंकराचार्य 'मूलाविद्या' कहते हैं।

इससे भी यही सिद्ध होता है कि प्रकृति, ईश्वर का ही रूप होने के कारण इनमें पूर्णत: अभेद है। यही स्पिनोजा का सर्वेश्वरवाद है, परन्तु उनकी सर्वेश्वरवादी अवधारणा को पूर्णत: स्पष्ट करने के लिए उनके गुण (Attributes) एवं पर्याय (Mode) सम्बंधी विचारों का संक्षिप्त विवेचन आवश्यक है। स्पिनोजा के अनुसार यद्यपि ईश्वर/द्रव्य अनन्त होने के कारण उसमें गुण भी अनन्त हैं, तथापि, हम उसके केवल दो ही गुणों को जान पाते हैं: (1) विस्तार (Extention) एवं (2) विचार (Thought)। द्रव्य समान रूप से अपने आपको इन दोनों गुणों के माध्यम से अभिव्यक्त करता है। उसके अनुसार पर्याय (Modes) गुणों के ही सीमित रूप हैं। इस प्रकार सीमित वस्तुएँ, विस्तार के माध्यम से द्रव्य के ही पर्याय हैं तथा सीमित आत्माएँ, विचार के माध्यम से ईश्वर का ही पर्याय हैं। दूसरे शब्दों में, प्रत्येक विस्तृत वस्तु तथा प्रत्येक मानसिक अवस्था द्रव्य का ही पर्याय है। तार्किक क्रम में द्रव्य से ही गुणों के माध्यम से पर्यायों की अभिव्यक्ति होती है। अत: प्रत्येक पर्याय में ईश्वर अभिव्यक्त होता है। यही उसका सर्वेश्वरवाद है।

द्रव्य के वास्तविक स्वरूप को न समझने के कारण दार्शनिकों के बीच कई तरह की भ्रांतियाँ फैली हुई हैं। जे० मार्टिन्यू "*A Study of Spinoza*" में लिखते हैं कि जगत दो समान तथा विरोधी द्रव्यों (विचार एवं विस्तार) का विकास मात्र है। ईश्वर तो केवल नाम मात्र का संस्थान है। यथार्थत: स्पिनोजा द्वैतवादी हैं, परन्तु यह आक्षेप सर्वथा अनुचित है। स्पिनोजा विचार एवं विस्तार को द्रव्य नहीं बल्कि गुण कहते हैं। इनकी स्वतंत्र सत्ता नहीं है बल्कि ये अपने अस्तित्व के लिए द्रव्य पर ही आश्रित हैं। पुनश्च, मार्टिन्यू का यह कहना भी असंगत है कि विरोधी विधेयों का उद्देश्य एक नहीं हो सकता। सर्वप्रथम, विचार एवं विस्तार परस्पर विरोधी नहीं है बल्कि एक-दूसरे से भिन्न हैं। दूसरा, विचार एवं विस्तार का द्रव्य से कोई विरोध नहीं, क्योंकि द्रव्य निर्विशेष है। अत: वे दोनों एक ही द्रव्य के विधेय हो सकते हैं।

इसी प्रकार ए० वुल्फ (A. Wolf) अपने लेख "*Spinoza's Conception of the Attribution of Substance*" में लिखते हैं कि 'स्पिनोजा का द्रव्य विभिन्न गुणों का एक योग मात्र है'। लेकिन यह आक्षेप भी उचित नहीं है, क्योंकि केवल अनन्त सापेक्ष विशेषणों को जोड़ने से निरपेक्ष नहीं बन सकता है। निरपेक्ष तो वह है जो सभी प्रकार के सम्बंधों से परे होता है। पुनश्च, समस्या यह है कि विशेषणों को संयुक्त कैसे किया जा सकता है, यदि उससे परे कुछ है ही नहीं। इसी प्रकार एच० एफ० हैलेट (H.F. Hallett) का यह कथन भी कि विचार एवं विस्तार से परे कुछ नहीं है, द्रव्य के स्वरूप को न समझना है। वास्तव में, स्पिनोजा के द्रव्य पर दो दृष्टियों से विचार किया जा सकता है: व्यावहारिक तथा पारमार्थिक। व्यावहारिक दृष्टि से विशेषणों एवं गुणों की वास्तविक सत्ता है, परन्तु परमार्थत: तो केवल द्रव्य की ही सत्ता है, क्योंकि उस अवस्था में भेद दृष्टि ही समाप्त हो जाती है।

स्पिनोजा का ईश्वर धर्मों में प्रतिपादित ईश्वर की अवधारणा से भी भिन्न है। अतः धर्मशास्त्रियों ने स्पिनोजा को नास्तिक कहा। इसी दृष्टि से मैकग्रीगर (MacGregor) "*An Introduction to Religious Philosophy*" में लिखते हैं कि 'सर्वेश्वरवाद कोई धार्मिक सिद्धांत नहीं है, अपितु यह ईश्वर सम्बंधी एक दार्शनिक सिद्धांत है'। इसी प्रकार हेगेल का आक्षेप है कि, 'स्पिनोजा का ईश्वर एक ऐसे सिंह की गुफा के समान है जिसके अंदर जाने वाले पशुओं के पद-चिन्ह तो दिखाई पड़ते हैं, परन्तु बाहर लौटते हुए नहीं' (Spinoza's God is like lion's den. One can see the tracks of all animals going into this den but none of any coming out.)। यदि ईश्वर का वही अर्थ लिया जाय जो धर्मों में प्रतिपादित है तो स्पिनोजा अवश्य ही एक निरीश्वरवादी दार्शनिक है, किन्तु यदि ईश्वर का वह अर्थ लिया जाय जिसे स्पिनोजा मानता है तो उसे निरीश्वरवादी नहीं कहा जा सकता। जो कण-कण में ईश्वर को व्याप्त मानता है, वह निरीश्वरवादी कैसे हो सकता है? हेनरी पोलक का कहना है कि जब स्पिनोजा यह कहता है कि सब कुछ ईश्वर ही है तो ऐसा कहकर वह ईश्वर को नीचे नहीं गिराता है, बल्कि प्रकृति को ऊपर उठाकर ईश्वर तक ले जाता है। अस्तु, स्पिनोजा को निरीश्वरवादी कैसे कहा जा सकता है? हैनीग्राफ लिखते हैं कि "स्पिनोजा के दर्शन में सर्वेश्वरवाद प्रमुखतः एक तकनीकी दार्शनिक सिद्धांत है, परन्तु हम शायद ही इसे मोक्ष विषयक एक स्पष्ट धार्मिक सिद्धांत के रूप में स्वीकार करते हैं।" ["Pantheism exists as a technical philosophical doctrine, notably in Spinoza, but we hardly encounter it as an explicit religious doctrine of salvation." Hanegraaff, W.J. (2013): *Western Estotericism: A Guide for the Perplexed,* Bloomsbury Academic, London, p. 70.]। नोवलिस उसे 'ईश्वर-उन्मत' (God-intoxicated) कहता है।

कुछ दार्शनिकों का यह भी आक्षेप है कि स्पिनोजा का दर्शन नियतिवादी है, क्योंकि उसके अनुसार 'ईश्वर विश्व है तथा विश्व ईश्वर है' और नियतिवाद के आधार पर नैतिकता की व्याख्या कैसे हो सकती है? इसी दृष्टि से फ्लिंट लिखते हैं कि, "सर्वेश्वरवाद केवल एक अपर्याप्त रिलीजन ही नहीं है बल्कि यह नैतिकता के मूल आधार पर ही प्रहार करता है।" ["Pantheism is not only an inadequate religion, but it strikes at the very roots of morality." Flint, Robert (1879): *Anti-theistic Theories*, William Blackwood & Sons, Edinburgh, p. 396.]। लेकिन स्पिनोजा ईश्वर एवं विश्व में तादात्म्य मानकर मनुष्य के संकल्प-स्वातंत्र्य का अपहरण नहीं करता है, बल्कि उसका दैवीकरण कर देता है। जब मनुष्य की इच्छा ईश्वरीय इच्छा में समाहित हो जाय तो वह व्यक्ति ईश्वरत्व को प्राप्त हो जाता है। गीता का यही मूल प्रतिपाद्य विषय है। भगवान श्रीकृष्ण अर्जुन से कहते हैं, कि तू सब कुछ छोड़कर मेरी शरण में आ जा। मैं तुझे सारे पापों से मुक्त कर दूँगा (सर्वधर्मान् परित्यज्य मामेकं शरणं व्रज। अहं त्वां सर्वपापेभ्यो मोक्षयिष्यामि मा शुचः॥ - गीता 18/66)। स्पष्टतः यहाँ संकल्प-स्वातंत्र्य का अपहरण नहीं बल्कि उसका दैवीकरण किया गया है।

इस संदर्भ में एक संवाद खुदा एवं हजरत मूसा के बीच का प्रसिद्ध है। एक बार खुदा ने मूसा से पूछा कि ऐ मूसा! क्या तू ये चाहता है कि मैं तेरा हो जाँऊ। मूसा ने उत्तर दिया कि नहीं। तब क्या तू यह चाहता है कि तू मेरा हो जाए। इस पर भी मूसा ने उत्तर दिया कि नहीं। तब खुदा

ने पूछा कि मूसा! तू चाहता क्या है? प्रति उत्तर में मूसा ने कहा कि ऐ खुदा! मैं तो यह चाहता हूँ कि मेरी रज़ा तेरी रज़ा में फ़ना हो जाय।

"मालिका तेरी रज़ा रहे और तू ही तू रहे।
बाकी न मैं रहूँ और न मेरी आरजू रहे॥"

यही 'प्रपत्ति' या 'ईश्वर-प्रणिधान' है। स्पष्टत: जब स्पिनोजा कहता है कि, 'ईश्वर विश्व है तथा विश्व ईश्वर है' तब ऐसा कहकर उसके दर्शन में संकल्प-स्वातंत्र्य का उन्मूलन नहीं बल्कि उसका उन्नयन किया गया है। दर्शन में सर्वेश्वरवाद के मूलत: दो रूप मिलते हैं: (1) संवेगात्मक सर्वेश्वरवाद (Emotive pantheism) एवं (2) अंतर्मुखी सर्वेश्वरवाद (Introvert pantheism)। संवेगात्मक सर्वेश्वरवाद ईसाईयों एवं सूफियों का सिद्धांत है जो भावनात्मक आधार पर सभी वस्तुओं में ईश्वर की सत्ता मानते हैं, परन्तु तात्विक रूप से दोनों के बीच भेद करते हैं। स्पिनोजा ऐसा नहीं मानता है। अंतर्मुखी सर्वेश्वरवाद उपनिषद् एवं आचार्य शंकर का सिद्धांत है जो ब्रह्म को निर्गुण, निराकार, निर्विशेष मानते हुए उसे जगत के कण-कण में अंतर्व्याप्त मानते हैं। ('ईशावास्यमिदं सर्वं'-ईशोपनिषद्, 1/1 या 'सर्वं खल्विदं ब्रह्म'-छांदोग्योपनिषद्, 3/14/1 या 'ईश्वर: सर्वभूतानां'-श्रीमद्भगवदगीता, 3/27)। साथ ही ब्रह्म को अनिर्वचनीय कहते हैं। इस साम्य के बावजूद भी दोनों में वैषम्य यह है कि:

- आचार्य शंकर ब्रह्म को सत्य तथा जगत को मिथ्या कहते हैं ('ब्रह्म सत्यं जगत मिथ्या'), स्पिनोजा जगत को मिथ्या नहीं कहता है।
- आचार्य शंकर जीव एवं ब्रह्म में अभेद मानते हैं ('जीवो ब्रह्मैव नापर:'), स्पिनोजा जीव एवं ईश्वर के बीच स्पष्ट विभेद करते हैं, क्योंकि इसके अनुसार जीव ईश्वर का गुण अथवा विशेषण है।
- आचार्य शंकर ब्रह्म को 'अपरोक्षानुभूति' (Self-realisation) का विषय मानते हैं, जबकि स्पिनोजा 'ईश्वर को बौद्धिक प्रेम' (Intellectual love of God) का विषय कहता है।
- आचार्य शंकर ब्रह्म को जगत के कण-कण में अंर्तव्याप्त मानते हुए भी उससे परे मानते हैं, स्पिनोजा ईश्वर एवं जगत में तादात्म्य मानता है अर्थात् 'ईश्वर विश्व है और विश्व ईश्वर है।' (All is God and God is all.)।

उपर्युक्त वैषम्य के कारण ही स्पिनोजा के दर्शन को सर्वेश्वरवाद (Pantheism) जबकि शंकराचार्य के दर्शन को सर्वातिसर्वेश्वरवाद (Panentheism) कहते हैं। इस प्रकार स्पिनोजा का सर्वेश्वरवाद एक विशिष्ट प्रकार के ईश्वर को मानता है जो ईश्वरवादी अवधारणाओं से उतना ही भिन्न है, जितना अन्य सर्वेश्वरवादी अवधारणाओं से।

ईश्वरवाद (Theism)

ईश्वरवाद का प्रयोग सामान्यत: दो अर्थों में होता है: पहला, व्यापक अर्थ में एवं दूसरा, संकीर्ण अर्थ में। व्यापक अर्थ में ईश्वरवाद का तात्पर्य उन सभी सिद्धांतों से है जो किसी-न-किसी रूप में

ईश्वर की सत्ता को स्वीकार करते हैं, यथा - देववाद, ईश्वरवाद, सर्वेश्वरवाद, सर्वातिसर्वेश्वरवाद प्रभृति। संकीर्ण अर्थ में ईश्वरवाद का प्रयोग एक विशिष्ट अर्थ में किया गया है। इसके अंतर्गत ईश्वरवाद, देववाद, सर्वेश्वरवाद एवं सर्वातिसर्वेश्वरवाद से पृथक् ईश्वर एवं जगत के बीच एक विशिष्ट प्रकार का सम्बंध है। इसे स्पष्ट करते हुए इसी दृष्टि से ई० ओ० जेम्स लिखते हैं कि, "ईश्वरवाद का तात्पर्य ईश्वर की उस विशिष्ट अवधारणा से है जिसके अंतर्गत ईश्वर को एक, नित्य, चेतन, पूर्ण एवं व्यक्तित्वपूर्ण मानते हुए उसे जगत का अधिष्ठाता और सृष्टि का आदि कारण माना गया है।" ["... a convenient designation for a philosophical conception of Deity as the single, personal, ultimate ground of the universe and source of all existence." James, Edwin Oliver, (1950): *The Concept of Deity: A Comperative and Historical Study*, Hutchinson University, Library, London, p. 130.]। यहाँ ईश्वरवाद का प्रयोग इसी विशिष्ट अर्थ में किया गया है।

ईश्वरवाद में देववाद एवं सर्वेश्वरवाद इन दोनों की कमियों को दूर करते हुए इनकी विशिष्टताओं का अद्भुत समन्वय किया गया है। एक ओर देववाद में ईश्वर को जगत से परे स्वीकार किया गया है तो दूसरी ओर सर्वेश्वरवाद में उसे केवल जगत में अंतर्व्याप्त मान लिया गया। ईश्वरवाद में मध्यम मार्ग को अपनाते हुए ईश्वर को जगत में अंतर्व्याप्त तथा उससे परे इन दोनों ही अर्थों में स्वीकार किया गया है। इसी प्रकार सर्वेश्वरवाद में ईश्वर को निर्गुण, निराकार एवं निर्वैयक्तिक माना गया, परन्तु ऐसा ईश्वर धर्मों का ईश्वर नहीं हो सकता है। धर्मों में ईश्वर का व्यक्तित्वपूर्ण होना आवश्यक है, जहाँ व्यक्ति अपने भावनाओं का समर्पण कर सके। अत: देववाद की ही भाँति ईश्वरवाद में भी ईश्वर को व्यक्तित्वपूर्ण, चेतन एवं नित्य सत्ता के रूप में स्वीकार कर लिया गया है जिससे वह भक्ति एवं आराधना का विषय हो सके। लेकिन देववाद में माना गया कि ईश्वर सृष्टि की रचना करके जगत से परे चला जाता है। ईश्वरवादियों के अनुसार ऐसा ईश्वर जो हमसे अति दूरस्थ हो वह हमारी पुकार कैसे सुन सकता है? अस्तु, ईश्वरवाद में यह स्वीकार किया गया कि ईश्वर सृष्टि के उपरांत जगत से परे जाकर इससे सम्बंध विच्छेद नहीं कर लेता है बल्कि उसमें अंतर्व्याप्त रहकर इसका पालन एवं पोषण भी करता है।

जहाँ तक जगत कारणता की बात है, देववाद में ईश्वर को जगत का निमित्त एवं उपादान दोनों ही कारण माना गया है जबकि सर्वेश्वरवाद में ईश्वर को जगत का कारण नहीं बल्कि उसका केवल अधिष्ठान माना गया है। इन दोनों ही मान्यताओं से पृथक् ईश्वरवाद के अंतर्गत कुछ दार्शनिक ईश्वर को जगत का केवल निमित्त कारण मानते हैं तो कुछ अन्य ईश्वर को जगत के अभिन्ननिमित्तोपादान कारण के रूप में स्वीकार करते हैं। इसी प्रकार संकल्प-स्वातंत्र्य के प्रश्न पर सर्वेश्वरवादी नियतिवादी हैं, जबकि देववादी संकल्प-स्वातंत्र्य का समर्थन करते हैं। यहाँ पर ईश्वरवादी मानते हैं कि यद्यपि जगत ईश्वर की सृष्टि होने के कारण वह अपने अस्तित्व के लिए ईश्वर पर आश्रित है तथापि, ईश्वर ने व्यक्ति को संकल्प की स्वतंत्रता प्रदान की है जिससे नैतिकता की रक्षा तथा भावुक हृदय वाले व्यक्ति की भावनाओं की संतुष्टि हो सके।

ईश्वरवाद के कई उदाहरण पाश्चात्य तथा भारतीय दर्शन में मिलते हैं, यथा - डेकार्ट, लाइबनीज, जार्ज बर्कले, प्रिंगल पैटिसन, जेम्स वार्ड आदि इसके समर्थक हैं। इसी प्रकार भारतीय परम्परा में नैयायिक उदयनाचार्य, रामानुजाचार्य, मध्वाचार्य, बल्लभाचार्य के साथ-साथ गीता में

भी ईश्वरवाद का उदाहरण मिलता है। यही नहीं, सिमेटिक धर्म, जैसे - इस्लाम, ईसाई, यहूदी आदि भी ईश्वरवाद के साक्षात् उदाहरण हैं।

प्रिंगल पैटिसन ईश्वर को व्यक्तित्वपूर्ण एवं जगत का स्रष्टा दोनों ही मानता है। उसके अनुसार यद्यपि ईश्वर सृष्टिकर्ता है तथापि उसने मनुष्य को संकल्प की स्वतंत्रता प्रदान की है जिससे नैतिकता की रक्षा हो सके। उल्लेखनीय है कि नैतिकता की पूर्वमान्यता में एक शर्त संकल्प की स्वतंत्रता भी है। पुनश्च, पैटिसन मानते हैं कि ईश्वर एवं मनुष्य दोनों ही एक-दूसरे के लिए आवश्यक हैं। मनुष्य के लिए ईश्वर आवश्यक है, क्योंकि ईश्वर सृष्टिकर्ता होने के कारण जगत का अधिष्ठान भी है। इसी प्रकार ईश्वर के लिए मनुष्य भी आवश्यक है, क्योंकि मनुष्य ही ईश्वर की अवधारणा को सार्थक बनाता है अर्थात् यदि मनुष्य नहीं हो तो ईश्वर को जानेगा कौन? तभी तो किसी शायर ने यह ठीक ही कहा है कि:

"एहले जलवा हो तुम तो एहले नजर हैं हम।
मुश्ताक हम ही नहीं हों तो क्या कीमत है तेरी॥"

जेम्स वार्ड भी ईश्वर को व्यक्तित्वपूर्ण मानते हुए उसे बुद्धि एवं संकल्प से भी युक्त मानते हैं। ईश्वर सृष्टिकर्ता तो है, परन्तु सृष्टि की रचना करके वह जगत से परे नहीं चला जाता है, बल्कि उसमें अंतर्व्याप्त रहकर उसका नियमन एवं पालन भी करता है। पुनश्च, जेम्स वार्ड यह भी मानते हैं कि ईश्वर सृष्टि की रचना करते समय ही उसमें संकल्प की स्वतंत्रता प्रदान कर देता है जिससे मनुष्य अपने आध्यात्मिक मूल्यों की सिद्धि कर सके। इसी प्रकार वार्ड अशुभ की समस्या का समाधान करते हुए कहते हैं कि एक न एक दिन अशुभ का अंत अवश्य ही होगा, क्योंकि ईश्वर जगत में सर्वत्र व्याप्त है।

भारतीय परम्परा में नैयायिक भी ईश्वर को नित्य, सर्वज्ञ, सर्वशक्तिमान तथा सृष्टि के रचयिता के रूप में मानते हैं। इनके अनुसार ईश्वर जगत का केवल निमित्त कारण है। इसका उपादान कारण नित्य परमाणु हैं। सृष्टि के पूर्व परमाणु निष्क्रिय रहते हैं। ईश्वर ही अदृष्ट के माध्यम से परमाणुओं में आद्य स्पंदन करके उनमें सक्रियता लाता है, तत्पश्चात् सृष्टि का आरम्भ होता है। नैयायिकों के अनुसार ईश्वर में षडैश्वर्य - आधिपत्य, वीर्य, यश, श्री, ज्ञान एवं वैराग्य पूर्ण एवं अखण्ड रूप में पाया जाता है। पुनश्च, उसमें अधर्म, अज्ञान एवं प्रमाद का सर्वथा अभाव पाया जाता है तथा धर्म, यथार्थ ज्ञान आदि पूर्ण रूप में पाया जाता है। नैयायिक मानते हैं कि ईश्वर में आठ प्रकार के ऐश्वर्य मिलते हैं: अणिमा, लघिमा, महिमा, प्राप्ति, प्राकाम्य, ईशित्व, वशित्व एवं कामावसायित्व।

भारतीय परम्परा में वैष्णव वेदान्ती रामानुज ईश्वर एवं ब्रह्म में कोई भेद नहीं करते हैं। उनके अनुसार ईश्वर ही ब्रह्म है, परन्तु वह आचार्य शंकर के ब्रह्म के समान निर्गुण, निराकार एवं निर्विशेष न होकर सगुण, साकार एवं सविशेष है। वह सृष्टि की उत्पत्ति, स्थिति एवं लय का कारण भी है। रामानुज ईश्वर को जगत का अभिन्ननिमित्तोपादान कारण भी कहते हैं अर्थात् ईश्वर ही जगत का निमित्त एवं उपादान कारण दोनों ही है। उनके अनुसार ईश्वर के समान चित् एवं अचित् भी सत् एवं सनातन सत्ताएँ हैं तथा वे भी उत्पत्ति एवं विनाश से रहित हैं। अत: उत्पत्ति का अर्थ है अभिव्यक्ति और प्रलय का अर्थ है व्यक्त का अपने मूल कारण अव्यक्त में समाहित हो जाना। इस प्रकार सृष्टि

का अर्थ है स्थूल रूप धारण करना, जबकि प्रलय का अर्थ है सूक्ष्मावस्था में समाहित हो जाना। इसमें से पहले को 'कार्यावस्था' तथा दूसरे को 'कारणावस्था' कहते हैं। क्योंकि ब्रह्म ही कारण और कार्य दोनों ही है, अस्तु, रामानुज ईश्वर को जगत का अभिन्ननिमित्तोपादान कारण कहते हैं।

रामानुज के अनुसार ईश्वर व्यक्तित्वपूर्ण है, परन्तु उसकी देह भौतिक तत्वों से निर्मित न होकर शुद्ध सत्व एवं अप्राकृतिक तत्वों से निर्मित है। अत: वह व्यक्तित्वपूर्ण होते हुए भी बंधन का कारण नहीं बनता है। वास्तव में, बंधन का कारण व्यक्तित्व नहीं बल्कि कर्म है, क्योंकि प्राकृतिक देह ही कर्म करता है, ईश्वर का देह अप्राकृतिक है। अत: वह कर्म करते हुए बंधन में नहीं पड़ता। ऐसे ही व्यक्तित्वपूर्ण तथा सगुण साकार ईश्वर को रामानुज 'भगवान' कहते हैं। भगवान का शाब्दिक अर्थ है 'भग का स्वामी'। विष्णु पुराण के अनुसार भग के अंतर्गत छ: विशिष्टताएं अंतर्निहित हैं: ऐश्वर्य, धर्म, यश, श्री, ज्ञान एवं वैराग्य। रामानुज के अनुसार इन छ: गुणों के अलावा ईश्वर में दो अन्य गुण भी मिलते हैं: सत्य-संकल्प एवं अपहृतपापमत्व। 'सत्य-संकल्प' का अर्थ है कि ईश्वर अपने संकल्पों को पूरा करता है जबकि 'अपहृतपापमत्व' का अर्थ है कि ईश्वर सब कुछ करते हुए भी सभी प्रकार के पापों से रहित है, क्योंकि वह किसी इच्छा से कोई कार्य नहीं करता है। इन आठ गुणों के कारण ही रामानुज ईश्वर को 'गुणाष्टक' कहते हैं।

इन आठ स्वरूप गुणों के अलावा ईश्वर में कई अन्य गुण भी मिलते हैं, जैसे वह अपार करुणा, अतीव सुंदरता तथा अगाध वात्सल्य की प्रतिमूर्ति हैं। वह एकमात्र शरण्य है। काई भी भक्त उनकी शरण में शीघ्रतापूर्वक जा सकता है और वे अपने शरण में आये हुए भक्तों के रक्षार्थ कृतसंकल्प हैं। वे अपने भक्तों पर कृपा करने के लिए पाँच रूप धारण करते हैं: अंतर्यामी, पर, व्यूह, विभव एवं अर्चावतार। अंतर्यामी का अर्थ है जीवों के अंत:करण में वास करके उसका नियंत्रण करना, पर रूप वासुदेव का रूप है। इस रूप में वह बैकुण्ठ लोक में निवास करते हैं। व्यूह के अंतर्गत वे चतुर्व्यूह की रचना करते हैं: वासुदेव (आत्म-तत्त्व का नियंता), संकर्षण (बुद्धि-तत्त्व का नियंता), प्रद्युम्न (मन-तत्त्व का नियंता) एवं अनिरुद्ध (अहंकार-तत्त्व का नियंता)। विभव के अंतर्गत वे दुष्टों को दण्ड तथा सदाचारियों को पुरस्कृत करने के लिए विभिन्न रूपों में अवतार ग्रहण करते हैं। अंतत: अर्चावतार के अंतर्गत भगवान मंदिर की पवित्र मूर्तियों में निवास करते हैं। इस प्रकार रामानुज ईश्वर को अंतर्यामी एवं पर दोनों ही रूपों में मान लेते हैं।

मध्वाचार्य भी निर्गुण, निराकार एवं निर्विशेष ईश्वर का खण्डन करके उसे सगुण, साकार एवं सविशेष रूप में स्वीकार करते हैं। उनके अनुसार यह सत्य है कि श्रुतियों में ब्रह्म को निर्गुण एवं निराकार कहा गया है, परन्तु इसका अर्थ केवल यही है कि केवल ब्रह्म का आकार और गुण इन्द्रियातीत है। वस्तुत: वह सभी दिव्य गुणों से युक्त है। उसे निर्गुण केवल इस अर्थ में कहा जाता है कि उसमें प्रकृति के तीनों गुणों सत्व, रजस् एवं तमस् का सर्वथा अभाव पाया जाता है। उनके अनुसार यदि निर्गुण कहने का अर्थ यह है कि वह सभी प्रकार के गुणों से रहित है तो ऐसी स्थिति में उन श्रुतियों का क्या होगा जो ब्रह्म को अनन्त एवं दिव्य गुणों से युक्त मानती हैं।

मध्वाचार्य के अनुसार ईश्वर सृष्टि, स्थिति, लय, नियमन, अज्ञान, ज्ञान, बंधन एवं मोक्ष इन आठ कार्यों को निरंतर करता है। इसीलिए वे उसे 'एकराट' भी कहते हैं, परन्तु बिना सर्वज्ञ हुए वह यह कार्य नहीं कर सकता है। अत: वह सर्वज्ञ भी है। इसी प्रकार बिना शरीर के सृष्टि की

रचना नहीं हो सकती, अतः मध्वाचार्य ईश्वर को व्यक्तित्वपूर्ण भी मानते हैं। 'मध्वसिद्धांतसार' के अनुसार ईश्वर को कभी-कभी पंच भौतिक शरीर से युक्त भी माना गया है। हालाँकि उनका यह शरीर स्वेच्छा स्वीकृत शरीर है, अतः सशरीर होते हुए भी वे बंधन में नहीं फँसते हैं। लेकिन मध्वाचार्य, रामानुज की ही भाँति ईश्वर को जगत का केवल निमित्त कारण मानते हैं, उपादान कारण नहीं। इनके अनुसार उपादान कारण चित् एवं अचित् हैं जो ईश्वर से पृथक् हैं। सृष्टि के लिए ईश्वर, चित् एवं अचित् पर निर्भर रहता है।

आलोचकों का कहना है कि, यद्यपि धार्मिक दृष्टि से ईश्वर का व्यक्तित्वपूर्ण होना सर्वथा सुसंगत है, परन्तु दार्शनिक दृष्टि से ऐसा ईश्वर सीमित होता है, क्योंकि व्यक्तित्व तो देश-काल सापेक्ष होता है। इस प्रकार व्यक्तित्व किसी समय विशेष में केवल एक ही स्थान पर हो सकता है। तब ऐसी स्थिति में ईश्वर को सर्वज्ञ कैसे कहा जा सकता है। इस प्रकार ईश्वर को व्यक्तित्वपूर्ण साथ-ही-साथ उसे असीमित कहना आत्म-विरोधी है और आत्म-विरोधी अवधारणा के अनुरूप सत्ता का होना असम्भव है।

पुनश्च, ईश्वरवाद में ईश्वर को जगत का स्रष्टा माना गया है। प्रश्न उठता है कि ईश्वर जगत की रचना क्यों करता है? यदि वह किसी इच्छा से जगत की रचना करता है तो वह आप्तकाम कैसे हो सकता है, जबकि ईश्वर को 'आप्तकाम' कहा गया है। आप्तकाम पुरुष वह है जिसकी कोई कामना अवशिष्ट नहीं हो अर्थात् ऐसा पुरुष ही पूर्ण पुरुष होता है। अब माना कि ईश्वर बिना किसी इच्छा के ही केवल लीला के रूप में सृष्टि की रचना करता है तो और भी बड़ी समस्या उत्पन्न हो जाती है कि ईश्वर के लीलामय सृष्टि में प्राणियों को दुःख क्यों है?

अशुभ की समस्या एक ऐसी समस्या है जो सभी ईश्वरवादियों के लिए एक चुनौती के रूप में प्रस्तुत होती है। यदि ईश्वर सर्वशक्तिमान है और वह दयालु भी है तो जगत में अशुभ क्यों है? माना कि ईश्वर सर्वशक्तिमान है और वह दयालु है, ये दोनों ही सत्य हैं तो जगत में अशुभ नहीं होना चाहिए। पुनश्च, माना कि ईश्वर सर्वशक्तिमान है फिर भी जगत में अशुभ है तो इसका अर्थ है कि वह दयालु नहीं है। अंततः माना कि ईश्वर दयालु है और फिर भी जगत में अशुभ है तो इसका तात्पर्य यह है कि ईश्वर सर्वशक्तिमान नहीं है। इस प्रकार अशुभ की समस्या सभी ईश्वरवादियों के समक्ष एक चुनौती के रूप में प्रस्तुत होती है, जिसका कोई भी ईश्वरवादी सम्यक् समाधान करने में सदैव ही असफल रहता है। इसका तात्पर्य यह है कि या तो वह सर्वशक्तिमान नहीं है या फिर वह दयालु नहीं है। इस प्रकार सर्वशक्तिमान एवं दयालु ईश्वर के साथ-साथ अशुभ का होना सुसंगत नहीं है।

इन कमियों के बावजूद भी ईश्वरवाद धार्मिक दृष्टिकोण से अन्य दार्शनिकों मतों से अधिक सुसंगत प्रतीत होता है। इसी दृष्टि से गैलवे लिखते हैं कि, "ईश्वरवाद का अभ्युदय धार्मिक भावनाओं की आकांक्षाओं एवं आवश्यकताओं को संतुष्ट करने के लिए होता है।" ["It shaped itself out of the needs and desires of the religious spirit." Galloway, G. (1960): *Philosophy of Religion*, T. & T. Clark, Edinburgh, p. 466.]। इसी प्रकार राबर्ट फ्लिन्ट अपनी पुस्तक 'Theism' में लिखते हैं कि "धर्म की सर्वोत्तम सम्भावना ईश्वरवादी धर्म के रूप में ही हो सकती है - एक ऐसे धर्म के रूप में जिसमें एक व्यक्तित्वपूर्ण एवं पूर्ण ईश्वर पूजा का

विषय होता है।" ["The highest possible form of religion must be a theistic religion - a religion in which the one personal and perfect God is object of worship." Robert Flint (1902): *Theism: The Baird Lecture for 1876*, William Blackwood & Sons, Edinburgh, p. 50.]। अस्तु, उनके अनुसार "यदि हम धर्म में विकास चाहते हैं, तो यह अनिवार्यत: ईश्वर में हमारे विश्वास से मुक्त होकर नहीं बल्कि उनके चरित्र एवं क्रियाओं के गहन एवं विस्तृत चिंतन से युक्त होकर तथा हमारे हृदय एवं जीवन को अधिक निष्कपट एवं आस्था से युक्त ज्ञान के अनुरूप बनाकर ही किया जा सकता है।" ["If we would advance in religion, it must be, not by getting rid of our belief in God, but by getting deeper and wider views of His character and operations, and by conforming our hearts and lives more sincerely and faithfully to our knowledge." Flint, Robert (1879): *Theism*, William Blackwood & Sons, Edinburgh, p. 53.]। इस प्रकार धार्मिक दृष्टिकोण से ईश्वरवाद की अवधारणा अन्य मतों से अधिक सुसंगत प्रतीत होती है।

सर्वातिसर्वेश्वरवाद (Panentheism)

सर्वातिसर्वेश्वरवाद शब्द का प्रयोग सर्वप्रथम जर्मन दार्शनिक फ्रेडरिक क्राउजे (Fedrich Krause 1781–1833) करते हैं। क्राउजे के अनुसार इसका अर्थ यह है कि ईश्वर जगत में अंतर्व्याप्त होते हुए भी जगत से परे है। इस प्रकार ईश्वर अंतर्यामी (Immanent) एवं लोकातीत (Tanscendent) दोनों ही है। सर्वातिसर्वेश्वरवाद के अंतर्गत ईश्वरवाद एवं सर्वेश्वरवाद इन दोनों सिद्धांतों की कमियों को दूर करने का प्रयास किया गया है। एक ओर ईश्वरवाद में ईश्वर को व्यक्तित्वपूर्ण माना गया है, तो दूसरी ओर सर्वेश्वरवाद में उसे निर्वैयक्तिक माना गया। सर्वातिसर्वेश्वरवाद में उसे एक ही साथ व्यक्तित्वपूर्ण एवं निर्वैयक्तिक दोनों ही अर्थों में स्वीकार किया गया है। ब्रह्म स्वरूपत: निर्गुण, निराकार एवं निर्वैयक्तिक होते हुए भी सृष्टि की दृष्टि से वह सगुण, साकार एवं व्यक्तित्वपूर्ण है। इस प्रकार निर्गुण, सगुण होकर ही सृष्टि में प्रवृत्त होता है। पुनश्च, ईश्वरवाद में कुछ दार्शनिक ईश्वर को जगत का केवल निमित्त मानते हैं तो कुछ अन्य उसे निमित्त एवं उपादान कारण दोनों ही मानते हैं, सर्वातिसर्वेश्वरवाद में भी ब्रह्म को जगत का निमित्त एवं उपादान कारण दोनों ही माना गया है। इसी प्रकार ईश्वरवाद में जगत को वास्तविक माना गया है, जबकि सर्वातिसर्वेश्वरवाद में जहाँ एक ओर हेगेल जगत को वास्तविक कहता है वहीं दूसरी ओर शंकराचार्य उसे आभासिक कहते हैं।

इन्हीं मान्यताओं के कारण सर्वातिसर्वेश्वरवाद, सर्वेश्वरवाद से भी भिन्न हो जाता है। सर्वेश्वरवाद में ईश्वर को जगत में अंतर्व्याप्त माना गया है, जबकि सर्वातिसर्वेश्वरवाद में ब्रह्म को जगत में अंतर्व्याप्त मानते हुए भी उसके परे माना गया है। इस प्रकार वह अंतर्यामी एवं परे दोनों ही है। पुनश्च, सर्वेश्वरवाद में ईश्वर एवं जगत के बीच तादात्म्य सम्बंध माना गया है अर्थात् ईश्वर विश्व है और विश्व ईश्वर है, जबकि सर्वातिसर्वेश्वरवाद में ईश्वर एवं जगत के बीच तादात्म्य सम्बंध नहीं माना गया है। इसके अनुसार यह सत्य है कि सब कुछ ईश्वर ही है परन्तु ईश्वर केवल सब कुछ नहीं है बल्कि वह इसके अतिरिक्त भी है अर्थात् सब कुछ ईश्वर होते हुए भी ईश्वर केवल सब कुछ नहीं है। इसी प्रकार सर्वेश्वरवाद में ईश्वर एवं जीव के बीच विभेद किया गया है

(स्पिनोजा ईश्वर को द्रव्य जबकि आत्मा को उसका गुण कहता है) जबकि सर्वातिसर्वेश्वरवाद में ईश्वर एवं जीव में अभेद माना गया है (शंकराचार्य के अनुसार 'जीवो ब्रह्मैव नापर: ')। अपरंच, सर्वेश्वरवाद में ईश्वर को बौद्धिक प्रेम (Intellectual love of God) का विषय माना गया है जबकि सर्वातिसर्वेश्वरवाद में शंकराचार्य उसे अपरोक्षानुभूति (Self-realisation) के रूप में स्वीकार करते हैं, वहीं हेगेल उसे बौद्धिकता का विषय कहते हैं। उसके अनुसार 'सत् बौद्धिक है तथा बौद्धिक सत्' (Real is rational and rational is real)। इस प्रकार सर्वातिसर्वेश्वरवाद, ईश्वरवाद एवं सर्वेश्वरवाद इन दोनों ही मतों से पृथक् हो जाता है।

जहाँ तक जगत की उत्पत्ति का प्रश्न है, सर्वातिसर्वेश्वरवाद में जगत को ईश्वर की अभिव्यक्ति माना गया है, परन्तु अभिव्यक्ति के दो अर्थ हैं: पहला, वास्तविक रूपांतरण (Real transformation) एवं दूसरा, अवास्तविक रूपांतरण (Unreal transformation)। इसी आधार पर सर्वातिसर्वेश्वरवाद दो भागों में विभक्त हो जाता है: (1) वह जिसमें जगत को ईश्वर का वास्तविक परिणाम माना गया है। इसे 'परिणामवाद' के नाम से जानते हैं जिसका समर्थन हेगल करता है। हेगेल के अनुसार यह जगत वास्तविक है एवं (2) वह जिसके अंतर्गत जगत को ब्रह्म का अवास्तविक रूपांतरण माना गया है। इसे 'ब्रह्म-विवर्तवाद' के नाम से जानते हैं। इसका समर्थन आचार्य शंकर करते हैं। उनके अनुसार जगत, ब्रह्म का विवर्त या आभास (Appearance) है।

हेगेल के अनुसार परमतत्व एक होते हुए भी द्रव्य नहीं है जैसा कि स्पिनोजा ने स्वीकार किया है। उसके अनुसार परमतत्व व्यक्तित्वयुक्त है। उसका स्वरूप एक आत्म-चेतन सत्ता का स्वरूप है। अत: जीवन के लिए जिन विकास क्रमों की आवश्यकता है, वे सभी परमतत्व के अंग हैं। हेगेल का परमतत्व, स्पिनोजा की भाँति परिवर्तन रहित नहीं है बल्कि विकास की प्रक्रिया में संलग्न जीवन-तत्व है। लेकिन यह विकास न तो मनमाने ढंग से (Arbitrary) होता है और न ही यांत्रिक रूप से (Machanically)। विकास की प्रक्रिया उद्देश्यपूर्ण (Telelogical) है। उसके अनुसार प्रकृति में जितनी भी घटनाएँ घटती हैं तथा ऐतिहासिक रूप से जो कुछ भी घटित होता है, उसके पीछे परमतत्व का उद्देश्य ही निहित होता है। प्रत्येक वस्तु तथा प्रत्येक घटना किसी-न-किसी बौद्धिक उद्देश्य को व्यक्त करती है। इस प्रकार प्रत्येक वस्तु तथा प्रत्येक घटना का एक निश्चित उद्देश्य है और विकास की प्रक्रिया इसी उद्देश्य को सिद्ध करने का प्रयास करती है। इस प्रकार हेगेल मानता है कि प्रकृति में होने वाला प्रत्येक परिवर्तन एक पूर्व नियोजित प्रक्रिया के अनुसार ही होता है।

इस प्रक्रिया को स्पष्ट करने के लिए हेगेल परमतत्व के सर्वाधिक अमूर्त रूप से अपने दर्शन की शुरुआत करता है। उसके अनुसार परमतत्व अमूर्त रूप से शुद्ध भाव (Pure being) का प्रत्यय है। यदि किसी वस्तु से उसके सारे गुणों को निकाल दिया जाय तो जो कुछ भी बचता है वही शुद्ध भाव का प्रत्यय है। हेगल के अनुसार केवल तर्कशास्त्र के अंतर्गत ही स्वतंत्र रूप से इन प्रत्ययों का विश्लेषण किया जाता है, परन्तु वह मानता है कि शुद्ध भाव, शुद्ध अभाव (Pure being is pure non-being) है। अत: भाव से अभाव की ओर गति होती है, जिसे वह सम्भूति (Becoming) कहता है। हेगेल के अनुसार शुद्ध भाव का प्रत्यय अपने आप में अपूर्ण है। अत: वह अपने आपको पूर्ण करने के लिए वह अपने विरोधी प्रत्यय को उत्पन्न करता है और अंतत: इस विरोध का समन्वय होता है। इसमें से पहले को वाद (Thesis), दूसरे को प्रतिवाद (Antithesis), एवं तीसरे को संवाद (Synthesis) कहते हैं। पुन: यह संवाद एक वाद हो जाता है, फिर उसका प्रतिवाद होता है और अंतत: इन दोनों का समन्वय संवाद के रूप में होता है। वाद, प्रतिवाद एवं संवाद की यह प्रक्रिया तब तक चलती रहती है जब कि निरपेक्ष की प्राप्ति न हो जाय।

हेगेल के अनुसार प्रत्यय से निरपेक्ष तक पहुँचने के तीन प्रमुख त्रिक हैं: पहला, प्रत्यय का त्रिक; दूसरा, प्रकृति का त्रिक एवं तीसरा, आत्मा का त्रिक। उसके अनुसार इसमें सर्वाधिक अमूर्त प्रत्यय का त्रिक है। इसके तीन पक्ष हैं: सत्ता (Being), सार (Essence) एवं संबोध (Notion)। इसमें सत्ता वाद है, सार प्रतिवाद है, जबकि संबोध संवाद है। हेगेल के अनुसार कोई भी प्रत्यय केवल मूर्त रूप में ही सार्थक हो सकता है। अस्तु, अमूर्त प्रत्यय अपनी अपूर्णता के कारण अपने विरोध स्वरूप मूर्त प्रकृति को उत्पन्न करता है। इस प्रकार मूर्त प्रकृति, अमूर्त प्रत्यय का ही दूसरा रूप है। प्रकृति की रचना में भी वे सभी पक्ष निहित होते हैं जिनका अध्ययन तर्कशास्त्र के अंतर्गत अमूर्त प्रत्ययों के रूप में किया जाता है। हम यह कह सकते हैं कि अमूर्त प्रत्यय और मूर्त प्रकृति एक ही सत्ता के दो पक्ष हैं। द्वन्द्वात्मक रूप से अमूर्त प्रत्यय ही मूर्त प्रकृति के रूप में व्यक्त होता है।

हेगेल के अनुसार प्रकृति का विकास भी त्रिक नियमों के द्वारा होता है। सबसे पहले यांत्रिक पदार्थों (Mechanics) की उत्पत्ति होती है, तत्पश्चात् अव्यवस्थित जड़ पदार्थ (Physics) का और अंत में जैविक पदार्थों (Organics) की उत्पत्ति होती है, किन्तु प्रकृति का पूरा विकास प्रत्ययों की रचना के अनुरूप ही होता है। अत: आकारिक रूप से यह कहा जा सकता है कि "प्रकृति मूर्त प्रत्यय है और प्रत्यय अमूर्त प्रकृति है"।

सत् का विकास केवल प्रत्यय और प्रकृति के विरोध तक ही सीमित नहीं रहता है। सत् निरंतर इस विरोध को समाप्त करने का प्रयास करता है। अत: प्रत्यय एवं प्रकृति के विरोध का समन्वय मनुष्य की आत्मा में होता है। इस प्रकार सर्वप्रथम मानवीय आत्मा में ही परमतत्व आत्म-चेतना को प्राप्त करता है। दूसरे शब्दों में, आत्म-चेतना न तो प्रत्ययों में है और न ही प्रकृति में है, किन्तु आत्म-चेतना के लिए ही इन दोनों का विकास होता है। अत: परमतत्व का उद्देश्य मानवीय चेतना के रूप में आत्म-चैतन्य की अनुभूति करना है, किन्तु आत्म-चैतन्य का विकास भी उन्हीं नियमों के अनुसार होता है जो अमूर्त प्रत्ययों की रचना तथा प्रकृति के विकास में निहित होते हैं। इसलिए आत्म-चैतन्य की प्रथम अभिव्यक्ति व्यक्तिगत आत्मा (Subjective mind) में होती है। व्यक्तिगत आत्मा पूर्णरूपेण निरपेक्ष चैतन्य को व्यक्त नहीं कर पाती है, क्योंकि व्यक्तिगत चेतना शरीर के रूप में जड़ तत्व में निमग्न रहने के कारण आत्मानुभूति नहीं कर पाती। इसके विरोध के रूप में सामाजिक चेतना की उत्पत्ति होती है। सामाजिक चेतना को ही हेगेल विषयनिष्ठ आत्मा (Objective mind) कहता है। विषयनिष्ठ आत्मा की अभिव्यक्ति विभिन्न सामाजिक संगठनों तथा इनका अध्ययन करने वाले विषयों में होती है, किन्तु आत्मनिष्ठ और विषयनिष्ठ चेतना में विरोध होता है और इस विरोध का समाधान सार्वभौमिक चेतना (Absolute mind) में होता है। सार्वभौमिक चेतना की अभिव्यक्ति कला (Art), धर्म (Religion) और दर्शन (Philosophy) के रूप में होती है। इन्हीं के माध्यम से निरपेक्ष तत्व आत्म-पूर्णता का अनुभव करता है। हेगेल के अनुसार प्रत्यय से लेकर निरपेक्ष तक सम्पूर्ण विकास प्रत्यय के अनुरूप ही है। इसी कारण वह कहता है कि विकास के अंत में जो आता है वह सूक्ष्म रूप से प्रारम्भ में ही निहित रहता

है। अस्तु, 'अंत आरम्भ की पूर्णता है तथा आरम्भ अंत की प्रागपेक्षा।' यही कारण है कि हेगेल प्रकृति को वास्तविक मानता है।

भारतीय परम्परा में आचार्य शंकर ब्रह्म के दो रूप मानते हैं: पहला, सगुण, साकार, सविशेष एवं व्यक्तित्वपूर्ण है, जिसे वे अपर ब्रह्म या सगुण ब्रह्म कहते हैं एवं दूसरा, निर्गुण, निराकार, निर्विशेष एवं निर्वैयक्तिक है, जिसे वे पर ब्रह्म या निर्गुण ब्रह्म कहते हैं। पुनश्च, लक्षण के आधार पर वे सगुण ब्रह्म के दो भेद करते हैं - तटस्थ लक्षण एवं स्वरूप लक्षण। तटस्थ लक्षण के आधार पर ब्रह्म जगत की उत्पत्ति, स्थिति और लय का कारण होता है (यतो वा इमानि भूतानि जायन्ते। - तैत्तिरीय उपनिषद् 3/1)। स्वयं बादरायण लिखते हैं कि 'जन्माद्यस्य यत: ' (ब्रह्मसूत्र - 1/1/2)। इस प्रकार ब्रह्म ही जगत का निमित्त एवं उपादान कारण दोनों ही है, परन्तु आचार्य के अनुसार जगत ब्रह्म का आभास/विवर्त्त है वास्तविक रूप नहीं, क्योंकि ब्रह्म कूटस्थ नित्य होने के कारण सभी प्रकार के परिवर्तनों से रहित है। अत: जो कुछ भी परिवर्तन दृष्टिगोचर होता है वह केवल आभासिक है। इसे ही आचार्य शंकर के दर्शन में 'ब्रह्म विवर्तवाद' कहते हैं। इसी तटस्थ लक्षण के आधार पर वे अपने ब्रह्म को सर्वज्ञ, सर्वशक्तिमान, सर्वव्यापक, आदि मानते हैं। उनके अनुसार सब कुछ ब्रह्म ही है (सर्वं खल्विदं ब्रह्म। - छांदोग्य उपनिषद् 3/14/1)। पुनश्च, इसी तटस्थ लक्षण के आधार पर वे ब्रह्म को व्यक्तित्वपूर्ण मानते हुए उसे भक्ति एवं आराधना का विषय भी मानते हैं।

ब्रह्म का स्वरूप लक्षण यह है कि वह सत्, चित्, एवं आनन्द स्वरूप है (सत्यं ज्ञानमनन्तं ब्रह्म। - तैत्तिरीय उपनिषद् 2/1)। परन्तु सत्, चित्त एवं आनन्द ब्रह्म का गुण नहीं है बल्कि उसका स्वरूप है अर्थात् जो सत् है, वही चित् है, वही आनन्द है और वही ब्रह्म है। इस प्रकार यह कहा जा सकता है कि सत् ही ब्रह्म है, चित् ही ब्रह्म है एवं आनन्द ही ब्रह्म है। इसी कारण वे ब्रह्म को 'सच्चिदानंद' कहते हैं।

ब्रह्म का वास्तविक रूप यह है कि वह निर्गुण, निराकार एवं निर्विशेष है। सामान्यत: निर्गुण का तात्पर्य गुण रहित या गुणों के अभाव से है, परन्तु यहाँ पर निर्गुण का अर्थ गुण रहित होना नहीं है, क्योंकि ब्रह्म तो अनन्त एवं अपार गुणों से युक्त है, परन्तु भाषा की सीमा यह है कि वह ब्रह्म के समस्त गुणों का निर्वचन करने में असमर्थ है। हमारी भाषा हमारे विचार को व्यक्त करती है और हमारे विचार की सीमा जगत की सीमा है। अस्तु, जो जगत के परे है उसे भाषा के द्वारा अभिव्यक्त नहीं किया जा सकता है। इसी कारण आचार्य शंकर कहते हैं कि ब्रह्म के बारे में सर्वोत्तम निर्वचन यह है कि वह अनिवर्चनीय है। इसे उपनिषद् में 'नेति-नेति' (बृहदारण्यक उपनिषद् - 4/4/22) कहा गया है।

आलोचकों का कहना है कि ब्रह्म को निर्गुण, निराकार, निर्वैयक्तिक मानना धार्मिक भावनाओं के अनुरूप नहीं है। धर्म के अंतर्गत भक्त भगवान को सगुण, साकार, सविशेष एवं व्यक्तित्वपूर्ण मानकर उसके समक्ष अपने आप को समर्पित करता है जिससे उसकी भावनाओं को संतुष्टि मिल सके। यह समर्पण निर्गुण ब्रह्म के समक्ष कैसे हो सकता है। अस्तु, प्राय: यह कहा जाता है कि 'भक्त के लिए तो ईश्वर वह नहीं है जिसके बारे में केवल बात की जा सके बल्कि वह है जिससे बात की जा सके'। इस प्रकार धार्मिक भावना की संतुष्टि के लिए ईश्वर का व्यक्तित्वपूर्ण होना आवश्यक है।

पुनश्च, यदि सब कुछ ब्रह्म ही है तो मनुष्य स्वतंत्र नहीं है। इस प्रकार यहाँ व्यक्ति का संकल्प-स्वातंत्र्य समाप्त हो जाता है, क्योंकि संकल्प-स्वातंत्र्य के लिए ईश्वर से पृथक् व्यक्तित्व का होना आवश्यक है। यही नहीं, यदि सब कुछ मिथ्या ही है तो शुभ-अशुभ, उचित-अनुचित का भेद ही समाप्त हो जायेगा, तब ऐसी स्थिति में नैतिकता का मापदण्ड क्या होगा? इसी दृष्टि से अल्बर्ट स्वेट्ज़र अपनी पुस्तक "*Indian Thought and its Development*" (1951) में यह आक्षेप करते हैं कि पहला, सम्पूर्ण भारतीय दर्शन पलायनवाद (Escaping) की शिक्षा देता है, क्योंकि यहाँ जीवन एवं जगत को मिथ्या या भ्राँति कहकर उसमें रहने की नहीं बल्कि उसको त्यागने की बात की गई है। दूसरा, यदि सब कुछ मिथ्या ही है तो शुभ-अशुभ, उचित-अनुचित, अच्छा-बुरा का भेद ही समाप्त हो जायेगा। ऐसी स्थिति में नैतिक-अनैतिक का विभाजन कैसे होगा? वे लिखते हैं कि "भारतीय चिंतन अपने मूल स्वरूप में हमारे अपने विचार से पूर्णतया भिन्न है, क्योंकि इसका एक महत्त्वपूर्ण भाग यह विचार है कि इसमें जीवन एवं जगत का विषेध किया गया है।" ["Indian thought in its very nature is so entirely different from our own because of the great part which the idea of what is called world and life negation plays in it." Schweitzer, Albert (2006): *Indian Thought and its Development*, Wilco Publishing House, Mumbai, p. 1.]। दूसरा, यदि सब कुछ माया ही है तो शुभ-अशुभ, उचित-अनुचित आदि का भेद समाप्त हो जायेगा। इस प्रकार शंकर के दर्शन में नैतिकता का केवल सापेक्ष मूल्य है। इसी दृष्टि से स्वेट्ज़र लिखते हैं कि "यहाँ न तो कोई चीज शुभ है और न ही अशुभ।...माया सिद्धांत में विश्वास करने वालों के लिए नैतिकता का केवल सापेक्ष महत्त्व है।" ("There is neither good nor evil… For any believer in the Maya doctrine ethics can have only a quite relative importance." *Ibid.*, p. 140.)। इस प्रकार स्वेट्ज़र के अनुसार भारतीय दर्शन में नैतिक मूल्यों की उपेक्षा की गई है।

ये सभी आक्षेप निराधार हैं। आचार्य शंकर व्यवहार एवं परमार्थ का विभेद करते हुए व्यावहारिक दृष्टि से जगत की वास्तविकता को स्वीकार करते हैं। उनके अनुसार जब तक हम व्यवहार के स्तर पर हैं, व्यवहार यथार्थ है। अतः हम व्यावहारिक दृष्टि से जगत की उपेक्षा नहीं कर सकते हैं। यहीं नहीं, आचार्य शंकर तो बंध्यापुत्र, शशश्रृंग, आकाश-कुसुम आदि को शब्दतः सत्य मानते हैं। अब यदि कोई व्यक्ति इन्हें भी सत्य मानता हो तो वह जगत को असत्य कैसे कह सकता है? उल्लेखनीय है कि शंकराचार्य जगत को असत् न कहकर उसे मिथ्या कहते हैं, परन्तु आलोचक उसे असत् समझ लेते हैं। असत् एवं मिथ्या एक दूसरे से पूर्णतया भिन्न है। असत् का अर्थ है अनस्तित्व अर्थात् जिसका अस्तित्व ही न हो, जबकि मिथ्या का अर्थ है न तो सत् और न ही असत्। स्पष्टतः मिथ्या वह है जो व्यावहारिक दृष्टि से सत्य, परन्तु पारमार्थिक दृष्टि से असत्य हो। इस प्रकार जगत के मिथ्यात्व का ज्ञान तो पारमार्थिक स्तर पर ही हो सकता है, इससे पहले नहीं। इस प्रकार जगत व्यवहारतः सत्, केवल परमार्थतः असत् है। आलोचक इस पक्ष की उपेक्षा कर देते हैं।

✤✤✤

ईश्वर विहीन धर्म
(Religions without God)

- परिचय
- जैन धर्म
- बौद्ध धर्म
- मानववादी धर्म
- ईश्वर विहीन धर्म की सम्भावना

अध्याय 6

परिचय (Introduction)

धर्म की संकल्पना में ईश्वर की क्या भूमिका है? क्या धर्म के लिए ईश्वर आवश्यक है या ईश्वर के बिना भी धर्म सम्भव है? यह धर्म दर्शन की एक अत्यंत ही महत्त्वपूर्ण समस्या है। एक ओर प्रकृतिवादी दार्शनिक धर्म के लिए ईश्वर को आवश्यक नहीं मानते हुए ईश्वर विहीन धर्म (Atheistic Religion) की सम्भावना को स्वीकार करते हैं तो दूसरी ओर ईश्वरवादी दार्शनिक बिना ईश्वर के धर्म की संकल्पना को असम्भव मानते हुए 'ईश्वरवादी धर्म' (Theistic Religion) की अनुशंसा करते हैं। इनके अनुसार यह तो सम्भव है कि ईश्वर के स्वरूप पर मत वैभिन्यता हो, परन्तु ऐसा असम्भव है कि धर्म में ईश्वर का स्थान ही न हो। इस प्रकार ईश्वर विहीन धर्म की संकल्पना असम्भव है।

ईश्वरवाद के प्रतिपक्ष में कुछ दार्शनिक धर्म को मूलत: नैतिकता से सम्बंधित करते हुए ईश्वर विहीन धर्म या अनीश्वरवाद की अवधारणा को स्वीकार करते हैं। इनमें जैन, बौद्ध तथा मानववादी धर्मों का विशिष्ट स्थान है। जैन और बौद्ध दार्शनिकों का उद्देश्य वैदिक विचारधारा का खण्डन करके अवैदिक मत की स्थापना करना था। वैदिक विचारधारा के केन्द्र में ईश्वर था। अस्तु, जब तक ईश्वर का खण्डन न कर दिया जाय तब तक अवैदिक मत की स्थापना प्राय: असम्भव ही थी। अत: इन दार्शनिकों का परम साध्य हो गया कि येन-केन-प्रकारेण ईश्वर की सत्ता का खण्डन किया जाय। इसी अवधारणा के आधार पर ये एक ओर

जहाँ ईश्वर का खण्डन करते हैं वहीं दूसरी ओर वे नैतिकता को ही धर्म का आधार बनाकर ईश्वर विहीन धर्म की सम्भावना को स्वीकार करते हैं। इसी प्रकार मानववादी धर्म में भी ईश्वर की अपेक्षा नैतिकता या मानव सेवा को ही सत्य मानकर धर्म की एक प्रकृतिवादी व्याख्या प्रस्तुत की गई है।

जैन धर्म (Jain Religion)

जैन दार्शनिकों के अनुसार ईश्वर का अस्तित्व नहीं है, क्योंकि - (1) ईश्वर का ज्ञान न तो प्रत्यक्ष प्रमाण से सम्भव है और न ही अनुमान से। इस प्रकार प्रमाण के अभाव में ईश्वर का अस्तित्व सम्भव नहीं हो सकता है। (2) जैन दार्शनिकों ने न्याय दर्शन में प्रतिपादित ईश्वर के अस्तित्व का खण्डन किया है। ज्ञातव्य है कि उदयन अपनी पुस्तक "न्यायकुसुमांजलि" में ईश्वर के अस्तित्व के लिए नौ तर्कों का प्रयोग करते हैं, इनमें से पहले तर्क में जगत को एक कार्य मानकर उसके कारण के रूप में ईश्वर की स्थापना की गई है:

"कार्यायोजनधृत्यादेः पदात् प्रत्ययतः श्रुतेः।
वाक्यात् संख्याविशेषाच्च साध्यो विश्वविदव्ययः॥" (5/1)

उदयन के अनुसार कारण-कार्य नियमानुसार प्रत्येक कार्य का कोई-न-कोई कारण अवश्य ही होता है और कारण सदैव ही कार्य से या तो बड़ा होता है या कम-से-कम उसके समतुल्य, परन्तु कारण कभी भी कार्य से छोटा नहीं हो सकता है। प्रश्न उठता है कि इस जगत का क्या कारण है? यदि जगत को एक कार्य मान लिया जाय तो तर्कतः उसका कोई-न-कोई कारण अवश्य ही होना चाहिए और वह कारण या तो जगत से बड़ा होगा या फिर कम-से-कम उसके समतुल्य। क्योंकि जगत व्यापक है, अतः इसका कारण कोई सीमित सत्ता नहीं हो सकती है। इस प्रकार जगत के कारण के रूप में ईश्वर का अस्तित्व सिद्ध होता है।

जैन दार्शनिकों का कहना है कि यदि जगत को एक कार्य मान भी लिया जाय तो इससे भी ईश्वर का अस्तित्व सिद्ध नहीं होता है। प्रश्न उठता है कि ईश्वर किस प्रयोजन से जगत की रचना करता है? कोई भी व्यक्ति किसी कार्य का सम्पादन या तो 'किसी इच्छा से' या फिर 'करुणा से आप्लावित होकर' करता है। यदि ईश्वर किसी इच्छा से जगत की रचना करता है तो वह पूर्ण नहीं हो सकता है, क्योंकि जो पूर्ण है वह आप्तकाम है और जो आप्तकाम है उसकी कोई भी कामना अवशिष्ट नहीं होती है (आप्तकामस्य का स्पृहा)। प्रश्न उठता है कि जिसकी कोई कामना नहीं है वह जगत की रचना में प्रवृत्त कैसे हो सकता है? यदि यह कहा जाय कि वह करुणा से आप्लावित होकर जगत की रचना करता है तो समस्या और भी विकट हो जाती है कि यदि ईश्वर सर्वशक्तिमान एवं दयालु है तो जगत में अशुभ क्यों है? क्या सर्वशक्तिमान एवं दयालु ईश्वर ऐसे जगत की रचना नहीं कर सकता है जो दुःख रहित हो? यदि वह ऐसा नहीं कर सकता है तो या तो वह सर्वशक्तिमान नहीं है या वह दयालु नहीं है।

बौद्ध धर्म (Bauddha Religion)

बौद्ध दार्शनिक भी ईश्वर की सत्ता का खण्डन करके ईश्वर विहीन धर्म की स्थापना करते हैं। महात्मा बुद्ध के दर्शन का परम साध्य किसी तत्वमीमांसीय समस्या का समाधान करना न होकर केवल दु:ख एवं दु:ख से मुक्ति का उपाय बताना था, क्योंकि 'बुद्ध कोई तत्वचिंतक नहीं, बल्कि केवल एक चिकित्सक थे।' (Buddha was not a metaphysician but he was simply a physician.)। अस्तु, वे ईश्वर, आत्मा आदि तत्वमीमांसीय समस्याओं की जटिलता में उलझने की अपेक्षा उनके संदर्भ में सर्वथा मौन हो जाते थे। उनके अनुसार ईश्वर, आत्मा आदि से सम्बंधित समस्याओं पर विचार करना वैसे ही है जैसे किसी व्यक्ति के शरीर में विषैला बाण लगा हो और वह उसे निकालने की अपेक्षा यह कहे कि मैं इसे तब तक निकालने नहीं दूँगा, जब तक मुझे यह न बता दिया जाय कि यह किस धातु से बना है? इसकी लम्बाई क्या है? इसे किसने मारा और क्यों मारा है? आदि-आदि। वे मानते थे कि ईश्वर, आत्मा, जगत आदि विषयक समस्याओं में उलझकर व्यक्ति अपने मूल उद्देश्य से च्युत हो जाता है। अत: उनके अनुसार इन प्रश्नों पर विचार करना उसी प्रकार हास्यास्पद है जिस प्रकार किसी सुन्दर रमणी की सत्ता में विश्वास। इसीलिए वे कहा करते थे कि भिक्षुओं! मैं तुम्हें केवल दो ही बातों का उपदेश देता हूँ: दु:ख एवं दु:ख-निरोध। दु:ख संसार है, जबकि दु:ख-निरोध निर्वाण। अत: यत्नपूर्वक निर्वाण को प्राप्त करो जिससे दु:ख से सदा सर्वदा के लिए मुक्त हो सको। इस प्रकार भगवान बुद्ध का उद्देश्य अत्यन्त ही व्यावहारिक था। इसीलिए एक ओर मैक्समूलर लिखते हैं कि "बौद्ध दर्शन की आचार संहिता, जो विश्वविख्यात है, सर्वाधिक पूर्ण है।" ["Moral code (Buddhism) is one of the most perfect, which the world has ever known." Max Muller, F. (1999): *Studies in Buddhism*, Asian Educational Services, New Delhi, p. 7.] तो दूसरी और एम० एम० कुन्टे के अनुसार "बौद्ध दर्शन आर्य-चिंतन की पराकाष्ठा है।" ("The highest aspect, or rather, the climax of Aryan Philosophy." *Lankan leader sought India's return to Buddhism*, Balachandran, P.K. quoted from *The Hindustan Times*, 1 May, 2006)।

इस मान्यता के आधार पर बौद्ध दर्शन में ईश्वर विहीन धर्म की स्थापना की गई है। उनके अनुसार ईश्वरवादी, ईश्वर को नित्य एवं पूर्ण के साथ-ही-साथ जगत का स्रष्टा भी मानते हैं। समस्या यह है कि यदि ईश्वर नित्य एवं पूर्ण है और उसी ने जगत को उत्पन्न किया है तो जगत में अनित्यता क्यों है? जिस जगत का स्रष्टा नित्य एवं पूर्ण ईश्वर हो, उस जगत में अनित्यता एवं अपूर्णता नहीं होनी चाहिए, परन्तु जगत में अनित्यता एवं अपूर्णता है, अत: इसका स्रष्टा ईश्वर नित्य एवं पूर्ण नहीं हो सकता है? पुनश्च, यदि ईश्वर ने सृष्टि की रचना की है, वह सर्वशक्तिमान एवं दयालु भी है तो जगत में अशुभ क्यों है? अशुभ की समस्या, किसी भी ईश्वरवादी के लिए सबसे बड़ी चुनौती है जिसका कोई ईश्वरवादी सम्यक् समाधान करने में असफल रहता है। सम्भवत: यही कारण है कि बौद्ध दर्शन में ईश्वर की अपेक्षा 'महाकरुणा' को आधार बनाकर 'बहुजन हिताय बहुजन सुखाय' (विनय पिटक, 1/21) का उपदेश किया गया है, जो कालांतर में महायान दर्शन में 'बोधिसत्व' की अवधारणा के रूप में प्रतिष्ठित हुआ।

बौद्ध दार्शनिक ईश्वर को 'कर्माध्यक्ष' या 'न्यायाधीश' के रूप में भी मानने से इंकार कर देते हैं। उनके अनुसार ईश्वर कर्म-फल दाता नहीं हो सकता है। मनुष्य अपने कर्मों के अनुसार ही अच्छा-बुरा फल भोगता है। यदि कोई व्यक्ति पाप कर्म करता है तो क्या पश्चाताप के उपरान्त वह पापों से मुक्त हो जायेगा? ऐसा कदापि सम्भव नहीं है। 'ब्रह्मजातसुत्त' (जो बुद्ध के संवादों पर आधृत है) के दूसरे अध्याय में ब्रह्मा के आदि-देवता होने और उनकी कल्पना द्वारा अन्य देवताओं के निर्माण पर अन्यंत ही सूक्ष्म व्यंग्य किया गया है। इसी प्रकार 'केवद्दसुत्त' में यह दिखाया गया है कि सब देवता ब्रह्मा को महान मानते हैं और बुद्ध को ब्रह्मा से भी महान बताया गया है। एक बौद्ध भिक्षु ने ब्रह्मा से पूछा, "ये चार मूल तत्व कहाँ तक जाते हैं? इस पर ब्रह्मा ने उत्तर दिया कि मेरे आस-पास के देवताओं के कारण मैं देख नहीं पाता हूँ, अत: मैं इसका उत्तर नहीं दे सकता हूँ। इसलिए बुद्ध के पास जाओ, वही इसका उत्तर देंगे।" इसी प्रकार 'बोधिचर्यावतार' में भी ईश्वर के अस्तित्व के पक्ष में मूलत: तीन तर्क दिये हैं (अध्याय 9, पद 119) जो कि निम्नलिखित हैं:

1. ईश्वर ने आत्मा तथा अन्य वस्तुओं को उत्पन्न नहीं किया है। ये वस्तुएँ तो सदैव से ही हैं। ईश्वर ज्ञान भी उत्पन्न नहीं करता है, क्योंकि ज्ञान वस्तुओं से निर्मित होता है। यही नहीं, ईश्वर सुख-दु:ख को भी उत्पन्न नहीं करता है, क्योंकि वह तो व्यक्ति के कर्मानुसार प्राप्त होता है।
2. यदि सृष्टि ईश्वर की इच्छा का परिणाम है तो वह आप्तकाम कैसे हो सकता है? पुनश्च, प्रश्न उठेगा कि इच्छा का निर्माता कौन है, यदि ईश्वर इच्छा से युक्त है तो वह स्वतंत्र कैसे हो सकता है?
3. यदि ईश्वर सबसे स्वतंत्र है तो उत्पति और लय एक साथ क्यों नहीं करता है, जो आदि कारण है, वह सब कुछ कर सकता है। यही नहीं, ईश्वर नित्य है तो जगत में भी नित्यता होनी चाहिए, परन्तु जगत तो परिवर्तनशील है। इससे भी यही सिद्ध होता है कि ईश्वर सृष्टिकर्त्ता नहीं हो सकता है। अत: सब कुछ क्षणिक है।

मानववादी धर्म (Humanistic Religion)

जैन और बौद्ध दर्शन की ही भाँति मानववादी धर्म में भी ईश्वर की अपेक्षा मनुष्य या उसकी सेवा को परम साध्य मानकर ईश्वर विहीन धर्म की संकल्पना को स्वीकार किया गया है। मानववाद एक प्रकार का मानव केन्द्रित दर्शन है जिसके अनुसार मानवीय हित ही सर्वोपरि है, परन्तु इसका तात्पर्य यह नहीं है कि इसके अंतर्गत एक मात्र मानव का ही अस्तित्व स्वीकार किया गया है। नि:संदेह मनुष्य के अतिरिक्त अन्य प्राणियों का भी अस्तित्व है, फिर भी मानववाद में केवल मानव को ही केन्द्रीय स्थान प्रदान किया गया है, क्योंकि अन्य प्राणियों में केवल मनुष्य ही मूल्यों का स्रोत एवं उसका पोषक है। 'न्यू आक्सफोर्ड एडवांस लर्नर्स डिक्शनरी' के अनुसार 'मानववाद मनुष्य के हितों का समाधान धार्मिक विश्वासों की अपेक्षा, तर्कबुद्धि के आधार पर करना चाहता है।' 'कालिन्स कन्जाइज डिक्शनरी' के अनुसार भी 'मानववाद अपने प्रयत्नों द्वारा मानवता के विकास के पक्ष में धर्म का परित्याग है।' स्पष्टत: मानववाद वह विचारधारा है, जो मानव को केन्द्र में रखती है। यह मानव हित, मानव कल्याण, मानव गरिमा एवं मानवीय मूल्यों

को महत्त्व प्रदान करती है। इस प्रकार मानववाद में बुद्धिवादी प्रवृत्तियाँ अत्यंत ही प्रबल हैं, परन्तु यहाँ बुद्धिवाद का प्रयोग किसी सैद्धांतिक अर्थ में नहीं किया गया है। इसका तात्पर्य केवल इतना है कि जो सभी प्रकार की पूर्व मान्यताओं एवं पूर्वाग्रहों से रहित हो तथा जिसका बौद्धिक एवं तार्किक विवेचन किया जा सके।

मानववाद (Humanism), मानवतावाद (Humanitarianism) नहीं है। दोनों में कुछ मूलभूत वैषम्य हैं जो निम्नवत हैं:

1. मानवतावाद ईश्वर को केन्द्र में रखते हुए मानवीय मल्याण एवं उसके उत्थान पर बल देता है, जबकि मानववाद मनुष्य को ही सर्वशक्तिमान मानकर उसकी सेवा को ही परम धर्म मानता है।
2. मानवतावाद एक प्रकार का नियतिवाद एवं भाग्यवादी दर्शन है, जबकि मानववाद कर्म की प्रधानता को स्वीकार करता है।
3. मानवतावाद में ईश्वर को मूल्यों का अन्तिम स्रोत माना जाता है, जबकि मानववाद के अनुसार मनुष्य ही मूल्यों का स्रोत है।
4. मानववाद बौद्धिकता पर आधारित होने के कारण वैज्ञानिक दृष्टिकोण को स्वीकार करता है, जबकि मानवतावाद मूलत: श्रद्धा आस्था एवं विश्वास पर आधृत होने के कारण धार्मिक या आध्यात्मिक है।
5. मानवतावादी नैतिकता को धर्म का प्रथम सोपान मानते हैं, जबकि मानववादी नैतिकता को ही धर्म का सार मानकर 'ईश्वर विहीन धर्म' की स्थापना करते हैं।
6. मानवतावाद का केन्द्र सभी प्राणी हैं, जबकि मानववाद का केन्द्र केवल मनुष्य है।
7. मानववाद मनुष्य को प्रकृति का विजेता मानता है, जबकि मानवतावाद में मनुष्य को प्रकृति का अंग मानते हुए 'सम्पोष्य विकास' (Sustainable development) पर बल दिया गया है।

मानववादी अवधारणा का आरम्भ ग्रीक दार्शनिक प्रोटोगोरस के दर्शन से होता है, जब वह कहता है कि 'मनुष्य ही सभी वस्तुओं का मापदण्ड है।' (Man is the measure of all things.)। स्पष्टत: यहाँ पर मनुष्य को केन्द्र में रखा गया है, यही मानववाद की मूल संकल्पना है। इसी प्रकार कार्ल मार्क्स भी कहता है कि 'मनुष्य ही मानवता का मूल है' (Man is the root of mankind.)। इसके अतिरिक्त चीन में कन्फ्यूशियस एवं ताओवाद, पाश्चात्य परम्परा में ऑगस्त काम्टे, जॉन डीवी, एरिक फ्रॉम, हर्बर्ट स्पेंसर, जॉन हास्पर्स, बी० रसेल, मार्क्स, नीत्शे, जे० पी० सार्त्र, बुल्टमान, पॉल तिलिक, अल्टिजर्स, हैमिल्टन, डॉन हाफर तथा भारतीय परम्परा में रवीन्द्र नाथ टैगोर, एम० एन० राय, नेहरू प्रभृति के दर्शन में मानववादी अवधारणा प्रतिध्वनित होती है।

चीन में कन्फ्यूशियस ईश्वर की अपेक्षा मानव को ही अधिक महत्त्व देते हैं। एक समय कन्फ्यूशियस के एक शिष्य चीलू ने उनसे पूछा कि 'मैं ईश्वर की सेवा किस प्रकार कर सकता हूँ?' इस पर उन्होंने उत्तर दिया कि जब तुम्हें यही ज्ञान नहीं है कि मनुष्य की सेवा किस प्रकार की जाय तो तुम देवों की सेवा के बारे में किस प्रकार पूछ सकते हो? वे सदैव ही अपने शिष्यों को ईश्वर से सम्बंधित प्रश्नों को पूछने के लिए हतोत्साहित करते थे। वे मानव को ही पूर्णत: सत्य

तथा उसकी सेवा को जन्मजात मानते थे। इस प्रकार मानववाद सभी मनुष्यों के प्रति प्रेम, करुणा, सद्भावना, आदि पर अधिक बल देता है।

ताओवाद (चीन) में भी केवल मानव को ही महत्त्व देकर एक निरीश्वरवादी धर्म की स्थापना की गई है। इसकी तीन महत्त्वपूर्ण विशेषताएँ हैं: करुणा (Compassion), आधुनिकता (Modernity) एवं मानवता (Humanity), जिसे क्रमश: दयालुता (Kindness), सरलता (Symplicity) एवं शील (Modesty) कहा जा सकता है। ताओवाद की तीनों विशेषताओं को स्पष्ट करते हुए आर्थर वेली लिखते हैं कि "ताओवाद की तीन महत्त्वपूर्ण निधियाँ, आक्रामक युद्ध एवं प्राणदण्ड से निवृत्ति, जीवन में आत्यंतिक सरलता तथा सत्ता का बलपूर्वक प्रयोग करने से इंकार, से सम्बंधित है।" ["The three Treasures are correlated with 'abstention from aggressive war and capital punishment', 'absolute simplicity of living' and 'refusal to assert active authority'." Waley, Authur (1958): *The Way of Its Power*, Grove Press, Inc., New York, p. 225.]।

प्रत्यक्षवादी दार्शनिक आगस्त काम्टे भी ईश्वर विहीन धर्म की संकल्पना को स्वीकार करते हैं। वे अपनी प्रत्यक्षवादी मान्यता के आधार पर जहाँ एक ओर अतीन्द्रिय सत्ता का खण्डन करते हैं वहीं दूसरी ओर मानव को ही सर्वोच्च मानते हुए मानव हित का प्रतिपादन करते हैं। काम्टे के अनुसार मानव ज्ञान के विकास की उत्तरोत्तर तीन अवस्थाएँ होती हैं: धार्मिक (Religious), तात्विक (Ontological) एवं वैज्ञानिक (Scientific)। आदिम समाज में जब मनुष्य की बुद्धि पूर्ण विकसित नहीं थी, वह प्राकृतिक घटनाओं, यथा - बाढ़, अकाल, अतिवृष्टि, अनावृष्टि, आँधी-तूफान, भूकम्प, ज्वालामुखी, आकाश में गर्जन, बिजली का चमकना आदि के रहस्यों को समझने में पूर्णतया असमर्थ था। अत: वह प्रत्येक घटना के मूल में किसी अलौकिक या अतीन्द्रिय सत्ता को स्वीकार करने लगा। यह मानव ज्ञान के विकास की प्रारम्भिक अवस्था है, जिसे काम्टे धार्मिक स्तर कहते हैं। जैसे-जैसे मनुष्य की बुद्धि विकसित होती गयी, उसने तर्क करना आरम्भ कर दिया। अब वह सभी प्रकार की प्राकृतिक घटनाओं का बौद्धिक विश्लेषण करने लगा। यह ज्ञान की दूसरी अवस्था है, जिसे वे तात्विक अवस्था कहते हैं। अंतत: जब मानव बुद्धि परिपक्वता की पराकाष्ठा पर पहुँच जाती है तब मनुष्य यह दावा करता है कि अब वह केवल उन्हीं बातों को स्वीकार करेगा जो मात्र निरीक्षण एवं प्रयोग पर आधृत हों। काम्टे के अनुसार यही वैज्ञानिक स्तर है। इस स्तर पर ईश्वर स्वत: गायब (Disappeared) हो जाता है। इस प्रकार काम्टे के अनुसार ईश्वर मनुष्य की अविकसित बुद्धि का प्रतिफल है। वे लिखते हैं कि "हमारा ज्ञान मानवता के ज्ञान के प्रति समर्पित है, हमारा स्नेह उसके प्रेम में तथा मेरा कार्य उसकी सेवा में समर्पित है।" ["Our thoughts will be devoted to the knowledge of Humanity, our affections to her love and our actions to her duty." Comte, August (1908): *A General view of Positivism*, Trans. by Bridges, J.H., George Roufledge & Sons Ltd., London, p. 365.]। इस प्रकार काम्टे के अनुसार मानववाद वह धर्म है जो कला से परिपूर्ण होने के बावजूद भी विज्ञान का विरोधी नहीं है, बल्कि यह मानव को ही सर्वोच्च मानकर उसकी सेवा को परम धर्म मानता है। अब यदि मानव ही परम साध्य हो जायेगा तो ईश्वर का अस्तित्व तो खण्डित हो ही जायेगा।

इसी प्रकार टी० एच० हक्सले भी अपनी पुस्तक "*Essays Upon Some Controversial Questions*" (1893) में लिखते हैं कि मनुष्य अपनी सीमित बुद्धि द्वारा असीमित ईश्वर या अति-प्राकृतिक सत्ताओं का ज्ञान प्राप्त नहीं कर सकता है। अत: हक्सले के अनुसार हमें ईश्वर के संदर्भ में निश्चित रूप में कुछ भी नहीं कहना चाहिए तथा इस सम्बंध में अपने निर्णय को स्थगित रखना ही सर्वथा उचित एवं तर्कसंगत है। इसी कारण हक्सले ईश्वर का निरसन करके सृष्टि की आदि से अंत तक व्याख्या शक्ति के रूप में ही करते हैं।

बी० रसेल अपनी पुस्तक "*Why I am Not a Christian*" (1953) में लिखते हैं कि मैं ईश्वर को तब तक मानता रहा जब तक जे० एस० मिल की आत्म-कथा को नहीं पढ़ा था। उनके अनुसार मिल अपनी आत्म-कथा में लिखते हैं कि एक बार उनके पिता (जेम्स मिल) ने उनसे कहा कि तुम्हें किसने पैदा किया, मैं इस प्रश्न का उत्तर नहीं दे सकता हूँ? क्योंकि तब प्रश्न उठेगा कि मुझे किसने पैदा किया और इस प्रकार अंतत: ईश्वर आयेगा। "मैंने मिल की जीवनी को पढ़ा जिसमें यह कथन था: मेरे पिता ने बताया कि यह प्रश्न कि मुझे किसने बनाया?, इसका उत्तर नहीं दिया जा सकता है, क्योंकि यह तुरन्त ही एक नये प्रश्न को उठाता है कि 'ईश्वर को किसने बनाया?...यदि प्रत्येक कार्य का कारण है तो ईश्वर का भी कारण होगा। यदि कोई चीज बिना कारण के भी हो सकती है तो यह जगत भी ईश्वर के बिना हो सकता है, अत: इस युक्ति में कोई वैधता नहीं हो सकती है।" ["I read John Stuart Mill's Autobiography, and I there found this sentence: "My father taught me that the question 'Who made me?' cannot be answered, since it immediately suggests the further question 'Who made God?' … If everything must have a cause, then God must have a cause. If there can be anything without a cause, it may just as well be the world as God, so that there cannot be any validity in that argument." Russell, B. (1957): *Why I am Not a Christian*, Simon & Schuster, New York, pp. 6–7.]। रसेल के अनुसार यदि प्रत्येक कार्य का कोई-न-कोई कारण है तब ईश्वर अकारण कैसे हो सकता है? और यदि ईश्वर अकारण हो सकता है तब सृष्टि को ही अकारण क्यों न मान लिया जाय। जो ईश्वर को सृष्टिकर्त्ता मानते हैं, उन पर आक्षेप करते हुए रसेल कहते हैं कि मुझे समझ में नहीं आता कि इतनी प्राकृतिक विपदाओं, यथा - अकाल, अतिवृष्टि, अनावृष्टि, भूकम्प, ज्वालामुखी, आदि के बावजूद भी कैसे कुछ लोग यह मान लेते हैं कि इस सृष्टि का कर्त्ता कोई सर्वशक्तिमान और दयालु ईश्वर है जो अनन्त काल के प्रयासों के बावजूद भी इससे बेहतर एवं सामंजस्यपूर्ण सृष्टि की स्थापना करने में असफल रहा है।

यही नहीं, रसेल वाल्टेयर का समर्थन करते हुए कहते हैं कि इस जगत में कोई व्यवस्था नहीं है। उल्लेखनीय है कि वाल्टेयर (Voltair) अपने उपन्यास '*Candide*' (1759) में ईश्वरवादी मतों पर प्रहार करते हुए कहते हैं कि ईश्वरवादी, ईश्वर को सृष्टिकर्त्ता मानने के साथ-ही-साथ इस जगत को सर्वोत्तम जगत भी कहते हैं, यथा - लाइबनीज के अनुसार 'यह जगत ईश्वर की सर्वोत्तम रचना है' (This world is the best of all possible worlds.)। वाल्टेयर, लाइबनीज के इस मत पर परोडी करते हुए कहते हैं कि सृष्टि को सामंजस्यपूर्ण मानना वैसे ही है जैसे यह कहना कि "देखिए, नाक चश्मे के लिए बनी है, अत: हम चश्मा पहनते हैं, पैर स्पष्टत: मोजे

के लिए बने हैं, अत: हम मोजा पहनते हैं। ...इसी प्रकार वे सभी जो यह कहते हैं कि सब कुछ अच्छा है, एक मूर्खतापूर्ण कथन करते हैं, उन्हें यह कहना चाहिए कि सब कुछ सर्वोत्तम के लिए है।" ["Observe, that the nose has been formed to bear spectacles—thus we have spectacles. Legs are visibly designed for stockings—and we have stockings… Consequently they who assert that all is well have said a foolish thing, they should have said all is for the best." Voltaire (1918): *Candide*, Boni and Liveright, INC, New York, p. 2.]। इस उदाहरण द्वारा वाल्टेयर यह दिखाने का प्रयास करते हैं कि जिस प्रकार चश्मे के लिए नाक नहीं बल्कि नाक के अनुरूप चश्मा है उसी प्रकार जगत सामंजस्यपूर्ण नहीं है बल्कि हमने इसे सामंजस्यपूर्ण बनाया है।

अर्थक्रियावादी दार्शनिक जॉन डीवी भी धर्म के लिए किसी अनुभवातीत सत्ता को स्वीकार नहीं करते हैं। यद्यपि डीवी ईश्वर शब्द का प्रयोग तो करते हैं, परन्तु इसका अर्थ किसी अप्राकृतिक सत्ता से नहीं है। उनके अनुसार ऐसा समझना ईश्वर के महत्त्व को कम करना है। सामान्यत: जो भी ईश्वर को मानते हैं वे उसे सृष्टि के आदि कारण के साथ-ही-साथ आदर्श भी मानते हैं, परन्तु जो आदि कारण है वह तो पहले से ही है और जो पहले से ही है वह आदर्श कैसे हो सकता है। आदर्श तो सर्वथा अनुपलब्ध ही रहता है। अत: अनुभूति ही आदर्शों की जननी है, जो बाहर से आरोपित न होकर परिस्थितियों की उपज है। जो आदर्श, अनुभूति की पूर्ण व्यापकता से सम्बंधित है, वही पूर्ण आदर्श है और ऐसे आदर्श को ही ईश्वर कहना चाहिए। इस प्रकार डीवी के अनुसार ईश्वर कोई सत्ता नहीं है, बल्कि एक मूल्य का नाम है और इस मूल्य को समग्र मानवता के परिप्रेक्ष्य में स्वीकार करना ही परम साध्य होना चाहिए।

ऐरिक फ्राम (Erich Fromm) भी अपनी पुस्तक "*Psychoanalysis of Religion*" (1950) में ईश्वर से पृथक् धर्म को स्वीकार करते हैं। उनके अनुसार व्यक्ति अपने आपको कमजोर एवं असहाय मानकर सर्वशक्तिमान सत्ता की ओर बढ़ता है। इस प्रकार धर्म वस्तुत: शक्ति एवं सत्ता का केन्द्र हो गया है। इसमें आस्था एवं भक्ति की भावना गायब हो गई है। इसी दृष्टि से वे लिखते हैं कि "लोग धर्म की ओर आस्था की क्रिया के रूप में नहीं बल्कि असह्य संशय से भागने के लिए बढ़ते हैं; वे यह निर्णय भक्ति के रूप में नहीं बल्कि अपनी सुरक्षा की तलाश में करते हैं।" ["People return to religion is the answer, not as an act of faith but in order to escape an intolerable doubt; they make this decision not out of devotion but in search of security." Fromm, Erich (1950): *Psychoanalysis of Religion*, Yale University Press, London, p. 7.]। अपनी इसी मान्यता के आधार पर फ्राम स्वीकार करते हैं कि उनके अनुसार धर्म मूलत: दो प्रकार का होता है: निरंकुश धर्म (Authoritarian Religion) एवं मानवीय धर्म (Humanistic Religion)। किसी मानवेत्तर शक्ति के समक्ष आत्म-समर्पण ही निरंकुश धर्म है। इस आत्म-समर्पण के पीछे मुख्यत: दु:ख-मुक्ति एवं सुरक्षा की भावना निहित होती है। इसमें ईश्वर शक्ति एवं सत्ता का प्रतीक होता है। अस्तु, इसमें व्यक्ति की स्वतंत्रता एवं अखण्डता बाधित होती है। इसके विपरीत मनुष्य एवं उसकी शक्ति पर आधारित धर्म मानवीय धर्म है। उनके अनुसार निरंकुश धर्म इस विश्वास पर आधृत है कि मानव सर्वशक्तिमान ईश्वर की दया पर निर्भर है, जबकि मानववादी धर्म इस विश्वास पर आधारित है कि व्यक्ति स्वयं ही ईश्वरीय

शक्ति से युक्त होता है। इस प्रकार निरंकुश धर्म में व्यक्ति एवं उसकी सेवा की उपेक्षा की जाती है जबकि मानवीय धर्म व्यक्ति को मान्यता प्रदान करके उसकी सेवा एवं उसके विकास को महत्व प्रदान करता है। अत:, फ्राम के अनुसार धार्मिक अनुभूति का अर्थ है सबके प्रति एकता का भाव और सबसे बड़ी सद्वृत्ति है आत्म-लाभ न कि आत्म-समर्पण। स्पष्टत: फ्राम द्वारा किया गया निरंकुश एवं मानवीय धर्म का विभाजन, ईश्वरवादी एवं निरीश्वरवादी धर्म के तुल्य प्रतीत होता है, परन्तु ऐसा है नहीं, क्योंकि फ्राम मानवीय धर्म के उदाहरण के रूप में जीसस को प्रस्तुत करते हैं जिन्होंने कहा था कि 'स्वर्ग तुम्हारे भीतर है' (Heaven is within you)। इस प्रकार फ्राम ईश्वर को अस्वीकार करते हुए भी व्यक्ति की अंतर्जात शक्ति में विश्वास करते हैं। फ्राम का यह मत महात्मा बुद्ध के 'अप्प दीपो भव' के समान है। इस प्रकार फ्राम ईश्वर से पृथक् धर्म का मनोवैज्ञानिक दृष्टिकोण प्रस्तुत करते हैं।

जे० मिल्टन यिंगर (J. Milton Yinger) अपनी पुस्तक "*Religion, Society and the Individual*" (1957) में ईश्वर को नहीं बल्कि 'राष्ट्र-भक्ति' को ही धर्म की संज्ञा देता है। उसके अनुसार श्रद्धा, प्रतीक, आराधनापूर्ण कृत्य, संगठन ये सभी विशेषताएँ एक विशिष्ट देश के आसपास इकट्ठा हो जाती हैं। यिंगर इसे 'राष्ट्र के धार्मिकीकरण की संज्ञा देता है, न कि धर्म के राष्ट्रीयकरण की।' (This is not simply the nationalization of religion but the religionization of nation.)।

अस्तित्ववादी दार्शनिक जे० पी० सार्त्र भी ईश्वर का निषेध करते हैं। वे अपने मत के समर्थन में कई तर्क प्रस्तुत करते हैं: पहला, उसके अनुसार ईश्वर को मानने पर व्यक्ति की स्वतंत्रता समाप्त हो जाती है, क्योंकि ईश्वर परम सत्ता होने के कारण मनुष्य उसके द्वारा मर्यादित एवं नियंत्रित होता रहेगा और दूसरा, जो ईश्वर को मानते हैं वे उसे चेतन एवं पूर्ण दोनों ही मानते हैं, परन्तु जो चेतन होगा, वह पूर्ण नहीं हो सकता, क्योंकि चेतना तो विषयापेक्षी होने के कारण अभाव का प्रतीक है। अब यदि चेतना को अभावपूर्ण मान लिया जाय तो वह पूर्ण नहीं हो सकती है और यदि ईश्वर को पूर्ण मान लिया जाय तो वह चेतन नहीं हो सकता है। इस प्रकार सार्त्र के अनुसार ईश्वर का प्रत्यय एक आत्म-विरोधी प्रत्यय है। अपनी इसी मान्यता के आधार पर सार्त्र मूल्यों का स्रोत ईश्वर को न मानकर व्यक्ति को मानते हैं। उनके अनुसार यद्यपि प्रत्येक व्यक्ति मूल्यों का स्रोत है, परन्तु प्रत्येक व्यक्ति का प्रत्येक निर्णय नैतिक निर्णय नहीं होता है। किसी भी व्यक्ति का केवल वही निर्णय नैतिक होता है जो समग्र मानवता के परिप्रेक्ष्य में लिया गया हो तथा जिसके प्रति उस व्यक्ति की प्रतिबद्धता (Commitment) भी हो। इस प्रकार जे० पी० सार्त्र ईश्वर की अपेक्षा मनुष्य को सर्वोच्च मानते हुए मानवहित को ही परमधर्म के रूप में स्वीकार करते हैं।

नीत्शे अपनी पुस्तक "*Gay Science*" (1858) में यह दिखाने का प्रयास करते हैं कि एक वृद्ध व्यक्ति अर्ध विक्षिप्तता की हालत में ईश्वर को खोजने चलता है, परन्तु वह ईश्वर को खोजने में असफल रहता है। अत: वह यह दावा करता है कि "ईश्वर मर गया है। ईश्वर मृत ही रहेगा। और हम लोगों ने उसे मार डाला है।" ["God is dead. God remains dead. And we have killed him." Nietzsche, Friedrich (2008): *The Gay Science*, Section 125, the Madman, Cambridge University Press, p. 120.]। इस कथन से नीत्शे का अभिप्राय केवल इतना है कि सामान्यत: ईसाई धर्म में ईश्वर को मूल्यों का स्रोत माना गया है,

परन्तु अनके अनुसार जब हम ईश्वर के समक्ष अपने आपको समर्पित कर देते हैं तो ऐसा करके हम स्वयं को शक्तिहीन बना देते हैं। यह दास-नैतिकता (Slave-morality) है। इसीलिए वह 'दास-नैतिकता' के स्थान पर 'स्वामी-नैतिकता' (Master-morality) की स्थापना करना चाहते थे। जहाँ स्वयं मनुष्य सर्वोच्च ईश्वरीय गुणों, यथा - शारीरिक, बौद्धिक, आध्यात्मिक आदि सभी दृष्टियों से पूर्ण होगा। ऐसे ही मानव को नीत्शे अति-मानव (Superman) की संज्ञा देते हैं। इस प्रकार नीत्शे ईश्वर का खण्डन करते हुए भी मनुष्य को ही ईश्वर बना देते हैं।

इसी प्रकार थॉमस जे० जे० अल्टीजर्स, हैमिल्टन आदि ने नीत्शे की भाँति केवल आलंकारिक अर्थ में ही नहीं माना कि ईश्वर की मृत्यु हो गयी है बल्कि इन दार्शनिकों ने तो वास्तविक रूप में भी यह स्वीकार कर लिया कि ईश्वर मर चुका है। इनके अनुसार पहले तो ईश्वर था और वह जीवित भी था, परन्तु अब उसकी मृत्यु हो गयी है। समस्या यह है कि ईश्वर की मृत्यु कब हुई? इस पर अल्टीजर्स का कहना है कि जब ईश्वर ने मनुष्य (जीसस) के रूप में जन्म ले लिया। इसका तात्पर्य यह है कि जीसस से पूर्व ईश्वर शुद्ध आत्मा के रूप में था, परन्तु मनुष्य (जीसस) के रूप में जन्म लेने के उपरांत वह केवल साधारण मनुष्य के रूप में ही रह गया। पुनश्च, जब जीसस को शूली पर चढ़ा दिया गया, तो उसकी वास्तव में मृत्यु हो गयी। अत: अब ईश्वर को मानने की कोई आवश्यकता नहीं है।

बीसवीं शताब्दी में जर्मन दार्शनिक रूडोल्फ बुल्टमान भी यह मानने लगे कि अब परम्परागत ईसाई धर्म की अवधारणा अप्रासंगिक हो गयी है। बाइबिल केवल मिथकों पर आधारित रह गया है, जिसकी पुनर्व्याख्या की आवश्यकता है। परम्परागत ईसाई धर्म में जगत की उत्पति काल्पनिक ढंग से की गयी है, यथा - त्रिस्तरीय विश्व, एक स्वर्गिक शहर, पापों से मुक्ति प्रभृति विचार आज अप्रासंगिक हो गये हैं। पुनश्च, वे लिखते हैं कि परम्परागत धर्मों में ईश्वर को निरंकुश शासक बना दिया गया है, परन्तु अब ऐसे ईश्वर की आवश्यकता है जो निरंकुश शासक की मान्यता से रहित हो। इसी प्रकार धर्मों में ईश्वर को विश्वातीत माना गया है। यदि विश्वातीत ईश्वर की व्याख्या, विश्व के द्वारा नहीं हो सकती है तो ऐसे ईश्वर को मानने की क्या आवश्यकता है? अब वह समय आ गया है, जहाँ सब कुछ इसी विश्व के माध्यम से व्याख्यायित हो सके। अब इन मान्यताओं की नूतन परिप्रेक्ष्य में व्याख्या करने की आवश्यकता है, जिसे वे 'अमिथकीकरण' की संज्ञा देते हैं। यही नहीं, जीसस शूली पर चढ़ाये जाने के बाद भी जीवित हो गये यह कैसे सम्भव हो सकता है? कोई भी शिक्षित मनुष्य इसे कदापि स्वीकार करने को तैयार नहीं होगा। अत: हमें जीसस की अपेक्षा उनसे सम्बंधित मूल्यों को ही मानना चाहिए। इसके अतिरिक्त जो कुछ भी है, वह सब मिथ्या है। कार्ल यास्पर्स भी विश्वातीत ईश्वर की अवधारणा को निराधार एवं काल्पनिक मानते हैं। इसके अलावा दिव्य चक्षु, तृतीय नेत्र एवं अंत:प्रज्ञा, आदि का ज्ञान असम्भव-सा दिखता है। इस प्रकार यास्पर्स ईश्वर के अस्तित्व को संदेहास्पद मानते हैं।

जर्मन दार्शनिक डॉन हाफर भी मानते हैं कि अब मनुष्य बौद्धिक दृष्टि से परिपक्व हो गया है। अत: उसके द्वारा परम्परागत ईश्वर को मानना सम्भव नहीं है। ईश्वर ने जगत की रचना की, उसने अपने आपको प्रकाशित किया आदि, आधुनिक तकनीकि के युग में यह केवल एक मिथक मात्र ही है। प्रारम्भ में जिस रूप में ईश्वर को माना जाता था, उसका काम था ज्ञान की

कमियों या रिक्तियों को भरना, परन्तु जब से डार्विन ने अपने विकासवाद का प्रतिपादन किया है, तब से इस मिथक का भी अंत हो गया है कि ईश्वर सृष्टिकर्त्ता है। अब ईश्वर की आवश्यकता न तो बाह्य जगत के लिए है और न ही आंतरिक जगत के लिए, क्योंकि बिना ईश्वर के भी मानव अपनी समस्याओं का समाधान कर सकता है। पुनश्च, वे लिखते हैं कि धार्मिक जीवन भी अब ईश्वर बिना उसी प्रकार चल सकता है, जैसा कि प्रारम्भ में ईश्वर से युक्त होकर चलता था। इस प्रकार प्रारम्भिक जीवन जो ईश्वरयुक्त था, अब ईश्वर मुक्त हो गया है। इसीलिए डॉन हाफर लिखते हैं कि धर्म का अर्थ है जीसस द्वारा बताया गया आदर्श, जैसे - दु:ख-मुक्ति, दूसरों के लिए जीना आदि। इसके लिए ईश्वर को मानना आवश्यक नहीं है। इसी प्रकार पॉल बान बुरेन भी ईश्वर एवं उसके समानार्थक शब्दों की निरथर्कता के आधार पर सर्वप्रथम ईश्वर विहीन ईसाई धर्म की व्याख्या करते हैं।

भारतीय परम्परा में रवीन्द्र नाथ टैगोर, एम० एन० राय, नेहरू आदि को मानववाद के अग्रदूत के रूप में स्वीकार किया जाता है। टैगोर के अनुसार मानव ससीम एवं असीम का योग है। शारीरिक दृष्टि से तो वह सीमित है, परन्तु आध्यात्मिक दृष्टि से वह असीमित है। उनके अनुसार असीम का पूर्ण उद्‌घाटन तारों भरे आकाश में नहीं, बल्कि मनुष्य की आत्मा में ही होता है। मानव आत्मा अतुलनीय है, क्योंकि ईश्वर अपने आपको उसमें विशेष प्रकार से प्रकट करता है। अत: यह कहा जा सकता है कि मनुष्य से अधिक सत्य और कुछ नहीं है। इस धर्म में मानव को ही आराधना का विषय माना गया है। टैगोर मनुष्य को ही सृष्टि का सर्वश्रेष्ठ प्राणी मानते हैं। उनके अनुसार अन्य सभी केवल उसकी श्रेष्ठता दिखाने के लिए ही हैं। सम्भवत: यही कारण है कि उन्होंने 1931 के शांति निकेतन भाषण के दौरान कहा था कि 'मनुष्य की वीणा में बहुत से तार हैं: कुछ लोहे के, कुछ ताँबे के, परन्तु ईश्वर की वीणा में सोने का तार तो केवल मनुष्य ही है।'

टैगोर आध्यात्मिक मानववाद के समर्थक हैं। वे समग्र नित्य ईश्वर को भी मानवता की दृष्टि से ही परिभाषित करते हैं। उनके अनुसार परम सत्ता मानवीय है। यदि परम सत्ता में मानवीय अंश न हो तो वह मनुष्य के भीतर सर्वोत्तम अंश के रूप में उसकी मानवता को संतुष्ट नहीं कर सकता है। उनके अनुसार ईश्वरीय सत्ता को चाहे जो नाम दिया जाय, परन्तु उसे अपने मानवीय स्वरूप के कारण ही हमारे धर्म के इतिहास में सर्वोच्च स्थान प्राप्त है। वह पूर्णता के उन समस्त आदर्शों के लिए चिन्तन की पृष्ठभूमि प्रस्तुत करता है, जिसका मनुष्य के अपने स्वभाव से सामंजस्य है। पुनश्च, वे लिखते हैं कि 'मेरा धर्म मानव धर्म है जो असीम मानवता के रूप में परिभाषित होता है अर्थात् धर्म कुछ मानवीय गुणों को ईश्वर में आरोपित करने में नहीं अपितु ईश्वर के स्वरूप की मानवतावादी सिद्धि में ही है।'

एम० एन० राय भी अपनी पुस्तक "न्यू ह्यूमनिज्म" तथा अन्य रचनाओं में नव मानववाद या अविकल मानववाद या वैज्ञानिक मानववाद की स्थापना करते हैं। राय के अनुसार मनुष्य ही सभी कार्यों का केन्द्र बिन्दु है। राय अपने मानववाद में किसी बाह्य, रहस्यमय तथा अतिप्राकृतिक सत्ता का निषेध करते हुए कहते हैं कि "इतिहास मनुष्य के क्रिया-कलापों का लेखा-जोखा है।" [Roy, M.N. (1952): Reason, Romanticism and Revolution, Vol. 2, Renaissance

Publishers, Calcutta, p. 285.]। वे अध्यात्मवाद को एक प्रकार का अंध-विश्वास मानते हुए कहते हैं कि मनुष्य स्वयं अपने भाग्य का निर्माता है। उसमें इतनी क्षमता है कि वह इस संसार को बदलकर और भी अधिक सुन्दर और श्रेष्ठ बना दे, क्योंकि मनुष्य स्वभावत: विवेकपूर्ण तथा नैतिक है। इस प्रकार वे मानववाद को विवेक और लौकिक आत्मा पर आधारित मानते थे। यही उनका नव मानववाद है।

राय लिखते हैं कि यदि मानव अपने लिए एक नवीन-दर्शन की सृष्टि नहीं करता है तो वह अपने आप का विश्वास खो बैठेगा तथा वह सदा के लिए मार्ग से च्युत हो जायेगा। अत: सामाजिक ढाँचे का नवनिर्माण तथा मानव जीवन को सौहार्द्रपूर्ण एवं सुखमय बनाने के लिए मानव का पुनर्मूल्यांकन ही नव मानववाद का परम साध्य है। पुनश्च, वे लिखते हैं कि मानव की स्वतंत्रता ही उसे बर्बरता से सभ्यता की ओर बढ़ाने में सहायक हुई है। मानव विवेकपूर्ण चिंतन तथा ज्ञान के आधार पर ही अपने तथा बाह्य विश्व के अस्तित्व को समझ सकता है। अंध-विश्वास तथा धार्मिक मान्यता से ऊपर उठकर, वह ईश्वर की सत्ता को चुनौती देते हुए स्वयं को ढूंढने का प्रयास करता है।

राय इसी मानवीय स्वतंत्रता के रक्षार्थ उन सभी प्रकार की मान्यताओं को खण्डित करते हैं जो व्यक्ति के स्वतंत्र चिंतन एवं जीवन में बाधक हैं। इसमें सर्वाधिक प्रमुख अवधारणा धर्म (ईश्वर का अस्तित्व) है। उन्हें मानवतावाद की धर्मभीरूता स्वीकार नहीं थी, क्योंकि उनके अनुसार धर्म का मिश्रण कभी भी मानववाद को विनष्ट कर सकता है। अत: वे मनुष्य को सर्वोपरि मानते हुए किसी भी प्रकार की अतीन्द्रिय सत्ता का निषेध करते हैं। उनके अनुसार धर्म का दुष्प्रभाव यह रहा है कि व्यक्ति अपनी मुक्ति की जिम्मेदारी ईश्वर पर सौंप कर स्वयं आलसी एवं निकम्मा हो जाता है। यह अकर्मण्यता की स्थिति है। इस 'आदि-पाप' एवं 'आदि-पतन' से मनुष्य की मुक्ति अनिवार्य है। राय के अनुसार आदि-पाप का अर्थ है अनादि काल से चला आ रहा अज्ञान (*Ibid.*, p. 93), जबकि आदि-पतन का अर्थ है कि मनुष्य अपने आपको अन्य की तुलना में कमजोर एवं असमर्थ समझने लगे। [Roy, M.N. (1952): Reason, Romanticism and Revolution, Vol. 1, Renaissance Publisher, Calcutta, p. 55.]। राय के अनुसार इससे मुक्त होना आवश्यक है जिससे मानव में आत्म-विश्वास जागृत हो सके और वह अपने उद्धार का प्रयास कर सके तथा प्रत्येक व्यक्ति को अपने उद्धार का प्रयास स्वयं करना होगा, कोई ईश्वर या अन्य सत्ता इस कार्य को नहीं कर सकती।

नेहरू जी अपने मतों में धर्म का प्रतिवाद करते हुए मानव की अंतर्जात शक्ति में अटूट आस्था रखते हैं। 1960 में, उन्होंने कहा था कि मैं किसी धर्म अथवा मताग्रह से बँधा हुआ नहीं हूँ, परन्तु इसे कोई धर्म कहे या न कहे, मैं मनुष्यों की अंतर्जात आध्यात्मिकता में विश्वास करता हूँ। वे अपनी पुस्तक "मेरी कहानी" में लिखते हैं कि परलोक या मृत्यु के बाद क्या होगा, मुझे इसमें कोई दिलचस्पी नहीं है, क्योंकि इस जीवन की समस्याएँ ही मेरे जीवन को उलझाने के लिए काफी महसूस होती हैं। मुझे तो चीनियों की वह परम्परा जो मूलत: नैतिक है फिर भी नास्तिकता का रंग लिए हुए है, अधिक पसंद है। इस प्रकार नेहरू जी भी ईश्वर से पृथक् धर्म की परिकल्पना को स्वीकार करते हैं।

यदि उपरोक्त मतों पर सूक्ष्मतापूर्वक विचार किया जाय तो यह कहा जा सकता है कि जिन धर्मों में ईश्वर को अस्वीकार किया गया है, वहाँ भी किसी-न-किसी रूप में अति-प्राकृतिक सत्ता को अवश्य महत्त्व दिया गया है। यद्यपि मानववाद ईश्वर का निषेध करता है तथापि यदि इसके सभी पक्षों पर सूक्ष्मतापूर्वक विचार किया जाय तो यह कहा जा सकता है कि इसको मूलत: दो भागों में विभक्त किया जा सकता है: 1. प्रकृतिवादी मानववाद और 2. अति-प्रकृतिवादी मानववाद।

1. **प्रकृतिवादी मानववाद (Naturalistic Humanism)** प्रकृतिवादी मानववाद केवल बौद्धिकता या तर्क के आधार पर धर्म की सुसंगत व्याख्या करना चाहता है, परन्तु वास्तव में, वह धर्म, धर्म ही नहीं है जो शुद्ध बौद्धिकता पर आधारित हो। इसे धर्म की अपेक्षा आचार संहिता (Moral code) कहना अधिक उचित होगा। समाजशास्त्री दुर्खाइम के अनुसार तो शुद्ध प्रकृतिवादी विश्वास धर्म ही नहीं है।
2. **अति-प्रकृतिवादी मानववाद (Supra-naturalistic Humanism)** अति-प्रकृतिवादी मानववाद बौद्धिकता के साथ-साथ किसी-न-किसी रूप में आध्यात्मिक सत्ता को भी स्वीकार करता है। इस प्रकार जैन एवं बौद्ध धर्म प्रकृतिवादी मानववाद के उदाहरण न होकर अति-प्रकृतिवादी मानववाद के अंतर्गत आयेंगे, क्योंकि एक ओर वे शुद्ध बौद्धिक आधार के रूप में जगत की व्याख्या करते हैं तो दूसरी ओर अति-प्राकृतिक सत्ता को भी किसी-न-किसी रूप में अपने धर्म में महत्त्वपूर्ण स्थान प्रदान करते हैं।

यद्यपि जैन धर्म एक अनीश्वरवादी धर्म है, परन्तु व्यवहारत: तीर्थंकरों का जैन धर्म में वही स्थान है, जो हिन्दू धर्म में ईश्वर का। इसी प्रकार ईश्वर का निषेध करने वाले महात्मा बुद्ध भी अंतत: भगवान बुद्ध हो जाते हैं। यही नहीं, जैन एवं बौद्ध धर्म में मोक्ष या अलौकिक अनुभूति को अन्य धर्मों की ही भाँति स्वीकार किया गया है। इस प्रकार ये दर्शन भी अन्य ईश्वरवादी धर्मों की भाँति परलोक में आस्था रखते हैं। इसी प्रकार मानववादी धर्मों में भी या तो मनुष्य को ही ईश्वर बना दिया जाता है या किसी-न-किसी रूप में अति-प्राकृतिक सत्ता को अवश्य ही स्वीकार कर लिया जाता है, यथा - कन्फ्यूशियस नास्तिक होते हुए भी एक स्थान पर लिखते हैं कि 'ईश्वर ने ही मनुष्य में सद्गुणों का समावेश किया है। अस्तु, मनुष्य को नैतिक बनाने का श्रेय ईश्वर को ही है।'

स्पष्टत: धर्म में किसी-न-किसी रूप में निर्भरता एवं अभाव का तत्व अवश्य ही विद्यमान रहता है। इसीलिए श्यालरमाखर लिखते हैं कि 'निर्भरता में ही धर्म का सारतत्व निहित है' (The essence of religion consists in a feeling of absolute dependence upon God.)। यदि धर्म से निर्भरता के तत्व को निकाल दिया जाय तो वह धर्म न होकर नैतिक या दार्शनिक सिद्धांत बनकर रह जायेगा। यदि हम निर्भरता एवं अभाव के तत्व की सांगोपांग व्याख्या करना चाहते हैं तो इसके लिए किसी-न-किसी रूप में एक सर्वोच्च या परम सत्ता को मानना आवश्यक है जहाँ व्यक्ति अपनी भावनाओं को सर्वतोभावेन समर्पित करके अधिकाधिक संतोष का अनुभव करता है। इसी कारण प्राय: सभी धर्मों में किसी-न-किसी रूप में एक अति-प्राकृतिक सत्ता को स्वीकार किया गया है। तभी तो रोडनी स्टार्क एवं डब्ल्यू० सिम्स वेनब्रिज अपनी पुस्तक में

ठीक ही लिखते हैं कि "धर्म वह मानव संगठन है, जो मूलत: अति-प्राकृतिक मान्यता के द्वारा जीवन एवं जगत में अभाव की सम्पूर्ति करने में प्रयत्नशील है।" ["Religions are human organizations primarily engaged in providing general compensators based on supernatural assumptions." Stark, Rodney and Bainbridge, William Sims (1985): *The Future of Religion: Secularization, Revival and Cult Formation*, University of California Press, Berkeley, p. 8.]।

ईश्वर विहीन धर्म की सम्भावना (Possibility of Religion without God)

अंतत: प्रश्न उठता है कि क्या ईश्वर विहीन धर्म की संकल्पना सम्भव है? इस प्रश्न का उत्तर इस बात पर निर्भर करता है कि ईश्वर से हमारा तात्पर्य क्या है? यदि ईश्वर से हमारा अभिप्राय एक व्यक्तित्वपूर्ण, सगुण, साकार, ईश्वर से है तो नि:संदेह ऐसे धर्म सम्भव हैं, जिनमें व्यक्तित्वपूर्ण ईश्वर की अवधारणा को स्वीकार नहीं किया गया है, परन्तु यदि हम ईश्वर शब्द का प्रयोग व्यापक अर्थ में करते हैं, जहाँ व्यापकता का तात्पर्य ऐसे आदर्श अथवा आध्यात्मिक लक्ष्य की प्राप्ति से है जिसके लिए प्रत्येक धार्मिक व्यक्ति सदैव ही सचेष्ट रहता है, यथा - सत्यता, प्रेम, उदारता, करुणा, सहानुभूति, निर्भरता, समर्पण प्रभृति तो नि:संदेह ऐसा धर्म असम्भव है, जिसमें किसी-न-किसी रूप में इन मूल्यों को महत्त्व प्रदान न किया गया हो। इस प्रकार वे सभी विचार जो धर्म को केवल बौद्धिक धरातल तक ही सीमित रखते हैं, धर्म न होकर केवल विचारणा या आचार संहिता मात्र हैं।

पुनश्च, यदि धर्म में किसी अति-प्राकृतिक सत्ता को स्वीकार न किया जाय तो धर्म एवं नैतिकता के बीच विभेद कर पाना सम्भव नहीं हो सकेगा, क्योंकि नैतिकता में वे सारे तत्व विद्यमान हैं जो प्रकृतिवादी धर्म के अंतर्गत स्वीकार किये जाते हैं। यदि हम नैतिकता को ही धर्म कहते हैं तो अच्छा होगा कि उसे धर्म न कहकर आचार संहिता कहा जाय, क्योंकि धर्म केवल नैतिकता ही नहीं है बल्कि यह नैतिकता को अपने आप में समाहित करते हुए उससे भी अधिक व्यापक है। 'निर्भरता की भावना' ही वह प्रमुख तत्व है जो नैतिकता को धर्म से पृथक् करता है, परन्तु निर्भरता के लिए किसी-न-किसी रूप में एक सर्वोच्च सत्ता का होना आवश्यक है। अस्तु, प्रत्येक धर्म में किसी-न-किसी रूप में ईश्वर या अलौकिक सत्ता या परलोक को स्थान दिया जाता है। इस प्रकार यह कहा जा सकता है कि हम ईश्वर को मानने या न मानने के लिए तो स्वतंत्र हैं, परन्तु यदि हम धर्म को स्वीकार करते हैं तो हमें किसी-न-किसी रूप में अलौकिक सत्ता को स्थान देना ही होगा। ऐसा न करना आत्म-विरोधी हो जायेगा। सम्भवत: यही कारण है कि राबर्ट फ्लिंट लिखते हैं कि "यदि हम धर्म में विकास चाहते हैं, तो यह अनिवार्यत: ईश्वर में हमारे विश्वास से मुक्त होकर नहीं बल्कि उनके चरित्र एवं क्रियाओं के गहन एवं विस्तृत चिंतन से युक्त होकर तथा हमारे हृदय एवं जीवन को अधिक निष्कपट एवं आस्था से युक्त ज्ञान के अनुरूप बनाकर ही सम्भव है।" ["If we would advance in religion, it must be, not by getting rid of our belief in God, but by getting deeper and wider view of his Character and operations, and by conforming our hearts and lives more sincerely and faithfully to our knowledge." Robert Flint (1902): *Theism: The Baird Lecture for 1876*, William Blackwood & Sons, Edinburgh, p. 53.]। अस्तु, यह कहा जा सकता है कि ईश्वर विहीन धर्म कपोलकल्पित अवधारणा मात्र है, जिसकी अनुशंसा न तो सैद्धांतिक आधार पर और न ही व्यावहारिक धरातल पर की जा सकती है।

✤✤✤

धार्मिक ज्ञान के आधार (Foundation of Religious Knowledge)

अध्याय 7

- परिचय
- तर्कबुद्धि
- आस्था
- दैवी प्रकाशना/इलहाम

परिचय (Introduction)

धार्मिक ज्ञान का आधार क्या है? इस समस्या पर विचार करने से पूर्व यह ज्ञान अपेक्षित है कि ज्ञान क्या है? सामान्यत: ज्ञान शब्द का प्रयोग वैज्ञानिक ज्ञान के अर्थ में किया जाता है। प्रश्न उठता है कि क्या वैज्ञानिक ज्ञान एवं धार्मिक ज्ञान एक ही है या दोनों में कुछ मूलभूत वैषम्य है? यदि दोनों में कुछ वैषम्य है तो पुन: प्रश्न उठता है कि धार्मिक ज्ञान का आधार क्या है? क्या धार्मिक ज्ञान के सत्यापन की कोई विशिष्ट पद्धति है? यदि कोई विशिष्ट पद्धति है तो क्या धार्मिक ज्ञान को सामान्य प्रचलित अर्थ में ज्ञान कहा जा सकता है? आदि-आदि।

पाश्चात्य परम्परा में ज्ञान शब्द का प्रयोग सामान्यत: वैज्ञानिक ज्ञान के अर्थ में ही किया जाता है। रसेल लिखते हैं कि "जो कुछ भी ज्ञान प्राप्त किया जाता है उसे वैज्ञानिक पद्धति से प्राप्त किया जाना चाहिए और जो विज्ञान की खोज के परे है, मनुष्य उसे नहीं जान सकता है।" ["Whatever knowledge is attainable, it must be attained by scientific method; and what science cannot discover mankind cannot know." Russell, B. (1935): *Science and Ethics*, Oxford University Press, Oxford, p. 243.]। इस प्रकार वैज्ञानिक पद्धति से प्राप्त ज्ञान ही प्रामाणिक एवं यथार्थ ज्ञान है जिसे जी० ई० मूर यथार्थ ज्ञान (Knowledge Proper) की संज्ञा देते हैं। [Moore, G. E. (1953): *Some Main Problems of Philosophy*, George Allen

& Unwin, London, p. 81.]। हालाँकि इलाहाबाद विश्वविद्यालय के चार प्राध्यापकों प्रो० ए० सी० मुखर्जी, प्रो० आर० डी० रानाडे, प्रो० आर० एन० कौल तथा प्रो० पी० एस० बरेल, ने वैज्ञानिक ज्ञान को यथार्थ ज्ञान कहने से इंकार कर दिया। इनके अनुसार यथार्थ ज्ञान केवल आध्यात्मिक ज्ञान है। इसी मान्यता के आधार पर एस० एल० पाण्डेय ज्ञानमीमांसा को दो भागों में विभक्त करते हैं - पहला, सतही ज्ञानमीमांसा (Surface epistemology) एवं दूसरा, गहन ज्ञानमीमांसा (Depth epistemology)। [Pandey, S.L. (1987): *Problems of Depth Epistemology*, Shubhachintak Press, Allahabad, p. 9.]। इनके अनुसार सतही ज्ञानमीमांसा का तात्पर्य वैज्ञानिक ज्ञान से है जो मन एवं बुद्धि के द्वारा जाना जाता है जबकि गहन ज्ञानमीमांसा का तात्पर्य आध्यात्मिक ज्ञान या आत्म-ज्ञान या धार्मिक ज्ञान से है जो अपरोक्षानुभूति का विषय है। पुनश्च, गहन या यथार्थ ज्ञान वह है जो सभी परिस्थितियों में अपरिवर्तनशील एवं शाश्वत होने के साथ-ही-साथ परम शांति प्रदायक भी हो (ज्ञानं लब्ध्वा परां शांतिमचिरेणाधिगच्छति। गीता - 4/39)। इस प्रकार सतही ज्ञान को यथार्थ ज्ञान नहीं कहा जा सकता है, क्योंकि यह सतत् परिवर्तित होता रहता है। अस्तु, यथार्थ ज्ञान तो केवल गहन ज्ञान ही है।

प्रश्न उठता है कि ज्ञान क्या है? सर्वप्रथम प्लेटो 'थिटिटस' (201-D) में ज्ञान को परिभाषित करते हुए कहते हैं कि 'ज्ञान एक प्रामाणिक सत्य विश्वास है' (Knowledge is a justified true belief.)। इस प्रकार प्लेटो के अनुसार यदि कोई व्यक्ति कहता है कि 'मैं जानता हूँ कि प' तो इसके लिए तीन शर्तें आवश्यक हैं:

1. 'प' सत्य हो।
2. मैं 'प' पर विश्वास भी करूँ।
3. मेरे पास 'प' में विश्वास करने के लिए प्रमाण भी हो।

उपर्युक्त तीनों शर्तों के पूर्ण होने पर ही उसे ज्ञान कहा जा सकता है, यथा - गाय के चार पैर होते हैं। इसके लिए सर्वप्रथम यह आवश्यक है कि गाय के चार पैर होते हैं। पुनश्च, माना कि यह सत्य है कि गाय के चार पैर होते हैं, परन्तु यदि हम उस पर विश्वास न करें तो उसे ज्ञान नहीं कहा जा सकता है। अब माना कि हम उस पर हम विश्वास भी करते हैं, परन्तु यदि उस विश्वास के पक्ष में कोई प्रमाण नहीं है तो भी उसे ज्ञान नहीं कह सकते हैं। इस प्रकार यथार्थ ज्ञान के लिए सत्य एवं विश्वास के साथ-साथ प्रमाण का होना आवश्यक है।

धार्मिक ज्ञान के समर्थकों का कहना है कि तीनों शर्तें वैज्ञानिक ज्ञान के लिए आवश्यक हैं, धार्मिक ज्ञान के लिए नहीं। धार्मिक ज्ञान या विश्वास पारमार्थिक सत्ता से सम्बंधित होता है। डब्लू० टी० ब्लैकस्टोन लिखते हैं कि "किसी उपास्य विषय के प्रति पूर्ण प्रतिबद्धता ही धार्मिक विश्वास है।" ["Religious belief induces a total commitment to an object of devotion." Blackstone, W.T. (1963): *The Problem of Religious Language*, Prentice-Hall, Inc., New York, p. 4.]। इस प्रकार धार्मिक विश्वास या ज्ञान वस्तुनिष्ठ न होकर मूलत: आत्मनिष्ठ होता है। अत: इसके पक्ष में कोई वस्तुनिष्ठ प्रमाण प्रस्तुत नहीं किया जा सकता है और प्रमाण के अभाव में इसे ज्ञान कदापि नहीं कहा जा सकता है, जबकि वास्तविकता यह है कि भारतीय परम्परा में धार्मिक ज्ञान को परा ज्ञान (Higher knowledge) कहकर उसे पूर्णतया सत्

(Really real) कहा गया है। इन्हीं मान्यताओं के परिप्रेक्ष्य में धार्मिक ज्ञान के समर्थक धार्मिक ज्ञान एवं वैज्ञानिक ज्ञान के बीच स्पष्ट विभेद करते हैं।

धार्मिक ज्ञान एवं वैज्ञानिक ज्ञान के बीच मूलभूत वैषम्य उनकी पद्धति, स्वरूप एवं क्षेत्र को लेकर है जो निम्नलिखित है:

- वैज्ञानिक ज्ञान की पद्धति निरीक्षण एवं प्रयोग की पद्धति है। जब तक कोई भी ज्ञान निरीक्षण एवं प्रयोग के द्वारा सिद्ध नहीं हो जाता है तब तक उसे वैज्ञानिक ज्ञान नहीं कहा जा सकता है, परन्तु धार्मिक ज्ञान को निरीक्षण एवं प्रयोग के द्वारा सिद्ध नहीं किया जा सकता है। श्रुतियाँ इसे मन एवं बुद्धि से अगम्य बताती हैं ('यतो वाचो निवर्तन्ते अप्राप्य मनसा सह।' - तैत्तिरीयोपनिषद्, 2/1/9 तथा 'नैषा तर्केण मतिरापनेया।' - कठोपनिषद्, 1/2/9)। वास्तव में धार्मिक ज्ञान की प्रामाणिकता का आधार आस्था एवं विश्वास है। इस प्रकार यह 'प्रामाण्यम् निरपेक्षं' होने के कारण यह निरीक्षण एवं प्रयोग का विषय न होकर साक्षात् अपरोक्षानुभूति (Self-realisation) का विषय है। उपनिषद् के अनुसार यह अनुभूति 'ऋतम्भरा प्रज्ञा' के द्वारा होती है, जबकि श्री अरविन्द मानते हैं कि यह अनुभूति 'मन' (Mind) के स्तर पर न होकर 'अति-मन' (Super-mind) के स्तर पर होती है।
- वैज्ञानिक ज्ञान वस्तुनिष्ठ (Objective) होता है, अत: कोई भी व्यक्ति इसकी वैधता की परख अपने अनुभव के आधार पर सहजतापूर्वक कर सकता है, जबकि धार्मिक ज्ञान आत्मनिष्ठ (Subjective) होता है, अत: इसकी वैधता को सामान्य अनुभव के द्वारा न तो सिद्ध किया जा सकता है और न ही असिद्ध किया जा सकता है।
- वैज्ञानिक ज्ञान सार्वभौमिक (Universal) होता है अर्थात् यह सभी देश-काल में समान रूप से सत्य होता है, जबकि धार्मिक ज्ञान व्यक्तिगत (Individual) होने के कारण यह व्यक्ति सापेक्ष होता है। अत: इसे किसी भी परिस्थिति में सार्वभौमिक नहीं बनाया जा सकता है।
- वैज्ञानिक ज्ञान का क्षेत्र व्यावहारिक जगत (Phenomenal world) है, जबकि धार्मिक ज्ञान का क्षेत्र पारमार्थिक जगत (Noumenal world) है। इसी कारण सामान्यत: यह कहा जाता है कि 'जहाँ सभी विज्ञानों का अंत होता है वहीं से दर्शन (धार्मिक ज्ञान) का आरम्भ होता है' (Where all sciences end philosophy begins.)।

तर्कबुद्धि (Reason)

सामान्यत: धार्मिक ज्ञान के आधार के रूप में चार महत्त्वपूर्ण संकायों को स्वीकार किया जाता है: (1) रहस्यानुभूति (Mystical experience); (2) दैवी-प्रकाशना (Revelation); (3) आस्था (Faith) एवं (4) तर्कबुद्धि (Reason)। इनमें से तर्कबुद्धि को महत्त्वपूर्ण मानते हुए लुईस सैमुअल (Viscount Herbert Louis Samuel) अपनी पुस्तक "*Religion in The Modern World*" (1952) में लिखते हैं कि "यदि धर्म की युगानुरूप विवेचना करनी है तो तर्कबुद्धि को महत्त्व देना ही पड़ेगा। जब हम आँख मूँदकर अपने अंत:करण या मूल प्रवृत्ति में विश्वास कर लेते हैं तो

परेशानी में पड़ सकते हैं।" [Samuel, V.H.L. (1952): *Religion in the Modern World*, George Allen & Unwin, London, pp. 32–33.]। जगत में परिवर्तन के साथ-ही-साथ धार्मिक विश्वासों में भी परिवर्तन होना स्वाभाविक ही है। अस्तु, धर्म की युगानुरूप व्याख्या करने के लिए तर्कबुद्धि को महत्त्व देना पड़ेगा, अन्यथा धर्म रूढ़िवादी होने के कारण अंतत: संशयवादियों के द्वारा उपहास का विषय बन जायेगा। तर्कबुद्धि के द्वारा ही उसमें 'वस्तुनिष्ठता' (Objectivity) एवं 'सार्वभौमिकता' (Universalety) आती है। इस प्रकार धर्म की युगानुरूप व्याख्या करने तथा उसमें 'वस्तुनिष्ठता' (Objectivity) एवं 'सार्वभौमिकता' (Universalety) लाने के लिए तर्कबुद्धि की महती आवश्यकता है।

इसके विपक्ष में धार्मिक ज्ञान के समर्थकों का कहना है कि तर्कबुद्धि के द्वारा धार्मिक ज्ञान की प्राप्ति नहीं हो सकती है, क्योंकि:

- बुद्धि सम्बंधों के माध्यम से चलती है जबकि ईश्वर या निरपेक्ष सभी प्रकार के सम्बंधों से परे है। अत: बुद्धि द्वारा निरपेक्ष को जाना नहीं जा सकता है। इस मत का समर्थन एफ० एच० ब्रेडले, मार्टिन लूथर, आचार्य नागार्जुन आदि करते हैं। ब्रेडले लिखते हैं "विमर्शात्मक बुद्धि जो केवल पदों एवं सम्बंधों रूपी यंत्र के माध्यम से संचालित होती है, केवल आभास को ही व्यक्त करती है, सत् को नहीं।" ["A relational way of thought - any one that moves by the machinery of terms and relations - must give appearance and not truth." Bradley, F.H. (1916): *Appearance and Reality*, George Allen & Unwin, London, p. 33.]। पुनश्च, "विचार सम्बंधात्मक एवं विमर्शात्मक होता है और यदि उसका यह स्वभाव समाप्त हो जाय तो उसने निश्चित ही आत्महत्या कर ली है।" ("Thought is relational and discursive, and if it ceases to be this, it commits suicide." *Ibid.*, p. 150.)। अस्तु, उनके अनुसार 'जब हमारी विमर्शात्मक बुद्धि आत्महत्या कर लेगी तभी हमें निरपेक्ष का ज्ञान होगा।'

  इसी प्रकार बौद्ध दार्शनिक माध्यमिक शून्यवादी नागार्जुन कहते हैं कि जब हम बुद्धि के द्वारा तत्व को जानने का प्रयास करते हैं तो वह छिन्न-भिन्न हो जाता है (यथा-यथा विचार्यते, विशीर्यते तथा-तथा।)। नागार्जुन अपनी पुस्तक 'मूलमाध्यमिककारिका' में लिखते हैं कि 'सर्वदृष्टिप्रहाणाय य: सद्धर्ममदेशयत्।' - 27/30। इसी दृष्टि से टी० आर० वी० मूर्ति लिखते हैं कि जब सभी प्रकार की विकल्प-दृष्टियों का अंत होता है तभी निरपेक्ष का अनुभव होता है [सर्वसंकल्पप्रहाणाय शून्यताऽमृत देशना। - Quoted from Murti, T.R.V. (2013): *The Central Philosophy of Buddhism*, M.M. Publishers, New Delhi, p. 146.]। इसी प्रकार मार्टिन लूथर का भी कहना है कि 'कोई व्यक्ति धार्मिक सत्य को तब तक जान नहीं सकता है जब तक वह बुद्धि रूपी आँख को मार न दे, उसे पृथ्वी में दफन न कर दे। तर्कबुद्धि धार्मिक ज्ञान के लिए हानिकर है।' "तर्कबुद्धि एक बड़ी खूनी हत्यारिन, शैतान की दुल्हन, एक शैतान, घृणित वेश्या, एक अंधी पथ-प्रदर्शक, आस्था की दुश्मन, ईश्वर की एक महान एवं सर्वाधिक अजेय शत्रु है।" ["Reason is a big red murderess, the devil's bridge, a damned whore, a blind guide, the enemy of faith, the greatest and most invincible enemy of God." Becker, Siegbert (1982): *The Foolishness of God*, Northwestern Publishing House, Milwaukee, p. 1.]।

- जब हम बुद्धि के द्वारा तत्व को जानने का प्रयास करते हैं तो परस्पर विरोधी विचार उठते हैं, जिनका समन्वय स्वयं बुद्धि के द्वारा सम्भव नहीं है। इमैनुअल काण्ट के अनुसार 'जब हम बुद्धि के द्वारा ईश्वर को जानने का प्रयास करते हैं तो जितना ईश्वर के पक्ष में तर्क प्रस्तुत किया जा सकता है उतना ही उसके विपक्ष में और स्वयं बुद्धि में यह सामर्थ्य नहीं है कि वह इस पक्ष-विपक्ष के बीच कोई निर्णय कर सके।' सम्भवत: यही कारण है कि शंकराचार्य इसे 'प्रामाण्यं निरपेक्षम्' कहकर अपरोक्षानुभूति (Self-realisation) का विषय बताते हैं। उपनिषद् इसे नेति-नेति कहते हैं। इस प्रकार तर्कबुद्धि के द्वारा ईश्वर के अस्तित्व को न तो सिद्ध किया जा सकता है और न ही उसे असिद्ध किया जा सकता है। अत: इसके सम्बंध में मौन का उपदेश किया गया है।
- कोई भी निचली स्तर की सत्ता अपने से उच्च स्तर की सत्ता को पूर्णतया जान भी नहीं सकती है। किसी चीज को जानने के लिए या तो उससे ऊपर उठना होगा अथवा कम-से-कम उस स्तर पर तो जाना ही होगा, जैसे - मछली समुद्र को नहीं जान सकती, परन्तु समुद्र तो मछली को अवश्य ही जानता है। इसी प्रकार ईश्वर, शरीर, इन्द्रियाँ, मन, बुद्धि, आदि से उच्च स्तरीय सत्ता होने के कारण इन्द्रियों, मन, बुद्धि, आदि के द्वारा उसे कैसे जाना जा सकता है। श्री अरविन्द के अनुसार ब्रह्म 'निचली गोलार्ध' (Lower-hemisphere) की सत्ता न होकर 'ऊपरी गोलार्ध' (Upper-hemisphere) की सत्ता है, अत: इसका ज्ञान 'निचली गोलार्ध' के तत्वों, यथा - 'बुद्धि' अथवा 'मन' (Mind) के द्वारा न होकर 'अति-मन' (Super-mind) के द्वारा होता है। इसी अति-मन को उपनिषद् में 'ऋतम्भरा प्रज्ञा' कहा गया है। सम्भवत: यही कारण है कि श्रुतियाँ इसे 'अमनीभाव' कहते हुए मन एवं बुद्धि से अगम्य बताती हैं ('यतो वाचो निवर्तन्ते अप्राप्य मनसा सह।' - तैत्तिरीयोपनिषद् 2/1/9 तथा 'नैषा तर्केण मतिरापनेया।' - कठोपनिषद् 1/2/9)। रूडोल्फ ऑटो अपनी पुस्तक "*The Idea of the Holy*" में लिखते हैं कि यह बुद्धि की अवस्था न होकर अनुभूति की अवस्था है। अत: जिसे इसका अनुभव नहीं हुआ है उसे बुद्धि के द्वारा बताया नहीं जा सकता है।
- जिस तर्कबुद्धि के द्वारा हम तत्व को जानने का दावा करते हैं, स्वयं उसकी प्रामाणिकता का निर्धारण कैसे होगा? तर्कबुद्धि की प्रामाणिकता को सिद्ध करने के लिए बुद्धि के अतिरिक्त कोई अन्य युक्ति नहीं है। तर्कबुद्धि स्वत: तो प्रामाणिक हो नहीं सकती है और यदि इसकी प्रामाणिकता स्वयं तर्कबुद्धि के द्वारा ही सिद्ध की जाय तो अन्तत: आत्माश्रय दोष आयेगा। अस्तु, प्रामाणिकता के अभाव में तर्कबुद्धि धार्मिक ज्ञान का आधार नहीं हो सकती है। जिस प्रकार आकाश में पूरी तरह उड़ान भरने के बाद ही पक्षी के मन में आकाश के प्रति सच्ची श्रद्धा उत्पन्न होती है या जिस प्रकार जब मेढक कुएँ से समुद्र में छलांग लगाता है तब उसके मन में अपनी लघुता के साथ-ही-साथ समुद्र की व्यापकता का भी बोध होता है, ठीक उसी प्रकार जब बुद्धि तर्क करते-करते थकित होकर विराम ले लेती है तभी ईश्वर के प्रति सच्ची श्रद्धा एवं निष्ठा का भाव जागृत होता है (वादे-वादे

जायते तत्वबोध:)। फ्रांसिस बेकन लिखते हैं कि 'दर्शन की गहराइयों में उतरने पर ही व्यक्ति धर्म का अनुसरण करता है।'

बुद्धिवादी दार्शनिकों के अनुसार ये सभी आक्षेप अनुचित हैं। उदाहरण के लिए हेगेल का कहना है कि एक ओर यह कहना कि निरपेक्ष का अस्तित्व है और दूसरी ओर यह भी कहना कि हम उसे जान नहीं सकते हैं, ये दोनों ही परस्पर विरोधी बातें हैं। यदि हम उसे जान ही नहीं सकते हैं तो यह कैसे कह सकते हैं कि उसका अस्तित्व है। इस प्रकार निरपेक्ष को अज्ञेय कहना उसे ज्ञेय बना देना है। समस्या यह है कि या तो निरपेक्ष का अस्तित्व है या उसका अस्तित्व नहीं है। यदि अस्तित्व है तो हम यह नहीं कह सकते हैं कि वह अज्ञेय है। जिस सत्ता के सम्बंध में हमारी इन्द्रियों और बुद्धि की पहुँच नहीं है उसके सम्बंध में कुछ भी कहना अनुचित है। विट्गेंस्टाइन 'Tractatus-Logico-Philosophicus' (1922) के 'Preface' में ठीक ही लिखते हैं कि "यदि हम चिन्तन की कोई सीमा निर्धारित करते हैं तो इसके लिए हमें सीमा के दोनों पार्श्वों पर विचार करना होगा।" ["In order to draw a limit to thinking, we should have to think both sides of its limit." Wittgenstein, L. (1922): *Tractatus-Logico-Philosophicus*, Trans. by Pears, D.F. & Mcguiness, B.F., Routledge, London, p. 3.)। इसी प्रकार ब्रेडले भी "*Appearance and Reality*" (1893) में लिखते हैं कि "वह मनुष्य जो यह सिद्ध करने का प्रयास करता है कि तत्वविज्ञान असम्भव है, वह एक विरोधी पक्ष का तत्वज्ञानी बंधु ही है।" ("A man who is ready to prove that metaphysics is impossible, is a brother metaphysician with a rival theory of his own." p. 1.)।

पुनश्च, वस्तु के अस्तित्व को उसके ज्ञान से पृथक् किया भी नहीं जा सकता है। इस मत का समर्थन करते हुए जॉन केयर्ड लिखते हैं कि "हम वृत्त के केन्द्र का उसके परिधि से विभेद कर सकते हैं, किसी चुम्बक के दोनों ध्रुवों के बीच भेद कर सकते हैं, इसी प्रकार किसी छड़ी के उसके दोनों छोरों के बीच विभेद कर सकते हैं, परन्तु केन्द्र के बिना परिधि की, चुम्बक के बिना उसके दोनों ध्रुवों की तथा छड़ी के बिना उसके छोरों की परिकल्पना नहीं की जा सकती है। ऐसा इसलिए नहीं कि हमारी बुद्धि सीमित है और वह इस तत्व को समझने में असमर्थ है बल्कि इसलिए कि वृत्त के केन्द्र को परिधि से पृथक् रूप में तथा छड़ी के दोनों छोरों को छड़ी से पृथक् रूप में समझना सम्भव ही नहीं है। इसी प्रकार निरपेक्ष को किसी सम्बंध के द्वारा ही जाना जा सकता है।" ["We can distinguish the centre of a circle from the circumference, the north from the south pole of a magnet, the one end of a stick from the other; but by no effort of abstraction can we, in any of these cases, think one of the correlatives as an object existing by itself in absolute isolation from the other - conceive, *i.e.*, of a centre existing in pure individuality without relation to a circumference, of a north pole which has in it no implication of a south, of a stick with only one end. Nor is it any limitation or disability of finite intelligence which makes this feat an impossible one, but simply its incapacity to give independent reality to an abstraction. In like manner, the endeavour to conceive of an absolute being or reality existing apart by itself and having no relation to thought is the quest after a chimera. The words 'objectivity', 'object', carry with them as their inseparable correlatives 'subjectivity', 'subject', and to ask us to conceive of an object which is out of relation to a subject, is to ask us to conceive of that which is given only *in* relation as existing *out of* relation - of that which has no meaning save in and for consciousness, as existing outside of consciousness." Caird, John (1880): *Introduction to the Philosophy of Religion*, Macmillan and Company Ltd., London, pp. 20–21.]। इस प्रकार तर्कबुद्धि के द्वारा निरपेक्ष का ज्ञान भी किसी सम्बंध के माध्यम से ही प्राप्त किया जा सकता है। स्पष्टत: केयर्ड का यह मत, ब्रेडले के मत के ठीक विपरीत है। ब्रेडले मानते हैं कि जो सम्बंध पर आधारित है वह आभास मात्र है जबकि केयर्ड के अनुसार बिना सम्बंध के किसी भी चीज को जानना सम्भव ही नहीं है अर्थात् जो सम्बंध से परे है वह ज्ञान का विषय हो ही नहीं सकता है।

इसी प्रकार बौद्ध दार्शनिक विज्ञानवादी 'सहोपलम्भ नियम' के आधार पर ज्ञान और अस्तित्व को अभेद मानते हैं। आचार्य धर्मकीर्ति के अनुसार ज्ञान एवं अस्तित्व इन दोनों की उपलब्धि साथ-साथ होती है, जैसे - नीला रंग एवं नीले रंग का ज्ञान दोनों की उपलब्धि साथ-साथ होती है (सहोपलम्भनियमादभेदो नीलतद्धियो:)। इसी प्रकार आचार्य दिग्नाग लिखते हैं कि "जो हमारी आंतरिक चेतना में है वही बाह्य जगत के रूप में अभिव्यक्त होता है।" ('यदन्तर्ज्ञेयरूपं तद् बहिर्वदवभासते।' आलम्बन-परीक्षा कारिका - 6)। अस्तु, ज्ञान से पृथक् अस्तित्व की परिकल्पना असम्भव है। स्पष्टत: तर्कबुद्धि धार्मिक ज्ञान का एक महत्त्वपूर्ण आधार है। इसके पक्ष में कई अन्य तर्क भी दिये जा सकते हैं जो निम्नलिखित हैं:

1. धार्मिक ज्ञान अंधविश्वासों पर आधारित हो सकता है, तर्कबुद्धि ही उसे अंधविश्वासों से पृथक् करके एक व्यापक आधार प्रदान करती है। इसीलिए आचार्य शंकर लिखते हैं कि यदि श्रुति का अन्य प्रमाणों से विरोध हो तो उसकी विवेचना उस प्रमाण के परिप्रेक्ष्य में करनी चाहिए न कि उस श्रुति के परिप्रेक्ष्य में, क्योंकि श्रुति की अपेक्षा युक्ति अनुभव के अत्यधिक सन्निकट है (युक्तिरनुभवस्य सन्निकृष्यते। शांकरभाष्य - 2/1/4)।
2. धार्मिक अनुभूति क्षणिक होती है। संत टेरेसा ने तो इसकी अवधि भी निर्धारित कर दी है: 'अधिकतम आधा घण्टा'। यदि हम उस क्षणिक अनुभूति में स्थायित्व लाना चाहते हैं तो तर्कबुद्धि का प्रयोग करना ही पड़ेगा।
3. धार्मिक अनुभूति नितांत व्यक्तिगत होती है। कुरूक्षेत्र के युद्ध में भगवान श्री कृष्ण के विराट स्वरूप को केवल अर्जुन ने ही देखा, अन्य किसी ने भी नहीं। इस व्यक्तिगत अनुभूति को सार्वभौमिक बनाने के लिए तर्कबुद्धि का प्रयोग करना पड़ेगा। सम्भवत: यही कारण है कि मध्ययुगीन धर्मशास्त्रियों ने, यथा - संत अंसेलम, संत आगस्टाइन, संत थॉमस एक्विनॉस आदि ने धार्मिक मान्यताओं को तर्क के आधार पर प्रतिष्ठित किया।
4. धार्मिक अनुभूति आत्मनिष्ठ होती है, उसमें वस्तुनिष्ठता लाने के लिए तर्कबुद्धि का प्रयोग अपेक्षित है।
5. यदि विभिन्न धर्मों के बीच परस्पर मत-वैभिन्यता उत्पन्न हो जाय तो तर्कबुद्धि के द्वारा ही उसमें एकता तथा सामंजस्य की स्थापना की जा सकती है।

यही कारण है कि महर्षि व्यास जी भी कहते हैं कि 'वही धर्म श्रेष्ठ है जो तर्कसंगत हो'। आर० एल० पैटरसन का भी कहना है कि 'धार्मिक होने का अर्थ है तार्किक होना तथा तार्किक होने का अर्थ है धार्मिक होना।' (To be religious is to be rational and to be rational is to be religious.)। स्पष्टत: 'तर्क से रहित आस्था केवल दुरास्था है' (A faith without contention is sheer bad-faith.)। गीता में भगवान श्री कृष्ण लिखते हैं कि 'हे अर्जुन! मुझे भक्त तो सभी प्रिय हैं, परन्तु भक्तों में ज्ञानी भक्त सर्वाधिक प्रिय हैं, क्योंकि उसकी मुझमें अनन्य भक्ति होती है।' (तेषां ज्ञानी नित्ययुक्त एकभक्तिर्विशिष्यते। प्रियो हि ज्ञानिनोऽत्यर्थमहं स च मम प्रिय:॥ गीता - 7/17)। आचार्य शंकर के अनुसार 'सत् एवं असत् को जानने का एकमात्र स्रोत तर्कबुद्धि ही है।' (बुद्धिर्हि न: प्रमाणं सदसतोर्याथात्म्यावगमे। कठभाष्य - VI, 12)। पुनश्च, उनके अनुसार 'यह कथन कि तर्क अप्रतिष्ठित है, स्वयं तर्क द्वारा ही प्रतिष्ठित किया जा सकता है। यदि सभी तर्कों को अप्रतिष्ठित मान लिया जाय तो हमारा सम्पूर्ण व्यावहारिक जीवन ही असम्भव हो जायेगा। (एतदपि तर्काणामप्रतिष्ठितत्वं तर्केणैव प्रतिष्ठाप्यते, सर्वतर्काप्रतिष्ठायां च लोकव्यवहारोच्छेदप्रसंग:॥ शांकरभाष्य - 2/1/11)। अस्तु, सैमुअल लिखते हैं कि 'यद्यपि इससे कोई इन्कार नहीं कर सकता है कि तर्कबुद्धि के अनुसार कार्य करने में गलतियों की सम्भावना है। इसलिए मनुष्य को अपने अंत:करण का प्रयोग करना चाहिए, परन्तु यदि स्वयं अंत:करण कोई गलती करे तो हमें क्या करना चाहिए? इसके लिए तो अंतत: हमें तर्कबुद्धि की शरण में जाना ही होगा।'

आस्था (Faith)

आज के वैज्ञानिक युग में 'धार्मिक आस्था' की समस्या धर्म दार्शनिकों के समक्ष एक चुनौती के रूप में प्रस्तुत हुई है। इसका मूल कारण है, इसमें 'बौद्धिकता' का सर्वथा अभाव पाया जाता है। इस दृष्टि से प्रथम अमेरिकन महिला ईश्वरशास्त्री जार्जिया इल्मा हार्कनेस (Georgia Elma Harkness) अपनी पुस्तक "*The Modern Rival of Christian Faith: An Analysis of Securalism*" (1952) में ठीक ही लिखती हैं कि 'आजकल आस्था और विशेषकर धार्मिक आस्था की वैधता अग्निपरीक्षा की दौर से गुजर रही है। इसका मुख्य कारण है पश्चिमी समाज में व्याप्त यह अवधारणा कि केवल वैज्ञानिक पद्धति और वह भी केवल जो सत्यापित की जा सके, वही स्वीकार्य है।' हार्कनेस की इस चिंता के बावजूद भी आज धार्मिक विश्वास के आधार के रूप में धार्मिक आस्था का न तो महत्त्व ही कम हुआ है और न ही इसकी उपेक्षा की जा सकती है। इसीलिए सर आर्थर एडिंग्टन (Sir Arthur Eddington), "*The Philosophy of Physical Science*" (1939) में लिखते हैं कि "तर्कणा के इस युग में भी आस्था का सर्वोच्च स्थान है।" ["In the age of reason, faith yet remains supreme for reason is one of the articles of faith." Eddington, Sir Arthur (1939): *The Philosophy of Physical Science*, Cambridge University Press, London, p. 222.]। इसी प्रकार अल्बर्ट आइंस्टीन (Albert Einstein) भी "*Out of My Later Years*" (1956) में लिखते हैं कि "ऐसी सकारात्मक आस्था के बिना तो सच्चे वैज्ञानिक की कल्पना भी नहीं की जा सकती है।" ["I cannot conceive of a genuine scientist without that profound faith." Einstein, Albert (1950): *Out of My Later Years*, Philosophical Library, New York, p. 26.]।

क्वांटम भौतिकी के प्रख्यात वैज्ञानिक मैक्स प्लैंक भी कहते हैं कि "कोई व्यक्ति जो किसी प्रकार के वैज्ञानिक कार्य में गम्भीरतापूर्वक लगा हुआ है अनुभव करता है कि विज्ञान के मंदिर के दरवाजे के प्रवेश द्वार पर ये शब्द लिखे हैं: तुम्हें आस्था अवश्य होगी। यह एक ऐसी विशेषता है जिसे कोई वैज्ञानिक छोड़ नही सकता है।" ["Anybody who has been seriously engaged in scientific work of any kind realizes that over the entrance to the gates of the temple of science are written the words: *Ye must have faith*. It is a quality which the scientist cannot dispense with." Planck, Max (1932): *Where Is Science Going?*, W.W. Norton & Company, INC, New York, p. 214.]। आस्था की कोई स्पष्ट, सुनिश्चित तथा सर्वमान्य परिभाषा देना जटिल है, क्योंकि विभिन्न संदर्भों में 'आस्था' का प्रयोग मूलत: दो भिन्न अर्थों में हुआ है: पहला, संज्ञानात्मक (Cognitive) एवं दूसरा, असंज्ञानात्मक (Non-cognitive)। एक प्रसंग में हम आस्था का प्रयोग धार्मिक एवं नैतिक विश्वास के अर्थ में करते हैं, जो तर्क एवं बौद्धिकता से पूर्णतया असम्पृक्त होता है, जैसे - 'मुझे ईश्वर में पूर्ण आस्था है', 'मुझे अमुक सिद्धांत या मित्र में आस्था है' आदि। यहाँ पर आस्था का प्रयोग असंज्ञानात्मक अर्थ में हुआ है, क्योंकि इसके द्वारा किसी ज्ञान की प्राप्ति नहीं हो रही है। यह शुद्ध रूप से श्रद्धाप्रेरित है, अत: इसे 'श्रद्धामूलक आस्था' (Reverential faith) भी कहा जा सकता है। एक अन्य प्रसंग में आस्था का प्रयोग संज्ञानात्मक अर्थ में होता है, यथा - जब कोई व्यक्ति यह कहता है कि 'मुझे ईश्वर में पूर्ण आस्था है', क्योंकि वह जगत का कर्त्ता, हर्त्ता एवं नियन्ता है, वह सभी व्यक्तियों से पुत्रवत् प्रेम करता है, आदि तो यहाँ पर वह ईश्वर के कार्यों तथा गुणों का ज्ञान प्राप्त करने का प्रयास करता है। ऐसी आस्था को 'संज्ञानात्मक आस्था' कहते हैं। क्योंकि हमें इसके द्वारा किसी-न-किसी ज्ञान की प्राप्ति हो रही है, अत: इसे 'ज्ञानमूलक आस्था' (Cognitive faith) भी कहा जा सकता है।

यद्यपि आस्था का प्रयोग संज्ञानात्मक तथा असंज्ञानात्मक दोनों ही अर्थों में होता रहा है तथापि दोनों ही अर्थों में आस्था के साथ-साथ 'विश्वास' शब्द का भी प्रयोग किया जाता है। इस दृष्टि से आस्था और विश्वास को पर्यायवाची माना जाता है, परन्तु एच० एच० प्राइस आस्था और विश्वास के बीच स्पष्ट विभेद करते हैं। वे अपने लेख "*Faith and Belief*" (1964) में विश्वास को दो भागों में विभक्त करते हैं:

1. 'Belief in' (में विश्वास करना)।
2. 'Belief that' (विश्वास करता हूँ कि)।

"'Belief in' किसी व्यक्ति (चाहे वह मानवीय हो या दैवीय) के प्रति एक मनोवृत्ति है जबकि 'Belief that' किसी प्रतिज्ञप्ति या प्रस्ताव के प्रति अभिवृत्ति है।" ["'Belief in' is an attitude to a person whether human or divine being while 'Belief that' is just an attitude to a propositon." Price, H.H. (1964): *Belief In and Belief That*, in Mitchell, Basil (1991): *Philosophy of Religion* (Ed.), Oxford University Press, London, p. 143.]। प्राइस के अनुसार 'Belief in' में निष्ठा, आस्था एवं निर्भरता का भाव विद्यमान रहता है। इसके लिए साक्ष्य आवश्यक नहीं है। इसी कारण 'Belief in' को आस्था कहा जा सकता है। पुनश्च, 'Belief that' में जो कुछ कहा जाता है उस प्रतिज्ञप्ति के पक्ष या

विपक्ष में साक्ष्य दिया जा सकता है। इसी कारण 'Belief that' को विश्वास कहते हैं। इस प्रकार प्राइस 'Belief in' को आस्था जबकि 'Belief that' को विश्वास कहते हैं।

स्पष्टत: आस्था एवं विश्वास के बीच कुछ सूक्ष्म विभेद किया जा सकता है, जैसे कि:

- विश्वास तर्कयुक्त होता है जबकि आस्था तर्क रहित। माना कि कोई व्यक्ति किसी चीज में विश्वास करता है। यदि उससे पूछा जाय कि आप उसमें विश्वास क्यों करते हैं, तो वह अपने पक्ष में तो तर्क दे सकता है, परन्तु यदि कोई पूछता है कि आप ईश्वर में आस्था क्यों रखते हैं, तो वह अपने मत के समर्थन में कोई तर्क नहीं दे सकता है, सिवाय यह कहने के कि ऐसी मेरी आस्था है। इस दृष्टि से रसेल लिखते हैं कि "मैं आस्था को किसी चीज में दृढ़ विश्वास के रूप में परिभाषित करता हूँ जिसके लिए कोई साक्ष्य आवश्यक नहीं है। जहाँ साक्ष्य है उसे कोई आस्था नहीं कहता है।" ["We may define 'faith' as a firm belief in something for which there is no evidence. Where there is evidence, no one speaks of 'faith'." Russell, B. (1954): *Human Society in Ethics and Politics*, George Allen & Unwin, London, p. 203]।
- आस्था भी एक प्रकार का विश्वास ही है, परन्तु आस्था केवल परमार्थ से सम्बंधित विश्वास है। इस प्रकार विश्वास, आस्था से अधिक व्यापक है।
- विश्वास में वस्तुनिष्ठता का तत्व प्रधान होता है जबकि आस्था में आत्मनिष्ठता का।
- विश्वास के प्रति मनुष्य तटस्थ रहता है जबकि आस्था के मनुष्य जीवन का अभिन्न अंग बन जाने के कारण इसमें सापेक्षता का तत्व आ जाता है।
- विश्वास परिवर्तनशील होता है, क्योंकि विश्वास तभी तक बना रहता है जब तक उसके पक्ष में प्रमाण विद्यमान रहता है, जबकि आस्था 'प्रमाण निरपेक्ष' होने के कारण अपरिवर्तनशील होती है। इस प्रकार 'प्रमाण निरपेक्ष विश्वास ही आस्था है जबकि प्रमाण सापेक्ष आंस्था विश्वास है'।
- विश्वास का जीवन से कोई सम्बंध नहीं होता है जबकि आस्था के अनुरूप मनुष्य अपने आचरण को नियंत्रित करने के लिए बाध्य हो जाता है। इसी दृष्टि से एस० एम० थाम्सन का कहना ठीक ही है कि "संकल्प एवं कर्म का तत्व ही आस्था की अनूठी विशेषता है जो इसे शुद्ध विश्वास से पृथक् करती है। ...आस्था केवल यह नहीं कहती कि कोई चीज सत्य है, बल्कि यह कि जिस विश्वास को हम सत्य मानते हैं उसके प्रति हमें तत्परता के साथ कार्य करना है।" ["The distinctive feature of faith, in contrast with mere belief, is the element in it of will and action... Faith is not merely the assent that something is true, it is our readiness to act on what we believe true." Thompson, S.M. (1955): *A Modern Philosophy of Religion*, Henry Regnery Company, Chicago, p. 74.]।

आस्था एवं विश्वास का विभेद करते हुए एफ० आर० टेनेन्ट अपनी पुस्तक "*Philosophical Theology*" (1928) में लिखते हैं कि विश्वास कमोवेश तथ्य एवं वास्तविकता से निर्धारित होता है, जो हमारे प्रयासों से स्वतंत्र होता है जबकि आस्था तथ्य एवं वास्तविकता

से परे सम्भाव्यता को व्यक्त करता है। जिस प्रकार कोई गणितज्ञ सर्वप्रथम किसी मान्यता को स्वीकार करके तब कोई यथार्थ निष्कर्ष निगमित करता है उसी प्रकार आस्था भी यथार्थ ज्ञान को प्रेरित करती है। वे लिखते हैं कि "विश्वास संज्ञान पर बल देता है और आस्था संकल्प पर, ... विश्वास कमोवेश तथ्य अथवा वास्तविकता के द्वारा निर्धारित होता है, जो या तो पहले से ही है या होगा, जो हमारे किसी भी प्रयास से स्वतंत्र होता है और जिसे हम स्वीकारते हैं। दूसरी ओर आस्था वास्तविकता से परे अथवा आदर्शात्मक रूप से सम्भाव्य होता है, जिसे हम सर्वप्रथम उसी प्रकार मानते हैं, जिस प्रकार गणितज्ञ किसी सत्ता को मानते हैं और तत्पश्चात् उसे व्यावहारिक क्रिया के द्वारा सिद्ध करते हैं।" ["Belief more or less constrained by fact of Actuality that already is or will be, independently of any striving of ours, and which convinces us. Faith, on the other hand, reaches beyond the Actual or given to the ideally possible, which in the first instance it creates, as the mathematician posits his entities, and then by practical activity may realise or bring into Actuality." Tennant, F.R. (1928): *Philosophical Theology*, Vol. 1, Cambridge University Press, Cambridge, p. 297.]।

इन सूक्ष्म विभेदों के बावजूद भी आस्था एवं विश्वास का प्रयोग प्राय: समानार्थक अर्थ में होता रहा है। संत थॉमस एक्विनॉस आस्था को परिभाषित करते हुए कहते हैं कि 'ईश्वर द्वारा प्रकाशित सत्यों की विश्वासपूर्वक स्वीकृति ही आस्था है। यह स्वीकृति एक ऐसी वैकल्पिक प्रक्रिया है जो भविष्यवाणी तथा चमत्कार जैसे बाह्य संकेतों और प्रमाणों के द्वारा प्रेरित होती है।' "अत: आस्था की स्वीकृति के कारण, व्यक्ति अपनी मूल प्रकृति से ऊपर उठ जाते हैं, वे इस स्वीकृति को उन्हें प्रभावित करने वाली अतीन्द्रिय स्रोत से प्राप्त करते हैं, वही स्रोत ईश्वर है।" ("Since in assenting to the things of faith people are raised above their own nature, they have this assent from a supernatural source influencing them; this source is God." Thomas Acquinas: *Summa Theologica*, 2a2ae,6, I)। हिक लिखते हैं कि एक्विनॉस आस्था में तीन महत्त्वपूर्ण तत्व मानते हैं: (1) आस्था प्रतिज्ञप्तिमूलक अभिवृत्ति है। (2) आस्था के लिए कोई वस्तुनिष्ठ प्रमाण प्रस्तुत नहीं किया जा सकता है। (3) आस्था बाध्यकारी न होकर स्वैच्छिक होती है। [Hich, John H. (1966): *Faith and Knowledge*, Cornell University Press, New York, p. 12.]। हिब्रू के अनुसार भी "आस्था उन वस्तुओं के लिए साक्ष्य है जो दृष्टिगोचर नहीं होती है।" ["Faith is …the evidence of things that appear not." (*Hebrews*, 11:1)]। विलियम जेम्स भी लिखते हैं कि 'आस्था वह विश्वास है जिसमें किसी वस्तु विशेष के प्रति सिद्धांतत: तो संदेह हो सकता है, तथापि इसके द्वारा पर्याप्त मात्रा में कार्य प्रेरणा मिलती है।' "आस्था का तात्पर्य किसी चीज में विश्वास है जिसमें सिद्धांतत: संशय सम्भव है, …यह वस्तुत वही नैतिक गुण है जिसे हम व्यावहारिक मामलों में साहस कहते हैं।" ["Faith means belief in something concerning which doubt is still theoretically possible… It is in fact the same moral quality which we call courage in practical affairs." James, William (1905): *The Sentiment of Rationality*, Longmans Green & Co., New York, p. 90.]। इस प्रकार विश्वास में सिद्धांतत: संदेह हो सकता है, किन्तु व्यवहारत: इस विश्वास को चुनौती नहीं दी जा सकती है। इसी प्रकार आचार्य शंकर लिखते हैं कि

'शास्त्र और गुरुवाक्यों में सत्यबुद्धि धारण करने को ही 'श्रद्धा' कहते हैं जिससे सद्वस्तु की प्राप्ति होती है' (शास्त्रस्य गुरुवाक्यस्य सत्यबुद्धिवधारणम्। सा श्रद्धा कथिता सद्भिर्यया वस्तूपलभ्यते॥ विवेकचूड़ामणि - 26)। तात्पर्य यह है कि शास्त्र, गुरु, पैगम्बर और ईश्वर के अस्तित्व में विश्वास को ही आस्था कहा गया है।

आस्था के अंतर्गत निम्नलिखित विशिष्टताएँ परिलक्षित होती हैं:

- आस्था ज्ञान नहीं है, यदि ज्ञान से हमारा अभिप्राय इन्द्रिय एवं बुद्धि के द्वारा प्राप्त ज्ञान है तो ऐसे ज्ञान के लिए तीन शर्तें आवश्यक हैं: (1) सत्य, (2) विश्वास एवं (3) प्रमाण। पहला, ज्ञान का विषय सत्य हो; दूसरा, उस पर ज्ञाता को विश्वास भी हो और तीसरा, उसे सार्वजनिक रूप से प्रमाणित भी किया जा सके, परन्तु ईश्वरवादी ईश्वर को साक्षात् अपरोक्षानुभूति का विषय मानते हैं, जिसके आत्मनिष्ठ होने के कारण उसके पक्ष में कोई वस्तुनिष्ठ प्रमाण प्रस्तुत नहीं किया जा सकता है। अत: सामान्य प्रचलित अर्थ में आस्था को ज्ञान नहीं कहा जा सकता है।
- आस्था ज्ञान नहीं है, इसका अर्थ यह भी नहीं है कि यह एक प्रकार का 'मत' अथवा 'राय' (Opinion) है। एक्वीनॉस के अनुसार 'आस्था ज्ञान और मत के मध्य की स्थिति है।' (Faith is a mean between science and opinion. Summa Theologica, 2a2ae1,2)। इसी प्रकार ह्यूज ऑफ सेंट विक्टर का कहना है कि "आस्था दूरस्थ सत्ताओं के सम्बंध में मानसिक सुनिश्चितता का एक प्रकार है जो मत से अधिक एवं विज्ञान से कम होता है।" ("Faith is a form of mental certitude about distant realities that is greater than opinion and less than science." Hugh of St. Victor: *De Sacramentis*, I, X, 2. PL 176, 330)। रिचर्ड स्विनबर्न लिखते हैं कि 'आस्था अनुपस्थित या अप्रस्तुत सत्यों के प्रति मानसिक सुनिश्चितता का एक ऐसा प्रकार है जो ज्ञान से निम्नतर तथा मत से उच्चतर है, क्योंकि इसमें आत्मनिष्ठ रूप से तो पर्याप्त, परन्तु वस्तुनिष्ठ रूप से अपर्याप्त प्रमाण विद्यमान रहता है।' ईश्वरवादी ईश्वर पर आस्था रखने के साथ-साथ उसे प्रमाणित करने के लिए तर्क एवं युक्तियाँ भी प्रस्तुत करते हैं जिसकी वैधता का निर्धारण सामान्य अनुभव के द्वारा सम्भव नहीं है। काण्ट भी लिखते हैं कि "आस्था आत्मनिष्ठ रूप से पर्याप्त, किन्तु वस्तुनिष्ठ रूप से अपर्याप्त विश्वास है।" ("Faith is subjectively sufficient, but objectively insufficient belief." *Critique of Pure Reason*, A822/B850)। अस्तु, आस्था को न तो ज्ञान कहा जा सकता है और न ही मत।
- आस्था एक 'निर्बौद्धिक मनोदशा' है। यहाँ निर्बौद्धिकता का तात्पर्य यह नहीं है कि यह तर्कबुद्धि के विरुद्ध है। तर्कबुद्धि के विरुद्ध होने पर यह अंधविश्वास (Superstition) हो जायेगा। वास्तव में ज्ञान की मूलत: तीन अवस्थाएँ होती हैं: (1) अंधविश्वास (Conjectural knowledge), (2) वैज्ञानिक ज्ञान (Scientific knowledge) एवं (3) आध्यात्मिक ज्ञान (Spiritual knowledge)। अंधविश्वास पर आधारित ज्ञान, ज्ञान नहीं है बल्कि यह एक प्रकार का अज्ञान है, क्योंकि हमारे पास इसको मानने के लिए न तो कोई वस्तुनिष्ठ

और न ही कोई आत्मनिष्ठ आधार होता है, यथा - स्वप्न, भ्रम, आदि। वैज्ञानिक ज्ञान वह है जो निरीक्षण एवं प्रयोग पर आधारित होता है। आध्यात्मिक ज्ञान न तो अंधविश्वास है और न ही वैज्ञानिक ज्ञान। यद्यपि यह विज्ञान से परे है, परन्तु विज्ञान विरोधी नहीं होता है (Though spiritual knowledge is beyond of science, it does not mean that it is contradictory to science.)। यह अति-बौद्धिक (Supra-rational) ज्ञान है जिसकी वैधता की परख सामान्य अनुभव के द्वारा न होकर 'ऋतम्भरा प्रज्ञा' या 'अति-मन' के स्तर पर ही सम्भव है, परन्तु इसके लिए हमारे मन में श्रद्धा का होना आवश्यक है। श्रद्धारहित व्यक्ति इसे जान ही नहीं सकता है, जैसा कि गीता में भगवान श्री कृष्ण कहते हैं कि 'श्रद्धावाँल्लभते ज्ञानं तत्पर: संयतेन्द्रिय:।' गीता - 4/39। ऐसी श्रद्धा अंधविश्वासी नहीं है, क्योंकि इसके माध्यम से जो ज्ञान प्राप्त होता है उससे हमें परम शांति प्राप्ति होती है (ज्ञानं लब्ध्वा परां शांतिमचिरेणाधिगच्छति। गीता - 4/39)। इसके विपरीत श्रद्धारहित संशययुक्त व्यक्ति परमार्थ से भ्रष्ट हो जाता है (अज्ञश्चाश्रद्दधानश्च संशयात्मा विनश्यति। गीता - 4/40)। इस प्रकार यह अक्षरश: सत्य है कि बिना संशय के ज्ञान नहीं हो सकता है, परन्तु केवल संशय विनाश को प्राप्त होता है (संशयेन विजानाति संशयात्मा विनश्यति।)।

- आस्था में 'अनिश्चितता' का तत्व भी पाया जाता है। आस्था का विषय वे सत्ताएँ हैं जिन्हें सामान्य विधियों के द्वारा सिद्ध नहीं किया जा सकता है। इस प्रकार आस्था के विषय में वस्तुनिष्ठ दृष्टि से निश्चित रूप से कुछ भी कहना असंगत है। इसी अनिश्चितता के कारण एफ० आर० टेनेन्ट (F.R. Tennant) अपनी पुस्तक "*Philosophical Theology*" (1928) में इसे 'अपरीक्षणीय' (Non-verifiable) बताते हैं।
- आस्था में अनिवार्यत: प्रतिबद्धता (Committment) एवं संलग्नता (Concern) का तत्व प्रधान होता है। यदि कोई व्यक्ति ईश्वर में आस्था रखता है तो वह यह भी मानता है कि ईश्वर मानवीय कर्मों के अनुसार दण्ड और पुरस्कार प्रदान करता है (परित्राणाय साधूनां विनाशाय च दुष्कृताम्। गीता - 4/8)। परिणामत: वह उसी के अनुरूप अपने आचरण को मर्यादित एवं नियंत्रित करने का प्रयास करता है। अस्तु, आस्था मात्र विश्वास नहीं है। केवल यह विश्वास कि ईश्वर दयालु है, वह भक्तों पर कृपा करता है, वह सभी से पुत्रवत् प्रेम करता है, आदि-आदि, इसे आस्था नहीं कहा जा सकता है जब तक कि हम इन बातों को अपने आचरण में धारण न कर लें। इस प्रकार यद्यपि यह सत्य है कि आस्था 'अपरीक्षणीय' है, परन्तु उसके परीक्षण की कसौटी व्यक्ति का आचरण ही है। इसी दृष्टि से विट्गेंस्टाइन ने लिखा है कि 'आस्था मनुष्य को एक विशेष प्रकार का जीवन जीने के लिए प्रेरित करती है। ज्योंहि कोई व्यक्ति धार्मिक आस्था को स्वीकार करता है त्योंहि वह उसके अनुरूप जीवन व्यतीत करने की बाध्यता महसूस करने लगता है।' नार्मन माल्कम का भी कहना है कि ईश्वर में हमारा विश्वास कोई सैद्धांतिक विश्वास नहीं है बल्कि इस विश्वास में अनिवार्यत: हमारा भावनात्मक दृष्टिकोण निहित होता है। इनके अनुसार जब भी हम ईश्वर में आस्था रखते हैं तो इससे हमारा जीवन अवश्य ही प्रभावित होता है। 'किसी मित्र में विश्वास' एवं 'ईश्वर में विश्वास' इन दोनों प्रकार के विश्वासों में पर्याप्त वैषम्य है। जब हम कहते हैं कि मुझे अपने मित्र में विश्वास है तो इसका अर्थ

है कि हम उसमें आस्था रखते हैं, परन्तु जब हम यह कहते हैं कि मुझे ईश्वर में विश्वास है तो इसका अर्थ ईश्वर में केवल आस्था से नहीं है, बल्कि उससे भयभीत भी होना भी है। "ईश्वर में विश्वास न केवल उसमें भरोसे को बल्कि श्रद्धायुक्त विस्मय, आशंका, व्याकुलता, नाराजगी और सम्भवत: घृणा को भी सम्मिलित करता है।" ["Belief in God encompasses not only trust but also awe, dread, dismay, resentment and perhaps even hatred." Malcolm, N. (1964): *Is it s a Religious Belief that 'God Exists'?* (Ed.), in Hick, John: *Faith and the Philosophers*, Wipf and Stock Publishers, U.K., p. 107.]।

माल्कम के अनुसार ईश्वर का अस्तित्व है, से यह सिद्ध नहीं होता कि ईश्वर में विश्वास भी है, परन्तु ईश्वर में विश्वास है, से अवश्य ही सिद्ध हो जाता है कि ईश्वर का अस्तित्व भी है और यही विश्वास ईश्वर के प्रति भावनात्मक अभिवृत्ति को व्यक्त करता है। "यह विश्वास कि ईश्वर का अस्तित्व है, ईश्वर के प्रति भावनात्मक अभिवृत्ति को व्यक्त करता है। "यह विश्वास कि ईश्वर का अस्तित्व है, ईश्वर के प्रति भावनात्मक अभिवृत्ति को तर्कत: आपादित नहीं करता है, किन्तु ईश्वर के प्रति भावनात्मक अभिवृत्ति तर्कत: इस विश्वास को आपादित करती है कि ईश्वर का अस्तित्व भी है।" ("The belief that He exists would not logically imply any affective attitude towards him, but an affective attitude towards him would logically imply the belief that he exists." *Ibid.*, p. 107.)। पुनश्च, माल्कम लिखते हैं कि "यदि कोई ईश्वर को जगत् का सर्वशक्तिमान सृष्टिकर्त्ता एवं मानवता के न्यायाधीश के रूप में स्वीकार करता है तो कैसे कोई श्रद्धायुक्त विस्मय, व्याकुलता एवं भय से बिल्कुल ही अप्रभावित हुए केवल विश्वास कर सकता है कि ईश्वर का अस्तित्व है?" ("If one conceives of God as the almighty creator of the world and judge of mankind how could one believe that he exists, but not be touched *at all* by awe or dismay or fear?" *Ibid.*, p. 107.)। इस प्रकार माल्कम के अनुसार, ईश्वर में विश्वास अथवा आस्था उसके अस्तित्व में विश्वास के साथ ही साथ श्रद्धायुक्त विस्मय, भय आदि को भी जन्म देता है।

कुछ समकालीन दार्शनिकों ने धार्मिक आस्था की सार्थकता के विषय में एक महत्त्वपूर्ण समस्या उठाई है। इनका कहना है कि ईश्वरवादियों के अनुसार ईश्वर मानवीय अनुभव और तर्कबुद्धि से परे है। इसका अर्थ है कि ईश्वर हमारे लिए नितांत अबोधगम्य है, परन्तु साथ ही ईश्वरवादी यह भी कहते हैं कि हमें ईश्वर विषयक धार्मिक कथनों में अवश्य ही आस्था रखनी चाहिए। इस प्रकार ईश्वर के अबोधगम्य होते हुए भी हमें उस पर आस्था रखनी चाहिए। समस्या यह है कि जब तक हम यह नहीं जान लेते हैं कि किसी कथन का क्या अर्थ है तब तक हम उसमें आस्था कैसे रख सकते हैं? किसी कथन का अर्थ-बोध उसमें आस्था रखने की अनिवार्य शर्त है। इसीलिए संत थॉमस एक्विनॉस आस्था के लिए दो शर्तें आवश्यक मानते हैं: पहला, किसी व्यक्ति के समक्ष उस विषय का उपस्थित होना एवं दूसरा, उस विषय के प्रति उस व्यक्ति की स्वीकृति भी आवश्यक है। इस प्रकार बिना ज्ञान के आस्था सम्भव नहीं है। इसका स्पष्ट उदाहरण गीता में मिलता है, जब तक भगवान श्री कृष्ण अर्जुन को समर्पण योग का उपदेश देते रहे तब तक वह

किन्तु-परन्तु करता रहा। अंतत: उन्होंने अर्जुन को अपने विराट स्वरूप का दर्शन कराया, तत्क्षण अर्जुन कहता है कि 'हे प्रभु! आपकी असीम अनुकम्पा से मेरा मोह विनष्ट हो गया, मैंने स्मृति प्राप्त कर ली है, मैं संदेह रहित होकर स्थित हूँ। अत: अब मैं वह करूँगा जो आप कहेंगे' (नष्टो मोह: स्मृतिर्लब्धा त्वत्प्रसादान्मयाच्युत। स्थितोऽस्मि गतसंदेह: करिष्ये वचनं तव॥ गीता - 18/73)। इस प्रकार ज्ञान, आस्था की तार्किक प्रागपेक्षा है।

प्रत्युत्तर में डेविड एल्टन ट्रूब्लड लिखते हैं कि जिस प्रकार प्रमाणों के अभाव में भी वैज्ञानिक कुछ आधारभूत मान्यताओं को स्वीकार कर लेते हैं उसी प्रकार धर्म परायण व्यक्ति भी तर्कों एवं प्रमाणों के बिना ही आध्यात्मिक सत्ताओं में आस्था रखते हैं। ट्रूब्लड के अनुसार पूर्णरूप से अप्रमाणित इस आधारभूत आस्था में कम-से-कम तीन दृढ़ विश्वास निहित हैं: पहला, व्यक्ति की चेतना के अतिरिक्त बाह्य जगत का अस्तित्व है। दूसरा, जगत व्यवस्थित एवं विश्वसनीय नियमों के अनुसार ही संचालित होता है। तीसरा, भविष्य भी अतीत के समान ही होगा। "यदि हम आस्था को 'विश्वास से परे अथवा प्रमाण की अधिकता के रूप में' परिभाषित करते हैं तो स्पष्टत: आस्था की प्रचुर मात्रा वैज्ञानिक खोज आरम्भ करने के पूर्व भी अपरिहार्य है। आस्था का आरम्भिक रूप जो पूर्णतया अप्रमाणित एवं अप्रामाण्य है, में कम से कम तीन महान विश्वास निहित हैं: पहला, व्यक्ति की चेतना के अतिरिक्त बाह्य जगत का अस्तित्व है। दूसरा, जगत व्यवस्थित एवं विश्वसनीय नियमों के अनुसार ही संचालित होता है। तीसरा, भविष्य भी अतीत के समान ही होगा।" ["If we define faith as 'conviction apart from or in excess of proof', it is obvious that a vast amount of faith is required even before the scientific effort can begin. The primary faith, wholly unproven and unprovable, includes at least three great convictions: (1) The conviction that there is a world at all, apart from the consciousness of the individual. (2) The conviction that the world is conducted along orderly and dependable lines. (3) The conviction that the future will be like the past." Trueblood, D.T. (1957): *Philosophy of Religion*, Herper & Brothers, New York, p. 27.]। अपनी इसी मान्यता के आधार पर ट्रूब्लड आस्था को विज्ञान और धर्म दोनों के लिए अपरिहार्य मानते हैं।

इस पर कुछ आलोचकों का कहना है कि वैज्ञानिक कुछ आधारभूत मान्यताओं को केवल इसीलिए स्वीकार कर लेते हैं, क्योंकि ये विश्वास उनके अनुसंधान में सहायक सिद्ध होते हैं। साथ ही यह भी कि अभी तक उसके विरुद्ध कोई प्रमाण प्राप्त नहीं हुआ है, परन्तु कोई भी वैज्ञानिक इन विश्वासों को सदा-सर्वदा के लिए अनिवार्य सत्य नहीं मानते हैं। उनका दृष्टिकोण भावनात्मक न होकर एक तटस्थ प्रेक्षक का होता है। इसके विपरीत धर्मपरायण व्यक्ति अपने आधारभूत विश्वासों को पवित्र, अकाट्य एवं अनिवार्य सत्य मान लेते हैं। इसका स्पष्ट उदाहरण अब्राहम एवं ईसाक के जीवन में मिलता है। अब्राहम (Abraham) को स्वप्न होता है कि वह अपने एकमात्र पुत्र ईसाक (Issac) की बलि चढ़ा दे। इसके आधार पर वह अपने पुत्र ईसाक को बलि चढ़ाने का पूरा उपक्रम करता है। यद्यपि पुत्र को बलि चढ़ाना नैतिक दृष्टि से एक जघन्य अपराध है तथापि इसे धार्मिकता का सर्वोत्तम उदाहरण माना जाता है और इसी कारण अब्राहम को 'आस्था का पिता' (Father of faith) भी कहा जाता है। तर्कबुद्धि के समर्थक ऐसी आस्था

को अंधविश्वास कह सकते हैं, परन्तु वास्तविकता यह है कि आस्था के पास स्वयं की दृष्टि (Vision) होती है जो तर्कबुद्धि से अधिक यथार्थ एवं निश्चायक है। इसी दृष्टि से ब्लेज पॉस्कल कहते हैं कि "हृदय के पास अपनी बुद्धि है जिसे तर्कबुद्धि नहीं जान पाती है। ...हृदय को ही ईश्वर की अनुभूति होती है, न कि बुद्धि को। अस्तु, बुद्धि की अपेक्षा हृदय के द्वारा ईश्वरीय अनुभूति ही आस्था है।" [The heart has its reason, which reason does not know… It was the heart which experiences God, and not the reason. This, then, is faith: God felt by the heart, not by the reason." Pascal, Blaise (1958): *Pensees*, E.P. Dutton & Co., Inc., U.S.A., No. 227–278.]।

अत: यह नहीं कहा जा सकता है कि धार्मिक आस्था एक अनर्गल सिद्धांत है। वास्तविकता यह है कि धार्मिक प्रवृत्ति का व्यक्ति आस्था को बिना तर्क के ही मानता रहेगा, जबकि तार्किक प्रकृति के व्यक्ति इसके विरुद्ध सतत् प्रमाण प्रस्तुत करते रहेंगे। ये दोनों ही पक्ष अपने-अपने स्थान पर पूर्णत: सत्य हैं और तर्कबुद्धि के द्वारा इनके बीच किसी भी प्रकार का निर्णय नहीं किया जा सकता है।

दैवी प्रकाशना/इलहाम (Revelation)

दैवी प्रकाशना धार्मिक विश्वास का एक महत्त्वपूर्ण आधार है। किसी अप्रकाशित (Unrevealed) विषय को प्रकाशित (Revealed) करना या अप्रकट (Closed) को प्रकट (Disclosed) करना ही 'प्रकाशना' कहलाती है। धार्मिक क्षेत्र में दैवी प्रकाशना वह माध्यम है जिसके द्वारा ईश्वर स्वयं को लोगों के समक्ष प्रकट करके अपनी अपेक्षाएँ बताते हैं जिससे उनके जीवन में सुख एवं शांति का मार्ग प्रशस्त हो सके। इस प्रकार दैवी प्रकाशना ईश्वर का जन सामान्य के लिए एक आध्यात्मिक संदेश है। ईश्वर असीमित है जबकि मनुष्य सीमित। सीमित मनुष्य अपनी सीमित बुद्धि के द्वारा असीमित ईश्वर को नहीं जान सकता है। अत: ईश्वर स्वयं अहैतुकी कृपा करके अपने स्वरूप को विभिन्न माध्यमों से लोगों के समक्ष प्रकट करते हैं। यह माध्यम ही दैवी प्रकाशना है। इसका स्पष्ट उदाहरण गीता में मिलता है जब भगवान श्री कृष्ण कहते हैं कि 'हे अर्जुन! यदि कोई मनुष्य मेरी ओर एक कदम भी आगे बढ़ता है तो मैं सौ कदम पीछे चलकर उसके पास आता हूँ'।

दैवी प्रकाशना को परिभाषित करते हुए एच॰ डी॰ लेविस (Hywel David Lewis) अपनी पुस्तक "*The Philosophy of Religion*" (1965) में लिखते हैं कि 'दैवी प्रकाशना के माध्यम से ईश्वर हमें बताता है कि उसका स्वरूप क्या है तथा वह हमसे क्या अपेक्षाएँ रखता है। ...ईश्वर, जगत अथवा मनुष्यों के जीवन के माध्यम से अपने जीवन के विषय में ज्ञान देता है' (पृ॰ 227)। पुनश्च, "*The Catholic Encyclopaedia*" (1912) के अनुसार 'दैवी प्रकाशना के माध्यम से ईश्वर बौद्धिक प्राणियों को असाधारण ढंग से कुछ सत्यों को प्रकट करता है।' (Revelation may be defined as the communication of some truth by God to a rational creature through means which are beyond the ordinary course of nature. XIII, 1.)। इसी दृष्टि से जॉन हिक भी लिखते हैं कि "दैवी प्रकाशना मानव के समक्ष दैवीय प्रमाणित सत्यों का प्रकटीकरण है।" ["Revelation is the imparting to people of divinely authenticated truths." Hick, John (1988): *Philosophy of Religion*, Prentice-Hall, New Delhi, p. 60.]। फार्मर के अनुसार दैवी प्रकाशना "अवतरण में ईश्वर की आत्म-अभिव्यक्ति, विशेषत: मनुष्य के लिए उसके स्वरूप एवं उसके व्यक्तिगत उद्देश्य की अभिव्यक्ति है।" ["God's self-disclosure in the Incarnation and in particular by His disclosure therein of His personal nature and His personal purpose towards man." Farmer, H.H. (1954): *Revelation and Religion*, Nisbet & Co., London, p. 27.]। दैवी प्रकाशना के सम्बंध में मूलत: तीन प्रकार के मत प्रचलित हैं:

1. सी० एच० डोड (C.H. Dodd) अपनी पुस्तक "*The Authority of the Bible*" (1986) में लिखते हैं कि जिस प्रकार विज्ञान के क्षेत्र में वैज्ञानिक, गणित के क्षेत्र में गणितज्ञ, समाज के क्षेत्र में समाजशास्त्री एक नूतन शोध करके उसे ग्रंथों या शोध पत्रिकाओं में प्रकाशित करते हैं उसी प्रकार धर्म के क्षेत्र में कुछ विशिष्ट व्यक्ति अपनी गहन धार्मिक अंतर्दृष्टि के आधार पर एक नवीन खोज करके उसे मानवीय कल्याण हेतु विभिन्न 'धर्म-ग्रंथों' के माध्यम से प्रकाशित करते हैं जिससे उन लोगों के जीवन में भी कल्याण का संदेश मिल सके। "इसका तात्पर्य है कि वे मनुष्य जो कुछ जन्मजात, आध्यात्मिक शक्ति तथा आस्था की तर्कबुद्धि के द्वारा इसके आवेगों को महसूस करते हैं, वे सामान्य मनुष्यों की अपेक्षा अधिक पूर्णता, गहनता एवं बाध्यता के साथ दैवीय सत्ता की अनुभूति करते हैं।" ["This implies that there are men who by reason of some innate spiritual faculty, and by reason of the faithfulness with which they have followed its impulse, have attained experience of divine things fuller, deeper and more compelling than comes to the ordinary run of men." Dodd, C.H. (1929): *The Authority of the Bible*, Harper & Brothers, New York, p. 15.]। इस प्रकार दैवी प्रकाशना कुछ विशिष्ट व्यक्तियों की गहन अंतर्दृष्टि की खोज का प्रतिफल है जिसे लोगों के कल्याणार्थ 'धर्म-ग्रंथों' के माध्यम से अभिव्यक्त किया जाता है।
2. एच० एच० फार्मर (H.H. Farmer) अपनी पुस्तक "*The World and God*" (1993) में लिखते हैं कि यदि दैवी प्रकाशना को किसी व्यक्ति विशेष की गहन धार्मिक अंतर्दृष्टि की खोज का परिणाम मान लिया जाय तो इससे ईश्वर की सत्ता सीमित हो जाती है, क्योंकि ऐसी स्थिति में मनुष्य अपने प्रयास से भी ईश्वर को जान सकता है जबकि वास्तविकता यह है कि मनुष्य अपने प्रयास से इश्वर को नहीं जान सकता है। फार्मर के अनुसार ईश्वर स्वयं ही अपने स्वरूप को कुछ विशिष्ट व्यक्तियों अर्थात् संतों एवं पैगम्बरों की साक्षात् अनुभूति के रूप में व्यक्त करता है, परन्तु फार्मर लिखते हैं कि ईश्वर अपने स्वरूप को धर्म-ग्रंथों के माध्यम से व्यक्त नहीं करता है। "दैवी प्रकाशना का सार है...स्वयं ईश्वर, न कि ईश्वर सम्बंधी सामान्य सत्य ...हालाँकि इस प्रकार के सत्य दैवीय स्वत: प्रदत्तता में अव्यक्त रहते हैं।" ["The essential content of revelation is... God Himself, and not general truths about God ... though such truths are implicit in the divine self-giving." Farmer, H.H. (1935): The World and God, Nisbet & Co., London, Chapter 5], परन्तु फार्मर के अनुसार ईश्वर केवल अपने स्वरूप को हमारे समक्ष प्रकट करता है न कि धर्म-ग्रंथ आदि के माध्यम से। वे लिखते हैं कि "ईश्वर

इतिहास में वैयक्तिक रूप में जीसस क्राइस्ट के रूप में तथा उनसे अपने व्यक्तिगत सम्बंधों के द्वारा स्वयं को एक अनूठी एवं चरम प्रकाशना के रूप में व्यक्त करता है जो दैवी प्रकाशना को सम्भव बनाती है।" ["God has made a unique and final revelation of Himself as personal in history through Jesus Christ and through the personal relationship to Himself which that revelation makes possible." Farmer, H.H. (1954): *Revelation and Religion*, Nisbet & Co., London, p. 23.]। विलियम टेम्पिल के अनुसार "दैवी प्रकाशना का सार मन एवं घटना का सम्पर्क है, न कि उस सम्पर्क से निर्गत सिद्धांत का सम्प्रेषण।" ["Its essence is intercourse of mind and event, not the communication of doctrine distilled from that intercourse." Temple, W. (1934): *Nature, Man, and God*, AMS Press, U.S.A., p. 316.]।

3. परम्परागत हिन्दू, ईसाई तथा इस्लाम धर्मशास्त्रियों का कहना है कि ईश्वर न तो गहन धार्मिक अंतर्दृष्टि की खोज का परिणाम है और न ही वह अपने आप को केवल कुछ लोगों की अनुभूति के रूप में ही प्रकट करता है। इस मत के अनुसार ईश्वर अपने स्वरूप को कुछ विशिष्ट लोगों की अनुभूति के रूप में तो प्रकट करता ही है साथ ही वह जन सामान्य के लिए शब्दों और घटनाओं के माध्यम से अभिव्यक्त होता है, जिससे सम्पूर्ण मानव जाति को सार्थक जीवन जीने का संदेश मिल सके। इनमें कुछ सत्य ऐसे भी होते हैं जिनको बुद्धि के माध्यम से सत्यापित किया जा सकता है। पुनश्च, इस मत के अनुसार क्योंकि ईश्वर अपने आपको धर्म-ग्रंथों या श्रुतियों के माध्यम से व्यक्त करता है, अत: श्रुतियाँ अनिवार्य सत्य होती हैं।

उपर्युक्त तीनों मतों में से पहले मत के समर्थक धर्म-ग्रंथों की तुलना विज्ञान, गणित तथा कला के ग्रंथों से करते हैं। इनके अनुसार पैगम्बर या संत जो कुछ भी धर्म-ग्रंथों से व्यक्त करते हैं वह उनकी गहन अंतर्दृष्टि का परिणाम होता है। जिस प्रकार विज्ञान के क्षेत्र में न्यूटन, आइंस्टीन की प्रामाणिकता असंदिग्ध है या सामाजिक विज्ञान के क्षेत्र में गाँधी, टॉलस्टाय, मार्क्स आदि के मतों की प्रामाणिकता है उसी प्रकार धर्म के क्षेत्र में गहन अंतर्दृष्टि वाले व्यक्तियों की प्रामाणिकता असंदिग्ध होती है। अस्तु, वे जो कुछ प्रकाशित करते हैं, वह धर्म के क्षेत्र में पूर्णतया प्रामाणिक होता है।

डोड के मत में कमी यह है कि वे मानवीय अपूर्णता के पक्ष को उद्घाटित नहीं करते हैं। यह ठीक है कि जिस प्रकार वैज्ञानिकों की प्रामाणिकता विज्ञान के क्षेत्र में है, उसी प्रकार गहन अंतर्दृष्टि वाले व्यक्तियों की प्रामाणिकता धर्म के क्षेत्र में भी है, परन्तु हमें यह नहीं भूलना चाहिए कि विज्ञान का कोई भी सिद्धांत अकाट्य एवं असंदिग्ध नहीं होता है। विज्ञान के क्षेत्र में सदैव ही परवर्ती सिद्धांतों के द्वारा खण्डित होने की सम्भावना बनी रहती है। इसीलिए वैज्ञानिकों द्वारा ज्ञान को अंतिम सत्य (Ultimate truth) न कहकर अनंतिम सत्य (Tentative truth) कहा गया है। यदि दैवी प्रकाशना को भी किसी व्यक्ति विशेष की गहन अंतर्दृष्टि का परिणाम मान लिया जाय तो उसके विरुद्ध भी आक्षेप किये जायेंगे तथा इसे भी असंदिग्ध सत्य के रूप में स्वीकार नहीं किया जा सकता है। स्पष्टत: यह मत दैवी प्रकाशना की मूल भावना के अनुरूप नहीं है।

पुनश्च, कुछ ईसाई धर्मशास्त्रियों का यह भी कहना है कि 'ईश्वर अतीन्द्रिय सत्ता है, अतएव वह मानवीय खोज के परे है।' (Since God is a super natural being, he is beyond of human effort/discovery.)। यदि यह मान लिया जाय कि मनुष्य ईश्वर को अपने प्रयास से भी जान सकता है तो यहाँ पर निश्चित रूप से ईश्वर की भूमिका सीमित हो जाती है और सीमित ईश्वर की अवधारणा एक आत्म-विरोधी अवधारणा है। वास्तविकता यह है कि ईश्वर स्वयं ही अपने स्वरूप को कुछ लोगों के समक्ष प्रकट (Disclose) करते हैं। संत तुलसीदास जी ने 'रामचरित मानस' में लिखा है कि 'सोई जानहि जेंहि देहु जनाई' अर्थात् ईश्वर को केवल वही जान सकता है कि जिसको वह स्वयं चाहता है कि वे जानें।

इसी प्रकार फार्मर का मत भी समीक्षा का विषय बन गया। उनके अनुसार ईश्वर स्वयं केवल कुछ लोगों की अनुभूति के रूप में ही प्रकट होता है, परन्तु वह श्रुतियों या धर्म-ग्रंथों के माध्यम से अपने आप को व्यक्त नहीं करता है। ऐसी स्थिति में अन्य लोग ईश्वर के अस्तित्व एवं उसके साहचर्य को किस रूप में समझ सकेंगे। सम्भवत: यही कारण है कि परम्परागत ईसाई, इस्लाम तथा हिन्दू धर्मशास्त्रियों ने फार्मर के मत को पूर्णतया अस्वीकार कर दिया। इनके अनुसार ईश्वर न केवल अनुभूति के रूप में बल्कि श्रुतियों के माध्यम से भी अपने आप को अभिव्यक्त करते हैं।

परम्परागत धर्मों में तीसरे मत को अधिक महत्त्व प्रदान किया गया है। इस मत के अनुसार ईश्वर एक ओर अपने स्वरूप को कुछ विशिष्ट लोगों की अनुभूति के रूप में प्रकट करते हैं तो दूसरी ओर वह शब्दों और घटनाओं के माध्यम से भी स्वयं को व्यक्त करते हैं जिससे जन सामान्य को सार्थक जीवन जीने का संदेश मिल सके। इस प्रकार दैवी प्रकाशना के मूलत: तीन आयाम हैं:

1. साक्षात् अनुभूति (Direct experience)
2. श्रुतियाँ (Scriptures)
3. घटनाएँ (Events)

दैवी प्रकाशना विशिष्ट व्यक्तियों, यथा - ऋषियों, पैगम्बरों, फकीरों एवं योगियों को साक्षात अनुभूति के रूप में प्राप्त होती है, किन्तु सामान्य व्यक्तियों को यह 'श्रुतियों' तथा 'घटनाओं', यथा - चमत्कार एवं आकाशवाणी के रूप में व्यक्त होती है। इस प्रकार 'श्रुतियाँ, 'चमत्कार' एवं 'आकाशवाणी' दैवी प्रकाशना के ही विभिन्न रूप हैं। शब्दों के रूप में संकलित दैवी प्रकाशना का उदाहरण उन श्रुतियों में मिलता है जहाँ प्रत्ययों और वाक्यों के रूप में ईश्वर से ज्ञान प्राप्त होता है, जैसे हिन्दू परम्परा में वेद को या तो ईश्वरकृत माना गया है या अपौरुषेय, परन्तु किसी ने भी इसे मानवकृत नहीं कहा है। पुनश्च, वेद को चाहे ईश्वरकृत माना जाय या अपौरुषेय, परन्तु दोनों ही रूपों में इसे असंदिग्ध सत्य के रूप में स्वीकार किया गया है। इसी प्रकार ईसाई धर्म में बाइबिल को 'ईश्वर का वचन' (Bible is the oracle of God) कहा गया है। हालाँकि दैवी प्रकाशना के स्वरूप के सम्बंध में ईसाई धर्म के दोनों सम्प्रदायों प्रोटेस्टेंट एवं कैथोलिक में कुछ वैषम्य होते हुए भी दोनों ही परम्पराएँ बाइबिल के संदर्भ में समान मत रखती हैं। रोमन कैथोलिक सम्प्रदाय के अनुसार 'बाइबिल पवित्र आत्मा की प्रेरणा से ईश्वर के द्वारा रचित है।' (Bible having been written by the inspiration of the Holy Ghost, they have God for their author.)। इसी प्रकार प्रोटेस्टेंट सम्प्रदाय के मत को अभिव्यक्त करते हुए डॉ० बेली ग्राहम लिखते हैं कि

'बाइबिल वह ग्रंथ है जो 30 सचिवों के माध्यम से ईश्वर के द्वारा रचित है।' (The Bible is a book written by God through thirty secretaries.)। इस्लाम धर्म में भी यह माना गया है कि कुरान ख़ुदा की रचना है। इनके अनुसार कुरान की मूल प्रति ख़ुदा के पास रखी हुई है और उसकी छाया प्रतिलिपि पैगम्बर मु० साहब के माध्यम से इस संसार में प्रस्तुत की गयी है। कुछ ईसाई भी बाइबिल के बारे में ऐसा ही कहते हैं।

श्रुतियों को दो भागों में विभक्त किया जा सकता है: (1) स्थिरात्मक (Static) एवं (2) गत्यात्मक (Dynamic)। स्थिरात्मक अवधारणा के समर्थक मानते हैं कि श्रुतियों के द्वारा जो ज्ञान होता है वह शाश्वत सत्यों एवं धार्मिक सिद्धांतों का ज्ञान है। इसके विपरीत गत्यात्मक अवधारणा के समर्थक मानते हैं कि श्रुतियों के द्वारा शाश्वत सत्यों का ज्ञान प्राप्त नहीं होता है बल्कि वह हमारे भोजन में कम पाये जाने वाले तत्वों को पूरा करने वाले विटामिन की तरह होता है। इसका तात्पर्य यह है कि यह शाश्वत सत्यों का ज्ञान तो नहीं करा सकती है, परन्तु आस्थावान व्यक्ति को सत्ता के साथ जीवन्त सम्बंध बनाये रखने के लिए निर्दिष्ट करती है, जो समस्त सर्जनात्मक जीवन, यथा - प्रेम एवं ज्ञान का स्रोत है। मानवीय सम्बंधों के उदाहरण से इस बात को स्पष्ट किया जा सकता है। मनुष्य एक-दूसरे को किस तरह जानते हैं? एक-दूसरे के विषय में कहे गये वचनों या लिखे गये शब्दों से नहीं बल्कि यह सम्भव हो पाता है उस व्यक्ति के कार्यों से तथा उसके अन्य के प्रति व्यवहार से। इसी प्रकार यह कहा जा सकता है कि ईश्वर भी अपने अस्तित्व, प्रेम, ज्ञान एवं भक्ति को समय-समय पर हमारे सामने प्रकाशित करते रहते हैं जिसे आदर्श मानकर व्यक्ति अपने जीवन को मर्यादित एवं नियंत्रित करता रहता है। यही श्रुतियों की गत्यात्मक अवधारणा है। स्पष्टत: केवल श्रुतियाँ परम तत्व का ज्ञान नहीं करा सकती हैं। परमार्थ तत्व का ज्ञान तो अनुभूतिगम्य है, श्रुतियाँ केवल सहायक कारण हैं। इसी दृष्टि से यास्क मुनि लिखते हैं कि जो व्यक्ति वेद (श्रुति) को रट लेता है, परन्तु उसका ज्ञान नहीं प्राप्त करता है वह एक कुली के समान वेद का बोझ सिर पर लादे फिरता है (स्थाणुरयं भरहार: किलाभूत् अधीत्य वेदं न विजानाति योऽर्थम्)।

संत आगस्टाइन के अनुसार दैवी प्रकाशना को समझने के लिए दो शर्तें आवश्यक हैं: (1) धर्मशास्त्रीय सत्य को नि:संकोच तथा दृढ़तापूर्वक धारण करते रहना तथा (2) श्रुतियों की अनेक व्याख्याएँ सम्भव हैं, अतएव किसी विशिष्ट व्याख्या को तभी स्वीकार करना चाहिए जब उसके गलत सिद्ध हो जाने की स्थिति में हम उसे त्यागने को भी तैयार रहें, अन्यथा श्रुतियाँ नास्तिकों एवं अज्ञेयवादियों के उपहास का विषय बन जायेंगी। हालाँकि यह दूसरा मत दैवी प्रकाशना के मूल भाव की उपेक्षा करता है, क्योंकि असत्यता का भाव दैवी प्रकाशना के विरुद्ध है। इसको पूर्ण सत्य मानने से ही दैवी प्रकाशना का वास्तविक लक्ष्य एवं कार्य सफल हो सकता है।

आलोचकों के अनुसार श्रुतियों में मत वैभिन्यता पायी जाती है, तब यह कैसे निर्धारित किया जा सकता है कि कौन श्रुति प्रामाणिक है तथा कौन अप्रामाणिक? प्रत्युत्तर में यह कहा जा सकता है कि प्रत्येक श्रुति प्रामाणिक होती है। श्रुतियों में जो विरोध दृष्टिगोचर होता है उसका कारण श्रुतियाँ नहीं हैं बल्कि स्वयं हम ही हैं। अनुभूति के स्तर पर तो सभी श्रुतियाँ समान हैं। यदि उनमें कोई वैषम्य है तो वह केवल अभिव्यक्ति के स्तर पर ही है। जब कोई आत्म द्रष्टा पुरुष अपनी रहस्यात्मक अनुभूतियों को प्रस्तुत करता है तो वह जनसामान्य को दृष्टिगत करके अपनी बातों

को रखता है। सम्भवत: यही कारण है कि भगवान बुद्ध अपनी बातों को पालि में, महावीर स्वामी प्राकृत भाषा में, आचार्य शंकर संस्कृत में, संत तुलसीदास जी अवधी में, संत सूरदास जी ब्रज में प्रस्तुत करते हैं। जन सामान्य के बौद्धिक स्तर में विभेद होने के कारण स्वभावत: अभिव्यक्ति के स्तर पर अंतर आ जाता है। अपरंच, जब अकथनीय का कथन किया जायेगा तो उसमें विभेद का होना स्वाभाविक ही है। तभी तो जिसने भी उसका साक्षात्कार किया उसने उसका निर्वचन करने में अपनी असमर्थता व्यक्त की और यदि किसी ने उसका निर्वचन करने का प्रयास भी किया तो केवल निषेधात्मक निर्वचन ही किया है जैसा कि उपनिषद् उसे नेति-नेति कहती है।

कुछ आलोचकों का यह भी कहना है कि हमें श्रुतियों से जो ज्ञान प्राप्त होता है वह तर्क एवं अनुभव से प्राप्त ज्ञान से इतना भिन्न होता है कि यह एक प्रकार का बकवास (Absurd) लगता है, जैसा कि Tertullian लिखते हैं कि '*Credo ut absurdum est*' अर्थात् 'मैं उस वस्तु में विश्वास करता हूँ जो अनर्गल है' (I believe because it is absurd.)। दूसरे शब्दों में, यह तर्क के विरुद्ध है तथा इसे इस तथ्य के बावजूद भी कि यह ज्ञान की प्रक्रिया में सटीक नहीं बैठती है स्वीकार किया जाता है। दूसरी ओर कुछ लोग संत आगस्टाइन का कथन '*Credo ut intelligam*' अर्थात् 'मैं जानने के लिए विश्वास करता हूँ' (I believe in order to understand) को अपना आदर्श वाक्य मानते हैं। इनके अनुसार श्रुति द्वारा प्राप्त ज्ञान तर्क के द्वारा प्राप्त ज्ञान से ऊपर तो है, परन्तु उसका विरोधी नहीं है। इस वर्ग में प्रोटेस्टेंट तथा रोमन कैथोलिक सम्प्रदाय दोनों ही शामिल हैं। उनका तर्क है कि जिस प्रकार चलन-फलन (Calculus) सामान्य गणित से परे तो है, परन्तु उसका विरोधी नहीं है, उसी प्रकार प्रत्येक सत्य एक ही सत्य का विविध रूप है चाहे वह अनुभूति के द्वारा प्राप्त सत्य हो या श्रुति के द्वारा। इसी को दृष्टिगत रखते हुए ऋग्वेद में यह कहा गया है कि 'सत् (ईश्वर) तो केवल एक ही है जिसका विद्वान लोग भिन्न-भिन्न रूपों में निर्वचन करते हैं' (एकम् सद् विप्रा: बहुधा वदन्ति - ऋग्वेद 1/164/46)।

कुछ आलोचकों का यह भी कहना है कि दैवी प्रकाशना को बिना किसी पर्याप्त साक्ष्य के ही स्वीकार कर लिया जाता है। उदाहरणार्थ, वाटर कुफमैन लिखते हैं कि "धार्मिक व्यक्ति जो दैवी प्रकाशना को स्वीकार करते हैं वे अपने मत के समर्थन में साक्ष्य की अपेक्षा उन धर्मशास्त्रीय प्रतिज्ञप्तियों का उल्लेख करते हैं जिन्हें ईश्वर ने मानवता के लिए प्रस्तुत किया है।" ["Even if we grant, for the sake of the present argument, that God exists and sometimes reveals proposition to mankind." Kaufman, Walter A. (1958): *Critique of Religion and Philosophy*, Princeton Press University, U.K., p. 125.]। इसी प्रकार सी० जे० ड्यूकेस लिखते हैं कि धर्म दर्शन की अधिकांश आलोचनाएँ इस मान्यता पर आधृत हैं कि बिना पर्याप्त साक्ष्य के ही आस्थामूलक प्रतिज्ञप्तियों में विश्वास कर लेना चाहिए। "सामान्य विश्वास, सम्भवत: कुछ साक्ष्यों पर आधृत होता है, परन्तु जो साक्ष्य विश्वास करने वाले व्यक्ति के द्वारा कुछ निश्चित या कम से कम कुछ निश्चित अथवा अधिक विस्तृत विषय-वस्तु के रूप में प्रस्तुत किया जाता है वह बौद्धिकता की अपेक्षा रखता है।" ["The general sense is belief, perhaps based on some evidence, but very firm, or at least more firm, or/and of more extensive content, than the evidence possessed by the believer rationally warrants." Ducasse, C.J. (1953): *A Philosophical Scrutiny of Religion*, The

Ronald Press Co., New York, pp. 73–74.)। यही नहीं, फायरबाख तो दैवी प्रकाशना को भ्रम कहते हैं। उनके अनुसार दैवी प्रकाशना के अंतर्गत यह माना जाता है कि हम ईश्वर को जान नहीं सकते हैं, अत: ईश्वर स्वयं ही अपने आपको हमारे समक्ष प्रकट करता है। इस प्रकार हम ईश्वर को ईश्वर के द्वारा ही जानते हैं। इस पर आक्षेप करते हुए फायरबाख लिखते हैं कि "दैवी प्रकाशना में विश्वास स्पष्टत: धार्मिक चेतना के विशिष्ट भ्रम को प्रदर्शित करता है। इस विश्वास की सामान्य स्थापना है कि मनुष्य स्वयं ईश्वर के बारे में कुछ भी नहीं जान सकता है; क्योंकि उसका सम्पूर्ण ज्ञान व्यर्थ, सांसारिक, मानवीय है। जबकि ईश्वर अतिमानवीय सत्ता होने के कारण स्वयं के द्वारा जाना जाता है। अत: ईश्वर हमारे लिए जो व्यक्त करता है उससे परे हम कुछ भी नहीं जान पाते हैं।" ["The belief in revelation exhibits in the clearest manner the characteristic illusion of the religious consciousness. The general premise of this belief is: man can of himself know nothing of God; all his knowledge is merely vain, earthly, human. But God is a superhuman being; God is known only by himself. Thus we know nothing of God beyond what he reveals to us." Feuerbach, Ludwing A. (1881): *The Essence of Christianity*, Trans. by Marian Evans (George Eliot), John Chapman, London, p. 205.]।

जो दार्शनिक दैवी प्रकाशना के लिए बौद्धिक प्रमाण की बात करते हैं, वे भूल जाते हैं कि बौद्धिक प्रमाण से अति-बौद्धिक सत्ता को सिद्ध नहीं किया जा सकता है। बौद्धिक प्रमाण बुद्धि की कोटियों पर आधृत होता है, जबकि अतीन्द्रिय सत्ता बौद्धिक कोटियों का अतिक्रमण है। नाइबर लिखते हैं कि "यह मानव अस्तित्व का एक चरम रहस्य है जिसके लिए आस्था एवं प्रत्याशा के अतिरिक्त कोई अन्य उत्तर नहीं हो सकता है, क्योंकि सभी उत्तर मानवीय बुद्धि की कोटियों का अतिक्रमण कर जाते हैं। हालाँकि एक ओर इन उत्तरों के बिना मानव जीवन के संशयवादी एवं सर्ववैनाशिकवादी होने का भय रहता है तो दूसरी ओर इनके होने पर धर्मान्ध एवं अहंकारी होने का।" ["This is the final enigma of human existence for which there is no answer except by faith and hope; for all answers transcend the categories of human reason. Yet without these answers human life is threatened with scepticism and nihilism on the one hand, and with fanaticism and pride on the other." Niebuhr, Karl Paul Reinhold (1941): *The Nature and Destiny of Man*, Vol. 2, Charles Scribner's Sons, New York. p. 149.]। पुनश्च, "दैवी प्रकाशना, जैसा कि ईसाई आस्था में माना जाता है, यथार्थत: अपने मूल स्वरूप में, कुछ ऐसी है जो सभी प्रकार के बौद्धिक तर्कों से परे है। वे तर्क जो इसके समर्थन का निश्चितत: दावा करते हैं, बौद्धिक ज्ञान के क्षेत्र में नहीं आते हैं बल्कि उस दैवीय सत्य के क्षेत्र में आते हैं जिसे केवल दैवीय आत्म-साक्षात्कार के द्वारा प्राप्त किया जा सकता है न कि किसी प्रकार की मानवीय खोज के द्वारा।" ["Revelation, as the Christian faith understands it, is indeed, by its very nature, something that lies beyond all rational arguments; the argument which it certainly claims in the support does not lie in the sphere of rational knowledge, but in the sphere of that divine truth which can be attained only through divine self-communication, and not through human research of any kind." Brunner, Emil (1946): *Revelation and Reason*, Westminster Press, Philadelphia, p. 206.]।

यद्यपि यह सत्य है कि दैवी प्रकाशना के पक्ष में कोई लौकिक साक्ष्य नहीं दिया जा सकता है, परन्तु क्या लौकिक साक्ष्य ही एकमात्र अंतिम साक्ष्य है? क्या लौकिक साक्ष्य के द्वारा ही सभी प्रकार के ज्ञानों की सिद्धि सम्भव है? स्पष्टत: लौकिक साक्ष्य तो केवल सीमित सत्ताओं के लिए ही होते हैं, परन्तु जो असीमित है उसे लौकिक साक्ष्य के द्वारा कैसे प्रमाणित किया जा सकता है। इसी दृष्टि से डी० इमेंट लिखते हैं कि अन्य प्रतिज्ञप्तियाँ पूर्णतया सैद्धांतिक होती हैं, अस्तु वे साक्ष्य की अपेक्षा रखती हैं जबकि आस्थामूलक प्रतिज्ञप्तियाँ आत्म-प्रतिबद्धता पर आधारित होती हैं, ये केवल सम्भाव्यताओं का अनिवार्यता में रूपांतरण ही नहीं हैं। यही वह तत्व है जो आस्थामूलक प्रतिज्ञप्तियों को सैद्धांतिक मनोवृतियों से असम्पृक्त करता है। "आस्था सम्भाव्य प्रतिज्ञप्ति से इस तथ्य के द्वारा पृथक् है कि परवर्ती पूर्णतया सैद्धांतिक प्रक्रिया है। आस्था आत्मसमर्पण की स्वीकृति है, यह सम्भाव्यताओं को निश्चितताओं में परिणत नहीं करती है, ऐसा केवल साक्ष्य की शक्ति में पर्याप्त वृद्धि करके हो सकता है। परन्तु यह एक स्वैच्छिक प्रतिक्रिया है जो हमें सैद्धांतिक दृष्टिकोण से बाहर ले जाती है।" ["...faith is distinguished from the entertainment of a probable proposition by the fact that the latter can be a completely theoretic affair. Faith is a 'yes' of self-committment, it does not turn probabalities into certainties; only a sufficient increase in the weight of evidence could do that. But it is a volitional response which takes us out of the theoretic attitude." Emmet, Dorophy Mary (1945): *The Nature of Metaphysical Thinking*, Macmillan, London, p. 140.]।

जर्मन प्रत्ययवादी दार्शनिक शेलिंग दैवी प्रकाशना के ऊपर आक्षेप करते हुए कहते हैं कि यदि धर्म की उत्पत्ति दैवी प्रकाशना से मानी जाय तो इसका अर्थ हुआ कि इसके पूर्व मानव अनीश्वरवादी था, परन्तु यदि वह अनीश्वरवादी था तो वह दैवी प्रकाशना को कैसे ग्रहण कर सकता है? यदि यह माना जाय कि वह प्रारम्भ में तो अनीश्वरवादी था और कालांतर में उसने दैवी प्रकाशना को ग्रहण कर लिया तो यह एक आत्म-विरोधी कथन होगा। इसी प्रकार यह सिद्धांत विकासवाद के भी अनुरूप नहीं है, क्योंकि प्रारम्भिक अवस्था में मानव ईश्वर जैसी उच्चकोटि की सत्यता के भावों और विचारों को जानने में असमर्थ रहा होगा।

इन कमियों के बावजूद भी यह कहा जा सकता है कि इससे दैवी प्रकाशना का महत्त्व कम नहीं होता है। वास्तविकता यह है कि प्रत्येक विधा का ज्ञान एक ही पद्धति से नहीं हो सकता है और न ही उसकी वैधता की एक ही कसौटी ही होती है। विभिन्न प्रकार की विधाओं के ज्ञान के लिए अलग-अलग पद्धतियाँ हैं। दैवी प्रकाशना को सही रूप में समझने के लिए पहली एवं महत्त्वपूर्ण शर्त यह है कि उसमें हमारी आस्था हो। यदि हमारे अंदर आस्था नहीं है तो हम दैवी प्रकाशना को समझ ही नहीं सकते हैं, क्योंकि वह तर्कबुद्धि का क्षेत्र न होकर अनुभूति का क्षेत्र है। ऐसी अनुभूतियाँ नितांत व्यक्तिगत एवं निर्बौद्धिक होती हैं। अस्तु, उनके लिए बौद्धिक आधार प्रस्तुत करना न तो सम्भव है और न ही आवश्यक ही।

❖ ❖ ❖

रहस्यवाद (Mysticism)

- परिचय
- रहस्यवाद की परिभाषा
- रहस्यवाद के प्रकार
- रहस्यवाद की विशेषताएँ
- रहस्यवाद सम्बंधी भ्रांतियों का निराकरण

अध्याय 8

परिचय (Introduction)

रहस्यवाद एवं रहस्यानुभूति शब्द का प्रयोग प्राय: समानार्थक रूप में होता रहा है तथापि दोनों में सूक्ष्म भेद है। रहस्यवाद एक तत्त्वमीमांसीय सिद्धांत है जबकि रहस्यानुभूति एक ज्ञानमीमांसीय सिद्धांत। हालाँकि अपनी चरम पराकाष्ठा की अवस्था में दोनों एक ही हो जाते हैं, क्योंकि अनुभूति की अवस्था में ज्ञाता, ज्ञेय एवं ज्ञान की त्रिपुटी समाप्त हो जाती है। रहस्यवाद आध्यात्मिकता का एक विशिष्ट तथा सुनिश्चित प्रकार है। इसमें एक ही साथ तीन विशिष्टताएँ समाहित हैं: (1) अनुभव का प्रकार, (2) ज्ञान की साधना एवं (3) चैतन्य की अवस्था। सामान्यत: रहस्यवादी व्यक्ति वह होता है जो समस्त बाह्य वस्तुओं से अपनी आँखें मूँद लेता है तथा जिन दिव्य रहस्यों की उसे अनुभूति प्राप्त हो जाती है, उसके बारे में वह सर्वथा मौन हो जाता है। इस प्रकार रहस्यानुभूति एक ऐसी अनुभूति है जो रहस्य से युक्त है, परन्तु बौद्धिकता से मुक्त है। इसी कारण एक ओर रूडोल्फ आटो इसे 'विलक्षण' तथा अपनी तरह का 'अनूठा' (Sui-generis) कहते हैं तो दूसरी ओर उपनिषद् इसका संकेत 'नेति-नेति' तथा 'प्रतीकों' एवं 'उपमानों' के माध्यम से करती है।

रहस्यवाद की परिभाषा (Definition of Mysticism)

जहाँ तक रहस्यवाद की परिभाषा की बात है निनियन स्मार्ट के अनुसार "रहस्यात्मक अनुभव धार्मिक अनुभव का एक मुख्य प्रकार है, किन्तु प्रमुखत: दो कारणों से इसको एक सरल

परिभाषा के द्वारा स्पष्ट करना कठिन है। पहला, रहस्यवादी प्राय: अपने अनुभवों का वर्णन उन सिद्धांतों के आधार पर करते हैं जिन्हें वे पहले से ही सत्य मान लेते हैं, और रहस्यवाद विशेष प्रकार के सिद्धांतों से अनिवार्यत: सम्बंधित भी नहीं है। ...दूसरा, रहस्यात्मक अनुभव और पैगम्बरवादी ईश्वरीय अनुभव के बीच पूर्णतया भेद भी है।" ["Mystical experience is a major form of religious experience, but it is hard to delineate by a simple definition for two main reasons. First, mystics often describe their experiences partly in terms of doctrines presupposed to be true, and there is no one set of doctrines invariably associated with mysticisms... Second, there is quite a difference between mystical experience and prophetic and more generally, numinous experience." Smart, Ninian (1967): *Mysticism, History of*, In the Encyclopedia of Philosophy, Edited by Paul Edward, Macmillan, New York, pp. 419–20.]। पुनश्च, स्मार्ट के अनुसार रहस्यवाद स्वरूपत: अंतर्मुखी होने के कारण इन्द्रिय एवं बुद्धि की परिधि के बाहर भी है। अस्तु, इन्द्रिय एवं बुद्धि के द्वारा इसका वर्णन सम्भव नहीं है। "रहस्यवाद प्राथमिक रूप से एक आंतरिक अथवा अंतर्मुखी खोज है, जो अनिवार्यत: आंतरिक अनुभवों के चरमोत्कर्ष पर स्थित है जिसका वर्णन इन्द्रियानुभव अथवा मानसिक प्रतिबिम्बों के रूप में सम्भव नहीं है।" ["Mysticism as primarily consisting in an interior or introversive quest, culminating in certain interior experiences which are not described in terms of sense-experience or of mental images." Smart, Ninian (1965): "Interpretation and Mystical Experience", *Religious Study*, 1 (1), p. 75.]। रोनाल्ड डब्ल्यू हेपबर्न के अनुसार भी इसकी परिभाषा कठिन है, क्योंकि "रहस्यात्मक अनुभव की अभिव्यक्ति एवं वर्णन करने के लिए जिस भाषा का प्रयोग किया जाता है वह पूर्णतया विरोधाभासी, आलंकारिक एवं काव्यात्मक है।...वे (रहस्यवादी) एक ही साथ दृढ़तापूर्वक कहते हैं कि विश्व का ईश्वर के साथ तादात्म्य है और विश्व का ईश्वर के साथ तादात्म्य नहीं भी है।" ["The language used to express and describe mystical experience is richly paradoxical, figurative, and poetical... They have affirmed simultaneously that the world is identical with God and the world is not identical with God." (1967): *Mysticism, Nature and Assessment of*, In the Encyclopedia of Philosophy, Edited by Paul Edward, Macmillan, New York, p. 429.]।

यदि रहस्यवाद पर गहनता से विचार किया जाय तो पाते हैं कि रहस्यवादी अपने अनुभव के सम्बंध में प्राय: तीन बाते कहते हैं:

- मैं जानता हूँ, परन्तु यह नहीं जानता हूँ कि कैसे जानता हूँ। (I know but I do not know that how do I know.)।
- मैं जानता तो हूँ, परन्तु उसे अभिव्यक्त नहीं कर सकता हूँ। (I know but I cannot express it.)।
- रहस्यात्मक अनुभूति सौदर्न्यानुभति की भाँति नितांत व्यक्तिगत अनुभूति है। (Mystical experience is extremely person like aesthetic experience.)।

स्पष्टत: रहस्यानुभूति नितांत व्यक्तिगत होने के साथ ही पराधीन भी होती है, क्योंकि ऐसी अनुभूति ईश्वरीय अथवा पूर्ण गुरु की अहैतुकी कृपा से ही सम्भव है। गोस्वामी तुलसीदास जी 'रामचरित मानस' में लिखते हैं कि 'सोई जानहि जेंहि देहु जनाई।' सम्भवत: इसी कारण साधक इसके सम्बंध में सदैव ही सशंकित एवं भयभीत रहता है और निश्चित रूप से कुछ भी कहने में स्वयं को असमर्थ पाता है। इस प्रकार यह कहा जा सकता है कि "'ज्ञान का चरमोत्कर्ष', 'अनुभूति की पराधीनता' एवं 'अभिव्यक्ति की असमर्थता' के कारण रहस्यवाद को ठीक-ठीक परिभाषित करना सम्भव नहीं है।"

इसके बावजूद भी कुछ दार्शनिक रहस्यवाद को परिभाषित करने का प्रयास करते हैं, यथा - एडवर्ड केयर्ड के अनुसार "रहस्यवाद मानव मन की एक प्रवृत्ति है जिसमें सारे सम्बंध आत्मा एवं परमात्मा के सम्बंध के रूप में आत्मसात् हो जाते हैं।" ["Mysticism is the attitude of the mind in which all other relations are swalled up in the relation of soul to God." Caird, Edward (1904): *Evolution of Theology in the Greek Philosophers*, Vol. 2, J. Marclehoze & Sons, Glasgow, p. 210.]। ब्राइटमैन इसे 'दैवीय सत्ता की अपरोक्षानुभूति' कहते हैं ["Mysticism is meant direct experience of what is believed to the divine reality." Brightman, E.S. (1940): *A Philosophy of Religion*, Prentice-Hall, Inc., New York, p. 45.]। ई० अण्डरहिल (E. Underhill) के अनुसार "रहस्यवाद वह जीवन्त प्रक्रिया है, जो ईश्वरीय प्रेम का पूर्ण उत्कर्ष है। यह निरपेक्ष सत्ता के साथ चिन्मय सम्बंध स्थापित करने की कला है।" ["It is the name of that organic process which involves the perfect consummation of love of God ... It is the art of establishing conscious relation with the above." Underhill, E. (1912): *Mysticism*, E.P. Dutton & Co., New York, p. 81.]। आर० डी० रानाडे के अनुसार 'रहस्यवाद वह मनोवृत्ति है जिससे मन का परात्पर प्रभु से सीधा, अति निकट और अंतर्ज्ञानात्मक सम्बंध होता है'। इस प्रकार 'रहस्यवाद, इन्द्रियानुभव तथा तर्कबुद्धि से परे अन्य साधनों, यथा - 'ऋतम्भरा प्रज्ञा' या 'अति-मन' या स्वयं 'आत्मा' के द्वारा परम सत्ता का साक्षात्कार तथा उसके साथ सहभागिता है।' अर्थात् "रहस्यवाद आत्मा से आत्मा का ज्ञान है।" ("Mysticism is the knowledge of the self by the self.")।

रूडोल्फ ऑटो के अनुसार धार्मिक व्यक्ति धर्म के सम्बंध में एक विशेष प्रकार का अनुभव प्राप्त करता है, जैसे अगाध श्रद्धा, सम्मान, भय, विनम्रता, प्रेम आदि, जिसे मोटे रूप में 'धार्मिक संवेग' कहा जा सकता है, परन्तु इस धार्मिक संवेग का तार्किक विवेचन संभव नहीं है। उनके अनुसार, "धर्म एवं धर्म की सम्भावना... धर्म पर आधृत तत्व से अर्थात् ईश्वरीय अनुभूति के द्वारा ही सम्भव एवं व्याख्यायित हो सकती है। यह हमारे मानसिक स्वरूप का एक प्रमुख तत्व है जो अपने शुद्ध अनूठेपन में ही अनुभूत होता है तथा इसे किसी भी अन्य चीज के द्वारा अभिव्यक्त नहीं किया जा सकता है।" ["...religion and the possibility of religion are... only made possible and can only be explained from a religious basic element, *viz.*, the feeling of the numinous. This is a primal element of our psychical nature that needs to be grasped purely in its uniqueness and cannot itself be explained from anything else." Otto, Rudolf (1923): *The Idea of the Holy*, Trans. by John W. Harvey, Oxford University Press, Oxford, p. 128.]। पुनश्च, उनके अनुसार "यह इस अर्थ में अकथनीय अथवा अनिर्वचनीय है, क्योंकि यह सम्प्रत्ययों के रूप में बोध के द्वारा पूर्णतया अग्राह्य है।" ("...which remains inexpressible or ineffable in the sense that it completely eludes apprehension in terms of concepts." *Ibid.*, p. 5.)।

ऑटो रहस्यानुभूति को स्पष्ट करने के लिए 'न्यूमिनस' (Numinous) शब्द का प्रयोग करते हैं। उनके अनुसार 'न्यूमिनस' के तीन घटक हैं, जिसे वे लैटिन भाषा में ("*mysterium tremendum et fascinans*" कहते हैं। यहाँ '*Mysterium*' का अर्थ है अपने आप में अनूठा अर्थात् साधारण अनुभव से 'पूर्णतया भिन्न' ("The wholly other", *Ibid.*, p. 25)। यह एक प्रकार से मौन की अवस्था है। '*Tremendum*' का अर्थ है 'श्रद्धायुक्त विस्मय' ("Awefullness", *Ibid.*, p. 13)। इसमें भक्त ईश्वर की सर्वोच्चता से अभिभूत रहता है। अंततः ('*Fascinans*' का अर्थ है कि 'अद्भुत आकर्षण' ("Fascination", *Ibid.*, p. 31)। स्पष्टतः रहस्यात्मक अनुभूति साधारण अनुभवों से पूर्णतया भिन्न एक विशिष्ट प्रकार की अनुभूति है। क्योंकि धार्मिक सत्य बुद्धि पर आधृत न होकर साक्षात् अनुभूति पर आधृत होता है, अस्तु, जिस व्यक्ति को ऐसी अनुभूति प्राप्त नहीं हुई है उसे भाषा के माध्यम से इसका ज्ञान कराया नहीं जा सकता है।

रहस्यवाद के प्रकार (Types of Mysticism)

डब्ल्यू० टी० स्टेस रहस्यवाद को दो भागों में विभक्त करते हैं:

1. बहिर्मुखी रहस्यवाद (Extrovertive Mysticism)
2. अंतर्मुखी रहस्यवाद (Introvertive Mysticism)

स्टेस के अनुसार यद्यपि दोनों प्रकार के रहस्यवाद एक ही सत्ता का बोध कराते हैं, परन्तु इनकी पद्धतियाँ पृथक्-पृथक् हैं। बहिर्मुखी रहस्यवाद के अंतर्गत बाह्य इन्द्रियों के द्वारा बाह्य जगत में परम सत्ता का ज्ञान होता है जबकि अंतर्मुखी रहस्यवाद के अंतर्गत अंतर्जगत में आत्मा के द्वारा उस परम सत्ता का साक्षात्कार होता है। इसी दृष्टि से स्टेस लिखते हैं कि "यह प्रस्ताव है कि बहिर्मुखी प्रकार की अनुभूति अंतर्मुखी की मध्यवर्ती है, क्योंकि अंतर्मुखी अनुभूति पूर्णतया अतीन्द्रिय एवं निर्बौद्धिक होती है। बहिर्मुखी अनुभूति जहाँ तक भौतिक वस्तुओं का अनुभव करती है, यह ऐन्द्रिक-बौद्धिक होती है, परन्तु जहाँ तक यह सभी को एक जैसा अनुभव करती है, यह अतीन्द्रिय एवं निर्बौद्धिक हो जाती है।" ["It is suggested that the extrovertive type of experience is a kind of halfway house to the introvertive. For the introvertive experience is wholly nonsensuous and nonintellectual. But the extrovertive experience is sensory-intellectual in so far as it still perceives physical objects but is nonsensuous and nonintellectual in so far as it perceives them as 'all one'." Starce, W.T. (1960): *The Teaching of the Mystics*, New American Library, New York, pp. 15–16.]। इसी प्रकार स्टेस के अनुसार "अंतर्मुखी रहस्यवाद में सम्पूर्ण चेतना विगलित नहीं होती है जैसा कि अंतर्मुखी रहस्यवादी दावा करते हैं बल्कि केवल

साधारण ऐन्द्रिक-बौद्धिक चेतना ही विगलित होती है और उसके स्थान पर एक पूर्णतया नूतन रहस्यवादी चेतना का आविर्भाव होता है।" ("Now it happens to be the case that this total suppression of the whole empirical content of consciousness is precisely what the introvertive mystic claims to achieve. And he claims that what happens is not all consciousness disappears but that only the ordinary sensory-intellectual consciousness disappears and replaced by an entirely new kind of experience, the mystical consciousness." *Ibid.*, p. 18.)।

पुनश्च, बहिर्मुखी रहस्यवाद के अंतर्गत ईश्वर एवं जगत में तादात्म्य होता है। इसके अनुसार ईश्वर जगत के कण-कण में अंतर्व्याप्त है, जैसा कि स्पिनोजा कहता है कि 'ईश्वर विश्व है तथा विश्व ईश्वर है' (All is god and god is all.)। संत कबीर भी कहते हैं कि 'लाली मेरे लाल की जित देखूँ तित लाल। लाली देखन मैं गई मैं भी हो गई लाल॥' संत सूरदास जी लिखते हैं कि 'जित देखूँ तित स्याममयी री'। गोस्वामी तुलसीदास जी कहते हैं कि 'सिया राममय सब जग जानी'। उपनिषद् के अनुसार भी कुछ ब्रह्म का ही रूप है (सर्वं खल्विदं ब्रह्म। छांदोग्योपनिषद् - 3/14/1)। इसे ही जेहनर "Panenhenic mysticism" की संज्ञा देते हैं। [Zaehner, R.C. (1961): *Mysticism: Sacred and Profane*, Oxford University Press, New York, Chap. 1.]। अंतर्मुखी रहस्यवाद में आत्मा एवं परमात्मा में अभेद माना जाता है, जैसा कि आचार्य शंकर लिखते हैं कि 'जीवो ब्रह्मैव नापर:'। इसी प्रकार उपनिषदों में भी कहा गया है कि 'अहं ब्रह्मास्मि', 'तत्वमसि', 'अयं आत्मा ब्रह्म' आदि, ये सभी महावाक्य आत्मा एवं ब्रह्म में अभेद बताते हैं।

हालाँकि कुछ दार्शनिक बहिर्मुखी रहस्यवाद को अंतर्मुखी रहस्यवाद का प्रस्थान बिन्दु कहते हैं, जो सुसंगत प्रतीत नहीं होता है। वास्तव में, बहिर्मुखी एवं अंतर्मुखी रहस्यवाद में कोई अवस्था भेद नहीं है ऐसा भी नहीं है कि पहले बहिर्मुखी रहस्यानुभूति होती है, तत्पश्चात् अंतर्मुखी अथवा पहले अंतर्मुखी रहस्यानुभूति होती है, तत्पश्चात् बहिर्मुखी अथवा अंतर्मुखी रहस्यानुभूति, बहिर्मुखी से उच्चत्तर है। वस्तुत: ये दो नहीं, एक ही हैं। अपनी-अपनी भावना के अनुरूप विभिन्न रहस्यवादी उस परम सत्ता की भिन्न-भिन्न रूपों में अनुभूति करते हैं। परम सत्ता की आत्मानुभूति अंतर्मुखी रहस्यवाद है, जबकि उसी की बाह्यानुभूति बहिर्मुखी रहस्यवाद है। सम्भव है कि किसी रहस्यवादी को इसमें से किसी एक ही प्रकार की अनुभूति हो तो किसी अन्य को दोनों ही प्रकार की। उदाहरणार्थ, रहस्यवादी आत्मानुभूति की अवस्था में 'अहं ब्रह्मास्मि' कहता है वही बाह्यानुभूति के रूप में 'सर्वं खल्विदं ब्रह्म' का उद्घोष भी करता है। इसका स्पष्ट उदाहरण गीता में मिलता है जब भगवान श्री कृष्ण कहते हैं कि जो भक्त जगत की समस्त चेतनाचेतन वस्तुओं में मुझे (आत्म-तत्व) को देखता है तथा उस आत्म-तत्व में समस्त विश्व को देखता है उसके लिए मैं अदृश्य नहीं हूँ तथा वह मेरे लिए अदृश्य नहीं है (यो मां पश्यति सर्वत्र सर्वं च मयि पश्यति। तस्याहं न प्रणश्यामि स च मे न प्रणश्यति॥ गीता - 6/30)। यह भी सम्भव है कि किसी रहस्यवादी को इन दोनों से पूर्णतया भिन्न केवल शून्यता की अनुभूति हो, जिसे महर्षि पतंजलि 'धर्ममेघ समाधि' एवं आचार्य नागार्जुन 'शून्यता' की संज्ञा देते हैं। इस विविधता के बावजूद भी इतना तो अक्षरश: सत्य है कि रहस्यानुभूति में सभी प्रकार के भेद एवं द्वंद्व विगलित हो जाते हैं। अस्तु, जब तक ईश्वर, आत्मा एवं जगत का भेद है, रहस्यवाद अपने चरमोत्कर्ष पर नहीं है।

रहस्यवाद की विशेषताएँ (Characteristics of Mysticism)

विलियम जेम्स के अनुसार रहस्यवाद की मूलत: चार विशिष्टताएँ हैं: (1) अनिर्वचनीयता (2) बौद्धिकता (3) अल्पकालिकता एवं (4) निष्क्रियता। [James, William (2002): *The Varieties of Religious Experiences*, Routledge, London, p. 295.]। यदि रहस्यवाद पर गहनतापूर्वक विचार किया जाय तो इसमें उपर्युक्त के अतिरिक्त कुछ अन्य विशेषताएँ भी परिलक्षित होती हैं।

रहस्यवाद के अंतर्गत निम्नलिखित विशेषताएँ परिलक्षित होती हैं:

- अनिर्वचनीयता (Ineffability): रहस्यानुभूति को भाषा के द्वारा अभिव्यक्त करना सम्भव नहीं है, क्योंकि यह बुद्धि की अवस्था न होकर साक्षात् अनुभव की अवस्था है। अस्तु, जिस व्यक्ति को इस प्रकार की अनुभूति प्राप्त नहीं हुई है उसे भाषा के माध्यम से समझाना सम्भव नहीं है। "अपनी विलक्षणता में रहस्यात्मक अवस्थाएँ कमोवेश बुद्धि की अवस्थाएँ न होकर अनुभूति की अवस्थाएँ हैं। कोई भी व्यक्ति किसी अन्य को, जिसने कभी भी ऐसी विशिष्ट एवं मूल्यवान अनुभूति को प्राप्त नहीं किया है, स्पष्ट नहीं कर सकता है। संगीत की मधुर-ध्वनि के मूल्य को समझने के लिए संगीतप्रिय कर्ण का होना आवश्यक है, प्रेमी के प्रेम की मन:स्थिति को समझने के लिए स्वयं को प्रेम की अवस्था में ले जाना होगा। हम उस विशेष हृदय एवं कर्ण के अभाव में, संगीतज्ञ एवं प्रेमी की अवस्था की ठीक-ठीक व्याख्या नहीं कर सकते हैं।" (In this peculiarity mystical states are more like states of feeling than like states of intellect. No one can make clear to another who has never had a certain feeling, in what the quality or worth of it consists. One must have musical ears to know the value of a symphony; one must have been in love one's self to understand a lover's state of mind. Lacking the heart or ear, we cannot interpret the musician or the lover justly." *Ibid.*, p. 295.)। स्पष्टत: कोई भी अनुभूति रहस्यात्मक तभी तक है जब तक उसे भाषाबद्ध नहीं किया जा सके, परन्तु ज्योंही हम उसे भाषा के माध्यम से अभिव्यक्त कर देते हैं, त्योंही वह रहस्य की कोटि से बाहर हो जाती है। एटकिन्सन ली के अनुसार यह अद्‌भुत है तथा वर्णन के बाहर है, उदाहरण के लिए, दांत के दर्द का अनुभव, गुलाब की सुंगध, प्रेमानुभूति, आदि। तभी तो संत रहीम कहते हैं कि जो उस परम तत्व को जान लेता है, वह उसके बारे में कुछ कह ही नहीं सकता है, क्योंकि वह कहने सुनने का विषय नहीं है।

  "रहिमन बात अगम्य की कहन सुनन की नाँहि।
  जो जानत सो कहत नहि, कहत सो जानत नाँहि॥"

  स्पष्टत: रहस्यानुभूति एक ऐसी अनुभूति है जहाँ भाषा लाचार एवं बेबस हो जाती है। वह कुछ कहना तो चाहती है, परन्तु कहने के पूर्व ही लड़खड़ा जाती है। इसी दृष्टि से

गोस्वामी तुलसीदास जी लिखते हैं कि 'केशव कहि न जात का कहिए। अति विचित्र रचना अनूप तव, समुझि मनहि मन रहिए॥' इसी प्रकार केन उपनिषद् के अनुसार 'जो यह कहता है कि मैं ब्रह्म को जानता हूँ, वह उसे नहीं जानता है, परन्तु जो कहता है कि मैं ब्रह्म को नहीं जानता हूँ, वही ब्रह्म को जानता है।' ("यस्यामतं तस्य मतं मतं यस्य न वेद सः।" केन उपनिषद् - 2/3)। टॉमस मैकफर्सन भी लिखते हैं कि "कुछ चीजें ऐसी हैं जिनको ठीक-ठीक कहा नहीं जा सकता है। जब तक कोई व्यक्ति उन्हें कहने का प्रयास नहीं करता है तब तक तो कोई समस्या नहीं है। परन्तु यदि कोई उन्हें कहने का प्रयास करता है तो उसे अवश्य ही कुछ परिणामों का सामना करना होगा। हमें अव्यक्त को अभिव्यक्त करने का प्रयास नहीं करना चाहिए।" ["There are some things that just cannot be said. As long as no one tries to say them there is no trouble. But if anyone does try to say them he must take the consequences. We ought not to try to express the inexpressible." Macpherson, Thomas (1972): *Religion as The inexpressible*, In Flew & Macintyre, *New Essays in Philosophical Theology*, SCM Press Ltd., London, pp. 132–33.]। इसीलिए विट्गेंस्टाइन लिखते हैं कि "जिसके बारे में हम कुछ नहीं कह सकते हैं वहाँ हमें मौन रहना चाहिए।" ("What we cannot speek about, we must pass over in silence." *Tractatus*, 7.)।

- बौद्धिकता (Neotic quality): यद्यपि रहस्यानुभूति भाषा के माध्यम से अभिव्यक्त नहीं हो सकती है तथापि इसे निर्बौद्धिक या अबौद्धिक नहीं कहा जा सकता है, क्योंकि रहस्यात्मक अनुभवों से गुजरने वाला प्रत्येक व्यक्ति पूर्ण निश्चितता के साथ यह कहता है कि 'मैं जानता हूँ'। अपनी पहली मुलाकात में ही जब स्वामी विवेकानंद जी ने रामकृष्ण परमहंस जी से पूछा कि 'क्या आपने ईश्वर को देखा है?' इस पर उन्होंने कहा कि हाँ, देखा है। पुनः विवेकानंद जी ने पूछा कि कैसे देखा है? रामकृष्ण जी ने उत्तर दिया जैसे कि तुमको देख रहा हूँ बल्कि तुमसे भी ज्यादा स्पष्ट। इस प्रकार, यद्यपि रहस्यानुभूति प्राप्त व्यक्ति अपने अनुभव के सम्बंध में सर्वथा असंदिग्ध हो जाता है, तथापि यह भी सत्य है कि जिसे इस प्रकार की अनुभूति नहीं होती है वह उसे मानने के लिए कदापि तैयार नहीं होता है। तभी तो जॉन बेली लिखते हैं कि "यह अवश्य ही सत्य है कि वे लोग जिन्हें कभी भी ऐसी अनुभूति नहीं हुई है उनके लिए तर्क व्यर्थ है, जबकि जिन्हें ऐसी अनुभूति हुई है, उनके लिए तर्क अनावश्यक है।" ["It must be true that to those who have never been confronted with it argument is useless, while to those who have it, is superfluous." Baillie, John (1959): *Our Knowledge of God*, Charles Scribner's Sons, New York, p. 132.]। 'जिन्हें रहस्यानुभुति हुई है उनके लिए तर्क अनावश्यक है और जिन्हें ऐसी अनुभूति नहीं हुई है, उनके लिए तर्क व्यर्थ है'। इसी प्रकार विलियम जेम्स भी "*The Varieties of Religious Experiences*" (1902) में लिखते हैं कि:
    - 'जिन व्यक्तियों में रहस्यात्मक अनुभव विकसित हो जाता है, उनके लिए यह पूर्णतः प्रामाणिक हो जाता है।

- अन्य लोगों के द्वारा इसकी प्रामाणिकता को बिना तर्क-वितर्क के स्वीकार नहीं किया जा सकता है।
- रहस्यात्मक अनुभूति से स्पष्ट हो जाता है कि बौद्धिक या ऐन्द्रिक सीमा के बाहर भी ज्ञान है।' [James, William (2002): *The Varieties of Religious Experiences*, Routledge, London, p. 327.]।

यथार्थत: रहस्यानुभूति बौद्धिक न होकर एक 'अति-बौद्धिक' (Supra-rational) अनुभूति है। अस्तु, इसे निर्बौद्धिक मनोदशा कहा गया है।

- अल्पकालिकता (Transiency): का भी गुण पाया जाता है। कोई भी व्यक्ति उस अवस्था में अधिक देर तक नहीं ठहर सकता है। ईश्वर में तो करोड़ों सूर्य के समान तेज है। जब हम एक ही सूर्य के प्रकाश को सहन नहीं कर सकते हैं तो जिसमें करोड़ों सूर्य के समाज तेज हो उसका तेज कैसे सहन कर सकते हैं। यदि कोई व्यक्ति वहाँ अधिक देर तक ठहर जाय तो अंततः शरीर ही विघटित हो जायेगा। तभी तो संत टेरेसा ने तो इसकी अवधि भी निर्धारित कर दी है 'अधिकतम आधा घण्टा'। स्वामी रामकृष्ण परमहंस जी के अनुसार इस अवस्था में अधिकतम 18 घण्टे तक ठहरा जा सकता है। हाँ, एक विशेष प्रकार की जीवन शैली का अनुसरण करके अनुभव की इस आवृत्ति को बढ़ाया भी जा सकता है और कुछ हद तक इस पर नियंत्रण भी प्राप्त किया जा सकता है। इसीलिए संत जॉन लिखते हैं कि 'अपनी इच्छानुसार अपने को प्रेम की मीठी नींद में छोड़ देना अपनी आत्मा की शक्ति के अधीन हो जाना है।' प्लेटो अपनी पुस्तक 'रिपब्लिक' में इसे 'गुफा सिद्धांत' (Cave theory) के द्वारा स्पष्ट करते हैं।
- निष्क्रियता (Passivity): का तत्व भी पाया जाता है, क्योंकि जब आंतरिक चेतना जागृत होती है तो स्वभावतः बाह्य जगत में निष्क्रियता आ जाती है। रहस्यानुभूति की अवस्था में योगी आत्म-अवस्थित होकर परम शांति का अनुभव करता है। ऐसा प्रतीत होता है कि मानो उसकी सारी इच्छाएँ स्थगित हो गई हों, मानो वह एक ऐसी शक्ति के नियंत्रण में हो गया है, जिसके द्वारा सब कुछ संचालित हो रहा हो तथा जहाँ कुछ भी उसका अपना नहीं है। इसी अवस्था का वर्णन करते हुए संत रहीम ने ठीक ही कहा है कि:

"चाह गई चिंता मिटी मनवा बेपरवाह।
जिनको कछु न चाहिए सो शाहनपति शाह॥"

गीता में इसे समत्व योग कहा गया है (समत्वं योगं उच्यते)। ऐसा व्यक्ति ही स्थित-प्रज्ञ है, जो सभी प्रकार के द्वंद्वों, यथा - सुख:दु:ख, हानि-लाभ, जय-पराजय, आदि में निर्द्वन्द्व हो जाता है ('सुखदु:खे समेकृत्वा लाभालाभौ जयाजयौ।' गीता - 2/38)।

- यहाँ पर प्रत्येक वस्तु में ऐक्यता की अनुभूति होती है अर्थात् रहस्यानुभूति की अवस्था में व्यक्ति सब में एक तथा एक में सब की अनुभूति करता है। रहस्यवादी की भेद दृष्टि ही समाप्त हो जाती है, क्योंकि भेद तो इस लौकिक जगत में है, अलौकिक जगत में नहीं। ऐसी अवस्था में ही जीव कहता है कि 'अहं ब्रह्मास्मि'। गीता में भगवान श्री कृष्ण कहते हैं कि ज्ञान की पराकाष्ठा में दो विशिष्टताएँ परिलक्षित होती हैं: पहला, वह जगत की

समस्त चेतनाचेतन वस्तुओं में आत्म-तत्व को देखता है एवं दूसरा, यह उस परम तत्व में भी समस्त विश्व को देखता है (यो मां पश्यति सर्वत्र सर्वं च मयि पश्यति। गीता - 6/30)। उपनिषद् के अनुसार भी 'सब कुछ ब्रह्म का ही रूप है (सर्वं खल्विदं ब्रह्म। छांदोग्योपनिषद् - 3/14/1)। एक ओर स्पिनोजा कहते हैं कि 'ईश्वर विश्व है तथा विश्व ईश्वर है' (All is god and god is all.) तो दूसरी ओर संत कबीर कहते हैं कि 'लाली मेरे लाल की जित देखूँ तित लाल। लाली देखन मैं गई मैं भी हो गई लाल॥' गोस्वामी तुलसीदास जी लिखते हैं कि 'सिया राममय सब जग जानी।' मिस्टर एखार्ट के अनुसार "यह एकता की गहराईयों में जाता है... जहाँ कभी भी कोई भेद दृष्टिगोचर नहीं होता, न तो पिता, न पुत्र, न ही पवित्र आत्मा का; उस तन्मयता में, जहाँ कोई अपना नहीं है, वहाँ प्रकाश की विषय-वस्तु केवल आत्मा की चमक है, तथा उसमें अन्य चीज की अपेक्षा केवल शांति है।" ["It wants to go into the unity that is in the depths, … where never was seen difference, neither Father, nor Son, nor Holy Ghost; in that absorption, where there is no one at home, there the Spark of the soul is content in the light, and there is it at peace more than in itself." Eckhart, Meister Quoted from Royce, J. (1898): *Studies in Good and Evil*, D. Appleton and Co., N.Y., p. 282.]।

- 'अल्पज्ञता' की अनुभूति: जब जीव ईश्वर के 'विराट स्वरूप का दर्शन' करता है तो उसे अपनी लघुता या अल्पज्ञता का बोध होता है, तभी वह आर्त्त होकर प्रभु से ही विनय करने लगता है कि हे प्रभु! आप मुझे जैसे अकिंचन एवं तुच्छ पर कृपा कीजिए। जब भगवान श्री कृष्ण ने अर्जुन को अपने विराट स्वरूप का दर्शन कराया तो तत्क्षण अर्जुन कहता है कि, 'हे केशव! आप अपने स्वरूप को लघु करिए, क्योंकि मैं आपके असीमित तेज को सहन नहीं कर पा रहा हूँ'। कभी-कभी साधक परमतत्व को जानने में असमर्थता के कारण संत कबीर की ही भाँति आग्रह करता है कि:

"हेरत-हेरत हे सखी रहा कबीर हेराय।
बूँद समानी समद में सो कत हेरी जाय॥"

इस प्रकार दोनों ही रूपों में रहस्यवादी को अपनी लघुता का ही बोध होता है।

- 'कालहीनता' की चेतना: यहाँ का काल का आयाम घड़ी के काल के आयाम से पूर्णतया भिन्न होता है। रहस्यवादी अपने आप को एक ऐसी अवस्था में पाता है जहाँ काल नहीं बल्कि सब कुछ सदैव और इसी क्षण है। स्पष्टत: अलौकिक सत्ता अतीन्द्रिय होने के कारण इस लौकिक जगत की सीमा के बाहर है। अत: जब कोई व्यक्ति देश-काल से परे की अवस्था में पहुँचता है तभी उसे उस परम तत्व का साक्षात्कार होता है। इसी दृष्टि से मिस्टर एखार्ट (Meister Eckhart) ठीक ही कहते हैं कि जब तक किसी व्यक्ति के साथ देश-काल, कारण-कार्य, संख्या-परिमाण आदि का विभेद है तब तक वह गलत रास्ते पर है और ईश्वर उससे बहुत दूर है। "संख्याओं का प्रयोग केवल काल के अंतर्गत अपूर्ण जगत में ही होता है। संख्या के सम्प्रत्यय का परित्याग किये बिना कोई भी व्यक्ति

शाश्वतता में अपने मूल तक पहुँच नहीं सकता है। मानवीय आत्मा को अवश्य ही सभी संख्या-प्रत्ययों के परे जाना होगा, उसे अवश्य ही अतीत की परिधि को तोड़कर परिमाण के प्रत्ययों से दूर जाना होगा और तभी वह ईश्वर तक पहुँच पायेगी।" ["...numbers are of use only within time, in the defective world. No one can strike his roots into eternity without being rid (of the concept) of number. The human spirit must go beyond all number-ideas, must break past and away from ideas from quantity and then he will be broken into by God." Meister Eckhart, *Sermon* 22, TM, 155.]।

अंतत: सभी रहस्यवादी चाहे वे किसी भी युग, धर्म या सभ्यता के हों एक-दूसरे को बहुत हद तक समझने लगते हैं। इसका कारण यह है कि ऐसे व्यक्ति के आंतरिक एवं बाह्य दोनों ही पक्षों में एक अद्भुत बदलाव दिखाई देता है। बाह्य दृष्टि से तो वे सबके साथ समान व्यवहार करते हैं, परन्तु आंतरिक दृष्टि से उनके पास पहुँचने से परम शांति का अनुभव होता है। गोस्वामी तुलसीदास जी ने ठीक ही कहा है कि:

"संत मिला तब जानिए मिटा मोह संताप।
हर्ष शोक व्यापै नहीं तब गुरु आप ही आप॥"

सम्भवत: यही कारण है कि प्रत्येक रहस्यवादी एक-दूसरे को समझने लगते हैं, किन्तु जैसा कि जे० बी० प्राट कहते हैं कि कोई अन्य उनको पूरी तरह समझ नहीं पाता है।

रहस्यवाद के अंतर्गत साधना के कितने चरण हैं, इस पर भी रहस्यवादियों में मतैक्य नहीं है। सूफी रहस्यवादी फरीद अलदीन ने इसकी आठ अवस्थाएँ बताई हैं, जिन्हें मूलत: तीन अवस्थाओं में विभक्त किया जा सकता है:

1. शुद्धिकरण की अवस्था (Stage of Purification)
2. प्रबोधकाल की अवस्था (Stage of Notion)
3. अभेद की अवस्था (Stage of Unity/Identity)

यह विभाजन अंतिम नहीं है, क्योंकि रहस्यवादी किन रास्तों के माध्यम से उस तत्त्व का साक्षात्कार कर सकता है, यह सुनिश्चित करना सम्भव नहीं है। वास्तव में, रहस्यानुभूति का मार्ग सीढ़ी (Steps) के बजाय ढाल (Slope) के समान होता है। कभी-कभी तो यह फिसलन से युक्त ढाल हो जाता है जिसमें लगातार नीचे की ओर फिसलन होती जाती है। सम्भवत: यही कारण है कि विभिन्न रहस्यवादियों के मतों में साधन-पथ को लेकर वैषम्य दिखाई देता है।

रहस्यवाद सम्बंधी भ्रांतियों का निराकरण (Elimination of Misconceptions Related to Mysticism)

आलोचकों का कहना है कि रहस्यवाद, संदेहवाद तथा अज्ञेयवाद को जन्म देता है। रहस्यानुभूति अबौद्धिक होने के कारण अज्ञेयवाद की ओर ले जाती है जबकि यह अस्पष्ट एवं अकथनीय

होने के कारण संशयात्मक है। एक ओर हेगेल रहस्यवाद को 'दर्शन का निषेध' तथा 'बुद्धि का बहिष्कार' कहते हैं तो दूसरी ओर जी० एच० जायस इसे 'अस्पष्टता का साम्राज्य' कहते हैं। इसमें विरोधाभासों तथा असंगतियों का भण्डार पाया जाता है। फ्रायडवादियों का कहना है कि रहस्यानुभूति 'इच्छातृप्ति की भावना' का परिचायक है। जिस प्रकार मरुस्थल में प्यासा व्यक्ति जलते हुए वायु के कणों को पानी समझ लेता है उसी प्रकार निरंतर आत्म सुझाव के फलस्वरूप रहस्यवादी अपनी कल्पना को वास्तविक समझ लेता है। इसी प्रकार भाषायी दार्शनिक भी इसे 'असंज्ञानात्मक' (Non-cognitive) कहते हैं।

यदि इन आलोचनाओं पर सूक्ष्मतापूर्वक विचार किया जाय तो कहा जा सकता है कि क्योंकि रहस्यानुभूति एक अति-बौद्धिक अनुभूति है, अत: इसे बौद्धिक परिवेश में प्रस्तुत करने का प्रयास अनुचित है। इसका अर्थ नहीं है कि यह बुद्धि विरोधी है। डॉ० राधाकृष्णन इसे तर्क विरोधी न कहकर तर्क से परे बताते हैं। उनके अनुसार "अपरोक्षानुभूति अतार्किक नहीं बल्कि तर्कातीत है।" ["Intiuition is not a logical but supra-logical." Radhakrishnan, S. (2009): *An Idealist View of Life*, Harper & Collins, Noida, India, p. 147.]। अत: यह सभी प्रकार के प्रमाणों से निरपेक्ष है (प्रामाण्यं निरपेक्षं)। जो वस्तुत: तर्कातीत है, जब हम उसे तर्कबुद्धि के द्वारा जानने का प्रयास करते हैं तो वह छिन्न-भिन्न हो जाती है ('यथा-यथा विचार्यते, विशीर्यते तथा-तथा।')। इसी अति-बौद्धिक अनुभूति को उपनिषद् 'अवाङ्गमनसगोचर' या 'अमनीभाव' कहते हुए इसे तर्क एवं बुद्धि से परे बताते हैं 'नैषा तर्केण मतिरापनेया' (कठोपनिषद् - 1/2/9) या 'यतो वाचो निवर्तन्ते अप्राप्य मनसा सह' (तैत्तिरीय उप. - 2/4/1)। श्री अरविन्द अपनी पुस्तक "*Life Devine*" (1940) में लिखते हैं कि दो प्रकार के जगत हैं: पहला, 'निचली गोलार्ध' (Lower Hemisphere) तथा दूसरा, 'ऊपरी गोलार्ध' (Upper Hemisphere)। निचली गोलार्ध का ज्ञान तो मन के द्वारा हो सकता है, परन्तु ऊपरी गोलार्ध का ज्ञान तो केवल अति-मन (Super-mind) के द्वारा ही सम्भव है।

कुछ भाषायी दार्शनिक, जैसे - बी० रसेल रहस्यानुभूति को ज्ञान की परिधि से बाहर करते हुए अपनी पुस्तक "*Science and Ethics*" (1935) में लिखते हैं कि "जो कुछ भी ज्ञान प्राप्त किया जाता है उसे वैज्ञानिक पद्धति से प्राप्त किया जाना चाहिए और जो विज्ञान की खोज के परे है, मनुष्य उसे नहीं जान सकता है।" ("Whatever knowledge is attainable, it must be attained by scientific method; and what science cannot discover mankind cannot know.", p. 243.)। यद्यपि यह सत्य है कि बुद्धि के द्वारा प्राप्त ज्ञान वैज्ञानिक है, परन्तु इसका अर्थ नहीं है कि प्रतिभान के द्वारा प्राप्त ज्ञान विज्ञान विरोधी है। भारतीय परम्परा के दार्शनिकों ने तो प्रतिभान पर आधृत ज्ञान को यथार्थ ज्ञान कहते हुए इसे गहन ज्ञान (Depth epistemology) की संज्ञा दी है जबकि वैज्ञानिक ज्ञान को सतही ज्ञान (Surface epistemology) कहा है। स्पष्टत: प्रतिभान पर आधारित ज्ञान बौद्धिक ज्ञान की अपेक्षा अधिक गहन एवं यथार्थ होता है। इसी दृष्टि से क्वांटम भौतिकी के प्रसिद्ध वैज्ञानिक मैक्स प्लैंक (Max Planck) ने अपनी 'आत्म-कथा' में लिखा है कि "जब विज्ञान का अगुआ करने वाली विचारों की टोही अंगुलियाँ अपने आप को आगे बढ़ाती हैं तब अवश्य ही एक जीवन्त एवं अंतर्ज्ञात कल्पना के द्वारा ही, क्योंकि नये विचारों का आविर्भाव निगमन के द्वारा नहीं, बल्कि एक कलात्मक सर्जनात्मक कल्पना के द्वारा

ही सम्भव है।" ["When the pioneer in science sets forth the groping feelers of his thought, he must have a vivid, intuitive imagination, for new ideas are not generated by deduction, but by an artistically creative imagination." Planck, Max (1968): *Scientific Autobiography and Other Papers*, Greenwood Press, New York, p. 109.]।

कुछ आलोचकों का यह भी कहना है कि यदि रहस्यानुभूति से प्राप्त ज्ञान गहन एवं यथार्थ है तो विभिन्न रहस्यवादियों के मतों में वैषम्य क्यों पाया जाता है? कोई ईश्वर को एक कहता है तो कोई अनेक। कोई उसे व्यक्तित्वपूर्ण मानता है तो कोई निर्वैयक्तिक। कोई उसे जगत में अंतर्व्याप्त कहता है तो कोई जगत से परे, आदि-आदि। प्रत्युत्तर में यह कहा जा सकता है कि जहाँ तक रहस्यवादियों के मतों से मत-वैभिन्यता की बात है, इसके मूलत: तीन कारण हैं:

1. रहस्यवादी किन रास्तों के माध्यम से ईश्वर का साक्षात्कार कर सकता है, इसे सुनिश्चित कर पाना सम्भव नहीं है।
2. जब भी कोई रहस्यवादी अपनी बातों को प्रस्तुत करता है तो लोगों की मानसिक अवस्था तथा परिवेश को ध्यान में रखकर ही करता है। अस्तु, विभिन्न लोगों की मानसिक अवस्था और उनके परिवेश में भिन्नता होने के कारण इसके वर्णन में भी विभेद का होना स्वाभाविक ही है।
3. भाषा के द्वारा जब अकथनीय का कथन किया जायेगा तो उसमें विभेद का होना स्वाभाविक ही है।

इसी दृष्टि से डब्ल्यू० टी० स्टेस लिखते हैं कि बिना परस्पर विरोधी शब्दों के परम सत्ता की अनुभूति की अभिव्यक्ति सम्भव ही नहीं है। अस्तु, जिसे हम विरोध कहते हैं, वह वस्तुत: विरोधाभास है। "अत: यह कथन कि 'रहस्यात्मक चेतना कुछ एवं कुछ नहीं दोनों ही है', इसमें कोई विरोध नहीं है, क्योंकि इसका अर्थ है कि रहस्यात्मक चेतना अनुभूति के लिए 'कुछ' है, परन्तु बुद्धि के लिए 'कुछ नहीं' है। हम इसकी अनुभूति तो कर सकते हैं, परन्तु इसकी कोई अवधारणा नहीं बना सकते हैं।" ["Thus when we have the proposition 'the mystical consciousness is both something and nothing', there is no contradiction because it means that the mystical consciousness is 'something' for experience but 'nothing' for the intellect. We experience it but cannot conceptualize it." Stace, W.T. (1961): *Mysticism and Philosophy*, Macmillan, London, p. 269.]।

कुछ दार्शनिकों का यह भी कहना है कि रहस्यानुभूति व्यक्ति को निष्क्रियता एवं अकर्मण्यता की ओर ले जाती है, क्योंकि रहस्यवादी समस्त बाह्य वस्तुओं से अपनी आँखें मूँद लेता है तथा जिन दिव्य रहस्यों की उसे अनुभूति प्राप्त हो जाती है, उस परम आनन्द की अनुभूति में सदा-सर्वदा के लिए स्वयं को आत्म-विभोर कर देता है। वह उस अवस्था से नीचे उतरना ही नहीं चाहता है। इस प्रकार वह संसार से विमुख होकर निवृत्ति मार्ग को अपना लेता है। सम्भवत: यही कारण है कि अल्बर्ट स्वेट्जर लिखते हैं कि सम्पूर्ण भारतीय दर्शन पलायनवाद (Escaping) की शिक्षा देता है, क्योंकि इसमें जीवन एवं जगत का निषेध किया गया है। "भारतीय चिंतन अपने मूल स्वरूप में हमारे अपने विचार से पूर्णतया भिन्न है, क्योंकि इसका एक महत्त्वपूर्ण भाग यह विचार है कि

इसमें जीवन एवं जगत का निषेध किया गया है।" ["Indian thought in its very nature is so entirely different from our own because of the great part which the idea of what is called world and life negation plays in it." Schweitzer, Albert (2006): *Indian Thought and its Development*, Wilco Publishing House, Mumbai, p. 1.]। यदि इस आक्षेप पर भी सूक्ष्मतापूर्वक विचार किया जाय तो यह कहा जा सकता है कि यह आक्षेप भी सुसंगत नहीं है। यथार्थत: रहस्यानुभूति निष्क्रियता एवं अकर्मण्यता की स्थिति न होकर पूर्ण सक्रियता एवं कर्मण्यता की स्थिति है जहाँ योगी सभी प्रकार की तुच्छ भावनाओं से ऊपर उठकर अनासक्त भाव से केवल लोक-संग्रह के निमित्त कार्य करता है। अब तक वह केवल स्व के लिए कार्य करता था, परन्तु अब वह शुद्ध पदार्थ की भावना से एक अनासक्त योगी की भाँति कार्य करते हुए भी अकर्त्ता बना रहता है, क्योंकि अब उसमें कर्त्तापन का अभिमान नहीं रहता है। ऐसा भगवान बुद्ध, आचार्य शंकर, स्वामी रामकृष्ण परमहंस, स्वामी विवेकानंद, महर्षि रमण, डॉ० चतुर्भुज सहाय जी आदि के जीवन दर्शन में देखने को मिलता है। यही नहीं, स्वेट्जर का यह कहना कि भारतीय दर्शन निवृति मार्गी है, सुसंगत नहीं है। यहाँ तो प्रवृत्ति एवं निवृति इन दोनों ही मार्गों का अद्भुत समन्वय किया गया है। यहाँ संसार के त्याग की अपेक्षा पूर्ण निष्ठा के साथ कर्त्तव्य करने की बात की गई है। अत: यहाँ त्याग कर्म का नहीं बल्कि फल की इच्छा का है। इसका साक्षात् उदाहरण गीता में मिलता है।

अंतत: यही कहा जा सकता है कि कुछ विशिष्ट लोगों की अनुभूति को काल्पनिक कहना असंगत है। हमारा सीमित अनुभव सभी ज्ञानों का मापदण्ड नहीं हो सकता है अर्थात् प्रत्येक व्यक्ति, प्रत्येक अनुभव या कथन या ज्ञान की सत्यता की जाँच नहीं कर सकता है, यथा - काव्यानुभूति की प्रमाणिकता की जाँच सहृदय व्यक्ति ही कर सकता है। विज्ञान के नियमों की जाँच कोई वैज्ञानिक ही कर सकता है। गणित के किसी सिद्धांत की परख कोई गणितज्ञ ही कर सकता है। इसी प्रकार धार्मिक अनुभूति काल्पनिक है या यथार्थ, इसकी परख तो कोई रहस्यवादी ही कर सकता है। इसकी परख तो –50°C तापमान पर हिमालय की घाटियों में बैठकर ही हो सकती है, आक्सफोर्ड और कैम्ब्रिज की वातानुकूलित अट्टालिकाओं में बैठकर नहीं। जेम्स भी कहते हैं कि "वे (रहस्यवादी) विस्तार का, एकता का, सुरक्षा का और बाकी अन्य सब कुछ का सर्वोच्च आदर्श प्रस्तुत करते हैं। वे हमारे समक्ष एक प्राक्कल्पना प्रस्तुत करते हैं, प्राक्कल्पनाएँ जिनकी हम स्वेच्छा से उपेक्षा कर सकते हैं, परन्तु एक चिंतक होने के कारण हम उसे पलट नहीं सकते हैं। अतिप्रकृतिवाद एवं आशावाद जिसके प्रति वे हमें एक अथवा अनेक तरह से राजी करा सकते हैं, अंतत इस जीवन के अर्थ को समझने के लिए सर्वाधिक सत्य अंतर्दृष्टि प्रदान करते हैं।" ["They tell of the supremacy of the ideal, of vastness, of union, of safety, and of rest. They offer us *hypotheses*, hypotheses which we may voluntarily ignore, but which as thinkers we cannot possibly upset. The supernaturalism and optimism to which they would persuade us may, interpreted in one way or another, be after all the truest of insights into the meaning of this life." (James, William (2002): *The Varieties of Religious Experiences*, Routledge, London, p. 329.]। प्रो० युंग भी लिखते हैं कि "दुनियाँ चाहे जो भी कहे, परन्तु ऐसी अनुभूति जिससे भक्तों को

निरंतर प्रेरणा मिलती रहती है और जिससे समस्त मानव जाति को अर्थपूर्ण जीवन जीने का संदेश मिलता है, अवश्यमेव बहुमूल्य है।" [Jung, C.G. (1958): *Psychology and Religion*, Pantheon Books, Inc., New York, p. 113.]। स्पष्टत: रहस्यवाद की सैद्धांतिक उपयोगिता भले ही नगण्य हो, परन्तु व्यावहारिक उपयोगिता अत्यंत ही महत्त्वपूर्ण है। ऐसी अनुभूति हमारे जीवन में परम शांति प्रदान करके उचित-अनुचित का भेद करने की दृष्टि प्रदान करती है। इस प्रकार रहस्यवाद चाहे जितना अस्पष्ट एवं तर्क-विरोधी क्यों न प्रतीत हो, यह मानव जीवन के लिए अवश्य ही एक प्रेरक, श्रेयस, उर्ध्वगामी एवं मार्गदर्शक अनुभूति है।

✤✤✤

अशुभ की समस्या (Problem of Evil)

अध्याय 9

परिचय (Introduction)

अशुभ की समस्या धर्म-दर्शन की एक अत्यंत ही महत्त्वपूर्ण समस्या है। अशुभ किसी भी व्यक्ति के हृदय को विचलित कर देने वाला एक यथार्थ है। यह केवल धर्मशास्त्र की कोई पहेली नहीं है, बल्कि जीवन की साक्षात् अनुभूति है जिससे प्रत्येक व्यक्ति किसी न किसी रूप में अवश्य ही प्रभावित होता रहता है। अत: यह समस्या ईश्वरवादियों के समक्ष एक चुनौती के रूप में प्रस्तुत होती है, जिसका कोई भी ईश्वरवादी सम्यक् समाधान करने में सदैव ही असफल रहता है।

अशुभ का अर्थ (Meaning of Evil)

सामान्यत: अशुभ का अर्थ है जो प्राणियों के लिए दु:खद, अहितकर एवं अमंगलकारी हो। मनुष्य द्वारा जानबूझ कर किये गये दुराचरण तथा प्राकृतिक एवं मानवीय कारणों से उत्पन्न वे सभी प्रकार के आध्यात्मिक (अपने ही शरीर एवं मन के कारण उत्पन्न दु:ख), आधिभौतिक (बाह्य कारणों से उत्पन्न दु:ख) एवं आधिदैविक दु:ख (देवताओं के कुपित होने या ग्रह-नक्षत्रों के प्रभाव के कारण उत्पन्न दु:ख), जिनका मनुष्य साक्षात् अनुभव करता है, परन्तु जो न्यायोचित नहीं हैं, 'अशुभ' कहलाते हैं।

प्राय: प्रत्येक व्यक्ति कमोवेश इन दु:खों का अनुभव अवश्य ही करता है। थॉमस हार्डी "*The Mayer of Casterbridge*" (1886) के अंत में लिखते हैं कि 'आनन्द तो दु:खों के सामान्य जीवन में एक आकस्मिक घटना है।' (Happiness was but the occasional episode in a general drama of pain.)। इसी प्रकार जर्मन दार्शनिक शोपेनहावर भी विश्व को बुराइयों से युक्त मानते हैं। उनके अनुसार मानव जीवन अतृप्त आकांक्षाओं एवं इच्छाओं की लाश मात्र है। यह निकृष्टतम जगत है एवं जीवन एक धोखा है। इन दु:खों की गहराई को देखते हुए शोपेनहावर ग्रीक के 'Wisdom of Silenus' का समर्थन करते हुए लिखते हैं कि 'वह व्यक्ति सबसे अच्छा है जो जन्म ही न ले, तत्पश्चात् वह है जो जन्म लेने के उपरांत शीघ्रातिशीघ्र इस शरीर का परित्याग कर दे। ... इस प्रकार जीवन की अपेक्षा मृत्यु अधिक अच्छी है।' (It is better not to be born at all; and next to that, it is better to die than to live.... It is plain therefore, that he declared the condition of dead to be better than that of living.)। इसी प्रकार टेनिसन के अनुसार "प्रकृति के नख एवं दन्त रक्तरंजित हैं।" ["Nature red in tooth and claw." Tennyson, Alfred Lord (1849): *In memoriam of Arthur Henry Hallam*]। जे० एस० मिल भी लिखते हैं कि "प्राय: जिन कार्यों के लिए मनुष्यों को प्राण-दण्ड अथवा कैदी बना दिया जाता है वे प्रकृति की दिनचर्या के अंग हैं।" [Nearly all the things which men are hanged or imprisoned for doing to one another are nature's everyday performances." Mill, J.S. (1874): *Three Essays on Religion*, Longman, Green, Reader, and Dyer, London, p. 28.]। हारेक वालपोल के अनुसार भी 'चिंतनशील व्यक्ति के लिए यह जीवन सुखमय है जबकि संवेदनशील व्यक्ति के लिए यह दु:खमय है।'

भारतीय परम्परा में तो प्रारम्भ से ही जीवन एवं जगत को दु:खात्मक माना गया है। इसी दृष्टि से महात्मा बुद्ध ने तो यहाँ तक कह दिया कि दु:खियों ने जो आँसू बहाये हैं, उसके अनुपात में समुद्र का जल भी कम ही है। इसीलिए उन्होंने अपने प्रथम उपदेश, जिसे 'धर्म-चक्र प्रवर्तन' भी कहते हैं, में चार आर्य सत्यों का उपदेश किया: दु:ख, दु:ख-समुदय, दु:ख निरोध एवं दु:ख मुक्ति के उपाय। सांख्य दर्शन में तीन प्रकार के दु:ख माने गये हैं: (1) आध्यात्मिक, (2) आधिभौतिक, एवं (3) आधिदैविक। इसी प्रकार न्याय-वैशेषिक दर्शन में भी 21 प्रकार के दु:ख माने गये हैं: 6 इन्द्रियाँ, 6 इन्द्रियों के विषय, 6 इन्द्रियों एवं उनके विषयों के सम्पर्क से उत्पन्न ज्ञान, 1 शरीर, 1 सुख एवं 1 दु:ख। दु:ख पर इतना गहन चिंतन करने के कारण ही पाश्चात्य दार्शनिकों ने भारतीय दर्शन पर आक्षेप करते हुए कहा कि भारतीय दर्शन एक निराशावादी दर्शन (Pessimistic Philosophy) है।

अशुभ के प्रकार (Types of Evil)

अशुभ मूलत: दो प्रकार के होते हैं:

1. प्राकृतिक अशुभ (Natural evil)
2. नैतिक अशुभ (Moral evil)

प्राकृतिक अशुभ (Natural Evil) ....

प्राकृतिक अशुभ वे हैं जो प्राकृतिक कारणों से उत्पन्न होते हैं। इस प्रकार प्राकृतिक अशुभ प्रकृति प्रदत्त होने के कारण इन पर मनुष्य का कोई अधिकार नहीं होता है, यथा - भूकम्प, ज्वालामुखी, सुनामी, बाढ़, अतिवृष्टि, अनावृष्टि, महामारी, जन्मजात शारीरिक एवं मानसिक विकृतियाँ प्रभृति।

नैतिक अशुभ (Moral Evil) ....

नैतिक अशुभ वह है जो मनुष्यों के संकल्प-स्वातंत्र्य के दुरुपयोग या मानवीय दुराचरण का प्रतिफल होता है, यथा - चोरी, हत्या, बलात्कार, दंगा-फसाद, युद्ध प्रभृति। अत: नैतिक अशुभ के लिए मनुष्य स्वयं जिम्मेदार होता है।

यद्यपि प्राकृतिक अशुभ एवं नैतिक अशुभ दोनों ही एक-दूसरे से पृथक् हैं तथापि दोनों में घनिष्ठ सम्बंध भी है। कुछ परिस्थितियों में प्राकृतिक अशुभ, नैतिक अशुभ को जन्म देता है तो कुछ परिस्थितियों में नैतिक अशुभ प्राकृतिक अशुभ को। प्राय: ऐसा देखा जाता है कि जब प्राकृतिक विपदाओं को सहन करने में व्यक्ति असमर्थ हो जाता है तो उसमें संचयन की प्रवृत्ति बढ़ जाती है, परिणामत: नैतिक अशुभ उत्पन्न होता है। इसी प्रकार नैतिक अशुभ भी प्राकृतिक अशुभ को बल देता है, क्योंकि जब समाज में नैतिक मूल्यों का ह्रास होता है तो न्याय की स्थापना के लिए ईश्वर दुराचारियों को दण्ड देता है जो प्राकृतिक विपदाओं के रूप में अभिव्यक्त होता है। इस प्रकार प्राकृतिक एवं नैतिक अशुभ में अत्यंत ही गहरा सम्बंध है।

प्राकृतिक एवं नैतिक अशुभ में प्राथमिक कौन है? इस बात का निर्धारण कर पाना अत्यंत ही जटिल है। एक ओर दार्शनिक मानते हैं कि प्राकृतिक अशुभ पहले है, नैतिक अशुभ बाद में, तो दूसरी ओर कुछ दार्शनिक मानते हैं कि नैतिक अशुभ, प्राकृतिक अशुभ के पूर्व है। जब मनुष्य संकल्प-स्वातंत्र्य का दुरुपयोग कर अनुचित कार्यों का वरण करता है तो दण्ड स्वरूप ईश्वर प्राकृतिक अशुभ का विधान करता है, जबकि कुछ दार्शनिक मानते हैं कि मनुष्य प्राकृतिक अशुभों के बीच अपने आपको समायोजित न कर पाने के कारण नैतिकता के विरुद्ध आचरण करने के लिए विवश हो जाता है। इस प्रकार प्राकृतिक अशुभ ही नैतिक अशुभ को उत्पन्न करता है।

अशुभ की समस्या (Problem of Evil)

अशुभ की समस्या को सिद्धांतत: सर्वप्रथम ग्रीक दार्शनिक एपीक्यूरस (324–270 BC) ने एक विरोधाभास के रूप में प्रस्तुत किया है, जिसे 'एपीक्यूरियन विरोधाभास' या 'The Riddle of Epicurus' के नाम से जानते हैं। इसके द्वारा वे ईश्वर की सर्वशक्तिमानता एवं दयालुता के ऊपर एक प्रश्न-चिन्ह लगाते हैं। उनके अनुसार "यदि ईश्वर अशुभ को दूर करना चाहता है, परन्तु उसे दूर नहीं कर पाता है तो क्या वह असमर्थ है? माना कि वह समर्थ है, परन्तु वह उसे दूर करना ही नहीं चाहता है तो क्या वह अनिष्टकारी है? अब माना कि वह समर्थ है और अशुभ को दूर

करना भी चाहता है तो जगत् में अशुभ क्यों है?" ["Either God wants to abolish evil, and cannot; or he can, but does not want to. If he wants to, but cannot, he is impotent. If he can, but it does not wants to he is wicked. If God can abolish evil, and God really wants to do it, why is there evil in the world." Quoted from Haught, James A. (1996): 2000: *Years of Disbelief: Famous People with the Courage to Doubt*. Prometheus Books, New York.]।

आधुनिक युग में डेविड ह्यूम इस विरोधाभास को एक दूसरे ढंग से प्रस्तुत करते हुए कहते हैं कि "यदि विश्व में अशुभ ईश्वर की इच्छा से है तो वह दयालु नहीं है और यदि अशुभ ईश्वरीय इच्छा के विरुद्ध है तो वह सर्वशक्तिमान नहीं है? अशुभ या तो ईश्वरीय इच्छा का परिणाम है या फिर उसकी इच्छा के विरुद्ध है। अत: ईश्वर या तो दयालु नहीं है या फिर वह सर्वशक्तिमान नहीं है।" ["Is he willing to prevent evil, but not able? Then he is not omnipotent. Is he able, but not willing? Then he is molevolent. Is he both able and willing? Whence then is the evil? Is he neither able nor willing? Then why call him God?" Hume, David (2004): *Dialogues Concerning Natural Religion*, Part X, 'Evil makes a Strong Case against God's Existence', in Michael Peterson, William Hasker, Hans Reichenbach & David Basinger (2001): *In Philosophy of Religion* (Eds.), Oxford University Press, Oxford, p. 260.]। पुनश्च, ह्यूम के अनुसार ईश्वरवादी ईश्वर को सर्वशक्तिमान कहते हैं, क्योंकि वह जो कुछ भी संकल्प करता है उसका पूर्ण क्रियान्वयन करता है, परन्तु इस संसार में कोई भी प्राणी चाहे वह मनुष्य हो या जानवर, सुखी नहीं है। इसका अर्थ है कि ईश्वर किसी भी प्राणी को सुखी देखना ही नहीं चाहता है। यही नहीं, ईश्वरीय बुद्धि असीमित है, अस्तु, वह अपने किसी भी साध्य की प्राप्ति के लिए जो साधन अपनाता है उसमें कभी भूल नहीं कर सकता है, जबकि वास्तविकता यह है कि प्राकृतिक प्रकोपों से न तो मनुष्य और न ही जानवर प्रसन्न हैं। अत: ईश्वर को मनुष्यों तथा जानवरों का परम हितैषी तथा दयालु कैसे माना जा सकता है? अंतत: वह कहता है कि एपीक्यूरस ने अशुभ की समस्या को जिस रूप में उठाया है, उसका अभी तक कोई प्रति-उत्तर नहीं दिया जा सका है (*Ibid.*, pp. 259–60.)। डब्ल्यू० टी० स्टेस के अनुसार ह्यूम की अशुभ सम्बंधी चुनौती का उत्तर अभी तक नहीं दिया जा सका है और न ही भविष्य में इसकी कोई सम्भावना ही है। "मुझे कहना होगा कि ह्यूम ठीक था उसने जो आरोप लगाया है उसका न तो कभी उत्तर दिया गया है और न ही भविष्य में दिया जायेगा।" ["We have to say that Hume was right. The charge has never been answered and never will be." Stace, W.T. (1952): *Time and Eternity*, Princeton University Press. Princeton, p. 56.]।

आधुनिक दर्शन में जे० एल० मैकी अपने लेख "*Evil and Omnipotence*" में एपीक्यूरस के विरोधाभास को आत्म-विरोध के रूप में प्रस्तुत करते हुए कहते हैं कि 'साधारण शब्दों में यह कहा जा सकता है कि ईश्वर सर्वशक्तिमान एवं दयालु है तथा जगत में अशुभ है, परन्तु इन तीनों प्रतिज्ञप्तियों में एक प्रकार का विरोधाभास दृष्टिगोचर होता है, क्योंकि इनमें से किन्हीं दो प्रतिज्ञप्तियों के सत्य होने पर तीसरी प्रतिज्ञप्ति अवश्य ही असत्य हो जाती है जबकि

ईश्वरवादियों के लिए इन तीनों प्रतिज्ञप्तियों का साथ-साथ सत्य होना आवश्यक है। इस प्रकार ईश्वरवादी इन तीनों प्रतिज्ञप्तियों में सामंजस्य स्थापित करने में असमर्थ रहते हैं। यह समस्या सभी ईश्वरवादियों के समक्ष एक चुनौती के रूप में प्रस्तुत होती है।' ["In its simplest form the problem is this: God is omnipotent; God is wholly good; and yet evil exists. There seems to be some contradiction between these three propositions, so that the any two of them were true, the third would be false. But at the same time all three are essential parts of most theological positions: the theologian, it seems, at once must adhere and cannot consistently adhere to all three. The problem does not arise only for theists, but I shall discuss it in the form in which it presents itself for ordinary theism." Mackey, J.L. (1955): "Evil and Omnipotence", *Mind*, No. 64, pp. 200–12. Edited in Michael Peterson, William Hasker, Hans Reichenback and David Basinger (2001), *In Philosophy of Religion*, Oxford University Press, Oxford, pp. 263–64.]। इस प्रकार मैकी अशुभ की समस्या को तीन प्रतिज्ञप्तियों के द्वारा व्यक्त करते हुए उनमें एक प्रकार का आत्म-विरोध प्रदर्शित करते हैं:

1. ईश्वर सर्वशक्तिमान है।
2. ईश्वर दयालु है।
3. जगत में अशुभ है।

मैकी के अनुसार इन तीनों में से किन्हीं दो प्रतिज्ञप्तियों के सत्य होने पर तीसरी प्रतिज्ञप्ति अनिवार्यत: असत्य हो जाती है। माना कि इनमें से प्रथम दो प्रतिज्ञप्तियाँ सत्य हैं अर्थात् ईश्वर सर्वशक्तिमान है और वह दयालु है तो इनमें तीसरी प्रतिज्ञप्ति अर्थात् जगत में अशुभ है, यह असत्य हो जाती है। पुनश्च, माना कि ईश्वर सर्वशक्तिमान है फिर भी जगत में अशुभ है तो इसका अर्थ है कि वह दयालु नहीं है। अंतत: माना कि ईश्वर दयालु है और फिर भी जगत में अशुभ है तो इसका तात्पर्य यह है कि ईश्वर सर्वशक्तिमान नहीं है। माना कि वह सर्वशक्तिमान एवं दयालु दोनों ही है तो जगत में अशुभ क्यों है? इस प्रकार अशुभ की समस्या सभी ईश्वरवादियों के समक्ष एक चुनौती के रूप में प्रस्तुत होती है, जिसका कोई भी ईश्वरवादी सम्यक् समाधान करने में सदैव ही असफल रहता है।

भारतीय परम्परा में जैनियों एवं बौद्धों ने भी विश्व में व्याप्त अशुभ को ईश्वर की सर्वशक्तिमानता एवं पूर्ण शुभत्व के विरुद्ध एक प्रबल तर्क के रूप में प्रस्तुत किया है। जैनियों के अनुसार यदि यह मान लिया जाय कि ईश्वर सृष्टिकर्त्ता है तो ईश्वर जगत की रचना या तो किसी इच्छा से करता है या फिर करुणा से आप्लावित होकर। यदि ईश्वर ने जगत का सृजन किसी इच्छा से किया है तो वह पूर्ण नहीं हो सकता है और यदि वह करुणा से आप्लावित होकर करता है तब जगत में अशुभ क्यों है? बौद्धों ने भी यह माना कि जिस सृष्टि का रचयिता सर्वशक्तिमान ईश्वर हो उसमें दु:ख नहीं होना चाहिए। हालाँकि, इस समस्या का ईश्वरवादियों द्वारा अनवरत रूप से समाधान प्रस्तुत किया जाता रहा है, तथापि अभी तक इसका कोई संतोषजनक समाधान न तो दिया जा सका है और न ही भविष्य में इसकी कोई सम्भावना ही है।

अशुभ सम्बंधी कुछ प्रमुख समाधान
(Some Main Solutions Related to Evil)

अशुभ की समस्या का निराकरण करने के लिए ईश्वरवादियों द्वारा कई समाधान प्रस्तुत किये गये हैं जिनमें से कुछ प्रमुख हैं:

- अशुभ शुभ का साधन है।
- अशुभ संकल्प-स्वातंत्र्य के दुरुपयोग का प्रतिफल है।
- अशुभ शुभ का पूरक है।
- अशुभ मिथ्या है।
- अशुभ प्राकृतिक नियमों के अनुरूप है।
- ईश्वर शुभ तो है, परन्तु सर्वशक्तिमान नहीं है।
- मानव बुद्धि अशुभ को समझने में असमर्थ है।

अशुभ शुभ का साधन है: अशुभ शुभ का साधन है। इस समाधान के मूलत: दो पक्ष हैं: पहला, अशुभ ईश्वर द्वारा प्रदत्त मनुष्यों को एक प्रकार की चेतावनी है, जिसके फलस्वरूप वह ईश्वर की महानता एवं उसकी अपार शक्ति के महत्त्व को समझ पाता है। प्राय: ऐसा देखा जाता है कि मनुष्य जब घोर विपत्ति में होता है तथा उसका समाधान अपनी सीमित बुद्धि के आधार पर करने में असफल हो जाता है तब वह अपने आपको सर्वतोभावेन किसी असीमित एवं सर्वोच्च सत्ता पर निर्भर कर देता है, जहाँ उसे अधिकाधिक सुरक्षा एवं संतोष प्राप्त हो सके। यदि मनुष्य को दु:ख ही न हो तो वह ईश्वर को याद ही क्यों करेगा। इसी दृष्टि से संत कबीर दास ने ठीक ही लिखा है कि:

"दु:ख में सुमिरन सब करै, सुख में करै न कोय।
जो सुख में सुमिरन करै, दु:ख काहे को होय॥"

इसके विपरीत यदि कोई मनुष्य ईश्वर को सतत् याद करता रहे तो उसे दु:ख होगा ही नहीं। गीता में भगवान श्रीकृष्ण कहते हैं कि हे अर्जुन! मेरे भक्तों का कभी विनाश नहीं होता है:

"क्षिप्रं भवति धर्मात्मा शश्वच्छान्तिं निगच्छति।
कौन्तेय प्रतिजानीहि न मे भक्त: प्रणश्यति॥" (गीता - 9/31)

पुनश्च, भगवान श्रीकृष्ण कहते हैं कि हे पार्थ! सच्चे हृदय से प्रार्थना करने वाले मनुष्य का न तो इस जन्म में पतन हो पाता है और न ही मरने के बाद। इस प्रकार कल्याणकारी कार्य करने वालों की दुर्गति नहीं होती है:

"पार्थ नैवेह नामुत्र विनाशस्तस्य विद्यते।
न हि कल्याणकृत्कश्चिद्दुर्गतिं तात गच्छति॥" (गीता - 6/40)

जी० एच० जायस भी अपनी पुस्तक "*Principles of Natural Theology*" (1923) में इस साधनतावादी समाधान को अधिक महत्त्व प्रदान करते हैं। जायस के अनुसार अशुभ शुभ

का साधन मात्र है अर्थात् यह केवल शुभ की उत्पत्ति में सहायक है। अंततः समग्रता में सब कुछ शुभ ही शुभ है (पृ० 557–606)।

साधनतावादी समाधान का दूसरा महत्त्वपूर्ण पक्ष यह है कि अशुभ मानव को ईश्वर द्वारा प्रदत्त वह प्रेरक शक्ति है, जिसके फलस्वरूप मानव उत्तरोत्तर विकसित एवं समृद्ध होता है। प्रायः यह देखा जाता है कि जब मनुष्य के समक्ष दुःख आते हैं तब वह दुःखों को देखकर हताश एवं भयभीत नहीं होता है, बल्कि उससे उबरने का उपाय सोचता है और अंततः वह अपने उद्देश्य में सफलीभूत भी होता है। यदि दुःख नहीं हो तो मनुष्य उससे बचने का प्रयास ही क्यों करेगा। ऐसी स्थिति में उसका जीवन एवं यह जगत अविकसित, नीरस एवं निरर्थक हो जायेगा। इसके साथ-साथ दुःख मनुष्य को जटिल परिस्थितियों से लड़ने में समर्थ बनाता है। यह मानव मन में आत्म-विश्वास उत्पन्न करता है जिससे मनुष्य असम्भव को ही सम्भव बना देता है। आज विज्ञान एवं तकनीकी का जो विकास हुआ है वह उन विषम एवं जटिल परिस्थितियों की ही देन है। कहा भी जाता है कि 'सोने को जितना तपाया जाता है उसमें उतना ही निखार आता है।' इसी दृष्टि से किसी शायर ने ठीक ही कहा है कि:

"सुर्खरू होता है इंसाँ ठोकरें खाने के बाद।
रंग लाती है हिना, पत्थर पे घिस जाने के बाद॥"

डब्ल्यू० डी० निवेन "*Encyclopedia of Religion and Ethics*" (1961) में लिखते हैं कि "भौतिक अशुभ मनुष्य को आगे बढ़ाने वाली वह अभिप्रेरणा है जो उसे अधिकांश सफलतायें प्राप्त करने के लिये प्रेरित करती है जिसने मानव इतिहास को इतना आश्चर्यजनक बनाया है। कठिनाई कष्टकारक तो है, परन्तु अविष्कार की जननी है।" ("Physical evil has been the goad which has impelled men to most of the achievements which made the history of man so wonderful. Hardship is a stem but fecund parent of invention.")। स्पष्टतः जितने भी तरह के अविष्कार हुए हैं उनके पीछे मूल भाव मनुष्य को अधिकाधिक सुखी एवं सम्पन्न बनाना ही है। दुःख ही मनुष्य सहित अन्य सभी प्राणियों के जीवन को निरन्तर गतिशील बनाये हुए है। डॉ० राधाकृष्णन ने तो यहाँ तक कहा है कि 'अपूर्णता के अभाव में विश्व रिक्त एवं अप्रगतिशील हो जायेगा।' यही नहीं, दुःख में ही मनुष्य एक-दूसरे के सन्निकट आता है और दुःख ही मनुष्य में चरित्र निर्माण के साथ-साथ सहानुभूति का भाव विकसित करता है। इसी दृष्टि से ब्राइटमैन लिखते हैं कि "कठिनाईयाँ चरित्र को विकसित करती हैं ... सहानुभूति दुःख से ही आती हैं।" ["Hardship often develops character... Suffering teaches sympathy." Brightman, Edgar S. (1940): *Philosophy of Religion*, Prentice Hall, Inc., New York, p. 262.]।

एफ० आर० टेनेन्ट लिखते हैं कि यदि विश्व का अध्ययन उसकी सम्पूर्णता में किया जाय तो हम पाते हैं कि अशुभ उच्चतर शुभ के विकास में या तो एक 'अनिवार्य उपफल' (Necessary by-product) के रूप में प्रतीत होता है या तो एक 'अनिवार्य साधन' (Essential instrument) के रूप में या फिर दोनों ही। इनके अनुसार विश्व मूलतः विकासशील है, जिसमें सत्ताओं का 'सोपानिक श्रेणीकरण' (Hierarchical order) पाया जाता है, अतः यदि हम

उच्चतर शिखर को प्राप्त करना चाहते हैं तो सर्वप्रथम इसकी शुरुआत निम्नतर स्तर से ही करनी पड़ेगी। "यह अवश्य ही प्रदर्शित किया जा सकता है कि दु:ख या तो उच्चत्तर शुभ को उत्पन्न करने के लिए एक अनिवार्य उपफल है अथवा व्यवस्थित विकास के लिए एक अनिवार्य साधन अथवा दोनों ही है। इसके बावजूद भी हम इस आरोप का निरसन नहीं कर सकते हैं कि यह विश्व एक जटिल व्यवस्था है अथवा एक अपूर्ण समायोजित यंत्र है।" ["It must be shown that pain is either a necessary by-product of an order of things requisite for the emergence of the higher goods, or an essential instrument to organise evolution, or both. Short of this, we cannot refute to charge that the world is a clumsy arrangement or an imperfectly adjusted mechanism." Tennant, F.R. 'That Evil is Necessary' In *Approaches to the Philosophy of Religion* (1954), D.J. Bronstein and H.M. Schulweis (Eds.), Prentice Hall, Inc., New York, p. 255.]। उदाहरणार्थ, कई बार गिरकर ही बच्चा साईकिल चलाना सीखता है या कोई बच्चा बिना गिरे चलना नहीं सीखता है। प्राय: ऐसा देखा जाता है कि जो व्यक्ति अपने प्रयास एवं पौरुष से उत्तरोत्तर आगे बढ़ता है उसमें स्थायित्व अधिक होता है तथा वह अधिक संतोष प्राप्त करता है। पुनश्च, टेनेन्ट के अनुसार अशुभ खतरे के विरुद्ध चेतावनी देकर हमको सावधान करता है। यदि रोग न हो तो, न तो स्वास्थ्य का मूल्य समझ में आयेगा और न ही एक-दूसरे के प्रति सहानुभूति की भावना का विकास ही हो पायेगा। मनुष्य दु:खों में ही एक-दूसरे से सम्बंध स्थापित करता है तथा एक-दूसरे के निकट आता है। मनुष्य के सर्वांगीण विकास के लिए यह आवश्यक है कि अशुभ हो, अन्यथा मनुष्य का जीवन एकांगी एवं अविकसित बनकर रह जायेगा। इस प्रकार टेनेन्ट, विलियम पेली का समर्थन करते हुए कहते हैं कि 'दु:ख निरोधक (Prophylactic) या परिमार्जक (Purgatorial) होने के कारण साधन मात्र है, क्योंकि वह विकास का रास्ता तैयार करता है।'

इसी प्रकार टेनेन्ट के अनुसार अशुभ व्यक्तिगत एवं सीमित दृष्टिकोण का प्रतिफल है, परन्तु यदि विश्व का अध्ययन उसकी सम्पूर्णता में किया जाय तो कहीं भी अशुभ दृष्टिगोचर नहीं होता है, यथा सम्भव है कि अग्नि से हाथ जल जाय और इस दृष्टि से यह निश्चित रूप से अशुभ है, परन्तु यदि सम्पूर्णता में देखा जाय तो हम पाते हैं कि जो अग्नि हाथ को जलाती है वही खाना भी पकाती है। इसी प्रकार प्रकृति में जो कुछ भी है उसके अपने नियम हैं और यह नियम प्रत्येक परिस्थिति में समान रूप से कार्य करता है, यथा जो पानी प्यास बुझाता है, वही पानी डुबोता भी है। ऐसा पानी असम्भव है जो प्यास तो बुझाए, परन्तु डुबोए नहीं। इस प्रकार टेनेन्ट लिखते हैं कि "भौतिक घटनाओं में बिना नियमितता के हमारे मार्गदर्शन के लिए कोई सम्भावना नहीं रह जाती है ... हमारी बौद्धिक क्षमताओं का विकास भी नहीं हो सकता है।" ["Without such regularity in physical phenomena there could be no probability to guide us ... Our intellectual faculties could not have developed. ...And without rationality, morality is impossible." Tennant, F.R. (1928): *Philosophical Theology*, Vol. 2, Cambridge University Press, New York, pp. 199–200.]।

मिल भी इस समाधान की समीक्षा करते हुए कहते हैं कि प्रकृति में कहीं भी न्याय एवं दया नहीं है। प्रकृति के निर्मम थपेड़े केवल कुछ ही व्यक्तियों को नहीं बल्कि सम्पूर्ण प्राणि-जगत को

काल के गाल में सुला देते हैं। प्रकृति द्वारा प्रतिदिन ऐसे जघन्य कार्य किये जाते हैं कि यदि उसे मनुष्य करे तो निश्चित रूप से उसे प्राण-दण्ड दे दिया जायेगा। प्रकृति के निर्मम थपेड़ों से केवल बुरे लोग ही नहीं बल्कि उच्चतर आदर्शों में लगे हुए सन्त तथा सदाचारी पुरुष भी प्रभावित होते हैं या यों कहा जाय कि सदाचारी पुरुष कहीं ज्यादा प्रभावित होते हैं। यदि अशुभ, शुभ का साधन है तो इन विपदाओं से केवल उन्हीं व्यक्तियों को प्रभावित होना चाहिए जो दुष्ट एवं दुराचारी प्रकृति के हैं, परन्तु ऐसा नहीं होता है।

प्रत्युत्तर में यह कहा जा सकता है कि प्रकृति तो अचेतन है, अतः इसके द्वारा कृत कार्य को नैतिक-अनैतिक कैसे कहा जा सकता है। नैतिकता का निर्धारण तो केवल चेतन सत्ता के लिए किया जा सकता है जिसने जान-बूझकर स्वतंत्र इच्छा शक्ति से कर्म का चुनाव किया हो। इस मत के प्रतिपक्ष में मिल यह कह सकते हैं कि यद्यपि प्रकृति अचेतन है, परन्तु इसका संचालन तो अंततः ईश्वर ही करता है। इस प्रकार अपरोक्षतः तो नहीं, परन्तु परोक्षतः प्रकृति के कार्य को नैतिक-अनैतिक कहा ही जा सकता है। सम्भवतः यही कारण है कि मिल प्रकृति को ही अनैतिक कहकर उसे क्रूर, हिंसक आदि शब्दों से सम्बोधित करते हैं।

पुनश्च, मिल के अनुसार माना कि अशुभ से अशुभ उत्पन्न होता है तो उन नवजात शिशुओं ने क्या किया है जिनमें विभिन्न प्रकार की शारीरिक विकृतियाँ जन्म से ही आ जाती हैं, परन्तु मिल की यह आलोचना सुसंगत नहीं है, क्योंकि सम्भव है कि नवजात शिशुओं में शारीरिक विकृतियाँ इस जन्म के परिणाम न होकर पूर्व जन्म के परिणाम हों। हम तो केवल वर्तमान जीवन को ही देख रहे हैं, परन्तु हमारे कई जन्म पूर्व में भी रह चुके हैं। सम्भव है कि हमने उन्हीं जन्मों में कोई पाप किया हो जिसका प्रतिफल हमें इस जन्म में भोगना पड़ रहा हो। यही प्रश्न भीष्म पितामह ने भगवान श्रीकृष्ण से पूछा था कि हे केशव! यह किन जन्मों के पापों का फल है कि मैं बाण शैय्या पर लेटा हुआ हूँ, परन्तु मेरे प्राण नहीं निकल रहे हैं। इस पर भगवान श्रीकृष्ण ने कहा कि पितामह! मैं आपको दिव्य दृष्टि प्रदान कर रहा हूँ, जिससे आप स्वयं ही देख लें कि यह किन जन्मों के पापों का फल है। उस दिव्य दृष्टि के आधार पर पितामह ने देखा कि कई जन्म पूर्व उन्होंने एक सर्प की पूँछ पकड़कर उसे उछाल दिया था और वह सर्प एक बेर के पेड़ में फँस गया जहाँ उसकी मृत्यु 21 दिन बाद हुई। इस घटना को देखने के उपरांत पितामह ने भगवान श्रीकृष्ण से कहा कि केशव अब मैं समझ गया कि यह किन जन्मों के पापों का प्रतिफल है। इसी प्रकार जातक कथाओं में भी आता है कि भगवान बुद्ध के कई जन्म पूर्व में भी रह चुके हैं।

यही नहीं, मात्र घटना विशेष के आधार पर शुभ-अशुभ का निर्धारण नहीं किया जा सकता है। यह सत्य है कि नवजात शिशुओं में शारीरिक विकृतियाँ या विभिन्न प्रकार के असाध्य रोग लग जाते हैं, परन्तु इसी का परिणाम है कि आज चिकित्सा विज्ञान में इतनी प्रगति हुई है। यदि ऐसा नहीं होता तो मनुष्य न तो इसके निदान के लिए प्रयास करता और न ही संसार में इतना विकास हो पाता। इसीलिए यह कहा जाता है कि 'आवश्यकता ही अविष्कार की जननी है' (Necessity is the mother of invention)। मिल के अनुसार यह सत्य है कि आवश्यकता अविष्कार की जननी है, परन्तु अपराध तो अपराध ही है। इसी दृष्टि से वे लिखते हैं कि "पहला, अपराधों के द्वारा जो भी आकस्मिक एवं अप्रत्याशित परिणाम पैदा होते हैं, फिर भी अपराध तो अपराध ही है और

दूसरा, यदि अशुभ से शुभ उत्पन्न होता है तो इसका प्रतिलोम अर्थात् शुभ से अशुभ उत्पन्न होता है, यह भी साधारण सी बात है।" ["Yet whatever incidental and unexpeted benefits may result from crimes, they are crimes neverthless. In the second place, if good frequently comes out of evil the converse fact, evil coming out of good, is equally common." Mill, J.S. (1874): *Three Essays on Religion*, Longman, Green, Reader, and Dyer, London, pp. 33–34.]।

पुनश्च, मिल के अनुसार यदि अशुभ, शुभ का साधन है तो प्रश्न उठता है कि क्या वास्तव में अशुभ से शुभ उत्पन्न होता है? उनके अनुसार अशुभ से शुभ नहीं बल्कि अशुभ से अशुभ ही उत्पन्न होता है, क्योंकि कई बार ऐसा देखा जाता है कि गरीबी एवं रोग से लड़ते-लड़ते व्यक्ति असमर्थ एवं असहाय हो जाता है तो अंतत: वह आत्महत्या कर लेता है। इस प्रकार "निर्धनता हजारों मानसिक एवं नैतिक बुराईयों को जन्म देती है। सबसे बुरा है निरंतर उत्पीड़न अथवा दमन, जो सम्पूर्ण चरित्र को छोटा बना देता है।" ("Poverty is the parent of a thousand mental and moral evils. What is still worse, to be injured or oppressed, when habitual, lowers the whole tone of the character." *Ibid.*, p. 36.)। यही नहीं, यदि ईश्वर सर्वशक्तिमान एवं दयालु है तो उसे सुख एवं दु:ख का उचित अनुपात में विभाजन भी करना चाहिए, परन्तु ऐसा नहीं होता है। ऐसा अक्सर देखा जाता है कि जो सदाचारी हैं उनका जीवन अधिक कष्टमय है जबकि दुराचारियों का जीवन सापेक्षत: अधिक सुखद है। इसी प्रकार मिल कहते हैं कि यदि मान भी लिया जाय कि अशुभ से शुभ उत्पन्न होता है, तब समस्या उठती है कि क्या ईश्वर बिना अशुभ को साधन बनाये शुभ उत्पन्न नहीं कर सकता है?

मिल के अतिरिक्त कुछ अन्य दार्शनिकों ने भी साधनतावादी समाधान की आलोचना की है, यथा - मैकी अपने लेख "*Evil and Omnipotence*", Mind (1955) में साधनतावादी युक्ति का भी खंडन करते हुए कहते हैं कि यह युक्ति मूलत: 'कारण-कार्य सिद्धांत' पर आधृत है। कारण-कार्य नियम के अंतर्गत दो बातें महत्त्वपूर्ण हैं: (1) प्रत्येक कार्य का कोई न कोई कारण अवश्य होता है और (2) यह कि कारण सदैव ही कार्य से या तो बड़ा होता है या कम-से-कम उसके समतुल्य होता है, परन्तु कारण किसी भी स्थिति में कार्य से न्यून नहीं हो सकता है। मैकी के अनुसार माना कि प्रत्येक कार्य का कोई न कोई कारण होता है और कारण सदैव ही कार्य से बड़ा होता है, परन्तु ऐसी स्थिति में तो अधिकतम शुभ की प्राप्ति के लिए उसी अनुपात में अधिकतम अशुभ भी होना चाहिए। पुनश्च, मैकी के अनुसार यदि ईश्वर कारण-कार्य नियम के अधीन है तो वह इन नियमों का स्रष्टा कैसे हो सकता है, जो जिस नियम को बनाता है वह उसमें परिवर्तन तो कर सकता है।

मैकी का आक्षेप है कि क्योंकि ईश्वर कारण-कार्य नियम का स्रष्टा है अत: वह इसका उल्लंघन भी कर सकता है। यहाँ पर मैकी यह भूल जाते हैं कि ईश्वर की स्वतंत्रता नियमों को बनाने में तो है, परन्तु यदि उसने एक बार कोई नियम बना दिया तो उसकी स्वतंत्रता समाप्त हो जाती है, क्योंकि अब वह स्वयं उन नियमों के अधीन हो जाता है। इस प्रकार ईश्वर की स्वतंत्रता उन नियमों को बनाने में तो है परन्तु उनके अतिक्रमण में नहीं है। पुनश्च, यदि नियमों को बनाने वाला ही नियमों का उल्लंघन करने लगे तो उस पर स्वयं नियमों के अतिक्रमण का आरोपण किया

जायेगा और इस प्रकार नियमों की मर्यादा ही समाप्त हो जायेगी जबकि ईश्वर तो एक मर्यादित सत्ता है अस्तु, वह अमर्यादित कैसे हो सकता है? यदि वह स्वयं ही अमर्यादित हो जायेगा तो वह एक न्यायाधीश की भूमिका कैसे निभा सकेगा? प्राय: सभी धर्मों में ईश्वर को 'कर्माध्यक्ष' या 'न्यायाधीश' के रूप में स्वीकार किया गया है जो हमारे कर्मों का सम्यक् मूल्यांकन करके उसके अनुरूप कर्म-फल प्रदान करता है अर्थात् वह दुष्टों को दण्ड तथा सदाचारियों को पुरस्कृत करता है। इसी दृष्टि से भगवान श्रीकृष्ण कहते हैं कि साधुओं के रक्षार्थ एवं दुष्टों का विनाश करने हेतु अर्थात् धर्म की भली-भाँति संस्थापना के लिए मैं प्रत्येक युग में प्रकट हुआ करता हूँ:

"परित्राणाय साधूनां विनाशाय च दुष्कृताम्।
धर्मसंस्थापनार्थाय सम्भवामि युगे युगे॥" (गीता - 4/47)

इससे भी यही स्पष्ट होता है कि ईश्वर की स्वतंत्रता नियमों की रचना में है, परन्तु यदि उसने एक बार किसी नियम का विधान कर दिया तो उसकी स्वतंत्रता का निहितार्थ नियमों का अनुपालन करना हो जाता है अर्थात् वह उन नियमों का अनुपालन करने के लिए बाध्य हो जाता है। इस प्रकार एक ओर स्वतंत्र रूप से किसी एक नियम का विधान करना और दूसरी ओर स्वयं उसका अनुपालन करना, इन दोनों में कोई आत्म-विरोध नहीं है।

पुनश्च, मैकी के अनुसार ईश्वरवादी कहते हैं कि एक ऐसा विश्व जहाँ अशुभ मिश्रित शुभ है, उस विश्व से अधिक श्रेष्ठ है जहाँ केवल शुभ ही शुभ हो। माना दो प्रकार के जगत हैं: (1) जहाँ केवल शुभ ही शुभ है और (2) जहाँ अशुभ मिश्रित शुभ है। मैकी के अनुसार ईश्वरवादी मानते हैं कि इन दोनों प्रकार के जगतों में वह जगत अधिक श्रेष्ठ होगा जहाँ अशुभ मिश्रित शुभ है। इसी प्रकार मैकी के अनुसार ईश्वरवादी मानते हैं कि जगत विकास की ओर उन्मुख है। अत: इसमें शुभ के साथ-साथ अशुभ का होना अस्वाभाविक नहीं है। अशुभ रहित शुभ केवल एक ही स्थिति में सम्भव हो सकता है जब विकास अपनी चरम पराकाष्ठा अर्थात् पूर्णता को प्राप्त कर ले। पूर्णता की स्थिति में सभी प्रकार के विरोध एवं विसंगतियाँ समाप्त हो जाती हैं, परन्तु एक अपूर्ण एवं विकासशील जगत में पूर्ण शुभ की कल्पना करना निरर्थक ही है। मैकी ईश्वरवादियों की इन्हीं दोनों मान्यताओं के आधार पर शुभ एवं अशुभ का विभाजन कई स्तरों में करते हैं, यथा - प्रथम स्तर का शुभ एवं अशुभ; द्वितीय स्तर का शुभ एवं अशुभ; तृतीय स्तर का शुभ एवं अशुभ, प्रभृति। इस प्रकार अंतत: वे इस निष्कर्ष पर पहुँचते हैं कि 'ऐसी स्थिति में तो सर्वोत्तम शुभ की प्राप्ति के लिए सर्वोत्तम अशुभ का होना आवश्यक है।'

यदि मैकी के इस तर्क पर सम्यक् दृष्टि से विचार किया जाए तो यह कहा जा सकता है कि इसमें कई विसंगतियाँ हैं तो निम्नलिखित हैं:

1. यहाँ पर मैकी अशुभ एवं शुभ का विभाजन समानुपातिक रूप से करते हैं, परन्तु ऐसा करते समय वे भूल जाते हैं कि जो गणितीय एवं तार्किक नियम क्रमश: गणित एवं तर्कशास्त्र के क्षेत्र में लागू होते हैं, वे व्यावहारिक जीवन पर आरोपित नहीं होते हैं। व्यावहारिक जीवन में व्यवहार के नियम लागू होते हैं। दूसरे शब्दों में, व्यावहारिक जीवन गणित एवं तर्कशास्त्र के नियमों के अनुरूप कार्य नहीं करता है। अत: समानुपातिक नियम के आधार पर यह कहना कि अधिकतम शुभ की प्राप्ति के लिए अधिकतम अशुभ अपेक्षित है, सर्वथा

असंगत है। व्यवहारत: यह पूर्णतया सम्भव है कि जीवन में शुभ तो हो, परन्तु अशुभ नहीं हो। ऐसा सन्तों एवं सदाचारियों के जीवन में समान्यत: घटित होता है, क्योंकि वे न्यूनतम अशुभ के साथ जीवन जीते हैं। इस प्रकार अधिकतम शुभ के लिए अधिकतम अशुभ को साधन बनाना आवश्यक नहीं है जैसा कि मैकी समझते हैं।

2. संत मत के अनुसार शुभ के लिए अशुभ अपरिहार्य है, क्योंकि बिना दु:ख के संसार के प्रति व्यक्ति के मन में वैराग्य का होना असम्भव है। अस्तु, फकीर एवं संत तो यही मानते हैं कि जब दु:ख आता है तो इस दु:ख में ईश्वरीय अनुकम्पा छिपी होती है, क्योंकि दु:ख से ही बरकत होती हैं। अस्तु, किसी ने ठीक ही कहा है कि:

"आ बला कि तू मेरे लिए बरकत होगी।
तेरे परदे में छिपी माबूद की रहमत होगी॥"

जब महाभारत का युद्ध समाप्त हुआ तब भगवान श्रीकृष्ण ने एक-एक करके सबसे पूछा कि तुम्हें क्या चाहिए? जिसने जो कुछ भी माँगा, उन्होंने उसे प्रदान किया। उसी समय उन्होंने कुन्ती से भी पूछा कि बुआ आपको क्या चाहिए। कुन्ती ने कहा कि कृष्ण! यदि तुम्हें कुछ देना ही है तो केवल दु:ख देना। इस पर भगवान श्रीकृष्ण ने कहा कि बुआ यहाँ पर सभी तो धन-धान्य माँग रहे हैं जबकि आप दु:ख माँग रही हैं, तब कुन्ती ने कहा कि हे कृष्ण! सम्भव है मैं सुखों में तुमको भूल जाऊँ, परन्तु जब तक दु:ख रहेगा, मैं तुमको याद करती रहूँगी। भगवान को सतत् याद करते रहने से बड़ी साधना कुछ भी नहीं है। इसे ही उपनिषद् में 'भृंगी साधना' कहा गया है।

इसी प्रकार एच० जे० मैकक्लॉस्के लिखते हैं कि अशुभ से शुभ का होना न्याययुक्त नहीं है बल्कि दोषपूर्ण एवं भ्रामक प्रतीत होता है। यदि बिना अशुभ के शुभ का उदय नहीं हो सकता है तब तो अधिक से अधिक शुभ के लिए अधिक-से-अधिक अशुभ में अभिवृद्धि करनी पड़ेगी। इसी दृष्टि से वे लिखते हैं कि "इस तथ्य का एक ही मार्ग है कि अशुभ समानुपातिक रूप से विभक्त नहीं है।" ["The only way of meeting the fact that evils are not distributed proportionately." McCloskey, H.J. (1960): "God and Evil", *The Philosophical Quarterly*, Vol. 10, No. 39, p. 102.]। यदि मैकक्लॉस्के की आलोचना पर विचार किया जाय तो यह कहा जा सकता है कि यह आलोचना नवीन नहीं है। कुछ दार्शनिक सन्त पॉल के उस कथन पर कि 'ईश्वर के अनुग्रह से पापों से मुक्ति सम्भव है', आक्षेप करते हुए कह चुके हैं कि ऐसी स्थिति में तो "निरंतर पाप किया जाय जिससे ईश्वर की अनुकम्पा प्राप्त होती रहे।" ("Let us do evil, that good may come." *Romans*, 3:8.)।

जॉन लेयर्ड भी अपने लेख "Evidence Against a Providential God" (In *Approaches to the Philosophy of Religion*, Eds by D.J. Bronstein and H.M. Schulweis, 1954, p. 266.) में लिखते हैं कि यदि अशुभ से शुभ का उदय होता है तो दोनों के बीच उचित अनुपात होना चाहिए, परन्तु कोई भी इनके बीच गणितीय सम्बंध स्थापित नहीं कर सकता है। अस्तु, यह कैसे सुनिश्चित किया जा सकता है कि अशुभ से शुभ उत्पन्न होता है। इस प्रकार लेयर्ड के अनुसार ईश्वरवादियों द्वारा प्रस्तुत सम्पूर्ण युक्ति अनिश्चित होने के कारण संदेहास्पद है। यही नहीं, यदि ईश्वर सर्वशक्तिमान और दयालु है तो क्या ऐसा सम्भव नहीं है कि

वह कम-से-कम दु:ख देकर अधिक से अधिक सुख का विधान कर सके। यदि वह ऐसा नहीं कर सकता है तो ईश्वर के सर्वशक्तिमान एवं दयालु होने का क्या अर्थ है?

याकुब मसीह भी लिखते है कि "यदि अशुभ शुभ का साधन है तो अशुभ को शुभ का पूर्णतया विरोधी नहीं कहा जा सकता है, क्योंकि साधनतावादी स्वीकार करते हैं कि अशुभ किसी तरह शुभ को आगे बढ़ाता है। ...दूसरा, साधनतावादी यह भी स्वीकार कर सकते हैं कि अशुभ वस्तुत: न्यूनतम शुभ ही है अथवा शुभ की सौन्दर्यात्मक अपील में अभिवृद्धि करने वाला विचार, शुभ को ही विफल कर देता है।" ["If evil is a means to good, then evil cannot be said to be totally opposed to good, for instrumentalism holds that evil somehow promotes the good… Secondly, the instrumentalist can also hold the view that evil is really lesser good or it is a foil to the good with a view to enhancing the aesthetic appeal of the good." Masih, Y. (1995): *Introduction to Religious Philosophy*, Motilal Banarsidass Publishers, New Delhi, p. 298.]। ऐसी स्थिति में अशुभ को विशुद्ध अशुभ कैसे कहा जा सकता है। स्पष्टत: यदि ईश्वर बिना किसी नियम को अपनाये शुभ का विकास नहीं कर सकता है तो क्या यह मान लिया जाय कि वह अपने ही बनाये नियमों से सीमित हो जाता है? इस प्रकार यह कहा जा सकता है कि अशुभ की समस्या का साधनतावादी समाधान अपने उद्देश्य में सफल नहीं रहा है।

अशुभ मनुष्य के संकल्प-स्वातंत्र्य के दुरुपयोग का प्रतिफल है: इस समाधान के अनुसार जब ईश्वर सृष्टि की रचना करता है तब वह मनुष्यों को संकल्प-स्वातंत्र्य प्रदान करता है। संकल्प-स्वातंत्र्य के संदर्भ में दो मार्ग उपनीत हैं: (1) प्रथम मार्ग प्रारम्भ में तो अधिक व्यापक/विस्तृत और आनन्ददायक है, परन्तु वह कालान्तर में उत्तरोत्तर संकीर्ण एवं कष्टकारी होता जाता है। (2) द्वितीय मार्ग प्रारम्भ में संकीर्ण एवं कष्टकारी तो है, परन्तु वह उत्तरोत्तर विस्तृत एवं आनन्ददायक हो जाता है। जब मनुष्य ईश्वर प्रदत्त संकल्प-स्वातंत्र्य का दुरुपोग करके अनुचित का वरण करता है, जो प्रारम्भ में सुखद है, तो इसके फलस्वरूप वह अंततः दु:खों का भोग करता है। इस प्रकार अशुभ के लिए ईश्वर जिम्मेदार न होकर मनुष्य स्वयं ही जिम्मेदार है। यदि मनुष्य अपनी संकल्प-स्वतंत्र्यता का सदुपयोग करके शुभ का वरण करता तो वह निश्चित रूप से दु:खों से बच सकता था। इसी दृष्टि से किसी कवि ने ठीक ही कहा है कि:

"प्रथम हँसता जो कुमुद, तब पंक में फँसता वही।
मुरझे पड़ा रहता कुमुद, तब अन्त में हँसता वही॥"

गीता में संकल्प-स्वातंत्र्य का स्पष्ट रूप से उल्लेख करते हुए भगवान श्रीकृष्ण कहते हैं कि हे अर्जुन! अब तक तो मैंने तुझे गुह्य से भी गुह्य धर्म का उपदेश किया। अब मैं तुमसे यह कहता हूँ कि 'जो तुम्हारी इच्छा हो वही करो' अर्थात् अब तुम अपने स्व-विवेक के आधार पर यह निर्णय करो कि तुम्हें क्या करना है:

"इति ते ज्ञानमाख्यातं गुह्याद्गुह्यतरं मया।
विमृश्यैतदशेषेण यथेच्छसि तथा कुरु॥" (गीता - 18/63)

जॉन हास्पर्स लिखते हैं कि "अशुभ की समस्या के समाधान के लिए ईश्वरवादियों द्वारा जितने भी समाधान प्रस्तुत किये गये उसमें से यह सर्वाधिक महत्त्वपूर्ण है, परन्तु इस समाधान में पहली कमी यह है कि इसके अंतर्गत प्राकृतिक एवं नैतिक अशुभ का स्पष्ट विभेद नहीं किया गया है।" ["This is probably the most serious attempt to get round the problem of evil. Its first point, however, is factually mistaken: there is a distinction between *natural* and *moral* evils." Hospers, John (1994): *An Introduction to Philosophical Analysis*, Allied Publishers Limited, New Delhi, p. 467.]। भूकम्प, ज्वालामुखी, सुनामी, अतिवृष्टि, अनावृष्टि प्रभृति प्राकृतिक अशुभ के उदाहरण हैं जबकि चोरी, हत्या, बलात्कार, दंगा-फसाद, युद्ध प्रभृति नैतिक अशुभ के। यदि इस समाधान को स्वीकार कर भी लिया जाय तो इसके आधार पर नैतिक अशुभ की तो व्याख्या हो जाती है, परन्तु प्राकृतिक अशुभ की व्याख्या किस प्रकार की जा सकती है, क्योंकि प्राकृतिक अशुभ के लिए मनुष्य जिम्मेदार न होकर स्वयं प्रकृति ही जिम्मेदार है।

इस पर ईश्वरवादियों का कहना है कि ईश्वर ने मनुष्य को संकल्प-स्वातंत्र्य प्रदान किया है, किन्तु जब मनुष्य इस संकल्प-स्वातंत्र्य का दुरुपयोग करके अनुचित कार्यों का चयन करता है तो इस नैतिक अशुभ के दण्ड स्वरूप ईश्वर प्राकृतिक अशुभ प्रदान करते हैं। इस प्रकार प्राकृतिक अशुभ अपरोक्षतः तो नहीं, परन्तु परोक्षतः संकल्प-स्वातंत्र्य से सम्बंधित हो जाता है। इसमें भी कई विसंगतियाँ हैं जैसे कि:

- यह कि पहले नैतिक अशुभ है या प्राकृतिक अशुभ? कुछ दार्शनिक मानते हैं कि प्राकृतिक अशुभ नैतिक अशुभ से पहले है, क्योंकि सर्वप्रथम प्रकृति है तत्पश्चात् प्राकृतिक विपदायें। इस धरती पर प्राणियों का आविर्भाव तो लाखों-करोड़ों वर्ष बाद हुआ है। इस प्रकार प्राकृतिक अशुभ के लिए मनुष्य जिम्मेदार कैसे हो सकता है? किसी भी कारण का कार्य उसके अनन्तर आता है न कि उसके पूर्व।
- यदि यह मान भी लिया जाय कि ईश्वर संकल्प-स्वातंत्र्य के दुरुपयोग के फलस्वरूप प्राकृतिक अशुभ प्रदान करता है तो इन प्राकृतिक विपदाओं से केवल उसी व्यक्ति को प्रभावित होना चाहिए जो इसके लिए जिम्मेदार हो, परन्तु प्रायः ऐसा देखा जाता है कि जब प्राकृतिक विपदायें आती हैं तब सभी प्राणी चाहे वे सदाचारी हों या दुराचारी, समान रूप से प्रभावित होते हैं। इस प्रकार यह समाधान भी उपयुक्त नहीं है।

कुछ दार्शनिकों का तो यहाँ तक कहना है कि यदि ईश्वर जानता था कि मनुष्य संकल्प-स्वातंत्र्य का दुरुपयोग करके अनुचित कार्यों का वरण करेगा तो ईश्वर ने संकल्प-स्वातंत्र्य प्रदान ही क्यों किया? प्रत्युत्तर में ईश्वरवादियों का कहना है कि:

- ईश्वर का उद्देश्य तो जीवों को सत्संकल्पी बनाना है जिससे वे सदैव शुभ का चयन कर सकें, परन्तु मनुष्य अविवेकपूर्वक संकल्प-स्वातंत्र्य का दुरुपयोग करके अनुचित का वरण कर लेता है। इस प्रकार अशुभ ईश्वर का उद्देश्य नहीं है बल्कि उसका उपफल (By-product) है। ग्रेव के अनुसार 'नैतिक अशुभ अनिवार्य नहीं है बल्कि यह जीवन

का अनिवार्य सम्भावित परिणाम या घटना है।' (Moral evils are not necessary, but are necessarily possible consequences or incidents in the making of souls. *Mind*, 1956, p. 259.)। इसका अर्थ यह हुआ कि यद्यपि ईश्वर अशुभ की इच्छा तो नहीं करता है, परन्तु उसकी अनुमति प्रदान कर देता है (God does not will moral evil but permits it.)।

- ईश्वरवादियों के अनुसार स्वचालित यंत्रों की अपेक्षा संकल्प-स्वातंत्र्य से युक्त मनुष्य श्रेष्ठतर है। ट्रूब्लड लिखते हैं कि "एक ऐसे यंत्र का शुभत्व जिसके समक्ष कोई और विकल्प हो ही नहीं, वस्तुतः वह शुभत्व नहीं है। वह प्राणी जो स्वेच्छा से किन्तु गलत ढंग से अशुभ का चयन करता है उस प्राणी से श्रेष्ठ है जिसके समक्ष कोई अन्य विकल्प नहीं हो।" ["The goodness of a machine, which has no alternative, is, of course, not goodness at all. A creature who choose the good voluntarily though poorly would be superior to one who could not do otherwise." Trueblood, D.E. (1957): *Philosophy of Religion*, Harper & Brothers, New York, p. 249.]।

आलोचकों के अनुसार यदि ईश्वर सर्वशक्तिमान और दयालु है तो वह मनुष्यों को अनुचित कार्य का चयन करने से क्यों नहीं रोकता है? क्या ऐसा सम्भव नहीं है कि ईश्वर संकल्प-स्वातंत्र्य तो प्रदान करे, परन्तु केवल अच्छे कार्यों के लिए। इस मत का समर्थन करते हुए जे० एल० मैकी, जी० एच० जायस आदि कहते हैं कि निरपेक्ष शुभ के साथ भी संकल्प-स्वातंत्र्य सम्भव है। जायस लिखते हैं कि "संकल्प-स्वातंत्र्य का अर्थ, जैसा कि प्रायः मान लिया जाता है, अनिवार्यतः अशुभ चयन करना नहीं है।" ["Free-will need not, as is so often assumed, involve the power to choose wrong." Joyce, G.H. (1923): *Principles of Natural Theology*, Longmans, Green & Co., New York, p. 600.]। प्रायः ऐसा देखा जाता है कि जो ज्ञानी पुरुष हैं, जैसे संत, महात्मा आदि उनमें संकल्प-स्वातंत्र्य तो है फिर भी वे अनिवार्यतः शुभ का चयन करते हैं। तब क्या ईश्वर ऐसा नहीं कर सकता है कि सभी व्यक्तियों का जीवन इसी प्रकार निर्धारित हो।' इसी प्रकार मैकी अपने लेख 'Evil and Omnipotence' [*Mind*, 1955, No. 64, pp. 200–12, Eds in Michael Peterson, William Hasker, Hans Reichenbach and David Basinger (2001): *In Philosophy of Religion*, Oxford University Press, Oxford.] में लिखते हैं कि 'यदि ईश्वर मनुष्य को संकल्प-स्वातंत्र्य प्रदान करते समय उसमें शुभ के प्रति अनिवार्यता सुनिश्चित नहीं कर सकता है तो वह सर्वशक्तिमान कैसे हो सकता है, क्योंकि संकल्प-स्वातंत्र्य एवं अनिवार्यतः शुभ चयन में कोई विरोध नहीं है।' पुनश्च, मैकी यह प्रश्न उठाते हैं कि यदि कोई व्यक्ति एक समय में शुभ चयन कर सकता है तो वह क्यों नहीं सभी समयों में शुभ चयन कर सकता है। ["If there is no logical impossibility in a man's freely choosing the good on one, or on several occasions, there cannot be a logical impossibility in his freely choosing the good on every occasions. God was not, then, faced with a choice between making innocent automata and making beings who, in action freely, would sometimes go wrong: there was open to him the obviously better possibility of making beings who would act freely but always go right. Clearly, his failure to avail himself of this possibility is inconsistent with his being both omnipotent and wholly good." Mackie, J.L. (1955): 'Evil and Omnipotence', *Mind*, No. 64, pp. 200–212, In Michael Peterson, & others (2001): *In Philosophy of Religion* (Eds.), Oxford University Press, Oxford, p. 270.]।

मैकी के अनुसार यदि ईश्वर मनुष्य को संकल्प-स्वातंत्र्य प्रदान करते समय उसमें शुभ के प्रति अनिवार्यता सुनिश्चित नहीं कर सकता है तो वह सर्वशक्तिमान कैसे हो सकता है? समस्या यह है कि सर्वशक्तिमानता का अर्थ क्या है? यदि सर्वशक्तिमानता का अर्थ है कुछ भी करना, तो स्पष्टत: यह एक आत्म-विरोधी प्रत्यय है, क्योंकि ऐसी स्थिति में सब कुछ अनिश्चित एवं सम्भाव्य हो जायेगा। यही नहीं, ऐसी स्थिति में गणितीय एवं तार्किक नियमों का भी उल्लंघन होने लगेगा और इस प्रकार किसी व्यक्ति के लिए सामान्य जीवन जीना भी असम्भव हो जायेगा तब तो ईश्वर की मर्यादा भी समाप्त हो जायेगी। अस्तु, सर्वशक्तिमानता का अर्थ गणितीय एवं तार्किक नियमों के उल्लंघन से नहीं है, यथा ईश्वर सर्वशक्तिमान है, इसका अर्थ यह नहीं है कि वह गणितीय एवं तार्किक नियमों का उल्लंघन करे अर्थात् वह ऐसा नहीं कर सकता है कि दो और दो का योग सात कर दे। सर्वशक्तिमानता की भी सीमाएँ हैं और वे हैं नियमों की सुसंगतता को बनाये रखना तथा उसकी मर्यादा की रक्षा करना।

इसी प्रकार मैकी के अनुसार संकल्प-स्वातंत्र्य एवं अनिवार्यत: शुभ चयन में कोई विरोध नहीं है जबकि वास्तविकता यह है कि ये दोनों ही परस्पर विरोधी बातें हैं। संकल्प-स्वातंत्र्य का अर्थ है स्व-विवेकपूर्वक निर्णय करना, जबकि अनिवार्यत: शुभ चयन का अर्थ है अधीनता या बाध्यता। यदि हम एक ओर स्वतंत्रता का वरण करते हैं और दूसरी ओर बाध्यता का तो क्या ये दोनों ही परस्पर विरोधी नहीं हैं। अत: इनमें से हमें किसी एक ही विकल्प का चयन करना पड़ेगा। या तो हम संकल्प-स्वातंत्र्य का चयन करें या फिर अनिवार्यत: शुभ का चयन। यदि हम संकल्प-स्वातंत्र्य का वरण करते हैं तो यह आवश्यक नहीं रह जायेगा कि हम सदैव शुभ ही चयन करें, क्योंकि इसमें शुभ के साथ-ही-साथ अशुभ चयन की भी सम्भावना बनी रहती है। यदि हम अनिवार्यत: शुभ चयन को मानते हैं तब निश्चित रूप से हमारा संकल्प-स्वातंत्र्य खण्डित हो जाता है, क्योंकि ऐसी स्थिति में मनुष्य, मनुष्य न रहकर एक वस्तु या मशीन बनकर रह जायेगा।

पुनश्च, मैकी यह प्रश्न उठाते हैं कि यदि कोई व्यक्ति किसी समय विशेष में शुभ चयन कर सकता है तो वह क्यों नहीं सभी समयों में शुभ चयन कर सकता है? स्पष्टत: मैकी का यह मत भी निर्दोष नहीं है, क्योंकि यदि कोई व्यक्ति एक समय में शुभ चयन कर सकता है तो यह आवश्यक नहीं है कि वह सभी समयों में भी शुभ चयन करेगा ही। यहाँ पर मैकी का दोष यह है कि वे अपवाद (Exception) का सामान्यीकरण (Generalisation) कर देते हैं, परन्तु क्या अपवाद को सिद्धांत बनाया जा सकता है? सिद्धांत तो वह होता है जो समान परिस्थितियों में सभी व्यक्तियों के ऊपर समान रूप से आरोपित होता है। यदि हम केवल अपवाद को ही सामान्य सिद्धांत का रूप देने का प्रयास करते हैं तो उसमें एक दोष आ जाता है जिसे 'अविचारित सामान्यीकरण का दोष' (The Fallacy of Hasty Generalisation) या 'परिवर्तित उपलक्षण का दोष' (The Fallacy of Converse Accident) कहा जा सकता है।

पुनश्च, मैकी संकल्प-स्वातंत्र्य के संदर्भ में एक विरोधाभास (Paradox) उठाते हैं, जिसके अनुसार क्या ईश्वर ऐसा नियम बना सकता है जिसके द्वारा वह स्वयं ही नियंत्रित होता हो। मैकी के अनुसार इस प्रश्न का उत्तर चाहे कोई भावात्मक दे या निषेधात्मक, दोनों ही अर्थों में ईश्वर का स्वरूप सीमित हो जायेगा। यदि यह कहा जाए कि ईश्वर ऐसा नियम बना सकता है जिससे वह स्वयं ही नियंत्रित होता है तो इसका अर्थ है कि ईश्वर सीमित है। पुनः यदि यह कहा जाए कि ईश्वर ऐसा नियम बना ही नहीं सकता है जिससे वह स्वयं ही नियंत्रित हो तो इससे भी ईश्वर सीमित ही हो जाता है। इस प्रकार दोनों ही अर्थों में ईश्वर सीमित हो जाता है। मैकी इसे 'सर्वशक्तिमान का विरोधाभास' (Paradox of Omnipotence) कहते हैं।

मैकी के इस विरोधाभास के प्रतिपक्ष में यह कहा जा सकता है कि हाँ! ईश्वर एक ऐसा नियम बना सकता है जिससे वह स्वयं ही मर्यादित एवं नियंत्रित होता हो और इसमें कोई आत्म-विरोध नहीं है, यथा एक राजा स्वतंत्र रूप से किसी नियम का विधान करता है और वह स्वयं भी उन नियमों का अनुपालन करता है, परन्तु इसमें कोई विरोध नहीं है। उसकी स्वतंत्रता नियमों के निर्माण में है, परन्तु यदि उसने एक बार कोई नियम बना दिया तब वहाँ उसकी स्वतंत्रता का तात्पर्य उन नियमों की मर्यादा की रक्षा करना हो जाता है न कि उनका उल्लंघन करना। डॉ० राधाकृष्णन लिखते हैं कि ईश्वर के पास अनन्त खेल हैं, वह उनमें से किसी एक खेल को चुनने के लिए स्वतंत्र है। यहाँ तक उसकी पूर्ण स्वतंत्रता है, परन्तु ज्योंही वह अनन्त खेलों में से किसी एक खेल का चुनाव कर लेता है त्योंही उस पर उस खेल का नियम आरोपित होता है, न कि ईश्वर का। इसी परिप्रेक्ष्य में वे लिखते हैं कि "हमारी स्वतंत्रता की माँग का एक ऐसे विश्व के साथ सामंजस्य होना चाहिए जो व्यवस्था एवं नियमबद्धता के द्वारा नियंत्रित हो। जीवन एक ब्रिज गेम की भाँति है। इसमें हमें पत्ते दिये गये होते हैं। हम उनका चयन नहीं करते हैं। ये अतीत के कर्मों के द्वारा निर्धारित होते हैं, परन्तु हम किसी भी काल के लिए जैसा कि हम सुसंगत समझें, स्वतंत्र हैं। हम केवल गेम के नियम के द्वारा नियंत्रित होते हैं। जब गेम की शुरूआत होती है, उस समय हम अधिक स्वतंत्र होते हैं, परन्तु कालांतर में जब खेल आगे बढ़ता है तब हमारे विकल्प सीमित हो जाते हैं। परन्तु गेम के अंत तक सदैव एक विकल्प रहता है। एक अच्छा खिलाड़ी सदैव सम्भावनाओं पर विचार करता है जबकि बुरा खिलाड़ी उस पर विचार नहीं करता है। एक खिलाड़ी जितना ही अधिक कुशल होता है वह उतनी ही अधिक सम्भावनाओं को देखता है।" ["Our demand for freedom must reckon with a universe that is marked by order and regularity. Life is like a game of bridge. The cards in the game are given to us. We do not select them. They are traced to past Karma but we are free to make any call as we think fit and lead any suit. Only we are limited by the rules of the game. We are more free when we start the game than later on when the game has developed and our choices become restricted. But till the very end there is always a choice. A good player will see possibilities which a bad one does not. The more skilled a player the more alternatives does he perceive." Radhakrishnan, S. (2009): *An Idealist View of Life*, George Allen & Unwin, London, p. 279.]। इसी प्रकार माना कि ईश्वर एक समय में नियम बनाता है और दूसरे समय में वह उसका उल्लंघन भी करता है, तब तो ऐसी स्थिति में उसका 'ईश्वरत्व' ही संकट में पड़ जायेगा, क्योंकि ऐसी स्थिति

में उस पर अन्यायी, क्रूर एवं निरंकुश होने का आरोप लगने लगेगा जिसके लिए नियम एवं मर्यादा का कोई अर्थ नहीं रह जाता है, जबकि ईश्वर को 'आप्तकाम', 'समदर्शी' एवं 'न्यायाधीश' कहा जाता है। इस प्रकार मैकी का विरोधाभास कोई पैराडॉक्स नहीं है बल्कि केवल एक भूल (Mistake) है जिसे 'अर्थान्तर कल्पना का दोष' (The Fallacy of Irrelevant Conclusion) कहा जा सकता है।

अशुभ शुभ का पूरक है: अशुभ शुभ का पूरक है इसका अभिप्राय यह है कि अशुभ के बिना शुभ तथा शुभ के बिना अशुभ अपूर्ण है। इस समाधान के समर्थक मानते हैं कि यदि विश्व में केवल शुभ ही शुभ होता अथवा केवल अशुभ ही अशुभ होता तो वह एकांगी हो जाता, क्योंकि अशुभ एवं शुभ दोनों मिलकर ही समग्रता का बोध कराते हैं, यथा - रेशमी वस्त्र अनेक गांठों का समूह मात्र है। यदि गांठों पर विचार किया जाए तो रेशमी वस्त्र भद्दा लगता है, परन्तु यदि उस पर समग्रता के दृष्टिकोण से विचार करें तो वह हमारे मन को आकृष्ट करता है। इसी प्रकार दवाएँ स्वाद की दृष्टि से कड़वी होते हुए भी स्वास्थ्य की दृष्टि से शुभ हैं। अत: अशुभ के बिना शुभ सार्थक नहीं है। इस समाधान का समर्थन करते हुए संत आगस्टाइन कहते हैं कि "अशुभ का कोई भावात्मक स्वरूप नहीं है; परन्तु शुभ की कमी को ही अशुभ कहते हैं।" ("Evil has no positive nature; but the loss of good has received the name 'evil'." St. Augustine, *The City of God*, XI, Chap. 9)। पुनश्च, उनके अनुसार 'अशुभ की उपस्थिति में ही शुभ सार्थक होता है। अत: शुभ के विरोधी रूप में अशुभ अपरिहार्य है।' [St. Augustine (1955): *Confessions and Enchiridion*, Translated and Ed. by Albert C. Outler, Westminister Press, Philadelphia.]। इसी प्रकार सी० ई० एम० जोड का कहना है कि "अशुभ शुभ का अनिवार्यतः पूरक है। जिस प्रकार छाया और मनुष्य है उसी प्रकार अशुभ एवं शुभ है।" ["Evil is a necessary complement of good. Evil, we are told, is a necessary to good as his shadow to man." Joad, C.E.M. (1943): *Good and Evil*, Faber & Faber, London, p. 72.]।

इसके प्रतिपक्ष में मैकी (Mackie, J.L. "Evil and Omnipotence", *Mind*, 1955, No. 64, pp. 200–12.) का कहना है कि ईश्वरवादियों द्वारा प्रस्तुत यह समाधान ईश्वर के असीमित स्वरूप को सीमित कर देता है। इनके अनुसार ईश्वर एक ऐसे विश्व की रचना नहीं कर सकता है जिसमें केवल शुभ ही शुभ हो। आगस्टाइन के अनुसार अशुभ के बिना शुभ तर्कतः असम्भव है, परन्तु यहाँ पर मैकी यह प्रश्न उठाते हैं कि क्या ईश्वर तार्किक नियमों से नियंत्रित है? यदि वह तार्किक नियमों से नियंत्रित होता है तो वह पूर्ण कैसे हो सकता है? इस पर ईश्वरवादियों का कहना है कि सर्वशक्तिमान का अर्थ नहीं है कि ईश्वर तार्किक असंभावना को भी सम्भव बना दे, यथा - त्रिभुज में चार भुजाएँ बना दे, या 2 + 2 = 6 कर दे।

प्रत्युत्तर में मैकी कहते हैं कि यदि ईश्वर असम्भव को सम्भव नहीं कर सकता है तो उसे सर्वशक्तिमान कहने का कोई औचित्य नहीं है। उनके अनुसार सर्वशक्तिमान तो वह होता है जिसके लिए कुछ भी असम्भव नहीं हो। यदि ईश्वर तार्किक नियमों से सीमित है तो वह पूर्ण कैसे हो सकता है? पुनश्च, यदि ईश्वर तार्किक नियमों से नियंत्रित होता है तो पुनः प्रश्न उठेगा कि तार्किक नियमों को किसने बनाया है? यदि सब कुछ ईश्वर ने ही बनाया है तो तार्किक

नियमों को भी ईश्वर स्वयं ही बनाता है। समस्या यह है कि जिन नियमों को ईश्वर स्वयं बनाता है, क्या वह उन नियमों में परिवर्तन नहीं कर सकता है? यदि वह ऐसा नहीं कर सकता है तो वह सर्वशक्तिमान कैसे हो सकता है? एक ओर ईश्वर को सर्वशक्तिमान कहना और दूसरी ओर उसे तार्किक नियम में बँधा हुआ कहना, क्या ये दोनों ही परस्पर विरोधी बातें नहीं हैं? मैकी के अनुसार नियम तो सीमित मनुष्य के लिए होते हैं, जबकि ईश्वर तो असीमित है। अस्तु, वह नियमों के अधीन नहीं बल्कि उससे परे है।

पुनश्च, मैकी मानते हैं कि यदि सब कुछ ईश्वर ही उत्पन्न करता है तो तार्किक नियमों को भी वही बनाता है। सिद्धांततः ईश्वर जिन नियमों को बनाता है वह उसमें परिवर्तन तो कर ही सकता है। यदि वह उनमें परिवर्तन नहीं कर सकता है तो उसे सर्वशक्तिमान कैसे कहा जा सकता है, मैकी के इस तर्क में कई दोष हैं, जो निम्नलिखित हैं:

- यदि ईश्वर तार्किक नियमों में परिवर्तन कर देता है तो क्या उसे सर्वशक्तिमान एवं दयालु कहा जा सकता है? स्पष्टतः इसका उत्तर निषेधात्मक ही होगा, क्योंकि ऐसी स्थिति में ईश्वर के ऊपर यह आरोप लगेगा कि वह स्वेच्छाचारी, एवं निरंकुश है जो अपनी इच्छानुसार तार्किक नियमों में भी फेर बदल करता रहता है। यथार्थतः ईश्वर की स्वतंत्रता नियमों को बनाने में ही है, परन्तु यदि वह एक बार किसी नियम को बना देता है तो उसकी स्वतंत्रता उन नियमों के संरक्षण तथा अनुपालन में ही होती है। यदि ईश्वर इन नियमों का संरक्षण तथा अनुपालन नहीं करेगा तो इन नियमों के औचित्य पर ही प्रश्न-चिन्ह उठने लगेगा। स्पष्टतः ईश्वर की स्वतंत्रता केवल नियमों को बनाने में है, उनके अनुपालन में नहीं।
- यदि ईश्वर स्वेच्छानुसार तार्किक नियमों में परिवर्तन करने लगे तो उन नियमों की वस्तुनिष्ठता ही समाप्त हो जाएगी। ऐसी परिस्थिति में प्रत्येक व्यक्ति अपने मनमाने ढंग से नियमों की व्याख्या करेगा तब सत्यता एवं असत्यता का मापदण्ड क्या होगा? यहाँ पर यह तर्क दिया जायेगा कि यदि ईश्वर स्वयं ही इन नियमों का उल्लंघन कर सकता है तो मनुष्य क्यों नहीं? इस प्रकार समाज में अराजकता एवं अव्यवस्था की स्थिति उत्पन्न हो जाएगी जिससे सम्पूर्ण समाज मत्स्य-न्याय (Might is right) के अधीन हो जायेगा।
- यदि नियमों को बनाने वाला ही नियमों का उल्लंघन करने लगे तो इन नियमों का अनुपालन कराने की गारण्टी कौन देगा? अस्तु, यह कहना कि ईश्वर सर्वशक्तिमान होने के कारण नियमों के अधीन नहीं है, अनुचित है।

इसी प्रकार मैकी के अनुसार यदि शुभ के लिए अशुभ आवश्यक है तो ईश्वर कम अशुभ देकर भी अधिकतम शुभ प्रदान कर सकता है, परन्तु हम पाते हैं कि समाज में शुभ एवं अशुभ का अनुपात सही नहीं है। जो दुराचारी हैं वे तो सुखी हैं, परन्तु जो सदाचारी हैं वे दुःखी। क्या यही न्याय है? इसी प्रकार यदि ईश्वर सर्वशक्तिमान एवं दयालु दोनों ही है तो क्यों नहीं वह कम अशुभ प्रदान करके भी पर्याप्त मात्रा में शुभ प्रदान करता है, जैसे एक छोटी-सी टेबलेट बड़े से बड़े रोगों का उपचार करने में कारगर है। एक डॉक्टर भी यही चाहता है कि रोगी को कैसे

कम-से-कम कष्ट हो, परन्तु यहाँ तो इसके विपरीत ही दिखाई दे रहा है। थोड़े से शुभ के लिए व्यक्ति को भयंकर कष्टों को भोगना पड़ता है।

मैकी का यह तर्क ऊपरी तौर पर जितना सुसंगत प्रतीत होता है वस्तुतः उतना है नहीं। यह कहना तो सरल है कि यदि अशुभ शुभ का ही प्रतिरूप है तो ईश्वर न्यूनतम अशुभ देकर भी अधिकतम शुभ प्रदान कर सकता है, परन्तु समस्या यह है कि:

- न्यूनतम एवं अधिकतम अशुभ का निर्धारण कैसे होगा? सम्भव है कि मैकी जिसे अधिकतम अशुभ मान रहे हैं वह ईश्वर के लिए न्यूनतम अशुभ ही हो। बिना सम्पूर्णता का अवलोकन किये न्यूनतम एवं अधिकतम का निर्धारण कैसे किया जा सकता है?
- न्यूनतम एवं अधिकतम दोनों ही सापेक्ष पद हैं। अतः सम्भव है कि जो किसी एक के लिए अधिकतम अशुभ हो वह दूसरे के लिए न्यूनतम अशुभ ही हो।
- दण्ड एवं पुरस्कार का निर्धारण मनुष्य द्वारा किये गये अशुभ के अनुपात में होता है। जो जितना बड़ा अपराधी होगा उसके लिए उतना ही ज्यादा कठोर दण्ड का विधान है। यदि दण्ड और पुरस्कार का अनुपात सही नहीं होगा तो पुनः ईश्वर पर यह लांछन लगेगा कि वह निर्दयी एवं अन्यायी है जो अपनी स्वेच्छानुसार लोगों को न्यूनतम एवं अधिकतम अशुभ प्रदान करता है।
- क्या न्यूनतम अशुभ प्रदान कर ईश्वर समाज की अव्यवस्था को दूर कर सकेगा? समाज में भिन्न-भिन्न प्रकृति के व्यक्ति होते हैं। दण्ड का प्रावधान तो उनकी प्रकृति के अनुसार ही होता है। किसी को कम दण्ड दे कर भी उसमें सुधार किया जा सकता है जबकि किसी को अधिक दण्ड देकर ही उसमें सुधार किया जा सकता है। अस्तु, यह सभी व्यक्तियों के लिए एक ही नहीं हो सकता है।

अतः मैकी का यह आक्षेप कि ईश्वर सर्वशक्तिमान एवं दयालु होने के कारण कम मात्रा में अशुभ के द्वारा भी अधिकतम शुभ प्रदान कर सकता है, व्यवहारतः सुसंगत सिद्धांत नहीं है।

पुनश्च, मैकी यह आक्षेप करते हैं कि शुभ एवं अशुभ परस्पर विरोधी हैं। अतः ये दोनों साथ-साथ ईश्वर में विद्यमान कैसे हो सकते हैं। मैकी के अनुसार जब हम अशुभ की समस्या पर विचार करते हैं तो पाते हैं कि इसमें मूलतः तीन पदों का प्रयोग साथ-साथ किया गया है: (1) शुभ; (2) अशुभ; एवं (3) सर्वशक्तिमान। ये तीनों ही पद परस्पर विरोधी हैं। जहाँ शुभ होगा वहाँ अशुभ कैसे हो सकता है? ये दोनों पद वैसे ही आत्म-विरोधी हैं जैसे यह कथन कि 'फलाँ लड़की कुवाँरी पत्नी है' या 'यह एक वृत्ताकार त्रिभुज है' आदि। [Mackie, J.L. (1955): 'Evil and Omnipotence', *Mind*, No. 64, pp. 200–12.]।

मैकी का यह आक्षेप भी निराधार है। वास्तव में, शुभ एवं अशुभ परस्पर सापेक्ष पद हैं। कोई चीज एक व्यक्ति के लिए शुभ है, वही चीज दूसरे व्यक्ति के लिए अशुभ है। चोरी करना निश्चित रूप से अपराध है, लेकिन चोर की दृष्टि से वही उचित है। इसी प्रकार एक लड़का प्रथम श्रेणी में पास होकर भी दुःखी होता है जबकि दूसरा लड़का केवल साधारण रूप से पास होकर भी खुशी मनाता है। इससे यह सिद्ध होता है कि शुभ एवं अशुभ निरपेक्ष अवधारणा न होकर

सापेक्ष पद हैं। अतः यह कहना कि शुभ एवं अशुभ ये दोनों ही ईश्वर में साथ-साथ नहीं हो सकते हैं, असंगत प्रतीत होता है। पुनः, शुभ एवं अशुभ हमारे सीमित दृष्टिकोण के प्रतीक हैं। समग्रता में कोई भी चीज न तो शुभ है और न अशुभ। दूसरे शब्दों में, शुभ एवं अशुभ को हमने बनाया है। हमें जो चीज अच्छी लगती है उसे हम शुभ कह देते हैं तथा जो चीज हमें अच्छी नहीं लगती है उसे हम अशुभ कह देते हैं, परन्तु ईश्वर के लिए न तो कोई चीज शुभ और न ही कोई चीज अशुभ है। वह तो शुभ एवं अशुभ इन दोनों से ही परे है।

अशुभ मिथ्या है: कुछ ईश्वरवादियों के अनुसार अशुभ मिथ्या या भ्रम है। इस मत का समर्थन भारतीय दार्शनिक आचार्य शंकर तथा पाश्चात्य दार्शनिक स्पिनोजा, लाइबनीज, ब्रेडले, प्रभृति करते हैं। इनके अनुसार अशुभ की वास्तविक या यथार्थ सत्ता नहीं है। अशुभ हमारे संकुचित दृष्टिकोण का प्रतिफल है। यदि पारमार्थिक दृष्टिकोण से देखा जाय तो इस जगत में कहीं भी कोई अशुभ नहीं है, यथा - आचार्य शंकर लिखते हैं कि एकमात्र ब्रह्म ही सत् है एवं जगत मिथ्या है, परन्तु मिथ्या का अर्थ असत् होना नहीं है बल्कि सत् एवं असत् इन दोनों से भिन्न होना है। जगत सत् नहीं है, क्योंकि सत् केवल ब्रह्म है। जगत असत् भी नहीं है, क्योंकि असत् वह है जिसका तीनों ही कालों में कोई अस्तित्व नहीं हो। अतः सदसत्विलक्षण होने के कारण जगत मिथ्या है। इस प्रकार जब वे जगत को मिथ्या कहते हैं तब वे उसे व्यावहारिक दृष्टिकोण से मिथ्या नहीं कहते हैं। उनके अनुसार व्यावहारिक दृष्टिकोण से यह जगत पूर्णतः यथार्थ है। अशुभ का अस्तित्व इसी व्यावहारिक स्तर पर है, जिसका बाध पारमार्थिक स्तर पर हो जाता है अर्थात् जब हम पारमार्थिक दृष्टिकोण से इस जगत पर विचार करते हैं तब हमें जगत के मिथ्यात्व की अनुभूति होती है। पुनश्च, आचार्य के अनुसार जगत का अस्तित्व न तो आदि में है और न तो अंत में है। तर्कतः जो न तो आदि में है और न तो अंत में है वह मध्य में कैसे हो सकता है (आदावन्ते च यन्नास्ति वर्तमानेऽपि तत् तथा। माण्डूक्यकारिका - 4/31)। इस प्रकार आचार्य शंकर के अनुसार अशुभ हमारे आंशिक दृष्टिकोण का परिणाम है।

पाश्चात्य दार्शनिक स्पिनोजा भी मानते हैं कि सम्पूर्ण जगत ईश्वर का ही विकार या पर्याय है। इसीलिए वे जगत पर दो दृष्टिकोणों से विचार करते हैं: (1) पृथक्-पृथक् दृष्टिकोण से तथा (2) समग्रता के दृष्टिकोण से। पृथक्-पृथक् दृष्टिकोण से वे इस जगत को 'सृष्टि प्रकृति' (Natura naturata) कहते हैं जबकि समग्रता की दृष्टि से इसे वे सृजमान प्रकृति (Natura naturans) की संज्ञा देते हैं। स्पिनोजा के अनुसार सम्पूर्ण जगत ईश्वर का ही रूप है। यही सृष्टि प्रकृति है, परन्तु जब हम समग्रता की दृष्टि से अवलोकन करते हैं तो पाते हैं कि यह सम्पूर्ण सृष्टि ईश्वर का ही विराट रूप है। इस प्रकार ईश्वर और विश्व में तादात्म्य है। स्पिनोजा का महत्त्वपूर्ण कथन है कि ईश्वर विश्व है एवं विश्व ईश्वर। अब यदि सब कुछ ईश्वर का ही रूप है तो हम किसे अशुभ कह सकते हैं। इसीलिए स्पिनोजा कहते हैं कि अशुभ का अस्तित्व केवल हमारे सीमित दृष्टिकोण से ही है। समग्रता में तो ईश्वर के अलावा अन्य किसी की भी सत्ता नहीं है। इस प्रकार स्पिनोजा के दर्शन में अशुभ का वास्तविक अस्तित्व नहीं है।

लाइबनीज भी मानते हैं कि यह जगत चिदणुओं की रचना है। चिदणु चेतन हैं। अतः सम्पूर्ण सृष्टि चेतना का रूप ही है। उनके अनुसार यह विश्व ईश्वर की सर्वोत्तम रचना है अर्थात् यह जगत

सभी प्रकार के सम्भावित जगतों में सर्वोत्तम है ("This world is the best of all possible worlds." *Monadologie*: 53 & 54.)। यह कहकर लाइबनीज यह दिखाने का प्रयास करते हैं कि समग्रता में कहीं भी अशुभ नहीं है। उनके अनुसार सीमित दृष्टिकोण से जो द्वैत एवं विरोध है, व्यापकता में वही पूर्ण एवं सामंजस्यपूर्ण हो जाता है। इसीलिए वे ईश्वर को इस विश्व की व्यवस्था का सर्वोच्च व्यवस्थापक मानते हैं। उनके अनुसार ईश्वर ने विश्व में प्रारम्भ से ही ऐसी व्यवस्था उत्पन्न की है जिसमें अनन्त काल तक सामंजस्य बना रहे। इसे ही वे 'पूर्व-स्थापित सामंजस्य' (Pre-established harmony) की संज्ञा देते हैं।

इसी प्रकार हेगेल भी मानते हैं कि अशुभ आंशिक दृष्टिकोण से ही है, सम्पूर्णता में अशुभ का स्थान नहीं है। हेगेल की विधि द्वन्द्वात्मक विधि है और द्वन्द्वात्मक विधि के तीन महत्त्वपूर्ण पक्ष हैं: (1) वाद, (2) प्रतिवाद एवं (3) संवाद। विकास का आरम्भ वाद से होता है जो अपने आप में अपूर्ण होता है। अतः वाद विरोध स्वरूप अपने प्रतिपक्ष अर्थात् प्रतिवाद को उत्पन्न करता है, परन्तु वह भी अपूर्ण ही होता है। अतः वाद एवं प्रतिवाद का समन्वय होता है जिसे 'संवाद' कहते हैं। संवाद भी अपूर्ण ही होता है, अतः वह स्वयं एक वाद हो जाता है फिर उसका प्रतिवाद और पुनः इन दोनों का समन्वय संवाद के रूप में होता है। वाद, प्रतिवाद एवं संवाद की यह प्रक्रिया तब तक चलती रहती है जब तक पूर्णता की अवस्था नहीं आ जाती है। पूर्णता की अवस्था में सारे विरोध एवं अपूर्णताएँ समाप्त हो जाती हैं। इस प्रकार हेगेल के अनुसार अशुभ का वास्तविक अस्तित्व नहीं है।

ब्रेडले भी जगत को आभास या मिथ्या कहते हैं। उसके अनुसार सत्य वह है जो आत्म-सुसंगत (Self-consistent) हो अर्थात् जो सभी प्रकार के सम्बंधों से परे हो, परन्तु ब्रेडले के अनुसार यह जगत तो सम्बंधों पर आधारित है और जो भी सम्बंधों पर आधारित है वह वास्तविक नहीं हो सकता है। इसीलिए वे अपनी पुस्तक "*Appearance and Reality*" में लिखते हैं कि एकमात्र निरपेक्ष ही परम सत्य है, जो सभी प्रकार के सम्बंधों से परे है या यह कहें कि निरपेक्ष में विरोधों का सामंजस्य हो जाता है। अस्तु, निरपेक्ष के अतिरिक्त जो कुछ भी है वह आभास या प्रतीति मात्र है। इस प्रकार ये सभी दार्शनिक किसी-न-किसी रूप में जगत को आभास या मिथ्या कहकर अशुभ की सत्ता को अस्वीकार कर देते हैं।

आलोचकों के अनुसार क्या अशुभ या दुःख को केवल भ्रम कहना उचित है? इनके अनुसार अशुभ मानव जीवन का एक कठोरतम यथार्थ है जिसका निषेध किसी भी दृष्टि से उचित नहीं है? अपने मत के समर्थन में ये दार्शनिक कई तर्क प्रस्तुत करते हैं जो निम्नलिखित हैं:

- हम अशुभ को मिथ्या या भ्रम कहकर इस समस्या का समाधान नहीं करते हैं बल्कि इस समस्या की उपेक्षा कर देते हैं, जैसे - कैंसर के दर्द से छटपटाते किसी व्यक्ति को देखकर तथा यह कहकर कि उसका दर्द मिथ्या है, निश्चित रूप से हम उसके दर्द में अभिवृद्धि कर देते हैं।
- यदि दुःख मात्र भ्रम है और उसकी वास्तविक सत्ता नहीं है तो फिर मनुष्य दुःख निवृत्ति का प्रयास ही क्यों करता है।

- यदि यह मान भी लिया जाय कि अशुभ भ्रम है तो अंततः इसके लिए ईश्वर ही उत्तरदायी माना जायेगा, क्योंकि जिस सृष्टि का रचयिता सर्वशक्तिमान और दयालु ईश्वर है, क्या वह हमें ऐसे भ्रमों से मुक्त नहीं कर सकता है और यदि वह मुक्त नहीं कर सकता है तो उसे दयालु कैसे स्वीकार किया जा सकता है।
- लाइबनीज विश्व को ईश्वर की सर्वोत्तम रचना मानते हैं। इस पर आक्षेप करते हुए वाल्टेयर अपने उपन्यास 'कैण्डिड' में लिखते हैं कि इस जगत को सर्वोत्तम मानना वैसे ही है जैसे यह कहना कि हमारे चेहरे पर नाक है, जिससे हम चश्मा पहन सकें। वॉल्टेयर के इस कथन का अभिप्राय केवल इतना है कि इस जगत में कोई व्यवस्था नहीं है और यदि कोई व्यवस्था है तो वह मनुष्यों के प्रयासों का ही परिणाम है। इसके लिए ईश्वर को उत्तरदायी मानना उचित नहीं है।
- शोपेनहॉवर तो यहाँ तक कहते हैं कि यह जगत बुराइयों और खराबियों से युक्त है। मानव जीवन अतृप्त इच्छाओं और आकांक्षाओं की लाश मात्र है। यह निकृष्टतम जगत है और जीवन एक धोखा है। इनके अनुसार 'वह व्यक्ति सबसे अच्छा है जो जन्म ही न ले, तत्पश्चात् वह है जो जन्म लेने के उपरांत शीघ्रातिशीघ्र इस शरीर का परित्याग कर दे। ... इस प्रकार जीवन की अपेक्षा मृत्यु अधिक अच्छी है।' (It is better not to be born at all; and next to that, it is better to die than to live... It is plain therefore, that he declared the condition of dead to be better than that of living.)।
- मैक्टैगर्ट के अनुसार प्रत्ययवादी दार्शनिक मानते हैं कि इस जगत में केवल शुभ ही शुभ है, परन्तु हम इस शुभ को अशुभ के रूप में समझ लेते हैं। इस पर आक्षेप करते हुए मैक्टैगर्ट लिखते हैं कि यदि मनुष्य अशुभ को अशुभ के रूप में नहीं जान सकता है तो इसी तर्क के आधार पर यह कहा जा सकता है कि वह शुभ को भी शुभ के रूप में नहीं जान सकता है, क्योंकि जिस बुद्धि के द्वारा हम शुभ की वास्तविकता को स्वीकार करते हैं उसी बुद्धि के आधार पर हम अशुभ की वास्तविकता को भी स्वीकार करते हैं। अतः यदि हम अशुभ की वास्तविकता को नहीं जान सकते हैं तो यह कैसे कहा जा सकता है कि हमने शुभ की वास्तविकता को जान लिया है। पुनश्च, मैक्टैगर्ट लिखते हैं कि यदि यह मान भी लिया जाय कि मनुष्य में अशुभ की वास्तविकता को स्वीकार करने की क्षमता नहीं है तब तो अंततः हमें संदेहवाद की शरण में जाना पड़ेगा, क्योंकि ऐसी परिस्थिति में यथार्थ क्या है इसका निर्धारण कैसे हो सकता है? अर्थात् हम किस मापदण्ड के आधार पर अशुभ एवं शुभ के बीच विभेद कर सकेंगे?

हालाँकि, उपर्युक्त सभी आक्षेप अनुचित प्रतीत होते हैं, क्योंकि जब प्रत्ययवादी दार्शनिक इस जगत की व्याख्या करते हैं तो वे मूलतः दो दृष्टिकोणों के बीच स्पष्ट विभेद करते हैं: व्यावहारिक एवं पारमार्थिक। व्यावहारिक दृटिकोण से इस जगत में दुःख एवं बुराईयों का निषेध नहीं किया जा सकता है। इस प्रकार अशुभ की सत्ता व्यवहारतः यथार्थ है, परन्तु यदि हम इस जगत के ऊपर पारमार्थिक दृष्टिकोण से विचार करें तो हम पाते हैं कि इस जगत में कहीं भी अशुभ नहीं है, क्योंकि समग्रता में अशुभ का कहीं कोई स्थान नहीं है। आलोचक इस पक्ष की उपेक्षा कर देते

हैं और वे व्यावहारिक एवं पारमार्थिक दृष्टिकोण के विभेद को न समझकर केवल व्यावहारिक दृष्टिकोण को ही एकमात्र दृष्टिकोण मानकर अशुभ की समस्या का समाधान करना चाहते हैं।

अशुभ प्राकृतिक नियमों के अनुरूप है: कुछ दार्शनिकों ने यह मान लिया कि, यद्यपि इस जगत में अशुभ है, परन्तु अशुभ प्राकृतिक नियमों के अनुरूप है। इनके अनुसार ईश्वर ने जिन प्राकृतिक नियमों का निर्माण किया है वे सम्पूर्णता में सभी प्राणियों के लिए अनिवार्य हैं। इन नियमों में कारणता का नियम, सुख-दु:ख का नियम आदि महत्त्वपूर्ण हैं। इन्हीं नियमों के माध्यम से समग्र समाज एवं पर्यावरण में एकरूपता बनी हुयी है। इस दुनिया में कोई भी चीज ऐसी नहीं हो सकती है जो एक आयामी हो यथा, केवल सुख या आनन्द स्वरूप हो, केवल अशुभ ही अशुभ हो। वास्तव में अस्तित्व तो द्वैतपरक होता ही है। ऐसा कोई भी अस्तित्व सम्भव नहीं है जो सुख-दु:ख, अच्छा-बुरा, शुभ-अशुभ इन द्वन्द्वों से ऊपर हो। एक ही चीज एक मनुष्य के लिए सुखद है और वही चीज दूसरे मनुष्यों के लिए दु:खद है। इसी प्रकार शुभ एवं अशुभ का कोई एक मापदण्ड नहीं है और न ही प्रकृति में कोई ऐसी सत्ता ही सम्भव है जो सभी व्यक्तियों के लिए सभी परिस्थितियों में समान रूप से सुखद या शुभ हो। इसी दृष्टिकोण से ट्रूब्लड अपनी पुस्तक 'फिलासफी ऑफ रिलीजन' में लिखते हैं कि 'हमारे व्यक्तिगत विकास के लिए ऐसा स्थिर पर्यावरण अनिवार्य है जो सभी व्यक्तियों के लिए सभी परिस्थितियों में समान रूप से सुखद नहीं हो सकता है।' इसी प्रकार पी० ए० बर्टोस्की अपनी पुस्तक "*Introduction to the Philosophy of Religion*" (1951) में लिखते हैं कि "हमें ऐसा पानी नहीं मिल सकता है जो प्यास तो बुझाये, परन्तु डुबाये नहीं, ऐसी अग्नि नहीं मिल सकती है जो माँस को तो पकाए (जलाए), परन्तु घरों को नहीं जलाये, ऐसा मन नहीं हो सकता है जो संवेदनशील तो हो, किन्तु विक्षिप्त या अस्वस्थ नहीं हो।" ["We simply cannot have water which will quench thirst and yet not drown people, fire which will worm homes and not scorch flesh, minds which are sensitive but not capable of becoming insane." Bertocci, Peter A. (1951): *Introduction to the Philosophy of Religion*, Prentice-Hall, Inc., New York, p. 414.]। इस प्रकार द्वन्द्व एवं विरोध प्राकृतिक नियमों के अनुरूप है।

आलोचकों के अनुसार,

- क्या ईश्वर ऐसे प्राकृतिक नियमों की रचना नहीं कर सकता है जिसमें केवल सुख ही सुख हो और यदि वह ऐसा नहीं कर सकता है तो उसे सर्वशक्तिमान कैसे कहा जा सकता है?
- इसके द्वारा सभी प्रकार के नैतिक अशुभ की व्याख्या नहीं की जा सकती है, उदाहरण के लिए, कैंसर, पीलिया आदि भयंकर रोगों से उत्पन्न दु:ख के लिए किन्हीं प्राकृतिक नियमों को उत्तरदायी सिद्ध करना बहुत ही कठिन है, क्योंकि वह रोग प्राकृतिक नियमों के उल्लंघन के फलस्वरूप नहीं होते हैं। इसी प्रकार जन्मजात शारीरिक एवं मानसिक विकृतियाँ भी ऐसी हैं जिसकी व्याख्या करने में यह सिद्धांत पूर्णतया असफल है।

यदि इस आलोचना पर सूक्ष्मतापूर्वक विचार किया तो हम पाते हैं कि यह सुसंगत नहीं है, क्योंकि ईश्वर सर्वशक्तिमान तो है, परन्तु सर्वशक्तिमानता का अर्थ नहीं है कि वह प्राकृतिक एवं

तार्किक नियमों का अतिक्रमण करे। यदि वह तार्किक एवं प्राकृतिक नियमों का उल्लंघन करने लगे तो उस पर अन्यायी एवं क्रूर होने का आक्षेप किया जायेगा और यह भी अकाट्य सत्य है कि कोई भी प्राकृतिक नियम ऐसा नहीं हो सकता है कि जो सभी के लिए सभी परिस्थितियों में समान रूप से उपयोगी हो। कोई भी चीज जो किसी व्यक्ति विशेष के लिए सुखद हो सकती है वही उसी समय किसी दूसरे के लिए दुःखद भी हो सकती है। माना कि कोई चोर किसी के घर में चोरी करता है। यदि पुलिस उस चोर को पकड़कर डण्डे लगाती है तो जिसके घर चोरी हुई है उसके लिए तो निश्चित रूप से सुखद है, परन्तु डण्डे लगाना उस चोर के लिए दुःखद है। क्या ऐसा सम्भव है कि पुलिस डण्डे तो मारे, परन्तु दर्द न हो। स्पष्टतः ऐसा कहना आत्म-विरोधी है। इसी प्रकार यह आक्षेप कि ईश्वर ऐसे विश्व की रचना क्यों नहीं करता है जिसमें केवल और केवल सुख हो न तो व्यावहारिक दृष्टिकोण से उचित है और न ही नैतिक दृष्टिकोण से मर्यादित। यह केवल एक अतार्किक एवं अनैतिक अवधारणा है।

ईश्वर शुभ तो है परन्तु सर्वशक्तिमान नहीं है: उपर्युक्त समाधानों के असफल हो जाने पर कुछ ईश्वरवादियों ने यह समाधान प्रस्तुत किया है कि ईश्वर शुभ तो है, परन्तु सर्वशक्तिमान नहीं है। इनके अनुसार ईश्वर की भी कुछ अनिवार्य सीमाएँ हैं जिसके कारण वह अपनी इच्छानुसार सब कुछ नहीं कर सकता है। प्लेटो के अनुसार ईश्वर ने जिस जगत की रचना की है, वह उसकी सर्वोत्तम रचना है, क्योंकि जगत की रचना में वह भी कुछ सम्भाव्यताओं एवं आदर्श प्रारूपों से मर्यादित होता है। इस परिस्थिति में जितने सम्भव सर्वोत्तम जगत की रचना सम्भव थी, ईश्वर ने की है। इस प्रकार ईश्वर शुभ तो है, परन्तु सर्वशक्तिमान नहीं है। इसी प्रकार बर्टोस्की लिखते हैं "आधारभूत रूप में ईश्वर का अनुभव हमारे अनुभव से भिन्न नहीं है, उसके जीवन में भी चुनौतियाँ, आनन्द तथा संघर्ष विद्यमान हैं।" ("In basic structure, God's experience does not differ from ours. There is form and content in God's mind, and there is a challenge, enjoyment and struggle in his life." *Ibid.*, p. 433)। इसी प्रकार ट्रूब्लड लिखते हैं कि "सर्वशक्तिमान शब्द बहुत ही अस्पष्ट है, क्योंकि यदि इसका अर्थ कुछ भी करने से है तो व्यावहारिक दृष्टिकोण से यह शब्द निरर्थक है।" ["The term 'omnipotent' is highly equivocal. If it means the ability to do *anything*, then it is practically nonsense." Trueblood, D.E. (1957): *Philosophy of Religion*, Harper & Brothers Publishers, New York, p. 245.]। इस रूप में ईश्वर सर्वशक्तिमान नहीं हो सकता है।

आलोचकों का कहना है कि ऐसा कहकर ईश्वरवादी स्वयं अपने ही जाल में फँस जाते हैं। एक ओर ईश्वरवादी ईश्वर को सर्वशक्तिमान कहते हैं, परन्तु अशुभ की समस्या से बचने के लिए वे ईश्वर के मूल स्वरूप सर्वशक्तिमानता को ही समाप्त कर देते हैं। यदि ईश्वर सर्वशक्तिमान नहीं है तो वह पूर्ण कैसे हो सकता है। पूर्ण वह होता है जिसमें न तो किसी भी गुण का निषेध किया जा सकता है और न ही उसकी कोई सीमा ही निर्धारित की जा सकती है। इसी दृष्टि से फ्रैडरिक फेरे लिखते हैं कि "यदि ईश्वर की पूर्णता की कोई सीमा निर्धारित कर लें तो ईश्वर की सम्पूर्ण अवधारणा खण्डित हो जाती है।" ["If we admit any limitation to the complete perfection of God, the whole idea falls part." Ferre, N.F.S. (1946): *Faith and Reason*, Harper & Harper, New York, p. 181.]। इसी प्रकार एफ० आर० टेनेन्ट कहते

हैं कि विश्व की बुराईयाँ ईश्वर की सीमा को प्रमाणित नहीं करती हैं और फिर ईश्वर को किसी भी प्रकार की सीमा में बाँधना उसे अपूर्ण बनाना है। ज्ञातव्य है कि स्पिनोजा ने भी यह कहा था कि 'प्रत्येक विशेषीकरण निषेधात्मक होता है' अर्थात् ईश्वर में किसी भी एक गुण का विधान अन्य गुणों का निषेध कर देता है और इस रूप में ईश्वर सीमित हो जाता है।

मैकी के विरोधाभास का निरसन (Elimination of Mackie's Paradox)

अंततः यदि हम मैकी के अशुभ सम्बंधी विरोधाभास पर विचार करें तो पाते हैं कि मैकी अपने विरोधाभास में मूलतः तीन बातें कहते हैं: (1) ईश्वर सर्वशक्तिमान है। (2) ईश्वर दयालु भी है। (3) जगत में अशुभ है। मैकी के अनुसार ये तीनों ही प्रतिज्ञप्तियाँ परस्पर विरोधी हैं, क्योंकि इनमें से किसी भी दो प्रतिज्ञप्ति के सत्य होने पर तीसरी निश्चित रूप से असत्य हो जाती है। यदि मैकी के विरोधाभास पर सूक्ष्मतापूर्वक विचार किया जाए तो कहा जा सकता है कि इन तीनों प्रतिज्ञप्तियों में किसी प्रकार का कोई विरोधाभास नहीं है। इस मत के समर्थन में कई तर्क प्रस्तुत किया जा सकते हैं:

- व्याघात का प्रश्न वहाँ पर उठता है जहाँ पर किसी प्रतिज्ञप्ति का रूप (P. ~P) के रूप में होता है, जैसे - 'राम ईमानदार है और यह सत्य नहीं है कि राम ईमानदार है।' यदि किसी भी प्रतिज्ञप्ति का रूप इस प्रकार का हो तो वहाँ पर निश्चित रूप से व्याघात होगा, किन्तु मैकी की तीनों प्रतिज्ञप्तियों में ऐसा कोई व्याघात नहीं है। मैकी तो सामान्य रूप से तीन बातें कहते हैं कि (1) ईश्वर सर्वशक्तिमान है, (2) ईश्वर दयालु है और (3) जगत में अशुभ है।
- व्याघात वहाँ पर भी हो सकता है जहाँ आधारवाक्य एवं निष्कर्ष में कोई तार्किक सुसंगतता नहीं हो, यथा:

$$P \supset Q$$
$$P$$
$$/ \sim Q$$

इसे निम्नलिखित रूप से व्यक्त किया जा सकता है:

- यदि सभी धर्म प्रेम और सौहार्द चाहते हैं तो उनमें एकरूपता होनी चाहिए।
- सभी धर्म प्रेम और सौहार्द चाहते हैं।
- फिर भी उनमें एकरूपता नहीं है।

लेकिन मैकी की तीनों प्रतिज्ञप्तियाँ इस रूप में नहीं हैं। वे तो सामान्य रूप से कहते हैं कि:

- ईश्वर सर्वशक्तिमान है।
- ईश्वर दयालु है।
- जगत में अशुभ है।

इस प्रकार यहाँ पर किसी तार्किक नियम का उल्लंघन नहीं हुआ है।

- तार्किक नियम का उल्लंघन वहाँ पर भी हो सकता है जहाँ पर सभी प्रतिज्ञप्तियाँ समान स्तरीय हों अर्थात् या तो वे सभी अनुभवजन्य हों या अनुभवातीत हों, परन्तु मैकी की तीनों प्रतिज्ञप्तियों में से प्रथम दो प्रतिज्ञप्तियाँ अर्थात् ईश्वर सर्वशक्तिमान है एवं ईश्वर दयालु है, अतीन्द्रिय जगत से सम्बंधित हैं जबकि तीसरी प्रतिज्ञप्ति अर्थात् जगत में अशुभ है, आनुभविक जगत से। यदि हम अनुभवातीत कथन का अनुभवजन्य कथन के साथ सम्बंध स्थापित करने का प्रयास करते हैं, तो हम यहाँ पर एक प्रकार की भूल कर रहे हैं, जिसे गिल्बर्ट राईल की भाषा में 'कोटि दोष' (Category Mistake) कहा जा सकता है [Ryle, Gilbert (1949): *The Concept of Mind*, Hutchinson, London, p. 16.]। स्पष्टत: मैकी की तीनों प्रतिज्ञप्तियों में कोई विरोधाभास नहीं बल्कि केवल एक प्रकार की भूल है जिसे मैकी ने गलती से विरोधाभास समझ लिया है।
- उपरोक्त तीनों प्रतिज्ञप्तियों में विरोधाभास हो सकता है, यदि तीनों प्रतिज्ञप्तियों के पूर्वपक्ष के रूप में यह स्वीकार कर लिया जाय कि 'ईश्वर जगत का स्रष्टा है'। यदि इसे एक पूर्वपक्ष के रूप में यह स्वीकार कर लिया जाय तो इन प्रतिज्ञप्तियों का रूप निम्नवत होगा:
    - यदि ईश्वर जगत का स्रष्टा है और वह सर्वशक्तिमान एवं दयालु है तो जगत में अशुभ नहीं होना चाहिए।
    - परन्तु जगत में अशुभ है।
    - अत: जगत का स्रष्टा सर्वशक्तिमान एवं दयालु ईश्वर नहीं हो सकता है।

स्पष्टत: मैकी के लेख में कहीं भी इस प्रतिज्ञप्ति का उल्लेख नहीं आता है कि 'ईश्वर जगत का स्रष्टा है'। अस्तु, मैकी द्वारा प्रस्तुत विरोधाभास एक प्रकार की भूल है। अब माना कि इस विरोधाभास के पूर्वपक्ष के रूप में यह स्वीकार कर भी लिया जाय कि ईश्वर जगत का स्रष्टा है तो पुन: एक समस्या उठती है कि क्या यथार्थत: ईश्वर जगत का स्रष्टा है? इस प्रश्न पर विभिन्न विद्वानों में मतैक्य नहीं है। कुछ दार्शनिकों ने तो यहाँ तक दावा किया है कि ईश्वर केवल एक अवधारणा (Concept) है, जिसे हमने बनाया है न कि ईश्वर ने हमको बनाया है। दूसरे शब्दों में, ईश्वर जगत का स्रष्टा नहीं है बल्कि मनुष्य ही ईश्वर का सृष्टा है, क्योंकि ईश्वर मनुष्य की कल्पना की उपज है। अब यदि ईश्वर को जगत का सृष्टा नहीं माना जाय तो अशुभ सम्बंधी विरोधाभास स्वत: विगलित (Disappeared) हो जाता है।

अपरंच, एक समाधान यह भी हो सकता है जिसमें ईश्वर को जगत का स्रष्टा नहीं मानते हुए भी उसे दु:ख मुक्तिदाता के रूप में स्वीकार किया गया हो, यथा - योग दर्शन में ईश्वर को पुरुष-विशेष कहा गया है। इसके अनुसार ईश्वर जगत का स्रष्टा नहीं है बल्कि वह क्लेश, कर्म, विपाक, आशय, आदि से रहित पुरुष विशेष है। ('क्लेशकर्मविपाकाशयैरपरामृष्ट: पुरुष विशेष ईश्वर:' योगसूत्र - 1/24)। योग दर्शन में ईश्वर के मूलत: दो कार्य बताये गये हैं: पहला वह समाधि में सिद्धि प्रदान करता है ('समाधिसिद्धिरीश्वरप्रणिधानात्।' योगसूत्र - 2/45) और दूसरा वह सृष्टि के प्रारम्भ में प्रथम उपदेष्टा है (गुरुणां गुरु)।

यदि इस रूप में ईश्वर के अस्तित्व को स्वीकार करें तो अशुभ की समस्या का एक संतोषजनक समाधान प्रस्तुत किया जा सकता है। ऐसा ईश्वर विज्ञान और धर्म दोनों ही क्षेत्रों में

लोकप्रिय हो सकता है, क्योंकि ईश्वर दुःख तो उत्पन्न नहीं करता है बल्कि वह दुःखों से मुक्ति अवश्य ही दिलाता है। सृष्टि ईश्वर की रचना नहीं है। अतः वह सृष्टि के लिए न तो उपादान कारणों पर निर्भर रहता है और न ही वह अशुभ का कारण है, परन्तु दयालु एवं सर्वशक्तिमान होने के कारण वह हमें दुःखों से मुक्ति अवश्य ही दिला सकता है। इसके लिए ईश्वर-प्रणिधान आवश्यक है। ईश्वर-प्रणिधान का अर्थ है ईश्वर पर सर्वतोभावेन समर्पण। जब भक्त सब कुछ छोड़कर आर्त्त भाव से ईश्वर पर समर्पित हो जाता है तब ईश्वर उसे सारे पापों से मुक्त कर देता है। इस प्रकार भक्त दुःखों से बच जाता है। जिस प्रकार एक डॉक्टर रोग उत्पन्न नहीं करता है बल्कि वह रोगों से मुक्ति दिलाता है। इसके लिए हमें उस डॉक्टर से प्रार्थना अवश्य ही करनी पड़ती है। इसी प्रकार एक न्यायाधीश दो व्यक्तियों के बीच आपसी विवाद उत्पन्न नहीं करता है, बल्कि वह विवादों का निपटारा करता है, परन्तु वह केवल उसी के मुकदमें का निपटारा करता है जो इसके लिए न्यायालय से प्रार्थना करता है। इसी प्रकार क्रिकेट में पगबाधा के द्वारा खिलाड़ी के आउट होने पर भी रेफरी उसे तब तक आउट नहीं देता है, जब तक कि खिलाड़ी आउट होने के लिए अपील नहीं करता है। इसी प्रकार ईश्वर दयालु एवं सर्वशक्तिमान होने के कारण लोगों को दुःखों से मुक्ति तो दिला सकता है, परन्तु इसके लिए तो हमें ईश्वर से प्रार्थना करनी पड़ेगी।

कोई धर्मशास्त्री किसी नाई की दुकान पर अपनी दाढ़ी बनवा रहा था। जब नाई को यह ज्ञात हुआ कि यह एक धर्मशास्त्री है तो उसने उस धर्मशास्त्री से कहा कि "ऐसा प्रतीत होता है कि ईश्वर नहीं है, क्योंकि यदि वह होता तो जगत में लोग दुःखी नहीं होते।" कुछ समय पश्चात् धर्मशास्त्री ने कहा कि "ऐसा प्रतीत होता है कि इस संसार में नाई नहीं हैं, क्योंकि यदि नाई होते तो लोगों की दाढ़ी नहीं बढ़ी होती।" इस पर नाई ने कहा कि आप कैसी बातें कर रहे हैं। मैं नाई हूँ और अभी आपकी दाढ़ी बना रहा हूँ। इस पर धर्मशास्त्री ने कहा कि यदि तुम नाई हो तो लोगों की दाढ़ी क्यों बढ़ी हुई है? नाई ने कहा कि जिनकी दाढ़ी बढ़ी है वे मेरे पास आये ही नहीं है। यदि वे आये होते तो मैं उनकी दाढ़ी अवश्य ही बना देता। धर्मशास्त्री ने कहा कि देखो ईश्वर भी है, परन्तु वह उसी का दुःख दूर करता है जो उसके पास जाता है। यदि ईश्वर से दुःख दूर करने की हम याचना करें तो वह अवश्य ही लोगों के दुःख दूर कर देगा। इस प्रकार ईश्वर के अस्तित्व एवं जगत में दुःख इन दोनों में कोई विरोध नहीं है।

यहाँ पर कोई यह प्रश्न उठा सकता है कि ईश्वर तो सर्वज्ञाता है, अतः उससे अपील करने की क्या जरूरत है? जब वह सब कुछ जानता ही है तो वह बिना अपील के भी दुःखों को दूर कर सकता है, परन्तु यह प्रश्न निरर्थक है। यह सत्य है कि ईश्वर सर्वज्ञाता है, किन्तु यदि वह बिना अपील के ही हमारे दुःखों से मुक्ति दिला देता तो फिर ईश्वर को कोई मानता ही क्यों? लोग जानते होते कि चाहे हम जितना पाप करें, ईश्वर तो दुःखों से मुक्ति दिला ही देगा। ऐसी स्थिति में समाज में कोई भी व्यवस्था नहीं रह पायेगी। अस्तु, ईश्वर से अपील अपेक्षित है। जब हम उससे करुण क्रन्दन करते हुए दुःखों से मुक्ति की याचना करते हैं तो हमें लगता है कि हमने गलत किया है। अतः उस पाप से मुक्ति के लिए प्रायश्चित करते हैं, साथ ही यह भी संकल्प करते हैं कि मैं इसकी पुनरावृत्ति नहीं करूँगा। ऐसी स्थिति में ईश्वर, जो करुणा के सागर हैं, दयावश

हमें दु:खों से मुक्ति दिला देते हैं। यही नहीं, यदि ईश्वर बिना अपील के ही दु:खों से मुक्ति दिला देता तो हम यह भी आक्षेप करेंगे कि ईश्वर अन्यायी है, क्योंकि वह घोर अपराधी को भी दण्ड देने की अपेक्षा अपनी दयावश उसे दु:खों से मुक्त कर देता है। ऐसी स्थिति में तब सत्कर्म और पापकर्म का भेद ही समाप्त हो जाएगा? विधर्मी भी घोर अपराध के बावजूद स्वत: दु:खों से मुक्त हो जायेंगे, तब लोग सदाचरण क्यों करेंगे? अस्तु, ईश्वर के न्यायालय में अपील करना अपरिहार्य है।

इसी प्रकार ईश्वर को जगत का स्रष्टा मानते हुए भी अशुभ के लिए उसे उत्तरदायी नहीं माना जा सकता है, क्योंकि ईश्वर तो एक अतीन्द्रिय सत्ता है, जबकि जगत लौकिक। जब कोई चीज अस्तित्व में आती है तब कुछ सीमाओं के साथ आती है। अस्तित्व का तात्पर्य ही है सीमा। ऐसा नहीं हो सकता है कि कोई सत्ता अस्तित्ववान हो, परन्तु वह असीमित हो। इसीलिए आचार्य शंकर 'पर ब्रह्म' को असीमित होने के कारण नाम एवं रूप से परे मानते हैं, परन्तु जब वही ब्रह्म सृष्टिकर्ता के रूप में आता है तो नाम एवं रूप से युक्त होकर सीमित हो जाता है। दूसरे शब्दों में, अस्तित्व से ही द्वन्द्व की कहानी की शुरुआत होती है। जगत में क्या कोई ऐसी सत्ता सम्भव है जो अस्तित्ववान तो हो, परन्तु वह केवल शुभ या केवल अशुभ हो। जब भी हम अस्तित्व की बात करते हैं तो उसमें दो आयाम स्वयमेव चले आते हैं। यह अस्तित्व का कोई दोष नहीं है बल्कि उसका स्वरूप होने के कारण सद्गुण है। ऐसी सत्ता जो अस्तित्ववान तो है, परन्तु उसका केवल एक ही आयाम है, स्पष्टत: वदतोव्याघात है। शुभ एवं अशुभ एक ही सिक्के के दो पक्ष हैं, जो सत्ता एक दृष्टि से शुभ है वही दूसरी दृष्टि से अशुभ, जो एक समय में एक सुखद है वही दूसरे समय में दु:खद। अत: यदि जगत में शुभ एवं अशुभ दोनों ही हैं तो यह कोई विरोधाभास नहीं, बल्कि यह एक सम्यक् सिद्धांत है।

यदि यह मान भी लिया जाय कि ईश्वर जगत का स्रष्टा है, परन्तु इससे तो केवल यह सिद्ध होता है कि ईश्वर जगत का स्रष्टा है। इससे यह कहाँ सिद्ध होता है कि ईश्वर शुभ एवं अशुभ का स्रष्टा है। वास्तव में, जब ईश्वर सृष्टि की रचना करता है तब वह एक-एक करके वस्तुओं का निर्माण नहीं करता है, बल्कि वह एक साथ एक सम्पूर्ण व्यवस्था का सृजन करता है जिसमें धीरे-धीरे स्वत: विकास होता रहता है। कालांतर में हम अपनी सुविधानुसार उसे शुभ एवं अशुभ इन दो वर्गों में विभक्त कर देते हैं। इस प्रकार शुभ अशुभ का स्रष्टा ईश्वर नहीं बल्कि स्वयं मनुष्य है। ईश्वर तो केवल जगत का स्रष्टा है।

दूसरी बात यह है कि जगत में विकास हो रहा है, परन्तु विकास तो अपूर्णता एवं द्वन्द्व का द्योतक है। जब इस विकास में पूर्णता आ जायेगी, तब स्वत: द्वन्द्व समाप्त हो जायेगा। अब माना कि ईश्वर ने सृष्टि की रचना की है, फिर भी इसमें द्वन्द्व (शुभ-अशुभ) है तो इसका तात्पर्य केवल इतना है कि जगत विकास की ओर उन्मुख है। जब विकास अपनी चरम पराकाष्ठा पर पहुँच जायेगा, अपूर्णतायें पूर्ण हो जायेंगी, द्वन्द्व समाप्त हो जायेगा तब शुभ और अशुभ का भेद स्वयमेव समाप्त हो जायेगा।

अंतत: यदि मान भी लें कि ईश्वर जगत का सृष्टा है फिर भी जगत में अशुभ है, परन्तु यहाँ भी अशुभ के लिए ईश्वर उत्तरदायी न होकर मनुष्य स्वयं ही उत्तरदायी है, यथा - बरसात

की बूँदे बिना किसी भेद-भाव के समान रूप से बरसती हैं, चाहे वह जमीन उर्वर हो या ऊसर, परन्तु एक जमीन में फसल अच्छी पैदा होती है और दूसरे में फसल बिल्कुल ही नहीं होती है। इसका कारण मेघ नहीं बल्कि भूमि है। इसी दृष्टि से आचार्य शंकर 'शारीरक भाष्य' में लिखते हैं कि 'वैषम्यनैर्घृण्ये न सापेक्षत्वात्तया हि दर्शयति।' (शारीरक भाष्य - 2/1/34) अर्थात् ईश्वर पर विषमता एवं क्रूरता का आक्षेप नहीं हो सकता है, क्योंकि ईश्वर सृष्टि का निरपेक्ष कारण न होकर सापेक्ष कारण है। जिस प्रकार फसल की उपज में मेघ साधारण कारण है जबकि बीज आदि असाधारण कारण हैं उसी प्रकार इस सृष्टि में ईश्वर तो साधारण कारण है, परन्तु जीवगत कर्म ही असाधारण कारण हैं। अस्तु, ईश्वर के सापेक्ष कारण होने से उस पर अशुभ का आक्षेप नहीं किया जा सकता है। इन समस्त तर्कों पर विचार करने के उपर्यन्त यह कहा जा सकता है कि ईश्वर सर्वशक्तिमान है, वह दयालु भी है और जगत में अशुभ है, परन्तु इन तीनों प्रतिज्ञप्तियों में कोई विरोध नहीं है। अस्तु, मैकी का विरोधाभास तथ्यहीन एवं निस्सार है।

❖❖❖

आत्मा का अमरत्व (Immortality of Soul)

- ➡ परिचय
- ➡ अमरत्व का अर्थ
- ➡ अमरत्व के प्रकार
- ➡ अमरत्व सम्बंधी कुछ प्रमुख समाधान
- ➡ अमरत्व सम्बंधी भ्रांतियों का निराकरण

अध्याय 10

परिचय (Introduction)

आत्मा की अमरत्व सम्बंधी अवधारणा धर्म दर्शन की एक अत्यन्त ही प्रिय एवं व्यापक अवधारणा है। यह केवल ईश्वरवादियों की समस्या नहीं है, बल्कि अनीश्वरवादी भी बहुत हद तक इस अवधारणा से प्रभावित दिखाई देते हैं। इस दृष्टि से अमेरिकन मनोवैज्ञानिक जे० एच० ल्यूबा अपनी पुस्तक "*The Belief in God and Immortality: A Psychological, Anthropological and Statical Study*" (1916, Sherman, French & Co., Boston) में ठीक ही लिखते हैं कि 'ईश्वर में विश्वास करने वालों की अपेक्षा अमरत्व में विश्वास करने वालों की संख्या अधिक है, क्योंकि यह केवल धर्म पर आधारित न होकर जीवन के प्रति उचित दृष्टिकोण पर आधारित है। अस्तु, इस भावना का परित्याग करने का अर्थ है धर्म के साथ-साथ जीवन के प्रति उचित दृष्टिकोण का भी परित्याग।'

अमरत्व का अर्थ (Meaning of Immortality)

आत्मा के अमरत्व की मूल समस्या यह है कि क्या मरणोपरांत आत्मा का अस्तित्व अवशिष्ट रहता है या शरीर के साथ-साथ आत्मा भी विनष्ट हो जाता है? इस संदर्भ में मुख्यतः दो प्रकार के दृष्टिकोण प्रचलित हैं: (1) मरणोपरांत सब कुछ विनष्ट हो

जाता है, कुछ भी अवशिष्ट नहीं रहता है। इस मत का समर्थन प्रमुखतः जड़वादी दार्शनिक करते हैं, यथा - चार्वाक कहते हैं कि 'भस्मीभूतस्य देहस्य पुनरागमनं कुतः?'। (2) यद्यपि मरणोपरांत शरीर तो समाप्त हो जाता है, तथापि आत्मा का अस्तित्व बना रहता है, परन्तु आत्मा का अस्तित्व किस रूप में बना रहता है? इस प्रश्न पर अमरत्व को मानने वालों में भी मतैक्य नहीं है। भारतीय परम्परा में सामान्यतः यह माना जाता है कि आत्मा शरीर से पूर्णतया असम्पृक्त है, क्योंकि अशरीर आत्मा का अस्तित्व भी सम्भव है। शरीर उत्पन्न एवं विनष्ट होता है जबकि आत्मा उत्पत्ति एवं विनाश से रहित है। यह अजर, अमर एवं अविनाशी है। अस्तु, आत्मा का एक शरीर से दूसरे शरीर में केवल रूपांतरण (Transformation) होता रहता है। भगवान श्रीकृष्ण श्रीमद्‌भगवद्गीता में कहते हैं कि 'जिस प्रकार किसी वस्त्र के जीर्ण-शीर्ण हो जाने पर मनुष्य उसका परित्याग करके पुनः नया वस्त्र धारण करता है उसी प्रकार आत्मा भी इस शरीर के जीर्ण-शीर्ण हो जाने पर इसका परित्याग करके पुनः नये शरीर को धारण करती है':

"वासांसि जीर्णानि यथा विहाय, नवानि गृह्णाति नरोऽपराणि।
तथा शरीराणि विहाय जीर्णान्यन्यानि संयाति नवानि देही॥"

(गीता - 2/22)

इस प्रकार क्योंकि आत्मा का केवल देहांतरण होता है, अस्तु, वह जन्म एवं मृत्यु से परे होने के कारण अमर है।

ग्रीक दर्शन में तो प्रारम्भ से ही आत्मा को शरीर से पृथक् न मानकर उसे केवल छाया के रूप में माना जाता था जो मृत्यु के उपरांत नदी पार करके मृतकों के घर जाया करती थी। बाइबिल के दोनों वृत्तांत 'Old Testament' और 'New Testament' जिसे यहूदी भी स्वीकार करते हैं, में भी आत्मा के स्थान विशेष पर जाने की प्रक्रिया वर्णित है। परन्तु धीरे-धीरे ग्रीक दर्शन में ईसाई धर्म के प्रभाव के कारण एक निश्चित सम्प्रदाय के रूप में आत्मा को शरीर से पृथक् माना जाने लगा। उल्लेखनीय है कि सुकरात और प्लेटो तो प्रारम्भ से ही आत्मा को शरीर से असम्पृक्त मानते थे। इनके अनुसार शरीर आत्मा का बंदीगृह है। मृत्यु के उपरांत आत्मा को इस बंदीगृह से मुक्ति मिल जाती है, तब आत्मा अमर हो जाती है।

ईसाई धर्म के अनुसार जीवित शरीर में ही ईश्वर आत्मा में प्रवेश कर जाता है और निर्णय के दिवस पर सभी आत्माएँ सशरीर जीवित खड़ी हो जाती हैं। प्रारम्भ में, तो ऐसी अवधारणा प्रचलित थी कि यही शरीर पुनर्जीवित हो जाता है। इसीलिए कुछ धनवान लोग शरीर के ऊपर विभिन्न प्रकार के लेप लगाकर रखते थे, परन्तु कालांतर में यह माना जाने लगा कि वर्तमान शरीर तो विनष्ट हो जाता है तथा इसके स्थान पर नया शरीर मिलता है। ईसाई, इस्लाम तथा यहूदी तीनों धर्मों में सशरीर आत्मा को स्वीकार किया गया है। स्पष्टतः न तो भारतीय परम्परा में और न ही प्लेटोवादी परम्परा में शरीर का कोई विशेष महत्त्व है, क्योंकि शरीर परिवर्तन के बावजूद भी आत्मा वही रहता है। शरीर को महत्त्व विशेषतः सिमेटिक धर्मों में दिया जाता है, क्योंकि वहाँ मरणोपरांत भी किसी-न-किसी रूप में शरीर को माना गया है, परन्तु वहाँ भी केवल शरीर को आत्मा नहीं कहा गया है।

अमरत्व के प्रकार (Types of Immortality)

अब प्रश्न उठता है कि अमरत्व कितने प्रकार का होता है? यदि विभिन्न धर्मों के ऊपर व्यापक रूप से विचार किया जाय तो हम पाते हैं कि आत्मा के अमरत्व को कई रूपों में माना गया है। एक दृष्टिकोण से अमरत्व के दो विभेद किये गये हैं:

1. जैविक अमरता (Biological Immortality)
2. सामाजिक अमरता (Social Immortality)

जैविक अमरता (Biological Immortality)

जैविक अमरता के अंतर्गत माना जाता है कि यद्यपि व्यक्ति का शरीर तो मर जाता है, परन्तु वह अपनी संतान के रूप में अमर हो जाता है। इसी दृष्टि से हेनरी बर्गसाँ लिखते हैं कि 'जीवन एक ऐसा प्रवाह है जो एक कीटाणु से दूसरे कीटाणु में प्रवाहित होता रहता है और इस प्रकार कीटाणु जीवन के माध्यम से अमर जीवन की सम्भावना सिद्ध होती है', इसे ही 'जैविक अमरता' कहते हैं।

जैविक अमरता की अवधारणा में कई दोष हैं जो कि निम्नलिखित हैं:

- अमरता की यह एक सीमित अवधारणा है, क्योंकि इस संसार में बहुत से व्यक्ति ऐसे हैं जो अविवाहित हैं और जो विवाहित हैं उनमें से भी कई निःसंतान हैं। यदि इस अवधारणा को मान भी लिया जाय कि व्यक्ति संतान के रूप में ही अमर रहता है तो निश्चित ही ऐसे लोग अमरत्व को प्राप्त नहीं कर सकते हैं जिनकी कोई संतान नहीं है।
- अमरत्व की यह अवधारणा स्वयं उस व्यक्ति को आत्म-संतुष्टि नहीं दिला पाती है, क्योंकि वह तो जानता ही है कि उसे मरना है और मरणोपरांत उसका अस्तित्व भी समाप्त हो जायेगा।
- सामान्य व्यक्ति अमरत्व की उसी अवधारणा को मानते हैं जो शरीर से पूर्णतया असम्पृक्त एवं शाश्वत् हो।

सामाजिक अमरता (Social Immortality)

कुछ दार्शनिक जैविक अमरता के विपरीत सामाजिक अमरता की अवधारणा को स्वीकार करते हैं। सामाजिक अमरता का तात्पर्य है सामाजिक तथा नैतिक मूल्यों एवं आदर्शों की स्थापना। इस मत के अनुसार यद्यपि व्यक्ति तो मर जाता है फिर भी वह समाज में जिन मूल्यों एवं आदर्शों की स्थापना कर जाता है, वह उन्हीं मूल्यों एवं आदर्शों के माध्यम से समाज में जीवित रहता है, यथा - महात्मा गाँधी, नेहरू, टैगोर, कार्ल मार्क्स, टालस्टाय, स्वामी रामकृष्ण परमहंस, स्वामी विवेकानन्द, दयानन्द सरस्वती, डॉ० चतुर्भुज सहाय जी, महेश योगी प्रभृति। यद्यपि यह अक्षरशः सत्य है कि ये सभी व्यक्ति शारीरिक रूप से तो अमर नहीं हैं, क्योंकि शरीर का धर्म ही है कि वह अंततः विनष्ट हो जाता है, परन्तु यह भी उतना ही स्पष्ट है कि इन लोगों ने मानवता के कल्याणार्थ कुछ सामाजिक एवं नैतिक मूल्यों की स्थापना की है जो आज भी अक्षय हैं। ये व्यक्ति उन मूल्यों के माध्यम से आज भी अमर हैं। ऐसी अमरता को ही 'सामाजिक अमरता' कहते हैं।

जैविक अमरता की ही भाँति सामाजिक अमरता भी निर्दोष नहीं है, इसके दोष निम्नलिखित हैं:

- सर्वप्रथम सामाजिक अमरता बहुत ही सीमित लोगों को प्राप्त हो पाती है, क्योंकि समाज में कुछ ही लोग ऐसे हैं जो सामाजिक मूल्यों एवं आदर्शों की स्थापना कर पाते हैं। अधिकांशत: तो बिना मूल्यों को स्थापित किये ही जीवन जीते हैं। यही नहीं, समाज में कुछ लोग ऐसे भी हैं जो मूल्यों एवं आदर्शों की स्थापना करने की अपेक्षा उनका क्षरण ही अधिक करते हैं। यही कारण है कि वर्तमान सदी में 'मूल्य परक शिक्षा' (Value-oriented Education) की बात मुखर हो गयी है।
- यह अवधारणा मनुष्य के अंतर्गत व्याप्त मृत्यु के भय को भी समाप्त नहीं कर पाती है, क्योंकि व्यक्ति स्वयं तो यह जानता ही है कि वह समाज में मूल्यों की स्थापना न कर पाने के कारण अमरत्व को प्राप्त नहीं कर सकता है। इस प्रकार यह कहा जा सकता है कि 'व्यक्तिगत अमरता ही किसी व्यक्ति का सर्वोच्च आदर्श हो सकती है'।

एक अन्य दृष्टिकोण से अमरता को 'अशारीरिक' (Non-physical) एवं 'शारीरिक' (Physical) इन दो भागों में विभक्त किया गया है। अशारीरिक अमरता वह है जिसके अंतर्गत यह माना जाता है कि, यद्यपि मृत्यु के उपर्यन्त व्यक्ति का शरीर विनष्ट हो जाता है, परन्तु आत्म-चेतना से युक्त उसका व्यक्तित्व बना रहता है। पुनश्च, शारीरिक अमरता को भी दो भागों में विभक्त कर दिया गया है:

1. व्यक्तित्वपूर्ण अमरता (Personal Immorality)
2. निर्वैयक्तिक अमरता (Impersonal Immorality)

व्यक्तित्वपूर्ण अमरता (Personal Immorality) ....

व्यक्तित्वपूर्ण अमरता वह है जहाँ यह माना जाता है कि मृत्यु के उपरांत भी मनुष्य का आत्म-चेतना से परिपूर्ण व्यक्तित्व बना रहता है। पाश्चात्य परम्परा में जसिया रॉयस एवं मैक्टैगर्ट तथा भारतीय दर्शन में वैष्णव वेदान्तियों ने व्यक्तित्वपूर्ण अमरता को स्वीकार किया है। जसिया रॉयस के अनुसार प्रत्येक व्यक्ति का एक विशिष्ट एवं अनूठा व्यक्तित्व होता है जिसको कोई दूसरा व्यक्ति स्थानापन्न नहीं कर सकता है। उनके अनुसार ईश्वर में व्यक्ति प्रयोजन एवं मूल्य की दृष्टि से जीवित रहता है। जिस प्रकार सम्पूर्ण संख्याओं का समूह अनन्त होते हुए भी प्रत्येक संख्या एक-दूसरे से पृथक्-पृथक् है, उसी प्रकार प्रत्येक व्यक्ति ईश्वर की अनन्तता में स्थित होते हुए भी अपना पृथक् व्यक्तित्व अक्षुण्ण बनाये रखता है। इसी प्रकार मैक्टैगर्ट का कहना है कि 'जिस प्रकार समाज में व्यक्तियों का स्थान है उसी प्रकार निरपेक्ष में भी आत्माओं का भी स्थान होता है।'

वैष्णव वेदांती रामानुज, मध्वाचार्य आदि भी मानते हैं कि मनुष्य मृत्यु के उपर्यन्त ईश्वर के लोक में पहुँचता है, वहाँ पर उसके अहंकार का तो अंत हो जाता है, परन्तु चेतना से परिपूर्ण उसका व्यक्तित्व बना रहता है जिससे वह ईश्वर की भक्ति एवं आराधना में अपने आप को

सदा-सर्वदा के लिए लीन कर सके। इस प्रकार इनके अनुसार मोक्ष व्यक्तित्व का अंत नहीं है बल्कि अहंकार का अंत है। मध्वाचार्य ने तो यहाँ तक कहा कि हे प्रभु! मुझे ऐसा मोक्ष मत देना जिसमें मेरा व्यक्तित्व ही तुम्हारे व्यक्तित्व में समाहित हो जाय, क्योंकि ऐसी स्थिति में मैं तुम्हारी भक्ति एवं आराधना कैसे कर सकूँगा। इसलिए हे प्रभु! मुझे ऐसा मोक्ष देना जिसमें मेरा अहंकार तो विनष्ट हो जाय, परन्तु हमारा व्यक्तित्व तुम्हारे व्यक्तित्व से पृथक् बना रहे जिससे मैं तुम्हारी भक्ति एवं आराधना कर सकूँ, क्योंकि मेरे लिए तो भक्ति की तुलना में मोक्ष भी त्याज्य है। उनके अनुसार मोक्ष की अवस्था में आत्म-चेतना से परिपूर्ण जीव का व्यक्तित्व बना रहता है। इस प्रकार मोक्ष की अवस्था में जीव, ईश्वर में विलीन होने की अपेक्षा ईश्वर के समतुल्य हो जाता है।

निर्वैयक्तिक अमरता (Impersonal Immorality)..............................

आचार्य शंकर भारतीय परम्परा में व्यक्तित्व-रहित अमरता की संकल्पना को स्वीकार करते हैं। शंकराचार्य के अनुसार जब जीव को मोक्ष प्राप्त होता है तो ब्रह्म से पृथक् उसका व्यक्तित्व समाप्त हो जाता है। यहाँ पर जीव ब्रह्म के समतुल्य नहीं हो जाता है जैसा कि वैष्णव वेदांती मानते हैं बल्कि जीव साक्षात् ब्रह्म हो जाता है। उपनिषद् के ऋषि भी कहते हैं कि ब्रह्म को जानने वाला स्वयं ब्रह्म हो जाता है 'ब्रह्म वेद ब्रह्मैव भवति' (मुण्डकोपनिषद् - 3/2/9)। गोस्वामी तुलसीदास जी कहते हैं कि:

"सोई जानई जेंहि देहु जनाई।
जानत तुम्हहिं तुम्हहिं होइ जाई॥"

इस प्रकार जीव एवं ब्रह्म के बीच भेद का पराभव हो जाता है। जीव का जीवत्व ब्रह्म में उसी प्रकार विलीन हो जाता है, जिस प्रकार एक घड़ा जल, समुद्र के जल में विलीन हो जाने के उपरांत घड़े के जल और समुद्र के जल के बीच भेद समाप्त हो जाता है अर्थात् दोनों में तादात्म्य हो जाता है।

अशारीरिक अमरता के विपरीत शारीरिक अमरता की अवधारणा है। इसके अंतर्गत सशरीर मुक्ति की परिकल्पना की गयी है। इस मत के अनुसार मृत्यु के उपर्यन्त व्यक्ति का पुनर्जन्म तो नहीं होता है, परन्तु वह सशरीर न्याय-दिवस के दिन ईश्वर के समक्ष उपस्थित होता है, जहाँ पर उसके कर्मों का मूल्यांकन होता है। इसीलिए इन धर्मों में दाह-संस्कार की अपेक्षा कब्र में गाड़ने की प्रथा प्रचलित है। उल्लेखनीय है कि इन धर्मों में केवल मनुष्य ही अमरत्व का अधिकारी है, पशु-पक्षी तथा अन्य प्राणी नहीं। इस मत का समर्थन मुख्यत: इस्लाम, यहूदी और ईसाई धर्मों में किया गया है।

अंतत: व्यापकता की दृष्टि से अमरत्व के दो भेद किये जाते हैं: (1) 'व्यापक अमरता' (Unconditional Immortality) एवं (2) 'सीमित अमरता' (Conditional Immortality)। व्यापक अमरता के अंतर्गत यह स्वीकार किया गया है कि सभी प्राणी यहाँ तक कि पशु-पक्षी भी एक-न-एक दिन अमरत्व को अवश्य ही प्राप्त होंगे। इसके लिए न तो शुभ कर्म आवश्यक है

और न ही ईश्वरीय अनुकम्पा। यह अवधारणा प्रमुखतः हिन्दू धर्म में मानी गयी है। इसके विपरीत इस्लाम, यहूदी और ईसाई धर्म में सीमित अमरता को माना गया है। इस मान्यता के अनुसार,

- केवल मनुष्य ही अमरत्व का अधिकारी है, कोई अन्य प्राणी नहीं, क्योंकि इन धर्मों में यह माना गया है कि केवल मनुष्य में ही आत्मा है, अन्य प्राणियों में नहीं।
- मनुष्यों में भी केवल शुभ कर्म करने वाले मनुष्य ही अमरत्व को प्राप्त कर सकते हैं।
- यही जीवन अंतिम जीवन है।

न्याय दिवस के दिन सभी आत्माएँ ईश्वर या खुदा के समक्ष उपस्थित होंगी, जहाँ उनके कर्मों के अनुसार न्याय किया जायेगा। सत्कर्म करने वालों को स्वर्ग अन्यथा सदा-सर्वदा के लिए नरक में डाल दिया जायेगा। इस प्रकार इन धर्मों में न तो पुनर्जन्म को माना गया है और न ही अन्य प्राणियों की अमरता को स्वीकार किया गया है।

अमरत्व सम्बंधी कुछ प्रमुख समाधान (Some Main Solution Related to Immortality)

आत्मा की अमरता के पक्ष में कई युक्तियाँ प्रस्तुत की गई हैं जिनमें से कुछ प्रमुख हैं:

1. ज्ञानमीमांसीय युक्ति (Epistemological Argument)।
2. तत्वमीमांसीय युक्ति (Metaphysical Argument)।
3. नैतिक युक्ति (Moral Argument)।
4. धार्मिक युक्ति (Religious or Theological Argument)।
5. परा-मनोवैज्ञानिक युक्ति (Para-psychological Argument)।
6. वैज्ञानिक युक्ति (Scientific Argument)।
7. भाषायी युक्ति (Linguistic Argument)।

ज्ञानमीमांसीय युक्ति (Epistemological Argument) ....

इस युक्ति का समर्थन मुख्यतः प्लेटो करते हैं, जिसे 'अनुस्मरण सिद्धांत' (Recollection theory) के नाम से जानते हैं। प्लेटो 'अनुस्मरण सिद्धांत' के दो पक्षों के बीच भेद करते हैं: (1) तार्किक पक्ष एवं (2) प्रायोगिक पक्ष।

तार्किक पक्ष: प्लेटो तार्किक पक्ष को पुनः दो भागों में विभक्त करते हैं: (1) बौद्धिक (Rational knowledge) एवं (2) इन्द्रिय जन्य (Sensous knowledge)। उनके अनुसार इन्द्रियों पर आधृत ज्ञान, ज्ञान नहीं है, क्योंकि ऐसे ज्ञान परिवर्तित होते रहते हैं, यथा - दीवार सफेद है, घास हरी है, आदि। केवल बौद्धिक ज्ञान ही ज्ञान है, क्योंकि वह नित्य एवं अपरिवर्तनशील होता है, यथा - 2 और 2 का योग 4 होता है, त्रिभुज में तीन भुजाएँ होती हैं, आदि। प्लेटो अपने 'अनुस्मरण सिद्धांत' के अंतर्गत केवल बौद्धिक ज्ञान को ही रखते हैं जो इन्द्रियानुभव से पूर्णतया स्वतंत्र होता

है। ऐसा ज्ञान जन्म के पहले से ही हमारी आत्मा में विद्यमान रहता है। इसी दृष्टि से डब्ल्यू० टी० स्टेस लिखते हैं कि "प्लेटो के अनुसार सभी ज्ञान अनुस्मरण सिद्धांत के अंतर्गत नहीं आते हैं। जो ज्ञान इन्द्रियानुभव पर आधृत है वह इसके अंतर्गत नहीं आता है। केवल बौद्धिक ज्ञान, जो प्रत्ययों का ज्ञान है, जैसे - गणित का ज्ञान, वही अनुस्मरण सिद्धांत के अंतर्गत रखा जा सकता है।" ["Not everything that we should call knowledge is recollection. The sensous element in my perception that this paper is white is not recollection, since, as being merely sensous, it is not, in Plato's opinion, to be called knowledge. Here, as elsewhere, he confines the term to rational knowledge, that is to say, knowledge of Ideas... especially in regard to Mathematical knowledge." Stace, W.T. (1996): *A Critical History of Greek Philosophy*, Macmillan, New Delhi, pp. 212–13.]। इस प्रकार 'अनुस्मरण सिद्धांत' के आधार पर प्लेटो आत्मा की अमरता को सिद्ध करते हैं।

ज्ञातव्य है कि प्लेटो का अनुस्मरण सिद्धांत, प्राच्य दर्शन के अनुस्मरण सिद्धांत से पूर्णतया भिन्न है, यथा - बौद्ध दर्शन में माना गया है कि महात्मा बुद्ध के कई जन्म पूर्व में रह चुके हैं। उन्होंने उन जन्मों से होते हुए अंततः मानव शरीर धारण किया। इसकी विस्तृत चर्चा जातक कथाओं में मिलती है। प्लेटो अपने अनुस्मरण सिद्धांत में ऐसा नहीं मानते हैं। उनके अनुसार अनुस्मरण सिद्धांत पूर्व जन्म से सम्बंधित न होकर प्रत्ययों के जगत से सम्बंधित है। इसी दृष्टि से डब्ल्यू० टी० स्टेस लिखते हैं कि प्लेटो का अनुस्मरण सिद्धांत उन अनुभवों की स्मृति की ओर संकेत करता है जिसे उसने अदैहिक अवस्था में प्रत्ययों के जगत में प्राप्त किया था। इस प्रकार यह ज्ञान वस्तुतः पूर्वजन्मों से सम्बंधित न होकर प्रत्ययों के जगत से सम्बंधित है। "उल्लेखनीय है कि यह सिद्धांत प्राच्य सिद्धांत की भाँति इस धरती पर हमारे अतीत जीवन की स्मृति के समतुल्य नहीं है। इस तरह का एक उदाहरण बुद्ध की जातक कथाओं में मिलता है, जहाँ बुद्ध अपनी स्मृति को अपने पूर्ववर्ती जीवन में होने वाली बहुत सी घटनाओं से सम्बंधित करते हैं। प्लेटो का सिद्धांत पूर्णतया भिन्न है। यह केवल उन अनुभवों के समूह की ओर संकेत करता है जो उसने प्रत्ययों के जगत में अदैहिक अवस्था में प्राप्त किये थे।" (It must be noted that this doctrine has nothing in common with the Oriental doctrine of the memory of our past lives upon the earth. An example of this is found in the Buddhist Jatakas, where the Buddha relates from the memory many things that happened to him in the body in his previous births. Plato's doctrine is quite different. It refers only to recollection of the experiences of the soul in its disembodied state in the world of Ideas." *Ibid.*, p. 213.)।

प्रायोगिक पक्षः 'अनुस्मरण सिद्धांत' के दूसरे पक्ष को 'प्रायोगिक पक्ष' के नाम से जानते हैं। इसकी चर्चा प्लेटो अपनी पुस्तक 'मीनो संवाद' में करते हैं। यहाँ पर वे दिखाते हैं कि दो व्यक्ति हैं: पहला, सुकरात और दूसरा, एक दास का लड़का जो पूर्णतया अशिक्षित था। सुकरात, दास के लड़के से ज्यामिति से सम्बंधित, यथा - त्रिभुज की आकृति बनाकर उससे सम्बंधित कई प्रश्न करते हैं। वह दास का लड़का जो पूर्णतया अशिक्षित था, सुकरात द्वारा पूछे

गये सभी प्रश्नों का उत्तर देने में सफल हो जाता है (*Meno*–82)। इसके आधार पर प्लेटो यह सिद्ध करने का प्रयास करते हैं कि आत्मा अमर है। व्यक्ति जन्म लेने के पूर्व ही प्रत्ययों के जगत में अदैहिक अवस्था में सम्पूर्ण ज्ञान प्राप्त कर लेता है। इस जन्म में पूर्व जन्म में प्राप्त ज्ञानों की केवल अभिव्यक्ति होती है। इसकी अभिव्यक्ति के लिए शिक्षण की आवश्यकता होती है जो गुरु के द्वारा प्रदान किया जाता है। जब कोई विद्यार्थी गुरु के पास जाता है तो गुरु उसे कोई नवीन ज्ञान प्रदान नहीं करते हैं बल्कि वे पहले से प्राप्त ज्ञानों का केवल स्मरण करा देते हैं। अस्तु, प्लेटो के अनुसार "जानना अनुस्मरण के अतिरिक्त कुछ भी नहीं है।' ("Learning is nothing but recollection." *Meno*–81D)। इस प्रकार 'अनुस्मरण सिद्धांत' के आधार पर प्लेटो आत्मा के अमरत्व की अवधारणा को सिद्ध करते हैं।

प्रश्न उठता है कि यदि सम्पूर्ण ज्ञान आत्मा में पहले से ही विद्यमान है तो वह एक ही साथ क्यों नहीं अभिव्यक्त हो जाता है? इसके लिए शिक्षण की आवश्यकता क्यों पड़ती है? प्रत्युत्तर में प्लेटो का कहना है कि जब प्रत्ययों के जगत से आत्मा इस शरीर में आती है तो शरीर से सम्बंधित होने के कारण आत्मा का ज्ञान धूमिल एवं अस्पष्ट हो जाता है। इस प्रकार यद्यपि ज्ञान आत्मा में विद्यमान रहता है, परन्तु आत्मा को वह ज्ञान विस्मृत हो जाता है। उस विस्मृत ज्ञान को स्मरण कराने के लिए ही शिक्षण अथवा गुरु की आवश्यकता होती है।

प्लेटो के ज्ञानमीमांसीय तर्क की कई आधारों पर आलोचना की गई है। आलोचकों के अनुसार:

1. प्लेटो का ज्ञानमीमांसीय तर्क उनके इस तत्वमीमांसीय सिद्धांत पर आधृत है कि दो प्रकार के जगत होते हैं: (i) 'प्रत्ययों का जगत' (World of Ideas) और (ii) 'वस्तुओं का जगत' (World of Things)। 'प्रत्ययों का जगत' शाश्वत् एवं नित्य है जबकि 'वस्तुओं का जगत' अनित्य एवं परिवर्तनशील है। आत्मा वस्तुओं के जगत से सम्बंधित न होकर प्रत्ययों से सम्बंधित है। अत: वह उसी की भाँति नित्य एवं अपरिवर्तनशील है।
2. प्लेटो पहले से ही मान लेते हैं कि व्यक्ति का सम्पूर्ण ज्ञान प्रत्ययों के जगत का ज्ञान है जिसे उसने अदैहिक अवस्था में प्रत्ययों के जगत में प्राप्त किया था। अब यदि कोई व्यक्ति प्लेटो के इस तत्वमीमांसीय सिद्धांत को अस्वीकार कर दे कि दो प्रकार के जगत होते हैं तो उस पर आधृत आत्मा की अमरता से सम्बंधित उनका तर्क स्वत: खण्डित हो जाता है।
3. कुछ दार्शनिकों का यह भी कहना है कि प्लेटो का स्मृति-सिद्धांत इस पूर्वमान्यता (Presupposition) पर आधृत है कि आत्मा अमर है। प्लेटो सर्वप्रथम यह मान लेते हैं कि 'आत्मा अमर है' तत्पश्चात् वे यह सिद्ध करते हैं कि पूर्व जन्मों में प्राप्त ज्ञान, स्मृति के रूप में आत्मा में संचित रहता है तथा जो जन्म लेने के उपरांत अभिव्यक्त हो जाता है। स्पष्टत: यहाँ पर प्लेटो के सिद्धांत में सिद्ध साधन का दोष या चक्रक दोष (Fallacy of circle) है, क्योंकि जिसे सिद्ध करना है उसे वे पहले से ही मान लेते हैं।
4. कुछ दार्शनिकों का यह भी कहना है कि प्लेटो इस प्रश्न का उत्तर देने में असमर्थ रहते हैं कि यदि सम्पूर्ण ज्ञान प्रत्ययों के जगत का ही ज्ञान है तो इस जन्म के पूर्व वह जो ज्ञान

प्राप्त करता है वह किस रूप में संचित रहता है, क्योंकि प्रत्ययों के जगत में जो ज्ञान प्राप्त होता है वह तो शुद्ध ज्ञान है, परन्तु पूर्व जन्म का ज्ञान पूर्णतया शुद्ध ज्ञान नहीं हो सकता है। प्लेटो स्वयं कहते हैं कि यह जगत 'पूर्ण सत्' (Completely real) एवं 'पूर्ण असत्' (Completely unreal) के बीच की अवस्था होने के कारण 'अर्द्ध सत्' (Semi real) है। अब यदि दोनों प्रकार के ज्ञानों (प्रत्ययों के जगत का ज्ञान एवं पूर्व जन्म का ज्ञान) के बीच में स्पष्ट भेद है तो इनके बीच सामंजस्य की स्थापना किस प्रकार सम्भव है।

प्लेटो का कहना है कि सम्पूर्ण ज्ञान आत्मा में पहले से ही विद्यमान है, अस्तु, गुरु कोई नवीन ज्ञान नहीं देते हैं बल्कि पहले से प्राप्त ज्ञान का केवल स्मरण करा देते हैं। प्रश्न उठता है कि यदि प्रत्येक ज्ञान को जागृत करने के लिए अनुभव की अपेक्षा है ही तो क्यों नहीं सम्पूर्ण ज्ञान को अनुभव-जन्य ही मान लिया जाय अर्थात् ऐसी स्थिति में 'स्मृति ज्ञान' एवं 'अनुभव-जन्य ज्ञान' के बीच भेद कैसे किया जा सकता है? सम्भवत: यही कारण है कि जॉन लॉक अपनी पुस्तक "*An Essay Concerning Human Understanding*" में लिखते हैं कि कोई भी ज्ञान जन्मजात नहीं होता है। सम्पूर्ण ज्ञान अनुभव-जन्य होता है। उनके अनुसार 'हमारी बुद्धि में ऐसा कुछ भी नहीं है जो पहले हमारी इन्द्रियों में न हो।' (Nothing exists in our intellect which prior does not exist in our sensation.)। जब कोई बच्चा जन्म लेता है तो उसका मस्तिष्क साफ स्लेट या सफेद कागज की भाँति होता है जिस पर पहले से कुछ भी अंकित नहीं होता है। इस पर अनुभव रूपी लेखनी के माध्यम से क्रमश: ज्ञान अंकित होता है। दूसरे शब्दों में, जन्म के समय हमारा मस्तिष्क एक अंधेरी कोठरी की भाँति होता है जिसमें ज्ञान की रश्मियाँ संवेदन (Sensation) एवं स्वसंवेदन (Reflection) इन दो खिड़कियों के माध्यम से क्रमश: प्रविष्ट होती हैं। इस प्रकार प्लेटो का स्मृति-सिद्धांत दर्शन जगत में विवाद का विषय बन गया।

तत्वमीमांसीय युक्ति (Metaphysical Argument)

तत्वमीमांसीय सिद्धांत की व्याख्या प्लेटो अपनी पुस्तक 'फीडोज' में करते हैं। यहाँ पर वे ग्रीक परम्परा में प्रचलित उस अवधारणा का खण्डन करते हैं जहाँ पर आत्मा को शरीर से पृथक् न मानकर केवल एक छाया के रूप में माना गया था। मृत्यु के उपरांत यह छाया शरीर का परित्याग करके नदी पार करके मृतकों के घर जाया करती थी। स्पष्टत: प्राचीन ग्रीक परम्परा में आत्मा को अमर नहीं माना गया था। प्लेटो इस मान्यता के विरोध में आत्मा की अमरता को सिद्ध करने के लिए कई तर्क प्रस्तुत करते हैं जो निम्नलिखित हैं:

1. प्लेटो के अनुसार दो प्रकार की सत्ताएं हैं: (i) सावयव (Organic) एवं (ii) निरवयव (Partless)। सावयव सत्ताएं वे हैं जो उत्पन्न एवं विनष्ट होती हैं, अस्तु, वे अनित्य हैं। निरवयव पदार्थ उत्पत्ति एवं विनाश से रहित होने के कारण नित्य एवं शाश्वत् हैं। प्लेटो के अनुसार आत्मा एक निरवयव पदार्थ होने के कारण नित्य एवं अविनाशी है।

   समस्या यह है कि यह कैसे कहा जा सकता है कि आत्मा निरवयव है? प्रत्युत्तर में प्लेटो कहते हैं कि दो ही प्रकार की सत्ताएँ होती हैं: (i) परिवर्तनशील एवं (ii) अपरिवर्तनशील। "जो दृश्य है वह परिवर्तनशील है, और जो अदृश्य है वह अपरिवर्तनशील।" ("The seen is the changing, and the unseen is the unchanging." Phaedo, 79.)। इस प्रकार परिवर्तशील सत्ताएँ वे हैं जिनका ज्ञान इन्द्रियों के द्वारा होता है, यथा - मेज, दीवार आदि और जिसका भी ज्ञान इन्द्रियों के द्वारा होता है वे सभी सत्ताएँ सावयव हैं। पुनश्च, अपरिवर्तनशील सत्ताएँ वे हैं जिनका ज्ञान इन्द्रियों से न होकर केवल बुद्धि के माध्यम से होता है, यथा - गणित आदि। प्लेटो के अनुसार जिसका ज्ञान बुद्धि के द्वारा होता है वह सावयव न होकर निरवयव होता है। उनके अनुसार आत्मा एक ऐसी सत्ता है जिसका ज्ञान इन्द्रियों से न होकर केवल बुद्धि के द्वारा होता है। इससे यह स्पष्ट होता है कि आत्मा निरवयव है और निरवयव होने के कारण वह नित्य एवं अपरिवर्तनशील है। इस प्रकार यह सिद्ध होता है कि आत्मा अमर है।

प्लेटो के इस मत का समर्थन आधुनिक दार्शनिक मैक्टैगर्ट भी करते हैं। मैक्टैगर्ट के अनुसार आत्मा अविनाशी है। अपने मत के समर्थन में वे कहते हैं कि यदि मान लिया जाय कि आत्मा विनाशी है तो उसका विनाश दो प्रकार से हो सकता है: या तो उसका स्वयं विनाश होता है या उसके विभिन्न अंगों के एक दूसरे से पृथक् होने से उसका विनाश होता है। आत्मा एक चेतन सत्ता है अत: उसका स्वयं विध्वंस नहीं हो सकता है। यह भी नहीं कहा जा सकता है कि आत्मा विभिन्न अवयवों का संघात है अत: उसका विनाश उसके विभिन्न अंगों के पृथक् होने से होता है, क्योंकि संघात तो केवल भौतिक वस्तुओं का ही हो सकता है। मैक्टैगर्ट के अनुसार यद्यपि आत्मा विविधता को समाहित करती है, परन्तु इसका अर्थ नहीं है कि वह विभिन्न अंगों का समूह है। यहाँ विविधता को समाहित करने का तात्पर्य है कि उसमें विचार, भावनाएँ, संवेदनाएँ आदि होती हैं, परन्तु इसका अर्थ नहीं है कि आत्मा इनका समूह है। सामान्यत: जो समूह होता है उसके अंगों को उससे पृथक् किया जा सकता है, जैसे दीवार ईंट से बनती है, अत: ईंट को दीवार से पृथक् किया जा सकता है। इस प्रकार का पृथक्करण आत्मा के सम्बंध में सम्भव नहीं है, क्योंकि उससे विचारों, भावनाओं, संवेदनाओं आदि को पृथक् नहीं किया जा सकता है। इससे यह सिद्ध होता है कि आत्मा एक ईकाई है और ईकाई होने के कारण वह शाश्वत् है। "एक दृष्टि से यह (आत्मा) अनिवार्यत: एक समूह के सदृश है, क्योंकि वह विविधता को समाहित करती है फिर भी उससे भिन्न है। हमारे अंदर एक क्षण में विभिन्न संवेदनाएँ हो सकती हैं, और संवेदनाएँ, विचार एवं इच्छाएँ साथ-साथ भी हो सकती है। परन्तु इसका यह अर्थ नहीं है कि आत्मा एक संघात है। ...हम कह सकते हैं कि आत्मा जटिल है, परन्तु मिश्रण नहीं है। इसके अंग हैं, परन्तु यह उन अंगों से परे नहीं है। इसके लिए वह उन पर निर्भर है तथा वे भी इस पर उसी तरह निर्भर हैं। अस्तु, आत्मा उसके अंगों के वियोजन से समाप्त नहीं हो सकती है।" ["It certainly resembles a combination in one respect, for it is differentiated and contains a plurality. We can have different sensations at the same moment, and sensations, thoughts, and desires can exist simultaneously. But it does not follow from this that a self is a combination… The self, we must say, is complex, but not a compound. It has parts, but it is not built up out of them. For, while it depends on them, they depend just as much on it. The self, therefore, cannot cease by the separation of its part." McTaggart, J.M.E. (1969): *Some Dogmas of Religion*, Kraus Reprint Co., New York, p. 108–09.]।

उल्लेखनीय है कि इस युक्ति का समर्थन रेने डेकार्ट एवं लाइबनीज भी करते हैं। डेकार्ट आत्मा को एक द्रव्य के रूप में मानते हैं। उनके अनुसार द्रव्य वह है जिसका अस्तित्व किसी दूसरे के अस्तित्व पर निर्भर नहीं होता है। पुनश्च, डेकार्ट द्रव्य को दो भागों में विभक्त करते हैं: (i) निरपेक्ष द्रव्य (Absolute substance), जिसे वे ईश्वर कहते हैं तथा (ii) सापेक्ष द्रव्य (Relative substance) जिसे वे चित्त एवं अचित्त कहते हैं। चित्त का अर्थ है चेतन आत्मा, जबकि अचित्त का अर्थ है जड़ जगत। डेकार्ट के अनुसार ईश्वर की भाँति चित्त एवं अचित्त भी सत् एवं सनातन सत्ताएँ हैं, अत: ईश्वर की ही भाँति वे भी उत्पत्ति एवं विनाश से रहित हैं, परन्तु ईश्वर आत्मनिर्भर है जबकि चित्त एवं अचित्त ईश्वर पर निर्भर होने के कारण सापेक्ष द्रव्य हैं। इस प्रकार डेकार्ट के अनुसार आत्मा द्रव्य होने के कारण उत्पत्ति एवं विनाश से रहित है। अत: आत्मा अमर है।

लाइबनीज के अनुसार भी केवल चिदणुओं की ही सत्ता है और चिदणु उत्पत्ति एवं विनाश से रहित होने के कारण शाश्वत् हैं। इसे स्पष्ट करने के लिए लाइबनीज अपने चिदणु में भौतिक विज्ञान के परमाणु की सरलता एवं वास्तविकता तथा गणित के बिन्दु की अभौतिकता, इन दोनों का समन्वय करके एक अभौतिक बिन्दु (Metaphysical point) की परिकल्पना करते हैं। इसी अभौतिक बिन्दु को वे चिदणु (Monad) कहते हैं। चिदणु सरल होने के कारण नित्य एवं शाश्वत् होते हैं। पुनश्च, लाइबनीज के अनुसार मानव व्यक्तित्व असंख्य चिदणुओं से बना है। इन चिदणुओं के समूह में एक चिदणु ऐसा भी है जिसकी चेतना अन्य चिदणुओं से अधिक विकसित है। उसी सर्वाधिक विकसित चिदणु को लाइबनीज 'आत्मा' कहते हैं। उनके अनुसार प्रत्येक चिदणु पूर्ण होने के कारण गवाक्षहीन (Windowless) हैं, अत: उनमें आदान-प्रदान की कोई सम्भावना नहीं है। क्योंकि चिदणु अविनाशी होते हैं और आत्मा भी एक चिदणु है, अत: आत्मा अविनाशी है।

2. प्लेटो कहते हैं कि दो प्रकार के जगत हैं: (i) प्रत्ययों का जगत जो शाश्वत, नित्य एवं अपरिवर्तनशील है तथा (ii) वस्तुओं का जगत जो अनित्य एवं अपरिवर्तनशील है। आत्मा का कार्य शरीर के ऊपर शासन करके प्रत्ययों के जगत का ज्ञान प्राप्त करना है। इससे स्पष्ट होता है कि आत्मा भी प्रत्ययों के समान ही नित्य एवं शाश्वत् है। विलियम जेम्स भी लिखते हैं कि शरीर एक ऐसा उपकरण है जिसे बुद्धि साधन के रूप में प्रयुक्त करती है। भारतीय दर्शन में भी शरीर एवं आत्मा के सम्बंधों को रथ एवं सारथी के रूपक के माध्यम से बताया गया है। जिस प्रकार सारथी, रथ का स्वामी होता है उसी प्रकार शरीर रूपी रथ का स्वामी भी आत्मा रूपी सारथी है। सांख्य दर्शन में जब ईश्वरकृष्ण अपनी पुस्तक 'सांख्यकारिका' में पुरुष के अस्तित्व को सिद्ध करने के लिए तर्क देते हैं तो उसमें से एक तर्क यह भी है कि जिस प्रकार रथ को चलाने के लिए उसके अधिष्ठाता सारथी की आवश्यकता है उसी प्रकार शरीर, मन, बुद्धि, अहंकार आदि के संचालन करने हेतु उसके अधिष्ठाता के रूप में

पुरुष (आत्मा) की सत्ता सिद्ध होती है ('संघातपरार्थत्वात् त्रिगुणादिविपर्ययात् अधिष्ठानात्। पुरुषोस्ति भोक्तृभावात् कैवल्यार्थ प्रवृतेश्च॥' सांख्यकारिका - 17)। इस प्रकार यह सिद्ध होता है कि आत्मा ही शरीर की संचालनकर्त्ता है तथा वह प्रत्ययों के समान ही नित्य एवं शाश्वत् है।

3. प्लेटो के अनुसार आत्मा अमर है, क्योंकि वह स्वतः गतिशील है। उनके अनुसार इस जगत की जितनी भी वस्तुएँ हैं उनमें से कोई भी स्वतः गतिशील नहीं है। उनकी गति सम्प्रेषणात्मक (Transmissive) है अर्थात् उनकी गति का कारण बाह्य है, जैसे - A में गति का कारण B है, B में गति का कारण C है, C में गति का कारण D है, ... आदि-आदि। उनके अनुसार इस अनन्त परम्परा में कहीं भी स्वतः गति दृष्टिगोचर नहीं होती है। अतः हमें एक ऐसी सत्ता की कल्पना करनी पड़ती है जो इस परम्परा के बाहर हो। पुनश्च, जिसमें गति बाहर से आती है, सम्भव है किसी समय उसकी गति अवरुद्ध हो जाय, किन्तु जो स्वतः गतिशील है उसकी गति कभी भी अवरुद्ध नहीं हो सकती है। इस प्रकार एक ऐसी सत्ता का होना अनिवार्य है जो अपनी गति का कारण स्वयं हो अर्थात् जो स्वतः गतिशील हो। प्लेटो के अनुसार स्वतः गतिशील सत्ता एक ऐसी सत्ता होगी जो अभौतिक होने के साथ ही साथ अनादि एवं अनन्त भी होगी। वह सत्ता आत्मा ही है जो चेतन होने के साथ ही साथ स्वतः गतिशील भी हो। अस्तु, यह सिद्ध होता है कि आत्मा अमर है।
4. प्लेटो के अनुसार कोई भी तत्व अपने विरोधी स्वरूप में भाग नहीं ले सकता है। आत्मा का स्वरूप जीवन्तता का स्वरूप है तथा मृत्यु जीवन का विरोधी है। इस प्रकार यह सिद्ध होता है कि आत्मा मृत्यु की विरोधी होने के कारण नित्य एवं अविनाशी है।

आलोचकों का कहना है कि प्लेटो का तत्वमीमांसीय सिद्धांत भी उसी पूर्वमान्यता पर आधृत है कि दो प्रकार के जगत होते हैं: (1) प्रत्ययों का जगत एवं (2) वस्तुओं का जगत। प्रत्ययों का जगत नित्य एवं अपरिवर्तनशील है जबकि वस्तुओं का जगत अनित्य एवं परिवर्तनशील। आत्मा, प्रत्ययों के जगत की सत्ता होने के कारण शाश्वत् है। माना कि कोई व्यक्ति इस सिद्धांत को अस्वीकार कर दे तो प्लेटो का तत्वमीमांसीय सिद्धांत स्वयमेव खण्डित हो जायेगा।

यही नहीं, कुछ दार्शनिक प्लेटो के उस सिद्धांत पर प्रहार करते हुए कहते हैं कि प्लेटो आत्मा को शरीर से पृथक् एवं शाश्वत् मानते हैं। उनके अनुसार आत्मा, शरीर का स्वामी है, परन्तु आलोचकों के अनुसार आत्मा, शरीर का स्वामी नहीं है बल्कि दोनों एक-दूसरे से अवियोज्य रूप से जुड़े हुए हैं। अतः आत्मा से पृथक् शरीर की परिकल्पना निरर्थक है। इसी दृष्टि से पी० एफ० स्ट्रासन अपनी पुस्तक "*Individual*" में लिखते हैं कि यदि 'स्वामित्व सिद्धांत' (Ownership theory) को माना लिया जाय जिसके अनुसार आत्मा शरीर का स्वामी है तो स्वामित्व के हस्तांतरण को भी मानना पड़ेगा, जैसे माना कि किसी मकान का कोई स्वामी है तो वह चाहे तो अपने मकान को दूसरों को बेचकर अपने स्वामित्व का हस्तांतरण कर सकता है। इसी प्रकार यदि शरीर का भी कोई स्वामी है तो वह चाहे तो अपने स्वामित्व का हस्तांतरण कर सकता है, परन्तु व्यवहारतः ऐसा सम्भव नहीं है कि कोई व्यक्ति अपने दर्द को दूसरे को हस्तांतरित कर सके। ऐसी स्थिति में 'स्वामित्व' की बात करना निरर्थक है।

पुनश्च, यदि शरीर का स्वामी चेतन आत्मा है तो उसका 'अभिज्ञान' (Identification) कैसे हो सकता है? स्ट्रासन के अनुसार अभिज्ञान के लिए तो जड़ पदार्थ ही 'मूल विशेष' (Basic Particular) है और जड़ता के माध्यम से ही चेतना का अभिज्ञान सम्भव हो सकता है। यदि आत्मा एक चेतन सत्ता है तो उसका अभिज्ञान नहीं हो सकता है और अभिज्ञान के अभाव में आत्मा के अस्तित्व को स्वीकार करने का कोई औचित्य नहीं है। इसी आत्मा के संदर्भ में ह्यूम लिखते हैं कि आत्मा जैसी कोई शाश्वत् सत्ता नहीं है। उनके अनुसार मैं जब-जब अपने अंदर आत्मा को खोजने चलता हूँ तब-तब मेरी टकराहट कुछ विशिष्ट संवेदनाओं, जैसे - सुख-दुःख, प्रेम-घृणा, हर्ष-विषाद आदि से होती है और इनसे टकराकर मैं वापस चला आता हूँ और जब इनके मूल में जाकर कोई ईकाई खोजने का प्रयास करता हूँ तो वह ईकाई हमें प्राप्त नहीं होती है। उल्लेखनीय है कि काण्ट भी आत्मा को तात्विक सत्ता (Metaphysical) न मानकर केवल एक तार्किक सत्ता (Logical) के रूप में ही मानते हैं, जिसे वे 'शुद्ध प्रत्ययों की अतीन्द्रिय एकता' (Transcendental synthetic unity of pure apperception) कहते हैं।

इन्हीं कमियों के कारण स्ट्रासन मानते हैं कि व्यक्ति का सम्प्रत्यय एक मूल सम्प्रत्यय (Premitive concept) है जिसका प्रयोग हम शारीरिक एवं मानसिक दोनों ही अवस्थाओं के लिए एक साथ करते हैं अर्थात् व्यक्ति न तो केवल शरीर है न ही केवल आत्मा बल्कि व्यक्ति एक ईकाई है जिसके दो पक्ष हैं: (1) शारीरिक अवस्था (Physical state) एवं (2) मानसिक अवस्था (Mental state)। सम्भवत: यही कारण है सिमेटिक धर्मों, यथा - यहूदी, ईसाई, इस्लाम आदि में आज भी दाह-संस्कार करने की अपेक्षा क़ब्र में गाड़ने की प्रथा है, क्योंकि न्याय दिवस के दिन व्यक्ति सशरीर ईश्वर के समक्ष उपस्थित होता है जहाँ उसके कर्मों के अनुसार उसे न्याय दिया जाता है। हालाँकि स्ट्रासन के मतों से सहमत होना सभी के लिए सम्भव नहीं है। यह कहना तो सरल है कि व्यक्ति का सम्प्रत्यय एक मौलिक सम्प्रत्यय है जिसके दो पक्ष हैं: (i) शारीरिक अवस्था एवं (ii) मानसिक अवस्था। ठीक वैसे ही जैसे किसी सिक्के के दो पक्ष होते हैं, परन्तु स्ट्रासन इसे सिद्ध करने में सदैव ही असफल रहते हैं कि वह मूल सम्प्रत्यय क्या है जिसके दो पक्ष हैं: शारीरिक अवस्था एवं मानसिक अवस्था।

नैतिक युक्ति (Moral Argument) ....

जिस प्रकार ईश्वर के अस्तित्व के बिना जगत की सुसंगत व्याख्या नहीं हो सकती है उसी प्रकार आत्मा के अमरत्व के बिना भी नैतिकता की तर्कसंगत व्याख्या नहीं हो सकती है। अन्य युक्तियों की ही भाँति नैतिक युक्ति की भी शुरुआत प्लेटो की पुस्तक 'फीडो' से ही होती है। प्लेटो के अनुसार कोई भी वस्तु अपने अंदर अंतर्निहित बुराईयों के कारण ही विनष्ट होती है। इसका तात्पर्य यह है कि जिसमें बुराई या दुर्गुण नहीं है वह विनष्ट भी नहीं होगा। प्लेटो मानते हैं कि आत्मा सभी प्रकार के दुर्गुणों से रहित एक उच्च तत्व है, क्योंकि वह उन शाश्वत् एवं आदर्श प्रत्ययों से सम्बंधित है जो समस्त ज्ञानों, सत्यों एवं मूल्यों का स्रोत है। अत: उन आदर्श प्रत्ययों की ही भाँति आत्मा को भी नित्य एवं शाश्वत् मानना पड़ेगा। इससे यह सिद्ध होता है कि आत्मा अमर है।

एक व्यवस्थित परम्परा के रूप में इस युक्ति की शुरुआत काण्ट के दर्शन से होती है। काण्ट के अनुसार मानव जीवन का सर्वोच्च लक्ष्य 'पूर्ण नैतिक आदर्श' को प्राप्त करना है। पूर्ण नैतिक आदर्श का अर्थ है जहाँ व्यक्ति कामनाओं एवं वासनाओं से ऊपर उठकर शुद्ध कर्त्तव्य की चेतना से अनुप्रेरित होकर कर्त्तव्य करे। इसे ही काण्ट 'पवित्र संकल्प' (Holy will) कहते हैं। उल्लेखनीय है कि काण्ट अपने दर्शन में 'पवित्र संकल्प' (Holy will) एवं 'शुभ संकल्प' (Good will) के बीच स्पष्ट भेद करते हैं। उनके अनुसार 'शुभ संकल्प' में व्यक्ति 'कर्त्तव्य के लिए कर्त्तव्य' (Duty for duty's sake) की भावना से कर्त्तव्य करता है। यद्यपि ऐसा करने में हमारी भावनाएँ, संवेग आदि बाधा बनते हैं, परन्तु 'शुभ संकल्प' से युक्त व्यक्ति सदैव ही इसमें सफल होता है। इस प्रकार 'शुभ संकल्प' में बाधाएँ रहती हैं। 'पवित्र संकल्प' में सभी प्रकार की बाधाएँ स्वतः विगलित हो जाती हैं। अब व्यक्ति कर्त्तव्य की भावना से अनुप्रेरित होकर कर्त्तव्य नहीं करता है बल्कि वह स्वभावतः वही करता है जो शुभ हो। इसकी तुलना भारतीय दर्शन के 'जीवन-मुक्त' या गीता में प्रतिपादित 'स्थित-प्रज्ञ' से की जा सकती है। स्पष्टतः 'पवित्र संकल्प' एक आदर्श स्थिति है।

काण्ट के अनुसार नैतिक आदर्श यह है कि व्यक्ति 'पवित्र संकल्प' के अनुरूप कार्य करे, परन्तु ऐसा करना सम्भव नहीं हो पाता है, क्योंकि इसमें बहुत सारी कुप्रवृत्तियाँ (Lust desires), जैसे - कामनाएँ एवं वासनाएँ (Sensous nature and impulses) बाधा डालती हैं। अतः व्यक्ति धीरे-धीरे ही इन कुप्रवृत्तियों पर नियंत्रण करने में सफल हो सकता है। काण्ट के अनुसार इन कुप्रवृत्तियों पर नियंत्रण एक जन्म में तो नहीं हो सकता है, परन्तु सम्भव है कि वह कई जन्मों के उपर्यन्त इन कुप्रवृत्तियों पर नियंत्रण करने में सफल हो जाय। इस प्रकार पवित्र संकल्प के अनुसार कार्य करने के लिए आत्मा की अमरता को स्वीकार करना अनिवार्य है। पुनश्च, काण्ट कहते हैं कि यदि यह मान लिया जाय की मृत्यु के उपरांत सब कुछ विनष्ट हो जाता है तो शुभ-अशुभ, उचित-अनुचित आदि जैसी नैतिक अवधारणाएँ अर्थहीन हो जायेंगी, क्योंकि ऐसी स्थिति में इन आदर्शों के अनुरूप आचरण करने का कोई औचित्य नहीं रह जाता है। अस्तु, नैतिक आदर्श को सार्थक बनाने के लिए आत्मा के अमरत्व में विश्वास आवश्यक है। उनके अनुसार क्योंकि नैतिक नियम हमें शाश्वत् जीवन की आशा प्रदान करता है, अस्तु शाश्वतता ही हमारा अंतिम लक्ष्य होना चाहिए, परन्तु शाश्वतता में विश्वास करने के लिए आत्मा के अमरत्व को मानना आवश्यक है। सम्भवतः यही कारण है कि काण्ट 'नैतिकता की पूर्वमान्यताओं' (Postulates of morality) में से एक आत्मा के अमरत्व को भी स्वीकार करते हैं, क्योंकि बिना आत्मा के अमरत्व के नैतिक मूल्यों की सुसंगत व्याख्या नहीं हो सकती है। इस प्रकार काण्ट मानते हैं कि आत्मा के अमरत्व में विश्वास 'अंधविश्वास' (Superstition) पर आधृत न होकर 'बौद्धिक आस्था' (Rational faith) पर आधारित है।

पुनश्च, काण्ट कहते हैं कि मानव जीवन का सर्वोच्च लक्ष्य 'सर्वोच्च शुभ' (Highest good) या 'पूर्ण शुभ' (Perfect good) की प्राप्ति करना है। 'पूर्ण शुभ' में सद्गुण तथा आनन्द इन दोनों का समन्वय आवश्यक है, परन्तु प्रायः ऐसा देखा जाता है कि जो व्यक्ति सदाचारी हैं उनका जीवन दुःखमय है और जो दुराचारी हैं उनका जीवन सुखमय है। प्रश्न उठता है कि क्या यही न्याय है? काण्ट के अनुसार इसे न्याय नहीं कहा जा सकता है। न्याय तो यह है कि

सदाचारी को सुख तथा दुराचारी को दण्ड मिलना चाहिए। इसे ही वे अपनी पुस्तक "*Critique of Practical Reason*" में 'पुरस्कार एवं दण्ड का सिद्धांत' (Principle of Desert) कहते हैं। [Kant, Immanual (1788): *Critique of Practical Reason*, Translated by Thomas Kingsmill Abbott (1889): Longmans, Green & Co., London, p. 127.]। अतः उनके अनुसार एक न एक दिन ऐसा अवश्य आयेगा जब व्यक्ति के कर्मों का मूल्यांकन होगा तथा सदाचारियों को पुरस्कृत एवं दुराचारियों को दण्डित किया जायेगा। इसके लिए पुनर्जन्म की अवधारणा को स्वीकार करना अनिवार्य है। इस सिद्धांत के अनुसार व्यक्ति इस जन्म के कर्मों का फल अगले जन्म में भोगता है। यदि पुनर्जन्म सिद्धांत को न माना जाय तो कर्म सिद्धांत की सम्पूर्ण अवधारणा निरर्थक हो जायेगी और यदि पुनर्जन्म सिद्धांत को माना जाय तो आत्मा के अमरत्व में विश्वास भी अपरिहार्य हो जाता है। अस्तु, 'सर्वोच्च शुभ' या 'पूर्ण शुभ' की प्राप्ति हेतु आत्मा की अमरता को स्वीकार करना अनिवार्य है।

अन्य युक्तियों की ही भाँति नैतिक युक्ति भी आलोचना का विषय हो गई। जिन्हें नीचे वर्णित किया गया है:

- कुछ दार्शनिक, प्लेटो की नैतिक युक्ति पर आक्षेप करते हुए कहते हैं कि यदि यह मान लिया जाय कि आत्मा, आदर्श प्रत्ययों में भागीदार या उससे सम्बंधित होती है तो इसका अर्थ यह कदापि नहीं है कि वह उसी की भाँति नित्य एवं शाश्वत् भी होगी। प्रत्ययों से सम्बंधित होना एक बात है तथा उसके तुल्य होना दूसरी बात है।
- कुछ आलोचकों का कहना है कि काण्ट का तर्क केवल उन्हीं व्यक्तियों के लिए प्रामाणिक हो सकता है जो नैतिक नियमों को वस्तुनिष्ठ एवं सार्वभौमिक मानते हैं, परन्तु जो नैतिक नियमों को देश-काल सापेक्ष मानते हैं, उनके लिए यह तर्क व्यर्थ हो जाता है।
- कुछ आलोचकों का यह भी कहना है कि काण्ट नैतिक पूर्णता का जो अर्थ मानते हैं उसके लिए आत्मा के अमरत्व को मानना आवश्यक नहीं है। यदि व्यक्ति एक जन्म में नैतिक पूर्णता को प्राप्त नहीं कर सकता है तो इस बात की क्या गारण्टी है कि वह अनेक जन्मों में इस पूर्णता को प्राप्त कर लेगा। स्पष्टतः काण्ट का यह तर्क आत्म-विरोधी है, क्योंकि एक ओर काण्ट यह कहते हैं कि नैतिक पूर्णता अवश्य प्राप्त की जा सकती है और दूसरी ओर वे यह भी कहते हैं कि इसको प्राप्त करने में अनन्त जीवन लग सकते हैं। अनन्त तो कभी आता नहीं है। अस्तु, इसका सीधे-सीधे तात्पर्य यह है कि नैतिक पूर्णता अप्राप्य अर्थात् कभी भी प्राप्त नहीं हो सकती है।

यदि इन आक्षेपों पर सूक्ष्मतापूर्वक विचार किया जाय तो यह कहा जा सकता है कि ये आक्षेप सुसंगत नहीं हैं। नैतिक नियमों में विश्वास हमारी स्वेच्छाचारिता नहीं है बल्कि यह एक व्यावहारिक आवश्यकता है। नैतिकता के अभाव में न तो मानव जीवन को ही व्यवस्थित किया जा सकता है और न ही समाज में समरसता आ सकती है। ऐसी स्थिति में व्यक्ति और समाज दोनों ही उच्छृंखल हो जायेंगे। इसी प्रकार यह कथन कि जो एक जन्म में प्राप्त नहीं किया जा सकता है वह अनन्त जन्मों में भी प्राप्त नहीं किया जा सकता है, यह मत भी सुसंगत प्रतीत नहीं

होता है। यदि एक ही जन्म में सब कुछ जान लिया जाय और उसे प्राप्त भी कर लिया जाय तो आज जितना विज्ञान का विकास हो पाया है उतना नहीं हो पाता। यदि हम केवल विज्ञान पर ही विचार करें जो मूलत: निरीक्षण एवं प्रयोग पर आधृत है, तो पाते हैं कि आज भी विज्ञान एवं तकनीकी का सतत् विकास हो रहा है। इसका तात्पर्य केवल इतना है कि अब तक हम जो कुछ भी जान पाये हैं वह अंतिम सत्य नहीं है। यदि यह अंतिम सत्य होता तो विकास क्यों हो रहा है। विकास तो अभाव का द्योतक है और अभाव पूर्णता का विरोधी है। तभी तो न्यूटन को यह कहना पड़ा कि 'मैं तो जिन्दगी भर समुद्र के किनारे की सीपी ही बटोरता रह गया, अथाह समुद्र को जानना तो शेष ही रह गया'।

प्रश्न उठता है कि यदि वैज्ञानिक ज्ञान जैसे सीमित ज्ञान को एक जन्म में प्राप्त नहीं किया जा सकता है तो आत्मा जैसे असीमित एवं सूक्ष्मातिसूक्ष्म तत्व का ज्ञान एक जन्म में कैसे प्राप्त किया जा सकता है। इसी प्रकार नैतिक पूर्णता एक ही जीवन में प्राप्त हो जाय, यह आवश्यक नहीं है। ऐसा प्रतीत होता है कि आलोचक इन सभी पक्षों की उपेक्षा करके एक मकड़ी की भाँति अपने अंदर से ही जाला बुनते रहते हैं। ज्ञान तो मकड़ी की भाँति न होकर मधुमक्खी की भाँति होता है जो बाहर से फूलों का रस लेकर मीठे शहद का निर्माण करती है। इस प्रकार इसी जीवन को अंतिम मान लेना, अंतिम सत्य नहीं हो सकता है। अत: नैतिक पूर्णता प्राप्त की जा सकती है और उसे एक ही जन्म में प्राप्त नहीं किया जा सकता है, इन दोनों में कोई विरोध नहीं है। इस प्रकार नैतिकता की व्याख्या के लिए अमरता में विश्वास आवश्यक है अर्थात् अमरता के अभाव में सद्गुण की व्याख्या नहीं हो सकती है। दोस्तोवस्की के अनुसार "यदि ईश्वर नहीं है तो सब कुछ मान्य है। ...यदि अमरता नहीं है तो सद्गुण भी नहीं है।" ["If there is no God, then everything is permitted… if there is no immortality, there is no virtue." Ivan Karamazov's (a character from Fyodor Dostoevsky's The Brothers Karamazov (1880) famous phrase]।

धार्मिक या ईश्वरवादी युक्ति
(Religious or Theological Argument)

ट्रूब्लड के अनुसार "अमरता के लिए वैज्ञानिक साक्ष्य व्यवहारत: व्यर्थ है, दार्शनिक तर्क अनिश्चायक है, किन्तु धार्मिक तर्क उपयोगी है।" ["The scientific evidence for immortality is practically worthless, the philosophical argument is inconclusive, but the religious argument is fruitful." Trueblood, D.E. (1957): *Philosophy of Religion*, Harper & Brothers, New York, p. 303.]। स्पष्टत: वैज्ञानिक प्रयोग एवं निरीक्षण की बात करते हैं जबकि दार्शनिक तर्क एवं बौद्धिकता की, परन्तु दोनों की गति केवल ऐन्द्रिक जगत तक ही है, अतीन्द्रिय जगत में इनकी कोई गति नहीं है। अतीन्द्रिय जगत में पहुँचने का एक ही सोपान है: वह है हमारी आस्था। क्योंकि धार्मिक तर्क आस्था पर ही आधारित है, अस्तु, अमरता के सम्बंध में धार्मिक तर्क अति महत्त्वपूर्ण है।

अमरता की समस्या धार्मिक व्यक्तियों को उतनी महत्त्वपूर्ण नहीं लगती है जितनी कि धर्म निरपेक्ष व्यक्तियों को प्रतीत होती है। धार्मिक व्यक्ति अपनी आस्था के आधार पर अमरता के

प्रति आश्वस्त रहता है जबकि श्रद्धारहित मनुष्य मृत्यु के सम्बंध में सदैव चिंतित रहता है, क्योंकि उन्हें किसी पारलौकिक सत्ता का आश्वासन नहीं रहता है। इसीलिए धार्मिक व्यक्ति अमरता पर बल न देकर ईश्वरीय अनुकम्पा पर ही अधिक बल देते हैं। उसके अनुसार जीव ईश्वर का अंश है, क्योंकि ईश्वर नित्य एवं शाश्वत् सत्ता है, अत: जीव ईश्वर का अंश होने के कारण अजर, अमर एवं अविनाशी है ("ईश्वर अंस जीव अबिनासी। चेतन अमल सहज सुख रासी॥" गोस्वामी तुलसीदास, मानस, उत्तरकाण्ड - 116/1)। गीता में भी भगवान श्रीकृष्ण कहते हैं कि हे अर्जुन! "न मे भक्तः प्रणश्यति" (गीता - 3/31) अर्थात् मेरे भक्तों का कभी विनाश नहीं होता है। इसी प्रकार कुरान में भी आता है कि "जब मैंने (ख़ुदा ने) मनुष्य का शरीर बनाया और उसे तैयार किया तब मैंने उसमें अपनी रूह (आत्मा) फूँक दी।" (सूसा - 5:29)। धार्मिक व्यक्ति इसी अवधारणा के आधार पर अमरत्व के विषय में पूर्णत: आश्वस्त रहते हैं। वे चिंतित तो इस बात के लिए रहते हैं कि येन-केन-प्रकारेण ईश्वरीय अनुकम्पा प्राप्त हो जाय। जब ईश्वरीय अनुकम्पा प्राप्त हो जायेगी तो अमरता तो सुनिश्चित ही है।

जॉन बेली ने तो यहाँ तक लिखा है कि ईश्वरवादियों का अमरता में विश्वास इस जगत की अनुभूति से ही उत्पन्न होता है। वर्तमान जगत में ही भविष्य जीवन का बीज निहित होता है। इस धारणा को वे व्यक्ति अच्छी तरह से समझ पाते हैं जिन्हें साधु-संतों की सानिध्यता प्राप्त है। संतों के जीवन चरित को देखकर ऐसा प्रतीत होता है कि वे मृत्यु से भयभीत न होकर उसका तो आलिंगन करना चाहते हैं, क्योंकि वे जानते हैं कि जब तक शरीर है, दु:खों से पूर्णतया मुक्ति सम्भव नहीं है। इसी दृष्टि से संत कबीर दास जी ठीक ही लिखते हैं कि:

"जा मरने से जग डरे, मोहि बड़ा आनन्द।
कब मरिहौं कब पाइहौं, पूरण परमानन्द॥"

अर्थात् जिस मरने से सम्पूर्ण संसार भयभीत है, मैं तो उसी का आलिंगन करना चाहता हूँ, क्योंकि मुझे उसी में अत्यधिक आनन्द की प्राप्ति हो पायेगी। इसीलिए वे विनय करते हैं कि हे प्रभु! मैं कब मरूँ कि कब पूर्ण परमानन्द की अवस्था में अपने आपको स्थापित कर सकूँ। यह युक्ति इस बात को पुष्ट करती है कि संत, महात्मा अमरत्व के बारे में पूर्णतया निश्चिंत रहते हैं।

पुनश्च, यदि हम मूल्यों पर विचार करें तो पाते हैं कि शिव एवं कल्याणकारी ईश्वर ही मानवीय मूल्यों का अधिष्ठाता एवं संरक्षक है। मूल्यों का अस्तित्व व्यक्तियों पर निर्भर है। अत: मूल्यों को सुरक्षित रखने के लिए व्यक्तियों का अमर होना आवश्यक है। यदि व्यक्ति अमर नहीं होगा तो मानवीय मूल्यों की व्याख्या नहीं हो सकती है। इस प्रकार मूल्यों की सांगोपांग व्याख्या करने के लिए अमरता को स्वीकार करना आवश्यक है। इसी दृष्टि से ए० ई० टेलर लिखते हैं कि "मैं विश्वास करता हूँ कि ईश्वर विषयक समुचित सिद्धांत के अभाव में मानवीय अमरता सम्बंधी सिद्धांत के लिए कोई सुरक्षित आधार प्राप्त करना असम्भव है।" ["Apart from an adequate doctrine of God it is, as I believe, impossible to find any secure foundation for a doctrine of human immortality." Taylor, A.E. (1930): *The Faith of a Moralist*, Macmillan, New York, Vol. 1, p. 256.]।

आलोचकों का कहना है कि आत्मा की अमरता के पक्ष में दिया गया ईश्वरवादी प्रमाण भी तर्कत: सुसंगत नहीं है, क्योंकि ईश्वरवादी तर्क केवल उन्हीं व्यक्तियों के मन में अमरता का भाव विकसित कर सकता है जो नैतिक गुणों से परिपूर्ण, सगुण, साकार एवं व्यक्तित्वपूर्ण ईश्वर की सत्ता में आस्था रखते हैं, परन्तु जो व्यक्ति ईश्वर की सत्ता में विश्वास नहीं करते हैं उनके लिए इस युक्ति में ऐसा कुछ भी नहीं है जो उनके मन में अमरता के भाव को विकसित कर सके, परन्तु धार्मिक प्रकृति के व्यक्ति इन तर्कों से घबराते नहीं हैं, क्योंकि वे जानते हैं कि ईश्वर तर्क का विषय न होकर शुद्ध आस्था का विषय है।

परा-मनोवैज्ञानिक युक्ति (Para-psychological Argument)................

वर्तमान शताब्दी में मनोविज्ञान की एक शाखा परा-मनोविज्ञान के रूप में विकसित हुई है, जिसका सम्बंध अतीन्द्रिय विषयों तथा आध्यात्मिक जगत के प्राणियों के साथ माना जाता है। परा-मनोविज्ञान विषयक अनुसंधानों को मुख्यत: चार भागों में विभक्त किया जा सकता है - (1) अतीन्द्रिय प्रत्यक्ष (Extrasensory Perception), (2) शरीर रहित आत्माओं के साथ सम्पर्क (Contact with Disembodied Soul), (3) मृत्यु का निकटता से अनुभव (Near-Death Experiences) तथा (4) पुनर्जन्म (Reincarnation)।

1. अतीन्द्रिय प्रत्यक्ष, जिसे 'टेलीपैथी' के नाम से भी जाना जाता है, इसके अंतर्गत एक मन से दूसरे मन का ज्ञान प्राप्त किया जाता है। बिना किसी इन्द्रिय प्रत्यक्ष के भी यदि कोई व्यक्ति दूसरे व्यक्तियों के मन के विचार को जान लेता है तो ऐसे अपरोक्ष ज्ञान को 'पर-चित्त-ज्ञान' (टेलीपैथी) की संज्ञा दी जाती है। ऐसे ज्ञान की प्राप्ति में न तो दूरी और न ही किसी अन्य प्रकार का अवरोध बाधक होता है। इसके लिए केवल इस बात की आवश्यकता है कि वह व्यक्ति आध्यात्मिक प्रकृति का हो तथा उसने अपने मन को केन्द्रित करने का तरीका जान लिया हो। टेलीपैथी के अंतर्गत सर्वप्रथम व्यक्ति अपने चित्त को शांत करके जिस व्यक्ति के मन की बात को जानना चाहता है उसकी तरफ लगा देता है। ऐसी स्थिति में अब उसके मन में जो भी विचार जागृत होता है वह उसका स्वयं का विचार न होकर उसी व्यक्ति का विचार होता है जिसके मन की बात वह जानना चाहता है, किन्तु इस पद्धति में सावधानी यह रखनी होती है कि उस व्यक्ति का स्वयं का कोई विचार उसके मन में नहीं होना चाहिए, अन्यथा वह दूसरे के मन के विचार को जानने में असमर्थ होगा। टेलीपैथी को व्यवहारत: सत्यापित भी किया जा सकता है। इसके लिए हाल ही में परामनोविज्ञान के अंतर्गत एक नया प्रयोग किया गया, जिसे "गैंजफेल्ड प्रयोग" (Ganzfeld experiment) के नाम से जानते हैं।
2. दूसरे वर्ग में उस अनुसंधान को रखा जाता है जिसके अंतर्गत मरणोपरान्त भी शरीर रहित आत्माओं के साथ सम्पर्क स्थापित किया जाता है। आज परा-मनोविज्ञान के अंतर्गत यह सिद्ध किया जा चुका है कि मृत व्यक्तियों की आत्माओं से सम्पर्क किया जा सकता है। इसके लिए एक विशेष व्यक्ति की जरूरत होती है जो माध्यम का कार्य करता है तथा जो मृत आत्माओं से सम्पर्क स्थापित करके उनकी बातों को अन्य व्यक्तियों के समक्ष

प्रस्तुत कर सके। परम संत डॉ० चतुर्भुज सहाय जी अपनी पुस्तक 'संत मीराबाई' में लिखते हैं कि जब उन्होंने संत मीराबाई के ऊपर ग्रंथ लिखने का निश्चय किया तब उस समय तक संत मीराबाई के ऊपर कोई प्रामाणिक ग्रंथ उपलब्ध नहीं था जिससे संत मीराबाई के जीवन की घटनाओं का यथार्थ विवरण मिल सके। वे लिखते हैं कि ऐसी स्थिति में उन्होंने स्वयं ही संत मीराबाई का आह्वान किया तथा उनसे सम्पर्क स्थापित करके उन्हीं से उनके जीवन-वृत्तांत को सुना। तत्पश्चात् उन्होंने इस बातचीत पर आधारित वृत्तांत को अपनी पुस्तक में प्रकाशित किया। इससे यह स्पष्ट होता है कि मृत आत्माओं से सम्पर्क किया जा सकता है। इससे यह सिद्ध होता है कि आत्मा अमर है।

3. मृत्यु का निकटता से अनुभव का अभिप्राय है कि मृत्यु के कुछ समय उपरांत पुन: जीवित हो जाना। इस मत का प्रतिपादन ग्रीक दर्शन के तीन दार्शनिकों ने किया है:

   - Homer, *Odyssey*, Book 11, the *Nekuia* ("The Book of the Dead")
   - Plato, *Republic*, the myth of Er, Book 10, Section III
   - Vergil, *Aeneid*, Book 6

   प्लेटो के मिथ के अनुसार एक व्यक्ति 'इर' है जिसकी मृत्यु युद्ध क्षेत्र में हो जाती है, परन्तु 12 दिन के उपरांत वह पुन: जीवित हो जाता है और मरणोत्तर जीवन की बातें सुनाता है। वह यह भी बताता है कि मरणोपरांत जो सदाचारी व्यक्ति हैं वे पुरस्कृत जबकि जो दुराचारी व्यक्ति हैं वे दण्डित किये जाते हैं। इसी प्रकार की बातें होमर की 'ओडिसी' में तथा वर्गिल की 'उनाइड' में भी मिलती हैं। कुछ समकालिक दार्शनिकों जैसी मुडी ने भी अपनी पुस्तक "*Life After Life*" में 1000 चिकित्सकीय दृष्टांतों, यथा-मरणोपरांत एक अंधेरे टैनल के माध्यम से गुजरना और उस टैनल के अंत में एक चमकीला प्रकाश दिखाई देना, आकाश में गमन, शरीर से पृथक् होकर शरीर को देखना, एक बहुत तीव्र आवाज सुनाई देना आदि-आदि, को प्रस्तुत करके, यह दिखाने का प्रयास किया है कि मरणोपरांत जीवन की सम्भावना से इंकार नहीं किया जा सकता है। [Moody, Raymond A. (2001): *Life After Life*, HarperOne, San Francisco]।

4. पुनर्जन्म का अर्थ है मरणोपरांत पुन: जन्म ग्रहण करना। इस मान्यता के समर्थक मानते हैं कि मरणोपरांत केवल शरीर का ही क्षय होता है, आत्मा का नहीं। आत्मा अजर, अमर एवं अविनाशी है। सामान्यत: हिन्दू परम्परा में इस मत को स्वीकार किया जाता है। गीता (2/22) में इस मत का प्रतिपादन करते हुए भगवान श्रीकृष्ण कहते हैं कि हे अर्जुन! जिस प्रकार हमारे वस्त्र के जीर्ण-शीर्ण हो जाने पर हम उसका परित्याग करके पुन: नये वस्त्र को धारण करते हैं उसी प्रकार आत्मा भी इस शरीर के जीर्ण-शीर्ण हो जाने के उपरांत इसका परित्याग करके पुन: नये शरीर को धारण करती है। इस प्रकार आत्मा का क्षय नहीं होता है बल्कि केवल रूपांतरण होता है। इसी मान्यता के आधार पर कुछ दार्शनिकों विशेषकर स्लोटरबेक ने 'अतीत-जीवन पश्चगमन' (Past-life regressions) का सिद्धांत प्रतिपादित किया है। उनके अनुसार कुछ लोग ऐसे होते हैं जिन्हें बचपन की बातें याद रहती हैं, परन्तु कुछ लोग ऐसे भी होते हैं जिन्हें केवल बचपन की ही नहीं बल्कि पूर्वजन्म

की बातें भी याद रहती हैं। यह तभी सम्भव है जब अतीत जीवन को स्वीकार कर लिया जाय, क्योंकि यदि यही जीवन अंतिम जीवन है, तो अतीत जीवन की बातें याद कैसे रहतीं। [Sclotterbeck, Karl R. (2003): *Living Your Past Lives: The Psychology of Past-Life Regression*, iUniverse, Bloomington, Indiana]। हालाँकि कुछ विचारक इसे 'क्रिप्टोनेसिया' (Cryptomnesia) की संज्ञा देते हैं जिसका अर्थ है छिपी हुई स्मृति (Hidden memory) अर्थात् हमारे पास एक छिपी हुई स्मृति रहती है, परन्तु हम उसे पहचानते नहीं हैं। अस्तु, इसके लिए आत्मा की अमरता को मानना आवश्यक नहीं है।

आलोचकों का कहना है कि परा-मनोवैज्ञानिक तर्क का आज तक किसी भी प्रयोगशाला में वैज्ञानिक विधि से परीक्षण नहीं किया जा सकता है। अतः इस प्रमाण को एक वैज्ञानिक प्रमाण के रूप में स्वीकार नहीं किया जा सकता है। पुनश्च, यदि किसी प्रकार इसका परीक्षण हो भी जाय तो भी यह युक्ति सभी व्यक्तियों के लिए प्रामाणिक नहीं हो सकती हैं, क्योंकि 'पर-चित्त-ज्ञान' (टेलीपैथी) तथा मृत आत्माओं के सम्पर्क को सार्वभौमिक नहीं बनाया जा सकता है। अतः ऐसी स्थिति में इसे आस्था के रूप में ही माना जा सकता है, न कि तार्किक एवं वैज्ञानिक ज्ञान के विषय के रूप में।

वैज्ञानिक युक्ति (Scientific Argument)

आत्मा की अमरता के सम्बंध में दिया गया वैज्ञानिक तर्क इस मान्यता पर आधृत है कि ऊर्जा का ह्रास नहीं होता है बल्कि उसका केवल रूपांतरण (Transformation) होता है। भौतिक विज्ञान में दो प्रकार की ऊर्जा मानी गई है: (1) गतिज ऊर्जा (Kinetic energy) एवं (2) स्थितिज ऊर्जा (Potential energy)। इसमें गतिज ऊर्जा का रूपांतरण स्थितिज ऊर्जा में तथा स्थितिज ऊर्जा का रूपांतरण गतिज ऊर्जा के रूप में होता रहता है, परन्तु दोनों का महायोग सदैव ही स्थिर रहता है।

$$1/2mv^2 + mgh = K$$

इससे यह सिद्ध होता है कि ऊर्जा के समग्र रूप में न तो कोई वृद्धि होती है और न ही कोई ह्रास। इसी मान्यता के आधार पर कुछ दार्शनिक यह तर्क प्रस्तुत करते हैं कि क्योंकि आत्मा ऊर्जा का ही संघनित रूप है अतः जब कोई व्यक्ति मरता है तो आत्मा का क्षय नहीं होता है बल्कि उसका दूसरे रूप में केवल रूपांतरण हो जाता है। इसी तथ्य को स्पष्ट करते हुए गीता में भगवान श्रीकृष्ण कहते हैं कि हे अर्जुन! जिस प्रकार हमारे वस्त्र के जीर्ण-शीर्ण हो जाने पर हम उसका परित्याग करके पुनः नये वस्त्र को धारण करते हैं उसी प्रकार आत्मा भी इस शरीर के जीर्ण-शीर्ण हो जाने के उपरांत इसका परित्याग करके पुनः नये शरीर को धारण करती है।

"वासांसि जीर्णानि यथा विहाय, नवानि गृह्णाति नरोऽपराणि।
तथा शरीराणि विहाय जीर्णान्यन्यानि संयाति नवानि देही॥" (गीता - 2/22)

इस प्रकार यह कहा जा सकता है कि मरणोपरांत भी आत्मा का क्षय नहीं होता है बल्कि उसका केवल रूपांतरण होता है। अस्तु, यह सिद्ध होता है कि आत्मा अमर है।

भाषायी युक्ति (Linguistic Argument)

उपर्युक्त तर्कों के असफल होने पर डी० जेड० फिलिप्स आत्मा की अमरता के समाधान के लिए भाषा पर आधारित युक्ति प्रस्तुत करते हैं। उनके अनुसार यद्यपि आत्मा की अमरता के विचार को सार्थक सिद्ध नहीं किया जा सकता है, क्योंकि ऐसी अमरता की अवधारणा बोधगम्य नहीं हो सकती है, परन्तु इसका तात्पर्य यह नहीं है कि आत्मा के अमरत्व की अवधारणा निरर्थक है और हमारे जीवन में इसका कोई महत्त्व नहीं है। फिलिप्स के अनुसार आत्मा कोई भौतिक या अभौतिक सत्ता नहीं है, जो इस जन्म के पूर्व तथा मृत्यु के पश्चात् भी विद्यमान रहती है तथा जो हमारे कर्मों की संवाहक हो, अपितु यह तो मनुष्य के नैतिक आचरण से सम्बंधित है जिसे व्यक्ति के नैतिक एवं धार्मिक विश्वासों से सम्बंधित किया जा सकता है। उन्हीं के शब्दों में "शाश्वतता वर्तमान जीवन का विस्तार नहीं है बल्कि उसका निर्णय करने की एक पद्धति है। शाश्वतता कोई अगला जन्म नहीं है बल्कि यह इसी जीवन के लिए कुछ निश्चित नैतिक एवं धार्मिक विचार पद्धति है। ... आत्मा की अमरता के बारे में प्रश्न, मानव के जीवन से सम्बंधित प्रश्न की तरह नहीं है, विशेषत: उस प्रश्न की भाँति कि कब्र के परे भी जीवन है बल्कि उस प्रश्न की भाँति है कि मनुष्य किस प्रकार का जीवन जी रहा है।" ["Eternality is not an extension of this present life, but a mode of judging it. Eternality is not more life, but this life seen under certain moral and religious mode of thought... Questions about immortality of soul are seen not to be questions concerning the extent of a man's life, and in particular concerning whether that life can extend beyond the grave, but questions concerning the kind of life a man is living." Phillips, D.Z. (1971): *Death and Immortality*, The Macmillan Company, London, pp. 48–49.]।

पुनश्च, फिलिप्स लिखते हैं कि किसी व्यक्ति के लिए यह कहना कि 'उसने धन के लिए अपनी आत्मा बेच दी है' या 'उसकी आत्मा मर गयी है', एक पूर्णत: स्वाभाविक कथन है, परन्तु इसका तात्पर्य यह नहीं है कि उसने अपनी आत्मा को यथार्थत: बेच दिया अथवा व्यक्ति की आत्मा मर गयी। इस कथन का प्रयोग तब होता है जब मनुष्य मानवोचित आचरण से स्खलित होकर पशुवत आचरण करने लगता है। इस प्रकार यह सिद्ध होता है कि आत्मा कोई भौतिक वस्तु नहीं है बल्कि इसका सम्बंध मूलत: नैतिक अथवा धार्मिक आचरण से है जिसका प्रयोग मनुष्य अपने जीवन के संदर्भ में करता है। फिलिप्स लिखते हैं कि "किसी व्यक्ति के सम्बंध में यह कहना कि 'वह धन के लिए अपनी आत्मा बेच देगा' एक पूर्णत: स्वाभाविक कथन है। यह मानव स्वभाव के द्वैत के बारे में किसी दार्शनिक सिद्धांत को इंगित नहीं करता है। यह कथन एक व्यक्ति के विषय में नैतिक कथन है जो उसकी पथ-भ्रष्ट अवस्था को व्यक्त करता है जिसमें वह व्यक्ति है। इस संदर्भ में मनुष्य की आत्मा अपनी निष्ठा अथवा ईमानदारी और उसके अभ्यासों तथा विश्वासों की जटिल अवस्था की ओर संकेत करती है। क्या आत्मा की अमरता के बारे में बात करना इसके समान भूमिका नहीं हो सकती है?" ["To say of someone 'He'd sell his soul for money' is a perfectly natural remark. It in no way entails any philosophical theory about a duality in human nature. The remark is a moral observation about a person, one which expresses the degraded state that a person is in. A man's soul, in this context, refers to his integrity, to the complex set of practices and beliefs which acting with integrity would cover for that person. Might not talk about immortality of the soul play a similar role?" *Ibid.*, p. 43.]। स्पष्टत: फिलिप्स के अनुसार आत्मा कोई अभौतिक सत्ता नहीं है बल्कि इसका सम्बंध नैतिक अथवा धार्मिक निर्णयों से ही है जो विशेषत: मनुष्य के आचरण से सम्बंधित है। इस प्रकार फिलिप्स आत्मा की अमरता को चरित्र के रूप में ही सिद्ध करते हैं।

समीक्षा (Conclusion)..

कुछ दार्शनिकों ने आत्मा के अमरत्व की अवधारणा को पूर्णतया निरर्थक माना है, यथा - भारतीय परम्परा में चार्वाक आत्मा की शाश्वतता का खण्डन करते हैं। उनके अनुसार चेतना आत्मा का धर्म नहीं है, बल्कि वह शरीर का अनिवार्य धर्म है। अत: चेतना से विशिष्ट शरीर ही आत्मा है (चैतन्य विशिष्ट: काय: पुरुष:)। स्पष्टत: चार्वाक दर्शन में जीवित शरीर को ही आत्मा कहा गया है। अस्तु, मरणोपरांत आत्मा जैसी कोई शाश्वत् सत्ता अवशिष्ट नहीं रहती बल्कि शरीर के साथ-साथ आत्मा भी विनष्ट हो जाती है। प्रश्न उठता है कि जब आत्मा शाश्वत् नहीं है तो आत्मा का प्रादुर्भाव किस प्रकार होता है? इसके उत्तर में चार्वाक दार्शनिक कहते हैं कि शरीर के साथ-साथ आत्मा का भी आविर्भाव होता है। इसके लिए वे कुछ दृष्टांतों का सहारा लेते हैं। उनके अनुसार जिस प्रकार पान का पत्ता, चूना, खैर, सुपाड़ी आदि के मिलने से लाल रंग का आविर्भाव होता है (ताम्बूलपूगचूर्णानां योगाद् राग इवोत्थितम्) या जिस प्रकार किण्वादि से, जैसे - अंगूर आदि में विकार उत्पन्न करके उसमें मादकता उत्पन्न की जाती है (किण्वादिभ्यो मदशक्तिवद्विज्ञानम्), उसी प्रकार पृथ्वी, जल, तेज और वायु इन चार तत्वों के विविध अनुपात में मिलने से चेतना का प्रादुर्भाव होता है। इसी कारण चार्वाक दार्शनिक मानते हैं कि आत्मा कोई शाश्वत् सत्ता नहीं है, बल्कि यह चार भूतों का संघात मात्र है जो शरीर के साथ ही उत्पन्न होता है तथा उसी के साथ विनष्ट हो जाता है। अपनी इसी मान्यता के आधार पर वे तर्क करते हैं कि जब तक जीना है सुख से जियो और यदि धनाभाव हो तो ऋण लेकर भी घी पीना चाहिए, क्योंकि इस देह के भस्मीभूत हो जाने के उपरांत कुछ भी अवशिष्ट नहीं रह जाता है।

"यावज्जीवेत् सुखं जीवेद् ऋणं कृत्वा घृतं पिबेत्।
भस्मीभूतस्य देहस्य पुनरागमनं कुत:?॥"

पुनश्च, चार्वाक यह भी कहते हैं कि यदि आत्मा अमर है तो हमें पूर्व जन्म की बातें याद क्यों नहीं आती हैं? ग्रीक दार्शनिक ल्युक्रिटस भी कहते हैं कि 'यदि आत्मा शाश्वत् है तो हमें पूर्व जीवन की बातें याद आनी चाहिए'। अपरंच, चार्वाक कहते हैं कि यदि आत्मा जैसी कोई शाश्वत् सत्ता है तो हमें उसका प्रत्यक्ष अनुभव क्यों नहीं होता है? इन्हीं तर्कों के आधार पर वे आत्मा की शाश्वतता का खण्डन करके उसके सम्बंध में एक भौतिकवादी व्याख्या प्रस्तुत करते हैं जहाँ आत्मा शरीर से पृथक् सत्ता नहीं है बल्कि सब कुछ जड़ता की ही अभिव्यक्ति है।

स्पष्टत: चार्वाक आत्मा की शाश्वतता का खण्डन प्रमुखत: दो आधारों पर करते हैं: (1) तत्वमीमांसीय आधार (Metaphysical ground) तथा (2) ज्ञानमीमांसीय आधार

(Epistemological ground)। तत्वमीमांसीय आधार पर वे आत्मा को चार तत्वों का संघात कहकर उसकी शाश्वतता का खण्डन करते हैं, क्योंकि यदि आत्मा संघात है तो संघात स्थायी नहीं हो सकता है। इसी प्रकार ज्ञानमीमांसीय आधार पर भी वे आत्मा का खण्डन करते हुए कहते हैं कि क्योंकि आत्मा प्रत्यक्ष का विषय नहीं है, अस्तु, आत्मा की सत्ता नहीं हो सकती है। उल्लेखनीय है कि चार्वाक प्रत्यक्ष को ही एक मात्र वैध प्रमाण के रूप में मानते हैं।

बौद्ध दर्शन में भी आत्मा की शाश्वतता का खण्डन किया गया है। बौद्ध दर्शन की त्रिसूत्री शिक्षा यह है कि 'सर्वं अनित्यं, सर्वं अनात्मं, निर्वाणम् शान्तं' अर्थात् सब कुछ अनित्य है, सब कुछ अनात्म है और निर्वाण में ही शांति है। जब बौद्ध कहते हैं कि सब कुछ अनित्य है तो ऐसा कहकर वे केवल जगत को ही अनित्य नहीं बताते हैं बल्कि उनके अनुसार तथाकथित आत्मा भी जिसे गीता में अजर, अमर एवं अविनाशी कहा गया है वह भी सतत् परिवर्तनशील ही है। इस प्रकार इस अनित्य शरीर में कोई नित्य आत्मा नहीं है जो हमारे कर्मों की संवाहक हो तथा जो इस जन्म के पूर्व और मृत्यु के पश्चात् भी विद्यमान रहे। उनके अनुसार आत्मा नाम-रूप का संघात मात्र है, जहाँ नाम का अर्थ है मानसिक (Mental) तथा रूप का अर्थ है भौतिक (Physical)। इसी नाम-रूप के संघात को वे पंच-स्कन्ध कहते हैं जिसका अर्थ है कि आत्मा पांच तत्वों का संघात है, यथा - रूप, वेदना, संज्ञा, संस्कार एवं विज्ञान (The so called soul is the combination of five fleeting elements: Body Sensation, Perception, Impression and Consiousness.)। बौद्ध मानते हैं कि इन पाँचों में से न तो कोई एक आत्मा है और न ही इन पाँचों से पृथक् कोई अन्य आत्मा है। जो कुछ भी है वह इन्हीं पंच तत्वों का संघात है, परन्तु यह संघात भी सतत् परिवर्तनशील है। यही बौद्ध का संघातवाद सिद्धांत है। इस प्रकार बौद्ध दर्शन में आत्मा के सम्बंध में मूलतः दो सिद्धांत प्रचलित हैं: पहला, अनात्मवाद (No-soul theory) तथा दूसरा, संघातवाद (Theory of aggregation)। अनात्मवाद एक निषेधात्मक सिद्धांत है जिसके अंतर्गत बौद्ध आत्मा की शाश्वतता का खण्डन करते हैं जबकि संघातवाद एक भावात्मक सिद्धांत है जिसके अंतर्गत वे उसे 'पंच-तत्वों का संघात' कहते हैं और यह संघात भी सतत् परिवर्तनशील है। इस प्रकार बौद्ध दर्शन में भी आत्मा को ही नित्य माना गया है, यद्यपि यह नित्यता अद्वैत वेदांत की 'कूटस्थ नित्यता' न होकर 'प्रवाही नित्यता' है, जिसे 'तरल आत्मा' (Liquid soul) कहा जा सकता है।

उल्लेखनीय है कि यद्यपि बौद्ध आत्मा की शाश्वतता को नहीं मानते हैं तथापि वे पुनर्जन्म सिद्धांत में विश्वास करते हैं। समस्या यह है कि यदि बौद्ध आत्मा की शाश्वतता को नहीं मानते हैं तो वे पुनर्जन्म सिद्धांत को कैसे स्वीकार कर सकते हैं? पॉल डायसन के अनुसार पुनर्जन्म सिद्धांत के लिए प्रत्येक स्थिति में आत्मा का शाश्वत् होना आवश्यक है जिसका बौद्धों ने असंगतिपूर्वक खण्डन किया है। प्रत्युत्तर में बौद्धों का कहना है कि यदि कर्त्ता के बिना कर्म हो सकता है तो आत्मा के बिना पुनर्जन्म क्यों नहीं हो सकता है (If action without agent is possible then why not transmigration is possible without transmigrated soul.)। स्पष्टतः यहाँ पर बौद्ध दर्शन में किसी परम्परागत अर्थ में पुनर्जन्म को न मानकर प्रतिक्षण पुनर्जन्म को माना गया है। यद्यपि जो आत्मा मृत हो जाती है वह पुनर्जीवित नहीं होती है, परन्तु उसके स्थान पर उसी के संस्कार वाली दूसरी आत्मा चली आती है और यह प्रक्रिया सतत् चलती रहती है। इस दृष्टि

से राईज डेविड्ज का यह कहना ठीक ही है कि "बौद्ध दर्शन के अनुसार पुनर्जन्म आत्मा का न होकर चरित्र का होता है।" ("There is no migration of a soul, but there is migration of the character.")।

डेमोक्रेटस, एपीक्यूरियस, ल्युसिपस आदि पाश्चात्य दार्शनिकों ने भी आत्मा की अमरता का खण्डन किया है। ये अपने परमाणुवादी सिद्धांत के आधार पर आत्मा की अमरता का निषेध करते हैं। इनके अनुसार जिस प्रकार शरीर परमाणुओं से बना है उसी प्रकार आत्मा भी परमाणुओं की संरचना है। अत: जब व्यक्ति मरता है तो शरीर के साथ-ही-साथ उसकी आत्मा के परमाणु भी विस्तीर्ण हो जाते हैं। ऐसी स्थिति में आत्मा जैसी कोई भी शाश्वत् सत्ता अवशिष्ट नहीं रह जाती है। इसी दृष्टि से एपीक्यूरियस लिखते हैं कि अब तक मनुष्य को दो ही प्रकार के भय अधिक परेशान किए हुए हैं: (1) मृत्यु का भय तथा (2) ईश्वर द्वारा दण्डित किया जाने का भय। एपीक्यूरियस के अनुसार व्यक्ति को मृत्यु से नहीं डरना चाहिए, क्योंकि जब तक वह जीवित है मर नहीं सकता है और जब वह मर ही जायेगा तो उसे उसकी अनुभूति ही नहीं होगी "अत: मृत्यु जो बुरी चीजों में सर्वाधिक डरावनी है, वह हमारे लिए कुछ भी नहीं है; जब हम जीवित हैं, तब मृत्यु नहीं है, और जब मृत्यु है तब हम नहीं हैं।" ["So death, the most frightening of bad things, is nothing to us; since when we exist, death is not yet present, and when death is present, then we do not exist." Oates, J. Whitney (1940): The Stoic and Epicurean Philosophers (Ed.), *Epicurus to Menoeceus*, Random House, New York, p. 31.]। इस प्रकार एपीक्यूरियस आत्मा की शाश्वतता का खण्डन करते हैं।

आधुनिक दार्शनिक डेविड ह्यूम भी आत्मा की शाश्वतता का खण्डन करते हैं। सामान्यत: आत्मा को एक शाश्वत् सत्ता के रूप में माना जाता है, जो हमारे कर्मों की वाहक है तथा जो इस जन्म के पूर्व एवं मृत्यु के पश्चात् भी विद्यमान रहती है, परन्तु ह्यूम के अनुसार जिस प्रकार बाह्य जगत बाह्य संस्कारों का समूह है उसी प्रकार आत्मा भी आंतरिक संस्कारों का समूह मात्र है। इस प्रकार इस अनित्य शरीर में कोई ऐसी नित्य आत्मा नहीं है जो इस जन्म के पूर्व एवं मृत्यु के पश्चात् भी विद्यमान रहे। यदि ऐसी कोई नित्य आत्मा है तो उसका हमें प्रत्यक्ष क्यों नहीं होता है? वे लिखते हैं कि 'मैं जब-जब अपनी आत्मा को खोजने अपने अंदर चलता हूँ तो मेरी टकराहट कुछ विशिष्ट संवेदनाओं से होती है, यथा - सुख-दु:ख, प्रेम-घृणा, हर्ष-विषाद आदि और उन्हीं संवेदनाओं से टकराकर मैं वापस चला आता हूँ। जब इनके मूल में जाकर कोई ईकाई खोजने का प्रयास करता हूँ तो वह ईकाई प्राप्त नहीं होती है।' यही नहीं, प्रगाढ़ निद्रा की अवस्था में तथा मृत्यु की अवस्था में ये संवेदन भी क्रमश: कुछ काल के लिए तथा सदा-सर्वदा के लिए समाप्त हो जाते हैं। ऐसी स्थिति में मुझे असत् बनाने के लिए अन्य किसी चीज की आवश्यकता नहीं रह जाती है। उनके अनुसार "मन विभिन्न प्रत्यक्षों के समूह के अतिरिक्त कुछ भी नहीं है, जो एक अचिन्त्य तेजी तथा निरन्तर प्रवाह एवं गति के साथ एक-दूसरे के उपरांत आते हैं।" ["They (mind) are nothing but a bundle or collection of different perceptions, which succeed each other with an inconceivable rapidity, and are in a perpetual flux and movement., Hume, David (1965): *A Treatise of Human Nature*, Clarendon Press, Oxford, p. 252.]। इस प्रकार ह्यूम आत्मा की शाश्वतता का खण्डन करते हैं।

इसी प्रकार एक ओर जे० एस० मिल आत्मा को मानसिक अवस्थाओं की शृंखला (Series of mental states) कहते हैं तो दूसरी ओर विलियम जेम्स के अनुसार वह चेतना का अबाधित प्रवाह है। (A soul is unbroken stream of consciousness.)। यहाँ पर जेम्स एवं ह्यूम में वैषम्य यह है कि जहाँ ह्यूम मानते हैं कि प्रत्येक संस्कार एक-दूसरे से पृथक्-पृथक् हैं जो साहचर्य नियम (Law of Association) के आधार पर एक-दूसरे से सम्बंधित होते हैं वहीं जेम्स मानते हैं कि आत्मा पृथक्-पृथक् संस्कारों का समूह नहीं बल्कि चेतना का अबाधित प्रवाह है। अस्तु, जेम्स लिखते हैं कि परिवर्तनशील विचार ही विचारक है। (The passing thought itself is the only thinker.)। बी० रसेल भी आत्मा को 'तार्किक गल्प' (Logical Fiction) की संज्ञा देते हैं। उसके अनुसार 'मैं' का प्रयोग केवल व्याकरणिक दृष्टि से ही उपयुक्त है। तार्किक प्रत्यक्षवादी दार्शनिक ए० जे० एयर भी आत्मा को प्रवाह रूप मानते हैं। स्पष्टत: ये दार्शनिक अमरत्व की अवधारणा में विश्वास नहीं करते हैं। इनके अनुसार आत्मा कोई शाश्वत् सत्ता नहीं है बल्कि वह चेतना का प्रवाह मात्र है।

भाषायी दार्शनिकों ने भी भाषा विश्लेषण के आधार पर आत्मा की अमरता का खण्डन किया है। इनमें पी० टी० गीच एवं एन्टोनी फ्ल्यू का महत्त्वपूर्ण स्थान है। इनके अनुसार अमरत्व की अवधारणा परस्पर व्याघाती है। एक ओर यह कहना कि 'वह मर गया' और दूसरी ओर यह भी कहना कि 'वह बच गया', ये दोनों ही परस्पर विरोधी कथन हैं। यदि कोई व्यक्ति वास्तविक रूप में मर गया तो फिर वह बच कैसे सकता है? इस प्रकार तार्किक दृष्टि से ये बातें वैसे ही हैं जैसे किसी कुँवारी लड़की से यह कहना कि 'तुम कुँवारी पत्नी हो'। वास्तव में, जो कुँवारी है वह पत्नी नहीं हो सकती है और जो पत्नी है वह कुँवारी नहीं हो सकती है। इसी प्रकार यह कहना कि 'यह एक वृत्ताकार त्रिभुज है'। यथार्थत: जो वृत्त है वह त्रिभुज नहीं हो सकता है तथा जो त्रिभुज है वह वृत्त नहीं हो सकता है। इसी प्रकार यदि कोई व्यक्ति वास्तव में 'मर गया' तो हम उसके लिए सार्थक रूप में यह नहीं कह सकते हैं कि वह 'बच गया'।

इसी दृष्टि से गीच लिखते हैं कि "अमरता सम्बंधी प्रश्न उत्पन्न नहीं हो सकता है जब तक मनुष्य शारीरिक मृत्यु के बाद भी जीवित नहीं रहता है; और जैसा कि हम देखेंगे, मृत्यु के पश्चात् जीवन में भी गम्भीर कठिनाईयाँ हैं।" ["The question of immortality cannot even arise unless men do survive bodily death; and, as we shall see, there are formidable difficulties even about survival." Geach, Peter (1969): *God and the Soul*, Rouledge and Kegan Paul, Chapter 2, Immortality, Edited in Edward, Paul (1997): *Immortality*, Prometheus Books, New York, p. 225.]। वस्तुत: "शरीर रहित मानव आत्मा की सम्भावना एक मृत मनुष्य की पुन: मनुष्य के रूप में जीवित होने की सम्भावना के साथ खड़ी होती एवं गिरती है।" ("The possibility of disembodied human souls stood or fell with the *possibility* of a dead man's living again *as a man*." *Ibid.*, p. 230.)।

इसी प्रकार एन्टोनी फ्ल्यू भी अमरता की अवधारणा को अस्वीकार करते हुए कहते हैं कि शारीरिक मृत्यु के बाद भी भविष्य जीवन की सम्भावना को मानना वैसे ही है जैसे कि "कोई राष्ट्र उसके सम्पूर्ण सदस्यों के विनष्ट होने के बाद भी जीवित रहे।" ["A nation might outlast the annihilation of all its members." Flew, Antony & MacIntyre, A. (1972): *New Essays in Philosophical Theology*, SCM Press Ltd., London, p. 267.])। पुनश्च, उनके अनुसार "यह स्वीकार करना आत्म-विरोधी है कि हम भौतिक विघटन के बाद भी जीवित हैं, यह इस तथ्य की उपेक्षा करती है कि व्यक्ति शब्द का अर्थ क्या वही है जो वे समझते हैं। शब्द जैसे - 'तुम', 'मैं', 'व्यक्ति', 'कोई व्यक्ति', 'फ्ल्यू', 'महिला',...ये सभी एक अथवा दूसरे तरह से ऐसी वस्तु को निर्दिष्ट करते हैं, जिसे आप निर्दिष्ट कर सकते, छू, सुन, देख और बात भी कर सकते हैं। व्यक्ति शब्द लोगों को निर्दिष्ट करता है और कैसे कुछ विषयों जैसे लोग भौतिक शरीर के मृत्यु के पश्चात भी जीवित रह सकते हैं?" ("It is self-contradictory to suppose we shall live after physical dissolution, consists in the neglected fact that person words mean what they do mean. Words like 'you', 'I', 'person', 'somebody', 'Flew', 'woman'… are all used to refer in one way or another to objects which you can point at, touch, hear, see and talk to. Person words refer to people. And how can such objects as people survive physical dissolution?" *Ibid.*, p. 269.)। इस प्रकार इन दार्शनिकों ने भाषा विश्लेषण के आधार पर आत्मा की अमरता का खण्डन किया है। यदि पी० टी० गीच एवं एन्टोनी फ्ल्यू के मतों पर सूक्ष्मतापूर्वक विचार किया जाय तो यह कहा जा सकता है कि यद्यपि यह सत्य है कि 'मरना' एवं 'बचना' दोनों ही परस्पर विरोधी हैं, परन्तु गीच एवं फ्ल्यू की भूल यह है कि वे इन शब्दों का केवल शाब्दिक अर्थ (Literal meaning) ही लेते हैं, जबकि इन शब्दों का प्रयोग दो भिन्न संदर्भों (Contexual meaning) में हुआ है। यहाँ पर मरने का अर्थ है शारीरिक रूप से मरना जबकि बचने का अर्थ है आत्मिक रूप से बचना। जब कोई भी व्यक्ति मरता है तो निश्चित रूप से उसके शरीर का अंत हो जाता है, परन्तु उसका आत्म-चेतना से परिपूर्ण व्यक्तित्व बना रहता है, क्योंकि आत्मा कोई भौतिक सत्ता न होकर एक चेतन सत्ता है, साथ ही वह निरवयव भी है। अत: आत्मा उत्पत्ति एवं विनाश से रहित है। इस प्रकार मरने एवं बचने में कोई आत्म-विरोध नहीं है। यदि इन दोनों पक्षों पर विचार किया जाय तो कहा जा सकता है इनमें कोई विरोध नहीं है।

अमरत्व सम्बंधी भ्रांतियों का निराकरण (Elimination of Misconceptions Related to Immortality)

वेद प्रकाश वर्मा अपनी पुस्तक "धर्म दर्शन की मूल समस्याएँ" (1995) में आत्मा के अमरत्व पर आक्षेप करते हुए लिखते हैं कि "क्या आत्मा की अमरता से सम्बंधित विश्वास के विषय में धर्म परायण व्यक्तियों का उपर्युक्त मत दार्शनिक दृष्टि से उचित एवं युक्तिसंगत है। मेरे विचार में इस प्रश्न का तर्क संगत उत्तर केवल नकारात्मक ही हो सकता है कि किसी भी विचार अथवा विश्वास को केवल इसलिए सत्य और प्रामाणिक नहीं माना जा सकता है कि वह हमें संतोष एवं आनन्द प्रदान करता है। दार्शनिक केवल उसी विचार, विश्वास, सिद्धांत या मान्यता को स्वीकार करता है, जिसके समर्थन में पर्याप्त विश्वसनीय प्रमाण उपलब्ध हों। ... कुछ दार्शनिकों ने आत्मा की सत्ता और अमरता को सिद्ध करने के लिए जो तर्क दिये हैं, वे दोषपूर्ण होने के कारण विश्वसनीय नहीं हैं। ये दार्शनिक हमें यह नहीं बताते हैं कि आत्मा का ठीक-ठीक स्वरूप क्या है। आत्मा को

शरीर तथा मन से भिन्न और अभौतिक द्रव्य कह देने मात्र से उसका वास्तविक स्वरूप स्पष्ट नहीं होता है। इस प्रकार आत्मा के स्वरूप के विषय में इन दार्शनिकों का मत बहुत अस्पष्ट एवं अनिश्चित है। ऐसी स्थिति में आत्मा की अमरता से सम्बंधित विश्वास को स्वीकार करने के लिए हमारे पास कोई तर्कसंगत आधार नहीं रह जाता है।" (पृ० 343)

प्रो० वर्मा लिखते हैं कि 'दार्शनिक केवल उसी विचार, विश्वास, सिद्धांत या मान्यता को स्वीकार करते हैं, जिसके समर्थन में पर्याप्त विश्वसनीय प्रमाण उपलब्ध हों।' समस्या यह है कि यदि किसी चीज को सिद्ध करने के लिए उसके समर्थन में प्रमाण चाहिए तो प्रश्न उठता है कि प्रमाण की प्रामाणिकता का निर्धारण कैसे होगा? कोई भी प्रमाण स्वतः प्रामाणिक नहीं हो सकता है और यदि प्रमाण को परतः अर्थात् बाह्य माना जाय तो और भी विकट समस्या आ जाती है, क्योंकि फिर उस प्रमाण की प्रामाणिकता के लिए किसी अन्य प्रमाण को मानना पड़ेगा, फिर उसकी प्रामाणिकता के लिए तीसरे प्रमाण को और इस प्रकार अंततः अनवस्था दोष आयेगा। प्रमाण की सिद्धि प्रमेय से भी नहीं हो सकती है, क्योंकि प्रमेय स्वयं अपनी सिद्धि के लिए प्रमाण पर निर्भर है। यदि हम दोनों को एक-दूसरे पर आधारित कर दें अर्थात् प्रमाण की सिद्धि के लिए प्रमेय तथा प्रमेय की सिद्धि के लिए प्रमाण को आधार मानें तो चक्रक दोष आ जायेगा। इस प्रकार प्रमाण की प्रामाणिकता स्वतः संदिग्ध है।

पुनश्च, प्रमाण के साथ एक समस्या यह भी है कि प्रमाण, प्रमेय सापेक्ष होता है और प्रमेय सीमित होता है, जबकि आत्मा तो प्रमाता या ज्ञाता है साथ ही असीमित भी है। अस्तु, जो ज्ञाता है वह ज्ञान का विषय कैसे हो सकता है? बृहदारण्यक उपनिषद् (2/4/14) में ऋषि याज्ञवल्क्य लिखते हैं कि 'विज्ञातारम् अरे! केन विजानीयात्' अर्थात् अरे! जो सबको जानने वाला है उसे कैसे जाना जा सकता है? पुनः वे लिखते हैं कि 'आत्मा को जानने वालों को शिरोच्छेद के लिए तैयार रहना चाहिए' (मूर्धान्ते पतिश्यन्ति)। इसी प्रकार शंकरोत्तर अद्वैत वेदान्ती श्री सुरेश्वराचार्य, 'नैष्कर्म्यसिद्धि' (2/37) में लिखते हैं कि 'यतो राद्धिः प्रमाणानां स कथं तैः प्रसिध्यति' अर्थात् जिससे प्रमाणों की सिद्धि होती है उसे किस प्रमाण से सिद्ध किया जा सकता है? इस प्रकार आत्मा की सत्ता को सिद्ध करने के लिए प्रमाण की बात करना सुसंगत प्रतीत नहीं होता है।

पुनश्च, प्रो० वर्मा ह्यूम की ही भाँति आत्मा के पक्ष में प्रमाण की बात करते हैं। उनके अनुसार क्योंकि आत्मा का ज्ञान प्रत्यक्ष के द्वारा सम्भव नहीं है, अतः यही कहना उचित होगा कि आत्मा की सत्ता नहीं है। इस पर आक्षेप करते हुए काण्ट "*Critique of Pure Reason*" में लिखते हैं कि जब ह्यूम इन्द्रियानुभव के द्वारा आत्मा को पकड़ने में असमर्थ रहता है तो इससे यह सिद्ध नहीं होता है कि आत्मा का अस्तित्व नहीं है बल्कि इससे तो केवल यह सिद्ध होता है कि आत्मा अनुभव से परे है। वास्तव में आत्मा तो एक अतीन्द्रिय सत्ता है और जो अतीन्द्रिय है वह अनुभव का विषय कैसे हो सकता है? पुनश्च, काण्ट के अनुसार जब ह्यूम आत्मा को इन्द्रियानुभव के द्वारा जानने का प्रयास करते हैं तो वह आत्मा को एक विषय (Object) बना देते हैं, परन्तु आत्मा तो विषयी (Subject) है और जो विषयी है वह विषय कैसे हो सकती है? इसी कारण ए० सी० मुखर्जी अपनी पुस्तक "*Self Thought and Reality*" (1970) में लिखते हैं कि आत्मा अतीन्द्रिय होने के कारण अनुभव का विषय नहीं हो सकता है। अतः जब हम उसे बलात् अनुभव

का विषय बनाने का प्रयास करते हैं तो उसमें एक दोष उत्पन्न हो जाता है जिसे वे 'अतीन्द्रिय विस्थापन का दोष' (The fallacy of transcendental dislocation) कहते हैं। [Muckerji, A.C. (1970): *Self Thought and Reality*, The Indian Press, Allahabad, p. 304.]। इस प्रकार आत्मा को अनुभव का विषय बनाने का प्रयास दोषपूर्ण है। अब यदि आत्मा अनुभव का विषय नहीं हो सकता है तो उसके लिए प्रमाण की बात करना व्यर्थ ही है।

इसी प्रकार तर्क या प्रमाण की गति तो केवल भौतिक वस्तुओं या ऐन्द्रिक सत्ताओं तक ही सीमित है, जबकि आत्मा तो एक अभौतिक तथा अतीन्द्रिय सत्ता है। अस्तु, जो प्रमाण भौतिक वस्तुओं के लिए हो सकता है वही प्रमाण अभौतिक सत्ताओं के लिए कैसे हो सकता है? श्री अरविन्द अपनी महत्त्वपूर्ण पुस्तक "*Life Divine*" में लिखते हैं कि आत्मा निचले गोलार्ध (Lower Hemisphere) की सत्ता न होकर ऊपरी गोलार्ध (Upper Hemisphere) की सत्ता है। उनके अनुसार निचले गोलार्ध की सत्ता का ज्ञान तो मन एवं बुद्धि के द्वारा सम्भव है, जबकि ऊपरी गोलार्ध की सत्ता का ज्ञान तो केवल अति-मन (Super-mind) के द्वारा ही सम्भव है। इसी अति-मन को उपनिषद् में 'ऋतम्भरा प्रज्ञा' कहा गया है। अतः आत्मा के लिए प्रमाण की बात करना निरर्थक ही है।

पुनश्च, प्रो० वर्मा का कहना है कि कुछ दार्शनिकों ने आत्मा की सत्ता और उसकी अमरता को सिद्ध करने के लिए जो तर्क दिये हैं वे दोषपूर्ण होने के कारण विश्वसनीय नहीं हैं। समस्या यह है कि आत्मा तो असीमित एवं अनन्त है उसे सीमित तर्क से कैसे व्यक्त किया जा सकता है। श्री अरविन्द लिखते हैं कि अनन्तता को जानने के लिए 'अनन्तता का तर्क' भी होना चाहिए। यदि आत्मा तर्क एवं बुद्धि से अगम्य है, जैसा कि उपनिषद् कहती है कि 'नैषा तर्केण मतिरापनेया।' कठोपनिषद् - 1/2/9 या 'यतो वाचो निवर्तन्ते अप्राप्य मनसा सह।' तैत्तिरीय उपनिषद् - 2/9/1, तो उसके लिए जो भी सीमित तर्क दिया जायेगा वह निश्चित रूप से विश्वसनीय नहीं हो सकता है। इसी को स्पष्ट करते हुए श्री अरविन्द लिखते हैं कि "वह सत्ता बौद्धिक समझ के द्वारा नहीं बल्कि हमारी चेतना के यथार्थतः आध्यात्मिक अनुभव के रूप में, आध्यात्मिक अंतर्बोध के द्वारा अपरोक्षतः जानी जा सकती है, परन्तु वह एक विनम्र विचार एवं व्यापक अवधारणा के द्वारा ही जानी जा सकती है तथा विनम्र भाषा के द्वारा अभिव्यक्त हो सकती है जो किसी कठोर परिभाषा पर बल नहीं देती है अथवा जो विचार की सूक्ष्मता और विस्तार को सीमित नहीं करती है।" ["In themselves they are seized directly, not by intellectual understanding but by a spiritual intuition, a spiritual experience in the very substance of our consciousness; but they can also be caught at in conception by a large and plastic idea and can be expressed in some sort by a plastic speech which does not insist too much on rigid definition or limit the wideness and subtlety of the idea". Sri Aurobindo (1990): *The Life Divine*, Book 2, Sri Aurobindo Ashram Press, Pondichery, p. 339.]। अंततः वे लिखते हैं कि "प्रज्ञा को भी सीमित तर्कशास्त्र की सीमाओं से परे जाने के लिए सहमति प्रदान करनी चाहिए और अपने आपको अनन्तता के तर्क लिए अभ्यास करना चाहिए। ... परन्तु यदि हम सीमित तर्क को असीमित के ऊपर आरोपित करते हैं तो सर्वव्यापी सत्ता हम से पलायन कर जायेगी।" ("...the intellect must consent to pass out of the bounds of a finite logic and accustom itself to the logic of the Infinite... but if we insist on applying a finite logic to the infinite, the omnipresent Reality will escape us ...", *Ibid.*, p. 339.)। इस दृष्टि से प्रो० वर्मा का यह कथन सत्य ही प्रतीत होता है कि 'आत्मा की सत्ता और उसकी अमरता को सिद्ध करने के लिए जो तर्क दिये हैं वे दोषपूर्ण होने के कारण विश्वसनीय नहीं हैं।'

इसी प्रकार प्रो० वर्मा लिखते हैं कि कुछ धर्म परायण विचारक यह कह सकते हैं कि आत्मा की अमरता के विरुद्ध भी निश्चित प्रमाण नहीं है। अत: आत्मा की अमरता को स्वीकार कर लेना चाहिए। प्रो० वर्मा के शब्दों में "परन्तु कुछ धर्म परायण विचारक यह कह सकते हैं कि आत्मा की अमरता के विरुद्ध भी कोई निश्चित प्रमाण नहीं है। मेरे विचार में इसका उत्तर यह है कि किसी विश्वास के विरुद्ध प्रमाणों का अभाव उसे सत्य प्रमाणित नहीं करता है। यदि यह मान भी लिया जाय कि आत्मा की अमरता से सम्बंधित विश्वास के विरुद्ध कोई प्रमाण नहीं है तो भी इससे यह विश्वास सत्य सिद्ध नहीं हो जाता। किसी विश्वास, विचार या सिद्धांत को सत्य प्रमाणित करने के लिए उसके समर्थन में विश्वसनीय प्रमाण देना आवश्यक है, उसके विरुद्ध प्रमाणों के अभाव में सिद्ध करना नहीं।" (पृ० 343–44)। ऐसा प्रतीत होता है कि यह आक्षेप प्रो० वर्मा की मनगढ़ंत रचना है, क्योंकि कोई भी धर्म परायण विचारक यह नहीं कहता है कि आत्मा की अमरता के विरुद्ध कोई निश्चित प्रमाण नहीं है। अत: आत्मा की अमरता को मान लेना चाहिए। ऐसा तो कोई धर्म परायण कह ही नहीं सकता है। जो भी धर्म परायण हैं वे तो सदैव ही आत्मा की सत्ता को असंदिग्ध मानते हैं, क्योंकि उनके अनुसार आत्मा का निषेध करने में ही आत्मा का अस्तित्व सिद्ध हो जाता है ('य एव हि निराकर्त्ता तदेव तस्य स्वरूपम्' शारीरक भाष्य - 2/3/7)। रेने डेकार्ट भी कहते हैं कि यदि मैं सभी मान्यताओं पर संशय कर दूँ तो भी आत्मा पर संशय नहीं कर सकता हूँ, क्योंकि आत्मा पर संशय करने के लिए भी आत्मा का होना आवश्यक है। इसे ही वे एक सूत्र के रूप में प्रस्तुत करते हुए कहते हैं कि 'मैं सोचता हूँ अत: मैं हूँ' (Cogito Ergo Sum)।

पुनश्च, प्रो० वर्मा लिखते हैं कि आत्मा को मानने वाले यह बताने में असमर्थ रहते हैं कि 'आत्मा का ठीक-ठीक स्वरूप क्या है'। यद्यपि यह सत्य है कि आत्मा का वास्तविक स्वरूप क्या है इसको भाषा के द्वारा बताना सम्भव नहीं है, क्योंकि वह बुद्धि का क्षेत्र न होकर अनुभूति का क्षेत्र है। अत: जिस व्यक्ति को उसका अनुभव नहीं हुआ है उसे भाषा के माध्यम से ठीक-ठीक बताया नहीं जा सकता है, परन्तु जो कुछ भी बताया जा रहा है वह ठीक नहीं है, प्रो० वर्मा यह कैसे कह सकते हैं? किसी भी चीज की सत्यता एवं असत्यता को जानने के लिए उस स्तर का ज्ञान आवश्यक है। क्या प्रो० वर्मा को आत्मानुभूति हो गई है जिससे वे इस बात की परख कर सकें कि आत्मा के विषय में जो बताया जा रहा है वह ठीक नहीं है? प्रो० वर्मा भूल जाते हैं कि जिस प्रकार गणित की सत्यता एवं असत्यता की परख कोई गणितज्ञ कर सकता है या भौतिक विज्ञान के किसी सिद्धांत की परख कोई भौतिकशास्त्री ही कर सकता है, उसी प्रकार आत्मा का ठीक-ठीक स्वरूप क्या है इसकी परख तो कोई आत्म-द्रष्टा ही कर सकता है, सामान्य मनुष्य नहीं।

आत्मा की अमरता का व्यावहारिक धरातल पर समर्थन करते हुए डेविड एल्टन ट्रूब्लड लिखते हैं कि यदि यह मान लिया जाय कि मृत्यु के उपरांत जीवन का अन्त हो जाता है तो स्वयं

के नैतिक उत्थान, सामाजिक कल्याण तथा विश्व शान्ति के लिए किया गया समस्त प्रयास निरर्थक हो जायेगा। अस्तु, इनकी सार्थकता की व्याख्या करने के लिए आत्मा की अमरता को स्वीकार करना अनिवार्य है। इसी दृष्टि से ट्रूब्लड लिखते हैं कि "तब क्या अंतर पड़ता है कि हम इसके निषेधात्मक के साथ-साथ भावात्मक साक्ष्यों पर विचार करते हुए बौद्धिक रूप से ईमानदार होने के लिए प्रयास और हम अपने विश्व में न्यायपूर्ण शांति की स्थापना के लिए प्रयास करें।" ["What difference will it then make whether we now try to be intellectually honest, to face the negative evidence along with the positive, and whether we strive to make our world a scene of just peace?" Trueblood, D.E. (1957): *Philosophy of Religion*, Harper & Brothers, New York, p. 292.]। इस पर आक्षेप करते हुए प्रो० वर्मा लिखते हैं कि "मनुष्य के नैतिक जीवन, सामाजिक कल्याण तथा विश्व शान्ति के साथ आत्मा की अमरता का कोई सम्बंध नहीं है।" (पृ० 344)। प्रो० वर्मा का यह आक्षेप भी सुसंगत प्रतीत नहीं होता है कि 'नैतिकता का अमरता से कोई सम्बंध नहीं है।' यदि यथार्थत: नैतिकता का अमरता से कोई सम्बंध नहीं है तो इस समस्या का समाधान कैसे किया जा सकता है कि 'हम जीवन भर नैतिक क्यों बने रहें?' प्रो० वर्मा यह भूल जाते हैं कि नैतिकता ही हमें शाश्वत् जीवन की आशा प्रदान करती है। यदि मरणोपरांत सब कुछ विनष्ट ही हो जायेगा तो फिर जीवन भर नैतिक बने रहने का औचित्य ही समाप्त हो जाता है। एक ओर यह कहना कि आत्मा शाश्वत् नहीं है और दूसरी ओर यह भी कहना कि हमें नैतिकता का अनुपालन करना चाहिए। यहाँ पर कोई यह पूछ सकता है कि यदि कर्म-फल मिलना ही नहीं है तो हम नैतिकता का अनुपालन क्यों करें अर्थात् हम सदैव नैतिक क्यों बने रहें? इस प्रश्न के संतोषजनक समाधान के लिए हमें यह कहना पड़ेगा कि हम नैतिक इसलिए बने रहें, क्योंकि हमें अपने कर्मों का फल अवश्य ही भोगना पड़ेगा। यदि हम शुभ कर्म करते हैं तो इसका परिणाम एक न एक दिन शुभ ही होगा। यही भाव मनुष्य को जीवन भर नैतिक बनाये रखता है। अब यदि यह मान लिया जाय किसी भी कर्म का कोई परिणाम नहीं होता है तो फिर व्यक्ति नैतिकता का परित्याग करके स्वार्थपूर्ण कार्यों में लिप्त हो जाता है जिससे उसके जीवन में अधिकाधिक सुख की प्राप्ति हो? अस्तु, यह कहा जा सकता है कि आत्मा की अमरता एवं नैतिकता अवियोज्य रूप से एक-दूसरे से जुड़े हुए हैं।

प्रो० वर्मा का यह कहना भी निर्दोष नहीं है कि "प्रत्येक व्यक्ति यह भली-भाँति जानता है कि उसकी मृत्यु निश्चित है, किन्तु फिर भी वह स्वयं अपनी, अपने परिवार, समुदाय तथा राष्ट्र की उन्नति के लिए यथासम्भव प्रयास करता है।" (पृ० 344)। यद्यपि प्रो० वर्मा की बात सत्य है कि मृत्यु निश्चित है, परन्तु केवल यही सत्य नहीं है। यह तो केवल एक आंशिक सत्य है। इसके आगे भी सत्य है और वह यह है कि अगला जन्म भी होना है। मनुष्य मृत्यु की प्रत्याशा में नहीं बल्कि भावी जन्म के भय के कारण दुर्गुणों से बचकर सद्गुण का रास्ता अपनाता है। जब उसे यह पता चल जाय कि अगला जन्म नहीं होना है तो वह स्वयं अपनी, अपने परिवार की उन्नति के लिए यथासम्भव प्रयास करेगा, समुदाय तथा राष्ट्र की उन्नति के लिए नहीं? ऐसी स्थिति में प्रो० वर्मा ठीक ही कहते हैं ... "तब मानव समाज में न तो धर्म होता, न सदाचार, न आध्यात्मिकता होती और न नैतिकता, न दर्शन होता और न विज्ञान। तब मनुष्य भी पशुओं की भाँति वन-वन भटकता फिरता।" (पृ० 344)

अंततः प्रो० वर्मा कहते हैं कि आत्मा की अमरता में विश्वास एक प्रकार की 'आत्म-प्रवंचना' (Bad-faith) है। अतः व्यक्ति को अमरत्व की अपेक्षा मृत्यु की अनिवार्यता को स्वीकार करना चाहिए, क्योंकि अमरत्व की अवधारणा न तो हमारे जीवन में वास्तविक सम्बल प्रदान कर सकती है और न ही जीवन का मार्ग प्रशस्त कर सकती है। अतः सार्थक एवं मंगलमय जीवन का केवल एक ही उपाय है कि जीवन एवं मृत्यु से सम्बंधित सभी कठोर सत्यों को स्वीकार करते हुए स्वयं अपनी तथा समाज की उन्नति के लिए सतत् प्रयास करते रहना चाहिए। उन्हीं के शब्दों में "किसी मिथ्या विश्वास के आधार पर सम्पूर्ण जीवन व्यतीत करना केवल आत्म-प्रवंचना है, जो नैतिक दृष्टि से निन्दनीय है। आत्मा की अमरता से सम्बंधित इस मिथ्या विश्वास को स्वीकार करते हुए प्रवंचनापूर्ण जीवन व्यतीत करने की अपेक्षा मनुष्य के लिए यह कहीं अत्यधिक श्रेयस्कर होगा कि वह मृत्यु की अनिवार्यता के कठोर सत्य को स्वीकार करना सीखे और इसी के अनुरूप अपने वर्तमान जीवन को यथासम्भव सार्थक बनाने का प्रयास करे। यदि मानव इस कटु सत्य को जान ले कि उसका जीवन नश्वर है और उसके लिए अमरता की कोई सम्भावना नहीं है तो वह केवल आत्म-प्रवंचना से ही मुक्त नहीं होगा, अपितु अपने इसी जीवन को स्वयं अपने लिए तथा दूसरों के लिए सार्थक बनाने का प्रयास भी कर सकेगा।" (पृ० 344–45)। प्रो० वर्मा का यह मत भी निर्दोष नहीं है। वह यह भूल जाते हैं कि जिस आत्म-प्रवंचना की बात कर रहे हैं वे स्वयं भी उसी आत्म-प्रवंचना से ग्रस्त हैं।

स्पष्टतः जिन दार्शनिकों ने आत्मा के अमरत्व को स्वीकार किया है, उन्होंने उसे स्वीकार करने के लिए कुछ उपाय या साधन (Device) भी बताये हैं, परन्तु बिना उस साधन को अपनाये उन पर आत्म-प्रवंचना का आक्षेप यह सिद्ध करता है कि वे स्वयं भी उसी आत्म-प्रवंचना के दोष से युक्त हैं। यह सत्य है कि हमें जीवन की वास्तविक समस्याओं को सुलझाने का प्रयास करना चाहिए, परन्तु जीवन की वास्तविक समस्याओं को सुलझाने में अमरत्व की अवधारणा कहीं भी बाधक नहीं है बल्कि वह तो साधक ही है। व्यक्ति का सम्पूर्ण जीवन ही किसी न किसी नैतिक मान्यता पर आधृत है। अमरत्व की अवधारणा, नैतिकता की एक तार्किक प्रागपेक्षा (Logical pre-supposition) है। यदि हम नैतिकता की सुसंगत व्याख्या करना चाहते हैं तो अमरत्व की अवधारणा को स्वीकार करना ही पड़ेगा। नैतिकता का आधार कर्म-सिद्धांत है, परन्तु कर्म-सिद्धांत के लिए आत्मा के अमरत्व को स्वीकार करना अनिवार्य है। क्योंकि बिना आत्मा के अमरत्व के कर्म-सिद्धांत की सुसंगत व्याख्या नहीं हो सकती है। अस्तु, आत्मा के अमरत्व की अवधारणा का परित्याग का अर्थ है कर्म-सिद्धांत का परित्याग और कर्म-सिद्धांत के अभाव में जीवन जीने का कोई अर्थ नहीं रह जायेगा या यो कहें कि ऐसी स्थिति में मनुष्य एवं पशु के जीवन में कोई विभेद नहीं रह जायेगा, परन्तु मनुष्य कोई मशीन नहीं है जो केवल यांत्रिक नियमों से संचालित एवं नियंत्रित होता रहे बल्कि वह एक आध्यात्मिक पुरुष है जिसका सम्पूर्ण जीवन कर्म-सिद्धांत से ओत-प्रोत है। जब कर्म सिद्धांत ही खण्डित हो जायेगा तो मानव जीवन निःसार बन कर रह जायेगा। ऐसी परिस्थिति में मानव जीवन पशुवत् हो जायेगा? मानव एवं पशु के बीच एक बहुत बड़ा अंतर यह भी है कि मनुष्य को छोड़कर बाकी सभी योनियाँ केवल भोग योनियाँ ही हैं, जो पूर्वजन्म में किये गये कर्मों का केवल भोग करती हैं। मानव जीवन वह मंच (Platform) है जहाँ मनुष्य कर्म करके किसी भी स्तर पर जा सकता है। तभी तो गोस्वामी तुलसीदास जी ने कहा कि

("बड़े भाग मानुष तनु पावा। सुर दुर्लभ सब ग्रंथन्हि गावा॥" रामचरितमानस, उत्तरकाण्ड - 42/4) अर्थात् हम बड़े ही भाग्यशाली है कि हमें मानव शरीर मिला। देवता लोग भी मानव शरीर के लिए तरसते रहते हैं। उल्लेखनीय है कि देवताओं को भी मुक्ति के लिए मानव जीवन ग्रहण करना ही अपरिहार्य है, क्योंकि अन्य सभी योनियों में तो जीव केवल कर्मों का फल भोग करता है। शास्त्रों में मुख्यत: तीन प्रकार की योनियाँ बतायी गई हैं: (1) स्वर्गिक, (2) नारकीय एवं (3) मानवीय। यदि हमने अच्छा कर्म किया तो स्वर्ग मिलेगा। यदि बुरा कर्म किया तो नरक मिलेगा, परन्तु स्वर्ग एवं नरक दोनों ही भोग योनियाँ हैं। यदि उसे मोक्ष प्राप्त करना है तो मानव जीवन धारण करना ही पड़ेगा। जब हम इस समस्या का कोई सार्थक उत्तर खोजने का प्रयास करते हैं तो कहीं न कहीं से कर्म-सिद्धांत चला ही आता है और जब हम कर्म-सिद्धांत को मानते हैं तो आत्मा के अमरत्व की अवधारणा में विश्वास करना अपरिहार्य हो जाता है। इस प्रकार यह कहा जा सकता है कि आत्मा के अमरत्व की अवधारणा न तो कोई कपोल-कल्पित अवधारणा है और न ही आत्म-प्रवंचना पर आधृत है, बल्कि यह जीवन का एक कठोर सत्य है जिसके बिना व्यक्ति न तो सामान्य जीवन जी सकेगा और न ही वह समाज एवं राष्ट्र की सार्थकता एवं उन्नति के लिए अपेक्षित प्रयास कर सकेगा।

❖❖❖

मोक्ष एवं उसके मार्ग
(Salvation and Its Path)

अध्याय 11

- परिचय
- मोक्ष का स्वरूप
- मोक्ष के साधन/मार्ग
- ज्ञान मार्ग
- भक्ति मार्ग
- कर्म मार्ग
- योग मार्ग

परिचय (Introduction)

जहाँ तक मोक्ष एवं उसकी प्राप्ति के विभिन्न साधनों की बात है, इस समस्या पर पाश्चात्य दर्शन में उतना विचार नहीं किया गया है जितना कि भारतीय दर्शन में। भारतीय दर्शन तो एक प्रकार से मोक्षशास्त्र ही है, क्योंकि यहाँ के दार्शनिकों का परम लक्ष्य दु:खों से आत्यन्तिक निवृत्ति या सदा-सर्वदा के लिए मुक्ति दिलाना था। अस्तु, यहाँ पर तात्विक एवं ज्ञानमीमांसीय चिंतन की अपेक्षा दु:ख एवं उससे मुक्ति के साधनों पर ही अधिक बल दिया गया है। मोक्ष ही वह विषय है जो भारतीय दर्शन को पाश्चात्य दर्शन से असम्पृक्त करता है। पाश्चात्य दर्शन का आविर्भाव तो जैसा कि प्लेटो कहते हैं आश्चर्य से हुआ है (Philosophy begins in wonder)। मनुष्य जगत में रहता है, परन्तु उसका चिंतन केवल वहीं तक सीमित न होकर उससे जो परे है वहाँ तक जाता है। यहीं से 'फिलॉसफी' का आविर्भाव होता है। क्योंकि इसका आरम्भ चिंतन से होता है, अतः इसे 'बौद्धिक जिज्ञासा' (Intellectual curiosity) या 'मानसिक व्यायाम' (Mental exercise) भी कहते हैं। भारतीय दर्शन का आरम्भ आश्चर्य से न होकर 'दु:ख' (Suffering) से हुआ है। अतः यहाँ के दार्शनिकों का परम लक्ष्य व्यक्ति को दु:खों से सदा-सर्वदा के लिए मुक्ति दिलाना था। इस प्रकार जहाँ पाश्चात्य दर्शन मुख्यतः 'विचार प्रणाली' (Way of thinking) है वहीं

भारतीय दर्शन केवल विचार प्रणाली न होकर साक्षात् 'जीवन प्रणाली' (Way of life) है। हम अपने जीवन को किस प्रकार व्यवस्थित करें कि दु:खों से निजात मिल सके।

प्रश्न उठता है कि दु:खों का मूल कारण क्या है? प्राय: सभी भारतीय दार्शनिकों का कहना है कि दु:खों का मूल कारण अविद्या या अज्ञान है। परन्तु अविद्या का क्या कारण है? इस पर विभिन्न दर्शनिकों में मतैक्य नहीं है। मध्वाचार्य को छोड़कर, जिन्होंने ईश्वरीय अनुकम्पा को ही अविद्या का मूल कारण बताया है, सामान्यत: सभी दार्शनिकों ने अविद्या को अनादि माना है। जिस प्रकार जीव अनादि है उसी प्रकार अविद्या भी अनादि है तथा जीव एवं अविद्या का सम्बंध भी अनादि है। इसी अनादि अविद्या के फलस्वरूप जीव अहंकार एवं आसक्ति की भावना से युक्त हो जाता है। परिणामत: वह अपने आप को शुभ-अशुभ कर्मों का कर्ता तथा सुख एवं दु:ख का भोक्ता मान लेता है, यही बंधन है। इसके परिणामस्वरूप जीव अनेकानेक प्रकार के दु:खों का भोग करता है। उल्लेखनीय है कि जैन दर्शन में अविद्या के भी पाँच रूप माने गये हैं: (1) मिथ्यात्व (उचित-अनुचित का भेद न कर पाना); (2) अविरति (वैराग्य का अभाव); (3) प्रमाद (आलस्य); कषाय (क्रोध, मान, माया एवं लोभ) तथा योग (कर्म परमाणुओं का जीव से सम्बंधित होना)। इन पाँचों के कारण एक प्रकार का वातावरण तैयार हो जाता है जो जीव को बंधन में डाल देता है जिसे 'लेश्या' कहते हैं।

स्पष्टत: अविद्या के कारण ही जीव का बंधन होता है। विभिन्न दर्शनों में बंधन के भिन्न-भिन्न रूप माने गये हैं। जैन दर्शन के अनुसार बंधन दो प्रकार के होते हैं: (1) भाव बंध एवं (2) द्रव्य बंध। मन में बुरे विचारों का उठना भाव बंध है, जिसके परिणामस्वरूप जीव वास्तविक रूप में बंधन ग्रस्त हो जाते हैं उसे 'द्रव्य बंध' कहते हैं। पुनश्च, द्रव्य बंध भी चार प्रकार के होते हैं: (i) प्रकृति बंध (कर्म परमाणुओं के कारण जीव का स्वभाव नियत होना), (ii) प्रदेश बंध (कर्म जीव के कितने भाग को घेरते हैं), (iii) स्थिति बंध (कर्म-परमाणुओं का जीवन के साथ समय का नियत होना) एवं (iv) अनुभाग बंध (कर्म-परमाणुओं में फल देने की शक्ति का निश्चय करने वाला)।

इसी प्रकार सांख्य दर्शन में भी तीन प्रकार के बंधन माने गये हैं: (1) प्राकृतिक बंधन, (2) विकासात्मक बंधन एवं (3) व्यक्तिगत बंधन। यहाँ पर बंधन का वर्गीकरण उपास्य विषयों के आधार पर हुआ है। प्राकृतिक बंधन में प्रकृति को ही परम सत्ता मानकर उसकी आराधना की जाती है। विकासात्मक बंधन में प्रकृति को तो नहीं बल्कि प्रकृति के विकारों, जैसे - पंच तन्मात्राएँ, पंच महाभूतों आदि को परम सत्ता मानकर उनकी आराधना की जाती है। व्यक्तिगत बंधन में व्यक्तिगत ईश्वर की सत्ता मानकर यज्ञ, दान, पुण्य आदि करते हैं। सांख्य आचार्यों के अनुसार ऐसे लोग भी पुरुष के वास्तविक स्वरूप को न जान पाने के कारण व्यक्तिगत बंधन की अवस्था में ही रहते हैं। इसी प्रकार द्वैतवादी मध्वाचार्य ने भी पाँच प्रकार के बंधन माने हैं: (1) अविद्या बंध, (2) लिंग-देह बंध, (3) काम बंध, (4) कर्म बंध एवं (5) परमाच्छादक बंध।

इसी बंधन के परिणामस्वरूप जीव नाना प्रकार के दु:खों का भोग करता है। सांख्य दर्शन के अनुसार दु:ख तीन प्रकार के होते हैं: (1) आध्यात्मिक, (2) आधिभौतिक एवं (3) आधिदैविक।

1. आध्यात्मिक दुःख वह है जो अपने ही शरीर एवं मन के कारण पैदा होता है, यथा - बुखार, पीलिया, मानसिक वितृष्णा आदि।
2. आधिभौतिक दुःख वे हैं जो बाह्य कारणों से उत्पन्न होते हैं, जैसे - चोट लगना, बिच्छू का दंश आदि।
3. आधिदैविक दुःख वे हैं जो देवताओं के कुपित होने से या ग्रह-नक्षत्रों के प्रभाव के कारण उत्पन्न होते हैं, जैसे - भूत-प्रेतादि बाधा।

इसी प्रकार योग दर्शन में चार प्रकार के दुःख माने गये हैं: 'परिणाम', 'ताप', 'संस्कार' एवं 'गुणवृत्तिनिरोध'। सभी प्रकार के सांसारिक दुःख 'परिणाम' दुःख हैं। लोभ एवं मोह से वशीभूत होकर किया जाने वाला कार्य 'ताप' दुःख कहलाता है। मनुष्य द्वारा किये जाने वाले कार्यों के परिणामस्वरूप उसका जो संस्कार बनता है, यही 'संस्कार' दुःख है। संसार के सभी पदार्थ त्रिगुणात्मक हैं। उनसे सुख, दुःख एवं मोह उत्पन्न होता है। ये सभी दुःखात्मक हैं। इसे ही 'गुणवृत्तिनिरोध' दुःख कहते हैं। न्याय-वैशेषिक दर्शन में तो 21 प्रकार के दुःख माने गये हैं: छः इन्द्रियाँ, छः इन्द्रियों के विषय, छः इन्द्रिय एवं उनके विषय के सन्निकर्ष से उत्पन्न ज्ञान, एक शरीर तथा एक सुख एवं एक दुःख। उल्लेखनीय है कि यहाँ पर सुख को भी दुःख ही कहा गया है, क्योंकि इसका अंतिम परिणाम तो दुःखद ही है। वात्स्यायन के अनुसार जिस प्रकार कोई बुद्धिमान व्यक्ति विष मिले अमृत का पान नहीं करता है उसी प्रकार हमें ऐसा सुख जो दुःख मिश्रित है उसका परित्याग कर देना चाहिए। इन दुःखों की आत्यंतिक निवृत्ति ही मोक्ष है।

प्रश्न उठता है कि मोक्ष का स्वरूप क्या है? इस प्रश्न पर विभिन्न दार्शनिकों में मतैक्य नहीं है। जैन दर्शन में बंधन से मोक्ष तक की पाँच अवस्थाएँ मानी गई हैं: (1) आस्रव, (2) बंध, (3) संवर, (4) निर्जरा एवं (5) मोक्ष। कर्म परमाणुओं का जीवन की ओर प्रवाह आस्रव है। यह दो प्रकार का होता है: (i) भावास्रव एवं (ii) द्रव्यास्रव। मन में कर्म करने का संकल्प ही भावास्रव है जिसके परिणामस्वरूप कर्म परमाणुओं का जीव की ओर वास्तविक रूप में प्रवाहित होना द्रव्यास्रव है। यद्यपि यहाँ पर सिद्धांततः भावास्रव कारण है, जबकि द्रव्यास्रव कार्य, परन्तु व्यवहारतः दोनों ही घटनाएँ साथ-साथ घटती हैं। कर्म परमाणुओं का जीव की ओर प्रवाहित होकर उन्हें घेर लेना ही बंधन है। यह भी दो प्रकार का होता है: (i) भाव बंध एवं (ii) द्रव्य बंध। मन में बुरे विचार का उठना ही भाव बंध है। इस स्थिति में जीव अपने ही राग-द्वेषों से बंधता है, परन्तु जब कर्म पुद्गल वास्तविक रूप में जीव को घेर लेते हैं तो उसे 'द्रव्य बंध' कहते हैं। यदि कर्म पुद्गलों का जीव की ओर प्रवाह बंधन है तो इस प्रवाह का अवरुद्ध हो जाना ही संवर है। यह भी दो प्रकार का होता है: (i) भाव संवर एवं (ii) द्रव्य संवर। मन में अच्छे कर्म करने का संकल्प भाव संवर है। इसके लिए कई प्रकार की मानसिक एवं यौगिक क्रियाएँ करनी पड़ती हैं। इसके परिणामस्वरूप कर्म परमाणुओं का जीव की ओर प्रवाह वास्तविक रूप में अवरुद्ध हो जाता है, यही द्रव्य संवर है। मोक्ष के लिए नये कर्म पुद्गलों के प्रवाह को रोकने के साथ ही साथ पुराने कर्म पुद्गल जो जीव को पहले से ही घेरे हुए हैं उनको रगड़-रगड़ कर साफ करना या उनको हटाना भी आवश्यक है। इसे ही 'निर्जरा' कहते हैं। निर्जरा भी दो प्रकार की होती है: (i) सविपाक एवं (ii) अविपाक। जब कर्म के परमाणु फल देकर जीव से हटते हैं तो इसे 'सविपाक

निर्जरा' कहते हैं, परन्तु जब कर्म पुद्गल बिना फल दिये ही जीव से हटा दिये जाते हैं तो इसे 'अविपाक निर्जरा' कहते हैं। निर्जरा ही मोक्ष है।

मोक्ष का स्वरूप (Nature of Salvation)

मोक्ष दो प्रकार का होता है: (1) जीवन मुक्ति (Soul Salvation) एवं (2) विदेह मुक्ति (Incornate Salvation)।

जीव को ज्योंही ज्ञान होता है, तत्क्षण वह मुक्त हो जाता है। इसे ही 'जीवन मुक्ति' कहते हैं, क्योंकि जीवन मुक्ति की अवस्था में शरीर बना रहता है, अस्तु इसे 'शारीरिक मुक्ति' भी कहते हैं। शरीर बंधन का कारण नहीं है, बंधन का कारण तो अज्ञान है। अतः जीवन मुक्ति की अवस्था में जीव कर्म करते हुए भी अकर्ता बना रहता है। जीव कर्म तो करता है, परन्तु उसका बंधन नहीं होता है। इसकी तुलना भुने हुए चने के बीज से की गई है। जिस प्रकार भुने हुए चने के बीच में अंकुरण की क्षमता समाप्त हो जाती है उसी प्रकार जीवनमुक्त व्यक्ति का कर्म बंधन का कारण नहीं बनता है।

जब जीव को केवल प्रारब्ध कर्मों का फल भोगना अवशिष्ट रह जाता है (तिष्ठति संस्कारवशात् चक्रभ्रमिवद् धृतशरीरः।) और जब वह प्रारब्ध कर्मों का फल भी भोग लेता है तो उसके शरीर का भी अंत हो जाता है। इसे ही 'विदेह मुक्ति' कहते हैं। इस विदेह मुक्ति को 'अशरीरी मुक्ति' भी कहते हैं। विदेह मुक्ति की अवस्था में एक साथ तीन घटनाएँ घटती हैं जो कि निम्नलिखित हैं:

1. जीव एवं शरीर का सम्बंध विच्छेद होना।
2. जीव का उर्ध्वगमन करना।
3. अंततः उर्ध्वगमन करके जीव का अपने सर्वोच्च शिखर 'सिद्धशिला' में स्थापित हो जाना। इसी को बौद्धों ने 'तुषित' कहा है। इसके ऊपर जीव नहीं जा सकता है, क्योंकि इसके ऊपर गति का सर्वथा अभाव है।

जैनियों के अनुसार विदेह मुक्ति की अवस्था में जीव अनन्त चतुष्टय का लाभ प्राप्त करता है, यथा - अनन्त ज्ञान, अनन्त दर्शन, अनन्त वीर्य एवं अनन्त आनन्द। इस प्रकार जैनियों की मोक्ष की अवधारणा न तो न्याय-वैशेषिकों एवं मीमांसकों की भाँति जड़वत् है और न ही सांख्य दार्शनिकों की भाँति सुख एवं दुःख से रहित विशुद्ध चेतना की अवस्था है। इनके मोक्ष की सार्थक तुलना आचार्य शंकर, बौद्ध वैभाषिक व विज्ञानवादी तथा वैष्णव वेदांन्तियों के मोक्ष से की जा सकती है, क्योंकि ये सभी मोक्ष को 'अनन्त आनन्द' की अवस्था कहते हैं।

बौद्ध दर्शन में भी निर्वाण को परम साध्य माना गया है। भगवान बुद्ध की त्रिसूत्रीय शिक्षा है कि "सर्वं अनित्यं सर्वं अनात्मं निर्वाणं शांतम्" अर्थात् सब कुछ अनित्य है, सब कुछ अनात्म है, केवल निर्वाण में ही शांति है। अपने अंतिम समय में बुद्ध ने कहा कि भिक्षुओं अब मैं तुम्झें केवल दो ही बातों का उपदेश करता हूँ: दुःख एवं दुःख निरोध। दुःख संसार है जबकि दुःख निरोध निर्वाण है। अतः हे भिक्षुओं! यत्नपूर्वक निर्वाण की प्राप्ति करो जिससे सभी प्रकार के दुःखों से

सदा-सर्वदा के लिए मुक्त हो सको। इस प्रकार बौद्ध दर्शन में निर्वाण का प्रत्यय सर्वाधिक महत्त्वपूर्ण सम्प्रत्यय है। इसी दृष्टि से टी० आर० वी० मूर्ति लिखते हैं कि 'बौद्ध दर्शन का इतिहास निर्वाण का इतिहास है।' ['The history of Buddhism is the history of Nirvana'. Coward, Harold G. (1983): *Studies in Indian Thought: Collected paters of Prof. T.R.V. Murti*, Motilal Banarasidas, New Delhi, p. 292.]।

बौद्ध दर्शन में कुछ दार्शनिकों ने निर्वाण का तात्पर्य बुझा हुआ (Blown out) तो कुछ अन्य ने इसको शीतलता (Cooling) के रूप में लिया है। इसीलिए यहाँ पर निर्वाण की तुलना बुझे हुए दीपक से की गई है। इसी के आधार पर बौद्ध दर्शन में मुख्यतः दो प्रकार के मत विकसित हो गये: (1) निषेधात्मक एवं (2) भावात्मक। निषेधात्मक अवधारणा के समर्थक कहते हैं कि जिस प्रकार दीपक के बुझने के उपरांत सब कुछ समाप्त हो जाता है उसी प्रकार निर्वाण प्राप्ति के उपरांत सब कुछ विनष्ट हो जाता है, कुछ भी अवशिष्ट नहीं रह जाता है। इस प्रकार निर्वाण का अर्थ है 'पूर्ण विनाश' (Extinction)। इस मत को दर्शन जगत में 'उच्छेदवाद' के नाम से जानते हैं। इसका समर्थन सौत्रान्त्रिकों के अलावा आधुनिक विचारक बनूर्फ, बर्थलिमी, सेण्ट हिलेरी, चाइल्डर्स, पिसल, पॉल दहलके, ओल्डेनबर्ग आदि ने किया है। इनके अनुसार बुद्ध ने निर्वाण को दुःखक्षय, रागक्षय तथा तृष्णाक्षय आदि पदों के द्वारा सम्बोधित किया है।

निर्वाण की निषेधात्मक अवधारणा सुसंगत प्रतीत नहीं होती है। यदि उच्छेद का अर्थ लालसा, तृष्णा एवं आसक्ति का तथा उसकी तीनों जड़ों: राग, द्वेष एवं मोह, जिन्हें 'अकुशल मूल' कहा गया है, का क्षय है तब तो ठीक है, परन्तु यदि उच्छेद का अभिप्राय अस्तित्व विनाश से है तो यह असंगत है। उल्लेखनीय है कि स्वयं बुद्ध ने शाश्वतवाद एवं उच्छेदवाद इन दोनों अतिवादों से बचकर मध्यम मार्ग का उपदेश किया है। यही नहीं, यदि उच्छेद का अर्थ अस्तित्व विनाश से है तो यह कैसे सम्भव हो सकता था कि स्वयं बुद्ध निर्वाण प्राप्ति के उपरांत जगह-जगह भ्रमण करके लोगों को उपदेश देते रहते। इससे यह स्पष्ट होता है कि निर्वाण का तात्पर्य अस्तित्व विनाश नहीं है बल्कि अहंकार का विनाश है जिसके कारण लोक विनाशी तुच्छ वासनाओं का जन्म होता है। इसी दृष्टि से डी० टी० सुजुकी लिखते हैं कि "बौद्ध दर्शन के अनुसार निर्वाण का तात्पर्य न तो चेतना का क्षय है और न ही अस्थायी या स्थायी रूप से मनोभावों का दमन है जैसा कि कुछ लोगों की धारणा है अपितु यह मानव के अहंकार तत्व एवं उन सभी इच्छाओं का दमन है जो भ्रांतिपूर्ण अवधारणाओं को जन्म देती है।" ["Nirvana, according to Buddhism, does not signify an annihilation of consciousness nor a temporal or permanent suppression mentation, as imagined by some, but it is the annihilation of the notion of ego-substance and of all desires that arise from this erroneous conception". Suzuki, D.T. (1907): Outlines of Mahayana Buddhism, Luza and Company, London, pp. 50–51.]।

भावात्मक अवधारणा के समर्थक निर्वाण को आनन्द की अवस्था कहते हैं। इसीलिए वे निर्वाण की तुलना दीपक के बुझने के उपरांत उससे प्राप्त होने वाली शीतलता से करते हैं। इनके अनुसार निर्वाण के उपरांत बुद्ध ने सर्वप्रथम कहा कि 'अमृत का द्वार खुल गया है'। उनके अनुसार 'निर्वाण समस्त संस्कारों का उपशम, सम्पूर्ण उपाधियों का त्याग, सारी तृष्णाओं का क्षय

और इहामुत्रवैराग्य है' (विनयपिटक - 1.1.15)। पुनश्च, 'निर्वाण तर्कबुद्धि से अगम्य, निपुण एवं परम सुख है'। (एतं श्रुत्वा यथाभूतं निब्बानं परमं सुखम्। - विनयपिटक, खुद्दक निकाय)। उनके अनुसार निर्वाण 'अच्युत' (निब्बानं परमच्चुत्तम्सु - सुत्तनिपात, रतनसुत्त), 'अकुतोभय' (निब्बानं अकुतोभयम् - इतिवुत्तक, 112)। इसी प्रकार भिक्षु नागसेन यूनानी राजा मिनेन्डर को उपमा के द्वारा निर्वाण का स्वरूप समझाते हुए कहते हैं कि 'निर्वाण सागर की भाँति गहरा, पर्वत की भाँति ऊँचा तथा मधु की भाँति मीठा है।' भगवान बुद्ध के अंतिम वचन भी यही थे कि 'हे भिक्षुओं! सब संस्कृत धर्म नश्वर हैं, अस्तु अप्रमाद के साथ अमृत निर्वाण को प्राप्त करो'। इस मत का समर्थन वैभाषिक, विज्ञानवादी के अलावा आधुनिक दार्शनिकों, जैसे - बर्थ, सेनार्त, कर्न, रीइज डेविड्स, पूसीन, मैक्समूलर, डॉ० राधाकृष्णन आदि ने किया है।

उपर्युक्त दोनों ही मतों से पृथक् योगाचार विज्ञानवादियों का कहना है कि निर्वाण के सम्बंध में भावात्मक एवं निषेधात्मक दोनों ही मत आंशिक सत्य हैं। वास्तविकता यह है कि निर्वाण भाव एवं अभाव दोनों ही है। यह द्रव्य रूप में अभावात्मक होते हुए भी ज्ञान रूप में भावात्मक है। माध्यमिक शून्यवादी निर्वाण को भाव, अभाव, उभय एवं अनुभय इन चारों ही कोटियों से परे अर्थात् 'चतुष्टकोटिविनिर्मुक्त' कहते हैं। इनके अनुसार निर्वाण शून्यता की स्थिति है। अस्तु, बुद्धि के द्वारा इसका निर्वचन सम्भव नहीं है। पुनश्च, वे निर्वाण एवं संसार में कोई भेद भी नहीं करते हैं। इनके अनुसार जो प्रपंचात्मक जगत है वही निष्प्रपंच भी है (यः प्रतीत्यसमुत्पादं प्रपञ्चोपशम् शिवम्। - माध्यमिक कारिका, मंगलाचरण)। दोनों में भेद यह है कि एक व्यावहारिक दृष्टि है जबकि दूसरी पारमार्थिक दृष्टि। इस प्रकार जो व्यावहारिक दृष्टिकोण से संसार है वही पारमार्थिक दृष्टिकोण से निर्वाण है। पृथक्-पृथक् वस्तुओं के दृष्टिकोण से यह जगत प्रपंचात्मक प्रतीत होता है, जबकि समग्रता की दृष्टि से यही निष्प्रपंचात्मक है। इसी दृष्टि से शेरबास्की लिखते हैं कि "जब इस विश्व को पूर्णरूपेण देखा जाता है तो यह निर्वाण है और जब इसे प्रक्रम के रूप में देखा जाता है तो यह प्रपंचात्मक जगत है।" [Stcherbatsky, Theodore (1989): *The Conception of Buddhist Nirvana*, Motilal Banarasidas, New Delhi, p. 48.]।

वैज्ञानिक भी यही मानते हैं कि यद्यपि यह जगत ऊर्जा का ही संघनित रूप है, परन्तु ऊर्जा दो प्रकार की होती है: (1) गतिज ऊर्जा एवं (2) स्थितिज ऊर्जा। गतिज ऊर्जा, स्थितिज ऊर्जा में परिवर्तित हो सकती है तथा स्थितिज ऊर्जा, गतिज ऊर्जा में, परन्तु इन दोनों का महायोग सदैव ही स्थिर रहता है ($1/2mv^2 + mgh = K$)। इस प्रकार वैज्ञानिकों के अनुसार जो ऊर्जा आंशिक दृष्टिकोण से परिवर्तनशील दिखाई देती है वही समग्रता की दृष्टि से अपरिवर्तनशील है।

जैनियों की ही भाँति बौद्धों ने भी निर्वाण के दो रूप माने हैं: (1) निर्वाण तथा (2) महानिर्वाण या परिनिर्वाण। इसे ही क्रमशः 'उपाधिशेष निर्वाण' एवं 'अनुपाधिशेष निर्वाण' कहते हैं। निर्वाण वह है जब साधक ज्ञान तो प्राप्त कर लेता है, अतः पुनः बंधन की स्थिति नहीं रहती, परन्तु शरीर, इन्द्रियाँ आदि उपाधियाँ अभी भी अवशिष्ट रह जाती हैं, जिससे जीव पूर्वजन्मों के संस्कारों का फल भोग सके। अस्तु, इसे उपाधिशेष निर्वाण भी कहते हैं। यह जीवनमुक्ति की अवस्था है जहाँ पर योगी कर्म तो करता है, परन्तु उसका कोई परिणाम नहीं होता है। जब जीव पूर्व जन्मों के संस्कारों का फल भी भोग लेता है तो उसके शरीर, इन्द्रिय आदि उपाधियों का भी अंत हो जाता

है। इसी अनुपाधिशेष निर्वाण को 'महानिर्वाण' या 'परिनिर्वाण' कहते हैं। क्योंकि इसमें शरीर भी नहीं रह जाता, अस्तु, अन्य दर्शनों में इसे ही 'विदेह मुक्ति' कहा गया है।

इन दोनों के अतिरिक्त महायान बौद्ध दर्शन विशेषत: विज्ञानवाद में निर्वाण की एक अन्य अवधारणा भी मिलती है जिसे 'अप्रतिष्ठित निर्वाण' कहते हैं। विज्ञानवादी आचार्य असंग का मत है कि यद्यपि बुद्ध परिनिर्वाण प्राप्त कर चुके हैं, अत: उनके पुनर्जन्म की अब कोई सम्भावना नहीं है, फिर भी वे अपने आपको शून्यता में विलीन होने की अपेक्षा प्रपंच एवं परमार्थ के मध्य में स्थित किये हुए हैं जिससे वे संसार में संचरण करने वाले अन्य जीवों को निर्वाण प्राप्ति में सहायता कर सकें। इसी दृष्टि से आचार्य असंग अपने ग्रंथ "महायानसूत्रालङ्कार" (9/45) में लिखते हैं कि:

"प्रतिष्ठावा: परावृत्तौ: विभुत्वं लभ्यते परम्।
अप्रतिष्ठितनिर्वाणं बुद्धानामचले पदे॥"

अर्थात् प्रतिष्ठा की परावृत्ति से अचल पद या अमल पद अप्रतिष्ठित निर्वाण की प्राप्ति होती है। इसके अंतर्गत तथागत न तो संस्कृत धर्म में प्रतिष्ठित हैं और न ही असंस्कृत धर्म में और न ही वहाँ से व्युत्थित हैं। इसको स्पष्ट करते हुए आचार्य नरेन्द्र देव लिखते हैं कि "यद्यपि बुद्ध परिनिर्वृत्त हो चुके हैं और विशुद्ध तथा परम शान्ति को प्राप्त हैं, तथापि वे शून्यता में विलीन होने के स्थान पर संसार के तट पर संसरण करने वाले जीवों की रक्षा के निमित्त स्थित रहना चाहते हैं; किन्तु इससे उनको इसका भय नहीं रहता है कि उनका विशुद्ध ज्ञान समल हो जाय।" [आचार्य नरेन्द्रदव (1956): "बौद्धधर्म-दर्शन", मोतीलाल बनारसीदास, नई दिल्ली, पृ० 397]।

सांख्य एवं योग दर्शन में बंधन एवं मोक्ष की प्रक्रिया अन्य दर्शनों के बंधन एवं मोक्ष की प्रक्रिया से भिन्न है। अन्य दर्शनों की भाँति ये भी मानते हैं कि बंधन का कारण अज्ञान है, परन्तु यहाँ अज्ञान का अर्थ है पुरुष द्वारा पुरुष एवं प्रकृति के बीच भेद न कर पाना। जब पुरुष का प्रकाश बुद्धि में पड़ता है तो पुरुष के प्रकाश से वह भी प्रकाशित हो जाती है। इस प्रकार पुरुष उसमें प्रकाशित प्रतिबिम्ब को ही अपना वास्तविक रूप मान लेता है। अब जो निराकार एवं असीमित पुरुष है वह साकार एवं सीमित हो जाता है। ठीक वैसे ही जैसे लोहे के गोले को अग्नि में डालने पर वह लाल तप्त हो जाता है। अब अग्नि एवं लोहे के बीच भेद समाप्त हो जाता है। इसी प्रकार पुरुष के प्रकाश से प्रकाशित बुद्धि भी पुरुष के समान ही भासने लगती है। अस्तु, अविवेकपूर्वक पुरुष उसे ही अपना वास्तविक स्वरूप मान लेता है। पुरुष एवं प्रकृति के बीच इसी अभेद ज्ञान को 'बंधन' कहते हैं, परन्तु जब विवेक ज्ञान द्वारा पुरुष को प्रकृति का ज्ञान होता है तो वह प्रकृति से अपना सम्बंध विच्छेद कर लेता है। पुरुष को यह बोध हो जाता है कि वह प्रकृति नहीं है, वह जड़ या अचेतन नहीं है। पुरुष एवं प्रकृति के इसी भेद ज्ञान को 'अपवर्ग' या 'मोक्ष' कहते हैं। इस प्रकार सांख्य आचार्य मानते हैं कि ज्ञान से अपवर्ग, जबकि विपर्यय (अज्ञान) से बंधन होता है ('ज्ञानेन चापवर्गो विपर्ययादिष्यते बंध:।' ईश्वरकृष्ण, सांख्यकारिका - 44)।

प्रश्न उठता है कि बंधन एवं मोक्ष प्रकृति का होता है या पुरुष का? पुरुष तो अतीन्द्रिय, देश-काल, कारण-कार्य, विधि-निषेध से परे विशुद्ध द्रष्टा होने के कारण नित्य मुक्त है। अत: वह बंधन एवं मोक्ष से परे है। इस प्रकार अंत:करणावच्छिन्न जीव ही लिंग शरीर के रूप में पुरुष का आश्रय लेकर इस संसार में संचरण करता है, बंधता एवं मुक्त होता है अर्थात् पुरुष न

तो बंधता है और न ही मुक्त होता है। वह तो प्रकृति ही है जो बंधती है, संसार में संचरण करती है तथा मुक्त होती है। ('तस्मात् न बध्यतेऽद्धा न मुच्यते नापि संसरति कश्चित्। संसरति बध्यते मुच्यते च नानाश्रया प्रकृतिः।' ईश्वरकृष्ण, सांख्यकारिका - 62)। यहाँ पर ईश्वरकृष्ण प्रकृति की तुलना नर्तकी से करते हुए कहते हैं कि जिस प्रकार एक नर्तकी रंगमंच पर अपना नृत्य दिखाकर वापस चली जाती है और दर्शक उसके नृत्य को देखकर संतुष्ट हो जाते हैं, उसी प्रकार प्रकृति भी पुरुष के समक्ष केवल एक बार जाती है और अपने स्वरूप को दिखाकर वापस चली आती है। ईश्वरकृष्ण के अनुसार प्रकृति इतनी सुकुमार एवं लज्जाशील है कि वह केवल एक बार पुरुष के समक्ष जाती है और पुरुष इतना विवेकी है कि वह केवल एक बार में ही प्रकृति के वास्तविक रूप को देखकर विवेक ज्ञान द्वारा उससे अपना सम्बंध समाप्त कर देता है। ('प्रकृतेः सुकुमारतरं न किंचिदस्तीति मे मतिर्भवति।' ईश्वरकृष्ण, सांख्यकारिका - 61)। इस प्रकार प्रकृति अपने प्रयोजन में सफल हो जाती है। प्रकृति के दो ही प्रयोजन हैं: (1) भोग एवं (2) अपवर्ग। प्रकृति चाहती है कि पुरुष उसका भोग करे और भोग करके मुक्त हो जाय। ('पुरुषस्य दर्शनार्थं कैवल्यार्थं तथा प्रधानस्य।' ईश्वरकृष्ण, सांख्यकारिका - 21)।

जैन और बौद्ध दर्शनों की भाँति सांख्य दर्शन में भी मोक्ष के दो रूप माने गये हैं: (1) जीवन मुक्ति एवं (2) विदेह मुक्ति। हालाँकि, विज्ञानभिक्षु केवल विदेह मुक्ति को ही 'वास्तविक मुक्ति' कहते हैं। उनके अनुसार जब तक शरीर है तब तक दुःखों से पूर्ण मुक्ति सम्भव नहीं है। अतः केवल विदेह मुक्ति की ही अवस्था में पुरुष सुख-दुःख से असम्पृक्त विशुद्ध चेतना की स्थिति में स्थापित हो जाता है। मोक्ष की यह अवधारणा भारतीय दर्शन में प्रतिपादित मोक्ष की अन्य अवधारणाओं से पूर्णतया पृथक् है। उदाहरणार्थ न्याय-वैशेषिक एवं मीमांसक मोक्ष को जड़वत् मानते हैं जबकि जैन, आचार्य शंकर, वैष्णव वेदांती आदि मोक्ष को शाश्वत आनन्द की अवस्था कहते हैं। इन दोनों से पृथक् सांख्य दार्शनिक मोक्ष को न तो जड़वत् कहते हैं और न ही आनन्द की अवस्था। इनके अनुसार मोक्ष जड़वत् नहीं है, क्योंकि पुरुष विशुद्ध चैतन्य स्वरूप है। मोक्ष आनन्द की अवस्था भी नहीं है, क्योंकि (1) आनन्द सत्य गुण का धर्म है जबकि पुरुष निस्त्रैगुण्य है। (2) सुख एवं दुःख परस्पर सापेक्ष पद हैं। अस्तु, यदि हम मोक्ष को आनन्द मानते हैं तो हमें उसे दुःखात्मक भी मानना ही पड़ेगा, परन्तु मोक्ष दुःखात्मक नहीं हो सकता है। इस प्रकार इनके अनुसार मोक्ष सुख एवं दुःख से रहित विशुद्ध चेतना की अवस्था है और यही पुरुष का मूल स्वरूप भी है।

न्याय-वैशेषिक में भी मोक्ष को सभी प्रकार के दुःखों से आत्यंतिक निवृत्ति कहा गया है। (तदत्यंतविमोक्षोऽपवर्गः। न्यायसूत्र - 1/1/221)। यहाँ अत्यंत विमोक्ष का अर्थ है 'प्राप्त जीवन का परिहार' तथा 'भावी जीवन का अभाव'। वर्तमान जीवन ही भावी जीवन का कारण है। अतः मोक्ष केवल वर्तमान जीवन का अंत ही नहीं है बल्कि वर्तमान जीवन का आत्यंतिक अभाव ही मोक्ष है। यहाँ आत्यंतिक का अर्थ है कि जहाँ पर जन्म लेने की पुनः कोई सम्भावना ही नहीं हो। न्यायसूत्र के भाष्यकार वात्स्यायन लिखते हैं कि ऐसा तत्वज्ञान के द्वारा ही सम्भव है। तत्वज्ञान द्वारा मिथ्या ज्ञान की निवृत्ति होती है। मिथ्या ज्ञान केवल सत्य ज्ञान का अभाव ही नहीं है बल्कि विपरीत ज्ञान भी है। (न तत्त्वज्ञानस्य अनुत्पत्तिमात्रम्। न्यायसूत्र भाष्य- 4/2/1)। यहाँ मिथ्या ज्ञान के दो अर्थ हैं: पहला, आत्मा के मूल स्वरूप का अज्ञान तथा दूसरा, जो अनात्म हैं, जैसे - शरीर, इन्द्रियाँ, मन,

बुद्धि आदि, उन्हें भूलवश आत्मस्वरूप मान लेना। आत्मज्ञान के परिणामस्वरूप मिथ्या ज्ञान की निवृत्ति होती है जिससे सभी प्रकार के दोष दूर हो जाते हैं। दोषों के दूर होते ही विषय में प्रवृत्ति समाप्त हो जाती है। प्रवृत्ति समाप्त होते ही जन्म का बंधन छूट जाता है। इसके परिणामस्वरूप दु:खों की आत्यंतिक निवृत्ति हो जाती है। ('दु:खजन्मप्रवृत्तिदोषमिथ्याज्ञानानामुत्तरोत्तरापाये तदनन्तरापाद् अपवर्ग:।' न्यायसूत्र - 1/1/2)। स्पष्टत: न्याय-वैशेषिक दर्शन में मोक्ष साक्षात् न होकर परम्परया होता है।

अन्य सभी दर्शनों से पृथक् न्याय-वैशेषिक दर्शन में मोक्ष को सुख-दु:ख से रहित जड़वत् माना गया है, क्योंकि ये चेतना को आत्मा आगंतुक गुण मानते हैं। इनके अनुसार आत्मा में चेतना का प्रादुर्भाव तभी होता है जब त्रिविध सन्निकर्ष हो अर्थात् आत्मा का मन से, मन का इन्द्रिय से तथा इन्द्रिय का विषय से। मोक्ष की अवस्था में सन्निकर्ष की यह प्रक्रिया खण्डित हो जाती है। अत: वह चेतना से रहित जड़वत् अवस्था है, इसकी तुलना सौत्रान्तिकों के मोक्ष से की जा सकती है, क्योंकि वे भी मोक्ष को उच्छेदवाद के रूप में मानते हैं जहाँ दु:खों से सदा-सर्वदा के लिए मुक्ति मिल जाती है, परन्तु यह तुलना एकदेशीय है। बौद्ध दर्शन अनीश्वरवादी है जबकि न्याय-वैशेषिक दर्शन ईश्वरवादी। पुनश्च, न्याय-वैशेषिक दर्शन में आत्मा को शाश्वत माना गया है जबकि बौद्ध दर्शन में आत्मा की शाश्वतता का निषेध किया गया है। इस पर आक्षेप करते हुए एम० हिरियन्ना लिखते हैं कि "मोक्ष की अवस्था में आत्मा के अचेतन होने की इस आडम्बरपूर्ण स्वीकारोक्ति से तो बौद्ध का आत्मोच्छेद का सीधा प्रयत्न कहीं अधिक अच्छा है।" हिरियन्ना, एम० (1987): "भारतीय दर्शन की रूपरेखा", राजकमल प्रकाशन, नई दिल्ली, पृ० 265।

समस्या यह है कि यदि मोक्ष चैतन्य रहित जड़वत् अवस्था है तो एक पत्थर और मुक्त आत्मा के बीच कैसे विभेद कर पायेंगे। सम्भवत: यही कारण है कि जैन आचार्य मल्लिषेण "स्याद्वादमंजरी" में लिखते हैं कि 'न्याय-वैशेषिकों के मोक्ष की अपेक्षा सांसारिक जीवन कहीं ज्यादा अच्छा है। सांसारिक जीवन में तो कभी-कभी आनन्द मिलता भी है जबकि न्याय-वैशेषिकों के मोक्ष में तो इसका सर्वथा अभाव हो जाता है।' इसी प्रकार माधवाचार्य "सर्वदर्शन संग्रह" में लिखते हैं कि न्याय-वैशेषिकों के मोक्ष प्राप्त करने की अपेक्षा वृंदावन में सियार बनकर रहना कहीं ज्यादा अच्छा है। इसी प्रकार इनके मोक्ष पर व्यंग्य करते हुए श्रीहर्ष कहते हैं कि पाषाण के समान अचेतन एवं आनन्द रहित अवस्था बतलाने वाले का नाम गौतम (गोत्तम अर्थात् उत्तम बैल) और औलूक (उल्लू) ठीक ही रखा गया है।

आचार्य शंकर मानते हैं कि मोक्ष का अभिप्राय है आत्मा की अपने मूल स्वरूप में अवस्थिति ('स्वात्मन्यवस्थानं मोक्ष:' तैत्तिरीयोपनिषद् भाष्य - 1/11)। यद्यपि आत्मा का मूल स्वरूप विशुद्ध चेतना का है, तथापि अविद्या के कारण जीव अपने मूल स्वरूप को भूलकर शरीर, मन, बुद्धि, अहंकार से तादात्म्य स्थापित कर लेता है, यही बंधन है। परिणामत: वह अपने आप को शुभ-अशुभ कर्मों का कर्ता तथा सुख एवं दु:ख का भोक्ता मान लेता है, जिसके कारण वह अनेक प्रकार के दु:खों का भोग करता है। जब आत्म-ज्ञान द्वारा अविद्या की निवृत्ति होती है तो वह सभी प्रकार के बंधनों से मुक्त होकर अपने मूल स्वरूप में स्थापित हो जाता है, यही मोक्ष है। ('मोक्षप्रतिबंधनिवृत्तिमात्रमेव आत्मज्ञानस्य फलम्।', ब्रह्मसूत्र भाष्य - 1/1/4)। इस अवस्था का

वर्णन करते हुए आचार्य लिखते हैं कि "यह पारमार्थिक सत् है, कूटस्थ नित्य है, आकाश के समान सर्वव्यापी है, सब प्रकार के विकार से रहित है, नित्य तृप्त है, निरवयव है, स्वयं ज्योतिस्वभाव है, यह धर्म एवं अधर्म नामक शुभाशुभ कर्मों से तथा (सुख-दुःख रूपी) उनके कार्यों से अस्पृष्ट है, यह कालत्रयातीत है, यह 'अशरीरत्व मोक्ष' कहलाता है।" (ब्रह्मसूत्र भाष्य - 1/1/4)। यदि उपर्युक्त विशेषताओं पर सूक्ष्मतापूर्वक विचार किया जाय तो इसमें दो बातें महत्त्वपूर्ण प्रतीत होती हैं, जो निम्नलिखित हैं:

- मोक्ष अविद्या की निवृत्ति है।
- यह आत्म स्वरूप में अवस्थिति है।

आचार्य शंकर के अनुसार मोक्ष की अवस्था में जीव एवं ब्रह्म में अभेद हो जाता है ('ब्रह्म वेद ब्रह्मैव भवति' मुण्डकोपनिषद् - 2/2/9)। वस्तुतः जीव ब्रह्म होता नहीं है। वह तो ब्रह्म है ही। ब्रह्म ज्ञान में कोई क्रिया नहीं होती है। कोई भी क्रिया चार प्रकार की हो सकती है: (1) उत्पाद्य, (2) आप्य, (3) संस्कार्य एवं (4) विकार्य। उत्पाद्य का अर्थ है किसी क्रिया का कार्य, परन्तु मोक्ष किसी क्रिया का कार्य नहीं है, क्योंकि वह नित्य है। विकार का अर्थ है किसी कार्य का विकार, परन्तु मोक्ष नित्य होने के कारण किसी कार्य का विकार भी नहीं हो सकता है। वह संस्कार भी नहीं है, क्योंकि स्वरूपतः विशुद्ध होने के कारण उस पर किसी प्रकार के गुण एवं दोष का आरोपण भी नहीं किया जा सकता है। वह आप्य अर्थात् किसी अप्राप्त की प्राप्ति नहीं है, क्योंकि वह तो सदैव ही प्राप्त है। स्पष्टतः बंधन एवं मोक्ष दोनों ही केवल व्यवहारतः हैं, परमार्थतः दोनों ही मिथ्या हैं।

जैन, बौद्ध एवं सांख्य दर्शन की ही भाँति आचार्य शंकर भी मोक्ष के दो भेद करते हैं: जीवन मुक्ति एवं विदेह मुक्ति। ज्ञान होते ही जीव मुक्त हो जाता है, इसे ही 'जीवन मुक्ति' कहते हैं। जब जीव के शरीर का अंत हो जाता है तब उस मुक्ति को 'विदेह मुक्ति' कहते हैं। इस पर कुछ दार्शनिकों का कहना है कि जब तक शरीर है, तब तक मुक्ति सम्भव नहीं है, क्योंकि शरीर तो अविद्याकृत है जबकि मोक्ष अविद्या की पूर्ण निवृत्ति है। प्रत्युत्तर में आचार्य शंकर 'अविद्यालेश' का सिद्धांत प्रतिपादित करते हैं। उनके अनुसार ज्ञान प्राप्ति के उपरांत भी अविद्या के कुछ अंश प्रारब्ध कर्मों के रूप में अवशिष्ट रह जाते हैं जिनका फल भोगना अवशिष्ट रह जाता है, यही अविद्यालेश है। इस प्रकार अविद्यालेश का अर्थ है 'अविद्या का विक्षेपांश'। इसे हींग के डिब्बे के उदाहरण से समझाते हुए कहा जाता है कि जिस प्रकार हींग के डिब्बे से हींग निकाल लेने के उपरांत भी उसकी गंध बनी रहती है उसी प्रकार ज्ञान के उपरांत भी अज्ञान के कुछ अंश प्रारब्ध कर्मों के रूप में अवशिष्ट रह जाते हैं, परन्तु इससे जीव अप्रभावित रहता है। इस अशरीर को सुख-दुःख स्पर्श नहीं करते हैं। (अशरीरं वा सान्तं न प्रियाप्रिये स्पृशतः। छान्दोग्य उपनिषद् - 8/12/1)। इसकी तुलना सर्प के केंचुल से की जाती है। जिस प्रकार सर्प का अपना केंचुल होता है उसी प्रकार जीव का शरीर भी केंचुल की भाँति हो जाता है। जब जीव प्रारब्ध कर्मों का फल भी भोग लेता है तब वह विदेह मुक्ति में स्थापित हो जाता है। उल्लेखनीय है कि वैष्णव वेदांती केवल विदेह मुक्ति को ही मानते हैं, जीवन मुक्ति को नहीं।

इसी प्रकार आचार्य शंकर सद्यः मुक्ति को मानते हैं जबकि वैष्णव वेदांती क्रम मुक्ति को। ज्ञान होते ही जीव मुक्त हो जाता है, इसे ही 'सद्यः मुक्ति' कहते हैं, परन्तु इसे जीवन मुक्ति नहीं कहा जा सकता है, क्योंकि इसमें जीव का शरीर अवशिष्ट नहीं रह जाता है। वास्तव में सद्यः मुक्ति का प्रयोग जीवन मुक्ति के संदर्भ में न होकर, इसे क्रम मुक्ति से पृथक् करने के लिए किया गया है अर्थात् सद्यः मुक्ति का प्रयोग क्रम मुक्ति के सापेक्ष किया गया है। सद्यः मुक्ति में ज्ञान होते ही जीव मुक्त हो जाता है जबकि क्रम मुक्ति के अंतर्गत मोक्ष क्रमपूर्वक होता है, जिसे क्रमशः सालोक्य, सार्ष्टि, सामीप्य, सारूप्य एवं सायुज्य कहते हैं। मरणोपरांत जीव सर्वप्रथम ईश्वर के लोक पहुँचता है उसे 'सालोक्य' कहते हैं। ईश्वर लोक पहुँचते ही जीव ईश्वर के समान ही ऐश्वर्य का भोग करता है, उसे 'सार्ष्टि' कहते हैं। तत्पश्चात् जीव उत्तरोत्तर ईश्वर की निकटता ग्रहण करता है, इसे 'सामीप्य' कहते हैं। पुनश्च, जीव ईश्वर के रूपों को भी ग्रहण करता है, यही 'सारूप्य' है। अंततः जीव ब्रह्म या ईश्वर के स्वरूप में लीन हो जाता है, यही 'सायुज्य मुक्ति' है। यद्यपि शंकराचार्य और रामानुजाचार्य दोनों ही सायुज्य मुक्ति को मानते हैं, तथापि जहाँ एक ओर शंकराचार्य के अनुसार इस अवस्था में जीव का जीवत्व ब्रह्म के व्यक्तित्व में समाहित हो जाता है अर्थात् दोनों में अभेद हो जाता है, वहीं दूसरी ओर रामानुज के अनुसार जीव का ब्रह्म से पृथक् व्यक्तित्व बना रहता है, केवल अहंकार विनष्ट हो जाता है, ठीक वैसे ही जैसे जब माँ के गर्भ में बच्चा रहता है तो उसका व्यक्तित्व माँ के व्यक्तित्व से पृथक् बना रहता है, परन्तु उसका अहंकार नहीं रहता है। इस प्रकार मोक्ष व्यक्तित्व का अंत नहीं बल्कि अहंकार का अंत है। व्यक्तित्व के बिना भक्ति सम्भव नहीं है और भक्ति के बिना आनन्द दुर्लभ है। द्वैतवादी मध्वाचार्य ने तो यहाँ तक कहा कि, हे प्रभो! मुझे ऐसा मोक्ष मत देना जिसमें मेरा व्यक्तित्व तुम्हारे व्यक्तित्व में समाहित हो जाय। मुझे तो ऐसा मोक्ष चाहिए जिसमें मेरा व्यक्तित्व तुम्हारे व्यक्तित्व से पृथक् बना रहे जिससे मैं तुम्हारी भक्ति एवं आराधना कर सकूँ, क्योंकि जो तुम्हारी भक्ति का आनन्द है उसकी तुलना में मोक्ष भी त्याज्य है।

आचार्य शंकर की मुक्ति को 'वास्तविक मुक्ति' कहते हैं जबकि रामानुज की मुक्ति को 'सापेक्षिक मुक्ति'। आचार्य के अनुसार जब एक बार जीव को मुक्ति मिल जाती है तो पुनः बंधन की सम्भावना नहीं रह जाती है, क्योंकि मुक्ति की अवस्था में जीव का ब्रह्म से पृथक् अस्तित्व समाप्त हो जाता है अर्थात् जीव ब्रह्म हो जाता है। रामानुज के अनुसार प्रलय की अवस्था में जब ब्रह्म अपने मूल स्वरूप में लीन होता है तो ब्रह्म लोक पहुँची सारी आत्माएँ ब्रह्म लीन हो जाती हैं, परन्तु जब पुनः सृष्टि का आरम्भ होता है तो मुक्त आत्माओं को पुनः जन्म ग्रहण करना पड़ता है। इस प्रकार रामानुज के अनुसार मुक्ति प्रलय पर्यन्त ही रहती है। अस्तु, रामानुज की मुक्ति की अवधारणा को 'सापेक्षिक मुक्ति' कहते हैं। इसीलिए सर्वज्ञात्मुनि अपनी पुस्तक "संक्षेप शारीरक" (4/38) में सद्यः मुक्ति को ही वास्तविक मुक्ति कहते हैं।

आचार्य शंकर के अनुसार मोक्ष की अवस्था में जीव एवं ब्रह्म के बीच अभेद हो जाता है अर्थात् जीव ही ब्रह्म हो जाता है ('अहं ब्रह्मास्मि' या 'तत्वमसि' या 'अयं आत्मा ब्रह्म') जबकि रामानुज के अनुसार जीव ब्रह्म नहीं होता है बल्कि जीव ब्रह्म के समतुल्य हो जाता है और यह समानता केवल ऐश्वर्य भोग तक ही सीमित रहती है। उनके अनुसार मुक्ति की अवस्था में भी जीव एवं ब्रह्म के बीच भेद रह ही जाता है, क्योंकि जीव अणु है जबकि ब्रह्म विभु। पुनश्च, सृष्टि

को उत्पन्न करने, उसका पालन तथा संहार करने का अधिकार ब्रह्म अपने पास रखता है, मुक्त आत्माओं का इस पर कोई अधिकार नहीं हैं। इसी प्रकार अन्य जीवों को मुक्ति प्रदान करने का अधिकार भी ब्रह्म अपने पास सुरक्षित रखता है। स्पष्टतः जीव एवं ब्रह्म के बीच समानता केवल ऐश्वर्य भोग तक ही सीमित है। इस प्रकार आचार्य शंकर एवं वैष्णव वेदान्तियों के मोक्ष के स्वरूप में कई विषमताएँ हैं।

यदि उपर्युक्त सभी मान्यताओं पर विचार किया जाय तो निम्नलिखित विशिष्टताएँ परिलक्षित होती हैं:

- जिसने भी चेतना को आत्मा का आगंतुक गुण या धर्म माना, वे सभी मोक्ष को सुख एवं दुःख से रहित जड़वत् अवस्था मानते हैं। इनके अनुसार क्योंकि चेतना में ही ज्ञान एवं आनन्द है, परन्तु इसके लिए त्रिविध सन्निकर्ष अर्थात् आत्मा का मन, मन का इन्द्रिय तथा इन्द्रिय का विषय से सम्पर्क अनिवार्य है। त्रिविध सन्निकर्ष का यह क्रम मोक्ष की अवस्था में खण्डित हो जाता है। अतः ये मानते हैं कि मोक्ष जड़वत् अवस्था है। इस मत का समर्थन विशेषतः न्याय-वैशेषिक एवं मीमांसक करते हैं।
- जो चेतना को आत्मा का या तो अनिवार्य धर्म मानते हैं या फिर चेतना को ही आत्मा कहते हैं, वे सभी मोक्ष को 'आनन्द की अवस्था' कहते हैं। इनके अनुसार चेतना आत्मा का अनिवार्य धर्म होने के कारण चेतना एवं आत्मा के बीच भेद सम्भव नहीं है, चाहे वह बंधन की अवस्था हो या मोक्ष की। इस मत का समर्थन जैन, विज्ञानवादी, शंकराचार्य एवं वैष्णव वेदान्ती करते हैं।
- इसका एकमात्र अपवाद सांख्य दर्शन है। यद्यपि सांख्य दार्शनिक पुरुष/आत्मा को चैतन्य स्वरूप मानते हैं, तथापि वे मोक्ष को आनन्द की अवस्था नहीं मानते हैं, क्योंकि उनके अनुसार आनन्द सत्व गुण का धर्म है जबकि पुरुष स्वरूपतः निस्त्रैगुण्य है। अस्तु, मोक्ष सुख-दुःख से रहित विशुद्ध चेतना की अवस्था है।

मोक्ष के साधन/मार्ग (Means/Path of Salvation)

यद्यपि सबका परम साध्य दुःखों से आत्यंतिक निवृत्ति अर्थात् मोक्ष प्राप्त करना है, परन्तु जिस प्रकार मोक्ष के स्वरूप के सम्बंध में विभिन्न दार्शनिक सम्प्रदायों के बीच मत वैभिन्यता है उसी प्रकार मोक्ष तक पहुँचाने वाले साधन के सम्बंध में भी पर्याप्त मतवैभिन्यता है। साधन का निर्धारण तो विभिन्न व्यक्तियों की मानसिक अभिरुचियों के साथ ही साथ दैशिक एवं कालिक परिस्थितियों के अनुरूप ही होता है। श्रीमद्भगवद्गीता में भगवान श्रीकृष्ण कहते हैं कि:

"सत्वानुरूपा सर्वस्य श्रद्धा भवति भारत।
श्रद्धमयोऽयं पुरुषो यो यच्छ्रद्धः स एव सः॥" (गीता - 17/3)

अर्थात् हे भारत! इस संसार में विभिन्न प्रकृति के लोग हैं (सत्त्व, रजस एवं तमस की प्रधानता के आधार पर), उनके अंतःकरण के अनुरूप उनमें श्रद्धा भी पृथक्-पृथक् होती है, श्रद्धा के

अनुरूप देवता भी पृथक्-पृथक् होंगे, तदनुरूप धर्म भी पृथक्-पृथक् होंगे ही। इस प्रकार विभिन्न व्यक्तियों की प्रकृतिगत विविधता के अनुरूप मोक्ष तक पहुँचने वाले मार्गों या साधनों में विविधता का होना स्वाभाविक ही है।

विभिन्न दर्शनों में मोक्ष के लिए भिन्न-भिन्न मार्ग प्रणीत हैं। इनमें चार प्रमुख हैं:

1. ज्ञान मार्ग (Path of Jnana)।
2. भक्ति मार्ग (Path of Devotion)।
3. कर्म मार्ग (Path of Karma)।
4. योग मार्ग (Path of Yoga)।

तार्किकता एवं बौद्धिकता से युक्त व्यक्ति स्वभावतः ज्ञान मार्ग की ओर आकृष्ट होता है। सहज, सरस एवं भावुक हृदय का व्यक्ति भक्ति मार्ग का अवलम्बन लेता है। इसी प्रकार संकल्प प्रधान व्यक्ति का झुकाव कर्म मार्ग की ओर होता है। अंततः योगियों एवं रहस्यवादियों का झुकाव योग मार्ग की ओर होता है। उल्लेखनीय है कि यह भेद केवल साधन भेद है साध्य भेद नहीं। साध्य तो सभी का एक ही है।

ज्ञान मार्ग (Path of Jnana)

ज्ञान मार्ग के सम्बंध में तीन बातें महत्त्वपूर्ण हैं: (1) 'ज्ञान मार्ग' अन्य सभी मार्गों की पूर्वपीठिका है, क्योंकि बिना ज्ञान के न तो कर्म सम्भव है न भक्ति और न ही योग। इस प्रकार सभी मार्ग ज्ञान योग में ही अपनी पूर्णता को प्राप्त करते हैं। गीता में भगवान श्रीकृष्ण कहते हैं कि ज्ञान मार्ग समस्त मार्गों में श्रेष्ठ है। अंततः ज्ञान के द्वारा ही भक्ति, कर्म एवं योग सभी सफल होते हैं। सभी योग ज्ञान में ही समाप्त होते हैं या विलीन होते हैं।

"श्रेयान्द्रव्यमयाद्यज्ञाज्ज्ञानयज्ञः परन्तप।
सर्वं कर्माखिलं पार्थ ज्ञाने परिसमाप्यते॥" (गीता - 4/33)

अर्थात् हे परन्तप! द्रव्यमय यज्ञ से ज्ञान यज्ञ श्रेष्ठ है। सम्पूर्ण कर्म एवं पदार्थ अंततः तत्व ज्ञान में ही समाहित या लीन हो जाते हैं। (2) ज्ञान मार्ग सभी के लिए न होकर केवल उसी के लिए है जो तार्किकता एवं बौद्धिकता से युक्त हो। इसी दृष्टि से आचार्य शंकर लिखते हैं कि "जो बुद्धिमान हो, विद्वान हो तथा तर्क-वितर्क में निपुण हो, ऐसे लक्षणों वाला पुरुष ही आत्म विद्या का अधिकारी होता है।" (मेधावी पुरुषो विद्वानूहापोहविचक्षणः। अधिकार्यात्मविद्यायामुक्तलक्षणलक्षितः॥ विवेक-चूडामणि - 16)। पुनश्च, वे लिखते हैं कि "ब्रह्म जिज्ञासा की योग्यता उसी में मानी जाती है जो सदसद्विवेकी हो, वैराग्यवान हो, शमदमादि षट्सम्पत्ति से युक्त हो और मुमुक्षु हो।" (विवेकिनो विरक्तस्य शमादिगुणशालिनः। मुमुक्षोरेव हि ब्रह्म जिज्ञासायोग्यता मता॥ विवेक-चूडामणि - 17)। (3) ज्ञान मार्ग अन्य मार्गों की अपेक्षा कठिन भी है, क्योंकि इस मार्ग का अवलम्बन लेने वाले साधक के रूप में अहंकार की सम्भावना कुछ ज्यादा ही रहती है। उसे यह लगता है कि वह जो कुछ भी जान रहा है वह अपनी शक्ति, सामर्थ्य एवं पुरुषार्थ से, परन्तु मोक्ष तो तब तक प्राप्त

नहीं हो सकता है जब तक साधक के मन में लेश मात्र भी अहंकार हो। इस प्रकार ज्ञान मार्ग के साधक में सदैव ही अपने मार्ग से स्खलित होने की सम्भावना बनी रहती है।

यद्यपि ज्ञान मार्ग की बात तो उपनिषद्, सांख्य, न्याय-वैशेषिक, जैन, बौद्ध दर्शन आदि में की गयी है, तथापि इसका सर्वोत्कृष्ट उदाहरण आचार्य शंकर के अद्वैत वेदांत में ही मिलता है। आचार्य के अनुसार केवल ज्ञान के द्वारा ही अज्ञान या अविद्या का नाश तथा मोक्ष की प्राप्ति सम्भव है। जिस प्रकार व्यक्तिगत भ्रम केवल ज्ञान से ही दूर हो सकता है, न कर्म से, न ज्ञान-कर्म समुच्चय से और न ही भक्ति से, उसी प्रकार सार्वभौमिक जागतिक भ्रम भी केवल ज्ञान से ही दूर किया जा सकता है, अन्य किसी भी चीज से नहीं। सम्भवत: यही कारण है कि शंकराचार्य पूर्वमीमांसा में वर्णित वैदिक कर्मकाण्ड तथा वैष्णव वेदांत में प्रतिपादित भक्ति मार्ग के साथ ही साथ उपासना आदि का खण्डन करते हैं। उल्लेखनीय है कि मीमांसा में वेद को क्रियार्थक मानते हुए ('चोदनालक्षणोऽर्थो धर्म:।' मीमांसा सूत्र - 1/1/2) मोक्ष प्राप्ति के लिए कर्म मार्ग पर बल दिया गया है। इसके अनुसार वेद का वह भाग जो क्रियापरक नहीं है वह 'अर्थवाद' है। इस प्रकार उसकी सार्थकता परोक्षत: क्रिया का अंग बनकर ही सम्भव है ('आम्नास्य क्रियार्थत्वादानर्थक्यमतदर्थनाम्।' मीमांसा सूत्र - 1/2/1)। इसी प्रकार वैष्णव वेदांती भक्ति को मोक्ष मार्ग के रूप में स्वीकार करते हैं। कहीं-कहीं मोक्ष प्राप्ति के लिए भक्ति की अपेक्षा उपासना पर बल दिया गया है। भक्ति एवं उपासना के बीच अंतर अत्यंत ही सूक्ष्म है। दोनों में वैषम्य यह है कि भक्ति में सगुण ईश्वर की आराधना की जाती है जबकि उपासना में निर्गुण ब्रह्म का ध्यान किया जाता है। सगुण, साकार ईश्वर का प्रेमपूर्वक भजन 'भक्ति' है जबकि गुरु के समक्ष बैठकर निर्गुण, निराकार ब्रह्म का ध्यान 'उपासना' है।

आचार्य शंकर के अनुसार इनमें से कोई भी साधन निर्दोष नहीं हैं, क्योंकि सभी भेद पर आधृत होने के कारण द्वैत परक हैं और द्वैत तो अज्ञान का ही रूप है। उनके अनुसार मोक्ष प्राप्ति के लिए केवल ज्ञान मार्ग ही सर्वोत्तम एवं मुख्य है, कर्म, भक्ति एवं उपासना गौण रूप से केवल ज्ञान के अभ्युदय में ही सहायक हैं। वे लिखते हैं कि कर्म में कर्ता एवं कर्म का द्वैत है, भक्ति में भक्त एवं भगवान का, जबकि उपासना में उपास्य एवं उपासक का, परन्तु द्वैत चाहे जिस भी प्रकार का क्यों न हो वह अज्ञान का ही रूप है और सभी प्रकार के अज्ञान बंधनकारी हैं। ज्ञान तो अद्वैत की अवस्था में ही सम्भव है जिसमें सभी प्रकार के भेद स्वत: विगलित हो जाते हैं। इस प्रकार कर्म, भक्ति एवं उपासना से मुक्ति सम्भव नहीं है। पुनश्च, उनके अनुसार कर्मों का फल जीव को अवश्य ही भोगना पड़ता है। शुभ कर्मों से कुछ समय के लिए स्वर्ग की प्राप्ति हो सकती है जबकि अशुभ कर्मों से कुछ समय के लिए नरक, परन्तु ज्योंही कर्म-फल समाप्त होता है, पुन: बंधन की स्थिति आ जाती है। इस प्रकार कर्म एवं भक्ति मोक्ष प्रदायक न होकर बंधनकारी हैं।

इसका अभिप्राय यह नहीं है कि कर्म एवं उपासना पूर्णतया निरर्थक हैं। यद्यपि यह अक्षरश: सत्य है कि अपरोक्षत: ज्ञान से ही मोक्ष मिलता है, परन्तु परोक्षत: कर्म, भक्ति एवं उपासना ज्ञान की उत्पत्ति में सहायक होते हैं। कर्म से चित्त शुद्ध होता है ('चित्तस्य शुद्धये कर्म', विवेक-चूड़ामणि - 11), जबकि उपासना से वृत्तियों में एकाग्रता आती है और शुद्ध एवं एकाग्र वृत्ति में ही ज्ञान का प्रादुर्भाव होता है। उदाहरणार्थ माना कि किसी तालाब का जल मटमैला एवं अशांत हो, तो उसमें अपना प्रतिबिम्ब दिखाई नहीं देता है। अब माना कि जल स्वच्छ तो हो, परन्तु फिर

भी वह अशांत हो अर्थात् उसमें तरंगें उठ रही हों, तो भी उसमें अपना प्रतिबिम्ब दिखाई नहीं देगा। पुनश्च, माना कि जल शांत तो हो, परन्तु वह स्वच्छ नहीं हो, तो भी उसमें प्रतिबिम्ब दिखाई नहीं देगा। जब जल स्वच्छ होने के साथ ही साथ शांत भी हो तभी उसमें अपना प्रतिबिम्ब स्पष्ट रूप से दिखाई देता है। इसी प्रकार शुद्ध एवं एकाग्र वृत्ति में ही ज्ञान का आविर्भाव होता है। परिणामतः जीव को अपने आत्म-स्वरूप का बोध होता है। इस प्रकार मोक्ष प्राप्ति के लिए अन्य जितने भी साधन बताये गये हैं वे सभी परोक्ष ज्ञान की उत्पत्ति में ही सहायक हैं। अपरोक्षतः केवल ज्ञान से ही मुक्ति सम्भव है (ज्ञानादेव मुक्तिः)। बिना ज्ञान के मुक्ति सम्भव नहीं है (ऋते ज्ञानात् न मुक्तिः)।

आचार्य शंकर के अनुसार ज्ञान मार्ग का उत्तराधिकारी बनने के लिए श्रवण, मनन एवं निदिध्यासन का अभ्यास आवश्यक है ('आत्मा वा अरे द्रष्टव्यः श्रोतव्यो मन्तव्यो निदिध्यासितव्यः।' बृहदारण्य उपनिषद् - 2/4/5)। पुनश्च, वे "विवेक-चूड़ामणि" (19) में लिखते हैं कि श्रवण का अधिकारी बनने के लिए साधन चतुष्टय का अनुपालन आवश्यक है।

आदौ नित्यानित्यवस्तुविवेकः परिगणते।
इहामुत्रार्थभोगविरागस्तदनन्तरम्॥
शमादिषट्कसम्पत्तिर्मुमुक्षुत्वमिति स्फुटम्॥

- नित्यानित्यवस्तुविवेकः अर्थात् नित्य एवं अनित्य वस्तुओं के बीच भेद करने की दृष्टि को ही 'विवेक' कहते हैं। जो सभी परिस्थितियों में सदैव एकरूप रहता है वही नित्य है तथा जिसमें सतत् परिवर्तन होता रहता है वह 'अनित्य' है। इस प्रकार 'ब्रह्म सत्य है और जगत् मिथ्या है', ऐसा जो निश्चय है, यही 'नित्यानित्यवस्तुविवेक' है।
- इहामुत्रार्थभोगविराग का अर्थ है इहलौकिक एवं पारलौकिक, सभी प्रकार की कामनाओं के प्रति मन में अनासक्ति का होना अर्थात् नित्य एवं अनित्य के बीच भेद करके अनित्य से विमुख होना ही वैराग्य है। आत्मा ही एकमात्र सत् एवं श्रेष्ठ है तथा अन्य सभी वस्तुएँ आत्मा के लिए ही हैं। (आत्मनस्तु कामाय सर्वं प्रियं भवति।)। अस्तु, आत्मानुभूति को ही परम साध्य मानकर मन में सभी प्रकार की कामनाओं का परिहार होना ही 'इहामुत्रार्थभोगविराग' है।
- शमदमादिसाधनसम्पत्ति का अभिप्राय है छः प्रकार की सम्पत्तियों से ऊपर उठ जाना। शम का अर्थ है मन का नियंत्रण। दम का अर्थ है इन्द्रियों का दमन। उपरति का अर्थ है विषय वासनाओं से ऊपर उठ जाना। तितिक्षा का अर्थ है चिन्ता एवं शोक से रहित होकर बिना कोई प्रतिकार किये सभी प्रकार के कष्टों का सहन करना। इस प्रकार सुख-दुःख, सर्दी-गर्मी, भूख-प्यास आदि द्वन्द्वों को सहन करना या उनकी उपेक्षा करना ही तितिक्षा है। श्रद्धा का अर्थ है स्वाभाविक विश्वास अर्थात् शास्त्र और गुरुवाक्यों में सत्य बुद्धि धारण करना ही श्रद्धा है ('शास्त्रस्य गुरुवाक्यस्य सत्यबुद्ध्यवधारणम्।' विवेक-चूड़ामणि - 26)। समाधान का अर्थ है अंतःकरण में किसी भी प्रकार की शंका का न होना अर्थात् सभी प्रकार की शंकाओं में निःशंक रहकर अपनी बुद्धि को शुद्ध ब्रह्म में स्थिर रखना।
- मुमुक्षत्व का अर्थ है मोक्ष प्राप्ति की प्रबल उत्कंठा अर्थात् शरीर से लेकर अहंकार तक सभी अज्ञान जनित होने के कारण बंधनकारी हैं, अस्तु, इनके त्याग की इच्छा ही मुमुक्षता है।

साधन चतुष्टय का अभ्यास करने के उपरांत सर्वप्रथम हमें किसी योग्य गुरु की शरण में जाकर उनकी बातों को ध्यानपूर्वक सुनना चाहिए। इसे ही 'श्रवण' कहते हैं। श्रवण से प्रमाणगत संशय का निराकरण होता है। तत्पश्चात् सुनी हुई बातों पर तार्किक दृष्टि से विचार करना मनन है। मनन से प्रमेयगत संशय दूर हो जाते हैं। अंततः जीव एवं ब्रह्म में अभेद है, इसका निरंतर अभ्यास करना अर्थात् सुनी एवं मनन की हुई बातों का निरंतर अभ्यास ही निदिध्यासन है। जैसे-जैसे साधक का अभ्यास गहरा होता जाता है वैसे-वैसे ही वह तत्वबोध के सन्निकट पहुँचता जाता है। अंततः वह आत्मानुभूति का लाभ प्राप्त करता है। इस अवस्था में जीव एवं ब्रह्म के बीच भेद समाप्त हो जाता है या यह कहें कि जीव स्वयं ब्रह्म हो जाता है। अब जीव कहता है कि 'अहं ब्रह्मास्मि' या 'अयं आत्मा ब्रह्म' या 'तत्वमसि' आदि। आचार्य के अनुसार आत्मा एवं ब्रह्म में अभेद देखने वालों को शोक एवं मोह नहीं रह जाता है ('तत्र को मोहः कः शोकः एकत्वमनुपश्यतः।' ईशोपनिषद् - 7)। यही अमरत्व का मार्ग है अन्य कोई मार्ग नहीं है। ('नान्यः पन्थाः विद्यतेऽयनाय।' श्वेताश्वतर उपनिषद् - 6/15)।

इसे आचार्य शंकर के शिष्य श्री सुरेश्वराचार्य एक दृष्टांत के माध्यम से स्पष्ट करते हैं। एक बार 10 आदमी नदी पार करने के उपरांत पुनः गिनने पर 10 के स्थान पर अपने आप को नौ ही गिन पाये। तत्पश्चात् वे सभी विलाप करने लगे। यह देखकर एक राहगीर ने उनसे पुनः गिनने का आग्रह किया। जब उसने नौ आदमियों को गिन लिया तब उसने राहगीर से पूछा कि दसवाँ कहाँ है? इस पर राहगीर ने कहा कि दसवाँ तो तू ही है (दशमस्त्वमसि)। इसी प्रकार आत्म ज्ञान भी होता है। इसमें जीव ब्रह्म होता नहीं है वह तो ब्रह्म है ही, परन्तु अज्ञानवश वह अपने मूल स्वरूप को भूल चुका है। आत्म-ज्ञान में उसे अपने ही मूल स्वरूप का बोध हो जाता है तब वह कहता है कि मैं ही ब्रह्म हूँ अर्थात् जीव ही ब्रह्म है। 'तत्वमसि' में तत् (पर ब्रह्म) एवं त्वम् (सीमित जीव) में कोई भेद नहीं है।

इन साधनों के अतिरिक्त आचार्य शंकर ने योग्य गुरु की आवश्यकता पर अधिक बल दिया है। उनके अनुसार सब कुछ होते हुए भी बिना गुरु के ज्ञान नहीं हो सकता है। यहाँ पर वे गुरु एवं शिष्य की तुलना मेघ एवं चातक पक्षी से करते हैं। जिस प्रकार चातक पक्षी अथाह समुद्र जल के होने पर भी मेघ की ही प्रतीक्षा करता रहता है उसी प्रकार सब कुछ के होते हुए भी गुरु ही तत्वबोध कराते हैं। वे ही प्रपंच के भीतर निष्प्रपंच का ज्ञान कराते हैं। एतदर्थ वे अध्यारोप एवं अपवाद विधि का सहारा लेते हैं। (अध्यारोपापवादाभ्याम् निष्प्रपंचो प्रपंच्यते।) इसके अंतर्गत सर्वप्रथम निष्प्रपंच पर प्रपंच का आरोपण किया जाता है तत्पश्चात् उसका निराकरण किया जाता है। इस प्रकार उस निष्प्रपंच या पर ब्रह्म का ज्ञान होता है। दूसरे शब्दों में, सर्वप्रथम आत्मा के ऊपर शरीर, मन, बुद्धि, अहंकार आदि का आरोपण किया जाता है तत्पश्चात् इनका निराकरण करके यह प्रदर्शित किया जाता है कि आत्मा इन सबसे असम्पृक्त है। आत्मा पर अनात्म का आरोपण ही 'अध्यारोप' है तथा उस आरोपण का निराकरण या निषेध 'अपवाद' है। इसे आचार्य शंकर "विवेक-चूड़ामणि" (155) में मूँज के भीतर स्थित सींक के उदाहरण से स्पष्ट करते हैं। सींक के ऊपर मूँज के अनेक तह जमे होते हैं। धीरे-धीरे मूँज को हटाने पर ही सींक का ज्ञान हो पाता है। इसी प्रकार आत्मतत्व पर अनात्म के अनेक आवरण बने हुए हैं। उनका क्रमशः निराकरण होने पर आत्मतत्व का बोध होता है।

"मुञ्जादिषीकामिव दृश्यवर्गात् प्रत्यंचमात्मानमसङ्गमक्रियम्।
विविच्य तत्र प्रविलाप्य सर्वं तदात्मना तिष्ठति यः स मुक्तः॥"

विद्यारण्य स्वामी अपनी पुस्तक "पंचदशी" में अज्ञान से ज्ञान तक ही मूलतः सात अवस्थाओं की चर्चा करते हैं: (1) अज्ञान, (2) आवरण, (3) विक्षेप, (4) परोक्ष ज्ञान, (5) अपरोक्ष ज्ञान, (6) शोकापगम एवं (7) तृप्ति। आत्म ज्ञान का अभाव ही अज्ञान है। आत्मा का न तो अस्तित्व है और न ही उसका ज्ञान सम्भव है, यही आवरण है। विक्षेप में जीव अपने आप को कर्ता एवं भोक्ता मान लेता है। जब गुरु यह उपदेश करते हैं कि आत्मा ही परम् सत् एवं कूटस्थ नित्य है तो उसे आत्मा का परोक्ष ज्ञान होता है। जब शिष्य यह जान लेता है कि यथार्थतः आत्मा ही कूटस्थ नित्य है तो उसे आत्मा का अपरोक्ष ज्ञान होता है। तदुपरांत वह सभी प्रकार के शोकों से मुक्त हो जाता है, यही शोकापगम है। अंततः आत्म-ज्ञान के उपरांत जीव सभी प्रकार से पूर्ण तृप्त हो जाता है। अब न तो कुछ जानना और न ही कुछ करना अवशिष्ट रह जाता है, यही तृप्ति है। विद्यारण्य स्वामी के अनुसार उपर्युक्त सातों में प्रथम तीन अवस्थाएँ अर्थात् अज्ञान, आवरण एवं विक्षेप बंधन के अंतर्गत आती हैं जबकि अंतिम चार अर्थात् परोक्ष ज्ञान, अपरोक्ष ज्ञान, शोकापगम एवं तृप्ति मोक्ष के अंतर्गत।

उल्लेखनीय है कि आचार्य शंकर के अतिरिक्त जैन दर्शन में त्रिरत्न मार्ग की बात की गई है (सम्यक् दर्शन ज्ञान चरित्राणि मोक्ष मार्गः।)। इसी प्रकार बौद्ध दर्शन में अष्टांगिक मार्ग की बात की गई है। (सम्यक् दृष्टि, सम्यक् संकल्प, सम्यक् वाक्, सम्यक् कर्मान्त, सम्यक् आजीव, सम्यक् व्यायाम, सम्यक् स्मृति, सम्यक् समाधि)।

भक्ति मार्ग (Path of Devotion)

मोक्ष प्राप्ति के लिए जितने भी मार्ग बताये गये हैं उनमें भक्ति मार्ग अन्य सभी मार्गों से विशिष्ट है, क्योंकि अन्य मार्गों से अधिक सरल, सहज एवं सुगम होने के कारण एक अति साधारण व्यक्ति भी इस मार्ग का अनुसरण कर सकता है। जिस व्यक्ति के अंदर न तो ज्ञान का अहंकार हो न ही कर्म करने का दृढ़ संकल्प और न ही योग मार्ग की कठिन घाटियों पर चढ़ाई करने का अदम्य साहस एवं धैर्य, वह भक्ति मार्ग का अवलम्बन लेकर सुगमतापूर्वक मोक्ष की प्राप्ति कर सकता है। "भक्ति मार्ग का अन्य मार्गों से प्रमुख भेद यह है कि जहाँ अन्य मार्गों में कुछ-न-कुछ करने की बात की जाती है वहीं भक्ति मार्ग में सब कुछ छोड़ने की बात की जाती है। इसके लिए केवल यह आवश्यक है कि साधक सब कुछ छोड़कर एकमात्र परमात्मा की शरण में चला जाय या शरणागत हो जाय।" स्वयं भगवान श्रीकृष्ण ने गीता में कहा है कि 'ऐसा भक्त जो सब कुछ छोड़कर मेरी शरण में आ जाता है, मैं उसे सारे पापों से मुक्त कर देता हूँ।' ('सर्वधर्मान् परित्यज्य मामेकं शरणं ब्रज।' गीता - 18/66)। उल्लेखनीय है कि भक्ति मार्ग का आरम्भ प्रेम से होता है और इसका अंत भी प्रेम पर ही होता है। इस प्रकार यहाँ पर प्रेम केवल साधन ही नहीं है बल्कि स्वयं साध्य भी है। तभी तो संत कबीर जी ने कहा कि 'ढाई अक्षर प्रेम का पढ़ै सो पण्डित होय'। क्योंकि भक्ति मार्ग का आदि, मध्य एवं अंत केवल प्रेम ही है, अस्तु, इसे प्रेम मार्ग भी कहा जा सकता है।

भक्ति, भज् धातु से निष्पन्न हुआ है जिसका अर्थ होता है सेवा करना। इस प्रकार भक्ति मार्ग के अंतर्गत दो प्रधान तत्व हैं: (1) 'प्रेमपूर्वक् ईश्वर का ध्यान' एवं (2) 'भगवान एवं उसके भक्तों की सेवा करना'। अस्तु, यह कहा जा सकता है कि "ईश्वर का प्रेमपूर्वक निरंतर ध्यान या अनासक्त भाव से उनकी सेवा करना ही भक्ति है।" इन्हीं मान्यताओं के परिप्रेक्ष्य में कुछ दार्शनिकों ने 'भक्ति' को परिभाषित करने का प्रयास किया है। नारदभक्ति सूत्र के अनुसार 'भक्ति अपने आराध्य के प्रति अधिकाधिक प्रेम है।' ("सा त्वस्मिन् परमप्रेमरूपा।" नारदभक्ति सूत्र - 2)। पुनश्च, शाण्डिल्य सूत्र में भक्ति को "ईश्वर के प्रति परम प्रेम या अनुराग कहा गया है।" ("सा परानुरक्तिरीश्वरे।" शाण्डिल्य सूत्र - 1/1/2)। इसी प्रकार श्रीमद्भागवत (11/14/14) में भक्ति का वर्णन करते हुए कहा गया है कि "भक्त वह है जिसने अपने को मुझे (ईश्वर) सौंप दिया है, वह ईश्वर को छोड़कर न तो ब्रह्मा का पद चाहता है और न देवराज इन्द्र का, उसके मन में न तो सार्वभौम सम्राट बनने की इच्छा होती है और न ही वह स्वर्ग से भी श्रेष्ठ रसातल का स्वामी होना चाहता है। वह न तो योग सिद्धियों की अभिलाषा रखता है और न मोक्ष की ही कामना करता है।"

न पारमेष्ठ्यं न महेन्द्रधिष्ण्यं न सार्वभौमं न रसाधिपत्यम्।
न योगसिद्धीरपुनर्भवं वा मय्यर्पितात्मेच्छति मद् विनान्यत्॥

इसी प्रकार गोस्वामी तुलसीदास जी भी "रामचरित मानस" (अयोध्याकाण्ड - 204) में भक्ति की महिमा का वर्णन करते हुए लिखते हैं

अरथ न धरम न काम रुचि गति न चहउँ निरबान।
जनम जनम रति राम पद यह बरदानु न आन॥

अर्थात् भरत जी प्रभु श्रीराम से विनय करते हैं कि "मुझे न अर्थ की कामना है, न धर्म की, न काम की और न ही मैं मोक्ष ही चाहता हूँ। मैं तो केवल यही याचना करता हूँ कि जन्म-जन्म में मेरा श्रीराम जी के चरणों में प्रेम हो, दूसरा कुछ भी नहीं।" स्पष्टत: सच्चा भक्त वही है जो भगवान के प्रेम के अलावा कुछ भी नहीं चाहता है। जब तक किसी भी प्रकार की कामना या इच्छा है, चाहे वह कामना मोक्ष या ईश्वर दर्शन की ही क्यों न हो, तब तक ईश्वर के प्रति शुद्ध प्रेम या भक्ति नहीं है। जब भक्ति का आविर्भाव होता है तो कामनाएँ रह ही नहीं जाती हैं।

उल्लेखनीय है कि आचार्य शंकर मोक्ष प्राप्ति के लिए ज्ञान मार्ग का अवलम्बन लेते हैं। इसके विपरीत सभी वैष्णव सम्प्रदायी भक्ति मार्ग का समर्थन करते हैं, क्योंकि ये सभी सगुण, साकार एवं व्यक्तित्वपूर्ण ईश्वर की सत्ता में विश्वास करते हैं। आचार्य शंकर के अनुसार ज्ञान से ही मुक्ति सम्भव है (ज्ञानादेव मुक्तिः), परन्तु रामानुजाचार्य के अनुसार ज्ञान की पराकाष्ठा ईश्वर के प्रति परम प्रेम या भक्ति के रूप में होती है, क्योंकि जब जीव को परमात्मा के स्वरूप का ज्ञान होता है तभी अहैतुकी अथवा निष्काम भक्ति की शुरूआत होती है। उससे पूर्व तो भक्त के मन में सदैव ही अनिश्चितता की स्थिति बनी रहती है। इस प्रकार ज्ञान, भक्ति को प्राप्त करने का साधन मात्र है अर्थात् ज्ञान साधन है जब कि भक्ति साध्य। पुनश्च, रामानुजाचार्य लिखते हैं कि 'परा ज्ञान' एवं 'परा भक्ति' दोनों एक ही हैं। ("भवतु मम परस्मिन् शेमुषी भक्तिरूपा।" श्रीभाष्य, मङ्गलाचरण)। ज्ञान की पराकाष्ठा भगवान के प्रति परम प्रेम के रूप में होती है तभी किसी व्यक्ति के हृदय में

भक्ति का अभ्युदय होता है। बिना भगवान के दिव्य स्वरूप के ज्ञान के उनके प्रति अगाध श्रद्धा, अविचल निष्ठा, अतिशय प्रेम का भाव जागृत हो ही नहीं सकता है। इस प्रकार ज्ञान मिश्रित प्रेम को ही 'भक्ति' कहते हैं जो तत्वबोध के उपर्यन्त ही सम्भव है। अस्तु, यह कहा जा सकता है कि 'ईश्वर के स्वरूप का प्रेमपूर्वक निरंतर ध्यान ही भक्ति है।' इसी प्रकार रामानुजाचार्य लिखते हैं कि "ईश्वर के स्नेहपूर्वक बारम्बार ध्यान को ही ज्ञानीजन भक्ति कहते हैं।" ("स्नेहपूर्वकमनुध्यानं भक्तिरित्युच्यते बुधैः।" श्रीमद्भगवतगीता पर रामानुज भाष्य, पृ० 229)। इसे ही वे 'ध्रुवास्मृति' कहते हैं। 'स्मृति' का अभिप्राय है ध्यान, जबकि 'ध्रुवा' का अर्थ है अटूट या अविच्छिन्न या नैरन्तर्य। इस प्रकार 'ध्रुवा स्मृति' का अभिप्राय है "भगवान के स्वरूप का तैलधारावत् निरंतर ध्यान करना।" ("साक्षात्काररूपा ध्रुवा स्मृतिरेव भक्तिशब्देनाभिधीयते।" श्रीभाष्य - 1/1/1)। 'तैल धारावत् निरंतर ध्यान' के लिए दो विशिष्टताएँ आवश्यक हैं:

1. भगवान के दिव्य स्वरूप का ज्ञान। जब तक भगवान के दिव्य स्वरूप का ज्ञान नहीं होगा तब तक न तो मोह नष्ट होगा और न ही निष्काम या अहैतुकी भक्ति का उदय ही होगा। अर्जुन, भगवान के विराट स्वरूप के दर्शनोपरांत ही कहते हैं कि "हे अच्युत! मेरा मोह विनष्ट हो गया, स्मृति प्राप्त हो गई। मैं संदेह रहित होकर स्थित हूँ। अस्तु, अब मैं वही करूँगा जो आप कहेंगे।" ("नष्टो मोहः स्मृतिर्लब्धा त्वत्प्रसादान्मयाच्युत। स्थितोऽस्मि गतसंदेहः करिष्ये वचनं तव॥" गीता - 18/73)।
2. मन का पूर्णरूपेण ईश्वर में एकांग हो जाना। इसे गीता में "अव्यभिचारी अनन्य योग" कहा गया है ('मयि चानन्ययोगेन भक्तिरव्यभिचारिणी।' गीता - 13/10)। मन का पूर्णतया ईश्वर में एकांग हो जाना ही ध्यान है, परन्तु जब यही ध्यान प्रेमपूर्वक निरंतर होने लगता है तो उसे 'भक्ति' कहते हैं। सूफियों ने इस पर अधिक बल दिया है, तभी तो वे कहते हैं कि 'अपने पीर से एक पल के लिए भी जुदा हो जाना बहुत बड़ा गुनाह है।'

स्पष्टतः रामानुज के अनुसार उपासना, ध्यान एवं ज्ञान तीनों भक्ति के ही पर्याय हैं, क्योंकि इन तीनों की पराकाष्ठा भक्ति के रूप में ही होती है। उनके अनुसार भक्ति मूलतः दो प्रकार की होती है: (1) साधन भक्ति एवं (2) साध्य भक्ति। पुनश्च, वे साधन भक्ति को दो भागों में विभक्त करते हैं: (1) भक्ति, (2) परा भक्ति। इस प्रकार भक्ति तीन प्रकार की होती हैं: (1) भक्ति, (2) परा भक्ति एवं (3) परमा भक्ति। भक्ति प्रारम्भिक अवस्था है जब भक्त अपने मन को संसार से विमुख करके ईश्वर की ओर लगाता है। इसके लिए वह शमदमादि साधनों के द्वारा अपने मन को निर्मल एवं शुद्ध करता है। परा भक्ति, भक्ति की दूसरी अवस्था है जब भक्त अपने शुद्ध हृदय में भगवान का परोक्षतः ज्ञान प्राप्त करता है (भले ही कुछ समय के लिए ही हो) जिससे उसे ईश्वर की असीमितता एवं अपनी लघुता का बोध होता है। तदुपरांत भक्त के हृदय में भगवान के प्रति अनन्य प्रेम का आविर्भाव होता है। भक्त साक्षात् रूप से देखता है कि वह ईश्वर का ही अंश है तथा वही एकमात्र सहारा हैं। परिणामतः वह ईश्वर के दर्शन हेतु तड़पने लगता है ठीक वैसे ही जैसे मछली बिना पानी के तड़पती है। नारदभक्ति सूत्र में आता है कि "अपने सब कर्मों को भगवान को अर्पण करना तथा भगवान का थोड़ा सा भी विस्मरण होने पर व्याकुल हो जाना ही भक्ति है" ("तदर्पिताशिलाचारता तद्विस्मरणे परमव्याकुलतेति।" नारदभक्ति सूत्र - 19)। इसी

तड़पन एवं व्याकुलता से भक्त का अंत:करण धुलकर साफ हो जाता है, हृदय पवित्र हो जाता है। अंततः परमा भक्ति, भक्ति की पराकाष्ठा है जो शरीरी अवस्था में सम्भव नहीं है। जब मुक्त जीव ब्रह्मलोक पहुँचता है तब वह निष्काम भाव से ईश्वर की भक्ति में अपने आप को सदा सर्वदा के लिए लीन कर देता है। यहाँ पर भक्ति साधन नहीं रह जाती है बल्कि स्वयं साध्य हो जाती है। यही परमा भक्ति है।

इस अवस्था में जीव का अहंकार तो समाप्त हो जाता है, परन्तु उसका चेतना से युक्त व्यक्तित्व, ईश्वर के व्यक्तित्व से पृथक् बना रहता है जिससे वह ईश्वर की निष्काम भक्ति में सदा-सर्वदा के लिए लीन हो सके। भक्ति के लिए भक्त एवं भगवान का द्वैत आवश्यक है। जब भक्त एवं भगवान में अभेद हो जायेगा तब भक्ति कैसे होगी। तभी तो मध्वाचार्य ने तो यहाँ तक कह दिया कि, हे प्रभु! मुझे ऐसा मोक्ष मत देना जिसमें मेरा व्यक्तित्व ही तुम्हारे व्यक्तित्व में समाहित हो जाय बल्कि मुझे तो ऐसा मोक्ष चाहिए जिसमें मेरा व्यक्तित्व तुम्हारे व्यक्तित्व से पृथक् बना रहे जिससे मैं तुम्हारी भक्ति एवं आराधना कर सकूँ, क्योंकि तेरी भक्ति में जो आनन्द है उसकी तुलना में मुझे मोक्ष भी त्याज्य है। स्पष्टतः परमा भक्ति भगवान की अहैतुकी या निष्काम भक्ति है। यहाँ पर भक्त सम्पूर्ण कर्म-फल को ईश्वर पर अर्पित करके पूर्णतया निश्चिंत हो जाता है। गीता (18/57) में इस स्थिति का वर्णन करते हुए कहा गया है कि:

"चेतसा सर्वकर्माणि मयि सन्न्यस्य मत्परः।
बुद्धियोगमुपाश्रित्य मच्चित्तः सततं भव॥"

अर्थात् चित्त से सम्पूर्ण कर्म मुझ में अर्पित करके, मेरे परायण होकर तथा समता का आश्रय लेकर निरंतर मेरे चित्त वाला हो जा। यही अनन्य भक्ति है। अनन्य का अर्थ है कि चित्त में किसी अन्य का ध्यान न हो। "अन्याश्रयाणां त्यागोऽनन्यता।" नारदभक्ति सूत्र (10) अर्थात् 'अपने प्रियतम भगवान को छोड़कर दूसरे आश्रयों के त्याग का नाम ही अनन्यता है।' इसी प्रकार श्रीमद्भागवत (11/14/21) के अनुसार "मैं केवल अनन्य श्रद्धा एवं अनन्य भक्ति की ही पकड़ में हूँ।" ("भक्तयाहमेकया ग्राह्यः श्रद्धयाऽऽत्मा प्रियः सतां।")। सम्भवतः यही कारण है कि "अनन्य भक्त को ही श्रेष्ठ भक्त कहा गया है" ("भक्ता एकान्तिनो मुख्याः।" नारदभक्ति सूत्र - 67)। जब भगवान श्रीकृष्ण वृंदावन से मथुरा पधार रहे थे तब राधा की आँखों से अश्रुधारा बह रही थी। इस पर भगवान श्रीकृष्ण ने कहा कि, हे राधे! तू अश्रु मत बहा, क्योंकि तेरा एक-एक अश्रु मेरे मार्ग में चट्टान बनकर आयेगा। भगवान स्वयं एक भक्त से कहते हैं कि मेरी सबसे बड़ी कमजोरी यह है कि मुझसे मेरे भक्तों के अश्रु देखे नहीं जाते हैं। दुनिया की अन्य कोई भी चीज मेरे लिए बाध्यकारी नहीं है। इसी दृष्टि से भगवान श्रीकृष्ण कहते हैं कि "यदि कोई भक्त अनन्य भाव से चिंतन करता हुआ मेरी उपासना करता है और निरंतर मेरे में मन लगाये रहता है तो मैं उसके योग (अप्राप्त की प्राप्ति) तथा क्षेम (प्राप्ति की रक्षा) का वहन करता हूँ।"

"अनन्याश्चिन्तयन्तो मां ये जनाः पर्युपासते।
तेषां नित्याभियुक्तानां योगक्षेमं वहाम्यहम्॥" (गीता - 9/22)

इसी अनन्य भक्ति को रामानुजाचार्य 'प्रपत्ति' कहते हैं। 'प्रपत्ति' शब्द 'प्र' उपसर्ग पूर्वक 'पद्' धातु से बना है जिसका अर्थ है 'शरण में जाना' या 'ईश्वर की इच्छा पर अपने आप को

छोड़ देना'। अस्तु, इसे 'शरणागति' या 'ईश्वर-प्रणिधान' भी कहते हैं। श्री यामुनाचार्य अपनी पुस्तक "गीतार्थ संग्रह भाष्य" में लिखते हैं कि "अपने अस्तित्व एवं प्रकृति का ईश्वर में तिरोभाव हो जाना ही प्रपत्ति है।" ("स्वायाथात्म्यं प्रकृत्यास्य तिरोधि: शरणागति:।" गीतार्थ संग्रह भाष्य-श्लोक - 11)। प्रपत्ति भगवान के प्रति उत्कट प्रेम है। इसके लिए जाति, धर्म, लिंग, आयु आदि बाधक नहीं हैं। किसी भी जाति, आयु, लिंग का व्यक्ति 'ईश्वर-प्राणिधान' करके ईश्वर का दर्शन प्राप्त कर सकता है। 'हरि भक्ति विलास' (2/11/676) के अनुसार 'प्रपत्ति' के लिए छ: शर्तें आवश्यक हैं:

"आनुकूल्यस्य संकल्प: प्रतिकूल्यस्य वर्जनम्।
रक्षिष्यतीति विश्वासो गोप्तृत्वे वरणं तथा
आत्म-निक्षेप कार्पण्ये षड्विधा शरणागति:॥"

- आनुकूल्यस्य संकल्प: अर्थात् भगवान की इच्छा के अनुरूप कार्य करने का संकल्प।
- प्रतिकूल्यस्य वर्जनम् अर्थात् उनकी इच्छा के प्रतिकूल कार्य न करने का संकल्प।
- रक्षिष्यतीति विश्वासो अर्थात् भगवान रक्षा करेंगे, ऐसा मन में दृढ़ विश्वास का होना।
- गोप्तृत्वे वरणं अर्थात् भगवान का रक्षक स्वामी के रूप में वरण करना।
- आत्म-निक्षेप अर्थात् आत्म-समर्पण।
- कार्पण्य अर्थात् आत्म-समर्पण का दैन्य भाव या दीनतापूर्वक आत्म-समर्पण।

इस प्रकार 'प्रपत्ति' भी एक प्रकार की 'भक्ति' ही है, परन्तु दोनों में वैषम्य यह है कि भक्ति मुक्ति या ईश्वर साक्षात्कार के लिए की जाती है जबकि 'प्रपत्ति' में भक्त ईश्वर पर आत्म-समर्पण करके पूर्णतया निश्चिंत हो जाता है। श्रीभाष्य में आता है कि "शरणागति मुक्ति हेतु नहीं है अपितु भक्ति की दृढ़ता एवं स्थिरता को बनाये रखने के लिए है।" ("तस्य च वशीकरणं तच्चरणागतिरेव।" श्रीभाष्य - 1/4/1)। इस प्रकार 'शरणागति अंग है जबकि भक्ति अंगी'।

यदि इस मान्यता पर सूक्ष्मतापूर्वक विचार किया जाय तो यह कहा जा सकता है कि भक्ति एवं प्रपत्ति में कई अन्य वैषम्य भी हैं। भक्ति में सूक्ष्म रूप से अहंकार एवं आसक्ति का भाव रह ही जाता है। कभी-कभी भक्त को ऐसा लगता है कि वही ईश्वर का एकमात्र सच्चा भक्त है या वही एकमात्र ईश्वर की कृपा पात्र है या ईश्वर केवल उसी का है आदि-आदि। प्रपत्ति में अहंकार का लेशमात्र भी स्थान नहीं है, क्योंकि यह दीनतापूर्वक समर्पण है। इसी प्रकार भक्ति में मुक्ति की कामना या ईश्वर साक्षात्कार का भाव रहता है। 'प्रपत्ति' या 'समर्पण' में न तो मुक्ति की कामना रहती है और न ही ईश्वर साक्षात्कार का भाव रहता है। यहाँ पर भक्त ईश्वर के समक्ष सर्वतोभावेन समर्पण करके पूर्णतया निश्चिंत हो जाता है और जिस भी परिस्थिति में ईश्वर रखता है, भक्त उसी परिस्थिति में खुश रहता है। वह न तो सुखों में हर्षादित होता है और न ही दु:खों से उद्विग्न। कोई यह नहीं कह सकता है कि समर्पण में भी तो समर्पण का भाव अथवा अहंकार रहता है। जब तक जीव में समर्पण का भाव है तब तक पूर्ण समर्पण नहीं है। समर्पण में तो समर्पण के भाव का भी पराभव हो जाता है। इसे एक उदाहरण के माध्यम से स्पष्ट किया जा सकता है। एक बार हजरत मूसा का खुदा से वार्तालाप हो रहा था। खुदा ने मूसा से पूछा कि, ऐ मूसा! क्या तू यह चाहता है कि मैं तेरा हो जाऊँ। मूसा ने कहा कि नहीं। तब खुदा ने पूछा कि तब क्या तू चाहता है कि तू

मेरा हो जाए। पुनः मूसा ने कहा कि नहीं। इस पर खुदा ने पूछा कि तब तू चाहता क्या है? मूसा ने कहा कि मैं तो यह चाहता हूँ कि मेरी रजा तेरी रजा में फना हो जाय अर्थात् मेरी कोई इच्छा ही न रह जाय। यही सच्चा आत्म-समर्पण है।

मालिक तेरी रजा रहे और तू ही तू रहे।
बाकी न मैं रहूँ और न मेरी आरजू रहे॥

भक्ति भी कई प्रकार की होती है। एक दृष्टि से भक्ति के दो प्रकार माने गये हैं: (1) हैतुकी या वैधी या गौणी भक्ति एवं (2) अहैतुकी या परा या निष्काम या मुख्य भक्ति। हैतुकी भक्ति निम्न स्तर की है, क्योंकि यह प्रयोजन सिद्ध करने के लिए होती है और यह प्रयोजन ईश्वर की प्राप्ति न होकर सांसारिक विषयों की प्राप्ति होती है। प्रयोजन सिद्ध होते ही भक्ति भी समाप्त हो जाती है। अहैतुकी भक्ति में सांसारिक विषयों की कामना नहीं रह जाती है बल्कि केवल ईश्वर भक्ति की ही भावना रहती है। यहाँ पर भक्त भगवान से कुछ भी नहीं चाहता है। वह केवल यही याचना करता है कि 'प्रभु तेरी सदैव ही कृपा बनी रहे'। अस्तु, इसे 'निष्काम भक्ति' भी कहते हैं।

पुनश्च, एक अन्य दृष्टि से भक्ति के तीन भेद किये जाते हैं: (1) तामसी, (2) राजसी एवं (3) सात्विकी। तामसी भक्ति में भक्त तामसिक उद्देश्यों की प्राप्ति के लिए भक्ति करता है, जैसे - चोर, डाकू अपने लक्ष्य की प्राप्ति करने के लिए माँ काली की आराधना करते हैं। इसी प्रकार सिद्धियाँ प्राप्त करने के लिए तांत्रिक या अन्य व्यक्ति बलि चढ़ाते हैं। राजसिक भक्ति में भक्त सांसारिक वैभव या अपने शत्रुओं पर विजय प्राप्ति करने हेतु भक्ति करता है। सात्विकी भक्ति में भक्त इन दोनों से ऊपर उठकर केवल स्वर्ग की कामना या आनन्द की प्राप्ति के लिए भक्ति करता है। क्योंकि भक्ति के तीनों ही प्रकार किसी-न-किसी प्रकार की कामना पर ही आधृत हैं, अत: इनमें से भक्ति के किसी भी रूप को अहैतुकी अथवा निष्काम भक्ति की श्रेणी में नहीं रखा जा सकता है। इन तीनों ही प्रकार की भक्तियों में सम्भव है कि सात्विकी भक्ति कालांतर में अहैतुकी भक्ति के रूप में परिणत हो जाय, परन्तु तामसिक एवं राजसिक प्रकार की भक्ति में ऐसी कोई सम्भावना नहीं रहती है।

इसी प्रकार एक अन्य दृष्टि से भक्त के चार प्रकार माने गये हैं: (1) आर्त्त, (2) अर्थार्थी, (3) जिज्ञासु एवं (4) ज्ञानी। ('आर्तो जिज्ञासुरर्थार्थी ज्ञानी च भरतर्षभ।' गीता - 7/16)। आर्त्त भक्त वह है जो किसी विपत्ति या संकट से बचने के लिए या मनोनुकूल कार्य नहीं होने पर ईश्वर की पूजा-अर्चना करता है। संकट समाप्त होते ही भक्ति भी समाप्त हो जाती है। अर्थार्थी भक्त वह है जो किसी निश्चित वर की प्राप्ति के लिए ईश्वर का भजन करता है। यहाँ पर भी वर प्राप्त हो या न हो भक्ति समाप्त हो जाती है। जिज्ञासु भक्त वह है जो ईश्वर के स्वरूप के बौद्धिक विश्लेषण के द्वारा ज्ञान प्राप्त करना चाहता है। उसे ईश्वर से कोई प्रेम नहीं होता है। वह तो केवल ईश्वर के स्वरूप का ज्ञान प्राप्त करना चाहता है अर्थात् ईश्वर है भी या नहीं। यदि उसका अस्तित्व है तो उसका स्वरूप क्या है? आदि-आदि। ज्ञानी भक्त वह है जो बौद्धिक विश्लेषण के द्वारा नहीं बल्कि संशय रहित या नि:शंक होकर ईश्वर की भक्ति करता है। वह भगवान से कुछ भी नहीं चाहता है। वह प्रत्येक परिस्थिति में खुश रहता है और कभी भी किसी बात की शिकायत नहीं

करता है। इसी को सूफियों ने 'राजी-ब-रीजा' की स्थिति कहा है। ऐसे ज्ञानी भक्त को भगवान अपना स्वरूप बताते हैं ('ज्ञानी त्वात्मैव मे मतम्।' गीता - 7/18)। अंततः भगवान श्रीकृष्ण कहते हैं कि 'इन चारों प्रकार के भक्तों में ज्ञानी भक्त सर्वश्रेष्ठ हैं, क्योंकि वे मुझमें निरंतर मन लगाकर अनन्य भक्ति करते हैं। अतः ज्ञानी भक्त को मैं अत्यंत प्रिय हूँ तथा वह मुझे अत्यंत प्रिय है।'

"तेषां ज्ञानी नित्ययुक्त एकभक्तिर्विशिष्यते।
प्रियो हि ज्ञानिनोऽत्यर्थमहं स च मम प्रियः॥" (गीता - 7/17)

श्रीमद्भागवत के अनुसार भक्त तीन प्रकार के होते हैं: (1) साधारण, (2) मध्यम एवं (3) उत्तम। साधारण भक्त वह है जो भगवान की पूजा-आराधना श्रद्धा एवं विश्वास के साथ करता है, परन्तु जो भगवान के भक्तों तथा अन्य लोगों के प्रति श्रद्धा भाव नहीं रखता है। (आचार्यामेव हरये पूजां यः श्रद्धयेहते। न तद्भक्तेषु चान्येषु स भक्तः प्राकृतः स्मृतः॥ 11/2/47)। मध्यम भक्त वह है जो भगवान से प्रेम, उनके भक्तों से मित्रता, दुःखी और अज्ञानियों पर कृपा तथा भगवान से द्वेष करने वालों के प्रति उपेक्षा का भाव रखता है। (ईश्वरे तदधीनेषु बालिशेषु द्विषत्सु च। प्रेममैत्रीकृपोपेक्षा यः करोति स मध्यमः॥ 11/2/46)। अंततः, उत्तम भक्त वह है जो सर्वत्र भगवान को ही अंतर्व्याप्त देखता है तथा जो समस्त प्राणियों एवं पदार्थों को भगवान में ही स्थित देखता है। (सर्वभूतेषु यः पश्येद् भगवद्भावमात्मनः। भूतानि भगवत्यात्मन्येष भागवतोत्तम॥ 11/2/45)।

इसके अतिरिक्त श्रीमद्भागवत में उत्तम भक्त के कई अन्य लक्षण बताये गये हैं, यथा - जो उसकी इच्छा के प्रतिकूल होने पर दुःखी नहीं होता है तथा इच्छानुकूल होने पर हर्षादित नहीं होता है, जो अपने एवं पराये के बीच भेद नहीं करता है, जो प्रत्येक परिस्थिति में सम रहता है, जो क्षणमात्र के लिए भी भगवान का विस्मरण नहीं करता है आदि-आदि (11/2/48–55)। इसी प्रकार उत्तम भक्त का लक्षण बताते हुए गीता में (12/18–19) कहा गया है कि "जो शत्रु एवं मित्र से तथा मान-अपमान में समान रहता है, जो शीत-उष्ण (शरीर की अनुकूलता एवं प्रतिकूलता) तथा सुख-दुःख (मन-बुद्धि की अनुकूलता-प्रतिकूलता) में सम एवं आसक्ति रहित है, जो निंदा-स्तुति को समान समझने वाला, मननशील, जिस किसी प्रकार से भी शरीर का निर्वाह होने न होने में संतुष्ट रहकर शरीर में ममता एवं आसक्ति से रहित स्थिर बुद्धि वाला है, ऐसा भक्त मुझे प्रिय है।"

"समः शत्रौ च मित्रे च तथा मानापमानयोः।
शीतोष्णसुखदुःखेषु समः सङ्गविवर्जितः॥"
"तुल्यनिन्दास्तुतिर्मौनी सन्तुष्टो येन केनचित।
अनिकेतः स्थिरमतिर्भक्तिमान्मे प्रियो नरः॥" (गीता - 12/18–19)

इस प्रकार यह कहा जा सकता है कि "उत्तम भक्त वह होता है जो सभी प्रकार के द्वन्द्वों में निर्द्वन्द्व रहता है अर्थात् जो सभी प्रकार के द्वन्द्वों से अप्रभावित रहता है तथा जिसकी भेद-दृष्टि ही समाप्त हो गई हो, जो सब में एक ही परमात्म तत्व को देखता है, जो अंदर एवं बाहर में समान अर्थात् निश्छल एवं निष्कपट होता है, जो प्रभु से किसी चीज की माँग नहीं करता है और न ही किसी बात की शिकायत करता है, वह प्रत्येक परिस्थिति में भगवान की इच्छा में ही प्रसन्न रहता

है, जिसे न तो ईश्वर दर्शन की चाह होती है और न ही वह मुक्ति की कामना करता है।" एक बार भगवान श्रीकृष्ण की तबियत खराब हो गई और वह कई दिनों तक ठीक नहीं हुई, तब नारद जी ने उनसे पूछा कि प्रभु आप ही बतायें कि आप ठीक कैसे होंगे? इस पर उन्होंने कहा कि यदि किसी भक्त का चरण-रज मेरे माथे पर मला जाय तो मैं ठीक हो जाऊँगा। नारद जी सर्वप्रथम रूक्मिणी के पास गये जो न केवल भगवान श्रीकृष्ण की भार्या थीं बल्कि उनकी परम भक्त भी थीं, और उनसे चरण-रज की याचना की। रूक्मिणी ने कहा कि नारद तुम कैसी बात करते हो। क्या मेरा चरण-रज भगवान के माथे पर मला जायेगा। क्या ऐसा करके मुझे नरक में जाना है। मैं अपना चरण-रज कदापि नहीं दे सकती हूँ। इसी प्रकार उन्होंने अन्य भक्तों से भी चरण-रज की माँग की, परन्तु सभी ने एक स्वर से चरण-रज देने से इन्कार कर दिया, क्योंकि सभी को नरक जाने की चिंता सताने लगी। तत्पश्चात् नारद जी, भगवान श्रीकृष्ण के कहने पर गोपियों के पास गये और उनसे भी यही बात कही। यह सुनते ही सभी गोपियाँ चरण रज देने के लिए तैयार हो गईं। नारद जी ने कहा कि क्या आप लोगों को पता है कि ऐसा करने पर आप सब को नरक भी हो सकता है, क्योंकि यह चरण-रज भगवान के माथे पर मला जायेगा। प्रत्युत्तर में गोपियों ने कहा कि नारद जी स्वर्ग एवं नरक की चिंता किसको है। चिंता तो केवल इस बात की है कि भगवान की तबियत ठीक हो जाय। यदि चरण रज देने से ही भगवान की तबियत ठीक हो जाय तो हम सभी नरक जाने को भी तैयार हैं। यथार्थत: यही सच्चा प्रेम एवं सच्ची भक्ति है जहाँ भक्त भगवान से कुछ भी नहीं चाहता है, सिवाय उनकी भक्ति एवं प्रेम के।

प्रश्न उठता है कि भक्ति कितने प्रकार की होती है? उपास्य विषय के दृष्टिकोण से भक्ति दो प्रकार की होती है:

1. प्रतीक भक्ति।
2. प्रतिमा भक्ति।

प्रतीक भक्ति: प्रतीक भक्ति में ईश्वर की पूजा-आराधना प्रतीक के रूप में की जाती है। प्रतीक के अंतर्गत प्राकृतिक वस्तुओं को ही दैवीय शक्ति से युक्त मान लिया गया है, जैसे - सूर्य, चन्द्र, पृथ्वी, जल, तेज, वायु आदि और इनका कार्य केवल विभिन्न प्राकृतिक शक्तियों के नियंत्रण तक ही सीमित था, जैसे - अग्नि देव का अग्नि तक, पवन देव का वायु तक आदि। इस प्रकार जब प्राकृतिक शक्तियों को ही प्रतीक मानकर उनकी पूजा-अर्चना की जाती है तो उसे 'प्रतीक भक्ति' कहते हैं।

प्रतिमा भक्ति: प्रतिमा भक्ति में ईश्वर के प्रतीक या प्राकृतिक सत्ताओं के स्थान पर उसकी प्रतिमा के रूप में भक्ति की जाती है। यहाँ पर प्रतिमा का अभिप्राय है कि प्राकृतिक सत्ताओं में व्यक्तित्व का आरोपण करके उन प्राकृतिक शक्तियों को ही व्यक्तित्वपूर्ण बना दिया जाना। इस प्रकार इसके अंतर्गत प्राकृतिक शक्तियों का ही "मानवीयकरण" (Anthropomorphism) करके उनकी पूजा-आराधना की जाती है। वैदिक परम्परा में इन दोनों ही प्रकार की भक्तियों का स्पष्ट उल्लेख मिलता है।

इसी प्रकार दृष्टिकोण या भावनाओं की भिन्नता के आधार पर भक्ति के कई भेद किये गये, यथा - संत भाव, दास्य भाव, सख्य भाव, वात्सल्य भाव, मातृभाव, माधुर्य भाव आदि।

संत भाव में बौद्धिकता के आधार पर ईश्वर की भक्ति की जाती है, जैसे - ईश्वर सर्वशक्तिमान, सर्वव्यापक, दयालु, कृपालु आदि हैं। दास्य भाव में भक्त ईश्वर को स्वामी तथा स्वयं को सेवक मानकर भक्ति करता है। प्राय: वे सभी भक्त जो अपने नाम के अंत में दास शब्द का प्रयोग करते हैं, वे सभी दास भाव से ही ईश्वर की भक्ति करते हैं, जैसे - तुलसीदास, रामदास, नाभादास, सूरदास, कबीरदास आदि। सख्य भाव में ईश्वर को मित्र मानकर उनकी भक्ति की जाती है, जैसे गोपिकाओं का भगवान श्रीकृष्ण के प्रति जो प्रेम था वह सख्य भाव के रूप में ही था। वात्सल्य भाव में भक्त द्वारा भगवान की पिता-पुत्र या माता-पुत्र के सम्बंध भाव से भक्ति की जाती है, जैसे - यशोदा एवं नंद जी की श्रीकृष्ण के प्रति भक्ति। मातृ भाव में भक्त भगवान को माता मान कर भक्ति करता है, जैसे - श्री रामकृष्ण परमहंस जी ने काली को माँ के रूप में स्वीकार कर उनकी भक्ति की। इसी प्रकार माधुर्य भाव में ईश्वर को प्रियतम तथा स्वयं को उनकी प्रेयसी मानकर भक्ति की जाती है। इसका मूर्त उदाहरण राधा-कृष्ण का प्रेम या श्रीकृष्ण एवं गोपिकाओं का प्रेम या मीराबाई एवं श्रीकृष्ण का प्रेम है। राधा, मीराबाई तथा गोपिकाओं ने एक प्रेयसी के रूप में ही भगवान की भक्ति की है। उल्लेखनीय है कि सूफियों ने ईश्वर की भक्ति अपने को प्रेयसी मानकर ही की है।

भक्ति भी कई रूपों में की जाती है। कहीं-कहीं भक्ति के नौ रूप मानकर नवधा भक्ति का उल्लेख किया गया है, जो निम्नवत् है: "श्रवण, कीर्तन, स्मरण, पादसेवन, अर्चन, वन्दन, दास्य, सख्य एवं आत्म-निवेदन।" (श्रीमद्भागवत महापुराण - 7/5/23)।

"श्रवणं कीर्तनं विष्णोः स्मरणं पादसेवनम्।
अर्चनं वन्दनं दास्यं सख्यमात्मनिवेदनम्॥"

इसी प्रकार गोस्वामी तुलसीदास जी ने रामचरित मानस के "अरण्यकाण्ड" (34/4) में भक्ति के नव रूप बताए हैं।

नवधा भगति कहउँ तोहि पाहीं। सावधान सुनु धरु मन माही॥
प्रथम भगति संतन्ह कर संगा। दूसरी रति मम कथा प्रसंगा॥

(1) संतों का सत्संग (2) ईश्वर के कथा प्रसंग से प्रेम (3) अभिमान रहित होकर गुरु के चरण-कमलों की सेवा (4) कपट छोड़कर उनके गुणों का ज्ञान करना (5) भगवान में दृढ़ विश्वास के साथ मंत्र-जाप (6) अपने आचरण को मर्यादित रखते हुए निरंतर संतों की सेवा में लगे रहना (7) सम्पूर्ण ब्रह्माण्ड में भगवान को देखना तथा संतों का ईश्वर से भी अधिक सम्मान करना (8) जो कुछ भी मिल गया उसी में संतुष्ट रहना तथा स्वप्न में भी पराये के दोषों को न देखना और (9) भक्ति है सरलता तथा सब के साथ छल-प्रपंच रहित होकर व्यवहार करना, हृदय में ईश्वर का भरोसा, किसी भी अवस्था में हर्ष एवं विषाद न करना। अंततः गोस्वामी जी लिखते हैं कि "भक्ति के इन नौ रूपों में से यदि किसी ने एक को भी अपना लिया है तो वह ईश्वर को अत्यंत ही प्रिय हो जाता है।" (अरण्यकाण्ड - 35/1–4)। इसी प्रकार श्री चैतन्य महाप्रभु के अनुसार भक्ति के पाँच रूप हैं: (1) साधु-संतों की संगति (2) भगवान श्रीकृष्ण की भक्ति (3) शास्त्रों का अध्ययन करना (4) ईश्वर का नाम जपना तथा (5) वृन्दावन में वास करना।

प्रश्न उठता है कि भक्ति के लिए योग्यताएँ क्या हैं? इसे छः प्रकार से वर्णित किया गया है:

1. भक्ति का उदय सहज, सरल, निश्छल एवं निष्कपट हृदय में ही सम्भव है। श्रीमद्भागवत के अनुसार "भगवान केवल निश्छल निर्मल भक्ति से ही प्रसन्न होते हैं, अन्य सब विडम्बना मात्र है।" ("प्रीयतेऽमला भक्त्या हरिरन्यद् विडम्बनम्।" श्रीमद्भागवत - 7/7/52)। जो व्यक्ति छल-प्रपंची हैं, वे भक्ति से कोसों दूर हैं। गोस्वामी जी भी "रामचरित मानस" में लिखते हैं कि "निर्मल मन जन सो मोंहि पावा। मोंहि कपट छल छिद्र न भावा।" (सुन्दरकाण्ड - 43/3) अर्थात् मुझे वही प्राप्त कर सकता है जिसका मन स्वच्छ दर्पण की भाँति छल-प्रपंच से रहित हो, क्योंकि मुझे छल-प्रपंच पसंद ही नहीं है। निर्मल मन उसी का माना जायेगा जो अंदर एवं बाहर समान हो अर्थात् जिसकी कथनी एवं करनी में समानता हो अर्थात् जो द्वि-चरित्र वाला व्यक्ति नहीं हो। ऐसे निश्छल हृदय में ही ईश्वर का वास होता है।
2. भक्ति के लिए ईश्वर के प्रति मन में श्रद्धा का होना अति-आवश्यक है। श्रद्धा का अर्थ है ईश्वर में अटूट आस्था या विश्वास। जब हम छोटे बच्चे को ऊपर उछालते हैं तो वह हँसता है, क्योंकि वह जानता है कि नीचे पकड़ने वाला कोई न कोई अवश्य ही है। ऐसा ही अटूट विश्वास ईश्वर में भी होना चाहिए, जिससे वह प्रत्येक परिस्थिति में प्रसन्न रहे। श्रद्धाविहीन हृदय वैसे ही है जैसे ऊसर भूमि। जिस प्रकार ऊसर भूमि में बीज अंकुरित नहीं हो सकता है उसी प्रकार श्रद्धाविहीन हृदय में भी भक्ति का उदय हो ही नहीं सकता है। श्रीमद्भागवत (11/20/8) के अनुसार "जो व्यक्ति सांसारिक विषयों के प्रति न तो विशेष विरक्त है और न विशेष अनुरक्त है, जिसमें पूर्व जन्म के शुभ कर्म फल से ईश्वर के प्रति अनुराग प्रकट हो चुका है, वही व्यक्ति भक्तियोग का अधिकारी है। उसे भक्ति योग के द्वारा ही सिद्धि मिल सकती है।"

   यदृच्छया मत्कथादौ जातश्रद्धस्तु यः पुमान्।
न निर्विण्णो नातिसक्तो भक्तियोगोऽस्य सिद्धिदः॥

3. भक्ति के लिए सर्वाधिक महत्त्वपूर्ण विशेषता है अनन्यता या एकनिष्ठता एवं समर्पण का भाव। बिना अनन्यता या एकनिष्ठता के श्रद्धा नहीं हो सकती है तथा बिना श्रद्धा के भक्ति दुर्लभ ही है। जो व्यक्ति अनन्य भाव से ईश्वर का भजन करता है, भगवान उसके लिए सब कुछ करने को तैयार हो जाते हैं। (भक्ता एकान्तिनो मुख्या:। नारद भक्तिसूत्र - 67)। द्रौपदी की कथा इसका साक्षात् उदाहरण है। जब तक द्रौपदी अन्य लोगों से अपनी रक्षा की गुहार लगाती रही, तब तक भगवान उसकी मदद करने के लिए आगे नहीं आये, परन्तु ज्योंहि उसने सब कुछ छोड़कर एकमात्र भगवान की शरण ली, तत्क्षण भगवान ने प्रकट होकर उनकी रक्षा की। स्पष्टत: अनन्यता या एकनिष्ठता के साथ ही साथ समर्पण भाव भी परमावश्यक है। यहाँ समर्पण का तात्पर्य है मान का समर्पण।
4. भक्ति के लिए भक्त के मन में सेवा भाव का होना अवश्यक है। सेवक के मन में कभी भी अहंकार पनप ही नहीं सकता है, क्योंकि जो सेवक होता है वह अपने आप को सबसे

छोटा मानता है। संत नानक जी की वाणी है कि "नानक नन्हें हो रह्यो जैसी नन्हीं दूब। बड़ी-बड़ी जल जायेगी दूब खूब की खूब॥" गाँधी जी ने भी कहा कि 'यदि तुम ईश्वर का दर्शन करना चाहते हो तो अपने आप को शून्य बना लो।' अहंकार तो उसे पनपता है जो बड़ा होता है, परन्तु जो दीन-हीन है, उसमें अहंकार कैसे पनप सकता है। सच्चा भक्त अपने आप को सदैव ही किसी मंदिर का एक पुजारी ही समझता है जिसका कार्य केवल भगवान की सेवा करना है अथवा बगीचे का माली ही समझता है जिसका कार्य केवल बागवानी करना है। इसका सर्वोत्तम उदाहरण भरत जी के जीवन में देखने को मिलता है। राजगद्दी मिलने के बावजूद भी उन्होंने सेवा-भाव का त्याग नहीं किया बल्कि राज-सिंहासन पर भगवान राम की खड़ाऊँ रखकर स्वयं को सेवक ही बनाये रखा। उनके मन में सदैव ही यही भाव रहा कि इस गद्दी के वास्तविक उत्तराधिकारी तो भगवान राम ही हैं।

सेवकों में भी विकास की उत्तरोत्तर तीन अवस्थाएँ होती हैं:

(i) पहली अवस्था वह है जब भक्त केवल भगवान या गुरु की सेवा को ही अपना पुनीत कर्त्तव्य मानता है।
(ii) दूसरी अवस्था वह है जब भक्त भगवान के भक्तों या गुरु के चाहने वालों की भी सेवा को अपना कर्त्तव्य मानकर उसका सम्यक् निर्वहन करता है।
(iii) तीसरी अवस्था वह है जब वह इस संसार के प्रत्येक प्राणी की सेवा को ही अपना धर्म मान लेता है, क्योंकि वह जगत के कण-कण में अपने प्रियतम को ही देखता है। यही भक्ति की पराकाष्ठा है।

5. भक्ति के लिए आयु, लिंग, जाति आदि बाधक नहीं हैं। सामान्यतः वैदिक परम्परा में चार आश्रमों में सन्यास को अंत में रखा गया है, परन्तु वास्तविकता यह है कि भक्ति के लिए सर्वाधिक महत्त्वपूर्ण उम्र शैशव काल ही है। भक्त प्रहलाद, ध्रुव, रामकृष्ण परमहंस आदि इसके साक्षात् उदाहरण हैं। इसी प्रकार लिंग-भेद का भी भक्ति से कोई सम्बंध नहीं है। संत मीराबाई, संत राबियाँ, राधा आदि इसके मूर्त उदाहरण हैं। इसी प्रकार जाति भी भक्ति में बाधक नहीं है। किसी भी जाति एवं कुल में पैदा हुए व्यक्ति के हृदय में यदि भक्ति पैदा हो जाय तो उसे महात्मा ही समझना चाहिए। भगवान श्रीकृष्ण कहते हैं कि "यदि कोई दुराचारी से दुराचारी व्यक्ति भी अनन्य भाव से मेरी भक्ति करता है तो उसे साधु ही समझना चाहिए।"

"अपि चेत्सुदुराचारो भजते मामनन्यभाक्।
साधुरेव स मन्तव्यः सम्यग्व्यवसितो हि सः॥" (गीता - 9/30)

इसीलिए वे कहते हैं कि मेरे भक्तों का कभी भी विनाश नहीं होता है। ("न मे भक्तः प्रणश्यति।" गीता - 9/31)। पुनश्च, नारदभक्ति सूत्र (72) के अनुसार भी "नास्ति तेषु जातिविद्यारूपकुलधनक्रियादिभेदः।" अर्थात् भक्तों में जाति, विद्या, रूप, कुल, धन, क्रिया आदि का भेद नहीं रहता है। इसी प्रकार यह भी कहा गया कि "पुंस्त्वे स्त्रीत्वे विशेषो वा

जातिनामाश्रमादयः। न कारणं मद्भजने भक्तिरेव हि कारणम्॥" (अध्यात्म०, आरण्यक० - 10/20) अर्थात् मेरे भजन में स्त्री पुरुष का भेद अथवा जाति, नाम, आश्रय कारण नहीं हैं, बल्कि मेरी भक्ति ही एकमात्र कारण है। वास्तव में 'यदि भक्ति का उदय म्लेच्छ के हृदय में हो जाय तो वह उसे श्रेष्ठ बना देती है।' वाल्मीकि, अजामिल आदि इसके साक्षात् उदाहरण हैं। इसी प्रकार आलवार संतों की परम्परा में भी कुछ शूद्र थे तथा एक महिला भी थी। संत रैदास भी जाति के चमार थे, फिर भी वे बहुत ही उच्च कोटि के भक्त थे। वास्तव में जाति, कुल, लिंग आदि का भेद तो केवल व्यावहारिक दृष्टि से ही है, आध्यात्मिक स्तर पर सभी प्रकार के भेद विगलित हो जाते हैं, क्योंकि आत्मा तो इन सभी प्रकार के भेदों से परे है।

6. भक्ति के लिए संसार के प्रति मन में वैराग्य का होना अति-आवश्यक है। जब तक मन में सांसारिक विषयों की लालासा है, चाहे वह धन सम्बंधी हो अथवा परिवार या पद-प्रतिष्ठा की तब तक मन में भक्ति पनप ही नहीं सकती है। यही नहीं, ये लालसाएँ भक्ति में बाधक भी हैं। जीसस ने कहा कि सम्भव है सुई के छिद्र से ऊँट निकल जाय, परन्तु धनवान व्यक्ति ईश्वर के दरबार में पहुँच जाय, यह असम्भव है। एक बार हजरत मूसा, इब्राहिम के छत पर चढ़कर पत्थर के टुकड़ों को इधर-उधर फेंकने लगे। नीचे शोर सुनकर इब्राहिम ने कहा कि छत पर क्या हो रहा है। पता चला कि मूसा ही पत्थर के टुकडों को इधर-उधर फेंक रहे हैं। उनसे इब्राहिम ने पूछा कि आप छत पर क्या कर रहे हैं? प्रत्युत्तर में उन्होंने कहा कि मैं ऊँट खोज रहा हूँ। इब्राहिम ने कहा कि छत पर ऊँट कैसे हो सकता है? इस पर मूसा ने कहा कि जिस प्रकार छत पर ऊँट नहीं हो सकता है उसी प्रकार महलों एवं अट्टालिकाओं में रहकर ईश्वर को कैसे प्राप्त किया जा सकता है। इस प्रकार यदि ईश्वर का दर्शन करना है तो सांसारिक लालसाओं से ऊपर उठना ही पड़ेगा।

मोक्ष प्राप्ति के जितने भी साधन बताये गये हैं उन पर चलने वाले साधकों के मार्ग में अनेकानेक प्रकार की रूकावटें भी आती हैं जिस पर साधक को ध्यान देना चाहिए जो कि निम्नलिखित हैं:

- सर्वप्रथम दुष्टों की संगति से बचने का प्रयास करना चाहिए, क्योंकि वे कभी भी मनुष्य को पतित कर सकते हैं। इसीलिए गोस्वामी जी मानस में लिखते हैं कि "बरु भल बास नरक कर ताता। दुष्ट संग जनि देइ बिधाता॥" (सुन्दरकाण्ड - 45/4) अर्थात् हे प्रभु! मुझे करोड़ों वर्ष नरक में जन्म देना, परन्तु दुष्टों की संगति मत देना। इसी प्रकार नारद जी लिखते हैं कि "दुष्टों की संगति सर्वथा त्याज्य है।" ("दुःसङ्गः सर्वथैव त्याज्यः।" नारदभक्ति सूत्र - 43)। दुष्टों की संगति के अंतर्गत दुष्ट व्यक्तियों के साथ के अतिरिक्त, दूषित ग्रंथों का अध्ययन, गंदे चित्रों को देखना, उनका श्रवण करना, वैचारिक स्तर पर उनका मनन करना आदि सभी समाहित हैं। यही सब मानव मन में तुच्छ प्रवृत्तियों, यथा - काम, क्रोध, लोभ, मोह आदि को जन्म देते हैं, जिससे मनुष्य पथ-भ्रष्ट होकर सन्मार्ग से स्खलित हो जाता है। गीता में भगवान श्रीकृष्ण कहते हैं कि विषयों पर चिंता करने से उनके प्रति आसक्ति पैदा होती है। असाक्ति से कामनाएँ पैदा होती हैं। कामना से क्रोध,

क्रोध से मोह, मोह से स्मृति नाश, स्मृति नाश होते ही मनुष्य की बुद्धि का नाश हो जाता है तथा बुद्धि नाश से मनुष्य का सर्वनाश हो जाता है।

"ध्यायतो विषयान्पुंसः सङ्गस्तेषूपजायते।
संङ्गात्सञ्जायते कामः कामात्क्रोधोऽभिजायते॥"
"क्रोधाद्भवति सम्मोहः सम्मोहात्स्मृतिविभ्रमः।
स्मृतिभ्रंशाद् बुद्धिनाशो बुद्धिनाशात्प्रणश्यति॥" (गीता - 2/62–63)

- इसी प्रकार नारदभक्ति सूत्र (44) में आता है कि "बुरी संगति के कारण काम, क्रोध, लोभ आदि उत्पन्न होते हैं और इस प्रकार अंततः व्यक्ति का सर्वनाश हो जाता है।" ("कामक्रोधमोह स्मृतिभ्रंशबुद्धिनाश सर्वनाशकारणत्वात्।")। इस प्रकार यह कहा जा सकता है कि भक्ति मार्ग अन्य मार्गों से अत्यधिक सरल एवं सुगम है।

कर्म मार्ग (Path of Karma)

जिस प्रकार ज्ञान की प्रधानता वाले व्यक्ति ज्ञान मार्ग का तथा सहज एवं सरल हृदय वाले व्यक्ति भक्ति मार्ग का अवलम्बन लेकर मोक्ष प्राप्त कर सकते हैं उसी प्रकार कर्मठी या संकल्प प्रधान व्यक्ति कर्म मार्ग का सहारा लेकर मोक्ष प्राप्त कर सकते हैं। कर्म मार्ग का प्रतिपादन मूलतः मीमांसा दर्शन तथा श्रीमद्भगवतगीता में किया गया है। मीमांसा दर्शन में वेद को प्रमुखतः क्रियार्थक माना गया है। ("चोदनालक्षणोऽर्थो धर्मः।" मीमांसा सूत्र - 1/1/2)। इसके अनुसार वेद का वह भाग जो क्रियार्थक नहीं है, अर्थवाद है, परन्तु अर्थवाद की सार्थकता भी परम्परया क्रिया का अंग बनकर ही सम्भव है ("आम्नायस्य क्रियार्थत्वादानर्थक्यमतदर्थानाम्।" मीमांसा सूत्र - 1/2/1)। मीमांसक मानते हैं कि ज्ञान का प्रतिपादन करने वाले वाक्य भी किसी न किसी रूप में क्रिया की स्तुति अथवा निषेध अवश्य ही करते हैं।

मीमांसा दर्शन में मूलतः तीन प्रकार के कर्म स्वीकार किये गये हैं:

1. कर्त्तव्य कर्म (Dutyfull Act)
2. काम्य कर्म (Desirable Act)
3. प्रतिषिद्ध कर्म (Prohibited Act)

कर्त्तव्य कर्म (Dutyfull Act)..

कर्त्तव्य कर्म वे हैं जो करणीय हैं अर्थात् इन्हें करना चाहिए, क्योंकि वेदों में इनको करने का विधान बताया गया है। कर्त्तव्य कर्म भी दो प्रकार के होते हैं: (1) नित्य कर्म एवं (2) नैमित्तिक कर्म।

1. नित्य कर्म वे हैं जिन्हें प्रतिदिन करना चाहिए, यथा - स्नान, ध्यान, संध्या, वन्दना प्रभृति।
2. नैमित्तिक कर्म वे हैं जिनका सम्पादन किसी अवसर विशेष पर किया जाता है, जैसे - चन्द्र-ग्रहण या सूर्य-ग्रहण या मकर संक्रान्ति के अवसर विशेष पर स्नान करना, दान देना, व्रत रखना आदि।

काम्य कर्म (Desirable Act)

काम्य कर्म वे हैं जो किसी कामना से प्रेरित होते हैं, परन्तु ये कर्म बाध्यकारी नहीं होते हैं, यथा - 'स्वर्गकामो यजेत' अर्थात् यदि स्वर्ग की कामना है तो यज्ञ करे। स्पष्टतः यह एक सोपाधिक कथन है।

प्रतिषिद्ध कर्म (Prohibited Act)

प्रतिषिद्ध कर्म वे हैं जिनका शास्त्रों में निषेध किया गया है अर्थात् इनका कार्य सम्पादन वर्जित है, क्योंकि ये अशुभ एवं अकल्याणकारी कर्म होने के कारण अकरणीय हैं, जैसे - 'कलञ्जं न भक्षयेत्' अर्थात् विषदग्ध शस्त्र से मारे गये पशु का माँस भक्षण नहीं करना चाहिए।

इन तीनों के अतिरिक्त एक चौथे प्रकार के कर्म का भी शास्त्रों में विधान बताया गया है जिसे 'प्रायश्चित कर्म' कहते हैं। निषिद्ध कर्म के दोषों से बचने के लिए किया गया प्रत्येक प्रयत्न 'प्रायश्चित कर्म' कहलाता है। इसके करने से पापक्षय होकर उनका वेग कम होता है।

कर्मों के सम्बंध में प्रभाकर मिश्र एवं कुमारिल भट्ट के बीच स्पष्टतः मतभेद है। कुमारिल के अनुसार वैदिक कर्मों का प्रतिपादन इसलिए किया गया है, क्योंकि इससे हमारे इष्ट की सिद्धि होती है। इस प्रकार ये कर्म "इष्टसाधनताज्ञान" के निमित्त किये जाते हैं। प्रभाकर के अनुसार वैदिक कर्मों का अनुष्ठान किसी इष्ट की सिद्धि के लिए न होकर केवल कर्त्तव्य बुद्धि से अर्थात् "कार्यताज्ञान" के लिए करना चाहिए। कुमारिल के अनुसार नित्य एवं नैमित्तिक कर्मों को करने से पापक्षय होता है तथा इनको न करने से पाप लगता है, जबकि प्रभाकर के अनुसार क्योंकि इन कर्त्तव्य कर्मों का विधान वेदों में है, अस्तु इन्हें पाप एवं पुण्य की भावना से नहीं, अपितु केवल कर्त्तव्य समझकर निष्काम भावना से करना चाहिए। पुनश्च, प्रतिषिद्ध कर्मों को करना वर्जित है। इनको करने से पाप लगता है, परन्तु इनको न करने से पुण्य की प्राप्ति नहीं होती है। अंततः काम्य कर्म को करने या न करने की व्यक्ति की स्वतंत्रता है। इसको करने से तो पुण्य प्राप्त होता है, परन्तु न करने से मनुष्य पाप का भागी नहीं होता है।

कर्म मार्ग या कर्म योग का प्रतिपादन गीता में भी किया गया है। तिलक का तो यहाँ तक कहना है कि गीता का मुख्य प्रतिपाद्य विषय कर्मयोग ही है। गीता में जिस कर्मयोग का प्रतिपादन किया गया है उसे 'अनासक्त कर्म' कहा जाता है। सामान्यतः गीता में कर्म शब्द का प्रयोग निम्नलिखित चार अर्थों में हुआ है:

- यदा-कदा कर्म का तात्पर्य साधारण कार्यों से लिया गया है ('इन्द्रियाणीन्द्रियार्थेषु वर्तन्त इति धारयन्।' गीता - 5/8–9)।
- कभी-कभी कर्म का प्रयोग ईश्वरीय पूजा-पाठ तथा उससे सम्बंधित कर्मकाण्ड के अर्थ में भी किया गया है ('अभ्यासेऽप्यसमर्थोऽसि मत्कर्मपरमो भव।' गीता - 12/10)।
- कभी-कभी कर्म का प्रयोग यज्ञ के अर्थ में किया गया है ('यज्ञाद्भवति पर्जन्यो यज्ञः कर्मसमुद्भवः।' गीता - 3/14)। प्राणि मात्र के कल्याण के लिए किया जाने वाला प्रत्येक प्रयत्न 'यज्ञ' कहलाता है। तप, दान एवं यज्ञ में भेद यह है कि तप अपने कल्याण के लिए, दान दूसरों के कल्याण के लिए, जबकि यज्ञ प्राणियों के कल्याण के लिए किया जाता है।

- अंततः गीता में कर्म शब्द का प्रयोग वर्ण-धर्म के अर्थ में भी किया गया है ('ब्राह्मणक्षत्रियविशां शूद्राणां च परन्तप।' गीता - 18/41)। उल्लेखनीय है कि गीता में कर्म शब्द का प्रयोग मूलतः वर्ण-धर्म के अर्थ में ही किया गया है।

इसी प्रकार योग युज् धातु से बना है जिसका अर्थ होता है मिलना अर्थात् आत्मा का परमात्मा से मिलना। योग दर्शन में योग का अर्थ है 'चित्त की वृत्तियों का निरोध' ('योगश्चित्तवृत्ति निरोधः' योग सूत्र - 1/2)। क्योंकि चित्त की वृत्तियों का निरोध समाधि में होता है अतः योग का अर्थ समाधि भी होता है। गीता में योग शब्द का प्रयोग मूलतः निम्नलिखित तीन अर्थों में हुआ है:

- 'समत्वं योग उच्यते।' (गीता - 2/48) अर्थात् 'व्यवहार एवं परमार्थ में समता का नाम ही योग है।'
- 'योगः कर्मसु कौशलम्।' (गीता - 2/50) अर्थात् 'कर्मों में कुशलता प्राप्त करने को ही योग कहा गया है।'
- 'तं विद्यादुःखसंयोगवियोगं योगसञ्ज्ञितम्।' (गीता - 6/23) अर्थात् 'दुःख संयोग के वियोग का नाम योग है।'

कर्मयोग के विशेष संदर्भ में योग शब्द का प्रयोग प्रमुखतः 'योगः कर्मसु कौशलम्' के अर्थ में ही हुआ है। इस प्रकार गीता में 'कर्मयोग' का तात्पर्य है अपने आप को सामाजिक कर्त्तव्यों में निष्ठापूर्वक लगाना। यदि समाज का प्रत्येक व्यक्ति अपने वर्ण-धर्म का अनुपालन निष्ठापूर्वक करता है तो ऐसा करके ही वह मोक्ष का अधिकारी बन सकता है।

गीता अपने कर्म योग के सिद्धांत में तत्कालीन समाज में प्रचलित दो प्रमुख प्रवृत्तियों का अद्‌भुत समन्वय करती है: (1) प्रवृत्ति मार्ग एवं (2) निवृत्ति मार्ग।

1. प्रवृत्ति मार्ग वैदिक कर्मकाण्ड का मार्ग है। इसके अनुसार वैदिक कर्मकाण्डों के द्वारा ही लौकिक एवं पारलौकिक सुखों की प्राप्ति सम्भव है, जैसे - मीमांसा दर्शन।
2. निवृत्ति मार्ग त्याग का मार्ग है। इसके अनुसार सभी प्रकार के कर्म बंधनकारी हैं। कर्मों के द्वारा भले ही कुछ समय के लिए लौकिक एवं पारलौकिक सुखों की प्राप्ति हो जाय, परन्तु ज्योंहि कर्म-फल समाप्त होता है, पुनः बंधन की स्थिति आ जाती है।

अस्तु, प्रवृत्ति की अपेक्षा निवृत्ति ही श्रेयस्कर है। इस मत का समर्थन जैन, बौद्ध, शंकराचार्य आदि करते हैं। गीता प्रवृत्ति मार्ग से कर्म का सिद्धांत तथा निवृत्ति मार्ग से त्याग का सिद्धांत, इन दोनों का अद्‌भुत समन्वय करती है। इसके अनुसार कर्म तो करना ही पड़ेगा साथ ही साथ त्याग भी आवश्यक है, परन्तु त्याग कर्म का नहीं बल्कि उससे उत्पन्न होने वाले फल की प्राप्ति का है। इसी दृष्टिकोण से एम० हिरियन्ना लिखते हैं कि "गीता कर्म का त्याग नहीं बल्कि कर्म में त्याग का उपदेश देती है।" ["The Geeta teaching stands not for renuciation of action, but for renunciation in action". Hiriyanna, M. (1994): *Outlines of Indian Philosophy*, Motilal Banarasidas, New Delhi, p. 121.]। इसे ही गीता में "कर्म में अकर्म की स्थिति" (The state of inaction in action) कहा गया है, जहाँ योगी कर्म करते हुए भी अकर्ता बना

रहता है। बंधन का कारण कर्म नहीं है बल्कि उससे उत्पन्न होने वाले फल के प्रति आसक्ति है। अत: यदि बिना आसक्ति के कर्म किया जाय तो कर्म करते हुए भी बंधन की स्थिति नहीं होती है। गीता का यह सिद्धांत अरस्तू के 'स्वर्णिम माध्यम' (The theory of golden mean) के समान ही एक मध्यम मार्ग है।

गीता के अनुसार जब तक जीवन है कर्म का त्याग सम्भव ही नहीं है। इस मत के समर्थन में गीता में निम्नलिखित चार कारण बताये गये हैं:

1. इन्द्रियों का स्वभाव ही विषयोन्मुख होना होता है। अत: कोई भी पुरुष किसी भी काल में क्षण मात्र के लिए भी बिना कर्म किये रह ही नहीं सकता है (न हि कश्चित्क्षणमपि जातु तिष्ठत्यकर्मकृत्। गीता - 3/5)।
2. शरीर के रक्षार्थ भी कुछ-न-कुछ कर्म करना आवश्यक है, क्योंकि बिना कर्म के तो जीविकोपार्जन भी सम्भव नहीं है (शरीरयात्रापि च ते न प्रसिद्ध्येदकर्मण:। गीता - 3/8)।
3. "जगत तो कर्मों से बंधा हुआ है। अत: हे कुन्तीनन्दन! तू आसक्ति रहित होकर यज्ञ के लिए कर्म कर।" ("यज्ञार्थात्कर्मणोऽन्यत्र लोकोऽयं कर्मबंधन:। तदर्थं कर्म कौन्तेय मुक्तसङ्गः समाचर॥" गीता - 3/9)। बिना कर्म के तो लोक की स्थिति भी सम्भव नहीं है। अत: यदि प्रत्येक व्यक्ति कर्म का परित्याग कर दे तो लोक का ही उच्छेद हो जायेगा ('सङ्करस्य च कर्ता स्यामुपहन्यामिमा: प्रजा:।' गीता - 3/23–24)।
4. भगवान श्रीकृष्ण कहते हैं कि हे अर्जुन! इन तीनों ही लोकों में मेरा कोई भी कार्य अवशिष्ट नहीं है फिर भी मैं कर्म करता हूँ। ('न मे पार्थास्ति कर्त्तव्यं त्रिषु लोकेषु किञ्चन। नानवाप्तमवाप्तव्यं वर्त एव च कर्मणि॥' गीता - 3/22)। इस प्रकार यदि कुछ नहीं तो लोक संग्रह की भावना से ही कर्म करना आवश्यक है। ('लोकसङ्ग्रहमेवापि सम्पश्यन्कर्तुमर्हसि।' गीता - 3/20)। अब यदि साक्षात् त्रिलोकपति को लोक संग्रह के लिए कर्म करना आवश्यक है तो साधारण मनुष्य कर्मों से विमुख कैसे हो सकता है।

इस प्रकार जब तक मानव शरीर धारण किये हुए है तब तक कर्म से मुक्ति असम्भव है, परन्तु कर्म तो बंधनकारी होता है, क्योंकि कर्मों का संस्कार बनता है और संस्कार का फल जीव को अवश्य ही भोगना पड़ता है। महाभारत के शान्ति पर्व में आता है कि "कर्मणा बध्यते जन्तु:।" (241/7) अर्थात् 'केवल कर्म से जीव का बंधन होता है।' सम्भवत: यही कारण है कि भगवान श्रीकृष्ण ने कर्म एवं त्याग इन दोनों के बीच का रास्ता अपनाया और यह रास्ता बताया कि कर्म तो हो, परन्तु बंधन न हो। इसके लिए भगवान श्रीकृष्ण ने अनासक्त कर्मयोग का सिद्धांत प्रतिपादित किया, जिसके अनुसार व्यक्ति कर्म तो करे, परन्तु उसके उत्पन्न होने वाले परिणाम की चिन्ता न करे। बंधन का कारण कर्म नहीं है बल्कि कर्म से उत्पन्न होने वाले फल के प्रति आसक्ति है। गीता के अनुसार "फलासक्ति से कर्म बंधन दृढ़ होता है" ('फलेसक्तो निबध्यते।' गीता - 5/12)। यही नहीं, "फल की इच्छा रखने वाले को कृपण कहा गया है।" ('कृपणा: फलहेतव:।' गीता - 2/49)। अत: यदि कोई व्यक्ति निरासक्त होकर कर्म करता है तो वह कर्म करते हुए भी कर्म के परिणाम से असम्पृक्त हो जाता है और इस प्रकार वह कर्म करते हुए भी अकर्त्ता ही बना रहता है।

गीता में भगवान श्रीकृष्ण कहते हैं कि किसी व्यक्ति को कर्म के परिणाम पर ध्यान नहीं देना चाहिए, क्योंकि:

- कर्म पर ही किसी व्यक्ति का अधिकार है, उसके परिणाम पर नहीं।
- कर्म के परिणाम ध्यान देने से कोई व्यक्ति कर्म का सही चयन भी नहीं कर पायेगा। यदि किसी प्रकार कर्म का चयन कर भी ले, तो यदि उसके अनुरूप फल की प्राप्ति नहीं हुई तो या तो वह व्यक्ति कर्म का ही परित्याग कर देगा या फिर वह दु:खों से आक्रांत हो जायेगा।
- किसी भी कर्म के लिए पाँच तत्व उत्तरदायी होते हैं जिसमें दैवीय अनुकम्पा भी एक है। ऐसी स्थिति में अकेले व्यक्ति कर्म-फल के लिये उत्तरदायी नहीं हो सकता है।
- गीता में कर्म को प्रकृति का गुण माना गया है। यदि सम्पूर्ण कर्म प्रकृति के गुणों द्वारा किये जाते हैं तो किसी कर्म का परिणाम किसी व्यक्ति के हाथ में कैसे हो सकता है।

इस प्रकार कर्म-फल को निम्नलिखित रूप में वर्णित किया गया है:

1. भगवान श्रीकृष्ण कहते हैं कि कर्म-फल के प्रति आसक्ति नहीं होनी चाहिए, क्योंकि कर्म पर ही किसी व्यक्ति का अधिकार है उसके परिणाम पर नहीं। उनके अनुसार "हे अर्जुन! तेरा कर्म पर ही अधिकार है उससे उत्पन्न होने वाले फल पर नहीं। अत: तुम फल को कर्म का हेतु मत बनाओ और कर्म का परित्याग मत करो।"

"कर्मण्येवाधिकारस्ते मा फलेषु कदाचन।
मा कर्मफलहेतुर्भूमा ते सङ्गोऽस्त्वकर्मणि॥" (गीता - 2/47)

इसका अभिप्राय नहीं है कि कर्म बिना फल के विचार के किया जाता है अथवा कर्म करने पर फल की प्राप्ति नहीं होगी बल्कि इसका अभिप्राय केवल इतना है कि कर्म करने का अभीष्ट कर्म-फल नहीं होना चाहिए, क्योंकि कर्म का परिणाम व्यक्ति के वश में नहीं है।

2. गीता के अनुसार फल की कामना रखने वाले व्यक्तियों की वृत्तियाँ चंचल होती हैं। अत: सम्भव है कि आसक्ति या स्वार्थवश व्यक्ति उचित कर्म का चुनाव ही न कर पाये और यदि संयोगवश उचित कर्म का चुनाव कर भी ले तो आकांक्षा के अनुरूप फल की प्राप्ति न होने पर वह हताश एवं निराश होकर या तो वह कर्म का ही परित्याग कर दे या फिर वह दु:खों से आक्रांत हो जाय। अस्तु, गीता उपदेश करती है कि हमें कर्म पर ही ध्यान देना चाहिए, उससे उत्पन्न होने वले फल की प्राप्ति पर नहीं।
3. भगवान श्रीकृष्ण कहते हैं कि कर्म-फल किसी व्यक्ति के अधीन इसलिए भी नहीं है, क्योंकि किसी भी कर्म के लिए पाँच तत्व उत्तरदायी हैं: 'अधिष्ठान, कर्ता, करण, चेष्टा एवं दैवीय अनुकम्पा।'

"अधिष्ठानं तथा कर्ता करणं च पृथग्विधम्।
विविधाश्च पृथक्चेष्टा दैवं चैवात्र पञ्चमम्॥" (गीता - 18/14)

अधिष्ठान शरीर को कहते हैं, परन्तु बिना शरीर के कर्म नहीं हो सकता है। कर्ता आत्मा या जीव है। यदि शरीर रहे, परन्तु आत्मा न रहे तो भी कर्म नहीं हो सकता है। करण का

तात्पर्य इन्द्रियों से है। अब माना कि शरीर एवं आत्मा दोनों ही हों, परन्तु इन्द्रियाँ ही न हों तो भी कर्म नहीं होगा। चेष्टा का अर्थ है प्रयास। यदि शरीर, आत्मा एवं इन्द्रियाँ तीनों ही हों, परन्तु कोई व्यक्ति उसके लिए प्रयास ही न करे तो भी कर्म का सम्पादन नहीं होगा। इन चारों के होने पर भी जब तक दैवीय अनुकम्पा नहीं होगी तब तक कार्य सम्पादन नहीं होगा। अब यदि किसी भी कार्य के लिए पाँच तत्व उत्तरदायी हैं तो व्यक्ति अपने आप को कर्ता क्यों मान लेता है। अस्तु, वे अर्जुन से कर्तापन के भाव से रहित होकर कर्म करने का उपदेश करते हैं। उनके अनुसार "हे अर्जुन! तू करता वह है जो तू चाहता है, परन्तु होता वह है जो मैं चाहता हूँ। तू वह कर जो मैं चाहता हूँ फिर वह होगा जो तू चाहता है।" इससे भी यही सिद्ध होता है कि मनुष्य का कर्म पर ही अधिकार है उससे उत्पन्न होने वाले परिणाम पर नहीं।

4. कर्म के सम्बंध में गीता में सांख्य दर्शन की ही भाँति कर्म को प्रकृति का गुण माना गया है। इसी दृष्टि से भगवान श्रीकृष्ण कहते हैं कि "हे अर्जुन! यद्यपि सम्पूर्ण कर्म सब प्रकार से प्रकृति के गुणों के द्वारा किये जाते हैं तथापि अहंकार से मोहित अंत:करण वाला अज्ञानी मनुष्य मैं कर्ता हूँ, ऐसा मान लेता है।"

"प्रकृतेः क्रियमाणानि गुणैः कर्माणि सर्वशः।
अहङ्कारविमूढात्मा कर्ताहमिति मन्यते॥" (गीता - 3/27)

गीता के अनुसार अनासक्त कर्म करने के लिए 'अहंकार' एवं 'आसक्ति' का परित्याग आवश्यक है। अहंकार का तात्पर्य है 'मैं' (Ego) अर्थात् 'मैं ही कर्ता हूँ' (I am doer) जबकि आसक्ति का अर्थ है अपने एवं पराये का भेद करना अर्थात् विषयों के प्रति आसक्ति (Attachment with desire)। गीता अहंकार से रहित होने की बात करती है, क्योंकि यद्यपि सम्पूर्ण कर्म सब प्रकार से प्रकृति के गुणों के द्वारा किये जाते हैं, तथापि अहंकार से युक्त अज्ञानी मनुष्य अपने आप को कर्ता मान लेता है। जब जीव अहंकार से रहित होकर कर्म करता है तो वह कर्म करते हुए भी कर्तापन के भाव से असम्पृक्त हो जाता है। कर्तापन का भाव समाप्त होते ही उससे उत्पन्न होने वाले फल के प्रति आसक्ति भी समाप्त हो जाती है और आसक्ति समाप्त होते ही बंधन समाप्त हो जाता है। यही कर्म में अकर्म की स्थिति है जहाँ जीव कर्म करते हुए भी अकर्त्ता बना रहता है।

गीता के अनुसार अहंकार के साथ ही साथ आसक्ति का पराभव भी आवश्यक है। आसक्ति का अर्थ है अपने एवं पराये का भेद करना अथवा विषयों के प्रति आसक्ति। कुरूक्षेत्र के युद्ध में जब कौरव एवं पाण्डव की सेनाएँ आमने-सामने थीं तब अर्जुन ने कहा कि हे कृष्ण! मैं यह देखना चाहता हूँ कि मेरे विपक्ष में कौन-कौन से लोग आये हैं। भगवान श्रीकृष्ण ने अर्जुन के रथ को दोनों सेनाओं के मध्य ले जाकर खड़ा कर दिया। तत्पश्चात् उन्होंने बताया कि तुम्हारे विपक्ष में पितामह भीष्म, गुरु द्रोणाचार्य, कुल गुरु कृपाचार्य, दुर्योधन आदि महारथी आये हैं। यह देखकर अचानक अर्जुन के मन में आसक्ति का प्रादुर्भाव हुआ और उसने कहा कि हे केशव! मैं युद्ध नहीं करूँगा। स्पष्टत: अर्जुन को युद्ध से परहेज नहीं था। वह तो केवल अपने भाई-बान्धवों के साथ युद्ध नहीं करना चाहता था। प्राय: जीव अज्ञानवश विषयों के प्रति राग-द्वेष का भाव स्थापित कर लेता है जिसके परिणामस्वरूप, उसकी कर्म-फल में स्वभावत: आसक्ति हो जाती है और

आसक्ति के वशीभूत किया गया कर्म फल के लिए किया गया कर्म होता है और फल के लिए किया गया कर्म बंधनकारी होता है। अस्तु, गीता निरासक्त होकर कर्म करने का उपदेश करती है।

पुनश्च, भगवान श्रीकृष्ण कहते हैं कि "विषयों पर चिंतन करने से उनके प्रति आसक्ति पैदा होती है। आसक्ति से कामनाएँ पैदा होती हैं। कामना से क्रोध, क्रोध से मोह, मोह से स्मृति नाश, स्मृति नाश होते ही मनुष्य की बुद्धि का नाश हो जाता है तथा बुद्धि नाश से मनुष्य का सर्वनाश हो जाता है।"

"ध्यायतो विषयान्पुंसः सङ्गस्तेषूपजायते।
सङ्गात्सञ्जायते कामः कामात्क्रोधोऽभिजायते॥
क्रोधाद्भवति सम्मोहः सम्मोहात्स्मृतिविभ्रमः।
स्मृतिभ्रंशाद् बुद्धिनाशो बुद्धिनाशात्प्रणश्यति॥" (गीता - 2/62–63)

प्रश्न उठता है कि क्या आसक्ति रहित होकर कर्म करना किसी मनुष्य के लिए व्यवहारतः सम्भव है? स्पष्टतः गीता का अनासक्त कर्म योगी कोई साधारण पुरुष नहीं है बल्कि वह एक पूर्ण पुरुष या त्रिगुणातीत पुरुष है जो सभी प्रकार की मनोवैज्ञानिक दुर्बलताओं से पूर्णतया असम्पृक्त 'स्थित-प्रज्ञ' है। स्थितप्रज्ञ पुरुष वह होता है जिसकी प्रज्ञा समत्व योग में स्थापित हो गई हो। अतः वह सभी प्रकार के द्वन्द्वों में भी निर्द्वन्द्व बना रहता है अर्थात् जो सुख-दुःख, हानि-लाभ, जय-पराजय इन सभी विषम परिस्थितियों में अविचलित रहता है। ('सुखदुःखे समे कृत्वा लाभालाभौ जयाजयौ।' गीता - 2/38)। वह न तो सुखों में हर्षादित होता है और न ही दुःखों में उद्विग्न। इसका अभिप्राय नहीं है कि ऐसा व्यक्ति उचित-अनुचित का विवेक ही नहीं करता है। इसी दृष्टि से तिलक "गीता रहस्य" में लिखते हैं कि "कुबेर से टक्कर लेने वाला करोड़पति साहूकार यदि बाजार में सब्जी खरीदने जाय तो जिस प्रकार वह एक हरी धनियाँ की गड्डी का दाम एक करोड़ नहीं दे देता उसी प्रकार साम्यावस्था में पहुँचा हुआ पुरुष योग्य तारतम्य को भूल नहीं जाता है। उसकी बुद्धि सम तो रहती है, परन्तु समता का यह अर्थ नहीं है कि गाय का चारा मनुष्य को तथा मनुष्य का भोजन गाय को खिला दे।" (गीता रहस्य - पृ० 396)।

उल्लेखनीय है कि गीता सभी प्रकार की कामनाओं के नाश पर बल नहीं देती है बल्कि वास्तव में, स्वार्थपरक तुच्छ कामनाएँ निष्कामता की स्थिति में शुद्ध होकर परिष्कृत एवं परिमार्जित हो जाती हैं। यह कामनाओं का नाश नहीं बल्कि कामनाओं का दैवीकरण है। गीता के अनुसार यदि कामनाएँ रखनी ही हैं तो दो प्रकार की कामनाएँ रखनी चाहिए:

1. ईश्वर प्राप्ति की एवं
2. लोक-संग्रह की।

प्रारम्भ में, तामसिक एवं राजसिक भावनाओं को सात्विक भावनाओं के द्वारा नियंत्रित करना चाहिए। जब सात्विक भावना जागृत हो जाती है तो अंततः उससे भी ऊपर उठकर उसका भी पराभव कर देना चाहिए। जिस प्रकार शरीर में काँटा चुभा हो तो उसे काँटे से ही निकालते हैं, अंततः उस काँटे को भी फेंक देते हैं। इसे ही 'त्रिगुणातीत अवस्था' कहते हैं। इस अवस्था में कर्म-फल के प्रति आसक्ति समाप्त हो जाती है। ऐसी स्थिति में व्यक्ति कर्म-फल को ईश्वर

पर समर्पित कर देता है। जब कर्म-फल ईश्वर पर समर्पित हो जाता है तब उस व्यक्ति के द्वारा किया गया कर्म ईश्वर के लिए किया गया कर्म हो जाता है और ईश्वर के लिए किया गया कर्म बंधनकारी नहीं होता है, ठीक वैसे ही जैसे पद्मपत्र जल से लिप्त नहीं होता है। भगवान श्रीकृष्ण कहते हैं कि "जो भक्त सम्पूर्ण कर्मों को परमात्मा में अर्पण करके और आसक्ति का परित्याग करके कर्म करता है वह जल में कमल के पत्ते की भाँति पाप से लिप्त नहीं होता है।" ('लिप्यसे न स पापेन पद्मपत्रमिवाम्भसा।' गीता - 5/10)।

इसी प्रकार गीता का मत है कि लौकिक स्थितियों में कर्म का प्रयोजन अपने स्वार्थ के स्थान पर लोक-संग्रह हो सकता है। जब साधक लोक-संग्रह के लिए कर्म करता है तो स्वार्थ एवं वासनाओं का अतिक्रमण हो जाता है। यथार्थतः वह लोक-कल्याण की भावना से कर्म नहीं करता है बल्कि उसके द्वारा सम्पादित कार्यों से स्वतः लोक-संग्रह होता रहता है। ('लोकसङ्ग्रहमेवापि सम्पश्यन्कर्तुमर्हसि।' गीता - 3/20)। स्पष्टतः जब तक जीवन है, इच्छाओं अथवा कामनाओं का अंत सम्भव नहीं है। कामनाएँ तो रहेंगी ही, चाहे वे लोक संग्रह की हों या फिर ईश्वर दर्शन की। सम्भवतः यही कारण है कि गीता 'इच्छा रहित' (Desireless) होकर कर्म करने का उपदेश नहीं करती है बल्कि 'आसक्ति रहित' या 'अनासक्ति भाव' (Disinterest) से कर्म करने का उपदेश करती है।

गीता के अनासक्ति कर्म की तुलना काण्ट के 'कर्त्तव्य के लिए कर्त्तव्य' (Duty for duty's sake) सिद्धांत और एच० एफ० ब्रेडले के 'मेरा स्थान और उसके कर्त्तव्य' (My station and its duties) से की जाती है। उल्लेखनीय है कि काण्ट अपनी पुस्तक "*Critique of Practical Reason*" (1788) में 'कर्त्तव्य के लिए कर्त्तव्य' सिद्धांत का प्रतिपादन करते हैं जिसके अनुसार प्रत्येक व्यक्ति को अपनी कर्त्तव्य भावनाओं एवं प्रवृत्तियों से ऊपर उठकर केवल कर्त्तव्य समझकर कर्म करना चाहिए। इस प्रकार कर्त्तव्य का उद्देश्य किसी साध्य की प्राप्ति नहीं बल्कि केवल कर्त्तव्य है। काण्ट के अनुसार यदि कर्त्तव्य पालन में कोई चीज बाधक बनती है तो हमें उसका दमन भी करना चाहिए। गीता भी भावनाओं, संवेगों आदि से ऊपर उठकर कार्य करने का उपदेश देती है। इसके अनुसार यदि प्रत्येक व्यक्ति अपने वर्ण-धर्म में विहित कर्मों का निष्ठापूर्वक अनुपालन करता है तो ऐसा करके ही वह मोक्ष का अधिकारी बन सकता है। इस साम्य के बावजूद भी दोनों में कुछ सूक्ष्म वैषम्य भी हैं जो निम्नलिखित हैं:

- काण्ट के अनुसार मनुष्य को कर्त्तव्य के लिए कर्त्तव्य करना चाहिए, परन्तु यदि ऐसा करने में भावनाएँ, संवेग आदि बाधक बनते हैं तो हमें उनका दमन करना चाहिए। इस प्रकार काण्ट इन्द्रियों के दमन की बात करता है। गीता इन्द्रियों के दमन की बात नहीं करती है बल्कि उनके नियंत्रण की बात करती है।
- काण्ट के अनुसार कर्त्तव्य के लिए कर्त्तव्य का अनुपालन किसी लक्ष्य की प्राप्ति के लिए नहीं बल्कि शुद्ध कर्त्तव्य की भावना से ही करना चाहिए। स्पष्टतः काण्ट का सिद्धांत शुद्ध रूप से आकारिक है, क्योंकि इसकी कोई विषय-वस्तु नहीं है। गीता के अनुसार अनासक्त कर्म इसलिए करना चाहिए, क्योंकि ऐसा करके मनुष्य अपने परम लक्ष्य अर्थात् मोक्ष को प्राप्त कर सकता है। स्पष्टतः यहाँ कर्त्तव्य की विषय-वस्तु मोक्ष है।

- गीता ज्ञानयोग, कर्मयोग एवं भक्तियोग से ऊपर उठकर अंततः समर्पणयोग का उपदेश करती है। भगवान श्रीकृष्ण कहते हैं कि अर्जुन! यदि तू कुछ नहीं कर सकता है तो सब कुछ छोड़कर मेरी शरण में आ जा। मैं तूझे सारे पापों से मुक्त कर दूँगा। काण्ट कहीं भी समर्पण की बात नहीं करते हैं।

इसी प्रकार गीता के अनासक्ति कर्म योग की तुलना ब्रेडले के 'मेरा स्थान और उसके कर्त्तव्य' सिद्धांत से भी की जाती है। ब्रेडले 'मेरा स्थान और उसके कर्त्तव्य' सिद्धांत का प्रतिपादन अपनी पुस्तक "*Ethical Studies*" (1876) में करता है। उसके अनुसार समाज में प्रत्येक व्यक्ति का स्थान निर्धारित है और प्रत्येक व्यक्ति को समाज में निर्धारित स्थान के अनुरूप अपनी योग्यता के अनुसार कार्य करना चाहिए। स्पष्टतः ब्रेडले का मत काण्ट के मत से पृथक् है। ब्रेडले के अनुसार काण्ट अपने इस सिद्धांत में केवल आकार पर ही बल देता है, क्योंकि उसके अनुसार कर्त्तव्य का कोई लक्ष्य नहीं है जबकि ब्रेडले के अनुसार कर्त्तव्य करने का लक्ष्य है आत्म-सिद्धि। मानव विश्व-व्यवस्था का एक अंग है और इस व्यापक व्यवस्था में उसका एक स्थान है और प्रत्येक स्थान के साथ कुछ विशेष कर्त्तव्य भी जुड़े हुए हैं। इन्हीं विशेष कर्त्तव्यों का अनुपालन करके ही आत्म सिद्धि प्राप्त की जा सकती है। इस प्रकार गीता एवं ब्रेडले में साम्य यह है कि दोनों ही कर्त्तव्य का लक्ष्य आत्म-सिद्धि या मोक्ष प्राप्ति को ही मानते हैं, परन्तु दोनों में वैषम्य यह है कि जहाँ एक ओर गीता वर्ण-धर्म के अनुपालन पर बल देती है वहीं दूसरी ओर ब्रेडले वर्ण-धर्म की बात नहीं करते हैं। उनके अनुसार समाज में किसी व्यक्ति के कर्त्तव्य का निर्धारण उसकी मानसिक अभिरुचियों के अनुसार ही होता है। इस प्रकार यह कहा जा सकता है कि गीता के अनासक्त कर्म का सिद्धांत काण्ट के 'कर्त्तव्य के लिए कर्त्तव्य' सिद्धांत और ब्रेडले के 'मेरा स्थान और उसके कर्त्तव्य' इन दोनों से ही सर्वथा पृथक् है।

योग मार्ग (Path of Yoga)

सामान्यतः मोक्ष प्राप्ति के जितने भी मार्ग अथवा साधन बताये गये हैं उनमें योग का तत्व किसी-न-किसी रूप में अवश्य ही शामिल रहता है, क्योंकि बिना योग के साधक न तो आत्म-अवस्थित हो सकता है और न ही आत्मा का परमात्मा से मिलन ही सम्भव है। 'योग' शब्द 'युज्' धातु से बना है जिसका अर्थ ही होता है 'मिलना' अथवा 'जुड़ना'। इस प्रकार एक वस्तु को दूसरी वस्तु से मिला कर एक कर देना ही योग है, परन्तु अध्यात्म के क्षेत्र में योग वह स्थिति है जिसमें या तो आत्मा का परमात्मा से मिलन होता है या फिर जीव अपने मूल स्वरूप में अवस्थित अर्थात् 'आत्म-अवस्थित' हो जाता है। सम्भवतः यही कारण है कि मोक्ष प्राप्ति के जितने भी मार्ग प्रणीत हैं उनमें योग शब्द का प्रयोग अवश्य ही किया जाता रहा है, यथा - 'ज्ञानयोग', 'भक्तियोग', 'कर्मयोग' आदि। इस साम्य के बावजूद भी योग मार्ग अन्य मार्गों से अपने आप में विशिष्ट है, क्योंकि जहाँ पर अन्य मार्ग आत्मा के परमात्मा से मिलन अथवा 'आत्म-अवस्थित' होने के लिए ज्ञान, भक्ति, कर्म आदि विभिन्न साधनाओं की बात करते हैं वहीं योग मार्ग के अंतर्गत शुद्ध रूप से यौगिक क्रियाओं या साधनाओं का सहारा लिया जाता है। इसके अनुसार

कैवल्य प्राप्ति के लिए या 'आत्म-अवस्थित' होने के लिए सर्वोत्तम साधन केवल 'योगमार्ग' ही है। इस प्रकार 'योग' एवं 'योग-साधन' दोनों एक-दूसरे से पूर्णतया भिन्न हैं। 'योग' साध्य है जहाँ आत्मा का परमात्मा से मिलन होता है, जबकि 'योग-साधन' उस साध्य को प्राप्त करने के लिए साधन या मार्ग है। योग-मार्ग के संस्थापक के रूप में 'महर्षि पतंजलि' को स्वीकार किया जाता है।

यद्यपि 'योग' का शाब्दिक अर्थ होता है 'मिलना' या 'जुड़ना' तथापि विभिन्न स्थानों पर इस शब्द का प्रयोग भिन्न-भिन्न अर्थों में हुआ है। उदाहरणार्थ, गीता में योग शब्द का प्रयोग मूलतः तीन अर्थों में हुआ है:

- 'समत्वं योग उच्यते।' (गीता - 2/48)। अर्थात् 'व्यवहार एवं परमार्थ में समता का नाम ही योग है।'
- 'योगः कर्मसु कौशलम्।' (गीता - 2/50) अर्थात् 'कर्मों में कुशलता या निपुणता हासिल करना ही योग है।'
- 'तं विद्याद्दुःखसंयोगवियोगं योगसञ्ज्ञितम्।' (गीता - 6/23) अर्थात् 'दुःख संयोग के वियोग का नाम ही योग है।'

महर्षि पतंजलि के योग दर्शन में 'योग' शब्द का प्रयोग एक अत्यंत ही विशिष्ट अर्थ में हुआ है। उनके अनुसार योग का अर्थ है 'योगश्चित्तवृत्ति निरोधः।' (योग सूत्र - 1/2) अर्थात् 'चित्त की वृत्तियों का निरोध हो जाना ही योग है।' जिस प्रकार मन में संकल्प-विकल्प उठता रहता है उसी प्रकार चित्त में भी वृत्तियाँ उत्पन्न होती रहती हैं। जब हम किसी वस्तु को देखते हैं तो उसका प्रतिबिम्ब हमारे चित्त अथवा अंतःकरण में बनता है। चित्त में बनने वाले इसी प्रतिबिम्ब को 'वृत्ति' कहते हैं। क्योंकि यह प्रतिबिम्ब चित्त में बनता है, अस्तु इसे 'चित्त-वृत्ति' भी कहते हैं। ज्योंहि चित्त में वृत्तियों का उठना आरम्भ हो जाता है त्योंहि मन संकल्प-विकल्प करना आरम्भ कर देता है, परन्तु जैसे ही चित्त की वृत्तियों का निरोध हो जाता है, मन संकल्प-विकल्प करना स्वतः छोड़ देता है। इस प्रकार मन में संकल्प-विकल्प का उठना चित्त की वृत्तियों के अधीन है। जब चित्त की वृत्तियों का निरोध हो जाता है तो इसी निरोधावस्था को ही योग दर्शन में 'योग' कहा गया है। सामान्यतः चित्त की वृत्तियों का निरोध समाधि में ही होता है, अतः योग को समाधि भी कहते हैं। वास्तव में, योग शब्द 'युज' धातु (युज् समाधौ) से निष्पन्न हुआ है जिसका शाब्दिक व्युत्पत्ति की दृष्टिकोण से अर्थ ही होता है 'समाधि'। इस प्रकार योग दर्शन में योग का अर्थ जहाँ एक ओर 'चित्त की वृत्तियों का निरोध' है वहीं दूसरी ओर इसका अर्थ 'समाधि' भी है, परन्तु दोनों में भेद नहीं करना चाहिए, क्योंकि "चित्त की वृत्तियों का निरोध ही तो समाधि है।"

यद्यपि चित्त की वृत्तियों का निरोध तो 'निद्रावस्था' में भी सम्भव हो जाता है, परन्तु इसे योग अथवा समाधि नहीं कहा जा सकता है, क्योंकि (1) निद्रावस्था में चित्त की वृत्तियों का निरोध पूर्णतया अथवा आत्यन्तिक रूप से नहीं होता है। कुछ-न-कुछ वृत्तियाँ अवश्य ही अवशिष्ट रह जाती हैं, क्योंकि जागने के उपर्यन्त व्यक्ति यह कहता है कि आज बहुत अच्छी निद्रा आई। इस प्रकार निद्रा की स्थिति में विषय का अभाव ही उस वृत्ति का आलम्बन होता है। अस्तु, निद्रा को

'अभाव प्रत्ययालम्बन वृत्ति' भी कहते हैं। (2) यदि वृत्तियों का निरोध होता भी है तो वह निरोध 'ज्ञानमूलक' न होकर 'अज्ञानमूलक' होता है अर्थात् इस निरोध के उपर्यन्त प्रज्ञा का अभ्युदय नहीं होता है बल्कि चित्त अज्ञान में लय हो जाता है। चित्त की वृत्तियों के उसी निरोध को योग कहते हैं जो प्रज्ञा के उदय होने पर होता है। उल्लेखनीय है कि समाधि जड़ता की अवस्था न होकर पूर्ण चेतना की अवस्था होती है। यदि चित्त की वृत्तियों का निरोध होकर चित्त अज्ञान में लय हो जाय तो उसे समाधि कदापि नहीं कहा जा सकता है। (3) यदि चित्त की वृत्तियों का निरोध होने पर भी जीव आत्म-अवस्थित नहीं हो पाता है तो उसे भी योग नहीं कहा जा सकता है। चित्त की वृत्तियों के उसी निरोध को योग कहा जा सकता है जब उसके निरोध होने पर जीव अथवा पुरुष अपने मूल स्वरूप में अवस्थित हो जाता है। इस प्रकार यह कहा जा सकता है कि "योग वह प्रक्रिया है जिसमें प्रज्ञा का अभ्युदय होकर चित्त की वृत्तियों का सर्वथा निरोध हो जाता है।"

चित्त का सामान्य अर्थ होता है 'अंत:करण', जिसके अंतर्गत मन, बुद्धि एवं अहंकार तीनों ही आते हैं। चित्त स्वरूपतः त्रिगुणात्मक होता है, जिसे गुणों की प्रधानता के आधार पर तीन रूपों में अभिव्यक्त किया जाता है:

- प्रख्याशील चित्त
- प्रवृत्तिशील चित्त
- स्थितिशील चित्त

यद्यपि चित्त त्रिगुणात्मक होता है तथापि जब इसमें सत्व गुण की प्रधानता होती है तो इसमें प्रेम, करुणा, दया, उदारता, सहिष्णुता, सद्भाव आदि सात्त्विक गुणों का आविर्भाव होता है। ऐसे चित्त को ही 'प्रख्याशील चित्त' कहते हैं। प्रख्या का अर्थ ही होता है 'ज्ञान'। जब इसमें रजोगुण की प्रधानता होती है तो इसके अंतर्गत क्रोध, मान, शोक, द्वेष आदि राजसिक गुणों का आविर्भाव होता है। इसे 'प्रवृत्तिशील चित्त' कहते हैं। अंततः जब चित्त में तमोगुण की प्रधानता होती है तो आलस्य, निद्रा, कुण्ठा, मोह, आसक्ति आदि तामसिक गुणों का आविर्भाव होता है। इसे ही 'स्थितिशील चित्त' कहते हैं। इस प्रकार तीनों गुणों की प्रधानता के आधार पर चित्त के भिन्न-भिन्न नामकरण हो जाते हैं।

चित्त, प्रकृति का प्रथम आविर्भूत तत्व होने के कारण स्वरूपतः जड़ होता है, परन्तु वह जड़ होते हुए भी अति-सूक्ष्म अथवा सूक्ष्मातिसूक्ष्म होता है, जिससे वह पुरुष के प्रतिबिम्ब को ग्रहण करने में समर्थ हो जाता है। पुरुष के प्रकाश को ग्रहण करके अचेतन चित्त चेतनवत् प्रतीत होने लगता है और अज्ञानवश पुरुष चित्त में प्रकाशित प्रतिबिम्ब को ही अपना वास्तविक रूप मान लेता है। परिणामस्वरूप असीमित, निराकार एवं विभु पुरुष सीमित एवं साकार रूप में प्रतीत होने लगता है। जिस प्रकार लोहे के गोले को अग्नि में डाल देने पर वह तप्त होकर लाल रंग का हो जाता है तथा ऐसी स्थिति में लोहे एवं उसके लाल रंग के बीच अंतर कर पाना असम्भव हो जाता है उसी प्रकार पुरुष के प्रकाश को ग्रहण करके अचेतन चित्त चेतनवत् प्रतीत होने लगता है। परिणामतः पुरुष एवं चित्त के बीच अंतर कर पाना सम्भव नहीं हो पाता है। इस प्रकार पुरुष

अविवेकपूर्वक चित्त को ही अपना मूल स्वरूप मान लेता है। पुरुष एवं प्रकृति के अभेद को ही सांख्य-योग दर्शन में 'बंधन' कहा गया है। स्पष्टतः सांख्य-योग दर्शन के बंधन की यह प्रक्रिया शंकराचार्य के अद्वैत वेदांत के ठीक विपरीत है। अद्वैत वेदांत के अनुसार चेतन एवं अचेतन का भेद हो जाना ही बंधन है जबकि सांख्य-योग दर्शन के अनुसार चेतन (पुरुष) एवं अचेतन (प्रकृति) का अभेद हो जाना ही बंधन है।

जब सम्यक् ज्ञान द्वारा पुरुष चित्त में प्रकाशित अपने प्रतिबिम्ब से अपना सम्बंध विच्छेद कर लेता है तो यही अवस्था 'अपवर्ग' या 'कैवल्य' या 'मोक्ष' कहलाती है। इस अवस्था में चित्त की वृत्तियों का आत्यंतिक निरोध हो जाता है। अस्तु, यहाँ पर एक साथ दो विशिष्टताएँ दृष्टिगोचर होती हैं: (1) पुरुष, प्रकृति से अपना सम्बंधविच्छेद करके अपने मूल स्वरूप में अवस्थित हो जाता है और (2) चित्त भी अपने मूल कारण प्रकृति में लीन हो जाता है। ('पुरुषार्थशून्यानां गुणानां प्रतिप्रसवः कैवल्यं स्वरूपप्रतिष्ठा वा चित्तशक्तिरिति।' योगसूत्र - 4/33)। इस प्रकार पुरुष एवं प्रकृति के बीच स्पष्टतः विभेद हो जाता है। यही पुरुष का 'स्वरूपावस्थान' या 'मोक्ष' है। स्पष्टतः सांख्य-योग दर्शन के मोक्ष की प्रक्रिया भी अद्वैत वेदांत के मोक्ष के विपरीत है। जहाँ सांख्य-योग दर्शन के अनुसार मोक्ष की अवस्था में पुरुष एवं प्रकृति के बीच भेद हो जाता है वही अद्वैत वेदांत के अनुसार मोक्ष में पुरुष (आत्म) एवं प्रकृति (अनात्म) के बीच अभेद हो जाता है। उल्लेखनीय है कि यह वैषम्य दोनों ही दर्शनों का स्वरूपगत वैषम्य है। सांख्य-योग दर्शन द्वैतवादी दर्शन है, अस्तु, वह द्वैत या भेद को ही ज्ञान मानता है, जबकि आचार्य शंकर अद्वैतवादी हैं, अतः वे अद्वैत या अभेद को ही ज्ञान कहते हैं।

जब चित्त इन्द्रियों के माध्यम से अथवा स्वयं मानस विषयों के द्वारा बाह्य विषयों के सम्पर्क में आता है तो वह उस विषय का आकार ग्रहण कर लेता है। योग दर्शन में इसे ही वृत्ति कहा गया है। जब चेतन पुरुष के प्रकाश से यह वृत्ति प्रकाशित होती है तब हमें उस विषय का ज्ञान होता है। उल्लेखनीय है कि वृत्तियों का प्रवाह चित्त में अनवरत रूप से चलता रहता है। जिस प्रकार पवन के तीव्र एवं मंद वेग के कारण नदी की धारा में तरंगें उठती रहती हैं उसी प्रकार बाह्य विषयों के सम्पर्क में आने के कारण चित्त में भी संस्कारों की तरंगें उठती रहती हैं, जिसे वृत्ति कहते हैं। वृत्तियाँ क्षीण होकर संस्कारों के रूप में परिणत होती रहती हैं तथा संस्कार परिपक्व होकर वृत्तियों का रूप धारण करते रहते हैं। इस प्रकार वृत्तियों से संस्कार तथा संस्कार से वृत्तियों की उत्पत्ति का क्रम सतत् रूप से चलता रहता है। यही बंधन का मूल कारण है।

चित्त की उन अवस्थाओं को जिनमें वृत्तियों का पूर्णतया निरोध हो जाता है उसे तो योग कहते हैं, परन्तु जिस अवस्था में वृत्तियों का निरोध नहीं हो पाता है उसे योग दर्शन में 'व्युत्थान अवस्था' कहा गया है। इस अवस्था में पुरुष का चित्त-वृत्तियों के साथ सम्बंध बना रहता है, जिसके कारण पुरुष अपने मूल स्वरूप को भूलकर अनेकानेक प्रकार के क्लेशों एवं दुःखों का भोग करता है। 'व्युत्थान चित्त-वृत्तियाँ' पाँच प्रकार की मानी गई हैं: (1) प्रमाण (2) विपर्यय (3) विकल्प (4) निद्रा एवं (5) स्मृति। ('प्रमाणविपर्ययविकल्पनिद्रास्मृतयः।' योगसूत्र - 1/6)। पुनः इन पाँचों वृत्तियों को दो भागों में विभक्त किया गया है: (i) 'क्लिष्ट' अथवा 'दुःखदायी' एवं (ii) 'अक्लिष्ट' अथवा 'दुःखरहित'।

चित्त की वृत्तियों में जब तमस एवं रजस का प्रभाव रहता है तो वे पुरुष को जगत के बंधन में फँसाये रहती हैं उन्हें 'क्लिष्ट' अथवा 'दु:खदायी' वृत्ति कहते हैं। इन वृत्तियों के कारण क्लेशों अथवा दु:खों की उत्पत्ति होती है। इसके विपरीत जब चित्त की वृत्तियों में तमस एवं रजस का प्रभाव दबकर सत्व का उत्कर्ष हो जाता है साथ ही साथ जब पुरुष के अंदर प्रज्ञा का अभ्युदय हो जाता है तो समस्त क्लेशों एवं दु:खों का स्वत: क्षय हो जाता है। जिस प्रकार सूर्य के उदय होने पर अंधकार अपने आप ही विगलित हो जाता है उसी प्रकार प्रज्ञा का उदय होते ही क्लेशों का स्वत: क्षय हो जाता है। अस्तु, इसे 'अक्लिष्ट' अथवा 'दु:खरहित' वृत्ति कहते हैं।

महर्षि व्यास के अनुसार चित्त रूपी नदी का प्रवाह दो दिशाओं में होता रहता है: (1) 'कल्याण की ओर' तथा (2) 'पाप की ओर'। जिस समय वृत्तियों का प्रवाह अंतर्मुखी होकर विवेक रूपी विषयों की ओर प्रवाहित होने लगता है तो उसे 'कल्याणवहा' वृत्ति कहते हैं, परन्तु जब वृत्तियों का प्रवाह बहिर्मुखी होकर पाप रूपी विषयों की ओर प्रवाहित होने लगता है तो उसे 'पापवहा' वृत्ति कहते हैं। उल्लेखनीय है कि जब चित्त रूपी नदी की धारा कैवल्य या मोक्ष के लिए बहती है तो उसे 'कैवल्य प्राग्धारा' कहते हैं, क्योंकि यह केवल कैवल्य पर्यन्त ही बहती है अत: ऐसी वृत्ति को ही 'कल्याणवहा' वृत्ति कहते हैं।

योग दर्शन में निम्न पाँच प्रकार की चित्त-वृत्तियाँ मानी गई हैं: (1) प्रमाण (2) विपर्यय (3) विकल्प (4) निद्रा एवं (5) स्मृति।

1. **प्रमाण:** प्रमा के करण को 'प्रमाण' कहते हैं ('प्रमीयतेऽनेन इति प्रमाणम्।')। सांख्य दर्शन की ही भाँति योग दर्शन में भी तीन प्रकार के प्रमाण माने गये हैं: (i) प्रत्यक्ष, (ii) अनुमान एवं (iii) शब्द। हालाँकि, योग दर्शन में इनके द्वारा प्राप्त ज्ञान को सदैव ही प्रामाणिक नहीं माना गया है, क्योंकि ऐसा ज्ञान पुरुष एवं चित्त के भ्रांति मिश्रण से उत्पन्न होता है।
2. **विपर्यय:** मिथ्या ज्ञान को 'विपर्यय' कहते हैं, जिसमें विषय अपने मूल स्वरूप में प्रतिष्ठित न होकर किसी अन्य रूप में प्रतीत होता है, यथा - रज्जु-सर्प का ज्ञान, सीपी में चाँदी का ज्ञान, आदि। ('विपर्ययो मिथ्याज्ञानमतद्रूपप्रतिष्ठम्।' योगसूत्र - 1/8)। योग दर्शन में संशय को भी विपर्यय के अंतर्गत ही मान लिया गया है ('संशयस्याप्यत्रैवान्तर्भाव:।' योगवार्तिक - पृ० 36)।
3. **विकल्प:** जब केवल शब्द ज्ञान द्वारा किसी ऐसी वस्तु का ज्ञान होता है जिसका जगत में अस्तित्व ही नहीं हो तो ऐसे ज्ञान को 'विकल्प' कहते हैं, जैसे - बन्ध्या-पुत्र, आकाश-कुसुम, शशशृंग, आदि। ('शब्दज्ञानानुपाती वस्तुशून्यो विकल्प:।' योगसूत्र - 1/9)। व्यास भाष्य में 'चैतन्य पुरुषस्य स्वरूपम्' के उदाहरण से इसे स्पष्ट किया गया है। पुरुष एवं चेतना के अभिन्न होने पर भी चैतन्य को पुरुष से पृथक् समझ लेना ही विकल्प है।
4. **निद्रा:** जिस वृत्ति के कारण ज्ञान का अभाव होता है उसे 'निद्रा' कहते हैं ('अभावप्रत्ययालम्बना वृत्तिर्निद्रा।' योगसूत्र - 1/10)। इसका दूसरा नाम सुषुप्ति भी है। इसके वृत्तित्व में संशय नहीं किया जा सकता है, क्योंकि जागने के उपर्यन्त व्यक्ति यह कहता है कि आज बहुत अच्छी निद्रा आई। निद्रा की स्थिति में विषय का अभाव ही उस वृत्ति का आलम्बन होता है। अत: निद्रा को 'अभाव प्रत्ययालम्बन वृत्ति' भी कहते हैं।

5. **स्मृतिः** अतीत में अनुभव किये गये किसी विषय के संस्कार के आधार पर कालांतर में पुनः उसी विषय का स्मरण करना 'स्मृति' है। ('अनुभूतविषयासम्प्रमोषः स्मृतिः।' योगसूत्र - 1/11)। दूसरे शब्दों में, अतीत के अनुभवों का स्मरण करना ही 'स्मृति' है।

उल्लेखनीय है कि जब पुरुष चित्त में प्रकाशित प्रतिबिम्ब को ही अपना वास्तविक रूप मान लेता है तब वह बंधन ग्रस्त हो जाता है तथा नाना प्रकार के क्लेशों एवं दुःखों का भोग करता है। कर्मों से क्लेशों तथा क्लेशों से कर्मों की उत्पत्ति की प्रक्रिया सतत् रूप से चलती रहती है। योग दर्शन के अनुसार 'क्लेश' भी पाँच प्रकार के होते हैं: (1) अविद्या (2) अस्मिता (3) राग (4) द्वेष एवं (5) अभिनिवेश। ('अविद्यास्मितारागद्वेषाभिनिवेशाः क्लेशाः।' योगसूत्र - 2/3)।

1. **अविद्याः** जो चीज जिस रूप में है उसे उस रूप में न मानकर उससे भिन्न मानना ही अविद्या है। इस प्रकार अविद्या, अज्ञान अथवा विपर्यय अथवा मिथ्या ज्ञान है। उदाहरणार्थ, अनित्य, अशुचि (अपवित्र), दुःखद एवं अनात्म को नित्य, शुचि (पवित्र), सुखद एवं आत्म स्वरूप मान लेना ही अविद्या है। ('अनित्याशुचिदुःखानात्मसु नित्यशुचिसुखात्मख्यातिरविद्या।' योगसूत्र - 2/5)।
2. **अस्मिताः** यद्यपि पुरुष एवं चित्त (प्रकृति) नितांत भिन्न हैं, परन्तु इन दोनों को एक मान लेना ही 'अस्मिता' है। ('दृग्दर्शनशक्तोरेकात्मतेवास्मिता।' योगसूत्र - 2/6)।
3. **रागः** विषय-सुख के प्रति आसक्ति या तृष्णा ही 'राग' है। ('सुखानुशयी रागः।' योगसूत्र - 2/7)।
4. **द्वेषः** सुख के अवरोधक तथा दुःख के उत्पादक के प्रति होने वाला क्रोध या हिंसा या क्लेश का भाव ही 'द्वेष' है। ('दुःखानुशयी द्वेषः।' योगसूत्र - 2/8)।
5. **अभिनिवेशः** प्रत्येक व्यक्ति जीवन जीना चाहता है, परन्तु मृत्यु कोई भी नहीं चाहता है। जीवन जीने की इच्छा अथवा चाह तथा मृत्यु का भय ही 'अभिनिवेश' है। ('स्वरसवाही विदुषोऽपि तथारूढोऽभिनिवेशः।' योगसूत्र - 2/9)। चित्त वृत्तियों का निरोध करके इन पंच क्लेशों पर नियंत्रण प्राप्त किया जा सकता है।

योग दर्शन में जिस प्रकार चित्त वृत्तियाँ पाँच प्रकार की मानी गई हैं उसी प्रकार चित्त भूमियाँ या अवस्थाएँ भी पाँच प्रकार की मानी गई हैं: (1) क्षिप्त (2) मूढ़ (3) विक्षिप्त (4) एकाग्र एवं (5) निरुद्ध।

1. **क्षिप्तः** 'क्षिप्त' में रजो गुण का प्रभाव अधिक रहता है, अस्तु, इस अवस्था में चित्त सदैव ही चंचल एवं सक्रिय बना रहता है तथा विषयोन्मुख होकर सुख-दुःखों का भोग करता है। इसकी तुलना किसी तूफान से घिरी नाव से की जाती है। जिस प्रकार तूफान से घिरी नाव दोलायमान होती रहती है उसी प्रकार इस अवस्था में चित्त भी सर्वथा दोलायमान बना रहता है।
2. **मूढ़ः** 'मूढ़' में तमोगुण की प्रधानता रहती है। अतः इसके अंतर्गत आलस्य, निद्रा, मोह, आसक्ति आदि भावों की प्रबलता रहती है।

3. **विक्षिप्त:** 'विक्षिप्त' में यद्यपि सत्वगुण की प्रधानता होती है, परन्तु इसमें कभी-कभी रजोगुण की भी प्रबलता हो जाती है। अत: इस अवस्था में, यद्यपि चित्त कुछ समय के लिए शांत होता है, तथापि रजोगुण के कारण वह पुन: अशांत हो जाता है। सम्भवत: यही करण है कि विक्षिप्त को विशेष रूप से 'क्षिप्त' कहा गया है ('क्षिप्ताद् विशिष्टं विक्षिप्तम्।' वाचस्पति मिश्र कृत "तत्त्ववैशारदी" - 1/1) अर्थात् क्षिप्त चित्त से विक्षिप्त चित्त अधिक उत्तम है। इसमें सत्य गुण के कारण कभी-कभी स्थिरता तो आती है, जबकि क्षिप्त चित्त में सदैव चंचलता बनी रहती है।
4. **एकाग्र:** 'एकाग्र' में सत्व गुण की प्रधानता के कारण रजोगुण एवं तमोगुण का प्रभाव दब जाता है। यहाँ पर चित्त बाह्य वृत्तियों से रहित होकर ध्येय-वृत्ति पर एकाग्र हो जाता है। यह अवस्था योग के सर्वथा अनुकूल मानी गई है।
5. **निरुद्ध:** चित्त की अंतिम भूमि 'निरूद्ध' है। यद्यपि यहाँ पर चित्त की वृत्तियों का निरोध हो जाता है, परन्तु उसके संस्कार बने रहते हैं। जब सारी वृत्तियों तथा उनके सारे संस्कारों का सर्वथा निरोध हो जाता है तब अविद्या की पूर्ण निवृत्ति हो जाती है। इस अवस्था में चित्त स्वभावत: शांत हो जाता है। चित्त के शांत होते ही मन संकल्प-विकल्प करना छोड़ देता है और मन के संकल्प-विकल्प छोड़ते ही बुद्धि निश्चायक हो जाती है। बुद्धि के निश्चायक होते ही अहंकार विगलित हो जाता है और अहंकार के विगलित होते ही आत्मा (पुरुष) अपने मूल स्वरूप में अवस्थित हो जाती है। यही कैवल्य या अपवर्ग है। इनमें से प्रथम तीन अवस्थाएँ, यथा - क्षिप्त, मूढ़ एवं विक्षिप्त योगानुकूल नहीं हैं। क्षिप्त एवं मूढ़ तो योग में सहायक न होकर बाधक ही हैं। एकाग्र एवं निरुद्ध की तुलना क्रमश: 'सम्प्रज्ञात' एवं 'असम्प्रज्ञात' समाधि से की जा सकती है। जिस प्रकार एकाग्र में बाह्य वृत्तियों का निरोध होकर चित्त केवल ध्येय विषय पर ही लगा रहता है उसी प्रकार सम्प्रज्ञात समाधि में भी बाह्य वृत्तियों का निरोध हो जाता है। पुनश्च, जिस प्रकार निरुद्ध में बाह्य एवं आंतरिक सभी प्रकार की वृत्तियों का सर्वथा निरोध होकर शुद्ध प्रज्ञा का अभ्युदय होता है, उसी प्रकार असम्प्रज्ञात समाधि में सभी प्रकार की चित्त की वृत्तियों का सर्वथा निरोध होकर शुद्ध प्रज्ञा का उदय हो जाता है।

अष्टांग योग (Astanga Yoga)

योग दर्शन में चित्त की वृत्तियों के निरोध के लिए जिस साधना पद्धति का अवलम्बन लिया जाता है उसे अष्टांग योग कहते हैं, जो निम्नलिखित हैं: (1) यम (2) नियम (3) आसन (4) प्राणायाम (5) प्रत्याहार (6) धारणा (7) ध्यान एवं (8) समाधि।

1. **यम:** 'यम' का अर्थ है 'उपरम' या 'अभाव'। जो अवांक्षनीय कार्यों से निवृत्त कराते हैं, उन्हें ही 'यम' कहते हैं ('यमयन्ति निवर्तयन्तीति यमा:')। दूसरे शब्दों में, यम का अर्थ होता है त्यागना। बुरे कर्म एवं बुरे भावों को त्यागना ही यम है। इसके अंतर्गत शरीर, मन एवं वाणी का संयम आता है। यम के अंतर्गत पंच महाव्रत आते हैं: (i) अहिंसा (ii) सत्य (iii) अस्तेय (iv) अपरिग्रह एवं (v) ब्रह्मचर्य।

(i) ***अहिंसा:*** मन, वचन एवं कर्म से हिंसा का परित्याग ही 'अहिंसा' है। स्वयं तो हिंसा नहीं करना, परन्तु दूसरे को हिंसा के लिए प्रेरित करना भी एक प्रकार की हिंसा ही है। इस प्रकार हृदय में जीव मात्र के लिए करुणा एवं दया का होना तथा ईर्ष्या एवं द्वेष से बचना ही अहिंसा है।

(ii) ***सत्य:*** मन, वचन एवं कर्म से जो चीज जिस रूप में है उसका हू-ब-हू उसी रूप में अनुपालन करना 'सत्य' है। दूसरे शब्दों में, अंदर एवं बाहर में समता का होना ही सत्य है।

(iii) ***अस्तेय:*** मन, वचन एवं कर्म से चौर्य वृत्ति का परित्याग 'अस्तेय' है।

(iv) ***अपरिग्रह:*** आवश्यकता से अधिक वस्तुओं का संचय न करना 'अपरिग्रह' है। इस प्रकार इसके अंतर्गत अपने धन-वैभव में अनासक्ति के साथ ही साथ दूसरे के धन में लोभ का भी परिहार किया गया है।

(v) ***ब्रह्मचर्य:*** मन, वचन एवं कर्म से किसी भी प्रकार के मैथुन का अभाव 'ब्रह्मचर्य' कहलाता है। 'ब्रह्मचर्य' के अंतर्गत अपने बल एवं वीर्य की रक्षा की जाती है। कुछ दार्शनिकों ने ब्रह्मचर्य को ब्रह्म की स्थिति में अवस्थित होना माना है।

2. **नियम:** 'नियम' का अर्थ होता है ग्रहण करना। इस प्रकार सद्गुणों का अभ्यास ही 'नियम' है। नियम मनुष्य को शुभ कार्यों में प्रवृत्त कराते हैं ('नियमयन्ति प्रेरयन्तीति नियमा:।')। यह पाँच प्रकार का होता है: (i) शौच (ii) संतोष (iii) तप (iv) स्वाध्याय एवं (v) ईश्वर-प्रणिधान। ('शौचसंतोषतपस्वाध्यायेश्वरप्रणिधानानि नियमा:।' योगसूत्र - 2/32):

(i) ***शौच:*** 'शौच' (Purity) का अर्थ है बाह्य एवं आंतरिक शुद्धता। स्नान, शुद्ध भोजन एवं स्वच्छता से बाह्य शुद्धि, जबकि योगाभ्यास के द्वारा आंतरिक शुद्धता होती है।

(ii) ***संतोष:*** 'संतोष' (Contentment) का अभिप्राय है जो भी परिस्थिति उपलब्ध है उसी में संतुष्ट रहना तथा आवश्यकता से अधिक वस्तुओं को ग्रहण करने की इच्छा न होना।

(iii) ***तप:*** 'तप' (Penance) का अभिप्राय है: सुख-दु:ख, सर्दी-गर्मी, भूख-प्यास आदि द्वन्द्वों को धैर्यपूर्वक सहन करना। इस प्रकार तप के द्वारा विपरीत परिस्थितियों में रहने के लिए सहन शक्ति विकसित की जाती है।

(iv) ***स्वाध्याय:*** धर्म-ग्रंथों का अथवा मोक्षशास्त्रों का अध्ययन करना ही 'स्वाध्याय' (Study) है। इससे मन बुरे विचारों से पृथक् हटकर सन्मार्ग की ओर लगा रहता है।

(v) ***ईश्वर-प्रणिधान:*** 'ईश्वर-प्रणिधान' (Contemplation of God) का अभिप्राय है ईश्वर पर सर्वथा समर्पण का भाव। उल्लेखनीय है कि यहाँ पर समर्पण का अर्थ है मन का समर्पण।

उपर्युक्त पाँचों में से तप, स्वाध्याय एवं ईश्वर-प्रणिधान को 'क्रिया-योग' कहा गया है ('तप: स्वाध्यायेश्वरप्रणिधानानि क्रियायोग:।' योगसूत्र - 2/1)।

3. **आसनः** शरीर का संयम ही 'आसन' है। इसके अंतर्गत शरीर को एक विशेष मुद्रा में रखने का अभ्यास किया जाता है जिससे उसे योगानुकूल बनाया जा सके। आसन शरीर को स्वस्थ रखने के लिए अत्यंत ही उपयोगी है। आसन भी कई प्रकार के होते हैं। एक ओर हठयोगियों के अनुसार चौरासी प्रकार के आसन बताये गये हैं तो दूसरी ओर "योगवार्तिक" के अनुसार जितने भी प्रकार के जीव-जन्तु हैं उतने ही प्रकार के आसन भी हैं। महर्षि पतंजलि के अनुसार सर्वोत्तम आसन वही है जिसमें शरीर को अधिक समय तक सुखपूर्वक रखा जा सके साथ ही साथ जिससे चित्त की स्थिरता भी बनी रहे। ('स्थिरसुखमासनम्।' योगसूत्र - 2/46)। यदि शरीर में किसी भी प्रकार का कष्ट हो तो मन चंचल हो जाता है जिससे ध्यान में बाधा पड़ती है। अतः योग के लिए शरीर का स्वस्थ होना परमावश्यक है।
4. **प्राणायामः** प्राण का अर्थ होता है जीवनी शक्ति। इस जीवनी शक्ति का विकास करना अथवा इसको संयम में लाना ही 'प्राणायाम' है। इस प्रकार 'प्राणायाम' के अंतर्गत प्राण-वायु अथवा श्वास-प्रश्वास का संयम किया जाता है। ('श्वासप्रश्वासयोर्गतिविच्छेदः प्राणायामः।' योगसूत्र - 2/49)। संत डॉ० चतुर्भुज सहाय अपनी पुस्तक "हमारी योग साधना" में लिखते हैं कि "प्राणायाम एक प्रकार की विद्युत शक्ति है जो शरीर, मन एवं बुद्धि का संचालन एवं उसका नियमन करती है। हठयोगी इसी को 'कुण्डलिनी' जबकि संत इसको 'सुरति' कहते हैं। प्राण को रोकने अथवा मन को एक ही केन्द्र पर एकाग्र करने से इसमें प्रवाह चलने लगता है, सारे अंगों में यह बड़े वेग से दौड़ने लगती है और नीचे से उठकर मस्तिष्क की ओर चलने लगती है। ऐसा होते ही इसकी धार मेरुदण्ड में स्थित इड़ा व पिंगला नाड़ी से हटकर अति सूक्ष्म नाड़ी सुषुम्ना में आ जाती है और ऊपर को उठने लगती है।" (पृ० 14–15)

   प्राणायाम तीन प्रकार का होता है: (i) आभ्यन्तरवृत्ति (पूरक) (ii) स्तम्भवृत्ति (कुम्भक) एवं (iii) बाह्यवृत्ति (रेचक)।

   (i) ***आभ्यन्तरवृत्तिः*** इसके अंतर्गत प्राण वायु को अंदर की ओर सुखपूर्वक खींचते हैं, अस्तु, इसे 'पूरक' भी कहते हैं।

   (ii) ***स्तम्भवृत्तिः*** इसके अंतर्गत अंदर खींची हुई प्राण वायु को जितनी देर तक अंदर ही सुखपूर्वक रोक सके, उसे प्रयत्नपूर्वक रोके रखना है। क्योंकि इसके अंतर्गत प्राण वायु को अंदर की ओर खींचकर रोका जाता है, अस्तु, इसे 'कुम्भक' भी कहते हैं।

   (iii) ***बाह्यवृत्तिः*** इसके अंतर्गत अंदर की ओर खींची हुई प्राण वायु को धीरे-धीरे बाहर की ओर निकाल कर जितनी देर तक सुखपूर्वक रोक सकें, उसे रोका जाता है। इस बाह्यवृत्ति को 'रेचक' भी कहते हैं।

   संत डॉ० चतुर्भुज सहाय जी लिखते हैं कि "ध्यान करते समय पहले मन की गति रुकती है, पीछे प्राण भी अपनी चेष्टा छोड़ देता है। उस समय दिल की हरकत और नाड़ी की गति भी बंद हो जाती है। इसी को योग की भाषा में 'केवल कुम्भक' कहते हैं। कुम्भक होते ही प्राण शक्ति अपने स्थान पर ठहर जाती है और योगी समाधि में चला जाता है।

'केवल कुम्भक' का नाम ही प्राणायाम है। रेचक व पूरक, केवल कुम्भक तक पहुँचाने के साधन मात्र हैं।"

5. **प्रत्याहारः** 'प्रत्याहार' इन्द्रियों का संयम है। 'प्रत्याहार' का अर्थ होता है एक ओर से खींच कर दूसरी ओर लाना। इन्द्रियाँ स्वभावतः बहिर्मुखी होती हैं। इन्हें बाह्य विषयों से हटाकर अंतर्मुखी बनाने का अभ्यास ही प्रत्याहार है ('स्वविषयासम्प्रयोगे चित्तस्य स्वरूपानुकार इवेन्द्रियाणां प्रत्याहारः।' योगसूत्र - 2/54)। दूसरे शब्दों में, इन्द्रियों को अपने-अपने विषयों से हटाकर उन्हें अंतर्मुखी बनाने का अभ्यास ही प्रत्याहार है। योग-सूत्र में इसे एक उदाहरण से समझाते हुए कहा गया है कि जिस प्रकार मधुकराज के उड़ने पर सभी मक्षिकाएँ उड़ जाती हैं तथा मधुकराज के बैठने पर वे सभी बैठ जाती हैं उसी प्रकार चित्त की वृत्तियों के निरुद्ध हो जाने पर इन्द्रियों का भी निरोध हो जाता है। इस अवस्था में इन्द्रियों के समक्ष विषयों के रहने पर भी हम न तो उन्हें देख सकते हैं और न ही उन्हें सुन सकते हैं। योग दर्शन में उपर्युक्त पाँचों अंगों को "बहिरंग साधन" कहा गया है। तत्पश्चात् अंतरंग साधन की शुरुआत होती है जो मूलतः तीन हैं: (i) धारणा (ii) ध्यान एवं (iii) समाधि।
6. **धारणाः** 'धारणा' अर्थ है धारण करना या पकड़ना। मन की बिखरी हुई शक्तियों को समेट कर किसी एक स्थान पर केन्द्रित करना ही धारणा है। इसके अंतर्गत चित्त को किसी एक ही विषय पर केन्द्रित करने का सतत् अभ्यास किया जाता है। उल्लेखनीय है कि जब हम ध्यान का आरम्भ करते हैं तो चित्त की चंचलता के कारण मन ध्येय पर एकाग्र न होकर बार-बार विचलित होता रहता है। अतः उसे उस विचलन से बचाकर एक ही विषय पर केन्द्रित करने का प्रयास ही धारणा है। वह विषय बाह्य अथवा आंतरिक कुछ भी हो सकता है। इस प्रकार धारणा के अंतर्गत चित्त को किसी बाह्य अथवा आंतरिक विषय में बाँध देना या लगा देना होता है ('देशबंधचित्तस्य धारणा।' योगसूत्र - 3/1)। बाह्य विषयों में चित्त को लगाना, जैसे - इष्टदेव की मूर्ति आदि में आंतरिक विषय में चित्त को लगाना, जैसे - नासाग्र, भ्रूर्मध्य, हृदय-कमल आदि में।
7. **ध्यानः** धारणा की वह गहरी अवस्था जिसमें ध्येय के अतिरिक्त अन्य किसी भी विषय का ज्ञान न रह जाय, वह 'ध्यान' कहलाती है। इसके अंतर्गत ध्येय विषयक चित्त वृत्तियाँ लगातार एकाकार रूप में प्रवाहित होने लगती हैं। जिस प्रकार जब हम किसी बंद कमरे में दीपक को जलाते हैं तो उसकी लौ बिना किसी विचलन के सीधे एकाकार रूप में प्रवाहित होती रहती है उसी प्रकार ध्यान में चित्त वृत्तियाँ लगातार एकाकार रूप में प्रवाहित होने लगती हैं। इस प्रकार ध्येय वस्तु में ज्ञान की एकतानता ही ध्यान है ('तत्र प्रत्ययैकतानता ध्यानम्।' योगसूत्र - 3/2)। स्पष्टतः ध्यान में ध्याता, ध्येय एवं ध्यान की त्रिपुटी पृथक्-पृथक् बनी रहती है।
8. **समाधिः** ध्यान की गहन अवस्था जिसमें न तो अपना ज्ञान रहता है और न ही बाह्य विषयों का, उसे ही 'समाधि' कहते हैं। इस प्रकार समाधि का अर्थ है ध्येय वस्तु में चित्त की विक्षेप रहित एकाग्रता ('तदेवार्थमात्रनिर्भासं स्वरूपशून्यमिव समाधिः।' योगसूत्र - 3/3)। समाधि में ध्यान, ध्येय वस्तु का आकार ग्रहण कर लेता है। ध्यान

एवं ध्येय के एकाकार होने से ध्याता भी ध्येयाकार हो जाता है। इस प्रकार समाधि में ध्याता, ध्येय एवं ध्यान की त्रिपुटी विनष्ट होकर केवल ध्येय ही अवशिष्ट रह जाता है, ध्याता एवं ध्यान दोनों ही ध्येयाकार हो जाते हैं। समाधि भी दो प्रकार की होती है: (i) सम्प्रज्ञात समाधि एवं (ii) असम्प्रज्ञात समाधि।

(i) ***सम्प्रज्ञात समाधि:*** सम्प्रज्ञात समाधि में ध्येय विषय का ज्ञान रहता है, क्योंकि यहाँ पर ध्याता एवं ध्यान दोनों ध्येयाकार हो जाते हैं। अस्तु, इसे 'सबीज समाधि' भी कहते हैं। क्योंकि यहाँ पर आलम्बन के रूप में कोई-न-कोई विषय अवश्य ही रहता है, अत: इसे 'समापत्ति' या 'सम्प्रज्ञात' कहते हैं। यद्यपि इसमें चित्त ध्येय विषय में लीन हो जाता है, फलत: प्रज्ञा का अभ्युदय होता है, तथापि इसमें वृत्तियों का पूर्णतया निरोध नहीं हो पाता है। सम्प्रज्ञात समाधि भी चार प्रकार की होती है: (a) सवितर्क, (b) सविचार, (c) सानंद एवं (d) सास्मित। जब चित्त बाह्य विषय के सम्पर्क में आता है तो वह उसका आकार ग्रहण कर लेता है। इस प्रकार वस्तु के स्वरूप का ज्ञान या साक्षात्कार होता है। इसी साक्षात्कार को 'आभोग' कहते है। ('वस्तुस्वरूपसाक्षात्कारिणी प्रज्ञा।' तत्त्ववैशारदी - 1/17)।

(a) *सवितर्क:* स्थूल विषय में चित्त के आभोग को वितर्क कहते हैं। इस प्रकार 'सवितर्क' समाधि में स्थूल विषय की भावना रहती है।
(b) *सविचार:* समाधि में तन्मात्रा, आदि सूक्ष्म वस्तुओं की भावना रहती है।
(c) *सानंद:* समाधि में सूक्ष्म सुखात्मक इन्द्रियों की भावना रहती है।
(d) *सास्मित:* समाधि में नितांत सूक्ष्म, जैसे - बुद्धि, अहंकार, आदि की भावना रहती है।

(ii) ***असम्प्रज्ञात समाधि:*** इसमें चित्त-वृत्तियों का सर्वथा निरोध हो जाता है। इस अवस्था में ध्येय का भी ज्ञान नहीं रहता है। ध्याता, ध्येय एवं ध्यान की त्रिपुटी का अनिर्वचनीय अद्वैत में विलय हो जाता है। अस्तु, इसे 'निरालम्ब', 'अर्थशून्य', 'असम्प्रज्ञात', 'अपर वैराग्य' आदि भी कहते हैं। यही 'निर्बीज समाधि' है, क्योंकि यहाँ चित्त में आलम्बन के रूप में विषय का भी अभाव हो जाता है। इसे 'धर्ममेघ समाधि' भी कहते हैं। जिस प्रकार मेघ जल को वर्षाकर स्वयं भी शांत हो जाता है उसी प्रकार 'धर्ममेघ समाधि' में भी आनन्द अमृत रूपी वर्षा योगी की चित्त की चंचलता एवं उसकी तपन को बुझाकर शांत कर देती है। असम्प्रज्ञात समाधि भी दो प्रकार की होती है: (a) भव प्रत्यय एवं (b) उपाय प्रत्यय।

(a) *भव प्रत्यय:* असम्प्रज्ञात समाधि में चित्त की वृत्तियों का पूर्णतया निरोध हो जाता है। यदि वृत्ति निरोध होने पर चित्त अविद्या में लीन हो जाय तो यह 'जड़ समाधि' या 'प्रकृति लय' या 'भव प्रत्यय' कहलाती है। यह अवस्था वस्तुत: समाधि नहीं है बल्कि अज्ञानावस्था है, तथापि वृत्ति निरोध के कारण कुछ दार्शनिक इसे समाधि कह देते हैं, परन्तु महर्षि पतंजलि इसे समाधि नहीं कहते हैं, क्योंकि समाधि में तो प्रज्ञा का अभ्युदय होता है। जब प्रज्ञा का

अभ्युदय होता है तब अविद्या विनष्ट हो जाती है, परिणामतः पुरुष अपने मूल स्वरूप में अवस्थित हो जाता है। जिस प्रकार अग्नि किसी वस्तु विशेष को जलाने के उपर्यन्त स्वयं भी शांत हो जाती है उसी प्रकार प्रज्ञा के उदय होते ही अविद्या, वृत्ति, संस्कार, आदि सब कुछ जलकर भस्म हो जाते हैं और इस प्रकार प्रज्ञा भी अंततः शांत हो जाती है। इसी को 'विशुद्ध चैतन्यता' की अवस्था कहते हैं जो सभी प्रकार के भेदों से परे एवं निर्लिप्त है।

(b) *उपाय प्रत्यय:* असम्प्रज्ञात समाधि में शुद्ध प्रज्ञा का अभ्युदय होता है अतः इसे 'उपाय प्रत्यय' कहा गया है। शुद्ध ज्ञान अथवा प्रज्ञा को ही 'उपाय' कहते हैं। इस प्रकार समाधि की वह अवस्था जो शुद्ध प्रज्ञा के उदय होने पर होती है तथा जिसमें वृत्तियों का पूर्णतया निरोध हो जाता है, उसे ही 'उपाय प्रत्यय' कहते हैं। इसी विशुद्ध चैतन्यता की अवस्था को योग दर्शन में 'स्वरूपावस्थिति' या मोक्ष ('तदा द्रष्टुः स्वरूपेऽवस्थानम्।' योगसूत्र - 1/3) कहा गया है।

एम० हिरियन्ना अपनी पुस्तक "भारतीय दर्शन की रूपरेखा" (1987) में "साधारण मानसिक अवस्था", 'सम्प्रज्ञात समाधि' एवं 'असम्प्रज्ञात समाधि' की तुलना जलाशय एवं पेड़ के उदाहरण से करते हैं। 'साधारण मानसिक अवस्था' की तुलना जलाशय के जल की असमान सतह से की जा सकती है जिसमें तटवर्ती वृक्ष आदि की छाया विकृत रूप में दिखाई देती है। 'सम्प्रज्ञात समाधि' जलाशय की शांत सतह के समान होती है जिसमें वृक्ष की छाया स्थिर एवं हू-ब-हू रूप में दिखाई देती है। 'असम्प्रज्ञात समाधि' उस अवस्था के तुल्य है जिसमें जलाशय सूख चुका हो तथा वृक्ष, आदि का कोई प्रतिबिम्ब नहीं हो, केवल वृक्ष ही हो। स्पष्टतः सम्प्रज्ञात समाधि में प्रज्ञा के उदय होने पर भी आलम्बन के रूप में विषय रह ही जाता है।' (पृ० 295)

✤ ✤ ✤

धार्मिक भाषा
(Religious Language)

- परिचय
- भाषा विश्लेषण की शुरुआत
- धार्मिक भाषा
- धार्मिक भाषा के प्रकार
- सत्यापन सिद्धांत: ए० जे० एयर
- मिथ्यापन सिद्धांत: एन्टोनी फ्ल्यू
- ब्लिक सिद्धांत: आर० एम० हेयर
- संज्ञानात्मक सिद्धांत: बेसिल मिचल
- मरणोत्तर सत्यापन का सिद्धांत: जॉन हिक

अध्याय 12

परिचय (Introduction)

बीसवीं शताब्दी के प्रारम्भ में दर्शनशास्त्र के क्षेत्र में एक नवीन परम्परा की शुरुआत हुई, जिसे 'विश्लेषणात्मक दर्शन' (Analytical Philosophy) या 'भाषायी दर्शन' (Linguistic Philosophy) के नाम से जानते हैं। इसके अंतर्गत मूर, रसेल, विट्गेंस्टाइन, श्लिक, कार्नप, एयर, फ्ल्यू, न्यूरॉथ, कार्ल हैम्पेल, हेयर आदि का महत्त्वपूर्ण स्थान है। यद्यपि विश्लेषण की शुरुआत तो ग्रीक दर्शन से ही हो जाती है, यथा - सुकरात, प्लेटो, अरस्तू आदि के दर्शनों में भी विश्लेषण का रूप स्पष्टत: दृष्टिगोचर होता है, तथापि ग्रीक दर्शन में विश्लेषण का जो रूप मिलता है उसे शुद्ध रूप से भाषायी विश्लेषण नहीं कहा जा सकता है। ये दार्शनिक मूलत: तत्वमीमांसक थे। अत: इनके दर्शन में विश्लेषण का प्रयोग केवल साधन के रूप में हुआ है, साध्य के रूप में नहीं।

भाषा विश्लेषण की शुरुआत (Beginning of Linguistic Analysis)

प्राय: ऐसा माना जाता है कि समकालीन दर्शन में भाषा विश्लेषण की शुरुआत जी० ई० मूर के दर्शन से होती है, परन्तु वास्तविकता यह है कि मूर के दर्शन में भी भाषा विश्लेषण का वास्तविक रूप दिखाई नहीं देता है। 'विश्लेषणात्मक दर्शन' अथवा 'भाषायी

दर्शन' में विश्लेषण का तात्पर्य केवल भाषा का विश्लेषण करना है, जबकि मूर विश्लेषण का प्रयोग 'भाषा विश्लेषण' (Analysis of language) के अर्थ में न करके 'सम्प्रत्ययों के विश्लेषण' (Analysis of concept) के अर्थ में करते हैं। वे अपने लेख 'A Reply to my Critics' में स्पष्ट रूप से लिखते हैं कि "मैं निश्चयपूर्वक कह सकता हूँ कि मैंने विश्लेष्य को शाब्दिक पद नहीं माना है। जब भी मैंने विश्लेषण की चर्चा की है तो इसका तात्पर्य किसी शाब्दिक पद के विश्लेषण से नहीं बल्कि किसी विचार या सम्प्रत्यय या प्रतिज्ञप्ति के विश्लेषण से ही है।" [Schilpp, P.A. (1952): *The Philosophy of G.E. Moore* (Ed.), Tudor, New York, p. 661.]।

मूर के अनुसार विश्लेषण का उद्देश्य सत्यता की प्राप्ति नहीं है। सत्यता का ज्ञान तो 'सर्वसाधारण बुद्धि' (Common sense knowledge) के द्वारा ही हो जाता है। इसी के आधार पर मूर बाह्य जगत की सत्ता को सिद्ध करते हैं। वे अपने लेख "Proof of an External World" (1939) में लिखते हैं कि "मैं अपने दोनों हाथों को ऊपर उठाकर और दाहिने हाथ से इंगित करते हुए कहता हूँ कि 'यह मेरा एक हाथ है' तथा पुनः बाँये हाथ से इंगित करते हुए कहता हूँ कि 'यह मेरा दूसरा हाथ है'।" ["By holding up two hands, and saying, as I make a certain gesture with the right hand 'Here is one hand', and adding, as I make a certain gesture with left hand 'and here is the other'." Moore, G.E. (1993): *G.E. Moore: Selected Writings* (Ed.), Thomas Baldwin, London: Routledge, p. 166.]। इस प्रकार दो मानव हाथ को अस्तित्ववान सिद्ध करके मूर बाह्य जगत की सत्ता को सिद्ध करते हैं। इस प्रकार मूर विश्लेषण का प्रयोग सत्यता की प्राप्ति के लिए नहीं करके प्रश्नों के स्वरूप के स्पष्टीकरण के लिए करते हैं, जैसे उनके अनुसार समय की सत्यता को लेकर मत-वैभिन्यता बनी रही, क्योंकि इसका सही विश्लेषण नहीं किया गया। सम्भव है कि यदि इसका सही विश्लेषण कर दिया जाय तो यह समस्या ही समाप्त हो जाय। इस प्रकार मूर के अनुसार दार्शनिकों का प्रमुख कार्य विश्लेषण करना है।

प्रश्न उठता है कि विश्लेषण का अर्थ क्या है? मूर के अनुसार विश्लेषण के अंतर्गत दो पद होते हैं: (1) 'विश्लेष्य' (Analysandum) एवं (2) 'विश्लेषक' (Analysans)। जिसका विश्लेषण किया जाता है उसे 'विश्लेष्य' कहते हैं तथा जिसके द्वारा विश्लेषण किया जाता है उसे 'विश्लेषक' कहते हैं। मूर के अनुसार जब 'विश्लेष्य' एवं 'विश्लेषक' सम्प्रत्ययात्मक दृष्टि से समान अथवा अभिन्न हों, परन्तु अभिव्यक्ति की दृष्टि से पृथक्-पृथक् हों तो उसे 'विश्लेषण' कहते हैं, जैसे - 'भाई' (Brother) का विश्लेषण होगा 'सहोदर भाई' (Male sibling)। यहाँ पर 'भाई' एवं 'सहोदर भाई' सम्प्रत्ययात्मक दृष्टि से समान होते हुए भी अभिव्यक्ति के स्तर पर पृथक्-पृथक् हैं। उनके अनुसार यदि 'भाई' का विश्लेषण 'भाई' के द्वारा किया जाय तो यह 'भाई' का विश्लेषण नहीं हुआ बल्कि प्रकारान्तर में उसी की पुनरावृति हुई, क्योंकि यहाँ पर अर्थ के साथ ही साथ अभिव्यक्ति भी समान हो जाती है। मूर इस प्रकार के विश्लेषण को विश्लेषण न कहकर 'विश्लेषण का विरोधाभास' (Paradox of Analysis) कहते हैं।

मूर के विश्लेषण में निम्नलिखित कई दोष हैं:

- सामान्यतः विश्लेषण का तात्पर्य भाषा विश्लेषण होता है जबकि मूर विश्लेषण का प्रयोग सम्प्रत्ययों के विश्लेषण के अर्थ में करते हैं। भाषायी दार्शनिकों के अनुसार दर्शन मूलतः

भाषा विश्लेषण है जबकि मूर के अनुसार भाषा विश्लेषण दर्शन का एक व्यापार है, स्वयं दर्शन नहीं।

- मूर अर्थ एवं विश्लेषण में कोई भेद नहीं करते हैं। उनके अनुसार दोनों का ही सम्बंध सम्प्रत्ययों से है, परन्तु भाषायी दार्शनिकों का कहना है कि अर्थ का सम्बंध भले ही सम्प्रत्ययात्मक होता है, परन्तु विश्लेषण सम्प्रत्ययात्मक न होकर शुद्ध रूप से भाषायी होता है। इसी आधार पर जॉन पासमोर अपनी पुस्तक "*A Hundred Years of Philosophy*" में लिखते हैं कि "मूर एक अच्छा प्रश्नकर्त्ता परन्तु एक बुरा उत्तरदाता था।" ["Moore was a good questioner but a bad answerer." Passmore, John (1968): *A Hundred Years of Philosophy*, Penguin Book, Blatimore, p. 206.]।

विभिन्न दार्शनिकों के विचार
(The Ideas of the Various Philosophers) ....

भाषायी विश्लेषण की शुरुआत रसेल के दर्शन से होती है। रसेल के अनुसार दर्शन का कार्य भाषा का विश्लेषण करना है, क्योंकि दर्शन जगत में भ्रांतियों का मूल कारण हमारी साधारण भाषा ही है। साधारण भाषा में कई दोष हैं:

- यह अस्पष्ट, द्व्यर्थक एवं अनेकार्थक है। अस्तु, इसमें एक ही शब्द के कई-कई अर्थ होते हैं। इसी अर्थ की अनिश्चितता के कारण दार्शनिक समस्याएँ उत्पन्न होती हैं। उदाहरणार्थ 'स्कॉट वैवर्ली का लेखक है', इस कथन में 'स्कॉट' तो नाम है, परन्तु प्रश्न उठता है कि 'वैवर्ली का लेखक' क्या है? ऐसा प्रतीत होता है कि यह भी नाम ही है। यदि यह नाम है तो या तो यह स्कॉट का नाम होगा या किसी अन्य का। यदि यह स्कॉट का ही नाम है तो उपर्युक्त कथन हो जायेगा, 'स्कॉट स्कॉट है'। स्पष्टतः यह एक पुनरुक्ति कथन (Tautologous statement) है। यदि यह कहा जाय कि 'वैवर्ली का लेखक' स्कॉट से भिन्न किसी दूसरे व्यक्ति का नाम है तो यह कथन हो जायेगा 'स्कॉट स्कॉट नहीं है'। स्पष्टतः यह एक आत्म-विरोधी कथन (Self-contradictory statement) है। रसेल के अनुसार यह समस्या इसलिए उत्पन्न हो जाती है, क्योंकि 'वैवर्ली का लेखक' नाम न होकर वर्णन (Description) है, जो स्कॉट के गुण अथवा विशेषताओं को बताता है। विश्लेषण के द्वारा इस भ्रामकता को दूर किया जा सकता है। यद्यपि इस विश्लेषण में 'वैवर्ली का लेखक' शब्द का प्रयोग नहीं होगा फिर भी इसका अर्थ स्पष्ट हो जायेगा, यथा:
    - कम-से-कम एक व्यक्ति ऐसा है जिसने वैवर्ली को लिखा।
    - अधिक-से-अधिक एक व्यक्ति ऐसा है जिसने वैवर्ली को लिखा।
    - जिस किसी ने वैवर्ली को लिखा वही स्कॉट है।
- साधारण भाषा की दूसरी कमी यह है कि इसके 'व्याकरणिक आकार' (Grammatical form) एवं 'तार्किक आकार' (Logical form) के बीच स्पष्ट अंतर नहीं हो पाता है, जैसे 'नेपोलियन गंजा है' तथा 'फ्रांस का वर्तमान राजा गंजा है'। सामान्यतः इन दोनों ही

कथनों का आकार समान ही प्रतीत होता है, परन्तु वास्तविकता यह है कि इन दोनों का व्याकरणिक आकार समान होते हुए भी इनका तार्किक आकार भिन्न है। पहले कथन में 'नेपोलियन' एक नाम है जबकि दूसरे कथन में 'फ्रांस का वर्तमान राजा' नाम न होकर वर्णन है। इसको विश्लेषण के द्वारा स्पष्ट किया जा सकता है। 'कम-से-कम एक व्यक्ति ऐसा है जो फ्रांस का शासक है और यदि कोई फ्रांस का शासक है तो वह गंजा है।' ('There is an unique individual ruling France and if someone rules France, he would be bald.')।

इन्हीं कमियों के कारण है कि रसेल 'साधारण भाषा' (Ordinary language) के स्थान पर 'आदर्श भाषा' (Ideal language) की वकालत करते हैं जिससे भाषा जनित भ्रांतियों से बचा जा सके। उनके अनुसार आदर्श भाषा एक 'प्रतीकात्मक भाषा' (Symbolic language) है जिसमें केवल सरल प्रतीकों का प्रयोग किया जाता है और जिसका अर्थ सुनिश्चित एवं असंदिग्ध होता है। इसमें एक शब्द के कई अर्थ न होकर एक ही अर्थ होता है। इससे अर्थ की अनिश्चितता की समस्या समाप्त हो जाती है। अर्थ की अनिश्चितता समाप्त होते ही भाषागत भ्रांतियाँ समाप्त हो जाती हैं और भाषागत भ्रांतियों के समाप्त होते ही दार्शनिक समस्याएँ समाप्त हो जाती हैं। इस प्रकार दार्शनिक समस्याओं से मुक्ति मिल जाती है।

तार्किक प्रत्यक्षवादी दार्शनिक भी साधारण भाषा को निर्दोष नहीं मानते हैं। तार्किक प्रत्यक्षवाद की शुरुआत एक आंदोलन के रूप में 1922 में आस्ट्रिया की राजधानी वियना में हुई, अस्तु, इसे 'वियना सर्किल' के नाम से भी जानते हैं। इसके अगुआ दार्शनिक मारिट्ज श्लिक थे। श्लिक के अलावा इसमें आटो न्यूरॉथ, कार्ल डैम्पेल, रूडोल्फ कार्नप, हर्बर्ट फाइगल, फ्रेडरिक वायसमान, विक्टर क्राफ्ट के साथ ही साथ वैज्ञानिक हान्स हॉन, फिलिप्स फ्रैंक, आदि भी शामिल थे। सन् 1933 में ए० जे० एयर भी इस आंदोलन में शामिल हो गये। उल्लेखनीय है कि तार्किक प्रत्यक्षवाद एक प्रकार का अनुभववाद ही है, अत: इसको 'तार्किक अनुभववाद' भी कहते हैं। इसमें ह्यूम के 'अनुभववाद' (Empiricism) तथा काम्टे एवं मैक के 'प्रत्यक्षवाद' (Positivism) के साथ ही साथ फ्रेगे, रसेल, विट्गेंस्टाइन आदि की 'विश्लेषणात्मक पद्धति' (Analytical method) का अद्भुत समन्वय किया गया है, परन्तु तार्किक प्रत्यक्षवाद, अनुभववाद होते हुए भी परम्परागत अनुभववाद से कई अर्थों में भिन्न है:

- परम्परागत अनुभववाद जहाँ 'प्रत्ययों' (Ideas) का विश्लेषण करता है, वहीं तार्किक प्रत्यक्षवाद 'इन्द्रिय प्रदत्तों' (Sense data) का।
- परम्परागत अनुभववाद का विश्लेषण 'मनोवैज्ञानिक' (Psychological) है जबकि तार्किक प्रत्यक्षवाद का विश्लेषण 'तार्किक' अथवा 'भाषायी' (Logical or Linguistic)।
- परम्परागत अनुभववाद में तत्वमीमांसा को 'असम्भव' (Impossible) कहा गया है जबकि तार्किक प्रत्यक्षवदी इसे 'निरर्थक' (Non-sense) कहते हैं।

तार्किक प्रत्यक्षवाद की शुरुआत जिस आंदोलन के रूप में हुई उसके मूलत: दो ही उद्देश्य थे: (1) 'तत्वमीमांसा का निरसन' (Elimination of Metaphysics) तथा (2) 'विज्ञान की

स्थापना के लिए एक व्यापक आधार प्रस्तुत करना' (To provide a secure ground for Sciences)। तत्वमीमांसा का निरसन करने के लिए तार्किक प्रत्यक्षवादी दार्शनिकों ने जिस विधि का सहारा लिया उसे 'अर्थ का सत्यापन सिद्धांत' (The Verification theory of Meaning) कहते हैं।

विट्गेंस्टाइन भी किसी न किसी रूप में विश्लेषण को अवश्य ही स्वीकार करता है। इस संदर्भ में दो मत प्रचलित हैं। एक ओर रसेल, विजडम, कोपी आदि का मानना है कि विट्गेंस्टाइन का "*Tractatus-Logico-Philosophicus*" (1921) में उद्देश्य "*Principia Mathemetica*" की ही भाँति साधारण भाषा के स्थान पर आदर्श भाषा की स्थापना करना था तो दूसरी ओर कुछ अन्य दार्शनिकों का मानना है कि विट्गेंस्टाइन का सरल वाक्य, निरीक्षणात्मक वाक्य है। इस प्रकार विट्गेंस्टाइन मूलत: एक तार्किक प्रत्यक्षवादी दार्शनिक हैं। यदि इस समस्या पर सूक्ष्मतापूर्वक विचार किया जाय तो यह कहा जा सकता है कि उपर्युक्त दोनों ही व्याख्याएँ असंगत हैं। विट्गेंस्टाइन का उद्देश्य न तो साधारण भाषा का विकल्प निर्मित करना था और न ही उसके वाक्य निरीक्षणात्मक वाक्य हैं। उनका उद्देश्य तो सभी भाषाओं की अनिवार्य शर्तों की व्याख्या करना था। ट्रैक्टेटस की मूल समस्या यह थी कि भाषा की सार्थकता की शर्तें क्या हैं? उनके अनुसार भाषा की सार्थकता की शर्त यह है कि भाषा सत्ता को चित्रित करती है। भाषा सरल तर्कवाक्यों की समग्रता है और सरल तर्कवाक्य तथ्यों का चित्रण करते हैं। इस प्रकार विट्गेंस्टाइन के अनुसार साधारण भाषा बिल्कुल ठीक है। वे 'ट्रैक्टेटस' में ही लिखते हैं कि "हमारी बोलचाल की भाषा के सभी तर्कवाक्य, जिस रूप में भी हैं, पूर्णतया ठीक हैं।" ("All propositions of our colloquial language, as they are, actually in order." *Tractatus*-5.5563)।

विट्गेंस्टाइन के अनुसार साधारण भाषा पूर्णतया ठीक होते हुए भी इतनी जटिल है कि उसका तार्किक आकार (Logical form) स्पष्ट नहीं हो पाता है। अत: वे लिखते हैं कि "बोलचाल की भाषा मानव संरचना का एक अंग है और उससे कम जटिल नहीं है। इससे मनुष्य के लिए यह असम्भव है कि सीधे-सीधे भाषा के तार्किक आकार को जाना जा सके। भाषा विचार को छुपाती है, जिससे परिधान के बाह्य आकार को देखकर विचार के आकार का अनुमान नहीं किया जा सकता है, क्योंकि परिधान का बाह्य आकार शरीर के अभिज्ञान के लिए नहीं बल्कि उससे भिन्न उद्देश्य के लिए है।" ("Colloquial language is a part of the human organism and it is not less complicated than it. From it, is humanly impossible to gather immediately the logic of language. Language disguises the thought; so that from the external form of the clothes one cannot infer the form of the thought they clothe, because the external form of the clothes is constructed with quite another object than to let the form of the body be recognised." *Tractatus*-4.002)।

विट्गेंस्टाइन साधारण भाषा के तार्किक आकार को स्पष्ट करने के लिए विश्लेषण को स्वीकार करता है। वह विश्लेषण के द्वारा साधारण भाषा के वाक्यों को 'सरल तर्कवाक्यों' (Elementary proposition) अथवा 'पारमाण्विक तर्कवाक्य' (Atomic proposition) में विभक्त करता है। पुन: सरल तर्कवाक्यों को नामों (Names) में। उसके अनुसार नाम ही भाषा की सरलतम ईकाई है, परन्तु नाम भाषा की सरलतम ईकाई होते हुए भी सार्थकता की सरलतम

ईकाई नहीं है। सार्थकता की सरलतम ईकाई सरल तर्कवाक्य हैं जो नामों से बनते हैं। विट्गेंस्टाइन के अनुसार नाम अपने आप में मृत हैं। सरल तर्कवाक्य में ही वे जीवन्तता को प्राप्त करते हैं। उसके अनुसार 'सरल तर्कवाक्य नामों से बनते हैं। वह नामों का क्रमबद्ध संयोजन है।' ("The elementry proposition consists of names. It is a connection, a concatenation, of names." *Tractatus*-4.22)। इस प्रकार भाषा की सरलतम ईकाई नाम होते हुए भी सार्थकता की सरलतम ईकाई सरल तर्कवाक्य ही हैं और सरल तर्कवाक्यों की समग्रता ही भाषा है। इसी प्रकार वह जगत का विभाजन 'तथ्य अथवा वस्तु स्थिति' (Fact or State of affairs) में करता है और तथ्यों का विभाजन वस्तुओं (Objects) में। यद्यपि वस्तु ही जगत की सरलतम ईकाई है, परन्तु वह जगत की सरलतम ईकाई होते हुए भी सार्थकता की सरलतम ईकाई नहीं है। सार्थकता की सरलतम ईकाई तो तथ्य ही हैं जो वस्तुओं से बनते हैं। इस प्रकार तथ्य वस्तुओं का क्रमबद्ध संयोजन है ("A state of affairs is a combination of objects." *Tractatus*-3.02) और तथ्यों की समग्रता जगत है। अत: वह कहता है कि "जगत तथ्यों की समग्रता है, वस्तुओं की नहीं।" ("The world is the totality of facts, not of things." *Tractatus*-1.1)।

अंतत: वह भाषा एवं जगत के बीच सम्बंध स्थापित करता है। उसके अनुसार नाम का अर्थ वस्तु है और वस्तु ही इसका अर्थ है ("A name means an object. The object is its meaning." *Tractatus*-3.203) अर्थात् प्रत्येक नाम के अनुरूप कोई न कोई वस्तु अवश्य ही होती है। पुनश्च, जिस प्रकार नामों का क्रमबद्ध संयोजन सरल तर्कवाक्य है उसी प्रकार वस्तुओं का क्रमबद्ध संयोजन तथ्य है। अत: प्रत्येक सरल तर्कवाक्य किसी न किसी तथ्य को अवश्य ही सूचित करता है और इसी कारण प्रत्येक सरल तर्कवाक्य सार्थक होते हैं। जिस तर्कवाक्य के अनुरूप कोई तथ्य नहीं होता है वह निरर्थक है। अत: विट्गेंस्टाइन धार्मिक, रहस्यवादी, नैतिक कथनों आदि को निरर्थक कहता है। उसके अनुसार "हमारी भाषा की सीमा का तात्पर्य मेरी जगत की सीमा है।" ("The limits of my language means the limits of my world." *Tractatus*-5.6)। अत: "जो कुछ भी कहा जा सकता है उसे स्पष्ट रूप से कहना चाहिए तथा जिसके बारे में हम कुछ नहीं कह सकते हैं वहाँ पर हमें मौन रहना चाहिए।" ("What can be said at all can be said clearly and whereof one cannot speak thereof one must be silent." *Tractatus*-7)। इस प्रकार वह धार्मिक, नैतिक, रहस्यवादी कथनों के बारे में मौन रहने की बात करता है। इसका तात्पर्य नहीं है कि वह इनका खण्डन करता है। वह न तो इनका खण्डन करता है और न ही समर्थन करता है। उसके अनुसार कहने का क्षेत्र केवल विज्ञान ही है, हालाँकि वह विज्ञान का प्रयोग व्यापक अर्थ में करता है। यहाँ सामान्य अनुभव के कथन भी वैज्ञानिक कथन ही हैं।

विट्गेंस्टाइन के अनुसार दर्शन न तो प्राकृतिक विज्ञान है (*Tractatus*-4.111), न ही मनोविज्ञान (*Tractatus*-4.1121), न ज्ञानमीमांसा है (*Tractatus*-4.1121) और न ही उसका उद्देश्य सत्यता की प्राप्ति करना है। दर्शन का सम्बंध केवल अर्थ का स्पष्टकरण करना है। वे लिखते हैं कि "दर्शन का कार्य भाषा का तार्किक स्पष्टीकरण करना है। दर्शन सिद्धांत का अंग नहीं बल्कि एक क्रिया है।" ("Philosophy aims at the logical clarification of thought. Philosophy is not a body of doctrine but an activity." *Tractatus*-4.112)। इसीलिए विट्गेंस्टाइन ट्रैक्टेटस की भाषा को 'स्पष्ट भाषा' ('Elucidatory language',

Tractatus-4.112 or 'Perspicuous language', *Tractatus*-6.54) कहते हैं जिसे डब्ल्यू० सेलर्स अपने लेख "*Naming and Saying*" में 'सीढ़ी भाषा' (Ladder language) की संज्ञा देते हैं [Sellers, W. (1962): "*Naming and Saying*", *Philosophy of Science*, pp. 7–26.]। अपनी इसी मान्यता के आधार पर विट्गेंस्टाइन लिखते हैं कि "सम्पूर्ण दर्शन भाषा की आलोचना मात्र है।" ("All philosophy is a critique of language." *Tractatus*-4.0031)। स्पष्टतः दर्शन की समस्याएँ केवल भाषागत समस्याएँ हैं। अतः यदि उनसे सम्बंधित भाषा का स्पष्टीकरण कर दिया जाय तो समस्याएँ स्वतः विगलित हो जाती हैं।

विट्गेंस्टाइन अपनी परवर्ती अवस्था अर्थात् 'फिलास्फिकल इन्वेस्टिगेसन्स' में 'नव्य स्तरीय विश्लेषण' (New level analysis) के स्थान पर 'समान स्तरीय विश्लेषण' (Same level analysis) को स्वीकार करता है। अब वे मानते हैं कि क्योंकि समस्याएँ साधारण भाषा के स्तर पर ही उत्पन्न होती हैं, अतः उनका समाधान भी साधारण भाषा के स्तर पर ही होना चाहिए। रिचर्ड रोर्टी लिखते हैं कि "दार्शनिक समस्याएँ ऐसी समस्याएँ है जिनका समाधान या तो भाषा में सुधार करके किया जा सकता है या हम वर्तमान में जो प्रयोग करते हैं, उस भाषा के बारे में अधिक ज्ञान प्राप्त करके किया जा सकता है।" ["Philosophical problems are problems which may be solved (or dissolved) either by reforming language, or by understanding more about the language, we presently use." Rorty, Richard (1970). *Introduction to the Linguistic Turn*, p. 3.]। इनमें से पहले का सम्बंध आदर्श भाषा से है जबकि दूसरे का सम्बंध साधारण भाषा से है। पहले के अंतर्गत रसेल, पूर्ववर्ती विट्गेंस्टाइन, एयर, कार्नप आदि आते हैं जबकि दूसरे के अंतर्गत परवर्ती विट्गेंस्टाइन, आस्टिन, स्ट्रासन, राईल आदि आते हैं।

अपनी पूर्ववर्ती अवस्था में विट्गेंस्टाइन मानते थे कि दार्शनिक समस्याएँ अर्थ की समस्याएँ हैं, परन्तु अपनी परवर्ती अवस्था में मानते हैं कि दार्शनिक समस्याएँ अर्थ की समस्या न होकर उसके प्रयोग की समस्या हैं। क्योंकि दार्शनिक समस्याएँ वास्तविक समस्याएँ न होकर केवल छद्म समस्याएँ अथवा भाषायी भ्रांतियाँ हैं, अतः दार्शनिक क्रिया करते समय हम पाते हैं कि हमारे समक्ष सभी तथ्य रहते हैं, परन्तु हम नहीं जानते हैं कि रास्ता किधर है। उनके अनुसार "दार्शनिक समस्या का रूप है: मैं नहीं जानता कि रास्ता किधर है।" ("Philosophical problem has the form: I do not know my way about." *Philosophical Investigations*, Sec. 123.)। विट्गेंस्टाइन ने एक बार नार्मन माल्कम से कहा था कि "दार्शनिक भ्रांति में पड़ा हुआ व्यक्ति एक ऐसे मनुष्य की भाँति है जो किसी कमरे से बाहर निकलना चाहता है, परन्तु चिमनी बहुत सँकरी है। वह खिड़की से बाहर निकलना चाहता है, परन्तु खिड़की बहुत ऊँची है।" [Malcolm, Norman (1959): *Ludwig Wittgenstein: A Memoir*, Oxford University Press, p. 51.]।

विट्गेंस्टाइन के अनुसार दार्शनिक समस्याएँ मानसिक व्याधि के समान हैं। अतः दर्शन का कार्य इन समस्याओं का उपचार करना अथवा इनसे मुक्त होना है। ("Philosopher's treatment of a question is like the treatment of an illness." *Ibid.*, Sec. 255.)। उसके अनुसार दार्शनिक किसी प्रश्न का समाधान वैसे ही करता है जैसे चिकित्सक किसी रोग का उपचार करता है। जिस प्रकार रोगोपचार के उपरांत व्याधि से मुक्ति मिल जाती है उसी प्रकार दार्शनिक समस्याओं के समाधान के उपरांत उनका निराकरण हो जाता है। इस प्रकार उनके अनुसार

दर्शन का उद्देश्य भ्रांतियों या उलझनों का पूर्ण निराकरण करना है। इससे प्रश्न का समाधान नहीं होता बल्कि समस्याएँ स्वत: विगलित हो जाती हैं। ("For the clarity we are aiming at is indeed complete clarity, but this simply means that the philosophical problems should completely disappear." *Philosophical Investigations*, Sec. 133.)। अस्तु, वे लिखते हैं कि "दर्शन में आपका उद्देश्य क्या है? किसी मक्खी को बोतल से निकलने का रास्ता दिखाना।" ("What is your aim in Philosophy? To show the fly the way out from the fly-bottle." *Ibid.*, Sec. 309.)।

विट्गेंस्टाइन के अनुसार ये उलझनें भाषा के वास्तविक प्रयोग को न समझने के कारण पैदा होती हैं। अत: वे लिखते हैं कि दार्शनिक समस्याएँ तब उत्पन्न होती हैं जब हम शब्दों के विभिन्न प्रयोगों की उपेक्षा करके उनका सामान्यीकरण कर देते हैं अथवा किसी प्रागनुभविक सिद्धांत के आधार पर उनकी व्याख्या करने का प्रयास करते हैं। उनके अनुसार "भाषा हमें भ्रमित करती है।" ("A picture held as captive." *Ibid.*, Sec. 115.)। पुनश्च, "दर्शन भाषा के द्वारा हमारी बुद्धि के सम्मोहन के विरुद्ध युद्ध है।" ("Philosophy is a battle against the bewitchment of our intelligence by means of language." *Ibid.*, Sec. 109.)। "दार्शनिक समस्याएँ तभी पैदा होती हैं जब भाषा इंजन की तरह विश्राम करती है, कार्य नहीं करती है।" ("The confusion which occupy us arise when language like an engine idling, not when it is doing work." *Ibid.*, Sec. 132.) अर्थात् "दार्शनिक समस्याएँ तब उत्पन्न होती हैं जब भाषा छुट्टी पर होती है।" ("Philosophical problems arise when language goes on holiday." *Ibid.*, Sec. 38.)। दूसरे शब्दों में, दार्शनिक समस्याएँ तब उत्पन्न होती हैं जब हम उसे उसके वास्तविक प्रयोगों से निकालकर उसके स्वरूप पर चिंतन करते हैं अथवा तार्किक नियमों के आधार पर उसकी व्याख्या करते हैं। अस्तु, विट्गेंस्टाइन लिखते हैं कि "किसी शब्द का अर्थ उसके प्रयोग के द्वारा निर्धारित होता है।" ("The meaning of a word is its use in the language." *Ibid.*, Sec. 43.)। इसी को जॉन विजडम कहते हैं कि "शब्दों का अर्थ मत पूछो, उसका प्रयोग पूछो।" ["Don't ask for the meaning; ask for the use." Wisdom, John (1952): *Ludwig Wittgenstein*, Mind, LXI, p. 258.]।

साधारण भाषा दर्शन की परम्पराएँ (Schools of Ordinary Language Philosophy)

कालांतर में साधारण भाषा दर्शन निम्नलिखित दो भागों में विभक्त हो गया:

1. 'कैम्ब्रिज परम्परा का साधारण भाषा दर्शन' (Cambridge School's of Ordinary Language Philosophy), जिसके समर्थक विट्गेंस्टाइन, वायसमान, बाउस्मा, आन्सकोम्ब, नार्मन माल्कम, लैजरोविट्ज, हार्ट, हेयर आदि थे तथा
2. 'ऑक्सफोर्ड परम्परा का साधारण भाषा दर्शन' (Oxford School's of Ordinary Language Philosophy), जिसके समर्थक आस्टिन, स्ट्रासन, राइल, क्वाइन (हार्वर्ड), वार्नाक, आर्मसन आदि थे।

दोनों ही परम्पराओं के दार्शनिकों में साम्य यह है कि:

- दोनों ही परम्पराओं के दार्शनिक मानते हैं कि साधारण भाषा उपयुक्त है। इनके अनुसार कृत्रिम भाषा अथवा साधारण भाषा के द्वारा न तो दार्शनिक समस्याओं को समझा जा सकता है और न ही उनका समाधान किया जा सकता है।
- दोनों के अनुसार दार्शनिक समस्याएँ अर्थ से सम्बंधित न होकर उसके प्रयोग से सम्बंधित हैं।
- दोनों के अनुसार दार्शनिक समस्याएँ तथ्यात्मक अथवा बौद्धिक न होकर केवल भाषिक हैं।
- इसी प्रकार दोनों ही मानते हैं कि प्राचीन शैली की तत्वमीमांसा असम्भव है, परन्तु इसका अर्थ नहीं है कि वे तत्वमीमांसा के विरोधी थे, जैसा कि वार्नाक लिखते हैं कि "यद्यपि वर्तमान में दर्शनशास्त्र का अधिकांश भाग अ-तत्वमीमांसीय है, परन्तु यह तार्किक प्रत्यक्षवाद की भाँति सिद्धांततः तत्वमीमांसा-विरोधी नहीं है।" ["Although philosophy at present time is for the most part admittedly unmetaphysical, it is not doctrinally anti-metaphysical in the manner of Logical Positivism." Warnock, G.J. (1956): *English Philosophy Since 1900*, Oxford University Press, London, p. 160.]।

इस साम्य के बावजूद दोनों में कुछ मूलभूत वैषम्य भी है। विट्गेंस्टाइन मानते हैं कि दार्शनिक समस्याएँ शब्दों के उनके वास्तविक संदर्भों में प्रयोग न करने से उत्पन्न होती हैं। अतः ये समस्याएँ वास्तविक समस्याएँ न होकर मानसिक रोग अथवा बौद्धिक भ्रांतियाँ के समान हैं। अतः इनके समाधान की नहीं बल्कि उपचार की आवश्यकता है, परन्तु ऑक्सफोर्ड परम्परा के दार्शनिकों का कहना है कि कुछ समस्याएँ भले ही मानसिक व्याधि के समान हों जिनके रोगोपचार की आवश्यकता हो, परन्तु सभी समस्याएँ मानसिक व्याधि के समान नहीं हैं अर्थात् दर्शन केवल निषेधात्मक न होकर वस्तुतः रचनात्मक है। इस प्रकार चिकित्सकीय उद्देश्य दर्शन का महत्त्वपूर्ण भाग है, सम्पूर्ण भाग नहीं। इनके अनुसार साधारण भाषा का सुव्यवस्थित एवं वैज्ञानिक अध्ययन अपने आप में महत्त्वूपर्ण है। आस्टिन इस प्रकार के अध्ययन को 'भाषायी प्रपंचवाद' (Linguistic Phenomenology) या 'व्याकरण का विस्तृत विज्ञान' (Expanded science of grammer) कहते हैं।

विट्गेंस्टाइन के अनुसार दर्शन का कार्य केवल प्रयोग का वर्णन करना है। उसमें न तो किसी प्रकार का हस्तक्षेप करना है और न ही उसके लिए कोई सैद्धांतिक आधार प्रस्तुत करना। वे लिखते हैं कि "दर्शन का कार्य किसी भी रूप में भाषा के वास्तविक प्रयोग में हस्तक्षेप करना नहीं है, यह केवल इसका वर्णन करता है। यह इसके लिए कोई आधार भी प्रस्तुत नहीं करता है। यह प्रत्येक वस्तु को यथावत रहने देता है।" ("Philosophy may in no way interfere with the actual use of language; it can in the end only describe it. For it cannot give it any foundation either. It leaves everything as it is." *Philosophical Investigations*, Sec. 124.)। ऑक्सफोर्ड परम्परा के दार्शनिक साधारण भाषा को दार्शनिक आधार मानने के लिए तर्क प्रस्तुत करते हैं। उदाहरणार्थ, आस्टिन के अनुसार "शब्दों के हमारे

भण्डार में वे सभी अंतर्निहित हैं, जिन्हें मनुष्यों ने स्वीकार करने योग्य माना है, ऐसे सभी सम्बंध भी इसमें निहित हैं जिन्हें उन्होंने अनेक पीढ़ियों एवं जीवन में मानने योग्य पाया है, वे निश्चित ही अधिक संख्या वाले तथा अधिक महत्त्वपूर्ण हैं, क्योंकि वे सर्वोत्तम जीवन की लम्बी परीक्षा में खरे उतरे हैं और कम-से-कम सभी सामान्य और तर्कत: व्यावहारिक मामलों में वे उन सभी से अधिक सूक्ष्म हैं जिन्हें मैं अपने किसी शाम की आराम कुर्सी पर बैठकर सोचता हूँ—जो सर्वाधिक लोकप्रिय वैकल्पिक विधि है।" ["Our common stock of words embodies all the distinctions men have found worth drawing, and the connections they have found worth making, in the lifetime of many generations: these surely are likely to be more numerous, more sound, since they have stood up to the long test of the survival of the fittest, and more subtle, at least in all ordinary and reasonably practical matters, than any that you or I are likely to think up in our arm-chairs of an afternoon—the most favoured alternative method." Austin, J.L. (1979): *A Plea for Excuses*, In Philosophical papers (Eds.), Oxford University Press, London, p. 182.]।

इसी प्रकार विट्गेंस्टाइन तथा कैम्ब्रिज परम्परा के दार्शनिक सम्पूर्ण साधारण भाषा का अध्ययन न करके उसके केवल अंश विशेष का अध्ययन करते हैं, विशेषकर उसका जहाँ समस्याएँ उत्पन्न होती हैं जबकि ऑक्सफोर्ड परम्परा के दार्शनिकों ने सम्पूर्ण साधारण भाषा का व्यवस्थित अध्ययन किया है। आस्टिन लिखते हैं कि "शब्द ही हमारे उपकरण हैं और कम-से-कम हमें स्वच्छ उपकरणों का प्रयोग करना चाहिए।" ["Words are our tools, and, as a minimum, we should use clean tools." Austin, J.L. (1979): *A Plea for Excuses*, In Philosophical papers, Oxford University Press, Oxford, p. 181.]। पुनश्च, वे लिखते हैं कि "शब्द तथ्य अथवा वस्तुएँ नहीं हैं: हमें इन्हें जगत से पृथक् करने की आवश्यकता है ... जिससे हम उनकी अपर्याप्तता एवं स्वेच्छाचारिता का अनुभव कर सकें और जिससे हम जगत को बिना किसी अंधेरे के देख सकें।" ["Words are not facts or things: we need therefore to prise them off the world, ... so that we can realise their inadequacies and arbitrariness, and can relook at the world without blinkers." Austin, J.L. (1979): *A Plea for Excuses*, In *Philosophical papers*, Oxford University Press, Oxford, p. 182.]।

इसी प्रकार विट्गेंस्टाइन तथा अन्य कैम्ब्रिज परम्परा के दार्शनिक विशेष समस्याओं को लेकर दार्शनिक गवेषणाएँ आरम्भ करते हैं जबकि ऑक्सफोर्ड परम्परा के दार्शनिकों ने सामान्य समस्याओं के समाधान का प्रयास किया है। उदाहरणार्थ, रालन ने "द कन्सेप्ट ऑफ माइण्ड" में मानसिक सम्प्रत्ययों के तार्किक स्वरूप एवं सम्बंधों का स्पष्टीकरण किया है। मानसिक शब्दों एवं वाक्यों के प्रयोग के आधार पर उन्होंने डेकार्ट के 'कार्टिजियन द्वैतवाद' (Cartesian Dualism) का खण्डन करके मन-शरीर सम्बंध की समस्या का समाधान करने के लिए 'व्यवहारवादी समाधान' (Behaviouristic Solution) प्रस्तुत किया है। इसी प्रकार स्ट्रासन अपनी पुस्तक "इन्डीविजुअल" में व्यक्ति की समस्या का समाधान करने के लिए एक विशेष दार्शनिक सिद्धांत जिसे 'द्विपक्षीय सिद्धांत' (Double Aspects Theory) कहते हैं, का प्रतिपादन करते हैं।

इस प्रकार यह कहा जा सकता है कि परम्परागत दर्शन और विश्लेषणात्मक दर्शन अथवा भाषायी दर्शन के बीच पर्याप्त वैषम्य है। जहाँ एक ओर परम्परागत दर्शन में यह माना जाता है कि दर्शन का उद्देश्य जीवन एवं जगत की समस्याओं को प्रस्तुत करना एवं उनका समाधान करना, साथ ही साथ सत्यता की खोज करना है, वहीं दूसरी ओर विश्लेषणात्मक दर्शन में यह स्वीकार किया जाता है कि जीवन एवं जगत की समस्याओं का समाधान करना तथा सत्यता की खोज करना विज्ञान का कार्य है, दर्शन का नहीं। दर्शन का कार्य तो इन सिद्धांतों को प्रस्तुत करने वाली भाषा का स्पष्टीकरण करना अथवा उनका विश्लेषण करना है। विट्गेंस्टाइन लिखते हैं कि "दर्शन का कार्य भाषा का तार्किक स्पष्टीकरण करना है। दर्शन सिद्धांत का अंग नहीं बल्कि एक क्रिया है।" ("Philosophy aims at the logical clarification of thought. Philosophy is not a body of doctrine but an activity." *Tractatus*-4.112)। इसी प्रकार तार्किक प्रत्यक्षवादी दार्शनिक श्लिक लिखते हैं कि "दर्शन वह क्रिया है जिसके द्वारा वाक्यों और कथनों का अर्थ अभिव्यक्त एवं सुनिश्चित होता है। दर्शन कथनों की व्याख्या करता है जबकि विज्ञान उसे सत्यापित करता है। परवर्ती कथनों की सत्यता से सम्बंधित है जबकि पूर्ववर्ती इससे सम्बंधित है कि उसका अर्थ यथार्थत: क्या है।" ["Philosophy is that activity through which the meaning of statements is revealed and determined. By means of philosophy statements are explained, by means of science they are verified. The latter is concerned with the truth of statements, the former with what they actually mean." Moritz Schlick, *The Turning Point in Philosophy*, p. 56. In A.J. Ayer (1959): *Logical Positivism* (Ed.), The Free Press, New York, pp. 53–59.]। कार्नप के अनुसार भी विज्ञानों के प्रत्ययों तथा वाक्यों के तार्किक विश्लेषण को दर्शन का स्थान ले लेना चाहिए। वे लिखते हैं कि "दर्शन को विज्ञान के तर्कशास्त्र के द्वारा प्रतिस्थापित करना होगा - कहने का अभिप्राय है कि अवधारणाओं एवं विज्ञानों के वाक्यों के तार्किक विश्लेषण के द्वारा, विज्ञान का तर्कशास्त्र विज्ञान की भाषा के तार्किक विन्यासों के अलावा और कुछ भी नहीं है।" ["Philosophy is to be replaced by the logic of science – that is to say, by the logical analysis of the concepts and sentences of the sciences, for the logic of science is nothing other than the logical syntax of the language of science." Rudolf Carnap (1937): *Logical Syntax of Language*, Humanities, New York (in Foreword).]।

धार्मिक भाषा (Religions Language)

इस विश्लेषणात्मक दर्शन का प्रभाव धर्म-दर्शन के क्षेत्र पर भी पड़ा। अत: बीसवीं शताब्दी के प्रारम्भ में धर्म-दर्शन के क्षेत्र में भी एक नयी परम्परा की शुरुआत हुई, जिसे 'विश्लेषणात्मक धर्म-दर्शन' या 'भाषायी धर्म-दर्शन' के नाम से जानते हैं। भाषायी धर्म-दर्शन का उद्देश्य धर्म-दर्शन की समस्याओं को प्रस्तुत करना और उनका समाधान करना नहीं था अर्थात् धर्म के सम्बंध में किसी नूतन धार्मिक सिद्धांत का प्रतिपादन करना नहीं था बल्कि उसको अभिव्यक्त करने वाली भाषा का स्पष्टीकरण तथा उसकी सार्थकता एवं निरर्थकता की शर्तें निर्धारित करना था। दूसरे शब्दों

में, विश्लेषणात्मक धर्म-दर्शन का उद्देश्य धार्मिक भाषा का विश्लेषण करके उसकी सार्थकता एवं निरर्थकता को बताना था, यथा - ईश्वर, आत्मा, मोक्ष, अमरता, प्रार्थना, पूजा-पाठ आदि का अर्थ क्या है तथा इन शब्दों की सार्थकता एवं निरर्थकता के निर्धारण की शर्तें क्या हैं? अर्थात् किन परिस्थितियों में इन कथनों को सार्थक तथा किन परिस्थितियों में इनको निरर्थक कहा जा सकता है। इस प्रकार जहाँ परम्परागत धर्म-दर्शन के अंतर्गत धार्मिक विश्वासों, क्रियाओं, मूल्यों, सत्यों आदि की सत्यता-असत्यता का आलोचनात्मक परीक्षण किया जाता है, वहीं भाषायी धर्म-दर्शन के अंतर्गत धार्मिक विश्वासों, क्रियाओं, मूल्यों, सत्यों आदि की सत्यता-असत्यता का परीक्षण न करके इससे सम्बंधित कथनों की सार्थकता एवं निरर्थकता का निर्धारण किया जाता है। इसका अर्थ नहीं है कि परम्परागत एवं भाषायी दर्शन एक-दूसरे के विरोधी हैं बल्कि वास्तविकता यह है कि दोनों एक-दूसरे के पूरक हैं। यद्यपि यह सत्य है कि परम्परागत धर्म-दर्शन धार्मिक सत्यों का आलोचनात्मक परीक्षण करता है, जबकि भाषायी दर्शन उसका स्पष्टीकरण करता है, परन्तु कोई भी परीक्षण तब तक पूर्ण नहीं हो सकता है जब तक उसका सही विश्लेषण न हो जाय। विश्लेषण के द्वारा ही इनके स्वरूप का स्पष्टीकरण किया जा सकता है जिससे उनकी सत्यता-असत्यता का सही परीक्षण करने में सहायता मिल सके। इस प्रकार धर्म-दर्शन का स्वरूप एवं क्षेत्र भाषायी धर्म-दर्शन के स्वरूप एवं क्षेत्र से अधिक व्यापक है।

प्रश्न उठता है कि 'धार्मिक भाषा' क्या है? धर्म से सम्बंधित भाषा को ही धार्मिक भाषा कहते हैं। दूसरे शब्दों में, धार्मिक व्यक्ति धर्म से सम्बंधित अपनी अनुभूतियों, विश्वासों, आस्थाओं एवं भावनाओं को जिन वाक्यों अथवा कथनों के द्वारा अभिव्यक्त करते हैं उसे ही 'धार्मिक भाषा' कहते हैं, यथा - 'ईश्वर जगत का स्रष्टा है', 'वह सर्वशक्तिमान, सर्वज्ञ एवं दयालु है', 'वह भक्तों पर कृपा करता है', 'ईश्वर सभी को पुत्रवत प्रेम करता है', 'मरणोपरांत भी जीवन सम्भव है', 'मोक्ष में चेतना से युक्त जीव का व्यक्तित्व बना रहता है' अथवा 'मोक्ष की अवस्था में जीव एवं ब्रह्म में अभेद हो जाता है' अथवा 'मोक्ष की अवस्था में जीव अपने मूल स्वरूप में स्थापित हो जाता है', प्रभृति। यद्यपि कुछ धर्म ऐसे भी हैं, जो अनीश्वरवादी हैं अर्थात् जो ईश्वर की सत्ता में विश्वास तो नहीं करते हैं, परन्तु वे किसी न किसी रूप में परमार्थ में विश्वास करते हैं। उदाहरणार्थ, जैन एवं बौद्ध दर्शन ईश्वर की सत्ता में विश्वास नहीं करते हैं, परन्तु वे भी कैवल्य या निर्वाण की अवधारणा को स्वीकार करते हैं, यथा - जैन दर्शन में कैवल्य को आनन्द की अवस्था कहा गया है जिसमें अनन्त चतुष्टय की प्राप्ति होती है (अनन्त ज्ञान, अनन्त दर्शन, अनन्त वीर्य एवं अनन्त आनन्द)। इसी प्रकार बौद्ध दर्शन में भी निर्वाण को परम नि:श्रेयस कहा गया है। इस प्रकार, यद्यपि इन दर्शनों में ईश्वर को नहीं माना गया है तथापि किसी न किसी रूप में अलौकिक अनुभूतियों अथवा रहस्यानुभूति को अवश्य ही स्वीकार किया गया है। अत: इन दर्शनों में इन अनुभूतियों से सम्बंधित कथन ही धार्मिक कथन हैं। निष्कर्षत: यह कहा जा सकता है कि "धार्मिक भाषा समग्र धार्मिक अनुभूतियों, विश्वासों, क्रियाओं, मूल्यों एवं सत्यों को व्यक्त करने वाली भाषा है जिसके द्वारा व्यक्ति अथवा समुदाय अपनी धार्मिक भावनाओं एवं विश्वासों को अभिव्यक्त करते हैं।"

यद्यपि भाषा का महत्त्व तो सभी क्षेत्रों में है, परन्तु धार्मिक भाषा का अपने आप में विशिष्ट महत्त्व है, क्योंकि यह बोलचाल की भाषा अथवा साधारण भाषा से पूर्णतया भिन्न स्तर की होती

है। अतः इसका अर्थ साधारण भाषा से पृथक् होता है। इसी दृष्टि से जॉन हिक लिखते हैं कि "यह स्पष्ट है कि अधिकांश, प्राय: सभी पद, जो ईश्वर के धार्मिक विमर्श के लिए प्रयुक्त होते हैं वे विशिष्ट प्रकार से प्रयोग किये जाते हैं, यही उन्हें साधारण सांसारिक संदर्भों के प्रयोग से पृथक् करता है।" ["It is obvious that many, perhaps all, of the terms that are applied in religious discourse to God are being used in special ways, differing from their use in ordinary mundane contexts." Hick, John (1983): *Philosophy of Religion*, Prentice-Hall, Inc., Englewood Cliffs, N.J., U.S.A., p. 76.]। क्योंकि धार्मिक भाषा, साधारण भाषा से भिन्न स्तर की भाषा होती है, अतः इसको समझने के लिए धार्मिक दृष्टि का होना परमावश्यक है। सामान्य दृष्टिकोण उसकी गहनता एवं सूक्ष्मता को पकड़ने में सदैव ही असफल रहता है, यथा - 'ईश्वर सभी को पुत्रवत प्रेम करता है'। इस कथन का अर्थ उस प्रकार से नहीं समझा जा सकता है जिस प्रकार से कोई पिता अपने पुत्र से प्रेम करता है। दोनों के प्रेम करने का स्तर अलग-अलग है साथ ही उसको अभिव्यक्त करने का तरीका भी अलग-अलग है। यहाँ पर दोनों कथनों में 'शाब्दिक साम्य' (Verbal similarity) की अपेक्षा 'भावनात्मक अथवा संवेगात्मक साम्य' (Emotive similarity) ही अधिक है। इसी प्रकार यदि कोई यह कहता है कि 'ईश्वर जगत का स्रष्टा है' तो यहाँ पर इसका अर्थ नहीं है कि जिस प्रकार कोई कारीगर किसी वस्तु का निर्माण करता है उसी प्रकार ईश्वर भी एक-एक करके विभिन्न वस्तुओं की रचना करता है। वास्तव में ईश्वर तो एक व्यवस्था की सृष्टि करता है जिसमें विभिन्न वस्तुओं का धीरे-धीरे स्वतः विकास होता रहता है। यही बात अन्य धार्मिक कथनों के लिए भी सत्य है। स्पष्टतः धार्मिक भाषा को समझने के लिए धार्मिक दृष्टि एवं धार्मिक भावनाओं का होना आवश्यक है। इसी दृष्टि से मैकग्रीगर "इन्ट्रोडक्शन टू रिलीजियस फिलॉसफी" में लिखते हैं कि "धार्मिक भाषा अनन्य है, क्योंकि जिस सत्ता के लिए इसका प्रयोग होता है, वह स्वयं अनन्य है।" [Mac Gregor, G. (1959): *Introduction to Religious Philosophy*, Houghton Mifflin Company, Boston, p. 316.]।

धार्मिक भाषा के प्रकार (Types of Religions Language)

सामान्यतः धार्मिक भाषा के सिद्धांत को तीन भागों में विभक्त किया जा सकता है:

1. संज्ञानात्मक सिद्धांत (Cognitive Theory)।
2. असंज्ञानात्मक सिद्धांत (Non-cognitive Theory)।
3. अर्ध-संज्ञानात्मक सिद्धांत (Semi-cognitive Theory)।

संज्ञानात्मक सिद्धांत (Cognitive Theory)......................................

संज्ञानात्मक सिद्धांत के अनुसार धार्मिक कथन तथ्यात्मक होते हैं। अतः ये कथन भी ईश्वर के सम्बंध में किसी न किसी तथ्य की सूचना देते हैं अथवा उनका वर्णन करते हैं। क्योंकि ये कथन सूचनात्मक अथवा वर्णनात्मक होते हैं, अतः ये भी अन्य तथ्यात्मक कथनों की ही भाँति या तो

सत्य होते हैं या असत्य। उदाहरणार्थ, 'ईश्वर का अस्तित्व है', 'ईश्वर सर्वज्ञ एवं सर्वशक्तिमान है', 'ईश्वर जगत का सृष्टिकर्त्ता है', 'वह भक्तों पर कृपा करता है', आदि कथन किसी न किसी तथ्य की अभिव्यक्ति अवश्य ही करते हैं। इस मत का समर्थन जॉन हिक, आई० ए० क्रोम्बी, बेसिल मिचल आदि ने भी किया है।

असंज्ञानात्मक सिद्धांत (Non-cognitive Theory)

असंज्ञानात्मक सिद्धांत के अनुसार धार्मिक कथन तथ्यात्मक नहीं होते हैं अर्थात् ये कथन न तो किसी तथ्य की सूचना देते हैं और न ही उसका वर्णन करते हैं, परन्तु धार्मिक कथन तथ्यात्मक अथवा वर्णनात्मक नहीं होते हुए भी निरर्थक नहीं हैं, क्योंकि ये हमारी भावनाओं एवं संवेगों को अभिव्यक्त करते हैं, क्योंकि ये कथन तथ्यात्मक न होकर भावनात्मक अथवा संवेगात्मक होते हैं, अत: ये कथन सत्य अथवा असत्य न होकर सार्थक अथवा निरर्थक होते हैं। इस मत का समर्थन ए० जे० एयर, एन्टोनी फ्ल्यू, आर० एम० हेयर, आर० बी० ब्रेथवेट आदि दार्शनिकों ने किया है।

अर्ध-संज्ञानात्मक सिद्धांत (Semi-cognitive Theory)

कुछ दार्शनिकों के अनुसार धार्मिक कथन न तो संज्ञानात्मक हैं और न ही असंज्ञानात्मक बल्कि ये इन दोनों से ही भिन्न 'अर्ध-संज्ञानात्मक' हैं। यहाँ 'अर्ध-संज्ञानात्मक' का अभिप्राय यह है कि ये कथन न तो पूर्णतया तथ्यात्मक ही होते हैं और न पूर्णतया भावनात्मक अथवा संवेगात्मक ही। वास्तव में इनका कुछ भाग तथ्यात्मक तो कुछ भावनात्मक अथवा संवेगात्मक होता है। जब हम किसी कथन का अर्थ निर्धारित करते हैं तो इसके लिए वस्तुनिष्ठ तथ्यों के अतिरिक्त आत्मनिष्ठता का तथ्य भी बहुत महत्त्वपूर्ण होता है। इसके अंतर्गत प्रमुखत: संत थामस एक्विनॉस के 'साम्यानुमानिक सिद्धांत' (Analogous theory), पॉल तिलिक के 'प्रतीकवाद' (Symbolism) तथा डी० जेड० फिलिप्स एवं विट्गेंस्टाइन के 'प्रयोग सिद्धांत' (Use theory) को रखा जा सकता है।

सत्यापन सिद्धांतः ए. जे. एयर (Verification Theory: A.J. Ayer)

ए० जे० एयर अपनी पुस्तक "*Language, Truth and Logic*" की शुरुआत ही इस कथन से करते हैं कि "दार्शनिकों के बीच परम्परागत विवाद, अधिकांशत: जितना अकारण है उतना ही व्यर्थ भी है।" ["The traditional dispute of philosophers are, for the most part, as unwarranted as they are unfruitful." Ayer, A.J. (1946): *Language, Truth and Logic*, Penguin Books, London, p. 13.]। यहाँ पर परम्परागत विवाद का तात्पर्य मूलत: तत्वमीमांसीय समस्याओं से है जिसे एयर अकारण एवं व्यर्थ कहते हैं। स्पष्टत: तार्किक प्रत्यक्षवादी दार्शनिकों के मूलत: दो ही उद्देश्य थे: (1) 'तत्वमीमांसा का निरसन करना' (Elimination of Metaphysics) तथा (2) 'विज्ञान के लिए एक व्यापक आधार प्रस्तुत करना' (To provide a secure ground for Science)।

तत्वमीमांसा की व्याख्या (Interpretation of Metaphysics) ....

प्रश्न उठता है कि तत्वमीमांसा का तात्पर्य क्या है? अरस्तू के समय तक दर्शनशास्त्र को 'First Philosophy' कहा जाता था जिसका तात्पर्य 'प्रथम', 'सर्वोच्च' या 'ब्रह्माण्ड के सामान्य सिद्धांतों' से था। यदि 'Metaphysics' शब्द की उत्पत्ति पर विचार किया जाय तो इसके पीछे एक अलग ही कहानी दृष्टिगोचर होती है। डब्ल्यू० टी० स्टेस लिखते हैं कि "तत्वमीमांसा शब्द का प्रयोग ईसा पूर्व प्रथम शताब्दी में हुआ, जब एन्ड्रोनिकस ने अरस्तू के ज्ञात कार्यों का सम्पूर्ण प्रकाशन किया। इस प्रकाशन में उन्होंने 'फर्स्ट फिलॉसफी' को 'फिजिक्स' के बाद रखा और उसका नाम 'मेटाफिजिक्स' दे दिया। इस प्रकार इस शब्द की उत्पत्ति आकस्मिक प्रतीत होती है। अरस्तू ने इस शब्द का प्रयोग 'भौतिक विज्ञान से परे' के अर्थ में किया था, जो भौतिक सत्ता का अतिक्रमण करता है, इस पर संदेह है।" ["The name 'metaphysics' came into use only half a century BC, when Andronicus published a complete edition of Aristotle's known works. In this edition the treatise on 'first philosophy' was placed after the 'physics'. The derivation of the world thus appears to be merely accidental and adventitious. Whether it was also in any way intended to signify that the subject is 'beyond physics', that is, deals with what transcendents physical existence, seems doubtful." Stace, W.T. (1996): *A Critical History of Greek Philosophy*, Macmillan Press, London, p. 262.]। परन्तु प्रारम्भ से लेकर आज तक दर्शनशास्त्र का जो विकास हुआ उसमें तत्वमीमांसा को "After the physics" के स्थान पर "Beyond physics" मानते हुए अतीन्द्रिय सत्ता से सम्बंधित कर दिया गया। तार्किक प्रत्यक्षवादी दार्शनिकों का उद्देश्य ऐसी ही अतीन्द्रिय सत्ता अथवा तत्वमीमांसा का निरसन करना था।

यद्यपि तत्वमीमांसा का निरसन तो तार्किक प्रत्यक्षवाद के पूर्व भी किया गया था। ऑगस्त काम्टे जिन्होंने सर्वप्रथम 'Positivism' शब्द का प्रयोग किया, मानव ज्ञान के उत्तरोत्तर विकास के आधार पर तत्वमीमांसा का निरसन करते हैं। उसके अनुसार जब मानव ज्ञान का उत्तरोत्तर विकास होता है तथा जगत की वैज्ञानिक व्याख्या होने लगती है तो तत्वमीमांसा स्वत: बहिष्कृत हो जाती है। डेविड ह्यूम अनुभव के आधार पर तत्वमीमांसा का खण्डन करते हैं। उनके अनुसार दो ही प्रकार के ज्ञान सम्भव हैं: (1) 'प्रत्ययों से सम्बंधित' (Relations of ideas) तथा (2) 'तथ्यों से सम्बंधित' (Relations of facts)। प्रत्ययों से सम्बंधित ज्ञान गणित एवं तर्कशास्त्र का ज्ञान है, ऐसे ज्ञान अनिवार्य एवं सार्वभौम सत्य होते हैं जबकि तथ्यों से सम्बंधित ज्ञान अनुभवजन्य ज्ञान हैं, ऐसे ज्ञान सम्भाव्य सत्य होते हैं। इसके अतिरिक्त अन्य जितने भी ज्ञान हैं वे सभी असम्भव हैं। अस्तु, तत्वमीमांसा असम्भव है। वे लिखते हैं कि "यदि हम तत्वमीमांसा या धर्मशास्त्र से सम्बंधित कोई पुस्तक अपने हाथ में लेते हैं तो उदाहरणार्थ हमें पूछना चाहिए कि क्या इसमें संख्या या परिमाण सम्बंधी कोई तर्क विद्यमान है? यदि नहीं तो क्या तथ्य अथवा अस्तित्व सम्बंधी कोई तर्क विद्यमान है? यदि नहीं तो उसे आग में डाल देना चाहिए, क्योंकि इसमें सिवाय तर्क एवं वितण्डा के और कुछ भी विद्यमान नहीं है।" ["If we take in our hand any volume; of divinity or school metaphysics, for instance; let us ask, does it contain any abstract reasoning concerning quantity or number? No. Does it contain any experimental reasoning concerning matter of fact and existence? No. Commit it then to the flames: For it can contain nothing but sophistry and illusion." Hume, David (1948): *An Inquiry Concerning Human Understanding*, Section 12 of the Academical or Sceptical Philosophy, Pt. 3.]। इसी प्रकार काण्ट बुद्धि की संरचना के आधार पर तत्वमीमांसा का निरसन करते हैं। उनके अनुसार हमारी बुद्धि की संरचना ही इस प्रकार हुई है कि इसका प्रयोग अतीन्द्रिय सत्ताओं के ऊपर नहीं किया जा सकता है और यदि बलात् इसका प्रयोग अतीन्द्रिय सत्ताओं के ऊपर करते भी हैं तो वह केवल विरोधाभासों में जकड़ जाती है, जिसे काण्ट 'अतीन्द्रिय भ्रम' (Transcendental Illusion) की संज्ञा देते हैं। इस प्रकार काम्टे 'ऐतिहासिक व्याख्या' के आधार पर, ह्यूम 'मनोवैज्ञानिक व्याख्या' के आधार पर, जबकि काण्ट 'ज्ञानमीमांसीय व्याख्या' के आधार पर तत्वमीमांसा का खण्डन करते हैं।

तार्किक प्रत्यक्षवादी तत्वमीमांसा का निरसन करने के लिए एक विशेष पद्धति अपनाते हैं जिसे 'भाषायी विश्लेषण' कहते हैं। इसके अंतर्गत वे उन आधारवाक्यों का परीक्षण करते हैं जिनके आधार पर तत्वमीमांसा का निष्कर्ष स्थापित किया जाता है। एयर के अनुसार "तत्वमीमांसकों पर आक्रमण का एक तरीका यह होगा कि उन आधारवाक्यों का परीक्षण किया जाय जिसके आधार पर उनके निष्कर्ष निगमित होते हैं।" ["One way of attacking a metaphysician ... would be to inquire from what premises his propositions were deduced." Ayer, A.J. (1946): *Language, Truth and Logic*, Penguin Books, London, p. 13.]। पुनश्च, वे लिखते हैं कि "तत्वमीमांसक के विरुद्ध हमारा आरोप यह नहीं है कि वह अपनी बुद्धि का प्रयोग एक ऐसी सत्ता को समझने के लिए करता है जिस पर वह सार्थक रूप से सट्टेबाजी नहीं कर सकता है बल्कि यह है कि वह ऐसे वाक्यों की रचना करता है जो उन शर्तों का अनुपालन करने में असमर्थ रहती है जिसके अंतर्गत अकेले एक वाक्य शाब्दिक रूप से सार्थक होता है।" ("Our charge against the metaphysician is not that he attempts to employ the understanding in a field where it cannot profitably venture, but that he produces sentences which fail to confirm to the conditions under which alone a sentence can be litterally significant." *Ibid.*, p. 15.)।

एयर के अनुसार सार्थक कथन केवल दो ही प्रकार के होते हैं: (1) विश्लेषणात्मक (Analytical) एवं (2) संश्लेषणात्मक (Synthetic)। "विश्लेषणात्मक कथन वह है जिसकी सत्यता उस कथन में प्रयुक्त प्रतीकों की परिभाषा पर निर्भर करती है, और संश्लेषणात्मक कथन वह है जिसकी सत्यता अनुभव के तथ्यों के द्वारा निर्धारित होती है।" ("A proposition is analytic when its validity depends solely on the definitions of the symbols it contains, and synthetic when its validity is determined by the facts of experience." *Ibid.*, p. 73.)। स्पष्टत: विश्लेषणात्मक कथन की सत्यता इन कथनों में प्रयुक्त प्रतीकों के अर्थ पर निर्भर करती है, यथा - त्रिभुज के तीनों कोणों का योग 180° के बराबर होता है, 2 + 2 का योग 4 होता है, कुँवारा अविवाहित होता है, दार्शनिक दार्शनिक होते हैं, आदि। स्पष्टत: ऐसे कथन अनिवार्य एवं सार्वभौम सत्य होते हैं। क्योंकि ऐसे कथन कोई नवीन ज्ञान प्रदान नहीं करते हैं, अत: ये पुनरुक्ति होते हैं। संश्लेषणात्मक कथनों की सत्यता अनुभव द्वारा निर्धारित होती है, जैसे - दीवाल सफेद है, घास हरी है, वर्षा हो रही है, आदि। इस प्रकार संश्लेषणात्मक कथन आनुभविक

(A posteriori) होने के कारण अनिवार्य एवं सार्वभौम सत्य न होकर सम्भाव्य सत्य होते हैं। एयर के अनुसार इन दोनों के अतिरिक्त अन्य जितने भी प्रकार के कथन हैं, वे सभी निरर्थक कथन हैं। क्योंकि तत्वमीमांसीय कथन न तो संश्लेषणात्मक कथन हैं और न ही विश्लेषणात्मक, अतः तत्वमीमांसा 'निरर्थक' (Nonsense) है। एयर लिखते हैं कि "अतः हम तत्वमीमांसीय कथन को परिभाषित कर सकते हैं कि ... ये न तो पुनरुक्ति हैं और न ही आनुभविक प्राक्कल्पना और जैसा कि केवल पुनरुक्तियाँ एवं आनुभविक प्राक्कल्पनाएँ ही सार्थक तर्कवाक्य हो सकते हैं, अतः हम इस निष्कर्ष को निकालने में प्रामाणिक हैं कि सभी तत्वमीमांसीय कथन निरर्थक हैं।" ("We may accordingly define as metaphysical sentence ... express neither a tautology nor an empirical hypothesis. And as tautologies and empirical hypotheses form the entire class of significant propositions, we are justified in concluding that all metaphysical assertions are nonsensical." *Ibid.*, p. 24.)।

पुनश्च, एयर लिखते हैं कि "यदि 'ईश्वर' तत्वमीमांसीय शब्द है तो इस बात की सम्भावना भी नहीं है कि ईश्वर का अस्तित्व है। यह कहना कि 'ईश्वर का अस्तित्व है' एक तत्वमीमांसीय कथन है जो न तो सत्य हो सकता है और न ही असत्य और इस मापदण्ड के आधार पर कोई भी कथन जो अतीन्द्रिय ईश्वर के स्वरूप का वर्णन करने का दावा करता है उसकी कोई शाब्दिक सार्थकता नहीं हो सकती है।" ("If 'God' is a metaphysical term, then it cannot be even probable that God exists. For to say that 'God exists' is to make a metaphysical utterance which cannot be either true or false. And by the same criterion, no sentence which purports to describe the nature of a transcendental God can possess any literal significance." *Ibid.*, p. 120.)। एयर ऐसे कथन को शब्दतः सार्थक न मानते हुए भी उसे संवेगात्मक दृष्टि से सार्थक मानते हैं। "जो वाक्य उसे अभिव्यक्त करते हैं वे संवेगात्मक दृष्टि से सार्थक हो सकते हैं; परन्तु शब्दतः सार्थक नहीं हैं।" ("The sentence expressing it may be emotoinally significant to him; but it is not literally significant." *Ibid.*, p. 120.)।

तत्वमीमांसा के निरसन करने का यह अर्थ नहीं है कि एयर अनीश्वरवादी अथवा अज्ञेयवादी हैं। वे अपने आप को अनीश्वरवाद एवं अज्ञेयवाद दोनों से पृथक् करते हुए कहते हैं कि अनीश्वरवादी तो स्पष्टतः ईश्वर का निषेध करते हैं, जबकि अज्ञेयवादी न तो ईश्वर का निषेध करते हैं और न ही उसके अस्तित्व को स्वीकार करते हैं। उनके अनुसार ईश्वर का अस्तित्व हो भी सकता है और नहीं भी। एयर के अनुसार दोनों में समानता यह है कि दोनों ही ईश्वर से सम्बंधित कथन को तथ्यात्मक दृष्टि से सार्थक मानते हैं, जबकि वास्तविकता यह है कि ईश्वर से सम्बंधित कथन सार्थक कथन नहीं है, क्योंकि वह न तो सत्य होता है और न ही असत्य। किसी भी कथन के सार्थक होने के लिए उसका सत्य अथवा असत्य होना आवश्यक है। वे लिखते हैं कि "अज्ञेयवादियों की यह विशेषता है कि ईश्वर का अस्तित्व एक सम्भावना के रूप में है जहाँ ईश्वर में विश्वास करने तथा न करने के पक्ष में कोई पर्याप्त कारण नहीं है और अनीश्वरवाद की विशेषता यह है कि वे ईश्वर के अस्तित्व की सम्भावना से ही इंकार करते हैं। हमारा विचार यह है कि ईश्वर के स्वरूप के बारे में सभी प्रकार के कथन निरर्थक हैं।... यदि यह कहना कि ईश्वर का अस्तित्व है, निरर्थक है तो अनीश्वरवादियों का यह कहना कि ईश्वर का अस्तित्व नहीं है,

वह भी उतना ही निरर्थक है, क्योंकि केवल सार्थक कथन का ही सार्थक रूप में खण्डन किया जा सकता है" ("For it is characteristic of an agnostic to hold that the existence of God is a possibility in which there is no good reason either to believe or disbelieve; and it is characteristic of an atheist to hold that it is at least probable that no God exists. And our view that all utterances about the nature of God are nonsensical, ... For it the assertion that there is a God is nonsensical, then the atheist's assertion that there is no God is equally nonsensical, since it is only a significant proposition that can be significantly contradicted." *Ibid.*, pp. 120–21.)।

जिस प्रकार एयर तत्वमीमांसीय कथनों को निरर्थक कहते हैं उसी प्रकार वे आत्मा की अमरता तथा पुनर्जन्म सिद्धांत को भी एक तत्वमीमांसीय सिद्धांत मानते हुए उसे भी निरर्थक कहते हैं। उनके अनुसार "सामान्यत: अतीन्द्रिय ईश्वर में विश्वास के साथ मरणोत्तर जीवन में विश्वास भी जुड़ा हुआ है, परन्तु जिस रूप में इस विश्वास को स्वीकार किया जाता है, उसकी विषय-वस्तु एक यथार्थ प्राक्कल्पना नहीं है। ...यह कहना कि मनुष्य के अंदर कोई ऐसी अदृश्य सत्ता है जो उसकी आत्मा है या यथार्थ आत्मा है तथा जो उसकी मरणोपरांत भी विद्यमान रहती है, यह एक तत्वमीमांसीय कथन है जो तथ्यात्मक दृष्टि से उतना ही निरर्थक है जितना यह कहना कि ईश्वर का अस्तित्व है।" ("It is common to find a belief in a transcendental god conjoined with belief in an after-life. But, in the form which it usally takes, the content of this belief is not a genuine hypothesis... But to say that there is something imperceptible inside a man, which is his soul or his real self, and that it goes on living after he is dead, is to make a metaphysical assertion which has no more factual content than the assertion that there is a transcendental god." *Ibid.*, p. 122.)। इस प्रकार एयर किसी भी रूप में तत्वमीमांसा को स्वीकार नहीं करते हैं। उनके अनुसार "जिस बिन्दु को हम स्थापित करना चाहते हैं वह यह है कि धर्म का कोई भी अतीन्द्रिय सत्य नहीं हो सकता है। वे वाक्य जिनका प्रयोग ईश्वरवादी ऐसे "सत्यों" को अभिव्यक्त करने के लिए करते हैं उनकी कोई शाब्दिक सार्थकता नहीं है।" ("The point which we wish to establish is that there cannot be any transcendental truths of religion. For the sentences which the theist uses to express such "truths" are not literally significant." *Ibid.*, p. 123.)।

इस मान्यता के प्रतिपक्ष में तत्वमीमांसकों का कहना है कि क्योंकि तत्वमीमांसा का ज्ञान 'प्रतिभान' (Intuition) से होता है, अत: भाषा के आधार पर अथवा आधारवाक्यों के विश्लेषण के आधार पर इसका निरसन करना असंगत है। प्रत्युत्तर में तार्किक प्रत्यक्षवादियों का कहना है कि आज तक किसी भी प्रतिभान को प्रयोगशाला में वैज्ञानिक विधि के द्वारा प्रमाणित नहीं किया जा सका है। अत: प्रतिभान को वैज्ञानिक ज्ञान का आधार नहीं माना जा सकता है। पुनश्च, ईश्वरवादी ईश्वर को रहस्य के रूप में स्वीकार करते हैं जो हमारी सामान्य बुद्धि से परे है, परन्तु एयर इस रूप में ईश्वर को स्वीकार नहीं करते हैं। "प्राय: हम कहते हैं कि ईश्वर का स्वरूप एक रहस्य है जो मानवीय बुद्धि से परे है। परन्तु यह कहना कि कुछ ऐसा भी है जो मानवीय बुद्धि

का अतिक्रमण करता है, यह कहने के तुल्य है कि वह अबोधगम्य है और जो अबोधगम्य है उसका सार्थक रूप से वर्णन नहीं किया जा सकता है। पुनश्च, हम कहते हैं कि ईश्वर तर्कबुद्धि का विषय नहीं है बल्कि वह आस्था का विषय है। यह इस स्वीकारोक्ति के अतिरिक्त कुछ भी नहीं है कि ईश्वर का अस्तित्व विश्वास के रूप में स्वीकार करना चाहिए, क्योंकि उसे सिद्ध नहीं किया जा सकता है। परन्तु यह भी एक कथन हो सकता है कि ईश्वर विशुद्ध रूप से रहस्यात्मक प्रतिभान का विषय है अतः उसे तर्कबुद्धि के द्वारा बोधगम्य पदों के द्वारा परिभाषित नहीं किया जा सकता है। परन्तु यदि कोई स्वीकार करता है कि ईश्वर को बौद्धिक पदों के द्वारा परिभाषित करना असम्भव है तो वह यह भी स्वीकार करता है कि यह असम्भव है कि कोई एक ही वाक्य सार्थक भी हो एवं ईश्वर के बारे में भी हो। यदि कोई रहस्यवादी यह स्वीकार करता है कि उसकी दृष्टि की विषय-वस्तु ऐसी है जिसका वर्णन नहीं हो सकता है तो उसे यह भी स्वीकार करना होगा कि जब वह उसका वर्णन करता है तो वह निरर्थक बात करने के लिए बाध्य है।" ("We are often told that the nature of a God is a Mystery which transcends the human understanding. But to say that something transcends the human understanding is to say that it is unintelligible. And what is unintelligible cannot significantly be described. Again, we are told that God is not an object of reason but an object of faith. This may be nothing more than an admission that the existence of God must be taken on trust, since it cannot be proved. But it may also be an assertion that God is the object of a purely mystical intuition, and cannot therefore be defined in terms which intelligible to the reason. But if one allows that it is impossible for a sentence both to be significant and to be about God. If a mystic admits that the object of his vision is something which cannot be described, then he must also admit that he is bound to talk nonsense when he describes it." *Ibid.*, p. 124.)।

अपने मत का समर्थन करने के लिए तार्किक प्रत्यक्षवादी दार्शनिक प्रमुखतः तीन प्रकार की तत्वमीमांसीय समस्याओं का उल्लेख करते हैं, जिसे वे सत्यापन सिद्धांत के आधार पर निरर्थक सिद्ध करते हैं: (1) कुछ तत्वमीमांसक इन्द्रियानुभव पर आधृत जगत को स्वप्नवत् अथवा भ्रमात्मक कहते हैं, (2) कुछ तत्वमीमांसक सत्ता को एक मानते हैं तो कुछ अन्य उसे अनेक कहते हैं। (3) तीसरी समस्या वस्तुवाद एवं प्रत्ययवाद से सम्बंधित है। वस्तुवादियों के अनुसार वस्तुओं की स्वतंत्र सत्ता है जबकि प्रत्ययवादी उसे केवल प्रत्ययों का समूह कहते हैं। इन तीनों तत्वमीमांसीय समस्याओं को इस प्रकार वर्णित किया गया है:

1. सामान्यतः तत्वमीमांसक इन्द्रियानुभव पर आधृत जगत को 'स्वप्नवत् या भ्रमात्मक' कहते हैं, किन्तु एयर का कहना है कि यदि हम इन्द्रियानुभव का विश्लेषण करें तो इसकी प्रामाणिकता को सिद्ध नहीं कर सकते हैं। यद्यपि यह सत्य है कि हमें इन्द्रियाँ कभी-कभी भ्रमात्मक ज्ञान प्रदान करती हैं, क्योंकि ऐसी वस्तु का एक विशेष स्थिति में जो अनुभव होता है उसका समर्थन बाद के अनुभवों से नहीं होता है। अतः पहले के अनुभव को भ्रमात्मक मान लिया जाता है, किन्तु एयर का कहना है कि:

(i) इन्द्रियों के द्वारा कभी-कभी भ्रमात्मक ज्ञान होता है, सदैव नहीं।

(ii) जो इन्द्रियाँ भ्रम प्रदान करती हैं वे ही भ्रम का निराकरण भी करती हैं, जैसे - इन्द्रियों के द्वारा रस्सी में सर्प का भ्रम होता है, किन्तु बाद में उन्हीं इन्द्रियों के द्वारा हमें यह ज्ञान होता है कि यह सर्प नहीं बल्कि रस्सी है।

(iii) इन्द्रियाँ तो केवल संवेदनाओं को प्रस्तुत करती हैं, भ्रम तो हमारे निर्णय करने में होता है। अतः इन्द्रियानुभव को भ्रमात्मक कहना असंगत है।

2. सत्ता एक है या अनेक। अधिकतर दार्शनिकों का मत है कि सत्ता एक है जबकि कुछ दार्शनिक उसे अनेक भी कहते हैं। एयर का कहना है कि सत्ता एक है या अनेक, इसका निर्धारण इन्द्रियानुभव के आधार पर नहीं किया जा सकता है, क्योंकि इन्द्रियानुभव के द्वारा न तो इसका समर्थन किया जा सकता है और न ही इसका खण्डन। इस प्रकार सत्ता की एकता एवं अनेकता से सम्बंधित विवाद निरर्थक है।

3. कुछ अन्य के अनुसार तत्वमीमांसीय समस्याएँ, वस्तुवाद एवं प्रत्ययवाद से सम्बंधित है। वस्तुवादियों का मत है कि अनुभव के विषय यथार्थ एवं वस्तुनिष्ठ हैं तथा उनकी स्वतंत्र सत्ता है, जबकि प्रत्ययवादियों का मत है कि वस्तुएँ केवल प्रत्ययों का समूह हैं। तार्किक प्रत्यक्षवादियों के अनुसार वस्तुवाद एवं प्रत्ययवाद से सम्बंधित यह विवाद निरर्थक है, क्योंकि इन्द्रियानुभव के आधार पर इसका कोई समाधान नहीं हो सकता। इसे एक उदाहरण से स्पष्ट किया जा सकता है। माना एक चित्र (Painting) है - इसके सम्बंध में कोई व्यक्ति यह दावा करता है कि यह गोया (Goya) का चित्र है अथवा नहीं। इसके लिए यह आवश्यक है कि इसकी तुलना गोया के अन्य चित्रों से भी की जाय। इसके पश्चात् ही यह बताया जा सकता है कि यह गोया का चित्र है या नहीं, परन्तु यह चित्र वस्तुनिष्ठ है अथवा केवल प्रत्ययों का समूह, इस विवाद का कोई समाधान नहीं है, क्योंकि दर्शनशास्त्र के अंतर्गत वस्तुवाद तथा प्रत्ययवाद में यथार्थ का प्रयोग साधारण अर्थ में न करके विशिष्ट अर्थ में किया गया है और जिस रूप में इसका प्रयोग किया गया है उसका खण्डन अथवा समर्थन इन्द्रियानुभव के द्वारा नहीं किया जा सकता है।

प्रश्न उठता है कि यदि तत्वमीमांसा निरर्थक है तो तार्किक प्रत्यक्षवादी दार्शनिकों ने जान-बूझकर इस निरर्थक प्रश्न पर विचार क्यों किया है? एयर का कहना है: (1) निरर्थक प्रश्नों को उठाना और निरर्थक सिद्धांतों की रचना करना इसलिए सम्भव हो पाया, क्योंकि हम भाषा के तार्किक स्वरूप को नहीं समझ पाते हैं। (2) तत्वमीमांसा की रचना करना इसलिए सम्भव है क्योंकि हम बहुत सी तार्किक भूल करते रहते हैं। "अधिकांश तत्वमीमांसीय कथन लेखकों के अनुभवों की सीमा का अतिक्रमण करने की चैतन्य इच्छा की अपेक्षा तार्किक भूलों की स्वीकृति के कारण उत्पन्न हुए हैं।" ("Many metaphysical utterances are due to the commission of logical errors, rather than to a conscious desire on the part of their authors to go beyond the limits of experience." *Ibid*., p. 13.)। इसे एक उदाहरण से स्पष्ट किया जा सकता है। अधिकतर दार्शनिक मानते हैं कि वस्तु गुणों का आधार है, यथा - मेज एक वस्तु है जिसमें अनेक गुण हैं और ये सभी गुण मेज नामक द्रव्य में निहित हैं। इस प्रकार मेज की सत्ता

गुणों की सत्ता से भिन्न है। यदि मेज (वस्तु) नहीं होती तो इसके गुण भी नहीं होते। एयर के अनुसार यह सिद्धांत इसलिए मान लिया जाता है क्योंकि हम वस्तु के लिए स्वतंत्र रूप से बिना किसी गुण का प्रयोग किये उसके सम्बंध में कोई कथन नहीं कर सकते हैं अर्थात् यदि हमें मेज को स्वीकार करना है तो मेज का अलग से प्रयोग करना पड़ता है और व्याकरण में मेज का प्रयोग वस्तु के लिए किया जाता है। इससे यह भ्रम उत्पन्न होता है कि मेज पृथक् रूप में कोई वस्तु है और वही मेज का अर्थ है। ऐसे दार्शनिक मान लेते हैं कि प्रत्येक संज्ञा शब्द का प्रयोग किसी न किसी वस्तु के लिए किया जाता है, जबकि वास्तविकता यह है कि मेज विभिन्न गुणों एवं इन्द्रियानुभवों के पारस्परिक सम्बंधों के अतिरिक्त अन्य कुछ भी नहीं है। यह केवल हमारी भाषा की कमजोरी है कि हम 'गुणों' एवं 'अनुभवों' के लिए पृथक् रूप से किसी शब्द का प्रयोग नहीं कर सकते हैं। इससे यह सिद्ध होता है कि मेज इन्द्रियानुभव से भिन्न कोई वस्तु नहीं है।

इसी प्रकार जब हम सत्ता अथवा अस्तित्व की बात करते हैं तो यहाँ पर भी समस्या उत्पन्न हो जाती है, क्योंकि साधारण भाषा में सत्ता के लिए जिस प्रकार के वाक्यों का प्रयोग किया जाता है उसका प्रयोग गुणों से भेद करने के लिए किया जाता है, जैसे:

1. मनुष्य का अस्तित्व है (Man exists)।
2. मनुष्य दु:खी है (Man suffers)।

इन दोनों कथनों का व्याकरणिक आकार (Grammatical form) एक ही है। इससे यह भ्रम उत्पन्न हो जाता है कि जिस प्रकार दु:खी होना मनुष्य का गुण है उसी प्रकार अस्तित्व भी मनुष्य का गुण है, परन्तु अस्तित्व गुण नहीं है। इसकी विस्तार से चर्चा काण्ट अपनी पुस्तक "The Critique of Pure Reason" ('Transcendental Dialectic', Book II, Chapter III, Section-4) में करते हैं। उनके अनुसार सत्ता/अस्तित्व गुण नहीं हो सकता है (Existence is not an attribute.)। जब भी हम किसी गुण का आरोपण किसी वस्तु पर करते हैं तो उस वस्तु की सत्ता अथवा अस्तित्व को मान लिया जाता है, जैसे - 'मनुष्य दु:खी है' तो यहाँ पर दु:खी होना मनुष्य का गुण है। इसे इस रूप में भी कहा जा सकता है कि 'मनुष्य है' और 'वह दु:खी है', परन्तु जब हम कहते हैं कि 'मनुष्य का अस्तित्व है' तो इसका तात्पर्य है कि 'मनुष्य है और उसका अस्तित्व है'। स्पष्टत: यह एक पुनरुक्ति कथन है और इसका निषेध अर्थात् 'मनुष्य है और उसका अस्तित्व नहीं है', एक व्याघाती कथन है, जैसे - 'भूत नहीं हैं' का तात्पर्य है कि 'भूत हैं और उनका अस्तित्व नहीं है' स्पष्टत: यह एक आत्म-व्याघाती कथन है। इससे यह सिद्ध होता है कि अस्तित्व गुण नहीं हो सकता है। अत: अस्तित्व से सम्बंधित कथन गुण से सम्बंधित कथन नहीं हैं, किन्तु क्योंकि दोनों ही कथनों का व्याकरणिक आकार एक ही है, अत: हम यह मान लेते हैं कि इनका तार्किक आकार (Logical form) भी एक ही है, जबकि वास्तविकता यह है कि इन दोनों के तार्किक आकार भिन्न-भिन्न हैं।

इस पर कुछ दार्शनिकों का कहना है कि भले ही तत्वमीमांसा का 'शाब्दिक अर्थ' (Verbal meaning) नहीं होता है, परन्तु इसका एक 'संवेगात्मक अर्थ' (Emotive meaning) तो अवश्य ही होता है, जैसे - किसी कविता का एक संवेगात्मक अर्थ होता है। एयर के अनुसार तत्वमीमांसा का संवेगात्मक अर्थ भी नहीं होता है। उनके अनुसार कोई कवि कभी भी जान-बूझकर निरर्थक

कविता की रचना नहीं करता है। उसका उद्देश्य तो केवल भावों को व्यक्त करना होता है। अत: यदि कविता में काल्पनिकता रहती है तो कवि जानता है कि उसकी कविता काल्पनिक है। इसके विपरीत तत्वमीमांसक अपनी रचना में परमतत्व के विषय में ज्ञान प्राप्ति का झूठा दावा करते हैं, यह जानते हुए कि वे जो कुछ भी कह रहे हैं, वह काल्पनिक है। पुनश्च, यदि इसे भावनापरक मान भी लिया जाय तब तो कविता की भाँति तत्वमीमांसा भी उच्चस्तरीय और निम्नस्तरीय या अधिक रोचक एवं कम रोचक हो जायेगी। ऐसी स्थिति में तत्वमीमांसा का स्वरूप ही विनष्ट हो जायेगा। अत: तत्वमीमांसा को कविता के रूप में भी स्वीकार नहीं किया जा सकता है। इस प्रकार एयर किसी भी रूप में तत्वमीमांसा को स्वीकार नहीं करते हैं। वे लिखते हैं कि "हम इस निष्कर्ष पर पहुँचते हैं कि धार्मिक अनुभूति से सम्बंधित तर्क एक साथ दोषपूर्ण हैं। इसका कारण है कि लोग जिस धार्मिक अनुभूति को मानते हैं वह केवल मनोवैज्ञानिक दृष्टि से रोचक हो सकती है, परन्तु यह किसी भी प्रकार निर्दिष्ट नहीं करता है कि धार्मिक ज्ञान जैसी कोई चीज होती है।" ("We conclude, therefore, that the argument from religious experience is altogether fallacious. The fact that people have religious experiences is interesting from psychological point of view, but it does not in any way imply that there is such a thing as religious knowledge." *Ibid*., p. 126.)। पुनश्च, उनके अनुसार "कोई भी कथन जो एक ऐसी सत्ता को निर्दिष्ट करता है जो इन्द्रियानुभव की सीमा का अतिक्रमण करता है उसकी कोई शाब्दिक सार्थकता नहीं हो सकती है। इससे इस बात का अनुसरण करना चाहिए कि उस व्यक्ति का परिश्रम जो ऐसी सत्ता का वर्णन करने का प्रयास करता है, निरर्थक चीजों के उत्पादन में समर्पित है।" ("No statement which refers to a reality transcending the limits of all possible sense experience can possibly have any literal significant; from which it must follow that the labours of those who have striven to describe such a reality have all been devoted to the production of nonsense." *Ibid*., p. 14.)।

अर्थ का सत्यापन सिद्धांत (Verification Theory of Meaning) ....

तार्किक प्रत्यक्षवादी जिस सिद्धांत अथवा मापदण्ड के आधार पर तत्वमीमांसा का निराकरण करते हैं, उसे अर्थ का 'सत्यापन सिद्धांत' कहते हैं। "किसी कथन की यथार्थता के लिए हम जो मापदण्ड अपनाते हैं वह सत्यापन का मापदण्ड है।" ("The criterion which we use to test the genuineness of apparent statements of fact is the criterion of verifiability." *Ibid*., p. 16.)। तार्किक प्रत्यक्षवाद के अंतर्गत सत्यापन सिद्धांत के दो रूप मिलते हैं: (1) श्लिक ने प्रस्तावित किया है एवं (2) एयर तथा अन्य तार्किक प्रत्यक्षवादियों ने प्रस्तावित किया है। श्लिक के अनुसार "किसी तर्कवाक्य का अर्थ उसके सत्यापन की विधि है।" ["The meaning of a proposition is the method of its verification." Schlick, M. (1936): 'Meaning and Verification' In H. Feigl and W. Sellars (1949): 'Readings in Philosophical Analysis' (Ed.), Appleton-Century-Crofts, New York, p. 148.]। इस प्रकार एयर के अनुसार जिस विधि के द्वारा किसी तर्कवाक्य का सत्यापन होता है वही उसका अर्थ है, परन्तु

यहाँ समस्या यह है कि कुछ कथन ऐसे भी हैं जिनका सत्यापन एक से अधिक विधियों के द्वारा किया जा सकता है तब तो उसमें अनेक अर्थ मानना पड़ेगा, जबकि वैज्ञानिक व्याख्या के लिए उसका एक ही अर्थ होना चाहिए। अत: स्वयं वियना सर्किल में ही इस पर विवाद हो गया।

सम्भवत: यही कारण है कि एयर तथा अन्य तार्किक भाववादियों ने इसमें दो परिवर्तन किये: (1) सत्यापन का प्रयोग अर्थ के निर्धारण के लिए नहीं, बल्कि एक मापदण्ड के रूप में होगा और (2) सत्यापन का अर्थ है 'केवल अनुभव में सत्यापन' (Verification by experience only)। इस प्रकार यदि कोई कथन अनुभव में सत्यापनीय है तो वह सार्थक है, परन्तु यदि सत्यापन का अर्थ है केवल अनुभव में सत्यापन तो बहुत से सार्थक कथनों का सत्यापन अनुभव के द्वारा नहीं किया जा सकता है, जैसे - अतीत सम्बंधी कथन (अकबर मुगल साम्राज्य का संस्थापक था), सर्वव्यापी कथन (सभी मनुष्य मरणशील हैं) तथा कुछ विज्ञान के कथन भी (पोटाशियम सायनाइड खाने से व्यक्ति की मृत्यु हो जायेगी), तो क्या ये सभी कथन निरर्थक हैं? यदि ऐसे कथन निरर्थक हैं तो इतिहास, सर्वव्यापी कथन और प्राकृतिक विज्ञान भी निरर्थक हो जायेंगे। इससे बचने के लिए एयर तीन प्रकार के सत्यापनों के बीच स्पष्ट भेद करते हैं: (1) व्यावहारिक एवं सैद्धांतिक सत्यापन (Practical and Principle Verification), (2) सबल एवं निर्बल सत्यापन (Strong and Weak Verification), (3) अपरोक्ष एवं परोक्ष सत्यापन (Direct and Indirect Verification)। इन तीनों को निम्नलिखित प्रकार से वर्णित किया गया है:

1. **व्यावहारिक एवं सैद्धांतिक सत्यापन:** कुछ कथनों का सत्यापन उपलब्ध साक्ष्यों के आधार पर सरलतापूर्वक संभव है, उसे एयर व्यावहारिक सत्यापन कहते हैं, जैसे - पानी बरस रहा है, घास हरी है आदि। इन कथनों का तुरंत सत्यापन किया जा सकता है। कभी-कभी तुरंत सत्यापन में कठिनाई होती है, परन्तु फिर भी उसका सत्यापन किया जा सकता है, जैसे - 'हिमालय की चोटी पर बर्फ-ही-बर्फ है'। यद्यपि हिमालय पर पहुँचना आसान नहीं है फिर भी उस पर पहुँच कर इस का सत्यापन किया जा सकता है, परन्तु कुछ ऐसे कथन हैं जिनका व्यवहारत: सत्यापन सम्भव नहीं है, जैसे - 'मंगल ग्रह पर नहरें हैं' अथवा जैसा कि श्लिक कहते हैं कि 'बृहस्पति ग्रह पर बुद्धिमान मछलियाँ हैं'। आज तकनीकी इतनी विकसित नहीं है कि मंगल ग्रह पर पहुँच कर देख सके कि मंगल ग्रह पर नहरे हैं अथवा नहीं, या बृहस्पति ग्रह पर बुद्धिमान मछलियाँ हैं अथवा नहीं, परन्तु यह कथन निरर्थक नहीं है, क्योंकि हम यह जानते हैं कि यदि हम वहाँ पहुँच सके तो इसका सत्यापन किया जा सकता है। इसी प्रकार एयर कहते हैं कि 'चन्द्रमा की दूसरी ओर पहाड़ हैं'। ऐसे कथनों का तत्काल सत्यापन सम्भव नहीं है, परन्तु भविष्य में अवश्य ही इनके सत्यापन की सम्भावना है। अस्तु, ऐसे कथन व्यवहारत: तो सत्यापनीय नहीं हैं, परन्तु सैद्धांतिक रूप से सत्यापनीय हैं। एयर के अनुसार केवल वे ही कथन सार्थक हैं जो या तो व्यवहारत: अथवा सिद्धांतत: सत्यापनीय हैं। इस प्रकार तत्वमीमांसीय कथन निरर्थक हैं, क्योंकि उनका न तो व्यावहारिक और न ही उसका सैद्धांतिक सत्यापन सम्भव है।
2. **सबल सत्यापन तथा निर्बल सत्यापन:** "यदि किसी कथन का सत्यापन इन्द्रियानुभव के द्वारा निश्चित रूप से किया जा सके तो उसे सबल रूप से सत्यापनीय कहते हैं, किन्तु

जिसके सत्यापन की केवल सम्भावना रहती है तो उसे निर्बल सत्यापन कहते हैं।" ("A proposition is said to be verifiable, in the strong sense of the term, if, and only if, its truth could be conclusively established in experience. But it is verifiable in weak sense, if it is possible for experience to render it probable." *Ibid*., p. 18.)। उल्लेखनीय है कि श्लिक और वायसमान केवल सबल सत्यापन को मानते हैं। श्लिक लिखते हैं कि "यथार्थ कथन वह है जिसमें निश्चित रूप से सत्यापन की सामर्थ्य हो।" ("...A genuine statement must be capable of *conclusive verification*." Schlick, M. (1931): *Naturwissenschaften* 19, p. 150.)। इसी प्रकार वायसमान लिखते हैं कि "यदि किसी कथन के सत्य होने की कोई सम्भावना नहीं हो तो उस कथन का कोई अर्थ नहीं है।" ("If there is no possible way to *determine whether a statement is true* then that statement has no meaning whatsoever." Waismann, F. (1930): *Erkenntnis* I, p. 229.)। परन्तु यदि केवल सबल सत्यापन को ही माना जाय तो तत्वमीमांसा के साथ ही साथ विज्ञान के कथन भी निरर्थक हो जाते हैं, क्योंकि कुछ विज्ञान के कथनों का भी सबल रूप से सत्यापन सम्भव नहीं हैं, जैसे - 'पोटाशिम सायनाइड (KCN) खाने पर व्यक्ति की मृत्यु हो जाती है'। इन्द्रियानुभव के द्वारा इस कथन का निश्चित रूप से सत्यापन नहीं किया जा सकता है। इसी प्रकार कार्ल हैम्पेल कहते हैं कि सामान्य प्रतिज्ञप्तियों का भी सबल सत्यापन नहीं हो सकता है, यथा - 'सभी मनुष्य मरणशील हैं'। जे० एस० मिल तथा डेविड ह्यूम का तो यहाँ तक कहना है कि अनुभव से प्राप्त कथन (ज्ञान) कभी भी अनिवार्य एवं सार्वभौम सत्य हो ही नहीं सकते हैं। अब यदि सबल सत्यापन को माना जाय तो ये सभी कथन निरर्थक हो जाते हैं। इन्हीं कमियों के कारण कालांतर में श्लिक अपने मतों में परिवर्तन करते हुए कहते हैं कि यद्यपि विज्ञान के कथन भी निरर्थक हैं, किन्तु ये निरर्थक होते हुए भी महत्त्वपूर्ण हैं अर्थात् ये महत्त्वपूर्ण रूप से निरर्थक हैं जबकि तत्वमीमांसा के कथन केवल निरर्थक हैं, महत्त्वपूर्ण भी नहीं है। ("These general propositions are indeed pieces of nonsense, albeit an essentially important type of nonsense." Schlick, M. (1930): 'Positivimus and Realismus', *Erkenntnis*, Vol. 1)।

एयर के अनुसार केवल महत्त्वपूर्ण कहकर समस्याओं से बचा नहीं जा सकता है। यदि कोई कथन निरर्थक है तो वह स्पष्ट रूप से निरर्थक है, उसे महत्त्वपूर्ण कहने का कोई अर्थ नहीं है। इस समस्या से बचने के लिए एयर मानते हैं कि किसी भी कथन का सबल सत्यापन संभव नहीं है। यहाँ वे सामान्य कथनों के साथ-साथ विशेष कथनों की भी बात कर रहे हैं, जैसे - दीवाल सफेद है, घास हरी है आदि। एयर का मत है कि इनका भी सबल अर्थ में सत्यापन संभव नहीं है, क्योंकि ऐसा संभव नहीं है कि जब भी इसका अनुभव किया जाय वह सदैव ही सफेद रंग के रूप में ही हो। अत: एयर के अनुसार ऐसे कथनों का केवल निर्बल सत्यापन ही किया जा सकता है। इस प्रकार जहाँ एक ओर श्लिक एवं वायसमान केवल सबल सत्यापन को मानते हैं वहीं दूसरी ओर एयर केवल निर्बल सत्यापन को।

इस पर आक्षेप करते हुए एम० लैजरोविट्ज कहते हैं कि सबल एवं निर्बल सत्यापन का भेद वास्तविक भेद नहीं है [Lazerowitz, Morris (1939): *Strong and Weak Verification*, Mind, pp. 203–13.]। सबल एवं निर्बल परस्पर सापेक्ष पद हैं। एक का प्रयोग तभी सार्थक माना जा सकता जब दूसरे का प्रयोग भी किया जाय। उदाहरणार्थ माना कि दुनिया में एक ही वस्तु हाथी है तो इसे हम न तो छोटा कह सकते हैं और न ही बड़ा। केवल दूसरी वस्तु की तुलना में ही इसे हम छोटा अथवा बड़ा कह सकते हैं। स्वयं में कोई वस्तु न तो छोटी है और न ही बड़ी। इस तरह यदि सबल अर्थ में सत्यापन सम्भव नहीं है तो निर्बल अर्थ में भी सत्यापन सम्भव नहीं हो सकता है। इस आलोचना के उपरांत एयर अपनी पुस्तक "*Language, Truth & Logic*" (1946) के दूसरे संस्करण में अपने मत में संशोधन करते हैं। अब वे निर्बल सत्यापन के साथ-साथ सबल सत्यापन को भी मानने लगते हैं। उनके अनुसार कुछ ऐसे कथन होते हैं जो किसी चीज का वर्णन नहीं करते हैं बल्कि वे केवल किसी विशेष क्षण में प्राप्त होने वाले संवेदनों के अभिलेख होते हैं। (Directly recorded of immediate experience.)। एयर ऐसे कथनों को 'मूल तर्कवाक्य' (Basic proposition) कहते हैं। मूल तर्कवाक्यों को छोड़कर अन्य सभी तर्कवाक्य किसी अनुभव के केवल अभिलेख नहीं हैं बल्कि वे अनुभव के विषय में वर्णनात्मक कथन होते हैं। परिणामतः उनमें भविष्य में भी सत्यापन की सम्भावना बनी रहती है, परन्तु मूल तर्कवाक्य अनुभव का वर्णन नहीं करते हैं। ऐसे तर्कवाक्य केवल यह बताते हैं कि मुझे इस समय कोई विशेष संवेदना हो रही है, यथा - मुझे इस समय यह संवेदना हो रही है कि दीवाल सफेद है। एयर के अनुसार सम्भव है इसमें 'शाब्दिक त्रुटि' (Verbal mistake) हो, परन्तु 'तथ्यात्मक त्रुटि' (Factual mistake) नहीं हो सकती है। माना कि बाद में वह विशेष संवेदन न हो तो भी यह कथन असत्य नहीं हो जाता, क्योंकि यह सत्य है कि जिस समय मुझे इसका संवेदन हुआ था उस समय वह सफेद रंग का ही था। यदि सत्यापन का क्षेत्र सीमित हो तो खण्डन की सम्भावना समाप्त हो जाती है। इस प्रकार एयर ने माना कि मूल कथनों का सबल सत्यापन (Conclusively verifiable) जबकि वर्णनात्मक कथनों का निर्बल सत्यापन सम्भव है, किन्तु तत्वमीमांसीय कथन न तो सबल अर्थ में सत्यापनीय हैं और न ही निर्बल अर्थ में, अतः तत्वमीमांसा निरर्थक है।

3. **परोक्ष सत्यापन तथा अपरोक्ष सत्यापन:** जो कथन अनुभव का वर्णन करते हैं उन्हें 'आनुभविक कथन' कहते हैं। एयर के अनुसार आनुभविक कथनों का अपरोक्ष सत्यापन सम्भव है, जैसे - घास हरी है, दीवाल सफेद है, आदि। ऐसे कथनों का सम्बंध अपरोक्ष रूप से इन्द्रिय संवेदनों से होता है, परन्तु बहुत से ऐसे कथन हैं जो इन्द्रिय संवेदन के विषय नहीं हैं। अतः इनका अपरोक्षतः सत्यापन नहीं हो सकता है। एयर का कहना है कि यदि केवल अपरोक्ष सत्यापन को ही माना जाय तो तत्वमीमांसा के साथ-साथ विज्ञान के कथन भी निरर्थक हो जायेंगे। अतः वे अपरोक्ष के साथ ही साथ परोक्ष सत्यापन को भी सत्यता के मापदण्ड के रूप में स्वीकार करते हैं। एयर के अनुसार परोक्ष सत्यापन का अर्थ है कि "यदि किसी कथन को अन्य कथनों से संयुक्त करके कुछ आनुभविक निष्कर्ष निगमित किया जा सके, जो केवल अन्य कथनों से ही निगमित न हो।" ("...some experiential

propositions can be deduced from it in conjunction with certain other premises without being deducible from those other premises alone." *Ibid.*, p. 20.)। माना कि कोई कथन P है जिसका अपरोक्ष सत्यापन नहीं हो सकता है। इसके लिए एक दूसरा कथन Q लेते हैं और दोनों को एक साथ संयुक्त करते हैं अर्थात् यदि P तो Q अर्थात् $(P \supset Q)$। इस प्रकार यहाँ पर दो कथन प्राप्त हो गये: पहला, P और दूसरा, $P \supset Q$। अब यदि इन दोनों के आधार पर एक ऐसा कथन निगमित हो जाय तो अनुभव के द्वारा अपरोक्षतः सत्यापनीय तो P का परोक्ष सत्यापन हो जाता है।

$$\begin{array}{l} P \supset Q \\ P \\ \therefore Q \end{array}$$

स्पष्टतः यहाँ पर Q का निगमन केवल $P \supset Q$ से नहीं हो सकता है, जब तक कि उसमें P को भी शामिल न किया जाय। एयर के अनुसार यदि यहाँ पर Q अपरोक्षतः सत्यापनीय है, अतः P का परोक्ष सत्यापन हो जाता है।

सर आई बर्लिन (Sir Isaiah Berlin) अपने लेख "*Verifiability in Principle*" [*Proceedings of the Aristotelian Society* (1938–39), Vol. 39, pp. 225–48.] में लिखते हैं कि यदि परोक्ष सत्यापन को स्वीकार कर लिया जाय तब तो किसी भी कथन का सत्यापन किया जा सकता है। यहाँ तक कि तत्वमीमांसीय कथन का भी। माना कि 'ईश्वर आलसी है' (The absolute is lazy), इस कथन का परोक्ष सत्यापन करना है। अतः इसे एक दूसरे निरीक्षण कथन 'दीवाल सफेद है' के साथ संयुक्त करते हैं अर्थात् 'यदि ईश्वर आलसी है तो दीवाल सफेद है'। यदि इन दोनों के आधार पर एक ऐसा निष्कर्ष निगमित हो जाय जो अपरोक्षतः सत्यापनीय हो तो पहले कथन का परोक्ष सत्यापन हो जायेगा।

यदि ईश्वर आलसी है तो दीवाल सफेद है।
ईश्वर आलसी है।
अतः दीवाल सफेद है।

यहाँ पर 'दीवाल सफेद है', का अपरोक्ष सत्यापन हो जाता है। अतः 'ईश्वर आलसी है' का परोक्ष सत्यापन हो जाता है। इस प्रकार तत्वमीमांसा भी सार्थक हो जाती है। बर्लिन की इस आलोचना के उपरान्त एयर अपने मतों में कुछ संशोधन करता है। अब वह "*Language Truth & Logic*" के द्वितीय संस्करण (1946) में 'आनुभविक कथन' (Experiential statement) के स्थान पर 'निरीक्षण कथन' (Observation-statement) का प्रयोग करता है। उसके अनुसार "निरीक्षण कथन वह कथन है जो वास्तविक अथवा सम्भावित निरीक्षण का अभिलेख होता है।" ("Observation-statement is a statement which records an actual or possible observation." *Ibid.*, p. 179.)।

तदुपरान्त, एयर अपरोक्ष एवं परोक्ष सत्यापन की पृथक्-पृथक् परिभाषा देते हैं। वे अपरोक्ष सत्यापन को परिभाषित करते हुए कहते हैं कि "कोई कथन अपरोक्ष सत्यापनीय है या तो वह

एक निरीक्षण कथन हो अथवा ऐसा कि यदि इस कथन का एक अथवा एक से अधिक कथनों से संयुक्त करने पर कम-से-कम एक निरीक्षण कथन निगमित किया जा सके, जो केवल अन्य कथनों से ही निगमित न हो।" ("A statement is directly verifiable if it either itself an observation-statement, or is such that in conjunction with one or more observation-statements it entails at least one observation-statement which is not deducible from these other premises alone." *Ibid*., p. 181.)। पुनश्च, वे परोक्ष सत्यापन को परिभाषित करते हुए कहते हैं कि "कोई कथन परोक्षत: सत्यापनीय है यदि वह निम्न शर्तों को पूरा करता है: (1) यदि इस कथन को एक अथवा एक से अधिक कथनों से संयुक्त करने पर कम-से-कम एक ऐसे कथन का निगमन किया जा सके जो अपरोक्षत: सत्यापनीय हो तथा जो केवल अन्य कथनों से ही निगमित न होता हो। (2) इन अन्य कथनों में ऐसा कोई कथन शामिल न हो जो या तो विश्लेषणात्मक न हो या जो अपरोक्षत: सत्यापनीय न हो अथवा जो स्वतंत्र रूप से परोक्षत: सत्यापनीय न हो।" ["A statement is indirectly verifiable if it satisfies the following conditions: (1) that in conjunction with certain other premises it entails one or more directly verifiable statements which are not deducible from these other premises alone; and (2) that these other premises do not include any statement that is not either analytic, or directly verifiable, or capable of being independently established as indirectly verifiable." *Ibid*., p. 181.]। हम देखेंगे कि इन शर्तों के पूरा होने पर पहले वाले उदाहरण में कठिनाई आ जाती है। 'यदि ईश्वर आलसी है तो दीवाल सफेद है'। इस कथन का स्वतंत्र रूप से परोक्षत: सत्यापन नहीं हो सकता है। इस प्रकार इन शर्तों के पूर्ण होने पर भी तत्वमीमांसा के कथन निरर्थक हो जाते हैं।

इस पर आक्षेप करते हुए कार्ल हैम्पेल कहते हैं कि माना एक तर्कवाक्य S है और दूसरा N है। इसमें S निरीक्षणात्मक वाक्य है और N कोई तर्कवाक्य हो सकता है। यदि सामान्य कथन है कि S.N तथा S संयोजन करने पर N की सार्थकता सिद्ध हो जाती है। यदि सामान्य कथन सार्वभौमिक नहीं बल्कि विशेष है तो S V N तथा S की सार्थकता से N की सार्थकता को सिद्ध किया जा सकता है, चाहे जो भी कथन हो [Hempel, Carl Gustav (1945). *Studies in the Logic of Confirmation* (I), Mind, Vol. 54, No. 213, pp. 1–26.]।

इसी प्रकार एलोन्जा चर्च "*Language Truth & Logic*" के दूसरे संस्करण की समीक्षा करते हुए कहते हैं कि एयर का मापदण्ड अतिव्यक्ति दोष से मुक्त नहीं है। उनके अनुसार हम तीन निरीक्षण कथन O_1, O_2, O_3 को लेते हैं जिनमें से कोई भी कथन स्वयं किसी अन्य कथन को आपादित (Entail) नहीं करता है। फिर यह सहज ही दिखलाया जा सकता है कि कोई भी वाक्य या तो स्वयं या उसका निषेध इस मापदण्ड के अंतर्गत प्रामाणिक सिद्ध होता है। प्रो० चर्च का कहना है कि O_1 तथा S का निषेध क्रमशः $\sim O_1$ तथा $\sim S$ मान लें तब एयर की परिभाषा के अंतर्गत $(\sim O_1.O_2) \vee (O_3.\sim S)$ अपरोक्ष ढंग से प्रमाणित है। क्योंकि O_1 के संयोग में आकर वह O_3 आपादित करता है। फिर S तथा $(\sim O_1.O_2) \vee (O_3.\sim S)$ मिलकर O_3 आपादित करता है। अत: एयर की परिभाषा के अंतर्गत S परोक्षत: प्रामाणिक सिद्ध होगा जब तक कि ऐसा न हो कि $(\sim O_1.O_2) \vee (O_3.\sim S)$ स्वयं O_2 आपादित करता हो। ऐसी स्थिति में $\sim S$ तथा O_3 मिलकर

O_2 आपादित करते हैं। अत: ~S अपरोक्ष ढंग से प्रामाणिक सिद्ध होगा [Language Truth & Logic review by Church, Alonza (1949) in *A Journal of Symbolic Logic*, Vol. 14, No. 1, p. 53.]।

इस आलोचना के बाद सत्यापन सिद्धांत को प्रामाणिक रूप देने के लिए अनेक प्रयास किये गये, परन्तु वे सभी असफल रहे। इस आलोचना के उपर्यन्त एयर अपनी पुस्तक "The Central Questions of Philosophy" में लिखते हैं कि "मैं आशा करता हूँ कि यह सूत्र कम-से-कम पूर्वजों के भाग्य को पर्याप्त रूप से परिष्कृत करेगा, परन्तु मैं तुरंत ही निराश हो गया। ...प्रयास यह था कि मापदण्ड में संशोधन ऐसा होगा कि चर्च के प्रति उदाहरण का उत्तर देने में सफल हो जायेगा, परन्तु इनमें से कोई भी प्रयास सफल नहीं हुआ।" ["I hope that this formula was elaborate enough at least to avoid the fate of its predecessor, but I was soon disappointed... Attempts have seen been made to amend the criterion still further so as to escape Church's counter example, but none of them has so far been successful." Ayer, A.J. (1973): *The Central Questions of Philosophy*, Penguin Books, London, p. 27.]। यथार्थत: किसी भी सत्यापन को निश्चित रूप देना असम्भव है अर्थात् सत्यापन का चाहे जो रूप दिया जाय तो वह या तो इतना संकुचित हो जाता है कि विज्ञान के कथन भी निरर्थक हो जाते हैं या इतना व्यापक कि तत्वमीमांसा के कथन भी सार्थक हो जाते हैं। इसी कारण जॉन पासमोर भी ह्यूम के ऊपर व्यंग करते हुए कहते हैं कि "यदि तत्वमीमांसा को आग में डाल दिया जाय तो विज्ञान भी उसके साथ जल जायेगा, परन्तु यदि विज्ञान को बचाने का प्रयास करते हैं तो तत्वमीमांसा भी पिछले दरवाजे से वापस चली आती है।" ["... throw metaphysics into the fire, and the science goes with it, preserve science from the flames and metaphysics comes creeping back." Passmore, John (1978): *A Hundred of Year's of Philosophy*, Pelican Books, p. 390.]। इस प्रकार पासमोर अपने एक अन्य लेख "Logical Positivism" में लिखते हैं कि "तार्किक प्रत्यक्षवाद मृतप्राय हो चुका है अथवा एक दार्शनिक आंदोलन के रूप में यह मृतप्राय हो चुका है।" ["Logical Positivism is dead, or as dead as a philosophical movement ever becomes." Passmore, John: *Logical Positivism*, in Edward, Paul (1967): *Encyclopedia of Philosophy* (Ed.), Macmillan, New York, **5**: 52–57.]। इन कमियों को देखते हुए एयर 1970 में अपने एक टेलीविजन के साक्षात्कार में जॉन पासमोर का समर्थन करते हुए कहते हैं कि "तार्किक प्रत्यक्षवाद का सबसे महत्त्वपूर्ण दोष यह था कि प्राय: वह सब कुछ असत्य था।" ("'The most important' defect of logical positivism was that 'nearly all of it was false'.")।

सत्यापन सिद्धांत की आलोचना

(Criticism of Verifiability Theory) ....

सत्यापन सिद्धांत के सम्बंध में महत्त्वपूर्ण समस्या यह है कि सत्यापन होता किसका है। सत्यापन वाक्य (Sentence) का नहीं हो सकता है, क्योंकि वाक्य सत्य-असत्य नहीं होते हैं बल्कि

व्याकरणिक दृष्टि से सही या गलत होते हैं। पुनश्च, अनेक वाक्यों से एक ही अर्थ की अभिव्यक्ति होती है। यदि यह मान लिया जाय कि सत्यापन वाक्य का होता है तब तो अनेक वाक्य जिनसे एक ही अर्थ की अभिव्यक्ति होती है, का अनेक बार सत्यापन करना पड़ेगा, जो अनुचित है। तब क्या सत्यापन तर्कवाक्य (Proposition) का होता है? तर्कवाक्य तो अर्थपूर्ण होते ही हैं और जो पहले से ही अर्थपूर्ण है उसे अर्थपूर्ण सिद्ध करने की आवश्यकता नहीं है। इस कठिनाई से बचने के लिए एयर ने कथन (Statement) का प्रयोग किया। यहाँ कथन का प्रयोग पारिभाषिक (Technical) अर्थ में किया गया है। उसका मत है कि कथन का सम्बंध अर्थ एवं सत्यापन दोनों से ही होता है। कथन का ही एक दूसरा रूप तर्कवाक्य है। विभिन्न पर्यायवाची सूचनात्मक वाक्यों की जो अभिव्यक्ति है उसे 'कथन' कहते हैं और जिस कथन का सत्यापन अनुभव द्वारा हो जाता है उसे 'तर्कवाक्य' कहते हैं। इस प्रकार वह कथन अर्थपूर्ण है जिसका सत्यापन अनुभव द्वारा हो जाता है। एयर स्वयं ही स्वीकार करते हैं कि सुविधा के लिए तर्कवाक्य को कथन से पृथक् किया जा सकता है।

पुनश्च, स्वयं सत्यापन का स्वरूप क्या है? सत्यापन सिद्धांत न तो विश्लेषणात्मक है और न ही संश्लेषणात्मक। यह एक विश्लेषणात्मक कथन नहीं है, क्योंकि यह अनिवार्य सत्य नहीं होता है। यह संश्लेषणात्मक या तथ्यात्मक कथन भी नहीं है, क्योंकि जिस वाक्य द्वारा सत्यापन व्यक्त होता है उसका सत्यापन नहीं हो सकता है। इसका अर्थ है कि तार्किक भावादियों की सार्थकता सत्यापन सिद्धांत पर लागू नहीं होती है। इसी मापदण्ड के आधार पर सत्यापन को व्यक्त करने वाला वाक्य निरर्थक हो जाता है। इस आलोचना से बचने के लिए तार्किक भाववादियों का मत है कि सत्यापन परिभाषा का होता है, परन्तु परिभाषा भी दो प्रकार की होती है: (1) जो शब्द के प्रचलित अर्थों को व्यक्त करती है उसे हम 'कोशीय परिभाषा' कहते हैं। यह या तो सत्य होती है या असत्य। अगर सत्यापन इस प्रकार की परिभाषा को व्यक्त करता है तो उसे सत्य या असत्य मानना पड़ेगा, किन्तु इसका सत्यापन आवश्यक हो जायेगा। (2) दूसरे प्रकार की परिभाषा प्रस्तावना होती है। एयर, हेम्पेल, कार्नेप, आदि का मत है कि सत्यापन सिद्धांत को व्यक्त करने वाला वाक्य केवल एक प्रस्तावना है। प्रस्तावना के लिए सत्य-असत्य की आवश्यकता नहीं है। जब प्रस्तावना शब्द का वर्णन नहीं है तो कोई व्यक्ति इसे स्वीकार करता है या अस्वीकार, यह उसके ऊपर ही निर्भर करता है। जो इसे स्वीकार नहीं करते हैं उन्हें किसी तरह बाध्य नहीं किया जा सकता। इसी के साथ-साथ यह भी कठिनाई आती है कि प्रस्तावना का अर्थ न तो विश्लेषणात्मक है न संवेगात्मक। यह किसी और प्रकार की सार्थकता है। यदि तार्किक भाववादी, संज्ञानात्मक अथवा संवेगात्मक से भिन्न अर्थ मान सकते हैं तो तत्वमीमांसा भी सार्थक हो सकती है। अत: स्वयं सत्यापन सिद्धांत की स्थिति स्पष्ट नहीं है।

सत्यापन सिद्धांत के अंतर्गत केवल इन्द्रियानुभव को महत्त्व दिया जाता है, परन्तु इन्द्रियानुभव के अतिरिक्त अन्य बहुत से अनुभव सम्भव है, यथा - नैतिक अनुभव, धार्मिक अनुभव, सौन्दर्यात्मक अनुभव, रहस्यात्मक अनुभव, आदि जिनकी उपेक्षा किसी भी दृष्टि में सुसंगत नहीं है। कुछ दार्शनिकों का मत है कि हमारे कितने तरह के अनुभव हो सकते हैं इसकी भी आनुभविक सीमा है। माना कि एक ऐसा समुदाय है, जहाँ के सभी व्यक्ति जन्मांध हैं। संयोगवश इसमें एक आँख वाला व्यक्ति पैदा हो जाता है तो उसे सभी दृश्य पदार्थों का अनुभव होगा। यदि वह इस बात को

अपने समुदाय के अन्य लोगों से बताता है तो सभी यही कहेंगे कि वह अनर्गल बात कर रहा है, परन्तु इतना तो स्पष्ट है कि वह अनर्गल बातें नहीं कर रहा है। इसी प्रकार माना कि समाज में किसी व्यक्ति को रहस्यात्मक अनुभव हो रहा है तो हमें क्या अधिकार है कि उसकी बातों का खण्डन करें। इस दृष्टि से ट्रूब्लड ठीक ही कहते हैं कि 'कोई भी व्यक्ति अपनी मनमानी परिभाषा द्वारा मानवीय अनुभव के सम्पूर्ण क्षेत्रों को समाप्त नहीं कर सकता है।' ["A man cannot eliminate whole area of human experience merely by a definition of his own making." Trueblood, D.E. (1957): *Philosophy of Religion*, Harper & Row, New York, p. 197.]।

पुनश्च, ट्रूब्लड के अनुसार तार्किक प्रत्यक्षवादी सही अर्थों में न तो वैज्ञानिक ही हैं और न ही अनुभवादी ही। अस्तु, उनका दर्शन को वैज्ञानिक बनाने का प्रयास, स्वतः अ-वैज्ञानिक है। विज्ञान अपने मूल स्वरूप में पूर्वाग्रह रहित होता है अर्थात् विज्ञान का आरम्भ किसी मान्यता से नहीं होता है बल्कि वह सभी प्रकार के साक्ष्यों को बिना किसी पूर्वाग्रह के स्वीकार करता है, जबकि प्रत्यक्षवादी अपनी शुरुआत इस पूर्वमान्यता के साथ करते हैं कि वस्तुनिष्ठ सत्य को प्राप्त करने का एक ही तरीका है: इन्द्रियानुभव। इसी दृष्टि से ट्रूब्लड लिखते हैं कि "विज्ञान प्रश्न पूछता है और बिना स्थिति पर पहले से ही निर्णय किये सभी प्रकार के साक्ष्यों को स्वीकार करता है। यह कहना कि हम वस्तुनिष्ठ सत्य को बिना इन्द्रियानुभव के जान ही नहीं सकते हैं, स्पष्टतः एक पूर्वाग्रह है। अस्तु, यह अ-वैज्ञानिक है। तार्किक प्रत्यक्षवाद का सबसे बड़ा दोष है कि वे सही अर्थों में अनुभववादी भी नहीं हैं, क्योंकि अनुभववाद साधन के रूप में स्वेच्छाचारी न होकर विनम्र एवं खुला मस्तिष्क का होता है।" ("Science ask questions and accepts evidence of all kinds without judging the situation in advance. To say that we cannot know objective reality except by means of sense experience is clearly to prejudge the case. It is, therefore, *unscientific*. The major defect of logical positivism is that it is not truly empirical, since empiricism is intrinsically humble and open minded, rather than arbitrary." *Ibid.*, p. 197.)। इसीलिए ट्रूब्लड कहते हैं कि तार्किक प्रत्यक्षवाद स्वयं एक प्रकार के मताग्रह पर ही आधृत है। उनके अनुसार "यह केवल एक पसंद की विषय-वस्तु है, जिस पर हमें बहुत ध्यान नहीं देना चाहिए अथवा यह केवल एक मताग्रह है, परन्तु जो स्वयं मताग्रह पर आधृत हो वह किसी अन्य मताग्रह का एक कमजोर समीक्षक ही होगा।" ("It must be a mere matter of taste, in which case we do not need to pay attention to it, or it may be sheer dogma, but those who rest in dogma are poor critics of dogma." *Ibid.*, p. 196.)।

इसी प्रकार फ्रेडरिक फेरे लिखते हैं कि एयर 'तथ्य' शब्द का प्रयोग बहुत ही संकुचित अर्थ में प्रयोग करते हैं। उनके अनुसार तथ्य का तात्पर्य केवल अनुभवाश्रित तथ्य ही नहीं हो सकता है बल्कि इसके अतिरिक्त भी अन्य कई प्रकार के तथ्य हो सकते हैं, जैसे - गणितीय तथ्य, नैतिक तथ्य, तर्कशास्त्रीय तथ्य आदि। इस प्रकार तथ्य को केवल आनुभविक तथ्य तक ही सीमित करना अनुचित है। वे लिखते हैं कि "सत्यापनीय विश्लेषण की जिन सीमाओं को स्वीकार किया गया है उनमें से एक का सम्बंध 'तथ्य' की अवधारणा से है। ...बिना भाषा के सामान्य प्रयोगों का उल्लंघन

किये, कोई यह कह सकता है कि आनुभविक तथ्यों के समान ही गणितीय तथ्य, तर्कशास्त्रीय तथ्य, यहाँ तक कि नैतिक तथ्य हैं। परन्तु सत्यापनीय विश्लेषण के अंतर्गत 'तथ्य' एवं 'तथ्यामक' के अर्थ को संकुचित करते हुए इसे केवल हमारी आनुभविक शब्दावली के प्रासंगिक संदर्भों तक सीमित कर दिया गया है। ...हम महसूस करते हैं कि तथ्य महत्त्वपूर्ण हैं और जो तथ्यात्मक महत्त्व नहीं रखता है उसमें हमारी अधिक रुचि नहीं हो सकती है। इस प्रकार यदि नीतिशास्त्रियों एवं धर्मशास्त्रियों के कथनों में तथ्यात्मक अंतर्वस्तु नहीं है तो वह मुश्किल से गहरे चिंतन का विषय हो सकता है। ...अत: जब तक यह किसी तरह दिखाया नहीं जा सकता कि आनुभविक तथ्य ही एकमात्र तथ्य हैं, तब तक यह नहीं कहा जा सकता है कि अनुभवात्मक तथ्यों का वर्णन न कर पाने के कारण धार्मिक कथन अपने आप में व्यर्थ, महत्त्वहीन अथवा पूर्णत: निरर्थक हैं।" ["One of the limitations of verificational analysis which is least recognized (perhaps because it is so uniformly pervasive) is to be found in its concept of 'fact'. ... One may speak, without violating the ordinary uses of language, of mathematical 'facts', 'facts' of logic—even moral 'facts'—as well as empirical 'facts'. But verificational analysis narrows the meaning of 'fact' and 'factual' to contexts relevant to our empirical vocabulary alone. ...'Facts' are important, we feel; and what has no 'factual' significance cannot be of great interest. Thus if the statements of the moralist or the theologian have no 'factual' content, they are hardly fit for serious consideration. ... Unless it can somehow be shown (not merely assumed) that empirical facts are the only kind of facts, the inability of theological assertions to refer to empirical facts is not ipso facto to dismiss them as useless or unimportant or totally non-significant." Ferre, Frederick (1961): *Language, Logic and God*, Harper and Row, New York, pp. 42–43.]।

इन्द्रियानुभव के साथ एक समस्या यह भी है कि यदि केवल इन्द्रियानुभव को ही मानें तो प्रत्येक व्यक्ति का अनुभव उसका व्यक्तिगत अनुभव होगा जो अन्य व्यक्तियों के अनुभव से पूर्णतया पृथक् होगा। इसी प्रकार दूसरे व्यक्तियों का अनुभव मेरे अनुभव से पृथक् होगा। ऐसी परिस्थिति में प्रत्येक व्यक्ति अपने अनुभव तक सिमट कर ही रह जायेगा। अत: उनके बीच परस्पर संवाद (Communication) की समस्या उत्पन्न हो जायेगी। यही नहीं, यदि प्रत्येक व्यक्ति का अनुभव पृथक् होगा तो उसको अभिव्यक्त करने वाली भाषा भी पृथक् ही होगी, क्योंकि वह अपने अनुभव को अपनी भाषा के द्वारा अभिव्यक्त करेगा। इस प्रकार भाषा व्यक्तिगत भाषा हो जायेगी, परन्तु व्यक्तिगत भाषा असम्भव है। भाषा तो सार्वजनिक होती हैं उसके प्रयोग के नियम एवं परिस्थितियाँ होती हैं। इसकी विस्तार से चर्चा विट्गेंस्टाइन अपनी पुस्तक "Philosophical Investigations" में करते हैं। इसी दृष्टि से हैरिस लिखते हैं कि कोई व्यक्ति अपने इन्द्रियानुभव को अधिकृत कथनों (प्रतीकों) के माध्यम से व्यक्त करता है और इस प्रतीक के अर्थ को वह अपने ही अनुभव द्वारा समझ सकता है। व्यक्ति का यह अनुभव उसका निजी अनुभव है जिसे वह दूसरे व्यक्तियों में संचारित नहीं कर सकता। इस प्रकार तार्किक प्रत्यक्षवाद अहंमात्रवाद (Solipsism) के दोष से युक्त है [Harris, E.E. (1954): *Nature, Mind & Modern Science*, George Allen & Unwin, London, p. 339.]।

प्रत्युत्तर में श्लिक का कहना है कि तार्किक प्रत्यक्षवादियों का कथन अनुभव की सामग्री से सम्बंधित न होकर उसकी संरचना से सम्बंधित है अर्थात् यदि हम किसी साड़ी को हरी कहते हैं और यदि अन्य व्यक्ति भी उसको हरी कहते हैं तो वही उसका अर्थ है। अत: हमें इन्द्रियानुभव की संरचना पर बल देना चाहिए न कि इन्द्रियानुभव के विषय पर, परन्तु इससे समस्या का समाधान नहीं हो पाता है। अत: ऑटो न्यूरॉथ एक अन्य समाधान प्रस्तुत करते हैं। उनके अनुसार (1) किसी तर्कवाक्य का मिलान अनुभव से नहीं बल्कि तर्कवाक्य का मिलान तर्कवाक्य से ही हो सकता है। तर्कवाक्यों की समष्टि में जो तर्कवाक्य अन्य तर्कवाक्य से सुसंगत है वह सत्य है। इस प्रकार जहाँ अन्य तार्किक प्रत्यक्षवादी सत्यता के 'संवादिता सिद्धांत' (The Correspondence theory of truth) को मानते हैं, वही न्यूरॉथ, ब्रेडले की भाँति 'सुसंगति सिद्धांत' (The Coherence theory of truth) को महत्त्व देते हैं। (2) न्यूरॉथ समष्टि के मूल वाक्यों को व्यक्तिगत अनुभूतियों का द्योतक नहीं मानते हैं बल्कि शारीरिक अनुभूतियों (क्रियाओं) का द्योतक मानते हैं और चूँकि शारीरिक क्रियाओं का अवलोकन व्यक्तिनिष्ठ न होकर सार्वजनिक होता है, अस्तु मूल वाक्यों की परस्पर सुसंगति के आधार पर सत्यापन करने से अहंमात्रवाद सम्बंधी कठिनाई उपस्थित नहीं होती है। इस प्रकार विज्ञान भी जो सार्वजनिक है, सम्भव हो जाता है। न्यूरॉथ के इस मत को 'भौतिकीवाद' कहते हैं।

श्लिक तथा एयर का कहना है कि केवल सुसंगति सिद्धांत के आधार पर भी सत्यता निरूपित नहीं हो सकती है, क्योंकि दो परस्पर विरोधी तंत्र अपने आप में सुसंगत हो सकते हैं, किन्तु परस्पर विरोधी होने के कारण दोनों ही सत्य नहीं हो सकते हैं, यथा - 'त्रिभुज में तीन कोण होते हैं' तथा 'वर्षा हो रही है'। ये दोनों ही परस्पर सुसंगत हैं, परन्तु प्रश्न उठता है कि इन दोनों में कौन सत्य होगा। इसका निरूपण बिना तथ्य का मिलान किये संभव नहीं हो सकता है। अत: एयर के अनुसार भौतिकीकवाद के मूल वाक्य की व्यवहारवादी व्याख्या देना भी गलत है। उनके अनुसार विज्ञान सार्वजनिक होता है। यदि मूल वाक्य विज्ञान-तंत्र से मेल नहीं खाता है तो मूल वाक्य को ही बहिष्कृत किया जा सकता है न कि विज्ञान-तंत्र को। पुनश्च, वे कहते हैं कि यद्यपि अनुभवमूलक प्रत्यक्षवाद में कठिनाई है, किन्तु इन कठिनाइयों का कारण यह मानना है कि मूल वाक्य आंतरिक अनुभूति को व्यक्त नहीं करते हैं, वरन् शारीरिक व्यवहार का वर्णन करते हैं, सर्वथा भ्रांतिपूर्ण है। वे कहते हैं कि जो दार्शनिक ऐसा मानते हैं वे वस्तुत: निश्चेतन अवस्था (Anaesthesia) का स्वांग रचते हैं।

तार्किक प्रत्यक्षवादी भौतिक तत्व के आधार पर विश्व की समस्त सत्ताओं की व्याख्या करते हैं, किन्तु तार्किक प्रत्यक्षवादियों ने परम सत्ता को जितना सरल माना है वास्तव में वह उतनी सरल नहीं है। परम तत्व के अनेक स्तर तथा अनेक पहलू हैं। भौतिक सत्ता परम तत्व के अनेक पहलुओं में से एक पहलू है। अत: भौतिक विज्ञानों को एकमात्र महत्त्वपूर्ण विज्ञान नहीं माना जा सकता है, जैसा कि तार्किक प्रत्यक्षवादियों ने समझ रखा है। एफ० कोप्लेस्टन का कहना है कि 'मानव संस्कृति के सारे पहलुओं की व्याख्या भौतिकी के दृष्टिकोण से नहीं की जा सकती।' [Copleston, F. (1956): *Contemporary Philosophy: Studies of Logical Positivism and Existentialism*, Burns or Oats, London, p. 44.]।

रसेल के अनुसार हम ऐसी परिस्थितियों की कल्पना कर सकते हैं जिनका किसी तरह सत्यापन सम्भव नहीं है, क्योंकि सत्यापन के लिए कोई न कोई व्यक्ति होना चाहिए, यथा - टुन्ड्रा में बर्फ ही बर्फ है। हम टुन्ड्रा नहीं गये हैं, परन्तु जो टुन्ड्रा गये हैं वे यही कहते हैं। अत: यह कथन सार्थक है, परन्तु यदि कोई वैज्ञानिक यह कहता है कि यदि सौ हाइड्रोजन बम बनाकर सम्पूर्ण विश्व में एक साथ डाल दिया जाय तो सम्पूर्ण मानव जाति विनष्ट हो जायेगी तो इस कथन का सत्यापन कैसे किया जा सकता है। इस प्रकार ऐसी परिस्थितियाँ सम्भव हैं जिनके कथन सार्थक हैं तथापि उनका सत्यापन सम्भव नहीं है।

इसी प्रकार विट्गेंस्टाइन अपनी परवर्ती रचना "*Philosophical Investigations*" (1953) में कहते हैं कि - (1) सभी कथन सत्य अथवा असत्य नहीं होते हैं, क्योंकि वे किसी तथ्य का वर्णन नहीं करते हैं। उनके अनुसार भाषा के अनेक प्रयोग हैं, जैसे - प्रश्न पूछना, उत्तर देना, आदेश देना, प्रार्थना करना, आदि। यदि केवल सत्यापन को ही माना जाय तो ये सारे कथन निरर्थक हो जाते हैं। अत: जिसका सत्यापन सम्भव नहीं हो पाता है, वे भी कथन सार्थक हैं। सार्थकता की कसौटी अधिक व्यापक है। सत्यापन के द्वारा इसे सीमित नहीं किया जा सकता है। (2) तार्किक प्रत्यक्षवाद में सत्यापन का जिस तरह प्रयोग किया जाता है, वह अनेक तथ्यों की उपेक्षा करता है और भाषा के साधारण प्रयोग के अनुरूप नहीं है। उसके अनुसार बहुत से ऐसे कथन हैं जिनके लिए सत्यापन का प्रयोग किया ही नहीं जा सकता है, परन्तु जहाँ सत्यापन सम्भव है वहाँ भी सभी संदर्भों में सत्यापन का प्रश्न उठाना अनुचित है, जैसे किसी के दाँत में दर्द है, वह दर्द से कराह रहा है तो हम नहीं पूछेंगे कि इसका सत्यापन कैसे किया जाय अर्थात् जहाँ किसी प्रकार का संशय नहीं है वहाँ भी सत्यापन निरर्थक है।

इसी प्रकार की एक समस्या क्वाइन अपने लेख "*Two Dogmas of Empiricism: From a Logical Point of View*" में उठाते हैं। उनका मत है कि कोई एक वाक्य सार्थक अथवा निरर्थक नहीं होता है। वाक्य हमेशा किसी सिद्धांत का अंश होता है इसलिए सत्यता का सम्बंध एक-एक वाक्य से न होकर सम्पूर्ण सैद्धांतिक भाषा से होता है। इसे 'भाषा की समग्रता का सिद्धांत' (The Holistic Theory of Language) कहते हैं। क्वाइन लिखते हैं कि "समग्रता का हमारा तथाकथित ज्ञान एवं विश्वास, भूगोल एवं इतिहास के अधिकांश कारणात्मक विषय, पारमाण्विक विज्ञान के महत्त्वपूर्ण नियम अथवा यहाँ तक कि शुद्ध गणित एवं तर्कशास्त्र, एक मानव निर्मित ढाँचा है जो अंतिम छोर पर ही अनुभव को स्पर्श करता है।" ["The totality of our so-called knowledge or beliefs, from the most causal matters of geography and history to the profoundest laws atomic physics or even of pure mathematics and logic, is a man-made fabric which impinges on experience only along the edges." Quine, W.V.O. (1953): *Two Dogmas of Empiricism: From a Logical Point of View*, In Rosenberg, Jay F. & Travis, Charles (1973): *Reading in the Philosophy of Language* (Ed.), Prentice Hall, New Jersey, p. 78.]। इसे ही जे० एल० आस्टिन "समग्र वाक् स्थिति में समग्र वाक् क्रिया कहते हैं।" ["The total speech act in the total speech situation." Austin, J.L. (1982): *How to Do Things with Words* (Ed.), Urmson, J.O. & Sbisà, Marina, Oxford University Press, London, p. 148.]।

जहाँ तक सत्यापन या मिथ्यापन का प्रश्न है दोनों के ही सम्बंध में और भी अनेक महत्त्वपूर्ण कठिनाइयाँ उत्पन्न होती हैं। सबसे महत्त्वपूर्ण कठिनाई प्रमाणीकरण के सम्बंध में है, जिसका उल्लेख जर्मन तर्कशास्त्री कार्ल हैम्पेल ने 1940 में किया है। इसके अंतर्गत वे आगमनात्मक तर्कशास्त्र एवं प्रतिभान के बीच एक विरोध प्रदर्शित करते हैं। हैम्पेन के अनुसार किसी भी तर्कवाक्य के समान जो अन्य तर्कवाक्य हैं, उन सभी का प्रमाणीकरण एक ही प्रकार के अनुभव से सम्भव होना चाहिए, परन्तु ऐसा नहीं होता है। इसे स्पष्ट करने के लिए उन्होंने एक विरोधाभास (Paradox) का प्रयोग किया है, जिसे 'रैवेन पैराडॉक्स' अथवा 'हैम्पेल पैराडॉक्स' ('Raven Paradox' or 'Hempel's Paradox') कहते हैं, जैसे - 'सभी कौए काले होते हैं' (All crows are black)। इसका प्रति-परिवर्तित रूप होगा 'सभी अ-काली वस्तुएँ अ-कौए हैं' (All non-black are non-crows) अर्थात् जो काला नहीं वह कौए नहीं हैं। इस प्रकार 'सभी कौए काले होते हैं' तथा 'जो काला नहीं है वह कौए नहीं है', ये दोनों वाक्य समतुल्य हैं। अतः जिन वाक्यों के द्वारा 'सभी कौए काले होते हैं' का सत्यापन होता है उन्हीं के द्वारा 'जो काला नहीं है वह कौए नहीं है', इसका सत्यापन होना चाहिए, जैसे - दीवाल सफेद है, गुलाब लाल है, परन्तु ये कौए नहीं हैं। दीवाल का सफेद होना तथा गुलाब का लाल होना, इस बात का प्रमाण है कि कौए काले होते हैं, परन्तु इस नियम को मानने पर यह सिद्ध हो जाता है 'दीवाल सफेद है' अतः 'कौए काले होते हैं', परन्तु इन दोनों में कोई सुसंगतता नहीं है। स्पष्टतः यदि निश्चित सत्यापन अथवा मिथ्यापन की बात न करें, केवल प्रमाणीकरण की बात करें तो भी सत्यापन संभव नहीं है। [Hempel, Carl Gustav (1945). *Studies in the Logic of Confirmation* (I), *Mind*, Vol. 54, No. 213, pp. 1–26.]।

नेल्सन गुडमैन ने एक अन्य विरोधाभास की बात की है जिसे 'ग्रू-पैराडॉक्स' (Grue-paradox) अथवा 'आगमन की नई पहेली' (The New Riddle of Induction) कहते हैं। इनके अनुसार एक ही अनुभव के आधार पर एक से अधिक सामान्य नियमों का समर्थन किया जा सकता है। ग्रू (Grue) शब्द 'हरा' एवं 'नीला' (Green and Blue) से बना है। इस विरोधाभास के द्वारा गुडमैन दिखाना चाहते हैं कि एक ही अनुभव के आधार पर दो भिन्न प्राकल्पनाओं का प्रमाणीकरण हो सकता है, यथा - माना कि कोई पुस्तक है जिसके बारे में कहा जाता है कि 'सभी पन्ने ग्रू है', तो इसका अर्थ है जिन पृष्ठों का अनुभव 2100 तक किया जा सकता है वे सभी हरे हैं और इसके बाद नीले। अभी 2100 नहीं आया है। अतः हम जितने पृष्ठों का अनुभव करेंगे वे सभी हरे हैं। 2100 के पश्चात् वे सभी पृष्ठ नीले हैं। इस तथ्य के आधार पर दो निष्कर्ष सम्भव हैं: (1) सभी पृष्ठ हरे हैं और (2) सभी पृष्ठ ग्रू हैं। इससे सिद्ध होता है कि एक ही अनुभव दो भिन्न प्राकल्पनाओं को सिद्ध कर सकता है। इससे यह स्पष्ट हुआ कि सत्यापन अथवा मिथ्यापन का स्वरूप निश्चित नहीं किया जा सकता है। अतः इन दोनों के आधार पर किसी को न तो निरर्थक माना जा सकता है न ही अ-वैज्ञानिक ही [Goodman, Nelson (1983): *Fact, Fiction & Forecast*, Harvard University Press, Massachusetts, p. 74.]।

इन कमियों के कारण रूडोल्फ कार्नप 'परीक्षणीयता तथा सम्पुष्टियोग्यता का सिद्धांत' (Testability and Confirmability theory) प्रतिपादित करते हैं। इनके अनुसार यह सत्य है कि किसी भी कथन का पूर्णरूपेण सत्यापन सम्भव नहीं है। हाँ, इसके अनेक विशेष दृष्टांतों का

हम उत्तरोत्तर परीक्षण अवश्य कर सकते हैं। अस्तु, कार्नप के अनुसार कोई कथन सत्यापनीय नहीं होता है बल्कि परीक्षणीय होता है, पुनश्च, जो कथन परीक्षणीय है वह अर्थपूर्ण है और परीक्षण के द्वारा जो उत्तरोत्तर पुष्ट होता है, वह सम्पुष्ट होता जाता है।

इसीलिए अधिकतर तार्किक भाववादियों ने स्वीकार किया है कि सत्यापन सिद्धांत सफलतापूर्वक तत्वमीमांसा का निराकरण नहीं कर सकता है। तार्किक भाववादी कहते हैं कि सत्यापन एवं मिथ्यापन को निश्चित रूप नहीं दिया जा सकता है, जबकि वैज्ञानिक कथनों के लिए सत्यापन एवं मिथ्यापन की सम्भावना अवश्य होनी चाहिए। इसीलिए कार्ल हैम्पेल ने दिखाया कि प्राकृतिक भाषाओं के अंतर्गत वैज्ञानिक कथनों का कोई निश्चित मापदण्ड संभव नहीं है, परन्तु कृत्रिम भाषाओं के लिए निश्चित मापदण्ड सम्भव है, क्योंकि कृत्रिम भाषाओं की रचना की परिभाषा में हम केवल उन्हीं शब्दों को सम्मिलित करेंगे जिनके लिए अनुभवात्मक गुणों का प्रयोग किया जा सके और जिन गुणों का ज्ञान अनुभव से हो सके। कृत्रिम भाषा के लिए केवल उन्हीं का प्रयोग हो सकता है जो निरीक्षण कथन हैं। इसके अतिरिक्त केवल कृत्रिम संयोजकों और वाक्यों की रचना सम्बंधी नियमों को ही सम्मिलित करना चाहिए। किसी अन्य प्रतीक को नहीं। इस तरह से जो भाषा बनेगी उसमें केवल वही वाक्य रहेंगे जिनका सम्बंध अनुभव से है। सत्यापन या मिथ्यापन अनुभव से हो सकता है। अन्य प्रतीक के लिए साधारण भाषा में कोई स्थान नहीं है। इसमें इस प्रकार की कृत्रिम भाषा का भी प्रयोग कर सकते हैं जिसके प्रत्येक शब्द सत्यापनीय हैं।

साधारण भाषा के केवल उन्हीं वाक्यों को सार्थक मानेंगे जिनका रूपांतरण कृत्रिम भाषा के वाक्यों में किया जा सकता है। इसे 'अनुवादीय मापदण्ड' कहेंगे। जिस वाक्य का अनुभव कृत्रिम भाषा में नहीं किया जा सकता है, वह निरर्थक है। स्पष्टत: तत्वमीमांसा के कथनों का रूपांतरण कृत्रिम भाषा में नहीं हो सकता है। अत: इसके वाक्य कृत्रिम, अवैज्ञानिक तथा निरर्थक हैं, परन्तु अनुवाद के सम्बंध में अनेक कठिनाईयाँ हैं। रूडोल्फ कार्नप तथा कार्ल हैम्पेल ने इस कठिनाई को दूर करने का प्रयास किया है। इसके बावजूद भी कोई ऐसा संतोषजनक सिद्धांत प्रतिपादित नहीं किया जा सकता है जिसके द्वारा साधारण भाषा का अनुवाद कृत्रिम भाषा में किया जा सके।

यद्यपि यह सत्य है कि सत्यापन सिद्धांत अथवा किसी अन्य आधार पर तत्वमीमांसा का खण्डन नहीं किया जा सकता है, तथापि इसका व्यापक प्रभाव बाद के दार्शनिकों पर दिखाई देता है। जो तार्किक भाववादी नहीं थे, उन्होंने भी तत्वमीमांसा की एक प्रकार से उपेक्षा की। इसीलिए बाद के दर्शन में तत्वमीमांसा के प्रति एक उपेक्षा का भाव दिखाई पड़ता है, किन्तु कालांतर में कुछ दार्शनिकों ने 'वर्णनात्मक तत्वमीमांसा' (Descriptive metaphysics) का पुन: समर्थन किया। स्ट्रासन उनमें से एक प्रमुख समर्थक थे। इसी प्रकार क्वाइन ने यह माना है कि विज्ञान और तत्वमीमांसा में विषय-वस्तु की दृष्टि से कोई भेद नहीं है। दोनों में अंतर केवल व्यापकता का है। तत्वमीमांसा विज्ञान की अपेक्षा अधिक व्यापक है, किन्तु दोनों का उद्देश्य सत्ता के स्वरूप का विवेचन करना है।

अंतत: यह कहा जा सकता है कि सत्यापन सिद्धांत के द्वारा तत्वमीमांसा के निराकरण का दावा करना तार्किक प्रत्यक्षवादियों की एक भूल थी, क्योंकि यह भाषा पर आधृत न होकर अपरोक्षानुभूति पर आधृत है। इनके अनुसार परमार्थ, भाषा और सम्प्रत्ययों की परिधि के परे है। इसी

दृष्टि से आचार्य दिग्नाग कहते हैं कि "शब्दों का कारण सम्प्रत्यय (विकल्प) और सम्प्रत्ययों के कारण शब्द हैं, किन्तु सत्ता उनसे परे है। वह सत्ता का स्पर्श नहीं कर सकती है।" (विकल्पयोनयः शब्दाः विकल्पाः शब्दयोनयः। कारणकार्यतातेषां नार्थं शब्दाः स्पृशन्त्यपि॥)। अतः कहा जा सकता है कि सत्यापन सिद्धांत अथवा भाषा विश्लेषण के आधार पर तत्वमीमांसा का निराकरण तर्कसंगत नहीं है। इस सम्बंध में डी० एफ० पर्स की चेतनावनी उल्लेखनीय है। उनके अनुसार हमें अनुभववादियों द्वारा दी गई तत्वज्ञान की सार्वजनिक भर्त्सना से भ्रमित नहीं होना चाहिए। इस प्रकार की भर्त्सनाओं और चेष्टाओं के बावजूद भी अनेक अनुभववादी दार्शनिक तत्वदर्शी हैं। इस तथ्य का प्रमाणीकरण तार्किक अणुवाद के परीक्षण से हो जाता है। तार्किक अणुवाद एक प्रकार की दार्शनिक अंतर्दृष्टि का परिणाम है। अतः यह परीक्षण वांछनीय है, क्योंकि यह विश्वास कि अनुभववादी तत्वदर्शी नहीं हो सकते, दार्शनिक विचारों के विकास के विषय में एक बलवती समकालीन भ्रांति है। [Pears, D.F. 'Logical Atomism: Russell and Wittgenstein', In Ayer, A.J. (1956): *The Revolution in Philosophy* (Eds.), Macmillan, London, pp. 41–55.]।

इसी प्रकार जी० रूंज लिखते हैं कि "तत्वमीमांसा की निंदा करना असंगत एवं निरर्थक है, क्योंकि वह उस हथियार का प्रयोग करती है जो तत्वमीमांसा की आयुधशाला से प्राप्त है जो उस संदर्भ में बिल्कुल ही आवाज नहीं करता है।" ["The condemnation of metaphysics is inconsistent and meaningless, since it employs weapons taken from the arsenal of metaphysics, does not sound at all antiquated in this context." Runze, G. (1905): *Metaphysik*, Leipzig, p. 15.]। जॉन विजडम के अनुसार "वास्तविकता यह है कि सत्यापन सिद्धांत एक तत्वमीमांसीय तर्कवाक्य है - यदि मैं उसे अभिव्यक्त करता हूँ तो वह चकनाचूर हो जाता है।" ["The fact is, the verification principle is a metaphysical proposition—a 'smashing' one if I may be permitted the expression." Wisdom, John (1957): *Philosophy and Psycho-analysis*, Blackwell, Oxford, p. 51.]। इसी प्रकार जी० बर्गमैन (Gaustav Bergmann) को तो यहाँ तक कहना है कि "तार्किक प्रत्यक्षवाद तत्वमीमांसा को एक विषय के रूप में विनष्ट नहीं करता है बल्कि परम्परागत समस्याओं को समझने के लिए एक विधि प्रदान करता है।" ["Logical positivism had not destroyed metaphysics as a subject but had rather contributed a method for the study of traditional issues." Bernard Linsky, 'Metaphysics II' (1945 to the present), Quoted from John V. Canfield, (1997): *Routledge History of Philosophy*, Vol. X, *Philosophy of Meaning, Knowledge and value in 20th Century*, Routledge, London, p. 109.]।

सम्भवतः यही कारण है कि एयर को अंततः कहना ही पड़ा कि "तत्वमीमांसकों के साथ एक अपराधी की भाँति नहीं बल्कि एक मरीज की भाँति व्यवहार होना चाहिए: वे अनूठी सत्ता के बारे में क्यों कहते हैं कि उसका अस्तित्व है, इसके पक्ष में अच्छा कारण हो सकता है।" ["The metaphysician is treated no longer as a criminal but as a patient: there may be good reasons why he says the strange things that he does." Ayer, A.J. (1959): *Logical Positivism* (Ed.), Glencoe, Illinois: The Free Press, New York,

Introduction, p. 8.]। अतः वायसमान कहते हैं कि "यह कहना कि तत्वमीमांसा निरर्थक है, निरर्थक है।" ["To say that metaphysics is nonsense, is nonsense." Waismann, F. *How I see Philosophy*, In Lewis, H.D. (1959): *Contemporary British Philosophy* (Ed.), George Allen & Unwin, London, p. 489.]।

मिथ्यापन सिद्धांतः एन्टोनी फ्ल्यू (Falsification Theory: Antony Flew)

मिथ्यापनीय सिद्धांत का प्रतिपादन एन्टोनी फ्ल्यू अपने एक लेख 'थियोलॉजी एण्ड फाल्सीफिकेशन' में करते हैं, जिसे उन्होंने 'ऑक्सफोर्ड यूनिवर्सिटी सॉक्रेटिक क्लब' के द्वारा आयोजित "Symposium on Theology and Falsification" (1950) में प्रस्तुत किया था, जिसमें आर० एम० हेयर, बेसिल मिचल, आई एम० क्रौम्बी, आदि सभी ने अपना लेख प्रस्तुत किया। कालांतर में इन लेखों का संग्रह "New Essays in Philosophical Theology" [Edited by Flew, Antony & MacIntyre, A. (1955), SCM Press Ltd., London] में प्रकाशित हुआ। इस लेख में फ्ल्यू धार्मिक कथनों की निरर्थकता को सिद्ध करने के लिए मिथ्यापनीय सिद्धांत का प्रयोग करते हैं। फ्ल्यू मिथ्यापनीय सिद्धांत के आधार पर ही सार्थक एवं निरर्थक कथनों के बीच भेद करते हैं। उनके अनुसार तथ्यात्मक दृष्टि से सार्थक कथन केवल वही हो सकता है जिसे कम-से-कम सिद्धांततः असत्य सिद्ध करना सम्भव हो। जो कथन सभी परिस्थितियों में सत्य होता है, ऐसा कथन ही अमिथ्यापनीय होने के कारण तथ्यात्मक दृष्टि से निरर्थक है।

अपनी इसी मान्यता के आधार पर फ्ल्यू धार्मिक कथनों को तथ्यात्मक दृष्टि से निरर्थक सिद्ध करते हैं। उनके अनुसार 'वर्षा हो रही है', 'दीवाल सफेद है', 'घास हरी है', आदि कथन तथ्यात्मक दृष्टि से सार्थक हैं, क्योंकि इनका मिथ्यापन सम्भव है। जो तथ्य इन कथनों को सत्य सिद्ध करते हैं, उसके विपरीत तथ्य इन कथनों को असत्य सिद्ध करते हैं, उदाहरणार्थ, यदि कोई व्यक्ति यह कहता है कि 'वर्षा हो रही है' और यदि वास्तव में वर्षा हो रही है तो यह कथन सत्य है, परन्तु यदि वर्षा नहीं हो रही है तो यह कथन असत्य हो जाता है। इसी प्रकार 'दीवाल सफेद है', यह कथन भी सभी परिस्थितियों में सत्य नहीं है। यदि यह एक परिस्थिति में सत्य है तो वह उससे भिन्न परिस्थिति में असत्य हो जाता है। यदि दीवाल सफेद है तो यह कथन सत्य है, परन्तु यदि दीवाल सफेद नहीं बल्कि किसी अन्य रंग की है तो यह कथन असत्य हो जाता है। इस प्रकार फ्ल्यू के अनुसार वे सभी कथन जिन्हें कम-से-कम सिद्धांततः असत्य सिद्ध करना सम्भव है, वे सार्थक कथन हैं। परन्तु धार्मिक कथनों को किसी भी परिस्थिति में असत्य सिद्ध करना सम्भव नहीं है, क्योंकि कोई भी तथ्य ऐसा नहीं है जो इन कथनों को असत्य सिद्ध कर सके। इस प्रकार अमिथ्यापनीय होने के कारण धार्मिक कथन निरर्थक हैं, उदाहरणार्थ 'ईश्वर का अस्तित्व है', 'वह सभी मनुष्यों से पुत्रवत् प्रेम करता है', 'ईश्वर जगत का स्रष्टा है' आदि। फ्ल्यू के अनुसार इन कथनों को किसी भी परिस्थिति में असत्य सिद्ध करना सम्भव नहीं है, क्योंकि ऐसा कोई तथ्य है ही नहीं जिसके आधार पर इन कथनों को असत्य सिद्ध किया जा सके। इस प्रकार ये कथन सभी परिस्थितियों में अमिथ्यापनीय होने के कारण तथ्यात्मक दृष्टि से निरर्थक हैं।

अपने मत का समर्थन करने के लिए फ्ल्यू अपने लेख 'थियोलॉजी एण्ड फाल्सीफिकेशन' की शुरुआत ही एक दृष्टांत (Parable) से करते हैं, जिसे उन्होंने जॉन विजडम के लेख 'गॉड्ज' से लिया था [Wisdom, John (1944–45): *Gods*, reprinted in *Logic and Language*, Vol. I, Chap. X (1951): Blackwell and in his *Philosophy and Psychoanalysis* (1953): Blackwell]। माना कि दो व्यक्ति जंगल में जाते हैं जिनमें से एक ईश्वरवादी है जबकि दूसरा संशयवादी है। उन्हें एक स्थान पर कुछ पौधे दिखाई देते हैं। उनमें से एक व्यक्ति कहता है कि 'इस उद्यान की देखभाल करने वाला अवश्य ही कोई न कोई माली होगा'। इस पर दूसरा व्यक्ति जो संशयवादी है, वह कहता है कि ये जंगली पौधे हैं, अतः ये अपने आप ही उगे हुए हैं। इनकी देखभाल करने वाला 'कोई माली नहीं है'। इस बात का निरीक्षण करने के लिए वहाँ पर पहरा लगा दिया जाता है, परन्तु कोई भी माली दिखाई नहीं देता है, तब संशयवादी अपने कथन के सत्य होने का दावा करता है। इस पर पहला व्यक्ति कहता है कि जब हम लोग सो जाते हैं तब वह माली चुपके से आता है और पानी वगैरह डालकर चला जाता है। इस पर पुनः निरीक्षण की बात की जाती है। बिजली का तार लगा दिया जाता है, जंगली कुत्ते रख दिये जाते हैं, परन्तु न तो किसी को करेंट लगता है और न ही कभी शिकारी कुत्ता ही भौंकता है। इस पर संशयवादी पुनः अपनी बात के सत्य होने का दावा करता है, परन्तु पहला व्यक्ति कहता है कि "यहाँ पर जो माली है वह अदृश्य एवं अमूर्त है तथा जिस पर बिजली के करेंट का कोई असर नहीं पड़ता है, उसमें कोई गंध भी नहीं होती है और उसमें कोई आवाज भी नहीं होती है, वह माली गुप्त रूप से उद्यान की देखभाल करता है, क्योंकि वह उससे प्रेम करता है।" ["But there is a gardener, invisible, intangible, insensible to electric shocks, a gardener who has no scent and makes no sound, a gardener who comes secretly to look after the garden which he loves." (Flue, Antony, *Theology and Falsification*, Edited in Flew, Antony & MacIntyre, A. (1955): *New Essays in Philosophical Theology*, SCM Press Ltd., London, p. 96.]। इस प्रकार 'इस उद्यान की देखभाल करने वाला कोई माली है', एक ऐसा कथन है, जिसे किसी भी परिस्थिति में असत्य सिद्ध नहीं किया जा सकता है। अतः फ्ल्यू के अनुसार इससे यह सिद्ध होता है कि यह एक सार्थक नहीं बल्कि निरर्थक कथन है।

पुनश्च, फ्ल्यू अपने मत का समर्थन करने के लिए जॉन विजडम के एक अन्य लेख "Other Minds", *Mind* (1940) से उदाहरण प्रस्तुत करते हैं। माना कि कोई ईसाई है। यदि वह सुखी है तो वह यह कहता है कि 'ईश्वर सभी को पुत्रवत् प्रेम करता है', परन्तु माना कि किसी ईसाई का जीवन अत्यंत ही दुःखी है तो भी वह यही कहता है कि 'ईश्वर सबसे पुत्रवत् प्रेम करता है'। इस प्रकार 'ईश्वर सबसे पुत्रवत् प्रेम करता है', इस कथन का निषेध किसी भी परिस्थिति में सम्भव नहीं है अर्थात् कोई ऐसा तथ्य नहीं है जो इस कथन को असत्य सिद्ध कर सके। फ्ल्यू लिखते हैं कि माना कि उस व्यक्ति की गले के कैंसर से मृत्यु हो जाय और न तो उसका लौकिक पिता और न ही स्वर्गीय पिता (ईश्वर) उसे बचाने में समर्थ रहता है तो भी वह यही कहेगा कि "ईश्वर प्रेम तो करता है, परन्तु उसका प्रेम 'केवल मानवीय प्रेम' जैसा नहीं है अपितु उसका 'प्रेम रहस्यमय' है। सम्भवतः हम महसूस करते हैं कि ऐसा दुःख भी इस प्रकार के कथन के पूर्णतया अनुरूप है कि 'ईश्वर सभी को पुत्रवत् प्रेम करता है'।" ("God's love is 'not merely a human love' or it is "an inscrutable love', perhaps—and we realize that such suffering are quite compatible with the truth of the assertion that 'God loves us as a father'." *Ibid*., p. 99.)। इस प्रकार 'ईश्वर सबसे पुत्रवत् प्रेम करता है', एक ऐसा कथन है जिसे किसी भी परिस्थिति में असत्य सिद्ध नहीं किया जा सकता है। फ्ल्यू के अनुसार ऐसा इसलिए होता है, क्योंकि इस कथन के द्वारा किसी भी प्रकार के तथ्य की अभिव्यक्ति नहीं होती है। अतः इसे न तो सत्य सिद्ध किया जा सकता है और न ही असत्य। इस प्रकार यह एक 'छद्‌म कथन' (Pseudo statement) है जिससे कुछ भी अभिव्यक्ति नहीं होता है। अतः फ्ल्यू के अनसुार, यह एक सार्थक नहीं बल्कि निरर्थक कथन है, जिसे वे "चित्र वरीयता" (Picture preference) की संज्ञा देते हैं [Wisdom, John (1940): "Other Minds", *Mind*, reprinted in his *Other Minds* (1952): Blackwell]।

फ्ल्यू अपने मत का समर्थन करने के लिए तर्कशास्त्र का सहारा लेते हैं। उनके अनुसार किसी कथन के निषेध का निषेध उस कथन के ही समतुल्य होता है। इसे तार्किक आकार के रूप में व्यक्त करते हुए कहा जा सकता है कि $(P \equiv \sim\sim P)$। इसी मान्यता के आधार पर फ्ल्यू लिखते हैं कि "यह कहना कि अमुक-अमुक तथ्य हैं इसको अस्वीकार करने के अनिवार्यतः समतुल्य है कि अमुक-अमुक तथ्य नहीं हैं। माना कि हमें संशय है कि कोई व्यक्ति अपने कथन द्वारा क्या कह रहा है, अथवा माना कि अधिक उत्कट रूप में हम इसमें भी संशय करते हैं कि वास्तव में वह कुछ कह भी रहा है अथवा नहीं, उसके कथन को समझने का एक तरीका यह हो सकता है कि वह किसे इसके विरुद्ध स्वीकार करेगा अथवा क्या इस सत्य के अनुरूप नहीं है। यदि कोई वचन यथार्थतः कथन है तो वह उस कथन के निषेध को अस्वीकार करने के अनिवार्यतः समतुल्य होगा। ...और यदि कोई अनुमानित कथन किसी तथ्य का निषेध नहीं करता है तो वह किसी तथ्य को अभिव्यक्त भी नहीं करता है और इस प्रकार यह यथार्थतः कोई कथन नहीं है।" ("Now to assert that such and such is the case is necessarily equivalent to denying that such and such is not the case. Suppose then that we are in doubt as to what someone who gives vent to an utterance is asserting, or suppose that, more radically, we are sceptical as to whether he is really asserting anything at all, one way to understand (or perhaps it will be to expose) his utterance is to attempt to find what he would regard as counting against, or as being incompatible with, its truths. For if the utterance is indeed an assertion, it will necessarily be equivalent to a denial of the negation of that assertion. ...And if there is nothing which a putative assertion denies then there is nothing which it asserts either: and so it is not really an assertion." *Ibid*., p. 98.)।

इस प्रकार फ्ल्यू के अनुसार किसी कथन के निषेध को जानने का अर्थ है, उस कथन के अर्थ को जानना। "किसी कथन के निषेध के अर्थ को जानना, उस कथन के अर्थ को जानने के ही समतुल्य है।" ("To know the meaning of the negation of that utterance, to know the meaning of that assertion." *Ibid*., p. 98.)। स्पष्टतः किसी कथन के अर्थ को जानने के लिए उसके दोनों पक्षों को जानना आवश्यक है अर्थात् उसके द्वारा क्या व्यक्त हो रहा है तथा क्या व्यक्त नहीं हो रहा है। यदि इस पर सूक्ष्मतापूर्वक विचार किया जाय तो यह कहा जा सकता

है कि इस प्रकार की बातें कई अन्य दार्शनिकों ने भी की हैं, उदाहरणार्थ विट्गेंस्टाइन भी लिखते हैं कि "जब हम विचार की कोई सीमा निर्धारित करते हैं तो हमें उस सीमा के दोनों ही पक्षों का ज्ञान होना चाहिए।" ["In order to draw a limit to thought, we should have to find both sides of the limit thinkable." Wittgenstein, L. (1961): *Tractatus-Logico-Philosophicus* (Translated by D.F. Pears and B.F. McGuinness), Routledge & Kengan Paul, New York, Preface, p. 3.]। इसी प्रकार एफ० एच० ब्रेडले का कहना है कि "वह व्यक्ति जो यह सिद्ध करने के लिए तैयार हो कि तत्वमीमांसीय ज्ञान पूर्णतया असम्भव है... वह उस विरोधी सिद्धांत का तत्वमीमांसक बंधु ही है।" ["The man who is ready to prove that metaphysical knowledge is wholly impossible ... is a brother metaphysician with a rival theory of first principles." Bradley, F.H. (1897): *Appearance and Reality*, Clarendon Press, London, Introduction, p. 1.]।

फ्ल्यू के अनुसार किसी कथन की सार्थकता के निर्धारण के लिए यह अनिवार्य है कि उस कथन का निषेध सम्भव हो और किसी कथन का निषेध तभी सम्भव है जब उसके द्वारा किसी न किसी तथ्य की अभिव्यक्ति भी अवश्य ही हो। यदि किसी कथन के अनुरूप तथ्य है तो वह कथन सत्य होगा, परन्तु यदि कथन के अनुरूप तथ्य नहीं है तो वह असत्य होगा। इस प्रकार जितने भी तथ्यात्मक कथन हैं वे या तो सत्य होंगे अथवा असत्य, परन्तु जिस कथन के अनुरूप कोई तथ्य नहीं है उसे न तो सत्य सिद्ध किया जा सकता है और न ही असत्य, अत: ऐसे कथन निरर्थक कथन हैं। इस प्रकार फ्ल्यू धार्मिक कथनों को निरर्थक सिद्ध करते हैं, क्योंकि इन कथनों के द्वारा किसी भी प्रकार के तथ्य की अभिव्यक्ति नहीं होती है। अत: ऐसे कथन प्रत्येक परिस्थिति में सत्य होते हैं और इसी कारण धार्मिक कथन निरर्थक कथन हैं। इसीलिए फ्ल्यू ईश्वरवादियों के समक्ष एक चुनौती प्रस्तुत करते हुए कहते हैं कि "ऐसा क्या हो सकता है अथवा होना चाहिए जिसे आप ईश्वर के प्रेम तथा उसके अस्तित्व के विरुद्ध प्रमाण के रूप में स्वीकार करने को तैयार होंगे।" ("What would have to occur or to have occurred to constitute for you a disproof of the love of, or of the existence of, God?." *Ibid*., p. 99.)। समकालीन धर्म-दर्शन के क्षेत्र में इसे 'फ्ल्यू की चुनौती' के नाम से जाना जाता है।

उल्लेखनीय है कि कार्ल पॉपर ने भी अपनी पुस्तक 'दि लॉजिक ऑफ साइन्टिफिक डिस्कवरी' (1959) में मिथ्यापनीय सिद्धांत का प्रयोग किया है। पॉपर मिथ्यापनीय सिद्धांत के आधार पर ही वैज्ञानिक कथनों को गणित, तर्कशास्त्र तथा तत्वमीमांसीय कथनों से पृथक् करते हैं। उनके अनुसार वैज्ञानिक कथन वे हैं जिनका मिथ्यापन सम्भव है, जबकि गणित, तर्कशास्त्र तथा तत्वमीमांसीय कथनों की मिथ्यापनीयता सम्भव नहीं है। पॉपर के अनुसार मिथ्यापन उसी का सम्भव है जिसके अनुरूप तथ्य हों। गणित, तर्कशास्त्र तथा तत्वमीमांसीय कथनों के अनुरूप कोई तथ्य नहीं होता है, अस्तु - ये वैज्ञानिक कथन न होकर एक अ-वैज्ञानिक कथन हैं। यही नहीं, पॉपर मानते है कि जो कथन जितना ही अधिक मिथ्यापनीय होता है उस कथन में तथ्यात्मकता का अंश उतना ही अधिक होता है। इस प्रकार वैज्ञानिक कथन वास्तविकता से सम्बंधित हैं, परन्तु धार्मिक कथन वास्तविकता से सम्बंधित नहीं हैं, क्योंकि इनका मिथ्यापन सम्भव नहीं है। इसी मान्यता के आधार पर पॉपर, अल्बर्ट आइन्सटीन के कथनों में कुछ परिवर्तन करते हुए लिखते

हैं कि "जहाँ तक वैज्ञानिक कथन वास्तविकता से सम्बंधित हैं, वे अवश्य ही मिथ्यापनीय हैं: और जहाँ तक वे मिथ्यापनीय नहीं हैं, वे वास्तविकता से सम्बंधित भी नहीं है।" ["Insofar as a scientific statement speaks about reality, it must be falsifiable: and insofar as it is not falsifiable, it does not speak about reality." Popper, Karl R. (2002): *The Logic of Scientific Discovery*, Routledge, London, p. 316.]।

वैज्ञानिक कथनों को अ-वैज्ञानिक कथनों से पृथक् करने के लिए पॉपर मिथ्यापनीय सिद्धांत का प्रयोग करते हैं। उनके अनुसार:

1. सत्यापन की अपेक्षा मिथ्यापन आसान भी है, क्योंकि सत्यापन के लिए असंख्य उदाहरणों की आवश्यकता है, जिसकी सम्भावना अत्यंत ही क्षीण है जबकि मिथ्यापन के लिए एक ही उदाहरण पर्याप्त है अर्थात् किसी कथन को सत्य सिद्ध करने के लिए असंख्य उदाहरण चाहिए जो व्यवहारत: सम्भव नहीं है जबकि उसको असत्य सिद्ध करने के लिए एक ही उदाहरण पर्याप्त है, जैसे - 'सभी कौए काले होते हैं', इसे सत्य सिद्ध कर पाना अत्यंत ही कठिन है, परन्तु यदि एक भी कौए सफेद मिल जायेगा तो इस कथन को असत्य तो अवश्य ही सिद्ध किया जा सकता है। इस प्रकार सत्यापन की अपेक्षा मिथ्यापन सरल है। इसी दृष्टि से पॉपर लिखते हैं कि "मेरा प्रस्ताव सत्यापनीयता एवं मिथ्यापनीयता के बीच असममित सम्बंध पर आधृत है, असममित सर्वव्यापी कथनों के तार्किक आकार का परिणाम है। यह एकवाची कथनों से कभी भी निगमित नहीं होता, परन्तु वह एकवाची कथनों से खण्डित अवश्य ही हो जाता है।" ("My proposal is based upon an asymmetry between verifiability and falsifiability; an asymmetry which results from the logical form of universal statements. For these are never derivable from singular statements, but can be contradicted by singular statements." *Ibid*., p. 19.)।
2. सत्यापन का प्रयोग किसी कथन की सार्थकता एवं निरर्थकता को सिद्ध करने के लिए नहीं किया जाता है बल्कि यह सिद्ध करने के लिए किया जाता है कि कोई कथन 'वैज्ञानिक' (Scientific) है अथवा 'अ-वैज्ञानिक' (Non-scientific)। पॉपर के अनुसार यदि कोई कथन वैज्ञानिक नहीं है तो इसका तात्पर्य यह नहीं है कि वह निरर्थक है बल्कि इससे केवल यह सिद्ध होता है कि यह एक अ-वैज्ञानिक कथन है। इनके अनुसार वैज्ञानिक कथन वे हैं जिन्हें कम-से-कम सिद्धांतत: असत्य सिद्ध करना सम्भव हो अर्थात् जिनका मिथ्यापन सम्भव हो, परन्तु जो कथन सभी परिस्थितियों में सत्य होता है वह एक ऐसा कथन है जो वैज्ञानिक न होकर एक अ-वैज्ञानिक कथन है। इस प्रकार पॉपर के अनुसार मिथ्यापनीयता सार्थकता की कसौटी न होकर वैज्ञानिक कथनों को अवैज्ञानिक कथनों से पृथक् करने की कसौटी है।

स्पष्टत: फ्ल्यू एवं पॉपर दोनों ही मिथ्यापनीय सिद्धांत को मानते हैं, परन्तु दोनों के मिथ्यापनीय सिद्धांत में मूलभूत वैषम्य यह है कि फ्ल्यू मिथ्यापनीय सिद्धांत का प्रयोग किसी कथन की सार्थकता एवं निरर्थकता को सिद्ध करने के लिए करते हैं, जबकि पॉपर इसका प्रयोग किसी कथन को वैज्ञानिक अथवा अ-वैज्ञानिक सिद्ध करने के लिए करते हैं। इस मत का समर्थन करते

हुए आर० एस० हीमबेक लिखते हैं कि "पॉपर अपने विश्वास पर अटल हैं कि मिथ्यापनीयता वैज्ञानिक सिद्धांतों को अ-वैज्ञानिक सिद्धांतों (अर्थात् तत्वमीमांसीय सिद्धांतों) से पृथक् करने के लिए एक कसौटी के रूप में उपयोगी है, परन्तु सार्थकता की कसौटी के रूप में नहीं। मैं फ्ल्यू के विरुद्ध पॉपर के इस मत को निश्चित रूप से स्वीकार करता हूँ कि मिथ्यापनीयता सार्थकता की कसौटी नहीं है।" ["Popper is adamant in his belief that falsifiability is useful only as a criterion of demarcation of distinguishing from scientific theories to non-scientific theories (*i.e.*, metaphysical theories), but not as a criterion of meaning. I certainly agree with Popper over against Flue falsifiability is not a criterion of meaning." Heimbeck, R.S. (1969): *Theology and Meaning: A Critique of Metatheological Scepticism*, Standard University Press, Calfornia, p. 88.]।

फ्ल्यू का मिथ्यापनीय सिद्धांत भी आलोचना का विषय बन गया। आर० एम० हेयर, बेसिल मिचल, जॉन हिक, आई० एम० क्रौम्बी, एफ० पी० रैम्जे आदि ने फ्ल्यू के मिथ्यापनीय सिद्धांत की कटु आलोचना करते हुए धार्मिक कथनों की सार्थकता को सिद्ध करने का प्रयास किया है। इनके अनुसार यदि मिथ्यापनीयता ही सार्थकता का मापदण्ड है तब तो धार्मिक कथनों को भी सार्थक सिद्ध किया जा सकता है, क्योंकि धार्मिक कथनों का निषेध किया जा सकता है और इसमें कोई आत्म-विरोध नहीं है। हम सार्थक रूप से यह कह सकते हैं कि 'ईश्वर का अस्तित्व नहीं है' तथा 'ईश्वर सभी मनुष्यों से प्रेम नहीं करता है' और इसमें कोई तार्किक विरोध नहीं है। इसकी विस्तृत चर्चा हम अगले खण्ड में करेंगे।

इनके अतिरिक्त आर० एस० हीमबेक, जेम्स केलनबरगर आदि ने भी मिथ्यापनीय सिद्धांत की कमियों को निर्दिष्ट किया है। आर० एस० हीमबेक अपनी पुस्तक 'थियोलॉजी एण्ड मीनिंग' में लिखते हैं कि यह सिद्धांत केवल अनुभव के आधार पर भाषा की सार्थकता एवं निरर्थकता का निर्धारण करता है। जिस कथन का मिथ्यापन अनुभव के द्वारा किया जा सके वह सार्थक कथन है, परन्तु जिस कथन का मिथ्यापन किसी भी परिस्थिति में सम्भव नहीं है, वह सार्थक न होकर एक निरर्थक कथन है। हीमबेक के अनुसार हम ऐसी वस्तुओं के संदर्भ में भी सार्थकतापूर्वक भाषा का प्रयोग कर सकते हैं जो अनुभव की विषय न हों, यथा - 'नागरिकों के कल्याण के लिए राज्य का अस्तित्व होना चाहिए'। यहाँ पर राज्य एक अमूर्त अवधारणा है जो हमारे अनुभव का विषय नहीं हो सकता है, फिर भी हम उसके संदर्भ में सार्थकतापूर्वक बात करते हैं। अत: यह कहना कि जो कथन अनुभव के द्वारा मिथ्यापनीय सिद्ध नहीं होते हैं, वे निरर्थक हैं, असंगत हैं। हीमबेक लिखते हैं कि "यह कहना निश्चित रूप से सार्थक है कि नागरिकों के कल्याण के लिए राज्य का अस्तित्व है। परन्तु राज्य अनुभवजन्य नहीं है और राज्य के संदर्भ में बात करना उसके नागरिकों के संदर्भ में बात करने के तर्कत: समतुल्य नहीं है जिनसे राज्य का निर्माण होता है।" ("It surely makes sense to say that state exists for the benefit of its citizens. The state, however, is not empirical, and talk about the state is not logically equivalent to talk about the citizens who comprise the state." *Ibid*., p. 106.)। इसी प्रकार यह कथन कि 'ईश्वर का अस्तित्व है', यद्यपि हमें ईश्वर का अनुभव नहीं होता है,

तथापि यह कथन निरर्थक नहीं है। अस्तु, हीमबेक के अनुसार हम ऐसी सत्ताओं के संदर्भ में भी सार्थकतापूर्वक बात कर सकते हैं जो हमारे अनुभव की विषय नहीं हैं अर्थात् जो अनुभवातीत हैं। इस प्रकार धार्मिक कथन भी सार्थक हो जाते हैं।

पुनश्च, हीमबेक अपने मत के समर्थन में एक अन्य उदाहरण प्रस्तुत करते हैं। यहाँ पर वे ईश्वर की तुलना विद्युत करेंट से करते हुए कहते हैं कि जिस प्रकार विद्युत करेंट का अनुभव नहीं किया जा सकता है, क्योंकि वह अदृश्य है तथापि उसके प्रभाव को देखा जा सकता है उसी प्रकार ईश्वर अदृश्य होने के कारण देखा तो नहीं जा सकता है, परन्तु उसके प्रभाव को अवश्य ही महसूस किया जा सकता है। इस संदर्भ में हीमबेक, जॉन विजडम की पुस्तक "*Other Minds*" से एक उदाहरण प्रस्तुत करते हुए लिखते हैं कि "उस तार में बिजली का करेंट है। यह उदाहरण सूचनात्मक है, क्योंकि ईश्वर की भाँति विद्युत करेंट भी अदृश्य एवं अमूर्त है और इस अर्थ में आनुभविक रूप से अग्राह्य है। ...जब कोई वैज्ञानिक सूक्ष्मदर्शी अथवा कैथोड-रे ट्यूब के द्वारा देखता है तो वह करेंट को न देखकर उसके प्रभाव को देखता है जो इलेक्ट्रान के कारण उत्पन्न होता है। ...कोई व्यक्ति विद्युत आघात के प्रभाव को स्नायु एवं मांसपेशियों पर महसूस कर सकता है, जो विद्युत करेंट के कारण होता है। ...परन्तु विद्युत घटना एवं विद्युत करेंट के बीच भ्रम नहीं होना चाहिए। प्रभाव को कारण नहीं समझना चाहिए। बिना विद्युत घटना के भी विद्युत करेंट हो सकता है, परन्तु बिना विद्युत करेंट के विद्युत घटना नहीं हो सकती है। इस प्रकार विद्युत घटना अनुभवातीत विद्युत करेंट की उपस्थिति का आनुभविक प्रभाव है, जो उसकी उपस्थिति का ज्ञान प्रदान करता है।" ["There is an electric current in that wire now. This example is instructive, because an electric current is like God in that both are invisible, intangible and in that sense empirically elusive. ...When a scientist looks into an electron microscope or a cathode-ray tube, what he sees not the electron itself but a trace (a manifestation) left by electron in course... One might also feel an electric shock an effect in the nerves and muscles caused by electric current. But would not feel electric current itself. ... But electric phenomena such as these are not to be confused with the electric current itself. The effect is not to be mistaken for the cause. There can be an electric current present where there are no electric phenomena accompanying, but no phenomena where there is no current. Electric phenomena, therefore, as empirical manifestations of the presence of non-empirical electric current, mediate to us the knowledge of such presence." *Ibid*., pp. 119–20.]।

इसी प्रकार जेम्स केलनबरगर 'रिलीजियस डिस्कवरी, फेथ एण्ड नॉलेज' में यह दिखाते हैं कि फ्ल्यू के अनुसार जिस कथन का निषेध सम्भव नहीं है वह तथ्यात्मक दृष्टि से निरर्थक कथन है। ऐसी स्थिति में तो धार्मिक कथन भी तथ्यात्मक दृष्टि से सार्थक कथन हो जायेंगे, क्योंकि धार्मिक कथनों का भी निषेध सम्भव है, यथा - 'ईश्वर का अस्तित्व है', 'ईश्वर सभी मनुष्यों से प्रेम करता है' आदि। हम सार्थक रूप से कह सकते हैं कि 'ईश्वर का अस्तित्व नहीं है' तथा 'ईश्वर सभी से प्रेम नहीं करता है' और इस निषेध में व्याकरिणक दोष नहीं है अर्थात् यह निषेध व्याकरिणक नियमों के अनुरूप है। वे लिखते हैं कि "'ईश्वर है' और 'ईश्वर मनुष्यों

से प्रेम करता है' इन दोनों कथनों का तार्किक निषेध सम्भव है अर्थात् यह कहा जा सकता है कि 'ईश्वर नहीं है' और 'ईश्वर मनुष्यों से प्रेम नहीं करता है'। यह निषेध भाषा के नियमों के अनुरूप है।" [Kellenberger, James (1972): *Religious Discovery, Faith and Knowledge*, Prentice-Hall, Englewood, pp. 156–57.]। स्पष्टत: यदि किसी कथन का निषेध ही उस कथन की सार्थकता की कसौटी है तो धार्मिक कथन अवश्य ही सार्थक हो जाते हैं।

अंतत: मिथ्यापन सिद्धांत के साथ एक अन्य कठिनाई यह भी है यदि सार्थकता का आधार मिथ्यापनीयता ही है तो कुछ सार्थक कथन ऐसे भी हैं जिनका मिथ्यापन नहीं किया जा सकता है, यद्यपि वे कथन धार्मिक कथन नहीं हैं। माना कि कोई व्यक्ति यह कहता है कि 'हिमालय में हिम मानव का अस्तित्व है, जिसके पैरों के निशान नहीं हैं' तो हिमालय की खोज कर हम बता सकते हैं कि हिम मानव है अथवा नहीं, परन्तु यदि कोई कहता है कि 'सम्पूर्ण विश्व में कहीं कोई हिम मानव है' तो यहाँ पर वर्तमान के साथ ही साथ भूत एवं भविष्य इन तीनों ही कालों की बात की जा रही है तो इसका मिथ्यापन कैसे किया जा सकता है, क्योंकि मिथ्यापन के लिए तीनों कालों के साथ-साथ सम्पूर्ण विश्व का निरीक्षण करना आवश्यक है, जो व्यवहारत: सम्भव नहीं है। इस प्रकार यह कहा जा सकता है कि सार्थकता अथवा वैज्ञानिकता की कसौटी के रूप में केवल मिथ्यापनीय सिद्धांत को स्वीकार करना असंगत है।

ब्लिक सिद्धांत: आर. एम. हेयर
(Blik Theory: R.M. Hare)

ब्लिक सिद्धांत का प्रतिपादन आर० एम० हेयर अपने लेख 'थियोलॉजी एण्ड फाल्सीफिकेशन' में करते हैं, जिसे उन्होंने 'ऑक्सफोर्ड यूनिवर्सिटी सॉक्रेटिक क्लब' के द्वारा आयोजित "*Symposium on Theology and Falsification*" (1950) में प्रस्तुत किया था, जिसमें एन्टोनी फ्ल्यू, बेसिल मिचल, आई० एम० क्रौम्बी आदि ने भी अपना लेख प्रस्तुत किया। कालांतर में इन लेखों का संग्रह "New Essays in Philosophical Theology" (Edited in 1955 by Flew, Antony & MacIntyre, A., SCM Press Ltd., London) में प्रकाशित हुआ। हेयर अपने लेख में ब्लिक सिद्धांत का प्रतिपादन करते हैं तथा इसी के आधार पर वे धार्मिक कथनों की सार्थकता को सिद्ध करते हैं। फ्ल्यू की भाँति हेयर भी मानते हैं कि मिथ्यापनीयता ही सार्थकता की कसौटी है। जो कथन सभी प्रकार के तथ्यों के अनुरूप हों अर्थात् जिनका मिथ्यापन सम्भव नहीं है, ऐसे कथन तथ्यात्मक दृष्टि से सार्थक कथन नहीं हैं। इस प्रकार हेयर फ्ल्यू के मत का समर्थन करते हुए कहते हैं कि फ्ल्यू ने धार्मिक कथनों के सम्बंध में जो चुनौती प्रस्तुत की है, वह अकाट्य है। वे लिखते हैं कि "मैं इस स्वीकारोक्ति के साथ आरम्भ करता हूँ कि फ्ल्यू ने जो आधार प्रस्तुत किया है, वे मुझे पूर्णत: विजयी प्रतीत होते हैं।" ["I must begin by confessing that, on the ground marked out by Flew, he seems to me completely victorious." Hare, R.M.: *Theology and Falsification*, Edited in Flew, Antony & MacIntyre, A. (1955): *New Essays in Philosophical Theology*, SCM Press Ltd., London, p. 99.]।

हेयर के अनुसार धार्मिक कथन सार्थक कथन नहीं हैं, क्योंकि ये किसी तथ्य का वर्णन नहीं करते हैं। अत: इनका मिथ्यापन नहीं किया जा सकता है, परन्तु तथ्यात्मक दृष्टि से सार्थक नहीं होते हुए भी ये मानव जीवन के लिए महत्त्वपूर्ण हैं, क्योंकि ये जीवन एवं जगत के प्रति हमारी अभिवृत्ति अथवा विशेष दृष्टिकोण को व्यक्त करते हैं। क्योंकि इनका प्रभाव हमारे सम्पूर्ण जीवन पर पड़ता है, अत: इनका हमारे लिए एक जीवन मूल्य है। वे लिखते हैं कि "वास्तविकता यह है धार्मिक प्रबंध पूर्णतया साधारण आनुभविक तथ्यों की भाँति कार्य करते हैं, जैसे क्या होता है जब आप प्रार्थना करते हैं, परन्तु हम उन्हें अतीन्द्रिय तथ्य कहने के लिए प्रेरित होते हैं, क्योंकि हमारा सम्पूर्ण जीवन जीने का तरीका उसी परिधि में संरचित होता है; उनका हमारे लिए मूल्य, प्रासंगिकता व महत्त्व है, जिनका हमारे लिए कोई मूल्य नहीं है, यदि हम अनीश्वरवादी हैं।" ["... the facts that religious discourse deals with are perfectly ordinary empirical facts like what happens when you pray; but we are tempted to call them supernatural facts because our whole way of living is organized round them; they have for us value, relevance, importance, which they would not have if we were atheists." Hare, R.M. (1957): *Religion and Morals*, Edited in Mitchell, Basil *Faith and Logic: Oxford Essay in Philosophical Theology*, George Allen & Unwin Ltd., London, pp. 189–90.]। इस प्रकार हेयर धार्मिक कथनों को तथ्यात्मक नहीं मानते हुए भी उसे जीवन एवं जगत के लिए महत्त्वपूर्ण मानते हैं।

हेयर धार्मिक कथनों की सार्थकता को सिद्ध करने के लिए 'ब्लिक सिद्धांत' (Blik Theory) का प्रतिपादन करते हैं। यद्यपि 'Blik' एक डच का शब्द है जिसे जर्मन में 'Blick' कहा जाता है, जिसका अर्थ होता है 'झलक अथवा देखना' (Glance or look)। इस प्रकार ब्लिक का अर्थ है 'गहरी अंतर्दृष्टि' (Keen insight)। स्पष्टत: हेयर के ब्लिक से इसका कोई सम्बंध नहीं है। हेयर के अनुसार ब्लिक जीवन एवं जगत के प्रति एक विशेष दृष्टिकोण एवं अभिवृत्ति है। इसके अनुसार यद्यपि धार्मिक कथन किन्हीं तथ्यों की अभिव्यक्ति नहीं करते हैं अत: इन्हें न तो सत्य कहा जा सकता है और न ही असत्य, तथापि तथ्यों का वर्णन न करते हुए भी ये जीवन एवं जगत के प्रति एक विशेष दृष्टिकोण एवं अभिवृत्ति को व्यक्त करते हैं। इस प्रकार "ब्लिक तथ्यों को अभिव्यक्त नहीं करते हैं बल्कि तथ्यों के प्रति हमारी अभिवृत्ति को व्यक्त करते हैं। तथ्यों के प्रति इसी विशेष दृष्टिकोण एवं अभिवृत्ति को हेयर 'ब्लिक' कहते हैं।" डफ फोर्ब्स के अनुसार "धार्मिक वचन कोई कथन नहीं हैं; इसके विपरीत, वे ऐसी आवाज हैं जिसे हेयर ब्लिक कहते हैं, यह जीवन के प्रति एक अभिवृत्ति है, 'किसी वस्तु को देखने का एक सुनिश्चित एवं आदतन तरीका है'।" ["Religious utterances are not assertions; on the contrary, they give voice to what Hare calls a 'blik', an attitude to life, 'a confirmed and habitual way of looking at things'." Duff-Forbes, D.R. (1961): "Theology and Falsification Again", *Australasian Journal of Philosophy*, Vol. 39, No. 2, p. 144.]। क्योंकि ब्लिक जीवन एवं जगत के प्रति एक विशिष्ट दृष्टिकोण अथवा अभिवृत्ति को व्यक्त करता है, अत: यह कोई कथन नहीं बल्कि अभिवृत्ति है। इसी कारण ब्लिक सत्य अथवा असत्य न होकर उचित-अनुचित अथवा स्वस्थ-अस्वस्थ होता है। हेयर लिखते हैं कि "फ्ल्यू सिद्ध कर चुके हैं कि ब्लिक किसी कथन अथवा उसके तंत्र से सामंजस्य नहीं रखता है, परन्तु इसके

बावजूद भी यह औचित्य ब्लिक के लिए बहुत महत्त्वपूर्ण है।" ["Flew has shown that a *blik* does not consist in an assertion or system of them; but nevertheless it is very important to have the right *blik.*" Hare, R.M.: *Theology and Falsification*, Edited in Flew, Antony & MacIntyre, A. (1955): *New Essays in Philosophical Theology*, SCM Press Ltd., London, p. 100.]।

यदि हेयर के ब्लिक सिद्धांत पर सूक्ष्मतापूर्वक विचार किया जाय तो इसके अंतर्गत निम्नलिखित विशिष्टताएँ परिलक्षित होती हैं:

1. ब्लिक तथ्यात्मक नहीं होता है बल्कि यह किसी व्यक्ति के दृष्टिकोण अथवा अभिवृत्ति को अभिव्यक्त करता है। अत: ब्लिक तथ्य पर आधृत नहीं होता है, बल्कि स्वयं तथ्य ही ब्लिक पर आधारित होता है अर्थात् ब्लिक ही यह निर्धारित करता है कि किसी व्यक्ति विशेष के लिए तथ्य क्या होंगे एवं भ्रम क्या होगा। इसी दृष्टि से हेयर लिखते हैं कि "निश्चित रूप से यह स्वीकार करना हितकारी होगा कि तथाकथित कठोर तथ्यों में हमारा विश्वास अंततः किसी आस्था एवं प्रतिबद्धता पर ही निर्भर करता है, जो कोई तथ्य नहीं होता है, परन्तु बिना उसके कोई तथ्य हो भी नहीं सकता है।" ["Certainly it is salutary to recognize that *even* our belief in so-called hard facts rest in the end on a faith, a commitment, which is not in or to facts, but in that without which there would not be any facts." Hare, R.M. (1957): *Religion and Morals*, Edited in Mitchell, Basil *Faith and Logic: Oxford Essay in philosophical Theology*, Routledge, London, p. 192.]। अपनी इसी मान्यता के आधार पर हेयर तथ्य एवं भ्रम के बीच विभेद करते हुए कहते हैं कि कोई भी ऐसा तथ्य नहीं है जिसके आधार पर तथ्य एवं भ्रम के बीच अंतर किया जा सके। इसका निर्धारण केवल ब्लिक के आधार पर किया जा सकता है। वे लिखते हैं कि "...जो व्यक्ति जगत के संदर्भ में कोई दृष्टिकोण नहीं रखता है, उसके लिए तथ्य एवं भ्रम में कोई अंतर नहीं है।" ("... there is no distinction between fact and illusion for a person who does not take up a certain attitude to the world." *Ibid*., p. 190.)। उदाहरणार्थ वैज्ञानिकों के लिए जो तथ्य है, आवश्यक नहीं है कि किसी अशिक्षित व्यक्ति अथवा आदिवासी के लिए भी वही तथ्य हो, सम्भव है उसके लिए यह एक प्रकार का भ्रम हो। इसी प्रकार अशिक्षित व्यक्तियों अथवा आदिवासियों के लिए जो तथ्य है, यह आवश्यक नहीं है कि वैज्ञानिकों के लिए भी वही तथ्य हो, उनके लिए वह एक अंधविश्वास हो सकता है, जैसे- अणु, परमाणु, ऊर्जा, जीन, क्लोनिंग आदि वैज्ञानिकों के लिए तथ्य हैं, जबकि तंत्र-मंत्र, भूत-प्रेम, जादू-टोना आदि भ्रम हैं, परन्तु आदिवासियों के लिए तंत्र-मंत्र, भूत-प्रेम, जादू-टोना आदि ही तथ्य हैं। इसी प्रकार किसी वैज्ञानिक अथवा एक सामान्य व्यक्ति के लिए यह जगत यथार्थ है, परन्तु धार्मिक व्यक्तियों एवं संतों के लिए यह जगत माया, अविद्या, अज्ञान का स्वरूप है (ब्रह्म भिन्न सर्वं मिथ्या ब्रह्म भिन्नत्वात्, शुक्ति रजतवत्)।

हेयर के अनुसार ईश्वरवादी अपने ब्लिक के आधार पर ईश्वर को एक यथार्थ सत्ता के रूप में मानते हैं, जबकि अनीश्वरवादी अपने ब्लिक के आधार पर उसके अस्तित्व

का निषेध करते हैं। ईश्वरवादियों तथा अनीश्वरवादियों का यह विरोध तथ्यात्मक न होकर वस्तुत: अभिवृत्तियों एवं दृष्टिकोणों का विरोध है जो अनिवार्यत: उनके कार्यों से सम्बंधित होता है। फ्रेडरिक फेरे लिखते हैं कि "जब दो व्यक्ति किन्हीं तथ्यों पर सहमत हैं और इसके बावजूद भी वे 'जीसस क्राइस्ट हैं, ईश्वर के पुत्र हैं' पर असहमत हो सकते हैं, उनकी यह असहमति तथ्यात्मक नहीं होती है बल्कि यह अभिवृत्तियों का द्वन्द्व होती हैं।" [When two persons are agree on all the facts and still differ on whether they should say, "Jesus is the Christ, The Son of God", then their disagreement is not a factual one; it is a conflict in attitudes, and attitudes, of course, are ultimately bound up with policies of action. Ferre, Frederick (1961): *Language, Logic and God*, Harper and Row, New York, p. 130.]।

2. ब्लिक की रचना किस प्रकार होती है इसे स्पष्टत: बताया नहीं जा सकता है, परन्तु यदि किसी भी प्रकार से ब्लिक एक बार स्थापित हो जाय तो वह अखण्डनीय हो जाता है। वास्तव में ब्लिक का आधार आस्था होती है जो धीरे-धीरे परिस्थितियों के द्वारा पनपती है, अस्तु, इनका कोई तथ्यात्मक आधार नहीं होता है। इसका कारण यह है कि ब्लिक तथ्यों के सापेक्ष न होकर उससे निरपेक्ष होता है। इस प्रकार तथ्य ब्लिक को सत्य अथवा असत्य सिद्ध नहीं कर सकते हैं। ऐसी स्थिति में ब्लिक का खण्डन कर पाना असम्भव हो जाता है। इसी दृष्टि से फेरे लिखते हैं कि "हमारा सम्पूर्ण ज्ञान अभिवृत्तियों एवं मनोवृत्तियों पर निर्भर करता है जो हमारे द्वारा बनाये गये 'विशेष तथ्यों' का अतिक्रमण कर जाता है। 'तथ्य' इस प्रकार के विचारों की चरम कोटियों को असिद्ध नहीं कर सकता है, क्योंकि हम जिस तथ्य को मान्यता प्रदान करते हैं वह चरम कोटियों अथवा ब्लिक के सापेक्ष होता है।" ("All knowledge depends on attitudes and dispositions which transcend the particular facts made by them. 'The facts' cannot disprove such ultimate categories of thought, because what we are willing to recognize as a 'fact' is relative to the ultimate category, of blik." *Ibid*., p. 130.)।

यहाँ पर हेयर ह्यूम का समर्थन करते हुए कहते हैं कि ह्यूम बाह्य जगत, आत्मा, ईश्वर आदि की सत्ता को 'सहज विश्वास' (Natural instinct or belief) के रूप में स्वीकार करते हैं। ह्यूम के अनुसार हमारे ज्ञान के आधार संस्कार एवं प्रत्यय हैं, परन्तु ये एक-दूसरे से असम्बंधित एवं पृथक्-पृथक् होते हैं, अत: इनके आधार पर न तो हमें बाह्य जगत का ज्ञान हो सकता है, न आत्मा का और न ही ईश्वर का। यह जानते हुए भी हम अपने ब्लिक के आधार पर ईश्वर, आत्मा, जगत आदि की सत्ता को स्वीकार कर लेते हैं। कोई इस ब्लिक के प्रतिपक्ष में कितना ही तर्क क्यों न प्रस्तुत करे, हम अपने प्राकृतिक एवं स्वाभाविक विश्वास के आधार पर इनकी सत्ता को स्वीकार करते ही रहेंगे और हमारा यह विश्वास इतना दृढ़ होता है कि यह किसी भी परिस्थिति में अखण्डनीय हो जाता है। ऐसी परिस्थिति में तथ्य गौण जबकि ब्लिक प्राथमिक हो जाता है। अस्तु, अब ब्लिक ही निर्धारित करता है कि किसी व्याख्या का स्वरूप क्या होगा। हेयर लिखते हैं कि "परन्तु इसके बावजूद

भी यह कहना सत्य है कि, जैसा कि ह्यूम ने कहा, बिना ब्लिक के कोई व्याख्या नहीं हो सकती है; हम अपने ब्लिक के द्वारा ही निर्धारित करते हैं कि किसी व्याख्या का स्वरूप क्या है और क्या नहीं है।" ["But it is nevertheless true to say that, as Hume said, without a blik there can be no explanation; for it is by our bliks that we decide what is and what is not an explanation." Hare, R.M.: *Theology and Falsification*, Edited in Flew, Antony & MacIntyre, A. (1955): *New Essays in Philosophical Theology*, SCM Press Ltd., London, p. 101.]। यदि ब्लिक ही यह निर्धारित करता है कि किसी व्याख्या का स्वरूप क्या होगा तो ब्लिक का खण्डन नहीं हो सकता है। इसी प्रकार धार्मिक व्यक्ति अपने ब्लिक के आधार पर ही ईश्वर की सत्ता को असंदिग्ध रूप में स्वीकार करता है और कोई भी व्यक्ति ईश्वर के प्रतिपक्ष में चाहे कितना ही तर्क क्यों न प्रस्तुत करे, वह यह मानने को कदापि तैयार नहीं होता है कि ईश्वर का अस्तित्व नहीं है। इस प्रकार ब्लिक अखण्डनीय होता है।

3. ब्लिक प्राय: स्थायी होता है और इसमें परिवर्तन की कोई सम्भावना नहीं होती है। इसका कारण है कि ब्लिक में वस्तुनिष्ठता के स्थान पर आत्मनिष्ठता का तत्व प्रधान होता है। अस्तु, वस्तुनिष्ठ तथ्यों के होने न होने से ब्लिक के ऊपर कोई प्रभाव नहीं पड़ता है। इसे स्पष्ट करने के लिए हेयर अपने लेख 'थियोलॉजी एण्ड फाल्सीफिकेशन' में दो उदाहरण प्रस्तुत करते हैं। उनके अनुसार माना कि एक पागल छात्र को यह विश्वास हो जाये कि सभी प्रोफेसर उसके विरुद्ध षड्यंत्र रचकर उसकी हत्या करना चाहते हैं। ऐसी स्थिति में सभी प्रोफेसर उसके प्रति चाहे कितना ही मैत्रीपूर्ण व्यवहार क्यों न करें, वह यही स्वीकार करता है कि सभी प्रोफेसर उसकी हत्या करना चाहते हैं। इस प्रकार वह किसी भी कार्य को अपने विश्वास के विरुद्ध मानने को तैयार नहीं होता है। हेयर के अनुसार उस पागल का विश्वास प्रोफेसरों के प्रति एक विशिष्ट दृष्टिकोण अथवा ब्लिक को अभिव्यक्त करता है, जिसमें परिवर्तन की कोई सम्भावना नहीं दिखाई देती है। यद्यपि अन्य व्यक्ति यह निश्चयपूर्वक जानते हैं कि प्रोफेसर उसकी हत्या करना नहीं चाहते हैं, परन्तु इसके बावजूद भी उस पागल छात्र के प्रोफेसरों के सम्बंध में किये गये ब्लिक में कोई परिवर्तन नहीं होता है। इसी प्रकार हेयर एक अन्य उदाहरण - कार का प्रस्तुत करते हैं। उसके अनुसार जब हम कार चलाते हैं तो यह मानकर चलते है कि स्टेयरिंग ठीक प्रकार से कार्य करेगी। इसी प्रकार उस कार के अन्य अंग भी ठीक प्रकार से कार्य करेंगे। हेयर के अनुसार यह भी हमारा एक ब्लिक ही है। इस प्रकार हेयर के अनुसार ब्लिक स्थायी होता है।

4. ब्लिक सत्य अथवा असत्य न होकर उचित अथवा अनुचित, स्वस्थ अथवा अस्वस्थ आदि होते हैं। किसी चीज के सत्य अथवा असत्य होने के लिए उसका तथ्यात्मक होना आवश्यक है जबकि ब्लिक मूलत: तथ्यात्मक न होकर अभिवृत्तिमूलक होते हैं। अभिवृत्तियाँ किसी व्यक्ति विशेष के दृष्टिकोण पर निर्भर करती हैं, जिसमें वस्तुनिष्ठता की अपेक्षा आत्मनिष्ठता का तत्व ही अधिक प्रधान होता है। अत: इन्हें सत्य अथवा असत्य न कहकर उचित अथवा अनुचित, स्वस्थ अथवा अस्वस्थ आदि कहना ही अधिक सुसंगत होगा।

इसे स्पष्ट करते हुए हेयर कहते हैं कि पागल छात्र प्रोफेसरों के संदर्भ में यह विचार रखता है कि सभी प्रोफेसर उसकी हत्या करना चाहते हैं, जबकि प्रोफेसर यह जानते हैं कि वे उसकी हत्या करना नहीं चाहते हैं। वे तो उसके प्रति सदैव ही प्रेमपूर्वक व्यवहार करते हैं। ऐसी स्थिति में सामान्य व्यक्ति का ब्लिक उचित है, जबकि पागल छात्र का ब्लिक अनुचित है। हेयर के अनुसार किसी भी युक्ति के दो पक्ष होते हैं। दोनों साथ-साथ न तो सत्य हो सकते हैं और न ही असत्य। उनमें से एक पक्ष सत्य होगा तो दूसरा असत्य। उन्हें एक साथ सत्य एवं असत्य कहना तर्कशास्त्र के नियमों का उल्लंघन होगा। अतः यदि उनमें से एक पक्ष उचित अथवा स्वस्थ है तो इसका दूसरा पक्ष अवश्य ही अनुचित अथवा अस्वस्थ होगा। वे लिखते हैं कि "वह (पागल छात्र) प्रोफेसरों के संदर्भ में अनुचित ब्लिक रखता है जबकि हम उचित ब्लिक रखते हैं। यह स्पष्ट करना महत्त्वपूर्ण है कि हमारा ब्लिक उचित है, परन्तु ऐसा नहीं है कि कोई ब्लिक नहीं है; किसी भी युक्ति के दो पक्ष होते हैं - यदि उसका ब्लिक अनुचित है तो जो प्रोफेसरों के बारे में सही हैं उनका ब्लिक उचित है।" ["He has an insane *blik* about dons; we have a sane one. It is important to realize that we have a sane one, not no *blik* at all; for there must be two sides to any argument – if he has a wrong *blik*, then those who are right about dons must have a right one." Hare, R.M. *Theology and Falsification*, Edited by Flew, Antony & MacIntyre, A. (1955): *New Essays in Philosophical Theology*, SCM Press Ltd., London, p. 100.]।

5. ब्लिक में एकरूपता का होना आवश्यक नहीं है। क्योंकि ब्लिक किसी व्यक्ति विशेष के दृष्टिकोण पर आधृत होता है, अस्तु दृष्टिकोण के भेद के अनुसार ब्लिक में भी विभेद का होना स्वाभाविक ही है, उदाहरणार्थ - एक ही समय में एक ही वस्तु के संदर्भ में दो व्यक्तियों का ब्लिक पृथक्-पृथक् हो सकता है। इसे जैनियों के छः अंधे तथा एक हाथी के उदाहरण के द्वारा स्पष्ट किया जा सकता है। छः अंधे एक ही हाथी के विभिन्न अंगों का स्पर्श करके उसका वर्णन भिन्न-भिन्न रूपों में करते हैं। कोई इसे खम्भा कहता है तो कोई रस्सी, कोई उसे दीवाल कहता है तो कोई अजगर, कोई सूप कहता है तो कोई उसे स्तन बताता है। इसी प्रकार व्यक्ति विशेष के दृष्टिकोण अथवा अभिवृत्ति के अनुसार ब्लिक भी पृथक्-पृथक् होता है। इसे स्पष्ट करते हुए हेयर लिखते हैं कि "पंजाब में कुछ सिक्ख हैं और कुछ मुसलमान, परन्तु हम देखेंगे कि ये एक-दूसरे से पूर्णतया भिन्न प्रकार के लोग हैं।" ("... some Sikhs and some Mussulmans of the same Punjabi stock; you will find them quite different sorts of people." *Ibid*., p. 102.)।
6. हेयर के अनुसार ब्लिक कोई सैद्धांतिक अवधारणा नहीं है बल्कि यह एक व्यावहारिक यथार्थ है जो किसी व्यक्ति के जीवन के साथ गहन रूप से जुड़ा हुआ है अर्थात् उसके प्रति उस व्यक्ति की पूर्ण संलग्नता (Concern) होती है, जिससे उसका सम्पूर्ण जीवन प्रभावित होता रहता है। इस प्रकार ब्लिक के संदर्भ में 'संलग्नता' ही वह तत्व है जो उसे सामान्य सिद्धांतों से असम्पृक्त करती है। अस्तु, इसके प्रति किसी भी प्रकार का आरोप-प्रत्यारोप हमारे जीवन को गहन रूप से प्रभावित करता है। उदाहरणार्थ माली के दृष्टांत

में अन्वेषकों की कोई संलग्नता नहीं हैं, उनके लिए यह केवल बौद्धिक चर्चा का विषय है जबकि पागल छात्र का प्रोफेसरों के प्रति ब्लिक उसके जीवन से सम्बंधित है। इसी दृष्टि से हेयर अपने लेख का अंत फ्ल्यू एवं अपने लेख में प्रस्तुत दृष्टांतों के तुलनात्मक अध्ययन से करते हैं। वे लिखते हैं कि "बगीचे की व्याख्या करने वाले अन्वेषक बहुत ही रुचि के साथ विचार-विमर्श करते हैं, परन्तु उसमें उनकी कोई संलग्नता नहीं होती है। परन्तु पागल एवं कमजोर छात्र प्रोफेसरों के बारे में संलग्न है; और मैं अपने कार के स्टियरिंग के बारे में संलग्न हूँ, प्राय: लोग इसमें रहते हैं जिसके प्रति मैं सावधान हूँ।" ("The explorers do not mind about their garden; they discuss it with interest, but not with concern. But my lunatic, poor fellow, minds about dons; and I mind about the steering of my car; it often has people in it that I care for." *Ibid.*, p. 103.)।

इन्हीं मान्यताओं के परिप्रेक्ष्य में हेयर धार्मिक कथनों की व्याख्या करते हैं। उनके अनुसार ईश्वरवादियों की भूल है कि वे ईश्वर विषयक धार्मिक कथनों को संज्ञानात्मक या तथ्यबोधक मानते हैं, परन्तु ईश्वर में विश्वास किसी तथ्य का वर्णन नहीं करता है, बल्कि ईश्वर के सम्बंध में उनके एक विशिष्ट दृष्टिकोण को अभिव्यक्त करता है जो स्वभावत: उनके आचरण में अभिव्यक्त होता है। वे लिखते हैं कि "कोई व्यक्ति वस्तुत: ईश्वर में विश्वास करता है अथवा नहीं, यह इस बात पर निर्भर है कि वह 'ईश्वर' नामक वस्तु के प्रति किस प्रकार का दृष्टिकोण रखता है और इस बात का निर्धारण उस व्यक्ति के कार्यों द्वारा ही किया जा सकता है।" [Hare, R.M. (1957): *Religion and Morals*, Edited in Mitchell, Basil *Faith and Logic: Oxford Essay in philosophical Theology*, Routledge, London, p. 187.]। इस प्रकार हेयर के अनुसार ईश्वर में विश्वास जीवन एवं जगत के प्रति एक विशिष्ट दृष्टिकोण अथवा अभिवृत्ति को ही अभिव्यक्त करता है न कि ईश्वर जैसी किसी यथार्थ सत्ता में विश्वास को। पुनश्च, जब अनीश्वरवादी कहते हैं कि ईश्वर का अस्तित्व नहीं है तो यह भी उनके विशिष्ट दृष्टिकोण को ही अभिव्यक्त करता है। इस प्रकार ईश्वरवादी एवं अनीश्वरवादी दोनों अपने ढंग से ब्लिक का प्रयोग करते हैं। हेयर के अनुसार धार्मिक व्यक्तियों का ब्लिक उचित, जबकि निरीश्वरवादियों का ब्लिक अनुचित है।

हेयर ब्लिक को निर्बौद्धिक अभिवृत्ति कहते हुए इसे सत्य या असत्य न कहकर उचित अथवा अनुचित, स्वस्थ अथवा अस्वस्थ कहते हैं, परन्तु समस्या यह है कि ब्लिक को उचित अथवा अनुचित, स्वस्थ अथवा अस्वस्थ कहने का मापदण्ड क्या है? जॉन हिक के अनुसार ब्लिक का उचित-अनुचित, स्वस्थ-अस्वस्थ आदि में विभाजन असंगत है। यह विभाजन तभी सुसंगत हो सकता है जबकि ब्लिक का साक्ष्यों के आधार पर सत्यापन किया जा सके, जबकि हेयर स्वयं ही स्वीकार करते हैं कि ब्लिक का सत्यापन सम्भव नहीं है, क्योंकि ब्लिक तथ्यों पर आधारित नहीं होता है। दूसरे शब्दों में, कोई भी ऐसा तथ्य नहीं हो सकता है जो इसको सत्य अथवा असत्य सिद्ध कर सके। इसी दृष्टि से हिक लिखते हैं कि "यदि अनुभव कभी भी ब्लिक को सम्पुष्ट एवं अपुष्ट नहीं कर सकता है तो इसे सत्य-असत्य, उचित-अनुचित, स्वस्थ-अस्वस्थ कहने का कोई आधार नहीं है। इन विभेदों का केवल तभी अर्थ है जब इनका परीक्षण, साक्ष्य एवं सत्यापन सम्भव

हो। ...इससे यह प्रतीत होता है कि हेयर न तो फ्ल्यू की चुनौतियों का कोई उत्तर दे पाते हैं और न ही उससे बचने का कोई रास्ता ही दिखा पाते हैं।" ["If experience can never yield either confirmation or disconfirmation of blik, there is no basis for speaking of them as being right or wrong, appropriate or inappropriate, sane or insane. These distinctions make sense only if it also makes sense to refer to tests, evidence, and verification. ... It seems, then, that Hare has neither met Flew's challenge nor shown a way of avoiding it." Hick, John (1983): *Philosophy of Religion*, Prentice-Hall, Englewood Cliffs, NJ, p. 99.]।

इसके प्रत्युत्तर में ब्लैकस्टोन का कहना है कि ब्लिक को उचित अथवा अनुचित, स्वस्थ एवं अस्वस्थ में विभाजन के आधार तथ्य हैं। हम उसी अभिव्यक्ति को स्वस्थ अथवा उचित कहते हैं जो तथ्य के अनुरूप हो। यदि अन्य छात्र भी प्रोफेसर के व्यवहार के कारण अच्छे-बुरे का भेद नहीं करते हैं तो उनमें और पागल छात्र में कोई अंतर नहीं होता है। स्वस्थ एवं उचित ब्लिक वह होता है जो तथ्यों के अनुरूप हो तथा उसके द्वारा पुष्ट एवं खण्डित होता हो, जबकि अस्वस्थ एवं अनुचित ब्लिक वह है जो तथ्यों के अनुरूप नहीं हो अर्थात् वह सभी परिस्थितियों में सदैव ही एकरूप बना रहता हो। [Blackstone, W.T. (1963): *The Problem of Religious Knowledge: The Impact of Contemporary Philosophical Analysis on the Question of Religious Knowledge*, Prentice-Hall, Englewood Cliffs, NJ, pp. 77–78.]। इस प्रकार पागल छात्र का प्रोफेसरों के सम्बंध में ब्लिक अनुचित है जबकि प्रोफेसरों का पागल छात्र के सम्बंध में ब्लिक उचित है।

इसके अतिरिक्त यहाँ पर एक प्रकार का विरोध भी दिखाई देता है। एक ओर यह कहना कि ब्लिक का निर्धारण तथ्य के आधार पर नहीं होता है बल्कि ब्लिक ही यह निर्धारित करता है किसे तथ्य कहा जाय और किसे भ्रम और दूसरी ओर यह कहना कि जो ब्लिक तथ्यों के अनुरूप है वह उचित और जो तथ्यों के अनुरूप नहीं है वह अनुचित है। इससे तो यह स्पष्ट होता है कि ब्लिक भी तथ्यात्मक होता है। इस पर व्यंग्य करते हुए बैंडमैन लिखते हैं कि "हालाँकि हेयर के उदाहरणों में तथ्यात्मक कथन ही निर्धारित करते हैं कि कौन-सा ब्लिक स्वस्थ अथवा अस्वस्थ, उचित अथवा अनुचित है, इसके बावजूद भी वह (हेयर) यह स्वीकार करता है कि ब्लिक अपने आप में कुछ भी नहीं कहते हैं। ऐसा प्रतीत होता है कि जो तर्क उन्होंने प्रस्तुत किया है, वह खेदजनक निष्कर्ष है।" ["Although Hare cites these examples in which factual assertions determine whether a blik is sane or insane, right or wrong, he holds that bliks themselves do not assert anything. This seems to be a regrettable conclusion, for reasons that will be given." Bandman, Bertran (1967): *The Place of Reason in Education*, Ohio State University Press, Ohio, p. 120.]।

पुनश्च, बैंडमैन का कहना है कि यह भी कहना कि ब्लिक कोई कथन नहीं है, असंगत है। वास्तव में जब कोई व्यक्ति यह कहता है कि मैं 'अ' में विश्वास करता हूँ, तो इसका अर्थ है कि वह या तो सत्य है अथवा असत्य, परन्तु यह कहना कि मैं 'अ' में विश्वास करता हूँ, जो न तो सत्य है और न असत्य, यह एक प्रकार का पागलपन ही है। वे लिखते हैं कि "यह तर्क कि

ब्लिक कोई कथन नहीं है, धार्मिक अथवा तत्वमीमांसीय विश्वासों के लिए अनूठा प्रतीत होता है कि 'मैं X में विश्वास करता हूँ, परन्तु मेरे लिए इसका कोई अर्थ नहीं है कि जो मैं विश्वास करता हूँ वह सत्य है अथवा असत्य।' उसका विश्वास निराधार है; यह एक प्रकार का पागलपन ही है।" ("As to the contention that a blik makes no assertions, it seems strange for a religious or metaphysical believer to say, 'I believe in X, but it doesn't really matter to me whether what I believe is true or false.' His faith would then rest on nothing at all; it would no differ from lunacy." *Ibid*., p. 120.)। इस प्रकार बैंडमैन के अनुसार ब्लिक भी एक कथन होने के कारण सत्य अथवा असत्य हो सकता है।

इसी प्रकार हॉर्सबर्ग अपने लेख "*Mr. Hare on Theology and Falsification*" में मूलतः चार आक्षेप करते हैं जिसका मूल अभिप्राय यह है कि ब्लिक अमिथ्यापनीय तो है, परन्तु इसकी अमिथ्यानीयता निरपेक्ष न होकर कृत्रिम है, क्योंकि इसमें असत्य होने की सम्भावना बनी रहती है। इस सम्भावना के बावजूद भी वह व्यक्ति इसको मिथ्यापनीय सिद्ध करने वाले सभी तर्कों को अस्वीकार करता रहता है तथा प्रत्येक परिस्थिति में अपने ब्लिक के अमिथ्यापनीय होने का दावा करता है। इसे स्पष्ट करने के लिए हॉर्सबर्ग अमिथ्यापनीयता को दो भागों में विभक्त करते हैं: (1) 'निरपेक्षतः अमिथ्यापनीय अथवा शुद्ध ब्लिक' एवं (2) 'कृत्रिमतः अमिथ्यापनीय अथवा अशुद्ध ब्लिक'। उनके अनुसार जो 'कृत्रिमतः अमिथ्यापनीय अथवा अशुद्ध ब्लिक' है, वह मिथ्यापित हो सकता है, परन्तु हम उसे मिथ्यापित करना ही नहीं चाहते हैं। वे लिखते हैं कि "अतः ब्लिक 'निरपेक्षतः अमिथ्यापनीय अथवा शुद्ध ब्लिक' एवं दूसरा, 'कृत्रिमतः अमिथ्यापनीय अथवा अशुद्ध ब्लिक' में विभाजनीय है। शुद्ध ब्लिक तो ब्लिक की भाँति कार्य करता है परन्तु अशुद्ध ब्लिक या तो ब्लिक की भाँति अथवा कथन की भाँति कार्य करता है। ...शुद्ध ब्लिक एवं अशुद्ध ब्लिक के बीच दूसरा तार्किक विभेद यह है कि शुद्ध ब्लिक हेयर के द्वारा निर्धारित की गई ब्लिक की शर्तों को कठोरता से पूरा करता है जबकि अशुद्ध ब्लिक उन शर्तों को पूरा करने में असफल रहता है।" ["Bliks are therefore divisible into 'absolutely unfalsifiable or pure bliks' and 'artificiable or impure bliks'. Pure bliks can function only as bliks. But impure bliks can function either as bliks or as assertions.... Another logical difference between pure and impure bliks is that whereas the pure bliks strictly fulfils the requirements of blikness as laid down by Hare, the impure blik fails to fulfil them." Horsburgh, H.J.N. (1956): *Mr. Hare on Theology and Falsification*, *The Philosophical Quarterly*, Vol. 6, No. 24, p. 257.]। इसी मान्यता के आधार पर हॉर्सबर्ग ईश्वरवादी कथनों, यथा - 'ईश्वर का अस्तित्व है' एवं 'ईश्वर का अस्तित्व नहीं है' को शुद्ध ब्लिक के अंतर्गत न रखकर अशुद्ध अथवा कृत्रिम ब्लिक के अंतर्गत रखते हैं। उनके अनुसार इन कथनों का भी मिथ्यापन सम्भव है। उदाहरण के लिए जगत में व्याप्त दुःख इस कथन को असत्य प्रमाणित करते हैं कि 'ईश्वर सभी से प्रेम करता है'। अतः हॉर्सबर्ग के अनुसार ईश्वरवादी कथनों को शुद्ध ब्लिक न कहकर अशुद्ध ब्लिक अथवा कृत्रिम ब्लिक ही कहना उचित होगा। उल्लेखनीय है कि बेसिल मिचल भी धार्मिक कथनों को मिथ्यापनीय मानते

हैं। वे लिखते हैं कि "ईश्वरवादी निश्चित रूप से अस्वीकार नहीं करेगा कि दु:ख की वास्तविकता इसके प्रतिपक्ष में है कि ईश्वर सभी मनुष्यों से प्रेम करता है। अशुभ की समस्या - ईश्वरवादी समस्याओं के लिए अवश्य ही एक असंगति उत्पन्न करती है।" ["The theologian surely would not deny that the fact of pain counts against the assertion that God loves men. This very incompatibility generates the most intractable of theologian problems – the problem of evil." Mitchell, Basil. *Theology and Falsification*, Edited in Flew, Antony & MacIntyre, A. (1955): *New Essays in Philosophical Theology*, SCM Press Ltd., London, p. 103.]।

यदि उपर्युक्त आलोचनाओं पर सूक्ष्मतापूर्वक विचार किया जाय तो यह कहा जा सकता है कि वे सभी दार्शनिक जो यह मानते हैं कि ब्लिक एक कथन की भाँति है जिसे सत्य अथवा असत्य सिद्ध किया जा सकता है, वे दो प्रकार के दृष्टिकोणों के बीच अंतर करना भूल जाते हैं: (1) ब्लिक के दृष्टिकोण से तथा (2) ब्लिक की व्याख्या करने वालों के दृष्टिकोण से। यह अक्षरश: सत्य है कि जिन्हें ब्लिक नहीं है उनके लिए यह एक कथन ही है और यह सत्य अथवा असत्य हो सकता है, परन्तु जिन्हें ब्लिक हो रहा है उनके लिए ब्लिक न तो सत्य हो सकता है और न ही असत्य। यदि ब्लिक में भी सत्य अथवा असत्य की सम्भावना है तो वास्तव में वह कोई ब्लिक है ही नहीं। कोई भी ब्लिक तभी तक है जब तक वह तथ्यों से सम्बंधित नहीं होता है। तभी तो हेयर कहते हैं कि ब्लिक तथ्य पर आधारित न होकर तथ्य ही ब्लिक पर आधारित होता है। इसी आधार पर ब्लिक एवं ज्ञान के बीच स्पष्ट विभेद किया जा सकता है। ज्ञान के लिए सत्यता एवं विश्वास के साथ ही साथ प्रमाण भी आवश्यक है जबकि ब्लिक केवल एक विश्वास अथवा आस्था है। वह भी एक ऐसी आस्था जिसका कोई वस्तुनिष्ठ आधार नहीं होता है। यह शुद्ध रूप से आत्मनिष्ठ होता है। अत: वस्तुनिष्ठ प्रमाणों के द्वारा इसे न तो सत्य सिद्ध किया जा सकता है और न ही असत्य और आत्मनिष्ठ प्रमाण न तो किसी चीज को सत्य सिद्ध कर सकता है और न ही असत्य। इस प्रकार यदि हम ज्ञान एवं ब्लिक के बीच अंतर करें तो उपर्युक्त आक्षेप से बच सकते हैं।

इसी प्रकार हॉर्सबर्ग का यह विभाजन कि ब्लिक दो प्रकार का होता है: (1) 'निरपेक्षत: अमिथ्यापनीय अथवा शुद्ध ब्लिक' एवं (2) 'कृत्रिमत: अमिथ्यापनीय अथवा अशुद्ध ब्लिक, असंगत है। यथार्थत: ब्लिक सदैव ही शुद्ध होता है, यह कभी भी कृत्रिम हो ही नहीं सकता है। कृत्रिम ब्लिक, ब्लिक न होकर वस्तुत: एक तथ्यात्मक कथन ही है। वास्तव में ब्लिक करने वाले को यह पता ही नहीं रहता है कि उसे कोई ब्लिक भी है। उसे ब्लिक है, यह अन्य व्यक्तियों के लिए ही है। उदाहरण के लिए किसी भी पागल को यह कभी भी नहीं लगता है कि वह पागल है। यदि वह यह महसूस करने लगे कि वह पागल है तो इसका अर्थ है कि वास्तव में वह पागल नहीं है। पागल को पागल अन्य व्यक्ति ही कहते हैं। इसी प्रकार हेयर के उदाहरण में पागल छात्र को कभी भी ऐसा नहीं लगता है कि उसे ब्लिक है। उसे ब्लिक हो रहा है, यह प्रोफेसरों तथा अन्य व्यक्तियों को लगता है। यदि उस पागल छात्र को यह ज्ञात हो जाय कि उसे ब्लिक हो रहा है तो वह ब्लिक न होकर एक तथ्यात्मक कथन हो जायेगा। ब्लिक सिद्धांत की आलोचना करने वाले इन सभी पक्षों की उपेक्षा कर देते हैं।

इसका अर्थ नहीं है कि ब्लिक सिद्धांत पूर्णतया निर्दोष है। इसमें कुछ न कुछ कमियाँ तो अवश्य ही हैं। ब्लिक सिद्धांत का सर्वाधिक महत्त्वपूर्ण दोष हेयर के द्वारा प्रस्तुत किये गये दृष्टांत हैं, चाहे वह पागल छात्र का दृष्टांत हो या फिर कार का। ईश्वर के सम्बंध में ब्लिक तथा साधारण जीवन का ब्लिक दोनों समतुल्य नहीं हैं। दोनों दो प्रकार के ब्लिक हैं, अतः दोनों दृष्टांतों को एक स्तर पर लाकर उनमें तुलना करने का प्रयास कोटि दोष से युक्त है। उल्लेखनीय है कि ब्लिक सिद्धांत की जितनी भी आलोचनाएँ हुई हैं वे सभी पागल छात्र एवं कार के उदाहरण पर तो आरोपित हो सकती हैं, परन्तु इसे धार्मिक सत्ता पर आरोपित नहीं किया जा सकता है। पागल का ब्लिक उचित अथवा अनुचित, स्वस्थ अथवा अस्वस्थ हो सकता है, क्योंकि इसकी जाँच की जा सकती है, परन्तु ईश्वर के सम्बंध में किए गए ब्लिक को उचित अथवा अनुचित, स्वस्थ अथवा अस्वस्थ कहना पूर्णतः असंगत है। ऐसा कोई मापदण्ड है ही नहीं जिसके आधार पर धार्मिक ब्लिक की जाँच की जा सके। धार्मिक ब्लिक की जाँच तो केवल एक धार्मिक व्यक्ति ही कर सकता है, कोई सामान्य मनुष्य नहीं। किसी भी चीज की जाँच के लिए बुद्धि की कोटियों का आरोपण आवश्यक है, जबकि यहाँ पर बुद्धि की कोटियों का प्रयोग किया ही नहीं जा सकता है। तभी तो काण्ट कहते हैं कि "मैंने आस्था को स्थान देने के लिए तर्कबुद्धि की आलोचना की।" ("I had to deny knowledge in order to make room for faith.")। अतः धार्मिक ब्लिक की तुलना व्यावहारिक ब्लिक से करना कोटि दोष से युक्त है।

इसी प्रकार जब हेयर ह्यूम का उदाहरण प्रस्तुत करते हैं तो वे यह भूल जाते हैं कि बाह्य जगत की सत्ता में विश्वास कोई ब्लिक नहीं है, बल्कि यह एक तथ्य है, जिसको सत्य अथवा असत्य सिद्ध किया जा सकता है, जबकि ईश्वर में विश्वास बाह्य जगत की ही भाँति कोई आनुभविक तथ्य नहीं है, अतः इसे न तो सत्य सिद्ध किया जा सकता है और न ही असत्य, न तो उचित कहा जा सकता है और न ही अनुचित, न तो स्वस्थ कहा जा सकता है और न ही अस्वस्थ। इस प्रकार यह कहा जा सकता है कि हेयर का ब्लिक सिद्धांत भी धार्मिक कथनों का पूर्णरूपेण वर्णन करने में असफल रहा है।

संज्ञानात्मक सिद्धांतः बेसिल मिचल (Cognitive Theory: Basil Mitchell's)

असंज्ञानात्मक सिद्धांत के विरोध में बेसिल मिचेल, जॉन हिक, आई० एम० क्रौम्बी आदि ने संज्ञानात्मक सिद्धांत का प्रतिपादन किया। मिचेल संज्ञानात्मक सिद्धांत का प्रतिपादन अपने लेख 'थियोलॉजी एण्ड फाल्सीफिकेशन' में करते हैं, जिसे उन्होंने 'ऑक्सफोर्ड यूनिवर्सिटी सॉक्रेटिक क्लब' के द्वारा आयोजित "Symposium on Theology and Falsification" (1950) में प्रस्तुत किया था, जिसमें एन्टोनी फ्ल्यू, आर० एम० हेयर, आई० एम० क्रौम्बी आदि ने भी अपना-अपना लेख प्रस्तुत किया। कालांतर में इन लेखों का संग्रह एन्टोनी फ्ल्यू एवं ए० मैकइन्टायर द्वारा सम्पादकीय पुस्तक "New Essays in Philosophical Theology" (SCM Press Ltd., London, 1955) में प्रकाशित हुआ। ज्ञातव्य है कि फ्ल्यू अपने मिथ्यापनीय सिद्धांत के आधार पर धार्मिक कथनों की तथ्यात्मक सार्थकता का खण्डन करते हैं। उनके अनुसार धार्मिक कथन

तथ्यात्मक दृष्टि से सार्थक कथन नहीं हैं, क्योंकि इनको किसी भी परिस्थिति में मिथ्यापनीय सिद्ध करना सम्भव नहीं है। इस प्रकार मिथ्यापनीयता के अभाव में धार्मिक कथन तथ्यात्मक दृष्टि से निरर्थक कथन हैं।

इस मान्यता के प्रतिपक्ष में मिचेल का कहना है कि धार्मिक कथनों को भी मिथ्यापनीय सिद्ध करना सम्भव है और इस प्रकार मिथ्यापनीय होने के कारण धार्मिक कथन तथ्यात्मक दृष्टि से सार्थक कथन हो जाते हैं। अपने मत के समर्थन में मिचेल 'अशुभ की समस्या' को उठाते हैं। उनके अनुसार अशुभ की समस्या एक ऐसी समस्या है जो इस कथन को असत्य सिद्ध करती है कि 'ईश्वर सभी मनुष्यों से पुत्रवत् प्रेम करता है'। इस प्रकार ईश्वरवादी दु:ख की अनुभूति को ईसाई सिद्धांत की इस मान्यता के विरुद्ध स्वीकार कर सकते हैं कि 'ईश्वर सभी मनुष्यों से पुत्रवत् प्रेम करता है'। इसी दृष्टि से मिचेल लिखते हैं कि "ईश्वरवादी निश्चित रूप से यह अस्वीकार नहीं करेगा कि दु:ख की अनुभूति इस कथन के प्रतिपक्ष में है कि ईश्वर मनुष्यों से प्रेम करता है। यह गहन असंगति बहुत जटिल ईश्वरवादी समस्या को उत्पन्न करती है - अशुभ की समस्या। अत: ईश्वरवादी दु:ख की अनुभूति को ईसाई सिद्धांत के प्रतिपक्ष में स्वीकार कर सकता है।" ["The theologian surely would not deny that the fact of pain counts against the assertion that God loves men. This very incompatibility generates the most intracable of theologian problems – the problem of evil. So the theologian does recognize the fact of pain as counting against Christian doctrine." Mitchell, Basil. *Theology and Falsification*, Edited in Flew, Antony & MacIntyre, A. (1955): *New Essays in Philosophical Theology*, SCM Press Ltd., London, p. 103.]। स्पष्टत: मिचेल के अनुसार अशुभ का होना इस मान्यता का खण्डन करता है कि 'ईश्वर सभी से पुत्रवत् प्रेम करता है'। इस प्रकार धार्मिक कथन भी मिथ्यापनीय होने के कारण तथ्यात्मक दृष्टि से एक सार्थक कथन है।

उल्लेखनीय है कि मिचेल धार्मिक कथनों को 'मिथ्यापनीय' मानते हुए भी इन्हें 'पूर्णत: मिथ्यापनीय' होने से इन्कार करते हैं। उनके अनुसार धार्मिक कथन 'मिथ्यापनीय' तो हैं, परन्तु धार्मिक व्यक्ति अपनी अखण्ड आस्था के कारण इन्हें कभी भी 'पूर्णत: मिथ्यापनीय' नहीं मान सकता है, क्योंकि उन कथनों के प्रति उसकी पूर्ण निष्ठा होती है। मिचेल के अनुसार इसका मूल कारण यह है कि धार्मिक व्यक्तियों का दृष्टिकोण एक तटस्थ प्रेक्षक की भाँति न होकर एक आस्थावान भक्त की भाँति होता है। इस प्रकार, यद्यपि कुछ तथ्य धार्मिक कथनों को मिथ्यापनीय सिद्ध करते हैं, परन्तु वे उसे कभी भी पूर्णत: मिथ्यापनीय सिद्ध नहीं कर सकते। इसी दृष्टि से मिचेल लिखते हैं कि "परन्तु यह सत्य है कि वह इसकी अनुमति प्रदान नहीं करेगा - अथवा कुछ भी - इसके प्रतिपक्ष में निर्णायक रूप से स्वीकार नहीं करेगा; इसके लिए वह ईश्वर में विश्वास करने वाली अपनी आस्था के प्रति प्रतिबद्ध है। उसका दृष्टिकोण एक तटस्थ प्रेक्षक का न होकर एक आस्थावान का दृष्टिकोण होता है।" ("But it is true that he will not allow it – or anything – to count decisively against it; for he is committed by his faith to trust in God. His attitude is not that of the detached observer, but of the believer." *Ibid.*, p. 103.)।

अपने मत का समर्थन करने के लिए मिचेल एक दृष्टांत (Parable) प्रस्तुत करते हैं। उनके अनुसार 'एक परतंत्र देश अपनी स्वतंत्रता के लिए उस देश के विरुद्ध संघर्ष कर रहा है, जिसने उसे अपने अधीन कर लिया है। अब माना कि युद्धरत देश के किसी देशभक्त नागरिक से किसी रात में एक अपिरिचित व्यक्ति मिलता है और वह उसे अत्यधिक प्रभावित करता है। वे दोनों पूरी रात वार्तालाप में ही गुजार देते हैं। वह अपरिचित व्यक्ति कहता है कि इस युद्ध में वह पूर्णरूपेण उसके साथ है। यही नहीं, वास्तव में वह स्वयं ही इस युद्ध में एक संघर्ष का संचालन भी कर रहा है, अत: उसे उस अपरिचित व्यक्ति में पूर्ण आस्था रखनी चाहिए। इन आधारों पर वह देशभक्त यह विश्वास कर लेता है कि वह अपरिचित व्यक्ति उसका परम हितैषी है। इसके बाद वे दुबारा आपस में कभी भी नहीं मिलते हैं। कई बार अपरिचित व्यक्ति युद्धरत देश की मदद करते देखा जा सकता है, इस पर वह देशभक्त उसके प्रति अपनी कृतज्ञता व्यक्त करता है और वह अपने मित्रों से कहता है कि 'वह अपरिचित व्यक्ति उसके साथ है'। परन्तु कई बार वह अपरिचित व्यक्ति पुलिस की वर्दी पहनकर देश भक्तों को उस देश की सेना के हाथों में सौंपते हुए भी देखा जाता है जिसने उसे अपने अधीनस्थ बना लिया है। इस परिस्थिति में उस देशभक्त के मित्र उस अपरिचित व्यक्ति के विरुद्ध अपना मत व्यक्त करते हुए कहते हैं कि वह हमारा समर्थक नहीं है, किन्तु वह देशभक्त इस बात को मानने के लिए कदापि तैयार नहीं होता है। वह सदैव यही कहता है कि 'वह अपरिचित व्यक्ति उसके साथ है'। यही नहीं, जब उस देशभक्त के मित्र उस अपरिचित व्यक्ति के संदर्भ में कहते हैं कि वे इस बात का निरीक्षण कर लें कि वह अपरिचित व्यक्ति उसके साथ नहीं है, परन्तु वह देशभक्त इसके लिए भी तैयार नहीं होता है अर्थात् यद्यपि कुछ घटनाएँ उसके इस विश्वास के प्रतिपक्ष में हैं कि 'वह अपरिचित व्यक्ति उसके साथ नहीं है', परन्तु इसके बावजूद भी वह देशभक्त अपनी निष्ठा के कारण इस बात का निरीक्षण करने के लिए तैयार नहीं होता है। इस प्रकार वह किसी भी परिस्थिति में यह मानने को तैयार नहीं होता है कि 'वह अपरिचित व्यक्ति के उसके साथ नहीं है', क्योंकि वह देशभक्त उस अपरिचित व्यक्ति में विश्वास करने के लिए पूर्णत: प्रतिबद्ध है।' (*Ibid.*, pp. 103–104)।

इस दृष्टांत के आधार पर मिचेल यह दिखाने का प्रयास करते हैं कि उस देशभक्त की ही भाँति ईश्वरवादी भी कुछ तथ्यों को धार्मिक कथनों के विरुद्ध मानते हैं, परन्तु अपनी अखण्ड आस्था के कारण वे उसे कभी भी निर्णायक रूप से मिथ्यापनीय नहीं मानते हैं। इस प्रकार धार्मिक कथन मिथ्यापनीय प्रतीत होते हुए भी वस्तुत: मिथ्यापनीय नहीं हैं, क्योंकि ईश्वरवादियों का दृष्टिकोण एक तटस्थ प्रेक्षक की भाँति न होकर एक आस्थावान भक्त की भाँति होता है, जो प्रत्येक परिस्थिति में अपने कथन के सत्य होने का दावा करता है। मिचेल के अनुसार इस दृष्टांत की व्याख्या तीन प्रकार से की जा सकती है:

1. "एक ऐसी अस्थायी प्राक्कल्पनाओं के रूप में, जिन्हें अनुभव विरुद्ध होने पर अस्वीकार किया जा सकता है।" ("As provisional hypothesises to be discarded if experience tells against them." *Ibid.*, p. 105.)।
2. "आस्था पर आधारित एक महत्त्वपूर्ण कथन के रूप में।" ("As significant article of faith." *Ibid.*, p. 105.)।

3. "एक ऐसे निरर्थक सिद्धांत के रूप में (सम्भवत:, किसी इच्छा अथवा कामना की अभिव्यक्ति के लिए आश्वासन), जिसका हमारे अनुभव एवं जीवन से कोई सम्बंध नहीं है।" ["As vacuous formulae (expressing, perhaps, a desire for reassurance) to which experience makes no difference and which make no difference to life." *Ibid.*, p. 105.)।

मिचेल के अनुसार इसमें ईश्वरवादी प्रथम व्याख्या को स्वीकार नहीं कर सकता है। वह ईश्वर में आस्था रखने के कारण दूसरी व्याख्या को ही स्वीकार करता है, किन्तु उसके समक्ष यह सदैव ही भय बना रहता है कि वह तीसरी व्याख्या की ओर फिसल न जाय। यदि वह ऐसा करता है तो उसकी "यह असफलता आस्था एवं तर्क दोनों ही दृष्टियों से होगी।" ("... it is a failure in faith as well as in logic." *Ibid.*, p. 105.)। इस प्रकार मिचेल धार्मिक कथनों को आस्था पर आधारित एक ऐसा महत्त्वपूर्ण कथन मानते हैं जिसे किसी भी परिस्थिति में पूर्णत: मिथ्यापनीय सिद्ध नहीं किया जा सकता है।

अपने मत को प्रस्तुत करने के उपर्यन्त, मिचेल अंततः अपने मत को हेयर के मत से पृथक् करते हुए कहते हैं कि उनके दृष्टांत में देशभक्त, हेयर के पागल छात्र के दृष्टांत से पूर्णतया भिन्न है। हेयर के दृष्टांत में पागल छात्र अपने ब्लिक के प्रतिपक्ष में कोई भी साक्ष्य स्वीकार नहीं करता है, जबकि देशभक्त के उदाहरण में कई साक्ष्य उसके प्रतिपक्ष में हैं, इसके बावजूद भी वह देशभक्त उसे स्वीकार नहीं करता है। पुनश्च, देशभक्त को अपरिचित व्यक्ति में विश्वास करने के पक्ष में कुछ कारण हैं जबकि पागल छात्र का अपने ब्लिक के पक्ष में कोई कारण नहीं है। मिचेल लिखते हैं कि "यहाँ पर मेरा दृष्टांत हेयर के दृष्टांत से भिन्न है। देशभक्त कई चीजों को अपने विश्वास के प्रतिपक्ष में स्वीकार करता है: जबकि हेयर के दृष्टांत में पागल छात्र जिसे प्रोफेसरों के सम्बंध में ब्लिक है, वह अपने ब्लिक के प्रतिपक्ष में कुछ भी स्वीकार नहीं करता है। ब्लिक के प्रतिपक्ष में कुछ भी स्वीकार नहीं किया जा सकता है। इसके अतिरिक्त देशभक्त को अपनी प्रतिबद्धता को स्वीकार करने के पक्ष में उदाहरण है जैसे कि अपरिचित व्यक्ति का चरित्र; जबकि पागल छात्र का प्रोफेसरों में ब्लिक करने का कोई कारण नहीं है, क्योंकि वास्तव में ब्लिक के लिए कोई कारण हो भी नहीं सकता है।" ("It is here that my parable differs from Hare's. The Partisan admits that many things may and do count against his belief: whereas Hare's lunatic who has a *blik* about dons doesn't admit that anything counts against his *blik*. Nothing can count against *bliks*. Also the partisan has a reason for having in the first instance committed himself, *viz.* the character of the Stranger; whereas the lunatic has no reason for his *blik* about dons because, of course, you cannot have reason for *blik*." *Ibid.*, p. 105.)।

मिचेल का सत्यापनीय सिद्धांत भी आलोचना का विषय हो गया। अंततः फ्ल्यू 'ऑक्सफोर्ड यूनिवर्सिटी सॉक्रेटिक क्लब' के द्वारा आयोजित "Symposium on Theology and Falsification" (1950) की अपनी 'अध्यक्षीय टिप्पणी' (Presidential remark) में कहते हैं कि मिचेल का तर्क महत्त्वपूर्ण होते हुए भी धार्मिक कथनों की मिथ्यापनीयता को सिद्ध करने में असफल रहता है। फ्ल्यू के अनुसार मिचेल स्वीकार करते हैं कि यद्यपि कुछ तथ्य धार्मिक कथन

को मिथ्यापित करते हुए प्रतीत होते हैं कि 'ईश्वर सभी से पुत्रवत् प्रेम करता है', परन्तु वस्तुतः वे उसे कभी भी मिथ्यापित नहीं कर पाते हैं, क्योंकि ईश्वरवादी ईश्वर में जिन असीमित गुणों की परिकल्पना करते हैं, उसके आधार पर धार्मिक कथन मिथ्यापनीय नहीं रह जाते हैं अर्थात् ईश्वरवादी ईश्वर में असीमित गुणों की परिकल्पना करके उसको मिथ्यापित करने वाली सभी सम्भावित व्याख्याओं को अस्वीकार कर देता है। स्पष्टतः एक ओर ईश्वर में अनंत गुणों की परिकल्पना करना तथा दूसरी ओर उसमें कुछ गुणों का निषेध करना, ये दोनों ही परस्पर विरोधी बाते हैं। इसी दृष्टि से फ्ल्यू लिखते हैं कि "मुझे ऐसा प्रतीत होता है कि उनकी परेशानी यह है कि उन्होंने ईश्वर में जिन गुणों को स्वीकार किया है वे सभी सम्भावित व्याख्याओं का निरसन कर देते हैं।" ["His difficulty, it seems to me, is that he has given God attributes which rule out all possible saving explanations." Flue, A.: *Theology and Falsification*, Edited by Flew, Antony & MacIntyre, A. (1955): *New Essays in Philosophical Theology*, SCM Press Ltd., London, p. 107.]। इस प्रकार फ्ल्यू के अनुसार ईश्वर में असीमित गुणों की परिकल्पना के कारण धार्मिक कथन मिथ्यापनीय नहीं हो सकते हैं और मिथ्यापनीयता के अभाव में ये तथ्यात्मक दृष्टि से निरर्थक हो जाते हैं।

पुनश्च, फ्ल्यू, मिचेल एवं हेयर के दृष्टांतों की तुलना करते हुए मिचेल के द्वारा प्रस्तुत दृष्टांत में कुछ कमियों को उजागर करते हैं। उनके अनुसार किसी अपरिचित व्यक्ति की ईश्वर से तुलना करना असंगत है, क्योंकि अपरिचित व्यक्ति सीमित होता है, अतः उसके संदेहपूर्ण व्यवहार की तर्कसंगत व्याख्या की जा सकती है, परन्तु ईश्वर तो असीमित है, अतः उसके संदेहपूर्ण व्यवहार की तर्कसंगत व्याख्या नहीं की जा सकती है। इस प्रकार मिचेल द्वारा प्रस्तुत दृष्टांत धार्मिक कथनों पर आरोपित नहीं होता है। वे लिखते हैं कि "मिचेल के अपरिचित व्यक्ति के दृष्टांत में किसी विश्वासकर्ता व्यक्ति के लिए उसके संदिग्ध आचरण के प्रति संशय करना सरल है: क्योंकि अपरिचित व्यक्ति एक मनुष्य है। परन्तु माना कि अपरिचित व्यक्ति ईश्वर है। ऐसी स्थिति में हम यह नहीं कह सकते हैं कि वह सहायता तो करना चाहता है, परन्तु सहायता नहीं कर सकता है: क्योंकि ईश्वर सर्वशक्तिमान है।" ("In Mitchell's parable of the Stranger it is easy for the believer to find pausible for ambiguous behaviour: for the Stranger is a man. But suppose the Stranger is God. We cannot say that he would like to help but cannot: God is omnipotent." *Ibid.*, p. 107.)। इस प्रकार फ्ल्यू मिचेल के सत्यापनीय सिद्धांत से संतुष्ट नहीं दिखाई देते हैं।

इसी प्रकार डी० आर० डफ-फोर्ब्स अपने लेख "Theology and Falsification Again" (1961) में लिखते हैं कि मिचेल द्वारा धार्मिक कथनों का 'मिथ्यापनीय' एवं 'पूर्णतः मिथ्यापनीय' के बीच भेद करना अनुचित है। उनके अनुसार एक ओर मिचेल कहते हैं कि कुछ घटनाएँ ईश्वरीय प्रेम को मिथ्यापित करती हैं और दूसरी ओर वे यह भी कहते हैं कि यद्यपि कुछ घटनाएँ ईश्वरीय प्रेम को मिथ्यापित करती हुई प्रतीत होती हैं, तथापि वे निर्णायक रूप से इसे मिथ्यापित सिद्ध नहीं कर पाती हैं। इससे यह सिद्ध होता है कि कोई भी तथ्य ईश्वरीय कथन को वस्तुतः मिथ्यापित सिद्ध नहीं कर सकता है। इस प्रकार मिचेल फ्ल्यू के निष्कर्ष को असत्य सिद्ध करने में असफल रह जाते हैं। डफ-फोर्ब्स लिखते हैं कि "यदि धार्मिक व्यक्ति इस प्रकार के

कुछ तथ्यों को अपने इस दावे के प्रतिपक्ष में स्वीकार करता है कि ईश्वर मनुष्यों से प्रेम करता है, परन्तु, क्योंकि 'ईश्वर मनुष्यों से प्रेम करता है', यह कथन केवल आस्था का विषय है, अत: यह इसके प्रतिपक्ष में केवल प्रतीत होता है (परन्तु वस्तुत: ऐसा नहीं करता है), और यदि धार्मिक व्यक्ति कालांतर में यह स्वीकार करता है कि कोई भी स्वीकृत तथ्य, इसके अतिरिक्त कि यह केवल प्रतीत होता है (परन्तु वस्तुत: ऐसा नहीं करता है) स्वीकार नहीं किया जा सकता है, तो इससे यह पूर्णतया स्पष्ट नहीं हो पाता कि वस्तु-स्थिति एवं निरीक्षणात्मक स्थितियाँ असंगत हैं, क्योंकि वे कभी भी स्वीकृत अर्थ में स्वीकार नहीं की जा सकती हैं।" ["If the religious man concedes that such-and-such a state of affairs counts against his claim that God loves men, but, because the statement 'God loves men' is an article of faith, allows that it counts against only in the sense that it appears to count against (but really doesn't), and if the religious man further maintains that no conceivable state of affairs could count other than in the sense that it appears to count against (but really doesn't), isn't it perfectly obvious that state of affairs and observable situations are irrelevant, that they never do count in the required sense." Duff-Forbes, D.R. (1961): "Theology and Falsification Again", The Australian Journal of Philosophy, Vol. 39, pp. 149–50.]।

उल्लेखनीय है कि मिचेल अपने एक अन्य लेख "*The Grace of God*" (1957) में अपने मतों में व्यापक परिवर्तन करते हुए धार्मिक कथनों की सार्थकता को सिद्ध करने के लिए एक पृथक् तर्क प्रस्तुत करते हैं। उनके अनुसार धार्मिक कथनों की तथ्यात्मकता का निर्धारण केवल उनकी मिथ्यापनीयता के आधार पर न करके उनके आनुभविक प्रयोगों (Empirical applications) के आधार पर किया जा सकता है, जिसे विभिन्न धार्मिक एवं सांस्कृतिक परम्पराओं के रूप में देखा जा सकता है। मिचेल के अनुसार 'ईश्वरीय अनुकम्पा' का सत्यापन किसी सिद्धांत अथवा साक्ष्य के आधार पर न करके उसके आनुभविक प्रयोगों के आधार पर किया जा सकता है जो वस्तुत: धार्मिक अनुभवों के रूप में प्रदर्शित होता है। पुनश्च, उनके अनुसार धार्मिक अनुभवों का सत्यापन उन धार्मिक परम्पराओं के द्वारा किया जा सकता है जो विभिन्न धर्म-ग्रंथों के द्वारा अभिव्यक्त होती हैं, यथा - प्रेम, दया, करुणा, उदारता, सौहार्द्र, धैर्य, आनन्द आदि। इस प्रकार मिचेल के अनुसार धार्मिक कथनों की तथ्यात्मकता का निर्धारण उनके आनुभविक प्रयोगों के द्वारा किया जा सकता है।

समस्या यह है कि आनुभविक प्रयोगों का निश्चय कैसे होगा? इसके प्रत्युत्तर में मिचेल कहते हैं कि आनुभविक प्रयोगों का निश्चय धार्मिक अनुभवों के द्वारा हो सकता है। इस प्रकार धार्मिक अनुभवों का सत्यापन अंतत: धार्मिक परम्पराओं के द्वारा किया जा सकता है, जिसकी अभिव्यक्ति विभिन्न धर्म-ग्रंथों के द्वारा होती है। इसी दृष्टि से मिचेल लिखते हैं कि "परन्तु यह भी प्रस्तावित है कि ईश्वरीय कृपा के पक्ष में स्वतंत्र प्रमाण के रूप में व्यक्तियों एवं समुदायों की धार्मिक अनुभूतियाँ हैं, हालाँकि वे पूर्णतया स्वतंत्र नहीं हैं, क्योंकि उन अनुभूतियों की धार्मिक परम्पराओं के परिप्रेक्ष्य में ही व्याख्या की जाती है, जो ईश्वरप्रेरित धर्म-ग्रंथों पर आधृत होती हैं।" ["But it was also suggested that there was independent support for the doctrine of grace in religious experience of individuals and communities; but not entirelly independent, because that experience is interpreted in terms of a religious tradition, based in its turn on the inspired scriptures." Mitchell, Basil: *The Grace of God*, Edited in Mitchell, Basil (1957): *Faith and Logic: Oxford Essays in Philosophical Theology*, Routledge, London, p. 161.]।

यदि इस मान्यता पर सूक्ष्मतापूर्वक विचार किया जाय तो ऐसा प्रतीत होता है कि इसमें एक प्रकार का चक्रक दोष है, क्योंकि एक ओर यह कहना कि ईश्वरीय कृपा में विश्वास को धार्मिक परम्पराओं के द्वारा सत्यापित किया जाता है और दूसरी ओर यह भी कहना कि धार्मिक परम्पराओं का सत्यापन ईश्वरीय कृपा के द्वारा होता है। इस प्रकार ईश्वरीय कृपा का निर्धारण धार्मिक परम्पराओं के द्वारा तथा धार्मिक परम्पराओं का निर्धारण ईश्वरीय कृपा के द्वारा होता है अस्तु, इसमें चक्रक दोष का होना स्वाभाविक ही है, परन्तु मिचेल स्वयं ही इस दोष का खण्डन करते हैं। उनके अनुसार ऐसा प्रतीत होता है कि "इस युक्ति में चक्रक दोष है, परन्तु यह दोष नहीं है, क्योंकि इसमें प्रत्येक चक्रण नये तथ्यों को प्रस्तुत करता है।" ["The argument has a circular motion, but this is not vicious, because each revolution brings in new material." *Ibid.*, p. 161.]। मिचेल के अनुसार ईश्वरीय कृपा का सत्यापन धार्मिक परम्पराओं के द्वारा नहीं बल्कि आनुभविक प्रयोगों के द्वारा होता है। इस प्रकार वे ईश्वरीय कृपा के निर्धारण के लिए आनुभविक साक्ष्यों की अपेक्षा आनुभविक प्रयोगों की बात करते हैं, जिसका कोई भी व्यक्ति अपने जीवन में अनुभव कर सकता है। इस प्रकार मिचेल लिखते हैं कि "ईश्वरीय कृपा में विश्वास आनुभविक साक्ष्यों के द्वारा स्थापित नहीं किया जा सकता है, परन्तु यदि यह एक बार स्वीकार हो जाय, तो यह आनुभविक प्रयोगों में देखा जा सकता है।" ("Belief in the grace of God cannot be established by empirical evidence but, once accepted, it can be seen to have empirical application." *Ibid.*, p. 174.)।

स्पष्टतः यहाँ पर मिचेल यह कहना चाहते हैं कि ईश्वर तो अतीन्द्रिय होने के कारण सामान्य अनुभव का विषय नहीं हो सकता है। अतः सामान्य अनुभव के द्वारा उसे न तो सिद्ध किया जा सकता है और न ही असिद्ध, परन्तु इसके बावजूद भी ईश्वरीय कृपा को अवश्य ही महसूस किया जा सकता है, जो प्रेम, दया, करुणा, शांति आदि के रूपों में अभिव्यक्त होती है। इस प्रकार ईश्वरीय कृपा को न देखते हुए भी उसके प्रभाव को जीवन में अवश्य ही अनुभूत किया जा सकता है। उल्लेखनीय है कि विज्ञान में यह माना जाता है कि द्रव्य की चार अवस्थाएँ हैं - ठोस, द्रव, गैस एवं प्लाज्मा। इनमें से तीन अवस्थाओं को तो देखा जा सकता है, जबकि चौथी अवस्था प्लाज्मा देखी नहीं जा सकती है, परन्तु नहीं देखते हुए भी उसके प्रभाव को अवश्य ही अनुभव किया जा सकता है। इसी प्रकार ईश्वर को देखा तो नहीं जा सकता है, परन्तु ईश्वरीय कृपा के प्रभाव का अनुभव अवश्य ही किया जा सकता है, जो स्पष्टतः हमारे आचरण में अभिव्यक्त होता है और वह है: परम शांति। गीता में भी भगवान श्रीकृष्ण कहते हैं कि एकमात्र धार्मिक ज्ञान से ही परम शांति की प्राप्ति होती है (ज्ञानं लब्ध्वा परां शांतिमचिरेणाधिगच्छति। गीता - 4/39)। तभी तो यह कहा जाता है कि "व्यवहार ही परमार्थ की कसौटी है"। ऐसा प्रतीत होता है कि आलोचक इन पक्षों की एक प्रकार से उपेक्षा कर देते हैं। इस प्रकार यह कहा जा सकता है कि मिचेल की जितनी भी आलोचनाएँ की गई है, उनमें से कोई भी आलोचना उनके सम्पूर्ण पक्षों को स्पर्श नहीं कर पाती है।

मरणोत्तर सत्यापन का सिद्धांत: जॉन हिक (The Theory of Eschatological Verification: John Hick)

जॉन हिक मरणोत्तर सत्यापन के सिद्धांत का प्रतिपादन अपने लेख "Theology and Verification" (*Theology Today*, 1960, Vol. 17, pp. 12–31) में करते हैं, जो कालांतर में बेसिल मिचल के द्वारा सम्पादित पुस्तक "*Philosophy of Religion*" (1971) में संकलित हुआ। उल्लेखनीय है कि हिक इस सिद्धांत की आधारशिला अपनी पुस्तक "*Faith and Knowledge*" (1957) में ही रख देते हैं। हिक एक संज्ञानवादी दार्शनिक हैं, अस्तु वे ईश्वर की सत्ता को बौद्धिक तर्कों के आधार पर सम्पुष्ट करने का प्रयास करते हैं। यद्यपि उनका बौद्धिक तर्क भी मूलत: ईसाई धर्म की मान्यताओं पर ही आधृत है। हिक के अनुसार ईश्वर में हमारा विश्वास केवल हमारी भावनाओं पर ही आधृत नहीं है बल्कि यह एक तथ्यों पर आधारित विश्वास है, जिसका आधार एक स्वतंत्र एवं निरपेक्ष सत्ता है।

उल्लेखनीय है कि एंटोनी फ्ल्यू अपने लेख "Theology and Falsification" (1957) में यह दावा करते हैं कि धार्मिक कथन तथ्यात्मक दृष्टि से निरर्थक कथन हैं। उनके अनुसार सार्थक कथन केवल वे ही हो सकते हैं जिनका मिथ्यापन सम्भव है, परन्तु धार्मिक कथनों का मिथ्यापन किसी भी परिस्थिति में सम्भव नहीं है। अस्तु, धार्मिक कथन तथ्यात्मक दृष्टि से निरर्थक कथन हैं। इस मान्यता के प्रतिपक्ष में हिक कहते हैं कि यद्यपि यह सत्य है कि धार्मिक कथनों का मिथ्यापन सम्भव नहीं है, परन्तु इनका अभिप्राय नहीं है कि इनका सत्यापन भी नहीं किया जा सकता है। हिक के अनुसार ईश्वर विषयक कथनों का सत्यापन तो किया जा सकता है, परन्तु इनका सत्यापन इस जीवन के सामान्य अनुभव के द्वारा नहीं किया जा सकता है। इसे ही हिक 'मरणोत्तर सत्यापन का सिद्धांत' (The Theory of Eschatological Verification) की संज्ञा देते हैं। उनके अनुसार क्योंकि धार्मिक कथन सत्यापनीय हैं, अत: ये तथ्यात्मक दृष्टि से सार्थक कथन हैं।

हिक अपने इस लेख की शुरुआत दो मान्यताओं के साथ करते हैं। पहला, ईश्वर का कोई एक विशेष स्वरूप नहीं होता है बल्कि उसके विविध स्वरूप होते हैं। इनमें से कुछ का सत्यापन अथवा मिथ्यापन तो अनुभव के द्वारा किया जा सकता है, जबकि कुछ अन्य का सत्यापन अथवा मिथ्यापन अनुभव के द्वारा सम्भव नहीं है। दूसरा, ईश्वर के स्वरूप की ही भाँति सत्यापन का स्वरूप भी बहुत स्पष्ट एवं सुनिश्चित नहीं है। उनके अनुसार कुछ सत्यापनों के द्वारा ईश्वर के अस्तित्व का सत्यापन किया जा सकता है, जबकि कुछ अन्य के द्वारा उसका सत्यापन सम्भव नहीं है। इस प्रकार हिक अपने लेख के आरम्भ में ही यह स्पष्ट कर देते हैं कि 'ईश्वर' एवं 'सत्यापन' इन दोनों की कोई स्पष्ट एवं सुनिश्चित परिभाषा नहीं दी जा सकती है। परिस्थितियों के अनुसार इन दोनों का स्वरूप भी बदलता रहता है।

इसी प्रकार हिक प्रारम्भ में ही यह स्पष्ट कर देते हैं कि ईश्वर के विविध स्वरूपों में से वे उसके केवल एक स्वरूप, विशेषत: ईसाई धर्म में प्रचलित ईश्वर के स्वरूप को ही अपने अध्ययन का विषय बना रहे हैं तथा उसे ही अपने मरणोत्तर सत्यापन सिद्धांत के आधार पर सत्यापित करने का प्रयास करेंगे। हिक लिखते हैं कि "मैं ईश्वर के एक विशेष स्वरूप विशेषत:

ईसाई अवधारणा के पक्ष में ही तर्क करता हूँ, ईश्वर का वह स्वरूप सिद्धांतत: सत्यापनीय है।" ["I wish to argue with regard to one particular concept of deity, namely the Christian concept, that divine existence is in principle verifiable." Hick, John H. (1971) "*Theology and Verification*" In Basil Mitchell, "*Philosophy of Religion*", Oxford University Press, Oxford, p. 51.]।

इन मान्यताओं को स्पष्ट करने के उपरांत हिक सत्यापन के स्वरूप पर विचार करते हैं। उनके अनुसार सत्यापन का अर्थ है सभी प्रकार की अज्ञानता एवं अनिश्चितता की पूर्ण समाप्ति। जब तक हमारे मन में किसी वस्तु विशेष के प्रति तनिक भी संशय हो तब तक यही कहा जायेगा कि उसका सत्यापन नहीं हुआ है। जब किसी कथन का सत्यापन हो जाता है तो सभी प्रकार के बौद्धिक संशयों का स्वयमेव निरसन हो जाता है। इसी दृष्टि से हिक अपने लेख "*Theology and Verification*" में लिखते हैं कि "मैं प्रस्तावित करता हूँ कि सत्यापन की अवधारणा का केन्द्रीय बिन्दु यह है कि कुछ प्रतिज्ञप्तियों की सत्यता के सम्बंध में अज्ञानता या अनिश्चितता का पूर्ण निरसन हो जाए। ... उनके सम्बंध में बौद्धिक संशय के लिए कोई स्थान नहीं है।" ("The central core of the concept of verification, I suggest, is removal of ignorance or uncertainty concerning the truth of some proposition … there is no longer room for rational doubt concerning it." *Ibid.*, pp. 53–54.)। हिक के अनुसार वह मान्यता जिसके द्वारा बौद्धिक संशय का निरसन किया जा सकता है वह कोई स्थायी अवधारणा न होकर विषय-वस्तु के अनुसार परिवर्तित होती रहती है, परन्तु इसके बावजूद भी सभी प्रकार के सत्यापनों में जो सामान्य विशेषता है, वह यह कि सभी प्रकार के बौद्धिक संशयों से रहित होकर सत्यता की खोज की जाय। जब सभी प्रकार के संशयों की समाप्ति हो जाती है तो यह कहा जा सकता है कि उस कथन का सत्यापन हो गया। जॉन हिक ऐसे सत्यापन को ही तार्किक सत्यापन की संज्ञा देते हैं। इस प्रकार तार्किक सत्यापन का अर्थ है उस वस्तु अथवा सत्ता के सम्बंध में हमारे मन में सभी प्रकार की अनिश्चितताओं एवं बौद्धिक संशयों का पूर्ण निरसन। इसके अंतर्गत जिस वस्तु अथवा सत्ता का सत्यापन किया जाता है उसका अस्तित्व होना आवश्यक है।

जॉन हिक अपने सत्यापन सिद्धांत के अंतर्गत केवल तार्किक सत्यापन को ही महत्त्वपूर्ण नहीं मानते हैं। उनके अनुसार तार्किक सत्यापन के साथ ही साथ मनोवैज्ञानिक सत्यापन भी आवश्यक है। मनोवैज्ञानिक सत्यापन का अभिप्राय केवल बौद्धिक संशयों की समाप्ति से नहीं है बल्कि उसका मानवीय अनुभव से सम्बंधित होना अर्थात् मानव की चेतना में उसका घटित होना भी आवश्यक है। "अत: सत्यापन प्राथमिक रूप से किसी एक घटना का नाम है जो मानवीय चेतना में घटित होती है।" ("Verification is thus primarily the name for an event which takes place in human consciousness." *Ibid.*, p. 54.)। स्पष्टत: मनोवैज्ञानिक सत्यापन के अंतर्गत उस वस्तु अथवा सत्ता का अस्तित्व के साथ ही साथ अनुभव से सम्बंधित होना आवश्यक है। इस प्रकार सत्यापन की तार्किक अवधारणा का अर्थ है कि जिस वस्तु अथवा स्थिति का सत्यापन किया जाता है उसका अस्तित्व होना आवश्यक है, जबकि मनोवैज्ञानिक अवधारणा के अंतर्गत उसका अस्तित्व ही पर्याप्त नहीं है बल्कि उसका अनुभव से सम्बंधित होना भी आवश्यक है। क्योंकि हिक अपने सत्यापन सिद्धांत के अंतर्गत तार्किक एवं मनोवैज्ञानिक इन दोनों ही प्रकार के

सत्यापन को महत्त्वपूर्ण मानते हैं, अस्तु - वे अपने सत्यापन सिद्धांत को "तार्किक-मनोवैज्ञानिक सत्यापन" ("Logico-psychological verification." *Ibid.*, p. 54.) की संज्ञा देते हैं।

अपने मत को स्पष्ट करने के लिए हिक सत्यापन की तुलना 'जानने' से करते हैं। उनके अनुसार जिस प्रकार जानने के लिए विषय एवं विषयी दोनों का होना आवश्यक है उसी प्रकार किसी कथन के सत्यापन के लिए उसके द्वारा बताई गई वस्तु अथवा सत्ता के अस्तित्व के साथ ही साथ उसका अनुभव से सम्बंधित होना अर्थात् मानव चेतना में घटित होना भी आवश्यक है। इसी दृष्टि से वे लिखते हैं कि "'सत्यापन' करना 'जानना' है। जानना एक प्रकार का अनुभव करना है जो कुछ लोगों को होता है, अथवा सम्भवत: एक ऐसी मानसिक अवस्था है जिसमें कुछ लोग रहते हैं और जो बिना कुछ लोगों के अनुभव के सम्भव नहीं हो सकता है, परन्तु किसी भी तरह लोगों के सभी अनुभव या सभी मानसिक अवस्था जिसमें लोग हैं, को जानना नहीं कहा जा सकता है।" ("'Verify' is like 'know'. Knowing is an experience which someone has or undergoes, or perhaps a dispositional state in which someone is, and it cannot take place without someone having or undergoing it or being in it; but not by any means every experience which people have, or every dispositional state in which they are, is rightly called knowing". *Ibid.*, p. 51.)।

हिक के अनुसार सत्यापन का सम्बंध प्राय: भविष्य से होता है, अस्तु - सत्यापन सामान्यत: सोपाधिक होता है। माना कि एक कथन है कि 'चन्द्रमा में कुछ काले धब्बे हैं', इस कथन का सत्यापन तभी किया जा सकता है जब कोई व्यक्ति अंतरिक्ष में जाकर इसका निरीक्षण कर ले। परन्तु यह कहने मात्र से कि 'चन्द्रमा में कुछ काले धब्बे हैं', इस कथन का सत्यापन नहीं हो सकता है। पुनश्च, सत्यापन भविष्य से सम्बंधित होने के साथ ही साथ सोपाधिक भी होता है। यहाँ सोपाधिक कहने का अभिप्राय यह है कि किसी कथन का सत्यापन करने के लिए उस परिस्थिति में जाना आवश्यक है, जैसे - यदि कोई व्यक्ति यह कहता है कि 'पास वाले कमरे में मेज है' तो इसका सत्यापन करने के लिए उस कमरे में जाना आवश्यक है। जब तक हम उस कमरे में नहीं जाते हैं तब तक इसका सत्यापन नहीं कर सकते हैं। परन्तु उस कमरे में जाने अथवा न जाने की हमारी पूर्ण स्वतंत्रता है अर्थात् यद्यपि यह सत्य है कि बिना उस कमरे में गये इस कथन का सत्यापन नहीं किया जा सकता है, परन्तु उस कमरे में जाने के लिए हमें कोई बाध्य नहीं कर सकता है। सम्भवत: यही कारण है कि हिक सत्यापन को सोपाधिक कहते हैं। इससे यह स्पष्ट होता है कि सत्यापन न तो सभी व्यक्तियों के द्वारा किया जा सकता है और न ही उसे सभी परिस्थितियों में किया जा सकता है। पुनश्च, जो कथन एक परिस्थिति में सत्य है वही कथन दूसरी परिस्थिति में असत्य भी हो सकता है। यही नहीं, जिस कथन का सत्यापन एक व्यक्ति कर सकता है, यह आवश्यक नहीं है कि उसका सत्यापन दूसरा व्यक्ति भी कर ले। स्पष्ट: सत्यापन किसी विशेष व्यक्ति द्वारा किसी विशेष परिस्थिति में ही किया जा सकता है, न कि सामान्य परिस्थिति में सभी व्यक्तियों के द्वारा।

हिक के अनुसार सत्यापन की विधियाँ भी पृथक्-पृथक् होती हैं। किसी एक ही सत्यापन विधि के द्वारा सभी प्रकार के कथनों का सत्यापन नहीं किया जा सकता है। उदाहरणार्थ जिस विधि के द्वारा भौतिक कथनों का सत्यापन किया जा सकता है उसी विधि के द्वारा अभौतिक

अथवा अतीन्द्रिय कथनों का सत्यापन नहीं किया जा सकता है। इसी प्रकार जिस विधि के द्वारा सूक्ष्म सत्ताओं का सत्यापन किया जा सकता है उसी विधि के द्वारा स्थूल वस्तुओं का सत्यापन नहीं किया जा सकता है, जैसे किसी मेज का सत्यापन स्पर्शेन्द्रिय के द्वारा किया जा सकता है, परन्तु यदि परमाणु का सत्यापन करना हो तो उसका सत्यापन स्पर्शेन्द्रिय के द्वारा नहीं किया जा सकता है। उसके सत्यापन के लिए एक विशेष विधि का सहारा लेना पड़ेगा। इसी प्रकार ईश्वर का सत्यापन करने की विधि अणु एवं मेज को सत्यापित करने की विधि से पूर्णतया भिन्न प्रकार की होगी। इस प्रकार विभिन्न वस्तुओं अथवा सत्ताओं का सत्यापन करने के लिए विविध प्रकार की सत्यापन विधियों को स्वीकार करना अनिवार्य है। इसके लिए यह आवश्यक है कि वह व्यक्ति जो इन कथनों का सत्यापन करना चाहता है, उसे सर्वप्रथम कुछ विशिष्ट प्रक्रियाओं का अनुपालन करना होगा। अत: सत्यापन तथा सत्यापन करने वाला व्यक्ति एक सम्भाव्य वस्तु-स्थिति को निर्दिष्ट करते हैं।

हिक सत्यापन को स्पष्ट करने के उपरांत सत्यापन एवं मिथ्यापन के बीच सम्बंध को स्पष्ट करते हैं। यहाँ पर वे एन्टोनी फ्ल्यू तथा जॉन विजडम का उल्लेख करते हुए कहते हैं कि इन दार्शनिकों ने सत्यापन तथा मिथ्यापन के बीच 'सममित सम्बंध' (Symmetrical relation) माना है, जिसका अर्थ है कि जिस कथन का मिथ्यापन किया जा सकता है केवल उसी कथन का सत्यापन भी हो सकता है और जिसका सत्यापन किया जा सकता है उसी का मिथ्यापन भी किया जा सकता है। हिक के अनुसार सत्यापन एवं मिथ्यापन के बीच सममित सम्बंध न होकर असममित सम्बंध (Asymmetrical relation) होता है, जिसका अर्थ है कि कुछ कथन ऐसे भी हो सकते हैं, जिनका सत्यापन तो किया जा सकता है, परन्तु उनका मिथ्यापन नहीं किया जा सकता है। उदाहरण के लिए यदि कोई व्यक्ति यह कहता है कि "पाई के दशमलव निर्धारण में तीन बार सात आयेंगे।" (There are three successive sevens in the decimal determination of Pai.)। हिक के अनुसार "यदि यह कथन सत्य है तो इसका एक न एक दिन सत्यापन अवश्य हो जायेगा, परन्तु यदि यह कथन असत्य है तो इसका मिथ्यापन कभी भी नहीं किया जा सकता है।" ("The proposition may one day be verified, if it is true, but can never be falsified, if it is false". *Ibid.*, p. 57.)। इसी मान्यता के आधार पर हिक कहते हैं कि ईश्वर विषयक कथन एक ऐसा ही कथन है। यदि यह कथन सत्य है तो विशेष मरणोत्तर अनुभव द्वारा इसका सत्यापन किया जा सकता है, किन्तु यदि यह एक असत्य कथन है तो इसका कभी भी मिथ्यापन नहीं किया जा सकता है।

हिक असममित सम्बंध के अंतर्गत स्वीकार करते हैं कि यहाँ पर वे किन्हीं तर्कत: अनिवार्य सत्यों की बात न करके केवल तथ्यात्मक सत्यों की ही बात कर रहे हैं। तर्कत: अनिवार्य सत्यों का निषेध आत्म-विरोधी होता है, परन्तु तथ्यात्मक सत्यों का वैपरीत्य कभी भी आत्म-विरोधी नहीं होता है। "यह याद रखना आवश्यक है कि हम तर्कत: अनिवार्य सत्यों के सत्यापन की बात नहीं करते हैं, बल्कि केवल उन कथनों की जो तथ्यों से सम्बंधित हैं। ... तथ्यों से सम्बंधित सत्य तर्कत: अनिवार्य नहीं होते हैं। इनका वैपरीत्य कभी भी आत्मविरोधी नहीं होता है।" ("It is important to remember that we do not speak of verifying logically necessary truths, but only propositions concerning matter of facts ... For truths concerning facts are not logically necessary. Their contrary is never self-contradictory". *Ibid.*, pp. 57–58.)। इस प्रकार हिक अपने सत्यापन सिद्धांत के अंतर्गत निम्न विशिष्टताओं का उल्लेख करते हैं:

- सत्यापन का अर्थ होता है अनुभव में सत्यापन तथा इसका उद्देश्य है सभी प्रकार की अनिश्चितताओं, अज्ञानताओं तथा बौद्धिक संशयों का पूर्ण निरसन।
- सत्यापन का सम्बंध भविष्य से होता है। अत: यह स्वरूपत: सोपाधिक होता है।
- सत्यापन एवं मिथ्यापन के बीच सममित सम्बंध न होकर असममित सम्बंध होता है।
- तथ्यात्मक सत्यापन एवं तार्किक सत्यापन दोनों एक-दूसरे के समतुल्य नहीं हैं।

इन्हीं मान्यताओं के परिप्रेक्ष्य में हिक अपने मरणोत्तर सत्यापन के सिद्धांत का प्रतिपादन करते हैं। उनके अनुसार मरणोत्तर सत्यापन का सिद्धांत उनकी कोई नूतन खोज नहीं है बल्कि इसका मूल ईसाई धर्म में व्याप्त है। यह ईसाई धर्म में प्रचलित ईश्वर के स्वरूप पर ही आधृत है। इस प्रकार यह सिद्धांत कोई अस्थायी प्राक्कल्पना नहीं, बल्कि एक स्थायी सिद्धांत है। उल्लेखनीय है कि ईसाई धर्म में ईश्वर के लिए पवित्र आत्मा, कृपालु, अवतरण, ईश्वर का साम्राज्य आदि पदों का प्रयोग किया गया है। हिक के अनुसार यदि कोई व्यक्ति ईसाई धर्म के ईश्वर के स्वरूप को समझना चाहता है तो वह उन्हें केवल इन पदों के माध्यम से ही समझ सकता है। यहाँ पर वे निनियन स्मार्ट का उल्लेख करते हुए कहते हैं कि उन्होंने भी यही कहा है कि "यह दावा कि ईश्वर का अस्तित्व है, यदि सभी नहीं तो भी अनेक उदाहरणों के द्वारा समझा जा सकता है।" ["The claim that God exists can only be understood by reference to many, if not all." Smart, Ninian (1958): *Reasons and Faiths*, Routledge and Kegan Paul, London, p. 12.]।

जॉन हिक इसे एक दृष्टान्त के माध्यम से प्रस्तुत करते हैं। उनके अनुसार माना कि दो व्यक्ति एक ही साथ एक सड़क पर यात्रा कर रहे हैं। इनमें से पहला व्यक्ति तीर्थयात्री है जिसका यह विश्वास है कि यह मार्ग स्वर्गीय शहर की ओर जाएगा, जबकि दूसरा अनीश्वरवादी है जिसका यह विश्वास है कि यह कहीं भी नहीं जाएगा, परन्तु क्योंकि केवल वही एक सड़क है, अस्तु - दोनों ही उस मार्ग पर यात्रा करने के लिए बाध्य हैं। इस यात्रा के दौरान दोनों साथ-साथ स्वल्पाहार करते हैं तथा दोनों एक-दूसरे के साथ आनंदपूर्वक मिलते हैं, साथ ही वे कठिनाइयों एवं संकटों के समय में भी एक-दूसरे से मिलते रहते हैं। इनमें से पहला यह सोचता है कि क्योंकि यह मार्ग स्वर्गीय शहर की ओर जाएगा, अस्तु, वह तीर्थयात्री आनंद को प्रोत्साहन के रूप में तथा बाधाओं को सहनशीलता की शिक्षा के रूप में ग्रहण करता है, जो ईश्वर के द्वारा स्वर्गीय शहर तथा जो एक सभ्य नागरिक के लिए तैयार किया गया है। दूसरा व्यक्ति इन बातों को नहीं मानता है। वह इस यात्रा को अपरिहार्य तथा निरुद्देश्य भ्रमण करने वाले सैरगाह के रूप में स्वीकार करता है। क्योंकि उसके पास कोई अन्य विकल्प नहीं है, अत: वह अच्छाई को आनंद के रूप में तथा कष्ट को सहन के रूप में मानता है। इस यात्रा के दौरान उन दोनों के बीच विवादित विषय अर्थात् 'यह सड़क स्वर्गीय नगर की ओर जायेगी या कहीं और जायेगी', यह अनुभवजन्य नहीं

है, अत: इस पर कोई अंतिम निर्णय नहीं किया जा सकता है, परन्तु जब वे अपने गन्तव्य पर पहुँच जाते हैं तभी यह कहा जा सकता है कि इनमें से पहले का मार्ग सही था, जबकि दूसरे का मार्ग गलत। इसी प्रकार ईश्वर का अस्तित्व है अथवा नहीं है, इसे इस जीवन में सत्यापित नहीं किया जा सकता है। यह तो अंतिम गन्तव्य पर पहुँचने के उपरांत ही सत्यापित किया जा सकता है। हिक के अनुसार ईश्वरवादियों तथा निरीश्वरवादियों दोनों का ही विश्व अलग-अलग है, परन्तु अनीश्वरवादियों से भिन्न ईश्वरवादी सदैव ही आशान्वित रहते हैं कि जब इतिहास पूर्ण होगा तो वे एक विशेष अवस्था में पहुँचेंगे, जहाँ वे अपने विशिष्ट उद्देश्य विशेषत: ईश्वर के बच्चे के रूप में, पूर्ति कर सकेंगे। [Hick, John H. (1957): "*Faith and Knowledge*", Second Edition (1966), Cornell University Press, New York, p. 177–78.]।

हिक के अनुसार ईश्वर के अस्तित्व का सत्यापन करने के लिए दो शर्तों का अनुपालन आवश्यक है: पहला, आत्मा की अमरता में विश्वास तथा दूसरा, वर्तमान जीवन में ईश्वर की सत्ता में विश्वास। यदि हम मानते हैं कि आत्मा अमर है अर्थात् मृत्यु के पश्चात् जीवन अवशिष्ट रहता है, तभी हम ईश्वर से सम्बंधित कथन का सत्यापन कर सकते हैं, परन्तु यदि कोई मरणोपरान्त जीवन अर्थात् चेतना से युक्त अस्तित्व को सम्भव नहीं मानता है तो वह इसे कभी भी मिथ्यापित नहीं कर सकता है, क्योंकि यदि यह असत्य है तो इसका मिथ्यापन करने के लिए वह बचेगा ही नहीं। पुनश्च, हिक के अनुसार मरणोत्तर सत्यापन का सिद्धांत केवल उन्हीं व्यक्तियों के लिए है जो वर्तमान जीवन में ईश्वर की सत्ता में विश्वास करते हैं। यदि कोई व्यक्ति निरीश्वरवादी है तो वह मरणोत्तर सत्यापन सिद्धांत के द्वारा ईश्वर सम्बंधी अनुभव को सत्यापित नहीं कर सकता है।

हिक के अनुसार मरणोत्तर सत्यापन सिद्धांत के लिए मरणोपरान्त चेतना से युक्त अस्तित्व को मानना अनिवार्य है। इस संदर्भ में वे कुछ दार्शनिकों जैसे, सी०आई० लेविस, मारिट्ज श्लिक आदि का उल्लेख करते हैं। लेविस के अनुसार "अमरता की प्राक्कल्पना स्पष्टत: असत्यापनीय है। हालाँकि यह हमारे भविष्य सम्बंधी अनुभव के बारे में एक प्राक्कल्पना है और हमारी समझ कि इसके द्वारा क्या सत्यापित हो सकता है, इसकी स्पष्टता में कोई कमी नहीं है।" ["The hypothesis of immortality is unverifiable in an obvious sense. Yet it is an hypothesis about our own future experience. And our understanding of what would verify it has no lack of clarity". Lewis, C.I. (1934): "Experience and Meaning", *The Philosophical Review*, Vol. 43, No. 2, p. 143.]। इसी प्रकार मारिट्ज श्लिक भी कहते हैं कि "मैं यह स्वीकार करता हूँ कि अमरता को 'अंतहीन जीवन' के रूप में स्वीकार नहीं किया जा सकता है, बल्कि हम इसे 'मरणोत्तर जीवन' के प्रश्न से सम्बंधित करते हैं। ... परिभाषत:, अमरता को एक तत्वमीमांसीय समस्या के रूप में स्वीकार नहीं किया जा सकता है, बल्कि यह एक आनुभविक प्राक्कल्पना है, क्योंकि यह तार्किक सत्यापनीयता से युक्त होती है। इसे इस नुस्खे के द्वारा सत्यापित किया जा सकता है कि 'मरने तक इन्तजार करो'।" ["I take it for granted that 'immortality' is not to supposed to signify never-ending life, but that we are concerned with the question of survival after 'death' ... 'immortality', in the sense defined, should not be regarded as a 'metaphysical problem', but it is an empirical hypothesis, because it possesses logical verifiability. It could be verified by following prescription: 'wait until you die'." M. Schlick (1936): "Meaning and Verification", *The Philosophical Review*, Vol. 45, No. 2, pp. 339–69.]।

हालाँकि कुछ ऐसे भी दार्शनिक हैं जो आत्मा की अमरता को अस्वीकार करते हैं, उदाहरणार्थ एन्टोनी फ्ल्यू अपने लेख "*Death*" (1955) में लिखते हैं कि मरणोत्तर जीवन की संकल्पना आत्म-विरोधी है, क्योंकि आत्मा एवं शरीर का भेद असम्भव है। ये चार्वाकों की ही भाँति स्वीकार करते हैं कि मृत्यु के उपरांत कुछ भी अवशिष्ट नहीं रहता है। अस्तु, उनके अनुसार मरणोत्तर जीवन की बात करना सर्वथा असंगत है। इसे वे व्यंग्यात्मक भाषा में कहते हैं कि "भौतिक शरीर के अंत के उपरांत भी भविष्य जीवन की सम्भावना को स्वीकार किया जाता है। ... यह विघटन इस बात को स्वीकार करने के तुल्य है कि कोई राष्ट्र उसके सम्पूर्ण सदस्यों के विनष्ट हो जाने के उपरांत भी जीवित है।" ["For this future life is supposed to continue even *after* physical dissolution ... the dissolution seems like suggesting that a nation might outlast that annihilation of all its member." Flew, Antony (1955): "*Death*", Edited in Flew and MacIntire, "*New Essays in Philosophical Theology*", SCM Press, London, p. 267.]। इसी प्रकार जॉन पॉसमोर का भी कहना है कि मरणोपरांत महान ज्ञान की बात करना आत्म-विरोधी है, क्योंकि मृत्यु का अर्थ है "मैं" का विघटन। उनके अनुसार मृत्यु इस पार्थिव शरीर का अंत है। अत: मरणोत्तर जीवन में इस पार्थिव अनुभव का किसी भी रूप में विस्तार करना आत्म-विरोधी होगा। [Passmore, John (1957): "Christianity and Positivism", *Australasian Journal of Philosophy*, Vol. 35, No. 2, p. 135.]।

इसी प्रकार गिलबर्ट राइल तो यहाँ तक कहते हैं कि आत्मा जैसी कोई सत्ता है ही नहीं। आत्मा का प्रयोग हम केवल विभिन्न प्रकार के शारीरिक व्यवहारों के लिए ही करते हैं, जैसे - मूर्ख, बुद्धिमान, दर्द आदि। हम मूर्ख, बुद्धिमान, दर्द आदि का प्रयोग एक विशेष प्रकार के व्यवहार के लिए ही करते हैं। उनके अनुसार व्यवहार के पीछे कुछ भी छिपा नहीं रहता है। अपनी इसी मान्यता के आधार पर वे डेकार्ट के मन-शरीर द्वैतवाद का खण्डन करते हैं। शारीरिक व्यवहारों से पृथक् आत्मा की सत्ता को मानने को व्यंगात्मक भाषा में 'मशीन में स्थित प्रेत का सिद्धांत' ('The dogma of the Ghost in the Machine') कहते हैं। राईल मन-शरीर द्वैतवाद के सम्बंध में लिखते हैं कि "यह अपनी रूपरेखा में आधिकारिक सिद्धांत है। मैं इसे प्राय: जानबूझकर निंदात्मक रूप में 'मशीन में स्थित प्रेत का सिद्धांत' कहूँगा। मैं यह सिद्ध करने का प्रयास करता हूँ कि यह पूर्णतया असत्य है और यह केवल व्याख्यात्मक रूप में ही नहीं बल्कि सिद्धांतत: भी असत्य है। यह कोई विशेष दोषों का संग्रह नहीं है। यह एक बड़ा दोष है और यह एक विशिष्ट प्रकार का दोष है। यह प्रमुखत: एक कोटि दोष है। यह मानसिक जीवन के तथ्यों को प्रस्तुत करता है जैसे कि वे एक तार्किक प्रकार अथवा कोटि से सम्बंधित हैं, जबकि वे यथार्थत: दूसरे से सम्बंधित हैं। अत: यह सिद्धांत एक दार्शनिक मिथ है।" ["Such in outline is the official theory. I shall often speak of it, with deliberate abusiveness, as 'the dogma of the Ghost in the Machine'. I hope to prove that it is entirely false, and false not in detail but in principle. It is not merely an assemblage of particular mistakes. It is one big mistake and a mistake of a special kind. It is, namely, a category-mistake. It represents the facts of mental life as if they belonged to one logical type or category (or range of types or categories), when they actually belong to another. The dogma is therefore a philosopher's myth". Ryle, Gilbert (1949): *The Concept of Mind*, Routledge, New York, pp. 5–6.]।

हिक ईश्वर की सत्ता को असंदिग्ध रूप में स्वीकार करते हैं। इस सम्बंध में वे अपने लेख 'थियोलॉजी एण्ड वेरीफिकेशन' में ऐसे दो सम्भावित अनुभवों का उल्लेख करते हैं जो एक-दूसरे से जुड़े हुए हैं (जो या तो इस जीवन में अथवा आने वाले दूसरे जीवन में), जिनका आधार ईसाई धर्म में है तथा जो ईश्वर की सत्ता को बौद्धिक संशयों से परे एक असंदिग्ध सत्ता के रूप में प्रमाणित करते हैं। "पहला, ईश्वर के द्वारा हमारे लिए निर्धारित लक्ष्य की पूर्ति का अनुभव, जैसा कि ईसाई दैवी प्रकाशना में प्रकट होता है; इसके साथ ही दूसरा, ईश्वर के साथ हमारी सहभागिता का अनुभव जो स्वयं अपने आप को क्राइस्ट के रूप में प्रकट करता है।" ["*First*, an experience of the fulfillment of God's purpose for ourselves, as this has been disclosed in the Christian revelation; in conjunction, *second*, with an experience of communion with God as he has revealed himself in the person of the Christ." Hick, John H. (1971): "*Theology and Verification*" In Basil Mitchell, "*Philosophy of Religion*", Oxford University Press, Oxford, pp. 66–67.]।

इसमें से प्रथम अनुभव के सम्बंध में हिक 'न्यू टेस्टामेंट' के आधार पर कहते हैं कि मानव जीवन का परम लक्ष्य व्यक्तिगत जीवन में कुछ विशिष्ट मूल्यवान गुणों के साथ आनंद की प्राप्ति करना है। ऐसा ही जीसस क्राइस्ट के जीवन में भी देखने को मिलता है। इस प्रकार ईश्वर ने हम सबके जीवन के लिए एक विशेष लक्ष्य निर्धारित किया है, जिसकी पूर्ति करके हम अतिशय आनंद की प्राप्ति कर सकते हैं। हिक के अनुसार इसका सत्यापन तो किया जा सकता है, परन्तु इसका मिथ्यापन सम्भव नहीं है। दूसरी महत्त्वपूर्ण बात जो ईश्वर के अस्तित्व को असंदिग्ध रूप में प्रमाणित करती है वह है कि हमें ईश्वर के उद्देश्यों को समझने के लिए उस अवस्था में जाना होगा। इसके लिए ईश्वर के साथ सहभागिता आवश्यक है, जो केवल प्राकृतिक घटनाओं अथवा वस्तु-स्थिति के वर्णन से प्राप्त नहीं हो सकती है। इस प्रकार के अनुभव को हम जीसस के वचनों के द्वारा प्राप्त कर सकते हैं, जिन्हें ईश्वरीय कृपा से ऐसा अनुभव प्राप्त हुआ था। इस प्रकार हिक स्वीकार करते हैं कि ईश्वर को जानने के लिए जीसस के वचनों में अटूट विश्वास के साथ ही ईश्वरीय कृपा की भी महती आवश्यकता है, क्योंकि ऐसे अनुभव बिना उसकी कृपा के प्राप्त नहीं किए जा सकते हैं। गोस्वामी तुलसीदास जी "रामचरित मानस" में लिखते हैं कि "सोई जानइ जेंहि देंहु जनाई। जानत तुम्हहिं तुम्हहिं होई जाई॥" अर्थात् ईश्वर को केवल वही जान सकता है जिसको वह स्वयं ही जनाना चाहता है और जो ईश्वर को जान जाता है वह स्वयं ईश्वरमय हो जाता है। इसी प्रकार मुण्डकोपनिषद् (3/2/1) में भी कहा गया है कि "ब्रह्म वेद ब्रह्मैव भवति" अर्थात् ब्रह्म को जानने वाला स्वयं ब्रह्म हो जाता है। इस प्रकार ईश्वर की अनुभूति प्रयत्न साध्य न होकर कृपा साध्य है। अस्तु, शुद्ध बौद्धिक चर्चा से ईश्वरीय कृपा प्राप्त नहीं की जा सकती है और बिना ईश्वरीय कृपा के ईश्वर को जानना असम्भव है।

कुछ दार्शनिक ईश्वरीय साक्षात्कार में कई प्रकार की तार्किक विसंगतियों का उल्लेख करते हैं। इनके अनुसार ईश्वरवादी ईश्वर को सर्वशक्तिमान, सर्वज्ञ, पूर्णतया शुभ, असीम प्रेम आदि के रूप में स्वीकार करते हैं, जबकि मनुष्य का ज्ञान, शक्ति, प्रेम, शुभत्व आदि सीमित है। अस्तु, सीमित मनुष्य असीमित ईश्वर को कैसे जान सकता है? यदि उसने ईश्वर के असीमित स्वरूप को जान लिया तो इसका अभिप्राय है कि ईश्वर असीमित नहीं है और यदि वह असीमित है तो मनुष्य उसे जान ही नहीं सकता है। इस प्रकार इन दो अतिवादी मान्यताओं के बीच सामंजस्य कैसे स्थापित हो सकता है? इसी दृष्टि से रोनाल्ड डब्ल्यू हेपबर्न लिखते हैं कि इन दोनों मान्यताओं में एक तार्किक विसंगति है। इनके अनुसार एक ओर जीसस देश-काल के द्वारा सीमित हैं और दूसरी ओर ईश्वर देश-काल की सीमा से परे, नित्य एवं शाश्वत है, परन्तु हम दोनों को एक ही ईश्वर के दो रूप मानते हैं। इस प्रकार इसमें एक प्रकार की तार्किक अपर्याप्तता है। हेपबर्न के अनुसार "इतिहास में प्रकाशना की अपील करना बौद्धिक अपील का विकल्प नहीं हो सकता है, क्योंकि बुद्धि एक तत्वमीमांसीय भूमिका निभाती है। हम तथाकथित प्रकाशित घटनाओं एवं व्यक्तियों को अतीन्द्रिय सत्ता से सम्बंधित करते हैं, जिसे वे कथित रूप से प्रकट करती हैं; यह कैसे प्रदर्शित किया जा सकता है कि इसमें पहला, दूसरे की एक प्रकाशना है। ... अत: मैं जॉन हिक जैसे लेखकों से असहमत हूँ जो उस अनुदर्शी विमर्श को अर्थ प्रदान करने के लिए उसे मरणोत्तर घटनाओं पर आधृत कर देते हैं।" ["Appeal to revelation-in-history is not an alternative to appealing to reason, to a reason that plays a metaphysical role. We have to *link* the allegedly revealing events and persons with the transcendent deity which they allegedly reveal; to show *how* the first can be a revelation of the second … Thus I disagree with a writer like John Hick who depends upon eschatological events to give meaning retrospectively to that discourse". Hepburn, Ronald W. (1971): *From World to God*, In Basil Mitchell, "*Philosophy of Religion*", Oxford University Press, Waltson Street, Oxford, pp. 169–70.]।

प्रत्युत्तर में हिक का कहना है कि व्यक्तित्वपूर्ण जीसस एवं असीमित ईश्वर के बीच जो वैषम्य दृष्टिगोचर हो रहा है, "उसके बीच सामंजस्य ईसाई धर्म के अवतरण सिद्धांत के द्वारा किया जा सकता है।" ["This difficulty is met in Christianity by the doctrine of the Incarnation". Hick, John H. (1971) "*Theology and Verification*" In Basil Mitchell, "*Philosophy of Religion*", Oxford University Press, Waltson Street, Oxford, p. 68.]। ईसाई धर्म में ईश्वर को ईश्वर के रूप में साथ ही जीसस क्राइस्ट के पिता के रूप में जाना जाता है। ईश्वर वह है जिसके बारे में जीसस शिक्षा प्रदान करते हैं, वह सत्ता है जिसमें जीसस क्राइस्ट रहते हैं, तथा जिसमें अपने शिष्यों को पहुँचाते हैं, वह सत्ता है जिसका प्रेमभाव इस पृथ्वी पर मनुष्यों की ओर क्राइस्ट के रूप में देखा जा सकता है। इस प्रकार यद्यपि ईश्वर एक अतीन्द्रिय सत्ता है तथापि जीसस क्राइस्ट के रूप में वह अपने आप को प्रकट करता है। जीसस की इसी शिक्षा के आधार पर ईसाई धर्म में ईश्वर का ज्ञान व्युत्पन्न होता है। "केवल ईश्वर ही अपने असीमित स्वरूप को जानता है और उसके स्वरूप के बारे में हमारा मानवीय विश्वास क्राइस्ट के रूप में उसकी आत्म-प्रकाशना पर आधृत है।" ["Only God himself knows his own infinite nature; and our human belief about that nature is based upon his self-revelation to men in Christ". Hick, John H. (1971) "*Theology and Verification*" In Basil Mitchell, "*Philosophy of Religion*", Oxford University Press, Waltson Street, Oxford, p. 68.], जैसा कि कार्ल बर्थ कहते हैं कि "जीसस क्राइस्ट के द्वारा ही ईश्वर को जाना जा सकता है।" ("Jesus Christ is the knowability of God". Karl Barth: *Church Dogmatics*, Vol. II, Pt. I, p. 150.)। अत: हिक लिखते हैं कि "ईश्वर की असीमित सत्ता के बारे में हमारा विश्वास निरीक्षणात्मक सत्यापन के द्वारा जाना नहीं जा सकता है, वह मानवीय अनुभव की सीमा के परे है, परन्तु क्राइस्ट की सत्ता में विश्वास करके तथा बौद्धिक संशय का निरसन करके परोक्ष सत्यापन के द्वारा उसकी सम्भावना व्यक्त की जा सकती है। ... और मरणोत्तर अनुभवों के द्वारा इस मान्यता को पूर्णतया सम्पुष्ट भी किया जा सकता है।" ["Our beliefs about God's infinite being are not capable of observational verification, being beyond the scope of human experience, but they are suspectible of indirect verification by the removal of rational doubt concerning the authority of Christ ... could be so fully confirmed in post-mortem experience". Hick, John H. (1971) "*Theology and Verification*", p. 69.]।

स्पष्टत: हिक का समाधान ईसाई धर्म की मान्यता के अनुरूप ही है। अत: यदि कोई व्यक्ति इस समस्या का बौद्धिक समाधान चाहता है तो ऐसे समाधान की अपेक्षा रखना सुसंगत नहीं है, क्योंकि यह शुद्ध रूप से आस्था पर आधृत है। 'अवतरण' का अर्थ है कि कोई अतीन्द्रिय सत्ता प्राणियों के कल्याण हेतु जन्म ग्रहण करती है, जो सामान्य जन्म की प्रक्रिया से पूर्णतया भिन्न है। वास्तव में जन्म दो प्रकार के होते हैं: प्रथम, सामान्य मनुष्य का जन्म एवं दूसरा, अलौकिक सत्ता का किसी विशेष उद्देश्य हेतु जन्म। इनमें से पहले को तो जन्म कहते हैं, परन्तु दूसरे को 'अवतार' कहते हैं। अवतार ग्रहण करने वाला व्यक्ति भौतिक शरीर से युक्त होते हुए भी सम्पूर्ण अलौकिक शक्तियों से सम्पन्न होता है। भौतिक शरीर की अपनी कुछ सीमाएँ एवं मर्यादाएँ होती हैं, अत: यदि ईश्वर भी अवतार ग्रहण करता है तो उसे उन मर्यादाओं का तो अनुपालन करना ही पड़ेगा, परन्तु इसका अर्थ नहीं है कि वह सत्ता सीमित हो गई। ऐसी सत्ता शारीरिक दृष्टिकोण से देश-काल के द्वारा सीमित होते हुए भी आत्मिक दृष्टि से असीमित एवं पूर्ण होती है। इसका सत्यापन भी किया जा सकता है, परन्तु उसके सत्यापन की प्रक्रिया भौतिक वस्तुओं के सत्यापन से पूर्णतया भिन्न होती है। गीता में ऐसे पुरुष की पहचान के सम्बंध में कहा गया है कि वह सुख-दु:ख, हानि-लाभ, जय-पराजय आदि सभी प्रकार के द्वन्द्वों में निर्द्वन्द्व रहता है अर्थात् वह न तो दु:खों से उद्विग्न होता है और न ही सुखों में हर्षित। इसी प्रकार वह जय एवं पराजय की स्थिति में भी सम बना रहता है। (सुख-दु:खे समेकृत्वा लाभालाभौ जयाजयौ)। इस प्रकार जो पुरुष अवतार ग्रहण करता है वह आंतरिक दृष्टिकोण से अपार शांति का अनुभव करता है एवं बाह्य दृष्टिकोण से उसकी भेद-दृष्टि विगलित हो जाती है। कोई भी व्यक्ति जीसस क्राइस्ट के जीवन में इन बातों का साक्षात् अनुभव कर सकता है, जैसे - कथनी एवं करनी में साम्य, दिखावा एवं प्रदर्शन से कोसों दूर रहना, बेगरज होकर लोक-कल्याण के लिए कार्य करना, अभय या निर्भयता, किसी के द्वारा कष्ट देने पर भी उसे दण्ड देने की अपेक्षा ईश्वर से उसके कल्याण के लिए प्रार्थना करना। उल्लेखनीय है कि जब जीसस को सूली पर चढ़ाया जा रहा था तो वे उन लोगों के लिए ईश्वर से यही याचना कर रहे थे कि "हे प्रभु! ये नहीं जानते हैं कि सही क्या है। अत: इन्हें क्षमा करना।"

स्पष्टत: ये ऐसी मान्यताएँ हैं जिनका सत्यापन भी किया जा सकता है, परन्तु जैसा कि जॉन हिक पहले ही कह चुके हैं कि सभी प्रकार की वस्तुओं एवं सत्ताओं का सत्यापन एक ही विधि के द्वारा नहीं किया जा सकता है। विभिन्न प्रकार की सत्ताओं के सत्यापन के लिए पृथक्-पृथक् विधियों को अपनाना पड़ेगा, उदाहरणार्थ - अणु का सत्यापन करने की विधि, मेज के सत्यापन करने की विधि से पूर्णतया भिन्न होती है। इसी प्रकार ईश्वर का सत्यापन करने के लिए एक विशिष्ट पद्धति का अवलम्बन लेना पड़ेगा। इसके लिए सर्वाधिक महत्त्वपूर्ण शर्त है कि 'ईश्वर में अटूट आस्था का होना'। इसीलिए हिक लिखते हैं कि "केवल ईश्वरवादी ही अपने विश्वास की रक्षा कर सकता है।" ["… only the theistic believer can find the vindication of his faith". *Ibid.*, p. 70.]। इसी कारण हिक कहते हैं कि मरणोत्तर सत्यापन का सिद्धांत केवल ईश्वरवादियों के लिए ही सार्थक हो सकता है, अनीश्वरवादी के लिए नहीं। समस्या यह है कि जो आस्था का विषय है उसका बौद्धिक सत्यापन कैसे किया जा सकता है? हेपबर्न इन मान्यताओं की उपेक्षा करके आस्था पर आधृत बातों का बौद्धिक सत्यापन चाहते हैं। इस प्रकार उनके स्वयं के मत में भी एक तार्किक विसंगति का समावेश हो जाता है। पुनश्च, समस्या यह है कि तर्क जीवन के लिए है अथवा जीवन तर्क के लिए? स्पष्टत: ऐसा कोई भी तार्किक सिद्धांत जो जीवन मूल्य के अनुरूप नहीं हो, वह निरर्थक ही है। जीवन तार्किक सिद्धांतों से न तो निर्धारित किया जा सकता है और न ही उसके द्वारा संचालित हो सकता है बल्कि तार्किक सिद्धांत स्वत: जीवन मूल्यों के अनुरूप होने चाहिए। इस प्रकार यह कहा जा सकता है कि ईश्वर में विश्वास एक "सामाजिक यथार्थ" (Social reality) है, जिसे कोई भी सिद्धांत झुठला नहीं सकता है। अस्तु, ईश्वर में आस्था भले ही तार्किक रूप से निर्दोष नहीं हो, परन्तु यह किसी आस्थावान व्यक्ति के लिए अत्यंत ही महत्त्वपूर्ण एवं प्रेरक है, क्योंकि इससे उसका व्यक्तिगत जीवन तो मर्यादित होता ही है साथ ही उसे कार्य करने की भी पर्याप्त प्रेरणा मिलती रहती है।

कई अन्य दार्शनिक, जैसे - डी०आर० डफ-फोर्ब्स, काई नेल्सन आदि ने भी मरणोत्तर सत्यापन सिद्धांत की आलोचना की है। फोर्ब्स के अनुसार मरणोत्तर सत्यापन की अवधारणा एक धार्मिक कथन के रूप में कार्य करती है। परिणामत: "यह कथन कि इस प्रकार के परीक्षण धार्मिक कथनों पर आरोपित हो सकते हैं, हमें यह कहने में समर्थ बनाते हैं कि ये तथ्यात्मक कथन हैं, यह अपने आप अभिव्यक्त करता है कि धार्मिक कथन निर्दोष नहीं हैं।" ["… the statement that such a test can be applied to religious utterances, enabling us to say they are factual statements, is itself expresses as one of the religious utterances in question". Duff-Forbes, D.R. (1961): "Theology and Falsification Again", *Australasian Journal of Philosophy*, Vol. 39, No. 2, p. 152.]। इस प्रकार धार्मिक कथनों को मरणोत्तर कथन के रूप में मानना, उसे प्रश्न के घेरे में खड़ा कर देता है। फोर्ब्स के अनुसार धार्मिक कथनों का तथ्यात्मक सार्थकता से कोई साक्षात् सम्बंध नहीं होता है। अत: धार्मिक कथनों को तथ्यात्मक कथन कहना आत्म-विरोधी है। यदि हम धार्मिक कथनों को तथ्यात्मक कथन के रूप में स्वीकार करते भी हैं तो यह केवल धार्मिक अर्थ में ही तथ्यात्मक हो सकता है, वैज्ञानिक अर्थ में इसे कदापि तथ्यात्मक नहीं कहा जा सकता है। इन कथनों का सत्यापन एवं मिथ्यापन किसी धर्म विशेष की सैद्धांतिक योजना के अंतर्गत ही किया जा सकता

है, परन्तु इस प्रकार के सत्यापन अथवा मिथ्यापन को वैज्ञानिक भाषा में तथ्यात्मक नहीं कहा जा सकता है। वैज्ञानिक भाषा में धार्मिक कथनों का न तो सत्यापन किया जा सकता है और न ही मिथ्यापन, क्योंकि ज्योंही हम यह कहते हैं कि धार्मिक कथनों के प्रतिपक्ष में कोई प्रमाण प्रस्तुत किया ही नहीं जा सकता है, त्योंही हम इसकी तथ्यात्मक सार्थकता को अस्वीकार कर देते हैं।

काई नेल्सन भी अपने लेख "*Eschatological Verification*" (1960) में हिक के मरणोत्तर सत्यापन के प्रतिपक्ष में कई तर्क प्रस्तुत करते हैं, जिसमें सर्वाधिक महत्त्वपूर्ण तर्क यह है कि हिक अपने मरणोत्तर सत्यापन सिद्धांत के द्वारा जो सिद्ध करना चाहते हैं उसे पहले ही सिद्ध अथवा सत्य मान लेते हैं। अत: हिक में मतों में 'सिद्ध साधन का दोष' है। इस संदर्भ में निल्सन, हिक के द्वारा प्रस्तुत विशेषत: दो तर्कों का उल्लेख करते हैं:

- ईश्वर के द्वारा हमारे लिए निर्धारित लक्ष्य की पूर्ति का अनुभव, जैसा कि न्यू टेस्टामेंट में मिलता है एवं
- मरणोत्तर जीवन में जीसस की सत्ता की सम्पुष्टि एवं उनके द्वारा ईश्वर की प्रकाशना।

यहाँ पहले उद्देश्य के सम्बंध में नेल्सन कहते हैं कि "परन्तु हम यह नहीं जानते हैं कि 'एक दैवीय सत्ता है' इसके द्वारा क्या सत्यापित किया जा सकता है। हमें यह बिल्कुल स्पष्ट नहीं है कि यह कथन सत्य होगा अथवा असत्य। ... मनुष्य के लिए दैवीय उद्देश्यों की अपील करना यह मान लेना है कि हम उसे पहले से ही जानते हैं कि हमें क्या सत्यापित करना है। ... हम नहीं जानते हैं कि यह निश्चयपूर्वक कहने का अर्थ क्या होगा कि ऐसे 'ईश्वर के उद्देश्य की पूर्ति का बोध, सामान्यत: एक प्राकृतिक वस्तु-स्थिति नहीं है'।" [But what we do not know is what it would be like to verify 'There is divine existence'. We have no idea at all of what it would be like for that statement to be either true or false … to appeal to the divine purpose for man assumes we already know what it would be like to verify that our lives have such a purpose … We do not know what must happen for us to assert correctly that so and so is 'apprehended as the fulfillment of God's purpose and not simply as a natural state of affairs". Nielson, Kai (1960): "Eschatological Verification", *Canadian Journal of Theology*, Vol. 32, No. 4, pp. 276–77.]।

इसी प्रकार नेल्सन दूसरे उद्देश्य के सम्बंध में कहते हैं कि "यदि हम पहले से ही समझ न लें कि ईश्वर का क्या अभिप्राय है तो हम इन शब्दों, जैसे - 'क्राइस्ट', 'ईश्वर के पुत्र' या 'हमारे भगवान जीसस क्राइस्ट' के अर्थ को कैसे समझ सकते हैं? सत्यापनीय कथनों के रूप में प्रयुक्त करने के लिए इन वचनों को कैसे समाहित किया जा सकता है? इनकी सत्यापनीयता के लिए क्या स्वीकार करना होगा? किस प्रकार के अनुभव, मरणोत्तर अथवा कोई अन्य, हमें यह बता सकते हैं कि केवल जीसस ही नहीं बल्कि क्राइस्ट, मानव पुत्र और हमारे ईश्वर के पुत्र के रूप में अनुभूति कैसे हो सकती है, जहाँ 'हमारे भगवान' का तात्पर्य केवल बुद्धिमान गुरु ही नहीं अपितु एक अधिपति है जिससे हम या तो अभी अथवा परलोक में मिलेंगे। यदि हम यह नहीं जानते हैं कि अपरोक्षत: 'ईश्वर का अस्तित्व है', के द्वारा क्या सत्यापनीय है, तब हमारे पास सत्यापित करने

के लिए इससे अच्छा कोई विचार नहीं हो सकता है: 'ईश्वर के पुत्र का अस्तित्व है', जहाँ 'ईश्वर का पुत्र' जीसस के अर्थ के समतुल्य नहीं है।" (Unless we already understand what is meant by 'God' how can we possibly understand such words as 'Christ', 'The Christ', 'The son of God', or 'Our Lord Jesus Christ'? How can utterances incorporating them be used to make verifiable statements? What would count as verifying them? What *conceivable* experiences, post-mortem or otherwise, would tell us what it would be like to encounter not just Jesus, but the Christ, the Son of God, and the Son of Man, or our lord, where 'Our Lord' does not just mean a wise teacher or a monarch whom we meet either now or hereafter? If we do not know what it would be like to verify 'God exists' directly, we have no better idea of what it would be like to verify 'The Son of God exists', where 'The son of God' is not identical in meaning with 'Jesus'." *Ibid.*, p. 277.)।

स्पष्टत: ये सभी आलोचनाएँ तार्किक दृष्टिकोण से महत्त्वपूर्ण होते हुए भी आस्था की दृष्टि से निरर्थक हैं। हिक का उद्देश्य केवल तार्किक सत्यापन करना नहीं था वे अपनी मान्यता को ईसाई धर्म की मान्यता पर पूर्णतया आधृत कर देते हैं। इस प्रकार हिक के मतों में तर्क की अपेक्षा आस्था का ही प्रयोग अधिकाधिक हुआ है तथा वे स्वयं कहते हैं कि उनका मरणोत्तर सत्यापन का सिद्धांत किसी नूतन सिद्धांत की स्थापना नहीं है बल्कि ईसाई धर्म में स्थापित मान्यता का केवल तार्किक स्पष्टीकरण है। अस्तु, वे अपनी पुस्तक "Faith and Knowledge" में लिखते हैं कि "असीमित ईश्वर की बात करना, यद्यपि वह सदैव ही अबोधगम्य बना रहता है, ईसाई धर्म में ही सम्भव है, क्योंकि वह सीमित रूप से नाजरेथ के जीसस में ही अवतरित है। कहने का अभिप्राय है कि ईश्वर की सत्ता के रूप में पहचान जीसस के द्वारा ही हो पाती है जिसकी वे शिक्षा देते हैं और जिसका मानवता के प्रति दृष्टिकोण, जीसस के कार्यों के द्वारा अभिव्यक्त होता है। ... ईसाई धर्मशास्त्री ऐसी सत्ता की दार्शनिक अवधारणा को विकसित कर चुके हैं जो असीमित, आत्म-निर्भर, शाश्वत आदि है। परन्तु 'ईश्वर' शब्द के प्रयोग का आरम्भिक बिन्दु तथा ईसाई धर्म में उसका आधार जीसस के ऐतिहासिक चरित्र के रूप में देखा जा सकता है, जो न्यू टेस्टामेंट के अभिलेखों के द्वारा जाना जाता है।" ["Within Christianity it is possible to talk about the infinite God, incomprehensible though he still remains, because he has become finitely incarnate in Jesus of Nazareth. That is to say, God is identified as the Being about whom Jesus taught and whose attitude to manking was expressed in Jesus' deed ... Christian theologians have developed the philosophical conception of this Being as infinite, uncreated, eternal and so on. But the starting point and basis of the Christian use of the word 'God' remains the historical figure of Jesus, as known through the New Testament records". Hick, John (1966): *Faith and Knowledge*, Cornell University Press, New York, p. 198–99.]। इसीलिए हिक इस बात की चेतावनी भी देते हैं कि "यह कोई तार्किक प्रमाण नहीं है बल्कि यह एक ऐसी परिस्थिति को उत्पन्न करती है जिसमें बौद्धिक संशय का आधार, जो इस जीवन में प्राप्त होता है वह निर्णायक रूप से विगलित हो जाता है।"

("It would not amount to logical demonstration, but it would constitute a situation in which the grounds for rational doubt which obtain in the present life would have been decisively removed". *Ibid.*, p. 199.)।

यही कारण है कि हिक अपने मरणोत्तर सत्यापन सिद्धांत को निरूपाधिक न कहकर सोपाधिक ही कहते हैं, जैसे यदि कोई कहता है कि पास वाले कमरे में मेज है तो उसके सत्यापन के लिए हमें पास वाले कमरे में जाना होगा, परन्तु यदि हम वहाँ जाना ही नहीं चाहते हैं तो कोई हमें वहाँ जाने के लिए बाध्य भी नहीं कर सकता है। इसी प्रकार ईश्वर का सत्यापन करने के लिए मरणोपरांत जीवन में आस्था आवश्यक है, परन्तु ऐसा करने के लिए हमें कोई व्यक्ति बाध्य भी नहीं कर सकता है। इसी दृष्टि से हिक कहते हैं कि "ईश्वरवाद का सत्यापन जो अनुभव के अंतिम उद्देश्य को समाविष्ट करता है, उस उद्देश्य को केवल वही व्यक्ति अनुभूत कर सकता है जो धार्मिक प्रकृति के बोध के द्वारा ईश्वर में पहले से ही प्रवेश कर चुका हो, जिसे हम आस्था कह सकते हैं।" (" … the verification of theism which consists in an experience of the final fulfillment of that purpose can only be experienced by those who have already entered upon an awareness of God by the religious mode of appreciation which we call faith". *Ibid.*, p. 70.)।

कुछ दार्शनिकों का यह भी कहना है कि यह सत्य है कि मरणोत्तर जीवन का सत्यापन तो किया जा सकता है, परन्तु उसका मिथ्यापन सम्भव नहीं है, क्योंकि यदि मरणोत्तर जीवन सम्भव ही नहीं है तो कौन आकर हमें यह बतायेगा कि मरणोत्तर जीवन की सम्भावना नहीं है, परन्तु यही बात तो मरणोत्तर सत्यापन के सम्बंध में भी सत्य है। यदि माना कि मरणोत्तर अस्तित्व सम्भव है तो क्या वह व्यक्ति स्वर्ग से आकर हमें यह बताने आयेगा कि परलोक में क्या होता है और यदि माना कि वह हमें बताने भी आयेगा तो कौन उसकी बातों पर विश्वास करेगा। स्वयं ईसा मसीह ने कहा है कि स्वर्ग से लौटकर भी यदि कोई स्वर्ग की बातें करे तो कोई भी व्यक्ति उस पर विश्वास नहीं करेगा, क्योंकि स्वर्गीय घटनाओं का कोई वैज्ञानिक आधार नहीं है।

यदि उपर्युक्त सभी मतों पर सूक्ष्मतापूर्वक विचार किया जाय तो यह कहा जा सकता है कि हिक जिस मरणोत्तर सत्यापन सिद्धांत की बात कर रहे हैं वह तथ्यात्मक कथन तो है, परन्तु इसे सामान्य अर्थों में तथ्यात्मक कथन कहना असंगत है। तथ्य दो प्रकार के होते हैं: पहला, आनुभविक तथ्य एवं दूसरा, अतीन्द्रिय तथ्य। आनुभविक तथ्यों की ही भाँति अतीन्द्रिय तथ्य भी वास्तविक एवं यथार्थ होते हैं, बल्कि यों कहें कि अतीन्द्रिय तथ्य, आनुभविक तथ्यों की अपेक्षा अधिक यथार्थ हैं। आनुभविक तथ्य परिवर्तित होते रहते हैं जबकि अतीन्द्रिय तथ्य शाश्वत हैं। जिसमें सतत् परिवर्तन हो रहा हो वह सत्य कैसे हो सकता है?, सत् तो वही है जो अपरिवर्तनशील हो। परन्तु दोनों के सत्यापन की विधियाँ अलग-अलग हैं। आनुभविक तथ्यों को सत्यापित करने की विधि इन्द्रियानुभव है, जबकि अतीन्द्रिय तथ्यों का सत्यापन इन्द्रियानुभव के आधार पर नहीं हो सकता है। इसका सत्यापन करने के लिए एक विशिष्ट प्रकार की अनुभूति की आवश्यकता है, जिसे 'अपरोक्षानुभूति' (Self-realisation) कहते हैं। इसे ही श्री अरविन्द 'अतिमन' (Supermind) कहते हैं जबकि उपनिषद् में इसे 'ऋतम्भरा प्रज्ञा' कहा गया है। इस प्रकार अतीन्द्रिय तथ्यों का सत्यापन सामान्य अनुभवों के द्वारा सम्भव नहीं है। इसकी विस्तार

से चर्चा जॉन हिक अपने लेख के प्रारम्भ में ही करते हैं। उनके अनुसार ईश्वर के साथ ही साथ सत्यापन की विधियाँ भी पृथक्-पृथक् होती हैं। अत: किसी एक ही विधि के द्वारा सभी प्रकार के तथ्यों का सत्यापन नहीं किया जा सकता है। आलोचक इन सभी पक्षों की उपेक्षा कर देते हैं। समस्या यह है कि जो तर्क का विषय है ही नहीं, उसे तर्क के माध्यम से सत्यापित कैसे किया जा सकता है। तर्क की अपनी एक सीमा है जबकि अतीन्द्रिय तथ्य इस सीमा की परिधि के परे है। अस्तु, तर्कों का प्रयोग पारमार्थिक सत्यों के स्पष्टीकरण के लिए तो किया जा सकता है, परन्तु उनका सत्यापन करने के लिए कदापि नहीं। इस प्रकार निष्कर्षत: यह कहा जा सकता है कि मरणोत्तर सत्यापन के सिद्धांत का बौद्धिक स्तर पर समाधान सम्भव नहीं है।

✤ ✤ ✤

धार्मिक सहिष्णुता (Religious Tolerance)

- परिचय
- धार्मिक असहिष्णुता के कारण
- धार्मिक सहिष्णुता के विभिन्न अर्थ
- धार्मिक सहिष्णुता के उपाय
- धार्मिक सहिष्णुता के आधार

अध्याय 13

परिचय (Introduction)

श्रीमद्भगवदगीता में भगवान श्रीकृष्ण कहते हैं कि "सत्वानुरूपा सर्वस्य श्रद्धा भवति भारत। श्रद्धामयोऽयं पुरुषो यो यच्छ्रद्धः स एव सः॥" (17/3) अर्थात् हे भारत! इस संसार में विभिन्न प्रकृति के लोग हैं (सत्त्व, रजस एवं तमस की प्रधानता के आधार पर), उनके अंतःकरण के अनुरूप उनमें श्रद्धा भी पृथक्-पृथक् होती है, तदनुरूप धर्म भी पृथक्-पृथक् होंगे। इस प्रकार विभिन्न व्यक्तियों की प्रकृतिगत विविधता के अनुरूप धर्मों की विविधता का होना स्वाभाविक ही है। इसी प्रकार गाँधी जी का कहना है कि यद्यपि ईश्वर एक है तो सिद्धांततः धर्म भी एक ही होना चाहिए, परन्तु व्यवहारतः धर्म अनेक हैं, क्योंकि धर्म का चयन ईश्वर के आधार पर नहीं बल्कि व्यक्तियों की मानसिक अवस्थाओं के अनुरूप होता है। इसी दृष्टि से वे लिखते हैं कि "एक ईश्वर में विश्वास सभी धर्मों की आधारशिला है। परन्तु मै यह अनुमान नहीं कर सकता हूँ कि इस धरती पर व्यवहारतः धर्म भी एक ही होगा। सिद्धांततः क्योंकि एक ही ईश्वर है तो धर्म भी एक ही होना चाहिए। परन्तु व्यवहारतः कोई भी दो व्यक्ति ऐसे नहीं हैं जो ईश्वर के सम्बंध में समान एवं अभिन्न मत रखते हों। अतः सम्भवतः विभिन्न व्यक्तियों की मानसिक अवस्थाओं एवं जलवायु प्रतिबंधों के अनुरूप विभिन्न धर्म भी होंगे।" ["Believe in one God is the corner-stone of all religions. But I do not foresee a time when there would be a only one religion on earth in practice. In theory, since there is one God, there can be only one religion. But in practice, there is no two persons I have known have had the same and identical conception of God. Therefore, there will, perhaps, always be different religions answering to different temperaments and climate conditions". Gandhi, M.K. (1962): *All Religions are True*, Ed. by Anand T. Hingorani, Bhartiya Vidya Bhawan, Bombay, p. 10.]। इस प्रकार धर्मों की विविधता एवं सापेक्षता एक कठोर सत्य है।

यह भी उतना ही कठोर सत्य है कि किसी धर्म विशेष के नाम पर उस धर्म के अनुयायियों के बीच जितनी प्रेम एवं सौहार्द्र की भावना विकसित होती है उतनी ही अन्य धर्मावलम्बियों के बीच परस्पर कटुता एवं वैमनस्यता भी पनपती है। यद्यपि धर्म का परम साध्य तो लोगों के बीच प्रेम एवं सद्भावना का विकास करना है, परन्तु आज इसने अपने सुपथ से विचलित होकर विध्वंसक का रास्ता अपना लिया है। इसने लोगों के बीच दूरियाँ कम करने की अपेक्षा उसमें निश्चित रूप से अभिवृद्धि की है जिसके परिणामस्वरूप समाज न केवल कई वर्गों में विभक्त दिखाई दे रहा है बल्कि धर्म के नाम पर ही खूनी खेल खेला जा रहा है। इतिहास इस बात का साक्षी है कि धर्म के नाम पर जितनी हिंसा एवं रक्तपात हुआ है, उतना किसी अन्य चीज के नाम पर नहीं हुआ है अर्थात् जितनी भी महान क्रांतियाँ हुई हैं, वे सभी धर्म के नाम पर ही हुई हैं। वर्तमान में, इराक में शिया एवं सुन्नी धर्मानुयायियों के बीच जो हिंसा हो रही है, यह इसका एक साक्षात् उदाहरण है। स्वामी विवेकानन्द जी ने तो यहाँ तक कहा कि जब वे विदेशों की यात्रा पर थे तो अन्य धर्मावलम्बियों के आचरण को देखकर ऐसा प्रतीत होता था कि यदि वे उनकी हत्या भी कर देते तो इसमें उन्हें कोई आश्चर्य नहीं होता।

धार्मिक असहिष्णुता के कारण
(Roots of Religious Intolerance)

प्रश्न उठता है कि इस 'धार्मिक असहिष्णुता' (Religious Intolerance) का कारण क्या है? यदि इस प्रश्न पर सूक्ष्मतापूर्वक विचार किया जाय तो इसके मूल में निम्नलिखित कारण परिलक्षित होते हैं:

- 'निरपेक्षतावाद': अर्थात् मेरा धर्म ही एकमात्र सत्य धर्म है, अन्य सभी धर्म झूठे हैं। इसे ही प्रो० याकूब मसीह 'तआस्सुबी बुद्धि' कहते हैं।
- 'अज्ञानता': अर्थात् अपने ही धर्म की मूल बातों का ज्ञान नहीं होना। यदि किसी व्यक्ति को अपने ही धर्म का पूर्ण ज्ञान हो जाय तो उसमें स्वभावत: कट्टरता नहीं बल्कि सद्भावना का विकास होगा। प्रत्येक धर्म प्रेम एवं करुणा की भावना पर ही आधृत है।
- 'धर्म के सारतत्वों की उपेक्षा': धार्मिक असहिष्णुता का एक कारण यह भी है कि हम धर्मों के सारतत्वों की अपेक्षा उसके सोपान (कर्मकाण्ड) को ही धर्म मान लेते हैं। यदि कर्मकाण्ड को परम तत्व तक पहुँचने के लिए केवल सोपान के रूप में स्वीकार कर लिया जाय तो असहिष्णुता पर बहुत हद तक नियंत्रण प्राप्त किया जा सकता है।
- 'अपने धर्मावलम्बियों की संख्या में अभिवृद्धि की प्रबल अभिलाषा': जिससे सामाजिक एवं राजनीतिक सत्ता पर अधिकार प्राप्त किया जा सके।

- 'विश्व धर्म होने का गौरव': अर्थात् विश्व के सबसे बड़े धार्मिक समुदाय का सदस्य होने का गौरव एवं सुख।
- 'धर्म का राजनीतिकरण': भारतीय परिप्रेक्ष्य में धार्मिक असहिष्णुता का सर्वाधिक महत्त्वपूर्ण कारण धर्म का राजनीतिकरण ही है। कुछ राजनीतिक दल अपने निहित स्वार्थों की पूर्ति करने के लिए धर्म के नाम पर समाज में कटुता एवं वैमनस्यता का बीज बो रहे हैं, जिसके कारण समाज में असहिष्णुता पनपती है। अस्तु, धर्म को राजनीति से पृथक् करना आवश्यक है। इसे 'पंथ निरपेक्षता' कहा जा सकता है।

धार्मिक सहिष्णुता के विभिन्न अर्थ (Various Meanings of Religious Tolerance)

प्रश्न उठता है कि धार्मिक सहिष्णुता का क्या अभिप्राय है? धार्मिक सहिष्णुता के संदर्भ में मूलतः दो प्रकार के मत प्रचलित हैं:

1. निषेधात्मक अवधारणा (Negative Concept)
2. भावात्मक अवधारणा (Positive Concept)

निषेधात्मक अवधारणा (Negative Concept)

निषेधात्मक अवधारणा के समर्थक मानते हैं कि 'सहिष्णुता' कोई स्तुत्य या प्रशंसनीय अवधारणा नहीं है, क्योंकि सहिष्णुता का प्रयोग वहाँ पर होता है जहाँ सिद्धांत अपने अनुकूल नहीं हो फिर भी हम उसे सहन कर रहे हैं। इस प्रकार सहिष्णुता में एक प्रकार की मजबूरी या विवशता का भाव झलकता है। इसी कारण कुछ धर्मों में तो असहिष्णुता को तार्किक रूप से न्यायसंगत भी माना गया है, यथा - मॉरिस क्रैन्सटन अपने लेख 'टॉलरेशन' में लिखते हैं कि 'सहिष्णुता जिसे हम नापसंद एवं अननुमोदित करते हैं, उसे भी धैर्यपूर्वक सहन करने की नीति है।' ["Toleration is a policy of patient forbearance in the presence of something which is disliked and disapproved of". Cranston, Maurice (1967): *Toleration*, The Encyclopedia of Philosophy, Vol. 8, Paul Edwards (Ed.), New York, MacMillan, p. 143.]। सुसन मेण्डस भी अपने लेख 'टॉलरेन्स' में लिखते हैं कि 'सहिष्णुता अरुचिकर तथा नैतिक रूप से असत्य विश्वासों के प्रति भी अभिप्रायात्मक रूप से सहमति प्रदान करना या उनके विरुद्ध कार्य करने से रूकना है।' ["Toleration is intentionally allowing, or refraining from preventing actions which one dislikes or believes to be morally wrong". Mendus, Susan (1992): *Tolerance*, The Encyclopedia of Ethics, Vol. 2, Lawrence C. Becker (Ed.), New York, Garland Publishing, p. 1251.]। पुनश्च, वे लिखते हैं कि 'सहिष्णुता के अनुसार सहिष्णु में हस्तक्षेप करने की क्षमता होती है, परन्तु वह उस शक्ति का प्रयोग करने से बचना चाहता है।' ("Toleration requires that the tolerator have the power to intervene, but refrain from using that power". *Ibid.*, p. 1251.)।

इसी अवधारणा के आधार पर ईसाई धर्म के कुछ समर्थक दूसरे धर्मावलम्बियों को प्रताड़ित करना अपना पुनीत कर्त्तव्य मानते हैं। वे सम्बंध में तर्क भी देते हैं कि: (1) जो व्यक्ति धार्मिक (ईसाई) नहीं है, ईश्वर उनसे क्रोधित होकर उन्हें दण्डित करता है। अस्तु, धर्मद्रोहियों का दमन आवश्यक है। (2) जिस प्रकार राज्य की एक व्यवस्था होती है, उसी प्रकार धर्म की भी एक व्यवस्था होती है। अत:, जैसे राजद्रोह दण्डनीय अपराध है, वैसे ही धर्मद्रोह भी एक दण्डनीय अपराध है। ऐसी स्थिति में विधर्मी को दण्ड देना उचित एवं न्यायसंगत ही है। (3) राज्य की कानून एवं व्यवस्था की ही भाँति धर्म की भी कानून एवं व्यवस्था सामाजिक समरसता के लिए अपरिहार्य है। अत: धर्मद्रोहियों के विरुद्ध कठोर दण्ड का प्रावधान अपरिहार्य है। अंतत: धर्मद्रोहियों को दण्ड देना स्वयं उसके हित में भी है, क्योंकि जब तक वे जीवित रहेंगे पाप करते रहेंगे जिससे ईश्वर उनके अपराधों से क्षुब्ध होकर उन्हें हमेशा-हमेशा के लिए घोर नरक में डाल देगा, जहाँ वे अनन्त काल तक असहनीय पीड़ा सहते रहेंगे। इससे उन्हें बचाने के लिए उनकी हत्या कर देना उचित ही है, जिससे उन्हें अनन्त काल की यातनाओं से मुक्ति मिल सके। यही कारण है कि ईसाई धर्म के अनुयायियों ने बहुत से ऐसे संघर्ष किये हैं, जो शुद्ध रूप से धर्म के नाम पर हुए हैं।

जॉन लॉक अपनी पुस्तक "*Epistola de Tolerantia*" (1688) में इसके प्रति असहमति व्यक्त करते हुए कहते हैं कि: (1) अपने विद्रोहियों का दमन उपयुक्त नहीं है, क्योंकि इसके द्वारा उनकी भावनाओं को भले ही कुंठित एवं दमित किया जा सके, परन्तु उनके विचारों में परिवर्तन असम्भव है। (2) राजद्रोह की तरह अधार्मिक होना अपराध नहीं है, क्योंकि राजद्रोह से समाज में अराजकता एवं अव्यवस्था उत्पन्न होती है, जबकि धार्मिक या अधार्मिक होना व्यक्ति का नितांत व्यक्तिगत मामला है, अस्तु, इसे सामाजिक सुव्यवस्था से जोड़ना अनुचित है। (3) सत्य क्या है, इसे कोई नहीं जानता है। अत: केवल एक ही धर्म को सत्य एवं अन्य धर्म को झूठा कहने का कोई नैतिक आधार नहीं है। इस प्रकार प्रत्येक व्यक्ति को अपने अंत:करण के अनुसार धर्म को स्वीकार करने या न करने का पूर्ण अधिकार होना चाहिए, परन्तु ऐसा वह अन्य धर्मों को हानि पहुँचा कर नहीं कर सकता है, क्योंकि सभी धर्मों को समान रूप से पुष्पित एवं पल्लवित होने का अवसर मिलना चाहिए। [Quoted from Maurice Cranston (1967): *Toleration*, The Encyclopedia of Philosophy, Vol. 8, Paul Edwards (Ed.), New York, MacMillan, pp. 145–46.]।

भावात्मक अवधारणा (Positive Concept)

भारतीय परम्परा के अधिकांश दार्शनिकों ने धार्मिक सहिष्णुता को मुख्यत: भावात्मक अर्थ में स्वीकार किया है, यथा - मोहम्मद जिन्ना 'सहिष्णुता' को 'सहनशीलता' (Endurance) के रूप में मानते हैं, परन्तु गाँधी जी को सहनशीलता में एक प्रकार की 'विवशता का भाव' झलकता है। उनके अनुसार मनुष्य के अंदर सहनशीलता का भाव तब आता है, जब वह विवश होकर या अपनी निर्बलता के कारण किसी शक्ति का सामना करने में असमर्थ हो जाता है। यही नहीं, कोरी सहनशीलता में 'घृणा का भाव' भी झलकता है, क्योंकि गाँधी जी मानते हैं कि सहनशीलता के प्रेरक तत्व मूलत: चार हैं: (1) असमर्थता या अयोग्यता (Inability), (2) उदासीनता

(Indifference), (3) सांत्वना प्राप्त करने की इच्छा (Desire for reconciliation) तथा (4) बौद्धिकता (Rationality), जिसके द्वारा देखा जाता है कि शक्ति कोई उपाय नहीं है। अस्तु, गाँधी जी के अनुसार 'सहनशीलता' को सहिष्णुता कहना सुसंगत नहीं है।

काका साहब कालेलकर 'सहिष्णुता' को 'समादर' (Equal respect) के रूप में स्वीकार करते हैं, परन्तु गाँधी जी के अनुसार 'समादर' भी सहिष्णुता को पूर्णरूपेण प्रदर्शित नहीं करता है, क्योंकि 'समादर' में 'बराबरी का भाव' नहीं बल्कि 'कृपा का भाव' झलकता है। आदर में बड़ा एवं छोटा का भाव निहित है। यहाँ पर हम अपने को छोटा तथा दूसरे को बड़ा मानते हैं। इसीलिए गाँधी जी सहिष्णुता को 'सर्वधर्म-समभाव' के रूप में स्वीकार करते हैं। उनके अनुसार "मैंने सहिष्णुता में विश्वास की शुरुआत की है जिसे मैं सभी धर्मों की समानता के रूप में ही पुकारता हूँ।" ["I have begun to believe in tolerance which I would call the equality of all religions". Gandhi, M.K. (1962): *All Religions are True*, Ed. by Anand T. Hingorani, Bhartiya Vidya Bhawan, Bombay, p. 12.]। गाँधी जी के अनुसार 'समादर' (Equal respect) एवं 'समभाव' (Equal attitude) एक-दूसरे के पर्यायवाची नहीं हैं'। 'समादर' में 'कृपा का भाव' है, जबकि 'समभाव' में 'बराबरी का भाव' है। इस प्रकार समभाव का अर्थ है अपने धर्म के साथ ही साथ अन्य धर्मों की अपूर्णता को भी स्वीकार करना। क्योंकि हम अपूर्ण हैं, अस्तु, हमारी कल्पना पर आधृत धर्म भी अपूर्ण ही है। इस प्रकार उनके अनुसार प्रत्येक धर्म सत्य होते हुए भी अपूर्ण है। यही दृष्टिकोण हमारे अंदर अन्य धर्मों के प्रति सहिष्णुता का भाव विकसित करता है, जैसा कि गाँधी जी लिखते हैं कि "एक लम्बे अध्ययन एवं अनुभव के उपरांत मैं इस निष्कर्ष पर पहुँचा हूँ कि (1) सभी धर्म सत्य हैं; (2) सभी धर्मों में कुछ न कुछ दोष भी हैं; (3) सभी धर्म मुझे उतने ही प्रिय हैं जितना हमारा हिन्दू धर्म, जितने मेरे सम्बंधी मेरे निकटतम हैं उतना ही सम्पूर्ण मानव जाति मेरी निकटतम है। हमारा अन्य धर्मों के प्रति उतना ही सम्मान है जितना स्वयं अपने धर्म के प्रति।" ("After long study and experience, I have come to the conclusion that (1) all religions are true; (2) all religions have some error in them; (3) all religions are almost as dear to me as my own Hinduism, in as much as all human beings should be as dear to one as one's own close relatives. My own veneration for other faiths is the same as that for my own faith". Gandhi, M.K. (1958): *All Men Are Brothers: Life and Thoughts of Mahatma Gandhi* as told in his own words, Paris, UNESCO, p. 60.)। गाँधी जी सहिष्णुता को कमजोरी नहीं मानते हैं, जैसा कि वे लिखते हैं कि "सहिष्णुता का अर्थ नहीं है कि हम अपनी आस्थाओं के प्रति उदासीन हो जायें बल्कि यह उसके प्रति और अधिक एवं शुद्ध प्रेम को दर्शाता है।" ("Tolerance does not mean indifference towards one's own faith, but a more intelligent and purer love for it". Gandhi, M.K. (1962): *All Religions are True*, Ed. by Anand T. Hingorani, Bhartiya Vidya Bhawan, Bombay, p. 3.)। इस प्रकार गाँधी जी के अनुसार सहिष्णुता का अभिप्राय 'सर्वधर्म-समभाव' ही है।

इसी प्रकार गाँधी के अनुसार अपने धर्म को अपूर्ण मानने का यह अभिप्राय नहीं है कि हम अपने धर्म का परित्याग कर दें बल्कि यह कि उसके प्रति पूर्ण प्रतिबद्ध रहें तथा अपने धर्म

में निहित कमियों को दूर करते हुए सत्धर्म की ओर बढ़ने के लिए सतत् प्रयास करना चाहिए, क्योंकि वास्तविक धर्म तो केवल सत्धर्म ही है, जिसकी ओर सभी धर्म अग्रसर हैं। स्वामी रामकृष्ण परमहंस जी भी कहा करते थे कि गलत बातें भला किस धर्म में नहीं हैं। जिस प्रकार सभी घड़ियाँ सही चलती हैं, परन्तु कोई भी ऐसी घड़ी नहीं है, जो बिल्कुल ठीक-ठीक समय बताये। सभी घड़ियों को अंततः सूर्य के साथ मिलाना पड़ता है। इसी प्रकार परमहंस जी के अनुसार सभी धर्म सत्य तो हैं, परन्तु कोई भी धर्म पूर्ण सत्य नहीं है। सभी धर्मों का गन्तव्य तो अंततः 'सत्धर्म' ही है, जिसकी ओर सभी धर्म विकासोन्मुख हैं।

स्वामी विवेकानन्द सहिष्णुता को 'सर्वधर्म-समभाव' से भी ऊपर की चीज मानते हैं। उनके अनुसार सहिष्णुता का अभिप्राय 'सहभागिता' (Participation) से है। वे मानते हैं कि सहभागिता में मूलतः चार तत्व अन्तर्निहित हैं:

1. सभी धर्मों का सम्मान करना।
2. उनके धर्म-ग्रन्थों का अध्ययन करना।
3. उनकी पूजा-पद्धति में सम्मिलित होना।
4. अन्य धर्मों की भी अच्छी बातों को ग्रहण करना।

अस्तु, विवेकानन्द के अनुसार सहिष्णुता के अंतर्गत 'सद्भाव' का होना आवश्यक है। भावात्मक सहिष्णुता या 'सद्भाव' की ऐसी भावना गाँधी जी के आचरणों में भी दृष्टिगोचर होती है। वे जब भी किसी प्रार्थना-सभा में सम्मिलित होते थे, तो वे विभिन्न धर्मों के धर्म-ग्रंथों को न केवल अपने पास रखते थे बल्कि उनका प्रयोग भी करते थे। उनके अनुसार "मैं जिस प्रकार गीता में विश्वास करता हूँ उसी प्रकार बाईबिल में भी विश्वास करता हूँ। मैं अपने ही धर्म के समान विश्व के सभी महान धर्मों का भी सम्मान करता हूँ।" ("I believe in the Bible as I believe in the Gita. I regard all the great faiths of the world as equally true with my own". Gandhi, M.K. (1962): *All Religions are True*, Ed. by Anand T. Hingorani, Bhartiya Vidya Bhawan, Bombay, p. 21.)। सम्भवतः यही कारण है कि गाँधी जी, स्वामी विवेकानन्द के विचारों के प्रति समर्थन करते हुए कहते हैं कि सच्ची सहभागिता तो तभी सम्भव है जब एक धर्मावलम्बी अन्य धर्मावलम्बियों के प्रति केवल सद्भाव ही नहीं रखे, बल्कि एक-दूसरे की सहायता या सहयोग (Collaboration) भी करे, क्योंकि 'सच्ची सहभागिता' तब तक असम्भव है, जब तक उसके साथ 'सहयोग' का भाव अन्तर्निहित नहीं हो। यहाँ सहयोग का अभिप्राय कार्य-सम्पादन (Performance) से है। जब एक धर्मावलम्बी, दूसरे धर्मावलम्बियों का 'सहयोग' करता है, तभी उसके मन में अन्य के प्रति सच्ची सहिष्णुता का भाव जागृत होता है। अस्तु, यह कहा जा सकता है कि "सहिष्णुता, 'सहन करना' (Suppression) नहीं है बल्कि 'सह-अस्तित्व' (Co-existence) है। सहन करने में 'विवशता' (Compulsion) का भाव है जबकि सह-अस्तित्व में 'सदिच्छा' (Good-will) का भाव प्रदर्शित होता है।"

प्रो० वेद प्रकाश वर्मा अपनी पुस्तक 'धर्म दर्शन की मूल समस्याएँ' (1995) में गाँधी जी के विचारों के प्रति असहमति व्यक्त करते हुए कहते हैं कि "धार्मिक सहिष्णुता गाँधी जी के सर्वधर्म-समभाव से भिन्न है। जब गाँधी जी विभिन्न धर्मों के अनुयायियों को सर्वधर्म-समभाव के

अनुसार आचरण करने की शिक्षा देते हैं, तो इससे उनका तात्पर्य यह है कि उन्हें एक-दूसरे का आदर करना चाहिए और परस्पर स्नेह तथा सौहार्द्र की भावना रखनी चाहिए। ...शाब्दिक दृष्टि से भी सर्वधर्म-समभाव का अर्थ है, सभी धर्मों का सम्मान करते हुए उन्हें समान समझना अर्थात् किसी भी धर्म को अन्य धर्मों की अपेक्षा उत्कृष्ट या निकृष्ट न मानना। ...सर्वधर्म-समभाव के उपर्युक्त अर्थ को ध्यान में रखते हुए निश्चयपूर्वक कहा जा सकता है कि यह सिद्धांत धार्मिक सहिष्णुता से भिन्न है, क्योंकि धार्मिक सहिष्णुता रखने वाला व्यक्ति अपने धर्म से भिन्न अन्य सभी धर्मों के अस्तित्व को केवल सहन करता है; वह उनका समान रूप से अनुमोदन तथा आदर नहीं करता है। इतना ही नहीं, वह अपने धर्म के अतिरिक्त अन्य किसी भी धर्म को सत्य या श्रेष्ठ नहीं मानता, किन्तु फिर भी वह दूसरे धर्म के अनुयायियों के साथ मिलकर शान्तिपूर्वक रहता है और उन्हें किसी प्रकार का कष्ट नहीं पहुँचाता।" (पृ० 518)।

यदि प्रो० वर्मा के तर्कों पर सूक्ष्मतापूर्वक विचार किया जाए तो यह कहा जा सकता है कि उन्होंने सर्वधर्म-समभाव का जो अर्थ ग्रहण किया है उसे न तो गाँधी जी मानते हैं और न ही यह शाब्दिक दृष्टिकोण से ही उपयुक्त है। गाँधी जी के अनुसार 'सर्वधर्म-समभाव', 'समादर' नहीं है, क्योंकि आदर में बड़ा एवं छोटा होने का भाव है जबकि समभाव में बराबरी का। ज्ञातव्य है कि सहिष्णुता को 'समादर' के रूप में काका साहब कालेलकर मानते थे, जिसका स्वयं गाँधी जी ने खण्डन किया है। गाँधी जी के अनुसार 'समादर', 'समभाव' नहीं है। 'समादर' में आदर का भाव है और आदर का भाव तभी हो सकता है जब हम अपने को छोटा तथा दूसरे को बड़ा समझें, जबकि 'समभाव' में बड़ा एवं छोटा होने का भाव नहीं है बल्कि 'बराबरी का भाव' है। बराबरी के लिए यह आवश्यक है कि प्रत्येक धर्मावलम्बी अपने धर्म की अपूर्णता के साथ-साथ अन्य धर्मों की भी अपूर्णता को स्वीकार करे, किन्तु न तो अपने धर्म का परित्याग करे और न ही किसी अन्य के धर्म को ग्रहण करे। इसके लिए आवश्यक है कि अपने धर्म में ही निहित कमियों को दूर करते हुए सत्धर्म की ओर बढ़ने का सतत् प्रयास करता रहे।

इसी प्रकार प्रो० वर्मा का यह कहना भी असंगत है कि सहिष्णुता वह है जिसका व्यक्ति समान रूप से अनुमोदन नहीं करता है बल्कि उसे केवल सहन करता है। स्पष्टत: यदि हम किसी मजबूरी में या विवश होकर किसी धर्म को स्वीकार करेंगे तो वहाँ पर सच्ची सहिष्णुता कदापि नहीं आ सकती है। ऐसी सहिष्णुता मात्र आरोपित या छलावा होगी जो अंतत: घृणा एवं विद्वेष का कारण बनेगी। जो निर्णय किसी मजबूरी में लिया गया हो अर्थात् जिसे हम केवल सहन कर रहे हैं, उसके प्रति हमारे मन में न तो 'प्रेम' हो सकता है और न ही उसमें 'स्थायित्व' हो सकता है। प्रेम का आधार विवशता नहीं बल्कि त्याग एवं समर्पण है जहाँ व्यक्ति किसी मजबूरी में नहीं बल्कि सदिच्छा से किसी के प्रति सर्वतोभावेन समर्पित होता है। सहन करने में बाह्य शांति तो दृष्टिगोचर होती है, परन्तु वहाँ पर वस्तुत: आंतरिक अशांति होती है। यह आंतरिक अशांति कभी भी असहिष्णुता का रूप धारण कर सकती है। यही नहीं, जब तक हम किसी भी चीज को अपने अंत:करण के आधार पर नहीं मानेंगे तब तक उसमें 'स्थायित्व' का भाव हो भी नहीं सकता है। अंतत: उसमें विद्रोही प्रवृत्तियाँ प्रबल होकर किसी भी समय असहिष्णुता का रूप ले सकती हैं। 'सच्ची सहिष्णुता' तो वह है जिसे व्यक्ति किसी मजबूरी में नहीं बल्कि अपने अंत:करण के आधार पर सहज रूप में स्वीकार करता है। अस्तु, सहिष्णुता को सहन करने के अर्थ में मानना सुसंगत नहीं है।

आर० सुब्रमनियम भी अपने लेख "Concept and Role of Tolerance in Indian Culture" (1992) में लिखते हैं कि "विभिन्न मनुष्यों की तीन प्रकार की कोटियाँ हो सकती हैं: (1) सहिष्णु मनुष्य वह होता है जिसका अपना एक मत या विचार होता है, परन्तु वह अपने विचार को अपने से भिन्न विचार रखने वालों पर आरोपित नहीं करता है। (2) असहिष्णु मनुष्य वह होता है जिसका अपना एक मत या विचार होता है, परन्तु वह अपने विचार को अपने से भिन्न विचार रखने वालों पर न केवल आरोपित करता है बल्कि यह अपेक्षा भी रखता है कि अन्य सभी उसकी बातों को स्वीकार करें और इसके लिए वह किसी भी हद तक जा सकता है, यहाँ तक की वह उन्हें प्रताड़ना देने से भी नहीं चूकता है। (3) तटस्थ मनुष्य वह होता है जिसका अपना कोई मत या विचार नहीं होता है, जिसे वह दूसरे पर आरोपित कर सके, अस्तु, वह इस बात की चिंता नहीं करता है कि दूसरे क्या सोचते या करते हैं।" [Balasubramanian, R. (2004): *Tolerance in Indian Culture*, (Ed.) Indian Council of Philosophical Research, New Delhi, p. 2]।

स्पष्टत: जब हम किसी भी चीज को दबाव में घृणापूर्वक स्वीकार करेंगे तो वहाँ पर सहिष्णुता न होकर असहिष्णुता ही पनपेगी। सहिष्णुता एवं असहिष्णुता के बीच मूलभूत वैषम्य केवल इतना है कि सहिष्णुता में 'सहानुभूतिपूर्वक स्वीकृति' (Acceptance with Sympathy) होती है जबकि असहिष्णुता 'घृणा या विद्वेषपूर्वक स्वीकृति' (Acceptance with hatred) है। सहिष्णुता में हम अपने विचार को बलात् किसी अन्य पर आरोपित नहीं करते हैं बल्कि अन्य मतावलम्बियों के बीच जो विभेद एवं खाई है उसे सहानुभूतिपूर्वक स्वीकृति के द्वारा दूर करने का प्रयास करते हैं। यदि हम उस विभेद एवं खाई को दबाव में या घृणा एवं विद्वेष के द्वारा दूर करने का प्रयास करते हैं तो वहाँ पर असहिष्णुता का समावेश स्वाभाविक ही है।

पुनश्च, प्रो० वर्मा कहते हैं कि सहिष्णुता में हम "अपने धर्म के अतिरिक्त अन्य किसी धर्म को सत्य या श्रेष्ठ नहीं मानते हैं।" स्पष्टत: ऐसा कहना हमारी 'अज्ञानता' (Ignorance) एवं 'अहंकार' (Ego) दोनों को ही प्रदर्शित करता है, जो अंततः अन्य धर्मों के प्रति कटुता एवं वैमनस्य का कारण बनता है। 'अज्ञानी' एवं 'अहंकारी' व्यक्ति दूसरे के विचारों को या तो बिल्कुल ही नहीं मानेगा या फिर यदि वह मानेगा भी तो केवल आधे मन से, जबकि सहिष्णुता के लिए निरहंकारता के साथ अन्य धर्मों का सम्यक् ज्ञान भी अपेक्षित है। जब तक हमारे अंदर 'अज्ञान' एवं 'अहंकार' है, हम सहिष्णु हो ही नहीं सकते हैं। इस दृष्टि से जे० न्यूमैन लिखते हैं कि "सहिष्णुता वह धार्मिक विश्वास है जो आधे मन से स्वीकृति या सहनशीलता नहीं है, बल्कि यह एक निश्चित विश्वास के प्रति स्वीकृति या सहनशीलता है।" ["Tolerating a religious belief, then does not involve a half-hearted acceptance or endurance of the belief in itself, but rather it involves acceptance or endurance of someone's holding that belief, that is, of a certain case of believing." Newman, Jay (1982): *Foundations of Religious Tolerance*, Toranto University of Toranto Press, p. 8.]। इसी प्रकार आर० सुब्रमनियम भी लिखते हैं कि "सहिष्णुता मानव मन की एक प्रवृत्ति है जो एक सद्गुण को निर्दिष्ट करती है तथा जो भिन्न एवं विरोधी विचारों की भी ससम्मान स्वीकृति है, परन्तु यह सामान्य प्रयोग में अहंकार जनित सौजन्यता का किंचित् चुम्बन भी है।"

["Tolerance stands for an attitude of mind and indicates a virtue bordering on graceful acceptance of the difference and even hostile; but in ordinary usage it also slightly smacks of supercilious condescension." Balasubramanian, R., *Tolerance in Indian Culture* (Ed.), p. 1.]।

इसी प्रकार प्रो० वर्मा की बातों में एक प्रकार का आत्म-विरोध भी है, क्योंकि एक ओर वे यह कहते हैं कि 'धार्मिक सहिष्णुता के अंतर्गत हम दूसरे धर्म का अनुमोदन तथा आदर नहीं करते हैं' फिर भी 'दूसरे धर्म के अनुयायियों के साथ मिलकर शांतिपूर्वक रहते हैं'। समस्या यह है कि यदि हम दूसरे धर्मों का अनुमोदन एवं आदर नहीं करते हैं तो उसके साथ शांतिपूर्वक रह ही कैसे सकते हैं? दूसरे के साथ शांतिपूर्वक रहने की एक पूर्व शर्त यह है कि हम उनकी बातों का अनुमोदन भी करें। अनुमोदन, कटुता एवं वैमनस्यता पैदा करता है। वैमनस्यता, घृणा को जन्म देती है और जहाँ पर घृणा है वहाँ शांति दुर्लभ ही है। शांति तो प्रेम एवं सौहार्द्र में ही सम्भव है। यही नहीं, धार्मिक सहिष्णुता के लिए यह आवश्यक है कि हम अपने धर्म की अपूर्णता को भी स्वीकार करें। पूर्ण सत्य तो केवल 'सत्धर्म' ही है, जिसकी ओर सभी धर्म उन्मुख हैं। अस्तु, प्रो० वर्मा का यह विचार सुसंगत नहीं है कि "जो मनुष्य सर्वधर्म-समभाव को स्वीकार करता है, उसके लिए धार्मिक सहिष्णुता अनिवार्य है, किन्तु जो मनुष्य केवल धार्मिक सहिष्णुता रखता है, वह सर्वधर्म-समभाव को स्वीकार करने की स्थिति तक नहीं पहुँच सकता है" (पृ० 518)। यह मत प्रो० वर्मा का नितांत व्यक्तिगत मत हो सकता है। यदि कोई व्यक्ति सहिष्णुता को निषेधात्मक अर्थ में मानता है तो वह निश्चित रूप से 'सहिष्णुता' एवं 'सर्वधर्म-समभाव' के बीच विभेद करेगा, परन्तु जो सहिष्णुता को भावात्मक अर्थ में मानता है तो वह 'सहिष्णुता' एवं 'सर्वधर्म-समभाव' को समानार्थक अर्थ में ही मानेगा।

धार्मिक सहिष्णुता के उपाय
(Means of Religious Tolerance)

महत्त्वपूर्ण समस्या यह है कि धार्मिक सहिष्णुता की स्थापना किस प्रकार सम्भव है? धार्मिक सहिष्णुता की स्थापना के पक्ष में दो प्रकार के उपाय अपेक्षित हैं:

1. सैद्धांतिक या वैचारिक उपाय (Theoretical or Conceptual Means)
2. व्यावहारिक उपाय (Practical Means)

सैद्धांतिक या वैचारिक उपाय (Theoretical or Conceptual Means) ....

सैद्धांतिक पक्ष के अंतर्गत उन मान्यताओं एवं विचारों को प्रश्रय दिया जाता है, जो सहिष्णुता के लिए अपरिहार्य हैं। इसके अंतर्गत कुछ शर्तें अपेक्षित हैं जो निम्नलिखित हैं:

1. प्राय: ऐसा देखा जाता है कि असहिष्णुता 'अज्ञानता' के कारण ही पनपती है। यहाँ 'अज्ञानता' का अर्थ है अपने ही धर्म की मूल बातों का ज्ञान नहीं होना। यही अज्ञानता संकीर्णता एवं धर्मान्धता को जन्म देती है, क्योंकि ज्ञानियों की अपेक्षा अज्ञानी व्यक्ति कट्टरपंथियों के

बहकावे में जल्दी आ जाते हैं। इसका कारण यह है कि वे नहीं जानते हैं कि सही क्या है तथा गलत क्या है? अतः यदि कोई व्यक्ति कुछ भी कहता है तो उसे वे बिना सोचे-समझे सहज रूप से स्वीकार कर लेते हैं। अस्तु, सहिष्णुता के लिए कम-से-कम हमें अपने ही धर्म की मूल बातों का सम्यक् एवं पूर्ण ज्ञान होना आवश्यक है। गाँधी जी लिखते हैं कि "अपने धर्म का सही ज्ञान आस्था एवं आस्था के बीच के अवरोधों को समाप्त कर देता है। अन्य आस्थाओं के लिए सहिष्णुता का संवर्धन हमें अपने धर्मों का सही समझ प्रदान करेगा।" ["True knowledge of religion breaks down the barrier between faith and faith. Cultivation of tolerance for other faiths will impart to us a truer understanding of our own". Gandhi, M.K. (1962): *All Religions are True*, Ed. by Anand T. Hingorani, Bhartiya Vidya Bhawan, Bombay, p. 3.]। पुनश्च, वे कहते हैं कि "यदि प्रत्येक व्यक्ति अपने ही धर्म के सारतत्व को समझ लेगा तथा उसे अपना लेगा और वह किसी गलत शिक्षक के द्वारा आदेशित नहीं होगा तो वहाँ विवादों के लिए कोई स्थान नहीं होगा।" ("If everyone will try to understand the core of his own religion and adhere to it, and will not allow false teachers to dictate to him, there will be no room left for quarrelling." *Ibid.*, p. 13.)।

2. जब हमें अपने धर्म का ज्ञान हो जाता है तो इसके साथ-साथ अन्य धर्मों की मूल बातों का ज्ञान भी आवश्यक है, क्योंकि सही अर्थों में सहिष्णुता का भाव तभी पनपता है जब हमें सभी धर्मों की मूल बातों का सम्यक् ज्ञान हो सके। इसके लिए विभिन्न धर्मों का 'तुलनात्मक अध्ययन' (Comparative Study) आवश्यक है। अस्तु, शिक्षण संस्थाओं के विभिन्न पाठ्यक्रमों में तुलनात्मक धर्म के अध्ययन को स्थान देना होगा, जहाँ विद्यार्थियों को अपने धर्म के साथ-साथ अन्य धर्मों की मूल बातों को समझने का अवसर मिल सके। सम्भवतः यही कारण है कि गाँधी जी ने धार्मिक सहिष्णुता के लिए 'धार्मिक पाठ्यक्रमों' (Religious Curriculums) की आवश्यकता पर बल देते हैं, परन्तु वे यह आग्रह भी करते हैं कि हम जब भी किसी धर्म-ग्रंथों को पढ़ें तो उसे उसी धर्म की दृष्टि से ही पढ़ें। उनके अनुसार "यदि आप कुरान पढ़ते हैं तो उसे आप एक मुसलमान की आँखों से पढ़ें; यदि आप बाईबिल पढ़ते हैं तो उसे आप एक ईसाई की आँखों से पढ़ें; यदि आप गीता पढ़ते हैं तो उसे आप एक हिन्दू की आँखों से ही पढ़ें।" ["If you read Quran, you must read it with the eye of the Muslim; if you read Bible, you must read it with the eye of the Christian; if you read Gita, you must read it with the eye of a Hindu." Gandhi, M.K. (1962): *All Religions are True*, Ed. by Anand T. Hingorani, Bhartiya Vidya Bhawan, Bombay, p. 9.]। ऐसा करने पर ही कोई व्यक्ति उस धर्म के मूल सिद्धांतों को सही ढंग से तथा उसकी सम्पूर्णता में समझ पायेगा। विभिन्न धर्मों के मूल सिद्धांतों में आंशिक स्तर पर जो वैषम्य दृष्टिगोचर होते हैं वे उसकी सम्पूर्णता में स्वतः विगलित हो जाते हैं।

3. जब हमें अपने तथा अन्य धर्मों की मूल बातों का ज्ञान प्राप्त हो जाय तो विभिन्न धर्मों के बीच परस्पर विचार-विमर्श तथा विचारों का आदान-प्रदान आवश्यक हो जाता है। इसी दृष्टि से एच० जी० गाडेमर जैसे समकालिक विचारकों ने 'धार्मिक संवाद' (Religious Dialogue) पर अत्यधिक बल दिया है। आधुनिक युग में रोमन चर्च ने भी धार्मिक एकता के उद्देश्य से विभिन्न धर्मों के बीच परस्पर सम्भाषण की उपयोगिता को स्वीकार करते हुए धार्मिक संवादों का आयोजन किया है, क्योंकि विभिन्न धर्मों को जानना ही पर्याप्त नहीं है, बल्कि उससे भी अधिक महत्त्वपूर्ण यह है कि उनके बीच किस प्रकार परस्पर वैचारिक सामंजस्य स्थापित हो सके। इसके लिए हमें धार्मिक संवादों के महत्त्व को स्वीकार करना पड़ेगा। संवाद ही विभिन्न धर्मावलम्बियों के बीच 'परस्पर समझ' (Mutual Understanding) विकसित करता है जिससे वे एक-दूसरे के धर्मों को अधिक निकट से समझ पाते हैं। यद्यपि यह सत्य है कि विभिन्न धर्मों की अपनी-अपनी विशिष्टताएँ होती हैं, तथापि उनमें कुछ समान तत्व भी होते हैं। धार्मिक संवादों में इन्हीं समान तत्वों पर बल दिया जाना चाहिए न कि असमान तत्वों पर। इसी दृष्टि से रेमण्ड पन्नीकर लिखते हैं कि "मैं यह प्रस्ताव नहीं करता हूँ कि सभी धर्मों के विश्वास समान एवं एक-दूसरे में परिवर्तनीय है बल्कि मैं यह कहता हूँ कि एक निश्चित संदर्भ में सभी धर्म एक समान प्रकृति को प्रदर्शित करते हैं जिसे संवाद एवं द्वन्द्व-न्याय के द्वारा ही सम्भव बनाया जा सकता है।" ["I am not suggesting that all beliefs are equal and inter-changeable; I am saying that in a certain respect they exhibit the same nature, which makes dialogue, even dialectics, possible." Pannikar, Raymond (1978): *The Intra Religious dialogue*, Paulist Press, New York, p. 22.]।
4. धार्मिक संवाद के साथ-साथ विभिन्न धर्मों की 'वैज्ञानिक एवं तर्कसंगत व्याख्या' (Scientific and Logical Explanation) भी आवश्यक है। यद्यपि यह अक्षरश: सत्य है कि धर्म आस्था का विषय है अत: इसकी वैज्ञानिक एवं तर्कसंगत व्याख्या सम्भव नहीं है। फिर भी हमें यह तो मानना ही पड़ेगा कि धर्म को अंधविश्वासों एवं रूढ़ियों से बचाने का कार्य, तर्क एवं बौद्धिकता ही कर सकती है, यथा - ईसाई धर्म स्वीकार करता है कि ईश्वर कबूतर के रूप में आता है, जबकि हिन्दू धर्म में ईश्वर को वाराह अवतार के रूप में भी माना गया है। वस्तुत: हमें इन पक्षों पर बल नहीं देना चाहिए, क्योंकि ये धर्म के आवश्यक तत्व नहीं हैं। जब तक हम इन पक्षों पर ही बल देते रहेंगे, धर्म को रूढ़ियों से बचा पाना असम्भव हो जायेगा।

व्यावहारिक उपाय (Practical Means)

व्यावहारिक पक्ष के अंतर्गत उन पक्षों पर बल दिया जाता है जो धार्मिक सहिष्णुता में बाधक हों जो निम्नलिखित हैं:

1. धार्मिक सहिष्णुता के लिए परस्पर घृणा एवं विद्वेष फैलाने वाले साम्प्रदायिक क्रियाकलापों पर तुरंत प्रतिबंध लगाना आवश्यक है। किसी भी धर्म के अंतर्गत दो पक्ष होते हैं: (i) बाह्य पक्ष एवं (ii) आंतरिक पक्ष।

(i) **बाह्य पक्ष:** धर्म का बाह्य पक्ष मूलतः कर्मकाण्ड परक होता है और कर्मकाण्ड के स्तर पर विभिन्न धर्मों के बीच भेद का होना स्वाभाविक ही है, क्योंकि प्रत्येक धर्म संस्थापक परम तत्व तक पहुँचने के लिए पृथक्-पृथक् मार्ग बताते हैं। यह कर्मकाण्ड ही धार्मिक असहिष्णुता के लिए सर्वाधिक जिम्मेदार तत्व है।

(ii) **आंतरिक पक्ष:** धर्म के आंतरिक पक्ष हैं: सत्य, प्रेम, करुणा, उदारता, सहिष्णुता, समभाव, सदाशयता प्रभृति। किसी भी धर्म के मूल में कटुता एवं वैमनस्यता नहीं है (मज़हब नहीं सिखाता आपस में बैर रखना)। धर्म के इन दोनों पक्षों में कर्मकाण्ड साधन है जबकि प्रेम, करुणा, आदि साध्य हैं। समस्या तब उत्पन्न होती है जब हम साधन को ही साध्य अर्थात् धर्म के रूप में मानने लगते हैं। अस्तु, यदि धर्मों के साधनतावादी स्वरूप को मान लें तो असहिष्णुता पर बहुत हद तक नियंत्रण प्राप्त किया जा सकता है। ['Much misunderstanding between religions can be avoided if the instrumental nature of the plurality of religious experience can be grasped'. Coward, Harold G. (1983): *Religious Pluralism and The World Religions*, Avvai Achukkoodam, 17, P.V. Koil Street, Madras, p. 116.]।

2. अन्य धर्मों के ऊपर आरोप-प्रत्यारोप से बचना। धर्म तर्क एवं बौद्धिकता पर आधृत न होकर आस्था एवं विश्वास पर आधृत है। जिस प्रकार गणित की सत्यता एवं असत्यता की परख कोई गतिणज्ञ ही कर सकता है या जिस प्रकार विज्ञान की किसी स्थापना की जांच कोई वैज्ञानिक ही कर सकता है या जिस प्रकार किसी रहस्यवादी की गहन अनुभूति की जांच कोई रहस्यवादी ही कर सकता है, उसी प्रकार आस्था पर आधृत किसी सिद्धांत की परख कोई आस्थावान व्यक्ति ही कर सकता है। आस्था जनित बातों का बौद्धिक परीक्षण कदापि उचित नहीं है। आस्था का बौद्धिक परीक्षण करना एक प्रकार से उस आस्था के बारे में निर्णय करना है, परन्तु आस्था के संदर्भ में किसी भी प्रकार का निर्णय करना, धार्मिक विद्वेष का कारण हो सकता है। इसी दृष्टि से रेमण्ड पन्नीकर लिखते हैं कि "यदि कोई सही अर्थों में सहिष्णु है तो वह न तो दूसरे धर्मों के संदर्भ में कोई निर्णय देगा और न ही वह उसका मूल्यांकन करेगा।" ["If one is truly tolerant of others he or she will not judge or critically evalute other religions." Panikkar, Raymond (1978): *The Intra Religious Dialogue*, New York, Paulist Press, p. XVIII.]। न्यूमैन का भी कहना है कि "व्यापक एवं गलत ढंग से यह माना जाता है कि किसी विश्वास के प्रति सहिष्णु होने का अर्थ है प्राथमिक रूप से उस विश्वास की विषयु-वस्तु के प्रति कोई निर्णय करना।" ["It is widely and mistakenly - held that toleration, a belief is primarily a matter of making a judgement about the content of that belief." Newman, Jay (1982): *Foundations of Religious Tolerance*, Toranto University of Toranto Press, p. 7.]। अस्तु, सहिष्णुता के लिए आवश्यक है कि हम अन्य धर्मों पर निर्णय या आक्षेप या व्यंग्य करने से बचें। गाँधी जी ने तो यहाँ तक कह दिया कि अन्य धर्मों पर आक्षेप या व्यंग्य करने का अभिप्राय है,

ईश्वर की सत्ता का निषेध करना। स्पष्टतः जो ईश्वर को सब में अंतर्व्याप्त देखता है, वह दूसरों की निंदा कैसे कर सकता है? वे लिखते हैं कि "अन्य धर्मों की निंदा करना, उन पर असावधानीपूर्वक व्यंग्य करना, असत्य भाषण, निर्दोष व्यक्तियों का सिर फोड़ना, मंदिर तथा मस्जिद को अपवित्र करना, एक प्रकार से ईश्वर का निषेध करना है।" ["To revile one other's religion, to make rackless statements, to utter untruth, to break the heads of innocent men, to discrate temples and mosques, is a denial of God." Gandhi, M.K. (1962): *All Religions are True*, Ed. by Anand T. Hingorani, Bhartiya Vidya Bhawan, Bombay, p. 14.]।

3. इसके लिए धर्म प्रचार पर प्रतिबन्ध आवश्यक है। प्रायः ऐसा देखा जाता है कि आधुनिक युग में सूचना तकनीकी का प्रसार व्यापक स्तर पर हुआ है। आज विभिन्न संचार माध्यमों के द्वारा किसी विशिष्ट धर्म का प्रचार तथा अन्य धर्मों की निंदा की जा रही है। यह अत्यन्त ही दुःखद एवं निंदनीय है, क्योंकि इससे समाज में धार्मिक उन्माद पनपता है। प्रत्येक धर्म के साथ उस धर्म के अनुयायियों की भावनाएँ भी जुड़ी होती है जिसमें परिवर्तन सरल नहीं है। जब हम एक धर्म का प्रचार तथा अन्य धर्म की निंदा तथा उनका मूल्यांकन करते हैं तो स्वभावतः यह प्रवृत्ति उस धर्म के अनुयायियों के मन में हमारे प्रति घृणा एवं विद्वेष को जन्म देती है। अतः धार्मिक प्रचार पर प्रतिबंध आवश्यक है। इसीलिए गाँधी जी भी संकीर्ण धार्मिक प्रचार के पक्ष में नहीं थे। उनके अनुसार यदि धर्म प्रचार करना ही है तो किसी विशिष्ट धर्म का प्रचार न करके सार्वभौमिक धर्म का प्रचार होना चाहिए, जिससे समाज में प्रेम एवं सौहार्द्र की भावना विकसित हो सके।
4. धार्मिक प्रचार के साथ ही साथ 'धर्मांतरण' (Proselytization) पर भी प्रतिबंध लगाना होगा। धर्म परिवर्तन के अंतर्गत किसी विशेष धर्म के अनुयायी अपने धर्म की अच्छाइयों को तो प्रस्तुत करते हैं साथ ही अन्य धर्म की निंदा भी करते हैं, जिससे अन्य धर्मावलम्बियों के मन में अपने धर्म के प्रति भी असंतोष पनपता है। यह प्रवृत्ति समाज में धार्मिक उन्माद को जन्म देती है। सम्भवतः यही कारण है कि पन्नीकर लिखते हैं कि "विभिन्न धर्मों के अंतःसम्बंधों को धार्मिक विकास के रूप में मानना चाहिए न कि उसके परिवर्तन के रूप में।" ["It allows growth, but not mutation." Panikkar, Raymond (1978): *The Intra Religious dialogue*, New York, Paulist Press, p. XIX.]। अस्तु, येनकेनप्रकारेण 'धर्म-परिवर्तन' पर अंकुश लगाना आवश्यक है, जिससे समाज में 'सामाजिक सरमसता' (Social Harmony) की स्थापना की जा सके।
5. धार्मिक असहिष्णुता का एक प्रमुख कारण यह भी है कि सामान्यतः व्यक्ति अपने विहित कर्त्तव्य का सम्यक् अनुपालन करने की अपेक्षा अधिकारों की ही माँग अधिक कर रहा है, परन्तु एक पूर्ण धार्मिक व्यक्ति वह नहीं है जो केवल अधिकार की माँग करता है बल्कि वह है जो अपने कर्त्तव्य का निष्ठापूर्वक निर्वहन करता है। यदि समाज का प्रत्येक व्यक्ति अपने कर्त्तव्य का सम्यक् एवं निष्ठापूर्वक निर्वहन करने लगे तो अधिकार की माँग की आवश्यकता ही नहीं रह जायेगी। अधिकार की माँग तो कर्त्तव्य के अभाव में ही पैदा होती है, परन्तु अधिकार माँगने से नहीं बल्कि अपने दायित्व का निर्वाह करने से

स्वतः ही प्राप्त हो जाता है। संकट की स्थिति तब उत्पन्न हो जाती है जब कोई व्यक्ति ऐसे अधिकारों की माँग तथा ऐसे अवांछनीय कार्यों को करने लगता है जो दूसरे धर्मावलम्बियों के अधिकारों एवं उनके कर्त्तव्यों को अपरोक्षतः प्रभावित करते हैं। परिणामतः दो प्रकार की समस्याएँ उपस्थित हो जाती हैं: (i) धार्मिक असहिष्णुता (Religious intoleration) एवं (ii) उद्दण्डता (Insubordination)। इसके लिए आवश्यक है कि हम अधिकार की माँग करने की अपेक्षा अपने कर्त्तव्य का निष्ठापूर्वक अनुपालन करके समाज तथा राष्ट्र के विकास में महती योगदान दे सके। अमेरिकी राष्ट्रपति जॉन एफ० केनेडी ने ठीक ही कहा था कि 'आप यह माँग न करें कि राष्ट्र आपके लिए क्या करे बल्कि यह बताएँ कि आप राष्ट्र के लिए क्या कर सकते हैं।' ("Ask not what your country can do for you – ask what you can do for your country". President John F. Kennedy's Inaugural Address, 20 January 1961, in Washington, D.C.)।

धार्मिक सहिष्णुता के आधार (Foundations of Religious Tolerance)

उपर्युक्त सभी मतों पर विचार करने के उपरांत यह कहा जा सकता है कि सहिष्णुता के वास्तविक आधार के रूप में दो बातें अधिक महत्त्वपूर्ण हैं: (1) व्यावहारिक स्तर पर 'सापेक्षिक सत्य की अवधारणा' तथा (2) पारमार्थिक स्तर पर 'आत्म-साक्षात्कार'। वस्तु का स्वरूप 'अनन्त धर्मात्कम्' है अर्थात् एक ही वस्तु में अनन्त गुण हैं जिसकी अभिव्यक्ति विभिन्न ढंगों से होती है, परन्तु सामान्यतः हम उस वस्तु के अनन्त गुणों में से किसी एक ही गुण को समग्र मानकर अपने ज्ञान के पूर्ण एवं निरपेक्ष सत्य होने का दावा करते हैं। यहीं से असहिष्णुता की शुरुआत होती है। वास्तविकता यह है कि किसी भी वस्तु के संदर्भ में हमारा ज्ञान भी आंशिक एवं सापेक्ष होता है, अस्तु उसके सम्बंध में हमारा परामर्श भी आंशिक एवं सापेक्षिक सत्य ही होगा। पूर्ण सत्य का ज्ञान तो केवल पूर्ण पुरुष या आत्म-द्रष्टा को ही हो सकता है। यदि कोई व्यक्ति 'सापेक्षिक सत्य की अवधारणा' को स्वीकार कर ले तो उसके मन में स्वभावतः अन्य धर्मों के प्रति सहिष्णुता का भाव उत्पन्न होगा। इसे जैनियों की भाषा में 'अनेकान्तवाद' कहा जा सकता है।

पुनश्च, जब व्यक्ति आत्म-साक्षात्कार करता है तो उस अवस्था में वह साक्षात् रूप से एक ही तत्व को सब में अंतर्व्याप्त देखता है। इस प्रकार उसकी भेद-दृष्टि का लोप हो जाता है। परिणामतः जीव 'अहंकार' एवं 'आसक्ति' जैसी तुच्छ भावनाओं से ऊपर उठ जाता है। उसकी संकीर्ण एवं तुच्छ दृष्टि परिष्कृत एवं परिमार्जित होकर व्यापक एवं उत्कृष्ट हो जाती है। अब वह स्व एवं पर के भेद से ऊपर उठकर साक्षात् रूप से अनुभव करता है कि सत् तो एक ही है जिसे विद्वान लोग भिन्न-भिन्न रूपों में व्याख्यायित कर रहे हैं ('एकम् सद् विप्राः बहुधा वदन्ति' - ऋग्वेद 1/164)। अतः उसके अंतर्मन में अन्य के प्रति भी स्वभावतः करुणा का भाव जागृत होता है। इस प्रकार सच्ची सहिष्णुता तो आत्म-साक्षात्कार के पश्चात् ही सम्भव है। इस दृष्टि से डॉ० राधाकृष्णन ठीक ही लिखते हैं कि "धर्म किसी शैक्षिक अमूर्तीकरण की स्वीकृति या समारोहों के आयोजन

जैसा नहीं है बल्कि यह एक प्रकार की अनुभूति है जो यथार्थ के स्वरूप (दर्शन) या यथार्थ की अनुभूति (अनुभव) में अंतर्दृष्ट होती है।" ["Religion is not the acceptance of academic abstractions or the celebrations of the ceremonies, but a kind of experience. It is insight into the nature of reality (darsana) or experience of reality (anubhava)." Radhakrishanan, S. (1954): *The Hindu View of Life*, George Allen and Unwin Ltd., London, p. 15.]। आत्मानुभूति के उपरांत राम एवं रहीम में कोई अंतर नहीं रह जाता है, क्योंकि अनुभूति के स्तर पर सारे भेद विगलित हो जाते हैं। इसके साक्षात् उदाहरण भगवान बुद्ध, कबीर, नानक, दादू, रहीम, सूर, तुलसी, रैदास, नामदेव, तुकाराम प्रभृति संत हैं।

इस प्रकार सहिष्णुता कोई सैद्धांतिक अवधारणा नहीं है बल्कि यह एक व्यावहारिक आवश्यकता है, जो बिना आत्मानुभूति के कपोल कल्पित है। जिस प्रकार फोटो की तैयारी करना, फोटो खींचना नहीं है उसी प्रकार सहिष्णुता की चर्चा करना, सहिष्णु होना नहीं है। इसके लिए तत्व साक्षात्कार आवश्यक है। धार्मिक उन्माद फैलाने वाले कट्टरपंथी जानते ही नहीं हैं कि धर्म का मूल स्वरूप क्या है? वे तो धर्म के ठेकेदारों की भाँति धर्म के बाह्य पक्ष को ही धर्म का सर्वांग मानकर लोगों के समक्ष स्वयं के पूर्ण धार्मिक होने का स्वांग रचते हैं, जिससे उनकी सामाजिक मर्यादा एवं लोकप्रियता बनी रहे। ऐसे व्यक्ति अपना परमार्थ तो बिगाड़ते ही हैं, साथ-ही-साथ समाज को भी पथ-भ्रष्ट एवं पतित करते हैं। सच्चा धार्मिक व्यक्ति वह नहीं है, जो बाह्य रूप से ईश्वर-ईश्वर चिल्लाता रहे बल्कि वह है जो सब में उस परम तत्व को ही देखता है तथा जो सदैव ही उस परमात्मा से भय खाता रहता है। वह जान जाता है कि यदि उसने कुछ ऐसा किया जो ईश्वरीय इच्छा के अनुरूप नहीं है, तो वह उनकी अनुकम्पा से सदा-सर्वदा के लिए वंचित हो जायेगा। अस्तु, वह सभी से प्रेम करता है, यहाँ तक कि आतताइयों एवं दुराचारियों के लिए भी ईश्वर से प्रार्थना करता रहता है।

संसार में तीन प्रकार के व्यक्ति होते हैं:

1. वे लोग जो अच्छे के बदले भी बुरा बोलते हैं, उनके स्वभाव में हमेशा अपने तथा दूसरों के प्रति रूखेपन का भाव रहता है। वे अपने कर्मों एवं विचारों के द्वारा सदैव ही दूसरे को दु:खी रखते हैं। इन्हें असहिष्णु कहा जा सकता है।
2. वे लोग जो बुरे के बदले बुरा बोलते हैं। सामान्यत: वे बुरे नहीं होते हैं, परन्तु यदि कोई इनके साथ बुरा बर्ताव करता है तो वे भी उनके साथ वैसा ही बर्ताव करते हैं। इन्हें असहिष्णु तो नहीं कहा जा सकता है, परन्तु वे भी सच्चे सहिष्णु नहीं है।
3. वे लोग जो बुरे के बदले भी अच्छा बोलते हैं। सही अर्थों में इन्हें ही सहिष्णु कहा जा सकता है। ऐसे व्यक्ति ही समाज के आदर्श पुरुष होते हैं, जिनका अचारण हम सभी के लिए अनुकरणीय होता है। सच्ची सहिष्णुता इस तीसरे स्तर पर ही सम्भव है।

इसका साक्षात् उदाहरण यीशू, भगवान बुद्ध, आदि के जीवन चरित्र में देखने को मिलता है। जब यीशू को सूली पर चढ़ाया जा रहा था और जब यहूदियों के द्वारा उनके शरीर में कीलें ठोंकी जा रही थीं, उस समय भी वे ईश्वर से यही प्रार्थना कर रहे थे कि 'हे प्रभो! ये नहीं जानते हैं कि सही क्या है, अत: इन्हें क्षमा करना।'

इसी प्रकार एक बार भगवान बुद्ध के पास एक आदमी आया और उन्हें भला-बुरा कहने लगा। इस पर वे चुप ही रहे। जब वह व्यक्ति चला गया तब वे अपने प्रिय शिष्य आनन्द को बुलाकर कहने लगे कि यदि भिखारी को दी गई भिक्षा, भिखारी स्वीकार न करे तो वह भिक्षा किसके पास रहेगी: देने वाले के पास या भिखारी के पास? प्रत्युत्तर में आनन्द ने कहा कि देने वाले के ही पास। इस पर भगवान बुद्ध ने कहा कि मैंने उसकी गाली को ग्रहण नहीं किया। इस प्रकार के अनेक दृष्टांत इतिहास में देखे जा सकते हैं। सहिष्णुता का वास्तविक स्वरूप यही है, जो घृणा एवं विद्वेष पर आधृत न होकर 'शुद्ध एवं सात्विक प्रेम तथा करुणा पर' आधृत होता है और जिसे व्यक्ति सहन नहीं करता है बल्कि अपने अंत:करण से उसे ग्रहण करता है, किन्तु यह अवस्था सहज नहीं है। यह तो वही कर सकता है, जिसने यथार्थ की अनुभूति कर ली है। अस्तु, यह कहा जा सकता है कि सहिष्णुता का वास्तविक आधार 'आत्मानुभूति' एवं 'सापेक्षिक सत्य की अवधारणा' ही है।

✤✤✤

धार्मिक बहुलवाद (Religious Pluralism)

- ➡ परिचय
- ➡ धार्मिक अनन्यता
- ➡ तटस्थता के मिथ
- ➡ पुरोगामी प्रकाशना
- ➡ डक–रैबिट भ्रम
- ➡ सुधारात्मक ज्ञानमीमांसा

अध्याय 14

परिचय (Introduction)

'एकं सद् विप्राः बहुधा वदन्ति' (ऋग्वेद - 1/164/46) अर्थात् सत् तो एक ही है जिसका विद्वान लोग भिन्न-भिन्न रूपों में निर्वचन करते हैं। समस्या यह है कि यदि सत् एक ही है जिसकी चर्चा विभिन्न धर्म-ग्रंथ करते हैं तो इन धर्म-ग्रंथों में परस्पर इतना विरोध क्यों है? कोई एकेश्वरवाद को मानता है तो कोई बहुदेववाद को तो कोई त्रि-तत्ववाद को। कोई परम सत्ता को सगुण, साकार एवं व्यक्तित्वपूर्ण मानता है तो कोई निर्गुण, निराकार एवं निर्वैयक्तिक, वहीं कुछ अन्य उसे शून्य कहते हैं। कोई धर्म के लिए ईश्वर को अनिवार्य मानता है तो कोई बिना ईश्वर के ही धर्म की स्थापना करता है। कोई जीव एवं ईश्वर में अभेद मानता है तो कोई दोनों के बीच भेद करता है, वहीं कुछ अन्य दार्शनिक भेद विशिष्ट अभेद की वकालत करते हैं। कोई स्वर्ग या जन्नत की अवधारणा में विश्वास करता है तो कोई मोक्ष या निर्वाण या कैवल्य को ही वास्तविक कहता है। कोई मोक्ष प्राप्ति के लिए 'ज्ञान मार्ग' की बात करता है तो कोई 'भक्ति मार्ग' की, कोई 'कर्म मार्ग' की तो कोई 'योग मार्ग' का अवलम्बन लेता है। कोई पुनर्जन्म को मानता है तो कोई इसी जीवन को ही अन्तिम जीवन मान लेता है, आदि-आदि।

यदि यह बात केवल धर्मों की विविधता तक ही सीमित रहती तो भी बात कुछ हद तक समझ में आती है, वास्तविकता तो यह है कि धर्मों के बीच कटुता एवं वैमनस्य इतना बढ़ गया

है कि एक धर्म दूसरे धर्म का जितना विरोधी हो गया है उतना कोई अन्य नहीं है। इतिहास इस बात का साक्षी है कि धर्म के नाम पर जितना रक्तपात हुआ है उतना किसी अन्य चीज के नाम पर नहीं हुआ है। सैमुअल पी० हर्टिंगटन अपने लेख "*Clash of Civilizations*" में लिखते हैं कि "मेरी यह प्राक्कल्पना है कि नूतन विश्व में संघर्ष का आधारभूत कारण प्राथमिक रूप से वैचारिक अथवा आर्थिक नहीं होगा। मानवता के बीच महान मतभेद और संघर्षों का मूल कारण सांस्कृतिक होगा। ...भविष्य में युद्ध का कारक सभ्यताओं के बीच मतभेद होगा।" ["It is my hypothesis that the fundamental source of conflict in this new world will not be primarily ideological or primarily economic. The great divisions among humankind and the dominating source of conflict will be cultural... The fault lines between civilizations will be the battle lines of the future." Huntington, Samuel P. (1993): Clash of Civilisations, *Foreign Affairs*, Vol. 72, No. 3, pp. 22–49. (Specially on p. 22)]। पुनश्च, इसी अवधारणा को पुष्ट करते हुए हर्टिंगटन अपनी पुस्तक "The Clash of Civilisations and the Remarking of World Order" (1996) में लिखते हैं कि अगला विश्व युद्ध धर्म के नाम पर ही होगा और वह 'विशेषत: इस्लाम एवं ईसाई के बीच अथवा मुसलमान एवं अ-मुसलमान के बीच' होगा, क्योंकि:

- 'ये मिशनरी धर्म हैं, जो अन्य के धार्मिक परिवर्तन का प्रयास करते हैं।
- सार्वभौमिक रूप से उनका विश्वास है कि उनके धर्म में निहित सिद्धांत ही एकमात्र सत्य है। अस्तु, केवल उनका ही धर्म विश्व धर्म हो सकता है।
- प्रयोजनवादी धर्म मानते हैं कि उनका धर्म केवल कुछ ही लोगों के कल्याण से सम्बंधित न होकर सम्पूर्ण मानवता के कल्याण से सम्बंधित है।
- ये यह भी मानते हैं कि जो धार्मिक नहीं हैं वे अपने निरर्थक उद्देश्यों की पूर्ति हेतु इन धर्मों की आधारभूत मान्यताओं का उल्लंघन करते हैं, जिसके परिणामस्वरूप समाज में हिंसा पनपती है'।

धार्मिक अनन्यता (Religion Exclusiveness)

स्पष्टत: धार्मिक विवादों का मूल कारण सिमेटिक धर्मों, प्रमुखत: ईसाई एवं इस्लाम धर्म में प्रचलित 'धार्मिक अनन्यता' (Religious exclusiveness) की अवधारणा है। धार्मिक अनन्यता के पक्ष में सर्वाधिक महत्त्वपूर्ण तर्क 'दैवीय प्रकाशना का सिद्धांत' (Theory of revelation) है। 'दैवीय प्रकाशना' वह माध्यम है जिसके द्वारा ईश्वर अपने संदेशों को पैगम्बरों के द्वारा लोगों के समक्ष अभिव्यक्त करता है, जिससे उनके जीवन में भी शांति एवं आनन्द की प्राप्ति हो सके। इनके अनुसार पैगम्बर एक टाईपराइटर की भाँति हू-ब-हू बिना किसी परिवर्तन के ईश्वर या खुदा के वचनों को लोगों के समक्ष पवित्र धर्म-ग्रंथों के द्वारा प्रस्तुत करते हैं, जिसे 'श्रुति' (Scripture) कहते हैं। इस सिद्धांत को 'दैवीय प्रकाशना का प्रतिज्ञप्तिमूलक सिद्धांत' (Propositional theory of revelation) भी कहते हैं। इसे ईसाई धर्म के दोनों ही पवित्र ग्रंथ 'Old Testament' एवं 'New Testament' तथा इस्लाम धर्म में समान रूप से स्वीकार किया गया है।

ईसाई धर्म के अनुसार 'बाइबिल ईश्वर का वचन है', उदाहरण के लिए, पॉल 'Old Testament' में लिखते हैं कि "बाइबिल ईश्वर की वाणी है।" ("Bible is the oracles of God." Roman 3:2)। यही बात हिब्रू (5:12) तथा पीटर (4:11) ने भी स्वीकार किया है। यही नहीं, स्टीफैन ने तो "Acts" में सिनाई के लॉ को "जीवित देववाणी" (Law at Sinai is living oracles) कहा है। इसी प्रकार कुरान में भी आता है कि इसकी मूल-प्रति खुदा के पास ही सुरक्षित है जबकि इसकी छाया-प्रति लोगों के कल्याणार्थ मोहम्मद साहब के द्वारा इस जगत में प्रस्तुत की गयी है। सम्भवत: यही कारण है कि ये धर्मावलम्बी अपने मूल धर्म-ग्रंथों में किसी प्रकार का परिवर्तन करना नहीं चाहते हैं। इसी अर्थ में इन्हें रूढ़िवादी (Fundamentalist) भी कहा जाता है और इसी रूढ़िवादिता के कारण संस्थागत धर्मों (Missionary religions) के बारे में कार्ल मार्क्स लिखते हैं कि "धर्म सताए हुए प्राणियों का प्रतीक है, यह हृदय विहीन विश्व का हृदय है तथा आत्मा विहीन स्थितियों की आत्मा है। यह गरीबों का अफीम है।" ["Religion is the sign of the oppressed creature, the heart of a heartless world and the soul of soulless conditions. It is the opium of the poor." Karl Marx (1844): *A Contribution to the Critique of Hegel's Philosophy*, of Right, Deutsch-Franzosische Johrbucher, Paris, Preface, p. 24.]।

अपरंच, सिमेटिक धर्मों में यह भी माना गया है कि मोक्ष प्राप्ति का एकमात्र सर्वश्रेष्ठ मार्ग उनके धर्म-ग्रंथों के द्वारा प्रणीत मार्ग ही है। अन्य किसी भी धर्म में बताया गया मार्ग उस परम तत्व तक न तो पहुँचा सकता है और न ही उसका ज्ञान करा सकता है, यथा - Gospel of John में आता है कि "मैं ही मार्ग, सत्य तथा जीवन हूँ, कोई भी व्यक्ति पिता के पास मेरे द्वारा ही पहुँच सकता है।" ("I am the way, the truth and the life, no man cometh to the Father but by me." *King James Bible*, 14:6)। इसी प्रकार पीटर अपनी पुस्तक "Acts" में लिखते हैं कि "मोक्ष अन्यत्र कहीं नहीं है, स्वर्ग में ऐसा कोई भी नाम मनुष्य को प्रदत्त नहीं है, जिसके द्वारा हम मुक्ति प्राप्त कर सकें।" ("Neither is there salvation in any other; for there is none other name under heaven given among men, whereby we must be saved." *Acts*, 4:12)।

उल्लेखनीय है कि इसी प्रकार की बात रामचरित मानस (उत्तरकाण्ड, 85/खण्ड-1) में गोस्वामी तुलसीदास जी भी कहते हैं कि 'अब मेरी सत्य, सुगम, वेद, आदि के द्वारा वर्णित परम निर्मल वाणी सुनो। मैं तुझको अपना नितांत व्यक्तिगत सिद्धांत सुनाता हूँ जिसे सुनकर तुम अपने मन में धारण करो और सब कुछ त्याग कर केवल मेरा ही भजन करो।'

"अब सुनु परम बिमल मन बानी। सत्य सुगम निगमादि बखानी।
निज सिद्धांत सुनावउँ तोही। सुनु मन धरु सब तजि भजु मोही॥"

इसी प्रकार श्रीमद्भगवदगीता में भगवान श्री कृष्ण भी कहते हैं कि हे अर्जुन! तू मेरे मन वाला हो जा, तू मेरा भक्त हो जा, तू मेरी ही पूजा कर, तू मुझे ही नमस्कार कर। यदि तू ऐसा करता है तो यह सत्य ही जान कि तू निश्चित रूप से मुझे प्राप्त हो जायेगा, क्योंकि तू मेरा अत्यंत ही प्रिय है:

"मन्मना भव मद्भक्तो मद्याजी मां नमस्कुरु।
मामेवैष्यसि सत्यं ते प्रतिजाने प्रियोऽसि मे॥" (गीता - 18/65)

पुनश्च, भगवान श्री कृष्ण कहते हैं कि हे अर्जुन! अब मैं तुझे गोपनीय से अति गोपनीय परम गोपनीय उपदेश करता हूँ कि तू सबको छोड़कर केवल मेरी शरण में आ जा। मैं तुझे सम्पूर्ण पापों से मुक्त कर दूँगा, चिन्ता मत कर:

"सर्वधर्मान्परित्यज्य मामेकं शरणं व्रज।
अहं त्वां सर्वपापेभ्योमोक्षयिष्यामि मा शुचः॥" (गीता - 18/66)

इसके बावजूद भी यहाँ पर धार्मिक अनन्यता का आक्षेप नहीं किया जा सकता है, क्योंकि रामचरित मानस के ही बालकाण्ड (240/2) में संत तुलसीदास जी कहते हैं कि 'जिन्ह के रही भावना जैसी, प्रभु मूरत देखी तिन्ह तैसी।' अर्थात् व्यक्ति अपनी-अपनी भावनाओं के अनुसार ही ईश्वर के स्वरूप का दर्शन करता है अर्थात् जिसकी जैसी भावना रहती है उसे उसी रूप में ईश्वर का दर्शन भी होता है। इसका तात्पर्य है कि ईश्वर तक पहुँचने के लिए केवल एक ही मार्ग नहीं है।

भगवान श्रीकृष्ण भी गीता में ही ईश्वर की प्राप्ति के लिए ज्ञान, भक्ति, कर्म, योग, आदि इन सभी मार्गों में से किसी एक के अवलम्बन की बात करते हैं। उनके अनुसार कोई व्यक्ति उपर्युक्त मार्गों में से किसी एक मार्ग का ही अनुसरण करके उस परम सत्ता की प्राप्ति कर सकता है। इसके साथ-ही-साथ, वे यह भी कहते हैं कि यह आवश्यक भी नहीं है कि केवल मेरी ही पूजा-आराधना की जाय। अपनी-अपनी भावना के अनुसार कोई व्यक्ति किसी की भी आराधना कर सकता है। इस प्रकार कोई भक्त चाहे जिस भी भाव से तथा जिस भी सम्बंध से मुझे भजता है, मैं उसे उसी भाव से और उसी सम्बंध से आश्रय देता हूँ अर्थात् कोई व्यक्ति चाहे किसी भी भाव से और किसी का भी भजन करता है वह अंततः मुझे ही प्राप्त होता है:

"ये यथा मां प्रपद्यन्ते तांस्तथैव भजाम्यहम्।
मम वर्त्मानुवर्तन्ते मनुष्याः पार्थ सर्वशः॥" (गीता - 4/13)

यदि सिमेटिक धर्मों में प्रचलित 'धार्मिक अनन्यता' की अवधारणा पर सूक्ष्मतापूर्वक विचार किया जाय तो ऐसा प्रतीत होता है कि यह अवधारणा निर्दोष नहीं है। यह कहना कि केवल एक ही धर्म सत्य है, अन्य सभी असत्य, एक 'बचकाना रोग' (Infantile disease) की भाँति प्रतीत होता है। इससे केवल हमारा अज्ञान प्रदर्शित होता है। ईश्वर अनन्त है और उस तक पहुँचने के मार्ग भी अनन्त हैं। अस्तु, यह कहना कि एक ही मार्ग ईश्वर के द्वार तक पहुँचायेगा, अन्य कोई भी नहीं तो इसका अभिप्राय है कि अभी तक हमने ईश्वर को जाना ही नहीं है, क्योंकि जिसने ईश्वर को जान लिया है उसने किसी भी प्रकार का दावा करना छोड़ दिया। एक बार हजरत मूसा रास्ते में जा रहे थे। इसी बीच उन्होंने देखा कि एक गड़ेरिया अपनी मस्ती में कहे जा रहा है कि या खुदा तुझे भूख लगी हो तो कहो मैं अपनी भेड़ों का दूध दुहकर तुझे पिला दूँ। यदि तुझे ठंड लग रही हो तो कहो मैं भेड़ों के ऊन से तुम्हारे लिए एक कम्बल बना दूँ। यदि तुम्हारे बाल बिखरे हों तो कहो मैं अपने कन्घे से तुम्हारे बाल ठीक कर दूँ, आदि-आदि। इस पर हजरत मूसा ने गुस्सा करते हुए कहा कि ऐ गड़ेरिये! तू क्या बकवास कर रहा है। क्या खुदा को भूख लगती है? क्या खुदा को ठंड लगती है? क्या खुदा के बाल बिखरे हैं जो तू अपने कन्घे से ठीक कर देगा? गड़ेरिये ने जब देखा कि ये तो हजरत मूसा हैं तो वह घबड़ाकर वहाँ से भाग गया। उसी क्षण हजरत मूसा को आकाशवाणी हुई कि ऐ मूसा! वह गड़ेरिया मुझसे बहुत ही प्यार भरी बातें

कर रहा था, तुमने उसे रोक दिया। अब इसके लिए तो तुझे प्रायश्चित करना पड़ेगा। हजरत मूसा भागते हुए उस गड़ेरिये के पास गये और कहने लगे कि ऐ गड़ेरिये! तू ठीक कह रहा था: खुदा को भूख लगती है, उन्हें ठंड भी लगती है, उनके बाल भी बिखरे हैं, आदि-आदि। इसका निहितार्थ यह है कि "ईश्वर सबका है और किसी का भी नहीं है"। अस्तु, ईश्वर के सम्बंध में निश्चित रूप से कुछ भी कहना ठीक नहीं है।

गोस्वामी तुलसीदास जी 'रामचरित मानस' के बालकाण्ड में (139/3) में लिखते हैं कि:

"हरि अनन्त हरि कथा अनन्ता।
कहहिं सुनहिं बहुबिधि सब संता॥"

अर्थात् ईश्वर का स्वरूप अनन्त है और उसकी कथाएँ भी अनन्त हैं जिसे संत पुरुष भिन्न-भिन्न रूपों में कहते एवं सुनते हैं। प्रश्न उठता है कि यदि ईश्वर अनन्त है तो उस तक पहुँचने का मार्ग एक कैसे हो सकता है? अनन्त तक पहुँचने के मार्ग भी अनन्त ही होंगे, अन्यथा यहाँ पर एक 'तार्किक विसंगति' (Logical inconsistency) उत्पन्न हो जायेगी। इस प्रकार ईश्वर तक पहुँचने के लिए अनन्त मार्गों में से एक मार्ग को खोलकर अन्य सभी मार्गों को बंद कर देना किसी भी दृष्टिकोण से प्रशंसनीय नहीं है।

तटस्थता के मिथ (Myth of Neutrality)

पुनश्च, ऐसा कहना कि केवल एक ही धर्म सत्य है, इसके लिए हमारे पास कोई सैद्धांतिक आधार भी नहीं है, क्योंकि यह 'तटस्थता के मिथ' (Myth of neutrality) के अनुरूप नहीं है। इस सिद्धांत के अनुसार धर्म के सम्बंध में ऐसा कोई 'वस्तुनिष्ठ मापदण्ड' (Objective criterion) हो ही नहीं सकता है जिसके आधार पर यह दावा किया जा सके कि केवल एक ही धर्म सत्य है तथा अन्य सभी असत्य हैं। इसके प्रत्युत्तर में धार्मिक अनन्यता के समर्थक कहते हैं कि धर्म के सम्बंध में वस्तुनिष्ठ मापदण्ड की बात करना सुसंगत नहीं है, क्योंकि धर्म बुद्धि पर आधृत न होकर आस्था पर आधृत है और आस्था का तार्किक एवं बौद्धिक दृष्टिकोण से परीक्षण करना सम्भव ही नहीं है। इसे 'आस्थावाद' (Fideism) कहा जाता है। यद्यपि धार्मिक अनन्यतावादियों का यह तर्क पूर्णतया सुसंगत है कि आस्था का परीक्षण नहीं किया जा सकता है, परन्तु समस्या यह है कि यदि आस्था अन्धविश्वासों पर आधृत होकर दुरास्था हो जाय तो आस्था को अन्धविश्वासों से पृथक् करके आस्था एवं दुरास्था के बीच भेद कैसे किया जा सकता है? स्पष्टत: इसके लिए हमें तर्क एवं बौद्धिकता का ही सहारा लेना पड़ेगा, जिससे आस्था संशयवादियों के द्वारा उपहास का विषय बनकर नहीं रह जाय।

पुरोगामी प्रकाशना (Progressive Revelation)

सम्भवत: यही कारण है कि कालांतर में 'पुरोगामी प्रकाशना' (Progressive revelation) की अवधारणा का विकास हुआ। इसके अंतर्गत दो बातें महत्त्वपूर्ण हैं:

1. धर्म-ग्रंथों में निहित अस्पष्टताओं को स्पष्ट करना।
2. प्रकाशना प्रतिज्ञप्तिमूलक न होकर 'सम्प्रत्यात्मक' (Conceptual) होती है।

पहला, चार्ल्स हॉज के अनुसार "दैवीय प्रकाशना के पुरोगामी स्वरूप को बाइबिल के सभी महत्त्वपूर्ण सिद्धांतों के सम्बंध के रूप में मान्यता प्राप्त है। ...इसके अंतर्गत जो पूर्व में अस्पष्ट था उसे पवित्र ग्रंथों के माध्यम से क्रमशः स्पष्ट किया जाता है, जब तक कि वह अपने आप में पूर्णतया प्रकाशित न हो जाय।" ["The progressive character of divine revelation is recognized in relation to all the great doctrines of the Bible... What at first is only obscurely intimated is gradually unfolded in subsequent parts of the sacred volume, until the truth is revealed in its fulness". Hodge, Charles (2003): *Systematic Theology*, Hendrickson, Peabody, p. 446.]। यद्यपि पैगम्बर ईश्वर के संदेशों को हू-ब-हू एक टाईपराइटर की भाँति प्रस्तुत करता है, परन्तु उसमें जो अस्पष्टता अवशिष्ट रह जाती है उसका कालांतर में स्पष्टीकरण विभिन्न ग्रंथों के माध्यम से किया जाता है। जब कोई व्यक्ति किसी कथन का स्पष्टीकरण करता है तो उसकी व्याख्या वह अपने अनुभव एवं विचार के आधार पर ही करता है। इस प्रकार, अनुभव एवं विचार की भिन्नताओं के आधार पर उनकी व्याख्याओं में भेद आ ही जाता है।

दूसरा, कुछ दार्शनिकों का मत है कि 'पुरोगामी प्रकाशना' में प्रकाशना प्रतिज्ञप्तिमूलक न होकर 'सम्प्रत्यात्मक' (Conceptual) होती है, जिसे कालांतर में कथनों के माध्यम से अभिव्यक्त किया जाता है। यदि 'पुरोगामी प्रकाशना' की इस अवधारणा को स्वीकार कर लिया जाय तो भी इसके आधार पर धार्मिक बहुलता को स्वीकार करना अपरिहार्य हो जाता है, क्योंकि यदि हम सम्प्रत्यय को शब्द देने का प्रयास करेंगे तो वह शब्द चाहे जितना ही सटीक क्यों न हो, हू-ब-हू नहीं हो सकता है। यही नहीं, यदि एक ही अनुभव का वर्णन दो व्यक्ति करना चाहें तो उनकी अभिव्यक्तियों में स्पष्टतः अंतर आ जायेगा। धार्मिक अनुभूति की तो बात ही अलग है, क्योंकि यह अपने आप में अनूठी एवं अलौकिक अनुभूति होती है। इस प्रकार 'पुरोगामी प्रकाशना' की अवधारणा भी धार्मिक बहुलता को ही सिद्ध करती है।

पुनश्च, यह भी माना जाने लगा कि प्राचीन काल में संचार का माध्यम पूर्ण विकसित नहीं था, ऐसी स्थिति में किसी एक पैगम्बर या धर्मगुरु के लिए यह सम्भव नहीं था कि वे जगह-जगह भ्रमण करके ईश्वर या खुदा के संदेशों को जन-जन तक पहुँचा सकें। अस्तु, इस अवधारणा में व्यापक स्तर पर विकास हुआ और अब यह माना जाने लगा कि ईश्वर समय-समय पर अपने आपको भिन्न-भिन्न रूपों में अभिव्यक्त करता है, यथा - गीता में भगवान श्री कृष्ण कहते हैं कि हे अर्जुन! जब-जब धर्म की हानि एवं अधर्म की वृद्धि होती है तब-तब मैं अपने आपको साकार रूप में प्रकट करता हूँ:

"यदा यदा हि धर्मस्य ग्लानिर्भवति भारत।
अभ्युत्थानमधर्मस्य तदात्मानं सृजाम्यहम्॥" (गीता - 4/7)

यही नहीं, भगवान श्री कृष्ण अपने भक्तों को अनागत के प्रति भी आश्वस्त करते हुए कहते हैं कि मैं दुष्टों का विनाश करने तथा साधुओं को मुक्ति दिलाकर धर्म की संस्थापना हेतु प्रत्येक युग में अवतार ग्रहण करूँगा:

"परित्राणाय साधूनां विनाशाय च दुष्कृताम्।
धर्मसंस्थापनार्थाय सम्भवामि युगे युगे॥" (गीता - 4/8)

गोस्वामी तुलसीदास जी भी रामचरितमानस के बालकाण्ड (120, द, 3–4) में लिखते हैं कि जब-जब धर्म की हानि तथा असुरों का प्रभाव बढ़ता है तब-तब ईश्वर विविध शरीर को धारण कर सज्जनों के दु:खों को दूर करते हैं।

"जब-जब होंहि धरम कै हानी, बाढ़हिं असुर अधम अभिमानी।
तब-तब प्रभु धरि विविध सरीरा, हरहिं कृपानिधि सज्जन पीरा॥"

इसी प्रकार सिमेटिक धर्मों में 'मुक्तिप्रद इतिहास' (Redemptive History) की अवधारणा मिलती है, जिसके अनुसार ईश्वर अपनी अद्‌भुत एवं अलौकिक घटनाओं तथा चमत्कारों के द्वारा प्राणियों को उनके पापों से त्राण दिलाता है। इस मत के अनुसार मानव कल्याणार्थ ईश्वर अपनी सर्वशक्तिमत्ता का प्रदर्शन करता है जिससे मनुष्य को ईश्वर की असीमितता, दयालुता, कृपा आदि का बोध हो सके। दूसरे शब्दों में, ईश्वर इतिहास में जो कार्य करता है, श्रुतियाँ उन कार्यों का केवल वृत्तान्त प्रस्तुत करती हैं। यदि 'पुरोगामी प्रकाशना' एवं 'मुक्तिप्रद इतिहास' की अवधारणा पर सूक्ष्मतापूर्वक विचार किया जाय तो यह कहा जा सकता है कि ये दोनों ही अवधारणाएँ धार्मिक अनन्यता के स्थान पर धार्मिक बहुलता का ही समर्थन करती हैं।

यद्यपि यह अक्षरशः सत्य है कि सत् तो एक ही है, परन्तु जो सत् है वह नित्य एवं अपरिवर्तनशील है, जबकि जगत अनित्य एवं परिवर्तनशील है। अस्तु, अनित्य एवं परिवर्तनशील जगत में विविधता का होना स्वाभाविक ही है। जब हम सत् के स्तर पर पहुँच जायेंगे तब सभी प्रकार की विविधताएँ एवं परिवर्तन उसी एक एवं शाश्वत सत्ता में समाहित हो जायेंगी। इस प्रकार परमार्थ की एकता तथा जगत की विविधता में कोई विरोध नहीं है, जैसा कि हैराल्ड जी॰ कॉवर्ड लिखते हैं कि "विभिन्न धर्मों को नियत एवं परिवर्तनशील सत्यों के रूप में न मानकर धार्मिक साधनतावाद की विकसित होती परम्पराओं के रूप में स्वीकार करना चाहिए। सत् वस्तुत: एक ही है, जो निरपेक्ष होने के कारण अपरिवर्तनशील है, न कि अनेक।" ["The various religions need not be treated as fixed and unchanging truths, but rather as developing traditions of religious instrumentality. It is the One, and not many which is the absolute and therefore unchanging." Coward, Harold G. (1983): *Religious Pluralism and The World Religions*, Avvai Achukkoodam, 17, P.V. Koil Street, Madras, p. 115.]।

इसे एक प्रिज्म के उदाहरण से स्पष्ट किया जा सकता है। जब किसी प्रिज्म से प्रकाश की किरणें गुजरती हैं तो वह प्रकाश कई रंगों में प्रतिबिम्बित होता है। इसका अभिप्राय नहीं है कि उस प्रकाश के कई भाग हो गये। वास्तव में प्रकाश तो एक ही रंग का है, परन्तु प्रिज्म के द्वारा गुजरने से वह अनेक रूपों में प्रतिबिम्बित होने लगता है। इसी प्रकार पारमार्थिक रूप से सत् एक होते हुए भी व्यावहारिक स्तर पर वह अनेक रूपों में प्रतिभासित होता है, परन्तु इससे एक एवं अद्वितीय सत् की एकता विखण्डित नहीं होती है बल्कि अनेक एक की ओर बढ़ने के लिए प्रेरित करता है। हमारा दोष यह है कि हम एक एवं अद्वितीय जो परम साध्य है को भूलकर

अनेक जो साधन मात्र है, को ही यथार्थ मान लेते हैं। यदि हम अनेक को एक ही ओर बढ़ने के लिए साधन के रूप में स्वीकार करें तो एक एवं अनेक के बीच पूर्ण सामंजस्य स्थापित किया जा सकता है। इस दृष्टि से कॉवर्ड ठीक ही लिखते हैं कि "बहुलता की प्रचुरता विभिन्न धर्मों को अपने मूल स्रोत की ओर बढ़ने के लिए गति प्रदान करती है। इस प्रकार बिना अनेक को विनष्ट किये गुरुत्व का केन्द्र एक में ही रखना है। इसके लिए यह आवश्यक है कि हम अपने विशिष्ट धर्म को सभी धर्मों के गहन सर्जनात्मक स्रोत तक पहुँचने के लिए साधन के रूप में प्रयोग करें।" ["The richness of plurality provides the dynamic to lead the many religions back to their creative source. Thus the centre of gravity kept in the One, without overthrowing the many. What is required to use one's own particular religion as the means of access the deeper creative source of all religions." Coward, Harold G. (1983): *Religious Pluralism and The World Religions*, Avvai Achukkoodam, 17, P.V. Koil Street, Madras, p. 115.]। इस प्रकार एकत्व एवं धार्मिक बहुलता के बीच कोई विरोध नहीं है।

पुनश्च, धर्म के मूलतः दो पक्ष हैं: (1) सत्ता पक्ष जो नित्य, परिवर्तनशील एवं शाश्वत है और (2) साधन पक्ष जो मूलतः कर्मकाण्ड परक होता है। प्रश्न उठता है कि यदि सत् एक ही है तो इस तक पहुँचाने वाले साधनों में इतना भेद क्यों है? इसके प्रत्युत्तर में यह कहा जा सकता है कि क्योंकि साधन या मार्ग का निर्धारण तो व्यक्तियों की शारीरिक एवं मानसिक अवस्थाओं के साथ ही साथ भौगोलिक एवं सांस्कृतिक परिस्थितियों के अनुसार होता है, अस्तु, विभिन्न धर्मों के साधन पक्ष में विविधता का होना स्वाभाविक ही है, क्योंकि व्यक्तियों की प्रकृतिगत विविधता के कारण उनकी धार्मिक मान्यताओं में भी विविधता का स्वतः समावेश हो जाता है। गीता में भगवान श्रीकृष्ण ने कहा कि हे भारत! इस संसार में विभिन्न प्रकृति के लोग होंगे। उनकी मानसिक प्रवृत्तियों के अनुसार उनमें श्रद्धा भी पृथक्-पृथक् होगी।

"सत्वानुरूपा सर्वस्य श्रद्धा भवति भारत।
श्रद्धामयोऽयं पुरुषो यो यच्छ्रद्धः स एव सः॥" (गीता - 17/3)

अब माना कि व्यक्ति की मानसिक प्रवृत्तियों के अनुसार ही उसमें श्रद्धा भाव विकसित होता है और श्रद्धा के अनुरूप ही वह देवता का भी चयन करता है तो धर्म की विविधता अनिवार्य हो जाती है, क्योंकि अंततोगत्वा धर्म का आधार तो विभिन्न व्यक्तियों की भिन्न-भिन्न मानसिक प्रवृत्तियाँ ही हैं। अस्तु, इससे भी धार्मिक बहुलता ही सिद्ध होती है।

पुनश्च, आज का युग विज्ञान एवं तकनीकि का युग है। इस युग में व्यक्तियों के मानसिक स्तर, उनकी सोच, उनके रहन-सहन, उनके परिवेश, आदि में आमूल-चूल बदलाव आ गया है। अस्तु, ऐसी परिस्थिति में धार्मिक मान्यताओं में परिवर्तन का होना अस्वाभाविक नहीं है, परन्तु यह परिवर्तन सत्ता के स्तर पर सम्भव ही नहीं है, क्योंकि वह नित्य, शाश्वत एवं अपरिवर्तनशील है। अतः यह परिवर्तन साधन/मार्ग के स्तर पर ही हो सकता है। सम्भवतः यही कारण है कि विभिन्न धर्मों के साधन पक्ष अर्थात् कर्मकाण्डों में कुछ न कुछ परिवर्तन अवश्य ही हुआ है। उदाहरण के लिए, ईसाई धर्म की एक प्रमुख मान्यता यह थी कि न्याय दिवस के दिन मृत शरीर

पुनर्जीवित हो जायेंगे, परन्तु आज इस अवधारणा में पर्याप्त बदलाव आ गया है। अब यह माना जाने लगा है कि मृत शरीर पुनर्जीवित नहीं होता बल्कि उस दिन एक नया शरीर मिलता है। इसी प्रकार कमोवेश परिस्थितिगत परिवर्तन भी सभी धर्मों में अवश्य हुआ है। अस्तु, साधन के स्तर पर विभिन्न धर्मों में विविधता का होना स्वाभाविक ही नहीं अनिवार्य भी है। अस्वाभाविक तो धर्मों की अपरिवर्तनशीलता है। यहाँ डब्ल्यू० सी० स्मिथ लिखते हैं कि "मैं यह कहना चाहता हूँ कि धार्मिक सत्य की समस्या सिद्धांततः भिन्न नहीं है, परन्तु व्यवहारतः इसमें अधिक विकास हुआ है, यदि कोई किसी धर्म के अंश विशेष को किसी प्रश्न की भाँति न लेकर उसे समग्रता के रूप में स्वीकार करता है।" ["What I do urge is that the problem of religious truth is in principle not different but in practice much improved, if one takes the whole of religion rather than a sector of it as the question." Smith, Wilfred Cantwell (1981): *Towards a World Theology*, Westminster Press, Philadelphia, p. 187.]।

कुछ दार्शनिक धार्मिक बहुलता के मूल में व्यक्तियों के जन्म-स्थान को उत्तरदायी मानते हैं। उनके अनुसार धर्मों के चयन में व्यक्तियों की कोई स्वतंत्रता नहीं होती है, क्योंकि धर्म का प्रादुर्भाव स्वेच्छा से न होकर व्यक्तियों के जन्म-स्थान से निर्धारित होता है। जो व्यक्ति जिस सांस्कृतिक परिवेश में पैदा होता है उसी के अनुरूप उसका धर्म भी होता है। जॉन हिक अपनी पुस्तक "*Philosophy of Religion*" में लिखते हैं कि "यदि कोई व्यक्ति भारत में पैदा हुआ है तो सम्भवतः वह हिन्दू ही होगा, यदि कोई इजिप्ट में पैदा हुआ है तो वह मुसलमान होगा, यदि वह श्रीलंका में पैदा हुआ है तो बौद्ध होगा, परन्तु मैं इंग्लैण्ड में पैदा हुआ हूँ तो मैं अनुमानतः एक क्रिश्चियन ही हो सकता हूँ। ये विभिन्न प्रकार के धर्म परम सत्ता के संदर्भ में दैवीय क्रियाओं की विधियों तथा मानवीय जाति की प्रकृति एवं उसकी नियति के संदर्भ में भिन्न एवं असंगत ही हैं।" ["If I had been born in India, I would probably be a Hindu; if in Egypt, probably a Muslim; if in Sri Lanka, probably a Buddhist; but I was born in England and am, predictably, a Christian. These different religions seem to say different and incompatible things about the nature of ultimate reality, about the modes of divine activity, and about the nature and destiny of the human race." Hick, John H. (1988): *Philosophy of Religion*, Prentice-Hall, Inc., New Delhi, pp. 107–08.]। अब यदि धर्म का प्रादुर्भाव जन्म से ही होता है तो दैशिक एवं कालिक परिस्थितियों तथा सांस्कृतिक विविधता के अनुरूप उनकी धार्मिक मान्यताओं में भी विविधता का होना स्वाभाविक ही है।

इसी प्रकार सत्ता एक होते हुए भी अतीन्द्रिय है, जबकि धर्म अनेक हैं, परन्तु फिर भी इनमें कोई विरोध नहीं है, क्योंकि अनेकता तो देश-काल की एक अनिवार्य विशिष्टता है। जब भी कोई सत्ता देश-काल की परिधि में आती है तो उसमें स्वतः कई आयाम विकसित हो जाते हैं। यह कहना आत्म-व्याघाती होगा कि कोई सत्ता दैशिक एवं कालिक तो है, परन्तु वह आयाम रहित है। आयाम रहित सत्ता दैशिक एवं कालिक हो ही नहीं सकती है और यदि वह दैशिक एवं कालिक है तो वह आयाम रहित नहीं हो सकती है। सम्भवतः यही कारण है कि काण्ट अपनी पुस्तक "*Critique of Pure Reason*" में प्रपंच (Phenomena) एवं परमार्थ/निष्प्रपंच (Noumena) का स्पष्ट भेद करते हैं। उनके अनुसार देश-काल, कारण-कार्य, बुद्धि विकल्प की 12 कोटियाँ,

आदि का प्रयोग केवल प्रपंचात्मक जगत पर ही हो सकता है परमार्थ अर्थात् अतीन्द्रिय सत्ता पर नहीं, क्योंकि परमार्थ देश-काल की सीमा के परे है। वे मानते हैं कि, यद्यपि प्रपंचात्मक जगत निष्प्रपंच का ही प्रपंच है, तथापि प्रपंचात्मक जगत दैशिक एवं कालिक होने के कारण अनेक रूपों में प्रतीत होता है जबकि परमार्थ देश एवं काल की परिधि के बाहर होने के कारण एक एवं अनेक के भेद से परे है। एक एवं अनेक के लिए बुद्धि की कोटियों का आरोपण कैसे हो सकता है? इसी प्रकार सत् तो एक ही है, परन्तु ज्योंही वह देश-काल की सीमा में आता है त्योंही उसके विविध आयाम विकसित हो जाते हैं। इस प्रकार दैशिक एवं कालिक परिस्थितियों, सांस्कृतिक विविधता एवं मानसिक प्रवृत्तियों के कारण धर्म में भी विविधता आ ही जाती है। अस्तु, धार्मिक बहुलता देश-काल के अनुरूप भी है।

डक–रैबिट भ्रम (Duck–rabbit Illusion)

इसे छः अन्धे और एक हाथी के उदाहरण से भी स्पष्ट किया जा सकता है। जिस प्रकार अनेक अन्धे किसी हाथी के अंग विशेष का स्पर्श करके उसका वर्णन भिन्न-भिन्न रूपों में करते हैं उसी प्रकार जब हम परम सत् का बुद्धि के माध्यम से वर्णन करते हैं तो उसमें विविधता का होना स्वाभाविक है। इसी प्रकार एक उदाहरण 'डक-रैबिट भ्रम' (Duck-rabbit illusion) का है, जिसे सर्वप्रथम एक अमेरिकन मनोवैज्ञानिक जोसेफ जास्ट्रो ने अपनी पुस्तक "The Mind's Eye" (1899) में प्रस्तुत किया। इसके द्वारा वे दिखाना चाहते थे कि प्रत्यक्ष में केवल उत्तेजना का नहीं बल्कि मानसिक क्रिया का भी प्रभाव होता है [Jastrow, J. (1899): *The Mind's Eye*, Popular Sci. Monthly 54, pp. 299–312.]। कालांतर में इसे विट्गेंस्टाइन अपनी पुस्तक "Philosophical Investigations" (1953) में लोकप्रिय बनाता है। विट्गेंस्टाइन के अनुसार माना डक-रैबिट का एक भ्रमात्मक चित्र है। पुनः माना कि व्यक्तियों का एक ऐसा समूह है जिसने केवल डक को देखा है, परन्तु रैबिट को नहीं। अब यदि उनके समक्ष इस जटिल चित्र को दिखाते हैं तो वे उसको डक के रूप में ही बताते हैं। इसी प्रकार माना कि व्यक्तियों का एक समूह ऐसा है जिसने केवल रैबिट देखा है, परन्तु डक को नहीं। अब यदि उन्हें भी उसी चित्र को दिखाया जाए तो वे सभी उसको रैबिट के रूप में बताते हैं। [Wittgenstein, L. (1953): *Philosophical Investigations*, Blackwell, Oxford, pp. 165–66.]। स्पष्टतः हमारी अभिव्यक्ति की सीमा हमारे ज्ञान की सीमा है अर्थात् हम जितना जानते हैं उसका उसी रूप में वर्णन भी करते हैं जबकि सत् केवल अनुभूति का विषय है और वह भी ऐसी अनुभूति जो नितांत व्यक्तिगत है। इसी प्रकार सत् तो (T) के समान है और वही सभी धर्मों का परम लक्ष्य है, जबकि अन्य सभी धर्म (t) के समान हैं जो सदैव ही (T) की ओर निर्देश करते हैं। इस प्रकार, यद्यपि प्रत्येक धर्म सत्य है, परन्तु अपूर्ण एवं सापेक्ष है। इस प्रकार अपूर्णता एवं सापेक्षता के स्तर पर बहुलता का होना अस्वाभाविक नहीं है।

पुनश्च, सत् केवल एक ही नहीं है बल्कि वह अनन्त भी है जबकि मानवीय बुद्धि सीमित है। अतः सीमित बुद्धि के द्वारा असीमित सत्ता को कैसे जाना जा सकता है? संत कबीरदास जी कहते हैं कि:

"हेरत हेरत हे सखी रहा कबीर हेराय।
बूँद समानी समुद में सो कत हेरी जाय॥"

अर्थात् हे प्रभु! मैं तो बूँद के समान हूँ जबकि तुम समुद्र हो। बूँद समुद्र को कैसे जान सकती है? इसीलिए विभिन्न धर्मों तथा दार्शनिकों ने सत् एवं अनूभूति के बीच स्पष्ट भेद किया है। ईसाई रहस्यवादी मिस्टर एखार्ट (Meister Eckhart) 'Godhead' (Deitas) और 'God' (Deus) में अंतर करते हैं। उनके अनुसार God की अवधारणा त्रि-तत्व के रूप में है जबकि Godhead ईश्वर का भी आधार है (God exists as the three Persons of Trinity, while Godhead is the Ground of God.)। पुनश्च, वे कहते हैं कि God और Godhead वैसे ही पृथक् हैं, जैसे - स्वर्ग एवं पृथ्वी (God and the Godhead are as distinct as heaven and earth.)। ताओवादी ताओ-ते-चिंग कहते हैं कि 'वह ताओ जो अभिव्यक्त होता है वह शाश्वत ताओ नहीं है।' (The Tao that can be expressed is not the eternal Tao.)। यहूदी काबालिस्ट रहस्यवादी 'एन सॉफ' (En Soph) अर्थात् 'निरपेक्ष सत्' तथा 'बाइबिल के ईश्वर' (God of the Bible) में भेद करते हैं। इस्लाम परम्परा में भी 'अल हक' (Al Haqq) एवं 'अल्लाह' (Allah) के बीच भेद किया गया है। भारतीय परम्परा में अद्वैत वेदान्ती आचार्य शंकर सगुण एवं निर्गुण ब्रह्म के बीच भेद करते हैं। उनके अनुसार 'सगुण ब्रह्म' तो सगुण, साकार, सविशेष, सृष्टि की उत्पत्ति, स्थिति एवं लय का कारण है तथा मन, बुद्धि एवं वाणी के द्वारा व्यक्त किया जा सकता है जबकि 'निर्गुण ब्रह्म' तो निर्गुण, निराकार, निर्विशेष तथा मन एवं बुद्धि से अगम्य है।

इसी प्रकार ए० एन० ह्वाइटहेड ने ईश्वर के 'आधारभूत' (Primordial) एवं 'परिणामी' (Consequent) स्वरूप के बीच भेद किया है। उनके अनुसार आधारभूत ईश्वर सम्प्रत्यात्मक अनुभवों से बनता है जबकि परिणामी ईश्वर भौतिक अनुभवों से उत्पन्न होता है। "ईश्वरीय प्रकृति का एक स्वरूप उसके सम्प्रत्यात्मक अनुभवों के आधार पर संस्थापित होता है। यह अनुभव जगत का आधारभूत तथ्य है जो किसी पूर्वकल्पित यथार्थ से सीमित नहीं होता है। अतः यह असीमित एवं निषेधात्मक आशंकाओं से रहित है। इसका स्वरूप स्वतंत्र, पूर्ण, आधारभूत, शाश्वत, यथार्थतः निर्दोष एवं अचेतन है। ईश्वर का दूसरा स्वरूप भौतिक अनुभवों के साथ कालिक जगत से उत्पन्न होकर आधारभूत सत्ता से सम्बंधित हो जाता है। यह नियत, अपूर्ण, परिणामी, स्थायी, पूर्णतया यथार्थ और चेतन होता है। उसका अनिवार्य ईश्वरत्व उसके परिणामी स्वरूप के संकल्प को अभिव्यक्त करता है।" ["One side of God's nature is constituted by his conceptual experiences. This experience is the primordial fact in the world limited by no actuality which it presupposes. It is therefore infinite, devoid of all negative apprehensions. This side of his nature is free, complete, primordial, eternal, actually deficient and unconscious. The other side originates with physical experience derived from the temporal world, and then acquires integration with the primordial side. It is determined, incomplete, consequent, 'everlasting', fully actual and conscious. His necessary Godness expresses the determination of his consequent nature." Whitehead, A.N. (1929): *Process and Reality*, Macmillan, New York, p. 345.]।

इसी प्रकार पॉल तिलिक भी 'ईश्वर' और 'धर्मों के ईश्वर' में स्पष्ट भेद करते हैं। उनके अनुसार "'ईश्वर के ऊपर ईश्वर' निरपेक्ष आस्था की अंतर्वस्तु है। निरपेक्ष आस्था एवं उसका परिणाम उत्कट संशय के लिए साहस प्रदान करता है, ईश्वर के विषय में संशय करते हैं, अपने आप पर संशय करते हैं, यह ईश्वर की धार्मिक अवधारणा से परे है।" ["The content of the absolute faith is the 'God above God'. Absolute faith and its consequence, the courage that takes the radical doubt, the doubt about God, into itself, transcendents the theistic idea of God". Tillich, Paul (1952): *The Courage to Be*, Yale University Press, New Haven, p. 190.]। गॉर्डेन डी० कुफमैन 'वास्तविक गॉड' (Real God) और 'उपलब्ध गॉड' (Available God) में भेद करते हैं। उनके अनुसार "वास्तविक ईश्वर न तो मानवीय बुद्धि के द्वारा और न ही निरीक्षण एवं प्रयोग के द्वारा ही जाना जा सकता है। यह सदैव एक अज्ञात X की भाँति बना रहता है।" ["The real reference of God is never acceciable to us or in any way open to our observation or experience. It must remain always an unknown X." Kaufman, Gordon D. (1972): *God the Problem*, Cambridge, Mass: Harvard University Press, p. 85.]। पुनश्च, वे लिखते हैं कि 'उपलब्ध ईश्वर या प्रतीक ईश्वर जो ईश्वर के वास्तविक निर्देश से, जो मूर्त रूप से परम रहस्य के साथ सम्बंधित है, समस्त सत्ता का आधार है।' ["The available God or the symbol 'God' from the real reference of God, which the more concretly identifies as the ultimate mystery which grounds of all reality." Kaufman, Gordon D. (1993): *In Face of Mystery: A Constructive Theology*, Cambridge, Mass: Harvard University Press, p. 296.]।

इस दृष्टि से जॉन हिक ठीक ही लिखते हैं कि "जितनी भी महान धार्मिक परम्पराएँ विशेषत: रहस्यवादी परम्पराएँ हैं, उनमें वास्तविक या परम ईश्वर जो अपने आप में सत् है और मनुष्यों के अवधारणात्मक या अनुभवजन्य ईश्वर के बीच भेद किया गया है।" ["Among the great religious traditions and particularly within their more mystical strands, a distinction is widely recognized between the Real or Ultimate or Divine an such (in himself/her/its-self) and the Real as conceptualized and experienced by human beings." Hick, John (1988): *Philosophy of Religion*, Prentice-Hall Inc., New Delhi, p. 118.]। सत् एवं अनुभूति के बीच भेद का प्रमुख कारण यह है कि पूर्ण सत्य को तो शारीरिक अवस्था में जाना ही नहीं जा सकता है, क्योंकि पूर्ण सत्य का अनुभव तो पूर्णता की स्थिति में ही सम्भव है। अत: जब तक हम व्यावहारिक स्तर पर हैं उसमें भेद का होना स्वाभाविक ही है। इस प्रकार सत् एवं अनुभूति के बीच अंतर भी धार्मिक बहुलता को ही स्पष्ट करता है।

भाषा भी धार्मिक बहुलता का एक महत्त्वपूर्ण आधार है। भाषा भेदात्मक है, जबकि सत्ता अभेदात्मक। अत: भेदात्मक भाषा के आधार पर अभेदात्मक सत्ता का निर्वचन कैसे हो सकता है? जब हम अकथनीय का कथन करेंगे तो भेद का होना स्वाभाविक ही है। भाषा विचार को बोलती है और विचार की सीमा जगत की सीमा है। इस प्रकार अंतत: भाषा की सीमा जगत की सीमा है। इसका तात्पर्य यह है कि लौकिक जगत की भाषा अलौकिक जगत की सत्ता को

अभिव्यक्त नहीं कर सकती है, क्योंकि वह सत्ता अपने आप में अद्‌भुत तथा वर्णन के बाहर है। अत: उसकी अभिव्यक्ति के लिए पृथक् स्तर की भाषा का होना अनिवार्य है। कार्ल यास्पर्स के अनुसार "अतीन्द्रिय सत्ता की अभिव्यक्ति विशिष्ट भाषा में होती है। ...ऐसी विशिष्टता में जो सत्यता सुनाई देती है वह निरपेक्ष रूप से सत्य होती है जबकि बोलना एवं सुनना ऐसा है कि उसे सार्वभौमिक एवं मानकीय रूप से सत्य स्वीकार नहीं किया जा सकता है, किन्तु जो अन्य की भी सम्भावना को, यहाँ तक कि विरोधी पक्ष के सत्य को भी स्वीकार करता है।" ["The language of transcendence, then, is spoken in a particular language... in such particularity the truth which is heard is absolutely true, yet the speaking and hearing is such that it cannot be taken as universally or normatively true, but must admit the possibility of other, even of opposed truth." Quoted from Kane, John F. (1981): *Pluralism and Truth in Religion*, Karl Jasperson Existential Truth, Scholars Press, Chico, p. 113.]।

इसी प्रकार यदि केवल एक ही धर्म हो तो व्यक्ति का संकल्प-स्वातंत्र्य भी खण्डित हो जायेगा। संकल्प की स्वतंत्रता वहाँ सम्भव है, जहाँ कई विकल्प उपस्थित हों, क्योंकि स्वतंत्रता का अर्थ है चयन, परन्तु जहाँ मात्र एक ही विकल्प है, वहाँ हम चयन कैसे कर सकते हैं और चयन के अभाव में स्वतंत्रता संभव नहीं है। इससे भी यही स्पष्ट होता है कि धार्मिक बहुलवाद का निषेध व्यक्ति के संकल्प-स्वातंत्र्य का निषेध है। जैसा कि कोवर्ड लिखते हैं कि "विविधता के बिना एकता संकल्प स्वातंत्र्य का उल्लंघन है।" ["Unity without diversity is, therefore, the denial of freedom." Coward, Harold G. (1983): *Religious Pluralism and The World Religions*, Avvai Achukkoodam, 17, P.V. Koil Street, Madras, p. 115.]।

यही नहीं, धार्मिक अनन्यता मानव स्वभाव के अनुरूप भी नहीं है। मनुष्य स्वभावत: विविधता को पसंद करता है। इसे एक उदाहरण से स्पष्ट किया जा सकता है। माना कि दो प्रकार की स्थितियाँ हैं: एक ओर केवल एक ही रंग के पुष्प खिलें हैं और उनका रूप, रंग, आकार-प्रकार सब एक ही तरह का है, दूसरी ओर विविध प्रकार के रंग-बिरंगे फूल खिले हैं और उनका रूप, रंग, आकार-प्रकार आदि सब एक-दूसरे से पृथक् है। ऐसी स्थिति में मनुष्य स्वभावत: उसे ही पसंद करता है, जिस ओर रंग-बिरंगे फूल खिले हों। इसी कारण स्वामी विवेकानन्द जी ने कहा कि वह दिन बुरा होगा जब सारे धर्म समाप्त हो जायेंगे तथा केवल एक ही धर्म रह जायेगा, क्योंकि ऐसी स्थिति में मनुष्य का चिंतन प्रवाह अवरुद्ध हो जायेगा। जिस प्रकार लिफाफा चिट्ठी नहीं है उसी प्रकार मन्दिर, मस्जिद, गुरुद्वारा, चर्च आदि परमात्मा नहीं हैं, बल्कि परमात्मा तक पहुँचने के साधन हैं। यथार्थत: दुनिया में जितने भी धर्म हैं उन सबका परम लक्ष्य परम शांति प्रदान करना है। जिस प्रकार विभिन्न नदियाँ पृथक्-पृथक् मार्गों से चलती हुई अंतत: समुद्र में समाहित हो जाती हैं उसी प्रकार विभिन्न धर्म भी पृथक्-पृथक् मार्गों को अपनाते हुए अंतत: उसी परमात्मा के द्वार तक पहुँचाते हैं। अस्तु, धर्मों की विविधता मानव स्वभाव के अनुरूप है।

अल्विन प्लांटिंगा धार्मिक बहुलता पर आक्षेप करते हुए कहते हैं कि धार्मिक बहुलता स्वयं एक प्रकार की धार्मिक अनन्यता ही है, क्योंकि बहुलतावादी मानते हैं कि अनन्यता असत्य है जबकि बहुलता सत्य है, परन्तु प्लांटिंगा के अनुसार ज्योंही यह दावा किया जाता है कि एक

मात्र बहुलता ही सत्य है उसी क्षण हम अनन्यता को सहज रूप से स्वीकार कर लेते हैं। इस प्रकार यह सिद्धांत अनन्यता को अनिवार्य बना देता है, परन्तु प्लांटिंगा का यह आक्षेप सुसंगत नहीं है। बहुलवाद कोई विशिष्ट धार्मिक सिद्धांत नहीं है बल्कि यह धर्मों की बहुलता के सम्बंध में एक विशिष्ट सिद्धांत है। अत: स्वयं धार्मिक बहुलता को धार्मिक अनन्यता कहना असंगत है।

पुनश्च, कुछ दार्शनिकों का कहना है कि यह कहना कि विभिन्न धर्म प्रपंचात्मक हैं, क्योंकि सत् का मूल स्वरूप हमारे ज्ञान की परिधि के बाहर है, तो यह सिद्धांत अंतत: या तो संशयवाद की ओर या फिर अज्ञेयवाद की ओर ले जाता है। यह आक्षेप भी सुसंगत नहीं है, क्योंकि हमें यहाँ पर ज्ञान एवं अनुभूति के बीच विभेद करना होगा। यद्यपि यह सत्य है कि धार्मिक सत्य विमर्शात्मक बुद्धि के द्वारा जाना नहीं जा सकता है, परन्तु इसका अभिप्राय नहीं है कि यह अनुभूति द्वारा भी नहीं जाना जा सकता है। अनुभूति के स्तर पर ही उस परम सत्ता का ज्ञान सम्भव है। इसी धार्मिक अनुभूति को उपनिषद् में 'ऋतम्भरा प्रज्ञा' कहा गया है जबकि श्री अरविन्द उसे 'अतिमन' (Super mind) की संज्ञा देते हैं। इस प्रकार धार्मिक अनुभूति की कोई सार्वभौमिक एवं अनूठी पद्धति नहीं हो सकती है, क्योंकि कोई व्यक्ति किस माध्यम से उस परम तत्व तक पहुँच सकता है, आज तक इसका किसी ने भी कोई विशिष्ट एवं सुनिश्चित मार्ग नहीं बताया है। इस प्रकार जब हम ज्ञान एवं अनुभूति का भेद करते हैं तो यह समस्या स्वत: विगलित हो जाती है।

सुधारात्मक ज्ञानमीमांसा (Reformed Epistemology)

पुनश्च, कुछ दार्शनिकों का यह आक्षेप है कि यदि हम धार्मिक अनुभूति को सत्य स्वीकार करते हैं तो इसके पक्ष में कोई-न-कोई 'प्रतिज्ञप्तिमूलक प्रमाण' (Propositional evidence) अवश्य ही प्रस्तुत करना होगा, क्योंकि बिना किसी प्रमाण के किसी भी बात को कैसे स्वीकार किया जा सकता है? इसका उत्तर अल्विन प्लांटिंगा, निकोलस वोल्टरस्टोर्फ, डब्ल्यू० पी० एलस्टन आदि ने 'सुधारात्मक ज्ञानमीमांसा' (Reformed epistemology) के आधार पर दिया है। इस सिद्धांत के अनुसार आस्था भी बौद्धिक होती है, क्योंकि यह जिस विश्वास पर आधृत होती है वह यथार्थ विश्वास (Properly belief) है। वैसे तो सुधारात्मक ज्ञानमीमांसा की शुरुआत 16वीं शताब्दी में जॉन केल्विन ने की। केल्विन के अनुसार 'ईश्वर का भाव' (Sensus divinitatis) हमारे अंतर्मन में पर्यावरण के साथ ही अंकुरित होता है। (John Calvin, Calvin's Institutes of the Christian Religion Book-I, Chap. III)।

इसी आधारभूत मान्यता के आधार पर प्लांटिंगा अपनी पुस्तक "God and Other Minds" (1967) में लिखते हैं कि जिस प्रकार अन्य मनस के अस्तित्व में विश्वास को बौद्धिक कहते हैं, यद्यपि उसके पक्ष में कोई प्रमाण नहीं होता है, उसी प्रकार ईश्वर में विश्वास भी बिना प्रमाण के बौद्धिक है। उनके अनुसार यह सत्य है कि कुछ विश्वास प्रमाण की अपेक्षा रखते हैं, परन्तु कुछ विश्वास ऐसे भी होते हैं जिसके लिए वस्तुनिष्ठ प्रमाण अपेक्षित नहीं है। ऐसे विश्वास को प्लांटिंगा 'मूल विश्वास' (Basic belief) कहते हैं। उनके अनुसार यदि कोई ऐसा विश्वास है जो हमारी 'ज्ञानमीमांसीय शर्तों (Epistemic duty) की पूर्ति करता है तो ऐसे विश्वास को 'यथार्थत: मूल विश्वास' (Properly basic belief) कहते हैं। ऐसा विश्वास किसी प्रतिज्ञप्तिमूलक प्रमाण पर

आधृत न होते हुए भी पूर्णतया बौद्धिक एवं तार्किक होता है। इस प्रकार यह सत्य है कि धार्मिक अनुभूति के पक्ष में कोई 'प्रतिज्ञप्तिमूलक प्रमाण' प्रस्तुत नहीं किया जा सकता है, फिर भी यह निरर्थक नहीं है, क्योंकि यह हमारी ज्ञानमीमांसीय शर्तों की पूर्ति करता है।

प्रश्न उठता है कि यह ज्ञानमीमांसीय शर्त क्या है, जो 'यथार्थतः मूल विश्वास' को उत्पन्न करती है? प्लांटिंगा के अनुसार यह ज्ञानमीमांसीय शर्त है: 'विश्वास निर्माण प्रक्रिया' (Belief formation process)। ऐसे विश्वास हमारे उचित संज्ञानात्मक वातावरण, आंतरिक जीवन, स्मृति, आदि के आधार पर बनते हैं। प्लांटिंगा के अनुसार ईश्वरवादी विश्वास न्यायसंगत होता है। सामान्यतः उनकी ज्ञानमीमांसा में न्यायसंगत, सत्य विश्वास का वह गुण है जो उसे ज्ञान के रूप में परिणत करता है। "सत् का गुण संज्ञानात्मक संकायों की समुचित प्रक्रिया के द्वारा संज्ञानात्मक वातावरण में उन संकायों के अनुकूल है जिन्हें सत्य के लक्ष्यार्थ योजना प्रारूप के अनुसार सफलतापूर्वक निर्धारित किया गया है।" ["The property of being 'produced by cognitive faculties functioning properly (subject to no malfunctioning) in a cognitive environment congenial for those faculties, according to a design plan successfully aimed at truth." Plantinga, Alvin (1993): *Warrant: the Current Debate*, Oxford University Press, Oxford, p. viii.]। इस प्रकार ऐसे विश्वासों का निर्माण उचित परिस्थितियों अर्थात् संज्ञानात्मक संकायों की समुचित प्रक्रिया के आधार पर ही होता है। उल्लेखनीय है कि ऐसे विश्वास को हम उत्पन्न नहीं करते हैं बल्कि यह हमारे अंतर्मन में स्वतः ही उत्पन्न होता है फिर भी इसे अबौद्धिक नहीं कहा जा सकता है बल्कि यह पूर्णतया बौद्धिक एवं तार्किक होता है। इस प्रकार सुधारात्मक ज्ञानमीमांसा इस पक्ष पर बल देती है कि, यद्यपि यह सत्य है कि प्रत्येक ज्ञान के पक्ष में वस्तुनिष्ठ प्रमाण प्रस्तुत नहीं किया जा सकता है, तथापि इसका अर्थ नहीं है कि ऐसे ज्ञान निरर्थक या भ्रामक हैं। यथार्थतः ऐसे विश्वास सभी प्रकार के प्रमाणों से परे अर्थात् प्रामाण्य निरपेक्ष होते हैं।

यदि इन समस्त तर्कों पर सूक्ष्मतापूर्वक विचार किया जाय तो यह कहा जा सकता है कि धार्मिक अनन्यता की अवधारणा किसी भी दृष्टिकोण से सुसंगत प्रतीत नहीं होती है, न तो तार्किक दृष्टिकोण से, न बौद्धिक और न ही भावनात्मक दृष्टिकोण से। इस संसार में प्रत्येक व्यक्ति का स्वभाव अन्य व्यक्तियों के स्वभाव से कमोवेश पृथक् होता है। इसके अतिरिक्त उनकी शारीरिक एवं बौद्धिक क्षमताएँ भी पृथक्-पृथक् होती है। साथ ही वे जिस परिवेश में रहते हैं वहाँ की सांस्कृतिक एवं भौगालिक परिस्थितियों में भी विविधता पायी जाती है। ऐसी परिस्थिति में यह परिकल्पना कि केवल एक ही धर्म का अस्तित्व बना रहे, अन्य सभी समाप्त हो जाएँ, मात्र कपोल-कल्पित प्रतीत होती है। अस्तु, यह कहा जा सकता है कि अन्तिम विकल्प के रूप में धार्मिक अनन्यता की अपेक्षा धार्मिक बहुलवाद ही सुसंगत सिद्धांत है।

✤ ✤ ✤

सर्वधर्मसमन्वय (Unity of All Religions)

- परिचय
- सर्वधर्म-समन्वय के लिए चार विकल्प
- धर्मों की सापेक्षता
- सर्वधर्म-समन्वय, सर्वधर्म-समभाव एवं सर्वधर्म-सद्भाव

अध्याय 15

परिचय (Introduction)

सर्वधर्मसमन्वय का अभिप्राय है विभिन्न धर्मों के बीच एकता एवं सामंजस्य की स्थापना करना अर्थात् विभिन्न धर्मों के बीच जो सैद्धांतिक मतभेद हैं उन्हें प्रशमित करके उनके बीच एकता एवं परस्पर सामंजस्य की स्थापना करना, परन्तु यह एकता भौतिक वस्तुओं की भाँति यांत्रिक (Mechanical) न होकर शुद्ध रूप से वैचारिक एवं तार्किक (Rational or Logical) होती है। यथार्थत: धर्म का यही प्रयोजन भी है। Religion शब्द लैटिन भाषा के Religare या Relegere से बना है जिसका अर्थ ही होता है 'बाँधना'। इस प्रकार Religion वह है जो मनुष्य एवं ईश्वर के बीच सम्बंध स्थापित करता है तथा विभिन्न मनुष्यों को परस्पर जोड़ता है। स्पष्टत: रिलीजन के अंतर्गत मूलत: दो विशिष्टताएँ परिलक्षित होती हैं:

1. लौकिक स्तर पर सामाजिक समरसता एवं सामंजस्य की स्थापना करना, जैसा कि महाभारतकार लिखते हैं कि 'धर्मों यो बाधते धर्म: न स धर्मो कुधर्म तत्'।
2. आध्यात्मिक स्तर पर व्यक्ति को परम शांति प्रदान करना (ज्ञानं लबध्वा परां शांतिमचिरेणाधिगच्छति। श्रीमद्भगवदगीता - 4/39)।

आज धर्म अपने मूल उद्देश्य से स्खलित होकर घृणा एवं विद्वेष का बीज ही अधिक बोता जा रहा है। इतिहास इस बात का साक्षी है कि धर्म के नाम पर जितनी हिंसा एवं रक्तपात हुआ है, उतना किसी अन्य चीज के नाम पर नहीं हुआ है। इस प्रकार जहाँ एक ओर धर्म ने अपने अनुयायियों के बीच प्रेम एवं सौहार्द्र

की भावना को विकसित किया है, वहीं दूसरी ओर अन्य धर्मावलम्बियों के बीच घृणा एवं विद्वेष भी फैलाया है। स्वामी विवेकानन्द जी अपनी पुस्तक "ज्ञान योग" में तो यहाँ तक लिखते हैं कि "जितना धर्म ने मनुष्यों के बीच भ्रातृत्व की भावना को विकसित किया है उतना किसी अन्य ने नहीं किया है, धर्म ने मानव-मानव के बीच जितनी कटुता एवं वैमनस्यता पैदा की है उतना किसी अन्य ने नहीं किया है। धर्म ने मनुष्य के लिए धर्मार्थ अस्पताल बनवाये हैं, मनुष्यों तथा पशुओं के लिए आधुनिक अस्पतालों का निर्माण कराया है और धर्म ने ही विश्व को रक्त रंजित भी किया है।" ["Nothing has made the brotherhood of man more tangible than religion; nothing has breed more bitter enemy between man and man than religion. Nothing had built more charitable institutions, modern hospitals for man and even for animals than religion; nothing has deluged the world with more blood than religion." Swami Vivekanand (1961): *Jyana Yoga*, Advaita Ashrama, Calcutta, p. 373.]। अस्तु, यह कहा जा सकता है कि 'एक धर्म का विरोधी जितना दूसरा धर्म है, उतना कोई अन्य नहीं है'।

सर्वधर्मसमन्वय के लिए चार विकल्प
(Four Options for Unity of All Religions)

समस्या यह है कि यदि धर्म का परम साध्य लोगों के बीच प्रेम एवं सौहार्द्र की भावना विकसित करना है तो क्या कारण है कि आज यह अपने उद्देश्य से विचलित होकर कटुता एवं वैमनस्यता का बीज ही अधिक बोता जा रहा है? क्या ऐसा सम्भव नहीं है कि विभिन्न धर्मों के बीच अंतर्व्याप्त घृणा एवं विद्वेष को न्यूनतम करके उन्हें परस्पर एकता एवं सामंजस्य के सूत्र में बाँधा जा सके। यदि इस समस्या पर विस्तार से विचार किया जाय तो इस संदर्भ में मूलत: चार प्रकार के विकल्प मिलते हैं:

1. सभी प्रचलित धर्मों में से किसी एक धर्म को ही सार्वभौम धर्म के रूप में मान्यता प्रदान कर दी जाय।
2. सभी प्रचलित धर्मों के सारतत्वों को लेकर उन सबसे पृथक् अन्य धर्म की स्थापना की जाय।
3. वर्तमान में प्रचलित सभी धर्मों से पृथक् एक नूतन धर्म की स्थापना की जाय।
4. अंतत: धर्मों की सापेक्षता अर्थात् धार्मिक बहुलवाद को ही स्वीकार किया जाय।

सभी प्रचलित धर्मों में से किसी एक धर्म को ही सार्वभौम धर्म के रूप में मान्यता प्रदान कर दी जाय: जहाँ तक सभी प्रचलित धर्मों में से किसी एक धर्म को सार्वभौम धर्म के रूप में स्वीकार करने की बात है, इस मत पर विभिन्न धर्मावलम्बियों के बीच मतैक्य नहीं है। सभी धर्मावलम्बी अपने-अपने धर्म को ही सार्वभौम धर्म के रूप में मान्यता प्रदान करने की बात करते हैं, यथा - हिन्दू धर्मानुयायी हिन्दू धर्म को तो ईसाई धर्म के अनुयायी ईसाई धर्म को, वहीं इस्लाम धर्मानुयायी इस्लाम को ही सार्वभौमिक धर्म की मान्यता प्रदान करने का आग्रह करते हैं। इसी प्रकार अन्य धर्मावलम्बी भी अपने-अपने धर्मों की ही वकालते करते हैं। ईसाई धर्म को

ही सार्वभौम धर्म के रूप में स्वीकार करते हुए एन० एफ० एस० फरे अपनी पुस्तक "रीजन इन रिलीजन" में लिखते हैं कि "मैं समझता हूँ कि मानव के इतिहास में सार्थकता का सर्वोच्च आगमन जीसस का जीवन, उनका उपदेश, मृत्यु और पुनर्जीवन है। ईश्वर का प्रेम ही सर्वोच्च है जिसे ईसा ने अपने जीवन में अपनाया तथा जिसकी उन्होंने शिक्षा दी। मुझे ऐसी कोई वस्तु प्रतीत नहीं होती है जो इस सर्व-समावेशी, निरूपाधिक तथा शाश्वत प्रेम की अपेक्षा अधिक श्रेष्ठ हो जिसका कि जीसस के जीवन एवं उपदेशों में निश्चित रूप से संकेत मिलता है।" ["The highest arrival of meaningfulness in human history, I suggest, is the life, teaching, death and resurrection of Jesus Christ. The highest I have found is the love of God as lived and taught by Jesus. I cannot see how anything can be higher than the all-inclusive, unconditional and eternal love that was at least conclusively suggested by Jesus's life and instructions." Ferre, N.F.S. (1963): *Reason in Religion*, Thomas Nelson & Sons, Edinburgh, p. 67.]।

जार्ज गैलवे भी ईसाई, इस्लाम एवं बौद्ध धर्मों का एक तुलनात्मक अध्ययन करने के उपरांत इस निष्कर्ष पर पहुँचते हैं कि केवल ईसाई धर्म ही सार्वभौम धर्म हो सकता है, क्योंकि ईसाई धर्म स्थिरात्मक न होकर गत्यात्मक है और विश्व भी निरंतर विकासशील है। अस्तु, केवल ईसाई धर्म ही सतत् रूप से विकसित विश्व की आवश्यकताओं की पूर्ति करने में समर्थ है। उनके अनुसार "अन्य धर्मों की अपेक्षा ईसाई धर्म ही पुन:स्थापना एवं विकास की शक्ति रखता है। ... ईसाई धर्म की आंतरिक महानता विकास की क्षमता के द्वारा प्रकट होती है जिसके द्वारा वह मानवता के प्रगामी जीवन के साथ विकसित होता है और अपने संस्थापक की भावना के अनुरूप निरंतर विकसित तथा निरंतर परिवर्तित विश्व की आवश्यकताओं की पूर्ति में सहायक होता है। यथार्थत: सार्वभौम धर्म केवल वही धर्म हो सकता है जो विकसित होता है।" ["The Christian religion carries within it powers of renewal and development greater than any other religion. ... The intrinsic greatness of Christianity is revealed in this capacity of development by which it advances with the advancing life of humanity, and, in the spirit of its Founder, continues to minister to the ever growing and ever changing needs of an aging world. Only a religion which develops can be truly Universal Religion." Galloway, G. (1960): *The Philosophy of Religion*, T. & T. Clark, Edinburgh, pp. 146–47.]।

पुनश्च, डब्ल्यू० ई० हॉकिंग सर्वप्रथम यह प्रश्न उठाते हैं कि क्या ईसाई धर्म सार्वभौम धर्म हो सकता है? पुनश्च, वे स्वयं ही इसका उत्तर देते हुए कहते हैं कि "यह सार्वभौम धर्म होने के रास्ते पर है, यह आधुनिकता के पाश्चात्य परीक्षणों में सफल हो चुका है और आगामी सभ्यताओं की धार्मिक समस्याओं के समन्वय में निश्चित रूप से नेतृत्व प्रदान करेगा।" ["It is on the way to become universal, and that its travail through the western passes of modernity has qualified it, and requires it, to take a certain leadership in meeting the religious problems of the coming civilization." Hocking, W.E. (1955–56): 'Christianity and the faith of the coming civilization', *Hibbert Journal*, Vol. 54, p. 346.]। इसी प्रकार फ्रेड्रिक हीलर भी अन्य धर्मों की तुलना में ईसाई धर्म

को सर्वोच्च धर्म के रूप में स्वीकार करते हुए लिखते हैं कि "ईसाई धर्म इस अर्थ में श्रेष्ठ नहीं है, जैसे - सत्य असत्य की अपेक्षा; बल्कि जैसे प्लेटो अरस्तू की अपेक्षा; स्वामी की श्रेष्ठता अपने दास की अपेक्षा नहीं; बल्कि इस अर्थ में श्रेष्ठ है जैसा कि बड़ा भाई छोटे भाई की अपेक्षा श्रेष्ठ होता है।" ["It (Christianity) is superior, not as truth is to falsehood, but as Plato is to Aristotle; not as the master to his slave, but as the eldest son to his brothers." Heiler, F. (1953–54): How can Christian and Nonchristian Religions Co-operate? *Hibbert Journal*, Vol. 52, p. 109.]। इसी प्रकार अन्य ईसाई धर्मावलम्बी भी ईसाई धर्म को सार्वभौम धर्म के रूप में मान्यता प्रदान करने की बात करते हैं।

उपर्युक्त मतों से पृथक् हिन्दू धर्मानुयायी हिन्दू धर्म को ही सार्वभौमिक धर्म के रूप में मान्यता प्रदान करना चाहते हैं। उदाहरणार्थ, डॉ० राधाकृष्णन हिन्दू धर्म की विशिष्टता का उल्लेख करते हुए कहते हैं कि हिन्दू धर्म विशेषत: अद्वैत वेदांत ही सार्वभौम धर्म हो सकता है, क्योंकि केवल अद्वैत वेदान्त में ही निरपेक्ष सत्य का प्रतिपादन किया गया है, अन्य सभी धर्म केवल सापेक्षित सत्य की अवधारणा को ही स्वीकार करते हैं। निरपेक्ष सत्य का सम्बंध किसी विशेष धर्म या पैगम्बर से न होकर सभी धर्मों से समान रूप से है। यही नहीं, हिन्दू धर्म अन्य धर्मों से पृथक् सत्य के सतत् अनुसंधान में संलिप्त है। अस्तु, हिन्दू धर्म ही एकमात्र ऐसा धर्म है जो सार्वभौम धर्म हो सकता है। उनके अनुसार "हिन्दू धर्म किसी एक पंथ या एक धर्म-ग्रंथ, एक पैगम्बर या एक धर्म संस्थापक से जुड़ा हुआ नहीं है, अपितु यह चिर नवीन अनुभवों के आधार पर सत्य की निरंतर खोज है। हिन्दू धर्म ईश्वर के सतत् विकास के सम्बंध में एक मानवीय विचार है।" ["Hinduism is not bound up with a creed or a book, a prophet or a founder, but is persistent search for truth on the basis of a continuously renewed experience. Hinduism is human thought about God in continuous evolution." Radhakrishnan, S. (1947): *Religion and Society*, George Allen & Unwin Ltd., London, p. 54.]। अस्तु, उनके अनुसार "वेदान्त ही सम्पूर्ण मानव जाति के लिए गहनतम एवं सर्वाधिक महत्त्वपूर्ण धर्म है।" ["The Vedanta is not a religion, but religion itself in its most universal and deepest significance". S. Radhakrishnan (1954): *The Hindu View of Life*, George Allen & Unwin Ltd., London, p. 23.]।

अपरंच, हिन्दू धर्म विशेषत: अद्वैत वेदांत की मूल स्थापना, आत्म-तत्व या परम चेतना की प्रतिष्ठा है जो प्राय: सभी धर्मों का सारतत्व है। यद्यपि जगत सतत् परिवर्तनशील है, परन्तु इस परिवर्तनशील जगत में भी एक तत्व ऐसा है जो अपरिवर्तनशील है और वह है चेतना या आत्मा। आत्मा अजर, अमर एवं अविनाशी होने के साथ ही साथ किसी विशेष धर्म से सम्बंधित न होकर सभी धर्मों से समान रूप से सम्बंधित है। इसी आत्म तत्व की प्रतिष्ठा अद्वैत वेदांत का मूल है। आत्म तत्व या चेतना के स्तर पर सभी प्रकार के भेद विगलित हो जाते हैं। अस्तु, उपनिषद् के ऋषि यह आह्वान करते हैं कि उस चैतन्य तत्व को जानो, क्योंकि वही सब जगह अंतर्व्याप्त है: 'ईशावास्यमिदं सर्वं' (ईशोपनिषद्, 1/1) या 'सर्वं खल्विदं ब्रह्म' (छांदोग्योपनिषद् - 3/14/10) या 'ईश्वर: सर्वभूतानां' (श्रीमद्भगवदगीता - 3/27) आदि। इसी को दूसरे रूप में कहा गया है कि 'एकमेवाद्वितीयम्' (छांदोग्योपनिषद् - 6/2/2) या 'नेह नानास्ति किंचन्' (बृहदारण्यक उपनिषद्

भाष्य - 4/4/19) अर्थात् एक के अलावा दूसरा है ही नहीं। स्पष्टत: जब सभी जगह एक ही तत्व अंतर्व्याप्त है तो भेद कैसा? ऐसा ज्ञान होते ही जीव की भेद-दृष्टि समाप्त हो जाती है। भेद-दृष्टि समाप्त होते ही जीव 'पर' में भी 'स्व' की अनुभूति करने लगता है। इस प्रकार उसकी व्यक्तिगत चेतना परिष्कृत एवं परिमार्जित होकर सार्वभौमिक चेतना के रूप में विकसित हो जाती है। दूसरे शब्दों में, व्यक्तिगत चेतना का विस्तार सार्वभौमिक चेतना के रूप में हो जाता है। अब वह एक ही तत्व को साक्षात् रूप से सब में अंतर्व्याप्त देखता है। यही सभी धर्मों का सार है, जिसकी स्थापना हिन्दू धर्म करता है। इसी को दृष्टिगत करते हुए डॉ० राधाकृष्णन अपनी पुस्तक "रिलीजन एण्ड सोसाइटी" में लिखते हैं कि "हिन्दू धर्म समझ एवं सहयोग के प्रयास का प्रतिनिधित्व करता है। यह मानवीय पक्ष की विविधता की ओर तथा एक सर्वोच्च सत्ता की अनुभूति को मान्यता प्रदान करता है। धर्म का सार इसमें निहित है कि सभी प्राणियों में क्या शाश्वत एवं अंतर्व्याप्त है।" ["Hinduism represents an effort at comprehension and cooperation. It recognizes the diversity in man's approach towards, and realization of, the one Supreme Reality. For it the essence of religion consists in man's hold on what is eternal and immanent in all being." Radhakrishnan, S. (1947): *Religion and Society*, George Allen & Unwin Ltd., London, p. 52.]।

हिन्दू धर्म की सर्वाधिक महत्त्वपूर्ण विशिष्टता की ओर संकेत करते हुए हिन्दू धर्मानुयायी 'सहिष्णुता की भावना' को मानते हैं और इसी सहिष्णुता के आधार पर वे इसे ही विश्व धर्म के रूप में स्थापित करने की बात करते हैं। सहिष्णुता का अभिप्राय यह है कि क्योंकि विभिन्न धर्म अपनी-अपनी संस्कृतियों की उपज होने के कारण सभी समान रूप से सत्य हैं, अस्तु, हमें अन्य धर्मों में विहित मान्यताओं के प्रति भी वही भाव रखना चाहिए जो हम अपने धर्म के प्रति रखते हैं। इसी दृष्टि से डॉ० राधाकृष्णन अपनी पुस्तक "ईस्टर्न रिलीजन एण्ड वेस्टर्न थॉट" में लिखते हैं कि "हिन्दू धर्म यह मान्यता प्रदान करता है कि प्रत्येक धर्म अपनी संस्कृति से बंधा हुआ है तथा वह आंगिक रूप से विकसित होता है। ...धर्म व्याख्याओं के द्वारा अपने आप को परिष्कृत करता है तथा एक-दूसरे के साथ सामंजस्य स्थापित करता है। हिन्दू का दृष्टिकोण निषेधात्मक सहिष्णुता की भाँति न होकर भावात्मक सहभागिता की भाँति होता है।" ["Hinduism recognizes that each religion is inextricably bound up with its culture and can grow organically.... Religions reform themselves by interpretations and adjustments to one another. The Hindu attitude is one of positive fellowship not negative tolerance." Radhakrishnan, S. (1940): *Eastern Religions and Western Thought*, Oxford University Press, London, p. 335.]। स्वामी विवेकानन्द भी हिन्दू धर्म की सहिष्णुता को महत्त्वपूर्ण मानते हुए कहते हैं कि "मुझे एक ऐसे धर्म के अनुयायी होने का गर्व है जिसने सम्पूर्ण विश्व को सहिष्णुता एवं सार्वभौमिक स्वीकृति की शिक्षा प्रदान की है।" ("I am proud to belong to a religion which has taught the world both tolerance and universal acceptance." Swami Vivekanand speeches—*The World Parliament of Religions*, Chicago, September 11, 1893.)। पुनश्च, उनके अनुसार "यथार्थत: सभी ईश्वरीय विचार यहाँ तक कि सभी धर्म जिस रूप में भी है, सत्य हैं तथा एक ही यात्रा के विविध स्तर हैं, सभी

का उद्देश्य वेदों की पूर्णता की अवधारणा को प्राप्त करना है। अत: हम केवल सहिष्णु ही नहीं हैं बल्कि हम सभी हिन्दू प्रत्येक धर्म को स्वीकार करते हैं, हम मस्जिद में जाकर इबादत करते हैं, जरथुस्ट्र धर्म की अग्नि के समक्ष पूजा करते हैं, ईसाई के क्रॉस के समक्ष झुकते हैं, हम जानते हैं कि प्रत्येक धर्म नीचे की पूजा-वस्तु से लेकर ऊपर के निरपेक्ष सत् तक असीमित की अनुभूति का प्रयास है, प्रत्येक धर्म अपने जन्म की शर्तों के द्वारा नियंत्रित होता है तथा उससे सम्बंधित है और प्रत्येक प्रगति की ओर बढ़ रहा है। हम सभी फूलों को एकत्रित करते हैं और उन्हें प्रेम के एक सूत्र में पिरोते हैं जिससे एक आश्चर्यजनक पूजा का गुलदस्ता बन सके।" ["In fact, every idea of God, and hence every religion, is true, as each is but a different stage in the journey, the aim of which is the perfect conception of the Vedas. hence, too, we not only tolerate, but we Hindus accept every religion, raying in the mosque of the Mohammedans, worshipping before the fire of the Zoroastrians, and kneeling before the cross of the Christians, knowing that all the religions, from the lowest fetishism to the highest absolutism, mean so many attempts of the human soul to grasp and realise the infinite, each determined by the conditions of its birth and association, and each of them marking a stage of progress. We gather all these flowers and bind them with the twine of love, making a wonderful bouquet of worship." Swami Vivekananda (1986): *The Complete Works of Swami Vivekananda*, Vol. 1, Mayavati Memorial Edition, Calcutta, Advaita Ashrama, p. 390.]।

हिन्दू धर्म की अन्य विशेषता इसकी 'उदारता' या 'दृष्टिकोण की व्यापकता' है। हिन्दू धर्मानुयायी केवल यही नहीं कहते हैं कि 'एकं सद् विप्रा: बहुधा वदन्ति' (ऋग्वेद - 1/164/46) अर्थात् सत् तो एक ही है जिसका विद्वान लोग भिन्न-भिन्न रूपों में निर्वचन करते हैं, बल्कि वे यह भी कहते हैं कि वे जो कुछ भी कह रहे हैं, मात्र वही सत्य नहीं है। उनके अलावा भी सत्य को जानने वाले लोग हैं, जैसा कि महर्षि वेद व्यास का वचन है कि "अन्तरा चापि तु तद्दृष्टे:" (ब्रह्मसूत्र - 3/4/36) अर्थात् हमारी जाति एवं सम्प्रदाय के परे भी परम तत्व को जानने वाले लोग हैं। सम्भवत: यही कारण है कि यहाँ का ऋषि किसी अन्य धर्मानुयायी के साथ कोई घृणा एवं विद्वेष नहीं रखता है बल्कि वह अपने एवं पराये के भेद से ऊपर उठकर सम्पूर्ण विश्व को अपना परिवार मानते हुए ("अयं बन्धुरयं नेति गणना लघुचेतषां। उदारचरितानां तु वसुधैव कुटुम्बकम्॥" महोपनिषद् - 6/71) सार्वभौमिक कल्याण की कामना करता है ("सर्वे भवन्तु सुखिन: सर्वे सन्तु निरामया:। सर्वे भ्रदाणि पश्यन्तु मा कश्चिद् दु:खभाग्भवेत॥" आदिशंकराचार्य द्वारा प्रस्तुत) तथा साथ-साथ बैठने, साथ-साथ भोजन करने, साथ-साथ ज्ञानवान होने एवं विवाद रहित होने की याचना करता है। ("ॐ सह नाववतु। सह नौ भुनक्तु। सह वीर्यं करवावहै। तेजस्विनावधीतमस्तु मा विद्विषाव है।" कठोपनिषद् - 2/3/19)। स्पष्टत: हिन्दू धर्म केवल अपने धर्मानुयायियों की ही नहीं बल्कि प्राणिमात्र के कल्याण की कामना करता है। यह हिन्दू धर्म की एक ऐसी अनूठी विशेषता है जो अन्यत्र कहीं भी देखने को नहीं मिलती है। इसी से प्रभावित होकर गाँधी जी कहते हैं कि "मेरा धर्म हिन्दू धर्म है जो मेरे लिए मानवता का धर्म है और जहाँ तक मुझे ज्ञात है यह सभी धर्मों के सर्वोत्तम तत्व को अपने में शामिल करता है।" ["My religion is Hinduism which for me is the religion of Humanity and includes the best of all religions known to me." Quoted from Radhakrishnan, S. & Muirhead, J.H. (1960): *Contemporary Indian Philosophy*, George Allen & Unwin Ltd., London, p. 21.]। अस्तु, नि:संदेह रूप से हिन्दू धर्म को सार्वभौम धर्म बनाया जा सकता है। इसी प्रकार अन्य धर्मावलम्बी भी अपने-अपने धर्म को ही सार्वभौम धर्म के रूप में स्वीकार करने की वकालत करते हैं।

समस्या यह है कि क्या किसी एक धर्म को सार्वभौम धर्म बनाया जा सकता है? स्पष्टत: इसका उत्तर निषेधात्मक ही होगा, क्योंकि किसी एक धर्म को सार्वभौम धर्म बनाने का अर्थ है अन्य धर्मों का निषेध। यह मत विभिन्न धर्मावलम्बियों के बीच प्रेम एवं सौहार्द्र की भावना स्थापित करने के स्थान पर उनके बीच परस्पर कटुता एवं वैमनस्यता ही पैदा करेगा, जो अंतत: धार्मिक असहिष्णुता का कारण बनेगा। यथार्थत: धर्म, तर्क एवं बौद्धिकता पर आधारित न होकर शुद्ध आस्था पर आधारित होता है। आस्था व्यक्ति की भावनाओं से गहरे रूप में जुड़ी होती है, जिसका किसी भी परिस्थिति में परित्याग उस व्यक्ति के लिए सम्भव नहीं है। इसका कारण यह है कि धर्म के चयन में व्यक्ति की इच्छा नहीं बल्कि उसका जन्म-स्थान महत्त्वपूर्ण होता है। अस्तु, वह धीरे-धीरे उसके व्यक्तित्व का अभिन्न अंग हो जाता है और इस कारण उसके प्रति उस व्यक्ति का सम्पूर्ण आग्रह हो जाता है। पुनश्च, कोई एक धर्म सभी मनुष्यों की धार्मिक भावनाओं को संतुष्ट कर भी नहीं सकता है। इस संसार में विभिन्न प्रकृति के लोग हैं, उनकी मानसिक अभिरूचियों के अनुरूप ही विभिन्न प्रकार के देवता एवं तद्नुरूप विभिन्न प्रकार के धर्म भी हैं। अत: धर्मों की अनेकता एक कठोर सत्य है, जिसका परित्याग मानव प्रकृति का उल्लंघन है। यही नहीं, प्रत्येक धर्म का एक महत्त्वपूर्ण पक्ष उसका कर्मकाण्ड है। प्रत्येक धर्मानुयायी अपने धर्म में विहित कर्मकाण्डों का अनुपालन करके ही अत्यधिक आत्मिक संतोष का अनुभव प्राप्त करता है। ऐसी परिस्थिति में, अन्य धर्मों में मान्य कर्मकाण्डों का अनुपालन करके वह कदापि शांति का अनुभव नहीं करेगा। अस्तु, यह मत कि सभी प्रचलित धर्मों में से किसी एक धर्म को ही सार्वभौम धर्म बना दिया जाय, व्यवहारत: सुसंगत प्रतीत नहीं होता है।

सभी प्रचलित धर्मों के सारतत्वों को लेकर उन सबसे पृथक् अन्य धर्म की स्थापना की जाय: क्या विभिन्न प्रचलित धर्मों के आधारभूत तत्वों को लेकर एक पृथक् धर्म की स्थापना की जा सकती है? इस मत के समर्थकों का कहना है कि सभी धर्मों के आधारभूत तत्व कमोवेश एक ही होते हैं, भेद तो केवल बाह्यत: ही होता है। अत: सभी धर्मों के सारतत्वों के आधार पर एक पृथक् धर्म की स्थापना की जा सकती है। उदाहरण के लिए, सभी धर्मों में एक महत्त्वपूर्ण साम्य उनके उद्देश्यों को लेकर है। सभी धर्मों का परम साध्य कटुता एवं वैमनस्यता को समाप्त करके जन-सामान्य के बीच भ्रातृत्व-भाव तथा विश्व शांति की स्थापना करना है, परन्तु इसके लिए जो मार्ग बताये गये हैं उनमें प्राय: वैषम्य हो जाता है। इस प्रकार सभी धर्मों के गन्तव्य या लक्ष्य को केन्द्र में रखकर इनके बीच सामंजस्य की स्थापना की जा सकती है। इस मान्यता के प्रबल समर्थकों में डॉ० भगवान दास, डॉ० राधाकृष्णन, स्वामी विवेकानंद आदि प्रमुख हैं। डॉ० भगवान दास अपनी पुस्तक "*The Essential Unity of All Religions*" में लिखते हैं कि सर्वधर्मसमभाव की स्थापना किसी विशेष धर्म के आधार पर नहीं हो सकती है। इसके लिए यह अनिवार्य है कि सर्वप्रथम विभिन्न धर्मों के अनिवार्य तत्वों को उनके आकस्मिक तत्वों से पृथक्

किया जाय तत्पश्चात् आवश्यक तत्वों को लेकर सर्वधर्मसमभाव की स्थापना की जाय। उनके अनुसार "धर्म मनुष्य के लिए अनिवार्य है; परन्तु कोई विशेष धर्म अनिवार्य नहीं है; यहाँ पर हमारे समक्ष केवल दो विकल्प हैं: या तो सभी धर्मों को अस्वीकार कर दिया जाय या सभी को स्वीकार कर लिया जाय, परन्तु ये दोनों ही विकल्प अव्यावहारिक हैं, अत: केवल व्यावहारिक, यहाँ तक कि उत्तम एवं अधिक संतोषजनक और वस्तुत: विवेकपूर्ण यह है कि अनिवार्य धर्मों के तत्वों को उनके आकस्मिक पक्षों से असम्पृक्त किया जाय।" ["Religion is necessary to man; that no *particular form* of religion is indispensible; that there is two alternatives open to us, either to reject all religions or to accept all religions; that both are impracticable; and that; therefore, the only practical, as also the best, most satisfying, and wise course, is to shift out the elements of *Essential Religions* from the non-essential forms." Das, Bhagavan (1939): *The Essential Unity of all Religions*, Theosophical Publishing House, Wheaton, p. 57.]। अस्तु, उनके अनुसार विभिन्न धर्मों के अनिवार्य तत्वों के आधार पर एक सार्वभौम धर्म की स्थापना की जा सकती है।

समस्या यह है कि विभिन्न धर्मों के अनिवार्य तत्वों का निर्धारण किस प्रकार किया जा सकता है? डॉ० भगवान दास के अनुसार इसका निर्धारण किसी व्यक्ति विशेष की स्वेच्छा से न करके वर्तमान में प्रचलित सभी धर्मों के बहुमत के आधार पर होना चाहिए। यहाँ बहुमत का अभिप्राय केवल अधिकतम संख्या से नहीं है बल्कि विशेषत: सर्वसम्मति से भी है। जिन तत्वों को अधिकांश धर्मों में स्वीकार किया गया है कि वे धर्म के अनिवार्य तत्व हैं और उन्हीं तत्वों के आधार पर विभिन्न धर्मों के बीच सर्व-सहमति बन सकती है, जैसा कि वे लिखते हैं कि "धर्म का निर्माण प्रजातांत्रिक तरीकों से होता था, अर्थात् 'बहुमत' की पद्धति के द्वारा। इन्हीं पद्धतियों के आधार पर सत्यों एवं क्रिया-पद्धतियों को स्वीकार कर, जो न केवल अधिकतम संख्या के आधार पर हों बल्कि वे सर्व-सहमति, प्रचलित धर्मों के बहुमत, उनके विश्वासों एवं प्रथाओं के आधार पर हों जिस पर सभी सहमत हों, उसे ही सार्वभौम धर्म के अनिवार्य तत्वों के रूप में स्थान प्रदान करना चाहिए।" ["Religion had to be made on 'democratic' lines, *i.e.*, the line of 'majority-rule'. On these lines, those truths and practices which receive, not only the greatest number of, but unanimous, votes from the living religions, those beliefs and observances on which all are agreed, should obviously be regarded as constituting Universal Religion." Das, Bhagavan (1939): *The Essential Unity of all Religions*, Theosophical Publishing House, Wheaton, pp. 59–60.]। स्पष्टत: डॉ० भगवान दास के अनुसार अनिवार्य या आधारभूत तत्वों का निर्धारण सर्व-सम्मति के आधार पर ही होना चाहिए न कि किसी व्यक्ति विशेष की स्वेच्छा से। वे मानते हैं कि इन आधारभूत तत्वों का सम्बंध न तो किसी एक धर्म विशेष से होता है और न ही इन पर किसी एक जाति विशेष या गुरु विशेष का सर्वाधिकार ही होता है। वास्तविकता यह है कि इस प्रकार के आधारभूत तत्व सभी धर्मों में समान रूप से पाये जाते हैं तथा विभिन्न धर्म भिन्न-भिन्न रूपों में इन्हीं का उपदेश करते हैं।

समस्या उठती है कि यदि विभिन्न धर्मों के आधारभूत तत्व वस्तुत: समान हैं तो इन धर्मों के बीच इतना परस्पर मतभेद क्यों है? प्रत्युत्तर में डॉ० भगवान दास का कहना है कि यद्यपि सत्य सार्वभौमिक होता है, तथापि विभिन्न धर्मों के बीच वैषम्य का मूल कारण सांस्कृतिक विविधताओं के साथ ही साथ देशगत एवं कालगत परिस्थितियाँ भी हैं अर्थात् ये आधारभूत तत्व दैशिक एवं कालिक वैषम्य तथा सांस्कृतिक विविधता के कारण ही भिन्न-भिन्न देशकाल में भिन्न-भिन्न ढंगों से तथा भिन्न-भिन्न भाषाओं के माध्यम से अभिव्यक्त होते हैं। इस प्रकार सभी धर्मों का केन्द्र एक होते हुए भी उनकी परिधि पर अंतर आ जाता है। वे लिखते हैं कि "सत्य सार्वभौमिक होता है तथा इस पर किसी एक जाति या गुरु का विशेषाधिकार नहीं होता है; यह देश, काल तथा परिस्थितियों के अनुसार परिवर्तित होता रहता है; एक ही आधारभूत सत्य ईश्वर के द्वारा विभिन्न धर्म-ग्रंथों के माध्यम से भिन्न-भिन्न भाषाओं में तथा भिन्न-भिन्न व्यक्तियों के द्वारा जो विभिन्न राष्ट्रों में जन्म लेते हैं, प्रकट होता रहता है।" ["Truth is universal and not the monopoly of any race or teacher; that non-essentials vary with time, place, and circumstance; that the same fundamental truths have been revealed by God in different scriptures, in different languages, through different persons born in different nations." Das, Bhagavan (1939): *The Essential Unity of all Religions*, Theosophical Publishing House, Wheaton, p. 63.]। अस्तु, उनके अनुसार विभिन्न धर्मों के बीच जो भेद परिलक्षित होते हैं वे केवल आकस्मिक तत्वों, यथा - नाम, रूप, भाषा, आदि के आधार पर ही हैं, अनिवार्य तत्वों के आधार पर नहीं। वे लिखते हैं कि "धर्मों के बीच भेद केवल शब्दों, नामों, भाषाओं, या अनावश्यक सतही तत्वों का भेद है और कभी-कभी यह उनके विभिन्न पक्षों, सत्य, या सद्गुण, या कर्त्तव्य पर भी बल देता है, परन्तु यह कभी भी अनिवार्य प्रत्ययों के स्तर पर नहीं है।" ["That differences between religions are differences only of words, names, languages; or of non-essential superficial forms; and sometimes of emphasis, on this aspect of the Truth, or of Virtue, or of Duty, rather than another; never, of Essential Ideas." Das, Bhagavan (1939): *The Essential Unity of all Religions*, Theosophical Publishing House, Wheaton, p. 66.]।

इसका अभिप्राय नहीं है कि विभिन्न धर्म असत्य या भ्रामक हैं। वास्तव में विभिन्न धर्म एक ही तत्व की विभिन्न शाखाएँ या अभिव्यक्तियाँ हैं, जैसा कि गाँधी जी लिखते हैं कि "जिस प्रकार किसी वृक्ष में एक ही तना होते हुए भी उसकी शाखाएँ भिन्न-भिन्न होती हैं उसी प्रकार विभिन्न धर्म एक ही वृक्ष की विभिन्न पत्तियाँ एवं शाखाएँ हैं।" ["Just as the tree has many branches but one root similarly the various religions are the leaves and branches of the same tree." Gandhi, M.K. (1962): *All Religions are True*, Ed. by Anand T. Hingorani, Bhartiya Vidya Bhawan, Bombay, p. 21.]। इस प्रकार धर्मों की विविधता व्यवहारत: ही है, परमार्थत: सभी एक ही हैं। जिस प्रकार विभिन्न गायों का रंग-रूप, आकार-प्रकार, नस्लें आदि पृथक्-पृथक् होते हुए भी सभी एक ही रंग का सफेद दूध देती हैं या जिस प्रकार विभिन्न बर्तनों का रूप, रंग, आकार, प्रकार आदि पृथक्-पृथक् होता है, परन्तु सभी में एक ही जल रहता है उसी प्रकार विभिन्न धर्मों के क्रियाकलापों में भेद होते हुए भी सारत: सभी में एक ही तत्व विद्यमान रहता है।

इसी दृष्टि से डॉ० राधाकृष्णन का कहना है कि "विभिन्न धर्मों के बीच भेद महत्त्वपूर्ण प्रतीत होता है, क्योंकि हम अपने ही धर्म के आधारभूत सत्य को नहीं जानते हैं। सभी धर्मों की धार्मिक अनुभूतियों में एक सामान्य तत्व होता है, एक सामान्य आधार होता है जिस पर उन धर्मों की आस्था, पूजा-अर्चना आदि निर्भर करती है, परन्तु उस आधार पर जो भवन खड़ा होता है वह एक-दूसरे से पृथक्-पृथक् होता है। ईश्वर की संरचना किसी मानक प्रतिमान के रूप में नहीं होती है।" ["The differences among religions seem prominent because we do not seem to know the basic truth of our own religions. There is a common element in all religious experiences, a common foundation on which it rests its faith and worship. But the building that is erected on this foundation differs with each individual. God's architecture is not of a standards pattern." Radhakrishnan, S. (1956): *Recovery of Faith*, Harper Collins Publishers, p. 188.]।

यदि विभिन्न धर्मों के आधारभूत तत्वों पर सूक्ष्मतापूर्वक विचार किया जाय तो पाते हैं कि सभी धर्म अनिवार्यत: दया, प्रेम, करुणा, उदारता, सहिष्णुता, समभाव आदि की भावना पर आधृत हैं। यही धर्म के अनिवार्य तत्व हैं। विषमता तो केवल कर्मकाण्ड को लेकर है, यथा - हिन्दू धर्मानुयायी भजन-कीर्तन, पूजा-अर्चना आदि में आस्था रखते हैं, जबकि मुसलमान रोजा-नमाज में, वहीं ईसाई ईश्वर की प्रार्थना में। हिन्दू मंदिर में जाते हैं, मुसलमान मस्जिद में, वहीं ईसाई चर्च में, परन्तु सभी का उद्देश्य अपने-अपने ढंग से अपनी भावनाओं की संतुष्टि तथा मन की शांति प्राप्त करना है। इस प्रकार विभिन्न धर्मों के अनिवार्य तत्वों के आधार पर उनके बीच परस्पर सामंजस्य की स्थापना की जा सकती है। इन्हीं अनिवार्य तत्वों के आधार पर अकबर ने 'दीन-ए-इलाही' धर्म चलाया, जो जन-सामान्य के बीच बहुत लोकप्रिय हुआ। इसमें हिन्दू एवं इस्लाम इन दोनों धर्मों की मूलभूत मान्यताओं का अद्‌भुत समन्वय किया गया है। इसी प्रकार राजा राममोहन राय भी विभिन्न धर्मों विशेषत: हिन्दू, ईसाई एवं इस्लाम धर्म का एक तुलनात्मक अध्ययन करने के उपरांत इस निष्कर्ष पर पहुँचे कि सभी धर्म एक ही लक्ष्य की ओर अग्रसर हो रहे हैं, क्योंकि सभी एक ही ईश्वर में आस्था रखते हैं तथा सभी उसी एक ईश्वर की विभिन्न प्रकार से उपासना करते हैं। इस प्रकार इन धर्मों के बीच भेद केवल उपासना पद्धति अर्थात् कर्मकाण्ड के स्तर पर ही है। इसी साम्य के आधार पर राजा राममोहन राय ने 'ब्रह्म समाज' की स्थापना की। उनके 'ब्रह्म समाज' की अवधारणा में श्रुतियों की अपेक्षा तर्कबुद्धि एवं विवेक को अधिक महत्त्व प्रदान किया गया है। वास्तविकता भी यही है कि बिना तर्कबुद्धि एवं विवेक के विभिन्न धर्मों के बीच न तो समान तत्वों की खोज हो सकती है और न ही उनके बीच सामंजस्य की स्थापना ही की जा सकती है। राजा राममोहन राय के अनुसार "यहाँ पर तर्कबुद्धि एवं विवेक को सर्वोच्च सत्ता के रूप में स्वीकार किया गया था तथा धर्म-ग्रंथों की शिक्षाओं को वहीं तक स्वीकार किया गया था जहाँ तक वे हमारे अंत:करण के साथ सामंजस्य रखती हों।" ["Reason and conscience were henceforth to be regarded as the highest authority and the teachings of Scripture were to be accepted only in so far as they harmonised with the light within us." Zaener, R.C. (1966): *Hinduism*, Oxford University Press, p. 152.]।

इसी प्रकार डॉ० राधाकृष्णन लिखते हैं कि "विभिन्न धर्मों की एकता बाह्य स्तर पर स्थापित नहीं की जा सकती है। यह एकता तो बिना किसी विशेष धर्म की पूर्वमान्यता के आंतरिक एवं आध्यात्मिक स्तर पर अनुभूत की जा सकती है। ... ईश्वर अपने सत्य, अपने प्रेम, अपनी कृपा से यर्थाथत: किसी को भी वंचित नहीं करता है, चाहे वह कोई भी व्यक्ति हो तथा वह किसी भी पंथ को स्वीकार क्यों न करता हो।" ["The unity of different religions cannot be achieved at the external level. It has to be realised in an inward and spiritual way without prejudice to any particular forms .... God does not refuse his truth, his love and his grace to any who, in sincerety, seek him, wherever they may be and whatever creeds they may profess." Radhakrishnan, S. (1956): *Recovery of Faith*, Harper Collins Publishers, pp. 188–89.]।

अपरंच, कुछ रहस्यवादियों ने भी अपने धार्मिक अनुभव के आधार पर विभिन्न धर्मों के बीच सामंजस्य की स्थापना की बात की है, यथा - कबीर, नानक, रैदास, नामदेव, तुकाराम, प्रभृति। इन्होंने राम और रहीम में कोई भेद नहीं किया है। इनके अनुसार विभिन्न धर्मों के बीच जो भेद कर्मकाण्ड के स्तर पर दृष्टिगोचर होता है वह रहस्यानुभूति के स्तर पर विगलित हो जाता है। वहाँ पर एक एवं अद्वितीय तत्व की ही अनुभूति होती है। वास्तव में विभिन्न धर्मों का भेद मार्गों का भेद है, गंतव्य या लक्ष्य का नहीं, यथा - माउण्ट एवरेस्ट पर पहुँचने के रास्ते भिन्न-भिन्न हो सकते हैं, परन्तु ज्योंही कोई व्यक्ति चाहे किसी भी रास्ते से उसकी चोटी पर पहुँचता है, त्योंही वह एक समान शीतलता की अनुभूति करता है। इसी प्रकार विभिन्न धर्म भिन्न-भिन्न रास्तों से होते हुए एक ही लक्ष्य पर पहुँचते हैं। इसी दृष्टि से पुष्पदन्त 'शिवमहिम्न स्तोत्र' (7) में लिखते हैं कि:

"त्रयी सांख्यं योग: पशुपतिमतं वैष्णवमिति प्रभिन्ने प्रस्थाने परमिदमद: पथ्यमिति च।
रुचीनां वैचित्र्यादृजुकुटिलनानापथजुषां नृणामेको गम्यस्त्वमसि पयसामर्णव इव॥"

अर्थात् जिस प्रकार विभिन्न नदियाँ पृथक्-पृथक् उद्गम स्थलों से निकलकर अंतत: समुद्र में मिल जाती हैं उसी प्रकार सांख्य, योग, पाशुपत, वैष्णव आदि विभिन्न मत, रुचि-भेद से अलग-अलग प्रस्थान बिन्दुओं से आरम्भ होकर अंतत: परमात्मा में ही मिल जाते हैं। स्वामी विवेकानंद जी लिखते हैं कि "हम धार्मिक विचारों की विविधता को स्वीकार करते हैं, क्योंकि सबका परम साध्य एक ही है। इसे वेदांती काव्यात्मक भाषा में कहते हैं कि 'जिस प्रकार विभिन्न नदियाँ जिनका उद्गम स्थल भिन्न-भिन्न हैं, सीधे या टेढ़े रास्तों से प्रवाहित होते हुए अंतत: समुद्र में मिल जाती हैं उसी प्रकार विभिन्न पंथों एवं धर्मों के प्रस्थान बिन्दु पृथक्-पृथक् होते हुए भी वे सभी सीधे या टेढ़े रास्तों से होते हुए अंतत: एक में ही मिल जाते हैं'।" ["We must allow this infinite variations in religious thought, because the goal is the same. As the Vedantist says in his poetical language, 'As so many rivers, having their sources in different mountains, roll down, crooked or straight, and at last come into the ocean—so, all these various creeds and religions, taking their start from different standpoints and running through crooked or straight courses, at last come unto THEE'." Swami Vivekananda (1986): *The Complete Works of Swami Vivekananda*, Vol. 1, Mayavati Memorial Edition, Advaita Ashrama, Calcutta, p. 390.]।

इसी प्रकार स्वामी रामकृष्ण परमहंस जी भी कहते हैं कि परम सत्ता तो वस्तुत: एक ही है जिसे विभिन्न धर्मावलम्बी भिन्न-भिन्न नामों से पुकारते हैं। इस प्रकार सत्ता एक होते हुए भी उसकी अभिव्यक्ति में अंतर है। उनके अनुसार "जिस प्रकार एक ही पदार्थ अर्थात् जल को विभिन्न व्यक्ति भिन्न-भिन्न नामों से पुकारते हैं - एक उसे 'वाटर', दूसरा 'वारि', तीसरा 'एक्वा' तो चौथा 'पानी' कहता है - उसी प्रकार एक ही सच्चिदानंद को कुछ लोग ईश्वर, कुछ अल्लाह, कुछ हरि तथा कुछ ब्रह्म कहते हैं।" ["As one and same material, *viz.*, water is called by different names by different people—one calling it 'water', another 'vari', a third 'equa' and another 'pani'—so the one Sat-Chit-Anand, the Everlasting-Intelligent-Bliss, is invoked by some as God, by some as Allah, by some as Hari, and by others as Brahman." F. Max Muller, K.M. (1899): *Ramkrishna, His Life and Sayings*, Charles Scribers Sons, New York, p. 98.]। इस प्रकार सभी धर्मों के आधारभूत तत्वों के एक होते हुए भी दैशिक एवं कालिक परिस्थितियों तथा लोगों की मानसिक अवस्थाओं के विविध स्तरों के अनुरूप उनमें भाषागत भेद हो जाता है। सम्भवत: यही कारण है कि ऋग्वेद के ऋषि यह उद्घोषणा करते हैं कि 'सत् तो एक ही है, जिसे विद्वान लोग भिन्न-भिन्न रूपों में अभिव्यक्त करते हैं' ('एकं सद् विप्रा: बहुधा वदन्ति' - ऋग्वेद - 1/164/46)।

आलोचकों के अनुसार यदि विभिन्न धर्मों के आंतरिक पक्षों पर विचार किया जाय तो वहाँ पर भी वैषम्य परिलक्षित होता है। उदाहरण के लिए यद्यपि इस्लाम और ईसाई दोनों ही एकेश्वरवाद को मानते हैं तथापि ईसाई धर्म में त्रितत्ववाद को माना गया है जबकि इस्लाम में उसे अखण्ड माना गया है। इसी प्रकार ईसाई धर्म में ईश्वर को प्रेम एवं क्षमाशील माना गया है, जबकि इस्लाम धर्म में उसे न्यायी एवं शक्ति सम्पन्न। किसी धर्म में ईश्वर को सगुण, साकार, सविशेष एवं व्यक्तित्वपूर्ण माना गया है तो कोई उसे निर्गुण, निराकार, निर्विशेष एवं निर्वैयक्तिक कहता है। कोई मानता है कि मोक्ष की अवस्था में जीवन एवं ब्रह्म में अभेद हो जाता है (जीवो ब्रह्मैव नापर:) तो कोई कहता है कि मोक्ष की अवस्था में भी जीव एवं ब्रह्म के बीच भेद बना रहता है। कोई मोक्ष को जीवन मुक्ति एवं विदेह मुक्ति दोनों ही रूपों में मानता है तो कोई जीवन मुक्ति को अवास्तविक कहते हुए विदेह मुक्ति को ही वास्तविक मुक्ति के रूप में स्वीकार करता है। इन दोनों से भिन्न कुछ धर्मों में, यथा - ईसाई, इस्लाम एवं यहूदी में तो मोक्ष के स्थान पर स्वर्ग एवं नरक या जन्नत एवं दोजख को ही स्वीकार किया गया है। इसी प्रकार कुछ धर्म इसी जीवन को अंतिम जीवन मानते हैं। कोई आत्मा को विशुद्ध चैतन्य (Pure-consciousness) के रूप में मानता है तो कोई आत्म-चैतन्य (Self-consciousness) के रूप में। कुछ इन सबसे पृथक् चेतना को आत्मा से सम्बंधित न करके शरीर से सम्बंधित करते हैं। इनके अनुसार चेतना से विशिष्ट शरीर ही आत्मा है (चैतन्य विशिष्ट: काय: पुरुष:)। इसी प्रकार विभिन्न धर्मों की पृथक्-पृथक् मिथ या कहानियाँ भी होती हैं। ईसाई धर्म मानता है कि जीसस कुवॉरी मरियम के गर्भ से पैदा हुए हैं तो हिन्दू धर्म में माना गया है कि ईश्वर के दस अवतार हैं, यथा - वाराह, मीन, कच्छप, नरसिंह आदि। इस प्रकार विभिन्न धर्मों के आंतरिक पक्षों में भी स्पष्टत: भेद है।

यदि इन भेदों की उपेक्षा भी कर दी जाय तो भी सारतत्व सिद्धांत के आधार पर सार्वभौम धर्म की स्थापना नहीं हो सकती है, क्योंकि विभिन्न धर्मानुयायियों के बीच जो मत वैभिन्यता है,

वह उनके आवश्यक तत्व को लेकर नहीं, बल्कि उसके बाह्य पक्ष अर्थात् मूलत: कर्मकाण्ड को लेकर है। प्रत्येक धर्मावलम्बी यही दावा करते हैं कि उनके धर्म में ईश्वर तक पहुँचने के लिए जो मार्ग प्रणीत है वही एकमात्र सरल एवं सर्वोत्तम मार्ग है, अन्य कोई भी मार्ग परम सत्ता का ज्ञान प्राप्त कराने में असमर्थ है। उदाहरणार्थ ईसाई धर्म (Gospel of John) में आता है कि "मैं ही मार्ग, सत्य तथा जीवन हूँ, कोई भी व्यक्ति पिता के पास मेरे द्वारा ही पहुँच सकता है।" ("I am the way, the truth and the life, no man cometh to the Father but by me." *King James Bible*, 14:6.)। इसी प्रकार बौद्ध धर्म "बुद्धं शरणं गच्छामि" की बात करता है तो भगवान श्रीकृष्ण "सर्वधर्मान् परित्यज्य मामेकं शरणं व्रज" का उपदेश करते हैं।

पुनश्च, कर्मकाण्ड का सम्बंध व्यक्ति की भावनाओं से भी है, क्योंकि वह जन्म-स्थान एवं परिवेश के साथ ही हमारे अंदर शनै:-शनै: अंकुरित होता है और इस प्रकार यह हमारे व्यक्तित्व का अभिन्न अंग हो जाता है। अस्तु, उसका परित्याग कर पाना हमारे लिए सरल नहीं है। वस्तुत: समस्या अनुभूति के स्तर पर है भी नहीं, क्योंकि अनुभूति के स्तर पर तो किसी प्रकार का कोई भेद रह ही नहीं जाता है। समस्या तो उनके अनुयायियों के बीच होती है, जिन्होंने केवल कर्मकाण्ड को ही धर्म समझ लिया है, परन्तु जब तक कर्मकाण्ड को ही महत्त्व दिया जाता रहेगा तब तक उनके बीच परस्पर सामंजस्य की स्थापना कर पाना सम्भव नहीं है।

वर्तमान में प्रचलित सभी धर्मों से पृथक् एक नूतन धर्म की स्थापना की जाय: क्या वर्तमान में प्रचलित सभी धर्मों से पृथक् एक नूतन धर्म की स्थापना की जाय? इस मत के समर्थकों का कहना है कि क्योंकि किसी धर्म विशेष में किसी व्यक्ति विशेष की आस्था होती है, जिसका परित्याग कर पाना उस व्यक्ति के लिए सम्भव नहीं है, अत: सर्वोत्तम विकल्प यह होगा कि सभी प्रचलित धर्मों से पृथक् एक नवीन धर्म की स्थापना की जाय। ऐसे धर्म में किसी विशेष धर्म का कर्मकाण्ड नहीं होगा बल्कि यह सभी प्रकार के कर्मकाण्डों से पृथक् विशुद्ध रूप से केवल मानव कल्याण की भावना पर ही आधारित होगा। ऐसे धर्म की मूलत: तीन विशिष्टताएँ होंगी:

1. यह सभी प्रकार के कर्मकाण्डों से पृथक् होगा।
2. इस धर्म का आधार आस्था या विश्वास न होकर विशुद्ध तर्क एवं बौद्धिकता होगी।
3. यह धर्म शुद्ध रूप से मात्र मानवीय कल्याण की भावना पर ही आधारित होगा। इसे व्यापक रूप में 'मानववादी धर्म' (Humanistic religion) कहा जा सकता है।

यद्यपि ऐसे धर्म को स्वीकार करने में प्रारम्भ में कुछ कठिनाइयाँ अवश्य ही आयेंगी, क्योंकि यह कर्मकाण्डों से पृथक् होने के कारण हमारे स्वभाव के अनुरूप नहीं होगा, परन्तु जब धीरे-धीरे इस पर हमारी एक बार आस्था दृढ़ हो जायेगी तो अन्य धर्मों की ही भाँति यह भी हमारे व्यक्तित्व का अभिन्न अंग बन जायेगा। इस नूतन धर्म की परिकल्पना से मूलत: दो प्रकार के लाभ हो सकते हैं:

1. किसी विशेष धर्म के अनुयायी यह आक्षेप नहीं कर सकेंगे कि मेरे धर्म को सार्वभौम धर्म बनाया गया जबकि अन्य के धर्म को सार्वभौम धर्म नहीं बनाया गया है। इस प्रकार हम एक-दूसरे पर आरोपों एवं प्रत्यारोपों से बच जायेंगे।

2. क्योंकि यह सभी प्रकार के कर्मकाण्डों से असम्पृक्त तथा शुद्ध रूप से बौद्धिक होगा अत: ऐसे धर्म को सामान्य मनुष्यों के साथ ही साथ बौद्धिक वर्ग भी, जो सामान्यत: लोक प्रचलित धर्मों को अंधविश्वास या रूढ़िवादी कहते हैं, सहजतापूर्वक अंगीकार कर सकता है।

यदि इस समाधान को स्वीकार कर भी लिया जाय तो इससे निम्नलिखित समस्याओं से मुक्ति नहीं मिल सकती है:

- सभी धर्मावलम्बी यही दावा करते हैं कि उनका धर्म किसी विशेष समुदाय के लोगों तक ही सीमित न होकर सभी मनुष्यों के कल्याण से सम्बंधित है।
- धर्म तो व्यक्ति की भावनाओं से जुड़ा होता है, जो व्यक्ति के जन्म के साथ ही पुष्पित एवं पल्लवित होता रहता है, अत: उसी धर्म में विहित कर्मकाण्डों के अनुपालन में ही हमें अत्यधिक आत्मिक सन्तोष का अनुभव होता है। ऐसी स्थिति में यदि कोई हमें नूतन धर्म की शिक्षा दे, तो हम बाह्यत: भले ही उसे अंगीकार कर लें, परन्तु आंतरिक रूप से वह हमारे अंतर्मन को संतुष्ट नहीं कर पायेगा और इस प्रकार अंतत: ऐसे धर्म पर हमारी आस्था नहीं हो सकती है।
- यद्यपि यह सत्य है कि मानववादी धर्म बौद्धिक वर्ग की बुद्धि को संतुष्ट कर पायेगा, तथापि यह धार्मिक प्रकृति के व्यक्ति की भावनाओं को संतुष्ट करने में सदैव ही असफल रहेगा, क्योंकि धार्मिक व्यक्तियों का हृदय एक दार्शनिक की भाँति शुष्क बौद्धिक न होकर एक समर्पित भक्त की भाँति आस्था से परिपूर्ण होता है।
- ऐसा धर्म मानव मन को संतुष्ट भले ही कर दे, परन्तु आत्मा को शांति प्रदान नहीं कर सकता है। शांति बाह्य न होकर आंतरिक होती है अर्थात् यह आत्मा की स्थिति है। अस्तु, जब तक कोई आत्म-अवस्थित नहीं होगा तब तक उसे शांति दुर्लभ ही है। इस प्रकार ऐसा धर्म आध्यात्मिक प्रकृति के लोगों के लिए व्यर्थ ही है। अत: यह कहा जा सकता है कि सभी प्रचलित धर्मों से पृथक् एक नूतन धर्म की परिकल्पना सिद्धांतत: जितनी सुसंगत प्रतीत होती है व्यवहारत: उतनी ही असंगत है।

धर्मों की सापेक्षता (Relativity of Religions)

अंतत: धर्मों की सापेक्षता अर्थात् धार्मिक बहुलवाद को ही स्वीकार किया जाय ऐसी परिस्थिति में अन्तिम विकल्प के रूप में धर्मों की विविधता ही अवशिष्ट रह जाती है। इस मत के अनुसार धर्म, सभ्यता एवं संस्कृति की उपज है। सभ्यता और संस्कृति में विविधता के अनुरूप धर्मों की अनेकता स्वाभाविक ही है। पुनश्च, विभिन्न व्यक्तियों के मानसिक स्तरों में भी भेद पाया जाता है। उनकी मानसिक अवस्थाओं के अनुरूप उनके देवता भी पृथक्-पृथक् होते हैं, तदनुरूप विभिन्न प्रकार के धर्म होंगे ही। अत: धर्मों की अनेकता एवं सापेक्षता एक तथ्य है। भगवान श्रीकृष्ण श्रीमद्भगवदगीता (17/3) में कहते हैं कि:

"सत्वानुरूपा सर्वस्य श्रद्धा भवति भारत।
श्रद्धामयोऽयं पुरुषो यो यच्छ्रद्धः स एव सः॥"

अर्थात् हे भारत्! इस संसार में विभिन्न प्रकृति के लोग हैं (सत्त्व, रजस एवं तमस की प्रधानता के आधार पर), उनके अंत:करण के अनुरूप उनमें श्रद्धा भी पृथक्-पृथक् होती है। इस प्रकार व्यक्ति की प्रकृतिगत विविधता के अनुरूप धर्मों की विविधता का होना स्वाभाविक ही है। इसी प्रकार गाँधी जी का भी कहना है कि "एक ईश्वर में विश्वास सभी धर्मों की आधारशिला है। परन्तु व्यवहारत: मैं ऐसा अनुमान नहीं लगा सकता हूँ कि इस धरती पर एक ही धर्म भी होगा। यद्यपि सिद्धांतत: क्योंकि एक ही ईश्वर है अस्तु, धर्म भी एक ही होना चाहिए। परन्तु व्यवहारत: कोई भी दो व्यक्ति ऐसे नहीं हैं जो ईश्वर के सम्बंध में समान एवं अभिन्न अवधारणा रखते हों। अत:, सम्भवत:, विभिन्न व्यक्तियों की मानसिक अवस्थाओं एवं जलवायु स्थितियों के अनुरूप विभिन्न धर्म भी होंगे।" ["Believe in one God is the cornerstone of all religions. But I do not foresee a time when there would be a only one religion on earth in practice. In theory, since there is one God, there can be only one religion. But in practice, there is no two persons I have known have had the same and identical conception of God. Therefore, there will, perhaps, always be different religions answering to different temperaments and climate conditions." Gandhi, M.K. (1962): *All Religions are True*, Ed. by Anand T. Hingorani, Bhartiya Vidya Bhawan, Bombay, p. 10.]।

इस प्रकार यह कहना कि एक ही धर्म सत्य है अन्य सभी असत्य या झूठे, सर्वथा अनुपयुक्त है। इस सम्बंध में गाँधी जी का यह कथन अत्यधिक महत्त्वपूर्ण प्रतीत होता है कि, यद्यपि प्रत्येक धर्म सत्य है, परन्तु मानवीय बुद्धि पर आधृत होने के कारण सभी धर्म समान रूप से अपूर्ण भी हैं, क्योंकि मानवीय बुद्धि की अपनी एक सीमा है। उनके अनुसार "मेरे विचार में विभिन्न धर्म एक ही उद्यान के सुन्दर फूल तथा एक ही महावृक्ष की विभिन्न शाखाएँ हैं, अत: वे समान रूप से सत्य हैं, परन्तु वे समान रूप से अपूर्ण भी हैं, क्योंकि मनुष्य ही उन्हें ग्रहण करते हैं और उनकी व्याख्या करते हैं।" ("For me the different religions are beautiful flowers from the same garden, or they are branches of the same majestic tree. Therefore, they are equally true, though being received and interpreted through human instruments equally imperfect." Mahatma Gandhi, *Harijan*, 30.1.37.)।

इसी प्रकार डॉ० राधाकृष्णन भी लिखते हैं कि विश्व के प्रत्येक धर्म की अपनी-अपनी विशिष्टताएँ होती हैं जो अपनी सम्पूर्णता में सम्पूर्ण मानव जाति के बहु आयामी पक्षों को उद्घाटित करती हैं। उनके अनुसार "हिन्दू धर्म की आध्यात्मिक चमक, यहूदी की श्रद्धापूर्ण आज्ञाकारिता, यूनानी पैगनवाद का कलापूर्ण जीवन, बौद्ध धर्म की विनम्र करुणा, ईसाई धर्म के ईश्वरीय प्रेम की दृष्टि तथा इस्लाम धर्म के सम्प्रभु ख़ुदा के प्रति आत्म-समर्पण का भाव आदि विभिन्न धार्मिक परम्पराएँ एक ही सत्ता के विभिन्न प्रतिरूप तथा दृष्टियाँ एक-दूसरे को अंगीकार करती एवं उर्वर बनाती हैं और इस प्रकार वे मानवता को बहु आयामी पूर्णता प्रदान करती हैं। ये सभी आंतरिक आध्यात्मिक जीवन के विभिन्न पक्षों को प्रस्तुत करती हैं, मानवीय आत्मा के अनिर्वचनीय अनुभवों

के आध्यात्मिक स्तरों को प्रक्षेपित करती हैं।" ["The different religious traditions clothe the one Reality in various images and their visions could embrace and fertilise each other so as to give mankind a many sided perfection, the spiritual radiance of Hinduism, the faithful obedience of Judaism, the life of beauty of Greek Paganism, the noble compassion of Buddhism, the vision of divine love of Christianity, and the spirit of resignation to the soveriegn lord of Islam. All these represents different aspects of the inward spiritual life, projections of the spiritual plane of the ineffable experiences of human spirit." *The Religion of the Spirit and the World's Need: Fragments of a Confession, The Philosophy of S. Radhakrishnan* (1952): Edited by P.A. Schlipp, Tudor Publishing Company, New York, p. 76.]।

डॉ० राधाकृष्णन ने तो यहाँ तक कह दिया कि अपने धर्म के अलावा अन्य धर्म के विनाश का विचार एक प्रकार का बोल्शेविज्म है जिसे प्रत्येक परिस्थिति में रोकना होगा। यही नहीं, उनके अनुसार धर्मों की बहुलता के अभाव में यह विश्व न केवल अपूर्ण बल्कि रंगहीन भी हो जायेगा। वे लिखते हैं कि "अपने धर्म की अपेक्षा अन्य सभी धर्मों का विनाश एक प्रकार का बोल्शेविज्म है जिसे हमें अवश्य ही रोकना होगा। हम ऐसा तभी कर सकते हैं जब हम हिन्दू धर्म में विहित समाधानों को स्वीकार कर लें जो एक सामान्य पंथ की भाँति न होकर एक सामान्य खोज की भाँति धर्मों की एकता का प्रयास करता है। ...यह विश्व अभावग्रस्त होगा जब एक धर्म अन्य को समाप्त कर देगा। ईश्वर एक रंगहीन एकरूपता के स्थान पर महान सामंजस्य चाहता है।" ["To obliterate every other religion than one's own is a sort of bolshevism in religion which we must try to prevent. We can do so only if we accept something like the Hindu solution, which seeks the unity of religion not in a common creed but in a common quest. ...The world would be a much poorer thing if one creed absorbed the rest. God wills a rich harmony and not a colourless uniformity." Radhakrishnan, S. (1926): *The Hindu View of Life*, George Allen & Unwin Ltd., London, pp. 58–59.]।

यहाँ पर स्वामी विवेकानन्द जी का यह कथन जिसे उन्होंने शिकागो महाधर्म सम्मेलन में अभिव्यक्त किया था, अधिक महत्त्वपूर्ण है। उनके अनुसार 'यदि कोई महाशय यह आशा करें कि विभिन्न धर्मों की एकता इन धर्मों में से एक की विजय बाकी अन्य सभी के विनाश से ही स्थापित होगी तो मैं उनसे यह आग्रह करता हूँ कि भाई तुम्हारी यह आशा असम्भव है। किसी भी धर्मावलम्बी को अपने धर्म के परित्याग की आवश्यकता नहीं है। न तो ईसाई को हिन्दू या बौद्ध होना है, न हिन्दू या बौद्ध को ईसाई ही। हाँ! इतना अवश्य है कि प्रत्येक धर्मावलम्बी अन्य धर्मावलम्बियों के मतों को आत्मसात् करते हुए पुष्टि लाभ को प्राप्त करे तथा अपने धर्म के वैशिष्ट्य की रक्षा करते हुए अपनी प्रकृति के अनुरूप उसमें श्रीवृद्धि करे।' पुनश्च, 'सत्य सदैव ही सार्वभौमिक होता है। यदि कोई व्यक्ति यह दावा करे कि केवल मेरे हाथ में छह अंगुलियाँ हैं और अन्य सभी के हाथ में पाँच तो यह नहीं सोचना चाहिए कि मेरा हाथ प्रकृति का सच्चा रूप है, बल्कि यह सोचना चाहिए कि यह एक रोग विशेष है। यही बात धर्म के संदर्भ में भी लागू होती

है। केवल एक ही धर्म सत्य है, बाकी सभी असत्य तो तुम्हें यह कहने का अधिकार है कि वह एक धर्म कोई रोग विशेष है। यदि एक धर्म सत्य है तो अन्य धर्म सत्य होंगे ही।'

सर्वधर्म-समन्वय, सर्वधर्म-समभाव एवं सर्वधर्म-सद्भाव (Sarvadharma-samanvaya, Sarvadharma-sambhava and Sarvadharma-sadbhava)

अंतत: प्रश्न उठता है कि 'सर्वधर्म-समन्वय', 'सर्वधर्म-समभाव' तथा 'सर्वधर्म-सद्भाव' में क्या वैषम्य है? 'सर्वधर्म-समन्वय' का तात्पर्य है कि विभिन्न धर्मों के बीच जो सैद्धांतिक मतभेद हैं, उनको न्यूनतम करके उनके बीच परस्पर एकता या सामंजस्य की स्थापना करना। यह समन्वय भौतिक वस्तुओं की भाँति यांत्रिक न होकर वैचारिक एवं तार्किक स्तर पर ही हो सकता है जिसे धार्मिक संवाद के द्वारा सम्भव बनाया जा सकता है। इसी दृष्टि से रेमण्ड पन्नीकर लिखते हैं कि "मैं यह प्रस्ताव नहीं कर रहा हूँ कि सभी धर्मों के विश्वास तुल्य एवं एक दूसरे में परिवर्तनीय हैं बल्कि मैं यह कहना चाहता हूँ कि एक निश्चित संदर्भ में सभी धर्म समान प्रकृति को प्रदर्शित करते हैं, जिसे संवाद एवं द्वन्द्वात्मक पद्धतियों या तर्कों के द्वारा ही सम्भव बनाया जा सकता है।" ["I am not suggesting that all beliefs are equal and inter-changeable; I am saying that in a certain respect they exhibit the same nature, which makes dialogue, even dialectics, possible." Raimundo Pannikar (1978): *The Intra Religious Dialogue*, New York, Paulist Press, p. 22.]। इस प्रकार विभिन्न धर्मों के बीच अंतर्व्याप्त मतभेद को संवाद एवं द्वन्द्वात्मक पद्धति के आधार पर सुलझाकर उनके बीच पारस्परिक सामंजस्य या समन्वय स्थापित करना ही 'सर्वधर्म-समन्वय' है।

'सर्वधर्म-समभाव' का अभिप्राय है सभी धर्मों के प्रति समान दृष्टिकोण या उनके प्रति बराबरी का भाव। इस प्रकार 'सर्वधर्म-समभाव' सभी धर्मों के प्रति एक प्रकार का सम्यक् दृष्टिकोण है। इस अर्थ में यह न तो किसी धर्म को प्रोत्साहित करता है और न ही उसको हतोत्साहित करता है। परन्तु सम्यक् दृष्टिकोण के लिए यह अपरिहार्य है कि हम यह स्वीकार कर लें कि विभिन्न धर्म स्वरूपत: समान हैं। इनके बीच जो भेद परिलक्षित होता है वह केवल बाह्यत: या परिस्थितिगत है जिसका कारण भिन्न-भिन्न सभ्यताएँ, संस्कृतियाँ तथा देशगत-कालगत परिस्थितियाँ हैं। अस्तु, विभिन्न धर्मों की धार्मिक मान्यताओं में बिना किसी हस्तक्षेप के उनके प्रति समान भावना रखी जाय। इसी को दृष्टिगत करते हुए गाँधी जी कहते हैं कि "धर्म का वृक्ष समान है, इनकी शाखाओं के बीच कोई भौतिक समानता नहीं है। सभी धर्म विकासशील हैं और वह व्यक्ति जो इन विकासशील शाखाओं से सम्बंधित है उसे घूरकर यह नहीं कहना चाहिए कि 'केवल मैं ही सर्वश्रेष्ठ हूँ।' कोई भी उत्कृष्ट नहीं है और कोई भी निकृष्ट नहीं है।" ["The tree of religion is the same, there is not the physical equality between the branches. They are all growing, and the person who belongs to the growing branches must not gloat over it and say: 'Mine is the superior one.' None is the superior, none is inferior to the other." Gandhi, M.K. (1962): *All Religions are True*, Ed. by

Anand T. Hingorani, Bhartiya Vidya Bhawan, Bombay, pp. 11–12.]। इस प्रकार विभिन्न धर्मों के प्रति बराबरी का भाव 'सर्वधर्म-समभाव' है।

'सर्वधर्म-समभाव' की तुलना भारतीय पंथ निरपेक्षता के साथ की जा सकती है। उल्लेखनीय है कि भारत एक धार्मिक विविधता वाला देश है। अस्तु, जब भारतीय परिप्रेक्ष्य में पंथ निरपेक्षता को ग्रहण किया गया तो इसे उसके मूल अर्थ में जो तटस्थता की नीति पर आधारित था, ग्रहण न करके, यहाँ पर इसे 'सर्वधर्म-समभाव' के रूप में ही ग्रहण किया गया है जो न तो विभिन्न धर्मों का निषेध करता है और न ही इनके प्रति तटस्थता का दृष्टिकोण ही रखता है। यथार्थत: यह सभी धर्मों के प्रति समान भाव का दृष्टिकोण है। इस प्रकार यह कहा जा सकता है कि बिना किसी भेद-भाव के सभी धर्मों के प्रति 'समदर्शिता' का भाव ही 'सर्वधर्म-समभाव' है।

अंतत: 'सर्वधर्म-सद्‌भाव' का अभिप्राय न तो सभी धर्मों के प्रति समान दृष्टिकोण या बराबरी की भावना है और न ही उनके प्रति किसी प्रकार की घृणा एवं विद्वेष का भाव है। अन्य धर्मों के प्रति घृणा एवं विद्वेष का भाव निषेधात्मक दृष्टिकोण को प्रतिबिम्बित करता है जबकि उनके प्रति बराबरी का भाव तटस्थता के दृष्टिकोण को। ऐसी परिस्थिति में 'सर्वधर्म-सद्‌भाव' इन दोनों से ही पृथक् हो जाता है, क्योंकि यह अन्य सभी धर्मों के प्रति एक प्रकार का 'रचनात्मक सम्मान' एवं 'उत्कृष्ट विचार' है। अस्तु, यह स्वरूपत: भावात्मक है। इस प्रकार अपने विरोधी धर्मों के प्रति भी घृणा एवं विद्वेष न रखते हुए उनके प्रति उत्कृष्ट भाव रखना ही 'सर्वधर्म-सद्‌भाव' है। उत्कृष्ट भाव केवल वैचारिक स्तर पर ही नहीं बल्कि कार्य सम्पादन के स्तर पर भी होना चाहिए उसे 'सहभागिता' (Participation) कहा जा सकता है। स्वामी विवेकानन्द के अनुसार सहभागिता में मूलत: चार तत्व अन्तर्निहित हैं जो निम्नलिखित हैं:

1. सभी धर्मों का सम्मान करना।
2. उनके धर्म-ग्रंथों का अध्ययन करना।
3. उनकी पूजा-पद्धति में सम्मिलित होना।
4. अन्य धर्मों की भी अच्छी बातों को ग्रहण करना।

ऐसी भावना गाँधी जी के आचरणों में भी दृष्टिगोचर होती है। वे जब भी किसी प्रार्थना-सभा में सम्मिलित होते थे, वहाँ पर वे विभिन्न धर्मों के धर्म-ग्रंथों को न केवल अपने पास रखते थे बल्कि उनका प्रयोग भी करते थे। उनके अनुसार "मैं जिस प्रकार गीता में विश्वास करता हूँ उसी प्रकार बाईबिल में भी विश्वास करता हूँ। मैं अपने ही धर्म के समान विश्व के सभी महान धर्मों का भी सम्मान करता हूँ। मुझे आज यह देखकर पीड़ा होती है जब किसी धर्म का उसके ही अनुयायियों के द्वारा मजाक उड़ाया जाता है।" ["I believe in the Bible as I believe in the Gita. I regard all the great faiths of the world as equally true with my own. It hurts me to see anyone of them caricatured as they are today by own followers." Gandhi, M.K. (1962): *All Religions are True*, Ed. by Anand T. Hingorani, Bhartiya Vidya Bhawan, Bombay, p. 21.]। अस्तु, गाँधी जी के अनुसार सच्ची सहभागिता तो तभी सम्भव है जब एक धर्मावलम्बी अन्य धर्मावलम्बियों के प्रति केवल समभाव ही नहीं रखे, बल्कि एक-दूसरे की सहायता या सहयोग (Collarboration) भी करे, क्योंकि 'सच्ची सहभागिता'

तब तक असम्भव है, जब तक उसके साथ 'सहयोग' का भाव अन्तर्निहित नहीं हो। जब एक धर्मावलम्बी, दूसरे धर्मावलम्बियों का 'सहयोग' करता है, तभी उसके मन में अन्य धर्मावलम्बियों के प्रति सच्चा सद्भाव जागृत होता है। इस प्रकार सद्भाव में 'विवशता' (Compulsion) का भाव नहीं बल्कि 'सदिच्छा' (Good-will) का भाव प्रदर्शित होता है।

गाँधी जी के अनुसार अन्य धर्मों के प्रति समान आदर का अभिप्राय यह नहीं है कि हमें दूसरों के धर्मों को अंगीकार कर लेना चाहिए। इसका अभिप्राय केवल इतना है कि हमें उनके धर्मों में विहित मान्यताओं के प्रति समान आदर का भाव रखना चाहिए तथा उनके धर्मों में जो असमान बिन्दु हैं उनकी अपेक्षा उनमें निहित समान बिन्दुओं पर ही हमें अधिक बल देना चाहिए। उनके अनुसार "मैं सर्वधर्मसमत्व में विश्वास करता हूँ - जिसका अभिप्राय है सभी आस्थाओं एवं पंथों के प्रति समान आदर। समान आदर का तात्पर्य यह नहीं है तुम्हें अन्य धर्मों के विचारों को स्वीकार कर लेना चाहिए ... समान आदर दूसरे के विचारों को समझने के लिए बाध्य करता है, हम उस दृष्टिकोण की प्रशंसा करते हैं जिसके परिप्रेक्ष्य में वे अपने धर्म को देखते हैं। इसका अभिप्राय है कि हमें भेद बिन्दुओं की अपेक्षा सहमति के बिन्दुओं पर ही अधिक बल देना चाहिए।" ["I believe in Sarvadharmasamatva—having equal regard for all faiths and creeds... equal regard does not mean that you should adopt the other view, ... My equal regards compels me to understand their viewpoint, to appreciate in light in which they look upon their religions. It means that we should emphasise the points of agreement and not make much of the points of difference." Gandhi, M.K. (1962): *All Religions are True*, Ed. by Anand T. Hingorani, Bhartiya Vidya Bhawan, Bombay, p. 7.]।

निष्कर्षत: यह कहा जा सकता है कि विभिन्न धर्मों के प्रति जो सैद्धांतिक मतभेद हैं उन्हें संवाद के आधार पर न्यूनतम करके उनके बीच परस्पर एकता एवं सामंजस्य की स्थापना करना ही 'सर्वधर्म-समन्वय' है। अपने विरोधी धर्मों के प्रति भी सम्यक् दृष्टिकोण या बराबरी का भाव रखना ही 'सर्वधर्म-समभाव' है, जबकि अपने विरोधी धर्मों के प्रति भी बिना किसी घृणा एवं विद्वेष के उनके प्रति समान आदर एवं उत्कृष्टता का भाव रखना 'सर्वधर्म-सद्भाव' है। इस प्रकार 'सर्वधर्म-सद्भाव', 'सर्वधर्म-समन्वय' एवं 'सर्वधर्म-समभाव' इन दोनों से ही विशिष्ट एवं अनुपम है।

❖ ❖ ❖

धर्म परिवर्तन (Religious Conversion)

- परिचय
- धर्म परिवर्तन
- धर्म परिवर्तन की विशेषताएँ
- धर्म परिवर्तन के प्रकार
- धर्म परिवर्तन के प्रेरक तत्व
- धर्मान्तरण
- धर्मान्तरण के कारण

अध्याय 16

परिचय (Introduction)

सामान्यत: 'धर्म परिवर्तन' का अभिप्राय होता है अपने मूल धर्म का परित्याग करके किसी अन्य धर्म का वरण या अपनाना, परन्तु धर्म-दर्शन के अंतर्गत 'धर्म परिवर्तन' शब्द का प्रयोग मूलत: दो अर्थों में हुआ है:

1. धर्म में परिवर्तन (Conversion within Religion)
2. धर्म का परिवर्तन (Conversion of Religion)

धर्म में परिवर्तन (Conversion within Religion) ....

'धर्म में परिवर्तन' का अर्थ है धर्म के प्रभाव से किसी व्यक्ति विशेष के आंतरिक जीवन में होने वाला आमूलचूल परिवर्तन। इसके अंतर्गत व्यक्ति के अंतर्मन में एक नव्य धार्मिक चेतना का अभ्युदय होता है जिससे उसकी जीवन दृष्टि ही बदल जाती है। अस्तु, इसे 'नव्य जीवन' या 'पुनर्जीवन' भी कहते हैं। सही अर्थों में यही 'धर्म परिवर्तन' (Conversion) है।

धर्म का परिवर्तन (Conversion of Religion).............................

'धर्म का परिवर्तन' का अभिप्राय है अपने मूल धर्म का परित्याग करके किसी अन्य धर्म का वरण करना, जैसे - जब कोई हिन्दू

अपने मूल धर्म को छोड़कर ईसाई या इस्लाम आदि धर्मों में किसी को भी स्वीकार कर लेता है तो इसे 'धर्मांतरण' कहते हैं। इसके अंतर्गत मूलतः बाह्य जीवन में परिवर्तन दृष्टिगोचर होता है, जैसे - धार्मिक कर्मकाण्ड, पूजा पद्धति आदि। इसे ही हिन्दू धर्म में 'शुद्धि' (*Shudhi*), इस्लाम धर्म में 'तबलिग' (*Tabligh*), जबकि ईसाई धर्म में 'धर्मांतरण' (*Proselytization*) कहा गया है। इस प्रकार 'धर्म परिवर्तन' किसी व्यक्ति विशेष के आंतरिक जीवन में होने वाला आमूलचूल परिवर्तन है जबकि 'धर्मांतरण' विशेषतः बाह्य जीवन में होने वाला परिवर्तन है।

धर्म परिवर्तन (Religious Conversion)

जब किसी व्यक्ति के जीवन में परम तत्व या आत्म तत्व का साक्षात्कार होता है तो उसके जीवन में अचानक परिवर्तन दृष्टिगोचर होता है जिसके परिणामस्वरूप उसका असंतुलित, अशांत, एवं नीरस जीवन, व्यवस्थित, शांत एवं आंतरिक प्रसन्नता से युक्त हो जाता है। अब उसे वर्तमान जीवन में निःसारता का बोध होता है जिसके परिणामस्वरूप, वह इस संसार से विमुख एवं विरक्त होकर परमार्थ के प्रति उन्मुख एवं अनुरक्त हो जाता है। वह साक्षात् रूप से अनुभव करता है कि अब तक जिसे वह अपना मान रहा था, वहाँ कुछ भी अपना नहीं है। ऐसा प्रतीत होता है मानो सब कुछ किसी एक शक्ति के द्वारा नियंत्रित एवं मयार्दित हो रहा है। वह साक्षात् रूप से अनुभव करता है कि वह केवल निमित्त मात्र है, कर्त्ता तो कोई और ही है। अस्तु, वह कर्तृत्व एवं भोक्तृत्व से रहित होकर शुद्ध दृष्टा के रूप में स्थित हो जाता है। वह इस जगत के कण-कण में तो उस परम तत्व का ही वास देखता है। फलतः उसकी भेद दृष्टि विगलित हो जाती है। अब उसे न तो किसी चीज को पाने की खुशी रहती है और न ही किसी चीज को खोने का दुःख। जो मिल गया उसी में वह संतुष्ट रहता है तथा जो नहीं मिला उसके लिए उसके मन में कोई पश्चाताप नहीं रह जाता है। वह सुख-दुःख, हानि-लाभ, जय-पराजय, मान-अपमान आदि इन सभी प्रकार के द्वन्द्वों से निर्द्वन्द्व हो जाता है। वह सबके बीच में रहते हुए भी सबसे जुदा रहता है। इस प्रकार उसके आंतरिक जीवन में एक नव्य चेतना का विकास होता है। सम्भवतः यही कारण है कि 'धर्म परिवर्तन' को 'जीवन परिवर्तन', 'जीवन का नवीनीकरण', 'जीवन का दिव्यीकरण', 'मन परिवर्तन', 'हृदय परिवर्तन' आदि कई रूपों में अभिव्यक्त किया जाता है।

जे० बी० प्राट लिखते हैं कि "धर्म परिवर्तन एक प्राकृतिक मानवीय घटना है जो अप्राकृतिक हस्तक्षेप एवं ईश्वरीय पूर्वाग्रहों से स्वतंत्र है।" ["Conversion is a natural human phenomenon, independent alike of supernatural interference and theological prepossessions". Pratt, J.B. (1920): *The Religious consciousness*, Macmillan, New York, p. 122.]। यदि प्राट के मतों पर सूक्ष्मतापूर्वक विचार किया जाय तो ऐसा प्रतीत होता है कि उनका मत पूर्णतया निर्दोष नहीं है। धर्म परिवर्तन की प्रक्रिया कोई प्राकृतिक मानवीय घटना नहीं है बल्कि यह एक अप्राकृतिक घटना है तथा पूर्णतया ईश्वरीय अनुकम्पा के अधीन है। वास्तव में, ईश्वरीय ज्ञान 'साधन-साध्य' न होकर 'कृपा-साध्य' है, क्योंकि यह एक से दूसरे को अर्पित की जाती है। मनुष्य अपने प्रयास से उस तत्व तक पहुँच ही नहीं सकता है। ईश्वर स्वयं ही अहैतुकी कृपा करके अपने स्वरूप का दर्शन कराते हैं। इसका स्पष्ट उल्लेख करते हुए गोस्वामी तुलसीदास जी 'रामचरित मानस' (अयोध्याकाण्ड - 126/2) में लिखते हैं कि:

"सोई जानइ जेहि देहू जनाई।
जानत तुम्हहिं तुम्हइ होइ जाई॥"

अर्थात् ईश्वर को वही जान सकता है जिसको वह जनाना चाहता है। इसका साक्षात् उदाहरण गीता में मिलता है। कुरूक्षेत्र के युद्ध में भगवान के विराट स्वरूप का दर्शन केवल अर्जुन को ही हुआ, अन्य किसी को भी नहीं, क्योंकि भगवान श्रीकृष्ण केवल अर्जुन को ही अपने विराट स्वरूप का दर्शन कराना चाहते थे। वे कहते हैं कि हे अर्जुन! तुम इन आँखों से मेरे वास्तविक रूप का ज्ञान नहीं प्राप्त कर सकते हो। अस्तु, अब मैं तुम्हें दिव्य दृष्टि प्रदान कर रहा हूँ जिसके द्वारा तुम मेरे वास्तविक स्वरूप का दर्शन कर पाओगे। इस प्रकार धर्म परिवर्तन कोई प्राकृतिक घटना न होकर पूर्णतया ईश्वरीय अनुकम्पा के अधीन है।

इन्हीं मान्यताओं के परिप्रेक्ष्य में कुछ दार्शनिकों ने 'धर्म परिवर्तन' को परिभाषित करने का प्रयास किया है। ई० डी० स्टारबक के अनुसार "धर्म परिवर्तन की विशेषता को कमोवेश अचानक चारित्रिक परिवर्तनों, अशुभ से शुभ, स्वार्थ से सदाचार और उदासीनता से आध्यात्मिक अंतर्दृष्टि एवं क्रिया-कलापों के रूप में चित्रित किया जा सकता है।" ["Conversion is characterised by more or less sudden changes of character from evil to goodness, from selfness to righteousness and from indefferent to spiritual insight and activity." Starbuck, E.D. (1903): *Psychology of Religion*, Scribners, New York, p. 21.]। विलियम जेम्स के अनुसार "धर्म परिवर्तन को पुनर्जीवन, ईश्वरीय अनुकम्पा, धार्मिक अनुभूति, आश्वासन आदि पदों के द्वारा अभिव्यक्त किया जा सकता है जो उस प्रक्रिया को निर्दिष्ट करती है जिसकी सहायता से अपने को असंतुलित, गलत, हीन एवं खिन्न समझने वाला व्यक्ति संतुलित, सही, श्रेष्ठ एवं प्रसन्न अनुभव करता है, जो कि धार्मिक यथार्थताओं के निश्चय का परिणाम है।" ["To be converted, to be regenerated, to receive grace, to experience religion, to gain an assurance, are so many phrases which denote the process, gradual or sudden, by which a self hitherto divided, and consciously wrong inferior and unhappy, becomes unified and consciously right superior and happy, in consequence of its firmer hold upon religious realities." James, William (2002): *The Varieties of Religious Experience*, Dover Publications, Inc., Mineola, New York, p. 189.]। पुनश्च, वे लिखते हैं कि "यह कहना कि मानव का धर्म परिवर्तन हो गया है इसका अभिप्राय है कि प्रारम्भ में धार्मिक विचार जो उसकी चेतना की परिधि पर था अब उसने अपना स्थान चेतना के केन्द्र में बना लिया है और धार्मिक उद्देश्य उसकी ऊर्जा के आदतन केन्द्र में आ जाता है।" ("To say that a man is 'converted' means, that religious idea, previously peripheral in his consciousness, now take a central place, and religious aims form the habitual centre of his energy." *Ibid.*, p. 196.)। इसी प्रकार सैन्डर्स के अनुसार "धर्म परिवर्तन वह प्रक्रिया है जिसमें ईश्वरीय-चेतना जो अब तक हाशिये पर एवं अस्पष्ट थी अब वह केन्द्र में तथा स्पष्टतः परिभाषित हो जाती है, यह अपने पूर्ववर्ती गौण स्थितियों से निकल कर एक नूतन स्थिति में आ जाती है जो अधिक यथार्थ एवं जीवन में गहरा प्रभाव डालती है।" ["Conversion is a process by which God-consciousness, hitherto marginal and vague, becomes focal and clearly defined, passing from its former position as an accessory to its new position as the most real and penetrative influence in life." Saunders, K.J. (1916): *Adventures of the Christian Soul*, Cambridge University Press, p. 61]। जे० बी० प्राट ने धर्म परिवर्तन को परिभाषित करते हुए कहा है कि यह 'वस्तुतत्व से आत्मतत्व की प्राप्ति है' ["Conversion is passing from thinghood to selfhood." Pratt, J.B. (1920): *The Religious consciousness*, Macmillan, New York, p. 122.]। पुनश्च, वे धर्म परिवर्तन की विशिष्टताओं का उल्लेख करते हुए लिखते हैं कि "धर्म परिवर्तन की अनिवार्य विशिष्टता यह है कि इसमें यथार्थतः चारित्रिक एकरूपता एवं नव्य जीवन की प्राप्ति होती है।" ("The essential thing about conversion is just the unification of character and achievement of the new self." *Ibid.*, p. 123.)।

धर्म परिवर्तन की विशेषताएँ (Features of Religious Conversion)

यदि उपर्युक्त मान्यताओं पर सूक्ष्मतापूर्वक विचार किया जाय तो यह कहा जा सकता है कि धर्म परिवर्तन के सम्बंध में कई विशिष्टताएँ परिलक्षित होती हैं जो कि निम्नलिखित हैं:

- आत्मानुभूति या परम तत्व का साक्षात्कार।
- दिव्य जीवन की प्राप्ति।
- जीवन एवं जगत के प्रति अनासक्ति का भाव।
- आंतरिक जीवन में परम शांति का अनुभव करना।
- बाह्यगत व्यवहार में भेद दृष्टि का लोप हो जाना।

विलियम जेम्स गहन धार्मिक अनुभूति की मूलतः चार विशिष्टताओं की चर्चा करते हैं जो इस प्रकार हैं:

1. सभी प्रकार की चिंताओं से पूर्णतया मुक्त रहते हुए आंतरिक प्रसन्नता की अनुभूति करना। उनके अनुसार "अनिवार्य तत्व है कि सभी प्रकार की चिंताओं से मुक्ति, इस भाव के साथ कि अंततः एक के साथ सब कुछ अच्छा है, बाह्य परिस्थितियों के समान रहने पर भी शांति, सामंजस्य, भाई-चारे का भाव। ... व्यक्ति की सहयोगशीलता, उसकी मौन स्वीकृति, उसकी प्रशंसा, मन की उज्जवलता के केन्द्र में आ जाती है।" ["The central one is the loss of all the worry, the sense that all is ultimately well with one, the piece, the harmony, the willingness to be, even though the outer conditions should remain the same... A person of willingness, of acquiescence, of admiration, is the glowing center of this state of mind." James, William (2002): *The Varieties of Religious Experience*, Dover Publications, Inc., Mineola, New York, p. 248.]।

2. व्यक्ति जीवन के जिन रहस्यों को अब तक नहीं जानता था वे रहस्यानुभूति की अवस्था में स्पष्ट हो जाते हैं और जब तक वह रहस्यानुभूति की अवस्था में रहता है सभी प्रकार के बौद्धिक कार्य-कलाप स्थगित हो जाते हैं, क्योंकि जब तक वह बौद्धिक स्तर पर है, आत्मानुभूति से बहुत दूर है। वह लिखते हैं कि "दूसरी विशेषता यह है कि उन सत्यों का साक्षात्कार होता है जो पहले से अज्ञात थे। जीवन का रहस्य स्पष्ट हो जाता है। ... परन्तु जब तक हम रहस्यानुभूति की अवस्था में रहते हैं बौद्धिक तथ्य स्थगित रहते हैं।" ("The second feature is the sense of perceiving truths not known before. The mysteries of life become lucid... But these more intellectual phenomena may be postponed until we treat of mysticism." *Ibid.*, p. 248.)। यह अक्षरशः सत्य है कि "जब तक बाह्यगत सक्रियता रहती है, तब तक अंतर्मन प्रसुप्त रहता है, परन्तु जब अंतर्मन जागृत होता है तो स्वतः बाह्यगत निष्क्रियता आ जाती है।"
3. जगत के प्रति दृष्टिकोण में परिवर्तन या यों कहें कि नूतन दृष्टि की प्राप्ति। अब तक जो प्रतीत हो रहा था, वह परिवर्तित हो जाता है। इसका अभिप्राय नहीं है कि बाह्य जगत में अचानक कोई परिवर्तन आ जाता है। बाह्य जगत तो जिस रूप में है वह उसी रूप में रहता है, केवल उसको देखने का दृष्टिकोण बदल जाता है। दूसरे शब्दों में, भेद-दृष्टि का पराभव तथा जगत के कण-कण में उस परम सत्ता की ही अनुभूति होती है। इसी दृष्टि से जेम्स लिखते हैं कि "सुनिश्चितता की तीसरी विशिष्टता यह है कि जिस विश्व को प्रायः अनुभव करते हैं, उसमें वस्तुनिष्ठ परिवर्तन आ जाता है। प्रत्येक वस्तु में नवीनता का समावेश हो जाता है।" ("A third peculiarity of the assurance state is the objective change which the world often appears to undergo. An appearance of newness beautifies every object." *Ibid.*, p. 248.)।
4. इस अवस्था में जीव को अत्यंत ही आनन्द की प्राप्ति होती है। वास्तविकता भी यही है कि आनन्द तो आत्मा की स्थिति है और बिना समाधि में गये आत्मावस्थित हुआ ही नहीं जा सकता है। अस्तु, जेम्स लिखते हैं कि "मैं कहना चाहूँगा कि इसकी अन्तिम विशेषता है भाव-समाधि में आनन्द की उत्पत्ति।" ["The last of which I shall speak, in the ecstasy of happiness produced." James, William (2002): *The Varieties of Religious Experience*, Dover Publications, Inc., Mineola, New York, p. 254.]। यहाँ पर जेम्स, स्टिफैन एच० ब्रेडले के जीवन का एक उदाहरण प्रस्तुत करते हैं जिसे उसने नवम्बर 1929 में पवित्र आत्मा की शक्ति का अनुभव करते हुए कहा था। ब्रेडले के अनुसार "पवित्र आत्मा ने मेरी आत्मा पर पूर्ण आधिपत्य स्थापित कर लिया और मैं सुनिश्चित हूँ कि मैंने केवल ईश्वर की कामना की, और अधिक प्रसन्नता की नहीं, परन्तु फिर भी मैं सुनिश्चित नहीं हूँ कि मैंने क्या पाया? ऐसा प्रतीत होता है कि मेरा हृदय फट जायेगा, परन्तु यह तब तक स्थगित नहीं हुआ जब तक मैं अकथनीय पूर्ण प्रेम एवं ईश्वरीय अनुकम्पा का अनुभव करता रहा।" ["It (the Holy Spirit) took complete possession of my soul, and I am certain that I desired the Lord, while in the midst of it, not to give me any more happiness, for it seemed as if I

could not certain what I had got. My heart seemed as if it would burst, but it did not stop until I felt as if I was unutterably full of the love and grace of God." *Ibid.*, p. 191.]।

यही कारण है कि धार्मिक गुरुओं एवं मनीषियों ने धर्म परिवर्तन को 'पुनर्जन्म' की संज्ञा दी है। जीसस क्राइस्ट के अनुसार "तुम्हारा पुनः जन्म होगा।" ("Ye shall be born again". John, 3.7)। इसी प्रकार मनुस्मृति में भी कहा गया है कि जन्म से तो सभी शूद्र ही होते हैं संस्कार ही उन्हें द्विज बनाता है। यहाँ शूद्र का तात्पर्य संस्कार विहीन होना है और संस्कार का तात्पर्य है आचरण का शिष्ट एवं मयार्दित होना अर्थात् सद्गुणों से युक्त होना। इसी संस्कार के द्वारा कोई व्यक्ति द्विज होता है। द्विज का अभिप्राय है दुबारा जन्म या पुनः जन्म होना, परन्तु पुनः जन्म का अर्थ पुनर्जन्म (Rebirth) से नहीं है बल्कि आचरण की शुद्धता एवं पवित्रता से है। इसी दृष्टि से मनु कहते हैं कि "जन्मना जायते शूद्रः संस्कारेण द्विज उच्यते।" (मनुस्मृति - 1/110)। अर्थात् जन्म से तो सभी शूद्र ही होते हैं। संस्कार से ही कोई व्यक्ति द्विज होता है। कुप्रवृत्तियों के वशीभूत होकर ही मानव पशुवत् आचरण करता है, परन्तु ज्योंही ज्ञान प्राप्त होता है वह इन कुप्रवृत्तियों से ऊपर उठकर सदाचरण करने लगता है। यही दिव्य जीवन है और इसकी प्राप्ति ही पुनः जन्म लेना है। इसी दृष्टि से प्राट लिखते हैं कि "धर्म परिवर्तन के अनिवार्य तत्व के रूप में नूतन जन्म से कम कुछ भी नहीं है।" ["The essential element in conversion is nothing less than new birth." Pratt, J.B. (1920): *The Religious Consciousness*, Macmillan, New York, p. 122.]।

इतिहास में इसके अनेक उदाहरण देखने को मिलते हैं। महाभारत में एक प्रसंग आता है कि भगवान श्रीकृष्ण अर्जुन से कौरवों के विरुद्ध युद्ध करने को कहते हैं, परन्तु वह युद्ध करने से साफ मना कर देता है। यहाँ पर मोहग्रस्त एवं किंकर्त्तव्यविमूढ़ अर्जुन दो बातें कहता है: (1) मैं अपने भाई-बान्धवों के साथ युद्ध कैसे करूँ (आसक्ति) और (2) यदि मैंने इनका विनाश कर भी दिया तो इस महा-विनाश जनित पापों का भागी कौन बनेगा (अहंकार)? तत्पश्चात् भगवान श्रीकृष्ण अर्जुन को दिव्य दृष्टि प्रदान करके अपने विराट स्वरूप का दर्शन कराते हैं, इस दर्शन के उपरांत अर्जुन की दृष्टि बदल जाती है। तदुपरांत भगवान श्रीकृष्ण कहते हैं कि हे अर्जुन! मैंने तुझे धर्म-अधर्म की शिक्षा प्रदान की। अब जो तुम्हारी इच्छा हो वही करो (यथेच्छसि तथा कुरु, गीता - 18/63)। प्रत्युत्तर में अर्जुन कहता है कि हे अच्युत! आपकी असीम अनुकम्पा से मेरा मोह विनष्ट हो गया है और मैंने स्मृति प्राप्त कर ली है। मैं संदेह रहित होकर स्थित हूँ। अत: अब मैं वही करूँगा जो आप कहेंगे:

"नष्टो मोहः स्मृतिर्लब्धा त्वत्प्रसादान्मयाच्युत।
स्थितोऽस्मि गतसन्देहः करिष्ये वचनं तव॥" (गीता - 18/73)

इसी प्रकार की एक घटना भगवान बुद्ध के जीवन में भी देखने को मिलती है। शांति की खोज में राज्य सुख का परित्याग करके सिद्धार्थ सर्वप्रथम ऋषि आलार कलाम के पास, तत्पश्चात् रूद्रक ऋषि के पास गये, परन्तु उनकी साधनाओं से उन्हें शांति की प्राप्ति नहीं हुई। अस्तु, उन सबसे असंतुष्ट होकर वे बोध गया में एक पीपल के वृक्ष के नीचे बैठकर समाधिस्थ हो गये।

अंततः उन्हें आत्म-ज्ञान या दिव्य ज्ञान प्राप्त हुआ। जिस शांति की तलाश थी वह तलाश समाप्त हो गई। जीवन धन्य हो गया। आत्म-ज्ञान की प्राप्ति के उपरांत उनकी जीवन दृष्टि ही बदल गई। अब उन्हें इसी जीवन एवं जगत में निःसारता का बोध हुआ। तत्पश्चात् उन्होंने सारनाथ आकर धर्मचक्र परिवर्तन किया और अपने पाँचों गुरु भाईयों को सर्वप्रथम चार आर्य सत्यों की शिक्षा प्रदान की, जिसका निहितार्थ है कि 'दुःख' एवं 'दुःख निरोध'। दुःख संसार है जबकि दुःख निरोध निर्वाण है। अस्तु, उन्होंने उपदेश किया कि हे भिक्षुओं! यत्नपूर्वक निर्वाण की प्राप्ति करो जिससे तुम सदा सर्वदा के लिए दुःखों से त्राण पाकर अपने इसी जीवन में आनन्द एवं शांति की प्राप्ति कर सको।

रामकृष्ण परमहंस जी भी माँ काली के आराधक थे। जब उन्हें माँ का दर्शन नहीं हुआ तो एक दिन उन्होंने माँ के मंदिर में रखी तलवार को अपने हाथ में उठा लिया और माँ काली से यह याचना कि यदि मुझे तुम्हारा दर्शन प्राप्त नहीं होगा तो मुझे शरीर धारण किये रहने का कोई औचित्य नहीं है। इसी प्रतिबद्धता के साथ उन्होंने उस तलवार से अपने गले पर वार किया, परन्तु ज्योंही उन्होंने तलवार को अपने गले पर चलाने का प्रयास किया, परीक्षा पूर्ण हो गई और माँ काली ने साक्षात् रूप से प्रकट होकर उन्हें अपने दिव्य स्वरूप का दर्शन कराया। इस दर्शनोपरांत परमहंस जी के जीवन में दिव्य जीवन की प्राप्ति हुई। आंतरिक तड़प एवं अशांति विगलित होकर परम शांति की प्राप्ति हुई। इसी को ऋषियों ने पुनः जन्म कहा है।

इसी प्रकार की एक घटना देवेन्द्र नाथ टैगोर के जीवन में देखने को मिलती है। वे संसार के रहस्य को जानना चाहते थे, परन्तु इस रहस्य को जान पाने में असमर्थ होने के कारण व्याकुल एवं व्यथित रहते थे। जीवन नीरस एवं अशांत हो गया था। वे स्वयं ही अपनी आत्म-कथा में लिखते हैं कि 'मैं यह नहीं समझ पा रहा था कि तसल्ली कहाँ से प्राप्त करूँ।' व्याकुलता की इसी अवस्था में एक दिन उनकी दृष्टि अचानक पास में पड़े हुए एक कागज के टुकड़े पर पड़ी, जिस पर संस्कृत में इशोपनिषद् (1/1) का निम्न श्लोक अंकित था:

"ईशावास्यमिदं सर्वं यत्किञ्च जगत्यां जगत्।
तेन त्यक्तेन भुञ्जीथा मा गृधः कस्यस्विद्धनम्॥"

अर्थात् इस जगत के कण-कण में ईश्वर का ही वास है। अस्तु, यहाँ की प्रत्येक वस्तु को त्यागपूर्वक ग्रहण करना चाहिए। टैगोर जी के अनुसार जब उन्होंने इसके अर्थ को जाना तो मानो उन्हें स्वर्ग से अमृत की प्राप्ति हो गई। नीरस जीवन आलोकित हो गया। वे लिखते हैं कि 'मैंने ईश्वर को जाना।' धन्य हैं वे ऋषि जिन्होंने इस श्लोक की रचना की। इस प्रकार टैगोर का धर्म परिवर्तन हुआ।

स्पष्टतः धर्म परिवर्तन दिव्य जीवन की प्राप्ति है जो आत्म साक्षात्कार के उपरांत ही सम्भव है। आत्म-साक्षात्कार होते ही जीव पापों से पूर्णतया रहित होकर सदा सर्वदा के लिए बंधन से मुक्त होकर परम शांति की अवस्था में स्थापित हो जाता है। इसी दृष्टि से अण्डरवुड लिखते हैं कि "धर्म परिवर्तन का परिणाम पापों से पूर्णरूपेण एवं सदा सर्वदा के लिए मुक्ति है।" ["Conversion is complete and permanent deliverance from sin." Underwood, A.C. (1925): *Conversion, Christian and Non-christian*, Macmillan and Co., New York, p. 253.]। ई० ए० एनेट तो धर्म परिवर्तन की तुलना मुख्य द्वार से करते हुए लिखते हैं कि "धर्म

परिवर्तन एक मुख्य द्वार है जिसके पास अपने लक्ष्य की प्राप्ति के लिए एक उप-मार्ग तथा एक आंतरिक मार्ग भी है। धार्मिक परिवर्तन वह मुख्य द्वार है जो पूर्ण, समृद्ध, नैतिक एवं आध्यात्मिक जीवन की ओर प्रेरित करता है।" ["Conversion is a gateway which has its approach road and also inner road tending to a destination. Religious conversion is a gateway that leads to fuller, and richer, moral and spiritual life." Annett, A.E. (1940): *Psychology for Bible Teachers*, Macmillan and Co., New York, p. 122.]।

धर्म परिवर्तन के प्रकार (Types of Religious Conversion)

धर्म परिवर्तन मूलत: दो प्रकारों से हो सकता है या तो ऐच्छिक या संकल्पनात्मक रूप में या फिर समर्पण भाव से। इसी मान्यता के आधार पर स्टारबक ने धर्म परिवर्तन को दो भागों में विभक्त किया हैं:

1. संकल्पनात्मक धर्म परिवर्तन (Volitional Type of Conversion)
2. आत्म-समर्पण धर्म परिवर्तन (Self-surrender Type of Conversion)

इसे ही विलियम जेम्स क्रमशः 'चेतन एवं ऐच्छिक' (Conscious and volitional) तथा 'अचेतन एवं अनैच्छिक/दैवकृत' (Unconscious and involitional way) कहते हैं।

संकल्पनात्मक धर्म परिवर्तन (Volitional Type of Conversion) ....

संकल्पनात्मक धर्म परिवर्तन मूलत: चेतन एवं ऐच्छिक होता है। इसके अंतर्गत व्यक्ति का संकल्प प्रधान होता है। जेम्स के अनुसार "स्वैच्छिक धर्म परिवर्तन के अंतर्गत किसी व्यक्ति के अंदर धीरे-धीरे एंव सतत् रूप से क्रमश: नैतिक एवं आध्यात्मिक आदतों का विकास होता है।" ["In the volitional type of regenarative change is usually gradual, and consists in the building up, piece by piece, of a new set of moral and spiritual habits." James, William (2002): *The Varieties of Religious Experience*, Dover Publications, Inc., Mineola, New York, p. 206.]। उदाहरणार्थ माना कि कोई व्यक्ति किन्हीं कुप्रवृत्तियों से ग्रस्त है, यदि वह इस पर नियंत्रण करना चाहता है तो ऐसा शनै:-शनै: नैतिक एवं आध्यात्मिक सद्गुणों का विकास करके ही किया जा सकता है। अत: यह माना जाता है कि संकल्पनात्मक धर्म परिवर्तन में क्रमश: नैतिक एवं आध्यात्मिक गुणों का विकास होता है। जैसे-जैसे हमारे अंदर के मल, आवरण एवं विक्षेप धुलते जाते हैं वैसे-वैसे हम एक ओर परमात्मा के सन्निकट पहुँचते जाते हैं वहीं दूसरी ओर हमारा आचरण एवं व्यवहार भी परिष्कृत एवं परिमार्जित होता जाता है। इसी दृष्टि से गाँधी जी लिखते हैं कि 'जैसे-जैसे मेरा अंत:करण शुद्ध होता जाता है वैसे-वैसे मैं अपने आप को ईश्वर के सन्निकट पाता हूँ।' ("The purer I try to become, the nearer I feel to be God." *Young India*, 11.10.1928, p. 348.)।

अंततः जब व्यक्ति पूर्णतः अज्ञान रहित हो जाता है तो साक्षात् रूप से परमात्मा को अपने समक्ष पाता है और तत्क्षण वह अपने आप को उनके समक्ष समर्पित कर देता है। अतः संकल्पनात्मक धर्म परिवर्तन में भी अंततः आत्म-समर्पण का भाव अवश्य ही रहता है। अस्तु, जेम्स लिखते हैं कि "यहाँ तक कि अधिकांश संकल्पनात्मक प्रकार के पुनरुज्जीवन में भी आंशिक रूप से आत्म-समर्पण का भाव निहित रहता है।" ["Even in the most voluntarily build-up sort of regeneration there are passages of partial self-surrender interposed." James, William (2002): *The Varieties of Religious Experience*, Dover Publications, Inc., Mineola, New York, p. 208.]।

आत्म-समर्पण धर्म परिवर्तन

(Self-surrender Type of Conversion)..

'चेतन एवं ऐच्छिक' धर्म परिवर्तन की अपेक्षा 'अचेतन एवं अनैच्छिक/दैवकृत' धर्म परिवर्तन के अंतर्गत पूर्णरूपेण आत्म-समर्पण का भाव होता है। यहाँ पर व्यक्ति यह अनुभव करता है कि मनुष्य अपने प्रयास से उस परम तत्व को जान नहीं सकता है। अस्तु, वह ईश्वर पर अपने आप को सर्वतोभावेन समर्पित कर देता है। ज्योंही वह समर्पण करता है त्योंही ईश्वर न केवल अपने स्वरूप का दर्शन कराके उसे कृतार्थ कर देते हैं बल्कि उसी समय से उसके योग-क्षेम का निर्वहन भी करने लगते हैं। इसका साक्षात् उदाहरण गीता में मिलता है जब भगवान श्रीकृष्ण अर्जुन से कहते हैं कि हे अर्जुन! तू सबकुछ त्याग कर मेरी शरण में आ जा। यदि तू ऐसा करता है तो मैं तुझे सारे पापों से मुक्त कर दूँगा। ("सर्वधर्मान् परित्यज्य मामेकं शरणं व्रज।" गीता - 18/66)। पुनश्च, वे कहते हैं कि हे अर्जुन! तू मेरा भक्त हो जा, मेरा मन वाला हो जा, मुझे ही नमस्कार कर। यदि तू ऐसा करता है तो यह निश्चित रूप से जानो कि तू मुझे ही प्राप्त हो जायेगा। ("मन्मना भव मद्भक्तो मद्याजी मां नमस्कुरु।" गीता - 18/65)। आत्म-समर्पण का अर्थ है अपने मन को एकांग रूप से ईश्वर में लगाना अर्थात् 'मन-भक्त' न होकर 'ईश्वर-भक्त' हो जाना। अस्तु, इसे 'ईश्वर-प्रणिधान' भी कहते हैं। स्पष्टतः समर्पण अत्यंत ही कठिन कार्य है। समर्पण की बात करना एक चीज है और वस्तुतः समर्पण करना दूसरी चीज है। सच्चे आत्म-समर्पण के लिए अहंभाव का परित्याग अनिवार्य है, परन्तु जब तक शरीर है इस अहंभाव का त्याग सरल नहीं है।

समर्पण का एक उदाहरण उपनिषदों में भी मिलता है। एक बार राजा जनक के दरबार में आत्मा पर चर्चा हो रही थी, जिसमें उस समय के सभी प्रकाण्ड पण्डित उपस्थित थे और उसकी अध्यक्षता स्वयं राजा जनक कर रहे थे। उसमें अष्टावक्र जी के पिताजी कहोल ऋषि भी थे। जब कहोल ऋषि पराजित होने लगे तो यह सुनकर अष्टावक्र जी स्वयं ही उस दरबार में उपस्थित हुए। ज्योंही अष्टावक्र जी वहाँ पधारे, उस दरबार में उपस्थित सभी विद्वान पण्डित हँसने लगे। जब वे सभी हँसकर शांत हुए तो अष्टावक्र जी अकेले ही हँसने लगे। इस पर राजा जनक ने पूछा कि अष्टावक्र जी आप क्यों हँस रहे हैं। अष्टावक्र जी ने कहा कि हे राजन्! पहले आपने हँसा है, अतएव सर्वप्रथम आप अपने हँसने का कारण बतायें। राजा जनक जी ने कहा कि मैं तो आपके वक्र शरीर को देखकर हँसा। इस पर अष्टावक्र जी ने कहा कि मैं तो इसलिए हँसा कि जिस

दरबार में आत्मा की चर्चा हो रही है, वहाँ शरीर पर ध्यान दिया जा रहा है। ऐसी स्थिति में आत्मा को कैसे जाना जा सकता है। अंततः अष्टावक्र जी ने राजा जनक को आत्म-ज्ञान प्रदान किया। राजा जनक ने तीन संकल्प किये और सम्पूर्ण राज-पाट अष्टावक्र जी को दान करके जंगल की ओर चले गए। इस पर अष्टावक्र जी ने कहा कि हे राजन! यदि आपने सबकुछ मुझे अर्पित कर दिया तो किसके आदेश से आप जंगल की ओर जा रहे हैं। अब मैं आपको आदेश कर रहा हूँ कि आप राजगद्दी सम्भालें, परन्तु अब राजा जनक की दृष्टि बदल गई थी। अब वे राजा होते हुए भी मुनीम ही बने रहे, क्योंकि वे मन से तो यह जानते ही रहे कि यहाँ पर मेरा कुछ भी अपना नहीं है। अब न तो किसी चीज को पाने की खुशी और न ही किसी चीज को खोने का गम। आत्म-समर्पण पर आधृत धर्म परिवर्तन ही वास्तविक धर्म परिवर्तन है, क्योंकि यह किसी बाह्य शक्ति से बाध्य, न होकर अंतःकरण एवं सहज भाव से होता है। ऐसा परिवर्तन ही वास्तविक धर्म परिवर्तन है। सम्भवतः यही कारण है कि अधिकांश दार्शनिकों ने आत्म-समर्पण पर आधारित धर्म परिवर्तन को ही अधिक महत्त्व प्रदान किया है, जैसा कि विलियम जेम्स लिखते हैं कि "स्वैच्छिक प्रकार के धर्म परिवर्तन का उदाहरण सरल है, परन्तु वह नियमतः आत्म-समर्पण प्रकार के धर्म परिवर्तन से कम रुचिकर है।" ["Of the volitional type of conversion it would be easy to give examples, but they are as a rule less interesting than those of the self-surrender type, ..." James, William (2002): *The Varieties of Religious Experience*, Dover Publications, Inc., Mineola, New York, pp. 207–08.]।

धर्म परिवर्तन के प्रेरक तत्व
(Motivational Elements of Religious Conversion)

प्रश्न उठता है कि धर्म परिवर्तन के प्रेरक तत्व कौन-कौन से हैं? धर्म परिवर्तन के महत्त्वपूर्ण प्रेरक तत्व निम्नलिखित हैं:

- **अपूर्णता एवं पाप का बोध:** ये ऐसी प्रवृत्तियाँ हैं जिनसे बचने के लिए व्यक्ति सामान्यतः धर्म परिवर्तन की ओर अग्रसर होता है। जिस प्रकार सीमित मनुष्य असीमित ईश्वर को माने बिना नहीं रह सकता है उसी प्रकार वह अपने द्वारा किये जाने वाले पापों से बचने के लिए प्रायश्चित करना चाहता है। इस प्रकार यहाँ पर दो बातें महत्त्वपूर्ण हैं:
    - निषेधात्मक, जहाँ व्यक्ति पापों से मुक्ति चाहता है एवं
    - भावात्मक, जिसके द्वारा वह उस परम तत्व को प्राप्त करना चाहता है।

  विलियम जेम्स लिखते हैं कि "धर्म परिवर्तन करने के लिए व्यक्ति में मन में दो बातें होती हैं: (1) वर्तमानकालिक अपूर्णता या गलती एवं 'पाप' जिससे वह बचने के लिए प्रयास करता है तथा (2) भावात्मक आदर्श जिसे वह प्राप्त करने के लिए लालायित रहता है।" ["There are two things in the mind of the candidate for conversion: (1) the present incompleteness or wrongness, the 'sin' which he is eager to escape from; and (2) the positive ideal which he longs to compass." James, William (2002): *The Varieties of Religious Experience*, Dover

Publications, Inc., Mineola, New York, p. 209.]। पुनश्च, जेम्स के अनुसार उपर्युक्त दोनों ही विशेषताओं में भावात्मक आदर्श की प्राप्ति की अपेक्षा पापों से बचने का भाव ही अधिक महत्त्वपूर्ण होता है, जैसा कि स्टारबक लिखते हैं कि "धर्म परिवर्तन सद्गुणों की ओर बढ़ने के प्रयास की अपेक्षा पापों से बचने के लिए एक संघर्षात्मक प्रक्रिया है।" ["Conversion is a process of struggling away from sin rather than of striving towards righteousness." Starbuck, E.D. (1903): *Psychology of Religion*, Scribners, New York, p. 64.]। हालाँकि, स्टारबक की बातों से सहमत होना आवश्यक नहीं है, क्योंकि स्टारबक का मत मनोवैज्ञानिक दृष्टिकोण से भले ही सुसंगत हो, परन्तु आध्यात्मिक दृष्टिकोण से यह संगत प्रतीत नहीं होता है। आध्यात्मिक दृष्टिकोण से व्यक्ति पाप-पुण्य की चिंता किये बिना शुद्ध अंतःकरण से उस परम तत्व की प्राप्ति करना चाहता है। वह जानता है कि उस तत्व की अनुभूति के उपरांत सारे पाप अपने आप ही धुल जाते हैं। पुनश्च, पाप एवं पुण्य का भेद केवल व्यावहारिक स्तर पर ही है न कि पारमार्थिक स्तर पर।

- धर्म परिवर्तन के लिए यह भी अपरिहार्य है कि उस व्यक्ति के मन में परम सत् को जानने की प्रबल जिज्ञासा हो। मनुष्य के अंदर एक ऐसी प्रवृत्ति होती है जिसके कारण स्वभावतः उसके मन में यह जिज्ञासा बनी रहती है कि "कोऽहं" (योगवासिष्ठ - 2/3/46) अर्थात् 'मैं कौन हूँ'। इसी जिज्ञासा के कारण वह उस परमतत्व की ओर बढ़ने का निरंतर प्रयास करता रहता है। सांसारिक जिज्ञासा वाले मनुष्य अर्थात् जिसके अंदर 'कोऽहं' की जिज्ञासा न हो, वह उस तत्व को जान ही नहीं सकता है।
- 'मैं कौन हूँ' की जिज्ञासा के साथ-ही-साथ हमारे मन में ईश्वर के प्रति अविचल एवं अगाध श्रद्धा का होना भी आवश्यक है। श्रद्धा उस तत्व तक पहुँचने की प्रथम कड़ी है। इसी दृष्टि से गीता में भगवान श्री कृष्ण कहते हैं कि "श्रद्धावाँल्लभते ज्ञानं तत्परः संयतेन्द्रियः।" (गीता - 4/39) अर्थात् श्रद्धा से रहित व्यक्ति उस तत्व को जान ही नहीं सकता है।
- श्रद्धा के साथ-ही-साथ ईश्वर के प्रति अटूट एवं दृढ़ विश्वास का होना भी परम आवश्यक है। जिसके मन में किंचित मात्र भी ईश्वर के प्रति संशय है, वह ईश्वर के दरबार में पहुँच ही नहीं सकता है, क्योंकि ईश्वर के रास्ते पर चलना तलवार के धार पर चलने के तुल्य है। यद्यपि यह अक्षरशः सत्य है कि बिना संशय के ज्ञान नहीं हो सकता, परन्तु यह भी उतना ही सत्य है कि केवल संशय विनाश का रास्ता तैयार करता है 'संशयेन विजानाति संशयात्मा विनश्यति'। भगवान श्रीकृष्ण भी कहते हैं कि श्रद्धारहित संशययुक्त व्यक्ति परमार्थ से भ्रष्ट हो जाता है ("अज्ञश्चाश्रद्दधानश्च संशयात्मा विनश्यति।" गीता - 4/40)।
- **समर्पण का भावः** ईश्वर को जानने के लिए उसके प्रति हमारे मन में समर्पण भाव का होना अति आवश्यक है, क्योंकि ईश्वर को वही जान सकता है जिसको वह स्वयं ही जनाना चाहता है, परन्तु वह उसी को जनाना चाहता है जिसने अपने आप को सर्वतोभावेन उन पर समर्पित कर दिया है। समर्पण का अभिप्राय है मन, वचन एवं कर्म इन तीनों से ही समर्पण। तभी तो भगवान श्रीकृष्ण कहते हैं कि हे अर्जुन! तू अपने मन को मेरे मन में लगा अर्थात्

तू मेरे मन वाला हो जा। ("सर्वधर्मान्परित्यज्य मामेकं शरणं व्रज।" गीता - 18/66)। इसी प्रकार तू मेरा ही भजन कर, मुझे ही नमस्कार कर, आदि-आदि।

- विवशता का तत्व भी धर्म परिवर्तन में सहायक होता है। समर्पण दो प्रकार से हो सकता है: या तो शुद्ध अंत:करण से या फिर विवश होकर। यद्यपि समर्पण का तो मूल अभिप्राय है आत्म-समर्पण, परन्तु कभी-कभी ऐसा भी देखने को मिलता है कि प्रारम्भ में मनुष्य विवश होकर ईश्वर के समक्ष समर्पण करता है और कालांतर में वही पुष्ट होकर आत्म-समर्पण का रूप ले लेता है। अर्जुन भी सीधे-सीधे समर्पण न करके भगवान श्रीकृष्ण के विराट स्वरूप को देखने के पश्चात् ही आत्म-समर्पण करता है, क्योंकि वह जान लेता है कि युद्ध करने के अलावा उसके पास कोई अन्य विकल्प है ही नहीं। भगवान श्रीकृष्ण अर्जुन से कहते हैं कि "हे अर्जुन! तू करता वह है जो तू चाहता है, परन्तु होता वह है जो मैं चाहता हूँ। तू वह कर जो मैं चाहता हूँ फिर वह होगा जो तू चाहता है।" अर्थात् अर्जुन तेरा कर्म पर ही अधिकार है उससे उत्पन्न होने वाले फल पर नहीं। अत: तुम फल को कर्म का हेतु मत बनाओ। ("कर्मण्येवाधिकारस्ते मा फलेषु कदाचन्। मा कर्मफलहेतुर्भूर्मा ते सङ्गोस्त्वकर्मणि॥" गीता - 2/47)। यही भाव मनुष्य को आत्म-समर्पण करने के लिए बाध्य करता है। इस प्रकार यह पूर्णतया सम्भव है कि प्रारम्भ में कोई व्यक्ति विवशतापूर्वक समर्पण करे, परन्तु कालांतर में वही विवशता आत्म-समर्पण के रूप में परिणत हो जाय।
- कभी-कभी संसार के प्रति मोह भंग या मानसिक आघात भी धर्म परिवर्तन का एक कारक हो जाता है। तुलसीदास जी को प्रारम्भ में संसार के प्रति अत्यंत ही राग था, परन्तु कालांतर में जब वे अपनी ही पत्नी के द्वारा अपमानित एवं तिरस्कृत हुए तो संसार के प्रति उनका मोह भंग हुआ और वे परमात्मा की ओर पूर्णतया समर्पित हो गये। इस प्रकार तुलसीदास का धर्म परिवर्तन हुआ।
- कभी-कभी धर्मोपदेश भी धर्म परिवर्तन में बहुत हद तक सहायक होता है। धर्मोपदेश के द्वारा व्यक्ति की मन:स्थिति पर एक भावात्मक एवं गहरा प्रभाव पड़ता है, उसके अंदर का दबा हुआ संस्कार जागृत होता है और व्यक्ति संसार से विमुख होकर ईश्वर की ओर उन्मुख हो जाता है। उदाहरणार्थ, धर्मोपदेश के द्वारा ही अर्जुन ने भगवान श्रीकृष्ण के समक्ष समर्पण किया। इसी प्रकार धर्मोपदेश के द्वारा ही राजा जनक ने अष्टावक्र जी के समक्ष समर्पण करके आत्म-ज्ञान प्राप्त किया। धर्मोपदेश के कारण ही डाकू रत्नाकर संत एवं आदि कवि बाल्मीकि के रूप में प्रतिष्ठित हुए। इस प्रकार धर्मोपदेश के अनेक उदाहरण इतिहास में देखने को मिलते हैं।

धर्मांतरण (Proselytization)

धर्म परिवर्तन का ही एक अन्य रूप धर्मांतरण है। धर्मांतरण के अंतर्गत एक धर्म का अनुयायी अपने मूल धर्म का परित्याग करके किसी अन्य धर्म को अपनाता या उसका वरण करता है। उदाहरणार्थ, जब कोई हिन्दू धर्मानुयायी अपने हिन्दू धर्म को छोड़कर किसी अन्य धर्म, जैसे - ईसाई

या इस्लाम या यहूदी आदि में से किसी भी धर्म को अपनाता है तो इसे 'धर्मांतरण' कहते हैं। इसी प्रकार जब ईसाई धर्मानुयायी अपने धर्म को छोड़कर हिन्दू या किसी अन्य धर्म को अपनाता है तो उसे धर्मांतरण कहते हैं। धर्मांतरण का सम्बंध धार्मिक बहुलता और धार्मिक स्वतंत्रता दोनों से ही है। धार्मिक स्वतंत्रता के होने पर ही धर्मांतरण की सम्भावना बनती है। जहाँ धार्मिक स्वतंत्रता नहीं है वहाँ धर्मांतरण की कोई सम्भावना ही नहीं है। इसी प्रकार जहाँ धार्मिक बहुलता है वहीं पर धर्मांतरण की अवधारणा को साकार बनाया जा सकता है। जहाँ पर केवल एक ही धर्म है वहाँ पर धर्मांतरण का प्रश्न ही नहीं उठता है। पुनश्च, माना कि कोई ऐसा राष्ट्र है जहाँ धार्मिक बहुलता तो है, परन्तु धार्मिक स्वतंत्रता नहीं है वहाँ पर भी धर्मांतरण की सम्भावना नहीं है। इसी प्रकार माना कि किसी राष्ट्र में धार्मिक स्वतंत्रता तो है, परन्तु वहाँ पर केवल एक ही धर्म है तो वहाँ भी धर्मांतरण की सम्भावना क्षीण हो जाती है। इस प्रकार धर्मांतरण की समस्या धार्मिक बहुलता एवं धार्मिक स्वतंत्रता दोनों से ही समान रूप से सम्बंधित है।

भारतीय संस्कृति में धर्मांतरण की समस्या बहुतायत मात्रा में दृष्टिगोचर होती है, क्योंकि यहाँ धर्मों की बहुलता तो बहुत पहले से ही विद्यमान थी, साथ ही यहाँ का संविधान भी स्पष्ट रूप से प्रत्येक व्यक्ति को धार्मिक स्वतंत्रता प्रदान करता है। भारतीय संविधान के अनुच्छेद 25(1) में कहा गया है कि 'प्रत्येक व्यक्ति को अपने अंत:करण के अनुरूप किसी भी धर्म को अपनाने तथा उसका प्रचार एवं प्रसार करने की पूर्ण स्वतंत्रता होगी।' सम्भवत: यही कारण है कि भारत में धर्मांतरण की अधिकांश घटनाएँ घटती रहती हैं।

धर्मांतरण के कारण (Factors of Proselytization)

प्रश्न उठता है कि धर्मांतरण का कारण क्या है? यदि धर्मांतरण के कारणों पर विचार किया जाय तो इस सम्बंध में निम्नलिखित कारण परिलक्षित होते हैं जो इस प्रकार हैं:

- **अशिक्षा या अज्ञानता:** प्राय: ऐसा देखा जाता है कि जो व्यक्ति अशिक्षित होते हैं उन्हें अपने ही धर्म की मूल बातों का पूर्ण ज्ञान नहीं होता है। अस्तु, वे कट्टरपंथियों के बहकावे में शीघ्र ही आ जाते हैं और अपने मूल धर्म को त्याग कर अन्य धर्म को अपना लेते हैं।
- **प्रलोभन:** कभी-कभी तो अनेकानेक प्रकार के प्रलोभन, यथा - धन, नौकरी, सम्मान आदि के आधार पर भी धर्म परिवर्तन कराया जाता है। जो व्यक्ति विपन्न हैं वे इन बातों से जल्दी ही प्रभावित हो जाते हैं, परिणामत: वे अनायास ही धर्मांतरण कर लेते हैं। ईसाईयों ने भारतीय संस्कृति में अधिकांशत: धर्मांतरण इसी प्रलोभन के आधार पर ही कराया है।
- **विवशता:** कभी-कभी तो धर्म परिवर्तन करने के लिए व्यक्ति या एक विशेष समुदाय को बाध्य कर दिया जाता है और वह न चाहते हुए भी धर्मांतरण कर लेता है। इसका अधिकांश उदाहरण मुगल शासन प्रमुखत: औरंगजेब के काल में देखने को मिलता है जहाँ अधिकांश हिन्दुओं को जबर्दस्ती मुसलमान बना दिया गया।
- **अमानवीय व्यवहार या अपमान:** कभी-कभी किसी जाति विशेष के प्रति होने वाला अमानवीय व्यवहार भी धर्मांतरण का कारक बन जाता है। उल्लेखनीय है कि अतीत में

भारतीय संस्कृति में अछूतों का धार्मिक स्थलों पर प्रवेश वर्जित था। वे न तो मंदिरों में जा सकते थे और न ही वेद का अध्ययन कर सकते थे। यही नहीं, सामाजिक स्तर पर भी उनके साथ भेद-भाव किया जाता था। इस प्रकार उनके साथ एक समान नागरिक के रूप में व्यवहार न करके दोयम दर्जे का व्यवहार किया जाता था। इस अपमान से बचने के लिए डॉ० भीमराव अम्बेडकर के साथ-ही-साथ अधिकांश अछूतों ने भी हिन्दू धर्म का परित्याग करके बौद्ध धर्म को अपना लिया। कईयों ने तो ईसाई धर्म को स्वीकार कर लिया।

- **प्रेम विवाह:** आजकल समाज में प्रेम विवाह का प्रचलन-सा हो गया है। माना कि किन्हीं व्यक्तियों का अंतर धार्मिक विवाह हो जाय तो स्पष्टत: उनकी धार्मिक मान्यताएँ एक दूसरे से पृथक्-पृथक् होंगी। ऐसी स्थिति में सामंजस्यपूर्ण जीवन जीना सम्भव नहीं हो सकेगा। अस्तु, शांतिपूर्वक जीवन जीने के लिए यह अपरिहार्य है कि पत्नी एवं पति दोनों में से कोई एक अपना धर्मांतरण कर ले, अन्यथा उनके बीच अनावश्यक अंतर्कलह पैदा होगा।

अंतत: धर्मांतरण के राजनीतिक कारण भी हैं। सत्ता लोलुप लोग धर्मांतरण के द्वारा अपने धर्मांनुयायियों की संख्या में अभिवृद्धि करके राज्य सत्ता पर अधिकार प्राप्त करना चाहते हैं। अस्तु, वे येन-केन-प्रकारेण अन्य धर्मानुयायियों के मन में उनके धर्म के प्रति घृणा एवं विद्वेष फैलाकर उनका धर्मांतरण कराते हैं और इसके निमित्त वे किसी भी हथकण्डे का प्रयोग करने से नहीं चूकते हैं।

समस्या यह है कि धर्मांतरण कहाँ तक सुसंगत है? धर्मांतरण अपने आप में कोई असंगत अवधारणा नहीं है। यदि कोई व्यक्ति किसी धर्म विशेष की विशिष्ट मान्यताओं से प्रभावित होकर अपने शुद्ध हृदय से या अंत:करण के द्वारा अपने धर्म का परित्याग करके किसी अन्य धर्म को अपनाता है तो इसमें कोई बुराई नहीं है बल्कि ऐसे धर्मांतरण को प्रोत्साहन मिलना चाहिए। समस्या तो तब उत्पन्न होती है जब व्यक्तियों का धर्मांतरण लालच या प्रलोभन के आधार पर या उन्हें विवश करके कराया जाता है। ऐसे धर्मांतरण पर तुरन्त प्रतिबंध लगाना चाहिए, क्योंकि ऐसा धर्मांतरण न तो किसी व्यक्ति विशेष के लिए उपादेय हो सकता है और न ही समाज के सार्वभौमिक विकास में सहायक ही हो सकता है। ऐसा धर्मांतरण व्यक्तिगत स्तर पर कदापि शांति प्रदान नहीं कर सकता है बल्कि यों कहें कि यह शांति की अपेक्षा अशांति ही अधिक प्रदान करता है। ऐसे आयातित धर्म को वह व्यक्ति अपने हृदय से न तो अपना ही पाता है और न ही अपने मूल धर्म का पूर्णतया परित्याग ही कर पाता है। त्याग एवं ग्रहण का यही अंतर्द्वन्द्व जीवन भर उसके मन में चलता रहता है, जो अंतत: दु:खों का कारण बनता है। शांति एवं आनन्द तो एकरूपता में ही है, अंतर्द्वन्द्व में नहीं।

सामान्यत: ऐसा देखने में आता है कि संकट की घड़ी में वह व्यक्ति अपने मूल धर्म में मान्य ईश्वर या देवताओं की शरण में ही जाता है और वहीं पर उसको अधिकाधिक आत्मिक संतोष प्राप्त हो पाता है। माना कि कोई हिन्दू धर्मांतरण के द्वारा ईसाई हो गया। अब यदि उसके समक्ष कोई संकट आता है तो वह चर्च में जाकर जीसस से प्रार्थना करने की अपेक्षा मंदिर में जाकर भगवान विष्णु या शिव या हनुमान जी या माँ काली या अन्य देवताओं से ही याचना करता है। हमें नहीं भूलना चाहिए कि किसी भी व्यक्ति का अपने अतीत से गहरा सम्बंध होता है। किसी व्यक्ति का अतीत रेत या स्लेट की भाँति न होकर एक कागज की भाँति होता है। रेत या स्लेट

पर तो लिखकर आसानी से मिटाया जा सकता है, परन्तु कागज पर जो एक बार अंकित हो गया उसे आसानी से मिटाना सम्भव नहीं है। यही कारण है कि डॉ० राधाकृष्णन धर्मांतरण की तुलना व्यक्तिगत अनन्यता से करते हुए कहते हैं कि जिस प्रकार व्यक्तिगत अनन्यता की पहचान स्मृति के द्वारा होती है उसी प्रकार समाजिक जीवन की पहचान भी प्रथाओं एवं परम्पराओं के द्वारा ही सम्भव है। यदि किसी व्यक्ति को उसकी परम्पराओं से पृथक् कर दिया जाय तो वह निरर्थक एवं पथभ्रष्ट हो जाता है। उनके अनुसार "इतिहास आंगिक एकता की भाँति है, जिस प्रकार व्यक्तिगत अनन्यता के लिए स्मृति आवश्यक है उसी प्रकार यह मनुष्य की पार्थिव नियति का एक स्तर है। ... अपने अतीत को भूलना अपने उद्गम स्थल को भूलने के तुल्य है।" ["History is something organic, a phase of man's terrestrial destiny as essential for him as memory is for personal identity... To forget our social past is to forget our descent." Radhakrishnan, S. (2014): *Eastern Religion & Western Thought*, Oxford University Press, New Delhi, p. 328.]। पुनश्च, वे लिखते हैं कि "... नवीन धर्म में परिवर्तन पूर्णरूपेण पराया है। वह एक ऐसे अवैध संतान की भाँति महसूस करता है जिसकी कोई कुल परम्परा नहीं है, उसका उन व्यक्तियों से कोई सम्बंध नहीं है जो उससे पहले हैं।" ["... for a convert to a new religion feels an utter stranger to himself. He feels like an illegitimate child with no heritage, no link with the men who proceded him." Radhakrishnan, S. (2014): *Eastern Religion & Western Thought*, Oxford University Press, New Delhi, p. 329.]।

यदि सामाजिक स्तर पर देखा जाय तो इस स्तर पर भी धर्मांतरण का समर्थन नहीं किया जा सकता है, क्योंकि धर्मांतरण समाज में धार्मिक उन्माद या संघर्ष को जन्म देता है। जब व्यापक स्तर पर धर्मांतरण होता है तो यह प्रवृत्ति समाज में कटुता एवं वैमनस्य को जन्म देती है जिससे सामाजिक संतुलन बिगड़ता है। सामान्यत: ऐसा देखा जाता है कि धर्मांतरण के पूर्व कट्टरपंथी अपने धर्म की अच्छाइयों को तो प्रस्तुत करते हैं, परन्तु अन्य धर्म की निंदा भी करते हैं, जिससे अन्य धर्मावलम्बियों के मन में अपने धर्म के प्रति असंतोष का भाव जागृत होता है। अस्तु, 'धर्मांतरण' पर प्रतिबंध आवश्यक है, जिससे समाज में 'धार्मिक उद्दण्डता' (Religious insubordination) के स्थान पर 'सामाजिक सरमसता' (Social harmony) की स्थापना की जा सके।

धर्मों के चयन में व्यक्तियों की कोई स्वतंत्रता नहीं होती है, इसका निर्धारण तो व्यक्तियों के जन्म-स्थान से होता है। जो व्यक्ति जिस सांस्कृतिक परिवेश में पैदा होता है उसी के अनुरूप उसका धर्म भी होता है। जॉन हिक लिखते हैं कि "यदि कोई व्यक्ति भारत में पैदा हुआ है तो सम्भवत: वह हिन्दू ही होगा, यदि कोई इजिप्ट में पैदा हुआ है तो वह मुसलमान होगा, यदि वह श्रीलंका में पैदा हुआ है तो बौद्ध होगा, परन्तु मैं इंग्लैण्ड में पैदा हुआ हूँ तो मैं अनुमानत: एक क्रिश्चियन ही हो सकता हूँ। ये विभिन्न प्रकार के धर्म परम सत्ता के संदर्भ में, दैवीय क्रियाओं की विधियों तथा मानवीय जाति की प्रकृति एवं उसकी नियति के संदर्भ में भिन्न एवं असंगत ही हैं।" ["If I had been born in India, I would probably be a Hindu; if in Egypt, probably a Muslim; if in Sri Lanka, probably a Buddhist; but I was born in England and am, predictably, a Christian. These different religions seem to say different and incompatible things about the nature of ultimate reality, about the modes of divine activity, and about the nature and destiny of the human race." Hick, John H. (1988): *Philosophy of Religion*, Prentice-Hall, Inc., New Delhi, pp. 107–08.]। इस प्रकार यदि धर्म का चयन जन्म-स्थान से ही होता है तो यह उस व्यक्ति के व्यक्तित्व का अभिन्न अंग हो जाता है। अस्तु, ऐसी परिस्थिति में यदि कोई व्यक्ति अपने मूल धर्म को छोड़कर किसी अन्य धर्म को स्वीकार कर भी लेता है तो ऐसा धर्मांतरण उसे कदापि आंतरिक संतोष प्रदान नहीं कर पाता है।

पुनश्च, धर्मांतरण इसलिए भी असंगत है, क्योंकि धर्म का निर्धारण केवल जन्म-स्थान से ही नहीं होता है बल्कि व्यक्ति की मानसिक अभिरुचियों के अनुसार भी होता है। श्रीमद्भगवद्गीता में भगवान श्रीकृष्ण कहते हैं कि "सत्वानुरूपा सर्वस्य श्रद्धा भवति भारत। श्रद्धामयोऽयं पुरुषो यो यच्छ्रद्धः स एव सः॥ (17/3)" अर्थात् हे भारत! इस संसार में विभिन्न प्रकृति के लोग हैं (सत्त्व, रजस एवं तमस की प्रधानता के आधार पर), उनके अंतःकरण के अनुरूप उनमें श्रद्धा भी पृथक्-पृथक् होती हैं, तदनुरूप धर्म भी पृथक्-पृथक् होंगे। इस प्रकार विभिन्न व्यक्तियों की प्रकृतिगत विविधता के अनुरूप धर्मों की विविधता का होना स्वाभाविक ही है। गाँधी जी का कहना है कि "एक ईश्वर में विश्वास सभी धर्मों की आधारशिला है। परन्तु मैं यह अनुमान नहीं कर सकता हूँ कि इस धरती पर व्यवहारतः धर्म भी एक ही होगा। ... सम्भवतः विभिन्न व्यक्तियों की मानसिक अवस्थाओं एवं जलवायु शर्तों के अनुरूप विभिन्न धर्म भी होंगे।" ["Believe in one God is the corner-stone of all religions. But I do not foresee a time when there would be a only one religion on earth in practice. ...there will, perhaps, always be different religions answering to different temperaments and climate conditions." Gandhi, M.K. (1962): *All Religions are True*, Ed. by Anand T. Hingorani, Bhartiya Vidya Bhawan, Bombay, p. 10.]। स्पष्टतः यदि दैशिक एवं कालिक परिस्थितियों तथा सांस्कृतिक विविधता के अनुरूप ही धार्मिक विविधता का होना स्वाभाविक है तो यह परिकल्पना कि सभी धर्मों का विलय एक ही धर्म में हो जाय, यह मानव की प्रकृतिगत विविधता के विपरीत है।

सम्भवतः यही कारण है कि गाँधी जी धर्मांतरण की निंदा करते हुए कहते हैं कि धर्म किसी व्यक्ति एवं ईश्वर के बीच का नितांत व्यक्तिगत मामला है। अतः इसमें किसी भी प्रकार का कोई बाह्य हस्तक्षेप नहीं होना चाहिए। यही नहीं, सभी धर्म समान रूप से एक ही सत्य का प्रतिपादन करते हैं। अस्तु, जब तक हम स्वयं अपने धर्म का परिवर्तन नहीं कर सकते तब तक हमें किसी अन्य के धर्म के परिवर्तन की बात नहीं करना चाहिए। वे लिखते हैं कि "मैं ऐसा विश्वास करता हूँ कि एक आस्था से दूसरी आस्था में धर्मांतरण जैसी कोई चीज नहीं होती है जैसा कि इस शब्द से विदित होता है। यह किसी व्यक्ति एवं ईश्वर के बीच एक अत्यंत ही व्यक्तिगत मामला है। ... सम्मानपूर्वक विश्व के धर्म-ग्रंथों का अध्ययन करने के उपरांत उन सभी की अच्छाईयों को स्वीकार करने में मुझे कोई कठिनाई नहीं हुई। मैं यह कहने के लिए सोच भी नहीं सकता हूँ कि एक ईसाई या एक मुसलमान या एक पारसी या एक यहूदी अपनी आस्था को बदले जबकि मैं अपनी आस्था को परिवर्तित करने के लिए सोच भी नहीं सकता हूँ।" ("I believe that there are no such things as conversion from one faith to another in the accepted sense of the term. It is a highly personal matter for the individual and his God. ... Having reverently studied the scriptures of the world, I have no difficulty in perceiving the beauties in all of them. I could no more think of asking a Christian of a Mussalman or parsi or a Jew to change his faith than I would think of changing my own." Gandhi, M.K., *Harijan*, 28-09-1935.)। अस्तु, उनके अनुसार "धर्मांतरण किसी रोग का एक छोटा परिणाम है। यदि कारण का समाधान कर दिया जाय तो अन्य अनेक बुरे परिणामों की भाँति धर्मांतरण भी समाप्त हो जायेगा।" ("Conversion are but one small result of the disease. Remove the cause, and the conversion will cease, as also many worse results." Gandhi, M.K., *Harijan*, 22-03-1935.)।

इसी प्रकार गाँधी जी के अनुसार "सभी धर्म एक ही ईश्वरीय वृक्ष की विभिन्न शाखाएँ हैं, परन्तु मैं मानता हूँ कि एक शाखा से दूसरी शाखा में स्वार्थपूर्ण ढंग से परिवर्तन नहीं हो सकता है। ऐसा करके मैं उसी शाखा को काटता हूँ जिस पर मैं बैठा हुआ हूँ। अत: मैं हमेशा महसूस करता हूँ कि एक धर्म से दूसरे धर्म में परिवर्तन कठिन है, यदि वह स्वत: प्रेरित नहीं हो या आंतरिक विकास का परिणाम न हो। ऐसा परिवर्तन यथार्थत: बहुतायत मात्रा में नहीं हो सकता है और यह कभी भी किसी के जीवन की रक्षा या धन या अस्थायी लाभ के लिए नहीं होना चाहिए।" ["All religions are branches of the same mighty tree, but I must not change over from one branch to another for the sake of expediency. By doing so, I cut the branch on which I am sitting. Therefore, I always feel the change over from one religion to another very keenly unless it is the case of spontaneous urge, a result of inner growth. Such conversions by their very nature cannot be on a mass scale and never to save one's life or property or for temporal gain." Gandhi, M.K. (1962): *All Religions are True*, Ed. by Anand T. Hingorani, Bhartiya Vidya Bhawan, Bombay, p. 44.]।

यदि उपर्युक्त सभी मान्यताओं पर सूक्ष्मतापूर्वक विचार किया जाय तो यह कहा जा सकता है कि यदि धर्मांतरण का आधार धर्मपरिवर्तन अर्थात् दिव्य जीवन है तो वह कदापि असंगत नहीं है, परन्तु यदि धर्मांतरण का आधार लालच या प्रलोभन या विवशता है तो यह अवश्य ही निंदनीय है। यही कारण है कि बलात् धर्मांतरण की निंदा केवल गाँधी जी, डॉ० राधाकृष्णन, स्वामी विवेकानंद आदि जैसे आधुनिक चिंतकों ने ही केवल नहीं किया है बल्कि विभिन्न शास्त्रों के द्वारा भी इसकी निंदा की गई है। कुरान शरीफ में स्पष्ट कहा गया है कि 'धर्म के मामले में किसी प्रकार की बाध्यता नहीं होनी चाहिए' (सूरा - 11.257)। हिन्दू धर्म में तो इसकी स्पष्ट निंदा की ही गई है, क्योंकि इसके अनुसार सभी धर्म समान रूप से सत्य हैं। यदि सभी धर्म समान हैं तो धर्म परिवर्तन की आवश्यकता ही क्या है? आवश्यकता तो इस बात की है कि हमें धर्म में कमियों को देखने की अपेक्षा अपने अंदर ही कमियों को देखने का प्रयास करना चाहिए। यदि धर्मांतरण से समस्या का समाधान हो जाय तो अवश्य ही धर्मांतरण कर लेना चाहिए, परन्तु धर्मांतरण के उपरांत भी समस्या बनी रहे तो ऐसे धर्मांतरण से क्या लाभ? माना कि कोई व्यक्ति माउण्ट एवरेस्ट की चोटी पर पहुँचना चाहता है, परन्तु वह एक रास्ते को अपनाने की अपेक्षा बार-बार अपना रास्ता बदल रहा है तो क्या वह अपने लक्ष्य तक पहुँच पायेगा? स्पष्टत: इसका

उत्तर निषेधात्मक ही दिया जायेगा। अच्छा होता कि अन्य धर्म को अपनाने की अपेक्षा अपने ही धर्म की विहीत मान्यताओं का अक्षरश: अनुपालन करते। यथार्थत: जिसने एक धर्म की ही मूल बातों को जान लिया वह सभी धर्मों की मूल बातों को जान लेता है। ऐसी परिस्थिति में धर्मांतरण जैसी कोई समस्या रह ही नहीं जाती है।

यहाँ पर गाँधी जी का यह कथन सर्वथा प्रासंगिक प्रतीत होता है कि "मैं अपनी ही आस्थाओं के समान अन्य आस्थाओं का भी सम्मान करता हूँ; अत: धर्मांतरण के विचार की कोई सम्भावना नहीं है। भाई-चारे का उद्देश्य होना चाहिए कि एक हिन्दू अच्छा हिन्दू बने; एक मुसलमान अच्छा मुसलमान और एक ईसाई अच्छा ईसाई।" ["My own veneration for other faiths is the same as that for my own faith; therefore no thought of conversion is possible. The aim of the Fellowship should be to help a Hindu to become a better Hindu, a Mussalman to become a better Mussalman, and a Christian a better Christian." Bose, N.K. (1948): *Selections from Gandhi*, Navajivan Publishing House, Ahmedabad, pp. 226–27.]। इसी प्रकार डॉ० राधाकृष्णन का भी कहना है कि "हमारा उद्देश्य ईसाई को बौद्ध तथा बौद्ध को ईसाई बनाने का नहीं होना चाहिए बल्कि यह होना चाहिए कि ईसाई और बौद्ध दोनों ही अपने-अपने धर्मों के मूल सिद्धांतों की खोज करें तथा उसी के साथ रहें।" ["Our aim should not be to make converts, Christians into Buddhists or Buddhists into Christians, but enable both Buddhists and Christians to rediscover the basic principles of their own religions and live up to them." Radhakrishnan, S. (1952): *Fragments of a Confession* (Edited by P.A. Schlipp), Tudor Publishing Company, New York, p. 74.]।

इस प्रकार यह कहा जा सकता है कि यदि परिस्थितियाँ अपरिहार्य न हों अर्थात् धर्मांतरण स्वत: प्रेरित न हो तथा हमारा अंतर्मन अन्य धर्म को स्वीकार करने के लिए गवाही न दे या फिर धर्मांतरण का उद्देश्य दिव्य जीवन की प्राप्ति नहीं हो तो अपने मूल धर्म छोड़कर किसी अन्य धर्म को अपनाना, इस मत की अनुशंसा न तो व्यक्तिगत स्तर पर की जा सकती है और न ही सामाजिक स्तर पर।

✤✤✤

पंथ निरपेक्षता (Secularism)

- परिचय
- पंथ निरपेक्षता का उद्‌भव
- भारतीय एवं पाश्चात्य पंथ निरपेक्षता
- व्यक्ति, धर्म एवं राज्य के बीच त्रिकोणीय सम्बंध
- सिविल रिलीजन

अध्याय 17

परिचय (Introduction)

"वे सभी लोग जो इस देश में पैदा हुए हैं और जो इसको अपनी मातृभूमि मानते हैं, चाहे वे हिन्दू हों, मुसलमान, पारसी, ईसाई, जैन या सिख हों, वे सभी समान रूप से इसके बच्चे हैं, इसलिए सभी भाई हैं और खून के रिश्ते से भी अधिक मजबूती से वे एक-दूसरे से जुड़े हुए हैं।" - गाँधी जी

'सेक्यूलर' शब्द मध्ययुगीन यूरोपीय गिरिजाघरों और राज्य के मध्य संघर्ष का प्रतिफल है। मध्य युग में चतुर्दिक धर्म का ही साम्राज्य था। सभी कुछ धर्म के अनुशासन से ही अनुशासित हो रहा था। किसी व्यक्ति की व्यक्तिगत स्वतंत्रता, उनके स्वतंत्र चिंतन तथा व्यक्तिगत विचार के लिए कोई स्थान नहीं था। धर्म का विरोध एक प्रकार से राजधर्म का उल्लंघन माना जाता था जिसका परिणाम प्राणदण्ड भी हो सकता था। इसका साक्षात् उदाहरण ब्रूनो एवं गैलीलियो के जीवन में देखने को मिलता है। धर्म का विरोध करने के कारण ही जहाँ एक ओर ब्रूनो को चौराहे पर जीवित जला दिया गया वहीं दूसरी ओर गैलीलियो को कमरे में कैद करके सड़ा दिया गया। ऐसी परिस्थिति में ही 1529 ई० में रोमन कैथोलिक चर्च के रीति-रिवाजों से त्रस्त आकर मार्टिन लूथर, मैकियावेली आदि ने धर्म-सुधार आंदोलन की शुरुआत की तथा राज्य को धर्म की दासता से उन्मुक्त कराने का अथक प्रयास किया। इस धर्म सुधार आन्दोलन के परिणामस्वरूप गिरिजाघर और राज्य दोनों के अधिकार क्षेत्र पृथक्-पृथक् हो गये। राज्य का कार्य लौकिक क्षेत्रों की सुव्यवस्था एवं विकास करना तथा चर्च

का कार्य धार्मिक मामलों तक ही सीमित कर दिया गया। पीटर बर्गर के अनुसार "पंथ निरपेक्षता वह प्रक्रिया है जिसके द्वारा समाज एवं संस्कृति का क्षेत्र धार्मिक संस्थानों एवं प्रतीकों के प्रभुत्व से मुक्त हो गया।" ["Secularism is the process by which sectors of society and culture are removed from the domination of religious institutions and symbols." Berger, Peter L. (1973): *The Social Reality of Religion*, Allen Lane, London, p. 113.]।

पंथ निरपेक्षता का उद्‍भव (Emergence of Secularism)

'सेक्यूलरिज्म' शब्द लैटिन भाषा के 'Seculum' से बना है जिसका प्रयोग उन ईसाई-धर्मानुयायियों के लिए किया गया जो भौतिक सुख-सुविधा से सम्पन्न लौकिक जीवन का आनन्द उठाते थे। अस्तु, 'सेक्यूलरिज्म' शब्द का अर्थ लौकिक, ऐहिक, सांसारिक या दुनियावी आदि के रूप में रूढ़ हो गया। इस प्रकार 'सेक्यूलरिज्म' को 'उपयोगितावादी नैतिकता' के आधार पर स्वीकार करते हुए मानव के भौतिक एवं नैतिक विकास से सम्बंधित कर दिया गया, जो न तो धर्म का समर्थन करती है और न ही उसका निषेध करती है बल्कि उसके प्रति पूर्णतया तटस्थ है। इस प्रकार 'सेक्यूलरिज्म' की अवधारणा राज्य एवं धर्म के पृथक्करण पर आधृत है। जिस प्रकार गणित, भौतिकी, रसायन विज्ञान आदि क्षेत्र धर्म से प्रभावित नहीं होते हैं उसी प्रकार राज्य को भी धार्मिक मान्यताओं से पूर्णतया अप्रभावित रहना चाहिए। इस प्रकार यदि 'पंथ निरपेक्षता' पर सूक्ष्मतापूर्वक विचार किया जाय तो इसके अंतर्गत कई विशिष्टताएँ परिलक्षित होती हैं जो कि निम्नलिखित हैं:

- किसी व्यक्ति को बिना किसी दबाव के स्वयं सोचने एवं विचार करने की स्वतंत्रता।
- जीवन एवं जगत के विकास को अध्यात्म की अपेक्षा भौतिकता पर आधृत करना।
- ईश्वर या अन्य अलौकिक सत्ताओं के संदर्भ में अपनी जिज्ञासा, शंका या मतभेद प्रकट करने की स्वतंत्रता। दूसरे शब्दों में, अलौकिक सत्ता का निरसन करते हुए इहलौकिकता में विश्वास करना।
- विज्ञान एवं प्रौद्योगिकी की महत्ता को स्वीकार करना, क्योंकि विज्ञान ही मानव जीवन को समृद्ध, सुखमय और उन्नत बना सकता है।

'सेक्यूलरिज्म' शब्द का प्रयोग सर्वप्रथम जार्ज होलिओक ने 1851 में किया [Holyoake, G.J. (1896): *The Origin and Nature of Secularism*, Watts & Co., London, p. 51.]। उन्होंने इसका प्रयोग 'निरीश्वरवाद' से पंथ निरपेक्षता को पृथक् करने के लिए किया। सामान्यत: निरीश्वरवाद के अंतर्गत ईश्वर के साथ-साथ नैतिकता का भी निषेध कर दिया जाता है, जबकि होलिओक के अनुसार नैतिकता मानव समाज के लिए अपरिहार्य है, अस्तु, पंथ निरपेक्षता के अंतर्गत ईश्वर से पृथक् नैतिकता पर आधृत मूल्यों का विकास किया गया। इसी दृष्टि से होलिओक लिखते हैं कि "पंथ निरपेक्षता मनुष्य के वर्तमान अस्तित्व एवं उसके कार्यों तथा ऐसे विषयों से सम्बंधित है जिसका वर्तमान जीवन के अनुभवों से परीक्षण होता है, इसका

विषय मनुष्य के भौतिक, नैतिक एवं बौद्धिक स्वरूप का चरम विकास है, जो समाज के प्रति हमारा तात्कालिक कर्त्तव्य है, जो अनीश्वरवाद, ईश्वरवाद या ईसाई धर्म से पृथक् प्राकृतिक नैतिकता का व्यावहारिक पक्ष है—जो मानव के विकास के लिए भौतिक संसाधनों का प्रयोग करता है, जो सभी की सामान्य एकता के लिए सहमति बनाता है तथा जो जीवन को बौद्धिकता एवं सेवा के द्वारा परिष्कृत करता है।" ["Secularism relates to the present existence of man, and to action, the issues of which can be tested by the experience of this life behaving—for its objects the development of the physical, moral, and intellectual nature of man to the highest perceivable point, as the immediate duty of society; inculcating; the practical sufficiency of natural morality apart from Atheism, Theism, or Christianity: engaging its adherents in the promotion of human improvement by material means, and making these agreements the ground of common unity for all who would regulate life by reason and ennoble it by service." Holyoake, G.J. (1871): *The Principles of Secularism*, London Book Store, 282 Strand, p. 11.]।

इस प्रकार होलिओक की पंथ निरपेक्षता सम्बंधी अवधारणा के अंतर्गत कई विशिष्टताएँ अंतर्निहित हैं, जैसे कि:

- वैचारिक स्वतंत्रता।
- धर्म से आचार-विचार को पृथक् रखना।
- ज्ञान को आस्था की अपेक्षा तर्क पर आधृत करना।
- विश्व को श्रेष्ठ बनाने के प्रयास में सतत् रूप से योगदान देना।
- एतदर्थ भौतिक संसाधनों का सहारा लेना।

होलिओक की ही भाँति एक अन्य ब्रिटिश चिंतक चार्ल्स ब्रेडलॉफ ने भी 'पंथ निरपेक्षता' को निरीश्वरवाद के रूप में ही स्वीकार किया। इस प्रकार दोनों ही जगत की अंतिम सत्ता के रूप में ईश्वर को न मानकर नित्य एवं अपरिवर्तनशील परमाणुओं को मानते हैं। इस साम्य के बावजूद दोनों में महत्त्वपूर्ण वैषम्य यह है कि जहाँ एक ओर, होलिओक के अनुसार हमें जीवन एवं जगत की समस्याओं का समाधान करते समय या तो धर्म की उपेक्षा करनी चाहिए या फिर उसके प्रति उदासीन रहना चाहिए, वहीं दूसरी ओर ब्रेडलॉफ मानते हैं कि इस सम्बंध में केवल धर्म की उपेक्षा करना ही पर्याप्त नहीं है बल्कि इसका विरोध और खण्डन करना भी अनिवार्य है। इस प्रकार धर्म के संदर्भ में होलिओक 'अज्ञेयवाद' (Agnosticism) का समर्थन करते हैं वहीं ब्रेडलॉफ 'निरीश्वरवाद' (Atheism) का। इस प्रकार पंथ निरपेक्षता, नैतिकता एवं धर्म के बीच विभेद करती है तथा नैतिकता को अक्षुण्ण रखते हुए, यह धर्म के प्रति एक प्रकार की उदासीनता है अर्थात् यह धर्म से पृथक् नैतिकता का समर्थन करती है।

इन्हीं मान्यताओं के आधार पर बेरी कासिम 'पंथ निरपेक्षता' के दो भेद करते हैं: (1) 'कठोर पंथ निरपेक्षता' एवं (2) 'विनम्र पंथ निरपेक्षता'। उनके अनुसार "कठोर पंथ निरपेक्षता धार्मिक कथनों को ज्ञानमीमांसीय दृष्टिकोण से अवैध स्वीकार करती है, क्योंकि वे न तो बुद्धि के

द्वारा और न ही अनुभव के द्वारा सिद्ध किये जा सकते हैं जबकि विनम्र पंथ निरपेक्षता निरपेक्ष सत् के ज्ञान को असम्भव मानते हुए विज्ञान एवं धर्म के विवाद में संशयवाद एवं सहिष्णुता को ही सिद्धांत और अभिभावी मूल्यों के रूप में स्वीकार करती है।" (Modern secularism is of two types: Hard and Soft Secularism. "The hard secularist considers religious propositions to be epistemologically illegitimate, warranted by neither reason nor experience." However, the soft secularism, "the attainment of absolute truth was impossible and therefore skepticism and tolerance should be the principle and overriding values in the discussion of science and religion." Kasmin, Berry A., *Hard and soft secularists and hard and soft secularism: An Intellectual and Research Challenge*, Paper presented at the meeting of the Society for the Scientific Study of Religion, Potland, Oregon, October 21, 2006.)।

इस प्रकार पंथ निरपेक्षता के दो आयाम विकसित हो गये: (1) 'निषेधात्मक' (Negative) तथा (2) 'विधेयात्मक' (Positive)। निषेधात्मक पक्ष के अंतर्गत अलौकिक सत्ताओं का निषेध करते हुए राजनीति, कानून, अर्थव्यवस्था, शिक्षा, प्रशासन, नैतिकता, प्रभृति क्षेत्रों में धर्म के अहस्तक्षेप को स्थान दिया गया है। विधेयात्मक पक्ष के अंतर्गत यह बौद्धिक एवं वैज्ञानिक पद्धति की वकालत करती है जिससे मानव जीवन में लौकिक कल्याण का मार्ग प्रशस्त हो सके, जैसा कि चित्त बसु लिखते हैं कि "पंथ निरपेक्षता एक तर्कसंगत विचार है जो निरंतर बदलते हुए वैज्ञानिक एवं प्रौद्योगिक क्षितिज के साथ आधुनिक युग की बुद्धि-सम्मत और मानववादी घटनाओं की उपज है।" [चित्त बसु (1988): 'योजना', अगस्त विशेषांक, पृ० 52–69]।

जहाँ तक भारतीय पंथ निरपेक्षता की बात है, इसका उल्लेख तो 250 BC में अशोक के शिलालेखों में ही उपलब्ध हो जाता है, जहाँ पर यह अंकित है कि 'बिना किसी आधार के केवल अपने धर्म का सम्मान तथा अन्य धर्मों की निन्दा नहीं करनी चाहिए।' [There should not be honour of one's own (religious) sect and condemnation of others without any grounds.—Ashoka, Rock Edicts XII, about 250 BC. Quoted from A.L. Basham, *The Wonder that was India*, Grove Press, New York (1959); pp. 53–132.]। यद्यपि 26 जनवरी 1950 को जब भारतीय संविधान लागू किया गया तब तक उसमें 'पंथ निरपेक्षता' शब्द का प्रयोग नहीं किया गया था तथापि इस का स्पष्ट संकेत भारतीय संविधान के अनुच्छेद 25 में कर दिया गया था जिसके अनुसार प्रत्येक व्यक्ति को अपने अन्त:करण के अनुरूप धर्म को अपनाने तथा प्रचार-प्रसार करने की स्वतंत्रता प्रदान की गई है। सन् 1976 में 42वाँ संविधान संशोधन करके 'पंथ निरपेक्षता' शब्द को भारतीय संविधान में स्थान प्रदान कर दिया गया, यथा - "हम भारत के लोग, भारत को सम्पूर्ण प्रभुत्व सम्पन्न, समाजवादी, पंथ निरपेक्ष, लोकतांत्रिक, गणराज्य...।"

समस्या यह है कि जब अपने अंत:करण के अनुसार धर्म को अपनाने की स्वतंत्रता का प्रावधान मूल संविधान में पहले से ही निहित था तो अलग से संविधान में संशोधन करके 'पंथ निरपेक्ष' शब्द का प्रयोग क्यों किया गया? स्पष्टत: उपर्युक्त प्रावधानों के बावजूद भी इस संशोधन के द्वारा यह सुनिश्चित करने का प्रयास किया गया है कि: पहला, राज्य का कोई अपना धर्म नहीं

होगा। दूसरा, धर्म व्यक्ति का निजी मामला है अस्तु, इसको स्वीकार करने या न करने के लिए व्यक्ति पूर्णत: स्वतंत्र है। साथ ही यह भी कि प्रत्येक व्यक्ति स्वतंत्र रूप से अपने धर्म का प्रचार एवं प्रसार कर सकता है और राज्य इसमें किसी प्रकार का कोई हस्तक्षेप नहीं करेगा। तीसरा, राज्य का यह कर्त्तव्य होगा कि वह सभी धर्मों के प्रति समभाव रखते हुए अपने राष्ट्र के नागरिकों को जीवन, स्वतंत्रता तथा सम्पत्ति की सुरक्षा प्रदान करे।

ज्ञातव्य है कि 'पंथ निरपेक्षता' एक आयातित अवधारणा है जिसका प्रयोग मूलत: राज्य एवं धर्म के पृथक्करण के रूप में किया गया है, परन्तु भारतीय परिवेश में इसके मूल अर्थ के साथ इतनी छेड़छाड़ की गई कि इसका मूल अर्थ ही विलुप्त हो गया है। अब इसका अर्थ न तो धर्म का खण्डन है और न ही उसका समर्थन है बल्कि इसका अर्थ सभी धर्मों के प्रति 'सर्वधर्मसमभाव' के रूप में रूढ़ हो गया है। इसी दृष्टि से याकूब मसीह का कहना है कि 'जब किसी राष्ट्र में विभिन्न धर्मों के साथ प्रजातंत्र की स्थापना होती है तब वह धर्म के साथ अपने सम्बंधों को परिभाषित करता है। सामान्यत: प्रजातंत्र में धर्म के साथ तीन प्रकार के सम्बंधों की सम्भावना रहती है:

- विभिन्न धर्मों का सह-अस्तित्व या सभी धर्मों का समान आदर।
- सभी धर्मों के प्रति तटस्थता।
- राष्ट्र के संरक्षण, विकास एवं भविष्य की आकांक्षाओं की पूर्ति के लिए धर्मों की उपेक्षा करना।'

प्रो० मसीह के अनुसार उपर्युक्त तीनों विकल्पों में से भारतीय पंथ निरपेक्षता के अंतर्गत विशेषत: प्रथम विकल्प अर्थात् 'विभिन्न धर्मों का सह-अस्तित्व' या 'सभी धर्मों का समान आदर' को ही स्वीकार किया गया है। [Masih, Y. (1995): *Introduction to Religious Philosophy*, Motilal Banarsidas Pvt. Ltd., Delhi, p. 291–93.]।

भारतीय एवं पाश्चात्य पंथ निरपेक्षता (Indian and Western Secularism)

इस प्रकार भारतीय पंथ निरपेक्षता एवं पाश्चात्य पंथ निरपेक्षता के बीच स्पष्ट विभेद है, जिसका उल्लेख करते हुए डॉ० भीम राव अम्बेडकर ने कहा है कि 'पंथ निरपेक्ष राज्य का अर्थ यह नहीं है कि लोगों की मजहबी भावनाओं का ध्यान नहीं रखा जायेगा। इसका सीधा अर्थ बस यही है कि इस संसद को किसी विशेष पंथ या मजहब को शेष देशवासियों के ऊपर लादने का कोई अधिकार नहीं होगा। केवल इसी मर्यादा या सीमा-रेखा को संविधान ने मान्यता दी है। पंथ निरपेक्षता का अर्थ मजहब या उपासना को समाप्त करना नहीं है। भारतीय पंथ निरपेक्षवाद धर्म, अध्यात्म या ईश्वर विरोधी नहीं है।' इसी तथ्य को स्पष्ट करते हुए भारत के प्रथम राष्ट्रपति डॉ० राजेन्द्र प्रसाद ने 2 जनवरी, 1960 को सिक्ख शिक्षा का उद्घाटन करते हुए कहा कि "सरकार मजहब विरोधी नहीं है। सच पूछिये तो मजहब के बिना मनुष्य का चरित्र निर्माण नहीं हो सकता है। धर्म चाहे कोई भी हो, सभी धर्मों में मनुष्य के चरित्र पर बल दिया गया है।"

स्पष्टत: पाश्चात्य पंथ निरपेक्षता की तरह भारतीय पंथ निरपेक्षता में धर्म, अध्यात्म तथा ईश्वर का कहीं कोई निषेध नहीं है और न ही इसमें पंथ या सम्प्रदाय का ही निषेध है, बल्कि केवल साम्प्रदायिकता का विरोध है। यहाँ पर सभी मजहब या पंथ समान हैं। अस्तु, सभी पंथों के प्रति राज्य समान दृष्टि रखेगा। संविधान परिषद् की सभा में विभिन्न पार्षदों के अभिमतों के उल्लेख से यह स्पष्ट होता है कि भारतीय पंथ निरपेक्षता के सम्बंध में उनमें यह आम सहमति थी कि भारत का पंथ निरपेक्ष राज्य ईश्वर विरोधी या धर्म विरोधी नहीं होगा। श्री के० एम० मुन्शी ने तो यहाँ तक कहा था कि यदि संविधान की प्रस्तावना में ईश्वर को स्थान दे दिया जाय तब भी राज्य 'सेक्यूलर' ही रहेगा, क्योंकि धार्मिक सहिष्णुता हमारी संस्कृति है, यह हमारी संरचना में है। श्री अनन्त शयनम् अभ्यंगर ने कहा कि "परिषद् के सभी सदस्य किसी न किसी धर्म में विश्वास करते हैं।" अस्तु, पंथ निरपेक्षता को धर्म या ईश्वर विरोधी कहना कदापि उचित नहीं है।

भारतीय पंथ निरपेक्षता के मूल स्वरूप को स्पष्ट करते हुए डॉ० राधाकृष्णन अपनी पुस्तक "Recovery of Faith" में लिखते हैं कि "जब भारत को धर्म निरपेक्ष राज्य कहा जाता है तो इसका यह अभिप्राय नहीं होता है कि हम अदृश्य आत्मा की सच्चाई या जीवन में धर्म की प्रासंगिकता को अस्वीकार करते हैं या अधार्मिकता को ऊँचा दर्जा देते हैं। इसका यह भी अभिप्राय नहीं है कि पंथ निरपेक्षता अपने आप में एक भावात्मक धर्म है या राज्य दैवीय लाभ की परिकल्पना करता है। यद्यपि आस्था भारतीय परम्परा के आधारभूत सिद्धांतों में सर्वोच्च है तथापि भारत किसी विशेष धर्म के द्वारा न तो पहचाना जायेगा और न ही उसके द्वारा नियंत्रित होगा। हम स्वीकार करते हैं कि कोई भी धर्म अधिमान्य स्थिति या अद्वितीय विशेषता के द्वारा शासित नहीं होना चाहिए, किसी भी धर्म का राष्ट्रीय एवं अंतर्राष्ट्रीय परिदृश्य में विशेषाधिकार नहीं है, यदि वह प्रजातंत्र के आधारभूत सिद्धांतों का उल्लंघन करता हो तथा धर्म एवं शासन के हितों का विरोधी हो। ...धर्म के आधार पर किसी के साथ किसी भी रूप में कोई अयोग्यता या भेद-भाव नहीं होना चाहिए बल्कि प्रत्येक व्यक्ति सामान्य जीवन जीने के लिए पूर्ण स्वतंत्र है।" ["When India is said to be a secular state, it does not mean we reject the reality of an Unseen Spirit or the relevance of religion to life or that we exalt irreligion. It does not mean that secularism itself becomes a positive religion or that the State assumes divine prerogatives. Though faith in the Supreme is the basic principle of the Indian tradition, the Indian state will not identify itself with or be controlled by any particular religion. We hold that no one religion should be given preferential status, or unique distinction, that no one religion should be accorded special privileges in national life or international relations for that would be a violation of the basic principles of democracy and contrary to the best interests of religion and government ... No person should suffer from any form of disability or discrimination because of his religion but all alike should be free to share to the fullest degree in the common life." (Sarvapalli Radhakrishnan (1956): *Recovery of Faith*, Harper Collins, Publishers India Private Ltd., New Delhi, p. 202.]।

इस पर आक्षेप करते हुए वेद प्रकाश वर्मा अपनी पुस्तक 'धर्म दर्शन की मूल समस्याएँ' में लिखते हैं कि "धर्म निरपेक्षता को धार्मिक अथवा आध्यात्मिक कहना निश्चय ही स्वतोव्याघातपूर्ण है... इस सिद्धांत का मूल आधार यह भौतिक जगत और इसमें मनुष्य का वर्तमान जीवन ही है। यही कारण है कि इसे 'इहलौकिक सिद्धांत' माना जाता है और इसे 'इहलोकवाद' की संज्ञा दी जाती है। ऐसी स्थिति में धर्मनिरपेक्षवाद को धर्म और अध्यात्मवाद का समर्थन करने वाला सिद्धांत मानना भ्रामक तथा अयुक्तिसंगत है। डॉ० राधाकृष्णन आदि कुछ अध्यात्मवादी विचारकों ने अपने धार्मिक दृष्टिकोण के अनुसार धर्म निरपेक्षवाद की जो उपर्युक्त मनमानी व्याख्या की है उसका कोई तथ्यात्मक और तर्कसंगत आधार नहीं है।" (पृ० 489–90)

यहाँ प्रो० वर्मा पंथ निरपेक्षता के पश्चिमी अर्थ को ही सर्वस्व मान लेते हैं। निश्चित रूप से पंथ निरपेक्षता का पश्चिमी अर्थ यही है कि राज्य एवं धर्म का पृथक्करण तथा भौतिक संसाधनों के द्वारा ही जीवन एवं जगत का विकास करना, परन्तु प्रो० वर्मा यह भूल जाते हैं कि जब भारत में इस शब्द का प्रयोग किया गया तो इसके मूल अर्थ को हू-ब-हू ग्रहण न करके इसे भारतीय संस्कृति में प्रचलित धर्मों की विविधता के अनुरूप अंगीकार किया गया है। पंथ निरपेक्षता को संविधान की उद्देशिका में शामिल करने वाली तत्कालीन प्रधानमंत्री श्रीमती इन्दिरा गाँधी के अनुसार "पंथ निरपेक्षता न तो धर्म है न ही अन्य धर्मों के प्रति अन्यमनस्कता, बल्कि यह सभी धर्मों के प्रति समान आदर की भावना है, यह केवल सहनशीलता नहीं बल्कि रचनात्मक सम्मान है। इसके बिना देश का कोई भविष्य नहीं।"

प्रो० वर्मा इसके निहितार्थ की उपेक्षा करके अनावश्यक रूप से इसमें नास्तिकता का रंग चढ़ा देते हैं, जो कदापि उचित नहीं है। हमें यह नहीं भूलना चाहिए कि एक ही शब्द का प्रयोग विभिन्न संदर्भों में विभिन्न अर्थों के लिए होता रहता है। इस प्रकार किसी भी शब्द के अर्थ निर्धारण में उस शब्द की अपेक्षा उसके प्रयोग पर ध्यान देना चाहिए। ऐसी स्थिति में यदि कोई उसके शब्दार्थ को उसका सम्पूर्ण अर्थ मान ले तो निश्चित रूप से हम शब्दों के अर्थ के साथ न्याय नहीं कर सकेंगे। इस संदर्भ में नेहरू जी का यह कथन महत्त्वपूर्ण है कि "हम भारत में एक सेक्यूलर राज्य की बात करते हैं। हिन्दी में 'सेक्यूलर' शब्द के लिए कोई अच्छा शब्द खोज पाना सरल नहीं है। कुछ लोग ऐसा सोचते हैं कि यह धर्म का विरोधी है, जो सत्य नहीं है। ...यह एक ऐसा राज्य है जो सभी आस्थाओं को समान सम्मान तथा समान अवसर प्रदान करता है।" ["We talk about a secular state in India. It is perhaps not very easy even to find a good word in Hindi for 'secular'. Some people think it means something opposed to religion. That obviously is not correct... It is a state which honours all faiths equally and gives them equal opportunities." Quoted from S. Gopal (1980): *Jawaharlal Nehru: An Anthology* (Ed.), Oxfrod University Press, New Delhi, p. 330.]। अस्तु, प्रो० वर्मा का यह कहना कि डॉ० राधाकृष्णन आदि कुछ समर्थकों ने धर्म निरपेक्षता की मनमानी व्याख्या की है, स्वतः मनमानेपन का द्योतक है।

पुनश्च, प्रो० वर्मा लिखते हैं कि गाँधी जी ने धर्म निरपेक्षता के मूल अर्थ को ग्रहण किया और इसी कारण उन्होंने इसे धार्मिक सहिष्णुता से पृथक् किया। "सम्भवतः गाँधी जी इस महत्त्वपूर्ण तथ्य से भलीभाँति परिचित थे, इसी कारण उन्होंने सभी धर्मों का समान रूप से आदर करने वाले

अपने सिद्धांत को धर्मनिरपेक्षवाद न कहकर सर्वधर्मसमभाव की संज्ञा दी है जो पूर्णत: उचित है। ... यह सत्य है कि सर्वधर्मसमभाव का सिद्धांत हमें सभी धर्मों का समान रूप से आदर करने की शिक्षा देता है जिसके मूल में धार्मिक सहिष्णुता का विचार निहित है, किन्तु धर्म निरपेक्षवाद के विषय में ऐसा नहीं कहा जा सकता है।" (पृ० 490)।

समस्या यह है कि यदि गाँधी जी धर्म निरपेक्षता को सर्वधर्मसमभाव या धार्मिक सहिष्णुता नहीं मानते हैं तो गाँधी जी के अनुसार धर्म निरपेक्षता का क्या अर्थ है, इसे भी प्रो० वर्मा को स्पष्ट करना चाहिए? गाँधी जी ने धर्म निरपेक्षता के संदर्भ में कहा है कि "यदि मैं तानाशाह होता तो धर्म एवं राज्य पृथक्-पृथक् होता। मैं अपने धर्म की शपथ लेता हूँ। मैं उसके लिए मरूँगा, परन्तु यह मेरा अपना व्यक्तिगत जीवन है। राज्य इसके लिए कुछ भी नहीं करता। राज्य का कार्य हमारे कल्याण, स्वास्थ्य, संचार, अंतर्राष्ट्रीय सम्बंधों, मुद्रा आदि की देखभाल करना होता है, किन्तु हमारे धर्म की देखभाल करना नहीं। इसका सम्बंध हमारे व्यक्तिगत जीवन से है।" ("If I were a dictator, religion and state would be separate. I swear by my religion. I will die for it. But it is my personal affair. The state has nothing to do with it. The state would look after your secular welfare, health, communications, foreign relations, currency and so on, but not your or my religion. That is everybody's personal concern!" *Harijan*, 22.9.1946)। ऐसा प्रतीत होता है कि प्रो० वर्मा, गाँधी जी के केवल इसी वक्तव्य को अपना आधार बना लेते हैं। वे यह भूल जाते हैं कि गाँधी जी अपनी बातों को संदर्भानुसार बदलते भी रहते हैं और वे यह भी कहते हैं कि यदि मेरे किन्हीं दो विचारों में परस्पर विरोध दिखाई पड़े तो परवर्ती विचार को ही अधिक महत्त्व देना चाहिए।

कालांतर में पंथ निरपेक्षता के संदर्भ में गाँधी जी कहते हैं कि "राज्य निश्चित रूप से पंथ निरपेक्ष होना चाहिए। सरकारी पैसे के द्वारा साम्प्रदायिक शिक्षा का प्रोत्साहन नहीं होना चाहिए। प्रत्येक व्यक्ति का यह अधिकार है कि वह बिना किसी बाधा के अपने धर्म को स्वीकार करे जब तक कि वह अपने राज्य के सामान्य नियमों का अनुपालन करता है। मिशनरी धर्मों में कोई हस्तक्षेप नहीं होना चाहिए, परन्तु किसी भी धर्म को राज्य का संरक्षण प्राप्त नहीं होना चाहिए जैसा कि विदेशी शासन काल के दौरान होता रहा है।" ("Gandhiji expressed the opinion that the state should undoubtedly be secular. It could never promote denominational education out of public funds. Everyone living in it should be entitled to profess his religion without let or hindrance, so long as the citizen obeyed the common law of the land. There should be no interference with missionary effort, but no mission could enjoy the patronage of the state as it did during the foreign regime." *Harijan*, 22.9.1946)। पुनश्च, वे कहते हैं कि "बेशक राज्य को धर्म निरपेक्ष होना चाहिए, उसमें रहने वाले प्रत्येक नागरिक को बिना किसी रोक-टोक (रुकावट) के अपने धर्म को मानने का अधिकार होना चाहिए। जब तक वह देश के आम कानून को मानता है या उसका उल्लंघन नहीं करता है।" (हरिजन, 14.08.1947)। गाँधी जी का यह विचार भारतीय संविधान के अनुच्छेद 25, 25, 27 आदि में स्पष्ट रूप से प्रतिबिम्बित होता है।

प्रो० वर्मा, गाँधी जी की मूल भावनाओं की उपेक्षा कर तथ्यों को अनावश्यक रूप से तोड़-मरोड़ कर अपनी भावना के अनुरूप व्याख्या करना चाहते हैं, जो कदापि उचित नहीं है। भारतीय पंथ निरपेक्षता को किसी ने भी धर्मों के निषेध के रूप में परिभाषित नहीं किया है। हाँ, पंथ निरपेक्षता को तटस्थता के रूप में अवश्य ही परिभाषित किया गया है, लेकिन तटस्थता का अर्थ निषेध नहीं होता है। राज्य एवं धर्म का पृथक्करण केवल पाश्चात्य परम्परा में ही माना गया है, क्योंकि मध्य युग में सब कुछ धर्म के ही अधीन था अर्थात् धर्म का प्रभुत्व सभी क्षेत्रों में इस हद तक था कि व्यक्ति के स्वतंत्र चिंतन एवं व्यक्तिगत विचार की अभिव्यक्ति में बाधा पहुँचती थी। इस कारण धर्म सुधार आन्दोलन की शुरुआत हुई, जिसका मूल उद्देश्य था धर्म की चाहरदीवारी से राज्य को मुक्त करना। इसी के परिणामस्वरूप कालांतर में पंथ निरपेक्षता शब्द का प्रचलन हुआ, परन्तु भारतीय संस्कृति में तो प्राचीन काल से ही अनेक धर्म प्रचलित थे। साथ ही तत्कालीन शासक स्वयं धार्मिक होते हुए भी प्रजा को धार्मिक स्वतंत्रता प्रदान करते थे। इस प्रकार उस समय धर्म की एक अपनी मर्यादा एवं सीमा थी। भारत एक सांस्कृतिक विविधता वाला देश रहा है, जहाँ विभिन्न संस्कृतियों के लोग भिन्न-भिन्न सांस्कृतिक पृष्ठभूमि में साथ-साथ पुष्पित एवं पल्लवित होते रहते हैं। अस्तु, केवल एक ही धर्म को स्वीकार करने का अर्थ था अन्य की धार्मिक भावनाओं की उपेक्षा करना जो अंततः साम्प्रदायिकता का आधार बनता। सम्भवतः यही कारण था कि संविधान निर्माताओं ने पंथ निरपेक्षता को भारतीय संस्कृति के अनुरूप ही ग्रहण करने का प्रयास किया। अस्तु, यहाँ पर पंथ निरपेक्षता का तात्पर्य न तो धर्मों का निषेध है और न ही उनका समर्थन करना है, बल्कि धर्मों के प्रति समभाव से है। प्रो० वर्मा इसकी उपेक्षा करके इसे धर्मों का निषेध के रूप में स्वीकार कर लेते हैं जो भारतीय पंथ निरपेक्षता के मूल भाव के अनुरूप नहीं है।

सम्भवतः यही कारण है कि डोनाल्ड ई० स्मिथ अपनी पुस्तक "*India as a Secular State*" में भारतीय पंथ निरपेक्षता को स्पष्ट करते हुए कहते हैं कि "धर्म निरपेक्ष राज्य एक ऐसा राज्य है जो व्यक्ति और संस्थाओं को धर्म की स्वतंत्रता प्रदान करता है, यह प्रत्येक व्यक्ति से उसके धर्म के परिप्रेक्ष्य में एक नागरिक के रूप में व्यवहार करता है, यह संवैधानिक रूप से किसी एक विशेष धर्म के साथ जुड़ा हुआ नहीं है, यह न तो किसी धर्म को बढ़ावा देता है और न ही उसमें कोई हस्तक्षेप ही करता है।" ["The secular state is a state that guarantees individual and corporate freedom of religion, deals with the individual as a citizen irrespective of his religion, is not constitutionally connected to a particular religion, nor seeks either to promote or interfere with religion." Smith, D.E. (1963): *India as a Secular State*, Princeton: Princeton University Press, p. 4.]। स्पष्टतः जहाँ पाश्चात्य देशों में पंथ निरपेक्षता को राज्य एवं धर्म के पृथक्करण के रूप में स्वीकार किया गया है, वहीं भारत में प्रत्येक व्यक्ति को एक समान नागरिक के रूप में व्यवहृत करते हुए उन्हें अपने अंतःकरण के अनुसार किसी भी धर्म को अपनाने तथा प्रचार एवं प्रसार करने की स्वतंत्रता प्रदान की गई है। राज्य धर्म के मामले में किसी भी प्रकार का कोई हस्तक्षेप तब तक नहीं करेगा जब तक कि ऐसा करना कानून एवं व्यवस्था की दृष्टि से अपरिहार्य न हो जाय या फिर कोई संवैधानिक संकट या उस जैसी स्थिति उत्पन्न नहीं हो जाय।

व्यक्ति, धर्म एवं राज्य के बीच त्रिकोणीय सम्बंध (Triangular Relation between Individual, Religion and State)

भारतीय पंथ निरपेक्षता के अंतर्गत व्यक्ति, धर्म एवं राज्य के रूप में त्रिकोणीय, किन्तु एक-दूसरे से सम्बंधित समीकरण बनते हैं। इन तीनों समीकरणों में शीर्ष पर तो व्यक्ति ही है। राज्य एवं धर्म केवल व्यक्ति के उद्देश्यों की पूर्ति करने के लिए ही हैं। अस्तु, इन त्रिकोणीय घटकों में से तीनों अनिवार्य होते हुए भी कोई भी अपने आप में पर्याप्त नहीं है, क्योंकि तीनों मिलकर ही भारतीय पंथ निरपेक्षता की अवधारणा को साकार करते हैं। ये त्रिकोणीय सम्बंध निम्नलिखित हैं:

1. व्यक्ति और राज्य (नागरिकता) (Individual and State)
2. व्यक्ति और धर्म (धार्मिक स्वतंत्रता) (Individual and Religion)
3. राज्य और धर्म (राज्य और धर्म का पृथक्करण) (State and Religion)

व्यक्ति और राज्य (नागरिकता) (Individual and State)....................

व्यक्ति और राज्य के सम्बंधों में धर्म का कोई हस्तक्षेप नहीं होगा। इस प्रकार यहाँ धर्म को बहिष्कृत करके कहा गया कि राज्य के समक्ष प्रत्येक व्यक्ति एक समान नागरिक के रूप में व्यवहृत होगा। भारतीय संविधान का अनुच्छेद 14 इसी बात का आश्वासन देता है कि विधि के संदर्भ में राज्य किसी भी व्यक्ति को कोई विशेषाधिकार प्रदान नहीं करेगा। इसी को दृष्टिगत रखते हुए अनुच्छेद 44 में 'समान सिविल संहिता' (Uniform Civil Code) की वकालत की गई है। इसी प्रकार अनुच्छेद 15(1) प्रत्येक व्यक्ति को धर्म, मूल-वंश, जाति, लिंग, जन्म-स्थान आदि के आधार पर समानता का अधिकार प्रदान करता है। अनुच्छेद 16(1) में नौकरी में समान अवसर की बात की गई है जबकि अनुच्छेद 16(2) में उसे धर्म के आधार पर यथासम्भव पक्षपात से सुरक्षित करने का प्रयास किया गया है।

व्यक्ति और धर्म (धार्मिक स्वतंत्रता) (Individual and Religion).........

व्यक्ति और धर्म के सम्बंधों में राज्य को बहिष्कृत करके कहा गया कि इसमें राज्य की कोई भूमिका नहीं होगी अर्थात् राज्य किसी विशेष धर्म को न तो प्रोत्साहित करेगा और न ही हतोत्साहित। यही धार्मिक स्वतंत्रता का मूल आधार है। इसको स्पष्ट करते हुए अनुच्छेद 25(1) में कहा गया है कि प्रत्येक व्यक्ति को अपने अन्त:करण के अनुरूप किसी भी धर्म को अपनाने तथा उसका प्रचार एवं प्रसार करने की स्वतंत्रता होगी। पुनश्च, अनुच्छेद 26 में व्यक्ति को धर्म के सम्बंध में निम्नांकित अधिकार प्राप्त हैं: (1) धार्मिक एवं धर्मार्थ संस्थाओं की स्थापना एवं उनका रख-रखाव करना। (2) अपने धर्म विषयक कार्यों का स्वयं प्रबंधन करना। (3) धर्मार्थ चल-अचल सम्पति का अर्जन एवं उस पर स्वामित्व। (4) ऐसी सम्पत्ति पर अपनी विधि के अनुसार प्रशासन का अधिकार।

राज्य और धर्म (राज्य और धर्म का पृथक्करण) (State and Religion)

उपर्युक्त दोनों ही मान्यताओं की अखण्डता एवं पवित्रता को बनाये रखने के लिए एक तीसरी शर्त की आवश्यकता महसूस की गई और वह थी 'राज्य और धर्म का पृथक्करण'। जब तक राज्य और धर्म का पृथक्करण नहीं होगा, न तो व्यक्ति और न ही धर्म की मर्यादा अक्षुण्ण रह पायेगी। अस्तु, यह सुनिश्चित किया गया कि 'राज्य का अपना कोई धर्म नहीं होगा'। स्मिथ के अनुसार "राज्य और धर्म का पृथक्करण, कॉवर के आदर्श सूत्र 'स्वतंत्र राज्य में स्वतंत्र चर्च' को प्राप्त करने का प्रयास है।" [Separation of state and religion thus seeks to fulfil the idea formulated by Covour, 'a free church in a free state'. Smith, D.E. (2008): *Secularism in India: The Early Debate*, p. 181. In Bhargava, Rajeev, *Secularism and its Critics*, Oxford University Press, New Delhi]। इसका उल्लेख करते हुए अनुच्छेद 27 में कहा गया है कि ऐसे धन पर कोई कर देय नहीं होगा जो किसी विशेष धर्म के पोषण एवं उसके विकास के लिए सुनिश्चित किया गया हो। अनुच्छेद 28 के अनुसार राज्य निधि से पोषित किसी धार्मिक संस्था में कोई धार्मिक शिक्षा नहीं दी जायेगी। अनुच्छेद 29 में प्रत्येक निवासी या समुदाय को अपनी विशिष्ट भाषा, लिपि एवं संस्कृति को बनाये रखने की स्वतंत्रता प्रदान की गई है। अनुच्छेद 29(2) में कहा गया है कि ऐसी शिक्षण संस्थाएँ जो राज्य सरकार से पोषित या उससे सहायता प्राप्त करती हैं उनमें धर्म, भाषा, लिंग, जाति आदि के आधार पर किसी को भी प्रवेश से वंचित नहीं किया जा सकता है। अनुच्छेद 30, अल्पसंख्यक वर्गों को धर्म या भाषा पर आधारित अपनी रुचि की शिक्षण संस्थाओं की स्थापना तथा उस पर प्रशासन और प्रबंधन का अधिकार प्रदान करता है। अनुच्छेद 30(2) में कहा गया है शिक्षण संस्थाओं को सहायता देने में राज्य किसी शिक्षण संस्था के विरुद्ध इस आधार पर विभेद नहीं करेगा कि वह धर्म या भाषा पर आधृत किसी अल्पसंख्यक वर्ग के प्रबंधन में है। अनुच्छेद 225, 350 तथा 352 धर्म के आधार पर निर्वाचन क्षेत्रों को बाँटने से प्रतिबंधित करते हैं। इसी प्रकार 372 तथा 372(क) का आशय यह है कि राष्ट्रपति संविधान के उपबंधों के विपरीत व्यवस्था, कानूनों एवं नियमों को उस रूप में संशोधित कर सकते हैं, जिस रूप में संवैधानिक एकरूपता बनी रहे।

इन सभी उपबंधों के अतिरिक्त यह भी प्रावधान है कि किसी भी व्यक्ति को केवल उसी हद तक उसके विश्वास के अनुरूप आचरण कने की स्वतंत्रता प्रदान की गई है जिस सीमा तक सामाजिक सुव्यवस्था, लोक-सदाचार, लोक-कल्याण में बाधा उत्पन्न न हो। यदि व्यक्तिगत स्वतंत्रता अपनी सीमा का अतिक्रमण करती है तो संविधान राज्य को तुरन्त उस स्वतंत्रता पर प्रतिबंध लगाने का अधिकार प्रदान करता है। तात्पर्य यह है कि राज्य किसी भी मंदिर, मस्जिद, चर्च, गुरुद्वारा आदि में तब तक हस्तक्षेप नहीं करेगा, ज़ब तक कि कोई संवैधानिक संकट उत्पन्न न हो जाय, परन्तु यदि जन समुदाय इसका विरोध करता है और राज्य सरकार इसके प्रति उदासीनता या तटस्थता बरतती है तो केन्द्र सरकार का यह दायित्व है कि वह संविधान के अनुरूप व्यवस्था बनाये रखे। इसके लिए अनुच्छेद 352 तथा 356 के अंतर्गत राष्ट्रपति को यह विशेष अधिकार है कि वह या तो राज्यपाल के परामर्श से या स्वयं अपने विवेक से राज्य में राष्ट्रपति शासन लगा सकता है।

इस प्रकार संविधान विशेषज्ञों ने पंथ निरपेक्षता को पूर्णतया पारदर्शी तथा भारतीय संस्कृति के अनुरूप ढालने का प्रयास किया है, परन्तु यदि इसके व्यावहारिक पक्षों पर विचार किया जाय तो इसमें कई विसंगतियाँ दृष्टिगोचर होती हैं। यद्यपि पंथ निरपेक्षता राज्य एवं धर्म के पृथक्करण की बात करती है, तथापि व्यवहारत: इसका अनुपालन कर पाना सम्भव नहीं है। एक ओर अनुच्छेद 25 तथा 44, समानता की बात करते हैं तो दूसरी ओर अनुच्छेद 30, मजहब या पंथ के आधार पर अल्पसंख्यक तथा शेष भारतीयों के मध्य भेदभाव करता है। इसके अनुसार अल्पसंख्यक अपने लिए अलग से शिक्षण संस्थाएँ चला सकते हैं। यही नहीं, उसमें विशिष्ट पंथ या मजहब की शिक्षा देने की भी छूट होगी। उल्लेखनीय है कि ऐसी संस्थाओं को सरकारी अनुदान तो दिया जाता है, परन्तु उसके प्रबंधन में राज्य का कोई हस्तक्षेप नहीं होता है। इस प्रकार जब तक अनुच्छेद 30 है, तब तक अनुच्छेद 44 का अनुपालन सम्भव नहीं है।

पंथ निरपेक्षता के अंतर्गत यह स्वीकार किया गया कि राज्य सभी धर्मों के प्रति समभाव रखेगा अर्थात् राज्य किसी भी धर्म को न तो प्रोत्साहित करेगा और न ही हतोत्साहित, परन्तु व्यवहारत: इसका अनुपालन नहीं हो पा रहा है। आज राज्य हज पर जाने वाले यात्रियों के किराये में विशेष अनुदान देता है। इसी प्रकार कुम्भ मेले के दौरान राज्य सरकार अपनी ओर से न केवल इसका आयोजन करती है बल्कि उसका प्रबंधन भी करती है। यही नहीं, प्राय: सभी धर्मों के महत्त्वपूर्ण धार्मिक पर्वों पर सरकार की ओर से सार्वजनिक अवकाश की घोषणा की जाती है। अत: यह कैसे मान लिया जाय कि राज्य धर्म को प्रोत्साहित नहीं करता है।

राज्य एवं धर्म के पृथक्करण को अपनाते हुए भी अनुच्छेद 48 में गो-हत्या पर प्रतिबंध लगाया गया, सिक्खों को कृपाण रखने की स्वीकृति प्रदान की गई, वहीं मुसलमानों को बहु विवाह एवं बाल विवाह अर्थात् 18 वर्ष से कम आयु में भी विवाह की मान्यता प्रदान की गयी, क्योंकि यह 'मुस्लिम पर्सनल लॉ (शरीयत) 1937' के अनुरूप है। इसके अनुसार क्योंकि लड़कियों की 12 वर्ष की आयु में ही यौवनारभ (Puberty) की शुरूआत हो जाती है अत: शरीयत इस उम्र में ही लड़कियों के विवाह की इजाजत देता है। इस प्रकार 'मुस्लिम पर्सनल लॉ 1937', 'बाल विवाह अधिनियम 2006' जिसके अनुसार विवाह की आयु लड़कियों के लिए 18 एवं लड़कों के लिए 21 निर्धारित की गई है, का स्पष्टत: उल्लंघन है।

इसी प्रकार मुस्लिम स्त्रियों के प्रति भेदभाव को आज तक अवैध घोषित नहीं किया गया है, क्योंकि इसकी जड़ें धर्म में सन्निहित हैं। इसका साक्षात् उदाहरण शाह बानो का मुकदमा है। शाह बानो का अपने पति से तलाक 44 वर्ष की आयु में 1978 में ही हो गया। 1985 में उन्होंने अपने भरण-पोषण की माँग के लिए सर्वोच्च न्यायालय में अपील की। न्यायालय ने Criminal Procedure Code (CrPC) के सामान्य प्रावधानों के तहत शाह बानो के पक्ष में अपना निर्णय दिया, परन्तु मुस्लिम संगठनों ने इसका विरोध शुरू कर दिया क्योंकि यह निर्णय शरीयत के अनुरूप नहीं था। यह विरोध इतना बढ़ा कि अंतत: 1986 में तत्कालीन प्रधानमंत्री श्री राजीव गाँधी को विशेषत: मुस्लिम महिलाओं के लिए संसद के द्वारा एक विधेयक 'Muslim Women (Protection of Right on Divorce) Act 1986' पास कराना पड़ा। उल्लेखनीय है कि इस विधेयक का विरोध सामान्य रूप से विभिन्न संगठनों ने किया। इन संगठनों का तर्क था कि यदि भारत का संविधान सभी पर समान रूप से बिना किसी भेद-भाव के लागू होता है तब अलग

से इस विधेयक की क्या आवश्यकता है? इस प्रकार 'Muslim Women (Protection of Right on Divorce) Act 1986', अनुच्छेद 44 'समान सिविल संहिता' के अनुरूप नहीं है।

यही नहीं, आज शासन तंत्र में विभिन्न पदों पर आसीन होते हुए भी शासक वर्ग के लोग न केवल विभिन्न धार्मिक समारोहों में सार्वजनिक रूप से सम्मिलित होते हैं, बल्कि उनके धर्म में विहित कर्मकाण्डों का अनुपालन भी करते हैं, यथा - नारियल फोड़ना, फीता काटना, रोजा खोलना, हज पर जाना आदि और इस बात को सार्वजनिक तौर पर प्रचारित भी किया जाता है, जो धर्म निरपेक्षता का स्पष्टतः उल्लंघन है। कोई भी व्यक्ति निजी तौर पर चाहे किसी भी धर्म को क्यों न स्वीकार करे, किन्तु सार्वजनिक तौर पर उसे धर्म को स्वयं से दूर ही रखना चाहिए।

वर्तमान में, राजनीतिज्ञों ने अपने वोटों के लिए अंग्रेजों की ही पद्धति अपनाते हुए भारतीय नागरिकों को हिन्दू, मुस्लिम, सिख, ईसाई और अनुसूचित जाति, अनुसूचित जनजाति तथा पिछड़ा वर्ग के रूप में देखना शुरू किया है। इन अल्पसंख्यकों और शोषितों में भी ऐसा नेतृत्व स्वाभाविक रूप से उभरा जो अपने वोट की कीमत वसूलने के लिए सत्ताधीशों का दोहन करता है। अपरंच, आजकल धर्म परिवर्तन एक आम अवधारणा हो गई है जिसका एकमात्र उद्देश्य लोगों को गुमराह कर अन्य धर्मों के प्रति कटुता एवं वैमनस्यता का बीज बोना है। यदि धर्म परिवर्तन स्वतः हो तो इससे किसी को भी कोई शिकायत नहीं है, परन्तु यदि धर्म परिवर्तन लालच एवं प्रलोभन देकर कराया जा रहा हो तो यह साम्प्रदायिक हिंसा का रूप ले लेता है। आज का चुनाव साम्प्रदायिक और धार्मिक समर्पण का इतना मोहताज है कि 'जातीयता' आज भी सबसे बड़ा समीकरण बनी हुई है।

इसी प्रकार भारतीय संस्कृति में 'धर्म' व्यक्ति के व्यक्तिगत जीवन से इतना अवियोज्य रूप से जुड़ा हुआ है कि इस संदर्भ में उसके व्यक्तिगत एवं सार्वजनिक जीवन के बीच स्पष्ट सीमांकन कर पाना व्यवहारतः सम्भव नहीं है। यद्यपि संविधान हमें इस बात की स्वीकृति प्रदान करता है कि कोई भी व्यक्ति अपने व्यक्तिगत जीवन में पूर्णतया धार्मिक हो सकता है, परन्तु सार्वजनिक स्तर पर उसे किसी भी प्रकार की धार्मिक गतिविधियों से पृथक् रहना चाहिए। यह अवधारणा सिद्धांततः जितनी सुसंगत प्रतीत होती है, व्यवहारतः उतनी ही असंगत है, क्योंकि ऐसा करना मानव व्यक्तित्व का एक प्रकार से कृत्रिम विभाजन करना है। भारतीय संस्कृति में अधिकांश व्यक्तियों का अंतःस्थल धार्मिक भावना से ओत-प्रोत है, परन्तु यह बाह्यतः पंथ निरपेक्षता जैसे कृत्रिम आवरणों से घिरा हुआ है। आंतरिक एवं बाह्य पक्षों के इस अंतर्द्वन्द्व में व्यक्ति न तो इनके बीच सामंजस्य स्थापित कर पाता है और न ही वह इसमें से किसी एक का परित्याग कर पाता है। यह पंथ निरपेक्षता का सबसे बड़ा संकट या विरोधाभास है।

इन विरोधाभासों को देखते हुए यह कहा जा सकता है कि यदि भारत में पंथ निरपेक्षता जैसी कृत्रिम एवं निषेधात्मक अवधारणा के स्थान पर 'धार्मिक सहिष्णुता' एवं 'सर्वधर्मसमभाव' जैसी स्वाभाविक एवं भावात्मक अवधारणाओं को ही अंगीकार किया गया होता तो यह न केवल आत्म-सुसंगत होता बल्कि यह भारतीय संस्कृति की मूल भावनाओं को प्रतिबिम्बित करते हुए उन्हें अक्षुण्ण बनाने में भी सहायक होता। 'धार्मिक सहिष्णुता' एवं 'सर्वधर्मसमभाव' जैसी अवधारणा ही तो भारतीय संस्कृति की विशिष्ट पहचान है और यह सम्पूर्ण विश्व को भारत की ओर से एक 'अनुपम उपहार' (Unique gift) है, जिसकी आवश्यकता आज सम्पूर्ण विश्व महसूस करने लगा

है। उल्लेखनीय है कि विज्ञान एवं तकनीकि के विकास ने विश्व की भौगोलिक दीवारों को ध्वस्त करके उसे एक 'वैश्विक गाँव' (Global village) के रूप में परिवर्तित कर दिया है, जहाँ विभिन्न संस्कृतियों के लोग साथ-साथ रहने लगे हैं। इस प्रकार आज हम 'बहु-संस्कृतिवाद' (Multi-culturalism) के युग में रहने के लिए बाध्य हैं। ऐसी स्थिति में विभिन्न संस्कृतियों की पहचान को बनाये रखना, सभी राष्ट्रों के लिए एक बहुत बड़ी चुनौती है। अस्तु, यदि 'सर्वधर्मसमभाव' जैसी अवधारणाओं को अंगीकार कर लिया जाय तो सम्भव है कि हम विभिन्न संस्कृतियों की धूमिल होती हुए पहचान को पोषित एवं संरक्षित करने में समर्थ हो जाँय। भारत जैसे सांस्कृतिक एवं धार्मिक विविधता वाले राष्ट्र में जहाँ प्रत्येक व्यक्ति का अंतर्मन किसी न किसी रूप में धार्मिक भावनाओं से परिपूर्ण हो वहाँ पंथ निरपेक्षता जैसी आयातित अवधारणा को चरितार्थ कैसे किया जा सकता है? एक प्रसिद्ध चिंतक फजलूर रहमान ने तो यहाँ तक कह दिया कि "पंथ निरपेक्षता नैतिक मूल्यों की पवित्रता एवं सार्वभौमिकता को विनष्ट कर देती है।" ["Secularism destroys the sanctity and universality of all moral values." Rahman, Fazlur (1982): *Islam and Modernity*, University of Chicago Press, Chicago, p. 15.]।

राज्य का कर्त्तव्य केवल शासन करना (Governance) नहीं है बल्कि वस्तुतः सुशासन करना (Good governance) है। सुशासन का अभिप्राय है - सम्यक् अनुशासन। इसके अंतर्गत शासन के साथ ही साथ जन-सामान्य का पोषण एवं संरक्षण भी अंतर्निहित है, जिससे उसके सम्यक् जीवन जीने के मार्ग में आने वाली बाधाओं को प्रशमित करके सन्मार्ग की ओर बढ़ने के लिए प्रेरित एवं प्रोत्साहित किया जा सके। इस प्रकार सुशासन का अर्थ है ऐसा शासन जहाँ कोई भी व्यक्ति दु:खी नहीं हो और यही 'राजधर्म' का सार भी है, जैसा कि गोस्वामी तुलसीदास जी मानस में कहते हैं कि:

"जासु राज प्रिय प्रजा दुखारी।
सो नृपु अवसि नरक अधिकारी॥"

(रामचरित मानस, अयोध्याकाण्ड - 70/3)

अर्थात् जिसके राज्य में प्यारी प्रजा दु:खी रहती है, वह राजा अवश्य ही नरक का अधिकारी होता है।

सुशासन का आकलन इस बात से नहीं लगाया जा सकता है कि राज्य धर्म के प्रति कितना तटस्थ है बल्कि इससे कि राज्य लोगों के कष्टों, उनकी सुरक्षा, उनकी सुविधाओं तथा उनके सार्वभौमिक विकास के प्रति कितना सचेष्ट एवं जागरुक है। इसके लिए शासक को धर्म के प्रति तटस्थ नहीं बल्कि धर्मनिष्ठ होना अति आवश्यक है। इसीलिए गाँधी जी धर्म एवं राजनीति को अवियोज्य मानते हुए राजनीति को धर्म पर आधृत कर देते हैं। उनके अनुसार "जो ऐसा कहते हैं कि धर्म राजनीति के साथ कुछ भी नहीं कर सकती है वे धर्म का अर्थ जानते ही नहीं है।" ["...those who say that religion has nothing to do with politics do not know what religion means." Gandhi, M.K. (1940): *An Autobiography or The Story of My Experiments with Truth*, Navjivan Publishing Co., Ahmedabad, p. 383.]। यथार्थतः धर्म ही शासकों के मन में करुणा का भाव पैदा करता है जिससे वह बिना किसी भेद-भाव के सभी के प्रति सम्यक् दृष्टि रखते हुए उनकी सेवा के लिए सदैव ही तत्पर रहता है। जो

यथार्थतः धर्मनिष्ठ है वह अन्य धर्मावलम्बियों के प्रति क्रूर हो ही नहीं सकता है। यदि वह क्रूर है तो इसका अभिप्राय है कि उसने धर्म को जाना नहीं है। धर्म क्रूरता नहीं बल्कि विनम्रता, करुणा, दया, दान एवं कुप्रवृत्तियों का दमन करना आदि सिखाती है।

बृहदारण्यक उपनिषद् (5/2/3) में एक प्रसंग आता है जो इस तथ्य को और भी अधिक स्पष्ट करता है। एक बार प्रजापति अपने तीन पुत्रों - देव, मानव एवं राक्षस को धर्म की शिक्षा प्रदान करते हुए उन्हें "द" का उपदेश देते हैं और तीनों से पूछते हैं कि क्या आप लोगों ने इसका अर्थ समझ लिया? तीनों कहते हैं कि हाँ समझ लिया, परन्तु तीनों इस शब्द का पृथक्-पृथक् उत्तर देते हैं। देव कहते हैं कि इसका अर्थ है 'दाम्यत्' अर्थात् दमन करो (Restrain yourself)। मानव कहता है कि इसका अर्थ है 'दत्त' अर्थात् दान करो (Give in charity)। राक्षस कहता है कि 'दयध्वम्' अर्थात् दया करो (Be merciful)। प्रजापति कहते हैं कि तुम तीनों ने ही "द" का अर्थ ठीक समझा है। यथार्थतः देव, मानव एवं राक्षस इन तीनों में तीन भिन्न प्रकार की प्रवृत्तियाँ प्रबल होती हैं: देवताओं में अतिशय भोग (Lust desire) की, अतः उन्हें इन्द्रियों का दमन करना चाहिए। मानवों में लोभ (Greed) की, अतः उन्हें दान करना चाहिए। राक्षसों में क्रूरता (Anger) की, अतः उनमें दया का भाव होना चाहिए। इस प्रकार प्रजापति तीनों से ही उनकी तीन चरम प्रवृत्तियों, यथा - भोग, लोभ एवं क्रोध से बचने का उपदेश देते हैं। इन अतिशय प्रवृत्तियों से बचकर 'विवेकपूर्वक' जीवन जीना ही धर्म है।

यदि धर्म का अर्थ भोग, लोभ एवं क्रोध से ऊपर उठकर 'विवेकपूर्वक' जीवन जीना है तो सुशासन के प्रति प्रतिबद्ध राष्ट्र धर्म निरपेक्ष कैसे हो सकता है? वास्तविकता तो यह है कि राज्य का परम कर्त्तव्य है कि वह इन प्रवृत्तियों पर नियंत्रण करने के लिए लोगों को सुविधाएँ प्रदान करे। इसी को दृष्टिगत करते हुए आचार्य मनु कहते हैं कि:

"दण्डः शास्ति प्रजाः सर्वाः दण्ड एवाभिरक्षति।
दण्डः सुप्तेषु जागर्ति दण्डं धर्म विदुर्बुधाः॥" (मनुस्मृति - 7/18)

अर्थात् दण्ड प्रजा पर शासन करता है और दण्ड ही चारों ओर से हमारी रक्षा करता है। दण्ड ही हमारे सो जाने पर भी जागृत रहता है। अस्तु, बुद्धिमान लोगों ने दण्ड को ही धर्म कहा है। स्पष्टतः राज्य का धर्म है कि सतत् जागृत रहे और सब प्रकार से जन सामान्य की रक्षा करे। इसी धर्म का सम्यक् अनुपालन करना राज्य का पुनीत कर्त्तव्य है। ऐसी परिस्थिति में सुशासन पर आधारित राष्ट्र का धर्म से कोई भेद नहीं रह जाता है।

सिविल रिलीजन (Civil Religion)

सम्भवतः यही कारण है कि अमेरिका जैसे विकसित राष्ट्र में आजकल एक नूतन धर्म जिसे 'सिविल रिलीजन' कहते हैं, की अवधारणा अत्यधिक लोकप्रिय हुई है। इसकी शुरुआत राबर्ट बेल्लाह के लेख "*Civil Religion in America*" (*Daedalus*, 1967) से होती है। बेल्लाह के अनुसार 'सिविल रिलीजन' राष्ट्र के सार्वभौमिक धर्म का अतिक्रामी है (Transcendent universal religion of the nation)। उनके अनुसार अधिकांश अमेरिकन 'सिविल रिलीजन'

की विशेषताओं को मानते हैं जो उत्कृष्ट धार्मिक विश्वासों, प्रतीकों तथा कर्मकाण्डों के द्वारा अभिव्यक्त होता है तथा जो सम्पूर्ण अमेरिकन को एक धार्मिक आयाम प्रदान करता है। पुनश्च, उनके अनुसार 'सिविल रिलीजन' का सिद्धांत राष्ट्र से लिए एक 'उच्चत्तर प्रतिमान' (Higher standard) को प्रस्तुत करता है जिसके आधार पर ही उस राष्ट्र के परिप्रेक्ष्य में कोई निर्णय किया जाना चाहिए। विलियम एच० स्वाटोज के अनुसार "अमेरिकन सिविल रिलीजन वह है जो अमेरिकन राष्ट्र के पवित्र विश्वासों का एक संस्थागत समूह है।" (American civil religion is that it is "an institutionalized collection of sacred beliefs about the American nation." *Encyclopedia of Religion and Society*, Wlliam H. Swatos, Jr. Editor)। बेल्लाह के अनुसार यह धर्म प्रतीकात्मक रूप से संयुक्त राज्य अमेरिका के संविधान के दस्तावेजों, स्वतंत्रता के घोषणा पत्र, अधिकार पत्र तथा राष्ट्रपति के उद्‌घाटन भाषणों में प्रतिध्वनित होता है, जहाँ स्पष्ट रूप से कहा गया है कि 'अमेरिकन राष्ट्र ईश्वर के विधानों के अधीन है और यह इस प्रतिबद्धता को व्यक्त करता है कि ईश्वर ही अमेरिका का मार्ग-दर्शक एवं रक्षक है।' बेल्लाह इन विश्वासों को स्वतंत्रता, समानता, न्याय, सद्‌भाव आदि के एकीकृत मूल्यों के रूप में देखते हैं। उनके अनुसार कोई व्यक्ति 'सिविल रिलीजन' को स्वीकार करे या न करे, परन्तु यह एक 'वस्तुनिष्ठ सामाजिक तथ्य' (Objective social fact) है, जिसकी उपेक्षा व्यक्तिगत एवं सामाजिक स्तर पर कदापि सम्भव नहीं है।

इन्हीं मान्यताओं के परिप्रेक्ष्य में रोनाल्ड विम्बर्ली अपने तथ्यात्मक अध्ययनों के आधार पर 'सिविल रिलीजन' के संदर्भ में निम्नलिखित निष्कर्ष निगमित करते हैं। (Quoted from Swatos, William H. (1998): *Encyclopedia of Religion and Society*. Rowman Altamira, p. 94.)। विम्बली के अनुसार:

- अमेरिका ईश्वर के द्वारा चयनित राष्ट्र है।
- राष्ट्रपति का प्राधिकार ईश्वर प्रदत्त है।
- सामाजिक न्याय केवल विधि पर आधृत न होकर, धर्म पर भी आधृत है।
- ईश्वर अमेरिका के लोगों के अनुभवों से जाना जाता है।
- 4 जुलाई का अवकाश धार्मिक होने के साथ ही साथ राष्ट्रभक्ति से भी सम्बंधित है।

विम्बर्ली मानते हैं कि उपर्युक्त मान्यताएँ 'सिविल रिलीजन' की अनूठी विशेषताएँ हैं। उनके अनुसार यह एक 'वस्तुनिष्ठ सामाजिक तथ्य' भी है, जिसे किसी भी परिस्थिति में झुठलाया नहीं जा सकता है तथा जिसे सामान्यत: अमेरिका के लोग बिना यह जाने कि 'सिविल रिलीजन' क्या होता है, अपने जीवन में अंगीकार कर रहे हैं।

ऐसा प्रतीत होता है कि आज भारत में भी 'अमेरिकन सिविल रिलीजन' जैसे ही धर्म की महती आवश्यकता है, जो किसी 'दुरास्था' (Bad faith) पर आधारित न होकर 'पूर्ण बौद्धिक आस्था' (Sound rational faith) पर आधृत हो। एतदर्थ आज भारतीय संस्कृति में धर्म की भूमिका में 'आमूल-चूल परिवर्तन' (Perestroika) अपरिहार्य हो गया है। धर्म एवं राज्य के बीच सम्बंधों की स्पष्ट व्याख्या करने तथा इस संदर्भ में एक 'एकीकृत आचार संहिता' बनाने के लिए

राष्ट्रीय संवाद की पहल होनी चाहिए। केवल आरोपों एवं प्रत्यारोपों से कुछ भी हासिल नहीं होने वाला है। आवश्यकता इस बात की है कि हम स्वयं आत्म-अवलोकन करें और यह सुनिश्चित करें कि हम अपने कर्त्तव्यों के प्रति कितने ईमानदार एवं जागरुक हैं तथा समाज एवं राष्ट्र के विकास में हमारी कितनी भागीदारी है। यहाँ के धार्मिक पुराहितों, मनीषियों, बुद्धिजीवियों, शिक्षाविदों तथा राजनीतिज्ञों में अनेक सजग तथा संवेदनशील मानवतावादी हैं, जो इस समस्या पर सम्यक् बहस करके धर्म एवं राज्य के सम्बंध में एक तार्किक एवं वैज्ञानिक दृष्टिकोण विकसित कर सकते हैं, जिससे पंथ निरपेक्षता को सैद्धांतिक धरातल से असम्पृक्त करके वस्तुतः सरल, व्यवहारपरक एवं लोक-कल्याणकारी बनाया जा सके, जहाँ सिद्धांत एवं व्यवहार में वैषम्य नहीं बल्कि सामंजस्य हो।

✤✤✤

बहुसंस्कृतिवाद (Multiculturism)

- परिचय
- बहुसंस्कृतिवाद का उद्‌भव
- बहुसंस्कृतिवाद एवं सांस्कृतिक बहुलवाद
- बहुसंस्कृतिवाद की प्रमुख विशिष्टताएँ
- The Melting Pot एवं Salad Bowl

अध्याय 18

परिचय (Introduction)

बहुसंस्कृतिवाद (Multiculturism) शब्द का प्रयोग सर्वप्रथम 1965 में 'कनाडियन रॉयल कमीशन' के द्वारा किया गया, परन्तु इस शब्द का प्रचलन 1970 में कनाडा एवं आस्ट्रेलिया की सरकारों ने अपनी राष्ट्रीय नीति के अंतर्गत नृजातीय बहुलवाद (Ethnic Pluralism) को महत्त्व देने के लिए किया। तत्पश्चात् अमेरिका, इंग्लैण्ड, जर्मनी तथा अन्य देशों में भी इसका प्रयोग हुआ। एलिस्टेयर डेविडसन लिखते हैं कि "जब किसी संस्कृति में 30% की आबादी किसी अन्य समाज से आती है तो वहाँ बहुल नृजातीय राज्य की स्थापना प्रबल हो जाती है।" ["The world becomes increasingly a place of multiethnic states, with up to 30% of the population coming from other societies." Davidson, Alistair (1997): Multiculturalism and Citizenship: Silencing the migrant voice, *Journal of Intercultural Studies*, Vol. 18, Issue 2, p. 6.]।

बहुसंस्कृतिवाद का उद्‌भव (Emergence of Multiculturism)

बहुसंस्कृतिवाद के उद्‌भव के कई कारण हैं, यथा -

- **भौगोलिक विविधता:** कोई भी संस्कृति अपनी भौगोलिक परिस्थितियों की ही उपज होती है। व्यक्ति

विभिन्न भौगोलिक परिस्थितियों में रहता है और उसी के अनुरूप विभिन्न संस्कृतियों का स्वरूप निर्धारित होता है। अस्तु, विभिन्न संस्कृतियों की भाषा, धर्म, त्यौहार, समारोह आदि में विभिन्नता का होना स्वाभाविक है।

- **उपनिवेशवादः** इसके अंतर्गत एक राज्य दूसरे राज्य को अपने अधीनस्थ कर वहाँ पर शासन करता है। परिणामतः वह अपने सांस्कृतिक मूल्यों को पराधीन देश पर आरोपित करता है। इस प्रकार उपनिवेशवाद सांस्कृतिक विविधता को बढ़ावा देकर बहुसंस्कृतिवाद की समस्या को उत्पन्न करता है।
- **आर्थिक पुनर्निर्माणः** द्वितीय विश्व युद्ध के उपरान्त, विश्व युद्ध में शामिल देशों के आर्थिक पुनर्निर्माण की आवश्यकता महसूस की गई जिससे अप्रवास की समस्या उत्पन्न हुई। परिणामस्वरूप विभिन्न संस्कृतियों के लोग अपनी मूल संस्कृति को छोड़कर अन्य स्थानों पर विस्थापित हो गये जहाँ की संस्कृति उनकी मूल संस्कृति से पूर्णतया भिन्न थी। इससे भी बहुसंस्कृतिवाद की समस्या उत्पन्न हो गई।
- **शरणार्थियों की समस्याः** सन् 1990 के दशक में विश्व पटल पर शीत युद्ध जैसी स्थिति उत्पन्न हो गई जिसने विभिन्न देशों में आंतरिक अशांति को जन्म दिया। परिणामतः शरणार्थियों की समस्या उत्पन्न हो गई, इससे भी बहुसंस्कृतिवाद को बल मिला।
- **भूमण्डलीकरणः** भूमण्डलीकरण भी बहुसंस्कृतिवाद को पनपने में बहुत हद तक सहायक सिद्ध हुआ है। इसके अंतर्गत एक देश के व्यक्ति व्यापार के लिए दूसरे देशों में खुलेआम रूप से आने-जाने लगे। भूमण्डलीकरण ने विश्व को संकुचित कर दिया है। आज देश-काल का संकुचन हो गया है। विश्व की कोई भी घटना दूरस्थ देशों को गहन तथा विस्तृत रूप से प्रभावित कर रही है। इस प्रकार इसने अति दूरस्थ देशों को आर्थिक, सामाजिक, राजनीतिक, सांस्कृतिक एवं सामरिक दृष्टि से एक दूसरे के सन्निकट ला दिया है। आज भूमण्डलीकरण ने भौगोलिक सीमाओं को तोड़ दिया है, क्योंकि विभिन्न देशों की एक दूसरे पर निर्भरता में अभूतपूर्व वृद्धि हुई है। इस प्रकार भूमण्डलीकरण के कारण बहुसंस्कृतिवाद की समस्या उत्पन्न हुई है।

बहुसंस्कृतिवाद की मूल स्थापना यह है कि क्योंकि सभी नागरिक समान हैं, अतः अप्रवासी जो विभिन्न संस्कृतियों का प्रतिनिधित्व करते हैं उनके प्रति भी समानता (Equality), सहिष्णुता (Tolerance) एवं सर्वसमावेशिता (Inclusiveness) का व्यवहार होना चाहिए। इसी दृष्टि से विल किमलिका लिखते हैं कि "विशेषतः बहुसंस्कृतिवाद एक सामाजिक सिद्धांत है जो एक ओर आत्मसातीकरण की नीति के विरूद्ध है तो दूसरी ओर विभिन्न नृजातीय अल्पसंख्यक समूहों की सांस्कृतिक पहचान एवं नागरिक अधिकारों की मान्यता की वकालत करता है और सामान्यतः यह सांस्कृतिक विविधता को सुनिश्चित करता है।" ["Typically, multiculturalism is a social doctrine that distinguishes itself as a positive alternative for policies of assimilation, connecting a politics of recognition of the citizenship rights and cultural identities of ethnic minority groups and more generally, an affirmation of the value of cultural diversity." Kymlycka, Will (1995): '*Multicultural*

Citizenship: A Liberal Theory of Minority Rights', Clarendon Press, Oxford)। इस मत का समर्थन चार्ल्स टेलर भी करते हैं। (Taylor, Charles (1992): "*The Politics of Recognition*", Princeton University Press, Princeton]।

बहुसंस्कृतिवाद एवं सांस्कृतिक बहुलवाद (Multiculturism and Cullural Pluralism)

ज्ञातव्य है कि 'बहुसंस्कृतिवाद' (Multiculturalism), 'सांस्कृतिक बहुलवाद' (Cultural Pluralism) नहीं है। यद्यपि दोनों ही सांस्कृतिक विविधता की बात करते हैं, परन्तु 'सांस्कृतिक बहुलवाद' तथ्यात्मक (Factual) है जो विभिन्न संस्कृतियों का केवल तथ्यात्मक अध्ययन करता है अर्थात् विभिन्न संस्कृतियों की क्या-क्या मूलभूत विशिष्टताएँ हैं, वहीं 'बहुसंस्कृतिवाद' तथ्यात्मक न होकर मूल्यात्मक (Normative) है जो विभिन्न संस्कृतियों की केवल सांस्कृतिक विविधता की बात नहीं करता है बल्कि इस बात पर बल देता है कि यह विविधता किस सीमा तक उचित है एवं किस सीमा तक अनुचित। इसी दृष्टि से एंड्रयू हेवुड लिखते हैं कि "बहुसंस्कृतिवाद के मूलत: दो आयाम हैं: (1) वर्णनात्मक (Descriptive) एवं (2) नियामक (Normative)। वर्णनात्मक अर्थ में यह सांस्कृतिक विविधता का केवल तथ्यात्मक अध्ययन करता है अर्थात् विभिन्न संस्कृतियों की क्या-क्या मान्यताएँ हैं, जबकि नियामक अर्थ में यह विभिन्न संस्कृतियों के सम्मान एवं उनकी मान्यता से सम्बंधित सभी पक्षों का समीक्षात्मक मूल्यांकन करता है अर्थात् विभिन्न संस्कृतियों की कौन-कौन-सी मान्यताएँ अच्छी तथा कौन-कौन-सी मान्यताएँ बुरी हैं।" "वर्णनात्मक पद सांस्कृतिक विविधता को निर्दिष्ट करता है जो किसी समाज के अंतर्गत दो अथवा दो से अधिक समूहों के विश्वासों एवं क्रियाओं के परिणामस्वरूप एक विशिष्ट सामूहिक पहचान को उत्पन्न करता है। ...नियामक अर्थ में बहुसंस्कृतिवाद सामुदायिक विविधता यहाँ तक कि समारोह के प्रति भी एक भावात्मक समर्थन को आपादित करता है, जो या तो विभिन्न सांस्कृतिक समूहों के अधिकार के सम्मान एवं मान्यता पर अथवा नैतिक एवं सांस्कृतिक विविधता वाले व्यापक समाज की तथाकथित उपयोगिता पर आधृत होता है।" ["As a descriptive term, it refers to cultural diversity that arises from the existence within a society of two or more groups whose beliefs and practices generate a distinctive sense of collective identity… As a normative term, multiculturism implies a positive endorsement, even celebration, of communal diversity, typically based on either the right of different cultural groups to respect and recognisation, or the alleged benefits to the larger society of moral and cultural diversity." Heywood, Andrew (2012): *Political Ideologies: An Introduction*, Palgrave Macmillan, New York, pp. 313–14.]।

'बहुसंस्कृतिवाद' का तात्पर्य 'वैश्विक संस्कृति' (Global culture) से भी नहीं है। दोनों ही परस्पर विरोधी अवधारणाएँ हैं। मूल संस्कृति वह है जो मनुष्यों को उनके स्थानीय एवं भौगोलिक क्षेत्र से सम्बद्ध करे, 'राष्ट्रीय संस्कृति' वह है जो राष्ट्रीय अस्मिता, राष्ट्रीय ध्वज एवं प्रतीकों से सम्बद्ध होती है, परन्तु वैश्विक संस्कृति में ऐसी भावना का सर्वथा अभाव पाया जाता

है। उनका प्रादुर्भाव वैश्विक उत्पादन की उपलब्धता एवं प्रचार तंत्र से सम्बंधित होता है। अस्तु, ऐसी संस्कृति से किसी व्यक्ति को न तो कोई भावनात्मक लगाव होता है और न ही यह व्यक्ति, समाज एवं राष्ट्र की अस्मिता से जुड़ा हुआ होता है। ऐसी संस्कृति केवल व्यवसाय जनित है। पुनश्च, यह पारम्परिक एवं स्थानीय अनन्यता पर भी गहरा आघात है। इस दृष्टि से बेरी एक्सफोर्ड ठीक ही लिखते हैं कि "वैश्विक संस्कृति के प्रत्यय में संस्कृति एवं स्थान से पार्थक्य निहित है। यह उसी प्रकार अ-स्थानिक संस्कृति को उत्पन्न करती है जैसे क्षेत्र विहीन राजनीति एवं शासन तंत्र।" वे लिखते हैं कि "ऐसा तर्क दिया जा सकता है कि किसी स्थान से जो कि वैश्विक संस्कृति के प्रत्यय में द्वंद्वात्मक रूप से अव्यक्त रहता है, उसकी संस्कृति एवं पहचान को पृथक् करना उसी प्रकार अ-स्थानिक संस्कृतियों को उत्पन्न करेगा जिस प्रकार वह क्षेत्र विहीन राजनीति को उत्पन्न कर रहा है।" ["It could be argued that the separation of culture and identity from place which is implicit in the idea of global culture is part of the dialectic which will produce de-spatialized cultures in the same way as it is producing de-territorialized politics." Oxford, Barrie (2002): *Politics: An Introduction*, Routledge, London]।

बहुसंस्कृतिवाद की प्रमुख विशेषताएँ (Main Features of Multiculturism)

भीखू पारेख (Bhikhu Parekha) अपने लेख "*What is Multiculturalism?*" (1999) में लिखते हैं कि बहुसंस्कृतिवाद न तो राजनीतिक सिद्धांत है और न ही कोई दार्शनिक परम्परा, बल्कि यह मानव जीवन को समझने का एक तरीका है। उनके अनुसार बहुसंस्कृतिवाद की तीन प्रमुख विशिष्टताएँ हैं: (1) संस्कृति मानव स्वभाव में ही निहित होती है। प्रत्येक व्यक्ति किसी-न-किसी संस्कृति में जन्म लेता एवं विकसित होता है। उसका सामाजिक सम्बंध भी उसी सांस्कृतिक समूह के बीच होता है, परन्तु इसका तात्पर्य यह नहीं है कि उसका स्वरूप भी केवल उसी संस्कृति के द्वारा ही निर्धारित होता है। पारेख के अनुसार वह व्यक्ति उस संस्कृति का समीक्षात्मक मूल्यांकन भी करता है। (2) विविध संस्कृतियाँ विभिन्न समूहों की जीवन दृष्टि को प्रतिबिम्बित करती हैं। यद्यपि प्रत्येक संस्कृति की अपनी सीमा होती है और वह दूसरी संस्कृति के परिप्रेक्ष्य में ही अपने आप को बेहतर ढंग से स्थापित करती है। पारेख के अनुसार यद्यपि सभी संस्कृतियों का समान महत्त्व है, परन्तु कोई भी संस्कृति अपने आप में न तो पूर्ण (Perfect) है और न ही अनूठी (Sui-generis) है। (3) संस्कृति का अर्थ ही होता है: बहुलता, सरलता एवं खुलापन अर्थात् कोई भी संस्कृति ऐसी नहीं हो सकती है जिसमें एक ही जाति तथा एक ही धर्म के लोग हों। यह विविध संस्कृतियों का समूह होती है जो देश-काल एवं परिस्थितियों के साथ-साथ परिवर्तित होती रहती है।

पारेख के अनुसार बहुसंस्कृतिवाद, प्रकृतिवाद (एकत्ववाद) एवं संस्कृतिवाद (बहुत्ववाद) के मध्य की स्थिति है। प्रकृतिवाद का प्रतिपादन एवं समर्थन अनेक यूनानी एवं मध्ययुगीन ईसाई दार्शनिकों से लेकर हॉब्स, लॉक एवं मिल आदि ने किया है। इनके अनुसार मानवीय प्रकृति अपरिवर्तनीय तथा संस्कृति एवं समाज के द्वारा अप्रभावित रहती है। अत: यह निर्धारण करना

सम्भव है कि कौन-सी जीवन पद्धति श्रेष्ठ है। इसके अलावा मान्टेस्क्यू, हर्डर तथा अन्य जर्मन रोमेन्टिक्स का मत है कि मनुष्य संरचनात्मक दृष्टि से सांस्कृतिक है तथा सांस्कृतिक विभेद स्वाभाविक एवं सहज है। समानता केवल न्यूनतम प्रजाति निःसृत गुणों की ही है। बहुसंस्कृतिवाद प्रजाति की समानता को मानते हुए भी सांस्कृतिक विविधता को विशेष महत्त्व प्रदान करता है। यह व्यक्ति को उसके सांस्कृतिक परिवेश में अवस्थित करता है तथा विभिन्न विश्वासों एवं प्रथाओं को जिसे बहुलवादी समाज के नागरिक स्वीकार करते हैं, उनके प्रति सम्मान की भावना रखता है।

बहुसंस्कृतिवाद में 'भेद की राजनीति' (Politics of differences) को महत्त्व दिया जाता है, जिसके अनुसार प्रत्येक व्यक्ति की अपनी विशिष्ट पहचान या अस्मिता होती है, जबकि 'समान गरिमा की राजनीति' (Politics of equal dignity) के अंतर्गत समान अधिकार एवं समानता को महत्त्व दिया जाता है। इस प्रकार यह भेदभाव रहित सामाजिक संरचना के आदर्श को अंगीकार करती है जिसमें सभी नागरिक समान रूप से महत्त्वपूर्ण हैं। बहुसंस्कृतिवाद में 'विशिष्टता की प्रवृत्ति' (Tendency of particularity) एवं 'आत्मसातीकरण की उपेक्षा' (Violation of assimilation) निहित होती है। अतः यह द्विविध माँगों से युक्त होती है: (1) व्यक्ति का सम्मान, यथा - मूल अधिकार का सम्मान एवं संरक्षण और (2) उसके सांस्कृतिक समुदायों का विशेषाधिकार अर्थात् समुदाय विशेष के सांस्कृतिक अधिकारों का संरक्षण करना।

बहुसंस्कृतिवाद एकल संगठित विचारधारा नहीं है। कुछ बहुसंस्कृतिवादियों का आकर्षण केन्द्र अल्पसंख्यक संस्कृतियों का संरक्षण एवं संवर्धन है तो कुछ अन्य बहुसंख्यक एवं अल्पसंख्यक दोनों प्रकार की संस्कृतियों के विकास को महत्त्व प्रदान करते हैं। उनकी दृष्टि में जब बहुसंख्यक समुदाय अप्रवासी की संस्कृति को प्रजाति-केन्द्रित (Ethnocentric) कहते हुए उसे दोषपूर्ण एवं हेय कहते हैं तो यह उसका सही मूल्यांकन नहीं है। यह बहुसंख्यक सांस्कृतिक मूल्यों का अल्पसंख्यक सांस्कृतिक मूल्यों पर आरोपण करना है, जिसे सांस्कृतिक साम्राज्यवाद (Cultural imperialism) कहा जा सकता है। इसके अलावा यह 'स्व' एवं 'पर' का विभेद करने जैसा है जिसका उद्देश्य अल्पसंख्यक को राष्ट्र की अर्थपूर्ण सदस्यता से बहिष्कृत करना है। इस प्रकार यह एक प्रकार से 'नस्लवाद' (Racialism) को फैलाने जैसा ही है। भीखू पारेख ने इस समस्या से बचने के लिए 'अन्तर-सांस्कृतिक संवाद' (Inter-cultural dialogue) को प्रस्तावित किया है। उनकी दृष्टि में संवाद के द्वारा ही परस्पर सम्मान एवं नैतिक समुदाय का निर्माण सम्भव है।

पुनश्च, पारेख के अनुसार बहुसंख्यक को अल्पसंख्यक के सांस्कृतिक अधिकार का सम्मान करना चाहिए, किन्तु वे उस संस्कृति के विविध आयामों की समीक्षा करने के लिए भी स्वतंत्र हैं। आवश्यकता इस बात की है कि इससे सांस्कृतिक साम्राज्यवाद का संकट न उत्पन्न हो जाए। अल्पसंख्यक समुदाय को भी न केवल अपने व्यवहार एवं प्रथाओं की व्याख्या, स्पष्टीकरण एवं औचित्य प्रस्तुत करना चाहिए अपितु वे बहुसंख्यकों के सिद्धांतों, मूल्यों एवं व्यवहारों आदि के समीक्षात्मक मूल्यांकन के लिए भी स्वतंत्र हैं। इसी दृष्टि से भीखू पारेख अपनी पुस्तक "*Rethinking Multiculralism: Cultural Diversity and Political Theory*" (2007) में ठीक ही लिखते हैं कि 'इस संवाद का आधार द्विपक्षीय (Bi-focality) है, जिसका

अर्थ है कि न तो बहुसंख्यक और न ही अल्पसंख्यक की जीवन पद्धति एक दूसरे की समीक्षा से बच सकती है।'

बहुसंस्कृतिवादी समाज का विभाजन बहुसंख्यक एवं अल्पसंख्यक संस्कृति की पदावली में उचित नहीं है। यथार्थतः संस्कृतियों की बहुलता का सह-अस्तित्व है जिसकी आधारशिला परस्पर सहिष्णुता है। जोसेफ राज (Joseph Raz) अपनी पुस्तक "*Multiculraism: A Liberal Perspective*" (1994) में लिखते हैं कि 'हमें अपने समाज को बहुसंख्यक एवं अल्पसंख्यक के रूप में नहीं अपितु सांस्कृतिक समूहों की बहुलता के आधार पर स्वीकार करना चाहिए। परा-सांस्कृतिक आदर्शों (Trans-cultural Ideologies) में सार्वभौम मूल्यों की सम्भावना संप्रत्ययात्मक दृष्टि से असम्भव है, क्योंकि विशिष्ट सांस्कृतिक आदर्शों को हम भूलवश सार्वभौम स्वीकार कर लेते हैं।' इसीलिए रिचर्ड रोर्टी (Richard Rorty) कहते हैं कि 'किसी आर्किमिडीज़ बिन्दु को खोजने का प्रयास जिससे संस्कृति का सर्वेक्षण सम्भव है, व्यर्थ है।' इसे स्पष्ट करते हुए डेविड थियो गोल्डबर्ग (David Theo Goldberg) अपनी पुस्तक "*Multiculturalism: A Critical Reader*" (1995) में लिखते हैं कि 'रोर्टी की यह अवधारणा है कि कोई परा-ऐतिहासिक या अधि-सामाजिक ईश्वरीय विचार नहीं है जिस पर इन सार्वभौम (नैतिक) सिद्धांतों को स्थापित या निगमित किया जा सके। अतः मूल्यों की सार्वभौमिकता का कोई भी आग्रह स्थानीय मूल्यों विशेषतः नस्लीय एवं विशिष्टताओं के सार्वभौमिकीकरण से अधिक कुछ नहीं है।'

The Melting Pot एवं Salad Bowl

बहुसंस्कृतिवाद के संदर्भ में प्रायः दो प्रकार के रूपकों (Metaphors) का प्रयोग किया जाता है: (1) 'The Melting pot', (2) 'Salad Bowl' या 'Cultural Mosaic'। 'Melting pot' के अंतर्गत यह माना जाता है कि जिस प्रकार विभिन्न धातुओं को एक बर्तन में गलाकर एक धातु बना दिया जाता है उसी प्रकार विभिन्न संस्कृतियों को मिलाकर एक नई संस्कृति का निर्माण किया जाता है। इसके अंतर्गत विभिन्न संस्कृतियाँ अपनी मूल संस्कृति का परित्याग करके एक पूर्णतया पृथक् एवं नई संस्कृति का अवगाहन करती हैं। इस शब्द का सर्वप्रथम प्रयोग राल्फ विल्डो इमर्सन ने किया जो इसरायल जैंगविल के शीर्षक "*The Melting Pot*" (1908) के द्वारा लोकप्रिय हुआ। पुनश्च, 'Salad bowl' का अर्थ है कि जिस प्रकार सलाद के कटोरे में विभिन्न प्रकार की कटी सब्जियाँ एक साथ रखी होती हैं जो अपने-अपने स्वाद एवं प्रकृति को बनाये रखते हुए विविधता को सार्थक करती हैं, उसी प्रकार बहुसंस्कृतिवाद में विभिन्न संस्कृतियाँ अपनी-अपनी मूल सांस्कृतिक अक्षुण्णता को बनाये रखते हुए एक ऐसी संस्कृति को मूर्तमान करती हैं जो सांस्कृतिक विविधता से परिपूर्ण हो। इसे ही 'Cultural Mosaic' भी कहा जाता है। 'Cultural Mosaic' शब्द का सर्वप्रथम प्रयोग जॉन मरे गिब्बन (John Murray Gibbon) ने अपनी पुस्तक 'Canadian Mosaic' में किया है जो मूलतः अमेरिकन अवधारणा 'The Melting pot' के प्रतिवाद स्वरूप अस्तित्व में आया। वास्तव में 'Cultural Mosaic' की अवधारणा '*E plurius unum*' अर्थात् एक से अनेक (One from many) को अस्वीकार करते हुए 'E plurius plures' अर्थात् विभिन्न नृजातीय समूहों के सह-अस्तित्व (The idea of indefferent coexisting ethnic groups) या 'E plurius compositum' अर्थात् विविध समूह साथ-साथ मिलकर एक नई इकाई का निर्माण करते हैं (The idea of diverse groups which together form a new entity) को स्वीकार करती है।

स्पष्टत: इन दोनों प्रकार के मॉडलों में 'Salad Bowl' या 'Cultural Mosaic' अधिक सुसंगत एवं सर्वोत्कृष्ट माना जाता है। इसे एक उदाहरण से स्पष्ट किया जा सकता है, माना कि दो प्रकार के उद्यान हों: (1) वह जिसमें एक ही प्रकार के फूल खिले हों तथा (2) वह जिसमें विविध प्रकार के रंग-बिरंगे फूल खिले हों। ऐसी स्थिति में इन दोनों प्रकार के उद्यानों में वही उद्यान देखने में सुन्दर लगेगा जो विविधता से युक्त हो अर्थात् जिसमें विविध प्रकार के रंग-बिरंगे फूल खिले हों। इसी प्रकार एकल संस्कृति मानव मन को नीरसता प्रदान करती है, जबकि सांस्कृतिक बहुलवाद विविधता से युक्त होने के कारण मानव मन को संतुष्टि प्रदान करता है। यही नहीं, एक संस्कृति पिछड़ेपन का भी प्रतीक है, क्योंकि एकल संस्कृति केवल वहीं हो सकती है जहाँ सभ्यता का विकास पूर्णरूपेण नहीं हुआ। अत: विभिन्न संस्कृतियों के लोग वहाँ जाने से बचते हैं। यदि जाते भी हैं तो साधन के अभाव में वहाँ स्थायी प्रवास नहीं बनाते हैं। बहुसंस्कृतिवाद विकास की पराकाष्ठा को इंगित करता है, क्योंकि बहुल संस्कृति वहीं हो सकती है जहाँ विकास के सारे साधन उपलब्ध हों जिससे प्रभावित होकर विभिन्न संस्कृतियों के लोग वहाँ विस्थापित होते रहते हैं। इसी दृष्टि से अमेरिकन राष्ट्रपति जिम्मी कार्टर, पिट्सबर्ग (7 अक्टूबर 1976) के अपने अध्यक्षीय भाषण में कहते हैं कि "हम 'Melting pot' की भाँति न होकर सुन्दर 'Mosaic' की भाँति हैं। जहाँ विभिन्न लोग, विभिन्न विश्वासों, विभिन्न लालसाओं, विभिन्न उम्मीदों एवं विभिन्न स्वप्नों के साथ रह सकें।" (We become not a melting pot but a beautiful mosaic. Different people, different beliefs, different yearnings, different hopes, different dreams.)।

बहुसंस्कृतिवाद के अंतर्गत निम्नलिखित विशिष्टताएँ परिलक्षित होती हैं:

- बहुल नागरिकता की मान्यता प्रदान करना।
- अल्पसंख्यक के त्योहारों, अवकाशों एवं समारोहों का समर्थन।
- सरकार द्वारा संचार माध्यमों, यथा - समाचार पत्र, टेलीविजन एवं रेडियो का अल्पसंख्यक की भाषाओं में समर्थन।
- विद्यालय, सेना तथा समाज में पारम्परिक एवं धार्मिक पहनावे की संस्कृति।
- संगीत एवं कला के क्षेत्र में अल्पसंख्यक संस्कृतियों का समर्थन।
- अल्पसंख्यकों के प्रतिनिधियों को राजनीति, विज्ञान, तकनीकि एवं शिक्षा के क्षेत्र में प्रोत्साहन।
- प्रत्येक नृजातीय समूहों के सदस्यों की कानूनी संहिता को स्थान देना।

बहुसंस्कृतिवाद के विरूद्ध कई आक्षेप किये जाते हैं जो निम्नलिखित हैं:

1. एक ओर हम 'सार्वभौमिक मानव अधिकार' (Universal Human Right) की बात करते हैं और दूसरी ओर संस्कृतियों की विविधता का संरक्षण भी चाहते हैं। ये दोनों ही परस्पर विरोधी बातें हैं।

2. भूमण्डलीकरण के युग में सांस्कृतिक विविधता को अक्षुण्ण बनाये रखना सम्भव नहीं है। सूचना एवं प्रौद्योगिकी के विकास ने सम्पूर्ण विश्व को एक गाँव बना दिया है, जहाँ किसी भी प्रकार की सूचना सम्पूर्ण विश्व में क्षण भर में प्रसारित हो जाती है। ऐसी परिस्थिति में एक घटना का प्रभाव तत्क्षण दूसरे देश पर पड़ता है जिससे संस्कृति भी अछूती नहीं रह सकती है। ऐसी स्थिति में किसी विशिष्ट संस्कृति के सांस्कृतिक मूल्य को सुरक्षित एवं संरक्षित कर पाना सम्भव नहीं है।
3. राबर्ट डी० पुटनम (Robert D. Putnam) अपने लेख "*E Pluribus Unum: Diversity and Community in the Twenty-first Century*" (2007) में लिखते हैं कि बहुसंस्कृतिवाद की सबसे बड़ी समस्या यह है कि बहुसंस्कृतिवाद में लोग स्थानीय मेयर, स्थानीय समाचार पत्र, वहाँ की संस्थाओं यहाँ तक कि वहाँ के लोगों पर भी विश्वास नहीं करते हैं। पुटनम का यह निष्कर्ष 26,200 लोगों के सर्वेक्षण पर आधारित है जो 40 पृथक्-पृथक् अमेरिकी समुदायों से सम्बंधित थे।
4. कुछ लोग बहुसंस्कृतिवाद को 'विभाजन का बढ़ावा देने वाला सिद्धांत' कहते हैं जो राष्ट्रीय एकता एवं सामाजिक सुसंगतता के विरुद्ध धमकी देता है, यथा - आस्ट्रेलिया के प्रधानमंत्री जॉन हावर्ड के अनुसार "मेरा तर्क यह है कि बहुसंस्कृतिवाद विविधता का सम्मान एवं सहिष्णुता की अपेक्षा कई अर्थों में अलगाव पर बल देता है।" ("My argument with multiculturalism is not that it respects and tolerates diversity but rather in many ways it emphasizes division." http://www.gwb.com.au/gwb/news/297/2106.html)।
5. भीखू पारेख के इस कथन कि "ब्रिटेन नागरिकों का समुदाय तथा समुदायों का समुदाय दोनों ही है।" ["Britain is both a community of citizens and a community of communities." Parekh, Bhikhu (2001): *Report of the Commission on the Future of Multiculturalism in Britain*, Introduction, p. 1.], पर आक्षेप करते हुए कुछ दार्शनिकों का कहना है कि ब्रिटेन में ही कहा गया है कि यह समाज को विभिन्न पृथक्-पृथक् एवं परस्पर विरोधी खण्डों में विभाजित करने वाले सिद्धांत को महत्त्व प्रदान करता है। इसी दृष्टि से आर्थर जे० स्लेसिंगर अमेरिका के आदर्श कथन 'E Pluribus Unum' पर आक्षेप करते हुए लिखते हैं कि 'विशेष रूप से जातीय व्याख्या के रूप में बहुसंस्कृतिवाद 'नृजातीय की पूजा-पद्धति' (Cult of ethnicity) तथा 'भेद का दमन' (Obsession of difference) पर आधृत है जो एकल एवं बहुल संस्कृति के बीच सामंजस्य स्थापित करने (The balance between unum and pluribus) में असफल है। [Schlesinger, Arthur J. (1992): *The Disuniting of America: Reflections on a Multicultural Society*, W.W. Norton & Company, New York, p. 133.]। इन आक्षेपों का सार यह है कि यदि कोई राष्ट्र शांतिपूर्ण ढंग से कार्य करना चाहता है तो उसे सामान्य संस्कृति (Common culture) की आवश्यकता पर बल देना चाहिए।

इन्हीं आलोचनाओं के परिप्रेक्ष्य में सैमुअल पी० हटिंगटन अपनी पुस्तक "The Clash of Civilizations and the Remaking of World Order" (2011) में यह भविष्यवाणी करते

हैं कि 'अगला विश्व युद्ध इस्लाम एवं पश्चिमी देशों के बीच होगा।' इसका मूर्तरूप 11 सितम्बर 2001 की अमेरिका पर आतंकवादी घटना ने सिद्ध कर दिया जिसका प्रभाव यह रहा कि आज पश्चिमी देशों में इस्लाम के प्रति लोगों के मन में कटुता एवं वैमनस्य की भावना पैदा हो गई है तथा वे इन्हें पिछड़ा एवं तुच्छ समझने लगे हैं।

इन कमियों के बावजूद भी इस बात से इंकार नहीं किया जा सकता है कि बहुसंस्कृतिवाद वर्तमान विश्व की एक महत्त्वपूर्ण समस्या के रूप में उभरकर सामने आया है। इसके समर्थन में यह कहा जा सकता है कि: (1) यह एक नैतिक माँग है कि विभिन्न सांस्कृतिक समुदायों के प्रति हमारा आचरण अथवा व्यवहार न्यायपूर्ण एवं सम्मानजनक हो जिससे कि वे सांस्कृतिक समुदाय अर्थहीन, हाशिये पर एवं मौन न हो जाँय। (2) प्रत्येक व्यक्ति अपनी संस्कृति के अंतर्गत अपने आप को अधिक विकसित कर सकता है। यही कारण था कि कई महान चिन्तकों ने अपनी भाषा में ही अपनी मौलिक अभिव्यक्तियों को प्रस्तुत किया है, यथा - कान्ट एवं विट्गेंस्टाइन प्रभृति ने जर्मन भाषा में अपने ग्रन्थों को लिखा। अपनी भाषा में अपने विचारों को अधिक बेहतर ढंग से प्रस्तुत किया जा सकता है। (3) बहुसंस्कृतिवाद अनिवार्य भी है, क्योंकि किसी भी संस्कृति का निर्धारण उस स्थान की भौगोलिक परिस्थितियों के अनुसार होता है, जिसका सार्वभौमिकीकरण करने का अर्थ है भौगोलिक परिस्थितियों का सार्वभौमिकीकरण, जो व्यवहारतः सम्भव नहीं है। (4) बहुसंस्कृतिवाद प्रकृति के प्रति सम्मान के भाव को भी इंगित करता है, क्योंकि विविधता प्रकृति के स्वरूप में ही अंतर्निहित है। सांख्य दर्शन में भी प्रकृति को त्रिगुणात्मक माना गया है। (5) बहुसंस्कृतिवाद मानव स्वभाव के अनुरूप भी है। भगवान श्रीकृष्ण ने गीता में कहा है कि हे अर्जुन! इस संसार में विभिन्न प्रकृति के लोग होंगे और उनकी मानसिक प्रवृत्ति के अनुसार विभिन्न प्रकार के धर्म भी होंगे। ऐसी परिस्थिति में एकल संस्कृति की अवधारणा अप्रासंगिक हो जाती है। इस प्रकार हम बहुसंस्कृतिवाद में चाहे जितनी कमियाँ गिनाएँ, परन्तु हम आज इसकी वास्तविकता की उपेक्षा नहीं कर सकते हैं। भारतीय दार्शनिक रामानुज तथा पाश्चात्य दार्शनिक हेगेल की भाषा में इसे भेद विशिष्ट अभेद (Unity in difference) कहा जा सकता है।

✤ ✤ ✤

संदर्भग्रंथ सूची
(Bibliography)

Armstrong, Richard A., *God and the Soul*, Philip Green, London, 1896.

Ayer, A.J., *Language, Truth and Logic*, Penguin Books, London, 1946.

Ayer, A.J.,*The Central Questions of Philosophy*, Penguin Books, London, 1973.

Baillie, D.M., *Faith in God and Its Christian Consummation*, T.&T. Clark, Edinburgh, 1927.

Balasubramanian, R., *Tolerance in Indian Culture* (Ed.), Indian Council of Philosophical Research, New Delhi, 2004.

Bertocci, Peter A., *Introduction to The Philosophy of Religion*, Prentice-hall, Inc., New York, 1951.

Blackstone, William T., *The Problem of Religious Knowledge*, Prentice-Hall, Englewood Cliffs, New Jersey, 1963.

Bose, N.K., *Selections from Gandhi*, Navajivan Publishing House, Ahmedabad, 1948.

Braithwaite, R.B., *An Empiricist's View of The Nature of Religious Belief*, In Mitchell, Basil., *The Philosophy of Religion*, Oxford University Press, Oxford, 1971.

Brightman, E.S., *A Philosophy of Religion*, Prentice-Hall, Inc., New York, 1940.

Brown, Arthur I., *Footprints of God*, Fundamental Truth Publishers, Findlay, Ohio, 1943.

Brunner, Emil., *Revelation and Reason*, Westminster Press, Philadelphia, 1946.

Caird, John., *Introduction to the Philosophy of Religion*, Macmillan and Co. Ltd., London, 1880.

Canfield, John V., *Routledge History of Philosophy, Vol. X, Philosophy of Meaning, Knowledge and Value in 20th Century*, Routledge, London, 1997.

Coward, Harold G., *Religious Pluralism and The World Religions*, Avvai Achukkoodam, Madras, 1983.

Craig, W.L., *The Kalam Cosmological Argument*, Barnes and Noble, New York, 1979.

Darwin, C., *The Origin of Species*, New York University Press, New York, 1988.

Das, B., *The Essential Unity of All Religions*, Theosophical Publishing House, Wheaton, 1939.

Dawkins, R., *The Blind Watchmaker*, W.W. Norton & Company Ltd., London, 1996.

Dodd, C.H., *The Authority of the Bible*, Harper & Brothers, New York, 1929.

Duff-Forbes, D.R., "Theology and Falsification Again", *Australasian Journal of Philosophy*, 1961.

Edward, Paul, *Encyclopedia of Philosophy* (Ed.), Macmillan, New York, 1967.

Edward, Paul, *Immortality*, Prometheus Books, New York, 1997.

Farmer, H.H., *The World and God*, Nisbet & Company Ltd., London, 1935.

Ferre, Frederick, *Language, Logic and God*, Harper & Row, New York, 1961.

Ferre, N.F.S., *Faith and Reason*, Harper & Harper, New York, 1946.

Feuerbach, L.A., *The Essence of Christianity*, Trans. by Marian Evans, Harper & Row, New York, 1854.

Flew, Antony & MacIntyre, A., *New Essays in Philosophical Theology*, SCM Press Ltd., London, 1972.

Flint, Robert, *Anti-Theistic Theories*, William Blackwood & Sons, London, 1879.

Galloway, George, *Philosophy of Religion*, T.&T. Clark, Edinburgh, New York, 1960.

Gandhi, M.K., *All Religions are True*, Anand T. Hingorani (Ed.), Bhartiya Vidya Bhawan, Bombay, 1962.

Geach, Peter, *God and the Soul*, Rouledge and Kegan Paul, Chapter 2, Immortality, Edited in Edward, Paul (1997): *Immortality*, Prometheus Books, New York, 1969.

Griffiths, Paul J., *Problems of Religious Diversity*, Blackwell, Oxford, 2001.

Heimbeck, R.S., *Theology and Meaning*, Standard University Press, Calfornia, 1969.

Hick, John H., *Faith and Knowledge*, Cornell University Press, New York, 1966.

Hick, John H., *Faith and the Philosophers*, Wipf and Stock Publishers, Eugene, UK, 1964.

Hick, John H., *Philosophy of Religion*, Prentice-Hall, Inc., Englewood Cliffs, New Jersey, USA, 1983.

Hoffding, Harold, *The Philosophy of Religion*, Trans. by Meyer, B.E. Macmillan & Co., New York, 1906.

James, E.O., *The Concept of Deity*, Hutchinson University Library, London, 1950.

James, William, *The Varieties of Religious Experience*, Longmans, Green & Co., New York, 1902.

Joyce, G.H., *Principle of Natural Theology*, Longmans, Green & Co., New York, 1923.

Kane, P.V., *History of Dharmasashtra*, Vol. II, Part I, Bhandarkar Oriental Research Institute, Pune, 1941.

Kaufman, Gordon D., *God the Problem*, Harvard University Press, Cambridge, 1972.

Kaufman, Gordon D., *In Face of Mystery*, Harvard University Press, Cambridge, 1993.

Kellenberger, James, *Religious Discovery, Faith and Knowledge*, Prentice-Hall, Englewood, 1972.

Leuba, J.H., *A Psychological Study of Religion*, Macmillan, New York, 1912.

Lotze, Herman, *Outlines of the Philosophy of Religion*, Ginn, Heath & Co., Boston, 1885.

MacGregor, Geddes, *Introduction to Religious Philosophy*, Mifflin, Houghton, 1959.

MacTaggart, John M.E., *Some Dogmas of Religion*, Edward Arnold, London, 1906.

Martineau, James, *A Study of Religion*, Vol. I, Clarendon Press, Oxford, 1888.

Masih, Y., *Introduction to Religious Philosophy*, Motilal Banarsidas Pvt. Ltd., New Delhi, 1995.

Max Muller, F., *Introduction to the Science of Religion*, Longmans, Green & Co., London, 1882.

Max Muller, F., *Ramkrishna, His Life and Sayings*, Charles Scribers Sons, New York, 1899.

Mc Taggart, J.M.E., *Some Dogmas of Religion*, Kraus Reprint Co., New York, 1969.

Meister, Chad and Copan, Paul, *The Routledge Companion to Philosophy of Religion* (Eds.), Routledge, London, 2007.

Michael J. Behe, *Darwin's Black Box*, Touchstone Books, New York, 1996.

Mill, J.S., *Three Essays on Religion*, Longman, Green, Reader and Dyer, London, 1874.

Miller, Ed. L., *God and Reason*, Prentice-Hall, Inc., New Jersey, 1995.

Mitchell, Basil, *Philosophy of Religion* (Ed.), Oxford University Press, London, 1971.

Mitchell, Basil, *Faith and Logic: Oxford Essays in Philosophical Theology*, Routledge, London, 1957.

Newman, J.H. Cardinal, *A Grammar of Assent*, Longmans, Green & Co., London, 1903.

Otto, Rudolf, *The Idea of the Holy*, Trans. by John W. Harvey, Oxford University Press, Oxford, 1923.

Paley, William, *Natural Theology*, American Tract Society, New York, 1881.

Pandey, R.K., *Speech Act and Linguistic Communication*, Concept Publishing Co., New Delhi, 2008.

Pannikar, Raimundo, *The Intra Religious Dialogue*, Paulist Press, New York, 1978.

Pascal, Blaise, *Pensées*, 1669, Trans. by W.F. Trotter, E.P. Dutton & Co., Inc., USA, 1958.

Patterson, Robert L., *A Philosophy of Religion*, Duke University Press, Durham, 1970.

Peterson, Michael, William Hasker, Bruce Reichenbach, and David Basinger, *Introduction to the Philosophy of Religion*, Oxford University Press, Oxford, 1991.

Phillips, D.Z., *Death and Immortality*, Macmillan, London, 1971.

Plantinga, Alvin, *Warranted Christian Belief*, Oxford University Press, Oxford, 2003.

Popper, Karl R., *The Logic of Scientific Discovery*, Routledge, London, 2002.

Pratt, J.B., *The Religious Consciousness: A Psychological Study*, Macmillan, New York, 1920.

Price, H.H., *Belief In and Belief That*, In Mitchell, Basil, *Philosophy of Religion* (Ed.), Oxford University Press, London, 1964.

Pringle-Pattison, A. Seth, *The Idea of God*, Oxford University Press, New York, 1920.

Radhakrishanan, S., *The Hindu View of Life*, George Allen & Unwin Ltd., London, 1927.

Radhakrishnan, S., *An Idealist View of Life*, George Allen & Unwin Ltd., London, 1947.

Radhakrishnan, S., *Eastern Religions and Western Thought*, Oxford University Press, London, 1940.

Radhakrishnan, S., *Recovery of Faith*, Harper Collins Publishers, 1956.

Rashdall, Hastings, *The Theory of Good and Evil*, Vol. II, The Clarendon Press, London, 1907.

Reichenbach, H., *The Rise of Scientific Philosophy*, University of Calfornia Press, Berkeley, USA, 1951.

Flint, Robert, *Theism: The Baird Lecture for 1876*, William Blackwood & Sons, Edinburgh, 1902.

Royce, J., *Studies in Good and Evil*, D. Appleton and Co., New York, 1898.

Russell, B., *Science and Ethics*, Oxford University Press, Oxford, 1961.

Russell, B., *Why I am Not a Christian*, Simon & Schuster, New York, 1957.

Saint Anselm, *Proslogian*, Trans. by Deane, Sydney N. Open Court Publishing Co., Chicago, 1939.

Schweitzer, Albert, *Indian Thought and Its Development*, Wilco Publishing House, Mumbai, 2006.

Smart, Ninian, *Reasons and Faiths*, Routledge and Kegan Paul, London, 1958.

Spencer, Herbert, *The Data of Ethics*, D. Appletion & Co., New York, 1882.

Sri Aurobindo, *The Life Divine*, Sri Aurobindo Ashram Press, Pondichery, 1990.

St. Augustine, *The City of God*, Abridged Edition, Image, 1958.

Starbuck, E.D., *Psychology of Religion*, Scribners, New York, 1903.

Stark, R. and Bainbridge, W.S., *The Future of Religion: Secularization, Revival and Cult Formation*, University of California Press, Berkeley, 1985.

Stiver, Dan R., *The Philosophy of Religious Language*, Blackwell, Oxford, 1996.

Swami Vivekananda, *The Complete Works of Swami Vivekananda*, Vol. I, Mayavati Memorial Edition, Advaita Ashrama, Calcutta, 1986.

Swatos, William H., *Encyclopedia of Religion and Society*, Rowman Altamira, 1998.

Swinburne, Richard, *Faith and Reason*, Clarendon Press, Oxford, 2008.

Taylor, A.E., *The Faith of a Moralist*, Macmillan, New York, 1930.

Taylor, Richard, *Metaphysics*, Prentice-Hall, Englewood Cliffs, USA, 1963.

Temple, William, *Nature, Man and God*, AMS Press, USA, 1934.

Tennant, F.R., *Philosophical Theology*, Vol. I & II, Cambridge University Press, Cambridge, 1928.

Thompson, S.M., *A Modern Philosophy of Religion*, Henry Regnery Company, Chicago, 1955.

Tillich, Paul, *Systematic Theology*, Vol. I, University of Chicago Press, Chicago, 1951.

Trueblood, D.E., *Philosophy of Religion*, Harper & Brothers Publishers, New York, 1957.

Underhill, E., *Mysticism*, E.P. Dutton and Co., New York, 1912.

Samuel, V.H.L., *Religion in the Modern World*, George Allen & Unwin, London, 1952.

Voltaire, *Candide*, Boni and Liveright, Inc., New York, 1918.

Wainwright, William J., *Philosophy of Religion*, Wadsworth Publishing Co., Canada, 1999.

Whitehead, Alfred North, *Process and Reality*, The Free Press, New York, 1978.

Wright, W.K., *A Student's Philosophy of Religion*, Hodder and Stoughton, London, 1922.

Zaehner, R.C., *Hinduism*, Oxford University Press, New York, 1966.

Zaehner, R.C., *Mysticism: Sacred and Profane*, Oxford University Press, New York, 1961.